böhlau

 Schriftenreihe des Forschungsinstitutes für politisch-historische Studien der Dr.-Wilfried-Haslauer-Bibliothek, Salzburg

Herausgegeben von
Robert Kriechbaumer · Franz Schausberger · Hubert Weinberger

Band 48

  Schriftenreihe des Archivs der Erzdiözese Salzburg Bd. 13

Schriftenreihe des Salzburger Landesarchivs Nr. 22

Oskar Dohle · Thomas Mitterecker (Hg.)

SALZBURG IM ERSTEN WELTKRIEG

Fernab der Front – dennoch im Krieg

2014

BÖHLAU VERLAG WIEN KÖLN WEIMAR

Dieses Buch wurde ermöglicht durch die großzügige Förderung von:

Zukunftsfonds der Republik Österreich

Amt der Salzburger Landesregierung

Erzdiözese Salzburg

Forschungsinstitut für politisch-historische Studien, Dr.-Wilfried-Haslauer-Bibliothek

Franz Triendl-„Stiftung" der Wirtschaftskammer Salzburg

Gesellschaft für Salzburger Landeskunde

Salzburg Museum

Für den Inhalt der namentlich gezeichneten Beiträge sind die jeweiligen Autorinnen und Autoren verantwortlich.

Bibliografische Information der Deutschen Nationalbibliothek:
Die Deutsche Nationalbibliothek verzeichnet diese Publikation in der
Deutschen Nationalbibliografie; detaillierte bibliografische Daten
sind im Internet über http://dnb.d-nb.de abrufbar.

© 2014 by Böhlau Verlag Ges.m.b.H & Co. KG, Wien Köln Weimar
Wiesingerstraße 1, A-1010 Wien, www.boehlau-verlag.com

Alle Rechte vorbehalten. Dieses Werk ist urheberrechtlich geschützt.
Jede Verwertung außerhalb der engen Grenzen des
Urheberrechtsgesetzes ist unzulässig.

Lektorat: Jacqueline Kowanda, Eva Rinnerthaler, Salzburg
Redaktion: Gerda Dohle, Karin Schamberger, Salzburg
Umschlaggestaltung: Michael Haderer, Wien, nach einem Entwurf von Norbert Weiss, Salzburg
Satz: Michael Rauscher, Wien
Druck und Bindung: Balto Print, Vilnius
Gedruckt auf chlor- und säurefreiem Papier
Printed in the EU

ISBN 978-3-205-79578-0

Inhaltsverzeichnis

7 Vorwort der Herausgeber

Oskar Dohle
9 Zeitungen ziehen in den Krieg. Die Berichterstattung in der Salzburger Presse im Sommer 1914

Ernst Hanisch
33 Alltag im Krieg. Erfahrungen an der Heimatfront

Thomas Hellmuth
47 „Acker und Wiesen wissen nichts von Patriotismus". Kriegswirtschaft im Ersten Weltkrieg

Thomas Weidenholzer
61 Not und Luxus, Korruption, Antisemitismus und Radikalisierung. Der „Demonstrationsstreik" in der Stadt Salzburg im September 1918

Susanne Rolinek
91 „Soldatinnen" der Heimatfront. Frauen im Ersten Weltkrieg

Leopold Öhler
107 Krankheiten und medizinische Versorgung

Bernhard Iglhauser
129 „Konnt' ich auch nicht Waffen tragen, half ich doch die Feinde schlagen!" Schule und Krieg im Ersten Weltkrieg

Erwin Niese
149 Das k. k. Staats-Gymnasium Salzburg im Weltkrieg – auch eine „Heimatfront"

Julia Walleczek-Fritz
153 Kriegsgefangene im Kronland Salzburg im Ersten Weltkrieg

Bernhard Iglhauser
177 Russische Kriegsgefangene in Thalgau. Zeittagebuch 1914–1918 aus Pfarr-, Schul- und Gendarmeriechronik der Gemeinde Thalgau sowie Salzburger Zeitungen

Gerda Dohle
191 Das Kriegsgefangenen- und Flüchtlingslager Grödig 1915–1920. Edition der Chronik des Gendarmerie-Postens Grödig für die Jahre 1914–1920

Alfred Werner Höck
205 „Ihr helft nicht nur dem Vaterlande, ihr macht auch ein gutes Geschäft dabei!" Die Kriegsanleihe-Zeichnungen im Kronland Salzburg

Thomas Mitterecker
269 „Aber ich jammere nicht, klage und verzage nicht." Die Katholische Kirche Salzburgs im Dienst der Kriegspropaganda

Alfred Werner Höck
281 Aspekte der Verwaltung im Krieg

Hanns Haas
301 Politische Öffentlichkeit im Ersten Weltkrieg. Das Beispiel Salzburg

Laurence Cole
337 „Mentale Kriegsvorbereitung" und patriotische Mobilisierung in Österreich

Stefanie Habsburg-Halbgebauer
361 Salzburgs Kunst im Ersten Weltkrieg

Nikolaus Schaffer
379 Vier junge Stürmer und ein Pazifist. Salzburgs gefallene Künstler und Anton Faistauers Wandlung

Martin Hochleitner
403 Kriegsplakate in Salzburg – eine Spurensuche

Oskar Dohle
413 Inszenierte Verharmlosung und patriotische Parolen. Propagandapostkarten – das veröffentlichte Bild vom Krieg

Hans Weichselbaum
439 Literatur und Erster Weltkrieg in Salzburg

Alfred Werner Höck
467 Grundlegende statistische Angaben zum Kronland Salzburg

471 Literaturverzeichnis (zusammengestellt von Eva Rinnerthaler)

486 Autorinnen und Autoren

487 Personenverzeichnis

Vorwort der Herausgeber

Im Sommer 2014 jährt sich der Ausbruch des Ersten Weltkrieges zum hundertsten Mal. Dies ist der Anlass, zentrale Aspekte der Auswirkungen des Krieges auf die ganz konkrete Lebenssituation der Menschen in Stadt und Land Salzburg anhand von Einzelstudien zu untersuchen – fernab der Ereignisse und Kampfhandlungen an den Fronten und den dort eingesetzten Salzburger Soldaten. Ergänzt wird dies durch eine Darstellung der Rezeption des Krieges und seiner Folgen in der lokalen bildenden Kunst. Auf eine militärisch dominierte „Formationsgeschichte" wurde ganz bewusst verzichtet, da hier oftmals schon in der Zwischenkriegszeit einschlägige Standardwerke entstanden sind.

Der Umstand, dass dieser Sammelband nicht nur in der Schriftenreihe des Forschungsinstitutes für politisch-historische Studien der Dr.-Wilfried-Haslauer-Bibliothek, sondern auch in den Schriftenreihen des Archivs der Erzdiözese Salzburg sowie des Salzburger Landesarchivs erscheint, und dass namhafte Expertinnen und Experten aus verschiedensten Einrichtungen daran mitarbeiteten, ist ein weiteres Beispiel für die gute, institutionenübergreifende Zusammenarbeit – dafür möchten sich die Herausgeber ausdrücklich bedanken. Dieses Buch hätte ohne die großzügige finanzielle Unterstützung des Landes Salzburg, der Erzdiözese Salzburg und weiterer Förderer in der vorliegenden Form nicht erscheinen können.

Unser besonderer Dank gilt Herrn Univ.-Prof. Mag. Dr. Robert Kriechbaumer, Vorsitzender des Wissenschaftlichen Beirates im Forschungsinstitut für politisch-historische Studien der Dr. Wilfried-Haslauer-Bibliothek, für die administrativ-organisatorische Abwicklung des Projekts und dafür, dass er immer ein „offenes Ohr" für die Anliegen der Herausgeber hatte. Mag. Gerda Dohle und Dr. Karin Schamberger ist es zu verdanken, dass trotz enormen Zeitdrucks, in einen Gedenkjahr fast symptomatisch, die redaktionelle Bearbeitung aller Beiträge zeitgerecht abgeschlossen werden konnte. Unterstützt wurden sie dabei beim Lektorat sowie der Herstellung und Bearbeitung eines Großteils der Abbildungen von den Mitarbeiterinnen und Mitarbeitern der verschiedensten Bereiche des Archivs der Erzdiözese Salzburg und des Salzburger Landesarchivs. Alle Unterstützung, alle Mühe wären vergeblich gewesen, ohne die Arbeit der Autorinnen und Autoren und ihrer, für eine derartige Publikation nicht selbstverständliche „Termindisziplin" – vielen Dank dafür!

Dieser Sammelband erhebt nicht den Anspruch, die direkten Folgen des Ersten Weltkrieges in Salzburg, fernab der Front vollständig und unter Berücksichtigung aller Themenbereiche darzustellen, dies wäre in einer einzigen Publikation wahrscheinlich auch nicht möglich. Wenn dieses Buch allerdings Anstoß dazu sein kann, hundert Jahre nach den Ereignissen im Sommer 1914 über die Sinnlosigkeit und menschliche Tragik jedes Krieges nachzudenken, dann hat sich die Arbeit so vieler gelohnt, dann bleibt sie nicht bloß die Darstellung historischer Abläufe und Entwicklungen, die bereits ein Jahrhundert zurückliegen …

Oskar Dohle u. Thomas Mitterecker; Salzburg, Frühjahr 2014

Oskar Dohle

Zeitungen ziehen in den Krieg

Die Berichterstattung in der Salzburger Presse im Sommer 1914

Die Salzburger „Zeitungslandschaft" am Vorabend des Ersten Weltkrieges

Die weltanschaulich-politische Diversifizierung der lokalen Salzburger Presse war am „Vorabend" des Ersten Weltkrieges eine noch viel stärkere, als dies heute der Fall ist. Die folgende Auflistung liefert eine überblicksartige Darstellung der lokalen Zeitungslandschaft im Land Salzburg am Ende der Habsburgermonarchie.

„Salzburger Volksblatt" (liberal/deutschnational[1]; tägliche Auflage[2] im Sommer 1914: 9.200, Auflage am Sonntag: 9.950)

Das „Salzburger Volksblatt", dessen Gründung auf den aus Stuttgart stammenden protestantischen Buchdrucker Reinhold Kiesel zurückgeht, erschien am 29. Dezember 1870 erstmals mit einer „Probenummer" und ab Jänner 1871 regelmäßig.[3] Damit stand den Liberalen auch im Herzogtum Salzburg erstmals ein Presseorgan zur Verfügung. Die Übernahme der Zeitung durch die Schwiegersöhne des Gründers im Jahre 1909 schwächte die liberale Ausrichtung zugunsten einer verstärkt deutschnationalen Blattlinie ab. Obwohl die Zeitung betont antiklerikal und deutschnational war, fehlte bis in die Jahre des Ersten Weltkrieges der ansonsten in vielen Presseprodukten mit dieser politischen Ausrichtung übliche Antisemitismus.[4]

„Salzburger Chronik" (katholisch/christlichsozial; tägliche Auflage im Sommer 1914: 1.950, Auflage am Sonntag: 4.250)

Die erste Nummer der „Salzburger Chronik", gegründet vom Regens des Borromäum Johann Zimmermann, erschien am 1. April 1865 vorerst als Wochenblatt, ab Jahresbeginn 1867 dreimal wöchentlich.[5] Das streng katholisch-konservative Blatt, das anfangs in einer Auflage von 200 bis 300 Stück erschien, kämpfte von Anfang an mit Finanzproblemen, da es nicht auf das erwartete Interesse bei den Lesern und Inserenten stieß.[6] Häufige Wechsel in der Redaktion konnten daran nichts ändern, und erst 1887 gelang durch die Gründung eines „Chronik-Komitees" die finanzielle Sanierung. Die Zeitung gelangte damit de facto in den Besitz von Prälat Alois Winkler, der bis zu seinem Amtsantritt als Salzburger Landeshauptmann 1897 als Herausgeber fungierte. Die im Zuge der Einführung des allgemeinen Wahlrechts (für Männer) 1907 stehenden Neuformierung des katho-

---

1 Die politische Einordnung der vorgestellten Zeitungen nach: Hanisch Ernst, Die Salzburger Presse in der Ersten Republik 1918–1938. In: MGSL 128 (1988). Salzburg 1988, 346.
2 Ausweis über die Auflagezahl der im Herzogtume Salzburg erscheinenden politischen Zeitungen zu Beginn des III. Vierteljahres 1914; SLA, Präs. Akt 1914, VIII K, Zl. 3162/1914; weitere in der zitierten Quelle erwähnten Zeitungen, die aufgrund ihrer geringeren Auflagezahl in der vorliegenden Untersuchung nicht berücksichtigt werden: „Geschäftsinhaberzeitung", „Mitteilungen", „Deutscher Volksruf", „Grobian", „Katholische Kirchenzeitung", „Volksfreund", „Anti-Bonifatius" sowie die nur regional erscheinende „Tauernpost".
3 Neureiter Gerlinde, Die Geschichte des Salzburger Volksblattes von 1870 bis 1942. Phil. Diss. Univ. Salzburg 1985, 26f.
4 Hanisch, Salzburger Presse (wie Anm. 1), 347.
5 Glaser Hans, Das Salzburger Zeitungswesen, 1. T. bis 1914. In: MGSL 96 (1956). Salzburg 1956, 149.
6 Jakob Waltraud, Geschichte der Salzburger Zeitungen (1668–1978). Phil. Diss. Univ. Salzburg 1978, 204–211.

lischen Lagers führte zur Notwendigkeit einer relativ auflagenstarken Tageszeitung zur verstärkten Massenagitation. Dies wirkte sich ebenfalls positiv auf die finanzielle Situation der „Salzburger Chronik" aus. Politisch engagierte Priester, häufig junge Kapläne, hatten entscheidenden Einfluss auf die Verbreitung der Zeitung. 1908 übernahm ein „Chronik-Konsortium" die Herausgeberschaft, das auch in engem Zusammenhang mit der noch im Dezember dieses Jahres erfolgten Gründung des „Salzburger Preßvereins" steht.[7]

„Salzburger Volksbote" (katholisches Bauernblatt, Wochenzeitung; Auflage im Sommer 1914: 12.000)

Diese ab 1901 erscheinende Wochenzeitung stand in enger politischer und wirtschaftlicher Abhängigkeit zur ebenfalls vom „katholisch politischen Preßverein für die Erzdiözese Salzburg" herausgegebenen „Salzburger Chronik" und damit zum „Katholisch politischen Volksverein".[8] Gerade in den ländlichen Gegenden hatte der lokale katholische Klerus entscheidende Bedeutung für die große Verbreitung dieses Blattes mit seiner von keinem anderen Presseorgan erreichten Auflagezahl.[9] Der „Salzburger Volksbote" hatte nicht zuletzt durch seine enge Verbindung zur katholischen Kirche mit ihrer flächendeckenden Organisationsstruktur bei der bäuerlichen Bevölkerung großen meinungsbildenden Einfluss. Dieser trug sicher auch dazu bei, dass der sich abzeichnende Krieg im Sommer 1914, also während oder kurz vor der Erntezeit, auch auf dem Land nicht auf Widerstand stieß, sondern zumindest nach außen hin breite Akzeptanz fand.

„Salzburger Wacht" (sozialdemokratisch; tägliche Auflage im Sommer 1914: 3.000, Auflage am Sonntag: 4.000)

Die „Salzburger Wacht", Parteiorgan der hiesigen Sozialdemokraten, erschien erstmals am 13. April 1899.[10] Die Redaktion oblag der Parteileitung. Da sich in Salzburg keine Druckerei fand, eine sozialdemokratische Zeitung zu drucken, wurde sie vorerst in Linz, bzw. ab 1902 in Freilassing hergestellt. 1904 bis 1915 erfolgte der Druck in Salzburg, bis Dezember 1918 in Innsbruck, und erst dann ununterbrochen in Salzburg.[11] Die Zeitung litt permanent unter finanziellen Schwierigkeiten, und so konnte sie erst ab 1911 als Tageszeitung erscheinen. Durch ihre kritische Berichterstattung, die sich häufig gegen die katholische Kirche und Regierung, bisweilen sogar gegen das Herrscherhaus richtete, kam es immer wieder zu Konfiskationen oder das Blatt konnte nur mit „weißen Flecken" erscheinen. So erfolgte zum Beispiel am 5. September 1902 die Beschlagnahme der gesamten Ausgabe, weil berichtet wurde, dass ein bei den Manövern abgegebener Schuss aus einem schweren Schiffsgeschütz so viel kostet wie der Lebensunterhalt einer vierköpfigen Arbeiterfamilie für mehrere Monate.[12] Geschäftsinhaber organisierten auch immer wieder Inseratenboykotts, aber weder die Maßnahmen der Obrigkeit noch die Versuche, „Der Wacht" ihre wirtschaftliche Grundlage zu entziehen, führten zu Ihrer Einstellung, da sie sich auf einen relativ stabilen Abonnentenkreis innerhalb der gut organisierten Arbeiterbewegung stützen konnte.

7 Hanisch, Salzburger Presse (wie Anm. 1), 348.
8 Glaser, Salzburger Zeitungswesen (wie Anm. 5), 151.
9 Ammerer Gerhard/Lemberger Josef/Oberrauch Peter, Vom Feudalverband zur Landwirtschaftskammer. Agrarische Kooperation- und Organisationsformen in Salzburg vom Beginn der Neuzeit bis heute (Schriftenreihe des Landespressebüros, Serie „Salzburg Dokumentationen", 106). Salzburg 1992, 138.
10 Klein Johann Wolfgang, Die „Salzburger Wacht". Das Organ der Salzburger Sozialdemokratie von der Gründung 1899 bis zum Verbot am 12. Februar 1934. Phil. Diss. Univ. Salzburg 1983, 181.
11 Glaser, Salzburger Zeitungswesen (wie Anm. 5), 172.
12 Glaser, Salzburger Zeitungswesen (wie Anm. 5), 168.

„Salzburger Zeitung" (Amtsblatt, Auflage im Sommer 1914: ca. 600[13])

Die ab dem 1. Jänner 1852 publizierte, täglich erscheinende „Salzburger Landeszeitung", später „Salzburger Zeitung" erschien ab Jänner 1908 vier Mal in der Woche als reines Amtsblatt mit einem „amtlichen" und „nichtamtlichen Teil" ohne lokale oder politische Berichterstattung. Redaktion und Administration dieser Zeitung lag beim k. k. Landespräsidium. Ihre direkte Wirkung auf die öffentliche Meinung im Sommer 1914 ist daher weitgehend zu vernachlässigen, wenn man davon absieht, dass auch die Veröffentlichung von Verlautbarungen, wie die „Mobilisierungskundmachung" am 31. Juli 1914[14], einen gewissen Einfluss auf die Stimmung innerhalb der Bevölkerung und besonders bei den von den Einberufungen betroffenen Jahrgängen und deren Familien hatte.

„Die Ermordung des Thronfolgerpaares"[15] – Entsetzen, aber Krieg ist noch kein Thema

Am Sonntag, 28. Juni 1914, wurden Thronfolger Erzherzog Franz Ferdinand und seine Gattin Sophie[16] durch bosnisch-serbische Nationalisten in Sarajevo ermordet. Das Thronfolgerpaar hatte sich anlässlich unmittelbar zuvor beendeter Manöver des XV. und XVI. Korps in der Hauptstadt von Bosnien-Herzegowina befunden.[17]

Über das Attentat berichtete die Salzburger Lokalpresse naturgemäß ausführlich,[18] wobei sich das Entsetzen und die Verurteilung der Tat einhellig durch alle Tageszeitungen zogen. Daher wird die detaillierte Berichterstattung über das Attentat selbst im Folgenden nur sehr kursorisch behandelt. Dies gilt vor allem dann, wenn sich die Artikel zum gleichen Thema in den einzelnen Zeitungen inhaltlich nur wenig voneinander unterscheiden. Bei der zeitgenössischen Analyse der Ursachen und den sich daraus ergebenden Schuldzuweisungen treten aber erhebliche Unterschiede auf, auf die näher einzugehen ist. Relevant für die Beeinflussung der öffentlichen Meinung im Hinblick auf die Entwicklung der Ereignisse in den kommenden Wochen waren in besonderem Maße die Schlussfolgerungen, die in der Tagespresse aus den Ereignissen am 28. Juni gezogen wurden.

Das „Salzburger Volksblatt" berichtet auf fast fünf Seiten über das Attentat in Sarajevo.[19] Dies ist die ausführlichste Berichterstattung aller Salzburger Tageszeitungen zu diesem Thema. Ein antiserbischer Grundtenor zeigt sich schon am Titelblatt im Untertitel zum Bericht „Die Ermordung des Thronfolgerpaares" recht deutlich: „Die Tat slawischer Mörder. Belgrad sendet uns die Mordbuben". Dann heißt es einleitend dem sprachlichen Stil der Zeit entsprechend: *Die Erregung für die furchtbare Bluttat in Sarajewo[20] zittert noch in allen Herzen nach. Die Abscheu über die fluchwürdige Mordtat und dem herzlichen Mitleide mit den Kindern der Ermordeten, die an einem Tage zu Doppelwaisen geworden sind, verbindet sich das innigste Mitgefühl für den greisen Herrscher* [...]. Nach diesen sehr pathetischen Zeilen und der Wiedergabe eines Berichts der in Berlin erscheinenden bürgerlich-liberalen „Vossischen Zeitung" über den *Zusammenhang des Sarajewoer Attentates mit den Belgrader Hintermännern* richtet sich der Blick auf die Zukunft und mögliche weitere Konsequenzen: *Nach der Ermordung des*

---

13 Glaser, Salzburger Zeitungswesen (wie Anm. 5), 138–140.
14 „Seine k. und k. Apostolische Majestät haben die allgemeine Mobilisierung sowie die Aufbietung des gesamten k. u. k. und k. Landsturmes Allerhöchst anzuordnen geruht", Salzburger Zeitung, 31.7.1914, 1.
15 Vollständige Überschrift „Die Ermordung des Thronfolgerpaares. Die Tat slawischer Mörder", Salzburger Volksblatt, 1.7.1914, 1f.
16 Sophie Gräfin Chotek von Chotkowa und Wognin, Herzogin von Hohenberg; zit. n.: Schematismus für das K. u. k. Heer und für die K. u. k. Kriegsmarine für 1913. Separatausgabe. Wien 1912, 14.
17 Nähere Details zum Attentat in Sarajevo; vgl.: Jeřábek Rudolf, Potiorek. General im Schatten von Sarajevo. Graz-Wien-Köln 1991, 82–96.
18 Am 29.6.1914 erschienen aufgrund des Feiertages „Peter und Paul", abgesehen von Sonderausgaben, keine Zeitungen. Am 30.6., dem Fest der Hl. Erentrudis, erschienen weder das „Salzburger Volksblatt" noch die „Salzburger Chronik".
19 Salzburger Volksblatt, 1.7.1914, 1–5.
20 Die Schreibung von Sarajevo mit „v" oder „w" ist uneinheitlich, bei den zitierten Zeitungsberichten wird daher jene des Originals verwendet. Hin und wieder findet sich auch die Schreibung „Serajewo", die aber im vorliegenden Beitrag unberücksichtigt blieb. Grundsätzlich werden bei den Zeitungszitaten Orthografie und Grammatik unverändert belassen. Jedoch wurde die in den zeitgenössischen Zeitungen zu findende Schreibweise „Oesterreich" auf „Österreich" zugunsten der besseren Lesbarkeit geändert.

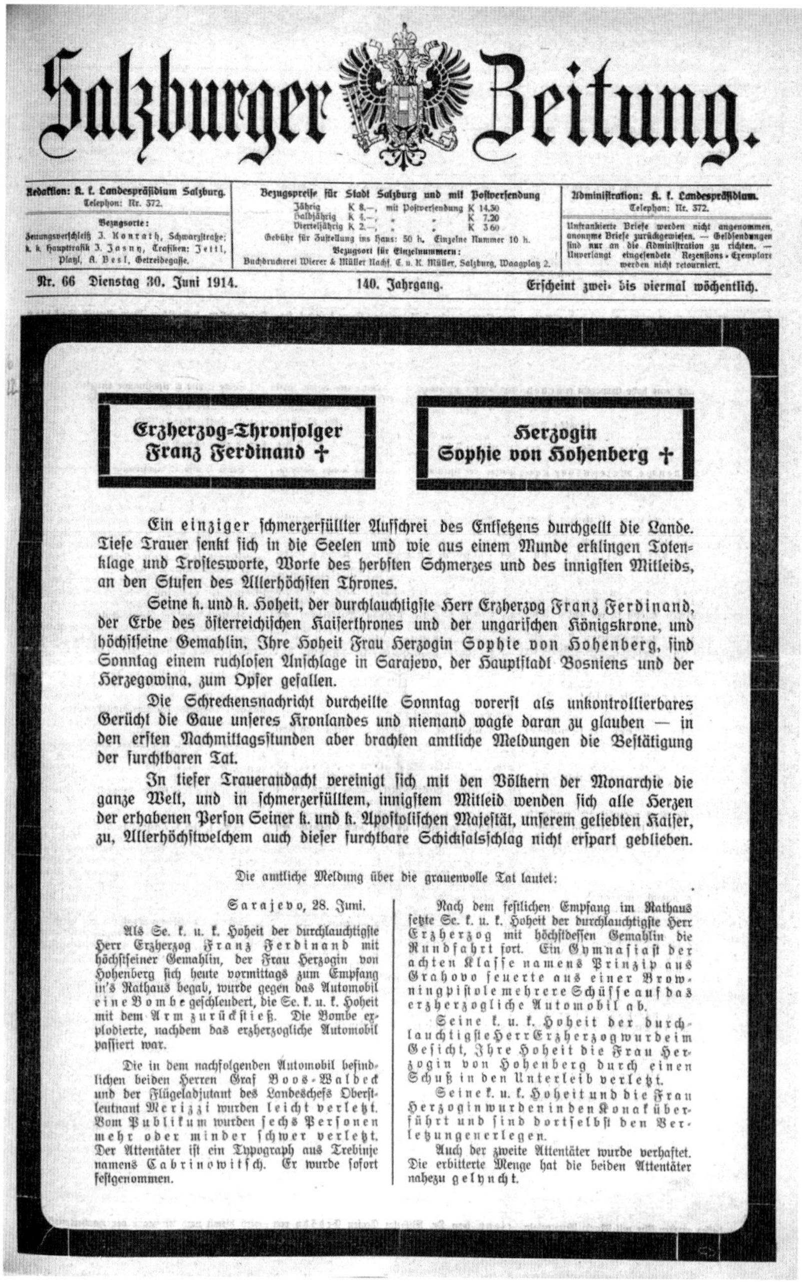

Salzburger Zeitung.

Redaktion: K. k. Landespräsidium Salzburg. Telephon: Nr. 372. Bezugsorte: Zeitungsverschleiß J. Konrath, Schwarzstraße; k. k. Haupttrafik J. Jasny, Trafiken: Jettl, Playl, A. Besl, Getreidegasse.	Bezugspreise für Stadt Salzburg und mit Postversendung: Jährig K 8.—, mit Postversendung K 14.30; Halbjährig K 4.—, " " K 7.20; Vierteljährig K 2.—, " " K 3.60. Gebühr für Zustellung ins Haus: 50 h. Einzelne Nummer 10 h. Bezugsort für Einzelnummern: Buchdruckerei Wierer & Müller Nachf. C. u. K. Müller, Salzburg, Waagplatz 2.	Administration: K. k. Landespräsidium. Telephon: Nr. 372. Unfrankierte Briefe werden nicht angenommen, anonyme Briefe zurückgewiesen. — Geldsendungen sind nur an die Administration zu richten. — Unverlangt eingesendete Rezensions-Exemplare werden nicht retourniert.

Nr. 66 Dienstag 30. Juni 1914. 140. Jahrgang. Erscheint zwei- bis viermal wöchentlich.

Erzherzog-Thronfolger Franz Ferdinand †

Herzogin Sophie von Hohenberg †

Ein einziger schmerzerfüllter Aufschrei des Entsetzens durchgellt die Lande. Tiefe Trauer senkt sich in die Seelen und wie aus einem Munde erklingen Totenklage und Trostesworte, Worte des herbsten Schmerzes und des innigsten Mitleids, an den Stufen des Allerhöchsten Thrones.

Seine k. und k. Hoheit, der durchlauchtigste Herr Erzherzog Franz Ferdinand, der Erbe des österreichischen Kaiserthrones und der ungarischen Königskrone, und höchstseine Gemahlin, Ihre Hoheit Frau Herzogin Sophie von Hohenberg, sind Sonntag einem ruchlosen Anschlage in Sarajevo, der Hauptstadt Bosniens und der Herzegowina, zum Opfer gefallen.

Die Schreckensnachricht durcheilte Sonntag vorerst als unkontrollierbares Gerücht die Gaue unseres Kronlandes und niemand wagte daran zu glauben — in den ersten Nachmittagsstunden aber brachten amtliche Meldungen die Bestätigung der furchtbaren Tat.

In tiefer Trauerandacht vereinigt sich mit den Völkern der Monarchie die ganze Welt, und in schmerzerfülltem, innigstem Mitleid wenden sich alle Herzen der erhabenen Person Seiner k. und k. Apostolischen Majestät, unserem geliebten Kaiser, zu, Allerhöchstwelchem auch dieser furchtbare Schicksalsschlag nicht erspart geblieben.

Die amtliche Meldung über die grauenvolle Tat lautet:

Sarajevo, 28. Juni.

Als Se. k. u. k. Hoheit der durchlauchtigste Herr Erzherzog Franz Ferdinand mit höchstseiner Gemahlin, der Frau Herzogin von Hohenberg sich heute vormittags zum Empfang in's Rathaus begab, wurde gegen das Automobil eine Bombe geschleudert, die Se. k. u. k. Hoheit mit dem Arm zurückstieß. Die Bombe explodierte, nachdem das erzherzogliche Automobil passiert war.

Die in dem nachfolgenden Automobil befindlichen beiden Herren Graf Boos-Waldeck und der Flügeladjutant des Landeschefs Oberstleutnant Merizzi wurden leicht verletzt. Vom Publikum wurden sechs Personen mehr oder minder schwer verletzt. Der Attentäter ist ein Typograph aus Trebinje namens Cabrinowitsch. Er wurde sofort festgenommen.

Nach dem festlichen Empfang im Rathaus setzte Se. k. u. k. Hoheit der durchlauchtigste Herr Erzherzog mit höchstdessen Gemahlin die Rundfahrt fort. Ein Gymnasiast der achten Klasse namens Prinzip aus Grahovo feuerte aus einer Browningpistole mehrere Schüsse auf das erzherzogliche Automobil ab.

Seine k. u. k. Hoheit der durchlauchtigste Herr Erzherzog wurde im Gesicht, Ihre Hoheit die Frau Herzogin von Hohenberg durch einen Schuß in den Unterleib verletzt.

Seine k. u. k. Hoheit und die Frau Herzogin wurden in den Konak überführt und sind dortselbst den Verletzungen erlegen.

Auch der zweite Attentäter wurde verhaftet. Die erbitterte Menge hat die beiden Attentäter nahezu gelyncht.

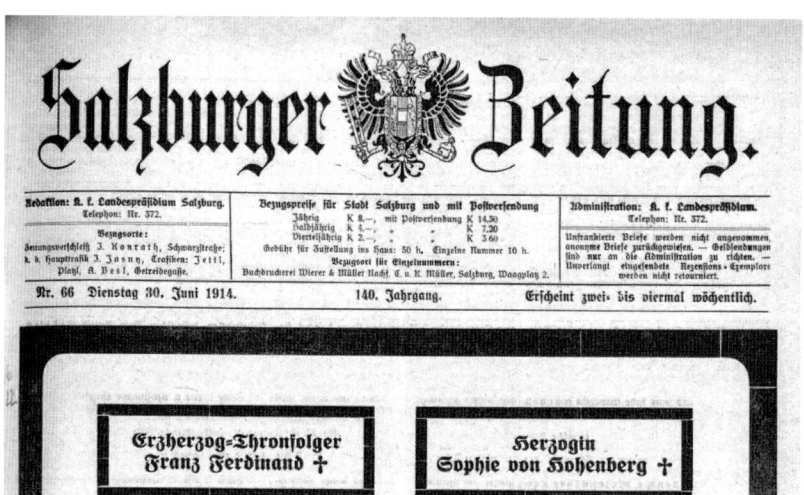

Abb. 1: Titelblatt der „Salzburger Zeitung" vom 30. Juni 1914 mit der amtlichen Meldung über das Attentat in Sarajevo (Reproduktion: SLA)

Erzherzogs-Thronfolgers kann vorausgesagt werden, daß neue Personen in Österreich-Ungarn demnächst als Zielscheibe für Bomben und Brownings von diesen Desparados aufgestellt werden. Die Belgrader nationalistische Propaganda hat in den letzten zwei Jahren durch ihre Arbeit die gänzliche Desorganisation der südslawischen Mittelschuljugend bewirkt. In jedem südslawischen Gymnasium gibt es nationalistische Zirkel und Geheimbünde, […]. Hoffentlich geht man nun wenigstens dieser verderblichen Propaganda energisch zu Leibe. Den Opfern des Attentates vom Sonntag nützt freilich diese post festum einsetzende Energie nichts mehr, aber die Monarchie muß von der Schmach gereinigt werden, daß in ihr eine Propaganda ihr Unwesen treibt, der Mord das Höchste ist. An der Bahre der Opfer muß das Gelöbnis geleistet werden, daß Österreich von dem Treiben der slawischen Mörder befreit wird. Die Forderungen, die nach den Morden erhoben werden, sind eindeutig. Von einem militärischen Vorgehen gegen Belgrad, sei es als bloße Strafexpedition in Form einer größeren kriegerischen Auseinandersetzung auf dem Balkan, ist jedoch in der gesamten Berichterstattung im „Salzburger Volksblatt" über das Attentat, seine Hintergründe und die Reaktionen im Ausland, die auch einhellig das Attentat verurteilten, nicht die Rede. Bemerkenswert ist, dass, ungeachtet aller Schuldzuweisungen auf dem Titelblatt, über die Beileidsbekundungen und die Reaktionen aus Belgrad, beispielsweise das Beileidstelegramm von König Peter und Kronprinz Alexander, berichtet wird.[21] Selbst die Reaktion der serbischen Presse, allerdings durch eine Anmerkung der Redaktion relativiert, wird kurz erwähnt:[22] *Der größte Teil der serbischen Presse verurteilt das Verbrechen (Ein Teil dieser Presse billigt demnach den Anschlag. Anm. d. Red.).*

Dass unmittelbar nach den Ereignissen in Sarajevo (noch) nicht mit einem gesamteuropäischen Krieg gerechnet wurde, auf den die Bevölkerung vorzubereiten war, zeigt sich auch daran, dass ausführlich und mit einem durchaus positiven und emotionalen Grundtenor unter der eigenen Subüberschrift „Teilnahmekundgebung des Zaren" mitgeteilt wurde:[23] *Der Zar sandte gestern an Kaiser Franz Joseph ein tiefempfundenes Beileidstelegramm. In hiesigen Hofkreisen verlautet, daß die Nachricht von der Ermordung des österreichischen Thronfolgers und seiner Gemahlin am Zarenhofe einen geradezu erschütternden Eindruck gemacht habe. Der Zarin Alexandra wurde die Nachricht mit größter Vorsicht vom Zaren selbst mitgeteilt. Die Zarin war furchtbar erregt und weinte unaufhörlich. Der Minister des Äußeren Sasonow sandte an den Grafen Berchtold ebenfalls ein Beileidstelegramm.* Am nächsten Tag wird sogar berichtet, dass der Zar aus Anlass der Ermordung des Thronfolgerpaares eine zwölftägige Hoftrauer angeordnet habe.[24]

Breiten Raum wird im „Salzburger Volksblatt" vom 2. Juli 1914 wieder der Berichterstattung über die Reaktion der ausländischen Presse eingeräumt, wobei nunmehr auf der Titelseite unter der Überschrift „Serbische Kultur! Freche Lügen der serbischen Presse" bereits über die Belgrader Zeitungen zu lesen ist: *Es ist schwer, alle diese serbischen Zeitungsstimmen zu lesen, ohne vom Ekel übermannt zu werden; aber es ist nützlich für jeden, der die slawische Natur kennen lernen will.* Zieht man den Umstand in Betracht, dass in Österreich-Ungarn Millionen Slawen lebten, so zeugt die Gleichsetzung von Serben und Slawen vom vergifteten Klima zwischen den einzelnen Völkern in den letzten Jahren des Bestehens der Habsburgermonarchie. Im Blattinneren sind die Berichterstattung und die Darstellung möglicher Konsequenzen im Gegensatz zur Titelseite dann jedoch überraschend sachlich und ohne antiserbische Polemik.[25] *Auch die [serbische; Anm. O.D.] Regierung scheint geneigt zu sein, den geistigen Urhebern des Anschlages auf die Spur zu gehen. Wenn auch die Nachricht, daß diplomatische Schritte in Belgrad von Österreich-Ungarn im Zusammenhange mit der Bluttat unternommen werden sollen, noch verfrüht ist, so wird doch zugegeben, daß es vom Gange der gerichtlichen Untersuchung in Sarajevo abhängen wird, ob sich die Notwendigkeit ergibt, von der serbischen Regierung Rechtshilfe in dem Sinne zu erbitten, daß etwa in Belgrad vermutete Verdächtige verhaftet werden. Von Kriegshetze oder einem möglichen Ultimatum ist hier nichts zu merken –*

---

21 Salzburger Volksblatt, 1.7.1914, 4.
22 Salzburger Volksblatt, 1.7.1914, 4.
23 Salzburger Volksblatt, 1.7.1914, 5.
24 Salzburger Volksblatt, 2.7.1914, 3.
25 Salzburger Volksblatt, 2.7.1914, 10.

wieder erscheint eine Lösung der Krise auf diplomatischem Wege als durchaus möglich. Schon alleine die Wortwahl Rechtshilfe „zu erbitten" und nicht zu fordern legt diesen Schluss nahe.

Auch die „Salzburger Chronik" berichtet in ihrer Ausgabe vom 1. Juli 1914 auf insgesamt etwas mehr als vier Seiten über das Attentat in Sarajevo.[26] Wiederum dominieren Entsetzen und antislawische Schuldzuweisungen. Bemerkenswert ist der Umstand, dass nicht Serbien bzw. der serbische Nationalismus, sondern „die Slawische Rasse" und die „Slawisch-nationalistische Hetze" für die Ermordung des Thronfolgerpaares verantwortlich gemacht werden:[27] *Ein Schrei des tiefsten Entsetzens ging bei dieser Nachricht von der Ermordung des österreichischen Erzherzog-Thronfolgers und seiner Gemahlin, der Herzogin Sophie von Hohenberg, durch die ganze gesittete Welt. Wohl selten hat ein politischer Mord in den letzten Jahrzehnten die Welt in so tiefe Erregung, in so schreiende Entrüstung und in so ungewöhnliche politische Folgen versetzt. […] Beide starben durch einen Meuchelmörder der slawischen Rasse, jenes Volksstammes, dessen Begünstigung man dem Thronfolger sehr oft vorgeworfen, jenes Volksstammes, dem die ermordete Herzogin von Hohenberg selbst angehörte. Beide Unglücklichen sind ein Opfer der maßlosen slawisch-nationalistischen Hetze, die seit Jahren von gewissenlosen allslawischen Hetzern diesseits und jenseits der österreichisch-ungarischen Grenzpfähle getrieben wird.*

Neben diesen durchaus schon als rassistisch zu bezeichnenden Aussagen werden vor allem Russland und seine „panrussische und orthodoxe" Politik als Ursache für die Entwicklungen am Balkan und im Osten der Habsburgermonarchie allgemein dargestellt:[28] *Russische Agitatoren – es gibt solche, welche österreichische Staatsämter bekleideten und bekleiden – ließen massenhaft Flugschriften unter die Bauern verteilen, aus denen blutrünstiger Haß gegen Österreich sprach. Unter den 3,518.854 ruthenischen und 1,252.940 serbokroatischen Stammesgenossen fanden die hochverräterischen Bestrebungen leider nur einen zu fruchtbaren Boden.* Die Berichterstattung über die Reaktion der ausländischen Presse sowie der Regierungen und Monarchen in den wichtigsten Ländern Europas unterscheidet sich dennoch inhaltlich nur wenig von jener in den anderen Salzburger Tageszeitungen. Auch auf die Beileidskundgebungen des Zaren sowie auf jene aus Belgrad bzw. von serbischen Diplomaten wird hingewiesen.

Die „Salzburger Chronik" stellt auch schon den neuen Thronfolger Erzherzog Karl Franz Joseph und seine „junge Gattin", die namentlich nicht genannt wird, vor. Über das nunmehrige Thronfolgerpaar heißt es:[29] *Ihr häufiges leutseliges und so durchaus sympathisches Auftreten in der Öffentlichkeit hat dem jungen Paare in Sturm* [sic!] *die Liebe und Zuneigung weitester Kreise gewonnen.* Auch in der „Salzburger Chronik" werden in den Tagen nach dem Attentat mögliche militärische Konsequenzen oder gar ein Krieg auf dem Balkan nicht direkt genannt. Man hat bei der Ausgabe vom 2. Juli 1914 auf den ersten Blick den Eindruck, als kehre bereits wieder so etwas wie Alltag zurück, denn das Titelblatt dominiert unter „Empfang und Inthronisation des hochwürdigsten Herrn Erzbischof" eine Vorschau auf die am 4. und 5. Juli 1914 stattfindenden Feierlichkeiten zur Amtseinführung von Erzbischof Balthasar Kaltner. Nur etwas mehr als eine halbe Spalte von insgesamt vier auf dieser Seite widmet sich den Ereignissen vom 28. Juni. Der erste Satz des Artikels zu diesem Thema unter der Überschrift „Im Banne der Schreckenstat"[30] lässt aber alle Optionen offen, auch, ohne sie di-

26 Salzburger Chronik, 1.7.1914, 1–3 u. 9f.
27 Salzburger Chronik, 1.7.1914, 1.
28 Salzburger Chronik, 1.7.1914, 1.
29 Salzburger Chronik, 1.7.1914, 2.
30 Salzburger Chronik, 2.7.1914, 1f.

rekt zu nennen, militärisch-kriegerische: *Noch immer läßt sich die Tragweite des furchtbaren Schauspieles, das sich am vergangenen Sonntage in der bosnischen Hauptstadt ereignete, nicht zu Ende denken.* Noch deutlicher wird der Verfasser des Beitrages wenige Absätze später, auf Seite zwei: *Als das Nachgiebigkeitssystem und die Friedensmeierei zur Zeit der serbischen Krise im vollsten Schwunge war, sagten sich viele, daß die ganze Sippschaft an der Südostgrenze unseren letzten Soldaten nicht wert sei, nach nicht ganz sechs Jahren hat dieser verhängnisvolle Grundsatz den besten Soldaten und ersten Militär der Armee als Opfer gefordert und man könnte jetzt die Frage vielleicht so stellen: Können ganz Serbien und Montenegro den Verlust aufwiegen, den Österreich am Sonntage erlitten?*

Die Morde in Sarajevo dominieren auch die jeweils am Abend erscheinende „Salzburger Wacht", das „Organ für das gesamte werktätige Volk im Kronlande Salzburg", vom 30. Juni 1914.[31] Der Stil der Berichterstattung unterscheidet sich allerdings grundlegend von jener in den anderen Salzburger Tageszeitungen. Er ist überaus kritisch. Polemische oder emotionale Ausfälle sowie nationalistische Schuldzuweisungen fehlen. Gleich zu Beginn des Artikels unter der Überschrift „Der österreichische Thronfolger und seine Gemahlin in Sarajewo ermordet" werden auf der Titelseite die Hintergründe für die Tat analysiert: *Der Nationalismus, der seit Jahrzehnten die Völker Österreichs nicht zur Ruhe kommen läßt, den Erwerb hindert, die Gesetzgebung und Verwaltung korrumpiert und zum Stillstand bringt und zum Absolutismus geführt hat, hat am Sonntag ein für die österreichische Kaiserfamilie furchtbares Opfer gefordert.* Vor einer ausführlichen Beschreibung des Attentats wird noch die sozialistische Berliner Zeitung „Vorwärts" zitiert. In den darin gezogenen Schlüssen zeigt sich die Distanz zum herrschenden politischen Establishment sehr deutlich: *So fällt Franz Ferdinand als Opfer eines falschen überlebten Systems. Doch so schrill diese Schüsse auch knatterten, sie werden von denen, die sie hören müßten, kaum gehört werden. Die Hoffnung, daß die Regierenden in Österreich die Kraft und die Einsicht finden werden, das falsche System zu verlassen und allen Nationen einen demokratischen Staat, ein erträgliches Heim zu bereiten, diese Hoffnung ist nur gering. […] Die Schüsse, die den Thronfolger niederstreckten, sie trafen auch das Regierungssystem, welches sich in Österreich und in Ungarn als Hindernis zum nationalen Frieden zeigt und sich nun mit so grausamer Blutschuld beladen hat.* Vergeltungsmaßnahmen gegen Serbien oder gar ein Krieg war auch innerhalb der Arbeiterbewegung zu diesem Zeitpunkt noch kein Thema – es wurde nicht einmal vor diesen möglichen Folgen gewarnt, da sie ganz einfach noch nicht als mögliche Konsequenzen in Betracht kamen. Die Machthaber wurden vielmehr dazu aufgefordert, *endlich umzukehren und mit ganzer Kraft und Treue an dem nationalen Ausgleichswerk zu arbeiten*. Der neue Thronfolger wird so ausführlich wie in keiner anderen Salzburger Zeitung vorgestellt.[32] Dabei beschränkt sich der Verfasser auf eine reine Darstellung biografischer Daten zu Erzherzog Karl Franz Joseph und seiner Familie. Eine Wertung der Person oder gar eine Einschätzung seiner künftigen Rolle als Herrscher fehlen.

Am Titelblatt der Ausgabe vom 1. Juli 1914 widmet sich der sprachlich im Stil der Zeit verfasste Leitartikel unter der Überschrift „Du sollst nicht morden" scheinbar wiederum hauptsächlich der Ermordung von Erzherzog Franz Ferdinand und seiner Gemahlin, denn er beginnt mit folgendem Absatz: *Von verruchter Mörderhand wurde ein Ehepaar niedergestreckt, das auf den Höhen der*

31 Salzburger Wacht, 30.6.1914, 1–3 u. 5 (ca. halbe Spalte).
32 Salzburger Wacht, 30.6.1914, 3.

Menschlichkeit wandelte, gefällt, ehe es die Bahn seines Lebens noch durchlaufen hatte. An der Bahre der Gemordeten sinken drei unmündige Waisen nieder und weinen um Vater und Mutter. Deren liebende und sorgende Herzen nicht mehr für sie schlagen. Überraschend ist jedoch, dass bereits wenige Zeilen später, ideologisch begründet, ein Vergleich zu den schlechten Arbeitsbedingungen der Werktätigen hergestellt wird:[33] *Tiefer als die anderen fühlen die Arbeiter die Wahrheit des Gebotes: ‚Du sollst nicht morden!' Die Arbeiter, die keinen Tag, wenn sie des Morgens ihre Geliebten verlassen, wissen, ob sie ihre Lieben widersehen werden, ob sie nicht von der Maschine gemordet werden, ob nicht der Kapitalismus aus der Zahl derer, die ihm dienen müssen, gerade sie zum Opfer auserwählt hat.* Diese Behauptung wird mit konkreten Zahlen untermauert:[34] *Die statistischen Nachweisungen […] beweisen uns, daß von 28½ Millionen Menschen, die Österreich*[35] *bewohnen, in einem Jahr durch Unfälle 9059, durch Mord und Totschlag 715 umgekommen sind, sodaß also von rund 2800 Menschen je einer auf diese Weise stirbt.* Als Ursachen nennt der Verfasser die *durch den Kapitalismus an sich schon geschaffenen Zustände* in den Fabriken sowie *den verbrecherischen Leichtsinn vieler Unternehmer und ihrer Vertreter.* Der Beitrag schließt angesichts der Morde von Sarajevo mit einer als Frage formulierten Anklage gegen den Kapitalismus: *So viele Tausende Kinder hat der Kapitalismus ins Elend gestürzt, werden die, die sonst herzlos daran vorübergehen und deren Herzen nun angesichts des Verbrechens von Sarajewo weich geworden sind, auch dem Mörder Kapitalismus an den Leib gehen?* Die Ausgabe vom 1. Juli 1914 enthält ebenfalls Angaben über die internationalen Reaktionen in der Tagespresse und die Beileidskundgebungen ausländischer Herrscher und Regierungen. Im Unterschied zu den anderen Salzburger Tageszeitungen werden diesem Thema wenig Platz, nämlich nur 33 Zeilen der Mittelspalte auf Seite sechs, der letzten Seite vor dem Anzeigenteil, gewidmet. Über andere, aus heutiger Sicht vergleichsweise nebensächliche Themen, wie „Das Testament von Wilberg Wright und das Fliegerunglück bei Fischamend" wird ausführlicher und an prominenterer Stelle berichtet.[36]

Der Leitartikel und die Berichterstattung über die Geschehnisse in Sarajevo selbst sowie über die damit verbundenen Reaktionen im In- und Ausland in der „Salzburger Wacht" sind ein deutlicher Hinweis auf die Distanz zwischen Arbeiterbewegung und herrschendem politischen System, das durch das Haus Habsburg und seine Mitglieder repräsentiert wurde. Der zitierte, vordergründig emotional bewegende Einleitungsabsatz ist daher nur als Mittel zum Zweck zu sehen, um die Anklage gegen das kapitalistische Wirtschaftssystem und den damit einhergehenden Arbeitsbedingungen mit all ihren Folgen noch eindringlicher zu gestalten.

Das Titelblatt der „Salzburger Zeitung" vom 30. Juni 1914 enthält die amtliche Meldung (vgl. Abb. 1) über das Attentat in Sarajevo. Am 2. Juli wird im „Amtlichen Teil" die am 3. Juli 1914 beginnende sechswöchige Hoftrauer kommentarlos verkündet.[37] In den Ausgaben der folgenden Tage finden sich immer wieder Abdrucke offizieller Reaktionen, beispielsweise Handschreiben von Kaiser Franz Joseph oder einem Kaiserlichen Armee- und Flottenbefehl vom 4. Juli 1914.[38] Direkte Hinweise auf einen möglicherweise bevorstehenden Krieg sind daraus jedoch nicht abzuleiten, dies gilt auch für den zitierten Armee- und Flottenbefehl, der wie folgt schließt: *Dennoch entsage ich nicht der Hoffnung auf gedeihliche Zukunft, überzeugt, daß in aller Bedrängnis, von der wir heimgesucht werden mö-*

33 Salzburger Wacht, 1.7.1914, 1.
34 Salzburger Wacht, 1.7.1914, 1.
35 Gemeint ist hier die österreichische Reichshälfte [Anm. O.D.].
36 45½ Zeilen langer Bericht in der Mittelspalte der Salzburger Wacht, 30.6.1914, 4.
37 Salzburger Zeitung, 2.7.1914, 1.
38 Salzburger Zeitung, 4.7.1914, 1.

gen, die Monarchie in der todesmutigen Hingebung der in ihrer Berufstreue unerschütterlichen Wehrmacht Österreich-Ungarns ihren sicheren Hort finden wird.

Der jeden zweiten und vierten Mittwoch im Monat erscheinende „Salzburger Volksbote" berichtete erstmals am 8. Juli 1914 über die Ereignisse in Sarajevo bzw. in den Tagen danach. Die Berichterstattung[39] folgt weitgehend, teilweise wortwörtlich, jener in der „Salzburger Chronik". Analysen der möglichen politischen oder militärischen Konsequenzen, die sich aus der Ermordung des Thronfolgerpaares ergeben könnten, fehlen.

„Wo bleibt die Eisenfaust?"[40] – Krieg gegen Serbien als einzige Lösung?

Obwohl das „Salzburger Volksblatt" vom 4. Juli 1914 über das Attentat von Sarajevo noch schrieb, dass es sich dabei um einen *Anschlag für nationalistisch serbische Ideen in serbisch-nationalem Interesse* handle, bei dem *noch nicht festgestellt sei, ob die Mörder von Serbien gedungen seien*[41], wurden die Schuldzuweisungen nationalistischer Kreise in Belgrad als Drahtzieher des Anschlages immer deutlicher.

Ein militärischer Konflikt, vorerst freilich auf den Balkan beschränkt, erschien aber abseits der Berichterstattung über die offiziellen Reaktionen sehr bald als mögliche Konsequenz. Schon am 7. Juli 1914 wurde im „Salzburger Volksblatt" erstmals das Wort „Krieg" in diesem Zusammenhang verwendet. Unter der unauffälligen Überschrift „Eine bezeichnende Äußerung des Königs Nikita[42]" war im Blattinneren folgender kurzer Artikel zu lesen:[43] *München, 2. Juli. Eine medizinische Kapazität in München wurde vor einigen Tagen in einem Hotel von einem Fremden, der unter gräflichem Namen abgestiegen war, konsultiert. Der Arzt riet dem Patienten wiederholt dringend, in Gastein eine Kur zu gebrauchen. Nach mehrfacher Ablehnung äußerte der Fremde schließlich: ‚Das kann ich nicht. Ich bin der König von Montenegro. Es gibt Krieg! Ich kann nicht nach Österreich gehen.' Bekanntlich hat der König von Montenegro vor einigen Tagen mit seinem Sohn, dem Kronprinzen, in München geweilt.* Alle Tageszeitungen unterlagen damals der Pressezensur, die mit Unterstützung der Polizei von den Bezirks- und Sicherheitsbehörden ausgeübt wurde. In den Landeshauptstädten und in Orten mit einer „belangreichen Pressetätigkeit" oblag die Pressekontrolle der zuständigen Staatsanwaltschaft.[44] Es ist daher sicher nicht als Zufall zu werten, dass die erste Erwähnung des Wortes „Krieg" als Folge der Schüsse von Sarajevo nicht an einer prominenten Stelle in der zitierten Tageszeitung zu lesen stand. In den folgenden Tagen mehrten sich die Anzeichen, dass eine kriegerische Auseinandersetzung unausweichlich sein könnte. Am 9. Juli 1914 berichtete die „Salzburger Chronik" auf ihrer Titelseite unter „Vor bedeutsamen Entscheidungen" im Zusammenhang mit der Berichterstattung über die Sitzung des gemeinsamen Ministerrates zwei Tage zuvor, dass auch Generalstabschef Conrad von Hötzendorf und Admiral von Haus, der Chef der Kriegsmarine, anwesend waren. Erstmals wurde neben Serbien auch über militärische Reaktionen in Russland berichtet:[45] *Bezeichnend für den Ernst der Lage ist auch, daß gegenwärtig in Serbien mehrere Reservejahrgänge unter den Fahnen stehen und daß auch Rußland durch einen neuen Ukas*[46] *des Zaren seine bereits zur Entlassung bestimmten Re-*

---

39 Salzburger Volksbote, 8.7.1914, 1–9.
40 Titel des Leitartikels, Salzburger Chronik, 14.7.1914, 1.
41 Salzburger Volksblatt, 4.7.1914, 1.
42 Nikolaus I. Petrowitsch Rjegosch, König von Montenegro; vgl.: Gothaischer Genealogischer Hofkalender nebst diplomatisch-statistischem Jahrbuche 1914. Gotha 1913, 50.
43 Salzburger Volksblatt, 7.7.1914, 4.
44 Schultz Bruno, Hilfsbuch zur Einführung in die Praxis der österreichischen politischen Verwaltung, Bd. 2. Wien 1908, 229.
45 Salzburger Chronik, 9.7.1914, 1.
46 Ukas: In Russland Erlass des Zaren bzw. der von ihm eingesetzten Regierung.

servejahrgänge weiterhin unter den Waffen behält. Noch deutlicher in Richtung Krieg wurde das „Salzburger Volksblatt" einen Tag später[47], denn sein ebenfalls auf dem Titelblatt abgedruckter Artikel „Das Ende unserer Langmut (Vor dem diplomatischen Schritt in Belgrad)" über den gemeinsamen Ministerrat am 7. Juli schloss mit dem Satz: *Nichts liegt uns ferner als für den Krieg zu hetzen – aber schließlich ist doch Österreichs Ehre – unsere Ehre, und die soll uns niemand beflecken.* Etwas mehr als eine Woche später schrieb dieselbe Zeitung über „Militärische Vorbereitungen in Serbien" und davon, dass *die serbische Regierung mehrere Reservejahrgänge, zusammen 70.000 Mann einberufen hat.*[48] Die Berichte über die Haltung Russlands klangen aber weiterhin eher beruhigend – vor allem der letzte Satz in nachstehend zitiertem Absatz verstärkt diesen Eindruck: *In russischen diplomatischen Kreisen wird erklärt, Rußland hoffe, die Monarchie werde an Serbien keine Forderungen stellen, die die nationale Selbständigkeit Serbiens berühren. Gemäßigte Forderungen würde auch Rußland unterstützen.*

Die Stimmen, die ein gewaltsames Vorgehen gegen Serbien und einen Krieg gegen diesen Balkanstaat forderten, wurden immer lauter. Jede mediale Zurückhaltung gegenüber den Machthabern in Belgrad hatte Mitte Juli 1914 schon aufgehört. Der am 14. Juli 1914 abgedruckte Leitartikel „Wo bleibt die Eisenfaust?" in der „Salzburger Chronik" bringt dies deutlich zum Ausdruck, denn er beginnt mit folgender Forderung:[49] *Man mag in welche Volkskreise auch immer hineinhorchen – aus allen ertönt das Verlangen, endlich einmal soll Österreich-Ungarn mit eiserner Faust gegen Serbien Ordnung machen auf dem Balkan.* Wenige Zeilen später wird dies mit der Feststellung bekräftigt: *Und heute steht Österreich-Ungarn abermals vor der Möglichkeit eines Krieges, der das Großserbentum mit Stumpf und Stiel ausrotten muß.* Er schloss mit folgendem Resümee: *Man wird natürlich wieder sagen, dass wir zum Kriege hetzen. Daran liegt nichts. Wir wissen, daß weite Volkskreise, und fürwahr nicht die schlechtesten, so denken. Wenn Österreich-Ungarn jetzt nicht Ordnung macht, dauert das Zündeln an unserem Dache fort, bis es endlich zur lodernden Flamme wird und uns das Dach überm Kopf zusammenbrennt. Regieren heißt voraussehen und Fürsorge treffen gegen Gefahren, die am Himmel aufziehen: Am Balkan nützen uns die Diplomaten nichts mehr – dort muß mit Eisen das Gift ausgebrannt werden, welches die slawischen Völker unserer Monarchie treffen und damit das ganze Reich vernichten soll.*

Alleine die sozialdemokratische „Salzburger Wacht" schloss sich in der ersten Julihälfte 1914 noch nicht der allgemeinen Kriegspropaganda an. So beginnt der Leitartikel „Das österreichische Elend" am 7. Juli mit folgender Feststellung:[50] *Die Tage der Aufregungen und Betrachtungen über das Sarajewoer Attentat gehen allmählich vorüber und lassen wieder Raum, den Blick den allgemeinen Verhältnissen in Österreich zuzuwenden. Ginge es nach der Absicht der exzessiven Patrioten, würde das nicht gut möglich sein, denn die schreien: Krieg gegen Serbien. Daß damit die Gefahr einer europäischen Verwicklung heraufbeschworen werden würde, ist diesen Leuten bekannt.* Noch deutlicher wurde die „Salzburger Wacht" am 14. Juli 1914, als direkt mit Textzitaten auf die aktuelle Berichterstattung in der katholisch-christlichsozialen „Salzburger Chronik" und deren Stimmungsmache für einen Krieg gegen Serbien eingegangen wurde. Nicht zufällig wurden auch Bibelzitate bemüht, um die Kriegspropaganda der Tageszeitung des politischen Gegners an den Pranger zu stellen:[51] *Die Christlichsoziale Eisenfaust.*

47 Salzburger Volksblatt, 10.7.1914, 1.
48 Salzburger Volksblatt, 18.7.1914, 1.
49 Salzburger Chronik, 14.7.1914, 1.
50 Salzburger Wacht, 7.7.1914, 1.
51 Salzburger Wacht, 14.7.1914, 5.

'... endlich einmal soll Österreich-Ungarn mit eiserner Faust gegen Serbien Ordnung machen'. – 'Österreich-Ungarn steht heute abermals vor der Möglichkeit eines Krieges, der das Großserbentum mit Stumpf und Stiel ausrotten muß.' – 'Serbien kann von seinem Größenwahn nur geheilt werden, wenn es einmal tüchtig Prügel bekommt.' – 'Darum heraus mit der Eisenfaust, bevor es zu spät ist.' – 'Man wird natürlich wieder sagen, daß wir zum Kriege hetzen. Daran liegt nichts.' – Wo stehen diese hübschen Sätze? Im Salzburger Piusvereinsblatt 'Chronik'. Passen sie nicht wunderbar zu dem göttlichen Gebote 'Du sollst nicht töten!'??? Oder nehmen sie sich nicht gut aus neben den Worten Christi: 'Liebet eure Feinde!'??? Schändet so ein elendes klerikales Tinterl das Christentum nicht mehr, als der verruchteste Gottesleugner? Wahrlich, wahrlich, sag' ich euch, je frömmer einer tut, desto weniger ist er ein wahrer Christ! Noch am 22. Juli 1914, am Tag vor der Übermittlung der als Ultimatum formulierten diplomatischen Note an Serbien, schwenkte die „Salzburger Wacht" noch nicht auf die allgemeine Pro-Krieg-Linie ein, denn auf der Titelseite wurde die Schlussfolgerung gezogen:[52] *Aber nach dem bisherigen Gang der Dinge ist man keineswegs gezwungen, die schlimme Eventualität eines Krieges als eine Notwendigkeit oder auch nur als eine überwiegende Wahrscheinlichkeit anzusehen.* Selbst am Tag der Übergabe der Note an Serbien konnte man auf der Titelseite der „Salzburger Wacht" lesen:[53] *Danach ist die Form des kurzfristigen Ultimatums wohl die unglücklichste, die man wählen könnte, um den Weg zum Frieden zu wahren.* Berichte wie die zitierten sind mit Hinweis auf die geltenden Zensurbestimmungen umso bemerkenswerter und zudem ein Indiz dafür, dass zu diesem Zeitpunkt trotz allem eine, wenn auch kontrollierte, kritische Presse (noch) möglich war. Sie zeigen, dass es gesellschaftspolitisch relevante Kräfte, wie die Arbeiterbewegung, gab, die bis zuletzt einem möglichen Krieg ablehnend gegenüberstanden und in ihm nicht die einzige Lösung zur Behebung der diplomatischen Spannungen auf dem Balkan sah.

Die „Salzburger Chronik" untersuchte am 22. Juli unter der bezeichnenden Überschrift „Wenn ein Krieg ausbräche!"[54] die Kriegsbereitschaft und Schwächen der Armee Russlands, Frankreichs sowie Englands, also der möglichen gesamteuropäischen Gegner, und wies dabei letzterer in Bezug auf eine mögliche Kriegsbereitschaft eine Schlüsselrolle zu. Das „Salzburger Volksblatt" titelte am 22. und am 23. Juli 1914 mit „Vor der Entscheidung" und beschrieb die Entwicklungen der letzten Tage und Stunden vor der unmittelbar bevorstehenden Übermittlung der diplomatischen Note an Serbien.[55] Ganz ähnlich war der Leitartikel in der „Salzburger Chronik" am nächsten Tag, denn hier wurde unter der Überschrift „Die Entscheidung vor der Tür" ebenfalls darüber spekuliert, dass *noch im Laufe dieser Woche die Demarche* an die Regierung in Belgrad abgehen würde.[56] Obwohl diese Salzburger Zeitungen in den Tagen vor der Abgabe des Ultimatums auf radikale antiserbische Parolen weitgehend verzichteten, kann man aus ihrer Berichterstattung unschwer erkennen, dass aus ihrer Sicht alles auf einen bevorstehenden Krieg hindeutete. Kritische Töne über das Vorgehen Österreich-Ungarns oder Zweifel an der Notwendigkeit bzw. Ausschließlichkeit der militärischen Option als Mittel zur Lösung der Krise fehlen.

Nur der Vollständigkeit halber erwähnt sei an dieser Stelle die Berichterstattung in der amtlichen „Salzburger Zeitung", die sich auf den kommentarlosen Abdruck diverser kaiserlicher Handschreiben an seine Minister im Gefolge des Attentats in Sarajevo und die Wiedergabe des zitierten kaiserlichen Armee- und

---

52 Leitartikel „Ein treffendes Urteil über die österreichische Lärmpolitik", Salzburger Wacht, 22.7.1914, 1.
53 Leitartikel „Ultimatum an Serbien?", Salzburger Wacht, 23.7.1914, 1.
54 Salzburger Chronik, 22.7.1914, 1f.
55 Ein genaues Datum der Übergabe war nicht bekannt, doch ging das Blatt davon aus, dass *der Schritt* [die Übergabe der Note; Anm. O.D.] *in Belgrad noch im Verlauf dieser Woche erfolgen* werde; vgl.: Salzburger Volksblatt, 22.7.1914, 1. Die beiden Artikel „Vor der Entscheidung", jeweils auf Seite 1 des Salzburger Volksblattes unterscheiden sich allerdings im Untertitel, nämlich „Graf Berchtold beim Kaiser" (22.7.) und „Die gegenwärtige Lage" (23.7.).
56 Salzburger Chronik, 23.7.1914, 1.

Flottenbefehls vom 4. Juli 1914 beschränkt.[57] Weitere Hinweise, die auf eine Zuspitzung der internationalen Lage schließen ließen, fehlen vorerst.

„Endlich – ein mannhafter Schritt"[58] – Letzte Friedenstage nach dem Ultimatum

Freitag, 23. Juli 1914, um 18 Uhr, wurde vom österreichisch-ungarischen Gesandten in Belgrad Freiherr Wladimir von Giesl im serbischen Außenministerium eine diplomatische Note samt Begleitschreiben übergeben.[59] Das mit 48 Stunden befristete Ultimatum enthielt nach einer Einleitung insgesamt zehn Forderungen an die Regierung in Belgrad im Zusammenhang mit dem Attentat in Sarajevo und der Aufklärung der Hintergründe der Tat bzw. die Bestrafung der Hintermänner. Umstritten und für die Verantwortlichen in Belgrad unannehmbar, weil sie letztlich der territorialen Integrität sowie der Eigenständigkeit seiner Justiz- bzw. Polizeiorgane widersprachen, waren die Punkte fünf und sechs. Demnach hatte sich die serbischer Regierung zu verpflichten,[60] *5. Einzuwilligen, daß Organe der kais. und königl. Regierung bei der Unterdrückung der gegen die territoriale Integrität der Monarchie gerichteten subversiven Bewegungen mitwirken* und *6. Eine gerichtliche Untersuchung gegen jene Teilnehmer des Komplottes vom 28. Juni einzuleiten, die sich auf serbischem Territorium befinden. Von der k. u. k. Regierung hiezu delegierte Organe werden an den bezüglichen Erhebungen teilnehmen.* Am 25. Juli 1914, fünf Minuten vor Ablauf des Ultimatums, übergab der serbische Premierminister Nikola Pašić die abschlägige Antwort seiner Regierung. Noch am selben Abend verließ Freiherr von Giesl mit seiner Gattin und dem Personal der österreichischen Gesandtschaft Belgrad und kehrte nach Wien zurück.[61]

Die Zeitungsberichterstattung spiegelt die Dramatik der letzten Friedenstage des Sommers 1914, als ein Krieg scheinbar unausweichlich erschien, wider. Sie zeigen aber auch, dass trotz aller patriotischen Formulierungen vielleicht so etwas wie ein unbestimmtes Unbehagen vor den nicht abschätzbaren Auswirkungen eines militärischen Vorgehens bestand. So titelte das „Salzburger Volksblatt" am 25. Juli im Zusammenhang mit der Überbringung des Ultimatums mit „Endlich – ein mannhafter Schritt"[62] und erklärte in pathetischer Sprache: *Die österreichisch-ungarische Regierung hat sich des Sprichwortes erinnert: ‚Greif niemals in ein Wespennest, doch wenn du greifst, so greife fest!' Lange, sehr lange hat Österreich-Ungarn dem verfluchten Treiben in dem serbischen Wespenneste zugesehen; jetzt aber hat sie mit festem Griff alle Maßregeln, die notwendig sind, um unerträglichen Zuständen ein Ende zu machen, ergriffen.* Und einige Zeilen später heißt es: *Der österreichische Doppeladler entfaltet endlich wieder seine Schwingen; alle Freunde Österreichs werden die Note unserer Regierung an Serbien mit aufrichtiger Freude und mit befreitem Aufatmen nach langem bangen Druck zur Kenntnis nehmen […].* Trotz allem Kriegsgetöse vermeint man als Leser rund hundert Jahre später auch in dieser kurzen Zeitspanne vor dem Ausbruch des Krieges noch so etwas wie eine letzte Hoffnung zu erkennen, dass doch das Unausweichliche noch abgewendet werden könnte: *Es ist noch gar nicht abzusehen, wie sich Serbien den österreichischen Forderungen gegenüber verhalten wird. Im Interesse der Erhaltung des Friedens wollen wir hoffen, daß es in der Erkenntnis*

---

57 Salzburger Zeitung, 6.7.1914, 1 u. 9.7.1914, 1.
58 Titel des Leitartikels, Salzburger Volksblatt, 25.7.1914, 1.
59 Zum Ultimatum an Serbien und seine Vorgeschichte bzw. die Bewertung der einzelnen Punkte; vgl.: Clark Christopher, Die Schlafwandler. Wie Europa in den Ersten Weltkrieg zog. (deutschsprachige Ausgabe von „The Sleepwalker. How Europe Went to War in 1914") München 2013, 579–602.
60 Zit. n.: „Der Wortlaut der Note an Serbien", Salzburger Wacht, 24.7.1914, 1f.
61 Clark, Die Schlafwandler (wie Anm. 59), 599.
62 Salzburger Volksblatt, 25.7.1914, 1.

der furchtbaren Gefahr, in die es ein Krieg mit Österreich, den es wahrscheinlich alleine führen müßte, stürzen würde, nachgibt und die berechtigten Forderungen unserer Regierung erfüllt. Wenn aber die Serben in ihrem Trotze verharren, dann möge es dabei bleiben, daß die Diplomaten das letzte Wort gesprochen haben und nun die Armee zu sprechen beginnt. Am nächsten Tag stand der Leitartikel unter der Überschrift „Serbien von Rußland verlassen?"[63], aber bereits mit dem Zusatz „Geringe Hoffnung auf Erhaltung des Friedens". Noch einmal, ein letztes Mal in diesem Sommer 1914, berichtet das „Salzburger Volksblatt" über Möglichkeiten für eine friedliche Lösung: *Fest steht, daß die russische Diplomatie in dem Sinne arbeitet, einen friedlichen Ausweg aus der Spannung zu finden. Die russische Diplomatie in Belgrad gibt die Hoffnung noch nicht auf, daß sich Serbien bis 6 Uhr abends bereit erklären könnte, von der Erhebung eines Protestes bei der Annahme der österreichischen Forderung abzusehen.* Diese Zitate aus dem Zeitraum zwischen Abgabe des Ultimatums und der ablehnenden Antwort Serbiens zeigen recht deutlich, dass man immer noch von einem begrenzten Konflikt auf dem Balkan ausging und die Möglichkeit eines gesamteuropäischen Krieges noch nicht in Betracht zog. Die Hoffnungen auf Frieden erfüllten sich nicht. Am 28. Juli 1914 konnte man die beiden Überschriften „Für unsere Soldaten" und „Der Kriegszustand" auf der Titelseite der Ausgabe des „Salzburger Volksblattes" lesen und das Blatt teilte seinen Abonnenten mit:[64] *Spenden als Liebesgaben für unsere braven Soldaten und ihre zurückgebliebenen Familien werden von der Verwaltung unseres Blattes entgegengenommen und im ‚Salzburger Volksblatt' ausgewiesen werden.*

Auch der Leitartikel „Es wurde Ernst gemacht" in der „Salzburger Chronik" vom 25. Juli 1914 billigte die Übermittlung des Ultimatums an Serbien:[65] *Endlich! Mit diesem Seufzer der Erleichterung haben wohl alle ehrlichen Österreicher den entscheidenden Schritt unserer Regierung begleitet. Endlich einmal ein Auftreten, welches der Großmachtstellung der Monarchie entspricht, und kein Staat in Europa wird etwas an Inhalt und Ziel dieser Note auszusetzen haben.* Hoffnungen auf eine Bewahrung des Friedens wurden nicht geäußert. Bemerkenswert ist die abschließende Beurteilung der möglichen internationalen Konsequenzen, die sich aus der Ablehnung des Ultimatums ergeben könnten: *Im Falle der Intervention einer fremden Macht* [Großbritannien, Frankreich oder Russland; Anm. O. D.] *würden Deutschland und Italien dies als den Bündnisfall ansehen. Ein Weltkrieg stünde vor der Tür. Wer vom Dreiverband will die Verantwortung dafür übernehmen? Und andererseits: Darf und kann es die serbische Regierung und die Dynastie der Karageorgevic im eigenen Interesse Serbiens dahin kommen lassen?* Aus den zitierten Zeilen kann man, zumindest aus heutiger Sicht, Zweifel daran erkennen, dass sich der Krieg auf den Balkan beschränken würde. Die Verwendung des Begriffes „Weltkrieg" macht den Ernst der Lage deutlich und relativiert das Bild der scheinbar uneingeschränkten Kriegsbegeisterung jener Tage. In der nächsten Ausgabe ging es dann „Um die Ehre des Reiches" und um „Serbische Vorbereitungen".[66] Noch einmal wurden wage Friedenshoffnungen geweckt, denn *Serbien hatte und hat es noch jetzt in der Hand, einen Krieg zu vermeiden und seine eigene Demütigung nicht heraufzubeschwören. Die ersten Handlungen der serbischen Regierung lassen eine schwache Hoffnung aufkommen, daß der Friede erhalten bleibt.* Die abschließende Feststellung im zitierten Leitartikel zeigt jedoch, dass die veröffentlichte, von der Zensur gebilligte Stimmung letzt-

---

63 Salzburger Volksblatt, 26.7.1914, 1.
64 Salzburger Volksblatt, 28.7.1914, 1.
65 Salzburger Chronik, 25.7.1914, 1f.
66 Salzburger Chronik (Nr. 168), 26.7. u. 27.7.1914 (Doppelnummer), 1.

lich nur noch in Richtung Krieg zeigte: *In den österreichischen Adern pulsiert das alte Heldenblut, das gewohnt ist, zu siegen. Wir kennen keine Furcht! Sollte der allverehrte greise Kaiser seine Völker rufen, dann werden alle Nationen zu den Fahnen eilen. Es gilt die Ehre des allergeliebten Kaiserhauses, des Vaterlandes, die Sühne für den Fürstenmord, es gilt den Ruhm des Staates und den Schutz der Kultur gegen Verletzung des Völkerrechtes und Barbarei!*

Am 28. Juli dominiert dann die Überschrift „Der Krieg mit Serbien" die erste Seite der „Salzburger Chronik", allerdings mit dem bezeichnenden Subtitel „Nur keine Angst!" Weitere Untertitel,[67] wie „Die Haltung der Dreibundmächte", „Rußland ist friedliebend?" oder „Mobilisierung in Frankreich?" zeigen schon eine gewisse Besorgnis über die Reaktion der anderen Mächte und eine mögliche Ausweitung des Konflikts. Erstmals wird auch über Kampfhandlungen – „Serbien eröffnet das Feuer" – berichtet.[68]

Die „Salzburger Wacht" vom 25. Juli 1914 mit dem am Vortag erlassenen Aufruf „Arbeiter, Parteigenossen!" der *deutschen sozialdemokratischen Abgeordneten Österreichs* wurde von der Zensur beschlagnahmt. Er konnte daher erst in einer *Nach der Konfiskation zweiten Auflage!* dieses Tages erscheinen (vgl. Abb. 2). Die Aussagen in der beschlagnahmten Version[69] wecken ebenfalls die, wenn auch vage Hoffnung auf eine Bewahrung des Friedens und eine positive Reaktion Serbiens auf das Ultimatum. Die Verfasser des Aufrufes sind vielmehr der Meinung, *daß die serbische Regierung diesen Forderungen Österreich-Ungarns, die durch das Völkerrecht sanktioniert sind, keinen Widerstand entgegensetzen können [sic!], keinen Widerstand auch entgegengesetzt hätte. Wir sind überzeugt, daß für alles, was Österreich-Ungarn im Interesse des Schutzes seiner Staatssicherheit begehrt, die Erfüllung in Frieden zu erreichen war und immer noch wäre und, daß keine staatliche Notwendigkeit, keine Rücksicht auf ihr Ansehen die Großmacht zwingt, die Bahnen der friedlichen Verständigung zu verlassen.* Bemerkenswert ist, dass das Ultimatum selbst und sein Inhalt nicht in Frage gestellt werden. Kritisiert wird aber die fehlende parlamentarische Mitbestimmung. Dagegen erhoben die *gewählten Abgeordneten des deutschen Proletariats* ihre Stimme *feierlich zum Protest* und beschließen ihren Aufruf mit der Erklärung: *Wir lehnen jede Verantwortung für den Krieg ab; feierlich und entschieden beladen wir mit ihr diejenigen, die ihn, hüben wie drüben, angestiftet haben und entfesseln wollen und wir wissen uns darin einig mit den klassenbewußten Arbeitern der ganzen Welt und nicht zum wenigsten mit den Sozialdemokraten Serbiens. Feierlich bekennen wir uns zu der Kulturarbeit des internationalen Sozialismus, dem wir ergeben bleiben im Leben und verbunden bleiben bis zum Tode!* Bei allem internationalistischen Pathos fehlt in der gesamten Erklärung ein direkter Angriff auf den Kaiser oder die Regierung – man kann allerdings davon ausgehen, dass derart kritische Stimmen in der damaligen Situation von der Zensur nicht toleriert worden wären. Die Konfiszierung der ersten Ausgabe der „Salzburger Wacht" vom 25. Juli 1914 ist ein deutliches Indiz für die verschärfte Kontrolle der Presse.

Die Leitartikel auf den Titelseiten der Ausgaben vom 27. und 28. Juli trugen beide die Überschrift „Vor dem Kriegsausbruch". Sie unterscheiden sich jedoch inhaltlich, denn am 27. Juli stehen die kriegsbedingten Einschränkungen der persönlichen Freiheiten und die „Offizielle Bekanntmachung über die Schließung des Reichsrates, der Landtage und der Permanenz-Ausschüsse" im Zentrum der

---

67 Salzburger Chronik, 28.7.1914, 1.
68 Salzburger Chronik, 28.7.1914, 1.
69 Salzburger Wacht, 25.7.1914 (beschlagnahmte Auflage), 1.

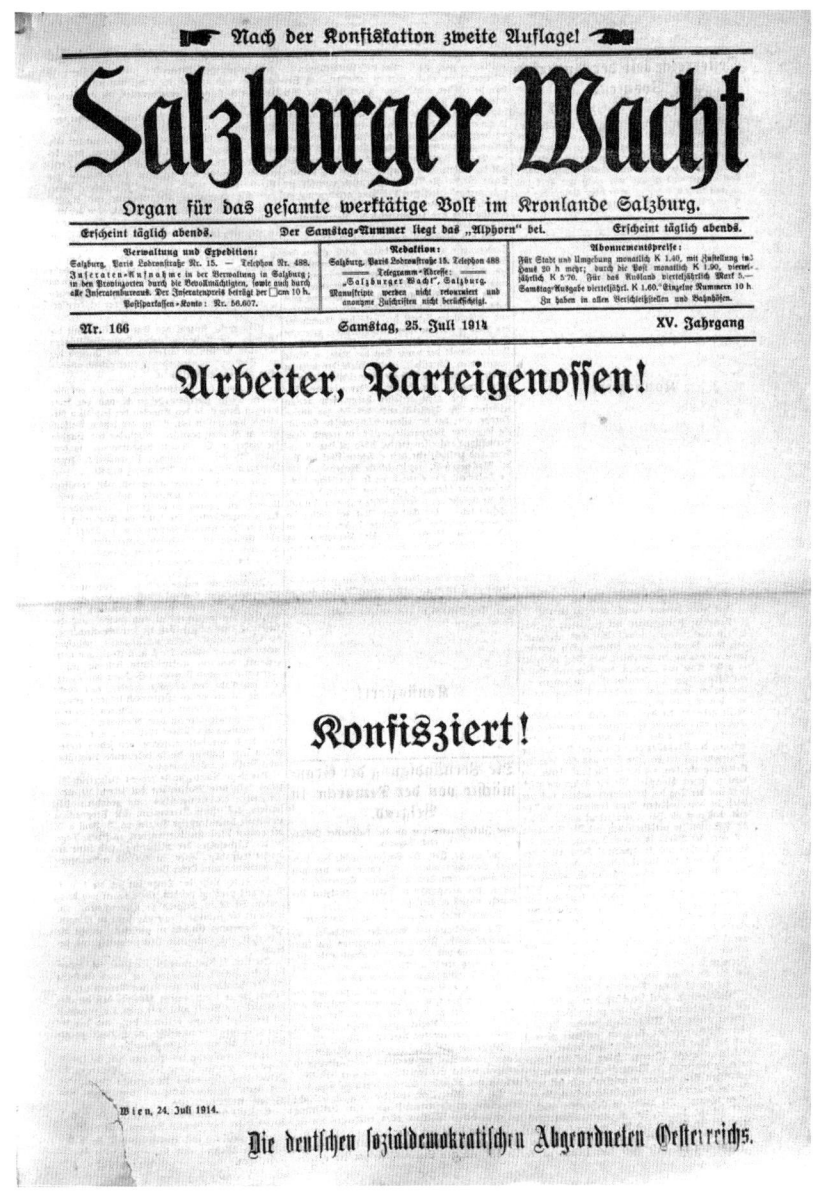

Abb. 2: Titelblatt der „Salzburger Wacht" vom 25. Juli 1914, 2. Auflage, mit den Folgen der Pressezensur auf dem Titelblatt (Reproduktion: SLA)

Berichterstattung. Einen Tag später wird „Die Isolierung des Konflikts" nach dem Abbruch der diplomatischen Beziehungen zu Serbien im Spiegel der internationalen Reaktionen näher untersucht und in diesem Zusammenhang ein *hochstehender Diplomat* zitiert:[70] *[…] die Haltung Deutschlands und Italiens habe der Lokalisierung des Krieges gut vorgearbeitet. Die Entscheidung dürfte im Laufe des heutigen Tages* [27. 7. 1914; Anm. O.D.] *fallen*. Auch aus diesen Zeilen spricht die Hoffnung, dass ein gesamteuropäischer Krieg noch verhindert werden könnte. Sie widersprechen allerdings den Berichten im Blattinneren[71] über die Mobilisierung Montenegros, die militärischen Vorbereitungen Russlands an seiner Westgrenze und von der Verlegung kriegsmäßig ausgerüsteter britischer Flottenverbände in Richtung Nordsee. Kritische Stimmen zum Krieg fehlen. Fast entsteht der Eindruck, als habe man sich nun auch auf Seiten der Sozialdemokratie mit

70 Salzburger Wacht, 28.7.1914, 1.
71 Salzburger Wacht, 28.7.1914, 2f.

der Tatsache eines Krieges abgefunden oder abfinden müssen, und lediglich die vage Hoffnung auf dessen Lokalisierung wurde vorerst noch aufrechterhalten.

In der amtlichen „Salzburger Zeitung" schlug sich die Verschärfung der internationalen Lage in der Berichterstattung ebenfalls nieder. So enthielt der amtliche Teil vom 26. Juli 1914 unter anderem Kundmachungen der Verordnung über das Verbot bzw. die Überprüfung von aus Serbien stammenden Druckschriften[72], über die Beschränkung von Postsendungen[73] und die Einschränkung des Personenverkehrs mit dem Ausland[74]. Am selben Tag vermeldete der nichtamtliche Teil[75] den „Abbruch der diplomatischen Beziehungen mit Serbien" und ging dabei auch auf die nunmehr verstärkte Sicherung von Eisenbahnstrecken ein. Die erwähnten Maßnahmen sprechen hier bereits eine deutliche Sprache: *Zur Vermeidung von Unglücksfällen wird darauf aufmerksam gemacht, daß die Wachen und Posten* [zur Sicherung von Eisenbahnlinien; Anm. O. D.] *gegen jeden, der auf den ersten Anruf nicht stehen bleibt, von der Waffe Gebrauch machen*, und weiter als Begründung für diese Maßnahme: *Die auswärtige Lage hat nunmehr, wie aus den vorstehenden Mitteilungen erhellt, eine Gestaltung angenommen, welche die Bedachtnahme auf die militärischen Erfordernisse zum obersten Gebote macht*. Auch in den folgenden Tagen wurden Maßnahmen im Zusammenhang mit einem bevorstehenden Krieg kundgemacht, wie am 28. Juli 1914 die Verordnung über das Verbot der Einfuhr von Waffen, Munition, Sprengstoff und Tauben.[76] Auch die gesetzlichen Grundlagen für Requirierungen durch das Militär, beispielsweise von Fuhrwerken, Zug- und Tragtieren sowie von Kraftfahrzeugen, aber auch für die Bereitstellung von Lebensmitteln und Schlachtvieh waren Gegenstand der Veröffentlichung.[77] Die amtliche „Salzburger Zeitung" enthielt sich naturgemäß jedweder Wertungen und politischer Analysen, doch konnte schon alleine aus den Inhalten der veröffentlichten Verlautbarungen auf einen unmittelbar bevorstehenden Krieg geschlossen werden.

„Steh' auf mein Volk: Der Kaiser ruft!"[78] – die ersten Tage im Krieg

Am späten Vormittag des 28. Juli 1914 unterzeichnete Kaiser Franz Joseph in seinem Arbeitszimmer in Bad Ischl die Kriegserklärung der Habsburgermonarchie an das Königreich Serbien, die per Telegramm am selben Nachmittag in Niš, wohin sich das serbische Außenministerium vorübergehend zurückgezogen hatte, eintraf.[79] Damit begann ein Krieg, der sich, obwohl vorerst auf den Balkan beschränkt, binnen weniger Tage zu einem gesamteuropäischen und in weiterer Folge zu einem Weltkrieg ausweitete.

Die folgende, unvollständige Auflistung von Kriegserklärungen[80] zeigt deutlich, wie rasch sich dieser Konflikt auf den gesamten Kontinent ausdehnte. Am 30. Juli 1914 erfolgte in Russland die Generalmobilmachung. Deutschland, Frankreich und Österreich-Ungarn folgten am 1. August. Am selben Tag erklärte das Deutsche Reich Russland den Krieg. Nachdem Deutschland am 3. August Frankreich den Krieg erklärt hatte, begann es einen Tag später mit dem Einmarsch in das neutrale Belgien. Die Folge war die Kriegserklärung von Großbritannien. Seit 5. August 1914 befanden sich Montenegro und Österreich-Ungarn im Kriegszustand, ab 6. August Serbien und das Deutsche Reich. Seit 6. August herrschte auch zwischen Österreich-Ungarn und Russland Krieg. Am 11. August erklärte

72 „Verordnung der Ministerien des Innern und der Justiz im Einvernehmen mit den Ministerien der Finanzen und des Handels vom 26. Juli 1914, womit die in Serbien erscheinenden periodischen Druckschriften verboten und die Revision der von dort einlangenden nicht periodischen Druckschriften angeordnet wird", Salzburger Zeitung, 26.7.1914, 1.

73 „Verordnung der Ministerien des Handels und des Innern vom 26. Juli 1914 über die Behandlung der Postsendungen", Salzburger Zeitung, 26.7.1914, 2.

74 „Verordnung des Ministers für Landesverteidigung und des Ministers des Innern vom 26. Juli 1914 betreffend die Verhütung von Wehrpflichtverletzungen durch Grenzüberschreitungen", Salzburger Zeitung, 26.7.1914, 2.

75 Salzburger Zeitung, 26.7.1914, 3.

76 Bei den Tauben sind zweifellos Brieftauben als Kommunikationsmittel mit einem möglichen Feind gemeint; Salzburger Zeitung, 28.7.1914, 1.

77 Verordnung des Ministeriums für Landesverteidigung vom 25. Juli 1914, Salzburger Zeitung, 28.7.1914, 2f.

78 Titel des Leitartikels, Salzburger Chronik, 30.7.1914, 1.

79 Hastings Max, Catastrophe. Europe goes to war 1914. London 2013, 68.

80 Rauchensteiner Manfried, Der Tod des Doppeladlers Österreich-Ungarn und der Erste Weltkrieg. Graz-Wien-Köln 1997, 696 (Zeittafel).

Abb. 3: Titelblatt der „Salzburger Zeitung" vom 29. Juli 1914 mit dem kaiserlichen Handschreiben und Manifest zur Kriegserklärung Österreich-Ungarns an Serbien (Reproduktion: SLA)

schließlich Frankreich und am darauffolgenden Tag Großbritannien der Habsburgermonarchie den Krieg.

Im Folgenden soll nur auf die ersten Tage des Krieges eingegangen werden. Als Endpunkt des vorliegenden Pressevergleichs wurde die Berichterstattung über den Beginn der Feindseligkeiten zwischen der Donaumonarchie und dem Zarenreich am 6. August gewählt, da spätestens zu diesem Zeitpunkt aus der Sicht Österreich-Ungarns eine Begrenzung des Konflikts nicht mehr möglich war. Die k. u. k. Monarchie war weder militärisch noch wirtschaftlich auf einen lange dauernden Mehrfrontenkrieg vorbereitet – ein Faktum, das bereits in den ersten Kriegswochen tausenden Soldaten das Leben kostete. Vor allem das aktive Offizierskorps erlitt bis dato nicht für möglich gehaltene Verluste. Von diesem Aderlass sollte sich die k. (u.) k. Armee letztlich nie wieder erholen.

Die Kriegserklärung und der Beginn der Feindseligkeiten mit Serbien und anderen europäischen Mächten dominierten naturgemäß Anfang August die Berichterstattung in allen Zeitungen. Anfänglich wurde noch die Möglichkeit einer Begrenzung des Konflikts diskutiert. So meldete das „Salzburger Volksblatt" auf seiner Titelseite vom 29. Juli 1914 in großen Lettern die „Kriegserklärung an Serbien", stellte aber in einem weiteren Artikel noch auf derselben Seite „Die Frage der Lokalisierung" des Krieges und charakterisierte die *augenblickliche internationale Situation* folgendermaßen:[81] *Alle Mächte sind darauf bedacht, den Konflikt zu lokalisieren. Rußland und Frankreich glauben dies erreichen zu können, indem sie sich bemühen, den Konflikt zwischen Österreich-Ungarn und Serbien auf einen diplomatischen zu beschränken, was erreicht werden könnte, wenn Österreich-Ungarn etwas von seinen Forderungen nachließe. Rußland glaubt, Österreich-Ungarn hiezu bringen zu können, wenn sich auch England einer solchen Aktion anschlösse. England ist nicht der Ansicht, das Österreich-Ungarn zu einer Mäßigung zu veranlassen ist. Es meint, Serbien müßte sich in zwölfter Stunde unterwerfen oder die Mächte müßten bemüht sein, den Krieg zu lokalisieren.* Berichte über Kampfhandlungen nahmen in dieser Anfangsphase nur eine untergeordnete Rolle ein.[82] Als Beginn der kriegerischen Feindseligkeiten mit Serbien wurde ein Grenzzwischenfall bei Temeskubin[83] bezeichnet. Am nächsten Tag warnte der Leitartikel „Ruhig Blut!" vor dem überstürzten Abheben der Guthaben von den einzelnen Banken und mahnte angesichts des Krieges zur Besonnenheit in wirtschaftlichen Angelegenheiten:[84] *Ruhig Blut auch den wirtschaftlichen Bedrängnissen gegenüber ist jetzt erstes Gebot und die patriotische Pflicht aller, die nicht als Soldaten dem Vaterlande ihren Tribut zollen.*

Die Hoffnungen auf eine Lokalisierung des Konflikts wurden durch die nunmehr fast täglich eintreffenden beunruhigenden Nachrichten über die gesamteuropäische Lage obsolet. Am 31. Juli konnte man auf der Titelseite des „Salzburger Volksblattes" als Hauptüberschrift die Frage „Kommt die größte Katastrophe der Welt?"[85] lesen. Von einer Beruhigung der Situation war in diesem Bericht keine Spur mehr zu merken. Verstärkt wurde dies durch die Verlautbarung der allgemeinen Mobilisierung am darauffolgenden Tag.[86] Erstmals dominierten am 4. August 1914 Berichte über Kampfhandlungen unter „Der Krieg. Der Beginn eines Weltkrieges. – Russische und französische Einfälle in deutsches Gebiet. – Russische Spione. – Erfolgreiches Bombardement des russischen Kriegshafens Libau."[87] die Titelseite dieser Zeitung, und am 6. August 1914 wurde bereits „Der Beginn des europäischen Weltkrieges. Ein Konflikt Deutschlands mit Belgien. – Die Kriegserklärung Englands. – Russische Truppenkonzentrationen bei Jassy[88]. Erfolge deutscher Truppen an der russischen Grenze. – Die entscheidende Sitzung des deutschen Reichstages." vermeldet.[89] Im Blattinneren[90] zeugte neben anderen Berichten, wie „Empfindlicher Mangel an Hartgeld" oder über „Lebensmittelwucher", ein „Aufruf der Gemeinde Morzg" auch schon von der Schattenseite des Krieges: *Durch die allgemeine Mobilisierung ist für die zurückgebliebenen Angehörigen der Mobilisierten in unserer Gemeinde, insbesonders im Gemeindeteile Kleingmain, der zum großen Teil von Arbeitern bewohnt ist, eine fürchterliche Notlage eingetreten. Helfe jeder nach Kräften das Elend mildern! Beiträge nimmt entgegen die Gemeindevorstehung.* Auch die „Kundmachung"[91]

81 Salzburger Volksblatt, 29.7.1914, 1.
82 „Die ersten Schüsse bei Temeskubin", Salzburger Volksblatt, 29.7.1914, 3.
83 Heute Kovin, Stadt in Serbien, rund 50 km östlich von Belgrad am nördlichen Donauufer.
84 Salzburger Volksblatt, 30.7.1914, 1.
85 Salzburger Volksblatt, 31.7.1914, 1.
86 Salzburger Volksblatt, 1.8.1914, 1.
87 Heute Liepāja, Hafenstadt im Westen von Lettland an der Ostsee; Titel des Leitartikels, Salzburger Volksblatt, 4.8.1914, 1.
88 Heute Iași, Stadt in Rumänien, rund 400 km nördlich von Bukarest an der Grenze zu Moldawien.
89 Salzburger Volksblatt, 6.8.1914, 1.
90 Salzburger Volksblatt, 6.8.1914, 5.
91 Kundmachung des Landesausschusses im Herzogtum Salzburg vom 5.8.1914; Salzburger Volksblatt, 6.8.1914, 5.

betreffend die Organisation des landwirtschaftlichen Hilfsdienstes für die zur Kriegsleistung Einberufenen" ist ein Indiz für die überstürzten Einberufungen und die fehlende langfristige Planung für den Kriegsfall – Arbeitskräftemangel sollte für die nächsten Jahre ein gesamtwirtschaftliches Problem werden, das durch den Einsatz von Kriegsgefangenen, aber auch von Frauen in bislang traditionellen Männerberufen nur sehr unzureichend gelöst werden konnte. Spätestens, als am 9. August 1914 unter der Überschrift „Der Kampf gegen sechs Fronten"[92] über Kampfhandlungen an den verschiedenen Kriegsschauplätzen in ganz Europa berichtet wurde, war klar, dass sich die k. u. k. Monarchie in einem gesamteuropäischen Krieg befand, dessen Konsequenzen auch für die Leser des „Salzburger Volksblattes" nicht vorstellbar waren.

Die Darstellung der internationalen Lage und des beginnenden Krieges in der „Salzburger Chronik" unterscheidet sich im Grundtenor nicht wesentlich von jener im „Salzburger Volksblatt". Hoffnungen auf eine mögliche Beschränkung des Konflikts auf den Balkan wurden allerdings nach der Ablehnung des Ultimatums an Serbien nicht mehr geweckt. Auch in der „Salzburger Chronik" fehlen kritische Stimmen zur militärischen Lösung des Konflikts mit Serbien. Bezeichnend dafür ist der Leitartikel „Der Krieg" vom 29. Juli 1914, der mit folgender Feststellung beginnt:[93] *Mit einem gewaltigen Ruck hat die altehrwürdige Habsburgermonarchie der Welt gezeigt, daß sie in männlicher Tatkraft ihr Alles einsetzen will für Ihre Ehre und Sicherheit. Bekräftigt wird dies durch ein abschließendes ‚Es lebe der Kaiser! Gott schütze ihn und sein Reich!'* Dennoch ist, bei allem Pathos, die Sorge herauszulesen, dass Frankreich und Russland in den Krieg eintreten könnten, und die Beschwörung der Bündnistreue innerhalb des Dreibundes konnte dies nicht entkräften. Bemerkenswert ist allerdings der Umstand, dass von einem Kriegseintritt Englands zu diesem Zeitpunkt nicht ausgegangen wurde, man rechnete vielmehr damit, *daß uns Deutschland und Italien treu zur Seite stehen, es kommt dann eben zu einer Kraftprobe zwischen Dreibund und Zweibund, denn daß England sich in diesen kontinentalen Krieg einmischen wird, ist nach den Erklärungen seiner maßgebenden Staatsmänner ausgeschlossen. Preußisch-deutsche Strammheit, österreichisch-ungarische Zähigkeit, italienisches Feuer stellen eine Macht dar, an der das einzig auf Vorteil gegründete Bündnis Rußlands und Frankreichs vergeblich sich die Stirne einrennen wird.* Die Titelseite der Ausgabe des nächsten Tages dominiert dann unter der bereits zitierten Überschrift „Steh' auf mein Volk: Der Kaiser ruft!" das Manifest „An Meine Völker!" von Kaiser Franz Joseph I. anlässlich der Kriegserklärung an Serbien. Am darauffolgenden Tag wurde auf der ersten Seite ein Spendenaufruf „Für unsere wackeren Soldaten und ihre Familien!" von Landespräsident Felix von Schmitt-Gasteiger, Fürsterzbischof Balthasar Kaltner und Landeshauptmann Alois Winkler veröffentlicht.[94] Im Blattinneren, auf Seite 6, findet sich an diesem Tag unter der Überschrift „Der Krieg mit Serbien" eine recht detaillierte Landkarte der zu erwartenden Kriegsschauplätze am Balkan. Diese Karte wurde am 1. August noch einmal abgedruckt.[95] An diesem Tag erschien auch auf der letzten Seite die kommentarlose Verkündigung der allgemeinen Mobilisierung von Heer, Kriegsmarine und Landwehr.[96]

In der Nummer vom 2. August 1914[97] steht der Leitartikel unter der Frage „Kommt der Weltkrieg?". Darin wird neben den gesamteuropäischen Konsequenzen sogar die Ausweitung des Krieges auf Asien als eine Möglichkeit in

---

92 Salzburger Volksblatt, 9.8.1914, 1.
93 Salzburger Chronik, 29.7.1914, 1.
94 Salzburger Chronik, 31.7.1914, 1.
95 Salzburger Chronik, 31.7.1914, 6.
96 Salzburger Chronik, 1.8.1914, 6.
97 Salzburger Chronik (Nr. 174), 2.8. u. 3.8.1914 (Doppelnummer), 1.

Erwägung gezogen: *Sobald Rußland in Europa das Schwert zieht, werden Japan und China den Augenblick für gekommen erachten, um ihrem berechtigten Haß gegen Rußland Befriedigung zu verschaffen.* Diese Darstellung einer Globalisierung, wie man heute, hundert Jahre später, sagen würde, diente sicher auch dem Zweck, dem Leser vor Augen zu halten, dass Russland an vielen Fronten zu kämpfen haben werde und daher für die Donaumonarchie einen zu bewältigenden Gegner darstellt. Das Zarenreich sollte demnach nicht als übermächtiger Feind im Osten erscheinen. Eine Nachricht in eigener Sache zeigt an diesem Tag aber auch schon eine negative Konsequenz der am Vortag verkündeten allgemeinen Mobilisierung und der damit verbundenen militärischen Maßnahmen:[98] *Die ‚Salzburger Chronik' hat, wie alle anderen Zeitungen, schwer unter den Folgen der Mobilisierung zu leiden. Nicht nur, daß der interurbane Telefonverkehr eingestellt ist, wir erhielten heute auch weder aus Wien noch aus München die telegraphischen Privatnachrichten. Zeitungen aus Wien und Deutschland bleiben aus, hauptsächlich weil der Bahnverkehr vom Militär mit Beschlag belegt wurde. Wie uns mitgeteilt wird, werden in den nächsten Tagen für den allgemeinen Verkehr nur 2 Züge täglich nach Wien und nur 1 Zug täglich nach Innsbruck gehen.*

Nachdem „Der Krieg mit Rußland" und „Der Krieg mit Frankreich. Frankreich eröffnet den Krieg" am 5. August 1914 nur in relativ kurzen Artikeln im hinteren Teil des Blattes Erwähnung gefunden hatten,[99] dominierte am folgenden Tag die Überschrift „England hat Deutschland den Krieg erklärt" die Titelseite und fast resignierend und letztlich den Tatsachen entsprechend konstatierte der Verfasser des Artikels:[100] *So hat denn die Meuchelmörderbande in Serbien tatsächlich ganz Europa, ja die Welt in Brand gesetzt, denn daß jetzt Italien, Nordamerika, Japan, Indien, Persien, Türkei und Rumänien ruhige Zuschauer bleiben können, ist ganz ausgeschlossen. Aus der Strafexpedition gegen den Meuchelmörderstaat am Balkan ist ein Angriffskrieg des Dreiverbandes gegen den Dreibund geworden, die ganze Welt steht in Kriegsflammen.* Der katholischen Ausrichtung des Blattes entsprechend endet dieser Beitrag mit folgender Berufung auf Gottes Hilfe im Kampf gegen Großbritannien: *Gott, denn wer für Recht und Sitte kämpft, wer sich gegen Angriffe seiner Haut wehrt, darf auch auf Gottes Hilfe hoffen. Darum den Mut nicht sinken lassen. Auch Englands Bäume des Übermutes wachsen nicht in den Himmel.* Zahlenangaben über Einwohnerzahl und Mobilmachungsstärke der kriegsführenden Mächte ergänzen die Berichte über erste Kampfhandlungen an den verschiedenen Fronten. Auch eine ganzseitige Kundmachung über die Feldpost enthält diese Ausgabe.[101]

„Österreichs Kriegserklärung an Rußland" war neben „Englands Einmischung" einer der beiden Subtitel auf der ersten Seite der „Salzburger Chronik" vom 8. August, die von der Überschrift „Der Weltkrieg" dominiert wurde. Der Bericht am Titelblatt schloss auf der nächsten Seite mit folgender Feststellung.[102] *Die Völker Deutschlands und Österreich-Ungarns sind bereit, alles zu opfern, Gut und Blut für ihr Vaterland. Auch die Polen und die Sozialdemokraten Rußlands, Deutschlands und Österreich-Ungarns haben zum Kampf gegen die russische Unterdrückung aufgerufen. Wir alle fügen uns Gottes Urteilsspruch. Die Weltgeschichte soll das Weltgericht sein!* Die zitierten Zeilen enthalten wiederum religiöse Anspielungen und sind gleichsam eine Rechtfertigung des nun beginnenden Weltkrieges. War es Serbien, das in den Berichten der letzten Tage und Wochen nach dem Attentat als Anstifter zu dem sich nun unwiderruflich

---

98 Salzburger Chronik (Nr. 174), 2.8. u. 3.8.1914 (Doppelnummer), 5.
99 Salzburger Chronik, 5.8.1914, 7.
100 Salzburger Chronik, 6.8.1914, 1.
101 Kundmachung von Landesregierungsrat Dr. Eduard Rambousek (Vorstand des Präsidialbureaus und Kanzleidirektor der Landesregierung) im Auftrag des k. k. Landespräsidenten; Salzburger Chronik, 6.8.1914, 8.
102 Salzburger Chronik, 8.8.1914, 2.

abzuzeichnend beginnenden Weltkrieg dargestellt wurde, so war es nun das zaristische Russland, das als Hauptfeind betrachtet wurde. Wieder enthalten auch diese Zeilen Hinweise auf mögliche Schwächen und die dort angeblich zu Tage getretenen nationalen sowie politischen Uneinigkeiten, ganz im Gegenteil zur betonten nationalen Geschlossenheit auf Seiten Deutschlands und der k. u. k. Monarchie. Diese Darstellung sollte vor allem für die Donaumonarchie bereits nach relativ kurzer Zeit von einer ganz anderen Realität widerlegt werden. Von Italien, der dritten Macht im Dreibund ist keine Rede mehr – es hatte sich bereits am 3. August 1914[103] für neutral erklärt und sollte ab 23. Mai 1915 gegen seine ehemaligen Bündnispartner auf Seiten der Entente in den Krieg eintreten.[104]

Die Berichterstattung im „Salzburger Volksboten" folgt in verkürzter Form weitgehend jener in der „Salzburger Chronik". Sogar die Überschrift „Steh' auf mein Volk: Der Kaiser ruft!" am Titelblatt der Ausgabe vom 29. Juli 1914, der ersten nach der Kriegserklärung an Serbien, entspricht wörtlich jener in der „Salzburger Chronik" vom selben Tag. Neben einer überblicksartigen Darstellung der internationalen Lage und der diesbezüglichen „Kaiserworte" standen vor allem die Folgen des beginnenden Krieges im Mittelpunkt. Einzelne Ausnahmeverfügungen, wie Aufhebung des Briefgeheimnisses oder die Einschränkungen und Überwachungsmaßnahmen im Post- und Telegrafenverkehr, wurden näher erläutert.[105] Breiten Raum nahm auch die Frage der Sicherheit der Spareinlagen bei den Banken und Sparkassen ein. Auch der Erlass des erzbischöflichen Ordinariats vom 29. Juli 1914, die *Anordnung öffentlicher Gebete aus Anlass des ausgebrochenen Krieges gegen Serbien, um den Schutz Gottes auf unseren obersten Kriegsherrn, auf die tapfere Armee und das bedrängte Vaterland herabzurufen und ein baldiges siegreiches Ende des unabweisbaren Krieges zu erflehen*[106], wurde abgedruckt. Schon die Reihenfolge der vorgebrachten Gebetsanliegen, die Bitte um ein baldiges siegreiches(!) Kriegsende kommt als letztes, der Kaiser wird zuerst genannt, zeugt vom Selbstverständnis der katholischen Kirche in der Habsburgermonarchie als Stütze des herrschenden Systems, als unverzichtbarer Teil des Bündnisses von „Thron und Altar".

Auch in den ersten Tagen des Krieges wurde die sozialdemokratische „Salzburger Wacht" ein Opfer der verschärften Pressezensur. In diesem Zusammenhang teilte die Redaktion mit,[107] *die Zeitungen dürfen nämlich nicht wie sonst mit der Abgabe an die k. k. Staatsanwaltschaft ausgegeben werden, sondern müssen drei Stunden vor der Ausgabe der Staatsanwaltschaft unterbreitet werden.* Diesmal war es ein auf dem Titelblatt abgedruckter Aufruf der „Parteivertretung der deutschen sozialdemokratischen Arbeiterpartei in Österreich" an die „Arbeiter und Arbeiterinnen Parteigenossen" in Österreich, der konfisziert wurde. Inhaltlich enthält sich der beschlagnahmte Artikel[108] jeglicher direkter Kritik am Kriegseintritt gegen Serbien. Auch eine Aufforderung an die Arbeiterschaft, am Krieg nicht teilzunehmen, sucht man vergeblich; vielmehr wird an die „Genossen und Genossinnen" appelliert: *In guten Zeiten ist es leicht, zu unserer Sache zu stehen. Erst in schwerer Zeit offenbart sich unsere innere Kraft. Da muß sich unsere Treue, unsere Opferwilligkeit bewähren. Zeigt, daß es auch in unseren Reihen keine Fahnenflucht gibt! Daß auch die Männer des Klassenkampfes bis zum letzten Atemzug zu ihren Fahnen stehen!* Abschließend richtet sich der Blick auf die Zeit nach dem Krieg und auf die Möglichkeiten, die sich dann für die Arbeiterbewegung ergeben könnten – der Vielvölkerstaat selbst, *Heimstätte*

103 Rauchensteiner, Tod des Doppeladlers (wie Anm. 80), 217.
104 Zur Haltung Italiens vom Sommer 1914 bis zur Kriegserklärung im Mai 1915; vgl.: Monticone Alberto, Deutschland und die Neutralität Italiens 1914–1915. Wiesbaden 1982.
105 Salzburger Volksbote, 29.7.1914, 6.
106 Salzburger Volksbote, 29.7.1914, 12.
107 Salzburger Wacht, 29.7.1914, 2.
108 Salzburger Wacht (konfiszierte Ausgabe mit Leitartikel), 29.7.1914, 1.

freier Völker, wird jedoch nicht in Frage gestellt: *Arbeiter und Arbeiterinnen! Laßt Euch nicht entmutigen! Bleibt treu eurer Sache, treu der Sache des arbeitenden Volkes! Dann werden wir nach dem Kriege stark genug sein, dafür zu sorgen, daß das neue Österreich, das aus den weltgeschichtlichen Ereignissen des Augenblicks erwachsen soll, werde, was es sein soll: eine Heimstätte freier Völker, ein fruchtbarer Boden für die befreiende Arbeit des Proletariats!* Bezeichnend für die damals herrschenden politischen Verhältnisse in Salzburg ist, dass dieser Aufruf, wie auf dem Titelblatt der „Salzburger Wacht" vom 29. Juli vermerkt, am Vortag unverändert in Wien in der „Arbeiter-Zeitung" erscheinen konnte.[109] Neben der politischen und militärischen Berichterstattung wurden in dieser Ausgabe auch ganz praktische Themen erörtert, wie die Frage des Unterhaltsbeitrages für die Familien der Einberufenen oder die Richtlinien für die Aufgabe von Poststücken per Feldpost.[110]

Am nächsten Tag schloss der Leitartikel der „Salzburger Wacht", der von der „Arbeiter-Zeitung"[111] vom Vortag übernommen wurde, mit folgendem Bekenntnis: *Nun sind die Würfel gefallen und kein bängliches Zagen soll sich uns nahen. Eingedenk der Pflichten gegen die Arbeiterklasse, die wir alle freudig erfüllen, werden wir die ernsten Tage, die nun nahen, tapfer durchschreiten und die Zuversicht nicht verlieren, daß die Zeit fruchtbarer, schöpferischer und weithin wirkender Arbeit wieder kommen wird.* Von jener in den Wochen seit dem Attentat zum Ausdruck gebrachten Haltung, die für eine friedliche Lösung des Konflikts plädierte, ist hier nichts mehr zu lesen. In den folgenden Tagen dominieren Meldungen über die Beschießung von Belgrad[112] und die Mobilisierungskundmachung[113] das Titelblatt dieser Zeitung. Am 3. August, als ein Krieg der k. u. k. Monarchie mit dem Zarenreich nach der Deutschen Kriegserklärung vom 1. August als immer unausweichlicher erschien, titelte die „Salzburger Wacht" mit „Gegen den russischen Erbfeind!".[114] Die im Folgenden wiedergegebene Passage ist ein deutliches Indiz dafür, wie sehr die Arbeiterbewegung zu diesem Zeitpunkt zumindest in offiziellen Stellungnahmen die allgemeine Kriegspolitik mittrug. Die herrschende Stimmung gegen Russland diente hier als scheinbare Rechtfertigung für den Meinungsumschwung in Richtung Unterstützung des Krieges: *Mit verzehnfachter Kraft müssen wir, die wir grundsätzlich gegen den Krieg waren, gegen das mit tausendfacher Blutschuld beladene zaristische Rußland kämpfen. Wir wollen lieber zu tausenden sterben, als die Beute einer Macht zu werden, welche der größte Feind der europäischen Kultur ist. Rußlands Sieg wäre das Grab der europäischen Freiheit und alle unsere Mühen eines halben Jahrhunderts, dem Volke Wohlstand, Freiheit und Glück zu erringen, wären ausgelöscht auf unabsehbare Zeiten. Deshalb werden unsere Freunde, die unter den Fahnen stehen, alles einsetzen, um die Niederlage Rußlands herbeizuführen und jene Macht zu vertilgen, welche seit Jahrzehnten der Unruhestifter Europas war und das teure Gut des Friedens geraubt hat. Nieder mit dem zaristischen Rußland.*

Von 5. August bis einschließlich 18. August 1914 tragen alle Berichte auf der ersten Seite der „Salzburger Wacht" die Überschrift „Der europäische Krieg!", und nur in dazugehörigen Subüberschriften wird auf einzelne politische und militärische Ereignisse eingegangen, wie z.B. am 7. August anlässlich der Kriegserklärung an Russland:[115] „Österreich erklärt Rußland den Krieg. – Die Deutschen nehmen eine russische Brigade und schlagen die Russen überall zurück. – Warschau von den Russen preisgegeben. – Das deutsche Botschafts-Gebäude in

---

109 Tatsächlich erschien dieser Aufruf am 28.7.1914 auf dem Titelblatt der in Wien erschienenen „Arbeiter-Zeitung".
110 Salzburger Wacht, 29.7.1914, 3.
111 „Der Krieg", Arbeiter-Zeitung, 29.7.1914, 1.
112 Krieg Österreich-Ungarns gegen Serbien. Die Beschießung von Belgrad – Ein Pulverturm in die Luft geflogen (Telegramm des k. k. Korrespondenzbureaus), Salzburger Wacht, 31.7.1914, 1.
113 Salzburger Wacht, 31.7.1914, 1.
114 Salzburger Wacht, 3.8.1914, 1.
115 Salzburger Wacht, 7.8.1914, 1.

Petersburg zerstört. – Mißhandlung von Österreichern in Paris." Auch in den folgenden Wochen dominieren Berichte über militärische Ereignisse die Titelblätter. Im Blattinneren wird, wie in den anderen Salzburger Tageszeitungen, durch diverse Aufrufe, beispielsweise um Spenden für die Familien einberufener Soldaten,[116] durch Veröffentlichungen von Kundmachungen[117] und Berichte über Einschränkungen, wie jene des Eisenbahnverkehrs[118], deutlich, dass es neben der angeblichen patriotischen Begeisterung auch sich immer stärker auswirkende, negative Folgen des Krieges gab. Kritische Stimmen von Seiten der Sozialdemokratie gegen den Krieg und seine Folgen sucht man in dieser Zeit vergeblich, eine Tatsache, die, wie die zitierten Textstellen zeigen, nicht nur auf die verschärfte Pressezensur zurückzuführen ist.

Die „Salzburger Zeitung" beinhaltet im amtlichen und im nichtamtlichen Teil in den ersten Tagen des Krieges vornehmlich die Veröffentlichung von Kundmachungen, Verordnungen, etc. bezüglich der Mobilmachung und die administrativ-legistischen Begleitmaßnahmen im Zusammenhang mit dem eingetretenen Kriegszustand (vgl. Abb. 3). Der „nichtamtliche Teil" enthält, beginnend mit dem 29. Juli 1914, auch offizielle Meldungen von den Kriegsschauplätzen.[119] Diese Berichterstattung wird jedoch nach wenigen Nummern wieder eingestellt.

Einen Blick auf eine andere Realität jener Tage und einen Rückschluss auf die herrschende Verunsicherung innerhalb der Bevölkerung erlaubt eine Mitteilung im nichtamtlichen Teil der „Salzburger Zeitung" vom 14. August 1914 betreffend die Veröffentlichung der *von den Truppen einlangenden Meldungen über Gefechtsverluste (Verlustlisten)* […].[120] Hierin wurde unter anderem vom k. u. k. Kriegsministerium festgelegt: *Um Beunruhigungen, die sich infolge von Druckfehlern ergeben können, möglichst auszuschließen, wird der Nachdruck dieser Publikationen nicht gestattet.* An Mitteilungen über Verwundete oder Gefallene in bislang unvorstellbarem Ausmaß mussten sich die Menschen im Hinterland in den folgenden Jahren aber gewöhnen …

Zeitungen hatten auch am Vorabend des Ersten Weltkrieges großen Einfluss auf die öffentliche Meinung. Es kam ihnen daher im Sommer 1914 eine wichtige Rolle bei der Beeinflussung der Stimmung innerhalb der Bevölkerung zu. Relativiert wird dieser Befund allerdings, blickt man auf die Salzburger Lokalpresse, dadurch, dass die Auflagen damals vergleichsweise niedrig waren. Zudem ist zu bedenken, dass die herrschende Pressezensur eine ausgewogene oder gar kritische Berichterstattung verhinderte oder zumindest stark einschränkte. Ungeachtet dessen zeigt die Berichterstattung in den Salzburger Zeitungen in den Wochen zwischen dem Attentat in Sarajevo und dem Ausbruch eines gesamteuropäischen Krieges, dass die Stimmen, die vor einer militärischen Eskalation warnten, zunehmend verstummten. Sie wurden abgelöst von einer immer radikaleren nationalistischen Kriegsrhetorik quer durch die Blätter der einzelnen politischen Strömungen. Dies betraf alle politischen Kräfte, auch jene, die einem Krieg vorerst distanziert gegenüberstanden.

Wie weit sich die in den Presseberichten manifestierende zunehmende Kriegsstimmung mit den wahren Gefühlen der Menschen im Sommer 1914 deckte, ist aber kritisch zu hinterfragen. Dennoch, Zeitungen liefern *ein umfangreiches und repräsentatives Bild der veröffentlichten Meinung*[121] auf dem Weg in den Krieg.

116 „Ein Appell des k. k. Kommissärs für das österreichische Hilfsvereinswesen", Salzburger Wacht, 8.8.1914, 5.
117 Kundmachung der Stadtgemeinde-Vorstehung Salzburg, wonach Papiergeld als Zahlungsmittel anzunehmen ist; Salzburger Wacht, 6.8.1914, 7.
118 „Der Verkehr auf den Staatsbahnen eingestellt", Salzburger Wacht, 3.8.1914, 5.
119 „Die erste offizielle Meldung vom Kriegsschauplatze", Salzburger Zeitung, 29.7.1914, 2.
120 Salzburger Zeitung, 14.7.1914, 3.
121 Verhey Jeffrey, Der „Geist von 1914" und die Erfindung der Volksgemeinschaft. Aus dem Englischen von Jürgen Bauer und Edith Nerke. Hamburg 2000, 33.

Ernst Hanisch

Alltag im Krieg

ERFAHRUNGEN AN DER HEIMATFRONT

ALLTAGSGESCHICHTE ANTHROPOLOGISCH GEWENDET

Alltagsgeschichte ist ein schlüpfriges Gelände. Man kann hier leicht ausrutschen. Sie entstand Ende der 1970er Jahre als Gegenentwurf zu der damals dominanten Struktur- und Sozialgeschichte, die – so der Vorwurf – angeblich menschenleer sei. Die Alltagsgeschichte will hingegen den Praktiken der nicht oder wenig privilegierten Menschen nachgehen. Zentral ins Visier der Forschung rückten elementare Erfahrungen der Menschen. Alltag meint einerseits das scheinbare Triviale, Gleichförmige, Routinierte – Schlafen, Essen, Arbeiten, Vergnügen, Familienprobleme usw. – anderseits, wie Vorgaben der Obrigkeiten unten aufgenommen und interpretiert werden und mit welchen Praktiken darauf reagiert wird: Mitmachen, Ausweichen, Lavieren, anders gesagt: Anpassung oder Widerständigkeit. Im Alltag mischen sich Interessen und Emotionen, oft auch – wie im Krieg – irreale Emotionen. Alltagsgeschichte versteht sich als Geschichte im Kleinen, nicht als kleine Geschichte (Giovanni Levi).[1]

Da Alltag in der konkreten Analyse schwammig blieb, mündete die Alltagsgeschichte später in das breite Feld der Historischen Anthropologie. Hier nun geht es um Grundformen menschlicher Existenz: Geburt und Tod, Gesundheit und Krankheit, Jugend und Alter, das Eigene und das Fremde, Arbeit und Freizeit, Familie und Geschlechterrollen, Mangel und Überfluss, Untertänigkeit und Rebellion, Religion und Säkularität, Leben im Frieden und Leben im Krieg, Militär und ziviles Leben usw.[2] Auch wenn der „Alltag" in eine historische Anthropologie eingebettet wird, bleiben die Erfahrungen der Menschen an soziale Strukturen und an die Machtverhältnisse gebunden. Der Alltag der Armen und Reichen unterscheidet sich. Alle aber erlebten im Großen Krieg 1914–1918 einen tiefen Einschnitt in ihre alltäglichen Gewohnheiten.

STRUKTURELLE BEDINGUNGEN IN SALZBURG

Salzburg gehörte 1910 mit 214.737 Einwohnern zu den kleinsten Kronländern. In der Stadt Salzburg wohnten zum selben Zeitpunkt 36.188 Menschen.[3] Das Land Salzburg war zu dieser Zeit noch ein Agrarland, wo die meisten Menschen am Bauernhof tätig waren. Zwar bildeten die Arbeiter die stärkste Berufsgruppe, aber auch in ihr hatte das agrarische Gesinde den größten Anteil. Es gab nur wenige industrielle Großbetriebe, die Mehrheit stellten mittlere und kleine Industrie-, Gewerbe- und Handelsbetriebe. Relativ groß war der öffentliche Sektor, Beamte, Militär usw.[4]

---

1 Lüdtke Alf, Alltagsgeschichte. In: Lexikon Geschichtswissenschaft, hg. von Jordan Stefan. Stuttgart 2002, 21–24.
2 Vogel Jakob, Historische Anthropologie. In: Geschichtswissenschaften. Eine Einführung, hg. von Christoph Cornelißen. Frankfurt a. M. 2000, 295–306; Burghartz Susanna, Historische Anthropologie/Mikrogeschichte. In: Kompass der Geschichtswissenschaft, hg. von Eibach Joachim/Lottes Günther. Göttingen 2002, 206–218; Dressel Gert, Historische Anthropologie. Eine Einführung. Wien 1996.
3 Statistisches Handbuch für die Republik Österreich 2. Wien 1921, 6.
4 Köfner Gottfried, Hunger, Not und Korruption. Der Übergang Österreichs von der Monarchie zur Republik am Beispiel Salzburg. Eine sozial- und wirtschaftswissenschaftliche Studie. Salzburg 1980, 13; Hanisch Ernst, Regionale Arbeiterbewegung vor und im Ersten Weltkrieg: Das Salzburger Beispiel. In: Friedenskonzeptionen und Antikriegskampf der internationalen Arbeiterbewegung vor 1914 und während des Ersten Weltkrieges. Leipzig 1988, 100–111.

Diese Agrarstruktur schuf an sich gute Bedingungen für die Ernährung der Bevölkerung, allerdings nur was die Fleischversorgung in Friedenszeiten betraf. Der Mangel an Ackerbau im Gebirgsland machte Salzburg abhängig von Getreidezulieferung.

Salzburg war zu 99 Prozent deutschsprachig. Das bedingte eine deutsch-österreichische Identität. Diese deutsche Einstellung der Bevölkerung war schillernd: radikal deutschnational bei einer kleinen bürgerlichen Gruppe, gemäßigt deutsch bei der Mehrheit.[5] Überwölbt wurde das deutsche Selbstverständnis von einem österreichischen Patriotismus, der sich auf den Kaiser, die Monarchie, auf das große Österreich bezog. Am Anfang des Krieges herrschte der österreichische Patriotismus vor, am Ende – wegen der Nahrungskrise, dem Versagen der Behörden, der Aushöhlung des Kaisermythos, den Auflösungserscheinungen des Staates – gewann das deutsche Selbstverständnis die Oberhand. Allgemein dominierte im Krieg die Einstellung: Salzburg ist deutsch und soll deutsch bleiben! Diese Haltung wiederum bewirkte die Ablehnung des Fremden, der ins Land gekommenen Kriegsgefangenen, der Flüchtlinge aus dem Osten, vor allem der Juden. 1915 beschwerte sich eine Hocharistokratin, dass sie im Gasteinertal deutschnationale Umtriebe bemerkt habe, weil bei einer Feier die deutsche Hymne und die „Wacht am Rhein" gesungen worden seien. Der Landespräsident Felix Schmitt-Gasteiger antwortete auf die Beschwerde: In den Alpenländern gebe es zwar eine *prononcierte deutschnationale Richtung*, die sei aber keineswegs antidynastisch ausgerichtet. Die Bevölkerung drücke mit solch reichsdeutschen Liedern nur ihren Enthusiasmus für die deutsche Waffenbrüderschaft aus.[6]

Religiös gehörten 98 Prozent der Salzburger der Katholischen Kirche an.[7] Aber auch dieser Katholizismus war vielfältig: innige Religiosität, die durch die Not und die Angst um Familienangehörige an der Front intensiviert wurde, Gewohnheitschristentum, aber auch Gleichgültigkeit. Der Pfarrer war auf dem Land eine Respektsperson, gehörte zu den Honoratioren. Es gab jedoch reiche Pfarren, durch Grundbesitz abgesichert, und recht arme Pfarren. Das wiederum löste einen ökonomischen Konflikt im Pfarrhaus aus, zwischen den Pfarrern und dem Kaplan. Denn der Pfarrer war verpflichtet, für das leibliche Wohl des Kaplans zu sorgen. Bis in das erste Viertel des 20. Jahrhunderts war die Salzburger Gesellschaft feudal-hierarchisch strukturiert. An der Spitze Angehörige der kaiserlichen Familie: Erzherzog Ludwig Victor, der Bruder Kaiser Franz Josephs, der allerdings im Schloss Kleßheim wegen seiner Homosexualität und seines bizarren Verhaltens weggesperrt war, dann die „erste Frau" in Salzburg, Großherzogin Alice von Toscana, die sich als Wohltäterin und durch einen demonstrativen Einsatz in den Lazaretten profilierte, der Erzbischof und die Prälaten: der Kondukt für den 1918 verstorbenen Erzbischof Balthasar Kaltner wurde, mitten in der Hungerzeit, als großes barockes Spektakel inszeniert. Im vierspännigen Prachtglaswagen wurde die Leiche durch die Altstadt geführt, begleitet von allen, die Stand und Namen hatten. Die Zeitung brauchte eine kleingedruckte ganze Seite, um die Namen der Honoratioren und der Institutionen, die im Trauerzug mitgingen, aufzuzählen.[8]

Zu den Honoratioren gehörten die in Salzburg lebenden Aristokraten, die politischen Mandatare von Land und Stadt, das hohe Militär, die Bankiers und Hoteliers, die Hausbesitzer und Unternehmer. Auch die bäuerliche Gesellschaft war

[5] Haas Hanns, Nationalbewusstsein, Patriotismus und Krieg. In: Geschichte Salzburgs. Stadt und Land Bd. II/2: Neuzeit und Zeitgeschichte, hg. von Dopsch Heinz/Spatzenegger Hans. Salzburg ²1995, 991–1022.
[6] SLA, Geheime Präsidialakten 1915–1918, PZ 623 II 1915.
[7] Österreichisches statistisches Handbuch 33 (1914). Wien 1916, 6.
[8] Salzburger Volksblatt, 9.7.1918, 8; zur hierarchischen Gesellschaft in Österreich auch: Haider Eduard, Wien 1914. Alltag am Rande des Abgrunds. Wien 2013.

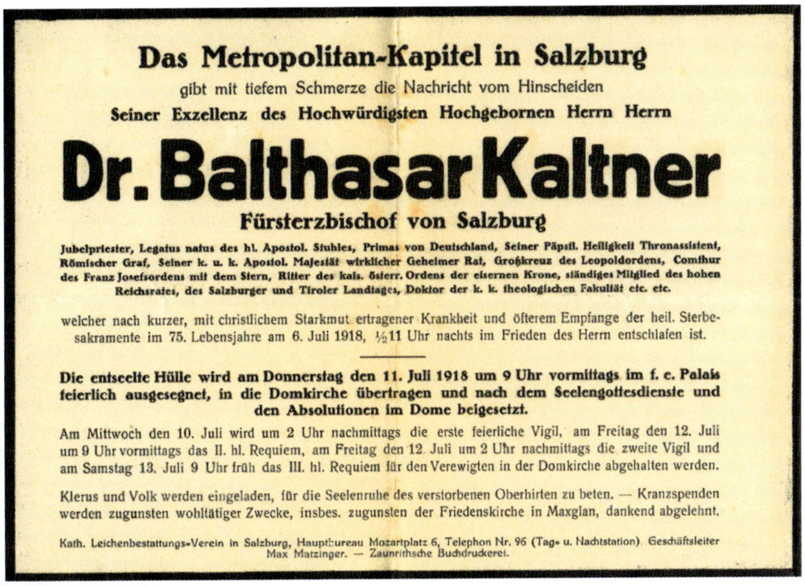

Das Metropolitan-Kapitel in Salzburg

gibt mit tiefem Schmerze die Nachricht vom Hinscheiden

Seiner Exzellenz des Hochwürdigsten Hochgebornen Herrn Herrn

Dr. Balthasar Kaltner

Fürsterzbischof von Salzburg

Jubelpriester, Legatus natus des hl. Apostol. Stuhles, Primas von Deutschland, Seiner Päpstl. Heiligkeit Thronassistent, Römischer Graf, Seiner k. u. k. Apostol. Majestät wirklicher Geheimer Rat, Großkreuz des Leopoldordens, Comthur des Franz Josefsordens mit dem Stern, Ritter des kais. österr. Ordens der eisernen Krone, ständiges Mitglied des hohen Reichsrates, des Salzburger und Tiroler Landtages, Doktor der k. k. theologischen Fakultät etc. etc.

welcher nach kurzer, mit christlichem Starkmut ertragener Krankheit und öfterem Empfange der heil. Sterbesakramente im 75. Lebensjahre am 6. Juli 1918, ½11 Uhr nachts im Frieden des Herrn entschlafen ist.

Die entseelte Hülle wird am Donnerstag den 11. Juli 1918 um 9 Uhr vormittags im f. e. Palais feierlich ausgesegnet, in die Domkirche übertragen und nach dem Seelengottesdienste und den Absolutionen im Dome beigesetzt.

Am Mittwoch den 10. Juli wird um 2 Uhr nachmittags die erste feierliche Vigil, am Freitag den 12. Juli um 9 Uhr vormittags das II. hl. Requiem, am Freitag den 12. Juli um 2 Uhr nachmittags die zweite Vigil und am Samstag 13. Juli 9 Uhr früh das III. hl. Requiem für den Verewigten in der Domkirche abgehalten werden.

Klerus und Volk werden eingeladen, für die Seelenruhe des verstorbenen Oberhirten zu beten. — Kranzspenden werden zugunsten wohltätiger Zwecke, insbes. zugunsten der Friedenskirche in Maxglan, dankend abgelehnt.

Kath. Leichenbestattungs-Verein in Salzburg, Hauptbureau Mozartplatz 6, Telephon Nr. 96 (Tag- u. Nachtstation). Geschäftsleiter Max Matzinger. — Zaunrithsche Buchdruckerei.

Abb. 1: Todesanzeige von Fürsterzbischof Dr. Balthasar Kaltner (SLA, Miscellanea-Akten 52/14–25, A–M; Reproduktion: SLA)

streng hierarchisch ausgerichtet. Bei den Großbauern zeigte sich die Hierarchie beim Essensritual. Beim Essen aus einer Schüssel (ein oft erwähntes Symbol) war genau festgelegt, wer zuerst zugreifen durfte.[9] Selbst Arbeiterführer wurden beschuldigt, dass sie sich bei der Verteilung der Nahrungsmittel auf Kosten der Arbeiter bedienten.[10]

Allgemein nahm die Kritik der hierarchischen Gesellschaft im Laufe des Krieges stark zu, aus politischen oder privaten Gründen (Neid). Öffentlich in der Zeitung wurde ein Großgrundbesitzer, ein, wie es heißt, *militärischer Drückeberger und Kriegsgewinnler*, der aber an maßgebender Stelle ein gewichtiges Wort besitze, beschuldigt, den *Bock mit vielen Gaisen* zu spielen. Obwohl verheiratet, habe er *unterschiedliche Weiber, ledig und verheiratet geschwängert*.[11] Diese Kritik enthält mehrere Dimensionen: die privilegierte Stellung, die in Frage gestellte Männlichkeit als Krieger, die ökonomische Ausnützung des Elends des Volkes, das sexuelle Vergehen, das gleichzeitig eine überbordende sexuelle Potenz andeutete, die jedoch auf Kosten jener Männer ging, die an der Front ihr Leben einsetzten. Ebenfalls 1917 echauffierte sich ein Leserbrief über Prinzessinnen, angeblich die *Blüte der Nation*, die beim Rodeln ungeniert französisch (die Feindsprache!) parlierten.[12] Als Angriffsziel beliebt waren hartherzige Hausbesitzer(innen), welche ihre Mieter schikanierten, die sich mit ihrem Verhalten auf die Seite der Feinde stellten und so *Kampf und Sieg* erschwerten.[13] Häufig war die Forderung, dass in der *Magenfrage* die ungleiche Behandlung aufgrund des Standes- und Vermögensunterschiedes aufzuhören habe.[14] In der Debatte um die Kriegsküchen, in der die Hausfrauen um ihre Küchenmacht bangten, argumentierte ein Einsender: Vor der Einführung der Kriegsküchen müsse eine Vorbedingung geschaffen werden, nämlich, dass er dort auch neben der *weltlichen Exzellenz, neben Erzbischof und Erzabt* sitzen wolle.[15] Kritik war die eine Seite. Die andere Seite war, dass dieses hierarchische Gesellschaftsmodell, von oben und unten, in den Mentalitäten eingespeist war. Landespräsident Schmitt-Gasteiger etwa beschwerte sich bei dem Vorgesetzten eines Zöllners, weil dieser ihn nachlässig gegrüßt habe. Wohin kommen wir, wenn die Staats-

9 Salchegger Christian, Filzmoos. Überliefertes und Erlebtes, o.O. o.J, 304.
10 Salzburger Volksblatt, 11.3.1918, 5.
11 Salzburger Volksblatt, 11.8.1917, 5.
12 Salzburger Volksblatt, 23.1.1917, 5.
13 Salzburger Volksblatt, 13.3.1917, 4.
14 Salzburger Volksblatt, 9.2.1917, 5.
15 Salzburger Volksblatt, 6.2.1917, 5.

Abb. 2: Salzburg, Kiosk Tomaselli, ca. 1910 (SLA, Fotosammlung A 018910)

autorität schon so missachtet werde, dass der höchste Repräsentant des Landes nicht mehr vorschriftsmäßig gegrüßt werde.[16] Einen Einblick in diese Mentalität gibt auch die Sprache der Annoncen. Bei der Stellensuche inserieren: eine perfekte Herrschaftsköchin, eine geschiedene Offiziersfrau mit Tochter als Wirtschafterin bei einer feinen edeldenkenden Persönlichkeit, ein Kriegsinvalide als Herrschaftskutscher, ein Kinderfräulein, tüchtig in Maschinenschreiben und Stenografie.[17] In den Heiratsannoncen: eine gebildete Frau sucht einen soliden, pensionsberechtigten Herren, ein Herr sucht Bekanntschaft mit einer vermögenden Frau oder Witwe, ein Hausbesitzer mit 3.000 Kronen Jahreseinkommen möchte ein vermögendes Mädchen kennenlernen, poetischer gestaltet eine *intelligente Blondine* ihre Annonce, sie will in eine *Junggesellenwildnis Rosen streuen*;[18] eine *gebildete Dame aus besseren Kreisen* will auch nicht mehr allein sein.[19]

Für die Außenrepräsentation zählt die Zugehörigkeit zu den „besseren Kreisen", die durch Bildung, gutes Benehmen, eine gehobene Sprache, Herkunft, ein gewisses, wenn vielleicht auch nur bescheidenes Vermögen gekennzeichnet sind.

16 SLA, Geheime Präsidialakten 1914/1. 12.8.1914.
17 Salzburger Volksblatt, 17.3.1917, 13.
18 Salzburger Volksblatt, 12.5.1917, 14.
19 Salzburger Volksblatt, 23.6.1917, 12.

Geburt und Tod: Die Lage der Familie

Geburt und Tod sind biologische Grundlagen des Lebens. Aber im Krieg übernimmt der Tod das Kommando. Diese Grundtatsachen sind jeweils mit einem dichten Netz von Symbolen und Gesten umgeben.

Lebend geborene Kinder in Salzburg			
1914	5.956	1917	3.724
1915	4.622	1918	3.782
1916	3.650	1919	4.630

Quelle: Statistisches Handbuch für die Republik Österreich. 2 (1921), 18.

Dass die Zahl der lebend geborenen Kinder im Krieg abnimmt, ist leicht damit erklärt, das die zeugungsfähigen Männer an der Front sind. Der Tiefpunkt wurde 1916 erreicht. Erstaunlich ist vielmehr, dass die Zahl in der ärgsten Hungerkrise ab 1917 wieder anstieg.

Eheschließungen in Salzburg			
1914	1.361	1917	955
1915	800	1918	1.428
1916	724	1919	3.049

Quelle: Statistisches Handbuch für die Republik Österreich. 2 (1921), 17.

Bei den Eheschließungen treffen wir auf eine ähnliche Tendenz: Tiefpunkt 1916, ein Anstieg ab 1917, mit dem Höhepunkt 1919, wo viele aufgeschobene Heiraten nachgeholt wurden.

Gestorbene in Salzburg (ohne Kriegstote)			
1914	4.318	1917	4.553
1915	4.747	1918	5.570
1916	4.095	1919	4.286

Quelle: Statistisches Handbuch für die Republik Österreich. 2 (1921), 20.

Auffallend bei den Ziviltoten ist der starke Anstieg 1918. Eine wesentliche Erklärung liegt bei den an Infektionskrankheiten Gestorbenen. 1914 waren 98 Personen daran gestorben, 1918 jedoch 523 Personen. Es war die Spanische Grippe, die auch in Salzburg wütete.[20]

Was die Bevölkerung jedoch am härtesten traf, waren die jungen Männer, die im Krieg fielen. Die Statistik verzeichnet bis Ende 1917 in Salzburg 5.535 Kriegstote, das sind 3,1 Prozent der Bevölkerung. Nur in Kärnten und Vorarlberg lag die Zahl noch höher. Auf die Salzburger Bezirke gerechnet, hatte die Stadt Salzburg am wenigsten (1,4 %), der Lungau am meisten Kriegstote (3,6 %) zu beklagen.[21] Die abstrakten Zahlen werden etwas lebendiger, wenn man die Namen auf den Kriegerdenkmälern in den Dörfern liest. Die meisten eingesessenen Familien waren betroffen.

---

20 Statistisches Handbuch (wie Anm. 3), 24.
21 Winkler Wilhelm, Die Totenverluste der österreichisch-ungarischen Monarchie nach Nationalitäten. Die Altersgliederung nach Toten. Ausblicke in die Zukunft. Wien 1919, 20.

Die Soldaten starben nicht einfach, zerfetzt von den Kanonen, sie erlitten den „Heldentod auf dem Felde der Ehre", sie opferten ihr Leben für Gott, Kaiser und Vaterland. Gott wollte es, dass die Helden in diesem „gerechten Krieg" für die Verteidigung der Heimat, der Großmachtposition der Monarchie stritten. In der ersten Kriegshälfte rollte eine riesige Propagandawelle der Verherrlichung der Helden, der männlichen Tapferkeit über das Land. Alle Institutionen, alle Medien waren daran beteiligt. Drei angebliche Werte bestimmten den Diskurs: das uralte Gebot der soldatischen Tapferkeit, die Aufgabe der Männer, ihre Familie und ihre Heimat zu verteidigen, das Opfer ihres Lebens am „Altar des Vaterlandes". Jeder gesunde junge Mann, der nicht an der Front war, wurde mit Misstrauen betrachtet. Ein Leserbrief wetterte gegen die *Tennisgigerln*, die bar aller *männlichen Würde* nicht nur französisch sprechen, sondern lieber geputzt und parfümiert Tennis spielen und mit *koketten Liebeleien* die Zeit totschlagen, als an der Front für das Vaterland zu kämpfen.[22] Die Ehefrauen wurden scharf beäugt, ob sie keine verfänglichen Männerbekanntschaften hatten und so ihre „Ehre als Frau" und die „Ehre ihres Mannes", der als Soldat seine Pflicht tat, verletzten.[23] Die Zeitungen veröffentlichten die Namen der Gefallenen, regelmäßig wurden militärische Auszeichnungen aufgezählt. Die Todesanzeigen (Parten) betonten zwar den Schmerz der Familien, drückten aber auch den Stolz aus, dass der Gefallene den Heldentod gestorben war.

Mitten im Krieg wurden bereits Pläne für ein Kriegerdenkmal entworfen. Wo sollte es stehen, wie sollte es aussehen? Gegen ein Heldendenkmal aus Menschenhand argumentierte Hofrat Freiherr von Hiller-Schönaich: *Im Geist und Herz* würden der Dank und die Bewunderung für unsere Helden weiterleben, in Kirche und Schule, bei jedem geselligen Zusammensein, in Gaststuben und Soldatenfriedhöfen werde *das Gedenken an unsere Helden* durch Generationen weitergepflegt werden, sich *vertiefen und veredeln*. Dazu brauche es kein Denkmal aus Stein.[24] In der zweiten Kriegshälfte schwächte sich der Heldenmythos ab. Nun gewann die Opfermetapher unterschwellig eine andere Bedeutung: Lohnen sich solche Opfer, wenn die Bevölkerung immer mehr darbe und die Kriegslage weit vom Sieg entfernt sei? Denn die Opfermetapher galt längst nicht nur für die Armee, auch die Bevölkerung, die Familie im Hinterland, an der „Heimfront", sollten von einer Opfergestimmtheit getragen werden. Das funktionierte am Kriegsbeginn durchaus, es wurde reichlich gespendet, in den letzten Kriegsjahren hingegen verzehrte sich diese Bereitschaft. Der Hunger, die vielen Kriegstoten, die Lage an den Fronten machten Opfer und Durchhalten zu einer leeren Phrase.

Im Krieg entwickelte sich ein neues Arrangement in den Familien. Die Männer wurden eingezogen und fielen so als Ernährer der Familien aus. Der Staat musste einspringen und zahlte einen „Unterhaltsbeitrag", der zwei Mal wöchentlich in der Gemeinde abgeholt werden musste. Der Beitrag reichte zwar zum Überleben, hielt aber mit den raschen Preissteigerungen nicht Schritt. Wie Maureen Healy in dem bisher besten Buch über den österreichischen Alltag im Krieg zeigt, begründete der Unterhaltsbeitrag ein neues Verhältnis zum Staat.[25] Der Staat trat nun gleichsam als „Surrogat-Gatte" (Susan Pedersen) auf. Nicht abnehmen konnte der Staat den Familien die alltägliche Angst und Sorge um das Leben und die Gesundheit der Männer an der Front. Wird der Ehemann, der Sohn, der Bruder überleben? Wird er verwundet, das quälende Bangen um den

22 Salzburger Volksblatt, 19.8.1914, 8.
23 Hanisch Ernst, Männlichkeiten. Eine andere Geschichte des 20. Jahrhunderts. Wien 2005, 17–22.
24 Salzburger Volksblatt, 2.1.1918, 4f.
25 Healy Maureen, Vienna and the Fall of the Habsburg Empire. Total War and Everyday Life in World War I. Cambridge University Press 2004, 193.

Abb. 3: „Salzburgs Helden", Todesanzeigen von Gefallenen. In: Die Heimat. Sonntagsbeilage „Salzburger Chronik" und „Wochenblatt für Stadt und Land", 5.8.1917, 8. (Reproduktion: SLA)

Vermissten, um sein Leben in der Kriegsgefangenschaft? Hinzu kam ein weiteres Problem: Plötzlich stand der kleine Gewerbebetrieb ohne Geschäftsinhaber, die Bäuerin ohne Bauer und Knecht da. Die Frauen mussten an deren Stelle treten. Später konnten Kriegsgefangene die Lage erleichtern. Den Frauen wurde so eine weitere Belastung auferlegt, aber sie gewannen auch eine neue Verantwortung. In vielen anderen Bereichen ersetzten Frauen die fehlenden Männer. Das alles leitete eine Politisierung der Frauen ein, sie traten nun als Akteure, jenseits des Feminismus der Jahrhundertwende, auf. Die Familie entwickelte sich zu einer zentralen Vermittlungsinstanz zwischen Staat und Bevölkerung.[26] Selbst die Hausfrauen in der „Reichsorganisation der Hausfrauen Österreichs (Rohö)" mischten in der Politik mit. Sie organisierten Kriegsküchen für die Ärmeren, forderten eine Hausfrauen-Krankenkasse.[27] Eine „vaterlose Gesellschaft" entstand.

26 Healy, Vienna (wie Anm. 25), 13.
27 Salzburger Volksblatt, 11.5.1918, 5.

Was die Familie nicht mehr leistete, konnte auch die Schule nicht übernehmen. Es fehlten die Lehrer (durch Lehrerinnen teilweise ersetzt), es fehlten Schulräume (wegen der Belegung mit Soldaten). In der Öffentlichkeit wurde ständig über die Verlotterung der Jugend geklagt. Am Anfang des Krieges breitete sich die Militarisierung auch bei den Kindern aus, durch Kriegsspiele und Kriegsspielzeuge. Die Auflösung der Autorität des Vaters erweiterte sich jedoch zu einer generellen Autoritätskrise, die sich auch auf den Staat übertrug.[28] Trotz dieser Krisenerscheinungen wurde von der Gesellschaft versucht, eine gewisse Normalität zu leben. Die katholischen liturgischen Feste wurden weiter gefeiert, zusätzlich mit Kriegsandachten, Abendrosenkränzen, „Bittgängen in Kriegsnöten". Ebenso die staatlichen Feiern (Kaisergeburtstag). Bei Siegen wurde beflaggt, Böller geschossen, Glocken geläutet. Bald gab es allerdings nur mehr wenige Glocken. 1916 fielen sie der „Patriotischen Kriegsmetallsammlung" zum Opfer. Die Kirche stimmte, mit Vorbehalten, zu. Denn die Glocken waren in den Gemeinden der „einzige und unentbehrliche Zeitregulator". Wie das Ordinariat am 20. Oktober 1915 an die Landesregierung schrieb: *Mit den Glocken greift man dem Volk ins Herz und wendet die Stimmungen.* Das müsse man bei der Wegnahme der Glocken berücksichtigen.[29] Die Stimmung sollte im Herbst 1917 durch eine Kriegsausstellung im Studiengebäude mit Waffen und Kriegsgeräten (in Modellen), mit Ausrüstungsgegenständen aufgefrischt werden.[30] Die Institutionen der öffentlichen Unterhaltungen wurden, wenn auch mit Einschränkungen, weitergeführt: Theater, Kino, Kaffeehäuser, Wirtshäuser. Die sechs Bordelle wurden fleißig besucht (in der Stadt Salzburg zählten die Behörden 43 legale Prostituierte), auch wenn die Geschlechtskrankheiten, wie immer im Krieg, anstiegen. Weiterhin wurde Sport betrieben, auch wenn anlässlich des Eislaufens im Franz-Josef-Park die Frage auftauchte, ob man im Krieg sporteln dürfe. Die Antwort: Ja, denn der Sport diene der Wehrtüchtigkeit.[31]

Patriotismus und Anti-Patriotismus

Dass im August 1914 eine allgemeine einheitliche Begeisterung durch die Bevölkerung brauste, ist längst dekonstruiert.[32] Zwar gab es diese Begeisterung, aber lokal und sozial eingegrenzt. Mehr in der Stadt als am Land, mehr bei jungen Männern als bei Frauen, mehr in bürgerlichen Kreisen als bei den Arbeitern und Bauern. Vor allem Intellektuelle konnten ihre Gefühle nicht halten. Sie, die sonst auf ihre Individualität pochten, versanken lustvoll im Volk, glaubten eine klassenlose Gesellschaft zu erleben, träumten von der „Brüderlichkeit". Die soziale Militarisierung hatte sich seit der zweiten Hälfte des 19. Jahrhunderts weit verbreitet, hatte ein männliches Soldatenbild verankert, das allerdings an der Realität des modernen, industriellen Krieges rasch zerschellte. Es waren junge Männer, die lachend, singend und schreiend die bekränzten Militärzüge bestiegen.[33] Das „Salzburger Volksblatt", das sonst die Kriegshysterie eher anfeuerte, berichtete zwar von der Begeisterung der Jugend, wies allerdings auch auf die Familienväter hin, die sich resignierend in das Unabänderliche fügten.[34] Die Gendarmeriechronik von Liefering hielt 1914 fest, dass trotz des Abgehens der Familienväter, der Abgabe von Zugpferden und anderen Kriegsmaterialien, die Bevölkerung willig ihr Schicksal annahm.[35] Drei Ego-Dokumente: Johanna Schuchter

28 Healy, Vienna (wie Anm. 25), 258.
29 SLA, Präsidialakten, Kt. 52, Fasz. 61; zur Bedeutung der Glocken: Corbin Alain, Die Sprache der Glocken. Frankfurt/M. 1995.
30 Salzburger Volksblatt, 6.11.1917, 2.
31 Salzburger Volksblatt, 31.1.1917, 4. SLA, Präsidialakten 1917, Kt. 105.
32 Enzyklopädie Erster Weltkrieg, hg. von Hirschfeld Gerhard/Krumreich Gerd/Renz Irina. Paderborn 2003.
33 Haas Hanns, Puch und St. Jakob von der Aufklärung bis zum Ersten Weltkrieg. In: Puch bei Hallein. Geschichte und Gegenwart einer Salzburger Gemeinde, hg. von Ammerer Gerhard. Puch 1998, 161.
34 Salzburger Volksblatt, 2.8.1914, 3.
35 Liefering. Das Dorf in der Stadt. Salzburg 1997, 131.

erinnerte sich an den „Taumel plötzlicher Kriegsbegeisterung" in der Stadt, als das Prinz-Eugen-Lied angestimmt, weitere patriotische Lieder gesungen wurden und stürmische Hochrufe auf den Kaiser ausbrachen.[36] Andererseits notierte Berta Pflanzl am 1. August 1914: „In der Stadt furchtbare Aufregung, man sieht nur weinende Menschen! Wie traurig! Wie furchtbar traurig! ‚Krieg!' Was für ein schreckliches Wort!"[37] Maria Schuster schilderte knapp die ganze Tragik eines Lungauer Bauernbubs: Im August 1914 ging er singend vom Berg, im Oktober 1914 war er in Galizien gefallen.[38] Die Wahrheit über den Krieg blieb lange verborgen. Eine strenge Zensur der Medien sorgte dafür, dass nur Jubelmeldungen erlaubt waren, dass die Zeitungen in die „patriotische Pflicht" genommen wurden, sonst drohte die Einstellung. Die weißen Seiten in der Presse belegen die „mildere" Kontrolle. Erst ab 1917 wurde die Zensur etwas flexibler gehandhabt.[39] Vereinzelt äußerten einfache Leute schon 1914 drastisch ihren Unwillen. Von polizeilichen Konfidenten oder durch Denunziationen aufgedeckt, wurden sie bestraft, allerdings weitaus geringer als im Zweiten Weltkrieg. Einige Beispiele: Erzherzog Franz Ferdinand – es sei nicht schade um den Teufel, Österreich solle sich schämen, gegen ein kleines Land wie Serbien vorzugehen, der Kaiser sei ein *Hund* den Arbeitern gegenüber; die Generäle an der Front seien *Staatsochsen*, wenn eine Revolution ausbreche, werden alle *Großschädel* umgebracht und das Geld an die Armen verteilt.[40] Wenn verlässliche Informationen fehlen, das Misstrauen gegen die offizielle Propaganda wächst, tauchen Gerüchte auf. Gerüchte müssen nicht immer falsch sein, richtige Wahrnehmungen werden aber falsch interpretiert, sie sind inoffiziell, meistens aber reagiert die Furcht. Gleichzeitig wurden fantastische Verschwörungstheorien verbreitet. Die Behörden fürchteten Gerüchte, weil sie die Staatsautorität untergraben.[41] Am Anfang des Krieges entstand die nervöse Angst vor Spionen und Verrätern. Die Eisenbahnlinien und Brücken wurden vom Landsturm, der Gendarmerie, den Veteranen- und Schützenvereinen bewacht. Je schlechter die Kriegslage, je größer der Hunger wurde, desto leidenschaftlicher wurden Schuldige gesucht: Tschechen, Ungarn, Flüchtlinge, reiche Kurgäste und Touristen, Kriegsgewinnler, die Korruption, staatliche Behörden und immer mehr die „Zentralen", die, im Auftrag des Staates, Nahrungsmittel aufbrachten und verteilten, und – wie immer in Krisenzeiten – die Juden: die armen ostgalizischen Juden, die als Flüchtlinge angeblich besser versorgt wurden, und die reichen Juden, die von der Not des Volkes profitieren und es ausbeuten. Gleichzeitig nahmen die Denunziationen stark zu, viele Frauen waren daran beteiligt, so stark, dass die ohnedies überlastete Polizei sie gar nicht mehr bearbeitete.

Zunächst, in der ersten Kriegsphase, dominierte der Patriotismus. Im „Salzburger Volksblatt" wurde hervorgehoben, dass in Hofgastein eine Mutter Abschied von acht Söhnen nahm, die einrückten.[42] Zahlreiche Veranstaltungen sammelten Spenden. In der Aktion „Gold gab ich für Eisen" tauschten Ehefrauen ihren goldenen Ehering gegen einen eisernen aus.

In den Schulen wurden Fußlappen (an Stelle von Socken), Papiersohlen, Schneehauben, Ohrenschützer, Puls- und Kniewärmer, Bauchbinden und andere Kleiderstücke hergestellt.[43] Ein eifriger Professor an der Staatsrealschule mobilisierte 1914 die Schüler für die Erntearbeit. 200 „stramme Jungen" meldeten sich. Die Bauern konnten mit diesen unerfahrenen Helfern wenig anfangen.[44] Der Geburtstag Kaiser Karls wurde noch 1917 groß gefeiert. Ein Kin-

---

36 Schuchter Johanna, So war es in Salzburg. Aus einer Familienchronik. Salzburg 1976, 16.
37 Pflanzl Berta, Vom Dienstmädchen zur gnädigen Frau. Salzburger Tagebücher 1898–1953, hg. von Pflanzl Robert H. Wien 2009, 115.
38 Schuster Maria, Auf der Schattenseite. Wien 1997, 63.
39 Haas Hanns, Krieg und Frieden am regionalen Salzburger Beispiel 1914. In: Salzburg Archiv 20 (1995), 303–320.
40 SLA, Geheime Präsidialakten 1914/2.
41 Healy, Vienna (wie Anm. 25), 124, 126, 147; wichtig: Bloch Marc, Falschmeldungen im Krieg – Überlegungen eines Historikers. In: Aus der Werkstatt des Historikers. Zur Theorie und Praxis der Geschichtswissenschaft, hg. von Schöttler Peter. Frankfurt/M. 2000, 187–211.
42 Salzburger Volksblatt, 12.8.1914, 4.
43 Schwaiger Alois, Leogang. Fakten, Bilder und Geschichten. Leogang ²2012, 32; Hörmann Fritz, Mühlbach am Hochkönig. Geschichte und Gegenwart. o.O. o.J., 331.
44 SLA, Geheime Präsidialakten, Kt. 93, Fasz. 59.

Abb. 4: „Fürs Vaterland!" Ein Soldat reicht einer jungen Frau, die vor einem großen hölzernen „Eisernen Kreuz" steht, einen Hammer zum Einschlagen eines Nagels. „Gold gab ich für Eisen". Nach einem Bild sign. B.W., vor 1917 (SLA, Fotosammlung A 009080)

Fürs Vaterland!

derfest, dessen Erträge den Kindern von Gefallenen zugute kommen sollten, wurde von Damen der Gesellschaft im Franz-Josef-Park ausgerichtet. Angeboten wurden: Kinderspiele, ein Konzert, ein Kindertheater, ein Riesenglückshafen.⁴⁵ Für die Erwachsenen wurde im Mozarteum ein Konzert als „Huldigung für unseren geliebten Monarchen" aufgeführt. Alle besseren Gesellschaftskreise waren vertreten. Der Weihegruß: „Was Du uns gönnst, sei Dir zunächst beschieden: die Ruh' im Sturm und im Krieg der Friede". Von einem Siegfrieden war keine Rede mehr. Mit der Volkshymne, begeistert gesungen, hatte das Huldigungskonzert seinen *ebenso erhebenden als feierlichen Abschluß* gefunden.⁴⁶ Der Soldatenbrief eines Salzburgers, echt oder gestellt, schwärmte von Kaiser Karl, den er bei einer Kriegerauszeichnung erlebt hatte: Er könne sich an dem Kaiser nicht satt sehen, er gefalle ihm, *weil er halt seine Soldaten so gern hat*.⁴⁷ Das alles gehörte zur Propagandainszenierung. Die reale Situation an der Heimatfront sah ganz anders aus. Seit 1916 wurde auch das kleine, beschauliche Kronland immer unruhiger. Die Fäden des Alltages zerrissen, es drohte ein Kollaps des Hinterlandes. So stand die Heimatfront nicht mehr geschlossen hinter

45 Salzburger Volksblatt, 11.8.1917, 5.
46 Salzburger Volksblatt, 20.8.1917, 6.
47 Salzburger Volksblatt, 4.7.1917, 4.

der Kriegsfront. Zwar suchte der Landespräsident Schmitt-Gasteiger in einem Aufruf vom 16. Mai 1917 die erregte Stimmung zu beruhigen: *Wir verzagen nicht, wir wanken nicht, im felsenfesten Vertrauen auf die göttliche Hilfe, welche die gerechte Sache nicht zuschanden werden läßt. Doch heißt es jetzt zu allen verfügbaren Waffen zu greifen gegen den von dem Feinde uns aufgedrängten Hungerkrieg. Viel ist in diesem Kampf auch im Lande Salzburg geschehen, Notstandsküchen, Schulsuppenanstalten, Kriegsküchen sind errichtet worden […].*[48] Doch die immer schneller folgenden Anordnungen konnten weder die unteren Behörden noch die Konsumenten überblicken, noch wenig befolgen. Das schwächte nun tatsächlich die Staatsautorität. Immer mehr Zweifel an dem Sinn dieses Krieges tauchten auf, die Friedenssehnsucht um jeden Preis wuchs. Die Folgen waren eine Radikalisierung der Arbeiterschaft und, erstmalig, auch der mittelständischen Schichten. Demonstrationen, Streiks, Unruhen brachen aus, beteiligt waren nun auch viele Frauen, die ihre Familien nicht mehr ernähren konnten. Zwar blieben diese Aufstände zunächst noch in einem kleinen Rahmen, der große Jännerstreik 1918 erreichte Salzburg nur am Rande – bis die Lage bei den Ausschreitungen am 19. September 1918 explodierte und der schier unglaubliche Korruptionsskandal, in dessen Zentrum der „starke Mann" in Salzburg, Dr. Eduard Rambousek, stand, die lokale Oberschicht und die monarchischen Behörden völlig diskreditierte.[49]

Am 23. Oktober 1918 titelte das „Salzburger Volksblatt" den Leitartikel „Abschied von Österreich" und am 30. Oktober 1918 „Deutsch-Österreichs Geburtstag": *Wir feiern diesen Tag nicht mit überschwänglicher Freude, mit Fahnen und Jubelliedern, denn die Deutsch-Österreicher haben dieses alte Österreich geliebt, trotzdem sie in diesem Staat in den letzten Jahrzehnten soviel Unrecht erfuhren, weil es eine Schöpfung der Deutschen war und weil sich an den Namen Österreich soviel deutsche Erinnerungen knüpften.* Als Parole galt: *Alles für Deutsch-Österreich, alles für unser Volk.* Der Patriotismus bezog sich nun nicht mehr auf Kaiser und Monarchie, auf das multinationale Österreich, der Patriotismus schränkte sich nur mehr auf die Deutschen im kleinen Österreich ein, bald grundiert mit der Sehnsucht nach dem Anschluss an das große Deutschland!

ERSTENS, ZWEITENS, DRITTENS: DIE ERNÄHRUNGSFRAGE ALS HAUPTPROBLEM IM KRIEGSALLTAG

Die strukturellen Bedingungen der Ernährungskrise hat Gottfried Köfner bereits ausführlich untersucht.[50] In diesem letzten Kapitel sollen die Auswirkungen auf das Leben der Bevölkerung im Krieg kurz dargestellt werden. Aufs Ganze gesehen war das Kronland Salzburg ernährungsmäßig besser gestellt als die Reichshauptstadt Wien, das agrarische Land besser als die Stadt Salzburg, die Selbstversorger besser als die Arbeiter, deren Löhne weit unter den rasant gestiegenen Lebenskosten lagen. Bald allerdings pauperisierten auch mittelständische Schichten. Auf die Monarchie bezogen entstanden auf dem Nahrungssektor einige grundsätzliche Konflikte: Militär contra Zivilbereich, Österreich contra Ungarn; Konflikte innerhalb der Behörden, Bevölkerung contra Staat, Bevölkerung contra Kriegsgewinnler, aber auch Konflikt innerhalb der Bevölkerung – zwischen den Bessergestellten und den Ärmeren.

---

48 Salzburger Volksblatt, 16.5.1917, 12.
49 Healy, Vienna (wie Anm. 25), 1–31; Köfner, Hunger (wie Anm. 4), 86–108.
50 Köfner, Hunger (wie Anm. 4), 21–108. Sieder Reinhard, Behind the lines: working-class familiy life in wartime Vienna. In: The Upheaval of War. Familiy, Work und Welfare in Europe, 1914–1918, hg. von Wall Richard/Winter Jay, Cambridge University Press 1988, 109–138.

Abb. 5: Lebensmittelkarte des Herzogtums Salzburg für den Verbrauch von Brot und Mehl für 2 Wochen (18.4.–24.4.1915) (SLA, Graphik XIII.044)

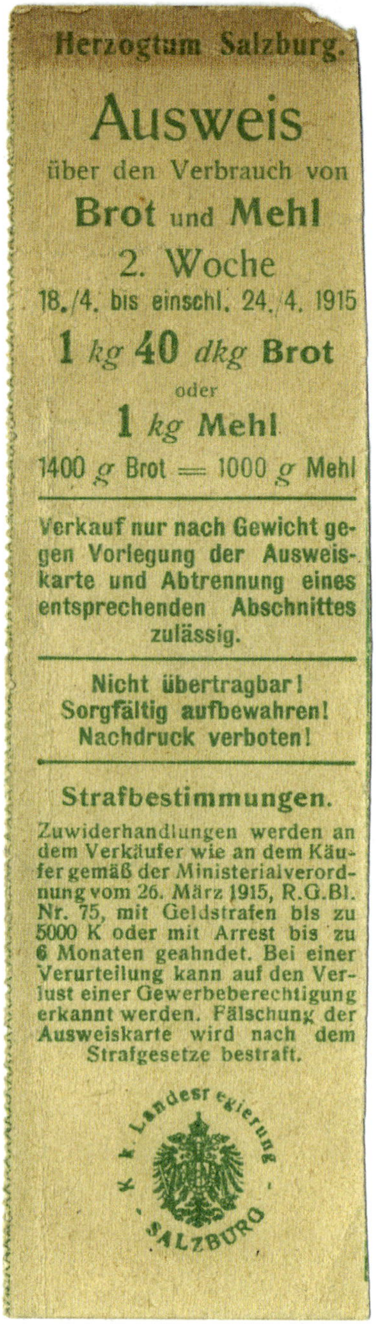
Herzogtum Salzburg.

Ausweis

über den Verbrauch von

Brot und Mehl

2. Woche

18./4. bis einschl. 24./4. 1915

1 *kg* 40 *dkg* Brot

oder

1 *kg* Mehl

1400 *g* Brot = 1000 *g* Mehl

Verkauf nur nach Gewicht gegen Vorlegung der Ausweiskarte und Abtrennung eines entsprechenden Abschnittes zulässig.

Nicht übertragbar! Sorgfältig aufbewahren! Nachdruck verboten!

Strafbestimmungen.

Zuwiderhandlungen werden an dem Verkäufer wie an dem Käufer gemäß der Ministerialverordnung vom 26. März 1915, R.G.Bl. Nr. 75, mit Geldstrafen bis zu 5000 K oder mit Arrest bis zu 6 Monaten geahndet. Bei einer Verurteilung kann auf den Verlust einer Gewerbeberechtigung erkannt werden. Fälschung der Ausweiskarte wird nach dem Strafgesetze bestraft.

Durch zu spät eingeführte Lebensmittelkarten versuchte der Staat, 1915 eine gerechtere Verteilung zu erreichen. Aber zunehmend entwickelte sich daneben ein Schwarzmarkt, auf dem wohlhabende Familien mit mehr Geld und hochwertigen Tauschgegenständen weitaus bessere Chancen hatten. Hamsterfahrten wurden zur Alltagsroutine. Das wertvollste Gut allerdings waren alte Beziehungen zu einzelnen Bauern. Gewiss hatten auch die Bauern unter den strengen Abgabepflichten (Approvisierungen) gelitten. Sie wurden von Ernährungsinspektoren und Gendarmen kontrolliert, behördliche „Ausmelker" nahmen „Probe-Melkungen" vor, Verletzungen der Vorschriften wurden bestraft, die Täter und Täterinnen mit Namen in den Zeitungen genannt – aber auf einem Bauernhof fanden sich genügend Stellen, um abgabepflichtige Waren zu verstecken.[51] Ein besonders schlauer Bauer verbarg seine Getreidevorräte unter einem mobilen Altar, der am Fronleichnamstag vor dem Hof aufgestellt wurde.[52] Gegen Kriegsende verweigerten die Bauern überhaupt die Ablieferungen.[53]

Auch Lebensmittelkarten nützten nichts, wenn in den Geschäften keine Waren vorhanden waren. So standen vor den Geschäften lange Schlangen von Frauen und Kindern, die hofften, ihre gesetzlich versprochenen Nahrungsmittel zu erhalten. Schlaue reservierten sich Plätze. Wenn der Ladeninhaber erklären musste, er habe nichts mehr, setzten lautstarke Proteste ein. Am 3. Dezember 1916 beispielsweise hatten sich zahlreiche Personen für die Verteilung einer seltenen Zuckerlieferung angestellt. Die Hälfte davon ging leer aus. Die erregte Menge reagierte mit Pfeifen, Schreien, Weinen.[54] Zivile Verhaltenscodes zerbarsten. Was die Menschen weiters belastete, waren Surrogate, Ersatzlebensmittel, wie z.B. Mais- und Kartoffelmehl anstelle von Getreidemehl. Vor allem das Maisbrot, das beim Essen in der Hand zerfiel, oft mit Kartoffel-, Kastanien-, Sägemehl gestreckt, wurde zu einem typischen *Erinnerungsort* an den Ersten Weltkrieg.[55] Kriegsrezepte sollten die Hausfrauen beruhigen, Gemüseanbau wurde zur patriotischen Pflicht erklärt.

Eine Maßnahme gegen den Hunger waren Kriegsküchen. Notstandsküchen für die ganz Armen, Kriegsküchen für etwas besser Gestellte, Mittelstandsküchen für Verarmte aus den *besseren Kreisen*.[56] Diese Kriegsküchen markierten einen tiefen Einschnitt in der Lebensführung. 1916 wurde die erste im Sternbräu von der Stadtgemeinde eröffnet. Es gab ein *nahrhaftes Mittagsessen* um 40 bis 60 Heller. 1917 wurden dort pro Tag 1.654 Portionen ausgegeben.[57] Am „Speiseplan" standen: Erbsen-, Knochengraupen-, Brotsuppen, Kartoffelgulasch, Wrunkengerichte. Ein verheirateter invalider Staatspensionist rechnete vor: Täglich stehen ihm 1 Krone 35 Heller zur Verfügung. Die kleine Wohnung koste pro Tag 60 Heller, Milch 18 Heller, Brot 20 Heller, Fett 5 Heller, Tabak 4 Heller (Tabak, so sein Argument, stille den Hunger), der Rest reiche nicht einmal für die Kriegsküche.[58] Im Sommer 1918 veröffentlichte das „Salzburger Volksblatt" das „Tagebuch eines Hungernden": Keine Butter, kein Fleisch, keine Milch, kein Ei. *Vor einem halben Jahr hatte ich noch die Kraft und das Temperament zu heftigen Anklagen gegen die verantwortlichen Stellen gefunden. Heute bin ich ein Hungerkünstler, zu schwach und entnervt, um mich zu einem leidenschaftlichen Protest aufzuraf-*

51 Steinkellner Friedrich: Golling im Zeitalter Kaiser Franz Josephs. In: Golling. Geschichte einer Salzburger Marktgemeinde, hg. von Hoffmann Robert/Urbanek Erich. Golling 1991, 176.
52 Salzburger Volksblatt, 23.1.1917, 5.
53 SLA, Präsidialakten 1917, Kt. 105, 1917 VIII F.
54 SLA, Präsidialakten 1916, Kt. 102.
55 SLA, Geheime Präsidialakten, 1915, Kt. 92, Fasz. 59.
56 Salzburger Volksblatt, 3.2.1917, 12.
57 Salzburger Volksblatt, 14.4.1917, 7.

Abb. 6: Menschenmenge beim Anstellen um Lebensmittel im Bereich der rechten Fassade der Kollegien- bzw. Universitätskirche in Richtung Studiengebäude, 28.1.1916 (Salzburg Museum Fotosammlung 40254)

fen.[59] Beschuldigt werden die fremden Sommergäste, notabene die Juden. *An mir vorüber zieht eine Schar fremder Gäste; deren Ahnen sind einst trockenen Fußes durch das Rote Meer geschritten. Müssen wir diese Leute in der Stadt dulden, um das Elend noch größer werden zu lassen?*[60] Die Frau eines bekannten Volkssängers und Unterhaltungskünstlers, der obendrein durch seine Anstellung in der Stieglbrauerei abgesichert war (von dort kamen von Zeit zu Zeit Nahrungspakete), Berta Pflanzl, gibt in ihrem Tagebuch Einblick in die Lebenssituation der Angestellten:[61] 9. 10. 1916: „Trüb! In aller Früh anstellen um Mehl!" 20. 10. 1916: „Entsetzliche Not! Kein Fett, kein Mehl, keine Kartoffel, ja man muß die Zeit miterlebt haben." 20. 3. 1917: „Sorgen um Sorgen! Kein Zucker!" 23. 3. 1917: „Kein Stück Brot im Haus, entsetzliche Not." 23. 5. 1917: „Ich überall um Brot herumgebettelt.???? Die armen Kinder leiden alle Hunger, die armen Hascher." 6. 6. 1917: „Die Not ist groß und die Bauern haben anstatt dem Herz einen Stein, über die soll etwas kommen."[62]

Nicht nur Resignation breitete sich aus. Die Menschen griffen zur Selbsthilfe. Unbotmäßigkeiten, passive Resistenz, Sabotageakte, Einbrüche, Diebstähle (auch Feld- und Viehdiebstähle) nahmen stark zu.[63] Demonstrationen, lokale Streiks, Angriffe auf die Polizei ebenfalls. Vor allem Frauen waren aktiv. Bei einer Demonstration am 21. Juni 1918, wo 600 Personen (meist Frauen) vor dem Regierungsgebäude protestierten, riefen die Frauen: *Brot wollen wir haben. Gebt unseren Kindern Brot. Wir müssen verhungern!*[64] Die Stadt Salzburg meldete wesentliche Steigerungen der Diebstähle: 89 Verhaftungen deswegen 1916, 154 Verhaftungen 1917. Darüber hinaus zahlreiche Anzeigen gegen Unbekannte.[65] Für den 26. Mai 1918 riefen die deutschfreiheitliche, die christlichsoziale Partei, zusätzlich die deutsche Arbeiterpartei (DAP) zu einem *Volkstag* auf. In den Reden wurden *höchste Stellen* beschuldigt, die Slawen, ostentative *Hochverräter*, auf Kosten der Deutschen zu bevorzugen. Österreich habe die *Treue der Deutschen* nicht belohnt. Die Geduld der Salzburger sei am Ende. Gefordert wurde der Abbau der Zentralen. Die Bevölkerung wolle nicht länger *systematisch den jüdischen Ausbeutern* ausgeliefert sein. Ein Gedicht rief auf: *Reicht die Hände Euch, Germanen!* Am Horizont tauchte der Anschluss der österreichischen Deutschen an das Deutsche Reich auf.[66] Die österreichische Gesellschaft zerfiel im Inneren. Die Heimatfront wie auch die Kriegsfront löste sich auf. Österreich-Ungarn, die Monarchie war am Ende. Eine neue Periode der österreichischen Geschichte, mit zahlreichen Problemen, die aus dem Krieg stammten, begann!

---

58 Salzburger Volksblatt, 13.2.1917, 5.
59 Salzburger Volksblatt, 9.8.1918, 3.
60 Salzburger Volksblatt, 9.8.1918, 3.
61 Pflanzl, Vom Dienstmädchen (wie Anm. 37).
62 Pflanzl, Vom Dienstmädchen (wie Anm. 37), 124–139.
63 SLA, Präsidialakten, Kt. 105, 1917 VIII B.
64 SLA, Präsidialakten 1918, Kt. 112.
65 SLA, Präsidialakten 1918, Kt. 112, 1918/VIII/B 576.
66 Salzburger Volksblatt, 18.5.1918, 1 u. 27.5.1918, 1.

Thomas Hellmuth

„Acker und Wiesen wissen nichts von Patriotismus"

Kriegswirtschaft im Ersten Weltkrieg

Eine Studie zur Kriegswirtschaft hat vor allem zwei Bereiche in den Fokus zu nehmen: zum einen die Umstellung der Industrie auf Kriegsproduktion und die damit verbundenen ökonomischen und sozialen Folgen, zum anderen die – damit zum Teil zusammenhängende – Versorgung der Bevölkerung mit Lebensmitteln und Gütern des täglichen Bedarfs. Damit ist ein Untersuchungsfeld umschrieben, das in diesem kurzen Beitrag in seiner Breite freilich nicht vollständig abgedeckt werden kann. Daher werden im Folgenden zwei grundsätzliche Probleme der Kriegswirtschaft ins Zentrum der Betrachtung gerückt: einerseits die Problematik „kriegsabsolutistischer"[1] Eingriffe in die Lebenswelt der Bevölkerung, andererseits das Spannungsfeld zwischen Liberalismus und staatlicher Einflussnahme sowie regionaler bzw. nationaler Interessen und Zentralismus. Die Frage, ob privatwirtschaftliche Strukturen beibehalten oder diese durch zentrale staatliche Eingriffe aufgebrochen werden sollten, ist im Kontext einer bürgerlichen Gesellschaft zu analysieren, die im 19. Jahrhundert ihren Durchbruch erlebt hatte: Wirtschaftsliberale Grundsätze – die weitgehende Deregulierung der Wirtschaft bei gleichzeitiger Minimierung staatlichen Einflusses – bestimmten zumindest das ökonomische Denken der Zeit, wenn auch der Einfluss des Staates in Österreich nicht vollständig abgebaut wurde.

Nun war die Habsburgermonarchie weitgehend unvorbereitet in den Krieg eingetreten, nicht zuletzt auch, weil von einer kurzen Kriegsdauer ausgegangen worden war. Je länger der Krieg dauerte, desto unübersichtlicher gestaltete sich die ökonomische und soziale Lage: Betriebe, die kriegswichtige Produkte erzeugten, konnten zwar wirtschaftlich profitieren, andere aber erlebten einen Niedergang. Zudem gelang es der Regierung nicht, die Versorgung der Bevölkerung mit den grundlegenden Lebensmitteln anhaltend zu gewährleisten. Unter den extremen Bedingungen des Krieges konnten die prekäre ökonomische und soziale Situation mit wirtschaftsliberalen Prinzipien – sofern diese in ihrer „reinen" Form überhaupt funktionieren – nicht behoben werden. Ein staatlicher Eingriff, die Zentralisierung der Versorgung, erfolgte aber aufgrund der herrschenden ökonomischen Doktrin und der für Österreich spezifischen Kombination von Liberalismus und Interventionsstaat[2] nur schrittweise und blieb letztlich halbherzig. Zusätzlich erschwerend wirkten sich die privatwirtschaftlichen Interessen der Bauern aus, die zunächst passiven, später auch offenen Widerstand gegen das staatliche Ernährungssystem zeigten.[3] Schließlich spielten im sogenannten „Vielvölkerstaat" auch nationale, insbesondere

---

1 Hanisch Ernst, Der lange Schatten des Staates. Österreichische Gesellschaftsgeschichte im 20. Jahrhundert (Österreichische Geschichte). Wien 1994, 205f.
2 Hanisch, Der lange Schatten (wie Anm. 1), 186.
3 Grandner Margarete, Kooperative Gewerkschaftspolitik in der Kriegswirtschaft. Die freien Gewerkschaften Österreich im Ersten Weltkrieg. Wien-Köln-Weimar 1992, 131f, 224.

ungarische Interessen eine Rolle: Vor dem Ersten Weltkrieg konnte Österreich nur bei Butter, Mehl, Käse und Kartoffeln seinen Bedarf zu einem großen Anteil aus der eigenen Produktion, zu rund 90 Prozent, decken. Bei Getreide, Rindern, Schweinen und Mais waren Österreich und – mit Ausnahme bei der Fleischversorgung – auch Salzburg auf Importe angewiesen. Da keine Lieferverpflichtung bestand, schränkte aber Ungarn, das bislang einen Großteil des österreichischen Bedarfs an Lebensmitteln gedeckt hatte, seine Agrarexporte nach dem Kriegsausbruch drastisch ein. Die problematische Situation änderte sich auch nicht, als 1917 ein „Gemeinsamer Ernährungsausschuss" gegründet wurde, zumal für Ungarn keine Lieferverpflichtung bestand und die eigenen Interessen gegenüber den Bedürfnissen der anderen Reichshälfte überwogen.[4]

INDUSTRIE, GEWERBE UND LANDWIRTSCHAFT

Die Umstellung der Wirtschaft auf die sogenannte „Kriegswirtschaft" hatte für viele Industriebetriebe einschneidende Veränderungen zur Folge. So wurden kriegswichtige Industriebetriebe nach dem Kriegsleistungsgesetz von 1912 zumeist militärischer Kontrolle unterstellt. Insbesondere die Metall-, Eisen- und Stahlindustrie profitierten dabei vom beginnenden Krieg und der damit verbundenen Aufrüstung. Andere Industrien, wie die Konsumgüter-, Nahrungsmittel-, Textil- und Papierindustrie, erlebten dagegen einen Rückgang der Produktion, der nicht zuletzt mit Rohstoffmangel, aber auch mit fehlenden Absatzmöglichkeiten zu begründen ist.[5] In der gesamten Volkswirtschaft führte die rüstungs- und kriegsbedingte Nachfrage aber zunächst zu einem Wachstumsschub,[6] eine „Art von Prosperität, die vergessen ließ, auf welch fragwürdigen Grundlagen sie stand"[7]. Seit 1916 kam das Wirtschaftswachstum aber zum Erliegen und wurde 1917 von einem raschen Verfall der Produktion abgelöst. Der wirtschaftliche Zusammenbruch war schließlich nicht mehr zu verhindern, die Arbeitslosenzahlen, die seit dem Beginn des Krieges drastisch zugenommen hatten, stiegen weiter an.[8]

Im Kronland Salzburg hatte der Wachstumsschub der ersten beiden Kriegsjahre aufgrund seiner geringen Industrialisierung bzw. der wenigen rüstungsrelevanten Betriebe insgesamt keine Auswirkungen.[9] Zu den wenigen größeren Industrieunternehmen, die am Vorabend des Ersten Weltkriegs zwischen 200 und 400 Beschäftigten zählten, gehörten die Saline, die Zellulosefabrik und die Tabakfabrik in Hallein. Eine ähnliche Bedeutung besaßen auch das Eisenwerk in Sulzau-Werfen, das Grödiger Eisenwerk „Steiner Carl & Comp." und die Papierfabrik in Ramingstein.[10] Von diesen Betrieben hob sich die „Mitterberger Kupfer A.G." deutlich ab: Im Jahr 1913 beschäftigte diese über 2.000 Arbeiter. Da mit Kupfer ein für den Krieg wichtiges Produkt erzeugt wurde, konnte die Produktion sogar gesteigert und der Belegschaftsstand erhöht werden. 1917 beschäftigte das Unternehmen doppelt so viele Arbeiter wie 1913, wobei allerdings Kriegsgefangene ein Drittel der Belegschaft stellten.[11] Aber auch kleinere Berg- und Hüttenbetriebe des Landes erlebten aufgrund des kriegswirtschaftlichen Bedarfs einen Aufschwung, etwa der Silber- und Kupferbergbau Seekar in den Radstädter Tauern, der aufgrund des erwähnten Kriegsleistungsgesetzes „zur Überlassung zum Gebrauche der Heeresverwaltung angefordert" wurde.[12] Dagegen geriet

4 Löwenfeld-Ruß Hans, Die Regelung der Volksernährung im Kriege (Wirtschafts- und Sozialgeschichte des Weltkriegs). Wien 1926, 26, 28–40, 304–306; Pattera Johanna E.: Der Gemeinsame Ernährungsausschuß 1917–1918. Phil. Diss. Univ. Wien 1971.
5 Sandgruber Roman, Ökonomie und Politik. Österreichische Wirtschaftsgeschichte vom Mittelalter bis zur Gegenwart. In: Wolfram Herwig (Hg.), Österreichische Geschichte. Wien 1995, 319, 321.
6 Butschek Felix, Die österreichische Wirtschaft im 20. Jahrhundert. Stuttgart ²1985, 26f.
7 Sandgruber, Ökonomie und Politik (wie Anm. 5), 320.
8 Winkler Wilhelm, Die Einkommensverschiebungen in Österreich während des Weltkrieges. (Wirtschafts- und Sozialgeschichte des Weltkrieges. Österreichische und Ungarische Serie), hg. von der Carnegie Stiftung für internationalen Frieden, Abteilung für Volkswirtschaft und Geschichte. Wien-New Haven 1930, 44–46; Sandgruber, Ökonomie und Politik (wie Anm. 5), 320.
9 Dirninger Christian, Konjunkturelle Dynamik und struktureller Wandel in der wirtschaftlichen Entwicklung des Landes Salzburg im 20. Jahrhundert. In: Geschichte Salzburgs. Stadt und Land, Bd. II/4: Neuzeit und Zeitgeschichte, hg. von Dopsch Heinz/Spatzenegger Hans. Salzburg 1991, 2761.
10 Köfner Gottfried, Hunger, Not und Korruption. Der Übergang Österreichs von der Monarchie zur Republik am Beispiel Salzburg. Eine sozial- und wirtschaftswissenschaftliche Studie. Salzburg 1980, 14.
11 Köfner, Hunger (wie Anm. 10), 14f.
12 SLA, Präsidialakten 1916 16/503-Schl., Zl. (nicht lesbar), k. k. Landespräsidium in Salzburg, Kriegshilfsbureau des k. k. Ministeriums des Inneren. Effekten-Lotterie, darin: k. k. Ministerium für Landesverteidigung an die k. k. Landesregierung in Salzburg. Wien, 8.4.1916.

die Aluminiumerzeugung in Lend wegen Mangels an Bauxit in wirtschaftliche Schwierigkeiten. Zwar verfügte Österreich-Ungarn über große Bauxitvorkommen und Aluminium galt als wichtiges Ersatzmetall,[13] die Produktion in Lend scheint aber zugunsten effektiverer Betriebe nicht förderungswürdig gewesen zu sein. Auch die Halleiner Papier- und Zellulosefabrik, die „Kellner Partington Paper Pulp AG", erlebte einen Niedergang; bis 1917 ging die Produktion auf ein Drittel der Menge in Friedenszeiten zurück.[14] Die Fabrik war allerdings ein Sonderfall, zumal sie im Besitz einer britischen Firma stand und als solche seit Ende 1914 unter staatliche Aufsicht gestellt war.[15] Zwar sah eine Instruktion für den vom Handelsministerium bestellten Verwalter vor, dass dieser *den österreichischen […], insbesondere den Interessen des österreichischen Wirtschaftslebens zu dienen habe und der Betrieb im bisherigen Umfang weitergeführt werden musste*.[16] Letztlich waren aber solche Betriebe von den „Mutterunternehmen" losgelöst und somit in ihrem wirtschaftlichen Handeln noch stärker eingeschränkt als andere Unternehmungen. Zahlungen in Auslandsstaaten durften nur in besonderen Ausnahmefällen getätigt werden und Auslandszahlungen an *feindliche Ausländer* waren ohnehin verboten, auch wenn diese ihren Sitz in neutralen Ländern hatten.[17] Dazu kamen Schwierigkeiten, die alle Unternehmen betrafen: Das Transportwesen, insbesondere das Eisenbahnsystem, brach infolge von Logistikfehlern sowie der Abnutzung von Lokomotiven und Waggons, schließlich auch durch Materialverluste zusammen.[18] Die Halleiner Papier- und Zellulosefabrik musste etwa ständig bei der Staatsbahndirektion in Innsbruck um die Bereitstellung von Waggons zur Zelluloseverladung ansuchen. Nicht zuletzt wegen der Erhaltung von Arbeitsplätzen bestand im *Weiterbetrieb [der Zellulosefabrik; Anm. T. H.] ein eminentes öffentliches Interesse*, weshalb die Ansuchen lange Zeit positiv beantwortet wurden.[19]

Ferner trug der Mangel an Rohstoffen und Energieträgern zum wirtschaftlichen Niedergang bei, weshalb etwa Ende 1917 der Betrieb der Halleiner Papier- und Zellulosefabrik mangels Kohlelieferungen sogar vorübergehend eingestellt werden musste.[20] Schließlich wirkten sich auch fehlende Aufträge auf die Wirtschaftslage aus, die unter anderem das Kleingewerbe, vor allem die Schneider, Schlosser und Sattler, betrafen. Das Baugewerbe war wegen Auftragsmangel schon vor dem Krieg mit wirtschaftlichen Schwierigkeiten konfrontiert gewesen. Bereits 1913 habe durch die *im ganzen Kronland herrschende Geldknappheit und das dadurch bedingte Versagen des Krediftes […] die Gefahr einer schweren wirtschaftlichen Krise* bestanden. *Die Ursache dieser beklagenswerten Zustände* war laut Salzburger *Landesausschuss in den Massenbehebungen von Einlagen aus öffentlichen Kassen infolge der in der Bevölkerung herrschenden Kriegsfurcht zu suchen*.[21] Während des Krieges kam das Baugewerbe dann beinahe völlig zum Erliegen, wovon auch das zuliefernde Gewerbe – Ziegeleien, Steinmetzbetriebe, Tischlereien und Zementfabriken – betroffen waren. Die Landesgenossenschaft der Baumeister schlug daher der Landesregierung vor, seitens *der Sparkassen […] Geldbeträge* reservieren zu lassen, *die als Darlehen für Neubauten gewährt und auf Hypothek sichergestellt werden sollten*.[22] Wird vom Baugewerbe abgesehen, gestaltete sich die Situation in Gewerbe und Handel aber besser als möglicherweise angenommen werden könnte. Einkommensverluste, die aus geringen Umsätzen und der Inflation resultierten, wurden – auch wenn die staatliche Festsetzung von Höchstpreisen hier gewisse Grenzen setzte – durch

---

13 Wegs Robert J., Die österreichische Kriegswirtschaft 1914–1918. Wien 1979, 174f.
14 Köfner, Hunger (wie Anm. 10), 15.
15 SLA, Landesausschuss III 74/01/01–74/02/02, The Kellner Partington Aktiengesellschaft Hallein, staatliche Kontrolle 1914–1922, darin: k. k. Landespräsidium in Salzburg, Zl. 4575, Aktiengesellschaft „The Kellner Partington Paper Pulp" – Filiale Hallein, Bestellung eines Staatsaufsichtsorgans, 24.8.1914.
16 Reichsgesetzblatt Nr. 245, vom Handelsministerium bestellten Verwalter feindlicher Unternehmungen (gedruckt), 1 (SLA, Landesausschuss III 74/01/01–74/02/02, The Kellner Partington Aktiengesellschaft Hallein, staatliche Kontrolle 1914–1922, darin: k. k. Landespräsidium in Salzburg, Zl. 19273, Betreff: Verhängung der Zwangsverwaltung über britische, französische und russische Unternehmungen, Instruktion für die im Grunde der Verordnung des Gesamtministeriums vom 29.7.1916).
17 Reichsgesetzblatt Nr. 245 (wie Anm. 16), 2.
18 Sandgruber, Ökonomie und Politik (wie Anm. 5), 322.
19 SLA, Landesausschuss III 74/01/01–74/02/02, The Kellner Partington Aktiengesellschaft Hallein, staatliche Kontrolle 1914–1922, k. k. Landespräsidium in Salzburg, Zl. 4753, 29./30.9.1914, Betreff: Zellulosefabrik Hallein – Waggonmangel.
20 Köfner, Hunger (wie Anm. 10), 15.
21 SLA, Präsidialakten 1915/16, „Notstand im Salzburger Baugewerbe, Maßnahmen", k. k. Landes-Präsidium in Salzburg, Zl. 1396, 12.4.1913, Maßnahmen gegen die Behebung von Einlagen aus öffentlichen Kassen, k. k. Landesausschuss an die Vorstände der fünf Bezirkshauptmannschaften.
22 SLA, Präsidialakten 1915/16, „Notstand im Salzburger Baugewerbe, Maßnahmen", k. k. Landes-Präsidium in Salzburg, Zl. 51, 28.12.1915, Landesgenossenschaft der Maurermeister in Salzburg, Maßnahmen gegen den Notstand im Salzburger Baugewerbe, Landesgenossenschaft der Maurermeister an die k. k. Landesregierung, 28.12.1914.

Preiskalkulationen zum Teil ausgeglichen bzw. auf die Kunden abgewälzt. Außerdem konnte das staatliche Bewirtschaftungssystem umgangen und auf den Schleichhandel ausgewichen werden.[23]

Neben manchen Industrie- sowie Gewerbe- und Handelsbetrieben zählte auch die Landwirtschaft, die die wirtschaftliche Struktur des Kronlands Salzburg neben Klein- und Mittelbetrieben prägte,[24] zu den Nutznießern des Krieges. Zwar verzeichnete die agrarische Produktion sowohl im Bereich des Getreideanbaus als auch bei der Viehzucht einen starken Rückgang. Beim Getreideanbau waren dafür vor allem der Arbeitskräftemangel infolge der Einberufungen zur Front, die – weiter unten noch genauer zur Sprache kommende – problematische staatliche Preispolitik, sowie der Mangel an Kunstdünger verantwortlich, dessen Einfuhr durch die Blockadepolitik vollständig zum Erliegen gekommen war.[25] *Dass dieser enorme Ausfall in der Verwendung an Kunstdüngermittel seine Folgen haben muss*, schreibt die Salzburger Landwirtschaftsgesellschaft im Dezember 1914 an die Landesregierung, *ist selbstverständlich und wird in der Ernte des Jahres 1915 seinen Ausdruck finden. Acker und Wiesen wissen nichts von Patriotismus und sie werden leider trotz der schweren Kriegszeit auf die verminderte Nährstoffzufuhr reagieren.*[26] Zudem führte der Rückgang der Viehzucht zu geringeren Mengen an eigenem Stalldünger, der wegen der schlechten Fütterung noch dazu eine mindere Qualität aufwies. Hauptsächlich trugen zwei Faktoren zum Rückgang in der Viehzucht, insbesondere der Rinderzucht, bei: Erstens wirkten sich die bereits erwähnten Requisitionen des Heeres aus, auch wenn Salzburg zu jenen Kronländern gehörte, die davon am wenigsten betroffen waren. Und zweitens löste in Salzburg der steigende Konsum von – zum Großteil minderwertigem – Fleisch die Mehlprodukte als traditionelles Hauptnahrungsmittel ab. Von den Alpenländern besaß Salzburg neben Tirol ohnehin den höchsten Anteil an unproduktiven Landesflächen. Die Eigenversorgung mit Mehl konnte schon vor dem Krieg bei weitem nicht gedeckt werden, weshalb das Kronland auf Einfuhren angewiesen war. Die bereits erwähnte staatliche Preispolitik hielt nun die Getreidepreise niedrig, während die Viehpreise anstiegen. Die Bauern stellten daher vermehrt auf Rinderzucht um, wobei diese allerdings keineswegs nachhaltig betrieben wurde. So beklagten die Bauern die hohen Futtermittelpreise und niedrigen Milchpreise, die es *ungeheuer schwer* machten, *eine noch so gut zu melkende Kuh in ihrer Leistungsfähigkeit zu erhalten*. Daher würden *die besten Kühe frühzeitig, da sie nicht mehr ertragsfähig sind, dem Hammer übergeben* und geschlachtet.[27] Die Rinderzahlen nahmen in der Folge ab, ebenso die Ackerbauflächen, weil sich die Egartenwirtschaft zwischen 1913 und 1917 um über 43 % erhöhte.[28] Um die Rinder wenigstens halbwegs zu ernähren, musste der Boden abwechselnd durch ein oder mehrere Jahre als Acker-, dann wieder als Grünland bzw. Futterfläche genutzt werden.

Neben der vermehrten Umstellung auf Viehzucht versuchten die Bauern, die rückgängige agrarische Produktion über die Preise auf den Abnehmer abzuwälzen. Ferner profitierten sie, ähnlich wie die Gewerbe- und Handelstreibenden, vom Handel auf dem Schwarzmarkt. Tatsächlich kam es im Verlaufe des Krieges trotz des Produktionsrückgangs zu einer finanziellen Besserstellung der Bauern, die dadurch sogar – zumal diese auch die Inflation nutzen konnten – ihre Hypothekarschulden frühzeitig tilgen konnten.[29] Ohne Zweifel waren die Umstellungen in der Landwirtschaft, nicht zuletzt auch aufgrund der zunehmenden staat-

23 Köfner, Hunger (wie Anm. 10), 15f.
24 1910 betrug der Anteil der Erwerbstätigen im primären Wirtschaftssektor, der Landwirtschaft, noch über 50 Prozent, während sich die Anteile im sekundären (Industrie und produzierendes Gewerbe) sowie im tertiären Sektor (Dienstleistungen inklusive öffentlicher Dienst) relativ gleichmäßig aufteilten. Dirninger, Konjunkturelle Dynamik (wie Anm. 9), 2752.
25 Köfner, Hunger (wie Anm. 10), 34–37.
26 SLA, LRA 1910/19 XII A 5, Zl. 1176, 1914, Central-Ausschuß der k. k. Landwirtschafts-Gesellschaft in Salzburg an die Hohe k. k. Landesregierung, 22.12.1914.
27 SLA, LRA 1910/19 XXVI 1, 1916, Dept. II, Zl. 16310, 19.9.1916, Resolution der Vorsteher von 15 Gemeinden des politischen Bezirks Salzburg-Umgebung bezüglich Viehpreise, Milchversorgung und Bierausschank.
28 Köfner, Hunger (wie Anm. 10), 34–37, 39f.
29 Köfner, Hunger (wie Anm. 10), 16, 35f.

lichen Eingriffe in die Wirtschaft, für die Bauern recht einschneidend. Während aber die Bauernschaft die Kriegsjahre letztlich relativ gut bewältigen konnte, war die unselbständige Bevölkerung zunehmend von Mangel und Hunger betroffen.

Das staatliche Bewirtschaftungssystem

Wie bereits eingangs erwähnt, lag eines der zentralen Probleme der Kriegswirtschaft bei den nur allmählichen und unstrukturierten bzw. lückenhaften staatlichen Eingriffen. Zunächst wurde daher ein Weg eingeschlagen, der zwischen Verstaatlichung und Privatisierung lavierte: Sogenannte „Zentralen" zur Beschaffung industrieller Rohstoffe wurden eingerichtet, die zwar privatwirtschaftlich organisiert waren, aber gemeinnützigen Zwecken dienen sollten. Bereits 1914 war zum Beispiel die „Häute- und Lederzentrale AG" auf Initiative des Handelsministeriums gegründet worden, die Führung der Zentrale war allerdings privatwirtschaftlich organisiert. Im Nahrungsmittelbereich blieb eine solche – zumindest partielle – staatliche Intervention noch aus und beschränkte sich auf die Regulierung des Marktes. Dazu diente eine kaiserliche Ermächtigungsverordnung vom Oktober 1914, die der Regierung zahlreiche, zunächst jedoch nur wenig genutzte Eingriffsmöglichkeiten offen ließ.

Auf Basis der Ermächtigungsverordnung wurden etwa die Versorgung der Bevölkerung mit Kohle sowie die Streckung von Mehlvorräten mit billigeren Gersten-, Mais- und Kartoffelwalzmehl geregelt. 1915 legte eine Verbrauchsquote eine tägliche Abgabe von 200 Gramm bei Mahlprodukten bzw. 280 Gramm bei Brot fest. Lediglich die Produzenten, die sogenannten „Selbstversorger", erhielten täglich 300 Gramm Getreide.[30] Die Ermächtigungsverordnung ermöglichte ferner die Festsetzung von Höchstpreisen für landwirtschaftliche Produkte, wobei eine solche aber erst erfolgte, als die Teuerungen bereits ein hohes Niveau erreicht hatten. Brot und Mehl waren daher kaum noch unter dem Höchstpreis zu erwerben und für ärmere Bevölkerungsgruppen oft nicht mehr erschwinglich. Viele preisbeschränkte Produkte gelangten zudem in den Schwarzmarkthandel.[31]

Im Jahr 1917, als das Parlament nach dreijähriger Pause wieder zusammentrat,[32] wurde die kaiserliche Ermächtigungsverordnung durch ein Kriegswirtschaftliches Ermächtigungsgesetz ersetzt (das im Übrigen 1933 von der Regierung Dollfuß zur Abschaffung der Demokratie benutzt wurde). Weiterhin wurde damit der Regierung ein weiter Entscheidungsspielraum gelassen, weil man die Behandlung der ökonomischen und sozialen Probleme im Parlament offenbar als zu langwierig einschätzte.[33] Allein mit Verordnungen hatte sich aber die katastrophale Ernährungssituation, gerade angesichts einer drohenden Hungerkatastrophe im Winter 1915, nicht mehr regeln lassen. Vor allem die Getreideversorgung musste zentral organisiert werden, weshalb eine eigene Zentrale, die „Kriegs-Getreide-Verkehrsanstalt", gegründet wurde. Im Gegensatz zu den Zentralen, die zur industriellen Rohstoffversorgung dienten, hatte sich darin der Staat einen starken Einfluss gesichert. Aufgabe der „Kriegs-Getreide-Verkehrsanstalt" war es, Getreidevorräte anzulegen, für die Verteilung und Ausgabe von Getreide zu sorgen sowie die Getreidepreise zu regeln. Damit erfolgte auch die

---

30 Köfner, Hunger (wie Anm. 10), 89.
31 Grandner, Kooperative Gewerkschaftspolitik (wie Anm. 3), 84, 90.
32 Ministerpräsident Karl Graf Stürgkh hatte im März 1914, infolge von Obstruktionen, die Session des Reichsrats geschlossen und regierte fortan mit kaiserlichen Notverordnungen. Erst Kaiser Karl I. berief den Reichsrat für den 30.5.1917 wieder ein.
33 Grandner, Kooperative Gewerkschaftspolitik (wie Anm. 3), 226.

Monopolisierung des Getreidehandels: Auf dem Weg einer Verkaufspflicht an die „Kriegs-Getreide-Verkehrsanstalt" wurde die Getreideernte im Jahr 1915 beschlagnahmt, wobei allerdings der Eigenbedarf für Bauern ausgenommen war. In den Kronländern erfolgte dafür die Gründung von eigenen Landesstellen, die mit dem Ankauf des Getreides beauftragt waren. Verschleißpreise wurden festgelegt, Groß- und Kleinverschleißstellen gaben die Mahlprodukte an die Händler bzw. Konsumenten ab.[34] Neben der „Kriegs-Getreide-Verkehrsanstalt" wurden auch für andere Lebensmittel „Zentralen" geschaffen: 1915 etwa eine Zuckerzentrale, eine Spirituszentrale, eine Brauerzentrale und eine Kaffeezentrale, ein Jahr später für Gemüse, Obst und Kaffee und 1918 für Vieh und Fleisch. Zusammen mit den Zentralen für die industrielle Rohstoffbeschaffung lenkten zuletzt 91 Zentralen die Kriegswirtschaft. Die Lebensmittelzentralen, die seit 1915 gegründet wurden, standen jedoch unter direkter staatlicher Aufsicht, indem sie entweder weisungsgebunden waren oder durch Regierungskommissäre kontrolliert wurden.[35] Als Basis für die Zentralen und die „Kriegs-Getreide-Verkehrsanstalt" dienten die Gemeinden, die sich dazu allerdings nur bedingt eigneten, war doch die Gemeindevertretung als Exekutivorgan viel zu stark mit den Bevölkerungsteilen verbunden, die von den Verordnungen betroffen waren.[36] Diesen Zentralen wurde von Seiten der Landwirtschaft, des Handels und des Gewerbes die Verantwortung für die schlechte Nahrungsmittelversorgung zugeschoben. Ohne Zweifel war das System der Zentralen weit weg von einer optimalen Lösung der Versorgungsfrage, die Kritik richtete sich aber vor allem auf die damit verbundene Einschränkung wirtschaftlicher Handlungsfreiheit und hatte somit privatwirtschaftliche Motive. Dazu kamen noch antisozialistische Beweggründe, da sich die Sozialdemokraten durchaus für eine zentrale Bewirtschaftung der Lebensmittelversorgung erwärmten.[37] In Salzburg wurde die Kritik an den Zentralen, den *Pestbeulen am deutschen Volkskörper und am Marke Österreichs*,[38] ausgesprochen untergriffig geführt und noch zusätzlich durch eine antisemitische Hetze begleitet.[39]

Als sich die Versorgungslage 1916 zusehends verschlechterte, versuchte die Regierung, den gesamten Ernährungsbereich zu vereinheitlichen. Eine interministerielle Approvisionierungskommission wurde eingerichtet, in der das Ackerbauministerium (zuständig für die Viehzucht), das Handelsministerium (zuständig für Fett- und Zuckerwirtschaft) und das Innenministerium (zuständig für alle weiteren Approvisionierungsangelegenheiten) kooperieren sollten. Im Oktober 1916 wurde zudem im Innenministerium ein Ernährungsamt eingerichtet. Alle diese Bemühungen blieben aber unbelohnt, weil die Zentralisierungsversuche viel zu spät erfolgten und die Kompetenzaufsplitterung nur teilweise aufgehoben werden konnte.[40] Erst im November 1916 erfolgte mit der Gründung des Amts für Volksernährung eine weitgehende Zentralisierung der Nahrungsmittelversorgung. Alle Institutionen der Nahrungsmittelwirtschaft, auch die „Kriegs-Getreide-Verkehrsanstalt", wurden diesem Amt unterstellt, zudem ein eigener „Ernährungsrat" mit beratender Funktion eingeführt.[41]

Im März 1917 ordnete das Amt für Volksernährung auf Landes- und Bezirksebene die Errichtung von Wirtschaftsämtern an. Auf Gemeindeebene wurden sie lediglich empfohlen. Nach dem Vorbild des im Amt für Volksernährung eingerichteten Ernährungsrates sollten „Wirtschaftsräte" die Wirtschaftsämter fachlich beraten und die Bevölkerung zum Beispiel über Vorratshaltung und

34 Grandner, Kooperative Gewerkschaftspolitik (wie Anm. 3), 87–90.
35 Grandner, Kooperative Gewerkschaftspolitik (wie Anm. 3), 121f; Sandgruber, Ökonomie und Politik (wie Anm. 5), 325.
36 Löwenfeld-Ruß, Die Regelung der Volksernährung (wie Anm. 4), 80f.
37 Köfner, Hunger (wie Anm. 10), 56f.
38 Ruperti-Kalender 1919, 85f.
39 Köfner, Hunger (wie Anm. 10), 56.
40 Löwenfeld-Ruß, Die Regelung der Volksernährung (wie Anm. 4), 288; Denkschrift über die von der k. k. Regierung aus Anlaß des Krieges getroffenen Maßnahmen, 3. Wien 1917, 50f.
41 Grandner, Kooperative Gewerkschaftspolitik (wie Anm. 3), 134.

Konsumbeschränkungen aufklären. In diesen Wirtschaftsräten waren auch Vertreter der Konsumenten und der ärmeren Bevölkerung vertreten. Die Zentralregierung erhoffte sich dadurch, auf regionaler und lokaler Ebene mehr Vertrauen in ihre Ernährungspolitik zu schaffen.[42] Der Erfolg dieser Institutionen blieb aber beschränkt,[43] nicht zuletzt weil sie nur beratende Funktion besaßen und – etwa durch die Übernahme der Lebensmittelverteilung – als verlängerter Arm der kritisierten und zum Teil durchaus verhassten staatlichen Ernährungsverwaltung galten. In manchen Salzburger Gemeinden stieß auch die Beteiligung der Arbeiterschaft an den Wirtschaftsräten auf den Widerstand bürgerlicher Kreise.[44]

Als Vollzugsorgane des Amts für Volksernährung fungierten in den Kronländern Ernährungsinspektoren, die zumeist aus der Beamtenschaft der Finanzaufsicht rekrutiert wurden und nur wenig Erfahrung für diese Tätigkeit mitbrachten. Der Salzburger Ernährungsinspektor, Dr. Ehrenberger, und seine „Aufnahmsorgane" waren zudem, wie viele ihrer Kollegen in anderen Kronländern, durch die Fülle der Aufgaben überlastet.[45] Nur einige dieser Aufgaben seien hier angeführt: Unter anderem mussten Probemelkungen vorgenommen, die Milchbestände, Melkkühe und Milchkannen registriert sowie Butter und Käse beschlagnahmt werden. Zudem waren die am Felde befindlichen „Getreidemandeln" zu zählen, um die Produktionsmenge der Bauern abzuschätzen und ein Umgehen von Abgabequoten zu vermeiden. Ferner wurden die Anbauflächen für Kartoffeln ermittelt, das Getreide abgenommen, die Rinder in den Stallungen und auf den Almen gezählt und die Einhaltung fleischloser Tage kontrolliert, die von der Landesregierung verordnet wurden.[46]

Nicht selten griffen daher die Salzburger „Aufnahmsorgane" auf die Gendarmerie zurück, die allerdings *ob dieser bestimmungswidrigen Inanspruchnahme* um ihr Ansehen fürchtete. Bisher sei *die Gendarmerie ein von den anständig denkenden Leuten geachtetes und angesehenes Institut* gewesen, *das auch das volle Vertrauen der Bevölkerung genoß. Nun stünde ihr aber die Bevölkerung […] nicht nur nicht sympathisch* [sic!] *gegenüber, sondern es sind die Gendarmen auch bei den ihr immer gut gesinnten Elementen vielfach verhaßt* [sic!].[47] Und tatsächlich hatten die Gendarmen nun Arbeiten zu verrichten, die zum einen keineswegs ihren Aufgaben entsprachen und zum anderen die Bevölkerung gegen sie aufbrachten. Bei der Kontrolle der fleischlosen Tage musste etwa *der vollständig gerüstete Gendarm mit aufgepflanztem Bajonett von Küche zu Küche gehen, in die Töpfe sehen und so dem Publikum ein recht unmilitärisches Schauspiel bieten*. Um den Schwarzmarkthandel zu unterbinden, wurden die Gendarmen zu Rucksackkontrollen angehalten. Bei der Getreideabnahme war zudem sämtliches Getreide bei den Bauern abzuwägen, das Saatgut und die Verbrauchsmengen zu berechnen und die Heumengen zu schätzen. Die Häuser der Bauern mussten nach verstecktem Getreide abgesucht werden, wobei die Gendarmen *alle möglichen und oft gefährlichen Stiegen und Leitern mit voller Rüstung* erklommen und *unzugängliche Schlupfwinkel* durchstöberten. Bei den Hühnerzüchtern mussten in manchen Fällen auch Eier eingehoben werden.[48] Resigniert schrieb daher das „Aufnahmsorgan" Konrad Weber an die Bezirkshauptmannschaft Zell am See, dass er *allein alle Arbeiten doch nicht werde besorgen können. Da sich die Gendarmerie […] nicht verwenden* lasse und er diese weder als *Wegweiser*, als *Aufsichtsorgan* noch zu seinem *persönlichen Schutz* benötige, werde er *von einer Beiziehung vorläufig absehen und sich mit einem anderen Vertrauensmann*

---

42 Grandner, Kooperative Gewerkschaftspolitik (wie Anm. 3), 244f.
43 Redlich Joseph, Österreichische Regierung und Verwaltung im Weltkrieg (Wirtschafts- und Sozialgeschichte des Ersten Weltkriegs). Wien 1935, 176.
44 Köfner, Hunger (wie Anm. 10), 67.
45 Köfner, Hunger (wie Anm. 10), 71.
46 SLA, LRA 1910/19 IX H 7, Zl. 11718, 1918, k. k. Ministerium des Inneren an den k. k. Statthalter/Landespräsidenten in Salzburg, 19.11.1917.
47 SLA, LRA 1910/19 IX H 7, Zl. 11718, 1918 (wie Anm. 46).
48 SLA, LRA 1910/19 IX H 7, Zl. 11718, 1918 (wie Anm. 46).

aus der Gemeinde abhelfen.⁴⁹ Allerdings durften Hilfskräfte – nicht zuletzt aus Kostengründen – nur *ausnahmsweise in besonders rücksichtswürdigen Fällen* verwendet werden.⁵⁰ Der Eingriff des Staates und die Zentralisierung der Versorgungswirtschaft kamen zu spät, Kompetenzen und Aufgabenbereiche waren stark aufgesplittert und verhinderten letztlich ein effektives Vorgehen von staatlicher Seite. Am Ende des Krieges verfügte das Ernährungswesen über einen riesigen Apparat von Behörden, Ämtern, Kommissionen und Beratungsgremien (vgl. Abb. 1), dessen Erfolg allerdings bescheiden blieb. Die Maßnahmen der Regierung fanden aufgrund ihrer Ineffizienz nur beschränkte Unterstützung in der Bevölkerung, die sich vielfach die notwendigen Lebensmittel und Güter des alltäglichen Lebens durch Umgehung der Vorschriften, unter anderem auf dem Schwarzmarkt, besorgen mussten.⁵¹

Die Bauern und Gewerbetreibenden, von denen viele ihre Produkte auch im Schleichhandel verkauften, profitierten davon. Dennoch sahen sie sich durch die Versuche der staatlichen Regulierungen in ihrer wirtschaftlichen Handlungsfreiheit und ihren privatwirtschaftlichen Interessen eingeschränkt und opponierten gegen die Zentralisierung. Dabei brachten manche Bestimmungen gerade der Bauernschaft eine durchaus privilegierte Stellung. So wurde in der Getreidewirtschaft zwischen „Selbstversorgern", der Bauernschaft, und „Nichtselbstversorgern" unterschieden. Erstere waren bei Rationierungen bevorzugt, indem für sie größere Verbrauchsmengen festgelegt wurden und die Selbstversorgerquote während des gesamten Krieges gleich hoch blieb. Lediglich die Nichtselbstversorger waren daher von der abnehmenden Getreideproduktion betroffen, da die Requirierung von Getreide erst erfolgte, nachdem der Eigenbedarf der Produzenten abgezogen worden war.⁵² In der österreichischen Reichshälfte betrug der Anteil der „Selbstversorger" durchschnittlich 36 Prozent, in Salzburg knapp 25 Prozent.⁵³ Es ist anzunehmen, dass die Selbstversorger – auch wenn etwa „Getreidemandeln" von den „Aufnahmsorganen" gezählt werden mussten – zum Teil mehr als die vorgesehene Quote für sich beanspruchten.⁵⁴ Die Einführung eines zentralen Systems, das den Einzug der gesamten Ernteerträge und schließlich die gleichmäßige Aufteilung auf die gesamte Bevölkerung ermöglicht hätte, war aber offenbar nicht durchsetzbar. Der Nationalökonom und Wirtschaftsjournalist Gustav Stolper hatte ein solches System 1917 diskutiert,⁵⁵ und auch die Sozialdemokraten standen der zentralen Bewirtschaftung durchaus positiv gegenüber. Von Seiten der Landwirtschaftskammer wurde sie aber beispielsweise in Salzburg heftig abgelehnt.⁵⁶

Auswirkungen der Kriegswirtschaft auf den Alltag und die soziale Lage

Nicht nur in Salzburg täuschten zunächst die Kriegseuphorie und die Hoffnung, der Krieg würde bald wieder zu Ende sein, über die sich anbahnenden Probleme hinweg. Edelmetalle wurden etwa unter dem Motto „Gold gab ich für Eisen" gegen Erinnerungsringe eingetauscht, zum einen um *die metallischen Grundlagen unseres Geldwesens zu verstärken, zum anderen zur Bezahlung der für die Kriegsführung notwendigen ausländischen Rohstoffe und Fabrikate.*⁵⁷ Der Mangel an Metallen, die wegen des Krieges nicht aus dem Ausland importiert werden konn-

Nächste Seite:
Abb. 1: Institutionen und gesetzliche Grundlagen der Versorgungswirtschaft (Entwurf Th. Hellmuth)
Anm.: Die Grafik führt nur jene Institutionen an, die im vorliegenden Beitrag erwähnt werden. Der Versorgungsapparat war größer und verfügte über zahlreiche andere Institutionen, Kommissionen und Beratungsgremien.

49 SLA, LRA 1910/19 IX H 7, Zl. 11718, 1918, Aufnahmsorgan, Konrad Weber, an die Bezirkshauptmannschaft in Zell am See, 2.12.1917, Zl. 13046/E.
50 SLA, LRA 1910/19 IX H 7, Zl. 11718, 1918, k. k. Landesregierung an alle politischen Bezirksbehörden, Zl. 13046/E, 9.12.1917.
51 Grandner, Kooperative Gewerkschaftspolitik (wie Anm. 3), 244, 248.
52 Grandner, Kooperative Gewerkschaftspolitik (wie Anm. 3), 138.
53 Löwenfeld-Ruß, Die Regelung der Volksernährung (wie Anm. 4), 123f, 329f, 337.
54 Köfner, Hunger (wie Anm. 10), 54f.
55 S[tolper] G[ustav], „Nahrungsfürsorge". In: Der Österreichische Volkswirt 9 (1917), 382f.
56 Salzburger Landwirtschaftsblätter, 1.7.1918, 4.
57 Verordnungsblatt für die Erzdiözese Salzburg XIV (20.11.1915), 120.

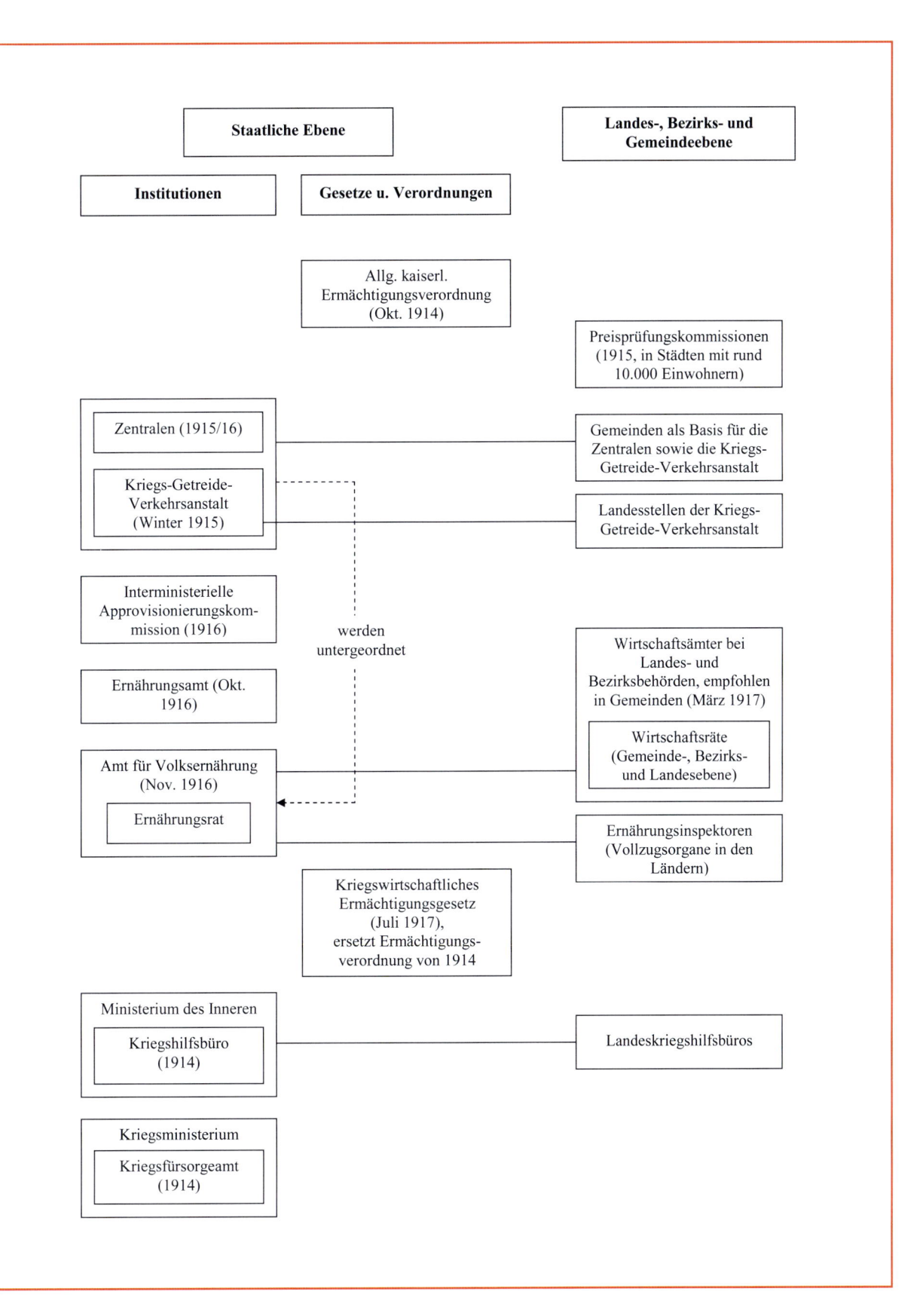

Staatliche Ebene		Landes-, Bezirks- und Gemeindeebene
Institutionen	**Gesetze u. Verordnungen**	
	Allg. kaiserl. Ermächtigungsverordnung (Okt. 1914)	
		Preisprüfungskommissionen (1915, in Städten mit rund 10.000 Einwohnern)
Zentralen (1915/16)		Gemeinden als Basis für die Zentralen sowie die Kriegs-Getreide-Verkehrsanstalt
Kriegs-Getreide-Verkehrsanstalt (Winter 1915)		Landesstellen der Kriegs-Getreide-Verkehrsanstalt
Interministerielle Approvisionierungskommission (1916)	werden untergeordnet	
Ernährungsamt (Okt. 1916)		Wirtschaftsämter bei Landes- und Bezirksbehörden, empfohlen in Gemeinden (März 1917)
		Wirtschaftsräte (Gemeinde-, Bezirks- und Landesebene)
Amt für Volksernährung (Nov. 1916) — Ernährungsrat		Ernährungsinspektoren (Vollzugsorgane in den Ländern)
	Kriegswirtschaftliches Ermächtigungsgesetz (Juli 1917), ersetzt Ermächtigungsverordnung von 1914	
Ministerium des Inneren — Kriegshilfsbüro (1914)		Landeskriegshilfsbüros
Kriegsministerium — Kriegsfürsorgeamt (1914)		

ten, sollte durch Sammlungen *verschiedener alter, aus Kupfer, Zink, Messing etc. bestehender, nicht mehr gebrauchter Gegenstände* zumindest teilweise behoben werden. Große Teile der Bevölkerung gaben noch gerne, der Patriotismus war unmittelbar nach dem Kriegsbeginn groß. Unter der Mitwirkung der Regierung gründete sich in Wien ein „Zentralkomitee", in jeder Gemeinde zudem „Lokalkomitees", die *unter tätiger Mithilfe der Schuljugend* Haussammlungen durchführten. Die Seelsorger sollten gleichsam von der Kanzel herab, *durch entsprechende Einwirkung auf die Bevölkerung*, zum Erfolg der Aktion beitragen.[58] Bald wurde aber offenbar, dass die völlige Unterordnung der Ökonomie unter die Anforderungen der Kriegsführung auch den Alltag der Menschen negativ beeinflusste, Verunsicherung hervorrief und die Lebensqualität drastisch verschlechterte. Einige Beispiele sollen diese Entwicklung verdeutlichen: Der erwähnte Metallmangel der Rüstungsindustrie führte letztendlich zu Requisitionen, die in die Lebenswelt der Bevölkerung stark eingriffen, Ängste schürten und auch Widerstand erzeugten. Bereits 1915 schrieb eine Ministerialanordnung vom 23. September vor, mit Ausnahme von Fabrikanlagen alle Metallgeräte, von Töpfen über Pfannen bis zu Vorhangstangen, bei Gewerbebetrieben und von Privaten einzuziehen. Auf Landesebene wurde eine „Controllkommission" eingerichtet, in den Gemeinden sollten „Übernahmskommissionen" für den reibungslosen Ablauf der Requisitionen sorgen.[59] Nicht ganz zu Unrecht befürchteten aber die Apotheker, dass auch Geräte, die zur Herstellung von Medikamenten dienten, davon nicht ausgenommen waren. Im *Interesse einer öffentlichen Sanitätspflege* konnten diese zwar von einer Beschlagnahmung bewahrt werden,[60] dennoch schürten solche Anordnungen große Unsicherheit in der Bevölkerung. Nicht beruhigend wirkten auch die *strengen Strafbestimmungen gegen unberechtigte Zurückhaltung von abgabepflichtigen Metallgegenständen*.[61] Der „Kriegsabsolutismus"[62] verhieß für den sozialen Frieden nichts Gutes; tatsächlich nahm die Unzufriedenheit in der Bevölkerung zu und sollte sich, wie noch besprochen wird, seit 1916 zunehmend in offenen Protesten entladen.

Ähnlich wie mit den Metallrequisitionen verhielt es sich wohl auch mit der von Oktober 1915 bis April 1916 erfolgten *Beschlagnahme von Gummibereifung*, die den Bedarf an Autoreifen in der Armee decken sollte. Nur selten wurden Befreiungen von der Abgabe erteilt, weshalb offenbar *in mehreren Filialen* der Besitz von Reifen *verheimlicht* und diese *nicht abgeliefert wurden*. Daher sollte *allen jenen mit strengen Strafen* gedroht werden, *die ohne Nachweis der Befreiung die Materialien nicht längstens bis 10. Mai* [1916; Anm. T.H.] *abgeliefert haben*.[63] Ein solches Vorgehen konnte in der Bevölkerung durchaus zu Verunsicherung und zur Ablehnung der kriegswirtschaftlichen Maßnahmen führen, auch weil damit öffentliche Interessen bedroht waren. So wurde etwa ein Ansuchen der Freiwilligen Feuerwehr Hallein abgelehnt, beim „Puchwagen-(Automobil)" des Fahrradhändlers Friedrich Simon eine Ausnahme zu gewähren. Das *Kraftfahrzeug* sei *schon des öfteren* [sic!] *als Krankentransportwagen in Verwendung genommen* worden und *bei der heutigen, ungemein schwierigen Beschaffung von Pferdevorgespann für unseren Krankentransportwagen ein geradezu unentbehrliches Gerät unserer Rettungsabteilung geworden*.[64] Zuvor war allerdings ein Ansuchen des Roten Kreuzes genehmigt worden, das Auto von Henry Davis, der die Halleiner Zellulosefabrik bis zu deren staatlichen Übernahme im August 1914 als Generaldirektor geleitet hatte, von den Requisitionen zu befreien. Angeblich

58 Verordnungsblatt für die Erzdiözese Salzburg IV (3.4.1915), 43.
59 SLA, Präsidialakten 1915/16, k. k. Landespräsidium in Salzburg, Zl. 10614 etc., Juni/Juli 1916, Ablieferung von Metallgeräten.
60 SLA, Präsidialakten 1916 16/503-Schl., Zl. [nicht lesbar], k. k. Landespräsidium in Salzburg, Kriegshilfsbureau des k. k. Ministeriums des Inneren. Effekten-Lotterie, Apothekergremium des Kronlandes Salzburg an die k. k. Landesregierung Salzburg, Zl. 12861, 4.10.1915.
61 SLA, Präsidialakten 1915/16, k. k. Landespräsidium in Salzburg, Zl. 10614 etc., Juni/Juli 1916, Ablieferung von Metallgeräten.
62 Hanisch, Der lange Schatten (wie Anm. 1), 205f.
63 SLA, Präsidialakten 1916 16/503-Schl., Zl. 13322, Ablieferung der Fahrzeugbereifung seitens des k. k. Landespräsidiums Salzburg, k. u. k. Militärkommando in Innsbruck an die k. k. Landesregierung in Salzburg, Innsbruck, 19.4.1916.
64 SLA, Präsidialakten 1916 16/503-Schl., Zl. 13322, Ablieferung der Fahrzeugbereifung seitens des k. k. Landespräsidiums Salzburg, Rettungsabteilung der freiw. Feuerwehr Hallein an die wohllöbliche k. k. Bezirkshauptmannschaft Hallein, 25.10.1915.

besorgte dieses Auto *die Transporte der Verwundeten des k. u. k. Notreservespitales und der Privatpflegestätte vom Roten Kreuze in der Villa Davis*[65] *von und zum Bahnhof* und war *mit Rücksicht auf den raschen und klaglosen Transport ganz besonders jetzt bei dem Mangel an Pferden eine Notwendigkeit.*[66]

Die kriegswirtschaftlichen Maßnahmen bewirkten einen Bruch mit lokalen oder regionalen Gewohnheiten und Bräuchen. So stieß die Beschlagnahme von Kirchenglocken für Militärzwecke, die ein Erlass des Ministeriums für Kultus und Unterricht vom Mai 1916 vorsah, nicht unbedingt auf einhellige Zustimmung. Zum einen kam es zu Beschwerden seitens der betroffenen Pfarren, da sie von den beauftragten Unternehmen von der Abnahme nicht rechtzeitig informiert worden waren; zudem klagten sie darüber, dass keine Vertreter der Heeresverwaltung bei der Abnahme anwesend waren und sie keine Bestätigungen erhalten hatten.[67] Zum anderen ist wohl anzunehmen, dass mit der Abnahme der Kirchenglocken auch ein zumindest partieller Eingriff in die dörfliche Lebenswelt erfolgte. Im Zusammenhang mit der Durchsetzung der bürgerlichen Gesellschaft in Frankreich des 19. Jahrhunderts hat Alain Corbin den kollektiven Identitätsbruch beschrieben, den die Abnahme von Glocken in der ländlichen Bevölkerung bedeutete: „Das Lesen der klanglichen Umwelt war damals Teil des Prozesses, in dem die Identität, die individuelle wie die kommunitaristische, hergestellt wurde. Das Glockenläuten war die Sprache eines Kommunikationssystems, das nach und nach zerfallen ist. Es regelte nach einem heute vergessenen Rhythmus die Beziehungen zwischen den Menschen sowie die zwischen den Lebenden und den Toten."[68] Es ist anzunehmen, dass dieser Rhythmus zur Zeit des Ersten Weltkriegs auch in Salzburg – zumindest noch zum Teil – existierte.

Neben den Verunsicherungen und den damit wohl auch oftmals einhergehenden Identitätsbrüchen ist schließlich die soziale Situation zu erwähnen, die sich im zunehmenden Maße verschlechterte. Um überhöhte Preise auf Lebensmittel zu verhindern, waren 1915 „Preisprüfungskommissionen" bei allen Landesbehörden und in Städten mit mindestens 1.000 Einwohnern gegründet worden. Sie setzten sich paritätisch aus Produzenten, Händlern und Verbrauchern zusammen und fungierten als beratende Organe der Landes-, Bezirks- und Gemeindebehörden. Dennoch waren 1918 die Lebenshaltungskosten um das 13- bis 15fache höher als in Friedenszeiten.[69] Der Rückgang der Getreideproduktion führte dazu, dass Salzburg immer mehr von der gesamtstaatlichen Mehlversorgung abhängig wurde. In Ballungszentren waren Mahlprodukte – nicht nur in Salzburg – bald nur noch zu bestimmten Quoten an bestimmten Abgabestellen, den sogenannten „Verschleißstellen", zu erhalten.[70] Aber auch bei anderen Lebensmitteln kam es zu Rationierungen: Fleisch war zum Beispiel kaum noch verfügbar, weshalb 1918 eine Wochenquote von 50 Dekagramm festgelegt wurde.[71] Fleischlose Tage waren ohnehin seit 1916 üblich, Mitte Mai 1918 musste in der Stadt Salzburg aber auch eine fleischlose Woche veranlasst werden. Mit dem Rückgang der Nutz- bzw. Milchkühe ging auch die Milchversorgung zurück, weshalb die Anfang 1918 festgelegte Quote von einem Viertelliter pro Tag im April bereits auf ein Achtel reduziert wurde. Ferner war die Fettversorgung nicht mehr zu gewährleisten und daher eine monatliche butterlose Woche notwendig. Katastrophal gestaltete sich auch die Versorgung mit Kartoffeln.[72]

Unter diesen Umständen war der Widerstand gerade der ärmeren Bevölkerungsschichten, vor allem wenn die zunehmende Kluft zwischen Arm und

---

65 Als die britische Firma unter staatliche Aufsicht gestellt wurde, musste Henry Davis als britischer Staatsbürger in die Stadt Salzburg übersiedeln. Die Arbeiterschaft der Zellulosefabrik solidarisierte sich mit ihm und bedauerte „auf das Lebhafteste [...], dass ihr von vornherein nicht die Möglichkeit geboten war, in lojaler [sic!] Weise auf die Hintanhaltung obiger Massnahme hinzuwirken. Während der beiläufig 23-järigen [sic!] Anwesenheit hat uns Herr Generaldirector Davis immerwährend das grösste Wohlwollen entgegengebracht und habe sich auch die Wechselbeziehungen zwischen Vorgesetzten und Arbeiterschaft auf das Allerbeste ausgebaut. Durch Abwesenheit unseres Herrn Generaldirectors sind wir der besten Stütze beraubt, seiner Vorsorge und seinen Anordnungen zufolge haben wir es zu verdanken, dass Notstandsarbeiten durchgeführt werden können und so vielen Familien während dieser schweren Zeit geholfen ist." (SLA, Landesausschussakten III 74/01/01–74/02/02, The Kellner Partington Aktiengesellschaft Hallein, staatliche Kontrolle 1914–1922, Schreiben der Arbeiterschaft der Zellulosefabrik Hallein an die hohe k. k. Landesregierung Salzburg, Zl. 5013, 10.9.1914).
66 SLA, Präsidialakten 1916 16/503-Schl., Zl. 13322, Ablieferung der Fahrzeugbereifung seitens des k. k. Landespräsidiums Salzburg, Landes-Hilfsverein vom Roten Kreuz für das Herzogtum Salzburg und die löbliche k. k. Bezirkshauptmannschaft Hallein, Oktober 1915. Zur Genehmigung des Antrags siehe: Ebenda, k. u. k. Militärkommando in Innsbruck an die k. k. Bezirkshauptmannschaft in Hallein, Innsbruck, 24.10.1915.
67 Verordnungsblatt für die Erzdiözese Salzburg XIV (25.10.1916), 326–328.
68 Corbin Alain, Die Sprache der Glocken. Ländliche Gefühlskultur und symbolische Ordnung im Frankreich des 19. Jahrhunderts. Frankfurt a. M. 1995.
69 Popovics Alexander, Das Geldwesen im Kriege. Wien 1925 (Wirtschafts- und Sozialgeschichte des Weltkriegs).
70 Grandner, Kooperative Gewerkschaftspolitik (wie Anm. 3), 139f.
71 Salzburger Chronik, 4.3.1918; Köfner, Hunger (wie Anm. 10), 45.
72 Köfner, Hunger (wie Anm. 10), 30, 45f.

Reich[73] deutlich wurde, vorprogrammiert. So machte sich etwa im Sommer 1917 in der einheimischen, *insbesondere minderbemittelten Bevölkerung von Badgastein […] ein begreiflicher Unmut über die kostspielige Lebenshaltung des Kurpublikums bemerkbar.* Um einen Ausgleich *während der jetzigen aussergewöhnlichen* [sic!] *Verhältnisse* herzustellen, wurden daher der Gemeinde Badgastein aus Kurfondsmitteln 15.000 Kronen zur Verfügung gestellt, um Lebensmittel für die einheimische Bevölkerung anzukaufen. Für diese Entscheidung der Kurverwaltung scheinen allerdings nicht allein philanthropische Überlegungen ausschlaggebend gewesen zu sein. Beim Kurpublikum war nämlich Verstimmung aufgetreten, weil trotz fehlender Kurmusik die volle Kurtaxe entrichtet werden musste. Die freizügige Spende an die ärmere Bevölkerung sollte diese wohl verstummen lassen.[74]

Aufgrund der schlechten Ernährungslage regte sich auch in der industriellen Arbeiterschaft zunehmend Unzufriedenheit. Im März 1917 wurde eigens eine „k. k. Beschwerdekommission" eingerichtet, die für Entlohnung und Arbeitsbedingungen zuständig war. *Die Lohn- und Arbeitsverhältnisse können daher keine Ursache von Streiks mehr sein,* ließ das Ministerium des Inneren in einer Kundmachung verlautbaren. *Die Arbeiterschaft darf aber auch hinsichtlich der Verpflegung keine unbilligen Wünsche und noch weniger Forderungen stellen, deren Erfüllung im dritten Kriegsjahre vollkommen unmöglich ist.*[75] Unzufriedenheit, Unruhen und Demonstrationen bzw. Aufstände konnten auf diese Weise freilich nicht verhindert werden. Im November 1916 waren bereits 200 Halleiner Arbeiterfrauen wegen der schlechten Zuckerversorgung vor die Bezirkshauptmannschaft gezogen. Frauen hatten traditionell für die Ernährung der Familien zu sorgen, weshalb sie bei Lebensmittelknappheit nicht selten Proteste anführten. So wurden etwa auch bei einer Demonstration von Arbeiterfrauen in Maxglan im Juli 1917 zahlreiche Fensterscheiben zertrümmert und Vorräte aus Lebensmittelhandlungen entwendet. Im April und im Sommer desselben Jahres traten die Werkstättenarbeiter der Stadtbahnen in einen Lebensmittelstreik. Ein Streik der Arbeiterschaft der Mitterberger Kupfer AG im Juli 1917 konnte nur durch Lebensmittelzuschüsse beendet werden. Im August 1917 kritisierte sie aber neuerlich die unzureichende Abgabe von Lebensmitteln: *[…] speziell ersuchen wir, dass uns reichlich Hülsenfrüchte und Kartoffeln zugewiesen werden, und zwar so bald wie nur möglich, weil bei der anstrengenden Grubenarbeit mit Tag- und Nachtschicht eine ungenügende Nahrung nur dazu geführt hat, dass wir nicht mehr arbeitsfähig sind.*[76] Zugleich wiesen die Arbeiter darauf hin, dass beispielsweise beim Salzbergwerk Hall in Tirol größere Mengen an Mehl zur Verteilung gekommen seien und forderten gleiche Mehlrationen. Im letzten Kriegsjahr nahmen die Unruhen und Streiks zu und kulminierten am 19. September 1918 in einer Demonstration, die zu heftigen Ausschreitungen in der Stadt Salzburg führte.[77] Von den Behörden wurden Streiks und Demonstrationen nicht immer nur als Folge der katastrophalen Ernährungssituation betrachtet; vielmehr weckten diese auch die Vermutung, dass dahinter *Agitationen von Emissären der Entente* steckten. Das Ministerium des Inneren forderte daher die Länder auf, über Unruhen genau Bericht zu erstatten.[78]

Der Staat bzw. die Regierung, weitgehend überfordert von den Auswirkungen des Krieges auf die ökonomische und soziale Lage, schwankte zwischen Repression und Fürsorge. Während kaum Verständnis für offenen Protest bestand,

73 Hanisch, Der lange Schatten (wie Anm. 1), 206.
74 SLA, LRA 1910/19 VII D 08, Zl. 10772, 1914, Bezirkshauptmannschaft St. Johann im Pongau an die k. k. Landesregierung, 28.8.1917.
75 SLA, Präsidialakten 1917 II/A-VII/h, Zl. 8688, k. k. Minister des Inneren, Kundmachung an die Arbeiter und Arbeiterinnen, 26.5.1917.
76 SLA, Präsidialakten 1917 II/A-VII/h, Zl. 15597, Vertreter der Arbeiterschaft der Mitterberger Kupfer AG an die k. u. k. Beschwerdekommission Linz/Donau, 2.8.1917 (Abschrift).
77 Vgl. dazu den Beitrag von Thomas Weidenholzer in diesem Band.
78 SLA, Präsidialakten 1917 II/A-VII/h, Zl. 17085/16741, k. k. Landespräsidium in Salzburg, k. k. Minister des Inneren an k. k. Statthalter/Landespräsidenten in Salzburg. Wien, 22.2.1917; Präsidialakten 1917 II/A-VII/h, Zl. 15597, k. k. Minister des Inneren an k. k. Statthalter/Landespräsidenten in Salzburg.

sammelte im Kriegsministerium ein „Kriegsfürsorgeamt" sogenannte „Liebesgaben", bestimmte Gebrauchs- und Genussmittel, sowie warme Kleidung für die Soldaten. Im Ministerium des Inneren kümmerte sich ein „Kriegshilfsbüro" um die Angehörigen der Einberufenen. Geldsammlungen wurden initiiert, Bittschreiben an *hervorragende Persönlichkeiten*, Banken und Unternehmer geschickt sowie finanzielle Unterstützung für Mieten, bei Krankheiten und für Wöchnerinnen ausbezahlt.[79] In den einzelnen Kronländern wurden dafür „Landeskriegshilfskomitees" eingerichtet.[80] Das „Kriegshilfsbüro" wurde als „kommerzieller Betrieb" geführt: Der Verkauf von schwarz-gelben, rot-weißen und rot-weiß-grünen Kokarden sollte die Kassen des Hilfsbüros füllen. Ferner handelte es, um nur einige weitere Produkte zu erwähnen, mit patriotischen Fahnen, verschiedenen Gebrauchsgegenständen, etwa mit Visitenkartentaschen, Portemonnaies und Damenhandtaschen, sowie mit dem *geschmackvolle[n] Bundeskreuz in Altsilber, das dem deutschen Eisernen Kreuz so ähnelt und ebenfalls im Mittelschild die Bilder der beiden Majestäten trägt*. Selbstverständlich durfte auch ein *Patriotisches Bilderbuch* nicht fehlen, um der *Jugend die Ursachen, die zum Weltkrieg geführt hatten, […] in klarer und sachlicher Weise vor Augen zu führen*.[81] Wohltätigkeit wurde vom „Kriegshilfsbüro" auch mit mehreren Lotterien finanziert.[82] Die Handelserlöse und Einnahmen aus den Lotterien in den Kronländern wurden verzeichnet und kamen diesen wieder zu Gute.[83] Alle diese Hilfsmaßnahmen konnten aber eine effektive, gut organisierte und zentralisierte Kriegswirtschaft nicht ersetzen. Letztlich wurde nur der Mangel organisiert.

---

79 Tätigkeit des Kriegshilfsbüros im k. k. Ministerium des Inneren und seiner techn. Betriebszentrale. Vortrag des Leiters des Kriegshilfsbüros, Statthaltereirates Dr. Eduard Prinzen von u. zu Liechtenstein, gehalten am 4.3.1915 in Wien. Wien 1915, 4–6 (SLA, Präsidialakten 1916 16/503-Schl., Zl. [nicht lesbar], k. k. Landespräsidium in Salzburg, Kriegshilfsbureau des k. k. Ministeriums des Inneren. Effekten-Lotterie).
80 Verordnungsblatt für die Erzdiözese Salzburg, IX (1.8.1914), 312; Verordnungsblatt für die Erzdiözese Salzburg, IV (3.4.1915), 42f.
81 Tätigkeit des Kriegshilfsbüros, 4–8, 10, 15, 18f, 25.
82 SLA, Präsidialakten 1916 16/503-Schl., Zl. (nicht lesbar), k. k. Landespräsidium in Salzburg, Kriegshilfsbureau des k. k. Ministeriums des Inneren. Effekten-Lotterie, darin: k. k. Landespräsidium in Salzburg, Landeskriegshilfsbüro Salzburg, Zirkulare für alle Departments der Landesregierung und das Bureau des Landesschulrates, Zl. 2663/Präs., 2.4.1915; k. k. Landespräsidium in Salzburg, Landeskriegshilfsbüro Salzburg, Zirkulare des k. k. Landespräsidiums, Zl. 9544, 10.7.1916; k. k. Landespräsidium in Salzburg, Landeskriegshilfsbüro Salzburg, Zl. 13409, 6.10.1916, Fünfte „Effektenlotterie des Kriegshilfsbüros".
83 Tätigkeit des Kriegshilfsbüros, 18.

Thomas Weidenholzer

Not und Luxus, Korruption, Antisemitismus und Radikalisierung

Der „Demonstrationsstreik" in der Stadt Salzburg im September 1918

Wie geduldig das Volk doch sei, fragte sich im Sommer 1918, eher beiläufig, der Abt von St. Peter, Willibald Hauthaler.[1] Und Hans Glaser, Verleger des Salzburger Volksblattes, bewunderte ebenfalls die *Geduld der armen Leute*, konstatierte aber, es sei *höchste Zeit, daß ein Ende gemacht* werde, *die Ernährungsverhältnisse* seien *miserabel, kein Fleisch, kein Gemüse, keine Kartoffel und dabei eine Teuerung*.[2] Der Krieg hatte längst den patriotischen Rausch des Sommers 1914, sofern es denn einer war, auf den Boden der alltäglichen Ernüchterung geholt. Salzburgs Bevölkerung hungerte.

Kriegswirtschaft I: Kommunale Daseinsvorsorge

Am 23. Juli 1914 hatte Österreich-Ungarn Serbien ein Ultimatum gestellt und am 28. Juli den Krieg erklärt. In diesem Zeitraum von nicht einmal einer Woche stieg der Kilopreis für Mehl von 46 auf 58 Heller, Erdäpfel verteuerten sich gar um das Doppelte.[3] Die Preise sämtlicher in der Stadt erhältlichen Waren erhöhten sich um durchschnittlich zehn Prozent.[4] Die Sicherung der Lebensmittelversorgung gehörte zu den Aufgaben der Gemeinden.[5] Spekulation auf den zu erwartenden Mangel an lebenswichtigen Waren versuchte die Stadtgemeinde mit ortspolizeilichen Verordnungen wie Festlegung von Höchstpreisen, Preisauszeichnungspflicht, sowie dem Ankauf von Vorräten zu unterlaufen.[6] Eine eigene, gemeinsam mit der Bäckerinnung geführte Kasse bonierte die Anschaffungskosten für Lebensmittel, allein in den letzten fünf Monaten des Jahres 1914 einen Umsatz von 2½ Millionen Kronen.[7] Der überwiegende Teil dieser Ausgaben wurde in den ersten beiden Kriegsjahren getätigt. Die Approvisierungspolitik der Stadt Salzburg bewegte sich in den ersten Monaten des Krieges im Rahmen kommunaler Traditionen selbstverwalteter Daseinsvorsorge: Preis- und Qualitätskontrolle sowie aktive Bevorratung[8] waren die Eckpfeiler einer lokal ausgerichteten Politik, die aber letztlich den Anforderungen nicht gewachsen war.

Kriegswirtschaft II: Die „Zentralen"

Bereits mit Kriegsbeginn war das kriegswirtschaftliche Regiment legistisch vorbereitet worden.[9] Der ungeheure Bedarf für das Militär, der Ver-

---

Prima nota: Die Hungerdemonstration ist schon mehrfach dargestellt worden. Vor allem die Dissertation von Gottfried Köfner hat sich ausführlich mit diesen Ereignissen und ihrer Vorgeschichte auseinandergesetzt. Günter Fellner hat den Antisemitismus zum Thema seiner Dissertation gemacht. Ich kann daher wenig Neues beisteuern, wenn man von anderer Schwerpunktbildung und einem anderen sprachlichen Duktus absieht.

1 ASP, Hs A 97, Tagebuch Willibald Hauthaler, Juni 1918, o. Pag.
2 AStS, PA 24, Tagebuch Hans Glaser, 24.3.1918, o. Pag.
3 AStS, Gemeinderatsprotokolle 1914, Sitzung vom 30.7.1914, Bürgermeister an Landesregierung, 29.7.1914, 439.
4 AStS, Gemeinderatsprotokolle 1914, Sitzung vom 30.7.1914, telefonischer Bericht der städtischen Polizei, 447.
5 Gärtner Friedrich, Die Brotversorgung in Österreich. In: Archiv für Sozialwissenschaft und Sozialpolitik 43. Tübingen 1916, 614.
6 AStS, Gemeinderatsprotokolle 1914, Sitzung vom 30.7.1914, 431–452; Kundmachung der Stadtgemeinde-Vorstehung. In: Salzburger Volksblatt, 4.8.1914, 6.
7 AStS, Gemeinderatsprotokolle 1915, Sitzung vom 17.5.1915, Bericht des Bürgermeisters über den Rechnungsabschluss 1914, o. Pag.
8 RGBl 194/1914; Gärtner, Brotversorgung (wie Anm. 5), 613f; dazu Köfner Gottfried, Hunger, Not und Korruption. Der Übergang Österreichs von der Monarchie zur Republik am Beispiel Salzburg. Eine sozial- und wirtschaftswissenschaftliche Studie. Salzburg 1980, 58; Redlich Joseph, Österreichische Regierung und Verwaltung im Weltkriege. Wien 1925, 165f.
9 Denkschrift über die von der k. k. Regierung aus Anlaß des Krieges getroffenen Maßnahmen. Bis Ende Juni 1915. Wien 1915.

lust ostgalizischer Getreideanbaugebiete, schlechte Ernteergebnisse und ernste Transportprobleme, verschärft durch gegensätzliche National- und Regionalinteressen, Kettenhandel und Korruption schufen immer drängender werdende Versorgungsprobleme.[10] Die Sperre der Zollgrenze durch Ungarn und damit das Ausbleiben rumänischer Getreidelieferungen erzwangen erste Bewirtschaftungsmaßnahmen.[11] Anfang März 1915 wurde die Kriegsgetreidegesellschaft gegründet, eine Anstalt öffentlichen Rechts, ausgestattet mit einem Handelsmonopol. Mit ihr begann die staatliche Lebensmittelbewirtschaftung.[12] Der Staat erlangte ein Monopol auf Aufbringung und Verteilung von Lebensmitteln sowie Bedarfsgütern und konnte so die Konsumation rationieren.[13] Schritt für Schritt unterwarf der Staat das Wirtschaftsleben mit Hilfe der sogenannten „Zentralen" seinem Kommando.[14] Diese waren höchst unterschiedlich organisiert,[15] waren entweder staatliche Verwaltungsinstanzen wie die Kriegsgetreidegesellschaft, Aktiengesellschaften oder Gesellschaften mit beschränkter Haftung wie die zentrale Einkaufsgesellschaft, oder sie waren aus kartellartigen Industrieorganisationen wie der Zuckerzentrale hervorgegangen. Es war ein eigenartiges Mischsystem. Produktion und Aufbringung blieben mehr oder weniger privat, tätig werden konnte man aber nur innerhalb staatlicher Bewirtschaftungsnormen, privatwirtschaftlich organisiert und staatlich monopolisiert. Die Bürokratie war schwerfällig und fachlich überfordert, die Aufgaben auf mehrere Ministerien zersplittert. Erst 1917 wurden diese Agenden in einem Ernährungsamt gebündelt. Die zahllosen Bestimmungen blieben unübersichtlich und änderten sich ständig.[16] Die 1917 zu einem Kompendium zusammengefassten österreichischen Ernährungsvorschriften hatten mehr als tausend Seiten.[17]

Kriegswirtschaft III: Kritik an den „Zentralen"

Zentralisierung und (teilweise) Verstaatlichung kamen den wirtschaftspolitischen Vorstellungen der Sozialdemokratie entgegen, gingen ihr jedoch entschieden zu wenig weit.[18] Auf der anderen Seite des politischen Spektrums kritisierten Landwirtschaft, Handel, Gewerbe und Industrie das Bewirtschaftungssystem als produktionshemmend.[19] Die zunehmende Zentralisierung der Lebensmittelversorgung schränkte auch die Aktivitäten der Stadtgemeinde ein und fand entsprechende Kritik, so etwa Bürgermeister Max Ott: *Die durch Staatssozialismus geschaffene Zentralisierung und Monopolisierung des Lebensmittelhandels* habe den *freihändigen Ankauf* durch die Stadtgemeinde fast völlig zum Erliegen gebracht. Nur noch ausnahmsweise gelang es der Stadt, Lebensmittel auf eigene Kosten zu erwerben, indem sie beispielsweise behördlich festgeschriebene Höchstpreise zu überbieten begann. So ermächtigte etwa der Gemeinderat in einer vertraulichen Sitzung den Salzburger Agenten Moriz Klein,[20] in Ungarn den Maximalpreis für einen Waggon Getreide, entgegen allen gesetzlichen Bestimmungen, um 400 bis 500 Kronen zu überbieten.[21] Mit zunehmender Verschlechterung der Versorgungslage geriet das staatlich organisierte Bewirtschaftungssystem, gerieten die „Zentralen" in den Fokus politischer Kritik. Für die einen schlecht organisiert, mit zu großem privatwirtschaftlichen Einfluss und zu wenig ausgebaut, für die anderen „Staatssozialismus", dirigistisch und überdies vom „Judentum" beeinflusst.

10 Redlich, Regierung und Verwaltung (wie Anm. 8), 162f.
11 Redlich, Regierung und Verwaltung (wie Anm. 8), 166.
12 RGBl 41/1915; Zum Folgenden: Gärtner, Brotversorgung (wie Anm. 5), 632; Das österreichische Ernährungsproblem, unter Benutzung statistischer Materialien und amtlicher Quellen verfaßt im Bundesministerium für Volksernährung 1. Wien 1921, 44.
13 Redlich, Regierung und Verwaltung (wie Anm. 8), 170.
14 Überblick in: Frieberger Kurt (Hg.), Die kriegswirtschaftlichen Erwerbs- und Verteilungsgesellschaften des Approvisierungswesens. In: Die österreichischen Ernährungsvorschriften. Wien 1915, 24–28.
15 Redlich, Regierung und Verwaltung (wie Anm. 8), 179–181.
16 Redlich, Regierung und Verwaltung (wie Anm. 8), 174f.
17 Die österreichischen Ernährungsvorschriften, hg. von Frieberger Kurt. Wien 1917.
18 Etwa: Politik und Volkswirtschaft im dritten Kriegsjahr. Der sozialdemokratische Kampf für Frieden und Freiheit, für Arbeiterschutz und Volksernährung. Wien 1917, 24.
19 Köfner, Hunger (wie Anm. 8), 55.
20 http://www.stolpersteine-salzburg.at/de/orte_und_biographien?victim=Klein,Johanna&hilite=Klein, 22.10. 2013; Hans Glaser nennt ihn schlicht *Jude Klein*, Glaser, Tagebuch (wie Anm. 2), 29.5.1918, o. Pag.
21 AStS, Gemeinderatsprotokolle 1917, vertrauliche Sitzung vom 25.1.1917, 10; Köfner, Hunger (wie Anm. 8), 60.

Kriegswirtschaft IV: Rationierung und Rayonierung

Zwar gab es noch zu Jahresbeginn 1915 fast unbeschränkt Gebäck, selbst Semmeln, gleichwohl mit Ersatzmehlen gestreckt, zu kaufen, auch Fleisch und Fett waren (noch) erhältlich. Ständige Preissteigerungen, insbesondere bei Fleisch, waren aber sichere Zeichen für Verknappung. Brot und Mehl, seit April 1915 rationiert, waren nur mehr mit „Brotkarten" in von der Stadtgemeinde autorisierten „Mehl-(Brot-)Verkaufsstellen" erhältlich, pro Tag und Person entweder 200 Gramm Mehl oder 280 Gramm Brot.[22] Noch waren die zugestandenen Mengen erträglich, immer mehr Waren wurden aber der Bewirtschaftung unterworfen und immer geringere Mengen zugestanden. Der Anteil der Surrogate erhöhte sich. Am Ende stand Hunger.

Kriegsalltag I: Entbehrungen

Immer Eintönigeres und immer weniger bot die Kriegsküche. *Erdäpfelgulasch* immer wieder und wieder,[23] *Kriegskuchen aus schwarzem Mehl*[24] und Polentabrot, *das einem in der Hand zerbröselte,*[25] dann Tuschen (Runkelrüben), wässrig, ohne Geschmack,[26] übrigens das einzige Gemüse, bei dem das Kronland Salzburg einen Überschuss erzielte, deckten den Kriegstisch. Gesammelt wurde nun alles, was sich nur irgendwie verwerten ließ: Brombeerblätter, Lindenblüten, Bucheckern und Eicheln.[27] In den Wäldern wurde Brennholz gesammelt, der Kapuzinerberg beinahe abgeholzt.[28] Bei der Knochenbeinsammlung der Stadtgemeinde erhielt man/frau 12 Heller für ein Kilo Knochen.[29] Selbst *entfettetes Knochenmehl* fand Verwendung.[30] Mit gerösteten Maikäfern wurde Geflügel gefüttert.[31] Sukzessive hatte sich das militärische Bedürfnis alle Lebensbereiche unterworfen. Gesammelt wurde nicht nur auf den Wiesen und in den Wäldern, gesammelt wurde alles, für den Krieg, Metalle jeder Art, von Glocken über kupfernes Kochgeschirr und Zinnkrügen bis zu Türschnallen. Schulkinder mussten im Werkunterricht Zigaretten für die Soldaten drehen und aus alten Textilien Skarpie[32] für die Herstellung von Verbandmaterial zupfen.[33]

Kriegsalltag II: Alltagsmühen

Die Bewirtschaftung strukturierte zunehmend die Tagesabläufe und brachte den Zeitgenoss/innen erhöhten logistischen Aufwand. Der Alltag wurde mühsam. Von den 91 Verordnungen und Kundmachungen, die die Salzburger Landesregierung etwa 1916 erließ, beschäftigten sich zwei Drittel mit Approvisierungsfragen.[34] Ab April 1915 war der Kauf von Brot und Mehl nur mehr mit amtlichen Ausweiskarten möglich. Dazu wurden für die Stadt 25 Ausgabestellen eingerichtet, die von ehrenamtlich zusammengesetzten Brotkommissionen geleitet wurden. Erklärungsformulare mussten mit der Zahl der zu verköstigenden Personen und vorhandenen Mehlvorräten ausgefüllt werden. Jede Person erhielt eine Ausweiskarte (Brotkarte), welche wöchentlich, später alle 14 Tage durch neue zu ersetzen waren. Nicht immer waren aber die Ausgabestellen geöffnet, wie Beschwerden an die Stadtgemeinde zeigen. Den Obmännern der Brotkom-

---

22 SLGBl 1915, Verordnung der k. k. Landesregierung Salzburg betreffend die Regelung des Verbrauches von Brot und Mehl, 31.3.1915, 55–62; Kundmachung betreffend die Regelung des Verbrauches von Brot und Mahlprodukten. In: Salzburger Volksblatt, 6.4.1915, 16; Gärtner, Brotversorgung (wie Anm. 5), 624f.
23 Interview mit Frau Hella Hoffmann (geborene Lechner), aufgenommen am 10.2.1987 im Zusammenhang mit der Ausstellung „700 Jahre ältestes Stadtrecht Salzburg", Interviewerin: Ingrid Bauer, Transskript, 9, Manuskript zur Verfügung gestellt von Robert Hoffmann.
24 Hoffmann Robert, Erinnerungen einer Beamtentochter an Kindheit und Jugend. In: Salzburg Archiv 30 (2005). Salzburg 2005, 208.
25 Hoffmann, Erinnerungen (wie Anm. 24), 210; Interview Hoffmann (wie Anm. 23), 13.
26 Interview Hoffmann (wie Anm. 23), 9.
27 Interview Hoffmann (wie Anm. 23), 11f.
28 AStS, Vermögensverwaltung 561.
29 Salzburger Volksblatt, 24.1.1918, 5.
30 Salzburger Volksblatt, 12.1.1918, 6.
31 SLGBl 1916, Verordnung der k. k. Landesregierung Salzburg betreffend den Vergütungsbetrag für eingesammelte Maikäfer und Engerlinge, 12.4.1916, 95; Salzburger Volksblatt, 28.4.1916, 4.
32 Skarpie: Stofffasern zur Herstellung von Verbandmaterial.
33 Hoffmann, Erinnerungen (wie Anm. 24), 206; Interview Hoffmann (wie Anm. 23), 2.
34 Landes-Gesetz- und Verordnungsblatt für das Herzogtum Salzburg, Jg. 1916. Salzburg 1916.

Abb. 1: Verordnung zur Verabreichung von Fleischspeisen, Salzburger Wacht, 7.8.1917, 8

missionen wurde nun zur Pflicht gemacht, mindestens jeden zweiten Tag von 11 bis 12 vormittags geöffnet zu haben.[35] Verkauft werden durften Brot und Mehl nur in öffentlich gekennzeichneten Verkaufsstellen.[36] Später gab es eigene Knödelbrotkarten, Zuckerkarten, Ausweiskarten für den Verbrauch von Kaffee, ab Herbst 1916 auch Fett- und Butterkarten, dann Milchkarten, schließlich Seifenkarten, Kartoffelkarten. Küchen- bzw. Zimmerbrandkarten berechtigten für den Bezug von Heizmaterial usw. Mit Jahresbeginn 1917 wurden die Konsument/innen bestimmter Rayons bestimmten Verkaufsstellen zugewiesen.[37] Die Evidenz der Rayonierungsbücher führte die städtische Kanzlei für Kundenzuweisung. Die Händler wiederum wurden durch die Rayonierung zu bloßen Verkaufsstellen staatlicher Bewirtschaftung.

Jede Menge Bezugskarten, die wöchentlich ausgewechselt werden mussten, Berechtigungsausweise, Nachweise für Ausnahmen, etwa für Schwangere, Stillende oder Schwerarbeiter, einschränkende Karten etwa für Junggesellen – *alleinstehende Frauenspersonen?*, genderte ein Mitglied der Brotkommission[38] – Reisekarten, Krankenkarten usw. flochten ein schwer zu überblickendes Netz bürokratischer Normierungen. Dann waren die benötigten Güter, wenn sie denn in den versprochenen Mengen zu haben waren, zu unterschiedlichen Zeiten, in unterschiedlichen Lokalen für unterschiedliche Gruppen zu beziehen. Die zugewiesenen Mehlabgabestellen mussten nicht ident mit den rayonierten Bezugsstellen für Butter sein, Milch und Eier gab es wieder woanders. Oder Käse etwa, den die Stadt außertourlich erwerben konnte, gab es jeden Dienstag, Donnerstag und Samstag in der städtischen Verkaufshütte am Universitätsplatz.[39] *Entfettetes Knochenmehl (aus der Knochenzentrale)* erhielten nur Mitglieder der Rohö, der Reichsorganisation der Hausfrauen Österreichs,[40] in deren Lokal an der Bergstraße, eine Gruppe am Vormittag, die andere am Nachmittag.[41] Der Abverkauf des städtischen Kartoffelvorrates erfolgte direkt in der Einlagerungsstelle im Gasthaus Dreher an der Magazinstraße,[42] dann konnte wieder die Butterabgabe ausfallen, oder die Selch- und Fleischerläden geschlossen bleiben.[43] Eier waren Mitte Jänner 1918

35 AStS, NStA 900, Verordnung vom 25.9.1915; LGBl 1915, Verordnung der k. k. Landesregierung Salzburg betreffend die Regelung des Verbrauches von Brot und Mehl, 31.3.1915, 55–62; allgemein: Gärtner, Brotversorgung (wie Anm. 5), 624f.
36 Kundmachung der Stadtgemeinde-Vorstehung Salzburg betreffend die Regelung des Verbrauches von Brot und Mahlprodukten. In: Salzburger Volksblatt, 6.4.1915, 16.
37 Kundmachung. In: Salzburger Volksblatt, 18.12.1916, 9.
38 AStS, NStA 900, handschriftlicher Vermerk auf Verordnung vom 16.3.1916.
39 Salzburger Wacht, 5.5.1915, 5.
40 Walder Monika Maria, Von wenigen ambitionierten Einzelkämpferinnen zur mitgliederstärksten Frauenorganisation während des Ersten Weltkrieges. Die Reichsorganisation der Hausfrauen Österreichs (Rohö). In: Stadtarchiv Innsbruck (Hg.), Zeit – Raum – Innsbruck. Militärische und zivile Kriegserfahrungen 1914–1918 (Schriftenreihe des Innsbrucker Stadtarchivs, 11). Innsbruck 2010, 163–180; http://www.onb.ac.at/ariadne/vfb/fv_rohoe.htm, Abruf 29.8.2013.
41 Salzburger Volksblatt, 12.1.1918, 6.
42 Salzburger Volksblatt, 8.1.1918, 7.
43 Erstmals Mitte März 1918, Salzburger Volksblatt, 7.3.1918, 3.

Abb. 2: Anstellen um Eier am Grünmarkt, 1916/17
(SLA, LBS F 69/4844)

Das Anstellen um Eier im Winter 1916/17.

(für Rohö-Mitglieder) nur dienstags nachmittags erhältlich, ohne zu wissen wie viele man/frau zu welchem Preise erhalten würde.[44] Über den *einmaligen Eierverkauf* der Stadtgemeinde, der es gelungen war, *frische, sehr schöne Eier* aus Ungarn zu erhalten, musste man/frau informiert sein. Den Verkauf übernahm die Firma Fuchs, Schallmooser Hauptstraße 10, die als Eiersammelstelle fungierte.[45] Ab Jänner 1918 erhielt man/frau für die Stadt Salzburg besondere Bedarfsscheine, etwa für Bekleidung, nur mehr in der Bedarfsprüfungsstelle in der Getreidegasse 8.[46] Ein letztes Beispiel aus zahllosen anderen: Wenige Tage vor den Unruhen langte Reparaturleder für Schuhe ein. Im Abgabelokal, Gablerstüberl, Dreifaltigkeitsgasse 10, durften nie mehr als vier Käufer gleichzeitig anwesend sein, Verkauf war nur von 8 bis 11 Uhr vormittags, am Montag, die Buchstaben A bis O usw. Drei Beamte stellten Bedürftigkeit und Reparaturmöglichkeit fest.[47]

War der Bezug der Karten und Ausweise, der Nachweis der Berechtigung schon aufwendig genug, so erst recht die Beschaffung der Lebensmittel. Das hieß: Schlange stehen, gefühlte Ewigkeiten, egal bei welchem Wetter. *Ja, man hat schon eine Lebensmittelkarte ghabt,* erinnerte sich die Beamtentochter Hella Hoffmann, *aber da ist in der Woche so ein Stückerl Butter ausgeschrieben gwesen, und um dieses Stück Butter [...] hat man sich noch anstellen müssen. Da ist man lange Schlange gstanden und eine Zeitlang war's so, daß sie's nur bei der Nacht ausgeben haben. Da habens uns Kinder um drei in der Früh gweckt, und da war das noch so schlecht eingeteilt, da hätte die Mutter ja für die ganze Familie kaufen können. Nein, ein jedes hat sich sein Stückerl Butter selber holen müssen.*[48] Selbst beim Pferdemetzger in der Steingasse bildeten sich Schlangen.[49] Und es gab welche, die reichten vom Alten Borromäum bis zum Kurpark.[50] Die Einführung der Rayonierung verkürzte das Anstellen und machte es letztlich obsolet. Im Jänner 1918 bildeten sich Menschenschlangen nur vor Trafiken, vorm Stadttheater, aber auch vor der Salzburger Sparkasse.[51]

Kriegsalltag III: Kettenhandel, Schleichhandel, „Hamstern"

Hamstern war Lebensnotwendigkeit für die einen, ein einträgliches Geschäft für die anderen. Das Besorgen von Essbarem auf dem Tauschweg, ohne Geld, lin-

44 Salzburger Volksblatt, 12.1.1918, 6.
45 Salzburger Volksblatt, 2.3.1918, 5.
46 Salzburger Volksblatt, 4.1.1918, 4.
47 Salzburger Chronik, 11.9.1918, 3.
48 Interview Hoffmann (wie Anm. 23), 6.
49 Interview Hoffmann (wie Anm. 23), 9.
50 Watteck Nora, Die Affäre Rambousek: Salzburgs größter Skandal. Salzburg 1978, 27.
51 Salzburger Volksblatt, 4.1.1918, 4.

derte Hunger. *So mussten wir […] ‚hamstern' gehen, wenn wir nicht verhungern wollten*, erinnerte sich die Tochter eines Finanzbeamten.[52] Therese Kaltenegger, Frau eines Tischlermeisters aus Itzling, tief in der Sozialdemokratie verwurzelt, machte sich zu Fuß auf den Weg *zu den Bauern der Umgebung […], um für meine kleine Tochter wenigstens ab und zu einen halben Liter Milch zu bekommen*.[53] Die Wege führten meist in den Flachgau und nach Oberösterreich, zu Fuß oder in überfüllten Zügen. *Ab Lamprechtshausen war der Zug vielleicht mit 2–300 Rucksäcken gefüllt*, berichtete der Gnigler Kaufmann Alexander Haidenthaller.[54] Gesucht wurde alles Essbare: Erdäpfel, Kraut, Eier, Butter … *Der eine Bauer gab ein Stück Brot, der andere zwei Eier, der dritte ein Ei. Stück für Stück tauschten wir das nötigste zusammen.*[55] Viele suchten ein bisschen Aufbesserung des Kriegstisches, jede/r etwas zum Überleben. Getauscht wurde alles, Heiratsausstattung, Wertgegenstände oder Schmuck. *Spulenzwirn und schöne Herren-Eisschuhe* gegen Zucker und Petroleum, ein *kurzer Winterrock* gegen Äpfel oder Erdäpfel.[56] *Wir ‚zahlten' alles ordentlich und zwar vor allem mit Virginias, die sich unser Vater dank seiner Position als Finanzbeamter beschaffen konnte*, erinnerte sich dessen Tochter.[57] Haidenthaller, der die Hamsterei noch eben als gemeinschädlich verurteilt hatte, sah sich im Sommer 1918 geradezu zum Hamstern verpflichtet. *Selbst zur Pflicht gemacht, mußte ich ebenfalls zwei Hamsterfahrten unternehmen, eine nach Mattsee und am 25. August nach Gundertshausen zu meinen ehemaligen Schmalzlieferanten*.[58] Die Chancen, sich durch „Hamstern" zu versorgen, waren ungleich verteilt. Wer hatte, bekam was und bekam mehr. Eine Virginia war Goldes wert. Die Regiekarte wiederum brachte den Eisenbahnerfrauen einen kleinen Startvorteil im alltäglichen Mangel. Sie würden auf dem Land alles „zusammenhamstern", lautete der Vorwurf der politischen Gegner.[59] Alle gegen alle im Konkurrenzkampf des Überlebens. Das Wirtschaftssystem funktionierte nicht mehr. Der Markt, der kontrollierte Markt, das staatliche Bewirtschaftungssystem, war außer Kontrolle. Die obrigkeitlichen Versuche, die Kontrolle wieder zu erlangen, trafen die Armen und scheiterten schließlich an der sozialen Realität. Rucksäcke wurden nach Hamstergut kontrolliert, in den Zügen, auf dem Bahnhof und brachten bescheidene Mengen zu Tage. Das Hamstern habe die Regierung mit allen Mitteln zu unterbinden versucht, analysierte Haidenthaller. *Beschlagnahmungen der kleinsten Quantitäten wurden durchgeführt, während man Schmuggel mit Wagen, Auto selbst […] Leichenwägen durchließ*. In Oberösterreich sei alles aufgekauft worden, *allerdings zum Nachteile so vieler armer Familien*.[60]

KRIEGSALLTAG IV: ERNÄHRUNGSKLASSEN

Im April 1917 wurde eine staatlich gestützte Aktion für „Mindestbemittelte" eingeführt, die Personen mit geringem Einkommen verbilligte Lebensmittel zur Verfügung stellte. In den Genuss dieser Aktion kamen jene, deren jährliches Einkommen 1.200 Kronen nicht überstieg. Dieser Betrag erhöhte sich bei mehr Familienmitgliedern. Die Einkommensgrenzen waren politisch umstritten. Verbilligt zu kaufen waren, im April 1917, einmal wöchentlich ein Kilo Rindfleisch, dann mehrmals in der Woche Salzburger Kriegswurst, Käse, kalter Kaffee, Dörrgemüse und Sauerkraut, Obstmus sowie kalte Gemüsesuppe. Diese waren in der Stadt

---

52 Hoffmann, Erinnerungen (wie Anm. 24), 210.
53 Bauer Ingrid, Interview mit Therese Kaltenegger, 1.3.1982, zit. in: Bauer Ingrid, Erinnerte Geschichte: „Brot und Frieden". Die Hungerdemonstration vom 19. September 1918 in Salzburg. In: Karl-Steinocher-Fonds zur Erforschung der Geschichte der Arbeiterbewegung im Lande Salzburg. Mitteilungen 2. Salzburg 1982, 5.
54 AStS, PA 1347,01-6, Haidenthaller Alexander, Tagebücher VI, 218; Hoffmann Robert, Alexander Haidenthaller. Aus dem Tagebuch eines Gemischtwarenhändlers, in: Gnigl. Mittelalterliches Mühlendorf, Gemeinde an der Eisenbahn, Salzburger Stadtteil, hg. von Veits-Falk Sabine/Weidenholzer Thomas (Schriftenreihe des Archivs der Stadt Salzburg, 29). Salzburg 2010, 320–336.
55 Hoffmann, Erinnerungen (wie Anm. 24), 210.
56 Salzburger Wacht, 15.12.1917, 5.
57 Hoffmann, Erinnerungen (wie Anm. 24), 211.
58 Haidenthaller, Tagebücher (wie Anm. 54), VI, 218.
59 Salzburger Volksblatt, 8.3.1918; dazu auch: Haidenthaller, Tagebücher (wie Anm. 54), VI, 218.
60 Haidenthaller, Tagebücher (wie Anm. 54), VI, 209f.

in fünf Ausgabestellen erhältlich. Dort erhielt man/frau auch Verbilligungsscheine für bestimmte Waren in den normalen Ausgabestellen.[61] Preislisten der verbilligten Waren wurden in der Stadt und den Umlandgemeinden mit Plakaten öffentlich angeschlagen.[62] Die Aktion erfasste etwa 17.000 Personen, etwa ein Viertel der Bevölkerung, im Juni wurde dieser Kreis durch die Anhebung der Einkommensgrenzen um weitere 7.000 Menschen vergrößert.[63] Aber bereits im folgenden Sommer begann die Aktion für die „Mindestbemittelten" zu stocken, die Produktion der Kriegsdauerwurst musste zeitweise eingestellt werden.[64] Im Jänner 1918 wurde diese Aktion zugunsten des Mittelstandes erweitert, zu dem Personen zählten, die nicht dem „Arbeiterstand" angehörten, kein oder wenig Vermögen, aber fixes Einkommen hatten, also Beamte, Angestellte und Gewerbetreibende.[65]

Die Einkommensgrenze für den Mittelstand war mit 5.000 Kronen jährlichem Verdienst gezogen, ein Betrag, der sich erhöhte, wenn mehr Personen im Haushalt lebten, wozu auch Dienstbot/innen gerechnet werden durften.[66] Aber selbst als es nichts mehr, fast nichts mehr, zu verteilen gab, pochte man auf soziale Distinktion. Vertreter der verschiedenen Mittelstandsvereinigungen verlangten eine strikte Trennung der Verwaltung und Verrechnung dieser Aktion von jener der „Mindestbemittelten".[67] Der Mittelstand sah sich darüber hinaus schlechter behandelt als die „Mindestbemittelten". Die Konsumgenossenschaft Vorwärts und das Lebensmittelmagazin der Staatsbahnen würden vom Staat bevorzugt werden.[68] Im Sommer 1918 wurden auch die sogenannten „Überbemittelten" in die Aktion einbezogen.

Konkurrenten I: Die „Fremden" (Touristen)

Die Salzburger hätten zwar bis zum Sommer 1918 [gerade] noch leben können, *als aber die Fremden kamen, war es aus*. Die Wirte und Hoteliers hätten, um die „Fremden" versorgen zu können, die Schwarzmärkte leergekauft und die Preise derart in die Höhe getrieben, dass für die heimische Bevölkerung nichts übrig geblieben sei.[69] Stimmung gegen den Tourismus war bereits mit den ersten Krisenerscheinungen aufgekommen. 1918/19 wurde er weitgehend abgelehnt.[70] Tourist/innen, oft auf Durchreise nach einem der mondänen Kurorte, Gastein etwa, ein paar Tage in Salzburg weilend, waren wohlhabend. Deren Portefeuille erlaubte es, alles und jedes im Schleich zu erwerben und so die Preise in die Höhe zu treiben. Und je länger der Krieg dauerte, desto mehr glaubte man/frau unter den „Sommerfrischlern" vor allem „Kriegsgewinner", Spekulanten und Schieber ausmachen zu können: Juden eben, wie schnell kurz geschlossen wurde. Sie waren unliebsame Konkurrent/innen am leeren Kriegstisch. Von den Hoteliers und Gastwirten vermutete man, sie würden diesem Treiben zum eigenen Vorteil Vorschub leisten.[71] Gleichwohl war Salzburg als Touristenstadt auf die „Fremden" angewiesen, die Frage des Fremdenverkehrs daher keineswegs unumstritten. Die Handelskammer sprach sich naturgemäß gegen jegliche Einschränkung des Tourismus aus. Aber auch die Sozialdemokraten wandten sich gegen die – wie sie es nannten – *Fremdenhetze*.[72]

Auf Interessenskonflikte innerhalb der Gastronomie weist etwa der Entschluss der Leopoldine Koidel, Inhaberin der „Goldenen Birne", hin, ihre beiden

---

61 Salzburger Volksblatt, 11.4.1917, 10; Salzburger Wacht, 13.4.1917, 8.
62 Salzburger Volksblatt, 11.4.1917, 10; Salzburger Wacht, 14.4.1918, 8.
63 Salzburger Wacht, 29.6.1917, 4 und 8.
64 AStS, Gemeinderatsprotokolle 1917, Vortrag Max Ott über die Approvisierungsfrage, 13.8.1917, 131.
65 Mussoni Georg: „Die Versorgung des Mittelstandes". In: Salzburger Volksblatt, 5.1.1918, 5f.
66 Salzburger Volksblatt, 9.2.1918, 11.
67 Salzburger Chronik, 8.1.1918, 3f.; Salzburger Volksblatt, 8.1.1918, 4f.; Salzburger Wacht, 12.1.1918, 3.
68 Salzburger Volksblatt, 30.3.1918, 5.
69 Verein „Eisernes Österreich", zustimmend zit. in: Salzburger Volksblatt, 10.10.1918, 2f.
70 Fellner Günter, Antisemitismus in Salzburg 1918–1938 (Veröffentlichungen des Historischen Instituts der Universität Salzburg, 15). Wien-Salzburg 1979, 97–109; Schmidt Anna, Die Entwicklung des Fremdenverkehrs und der Fremdenverkehrspolitik im Bundesland Salzburg. Phil. Diss. Univ. Salzburg 1990, 102.
71 Dazu: Kriechbaumer Robert, Statt eines Vorwortes – „Der Geschmack der Vergänglichkeit …". In: Der Geschmack der Vergänglichkeit. Jüdische Sommerfrische in Salzburg, hg. von Kriechbaumer Robert (Schriftenreihe des Forschungsinstituts der Dr.-Wilfried-Haslauer-Bibliothek, 14). Wien-Köln-Weimar 2002, 7–39; Fellner Günter, Judenfreundlichkeit, Judenfeindlichkeit. Spielarten in einem Fremdenverkehrsland. In: Der Geschmack der Vergänglichkeit. Jüdische Sommerfrische in Salzburg, hg. von Kriechbaumer Robert (Schriftenreihe des Forschungsinstituts der Dr.-Wilfried-Haslauer-Bibliothek, 14). Wien-Köln-Weimar 2002, 59–126; Krisch Laurenz, Bad Gastein: Die Rolle des Antisemitismus in einer Fremdenverkehrsgemeinde während der Zwischenkriegszeit. In: Der Geschmack der Vergänglichkeit. Jüdische Sommerfrische in Salzburg, hg. von Kriechbaumer Robert (Schriftenreihe des Forschungsinstituts der Dr.-Wilfried-Haslauer-Bibliothek, 14). Wien-Köln-Weimar 2002, 175–225.
72 Etwa: Salzburger Wacht, 23.8.1918, 3f.

Speisesäle zu schließen, da aufgrund des anhaltenden Zuzuges von „Fremden" in die Kurorte *die Preise für Eßwaren für ein bürgerl. Haus unerschwinglich* seien.[73] Die Forderung nach „Untersagung" des Fremdenverkehrs wurde vor allem von den mittelständischen Gruppierungen aufgegriffen, aber auch vom Volksblatt kampagnesiert. Versammlungen und Demonstrationen forderten *die gesetzliche Unterbindung des Fremdenzuzugs und die Ausweisung der Vergnügungsreisenden*.[74] Auch der Gemeinderat erregte sich über die „Fremden", forderte die „Sommerfrischler" auf, Brot selbst mitzubringen. Landesgesetze regelten die Speisenfolge in den Gasthäusern.[75] 1917 durfte an „Fremde" nur ungarisches Fleisch und kein heimisches verabreicht werden.[76] Im März 1918 sprach sich die Stadtgemeinde Salzburg, und bald darauf auch die Verwaltungsbehörde gegen die Zulassung des Fremdenverkehrs in der kommenden Sommersaison aus,[77] ein „Wunsch", der allerdings nicht umgesetzt wurde.

Die Stadtgemeinde trachtete nun danach, den Zuzug von „Fremden" möglichst gering zu halten, wohl um die angespannte Lage zu beruhigen. Sommergäste erhielten nun keine Lebensmittelkarten, sondern eigene „Reiseausweise", für acht Tage, das auch nur dann, wenn die Abmeldung vom Kartenbezug im Heimatort nachgewiesen werden konnte. Im August wurde die Abgabe von Fleisch an „Fremde" gänzlich verboten.[78] Die Zeitungen berichteten über Kontrollen der Gast- und Wirtshäuser, publizierten die Mengen vorrätigen Fleisches, meist nicht viel, zehn Kilo etwa,[79] angesichts fleischloser Wochen provozierend viel, radikalisierend. Die Mittelstandsvereinigung erreichte die Erlaubnis, Wirte kontrollieren zu dürfen, erhielt sozusagen polizeiliche Befugnisse.[80] In einem Leserbrief an das Volksblatt machte sich Julius Schweinbach, Betreiber der Firma Atzwanger, seinem Ärger über die „Fremden" Luft: *hamsternde, fressende Kriegsgewinner* bräuchten nicht in sein Geschäft kommen. Er, Schweinbach, glaube, *allgemeine Zustimmung zu bekommen, wenn er sage: Hinaus mit den Kriegsgewinnern, aber sofort …! Der Fremde mit der gebogenen Nase* bekomme in seinem Geschäft *überhaupt nichts*. Und weiter drohend: *Der Tag der Abrechnung kann noch kommen!*[81] Im August 1918 kamen 11.606 „Fremde" nach Salzburg, nicht gerade viel,[82] das waren aber immerhin 3.000 Personen mehr als 1917, ins Hotel Europa 753, ins Schlammbräu 751, in den Krebs 599, in die Traube 480 und in den Österreichischen Hof 475. Im Schlamm stiegen die Reisenden aus der Umgebung ab, berichtete das Volksblatt, die brächten ihr Essen selbst mit, hieß es weiter, *gefährlich* seien *nur jene Leute, die sich nach Art der Zecken festsetzen.*[83] Die Stimmung gegen die „Fremden" konnotierte zumindest subkutan über die Chiffre „Kriegsgewinnler" antisemitische Töne.

Konkurrenten II: Flüchtlinge aus dem Osten

Vom Kriegsunglück vertrieben, erreichten schon bald die ersten Flüchtlinge aus Ostgalizien bzw. der Bukowina auch Salzburg. Sie seien *vierzehn Tage in Eisenbahnwaggons mit ihrer armseligen, zumeist in Säcken verpackten Habe* untergebracht gewesen, schilderte ein Gendarm die Ankunft eines Flüchtlingstransportes. *Beim Aussteigen* habe *alles von Schmutz* strotzt und sich *ein bestialischer Gestank verbreitet.*[84] Die Flüchtlinge erfuhren durchaus Mitleid, wurden aber bald als Konkurrenten um Nahrung empfunden. Nun schlug ihnen Ablehnung

73 Salzburger Volksblatt, 25.7.1918, 5, Inserat.
74 Salzburger Volksblatt, 8.7.1918, 1f.
75 LGBl, Verordnung der k. k. Landesregierung Salzburg betreffend die Vereinfachung der Speisenfolge in den Gast- und Schankgewerben, 3.1.1916, 5f.
76 AStS, BU 1519, Gemeinderatsprotokolle 1917, Sitzung vom 13.8.1917, Bericht von Max Ott über Approvisierungsfragen, 134.
77 Salzburger Volksblatt, 9.3.1918, 4; Salzburger Volksblatt, 13.4.1918, 4.
78 Salzburger Volksblatt, 17.8.1918, 12.
79 AStS, BU 1520, Gemeinderatsprotokolle 1918, Sitzung vom 22.7.1918, 137.
80 Salzburger Volksblatt, 24.8.1918, 5.
81 Salzburger Volksblatt, 24.8.1918, 5.
82 Diese Meinung vertrat auch die Neue Freie Presse, im Unterschied zum Salzburger Volksblatt, Salzburger Volksblatt, 13.8.1918, 3.
83 Salzburger Volksblatt, 4.9.1918, 3.
84 Umlauft Albert, Kriegs-Aufzeichnungen 1914–1918 und Folge. Unter spezieller Berücksichtigung der örtlichen Begebenheiten von Neumarkt u. Umgebung. Neumarkt 1923, 32.

entgegen. Die Flüchtlinge aus dem Osten wurden zum politischen Thema. Der größte Teil war im Lager Niederalm untergebracht. Mitte 1917 waren es nicht ganz 14.000, darunter etwa 2.000 jüdische Flüchtlinge.[85] Entgegen den Vermutungen über großzügige staatliche Unterstützung herrschte 1917 im Lager Hunger, froren die Menschen und die Sterblichkeit war hoch.[86] Trotzdem fragte man/frau sich nach der Höhe der Flüchtlingsfürsorge, munkelte über doppelt gewährte Unterstützung[87] und beklagte deren vorgebliche Undankbarkeit:[88] Die Fürsorge für die Flüchtlinge sei ein *Bombengeschäft für die Juden*, mutmaßte Mittelstandsvertreter Karl Lackner.[89] Hans Glaser, der Verleger des Salzburger Volksblattes, wiederum rätselte im Frühsommer 1917, warum man aus Wolhynien rund 20.000 Menschen nach Salzburg schleppe, *um sie hier zu füttern*. Und das Volksblatt fragte sich nach militärischen Erfolgen der Österreicher im Osten, warum nach der *Säuberung* Galiziens von den Russen noch immer Flüchtlinge hier seien und mutmaßte, hier würden sich eben *die Geschäfte besser gestalten, denn im Osten der Monarchie*. Die *vielen Gerichtsverhandlungen* gäben Aufschluss über die Art der Geschäfte, *denen die jüdischen Flüchtlinge oblägen*.[90] Die *unangenehmen und schädlichen Gäste*[91] schienen alle Vorurteile und Feindbilder zu bestätigen. Die Forderung nach *schnellstem Abtransport der jüdischen Flüchtlinge* hatte politische Konjunktur.[92] Die Flüchtlingsdebatte war unüberhörbar mit antisemitischen Tönen angereichert.[93] Über wegen Preistreiberei angeklagten Lagerinsassen hieß es punzierend: *Pfefferjude Dobrozinsky*, dann *Zuckerjude* Jakim Russiak[94] oder über den mosaischen Zimmermann Moses Schreyer *Brotjude*.[95] Auch die rassenbiologischen Feldforschungen der Wiener Anthropologin Hella Pöch müssen in diesem Zusammenhang gesehen werden. Sie vermaß und beschrieb die wolhynischen Flüchtlinge im Lager Niederalm 1917/18.[96] Über das Niederalmer Lager kursierten nicht zu Unrecht Gerüchte, es würde dort nicht mit rechten Dingen zugehen. So hieß es etwa im Dezember 1917, die Flüchtlingsverwaltung habe zehn Kisten, zu je 900 Stück, Eier nach Gastein ins Hotel „Kaserhof" schicken lassen, damit die „Kriegsprofitler" den Sommer verbringen könnten.[97] Im Juni 1918, als die Flüchtlinge großteils schon repatriiert worden waren, hieß es, nicht benötigte Lebensmittel würden der Salzburger Bevölkerung vorenthalten und im Lager massenhaft verderben.[98]

Hunger, Proteste und Wut I

Angesichts ernster Versorgungsprobleme im Winter 1916/17 sprach man im Gemeinderat vom Hungerwinter. Die Krise sollte sich den Winter 1917/18 über dramatisch verschärfen. Hunger und Not erreichten nun alle Schichten, nicht nur jene, die sonst auch von Armut bedroht waren, sondern (fast) alle, nicht nur Arbeiter/innen sondern auch Angestellte, Beamte und Gewerbetreibende. Fürst Wrede formulierte das in seinem zeitgeschichtlichen Roman über das Salzburg der Kriegszeit so: *Frau Not schlich nicht mehr wie in den ersten drei Kriegsjahren als Bettlerin scheu durch die Straßen des Hinterlandes – sie klatschte laut auf dem Markte, sie trug seidene Röcke […]*.[99] Milchkarten wurden zwar wie gewohnt ausgegeben. Milch erhielt man/frau dafür aber immer weniger, Anfang Dezember 1917 einen Achtelliter pro Kopf und Tag.[100] Freilich, wer die Möglichkeit hatte, konnte Milch noch im freien Handel erwerben. Verständlich, dass Stimmen laut

---

85 Fellner, Antisemitismus (wie Anm. 70), 87; Köfner, Hunger (wie Anm. 8), 80.
86 Köfner, Hunger (wie Anm. 8), 82.
87 Vgl. AStS, NStA 900, Hintanhaltung der Doppelbeteilung mit Lebensmittelkarten, 11.5.1917.
88 Z. B.: Deutscher Volksruf, zit. n. Salzburger Volksblatt, 2.1.1918, 5.
89 Salzburger Chronik, 28.5.1918, 1.
90 Salzburger Volksblatt, 2.4.1918, 3.
91 Salzburger Volksblatt, 2.4.1918, 3.
92 So die Forderung der Mittelstandsvereinigung, Salzburger Volksblatt, 8.4.1918, 3.
93 Für Wien: Hoffmann-Holter Beatrix, Ostjüdische Kriegsflüchtlinge in Wien 1914–1923. Phil. Diss. Univ. Salzburg 1991, 162–183.
94 Salzburger Chronik, 2.12.1917, 3.
95 Salzburger Volksblatt, 1.2.1918, 5; allgemein: Halbrainer Heimo (Hg.), Feindbild Jude. Zur Geschichte des Antisemitismus (Historische und gesellschaftspolitische Schriften des Vereins Clio 1). Graz 2003.
96 Schürer von Waldheim Hella, Beiträge zur Anthropologie der Wolhynier. Phil. Diss. Univ. Wien 1920; Pöch Hella, Beiträge zur Anthropologie der ukrainischen Wolhynier. Nach eigenem sowie Material von Dr. Georg Kyrle. In: Mitteilungen der Anthropologischen Gesellschaft in Wien 55 (1925), 289–333.
97 Salzburger Volksblatt, 16.4.1918, 4f.
98 Z. B. Salzburger Volksblatt, 28.6.1918, 3f.
99 Wrede Friedrich Fürst, Politeia. Ein Roman aus jüngstvergangenen und künftigen Tagen. Darmstadt-Leipzig ²1925, 454f.
100 Salzburger Chronik, 30.11.1917, 3.

wurden, die Ausgabe von Milch zur Gänze dem städtischen Kartensystem zu unterwerfen.[101] Vor Weihnachten reduzierte sich die ohnehin bescheidene Abgabe von Butter von fünf Deka pro Person und Woche in der Art, dass diese nun jede vierte Woche gänzlich entfiel und durch Rinderfett ersetzt wurde.[102] Manchmal kamen Sonderaktionen zur Austeilung, dann hieß es anstellen. Insgesamt überwogen die Nachrichten über Kürzungen und das Ausbleiben von Lebensmitteln. Seltsam kontrastierten diese Nachrichten mit den Werbungen für die Zeichnung der Kriegsanleihen: *Es gibt nur einen Erfolg, den Enderfolg!* Oder: *Mit der 7. Kriegsanleihe muß der Sieg im Wirtschaftskampfe erfochten werden! Dann ist der Enderfolg gesichert.*[103] Die Delikatessenhandlung Stranz und Scio in Mozarts Geburtshaus inserierte für die Weihnachts-Feiertage 1917, dass *Zucker und Marmelade eingetroffen* seien sowie *Sardinen und Sardellen, Champagner, Bäckereien, Frucht-Süßsaft* und dergleichen mehr.[104]

Auch wenn sich der Abt von St. Peter und der Verleger des Salzburger Volksblattes über den Langmut der Hungernden wunderten, die Zeichen zunehmender Spannungen und aufgestauter Wut waren in allen sozialen Schichten unübersehbar. So streikten im April 1917 erstmals und dann wieder im Juli die Itzlinger Eisenbahner.[105] Anonyme Drohbriefe langten bei der Landesregierung ein.[106] Frieden und Brot waren die zentralen Forderungen in gut besuchten sozialdemokratischen Versammlungen im Mödlhammer-Saal und in Bachers Glassalon am 1. Mai 1917.[107] Im Frühsommer gingen in Maxglan während einer Demonstration mehrerer hundert Menschen etliche Fensterscheiben zu Bruch.[108] Nächtens wurden Fenster von Villen in Nonntal, Riedenburg und auf dem Mönchsberg eingeworfen.[109] Unmutsäußerungen begleiteten etwa den Prozess wegen Preistreiberei gegen die Fleischhauerin und Grundbesitzerin Marie Daghofer,[110] und nicht nur diesen. Zu ständigen Reibereien kam es auf dem Grünmarkt, wenn Marktfrauen Gemüse für „ihre" Stammkundschaft reservierten und nicht verkaufen wollten.[111] Immer wieder kam es in den endlosen Menschenschlangen, die sich regelmäßig vor den Verkaufsstellen bildeten, zu erbitterten Äußerungen gegen die missliche Versorgung, aber auch zu Streitereien der Anstellenden untereinander.[112] Schon 1916 war bei derartigen Tumulten Militär eingesetzt worden, etwa bei jenem vor dem Geschäft von F. X. Martin an der Linzer Gasse.[113] Aufgebrachte Frauen, die im Hilfsverein für Konsumenten organisiert waren, setzten im Mai 1917 eine Hausdurchsuchung beim städtischen Rechtsrat Dr. Georg Mussoni durch. Sie vermuteten gehortete Lebensmittel. Die Revision verlief allerdings ergebnislos.[114] Auf Vereinsversammlungen, katholischen wie sozialdemokratischen, wurde ab Herbst 1917 mit steigendem Nachdruck Frieden gefordert.[115] *Möge doch endlich der heißumstrittene Friede einmal eintretten* [sic!], hoffte auch Haidenthaller.[116]

Hunger, Proteste und Wut II: Der „Mittelstand"

In dem Maß, wie die Krise die Mittelschichten erreichte, verstärkten sich deren Protesthaltungen. Verbände und Gruppierungen, die diese Interessen organisierten, entstanden. Ein Mittelstandsverein, der sich als organisierte Selbsthilfe verstand, war im Frühjahr 1917 gegründet worden.[117] Politisch agitierten die Mittelständler gegen die staatliche Bewirtschaftungspolitik und waren strikt

101 Salzburger Chronik, 1.12.1917, 4.
102 Salzburger Chronik, 2.12.1917, 4.
103 Etwa: Salzburger Chronik, 2.12.1917, 7.
104 Salzburger Chronik, 2.12.1917, Inserat, 6.
105 SLA, Präsidialakten 113, Berichte der Landesregierung an das Innenministerium, Mai 1917; Berichte der Landesregierung an das Innenministerium, Juli 1917.
106 SLA, Geheime Präsidialakten, Anonymes Drohschreiben an das Salzburger Volksblatt, Oktober 1916; SLA, Präsidialakten 113, Berichte der Landesregierung an das Innenministerium, April 1917.
107 Salzburger Wacht, 3.5.1917, 3.
108 SLA, Präsidialakten 113, Berichte der Landesregierung an das Innenministerium, Juli 1917.
109 Salzburger Volksblatt, 4.4.1918, 3; 5.4.1918, 4.
110 Salzburger Chronik, 20.4.1917, 4.
111 Salzburger Wacht, 15.1.1918, 4.
112 Etwa: SLA, Präsidialakten 113, Tages-Rapport der Stadtgemeinde-Vorstehung, 31.5.1918; Bericht über staatspolizeilich relevante Vorfälle im Mai 1918.
113 Glaser, Tagebuch (wie Anm. 2), 4.12.1916.
114 Salzburger Wacht, 31.5.1917, 3.
115 SLA, Präsidialakten 113, Berichte der Landesregierung an das Innenministerium, November 1917.
116 Haidenthaller, Tagebuch (wie Anm. 54), VI, 224.
117 Köfner, Hunger (wie Anm. 8), 89.

antisemitisch ausgerichtet. Organisationen wie die Rohö verstanden sich als Service-Einrichtungen. Diese unterhielt ein Verkaufslokal an der Bergstraße und ein Abendheim im Studiengebäude, in dem Beleuchtung vorhanden und geheizt war, keine Selbstverständlichkeit im letzten Kriegswinter. Auf dem Sparherd durfte mitgebrachtes Essen gewärmt werden.[118] Mit Andauer der Krise politisierte sich auch diese Hausfrauenvereinigung. Gemeinsam mit katholischen, nationalen, aber auch mit sozialdemokratischen Frauenvereinen mobilisierte frau bereits 1915 gegen die Teuerung.[119] Eine „Demonstrationsversammlung" der Rohö im Saal des Marionettentheaters im Borromäum forderte aufgeregt die Besteuerung der Kriegsgewinner anstelle der Zuckersteuer.[120]

Auch die deutschnational ausgerichtete Vereinigung arbeitender Frauen, 1912 gegründet, verstand sich zunächst als Service-Organisation: Sie richtete Fortbildungskurse etwa in den „Kanzleifächern" oder in Näherei oder Kunstblumenbinderei aus, brachte sich aber immer häufiger in Approvisierungsfragen ein.[121] Die Vereinigung für Mittelstandsinteressen bündelte im Jänner 1918 die Rohö, die Vereinigung arbeitender Frauen, die katholischen Frauen, Lehrer, Staatsbeamte, Kaufmannschaft und Handelsagenten.[122] Treibender Akteur war Kaufmann Karl Lackner. Er hatte (offensichtlich) Konkurs gemacht. Hans Glaser nannte ihn *Kridator.*[123]

Ab Winter 1917/18 verzeichneten auch die Nationalen Arbeiter verstärkten Zulauf. Sie erfreuten sich zunächst unter den Eisenbahnern eines gewissen Zulaufs. Mit einer regen Veranstaltungstätigkeit erreichten sie einen breiten Bevölkerungskreis. So etwa bildeten Telegrafenarbeiter, Bauarbeiter, kaufmännische Angestellte und andere eigene Sektionen. Man warb auch Sozialdemokraten ab,[124] polemisierte gegen Wucher, jüdischen Wucher vor allem,[125] schickte Deputationen zum Landespräsident,[126] telegrafierte Protestnoten nach Wien, polemisierte gegen den „Fremdverkehr" und die „Zentralen".[127] Ob hinter der Enthebung Hans Wagners vom Militärdienst, um die *deutsche Arbeiterschaft nicht-sozialdemokratischer Parteirichtung*[128] zu organisieren, politisches Kalkül stand, muss offen bleiben. Ende Juni 1918 schlossen sich elf Organisationen zum „Verband mittelständischer Vereine" zusammen, dieser zählte bald über 8.000 Mitglieder. Die Lebensmittelfrage stand im Mittelpunkt der Aktivitäten.

Hunger, Proteste und Wut III: Der Jännerstreik 1918

Schon 1916 hatte Hans Glaser in seinem Tagebuch räsoniert, die kleineren Städte würden ausgehungert, nur damit die viel *gefährlicheren* Großstädte wie Wien mit Lebensmittel versorgt werden könnten.[129] Während er aufmerksam Proteste, Streiks und Hungerrevolten beobachtete, sozusagen die Stimmung der Bevölkerung auslotete, verlor er in seinem Tagebuch kein Wort über die Streikbewegung im Wiener Raum im Jänner 1918. Alle Zeitungen waren, soweit die Zensur das durchließ, mit Berichten darüber voll. Die gleichzeitig laufenden Friedensverhandlungen in Brest-Litowsk beflügelten auf der einen Seite die Hoffnungen auf raschen und bedingungslosen Frieden, auf der anderen Fantasien, die Ernährungsprobleme mit ukrainischem Getreide zu lösen. Auch der Schriftsteller Fürst Friedrich von Wrede sättigte sich an dieser Vorstellung.[130] Entlang dieser Frage differenzierten sich die politischen Lager.

---

118 Salzburger Volksblatt, 15.1.1918, 3.
119 Flugblatt in: Bauer Ingrid (Hg.), 100 Jahre Sozialdemokratie. Von der alten Solidarität zur neuen Sozialen Frage. Wien 1988, 78.
120 SLA, Präsidialakten 113, Tagesrapport der Stadtgemeinde-Vorstehung, 5.12.1917.
121 Salzburger Volksblatt, 14.2.1918, 4.
122 Salzburger Volksblatt, 5.1.1918, 5f.
123 Glaser, Tagebuch (wie Anm. 2), 7.4.1918, o. Pag.
124 Salzburger Volksblatt, 28.4.1918, 3.
125 Etwa: Deutscher Volksruf, 10.2.1918, 5.
126 Deutscher Volksruf, 3.2.1918, 3; 19.5.1918, 4.
127 Deutscher Volksruf, 10.3.1918, 4.
128 SLA, Präsidialakten 113, Mitteilung der Stadtgemeinde-Vorstehung an das Landespräsidium, 22.6.1918.
129 Glaser, Tagebuch (wie Anm. 2), 10.8.1916.
130 Wrede, Politeia (wie Anm. 99), 470f.

Sozialdemokratische Versammlungen in Itzling und in der Stadt stellten die Forderungen nach Frieden und ausreichender Ernährung in den Mittelpunkt; sie zeigten deutlich Sympathien für die Russische Revolution, was etwa in der Forderung auf Verzicht eines „Siegfriedens" zum Ausdruck kam.[131] Der Reichsbund deutscher Eisenbahner sah dagegen in einem „Verzichtfrieden" die Zukunft des *arisch-deutschen Volkes* bedroht.[132] Die Teilnehmer/innen einer sozialdemokratischen Solidaritätskundgebung für die Streikenden konnte der Mödlhammersaal in der Getreidegasse nicht fassen. Im Saal sprach Robert Preußler, draußen Josef Witternigg. Letzterer verwahrte sich gegen den Vorwurf, wegen der Forderung nach bedingungslosem Frieden *Vaterlandsverräter* zu sein. Solche seien jene, die das Volk *ausgewuchert* hätten. Eine Resolution gipfelte schließlich in der Forderung: *Wir wollen Frieden, Freiheit und Brot!* 700 Personen zogen zuerst zur Landesregierung und schließlich zum Rathaus.[133]

Die deutschnationalen Gewerkschaften und die Deutschnationale Arbeiterpartei verlangten dagegen in einer Versammlung in Itzling die [gewaltsame?] Requisition von Getreide in Ungarn und Tschechien.[134] Am darauffolgenden Tag streikten die Eisenbahner in Itzling sowie einige Betriebe auf dem Land.[135] Eine Serie öffentlicher Versammlungen der deutschen Arbeiterpartei, auf denen unter anderem Walter Riehl sprach,[136] in Gasthäusern der Stadt, aber auch der Vororte Leopoldskron, Maxglan, Gnigl und Itzling, war die Antwort auf die sozialdemokratische Agitation.[137] Das Zielpublikum war das gleiche. Auch die Nationalen Sozialisten sprachen *Personen, Männer und Frauen der arbeitenden Klasse* an, wie die Polizei feststellte.[138]

HUNGER, PROTESTE UND WUT IV: DIE JUDEN

Während das Volksblatt mit der Headline „Der Riesenstreik" über den Wiener Ausstand berichtete,[139] forderte dessen Verleger, Hans Glaser, in derselben Ausgabe in einem Leitartikel mit dem Titel „Judentum und Antisemitismus" nichts weniger als die Auswanderung der Juden *ins gelobte Land*. Eine andere *Lösung des Judenproblems* sei nicht möglich. Dass das *jüdische Element in seiner Mehrheit für die Allgemeinheit eine Gefahr* bedeute, habe *der Krieg deutlich vor Augen geführt. Das Gesetz der Selbsterhaltung* müsse *den Juden überflüssig erklären*.[140] Zufrieden vermerkte er in seinem Tagebuch: *Das „Volksblatt" bekennt sich in einem Leitartikel, den ich gestern geschrieben habe, zum Antisemitismus.*[141] Der Zeitpunkt der Veröffentlichung dieses programmatischen Artikels war nicht zufällig. Anti-Kriegsstimmung und Unzufriedenheit erhielten nun eine „klare" Stoßrichtung: schuld sind die Juden. Der politische Kampf gegen das staatliche Bewirtschaftungssystem, gegen die „Zentralen", wurde zusehends zu einem Kampf gegen die „Juden". „Einfach" erklärend hieß es im Salzburger Volksblatt, *im Wirtschaftsleben des Ostens* habe der *Hausjude* als Geschäftsvermittler eine unentbehrliche Rolle gespielt. Der *natürliche Weg* der Güterverteilung wäre dagegen der freie Handel. Doch heute müsste in den *sogenannten Zentralen* der *Hausjude* her, der dann *mit Freunden und einigen bevorzugten gleichgesinnten Geschäftsleuten der Branche eine Mittelstelle* gründe.[142]

Die antisemitische Welle nahm parallel zum sich immer dramatischer zuspitzenden Mangel an Fahrt auf. „Zentralen" und Juden wurden zunehmend syno-

131 Z.B.: Salzburger Wacht, 9.1.1918, 3; 18.1.1918, 4.
132 Salzburger Volksblatt, 9.1.1918, 3.
133 SLA, Präsidialakten 113, Bericht der Landesregierung an das Innenministerium, 21.1.1918; Salzburger Volksblatt, 21.1.1918, 4; Salzburger Wacht, 23.1.1918, 1f.
134 Salzburger Volksblatt, 21.1.1918, 4.
135 Salzburger Volksblatt, 24.1.1918, 5; Salzburger Wacht, 23.1.1918, 1f.
136 Brandstötter Rudolf, Dr. Walter Riehl und die Geschichte der nationalsozialistischen Bewegung. Phil. Diss. Univ. Wien 1969; Hanisch Ernst, Zur Frühgeschichte des Nationalsozialismus in Salzburg (1913–1925). In: MGSL 117 (1977). Salzburg 1977, 371–410.
137 Salzburger Volksblatt, 25.1.1918, 3; 29.1.1918, 4; 13.2.1918, 4; 20.2.1918, 5; 23.2.1918, 4; 1.3.1918, 4; 20.4.1918, 4; Deutscher Volksruf, 28.4.1918, 3.
138 SLA, Präsidialakten 113, Bericht des Polizeikommissärs Josef Müller, o. Dat. [April 1918].
139 Berichte in mehreren Ausgaben des Salzburger Volksblattes mit dieser Überschrift.
140 [Glaser Hans], „Judentum und Antisemitismus". In: Salzburger Volksblatt, 19.1.1918, 1.
141 Glaser, Tagebuch (wie Anm. 2), 19.1.1918, o. Pag.
142 Sieß M., „Hausjuden und Zentralen". In: Salzburger Volksblatt, 29.3.1918, 1.

nymisiert.¹⁴³ Eine Versammlung der mittelständischen Vereinigung Anfang April 1918 entrollte *das trostlose Bild unserer Not*. Karl Lackner machte die „Zentralen" als Schuldige aus. Deutlicher wurde dann das Mitglied des Landesausschusses, Domchorvikar, und später dann Domkapitular, Daniel Etter.¹⁴⁴ Er forderte wie sein Vorredner die Föderalisierung der „Zentralen" und ihre „Befreiung" von den *jüdischen Wucherern*.¹⁴⁵ Auf einer Versammlung der deutschnationalen Eisenbahner in der Bahnhofswirtschaft argumentierte Bahnbetriebsamtsvorstand Johann Kaigl, auch Gemeinderat in der Stadt Salzburg, die gegenwärtige Ernährungslage sei wegen der *unseligen Zentralenwirtschaft vollständig ungenügend*, weil *die Nahrungsmittelaufbringung und Verteilung dem Judentum überlassen worden sei*.¹⁴⁶ Diese Vorstellungen setzten sich in den Köpfen fest, wie etwa auch der Eintrag in das Tagebuch Alexander Haidenthallers zeigt: Die Regierung treffe an der Misere die Schuld, *da die Zentralen, vertretten* [sic!] *durch jüdische Spekulanten die Lebensmittel nicht dem Volke zu führte sondern durch absichtliches Verderbenlassen vingierter* [sic!] *Bahnunfälle, angestifteter Mühlenbrände u.s.w. das Anbot verringerte, mit dem Rest mit Wucherpreisen Ketten- und Schleichhandel trieb*.¹⁴⁷ Aber auch die Sozialdemokraten widerstanden dem antisemitischen Druck der Politik der „einfachen Lösungen" nicht. Als der Gemeinderat eine von der Zentralstelle für ganz Österreich geplante einheitliche Milchpreiserhöhung diskutierte, erklärte Robert Preußler: *Dieser augenscheinlichen Tendenz der Wiener Kriegsgewinner, alle Milch an sich zu ziehen, müsse auf das schärfste entgegengetreten werden. Für die Parasiten des Landes, für die jüdischen Wucherer, gebe es nur eines: Hinaus mit diesen Schandkerlen!*, relativierend fügte er hinzu, aber auch die Arier dürften sich nicht, wie dies leider schon vielfach geschehen sei, von der Profitsucht ergreifen lassen.¹⁴⁸ Während für die politische Rechte „Zentralen" und Judentum nahezu ident waren, argumentierte der Sozialdemokrat Preußler entgegengesetzt. Mit einer Aufhebung der zentralen Bewirtschaftung würde man *dem Judentum geradezu entgegen arbeiten*, denn im freien Handel sei dieses am besten.¹⁴⁹

Hunger, Proteste und Wut V: Der Deutsche Volkstag

Im Laufe des Frühjahrs 1918 kristallisierte sich entlang dieser Argumentationskette ein Bündnis von Christlichsozialen, Deutschfreiheitlichen, Nationalen Arbeitern sowie der Mittelstandsvereinigung heraus, dessen gemeinsame Klammer Antisemitismus war und das alle Ingredienzen der „Volksgemeinschaft"-Ideologie enthielt. Anfang April 1918 notierte Hans Glaser: *Nach dem gestrigen Volksbundabend [...] erscheint der Arbeiterführer Wagner bei mir, um wegen Veranstaltung einer großen Versammlung zu sprechen. Als Referenten sollen Koop. Steinwender für die Christlich-Sozialen, Wagner für die deutschen Arbeiter und ich für die deutsch-freiheitliche Partei auftreten. Es sollen nur Ernährungsfragen besprochen werden, jedoch standen wir plötzlich im politischen Gebiet: Zusammenschluss der bürgerlichen Parteien im Kampf gegen die Zentralen und die Sozial-Demokraten.*¹⁵⁰ In mehreren Treffen wurde dieses Bündnis besiegelt.¹⁵¹ Mit „einfachen Lösungen" wie Ernährungskrise ist gleich Zentralenwirtschaft ist gleich Judentum und das deutsche Volk sei das Opfer, funktionierte die Mobilisierung bestens. Der nicht nur in Salzburg durchgeführte „Deutsche Volkstag" markierte einen bis dahin un-

---

143 Dazu auch: Fellner, Antisemitismus (wie Anm. 70), 80–88.
144 Voithofer Richard, Politische Eliten in Salzburg. Ein biographisches Handbuch 1918 bis zur Gegenwart. Wien-Köln-Weimar 2007, 47.
145 Salzburger Volksblatt, 8.4.1918, 3; Salzburger Chronik, 8.4.1918, 3.
146 Salzburger Volksblatt, 13.5.1918, 5.
147 Haidenthaller, Tagebuch (wie Anm. 54), VI, 211.
148 AStS, Protokolle des Gemeinderates, Sitzung vom 22.4.1918, 106f.; Wortlaut zit. in: Salzburger Volksblatt, 23.4.1918, 3.
149 Salzburger Volksblatt, 18.6.1918, 3.
150 Glaser, Tagebuch (wie Anm. 2), 9.4.1918, o. Pag.
151 Glaser, Tagebuch (wie Anm. 2), 13.4.1918; 16.4.1918; 1.5.1918; 13.5.1918; 16.5.1918, o. Pag.

bekannten Höhepunkt antisemitischer Agitation. Ein *buntes Flaggengewirr* habe vom *deutschen Charakter der Stadt* und *8000 Teilnehmer* von der *beispiellosen Geschlossenheit ganz Salzburgs* gekündet, meldete triumphierend die Chronik.[152] *Zutritt haben nur Deutsche (Arier)*, mahnten die überall in der Stadt affichierten Plakate.[153] Christlichsoziale, Mittelständler, Deutschfreiheitliche wie Deutsche Arbeiter bemühten alle bekannten antisemitischen wie auch antislawischen Floskeln, sprachen von der *Bevormundung durch die jüdischen Zentralen*, vom *Kampf gegen jene landfremden Elemente, die kein anderes Vaterland kennen als den Geldsack*, nannten die Juden *Parasiten* und *Volksschädlinge* (Leonhard Steinwender).[154] Der Mittersiller Kooperator Bartholomäus Hasenauer wollte die *Prager Hochverräter [...] aufgehängt* sehen.[155] Gießereidirektor Ing. Karl Irresberger (deutschfreiheitlich) wähnte das *heimische Wirtschaftsleben* den *orientalischen Zentralen* ausgeliefert und beklagte die *Allmacht der Juden*.[156] Anschließend formierte sich ein Demonstrationszug zum Regierungsgebäude. Landeshauptmann Alois Winkler und Bürgermeister Max Ott, die Repräsentanten von Land und Stadt Salzburg, überreichten dem Landespräsidenten Felix von Schmitt-Gasteiger, dem Repräsentanten der staatlichen Verwaltung, eine Resolution. Vom Sockel des Mozartdenkmals aus hielt „Arbeiterführer" Hans Wagner eine weitere Rede, ehe „Die Wacht am Rhein" den „Volkstag" beendete.

Ähnlich empfand auch der Gnigler Kaufmann Alexander Haidenthaller, ein typischer Vertreter des Mittelstandes.[157] Wenn man nicht verhungern wolle, teilte er seinem Tagebuch mit, müsse man heute betteln, *wenn nicht stehlen. Es sei Unordnung in die Gesellschaft gekommen und wir fahren mit dem Karusell immer wieder auf den selben Fleck, wo der Jude aus dieser Unordnung seinen Nutzen* ziehe. Endlich seien auf den „Volkstag" gegen die *verjudeteten Zentralenwirtschaften* Stimmen erhoben und *dem Volke volle Genugtuung* geschaffen worden. Die Demonstration zum Regierungsgebäude beschrieb Haidenthaller als *würdig und ruhig*, an dem *Landeshauptmann Winkler, Bürgermeister Ott, [...], Beamte aller Schattierungen, Gewerbetreibende, Bauern, Angestellte, Arbeiter* teilgenommen hätten,[158] die „Volksgemeinschaft".

Sehnsüchte und Feindbilder: Volksgemeinschaft

Scheinbare Plausibilität erhielt diese Denkweise durch das weit verbreitete Gefühl, Opfer zu sein, dem ein ausgesprochenes Harmoniebedürfnis und ein vereinnehmendes Wir-Gefühl entsprach: *Wir Deutsche! Wir Salzburger!*, brachte es Ing. Karl Irresberger auf dem Volkstag auf den Punkt.[159] *Gehen wir alle nun in unsere schöne Heimat zurück und arbeiten wir gemeinsam an dem Tische des alterwürdigen Stammes, freuen wir uns des Glückes der Gemeinsamkeit und danken wir Gott nebst den Entbehrungen, daß er uns damit zur Zufriedenheit zurückgeführt hat*, reflektierte Alexander Haidenthaller in harmonisierendem Imperativ. Er erinnerte sich an seine Kindheit, das Gemeinsame beschwörend, als sie *nach dem Tische versammelt in rückwärtigen Hofgarten oder in der Stube den Tag so würdig abschlossen. Vatter, die Gesellen u Kutscher meine schon erwachsenen Geschwister [...], da saßen wir beisammen.*[160]

Ähnlich konnten selbst sozialdemokratische Reflexionen über den tristen Kriegsalltag klingen. Unter dem Titel „Gemeinsamkeitssinn" hieß es bereits

---

152 Salzburger Chronik, 27.5.1918, 1f.; 28.5.1918, 1; Salzburger Volksblatt, 27.5.1918, 1f.; 28.5.1918, 1f.; Salzburger Wacht, 29.5.1918, 1f.; Deutscher Volksruf, 9.6.1918, 4. Die Wiedergabe der Reden ist in den beiden bürgerlichen Zeitungen nicht wortident, wobei in der christlichsozialen Chronik eindeutig der „deftigeren" Wortwahl der Vorzug gegeben wird. Die Wacht berichtete nur summarisch, der Deutsche Volksruf sehr moderat. Dazu auch: Kerschbaumer Gert, Deutscher Volkstag. In: Feingold Marko M. (Hg.), Ein ewiges dennoch. 125 Jahre Juden in Salzburg. Wien-Köln-Weimar 1993, 133–135.
153 Plakat liegt ein: SLA Präsidialakten 113, Deutscher Volkstag.
154 [Steinwender Leonhard?]. In: Salzburger Chronik, 23.5.1918, 1f.
155 Diese Aussage ist nur im Volksblatt wiedergegeben, in der Chronik zensuriert. Diese registrierte aber *stürmischen Beifall*.
156 Salzburger Volksblatt, 27.5.1918, 1; in der Salzburger Chronik, 27.5.1918, 1 heißt es: *unsere Zentralen, ein Judengeschenk*.
157 Hoffmann, Haidenthaller (wie Anm. 54).
158 Haidenthaller Tagebuch (wie Anm. 54), VI, 176.
159 Salzburger Volksblatt, 27.5.1918, 2; Zu Karl Irresberger: Voithofer, Eliten (wie Anm. 144), 100.
160 Haidenthaller, Tagebuch (wie Anm. 54), VI, 193f.

1915, der Krieg habe neben vielem Entsetzlichem auch gute Eigenschaften im Menschen ausgelöst und man könne sehen, *in welch erfreulichem Maße sich der hohe Gedanke der Volksgemeinschaft bekunde, so in der Unterstützung der Familien der Kriegsteilnehmer, der Schaffung der Arbeitsgelegenheit für die Zurückgebliebenen, der Unterstützung Arbeitsloser und in Not Geratener.* Der „Gemeinsamkeitssinn" würde sich eben der *Gesamtheit des Volkes mitteilen*. Es gebe aber auch welche, die durch „Wucherpolitik" Extraprofite machen würden. Eine „Kriegsgewinnsteuer" würde daher dem „Volksempfinden" entsprechen. Es zeige sich, *daß ein Krieg, der die ganze Nation, die ganze Volksgemeinschaft, in große Gefahren stürzt, ganz gebieterisch eine schärfere Betonung des Gemeinschaftssinnes* verlange. Das *Gefühl der Volksgemeinschaft* käme nur *in einem echten Volksstaat, der die Vergesellschaftung der Produktionsmittel durchgeführt hat*, zum Tragen.[161]

Not, Luxus und Gerüchte I: Not

Was sich die einen aus purer Not nahmen, nahmen sich andere kleiner Vorteile wegen und wiederum andere, um ihren gewohnten Luxus aufrecht zu erhalten. Bettelnde Kinder und Erwachsene, männlich wie weiblich, Soldaten wie Kriegsgefangene wurden vermehrt wahrgenommen.[162] Auch die Armutskriminalität nahm zu.[163] Die Hadernsammlerin Antonie Süß etwa, die Hilfsarbeiterin Katharina Kerschbaumer und die Hausiererin Julie Zambelli, alle aus Maxglan, wurden zu mehrmonatigen schweren Kerkerstrafen verurteilt, weil sie Erdäpfel von einem Feld entwendet hatten. Als Motiv gaben alle an: Not.[164] Dem Finanzwach-Rezipienten Johann Spitzer wiederum wurden Anfang September 1918 von seinem Feld im Thumegger-Bezirk über 150 Kilo Kartoffel gestohlen, der Poliersgattin Adelheid Adelsberg in der selben Nacht auf den Freisaalgründen dieselbe Menge. Am nächsten Tag kamen einem Postbeamten aus seinem Gärtchen an der Christian-Doppler-Straße in Lehen 15 Kilo Zwiebel abhanden,[165] Lebensmitteltransporte zwischen dem Bahnhof Parsch und dem Lokalbahnhof Salzburg wurden bestohlen, von Bediensteten der Lokalbahn,[166] Essensmarken gefälscht,[167] einige Beispiele von vielen. Urteile wurden regelmäßig, wohl zur Abschreckung, in den Zeitungen veröffentlicht.[168] Sylvester Oberberger, gewesener Viehhändler in Froschheim, klagte: *Wir sind vor nichts mehr sicher. Schwindel und Betrug, Raub u Diebstal und Einbruch sind an der Tagesordnung. Die angebauten Erdäpfel werden Nachts aus Hunger von den Dieben aus der Erde herausgestollen* […].[169]

Auch Preistreiberei, ebenfalls ein kriegswirtschaftliches Delikt, wies eine soziale Spannweite auf, die vom Überbieten der unmittelbaren Nahrungskonkurrenten beim Hamstern bis zum großangelegten Kettenhandel reichte. Meist wurden jedoch „kleine Leute" verurteilt, etwa der Leopoldskroner Bauer Rup Moser, der für 1.000 Stück Torf 18 Kronen und einen Laib Brot begehrt hatte.[170] Leopold Krieger, Wirt „Zum goldenen Engel", fasste drei Tage Arrest aus, weil er ein Gulasch um zwei Kronen 60 Heller verkauft hatte, obwohl nur zwei Kronen 10 Heller gerechtfertigt gewesen wären. Die Taglöhnerin Therese Mayr aus Maxglan wiederum verkaufte Äpfel, die sie um eine Krone 30 Heller das Kilo erworben hatte, um 70 Heller das Viertelkilo, ähnlich die Maxglaner Greißlerin Therese Mollneder. Beide erhielten drei Tage Arrest.[171]

---

161 Salzburger Wacht, 24.8.1915, 4f.
162 Salzburger Volksblatt, 22.3.1918, 3.
163 Köfner, Hunger (wie Anm. 8), 88.
164 Salzburger Chronik, 1.12.1917, 5.
165 Salzburger Chronik, 2.9.1918, 3; 3.9.1918, 3.
166 Salzburger Chronik, 7.4.1917, 4.
167 Salzburger Volksblatt, 22.6.1918, 4.
168 Leider wurden die entsprechenden Gerichtsakten skartiert.
169 AStS PA 1167, Notizbuch Sylvester Oberberger, Eintrag Oktober 1917, 37.
170 Salzburger Volksblatt, 15.1.1918, 4.
171 Salzburger Volksblatt. 16.1.1918, 4.

Not, Luxus und Gerüchte II: Luxus

Im Hotel de l'Europe stieg die Welt ab, zumindest jene, die sich dafür hielt. Das Hotel, 1865 eröffnet, zwei Mal vergrößert, galt als eine der luxuriösesten und mondänsten Hotelanlagen der Monarchie. 250 Wohnräume blickten auf die Stadt und die sie umsäumende Gebirgsszenerie. Die Zimmer hatten Fließwasser und interurbanen Telefonanschluss. Lesezimmer, Billardzimmer, Klubräume, Kuranlagen, Bars, Salons und ein weitläufiger Park verkürzten den Gästen die Zeit und boten Gelegenheit zum Sehen und Gesehen-Werden.[172] Das Hotel war einer der gesellschaftlichen Treff- und Drehpunkte Salzburgs, abseits des kriegsmüden Alltags. Hier lud etwa Regierungsrat Dr. Rambousek, über ihn später mehr, noch zu Soupers, an denen der lokale Adel, auch der Landespräsident oder die Spitzen der Verwaltung teilnahmen, als Salzburg längst hungerte. Mit einem zynischem, außen aufgedrucktem „Viribus unitits" listete (wohl 1917) eine Menükarte des Grandhotels, selbstverständlich in gewähltem Französisch, eine elfgängige Speisefolge auf, mit *Tournedos Rossini*, also Rindsfilet mit Gänsestopfleber und Trüffel, als Höhepunkt des opulenten Mahles, begleitet von *Chateaux* [sic!] *Margaux*, Jahrgang 1890. Morgens zum Frühstück gab es immer noch Weißbrot und Schlagobers, eigentlich längst rationiert.[173] Georg Jung, Besitzer und Betreiber des Hotels, ließ noch im Mai 1918 den Landespräsidenten, den höchsten Repräsentanten des Staates im Kronland, wissen, *wie mir von befreundeter Seite mitgeteilt wird, lässt die Lieferung von Weißbrot für Ihre verehrte Frau Mama häufig zu wünschen übrig. Sollte sich dies wieder ereignen, so wäre ich glücklich aushelfen zu dürfen.*[174]

Jung selbst verwahrte sich in der Presse über *unwahre Gerüchte*, er würde Vorräte aufstapeln. Diese seien *Ausgeburten einer hemmungslosen Fantasie*. Jung drohte mit Klagen vorzugehen.[175] Im Sommer 1918 führte die „Salzburger Wirtschaftskonferenz", auf der Wirtschafts- und Verkehrsfragen sowie die Zolltarife zwischen dem Deutschen Reich, Österreich und Ungarn verhandelt wurden, bis zu sechzig ranghohe Delegierte ins Hotel de l'Europe. Das Salzburger Luxushotel war somit Schauplatz des Versuches die unterschiedlichen wirtschaftlichen Interessen dieser Länder in den letzten Kriegsmonaten zu harmonisieren. Aber selbst an diesem Ort des distinkten Wohlgenusses war der Krieg nicht spurlos vorübergegangen. In der öffentlichen Wahrnehmung galt das Grandhotel zunehmend als Ort, an dem Kriegsgewinnler abstiegen.[176] Friedrich Fürst Wrede beschrieb das Hotel im Sommer 1918 *als von einer buntscheckigen Gesellschaft* bevölkert, das *in den ledernen Klubsesseln* herumlungerte, *sich protzig und lärmend breit* machte und *von noch viel fragwürdigeren Geschäften* tuschelte. Und Wrede weiter: *Die meisten dieser neuen Reichen, Kriegsgewinnler und Schieber wiesen den semitischen, genauer gesagt den aschkenasischen Typus auf*. Das Hotel Europe verghettoisiere. Selbst der Liftjunge habe *die unverkennbaren Merkmale des Ostjuden gezeigt*.[177] Sylvester Oberberger, dem Hotel schräg gegenüber wohnhaft, wusste von „Sommerfrischlern" und „Kriegsgewinnern" zu berichten, *welche dort in Saus und Brauß lebten, 100 K[ronen] und mehr für ein Mittagsmal bezahlten*.[178] Der vorgebliche Abstieg des Hotels vollzog sich auf hohem Niveau. Gut zwei Steinwürfe Richtung Norden, wohin nur wenige Hotelbalkone schauten, befand sich das Itzlinger Eisenbahnerviertel, und einen Steinwurf entfernt das Lebensmittelmagazin der Eisenbahner, ein Repräsentativbau der Staats-

---

172 Kapeller Andreas, Hôtel de l'Europe. Salzburgs unvergessenes Grandhotel. Salzburg 1997.
173 Köfner, Hunger (wie Anm. 8), 84; SLA, Strafakten des Landesgerichts 1919, Beilagen.
174 SLA, Geheime Präsidialakten 113, Georg Jung an Felix von Schmitt-Gasteiger, 1.5.1918.
175 Salzburger Wacht, 2.8.1917, 8.
176 Köfner, Hunger (wie Anm. 8), 101.
177 Wrede, Politeia (wie Anm. 99), 531f.
178 Oberberger, Tagebuch (wie Anm. 169), o. Pag.

Abb. 3: Hotel de l'Europe, undatiert (vermutlich um 1910) (AStS, Fotosammlung, Foto Würthle und Sohn Nachfolger)

bahnverwaltung zwar, gleichwohl ein wichtiger für die Versorgung ihrer Bediensteten und deren Familien. Itzlinger/innen, die in die Stadt wollten, passierten zwangsläufig den Prachtbau des Grandhotels.

Not, Luxus und Gerüchte III: Gerüchte

Die flächendeckende Rationierung, die Beschränkungen des Konsums und der Hunger beflügelten die Fama. Nicht nur das Hotel war Gegenstand von Erzählungen. Es gab banale Gerüchte, etwa, dass mit dem Besitz eines Gemeinderatsmandates extra Zuteilungen an Nahrungsmittel verbunden seien.[179] Oder man/frau erzählte, das Direktorenehepaar der Gnigler Schule, Feßmann, würde sein Engagement für den Gnigler Suppenverein auch zum eigenen Vorteil nutzen.[180] Gerüchte über verdorbene Mehlvorräte machten schon 1915 die Runde.[181] Man/frau fragte sich, wohin das im städtischen Schlachthof aufgebrachte Fleisch hinkomme und warum im Schlachthof nicht ein professioneller Metzger die Fleischkonservierung vornehme. Das Volksblatt verdächtigte die Angestellten der Wacht, sie würden zusätzliche Lebensmittel erhalten, damit sie *nicht so vorlaut und schneidig* publizierten. Personalküchen, vor allem jene der Eisenbahner, würden mit ihren Abfällen Schweine füttern, über deren Verbleib wiederum man/frau nichts erfahre.[182] Die Wacht konterte, sie wüsste, von wem diese Ge-

179 So in einer Zuschrift an die Salzburger Chronik, 14.4.1917, 4.
180 Salzburger Chronik, 8.4.1917, 3.
181 Köfner, Hunger (wie Anm. 8), 60.
182 Salzburger Volksblatt, 11.3.1918, 5.

rüchte kämen: vom *feisten Scharsko*,[183] richtig: Leopold Schaschko, Funktionär der Deutschen Arbeiterpartei.

Hans Glaser, der Verleger, hörte von Gerüchten über *geheimnisvolle Viehschlachtungen in Henndorf*. Sein Chefredakteur Thomas Mayrhofer erfuhr von Regierungsrat Dr. Eduard Rambousek, die Landesregierung selbst wisse von dem illegalen Viehschmuggel aus Oberösterreich. Lapidarer Kommentar Glasers: *Eine Behörde betrügt die andere!*[184] Man sprach über die *unglaubliche Mißwirtschaft* in der von Frau Dr. Hoffmann[185] geleiteten Kriegsküche oder, *dass sich die Klöster der besonderen Protektion des Bürgermeisters* erfreuten und *die Mühle von St. Peter sogar ungestraft* Mahlscheine fälschen konnte.[186] Der Vorwurf, sozialdemokratische Funktionäre des Lebensmittelmagazins der Eisenbahner hätten mehr Lebensmittel bezogen als ihre hungernden Kollegen, wurde zum, wie sich das Salzburger Volksblatt ausdrückte, *sozialdemokratischen Panama*. In Folge dieses Skandals traten der sozialdemokratische Funktionär Oberkonduktor Josef Moritz, aber auch der deutschnationale Bahnamtsleiter Johann Kaigl zurück.[187] Eine Reihe von erregten Versammlungen kommentierte hüben wie drüben diese Vorgänge.[188] Dass der Landespräsident Schmitt-Gasteiger bei allfälligen Unruhen nicht davor zurückschrecken werde, tschechisches Militär gegen die einheimische Bevölkerung einzusetzen, machte hartnäckig die Runde und trug zur Radikalisierung bei.[189]

Jede/r beobachtete jede/n, wer hat wo von wem was erhalten. Eine *einzige Cigarre* fordere bereits den Neid der anderen, konstatierte Alexander Haidenthaller.[190] Gerüchte mochten übertreiben, stimmen oder nicht. Der Hunger mutmaßte alles Mögliche. Dass das Gefüge der gesellschaftlichen Beziehungen außer Rand geraten war, war nicht von der Hand zu weisen. Jede/r suchte zu überleben, oder suchte seinen/ihren Vorteil. Es herrschte die Herrschaft des Verdachts.[191]

Not, Luxus und Gerüchte IV: Dr. Eduard Rambousek

Auch über Dr. Rambousek zirkulierten Gerüchte. Dr. Rambousek, Regierungsrat, Leiter der Präsidiale, also ranghöchster Beamter des Kronlandes, Tscheche, also verdächtig mit der Entente zu kooperieren, Entrepreneur der Salzburger Seitenblickegesellschaft, also im Informationszentrum. Dr. Eduard Rambousek war ein einflussreicher Mann, auch deshalb, weil er viele beteilte. Wenige Tage vor dem Ende der Monarchie flogen die Machenschaften Rambouseks auf. In Wien verhaftet und verhört, richtete er sich selbst. Der Prozess im Frühjahr 1919 gegen seinen unmittelbaren Untergebenen, den Direktor der Bedarfsmittel-Beschaffungsstelle der Landesregierung, Josef Ehmann, und andere brachte das Ausmaß der Malversationen ans Tageslicht. Nicht zur gerichtlichen Disponibilität stand jedoch das System Rambousek, seine Schmiermittel.[192] Ehmann, in die Enge gedrängt, holte, sich verteidigend, zum Rund-um-Schlag aus. Wir wissen nicht, was davon wirklich stimmt bzw. dem Verteidigungsbedürfnis Ehmanns entsprach. Es gibt aber etliche Aussagen Ehmanns, die durch Hinweise in anderen Quellen Plausibilität erhalten.

Den ihn anklagenden Staatsanwalt habe er mehrfach im Vorzimmer des Dr. Rambousek gesehen,[193] begann Ehmann seine Verteidigung. Max Ott, der Bürgermeister, habe regelmäßig Lebensmittel von Rambousek bekommen, ebenso Dr. Arthur Stölzel, der Abgeordnete. Und Ehmann nannte eine Reihe weiterer

183 Salzburger Wacht, 14.3.1918, 3.
184 Glaser, Tagebuch (wie Anm. 2), 15.5.1918.
185 Höchstwahrscheinlich: Margarethe Hoffmann, die Ehefrau von Rechtsanwalt Dr. Hermann Hoffmann. Die Kriegsküche wurde zunächst vom Hilfsverein für Konsumenten geführt und im April 1917 kommunalisiert, Salzburger Wacht, 17.4.1917, 8.
186 Glaser, Tagebuch (wie Anm. 2), 12.4.1917, o. Pag.
187 Salzburger Volksblatt, 11.3.1918, 4f.; 12.3.1918, 3f.; 13.3.1918, 3; 14.3.1918, 3; 15.3.1918, 3; 18.3.1918, 3; 21.3.1918, 3; Salzburger Wacht, 14.3.1918, 3; 15.3.1918, 3; 16.3.1918, 4; 9.3.1918, 3.
188 Salzburger Wacht, 23.3.1918, 3; 27.3.1918, 3.
189 SLA, Präsidialakten 113, Schmitt-Gasteiger an Innenministerium, 20.9.1918.
190 Haidenthaller, Tagebuch (wie Anm. 54), VI, 192.
191 Aly Götz, Warum die Deutschen? Warum die Juden. Gleichheit, Neid und Rassenhass. Frankfurt a. M. 2011, 11.
192 Ausführlich: Köfner, Hunger (wie Anm. 8), 77–86.
193 SLA, Strafakten des Landesgerichts 1919, Vernehmung Josef Ehmann, 24.11.1918, 113 v.

Namen aus Politik und Verwaltung. Carl Kaltenbrunner, Kaufmann, Kammerrat und Vorsteher des Verbandes der Handelsgremien, habe im Auftrag Rambouseks immer wieder außergewöhnliche Zuteilungen von der Kriegsgetreide-Verkehrsgesellschaft bekommen wie auch Dr. Alois Rottensteiner, Rechtsanwalt und christlichsoziales Mitglied des Landesausschusses.[194] Leitende Funktionäre des Hilfsunternehmens für „Mindestbemittelte", Dr. Georg Mussoni und sein sozialdemokratischer Stellvertreter [Jakob Auer], hätten sich immer die schönsten Würste aussuchen dürfen. Rambousek habe ihm auch gesagt, *wie gut es sei, daß er alle Zeitungen in der Hand habe, und die Blätter dort alles so schreiben wie die Regierung wolle*. So habe er den in ständiger Geldnot leidenden sozialdemokratischen Redakteur Josef Witternigg mit Geld unterstützt. Aber auch Hans Glaser, der Verleger des deutschfreiheitlichen Volksblattes, habe bei Rambousek vorgesprochen und aus den Beständen der Bedarfsstelle zuerst *einige hundert Kilo Kartoffel*, und später noch einmal Lebensmittel wie Maisgries, Hülsenfrüchte, Mehl und abermals Kartoffeln für seine Angestellten erhalten. Zumindest dieser von Ehmann geschilderte Vorgang ist keine Erfindung. Anfang Oktober 1918 notierte Glaser in sein Tagebuch *Mein vorgestriger Besuch bei Rambousek trägt Früchte: Für mein Personal 300 kg Kartoffel erhalten, denen weitere Zubußen an Nährmitteln folgen sollen*.[195] Auch Heinrich Lammasch, Friedensfreund und letzter Ministerpräsident des kakanischen Österreich, erfreute sich an Zuwendungen Rambouseks, etwa an 20 Säcken Kohle, für deren *gütige Vermittlung* er sich beim Regierungsrat bedankte.[196] Rambousek ermöglichte dem erkrankten Lammasch den Bezug von Milch, den dieser trotz ärztlichen Attestes von den Behörden nicht zugeteilt erhielt.[197] Ehmann nannte auch etliche Salzburger Kaufleute, bei denen man/frau Waren auch ohne Bezugsscheine erwerben konnte. *Ganz Österreich war korrupt*, resümierte Ehmann, der *Glaube an alle Rechtlichkeit ist mir verloren gegangen*.[198]

Rambousek unterschlug mehr als sieben Millionen Kronen. Die Gelder stammten im Wesentlichen aus der Flüchtlingsfürsorge, mit der auch die Beschaffungsstelle und die Wirtschaftsbetriebe finanziert wurden. Diese Einrichtungen arbeiteten auf Anweisung Rambouseks auf Gewinn, waren in Kettenhandel verwickelt und warfen so illegale Provisionen für deren Leiter ab. Um möglichst große Umsätze zu erzielen, wurden Lebensmittel für das Flüchtlingslager in Niederalm angekauft, die dort gar nicht mehr benötigt wurden, in den Schleich- und Kettenhandel kamen oder dort verdarben. Als Salzburgs Bevölkerung hungerte, die Flüchtlinge großteils nach Wien gebracht worden waren, kaufte die Beschaffungsstelle für das Lager noch immer Lebensmittel. So gehortete Nahrung kam nicht den Salzburger/innen zugute, sondern wurde profitabel für die am Handel Beteiligten nach Wien weiter verkauft. Der Abverkauf von 32 Waggon Kartoffelwalzgries, der in Salzburg dringend als Mehlersatz benötigt worden wäre, war ein Millionengeschäft.[199]

Hunger, Proteste und Wut V: Der „Demonstrationsstreik" am 19. September 1918

Im Juni 1918 eskalierte die Lage erstmals. Mehrere hundert demonstrierende Frauen, die nach sozialdemokratischen Vermutungen die *deutschgelbe Stölzlpartei* mobilisiert hatte, geführt *vom der Deutschen Arbeiterpartei angehörigen*

---

194 Voithofer, Eliten (wie Anm. 144), 193.
195 Glaser, Tagebuch (wie Anm. 2), 4.10.1918, o. Pag.
196 SLA, Landespräsidium 113. Heinrich Lammasch an Eduard Rambousek, 14.9. [1917], ohne Akt.
197 SLA, Geheime Präsidialakten.
198 SLA, Strafakten des Landesgerichts 1919, Prozess gegen Josef Ehmann und Genossen, Vernehmung Josef Ehmann, 24.11.1918, 113 v.
199 Köfner, Hunger (wie Anm. 8), 83.

Hans Wagner, so die Beobachtungen des Landespräsidenten, *verlangten* [ergänzt: *stürmisch*], zu diesem vorgelassen zu werden und erzwangen schließlich mit Rufen wie *Gebt unsern Kindern Brot!* Zutritt in den Residenzhof. Wachpersonal wurde insultiert, mit Schirmen geschlagen und der später erscheinende sozialdemokratische Gemeinderat Robert Preußler mit Schmährufen empfangen und als *Judenknecht* geschmäht.[200] Schon deutlich geschrumpft endete die Kundgebung vor dem Rathaus.[201] Tags darauf beschimpfte die sozialdemokratische Wacht die Demonstrantinnen als *Apachenweiber*.[202] Als Antwort organisierten die Sozialdemokraten Anfang Juli einen Arbeitertag: Generalthema war die Ernährungslage. Verständigungsfriede, einheitliche Bewirtschaftung und vollständige Erfassung aller Lebensmittel und Bedarfsgegenstände waren zentrale Forderungen. Darüber hinaus empfand man/frau die Trennung der Bevölkerung in unterschiedliche Ernährungsklassen wie „Mindestbemittelte" und „Mittelstand" als unwürdig.[203] Eine zeitgleiche Gegenveranstaltung des Mittelstandsvereines, der Christlichsozialen und der Deutschen Arbeiterpartei hatte dasselbe Generalthema: die Ernährungslage. Die Zielrichtung war eine andere, gegen die „Zentralen" und gegen das „internationale Judentum".[204]

Mitte August forderte eine emotional aufgeheizte Mitgliederversammlung der Mittelstandsvereinigung die sofortige Einstellung des Fremdenverkehrs. Etwa 300 Personen zogen vor das Regierungsgebäude, und dann zum Rathaus.[205] Selbst der honorige Bürgerklub unter Führung von Bürgermeister Max Ott und den Altbürgermeistern Franz Berger und Eligius Scheibl marschierten zum Landespräsidenten. Mitmarschierende Frauen bedrohten „Fremde", die *in den Vorgärten hiesiger Kaffeehäuser* saßen und forderten diese auf, die Stadt schleunigst zu verlassen.[206]

Die Erhöhung des Mehlpreises Anfang August 1918 und das immer häufigere Ausbleiben wichtiger Nahrungsmittel spannten die Lage den Sommer über immer mehr an. Dass die Brotpreise zumindest für die „Mindestbemittelten" eine Zeitlang gehalten werden konnten, beruhigte die Lage nicht wirklich. In einem abgefangenen *Hamstermobil* entdeckte man sechs Säcke weißes Mehl, die für ein Hotel bestimmt waren.[207] Aufrufe, wie jener zu einer neuerlichen Metallrequisition, trugen nicht unbedingt zur Beruhigung bei,[208] vor allem dann nicht, wenn wie aus Gnigl berichtet, *2 Herren der Metallzentrale* unangemeldet die Häuser betraten und die Küchen nach Metallen durchsuchten und *selbst Kinderspielwaren* beschlagnahmten.[209] Genauso wenig beruhigten Berichte über die Beschlagnahme von 171 Kilo Rindfleisch in einem Hotel rechts der Salzach. Dieses sei von einem gewissen H. aus Eugendorf geliefert worden, um den „Fremden" das *Durchhalten* zu ermöglichen. Gleichzeitig brach die Butterversorgung der Stadt Salzburg zusammen.[210] Dass angeblich der Salzburger Landespräsident die Wiener Regierung nicht über die katastrophale Versorgungslage in Salzburg informiere, heizte die Stimmung weiter an.[211] Meldungen wie jene über die Verhaftung einer galizischen Jüdin, die 21 Kilo Butter gehamstert haben soll,[212] oder dass ein größerer Posten Eier an das Hotel Stein verhökert worden war, dass hiesige Kaufleute in Rücksäcken Waren aufs Land schleppten und gegen Lebensmittel eintauschten und diese wieder unter der Hand über den Höchstpreisen verkauften,[213] erregten ebenso wie, dass ein Mitglied der k. u. k. Bergestelle mit einem Militärauto 30 Säcke Getreide und 25 Kisten Obst in die Stadt schmuggelte, um sie in einem Keller in der Bayerhamerstraße zu verstecken.[214] Auch

200 Köfner, Hunger (wie Anm. 8), 123; Salzburger Wacht, 25.6.1918, 3; Deutscher Volksruf, 30.6.1918, 4.
201 SLA, Präsidialakten 113, Meldung der städtischen Sicherheitswache, 22.6.1918; Bericht des Landespräsidenten an das Innenministerium, 22.6.1918; Salzburger Volksblatt, 21.6.1918, 4; Salzburger Chronik, 22.6.1918, 3.
202 Salzburger Wacht, 25.6.1918, 3.
203 Salzburger Wacht, 29.6.1918, 3; 7.7.1918, 3; 10.7.1918, 3f.
204 Deutscher Volksruf, 14.7.1918, 4; Allgemein ist festzustellen, dass der Deutsche Volksruf bei Weitem nicht in dem Maß in die antisemitische Welle einstimmt wie das Volksblatt oder gar die Salzburger Chronik.
205 SLA, Präsidialakten 113, Tages-Rapport der Stadtgemeinde-Vorstehung, 13.8.1918; Salzburger Chronik, 12.8.1918, 3; Salzburger Volksblatt, 12.8.1918, 3f.; Salzburger Wacht, 15.8.1918, 3.
206 Salzburger Chronik, 13.8.1918, 4.
207 Salzburger Chronik, 21.8.1918, 4.
208 Salzburger Volksblatt, 31.8.1918, 4.
209 AStS, PA 1347, Haidenthaller Alexander, Beilagen zu seiner Chronik, 23.8.1918.
210 Salzburger Volksblatt, 31.8.1918, 4; 2.9.1918, 4; Salzburger Wacht, 3.9.1918, 3; Salzburger Chronik, 2.9.1918, 4.
211 Dass er die Wiener Stellen informiert habe, betonte Schmitt-Gasteiger mehrmals in seinen Berichten über die Unruhen an das Innenministerium. Etwa: SLA, Präsidialakten 113, Landespräsident an Innenministerium, 24.9.1918.
212 Salzburger Volksblatt, 4.9.1918, 4.
213 Salzburger Wacht, 10.9.1918, 4.
214 Salzburger Volksblatt, 3.9.1918, 5.

Abb. 4: Melde-Schein Dr. Eduard Rambousek mit Galgen (SLA, Meldescheine bis 1924; Reproduktion: SLA)

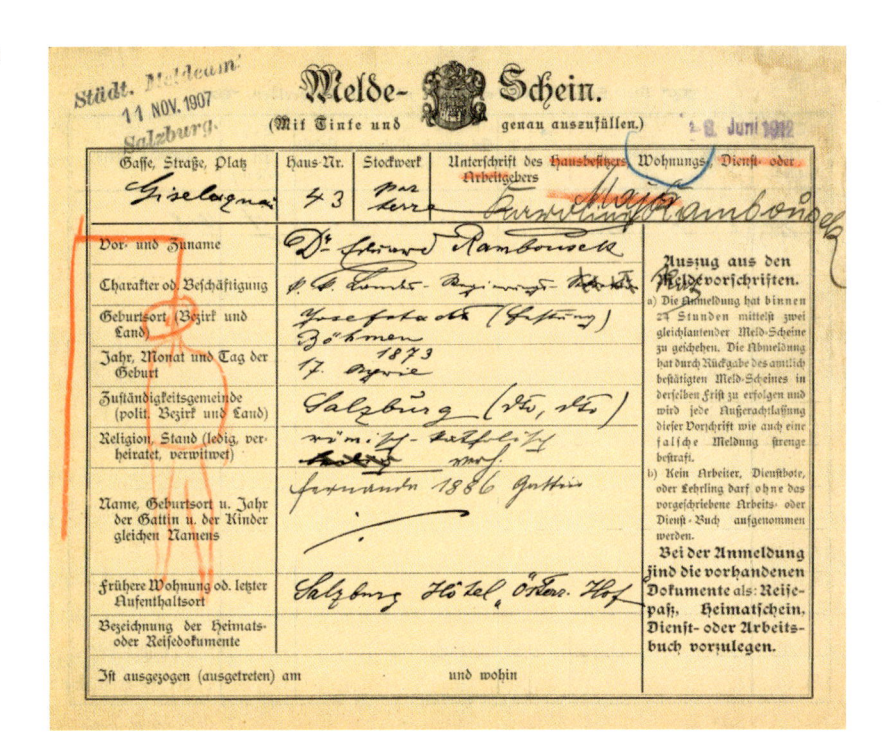

wenn es nicht viele gewesen sind, chillende Tourist/innen in den Schanigärten wirkten provozierend. Es waren die scheinbar kleinen Dinge, die das Fass zum Kochen brachten, etwa nachdem es wochenlang in der Stadt keine Zuckerl mehr zu kaufen gab, solche aber als ungarische Ware wieder auftauchten, allerdings weit über dem erlaubten Höchstpreis. Dies ließ die Wacht vermuten, hiesige Zuckerlfabrikanten (gemeint war wohl in erster Linie die Kanditenfabrik Rajsigl) verschleppten Zuckerwaren in großen Mengen nach Ungarn, um sie reimportiert mit Gewinn zu verkaufen.[215]

Landespräsident Felix von Schmitt-Gasteiger war unbeliebt, besser: er war verhasst. In seiner Person kristallisierte sich der versagende Staat, sein Zynismus machte diesen unerträglich. Als eine Gnigler Delegation unter Führung des Gemeindevorstehers beim Landespräsidenten vorsprach, um gegen die Kürzung der Brotrationen Beschwerde zu führen, glaubte Alexander Haidenthaller *ein ausdrückliches hämisches Lächeln* zu bemerken, während er sagte: „es ist nichts da."[216] Über den Landespräsidenten soll der Spruch *Schmitt-Gasteiger leg' di'nieder und krepier'* zirkuliert sein.[217] Auch Dr. Rambousek stand in der Unbeliebtheit seinem Chef nicht nach. Auf den Meldeschein der städtischen Polizei kritzelte ein Beamter – nur ein solcher kann Zugang zur Meldekartei gehabt haben – einen Galgen, will heißen: Tod dem Rambousek.[218]

Die neue „Hamsterverordnung" des Sommers 1918, die selbst das Hamstern kleinster Mengen unter Strafe stellte, unübersehbar mit Maueranschlägen verkündet, ließ die Wogen hoch gehen. Ohne den kleinen „Rucksackverkehr" könne niemand überleben, hieß es in einer erregten Debatte im Gemeinderat. Man forderte die Aufhebung des sogenannten Rucksackverbotes, auch deswegen, weil für eine Kontrolle einer ordnungsgemäßen Ablieferung durch die Bauern zu wenig Personal verfügbar sei.[219] Die Verordnung musste schließlich zurückgenommen werden.[220]

215 Salzburger Wacht, 11.9.1918, 3.
216 AStS, PA 1347, Haidenthaller Alexander, Beilagen zu seiner Chronik, 19.6.1918.
217 Watteck, Rambousek (wie Anm. 5), 34.
218 SLA, Meldescheine bis 1924.
219 Salzburger Volksblatt, 3.9.1918, 5.
220 Salzburger Wacht, 10.9.1918, 3.

Immer dringlicher wurden die Rufe nach Nahrung. Anfang September prallten im Salzburger Gemeinderat politische Gegensätze noch einmal aufeinander. Aber auch egalitärer Utopismus keimte auf, etwa wenn der christlichsoziale Gemeinderat und spätere Bürgermeister Josef Preis die *gleiche Quote vom Kaiser bis zum Flurwächter* verlangte.²²¹ Einig war man sich schließlich, dass die *unerhörte Mehl- und Brotpreiserhöhung* wie auch das Verbot des *kleinen Rucksackverkehrs* zurückgenommen werden müssen.²²² Die Überzeugung, die Regierung habe vollkommen versagt, sowie der Hass auf diese verlieh den unterschiedlichsten Parteiungen jedoch gemeinsame politische Schubkraft. Gerüchte über *bevorstehende große Viehablieferungen für den Frontbedarf* erregten die Bevölkerung.²²³ Eine Versammlung der Eisenbahner beim Pflanzmann, einem Itzlinger Wirtshaus, forderte in derselben Woche zumindest die Angleichung ihrer Löhne an die Preissteigerungen bei Mehl und Brot.²²⁴ Am 16. September 1918 trafen sich sozialdemokratische Vertrauensmänner/frauen zu einer Plenarversammlung im Parteigebäude an der Paris-Lodron-Straße und beschlossen einen Demonstrationsstreik.²²⁵ Fast gleichzeitig füllte eine Eisenbahnerversammlung die Sandwirt-Lokalitäten in Schallmoos. Drohender Tenor: es müsse bald etwas geschehen. Die Eisenbahner hätten nichts mehr zu verlieren.²²⁶ Auch Hans Glaser war diese Stimmung nicht verborgen geblieben. Anfang September notierte er: *Ich werde die p. t. Leser mit sehr wenig Kriegsneuheiten füttern, denn dieser ist man heftig überdrüssig geworden.*²²⁷ Als die Sozialdemokraten ihren „Demonstrationsstreik" ankündigten, schlossen sich nicht nur die nationalen Sozialisten an, sondern dieser fand auch in *den Reihen des Bürgertums volles Verständnis und volle Sympathie.* Hans Glaser rief im Salzburger Volksblatt dazu auf, *daß sich die Einwohnerschaft der Stadt in Massen anschließe*²²⁸ und hatte damit, wie er seinem Tagebuch anvertraute, *mehr Erfolg als der Rufer in der Wüste!*²²⁹ Auch das Handelsgremium empfahl ihren Mitgliedern, die *Ladengeschäfte geschlossen* zu halten.²³⁰

Der durchgehende Mangel an Allem vereinigte für einen Augenblick unterschiedlichste soziale Interessen und politische Vorstellungen. Umsturz lag in der Luft. Die geplante Demonstration war zu diesem Zeitpunkt keine rein sozialdemokratische Aktivität mehr, wenn auch von den Sozialdemokraten die Initiative ausgegangen war. „Parteiführer" aller Parteiungen sprachen beim Landespräsidenten vor, um einen ruhigen Verlauf der Demonstration zu garantieren.²³¹ Die gestiegene Spannung wurde auf Regierungsebene sehr wohl wahr-, aber auch gelassen hingenommen. Die Ausweitung der Mittelstandsaktion auf die sogenannten „Überbemittelten"²³² oder die Aufhebung des Verbots des kleinen Rucksackverkehrs erfolgten reaktiv und hatten nicht einmal die Wirkung eines Placebos. Die Regierung verließ sich auf das angestammte Machtgefälle. Als die Gnigler Wirtschaftsräte Ende August 1918 beim Ernährungsreferenten vorsprachen, die *Bewohner Gnigls* könnten nicht mehr lange dieser Not standhalten und es seien Aufstände zu befürchten, meinte der *Referent* [Hauser], *da haben wir schon die Maschinengewehre!'*²³³ Am Tag des Demonstrationsstreikes zog die Regierung die städtische Sicherheitswache sowie Gendarmerie-Einheiten heran und konsignierte die hiesige Garnison.²³⁴

Schon in den frühen Morgenstunden des 19. September, einem Donnerstag, begannen sich der Mozart- und der Residenzplatz zu füllen. Als gegen neun Uhr die ersten Marschkolonnen der „organisierten Arbeiterschaft", vor allem

221 Salzburger Wacht, 6.9.1918, 4.
222 AStS, BU 1520, Protokolle des Gemeinderates, Sitzung vom 2.9.1918, 157–165.
223 SLA, Präsidialakten 113, Schmitt-Gasteiger an Innenministerium, 20.9.1918.
224 Salzburger Wacht, 28.8.1918, 4.
225 Salzburger Wacht, 13.9.1918, 3.
226 Salzburger Wacht, 17.9.1918, 4.
227 Glaser, Tagebuch (wie Anm. 2), 11.9.1918, o. Pag.
228 Salzburger Volksblatt, 18.9.1918, 2f.
229 Glaser, Tagebuch (wie Anm. 2), 19.9.1918, o. Pag.
230 Salzburger Volksblatt, 18.9.1918, 2f.; Salzburger Chronik, 18.9.1918, 2. Ob dieser Aufruf aus Sympathie oder aus Vorsicht geschaltet wurde, muss offen bleiben. Dazu: SLA, Präsidialakten 113, Schmitt-Gasteiger an Innenministerium, 24.9.1918.
231 SLA, Präsidialakten 113, Schmitt-Gasteiger an Innenministerium, 29.9.1918.
232 Salzburger Volksblatt, 17.9.1918, 3.
233 Haidenthaller, Tagebuch (wie Anm. 54), VI, 213.
234 SLA, Präsidialakten 113, Landespräsident an Innenministerium, 24.9.1918.

Abb. 5: Mozartplatz, 19.9.1918, vor der Plünderung, „Hungerdemonstration" vor dem Sitz des Landespräsidenten in der Neuen Residenz (SLA, LBS F 69/5024; Reproduktion: SLA)

Eisenbahner, das heißt: deren Frauen, alte Männer und Halbwüchsige, und bei der Bergestelle in Schallmoos beschäftigte Frauen eintrafen, waren bereits Tausende rund um das Regierungsgebäude versammelt.

Ab zehn Uhr sprachen Preußler und Witternigg für die Sozialdemokraten und Wagner für die nationalen Sozialisten, auf einem Gropperwagen stehend, zur mittlerweile auf (angeblich) 20.000 Köpfe[235] angeschwollenen Menge. Wenn man von den 60.000 Einwohner/innen, die die Stadt, die Vorortegemeinden Maxglan und Gnigl mitgerechnet, damals zählte, und die zum Militär eingerückten Männer abzieht, ist es keine Übertreibung, wenn man sagt, die ganze Stadt war auf den Beinen. So sahen es auch die Zeitgenossen und -genossinnen wie etwa der Froschheimer Viehhändler Sylvester Oberberger, der von einem *Volksauflauf aus allen Ständten* sprach, *denn alle haben nichts mehr zu essen. Bürger, Arbeiter und Beamte aus allen Volkskreisen* seien zur Residenz gelaufen. *Alle schreien nach Brod und Lebensmiteln!*[236] Auch Hans Glaser war in Begleitung von Dr. Julius Sylvester anwesend, vielleicht auch deshalb, um das Feld nicht gänzlich den Sozialdemokraten oder der nationalen Arbeiterpartei Hans Wagners zu überlassen.[237]

Als eine Deputation, an der alle Parteiungen teilnahmen, unter Führung des Sozialdemokraten Robert Preußler, zum Präsidenten vorgelassen wurde, sekundierte die Menge: *Wir gehen mit!*[238] Eine Resolution forderte angesichts der *Gefahr des Verhungerns* die Erhöhung der Lebensmittelrationen, Übernahme der erhöhten Mehl- und Brotpreise durch den Staat sowie die Errichtung eines Wucheramtes.[239] Der Landespräsident zeigte Verständnis und versprach wieder

235 So die Schätzung von Polizeirat Rudolf Walda. AStS, BU 1520, Gemeinderatsprotokolle, Sitzung vom 20.9.1918, 181.
236 Oberberger, Notizbuch (wie Anm. 169), 19.9.1918.
237 Glaser, Tagebuch (wie Anm. 2), 11.9.1918, o. Pag.
238 Kaltenegger (wie Anm. 53), 7.
239 Text der Resolution als Beilage zu: SLA, Präsidialakten 113, Schmitt-Gasteiger an Innenministerium, 20.9.1918, teilweise abgedruckt in: Salzburger Wacht, 20.9.1918, 3f.

einmal zusätzliche Lebensmittel. Er weigerte sich jedoch, wie er es selbst ausdrückte, *der neuesten demokratischen Richtung* zu folgen und sich der Menge zu zeigen.[240] Einmal mehr machte ein (diesmal unwahres) Gerücht die Runde, der Landespräsident wolle mit der Deputation überhaupt nicht sprechen. Das Regierungsgebäude symbolisierte die Staatsmacht. Im ersten Stock befand sich die Wohnung ihres obersten Repräsentanten, die Wohnung des Landespräsidenten. Man/frau in der Menge glaubte, an den Fenstern *grinsende Beamte* ausnehmen zu können.[241] Das Gebäude war von der städtischen Sicherheitswache bewacht, durch ein verrammeltes Tor gesichert sowie durch bewaffnete Gendarmen im Innenhof geschützt. Die Macht war ungleich verteilt. Hunger und Wut nahmen aber das Duell auf. Die ersten Steine flogen. Nach einer Viertelstunde waren alle Fenster des Regierungsgebäudes eingeschlagen, die Wohnung der Präsidenten glich einem *Schotterablagerungsplatz*, beschrieb Polizeikommissär Rudolf Walda später das Bombardement. Das Gebäude war sturmreif geschossen. Der Groppenwagen wurde nun mit aller Kraft gegen das Tor gefahren, von der städtischen Sicherheitswache geduldet, ja gefördert.[242] Beim fünften Anlauf gab das Tor nach. Im eben eroberten Hof blinkten der eindringenden Menge die blanken Bajonette der Gendarmen entgegen. Erneut flogen Steine. Bei dem Versuch, einem Gendarmen das Bajonett zu entreißen, wurde der achtzehnjährige Karl Brandstätter durch einen Säbelhieb schwer verletzt. Der Angriff stockte und kam zum Stillstand, nicht jedoch die Wut. Die in dieser Situation zurückkehrende Delegation versuchte zu beruhigen, wurde jedoch von „Pfuirufen" empfangen. Weder die sozialdemokratischen Führer noch der Nationalsozialist Hans Wagner konnten sich Gehör verschaffen. Preußler gelang es lediglich, einen Teil seiner „organisierten Arbeiter" zum Abzug zu bewegen. Auch Glaser und Dr. Sylvester, der drei Wochen später als Staatsnotar die Republik Deutschösterreich vom untergehenden Kaisertum abnabeln sollte, hatten das Feld, als die ersten Steine flogen, schon verlassen, wohl Richtung Redaktion, die sich ganz in der Nähe, am Waagplatz, befand.[243]

Die Landesregierung dagegen entschloss sich nun, Militär einzusetzen.[244] Um die Lage nicht weiter zu eskalieren, forderte sie zunächst das heimische Ersatzbataillon an, das Infanterieregiment 59, die Rainer, und nicht das Schützenregiment 8, das vor allem aus Tschechen bestand. Das eintreffende Militär wurde jedoch von der Menge mit großem Hallo empfangen. Ein Kordon der aufgebotenen Assistenzmannschaften sollte die Menge vom Residenz- und vom Mozartplatz abdrängen, ein Vorhaben, das nicht gelang, zu augenscheinlich war die Sympathie, die die Soldaten den Demonstrierenden gegenüber zeigten. Sie ließen Demonstrant/innen *unbehelligt durch die Front durchdrücken*, ja forderten offen dazu auf. Diese kamen hinter dem Kordon zu stehen, der so durchbrochen war. Die Mannschaften verweigerten den Befehl. Er werde doch nicht gegen die eigenen Leute das Bajonett gebrauchen, soll einer der Soldaten gesagt haben. Dass die im patriotischen Narrativ heroisierten Rainer mit den hungernden Demonstrierenden fraternisierten, ließ Regierungsstellen und Militär von deren „vollkommenem Versagen" sprechen. Der Wutausbruch war spontan und unvorbereitet, wie auch die polizeilichen Erhebungen feststellen sollten.[245] Der Landespräsident sprach von der *Plötzlichkeit des Überfalls*.[246] Dieser folgte einer unausgesprochenen aber „logischen" Choreographie. Es bedurfte nicht viel und das „logische" zweite Ziel war gefunden: *„Gehen wir zum Hotel Europe"*,

240 SLA, Präsidialakten 113, Schmitt-Gasteiger an Innenministerium, 20.9.1918.
241 Kaltenegger (wie Anm. 53), 7.
242 SLA, Präsidialakten 113, Aussage des Polizeiagenten Johann Muhr, 9.10.1918.
243 Glaser, Tagebuch (wie Anm. 2), 19.9.1918, o. Pag.
244 Zu den militärischen Einsätzen: Plaschka Richard G./Haselsteiner Horst/Suppan Arnold, Innere Front. Militäreinsatz, Widerstand und Umsturz in der Donaumonarchie 1918, 2: Umsturz. Wien 1974, 44–48.
245 SLA, Präsidialakten 113, Schmitt-Gasteiger an Innenministerium, 29.9.1918.
246 SLA, Präsidialakten 113, Schmitt-Gasteiger an Innenministerium, 24.9.1918.

hieß es plötzlich.[247] Diese Aufforderung wirkte elektrisierend.[248] Binnen Kurzem leerte sich die Innenstadt, die Menge zog schnurstracks Richtung Bahnhof. Die großen Hotels „Österreichischer Hof", Stein, Bristol, aber auch das Pitter blieben zunächst unbehelligt. Lediglich das Café Krimml, an der Ecke Westbahnstraße (heute Rainerstraße)/Hubert-Sattler-Gasse gelegen, und das Stieglbräu-Gasthaus, an der Westbahnstraße Richtung Bahnhof gelegen, bekamen Steinwürfe ab.

Es gab nur ein Ziel: das Hotel de l'Europe. *Jetzt gehen wir zum Jung,* war das Motto.[249] Das Hotel stand für Exklusivität, Reichtum und Luxus. Es galt als Aufenthalts- und Vergnügungsort neureicher „Kriegsgewinner", jüdischer „Kriegsgewinner". Dass Jung kurz zuvor fünf ungarische Ochsen der Stadtgemeinde zur Unterstützung hungernder Bewohner/innen geschenkt hatte, mag wohl zur Beruhigung gedacht gewesen sein, dürfte aber das Gegenteil bewirkt haben. Man/frau fragte sich, wie es angesichts allgemeinen Hungerns möglich sei, soviel Vieh in seinen Stallungen stehen zu haben.[250] Zudem eskalierte das (unwahre) Gerücht, Dr. Rambousek halte sich dort versteckt. Beim Hotel angelangt verlangte die Menge die sofortige *Herausgabe der beiden Regierungsorgane,* eine Forderung, der nicht nachgekommen werden konnte.[251] Nun folgte dasselbe Ritual wie am Mozartplatz, zuerst Lärmen und Johlen. Dann begann das Stein-Bombardement, ehe die Menge das Hotel stürmte. *Nun ging es loos, zuerst wurden mit Steinen, Brügeln etc […] die ganzen wertvollen Spigelscheiben demolirt und eingeschlagen*, erinnerte sich der benachbarte Viehhändler Oberberger. Wut wandelte sich in Zerstörungswut. *Zuerst stürmten die Menschen in den Speisesall und vertrüben u. verjagten die Gäste, die reichen Kriegsgewinner, nahmen die Lekerbissen von den gedekten Tafeln und Rießen die Gedeke von den Tischen, nahmen das Silberzeug, Silbernen Kannen, Löfl, Esbesteke u.s.w. warfen diese Sachen durch die Fenster hinaus für das Volk!*[252] Gäste und Mitglieder der Wirtschaftskonferenz flüchteten sich ins gegenüberliegende Hotel Elisabeth. Küche und Speisekammer wurden geplündert, fertige Braten, Gemüse, Mehlspeisen und sonstige Köstlichkeiten ins Freie gebracht sowie Wein und Champagner geholt. Die Plündernden feierten Volksfest. Dann wurden die Fremdenzimmer ausgeräumt. Polster, Leintücher, Matratzen, Service, alles, was nicht nagelfest war, wurde auf die Straße und in den Garten geworfen. Beteiligt haben sich, nach den Beobachtungen vieler, alle Schichten. *Da sind auch bessere Leute dabeigewesen*, erinnerte sich Therese Kaltenegger.[253] Hans Glaser sinnierte, dass sich *nicht nur der Mob und Militärs in Uniform beteiligt* hätten, *sondern auch andere Leute unterlagen der Massenpsychose und stahlen, was ihnen in die Hände fiel.*[254] Dann wurden die Stallungen und der Hühnerhof geplündert. Geköpfte Enten und Gänse weggetragen, Schweine geschlachtet und an Ort und Stelle zerlegt. Abermals musste der Landespräsident *peinliche Szenen der passiven Resistenz* der übrigens zu spät eingelangten militärischen Assistenzmannschaften eingestehen.[255]

Das „logische" dritte Ziel der Plündernden war das auf der anderen Seite der Bahnanlagen, in Schallmoos, gelegene Lagerhaus Wildenhofer. Seine ausgedehnten Räumlichkeiten und Magazine waren von der Militärverwaltung angemietet worden. *Auch da war alles voll mit Zucker*, erinnerte sich Kaltenegger noch nach Jahrzehnten mit bewunderndem Staunen.[256] Mannschaften, die das geplünderte Lager bewachen sollten, bedienten sich selbst. Sie *aßen Marmelade*, konstatierte konsterniert der Landespräsident, und *betranken sich mit den*

---

247 Kaltenegger (wie Anm. 53), 8.
248 Der Hilfsarbeiter Josef Spannberger soll dazu aufgefordert haben. Er wurde dafür zu sechs Monaten schweren Kerker verurteilt.
249 Kaltenegger (wie Anm. 53), 7.
250 Salzburger Volksblatt, 31.8.1918, 4; Salzburger Wacht, 5.9.1918, 4.
251 Aussage Georg Jung, zit. n. Köfner, Hunger (wie Anm. 8), 101.
252 Oberberger, Notizbuch (wie Anm. 169), 19.9.1918, o. Pag.
253 Kaltenegger (wie Anm. 53), 8.
254 Glaser, Tagebuch (wie Anm. 2), 21.9.1918, o. Pag.
255 SLA, Präsidialakten 113, Schmitt-Gasteiger an Innenministerium, 24.9.1918.
256 Kaltenegger (wie Anm. 53), 8.

Abb. 6: Stift St. Peter, Großer Saal im Peterskeller nach den Plünderungen am 19.9.1918 (ASP, Foto B 553-1; Foto: Carl Hintner)

vorgefundenen Weinen. Gendarmen aus Grödig und aus Großgmain vertrieben schließlich die offensichtlich betrunkenen Rainer unter Anwendung von Gewalt.[257]

Auch das nächste Ziel war nicht „unlogisch": die Kanditenfabrik Rajsigl an der Vierthalerstraße, ebenfalls in Schallmoos. Zum einen war Zucker für die Versorgung ungemein wichtig, nicht nur als Kalorienlieferant, auch und vor allem als Konservierungsmittel, für Marmelade etwa, zum anderen waren die Süßwarenfabrikanten ins Gerede gekommen, sie würden mit Zucker großangelegten Wucher treiben. Immer mehr Hotspots der Lebensmittel-Versorgung gerieten nun ins Visier: Vor allem Sammelstellen, also durch staatliche Bewirtschaftung privilegierte private Betriebe wie die Molkerei Sirius in Itzling an der Blücherstraße (jetzt Erzherzog-Eugen-Straße). Diese fungierte als Sammelstelle für Fett für das gesamte Kronland. Die Seifenfabrik Scharnberger in Schallmoos war der einzige Betrieb, der in der Lage war, Rinderrohfett herzustellen und Schweine zu Schmalz auszuschmelzen. Die Firma Fuchs, ebenfalls in Schallmoos gelegen, war Sammelstelle für Eier, Bachmayr in der Riedenburg für Konsumzucker. In der Städtischen Kühlanlage an der Gstättengasse lagerten die Lebensmittel für die Kriegsküche. In rascher Folge wurden weitere Geschäfte geplündert, so die Delikatessenhandlung Azwanger in der Getreidegasse, die Spezialitätengeschäft F. X. Martin in der Linzer Gasse, die Modehandlung Scheck an der Schallmooser Hauptstraße, dann weitere Hotels wie der „Österreichische Hof", das „Hotel Stein" und die „Traube" und zum Schluss noch Bäckereien wie Heilmayr, Strasser, Dobler und so weiter. Das Kloster St. Peter wurde erheblich devastiert, das Geschirr und Mobiliar zerschlagen. Insbesondere war der Keller mit seinem reichen Alkohollager das Ziel der Plündernden.[258]

Blieb noch ein Ziel: Das jüdische Warenhaus S. L. Schwarz am Ludwig-Viktor-Platz (Alter Markt). Das Kaufhaus stand per se für die vornehme Welt, in dem all das erhältlich war, die entsprechenden finanziellen Subsidien vorausgesetzt, was man/frau sich in seinen/ihren kühnsten Phantasien nicht erträumen durfte. Indem es aber hieß, *Das ist ja ein Jude, dem kann man schon was nehmen,*[259]

257 SLA, Präsidialakten 113, Schmitt-Gasteiger an Innenministerium, 24.9.1918.
258 ASP, Akten 1006, Monatsbilanzen; ASP, Akten 1007, Kellersturm am 19. September 1918.
259 Hoffmann, Erinnerungen (wie Anm. 24), 214.

Abb. 7: Stift St. Peter, Erstes Zimmer im I. Stock nach den Plünderungen am 19.9.1918 (ASP, Foto B 553-2; Foto: Carl Hintner)

machte sich so etwas wie ein Egalitarismus breit, alles gehöre allen. Die Rollläden wurden aufgebrochen und das Geschäft vollständig geplündert. *Da haben's alles, die Kleider habens runtergschmissen, das war eine Rauferei,* beobachtete die damals 13-jährige Bella Lechner die Szenerie.[260] Die Geschäftsräume wurden vollständig verwüstet.

Die Plünderung der städtischen Schranne, in der Mehlvorräte lagerten, konnte Gemeinderat Ignaz Eder mit dem Hinweis, das sei Eigentum aller, gerade noch verhindern.[261] Auch das Hotel Bristol blieb verschont, vielleicht deshalb, weil hier die Mittelstandküche untergebracht war.

Zunehmend war Alkohol ins Spiel gekommen. Weinfässer im Europe waren angeschlagen worden, die Weinvorräte der militärischen Lager beim Wildenhofer geplündert. Wut steigerte sich in einen Rausch der Vergeltung. Die *Exzedenten*, so der Polizeikommissär, seien *in einen förmlichen Taumel geraten, ein Zu-*

260 Interview Hoffmann (wie Anm. 23), 8.
261 Salzburger Volksblatt, 25.9.1918, 4.

stand, in dem es kein Halt mehr gab. Die Kellnerin Berta Schmidt „organisierte" beim Wildenhofer ein Fass Weiß, ließ es von einem Stammkunden mit einem Einspänner ins Gasthaus „Zum goldenen Pflug" in der Bergstraße transportieren. Dort wurde es leer getrunken.[262] Aus dem Keller in St. Peter wurde der Wein *in Schaffeln und Eimern* weggetragen, *die meisten Weinfässer [...] angebohrt und des Inhalts beraubt.*[263] *Jolend und Arm in Arm mit den Tumultanten*, hätten die Rainer dort gemeinsame Sache mit den russischen Kriegsgefangenen gemacht, so der entrüstete Kommentar des Landespräsidenten. Betrunkene Soldaten poussierten mit Mädchen im Friedhof von St. Peter. Die Köchin Maria Janka und das Stubenmädchen Johanna Hartinger, beide in die Plünderung des Kaufhauses Schwarz verstrickt, hatten schon einen *Schwips*, weil sie in St. Peter Wein getrunken, den sie von einem Feldwebel in einem Schaff zu trinken bekommen hatten.[264] Man konnte Frauen begegnen, deren Röcke bis zum Knie von Wein durchnässt waren.[265] Der Alkohol habe die Menge in *Raserei* versetzt, schrieb die Chronik.[266]

Gegen Abend waren etwa 2.000 Mann Assistenztruppen eingetroffen, weitere unterwegs.[267] Das Schützenregiment Nr. 8, die angeforderten Honved-Einheiten und Dragoner aus Wels bzw. die Gendarmerie gewannen langsam die Oberhand. Nachdem gegen Abend die Plätze der Stadt mit Militär besetzt waren, wurden die „Raubzüge" in den Vororten fortgesetzt. Geplündert wurden etwa die Villa Schmederer und das Sanatorium in Parsch, das im Ruf stand, „jüdische Kriegsgewinnler" würden dort kuren.[268]

Dass die Demonstration eine derartige Dynamik erhielt, hing nicht zuletzt mit den vielen Zuschauenden zusammen, die die Plündernden begleiteten. Nicht mitzutun, obwohl man/frau das gerne getan hätte, und manche auch taten, aber zuzusehen und die Plünderungen klammheimlich gutheißen, könnte man politischen Voyeurismus nennen. Vom *Volksfest der Gabenverteilung* sprach der Hotelier Alois Grasmayr.[269] Die Grenzen zwischen aktiver Teilnahme, sympathisierender Zustimmung, mitleidgeleitetem Verständnis und reiner Neugier changierten. *Na also wir zwei, mein Bruder und ich, hören, daß in der Stadt geplündert wird und da sind wir rausgeprescht, man muß wirklich sagen, daheim davonglaufen, des müss' ma sehen.*[270] Auch Therese Kaltenegger war Zuseherin und man kann ruhig davon ausgehen, dass sie zumindest wohlgesonnene Zuseherin war. Auch der Gemeinderat Ing. Robert Kratochwil, seines Zeichens Direktor der Salzburger Tramway-Gesellschaft, machte *die ganze Demonstration von Anfang bis Ende* mit. Kratochwil wird sich wohl kaum an den Plünderungen beteiligt haben, aber von beobachtender Teilnahme kann man trotzdem ausgehen, wobei nicht ganz klar ist, wie weit seine Sympathie, besser gesagt sein Verständnis für die Hungernden wirklich ging und nicht die Angst vor Umsturz, Anarchie und „Pöbelherrschaft" überwog.[271] Dass Waren vorhanden waren, und nicht ausgegeben wurden, hätten die Plünderer aufgedeckt, merkte er im Gemeinderat an. Es müsse daher geklärt werden, ob diese Waren *mit Recht aufgestappelt*, oder *Hamsterwaren* seien.[272] Die Bauern müssten endlich ihrer Ablieferungspflicht vollständig nachkommen, sonst würde das Volk selbst hinausgehen. *Die Sozialdemokraten hetzen die Bevölkerung auf und die Juden werden hiedurch unterstützt*, ergänzte er. Für Dr. Johann Krögler, Direktor des Mädchen-Lyzeums, wiederum stand außer Zweifel, dass sich ein Großteil des Mittelstandes an der Demonstration beteiligt habe, aber *nur aus Not*, fügte

262 Salzburger Wacht, 18.10.1918, 4.
263 AStS, BU 1520, Gemeinderatsprotokolle, Sitzung vom 20.9.1918, Bericht von Rudolf Walda, 178f.
264 Salzburger Wacht, 4.10.1918, 4.
265 Grasmayr Alois, Vom Reichtum der Armut. Eine Autobiographie. Salzburg 1990, 143.
266 Salzburger Chronik, 23.9.1918, 1.
267 Plaschka, Umsturz (wie Anm. 244), 47.
268 SLA, Geheime Präsidialakten, Graf Revertera an Rambousek, 9.8.1918. Auch das Salzburger Volksblatt hatte zustimmend über eine aggressive Stimmung gegen das Sanatorium Parsch berichtet, Salzburger Volksblatt, 12.7.1918, 4.
269 Grasmayr, Autobiographie (wie Anm. 265), 143.
270 Interview Hoffmann (wie Anm. 23), 7.
271 AStS, BU 1520, Gemeinderatsprotokolle, Sitzung vom 20.9.1918, 173f.
272 AStS, BU 1520, Gemeinderatsprotokolle, Sitzung vom 20.9.1918, 184f.

er hinzu.²⁷³ Alle politischen Kräfte verurteilten die Ausschreitungen. Landesausschuss und Handelskammer bedauerten die Vorfälle, machten die Ernährungslage dafür verantwortlich.²⁷⁴ Auch die Sozialdemokratische Parteileitung distanzierte sich umgehend von den Plünderungen.²⁷⁵ Alexander Haidenthaller, gewiss kein Freund von Aufruhr, brachte einiges an Verständnis für die Plündernden auf und beurteilte die Vorgänge so: *Ob Juden oder Klöster überall ist dieser Vorgang, das Volk bewuchert zu haben, zu verurteilen u göttlich strafbar und nun kommt die Sühne über alle.*²⁷⁶ Als Militär und ein Platzregen den Tag beendeten, an dem die Regierung zumindest phasenweise das Gesetz des Handelns verloren hatte und der Rausch der Vergeltung verflogen war, herrschte *in der Stadt starker Katzenjammer.*²⁷⁷

Systematische Hausdurchsuchungen durch Polizei und Gendarmerie brachten Plünderungsgut ans Licht. Vieles wurde auch freiwillig retourniert. Bis Ende September verhaftete die Polizei über 600 Personen und zeigte etwa 300 an.²⁷⁸ Insgesamt leitete das Landesgericht Salzburg gegen 908 Personen Verfahren ein.²⁷⁹ Wenig überraschend überwogen Frauen – der Landespräsident nannte sie *hysterisch*²⁸⁰ – mit mehr als zwei Drittel der Angeklagten, gefolgt von der Gruppe der Jugendlichen. 40 Prozent lebten in der Stadt. Aus Maxglan kamen 18, aus Itzling 16 und aus Gnigl sieben Prozent. Eine Analyse der sozialen Schichten der Angeklagten ist schwierig, jedenfalls überwogen Unterschicht und (vom Abstieg bedrohte) Gewerbetreibende. Die Eisenbahner bzw. deren Frauen machten 13, Dienstpersonal etwa zehn Prozent aus. Noch im November wurden acht Verurteilte amnestiert und fast 400 Verfahren eingestellt. Weitere Amnestierungen folgten 1919.²⁸¹

Bereits vier Tage nach den Vorfällen begannen die ersten Prozesse. Der Landespräsident fürchtete zwar, die Richter des Salzburger Landesgerichts könnten gegen die „Plünderer" – aus seiner Sicht – zu milde Urteile fällen. Einigermaßen zynisch formulierte er: *Mag es ja immerhin begreiflich erscheinen, dass sich die Bevölkerung, die bis zu einem Grade ja tatsächlich in der letzten Zeit gehungert hat, zu Gewalttaten hinreißen lässt, so muss es befremden, wenn Funktionäre des Gerichts unverhohlen einer derartigen Anschauung Ausdruck verleihen.*²⁸²

Im Gemeinderat ventilierte man, die Ausschreitungen als politisches Druckmittel einzusetzen. Verständnis für die Plündernden und Furcht vor ihnen hielten sich eine Zeitlang die Waage. Julius Sylvester brachte die Aufstellung einer Bürgerwehr ins Spiel, die Sozialdemokraten eine Volkswehr. Eine Serie politischer Veranstaltungen diskutierte die Gestaltung eines künftigen Staatswesens. Das politische System war in Bewegung geraten. Ende Oktober meldeten die Zeitungen die Verhaftung mehrerer Personen, die in einen großen Zuckerdiebstahl verwickelt waren. Die Enttarnung der Machenschaften des Dr. Rambousek hatte begonnen. Wenig später befand sich die Doppelmonarchie in voller Auflösung.²⁸³

---

273 AStS, BU 1520, Gemeinderatsprotokolle, Sitzung vom 20.9.1918, 183.
274 Salzburger Chronik, 21.9.1918, 4.
275 Salzburger Wacht, 22.9.1918, 3.
276 Haidenthaller, Tagebuch (wie Anm. 54), VI, 218.
277 Glaser, Tagebuch (wie Anm. 2), 21.9.1918, o. Pag.; SLA, Präsidialakten 113, Schmitt-Gasteiger, 20.9.1918.
278 Salzburger Wacht, 3.10.1918, 4.
279 Köfner, Hunger (wie Anm. 8), 105. Gottfried Köfner konnte noch auf 406 Gerichtsakten zurückgreifen und diese auswerten. Mittlerweile sind diese Akten skartiert.
280 SLA, Präsidialakten 113, Schmitt-Gasteiger an Innenministerium, 20.9.1918.
281 Ausführlicher: Köfner, Hunger (wie Anm. 8), 105–107.
282 SLA, Präsidialakten 113, Schmitt-Gasteiger an Innenministerium, 24.9.1918.
283 Ausführlich: Köfner, Hunger (wie Anm. 8); Hanns Haas in diesem Band.

Susanne Rolinek

„Soldatinnen" der Heimatfront

Frauen im Ersten Weltkrieg

Ist der Krieg Männersache? Nein. Aber der Mythos, es wäre so, ist weit verbreitet, wenngleich es unterschiedliche Erfahrungen und Traumatisierungen an der Kriegsfront und an der Heimatfront gab. Die offizielle und die Militärgeschichtsschreibung blendeten die Erfahrungen von Frauen im Krieg meist aus, doch nicht an der Front war auch im Krieg. So wie Männer als Helden der Front galten, sollte es für Frauen „heilige Arbeit" sein, die Heimatfront aufrechtzuerhalten und damit ebenfalls den Sieg herbeizuführen, wie das Salzburger Volksblatt schrieb: *In den Alpenländern lebt ein starkes Volk. Die Männer haben es im harten Kampfe am Schlachtfeld erwiesen. Die Frauen Salzburgs werden sich bereit finden, ihre Arbeitskraft und Arbeitswilligkeit zur Verfügung zu stellen, wenn soziale Aufgaben sie rufen. Das Durchhalten und damit der endliche Sieg wird nicht nur im Felde erzwungen, das Hinterland wird zu treuer Mithilfe ebenso notwendig ... Heilige Arbeit ist es, die Frauen verrichten können, wenn sie helfend beistehen, wo Not und vaterländische Pflicht große Anforderungen stellen.*[1] Es gab zudem Frauen, die sich im Ersten Weltkrieg freiwillig an die Front meldeten, wenn auch in wesentlich geringerem Umfang als Männer – doch dazu später.

Der erste totale Krieg zielte auf die Mobilisierung der gesamten Gesellschaft ab, Männer für den Kampf an der Front oder für die „Sicherung" des Gebietes hinter der Front, Frauen für die Arbeit an der Heimatfront – und zum Teil an der Front – und Kinder für die sogenannte „Schulfront". Männern und Frauen wurden bestimmte Rollen zugewiesen. Das Idealbild des für Vaterland und Familie kämpfenden Soldaten im Gegensatz zur dienenden und opferbereiten Frau wurde vielfach propagiert.[2]

Die Vorgeschichte: Lebenssituation der Salzburger Frauen vor 1914

Wenn wir die Rolle der Frau während des Ersten Weltkriegs betrachten, stoßen wir unweigerlich auf Bilder von Frauen, die Männer geschaffen hatten und aus dem bürgerlichen und/oder christlichen Rollenverständnis resultierten. Diese bürgerliche Vorstellung vom Mann als Familienoberhaupt sowie Ernährer der Familie und von der dienenden Frau, die sich „nur" um Herd, Haushalt und Kinder kümmert, hatte wenig mit der historischen Realität zu tun.

Um 1880 waren 70 Prozent der Männer und bereits rund 46 Prozent der Frauen in Salzburg erwerbstätig. Die im internationalen Vergleich hohe

---

1 Salzburger Volksblatt, 2.9.1916, 8.
2 Hämmerle Christa, Heimat/Front. Geschlechtergeschichte/n des Ersten Weltkriegs in Österreich-Ungarn. Wien-Köln-Weimar 2014, 10f.

Abb. 1: Der Abschied des Reservisten (Salzburg Museum, Fotosammlung 22162)

Frauenerwerbsrate in Salzburg – in westlichen Industrieländern betrug sie ca. 30 bis 40 Prozent – hing mit dem Anteil der Landwirtschaft an der Gesamtwirtschaft zusammen. Salzburg war ein Agrarland, dementsprechend hoch also der Anteil der in der Landwirtschaft beschäftigten Frauen; mithelfende weibliche Angehörige in der Landwirtschaft wurden in die Erwerbsstatistik aufgenommen.[3] Frauen zählten – ungeachtet der emotionalen Verbindung von Eheleuten – bei Bauern vor allem als Arbeitskraft, der auf dem Land verbreitete Spruch „Roß verrecken, des is zum Schrecken, aber Bäuerinsterben, des is nit zum Verderben" strich den Wert eines Pferdes hervor, während eine Bäuerin nach ihrem Tod durch eine andere Frau ersetzt werden konnte, wie sich die 1908 geborene Frieda Embacher aus Saalfelden erinnerte.[4]

Hausarbeit und die Betreuung der eigenen Kinder wurde von Männern nicht als Arbeit wahrgenommen. Mädchen und Frauen, die sich darüber hinaus als Erzieherinnen, Betreuerinnen oder Pflegekräfte um jüngere Geschwister oder andere (kranke) Angehörige in Familie und Verwandtschaft zu kümmern hatten, keine „Freizeit" für sich in Anspruch nehmen konnten und damit unbezahlte Arbeit verrichteten, trugen jedoch wesentlich zur Existenzsicherung der Familien bei. Jene Frauen, die sich um sogenannte „ausgestiftete" Kinder anderer berufstätiger Frauen kümmerten, wurden ebenfalls nicht in der Erwerbsstatistik erfasst.[5] Es war zusammenfassend wohl eine weibliche Minderheit, die sich „nur" um Herd, Haushalt und Kinder kümmerte.

Die Lebenssituation hing vor allem von der sozialen Schicht ab. Was in manchen Ortschroniken, Heimatmuseen und Volkskulturvereinen unkritisch als „gute alte Zeit" in Verbindung mit schönem Brauchtum usw. – aus dem gesellschaftspolitischen und sozialen Zusammenhang gerissen – vermarktet wird, entpuppt sich bei näherer Betrachtung als Kampf ums Überleben in Not und Elend. Die ländliche Armut war bedrückend. Mägde und Knechte lebten in einem zum Teil dramatischen Abhängigkeits- und Autoritätsverhältnis, der sogenannten „hausväterlichen Gewalt" des Dienstgebers, aus dem es kaum ein Entrinnen gab – oft verbunden mit sexueller Ausbeutung. Weibliche Dienstbotinnen, Hausgehilfinnen, Kindermädchen im städtischen und bürgerlichen

3 Mazohl-Wallnig Brigitte (Hg.), Die andere Geschichte, Bd. 1, Eine Salzburger Frauengeschichte von der ersten Mädchenschule (1695) bis zum Frauenwahlrecht (1918). Salzburg-München 1995, 155f.
4 Mazohl-Wallnig, Die andere Geschichte (wie Anm. 3), 163.
5 Mazohl-Wallnig, Die andere Geschichte (wie Anm. 3), 199.

Milieu waren der Willkür ihrer Dienstgeberinnen und Dienstgeber ausgesetzt. Die Selbstmordrate bei Dienstmädchen war überdurchschnittlich hoch.[6] Arbeiterinnen, Sennerinnen und weibliche Beschäftigte im Tourismus, die sich der täglichen Kontrolle durch Familie und Kirche entziehen konnten, weckten wiederum diffuse bürgerliche Ängste, denn gerade bürgerliche Frauen fühlten sich in ihrem Selbstverständnis bedroht. Bürgerliche Frauenvereine wollten das Gesellschaftssystem bewahren, nicht ändern.[7]

Anfang des 20. Jahrhunderts nahmen die Bestrebungen der Salzburger Frauen zu, für ihre Rechte zu kämpfen, wenn ihnen auch bis 1911 die Mitgliedschaft in politischen Vereinen verboten war. 1903 gründeten Halleinerinnen den „Fachverein der Tabakarbeiterinnen". Im November 1905 fand eine Wahlrechtsdemonstration statt, bei der auch Frauen für ihr Wahlrecht protestierten. 1908 gründeten Heimarbeiterinnen in Salzburg einen eigenen Verein, 1912 folgte die christliche „Vereinigung der arbeitenden Frauen" als Selbsthilfeverein.[8] Die Salzburger Frauenrechtlerin Irma von Troll-Borostyáni (1847–1912) kämpfte für das Wahlrecht der Frauen, für die Gleichstellung von Mann und Frau in der Ehe, für die Bildung von Mädchen und Frauen sowie gegen die Prostitution. Am 19. März 1911 fand in Salzburg, Hallein, Bischofshofen und Saalfelden der erste internationale Frauentag statt (wie in anderen Städten Österreichs, Deutschlands, Dänemarks und der Schweiz).[9] Die Frauen demonstrierten für Frauenwahlrecht, Reduzierung der Tagesarbeitszeit, gleichen Lohn bei gleicher Arbeit, Mutter- und Kinderschutz, volle politische Rechte und freiwillige Eheschließung.[10]

Der Kampf der Frauen um ihre Rechte wurde durch den Ausbruch des Ersten Weltkriegs zunächst unterbrochen, aber durch die zunehmende Mangelsituation neu entfacht und gegen Ende des Krieges sogar beschleunigt.

Mobilisierung der Frauen bei Kriegsbeginn

Frauen rückten mit Kriegsbeginn in das Zentrum der Propaganda. Neue Medien und die moderne Massenkommunikation mittels Zeitungen, Propagandapostkarten, Plakaten und zum Teil Kinos präsentierten die neuen Rollen von Frauen und Männern.[11] Heldenmütter und -frauen sollten sie sein, die ihre Söhne und Ehemänner an die Front verabschiedeten, auch wenn Sorgen die Kriegsbegeisterung schmälerten, wie in der Salzburger Chronik zu lesen stand: *Wohl machte sich in manchen Familien, deren Angehörige zur Fahne eilen mußten, Beklemmung des Herzens bemerkbar und manche Mutter mag im Geheimen heiße Tränen geweint haben, als sie den Sohn scheiden sah – aber es galt das Vaterland, und da tritt das Gefühl des einzelnen in den Hintergrund, auch das schwer getroffene Mutterherz überwindet den Kummer, und mit Begeisterung sieht alles dem tapferen Heer nach, welches sich bereit macht, dem Rufe des geliebten Kaisers zu folgen.*[12]

Die 1910 geborene Bergbäuerin Barbara Passrugger erinnerte sich an die Freude in Filzmoos, als ihre Ziehbrüder die Musterung bestanden hatten, denn nun galten sie als „richtige" Männer: „1914 mußten meine Ziehbrüder zur Musterung. Als sie zurückkamen, waren sie gut aufgelegt, sangen und jubelten. Sie wurden von der Mutter, den Geschwistern und den Dienstboten mit Gratulationen empfangen, alle waren stolz darauf, daß sie als zukünftige Soldaten die

---

6   Mazohl-Wallnig, Die andere Geschichte (wie Anm. 3), 199.
7   Mazohl-Wallnig, Die andere Geschichte (wie Anm. 3), 75.
8   Mazohl-Wallnig, Die andere Geschichte (wie Anm. 3), 76.
9   Veits-Falk Sabine, Den Frauen ihr Recht. 100 Jahre Frauentag und es geht weiter…, o.S.
10 Veits-Falk, Den Frauen ihr Recht (wie Anm. 9), o.S.
11 Hämmerle, Heimat/Front (wie Anm. 2), 12.
12 Salzburger Chronik, 28.7.1914, 7.

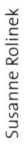

Abb. 2: Abmarsch von Soldaten in Hallein, 1915 (Stadtarchiv Hallein, FO_2013_0796_b)

Musterung bestanden hatten."[13] Der weibliche Patriotismus bei Kriegsausbruch wurde immer und immer wieder beschworen, wenn beispielsweise in der Salzburger Chronik zu lesen war, dass *eine wackere Frau* gratis den *Vaterlandsverteidigern mehrere Hektoliter Bier* zur Verfügung gestellt hätte.[14]

In Zell am See erwartete täglich am Bahnhof *eine große Zahl von Frauen und Mädchen die ins Feld rückenden Soldaten*, um den Soldaten Geschenke zu überreichen. *Ohne Standesunterschied wetteifern alle, ihnen Eßwaren in Form von Brot, Würsten, Fleisch, Käse usw. sowie Getränke wie Kaffee, Tee, Limonaden, Bier, Wein, sogar auch Gefrorenes und Kuchen, Zigaretten, Zigarren, Karten und Blumen zu verabreichen, was von den Kriegern mit vielem Dank und endlosen Hochrufen entgegengenommen wird.*[15] Die Salzburger Heimatforscherin Nora Watteck beobachtete, wie die Butterbrote, die man den Soldaten mitgegeben hatte, die Bahndämme „säumten", weil sie unnötiger Ballast waren.[16] Die viel beschworene Kriegsbegeisterung dürfte dennoch überbewertet sein. In Interviews wird offensichtlich, wie selektiv diese Kriegsbegeisterung war und wie schnell diese kippte. Eine Fuschlerin, die im Sommer 1914 als Sennerin auf einer Alm arbeitete, erinnerte sich an die Repressionen bei der Einberufung ihres Bruders: *Daun is da Kriag kemman, hot mei Bruada daun einrucken miassen des söbige Joahr, wia i droben woar. Sand Gendarm kemman, ob mei Bruada do is. Hob i gsogt, 'na, der is net do'. Haum's im Heuwogen gsuacht, haum's gmoant, i versteck'n. Dawei is a auf ana aundern Oim gwen bei seiner Liebe.*[17] Hella Hoffmann, aus einer Salzburger Beamtenfamilie stammend und im Jahr 1914 neun Jahre alt, erinnerte sich, wie es bereits wenige Wochen nach Kriegsbeginn *immer trauriger* geworden war und die an die Front einberufenen Soldaten *nur mehr bei Nacht durch die Straßen marschiert* sind.[18]

Frauen sollten so wie Männer dem System dienen. Die Salzburger Heimatforscherin und Schriftstellerin Nora Watteck brachte es auf den Punkt: „Männer sprechen meist nur über militärische Angelegenheiten und Siege. Die Nöte des Hinterlandes werden nur flüchtig gestreift, denn sie gefährdeten den Nachschub für das Heer und sind nicht exakt erfaßbar. Auch konnte von den Kämpfen an der Front viel mehr an heroischen Begebenheiten berichtet werden, während

13 Passrugger Barbara, Hartes Brot. Aus dem Leben einer Bergbäuerin. Wien 1989, 24.
14 Salzburger Chronik, 11.8.1914, 4.
15 Salzburger Volksblatt, 19.8.1914, 8.
16 Watteck Nora, Die Affäre Rambousek, Salzburgs größter Skandal. Salzburg 1978, 22.
17 Interview mit A. R., aufgenommen von Ingrid Bauer; Archiv des Steinocher-Fonds.
18 Interview Hella Hoffmann, 10.2.1987, aufgenommen von Ingrid Bauer. Privatarchiv Dr. Robert Hoffmann, Salzburg.

Abb. 3: Liebesgabensammlung vor der St. Andräkirche (Salzburg Museum, Fotosammlung 8683)

das Leben im Hinterland Salzburg nur eine bedrückende Aufzählung von Entbehrungen in allen Lebensbereichen bot, wobei die Hauptlast von den Frauen zu tragen und zu bewältigen war."[19] Frauen beschenkten einrückende und durchziehende Soldaten, sammelten und spendeten Geld, beteten für Siege, sowohl in der Stadt Salzburg als auch in den anderen Gebieten des Landes Salzburg. Dabei konnte auf bestehende Strukturen zurückgegriffen werden: Schulen, Vereine, Frauenorganisationen. Bürgerliche, adelige und konfessionelle Frauenhilfsvereine wetteiferten miteinander. Verschiedene Frauenhilfsvereine in Salzburg, wie das „Patriotische Frauen-Kriegshilfs-Komitee" unter der Führung der Erzherzogin Alice von Toskana, der katholische Frauenverein, der Israelitische Frauenverein, der Frauenhilfsverein vom Roten Kreuz, der Salzburger Frauen-Erwerbsverein oder die Ortsgruppe der Reichsorganisation der Hausfrauen Österreichs veranstalteten Wohltätigkeitskonzerte, Tombolas, Lotterien, sammelten Geld und verschiedenstes Material, warben für Kriegsanleihen, fertigten Kleidungsstücke, schickten Liebesgaben an die Front und unterstützten Ehefrauen sowie Kinder von Soldaten.[20] Die mangelhafte staatliche Versorgung für Soldaten und Familien sollte dadurch ausgeglichen werden.

Sogar auf ihre goldenen Eheringe sollten Frauen verzichten. Bei der Aktion „Gold gab ich für Eisen" gaben Frauen ihre Eheringe ab und erhielten dafür einen Eisenring mit einer Gravur, die an die Kriegsjahre erinnerte. Ebenso kam es zu systematischen Metallablieferungen; Kochkessel, Waschkessel, selbst Türklinken mussten abgeliefert werden. Frieda Embacher beschrieb die allgegenwärtigen Ablieferungsszenarien: „Auch alles Kupfer hat man hergeben müs-

19 Mazohl-Wallnig, Die andere Geschichte (wie Anm. 3), 285.
20 Mazohl-Wallnig, Die andere Geschichte (wie Anm. 3), 289f u. Hämmerle, Heimat/Front (wie Anm. 2), 105f.

sen. Wir haben so einen schönen großen Kupferkessel gehabt zuhause, in der Waschküche unten: der hat auch abmontiert werden müssen. Und dann hat es geheißen: ‚Gold gab ich für Eisen'. Da hat es dann so Ersatzringe gegeben für den Ehering. Ich habe heute noch das Scheinringerl da von der Mutter. Mit so viel gutem Willen haben die Frauen damals hergegeben. Und dann hat die Mutter Kriegsanleihen gezeichnet, mit ihrem Guthaben vom Elternhaus her: Das war dann natürlich weg nach dem Krieg. Nichts hat sie gehabt für ihr Geld, nicht einmal ein Brotlaiberl. Die Frauen haben viel mitgemacht damals".[21] Nora Watteck stellte fest, dass es nicht nur wirklicher Patriotismus gewesen war, der den Ablieferungen zugrunde lag, sondern vor allem „die Angst, nicht als fahnentreu zu gelten".[22]

WEIBLICHE KRIEGSREALITÄTEN

Während die kriegstauglichen Männer als Soldaten kämpften, hielten Frauen die Heimatfront und damit in weiterer Folge die eigentliche Front aufrecht. Ohne ihre Bemühungen und umfassenden Tätigkeiten der Kriegsunterstützung wäre die Front wesentlich früher zusammengebrochen. Dieser Kampf an der Heimatfront beinhaltete auch, die Moral ihrer Ehemänner und Söhne an der Front heben und nur sogenannte „Sonntagsbriefe" zu schreiben, die Kampfgeist und Durchhaltevermögen der Männer stärken sollten. Doch viele Frauen wollten ihren Männern von den wahren Sorgen und Nöten berichten; diese Briefe wurden als „Jammerbriefe" bezeichnet. Die österreichischen Zensurstellen fingen diese „Jammerbriefe" ab, retournierten sie an die Verfasserinnen und legten eine Belehrung bei. Den Behörden war durchaus die enge Verbindung zwischen den Soldaten und ihren Ehefrauen und Müttern und damit die Beeinflussung der Kampfmoral bewusst.[23] Waren die Briefe jedoch zu „lustig", verspürten die Soldaten Zorn und Unverständnis. Ein Eintrag im Kriegstagebuch des Salzburger Offiziers J. R. Werner lässt auf seine Verbitterung schließen, als er von seinem Diener eine Karte seiner Schwester „mit herzlichen Grüßen von einem ‚lustigen Tanzstundenabend'!" erhielt.[24]

Die Frauen hatten als Hauptbetroffene der Lebensmittelrationierungen mit permanentem Hunger und schwieriger Lebensmittelbeschaffung zu kämpfen, viele Frauen erhielten nicht einmal die auf den Lebensmittelkarten zugesicherten Rationen an Brot, Mehl, Milch, Fleisch, Zucker, Fett oder Eiern. Sie oder die Kinder der Familie mussten viel Zeit aufwenden, um zusätzlich Lebensmittel zu organisieren. Stundenlanges Stehen in der Warteschlange, um ein paar Lebensmittel zu erhalten, bestimmte den Alltag. Hella Hoffmann erinnerte sich: *Ja, man hat schon eine Lebensmittelkarte gehabt, aber da ist in der Woche so ein Stückerl Butter ausgeschrieben gewesen, und um dieses Stück Butter, das ist unbegreiflich heute, hat man sich noch anstellen müssen. Da ist man lange Schlange gestanden und eine Zeitlang war's so, daß sie's nur bei der Nacht ausgegeben haben. Da habens uns Kinder um drei in der Früh geweckt, und da war das noch schlecht eingeteilt. Da hätte die Mutter ja für die ganze Familie kaufen können, nein, ein jedes hat sich sein Stückerl Butter selber holen müssen.*[25]

In Kriegskochkursen lernten Frauen, mit einem Minimum an Lebensmitteln und Ersatzlebensmitteln Gerichte zuzubereiten. Mithilfe von sogenannten

21 Mazohl-Wallnig, Die andere Frauengeschichte (wie Anm. 3), 304.
22 Watteck, Die Affäre Rambousek (wie Anm. 16), 21.
23 Hämmerle, Heimat/Front (wie Anm. 2), 57.
24 Gredler Harald, J. R. Werner. Kriegstagebuch. Ein Salzburger im 1. Weltkrieg von 1916–1918. Salzburg 2013, 31.
25 Interview mit Hella Hoffmann, 10.2.1987, aufgenommen von Ingrid Bauer. Privatarchiv Dr. Robert Hoffmann, Salzburg.

„Kochkisten" sollten sie zudem Brennmaterial sparen. In den harten Wintern suchten Frauen und Kinder in den Wäldern nach Reisig und Zapfen zum Einheizen und Kochen. Das Salzburger Volksblatt wandte sich an „echte" und „wahre" Frauen, die in derartigen Mangelsituationen „Heldenmut" beweisen sollten: *Laßt eure Gemüter nicht verkümmern durch die Härte der Zeit. Ist das Mahl spärlich, so würzt es durch die Freundlichkeit und Anmut Eures Gespräches, mangelt es an Brennmaterial für eine warme Stube, so spielt mit den Kindern ein Laufspiel, daß ihr die Kälte nicht empfindet. Heldenmut wird von euch verlangt, die ihr diese Zeit ertragen müßt, beweist es, daß ihr ihn habt und gebt keinen schlechten Ersatz dafür. Schließt Eure Herzen auf und mit eurer tapferen und selbstlosen Liebe werdet ihr Mann und Kindern und auch euch selbst die vielen Mängel tausendfach ersetzen.*[26] Für viele Frauen klangen diese Worte angesichts der Sorgen um Ehemänner und Söhne sowie der Mangelsituation wie blanker Hohn. Nora Watteck schrieb, dass die Selbstmorde in der Zeit des Ersten Weltkriegs zugenommen hätten und auch viele an Unterernährung starben.[27] Im Juli 1917 fand sich in der Salzburger Wacht eine Notiz über den Selbstmord einer Bäuerin. *Die schweren Sorgen, in welche sie der Weltkrieg gestürzt hat*, hätten die 51-jährige Salzburger Bäuerin in den Selbstmord durch Erhängen getrieben."[28]

Für jene, denen nicht als Selbstversorgerinnen und Selbstversorger Gemüse, Getreide, Eier, Milch und Milchprodukte zur Verfügung standen, war das „Hamstern" notwendig, um die eigene Lebensmittelversorgung aufzubessern. Der Schwarzmarkt wurde zu einem wichtigen Wirtschaftsfaktor. Die Saalfeldnerin Frieda Embacher ging mit ihren Freundinnen von Bauer zu Bauer und bettelte um Lebensmittel: „Mit gleichaltrigen Schulkameradinnen bin ich dann auch Hamstern gegangen zu den Bauern, damit man wieder ein paar Eier oder ein bisschen Milch gekriegt hat. Oft haben wir so einen Hunger gehabt, dass wir uns gleich hinter den Stall gesetzt und Eier ausgetrunken haben."[29] Frauen schlichen nächtens in die Kornfelder, um ein paar Ähren abzurupfen.[30] Jene, die selbst produzierten und sich versorgen konnten, waren hier im Vorteil, wenn auch die Qualität der Rohstoffe zu wünschen übrig ließ. Die Bergbauerntochter Barbara Passrugger beschrieb, wie sie krampfhaft versuchte, ein Stück minderwertiges Brot zu essen: „Ich erinnere mich gerade, wie ich auf den Stufen der Stiege im Vorhaus saß, ein Brotstück von selbst gemahlenem Hafer in der Hand. Ich hatte Hunger und weinte dabei, weil das Brot so spießig war und ich es durch den Hals nicht und nicht runterbrachte. Wenn ich mich sehr anstrengte, es zu schlucken, dann würgte es mich, und alles war wieder da. Diese Erinnerung ist mir wie eingemeißelt! Ich sehe mich heut noch dort sitzen und weinen mit dem Brotstückerl in der Hand. Die Erwachsenen haben das Brot leichter geschluckt."[31] Hella Hoffmann erinnerte sich ebenfalls an die schlechte Qualität der Brotsorten: *Denn das Kriegsbrot, das war eine Schande, was sie uns da zugemutet haben. Das haben auch ältere Leute sehr schlecht vertragen und es sind viele krank geworden.*[32] Die Einführung von Kriegsküchen in den Salzburger Städten und Dörfern zielte auf eine bessere und zentrale Versorgung der Hungerleidenden ab, wobei die Qualität und der Nährwert der Speisen mangelhaft waren.[33] Einige hungerleidende Familien schickten ihre jugendlichen Töchter als Mägde zu Bauern oder als Dienstbotinnen ins nicht weit entfernte München, um eine Person weniger versorgen zu müssen.[34]

26 Mazohl-Wallnig, Die andere Frauengeschichte (wie Anm. 3), 306f.
27 Watteck, Die Affäre Rambousek (wie Anm. 16), 29.
28 Salzburger Wacht, 6.7.1917, 3.
29 Mazohl-Wallnig, Die andere Frauengeschichte (wie Anm. 3), 302.
30 Watteck, Die Affäre Rambousek (wie Anm. 16), 22.
31 Passrugger, Hartes Brot (wie Anm. 13), 59.
32 Interview mit Hella Hoffmann, 10.2.1987, aufgenommen von Ingrid Bauer. Privatarchiv Dr. Robert Hoffmann, Salzburg.
33 Bauer Ingrid, „Tschikweiber haum's uns g'nennt. Frauenleben und Frauenarbeit an der 'Peripherie': Die Halleiner Zigarrenfabriksarbeiterinnen 1869 bis 1940. Eine historische Fallstudie auf der Basis lebensgeschichtlicher Interviews. Phil. Diss. Univ. Salzburg 1988, 170–172.
34 Bauer, Tschikweiber (wie Anm. 33), 169f.

Abb. 4: Kriegsküche Hallein, 1915 (Stadtarchiv Hallein, FO_2013_0791)

1916 beauftragte die Salzburger Landesregierung die im Lungau lebende Margit Gräfin Szápáry mit der sogenannten „Gemüseanbauaktion". Ziel war nicht nur, den Anbau von Gemüse und Getreide in gemeinschaftlichen Gärten zu intensivieren und damit die Not zu lindern, sondern auch gegen „den Feind" mobil zu machen: „Dieser Feind will uns aber auch aushungern, das kann geschehen, wenn wir nicht gut aufpassen; wir sollen jetzt auch mithelfen, wir, die wir nicht in den Krieg ziehen können, wir können und sollen dafür sorgen, daß das Brot nicht ausgeht, weder für die Brüder im Felde, noch für uns daheim. Zuerst müssen wir wissen, daß wir ja gar kein Getreide noch Mehl von irgend wo herein ins Land bekommen können. Unsere Feinde können unsere Soldaten nicht besiegen, darum wollen sie es mit dem Aushungern versuchen und lassen nichts über unsere Grenzen herein. (…) Nur mit Disziplin können die Soldaten im Felde liegen, nur mit der Disziplin können wir den ebenso notwendigen Sieg zu Hause erringen. Denke keiner, daß es auf ihn nicht ankommt!"[35]

Durch das Einrücken der Männer mussten viele Frauen die Rolle als Familienoberhaupt und die Verantwortung für die Sicherung der Existenz der Familie sowie der familieneigenen Betriebe in der Landwirtschaft oder im Kleingewerbe übernehmen.

Andere Frauen mussten eine Erwerbsarbeit annehmen, doch die Arbeitsbedingungen für weibliche Beschäftigte hatten sich bei Kriegsausbruch zusehends verschlechtert. Die Arbeitslosigkeit von Frauen und nicht fronttauglichen Männern war bei Kriegsbeginn sprunghaft angestiegen, wobei viele Männer für die Sicherung der Heimatfront abgestellt und dafür zumindest bezahlt wurden, während Frauen nicht mehr wussten, wie sie ihren Lebensunterhalt bestreiten sollten. Vor allem im Tourismus Tätige und Dienstbotinnen verloren ihre Arbeit, da der Tourismus einbrach und bürgerliche Hausfrauen ihre Haushaltskosten zu reduzieren versuchten, um dem Aufruf, eingespartes Geld an das Rote Kreuz zu spenden, nachkommen zu können. Der katholische Arbeiter-Verband in Salzburg appellierte daher im August 1914: „Entlasset die Dienstmädchen nicht!"[36] Während adelige und großbürgerliche Frauen aus karitativen Zwecken für Soldaten strickten (und auch viele Schulkinder dafür eingespannt wurden),

35 So sollen wir leben in der Kriegszeit. Vortrag, verfasst von Margarete Gräfin Szápáry-Henckel von Donnersmarck auf Burg Finstergrün im Lungau. Salzburg o.J., 3–8.
36 Mazohl-Wallnig, Die andere Frauengeschichte (wie Anm. 3), 296.

waren erwerbstätige Heimarbeiterinnen und Strickerinnen in ihrer Existenz bedroht.[37] Arbeiterinnen und Frauen der verarmten Mittelschicht schlitterten als Soldatenfrauen oder Kriegswitwen mehr und mehr in die Armut. Der Unterhalt, den der Staat an die Familien der Soldaten zahlte, reichte nicht zum Leben. Im März 1917 annoncierte die k. u. k. Bergestelle am Salzburger Frachtenbahnhof im Salzburger Volksblatt ein Stellenangebot: „Näherinnen, Wäscherinnen, Arbeiterinnen – nur solche, deren Mann eingerückt ist, finden Aufnahme."[38] Die spätere sozialdemokratische Salzburger Gemeinderätin Therese Kaltenegger bewarb sich und arbeitete dort, nachdem ihr Mann 1916 an die Front eingezogen worden war und sie von dem Sold nicht leben konnte: „Dorthin sind die Uniformen noch voll Blut von den Gefallenen und Verwundeten gekommen. Da ist dann so eine große Baracke gewesen, in die sind die Sachen dann alle hineingekommen und durch die Maschinen durchgewalzt worden, die Blutflecken waren alle noch drinnen – und das haben wir dann flicken müssen."[39]

Der durch die Einberufung von Männern verursachte Mangel an Arbeitskräften führte dazu, dass Frauen auch in Zulieferfirmen der Rüstungsindustrie (metallverarbeitende Betriebe u.a. in Hallein, Werfen-Sulzau, Lend, Mühlbach, Grödig oder Thalgau) und im Bergbau eingesetzt wurden, obwohl die Verknappung der Rohstoffe die Produktion einschränkte. Die Zahl der Arbeiterinnen im Bergbau verdreifachte sich zwischen 1914 und 1917. Im Jahr 1917 arbeiteten bereits 215 Frauen in Salzburgs Bergbau-Betrieben (nicht eingerechnet jene Frauen, die in der Saline in Hallein beschäftigt waren).[40] Frauen sprangen als Schaffnerinnen, Postbotinnen, Anzünderinnen für Gaslaternen oder Straßenkehrerinnen für die abwesenden Männer ein. Sie erhielten allerdings weniger bezahlt als Männer, ihre Arbeit wurde nur als vorübergehende Erscheinung, als „kriegsnotwendiger Gastaufenthalt" betrachtet.[41] Im „Salzburger Volksblatt" war im Februar 1916 zu lesen: *Kürzlich berichteten wir, daß in Innsbruck und in Linz wegen Mangels an männlichem Personal Frauen als Motorführerinnen ausgebildet werden. Diesem Beispiel folgt nun auch die Salzburger Stadtbahn, die bereits eine Frau für den Dienst des Motorlenkers ausbilden lässt.*[42] Das Bekleidungsproblem bei „Fensterputzerinnen, Schaffnerinnen, Zimmermalerinnen, Tapeziererinnen und Motorführerinnen" musste darüber hinaus gelöst werden. Die Rock- und Mäntelsäume rutschten für diese Berufe nach oben bzw. durften die Frauen „Beinkleider" tragen, darüber allerdings einen Mantel, „der fast bis zu den Knien reicht und in dezenter Weise die Formen verhüllt".[43]

Die vermeintliche Emanzipation der Frauen durch ihren Einsatz in Männerberufen und ihre verstärkte Präsenz in der Öffentlichkeit konnten nicht über die damit verbundenen Kriegs- und Zwangsbedingungen hinwegtäuschen. Der Arbeitsalltag wurde zunehmend militarisiert, auch für Frauen. Die Diktatur der Zivilverwaltung unter Ministerpräsident Karl Graf Stürgkh begann bereits vor Kriegsausbruch. Ab 25. Juli 1914 traten Notverordnungen in Kraft, die normale Bürgerreche außer Kraft setzten. Gemeinsam mit dem Heer begann die Unterdrückung der Bevölkerung, jede Form des Aufbegehrens wurde bestraft, verbale Äußerungen gegen den Krieg galten als Hochverrat. Aktionen und Handlungen, die zu Störungen eines Betriebs führten, waren verboten und mit Strafen belegt, d.h. auch jede gewerkschaftliche Tätigkeit.[44]

Weibliche Arbeiterinnen konnten zwar erst ab 1917 legal zur Dienstleistung verpflichtet werden und durften zudem ihren Arbeitsplatz nicht mehr nach

---

37 Frauen im Krieg. Katalog zur Sonderausstellung der Dolomitenfreunde im „Museum 1915–1918. Vom Ortler bis zur Adria im Rathaus von Kötschach-Mauthen. Kötschach-Mauthen 2011, 17.
38 Mazohl-Wallnig, Die andere Frauengeschichte (wie Anm. 3), 297.
39 Mazohl-Wallnig, Die andere Frauengeschichte (wie Anm. 3), 297.
40 Mazohl-Wallnig, Die andere Frauengeschichte (wie Anm. 3), 296
41 Mazohl-Wallnig, Die andere Frauengeschichte (wie Anm. 3), 196.
42 Salzburger Volksblatt, 15.2.1916, 5.
43 Mazohl-Wallnig, Die andere Frauengeschichte (wie Anm. 3), 298.
44 Unfried Berthold, Arbeiterschaft und Arbeiterbewegung im 1. Weltkrieg. Wien und Niederösterreich, 13 u. 131; Köfner Gottfried, Hunger, Not und Korruption. Der Übergang Österreichs von der Monarchie zur Republik am Beispiel Salzburg. Eine sozial- und wirtschaftswissenschaftliche Studie. Salzburg 1980, 86.

eigenem Wunsch wechseln, allerdings gab es bereits davor rechtliche und praktische Grauzonen. An die Militarisierung der Arbeitswelt auch für Frauen erinnerte sich Therese Kaltenegger: „Und wenn wir einmal einen halben Tag frei haben oder zum Arzt gehen wollten, dann haben wir zum Rapport müssen wie die Soldaten".[45] Im März 1918 lag ein Gesetzesentwurf vor, der eine allgemeine Arbeitspflicht für Frauen im Alter zwischen 18 und 40 Jahren vorsah, doch dieser Entwurf wurde nicht mehr umgesetzt.[46]

„ENGEL IN WEISS": DIE KRANKENSCHWESTER

Das in den Medien propagierte Bild des „Engels in Weiß" vermittelte eine realitätsferne Kriegsromantik.[47] Adelige und bürgerliche Frauen wetteiferten um Kranken- und Pflegedienste; gerade für bürgerliche Frauen bedeutete die Pflege eine Abwechslung im beengten Alltag. Nur wenige der geistlichen und weltlichen Schwestern hatten eine professionelle Ausbildung, doch die Nachfrage nach Pflegenden und die unzähligen Verwundeten erforderten einen Kompromiss. Rund 4,5 Millionen Verwundungen bei k. u. k-Soldaten bzw. in k. u. k-Sanitätsanstalten mussten während des Ersten Weltkrieges versorgt werden.[48] Viele Schulen und kirchliche Einrichtungen in Stadt und Land Salzburg wurden zu Lazaretten umfunktioniert, wie ein Teil des Klosters St. Peter oder die Volksschule in Hallein.

Eine der prominentesten Salzburger Krankenschwestern war die Opernsängerin Anna Bahr-Mildenburg, Ehefrau des Schriftstellers Hermann Bahr, die ihre Tätigkeit ausführlich beschrieb. „Als dann die ersten Verwundeten kamen, litt es mich nicht, bis ich bei ihnen war, und der Wille zu ‚dienen' mußte den Pflegekurs und das ‚Diplom' ersetzen. (…) Ich kenne ihre Wunden, ihre Schmerzen, ich weiß, was jeden drunten im Operationszimmer erwartet, ich assistiere meinem Abteilungschef Doktor Richard Heller beim Verbinden, mache Operationen mit und bin immer aufs neue ergriffen von der Selbstdisziplin und Selbstbeherrschung unserer Soldaten. Wird einer bei der Behandlung seiner Wunden gar zu grün im Gesicht und blutleer in den Lippen, so reicht man ihm zur Aufmunterung wohl ein Stamperl Kognak."[49] Diese Naivität und „Verwundetenromantik"[50] hatten wenig mit der Realität in den Spitälern und Lazaretten im Frontgebiet oder dem unmittelbaren Hinterland zu tun, wo Krankenschwestern und einige wenige Ärztinnen im Sanitätsdienst der militärischen Hierarchie und Disziplin unterstellt waren.[51] Die Arbeitsbedingungen für die Krankenschwestern hier waren zum Teil katastrophal, die Frauen erlitten beim Anblick und der Versorgung der zerfetzten Körper Traumatisierungen, wie eine Krankenschwester niederschrieb, die an der Isonzofront – hier war u.a. das Rainerregiment eingesetzt – ihren Dienst versah: „Um vier Uhr morgens starb mir der erste Patient – Bauchschuß. Im Zimmer nebenan quält sich einer mit zertrümmerter Schädeldecke; nachdem er den Streifverband verschoben, wühlt er mit den Fingern im Gehirn! Grauen erfaßt einen!"[52] Marianne Jarka, ebenfalls Krankenschwester an der Isonzofront, (im Abschnitt des Rainerregiments), fasste im Alter von 72 Jahren diese Traumatisierungen in einem Satz zusammen. „Bis zu meinem letzten Atemzug werden mich die zerfetzten Leichen verfolgen", schrieb sie in den 1960er Jahren.[53] Manche Schwestern verloren ihr Leben in der Ausübung ihres Berufs, wie die Salz-

---

45 Mazohl-Wallnig, Die andere Frauengeschichte (wie Anm. 3), 297.
46 Hämmerle, Heimat/Front (wie Anm. 2), 16.
47 Hämmerle, Heimat/Front (wie Anm. 2), 28.
48 Hämmerle, Heimat/Front (wie Anm. 2), 38.
49 Zit. n. Mazohl-Wallnig, Die andere Geschichte (wie Anm. 3), Bd. 1, 295.
50 Biwald Brigitte, Von Helden und Krüppeln. Das österreichisch-ungarische Militärsanitätswesen im Ersten Weltkrieg, T. 1, 91.
51 Biwald, Von Helden und Krüppeln (wie Anm. 50), T. 1, 90f.
52 Hämmerle, Heimat/Front (wie Anm. 2), 43.
53 Hämmerle, Heimat/Front (wie Anm. 2), 27.

Abb. 5: Krankenschwestern in St. Peter (Salzburg Museum, Fotosammlung 22329)

burgerin Maria Tilman, die *im Dienste des Vaterlandes und der Pflege erkrankter Soldaten* in Montenegro an Flecktyphus starb.[54]

Die beiden Pole „Heilige" und „Hure" lagen in der Wahrnehmung von Krankenschwestern eng beisammen. Auf der einen Seite existierte das Bild der edlen Krankenschwester, die ihren Helden gesund pflegte und dieser sich in sie verliebte – Beispiele von Liebesbeziehungen und auch Ehen gibt es genug. So hatte sich der US-Schriftsteller Ernest Hemingway freiwillig als Sanitäter beim italienischen Heer gemeldet und verliebte sich nach seiner Verwundung am Piave in eine Krankenschwester, wobei die Geschichte unromantisch endet. Anders verlief die Beziehung beim österreichischen Künstler Uriel Birnbaum, der nach seiner Genesung die Krankenschwester Rosl Grieb heiratete. Auf der anderen Seite unterstellte man den Krankenschwestern, sich zu prostituieren, wobei als „Prostitution" bereits galt, wenn sich eine Schwester von einem Verwundeten einladen ließ. Lazarette galten als „Brutstätten" des sittlichen Verfalls. Viele Ärzte trugen dazu bei, Krankenschwestern zu verleumden und ihnen darüber hinaus Unfähigkeit zu unterstellen.[55] Auch Verwundete, die offensichtlich ihr Schicksal nicht verwinden konnten, sprachen nur schlecht über Krankenschwestern, wie der beinamputierte Gustav Kiener (aus der Familie des Besitzers der Stieglbrauerei stammend) in einem Gespräch mit Berta Pflanzl, Ehefrau des Brauereibediensteten und Mundartdichters Otto Pflanzl, kundtat: *Dann erzählt er mir, was er alles mitgemacht hat; daß sie ihm gleich den ganzen Fuß abgenommen hätten, daß er tagelang ohne Pflege dalag; kein Mensch kümmerte sich um ihn. Und die Pflegerinnen, sagte Gustl, die sind die schlechtesten Weiber die es gibt, die sind grausam und gemein, kokettieren immer mit den Ärzten.*[56]

54 Salzburger Chronik, 13.8.1918, 3.
55 Biwald, Von Helden und Krüppeln (wie Anm. 50), T. 1, 92.
56 Tagebuch Berta Pflanzl, 25.10.1918; Privatarchiv Robert H. Pflanzl, Großgmain.

Doppelmoral und verbotene Beziehungen

Ein verdrängtes Kapitel ist jenes der Beziehungen zwischen Salzburger Frauen und serbischen, italienischen oder russischen Kriegsgefangenen. Die Kriegspropaganda verband Spionageverdacht und den Vorwurf des Hochverrats mit Fremdenfeindlichkeit, Sexismus und Sexualneid. Besonders geächtet waren die sogenannten „Russenliebhaberinnen". In einer Kundmachung des k. k. Landespräsidiums Salzburg zur Verordnung des k. u. k. Kommandos der Südwestfront vom Mai 1915 war genau ausgeführt: *Jeder Verkehr zwischen Zivilpersonen und Kriegsgefangenen, der nicht durch das Arbeits- und Dienstverhältnis unbedingt notwendig ist, ist verboten.*[57] Sollten Kriegsgefangene dieses Verbot übertreten, hatten sie mit einem Verfahren vor dem Militärgericht zu rechnen. Für den Verkehr zwischen Frauen und Kriegsgefangenen gab es eigene Bestimmungen: *Wenn erwiesen ist, daß eine Frauensperson mit einem Kriegsgefangenen in einen Liebes- und Geschlechtsverkehr eingetreten ist, so ist das von der politischen Behörde erster Instanz gefällte Straferkenntnis in der Gemeinde des Wohnorts dieser Frauensperson ortsüblich zu verlautbaren.*[58]

Frieda Embacher aus Saalfelden berichtete über Bäuerinnen und auf dem Hof arbeitende Kriegsgefangene: „Und da haben sie dann die Gefangenen gekriegt, Russen und Franzosen [es hat sich wohl um Russen und Italiener gehandelt; Anm. S. R.]. Und da ist nachher manchmal eine geächtet worden, die sich ein bißl was angefangen hat mit einem Russen oder einem Franzosen. Wenn sie immer beinand sein müssen und miteinander arbeiten, ist das ja auch kein Wunder – und der Mann ist nicht da. Im Zweiten Weltkrieg ist man dafür sogar ins KZ gekommen."[59] Frauen, die im Ersten Weltkrieg gegen das Verbot des Umgangs mit Kriegsgefangenen verstießen, erhielten Arreststrafen.[60] Führte die Beziehung zu einer Schwangerschaft, entschieden sich die Betroffenen in der aussichtslosen Situation zu einer Abtreibung, wie eine Salzburger Dienstmagd, die von einem Kriegsgefangenen schwanger geworden war: *Die Elise H. hatte sich mit einem Kriegsgefangenen eingelassen und, als sie die Folgen verspürte, sich an ihre Schwester Marie gewendet, die ihr den Rat gab, zur Ringler zu gehen. Tatsächlich nahm diese einen erfolgreichen Eingriff vor. (…) Elise H. erhielt vier Monate Arrest.*[61]

Nicht nur sexuelle Beziehungen, sondern auch Alltagsbeziehungen waren verboten, was in der Praxis nicht durchführbar war. Der furchtbare Hunger der russischen Kriegsgefangenen blieb den Salzburger Mädchen und Frauen nicht verborgen. Manche steckten ihnen heimlich Essensreste oder ein Stück Brot zu. Die Saalfeldnerin Frieda Embacher erinnerte sich an dramatische Szenen: „Und so einen Hunger haben sie gelitten – sind ja furchtbar viele draufgegangen. (…) Ein Bild habe ich noch, das mir unvergesslich ist: Ein Russe mit einem Haxen von einem toten Ross [Pferd; Anm. S. R.], und an dem hat er genagt, da hinten beim Brunnentrog. Und die Krautstrünke haben sie sich von den abgeernteten Feldern geholt und faulige Erdäpfel, die bei der Ernte liegengelassen worden sind."[62] Ein ebenfalls verdrängtes Kapitel ist die weibliche Prostitution, um zu Lebensmitteln zu kommen. Manche Frauen in der Heimat legten all ihre Scham ab und prostituierten sich in ihrer Not für einen Laib Brot oder ein paar Eier, um für sich und ihre Familie das Überleben zu sichern. Sie mussten mit empfindlichen Strafen rechnen. Die Behörden sahen es hingegen als Selbstverständlichkeit an,

57 Kundmachung des k. k. Landespräsidiums Salzburg zur Verordnung des k. u. k. Kommandos der Südwestfront, 23.5.1915; Archiv Salzburg Museum.
58 Kundmachung des k. k. Landespräsidiums Salzburg (wie Anm. 57).
59 Mazohl-Wallnig, Die andere Frauengeschichte (wie Anm. 3), 304.
60 Salzburger Volksblatt, 4.3.1918, 4.
61 Salzburger Volksblatt, 9.7.1917, 5.
62 Mazohl-Wallnig, Die andere Frauengeschichte (wie Anm. 3), 303.

dass die Soldaten an der Front die Dienste von Prostituierten in Anspruch nehmen oder Liebesbeziehungen mit einheimischen Frauen aufbauen konnten, sie wurden nicht bestraft – im Gegenteil, das Militär organisierte für Soldaten sogar eigene Bordelle. Viele Männer, die später heimkehrten, infizierten ihre Frauen mit in diesen Einrichtungen erworbenen Geschlechtskrankheiten. In Kriegstagebüchern von Soldaten finden sich unzählige Hinweise auf die allgegenwärtige Prostitution an der Front, wie im Tagebuch des Salzburgers J. R. Werner, der über die Vorliebe von Offizieren seiner Einheit an ihren freien Tagen notierte: „Ein Großteil der Offiziere benützt die Gelegenheit zur Erweckung von Geschlechtskrankheiten".[63]

Militärischer Fanatismus: Beispiel Victoria Savs

Im Jahr 1917 waren im freiwilligen weiblichen Hilfskorps der k. u. k. Armee geschätzte 33.000 bis 50.000 Frauen als Küchenhilfen, Kellnerinnen, Schneiderinnen, Schusterinnen, landwirtschaftliche Arbeiterinnen, technische Gehilfinnen, Maschinschreiberinnen, Telefonistinnen – und wie bereits beschrieben als Krankenschwestern – im Heeresdienst auch an der Front.[64] Einige suchten den Kampf mit der Waffe. Victoria Savs, 1899 in Bad Reichenhall geboren, vom Vater mit militärischer Disziplin und im Umgang mit Waffen erzogen, lebte bei Ausbruch des Ersten Weltkriegs mit ihrem Vater und ihren Schwestern in Meran. Die Mutter war früh verstorben. Nach eigenen Angaben verkleidete sich Savs 1915 als Junge, um die Musterung in Innsbruck erfolgreich zu absolvieren, allerdings sind diese Angaben nicht gesichert. Vielmehr dürfte sie am 10. Juni 1915 aufgrund eines von Erzherzog Eugen positiv beschiedenen Bittgesuchs gemeinsam mit ihrem Vater als freiwillige Hilfs- und Ordonnanzkraft beim k. k. Landsturm-Infanteriebataillon Nr. 2 eingerückt sein. Wie bereits oben geschildert, waren Frauen als freiwillige Hilfskräfte der Armee erlaubt. 1916 diente Victoria Savs beim Kampfabschnitt Zinnenhochfläche in Südtirol. Ihr Geschlecht blieb nicht allen verborgen, auch wenn Savs sich wohl als Junge benahm und zum Teil – entgegen der ursprünglichen Verwendung als Hilfskraft – bei Kämpfen eingesetzt werden wollte. Im April 1917 erlitt sie eine schwere Verwundung, als sie in einen durch Granatenbeschuss verursachten Felssturz geriet. Russische Kriegsgefangene retteten Victoria Savs das Leben, indem sie die Frau ins Tal trugen, wo sie in einem Lazarett operiert wurde und dort mehrere Monate verbringen musste. Wie unzählige Männer legte sie ihren soldatischen Fanatismus auch nach dem Ende des Ersten Weltkriegs nicht ab. Sie nahm in der Zwischenkriegszeit in Österreich an Veteranentreffen teil und kontaktierte Anfang der 1930er Jahre die NSDAP, um als Invalide bessere Unterstützung zu erhalten. Als sie 1936 der Einladung des deutschen Kyffhäuserbundes, der NS-Kriegervereinigung, folgte und auch ihrer deutschen Überzeugung („Mit Herz und Hand für mein deutsches Vaterland. Und Heil unserem Führer! In treuer Kameradschaft. Heil Hitler!") Ausdruck verlieh, bediente sich die NS-Propaganda ihrer Annäherung an die NSDAP. 1938 übersiedelte sie nach Salzburg und war als NSDAP-Mitglied während des Zweiten Weltkriegs bei Wehrmachtsstellen tätig. Savs starb in Salzburg. Seit 1999 fungiert sie als Namensgeberin des 9. Unteroffizierslehrganges und 29. Stabsunteroffizierslehrganges der Akademie Enns.[65]

63 Gredler, J. R. Werner. Kriegstagebuch (wie Anm. 24), 80.
64 Hämmerle, Heimat/Front (wie Anm. 23), 21.
65 http://www.bmlv.gv.at/karriere/frauen/information_militaer.shtml; siehe auch: Heimatblätter, Beilage vom Reichenhaller Tagblatt, 31.1.2009, o. S.

Von der „Dienerin" zur Protestierenden

Die Bereitschaft, den Krieg und seine Auswirkungen in Salzburg mit allen Mitteln zu unterstützen, nahm im Ersten Weltkrieg nach den ersten Todesmeldungen und weiteren Einberufungen kontinuierlich ab. Frieda Embacher im Rückblick: „Die Kriegsbegeisterung war schnell weg, besonders bei den Frauen, wie die ersten Todesnachrichten gekommen sind und dann auch noch die älteren Männer gemustert worden sind."[66] Vor allem im Jahr 1916 waren Kriegsmüdigkeit und Ernüchterung zu spüren, die sich im sogenannten „Hungerwinter" 1916/17 verstärkten.[67] Hella Hoffmann, Schülerin in der Klosterschule Nonnberg, schrieb 1916 ein Weihnachtsgedicht an ihre Eltern, in dem von *Weihnachtsengeln* die Rede ist, die mit ihren *Friedensschwingen* die *friedenlose Welt* umfassen und auch das *Mütterchen* trösten sollten, das *den schweren Herzenskummer nicht mehr zu ertragen* schien, denn der Sohn war gefallen. Das Gedicht endete mit den Worten: *Ende doch die Kriegesnot! Gib uns, ach, den Frieden wieder…*[68] Berta Pflanzl notierte im Juli 1917 in ihr Tagebuch über die zahlreichen Gefallenen und die Friedenssehnsucht: *Wen wird es noch treffen bis das Jahr zu Ende? Lieber Gott beende diesen Krieg und stärke die armen Mütter.*[69]

Die Lebensbedingungen führten zu einer Radikalisierung der Frauen. Sie versuchten, durch Proteste und Demonstrationen auf die schwierigen Lebensumstände aufmerksam zu machen. Oft waren sie dadurch psychischer und physischer Gewalt ausgesetzt, wenn ihr Benehmen nicht der geforderten Norm entsprach. Frauen gewannen zunehmend Einsicht in die Macht- und Herrschaftsverhältnisse, die sie so nicht mehr hinnehmen wollten.[70] Diese Proteste erinnern an vorindustrielle Hunger- und Brotunruhen der Unterschichten gegen Nahrungsknappheit, Wucherpreise, Korruption und Lebensmittelspekulation, wie die Historikerin Ingrid Bauer feststellte.[71] Die k.u.k.-Diktatur und ihre Administration auf lokaler Ebene wurden direkt für die katastrophale Situation verantwortlich gemacht. Viele Proteste waren mit dem Ruf nach Frieden verbunden. Bereits im November 1915 kam es zu einer Demonstration von Arbeiterinnen in Hallein, die nach Arbeitsschluss zum Gemeindeamt marschierten und dem Bürgermeister eine schriftliche Beschwerde wegen der schlechten Versorgungslage überreichten.[72] Ein Jahr später, im Herbst 1916, protestierten Halleiner Arbeiterinnen unter anderem wegen der unzureichenden Zuckerversorgung, einige Wochen später marschierten auch in der Stadt Salzburg Arbeiterinnen auf. Die Halleinerin Agnes Primocic war noch ein Kind, als sie 1916 an dem Protest der Halleiner Zigarrenarbeiterinnen bei der Bezirkshauptmannschaft gegen die schlechte Versorgungslage teilnahm. „Und jetzt haum's an Marsch organisiert, a Demonstration. Dun do san's von da Zigarrenfabrik geschlossen einamaschiert – auffi do zu da Bezirkshauptmannschaft. (…) Und dann haum's haoit gschrian, net, da Bezirkshauptmann soi außakemmen, er soi veraunlossen, daß sie eanere Waren kriegen. Lebenmittelkoarten hot ma jo ghobt – und do haum's net amoi des kriagt, wos auf die Koarten eana Aunteil gwesen war."[73]

Ebenfalls zu Demonstrationen von Frauen kam es im Juli 1917 in Hallein und Maxglan, weiters im Mai, Juni und August 1918, wobei hier die mittelständischen Frauen gegen die Zulassung von Fremden protestierten. Im Jänner 1918 legten Arbeiterinnen und Arbeiter in der Werkstätte der Staatsbahn in Salzburg, in der k. k. Saline in Hallein, der Asphaltröhren- und Dachpappenfabrik in Hallein, der

66 Mazohl-Wallnig, Die andere Geschichte (wie Anm. 3), 304.
67 Mazohl-Wallnig, Die andere Geschichte (wie Anm. 3), 300.
68 Weihnachten 1916, Gedicht, Hella Hoffmann. Privatarchiv Dr. Robert Hoffmann, Salzburg.
69 Tagebuch Berta Pflanzl, Juli 1917. Privatarchiv Robert H. Pflanzl, Großgmain.
70 Bauer, Tschikweiber (wie Anm. 33), 173.
71 Bauer, Tschikweiber (wie Anm. 33), 176.
72 Bauer, Tschikweiber (wie Anm. 33), 177.
73 Köfner, Hunger (wie Anm. 44), 55.

Papier- und Zellulose-Fabrik in Hallein, den Kalk- und Schotterwerken in Golling, der Baufirma Crozzoli in Maxglan, der Mitterberger Kupfer AG, den Aluminiumwerken in Lend und dem Walzwerk Steiner in Grödig kurzfristig die Arbeit nieder. Im Mai 1918 kam es erneut zu einem Streik der Arbeiterinnen und Arbeiter bei der Mitterberger Kupfer AG, obwohl rund 600 Soldaten das Werk bewachten.[74] Die sogenannte „Hungerdemonstration" mit den anschließenden Ausschreitungen und Plünderungen am 19. September 1918 vor dem Regierungsgebäude in Salzburg war eine der größten Demonstrationen in Salzburg (siehe den Beitrag von Thomas Weidenholzer in diesem Band), auch an diesem Protest beteiligten sich Frauen federführend. Der Verlust des Vertrauens in Regierung und Behörden sowie das Aufbegehren gegen eine erzwungene Obrigkeitshörigkeit läuteten das Ende der Monarchie und des Ersten Weltkriegs ein.

NACH DEM ERSTEN WELTKRIEG: KURZER AUSBLICK

Nach Ende des Ersten Weltkriegs war den politischen Verantwortlichen klar, Frauen nicht länger vom Wahlrecht und von der Teilnahme am politischen Leben ausschließen zu können. Am 6. April 1919 wählten die Salzburger Frauen zum ersten Mal; das allgemeine, freie, gleiche und geheime Wahlrecht auf Bundes-, Länder- und Gemeindeebene war ein Meilenstein in der Geschichte. Im Landtag saßen nach dieser Wahl Aloisia Franek (Sozialdemokraten) und Maria Simmerle (Christlichsoziale). Allerdings konnte die politische Aktivität einer Frau sogar ein Ehescheidungsgrund sein, wenn sie ihre Pflichten als Hausfrau vernachlässigte.[75] Die schlechte wirtschaftliche Lage unmittelbar nach 1918 bestimmte das Alltagsleben der Frauen, die Versorgung mit Lebensmitteln besserte sich nur langsam, die Ersparnisse waren durch die galoppierende Inflation dahingeschmolzen. Darüber hinaus war einerseits der angestrebte Lebensentwurf – Heirat und Kinder – nicht mehr durchführbar, weil viele Männer im Krieg gestorben waren, andererseits mussten Frauen, die bereits verheiratet waren und Kinder hatten, vielfach ohne Hilfe der Ehemänner auf sich allein gestellt die Familie versorgen. Auf den Bauernhöfen leisteten Frauen und Kinder die Arbeiten alleine. Auch wenn die Männer als Invalide aus dem Krieg zurückkehrten, längere Zeit arbeitslos waren oder ihr Vermögen durch die Investition in Kriegsanleihen verloren hatten, bestand für Frauen zunehmend die Notwendigkeit zur eigenen Berufstätigkeit außer Haus – und zwar nicht nur für Arbeiterfrauen, sondern auch für Frauen aus der Mittelschicht und des Beamtentums. Im Jahr 1920 stieg die Frauenerwerbsrate in Salzburg auf 53 Prozent (ein Viertel der bäuerlichen Betriebe wurde von Frauen geführt), 1923 sogar auf 64,8 Prozent (63,9 Prozent der Männer waren zu diesem Zeitpunkt berufstätig).[76]

Doch gleichzeitig mit der gesetzlich zuerkannten politischen Anteilnahme von Frauen erließen die österreichische Bundesregierung und die Salzburger Landesregierung nach und nach neue Gesetze, um die Frauen wieder aus dem Berufsleben zu drängen. Kriegsheimkehrer sollten die Posten und die Ernährung der Familie übernehmen. Es war nicht leicht für Frauen, Arbeit zu finden.[77] Zudem wurde die Erinnerung an den Ersten Weltkrieg vom Kriegsgedenken der Männer dominiert, das Leben der Frauen an der Heimatfront oder auch an der Kriegsfront spielte im öffentlichen Gedenken keine Rolle mehr.

---

74 Köfner, Hunger (wie Anm. 44), 55.
75 Köfner, Hunger (wie Anm. 44), 55.
76 Mazohl-Wallnig, Die andere Geschichte (wie Anm. 3), 155 f. Bauer, Tschikweiber (wie Anm. 33), 71.
77 Rolinek Susanne, Salzburg. Ein Bundesland vom Ersten Weltkrieg bis zur Gegenwart, Innsbruck-Wien 2012.

Leopold Öhler

Krankheiten und medizinische Versorgung

1. Einführung

Der Erste Weltkrieg war der erste große Krieg der Neuzeit, der sich bis in alle Gebiete des täglichen Lebens, und somit auch in den medizinischen Bereich, auswirkte. In diesem Beitrag soll geschildert werden, welche strukturellen und organisatorischen Veränderungen sich im Salzburger Gesundheitswesen im Verlauf des Krieges ergeben haben und welche Auswirkungen der Krieg auf das Auftreten von Krankheiten hatte. In der Medizin beschleunigte der Erste Weltkrieg Entwicklungen in der Chirurgie, denn die Versorgung der Zivilbevölkerung, der Soldaten und der Kriegsgefangenen stellte das Gesundheitssystem vor neue Aufgaben. Große Probleme bei der medizinischen und sozialen Fürsorge führten weiters dazu, dass die öffentliche Hand Aufgaben von philanthropischen privaten Vereinen, die im 19. Jahrhundert für viele Gruppen gegründet worden waren, übernahm. Dies betraf etwa die Fürsorge für Alkoholiker, Blinde, Invalide, Taubstumme oder Säuglinge. Die Kriegswirtschaft brachte auf vielen Gebieten auch eine weitere Zentralisierung des Gesundheitswesens mit sich, unter anderem die Implementierung des Reichsepidemiegesetzes von 1913 und 1918 sowie die Schaffung eines Gesamtministeriums für Volksgesundheit.

Meine Ausführungen stützen sich großteils auf Tätigkeitsberichte und Zeitungsmeldungen, da es schwierig ist, heute Schilderungen aus dem privaten medizinischen Bereich zu finden. Der Wunsch, persönliches Leben zu schildern, ist nach einem verlorenen Krieg und einem schwierigen Alltag fern der Front nicht allzu groß. Man wollte nicht erinnert werden und überliefert wird ja nur, was als überliefernswert erachtet wird. Aus Salzburg existieren nur wenige Berichte, in denen der Hunger die größte Rolle spielt. In den Zeitungen sind vorwiegend die Erfolgsmeldungen von den Kriegsschauplätzen präsent, doch mehrten sich mit dem Fortschreiten des Krieges die Meldungen über Mangelzustände und Verluste an der Front. Hinzu kommt, dass nach Kriegsende viele Unterlagen vernichtet wurden, sei es um die Spuren der Monarchie zu tilgen oder einfach aus Mangel an Heizmaterial. Häufiger sind hingegen Schilderungen der Kriegserlebnisse Einzelner, die dem Gedächtnis der Familie, einem bestimmten Zielpublikum galten oder der Aufarbeitung eines Kriegstraumas dienten. Ein wichtiger Gesichtspunkt bei der Behandlung des Themas ist die militärische Bedeutung Salzburgs als Grenz- und Garnisonsort. Salzburg war Garnisonsstandort des Infanterieregiments Nr. 59 Erzherzog Rainer und unterstand dem Territorial-Militärkommando Innsbruck. Daher verfügte die Stadt Salzburg über ein eigenes Truppenspital am Kajetanerplatz. Für den Fall einer Mobilisierung wurden schon vor dem Ersten Weltkrieg Vorbereitungen für die Unterbringung von Verwundeten getroffen, wofür öffentliche Gebäude als Reservespitäler vorgesehen wurden. Von Bedeutung war auch die Lage Salzburgs als Eisenbahnknotenpunkt, als Zielort für die Unterbringung von Soldaten und Kriegsgefangenen sowie als Durchgangsknoten für deren Verlegung in die weitere Umgebung.

2. Krankheiten

Wie in ganz Europa gingen ebenso in Salzburg im 19. Jahrhundert die Todesfälle durch Infektionskrankheiten zurück, dafür nahmen Herz-Kreislauferkrankungen und Karzinome als Todesursachen stark zu.[1] So berichtete das St. Johanns-Spital, dass 1912 von 581 Todesfällen 71 an Krebs, 23 an Tuberkulose, 22 durch Verletzungen und 240 an sonstigen Ursachen verstorben waren.[2] Dieser Trend hält bis heute an, denn 2012 starben in Österreich von 79.436 Personen 42,7 % an Herz-Kreislauf-Krankheiten, 25,5 % an Krebs und nur mehr 0,84 % an Infektionskrankheiten. In Salzburg liegt der langjährige Schnitt bei Todesursachen für Herz-Kreislauferkrankungen bei 40 % und 25,3 % für bösartige Tumore. 1913 wurde für Salzburg kein einziger Fall von Pocken, Flecktyphus, Ruhr und Cholera angezeigt, doch gab es 95 Scharlachfälle mit vier Toten, 221 Diphtheriefälle mit 19 Toten und 34 Typhuserkrankungen mit neun Verstorbenen.[3] Diese Zahlen entsprechen jenen aus anderen westlichen Kronländern.

Auch die Kindersterblichkeit ging im 19. Jahrhundert zurück. Zwischen 1871 und 1880 wies Josef Pollak in einer Studie in der Stadt Salzburg nach, dass die Sterblichkeit, vor allem an Darmerkrankungen, mit dem 1. Lebensjahr, der unehelichen Geburt, der außerhäuslichen Pflege und der Unterkunft zusammenhingen, wobei die Morbidität und Mortalität im Stadtteil rechts der Salzach höher war als links. Nach der Jahrhundertwende betrug sie noch knapp 22 %, dann sank die Säuglingssterblichkeit deutlich ab,[4] um im Verlauf des Ersten Weltkrieges wieder anzusteigen. Zur Vorbeugung gastierte 1916 eine Wanderausstellung des Innenministeriums zum Thema „Säuglingsschutz" für drei Wochen in Salzburg, in der über Pflege, Ernährung und verschiedene Krankheiten informiert wurde, und die wegen des großen Interesses um einige Tage verlängert wurde.[5] Zugleich wurde von Primarius Dr. Josef Schweighofer der Versuch zur Gründung einer Kinderfürsorgestelle gemacht. Im Sommer 1916 begann zur Bekämpfung der Kindersterblichkeit eine Schulung der Hebammen und die intensive Aufklärung der Bevölkerung mit Informationen über Säuglingspflege und Selbststillen sowie amtsärztliche Kontrollen.[6] Alle Kinder aber litten unter Nahrungsmangel und den dadurch bedingten Krankheiten. In Wien waren 1918 nur 8 % der Kinder gesund, außerdem waren 1919 in Salzburg 90 % der Kinder unterernährt.[7] Es kam immer wieder vor, dass Schulkinder vor Hunger ohnmächtig wurden. Nach dem Krieg und nach der Grippeepidemie 1918 sank dann die Sterblichkeit im 1. Lebensjahr wieder auf das Vorkriegsniveau, auf 14 % zwischen 1920 und 1925.[8] Hallein etwa hatte vor dem Krieg wegen seiner *gesunden Lage und guter sanitärer Beziehungen* eine geringe Sterblichkeit. Bei 7.000 Einwohnern verzeichnete man 150 bis 160 Todesfälle pro Jahr. Im ersten Halbjahr 1914 waren es sogar nur 52 Sterbefälle, vor allem alte Leute und Kinder.[9] Hingegen fielen in den Monaten April 1917 und März 1918 jeweils auf 13 Verstorbene nur sechs Geburten.[10]

1 Klein Kurt, Bevölkerung und Siedlung. In: Dopsch Heinz/Spatzenegger Hans (Hg.), Geschichte Salzburgs. Stadt und Land, Bd. II/2: Neuzeit und Zeitgeschichte. Salzburg ²1995, 1316.
2 Österreichisches Statistisches Handbuch nebst einem Anhang für die Oesterreichisch-ungarische Monarchie und die anderen Staaten Europas 1914, hg. v. d. K. K. Statistischen Zentralkommission. Wien 1916, 68–70.
3 Österreichisches Statistisches Handbuch 1914 (wie Anm. 2), 71–73.
4 Klein, Bevölkerung (wie Anm. 1), 1316.
5 Salzburger Volksblatt, 22.2.1916, 4.
6 Salzburger Volksblatt, 8.8.1916, 4.
7 Öhler Leopold, Kinderheilkunde in Salzburg. In: Festschrift „50 Jahre Österreichische Gesellschaft für Kinder- und Jugendheilkunde", hg. v. Sperl Wolfgang/Kerbl Reinhold. Salzburg 2012, 70.
8 Klein, Bevölkerung (wie Anm. 1), 1325.
9 Salzburger Chronik, 3.7.1914, 5.
10 Salzburger Chronik, 13.5.1917, 10 u. 6.4.1918, 7.

Abb. 1: Primar Dr. Josef Schweighofer im Vereins-Reserve-Spital, St. Andräschule, 1914–1918 (Salzburg Museum, Fotosammlung 21885)

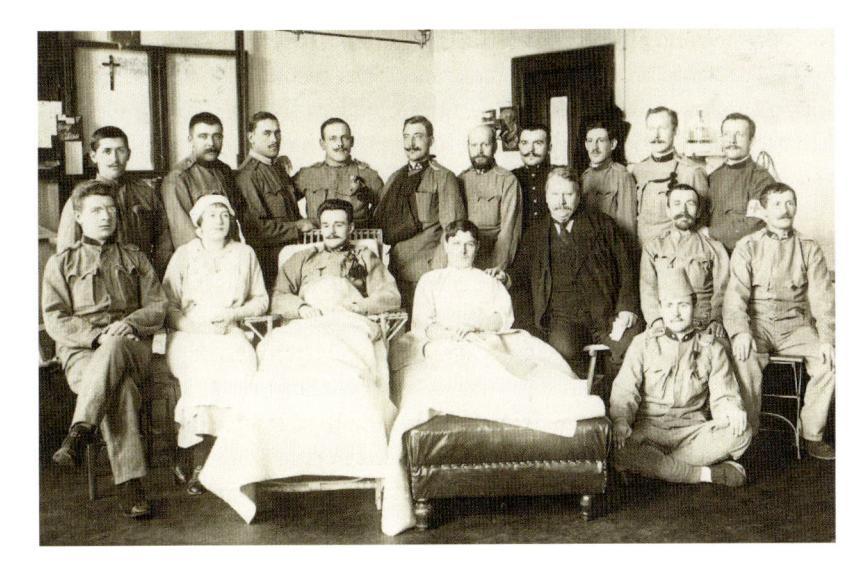

Mit Kriegsbeginn begann die Sterblichkeit besonders in den größeren Städten anzusteigen. Die zunehmend mangelhafte Ernährung sowie die Verbreitung von Seuchen durch Soldaten und Kriegsgefangene ließen die Krankenzahlen und die Todesfälle ansteigen. Deshalb schürte es die Missstimmung in der Bevölkerung, wenn in Kurorten den Gästen normale Ernährung angeboten wurde – *in Bad Gastein schlemmen die Kurgäste und die Bevölkerung darbt*.[11] In Wien stieg die Sterblichkeit zwischen 1913 und 1918 um 57 %, jene an Tuberkulose um 78 %.[12] 1916 waren in Henndorf von 23 Sterbefällen zwölf Kinder, davon vier an Diphtherie und fünf an Durchfallserkrankungen.[13] Diphtherie war ein Dauergast in diesen Jahrzehnten, sodass 1903 ein eigener Pavillon beim Kinderspital errichtet wurde. 1913 wurden 221 Fälle mit 19 Toten festgestellt. Als in Hüttau 1917 eine Volksschülerin daran starb, kommentierte eine Zeitung *fast unheimlich greift diese Krankheit in unsere Jugend ein, und dazu kein Arzt in der Gemeinde*.[14] In Mittersill war 1917 fast jeden zweiten Tag ein Todesfall zu beklagen, vor allem unter alten Leuten und Kindern.[15] In Fusch dagegen war wegen der abgeschiedenen Lage der allgemeine Gesundheitszustand gut, trotz Brot- und Getreidenot, es gab aber viele Gemüse- und Kartoffeldiebstähle, und *manchmal huschte ein Hamsterer durch unser stilles Tal und ob er Erfolg hatte, weiß man nicht*.[16] Aus der Stadt hingegen werden in Itzling für den November 1918 bei sechs Geburten sieben Todesfälle gemeldet, darunter vier Kinder.[17]

Auffallend bei der Lektüre der Tagespresse sind die zahlreichen Meldungen über Selbstmorde von Soldaten ab dem zweiten Kriegsjahr, wohl eine Reaktion auf die psychischen Belastungen durch die gewaltigen Verluste der ersten Jahre und auf die technische Kriegsführung, die den Erwartungen und Hoffnungen der ersten Kriegsmonate nicht entsprachen.

Das kriegsbedingte Auftreten von Seuchen begann schon im Herbst 1914. Wegen der allgemeinen Pockenimpfung traten die Blattern in Salzburg nur vereinzelt auf, während aus Galizien und der Bukowina in den Jahren 1915 bis 1916 viele Erkrankungen gemeldet wurden. Die Ruhrepidemie, eine typische Kriegsseuche, übertragen durch verseuchtes Wasser und verseuchte Lebensmittel, hielt die ganzen Kriegsjahre in Österreich unter den Soldaten an, während sie in Salzburg erst 1917 häufiger wurde. Von den sieben Fällen im Oktober 1917 waren

---

11 Salzburger Wacht, 4.8.1917.
12 Die Presse, 16.2.2013, Printausgabe.
13 Salzburger Chronik, 5.1.1917, 7.
14 Salzburger Chronik, 23.1.1917, 7.
15 Salzburger Chronik, 12.1.1918, 8.
16 Salzburger Chronik, 19.8.1918, 4.
17 Salzburger Chronik, 6.12.1918, 4.

vier Nichtsalzburger und zwei Soldaten, Hüttau verzeichnete acht Tote bei 19 Krankheitsfällen.[18] Ebenfalls trat die Cholera 1914 und 1915 durch Übertragung vom nördlichen Kriegsschauplatz in Salzburg unter Soldaten auf. Bereits 1914 gab es im Oktober den ersten toten Soldaten, der am Kommunalfriedhof begraben wurde. Im November starb neben zwei weiteren Soldaten eine Frau, die sich beim Waschen von Monturen kranker Soldaten angesteckt hatte.[19] Zur Vorsicht wurde für Einreisende aus Deutschland eine durch einen Impfpass nachzuweisende Schutzimpfung gegen Cholera und Typhus verlangt.[20] Eine typische Kriegsseuche war auch das Fleckfieber, das durch die Kleiderläuse von Soldaten und Kriegsgefangenen aus den östlichen Kriegsgebieten eingeschleppt worden war. Im Lager Grödig traten 1915 bei Kriegsgefangenen im April fünf und im Mai acht Fälle auf. Einem Prinzip der Seuchenbekämpfung entspricht die Isolierung kranker Personen in Seuchenlazaretten. So wurden schon 1916 für Zivilisten Epidemiebaracken im St. Johanns-Spital errichtet und für die Rettung eigene Seuchenwägen zum Transport von Seuchenkranken von der Stadt angeschafft. Ein Militär-Infektions-Spital im Massenhof in Lehen und die Epidemiebaracken im Lager Grödig deckten den Bedarf des Heeres. Bei Seuchenfällen im Lager wurden von der Stadt als Vorsichtsmaßnahme Waggons der Straßenbahn nach Grödig desinfiziert. Der Name Flecktyphus verführte eine Zeitung zum Vergleich ihrer Seiten mit dem Ausschlag der Krankheit. Da die Zensur oftmals Artikel strich, schienen ihre Seiten von einem *weißen FLECK-Typhus* befallen, wie sich der Kommentar im „Salzburger Noggerl" ausdrückte.[21]

Die Tuberkulose, oft auch als „Wiener Krankheit" bezeichnet, war seit langem eine Krankheit vor allem in den Städten – begünstigt durch die verschlechterten Lebensbedingungen während des Krieges. 1912 starben in hiesigen Krankenhäusern von 581 Patienten 23 an Tuberkulose und 162 Tuberkulosekranke wurden entlassen. 1913 verzeichnete man unter der Diagnose Lungentuberkulose 104 Tote und 252 entlassene Kranke sowie 31 Tote und 172 Entlassungen nach Tuberkulose anderer Organe.[22] In Wien stieg die Sterblichkeit an Tuberkulose seit Kriegsbeginn um 78 %. Ähnliche Probleme gab es in Salzburg, weshalb spezielle Vereine zur Tuberkulosebekämpfung gegründet wurden. Der bedeutendste Verein war der 1912 gegründete „Volksverein zur Bekämpfung der Tuberkulose im Kronlande Salzburg". Staatlicherseits wurden im Jänner 1917 eigene Fürsorgestellen zur Bekämpfung der Tuberkulose bei der Bevölkerung und den Soldaten eingerichtet. Ihre Aufgabe war die Obsorge bei erkrankten Menschen und der Schutz der Umgebung vor der Ansteckung. Dafür wurden eigene Fürsorgeärzte sowie Fürsorgeschwestern für die Familienfürsorge in den Wohnungen angestellt.[23] Der erste Fortbildungskurs mit Praktikum für Ärzte fand schon im April 1917 in Wien statt, dafür erfolgte die Stellenausschreibung für eine Fürsorgeschwester, die zuvor einen vier- bis sechswöchigen Kurs in Wien zu absolvieren hatte, im Mai 1917. Zur Information der Bevölkerung wurde in den Zeitungen ein „Tuberkulose-Merkblatt" veröffentlicht. Darin wurde als Ansteckungsquelle in erster Linie der lungenkranke, mit Auswurf behaftete Patient angesehen, der daher andere Menschen nicht anhusten und in einem eigenen Bett schlafen sollte. Neben anderen Empfehlungen zur Vermeidung der Ansteckung wurde vor der Eheschließung mit Tuberkulosekranken gewarnt. Die häufigste Form wäre die Lungentuberkulose, die wie auch die anderen Formen heilbar wäre, wozu ein Kuraufenthalt in Lungenheilstätten empfohlen wurde. Bei ersten Anzeichen

18 Salzburger Volksblatt, 30.10.1917, 3.
19 Salzburger Volksblatt, 11.11.1914, 6.
20 Salzburger Wacht, 3.5.1915, 5.
21 Salzburger Chronik, 31.12.1916, 9.
22 Österreichisches Statistisches Handbuch 1914 (wie Anm. 2), 69f.
23 Salzburger Chronik, 19.1.1917, 7.

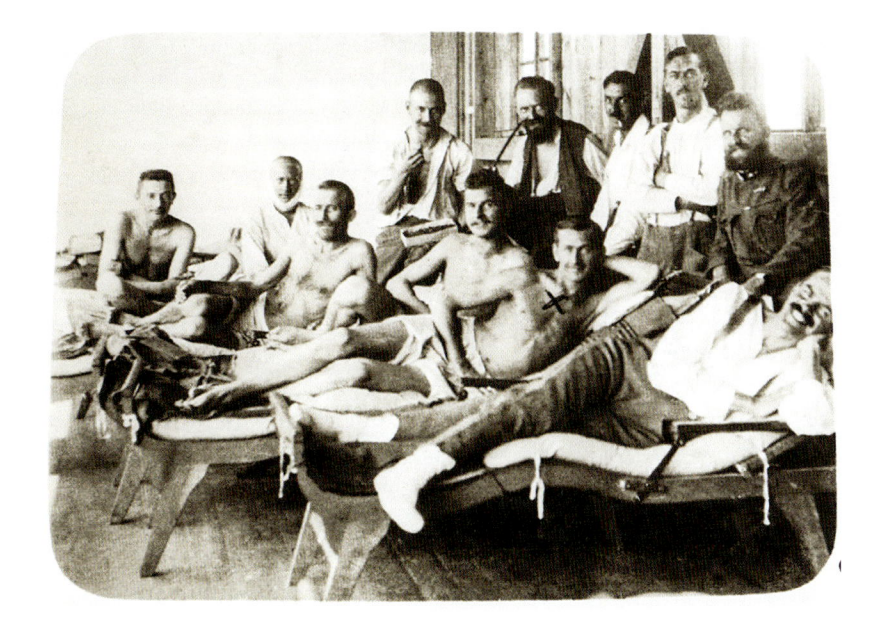

Abb. 2: Liegehalle Grafenhof (Landesklinik
St. Veit/Pongau, Fotosammlung)

sollte man unverzüglich den Arzt oder eine Fürsorgestelle aufsuchen. Zur Vorbeugung wurden gute Ernährung mit gemischter Kost, viel frische Luft, sonnige Wohnungen, reichlich Schlaf sowie die Vermeidung von Alkohol empfohlen.[24] Eine eigene Zeitschrift, das „Tuberkulose-Fürsorgeblatt", herausgegeben vom Österreichischen Zentralkomitee Wien, widmete sich allen Zweigen der Tuberkulosebekämpfung.[25] Die Fürsorgestellen waren zudem für die erkrankten Soldaten zuständig, vor allem als ein Ministerialerlass anordnete, dass tuberkulosekranke Soldaten nach ihrer Entlassung aus den Militär-Sanitätsanstalten unter ihrer Aufsicht in den Familien gepflegt werden sollten.[26]

Dass frische Luft und Klimawechsel als heilsame Maßnahme auch amtlicherseits gefördert wurde, zeigt die Meldung, dass man erholungsbedürftige und tuberkulosegefährdete Wiener Lehrlinge zur Erholung im Sommer 1918 im Lager Grödig unterbrachte.[27] 1920 leitete der Kinderarzt Dr. Ottokar Grüner die Salzburger Tuberkulose-Fürsorgestelle. Mit dem beginnenden Sommer 1918 trat vom Westen kommend in Salzburg die sogenannte „Spanische Grippe oder Krankheit" auf. Berichte etwa über das Schweizer Heer, wo bis zu 15 % des Mannschaftsstandes erkrankt und vier Soldaten gestorben waren,[28] lösten Unruhe in der Bevölkerung aus. In der Presse erschien ein Artikel, der die Krankheit, die Übertragung sowie die Pflege und Behandlung im Erkrankungsfall beschrieb. Er schloss mit der Bemerkung, die beruhigend wirken sollte, dass ihrer *Ausbreitung mit der zu erwartenden Zunahme der Temperatur in den bevorstehenden Sommermonaten eine natürliche Grenze gesetzt sei, so daß an eine epidemische Ausbreitung der von ihm verursachten Seuche in der jetzigen Jahreszeit kaum mehr zu denken ist.*[29] Die Wirklichkeit war anders. In St. Martin *haust der spanische Dusel geradezu unheimlich*, sodass oft ganze Familien auf einige Tage im Bett lägen (13. 7.), in Puch waren seit sechs Wochen viele Erkrankungen, die durch den *muffeligen Kartoffelgries* aus dem Grödiger Lager verursacht worden wären, und in Radstadt wütete die spanische Grippe so stark, dass allein bei Habersatter 30 Personen erkrankten (27. 8.). Bis anfangs Oktober zählte man schließlich in der Stadt Salzburg drei und im Land neun Todesfälle. Als Gegenmaßnahme wurde

24 Salzburger Chronik, 14.2.1917, 3.
25 Salzburger Wacht, 26.8.1917, 4.
26 Salzburger Chronik, 9.9.1918, 5.
27 Salzburger Chronik, 19.7.1918, 3.
28 Salzburger Chronik, 9.7.1918, 5.
29 Salzburger Chronik, 3.7.1918, 2.

Abb. 3: Blindenheim im St. Johanns-Spital (Salzburg Museum, Fotosammlung 22795)

die Schließung aller Schulen vom 9. bis 15. Oktober verfügt und als Schutz die Meidung Kranker empfohlen, sofortige Schonung, bei Verschlechterung die sofortige Verständigung eines Arztes und einige Tage Bettruhe über die Abfieberung hinaus. Außerdem wurde das Heizverbot für öffentliche Räume aufgehoben (8. 10.). Die Grippe forderte im Oktober noch viele Tote: zwei in Liefering, einen in Haigermoos, in Hallein *große Sterb*. In der Folge richteten Zeitungen eine eigene Spalte für die Fälle von Spanischer Grippe ein, und die Schließung der Schulen wurde bis Beginn November verlängert (15. 10.). Erst in der zweiten Novemberhälfte kam es zu einem langsamen Erlöschen der Epidemie (4. 12.).[30]

Um den medizinischen und sozialen Problemen, die durch verschiedene Volkskrankheiten, wie Blindheit, Tuberkulose und andere verursacht wurden, zu begegnen, wurden schon am Beginn des 20. Jahrhunderts verschiedene wohltätige Vereine gegründet. So gab es seit 1903 einen „Verein zur Fürsorge für Blinde" im Herzogtum Salzburg, der 1917 unter dem Vorsitz des Augenprimars Dr. Karl Gampp 2.395 Mitglieder zählte und sich der Zivil- und Kriegsblinden annahm. Zwar erst nach dem Krieg gegründet, traten ab 1919 unter dem Schularzt und Sanitätsrat Dr. Richard Heller als Vorsitzenden die Zweigvereine der „Deutsch-Österreichischen Gesellschaft für Schulhygiene bzw. Zahnpflege" in Salzburg für die Verbesserung der Gesundheit der Schulkinder ein. Der bedeutendste Verein war aber der „Volksverein zur Bekämpfung der Tuberkulose im Kronlande Salzburg". Gegründet 1912 mit dem Vorsitzenden Landeshauptmann Prälat Alois Winkler, erwarb er ein Grundstück im Ortsteil Grafenhof in St. Veit im Pongau und erbaute bis 1913 eine heilklimatische Lungenheilstätte zur Behandlung Tuberkulosekranker. 1914 wies der Verein 175 Mitglieder auf. Im selben Jahr wurden bereits 50 Patienten aufgenommen. 1915 konnten bereits 216 Patienten und 170 Entlassungen verzeichnet werden. In der Folge wurden in einer eigenen Baracke auch Soldaten als Patienten aufgenommen. Der Ausbau und die steigenden Patientenzahlen brachten eine enorme psychische Belastung für den Chefarzt Dr. Hermann Putz mit sich, der im Dezember 1916 Selbstmord beging.[31] Zum Nachfolger wurde Dr. Josef Tinzl bestellt, der Grafenhof 1921 wieder verließ.[32] 1917 wurden 349 Patienten betreut, darunter 166 Soldaten, von denen immerhin

---

30 Salzburger Chronik, 13.7.1918, 7; 27.8.1918, 6; 8.10.1918, 3; 15.10.1918, 3 u. 4.12.1918, 2.
31 Salzburger Chronik, 2.12.1916, 6; Salzburger Volksblatt, 2.12.1916, 7.
32 Maier Nina Daniela, Von der Lungenheilstätte zur Landesklinik (1913–2013). St. Veit/Pongau 2013, 40.

Abb. 4: Grafenhof – Mitarbeiter und Patienten, 1914–1918 (Landesklinik St. Veit/Pongau, Fotosammlung)

78 % als dienstverwendungsfähig entlassen werden konnten. Die Schwierigkeit, in Kriegszeiten eine Heilstätte abseits größerer Siedlungen zu führen, zeigt die Meldung, dass die Kranken im Winter 1917/1918 in Grafenhof frieren mussten, da die Transportbewilligung für jene Waggons in Oberösterreich fehlte, die Kohle für die Heizung nach Schwarzach bringen sollten.[33] Probleme bei der Beschaffung von Lebensmitteln, Futter für die Kühe und Heizmaterial kamen bei der Vollversammlung am 14. Mai 1918 zur Sprache. Hier wurde auch diskutiert, dass einfache Reparaturen von Patienten gemacht würden und dass die 80 Kühe der anstaltseigenen Landwirtschaft täglich 100 Liter Milch lieferten. Zur Erweiterung der Landwirtschaft seien zusätzlich zwei Güter erworben worden.[34]

3. Ärztliche Versorgung

In der medizinischen Grundversorgung Salzburgs vollzog sich seit dem letzten Viertel des 19. Jahrhunderts ein Wandel von den handwerklich und an den Lehranstalten Salzburgs ausgebildeten Wundärzten zu den zahlreicher werdenden Ärzten mit Universitätsstudium. Praktizierten 1912 noch 19 Wundärzte im Herzogtum Salzburg, davon zwei in der Stadt, waren es 1920 nur mehr fünf Wundärzte („praktische Ärzte"), davon einer in der Stadt. In der Versorgung spielten sie nur mehr auf dem Land eine Rolle. Die Ärztedichte nahm stetig zu, 1912 von dem Schlüssel 1 Arzt : 1.746 Einwohner auf 1 : 1.438 im Jahr 1920, unterbrochen nur durch den kriegsbedingten Schlüssel 1 : 1.965 im Jahr 1917, der sich in den berechtigten Klagen der Bevölkerung über einen Ärztemangel in den Gebirgsgauen äu-

33 Salzburger Volksblatt, 29.12.1917, 5.
34 Salzburger Chronik, 15.5.1918, 3.

ßerte. Als Beispiel lässt sich das Großarltal anführen, in dem sich 1894 der erste Arzt niedergelassen hatte. Bis dahin sorgten Bader und Wundärzte für die medizinische Betreuung. Der Arzt wanderte aber Ende 1913 ab, und das Tal wurde von St. Johann aus durch den Bezirksarzt Dr. Rupert Stanko und den Gemeindearzt Dr. Wilhelm Wunderer versorgt. Manche Großarler aber fuhren bis Schwarzach zu Dr. Franz Hain und einige sogar zum Großarler Dr. Matthias Deisl, der sich 1900 in Werfen niedergelassen hatte. Erst ab 1923 ordinierte wieder ständig ein Arzt in Großarl.[35]

Unabhängig vom Krieg zeigt sich ein Trend zur Spezialisierung der Ärzte, der am deutlichsten am Beispiel der Zahnmedizin zu registrieren ist. Bis weit ins 20. Jahrhundert hinein wurden in vielen Ordinationen der Grundversorgung einfache Zahnbehandlungen gemacht, vor allem Zahnextraktionen. Doch die zunehmende Professionalisierung mit dem Bestreben, möglichst viele Zähne zu erhalten, machte die Erreichbarkeit von Spezialisten notwendig. Waren 1912 nur neun Zahnärzte registriert, davon sieben in der Stadt, stieg deren Zahl bis 1920 auf 13, wobei elf in der Stadt Salzburg ordinierten.

Schwieriger ist die Anzahl der Militärärzte zu eruieren, die ja nicht nur in den Militärspitälern arbeiteten, sondern auch Privatordinationen führen durften. Sie schienen in den Kriegsjahren nicht in den Verzeichnissen auf. Waren daher in Friedenszeiten fünf und 1914 vier Militärärzte der ärztlichen Versorgung zugerechnet worden, so waren nach dem Krieg 1920 wieder neun Militärärzte in der Ärzteliste zu finden. In den Krankenanstalten stieg mit der Zahl der Abteilungen auch die Zahl der Ärzte. In den sieben Abteilungen arbeiteten elf Sekundarärzte und sieben Primarärzte, wobei allein an der Chirurgie bei Primar Dr. Ernst Ritter von Karajan drei Sekundarärzte arbeiteten. Mit Kriegsbeginn wurde die Hälfte der Spitalsärzte eingezogen, wodurch auf der Chirurgie nur ein Sekundararzt verblieb, auf der Internen Abteilung bei Primar Dr. Emil Adler eine Frau, Dr. Clotilde Zeller, als Sekundarärztin arbeitete und an der Landes-Gebäranstalt Primar Dr. Richard Lumpe ohne Assistenten auskommen musste. Sogar Primar Dr. Max Strohschneider von der Dermatologischen Abteilung wurde dienstverpflichtet, sodass man dem Prosektor Dr. Humbert Rollett die Leitung übertrug.[36] Die Arbeit in den Spitälern war nicht nur schwierig, sondern auch gefährlich. Beispielsweise verstarb Dr. Rudolf Schmid aus Linz, Chefarzt des Reservespitals Saalfelden, im Sommer 1916 an einer Sepsis (Blutvergiftung)[37], und Dr. Putz, Primar der Lungenheilstätte Grafenhof, beging wohl wegen der Überlastung durch den Aufbau der Anstalt Selbstmord.[38]

	1912	1914	1915	1916	1917	1918
Ärztezahl	123	127	137	116	113	94
Ärztedichte	1:1.746	1:1.748	1:1.620	1:1.914	1:1.965	1:2.279

Tab. 1: Ärztedichte 1912–1918 im Kronland Salzburg

Die niedergelassene Ärzteschaft war ebenfalls von den Auswirkungen des Krieges stark betroffen und versuchte, ihren Pflichten gegenüber dem Staat und ihren Patienten nachzukommen. So rief die Ärztekammer schon zu Kriegsbeginn ihre Mitglieder zu einer Sammelaktion zur Unterstützung von Soldatenfamilien auf. Der Salzburger Stadtarzt Dr. Eduard von Hueber verpflegte eine Woche lang

---

35 Laireiter Matthias, Heimat Großarl, Großarl 1987, 219.
36 Berichte des St. Johanns-Spitals 1914–1917.
37 Salzburger Volksblatt, 5.9.1916, 4.
38 Salzburger Chronik, 2.12.1916, 6; Salzburger Volksblatt, 2.12.1916, 7.

Abb. 5: Verwundetenversorgung mit Dr. Eduard von Hueber (Salzburg Museum, Fotosammlung 40026)

240 einberufene Soldaten mit einem Nachtmahl und einem Bier.[39] Auch die entschädigungslose Arbeit der Ärzte in den Rot-Kreuz-Reservespitälern zählte zu diesen Pflichten. Um die ärztliche Versorgung zu sichern, wurde auswärtigen Ärzten gestattet, in den Praxen mobilisierter Ärzte zu ordinieren.[40] Im zweiten Kriegsjahr berührte das Kriegsgeschehen unmittelbar die Salzburger Ärzte, als der einberufene Tamsweger Gemeindearzt Dr. Lothar Ebersbach im ersten Kriegsjahr in russische Gefangenschaft geraten und in Ostsibirien interniert worden war. Von dort entfloh er nach China, von wo er mit einem spanischen Schiff nach Gibraltar kam und im April 1915 wieder daheim anlangte.[41] In diesen schwierigen Zeiten fand am 1. Mai 1915 die planmäßige Ärztekammerwahl statt, an der allerdings von den 126 stimmberechtigten Ärzten nur 45 teilnehmen konnten, da der Rest schon einberufen war.[42] Ein Problem für die zum Landsturm gemusterten Ärzte (42. bis 50. Lebensjahr), von denen bereits zwei Drittel im Kriegsdienst standen, war die geringe Entlohnung. Der auf einer gemeinsamen Tagung der Ärztekammern und des Reichsverbandes Österreichischer Ärzteorganisationen erhobenen Forderung nach besserer Entlohnung wurde entgegengehalten, dass Ärzte im Gegensatz zu Ingenieuren sofort Offizierschargen bekleiden würden und damit einen höheren Gehalt erhielten.[43] Dieser Forderung wurde dennoch ab 1916 mit einer Zulagenerhöhung entsprochen.

Die ärztliche Versorgung im Lande war wenigen, zumeist älteren Ärzten übertragen, womit die Ausfälle im Verlauf der Kriegsjahre häufiger wurden. Unter anderem starben Dr. Josef Pollak, praktischer Arzt und Hausarzt im Stift Nonnberg, im Oktober 1915[44] und der Mittersiller Gemeindearzt Dr. Stefan Heiß im Alter von 47 Jahren im Dezember 1915.[45] Anderen Ärzten wurde die Arbeit zu schwer, wie dem Gemeindearzt Dr. Ettl von Mariapfarr, der den Ort nach kurzer Tätigkeit wegen eines *Herzleidens im weltfernen Lungau* wieder verließ.[46] Der Ärztemangel im Lungau zeigte sich auch, als der Bezirksarzt Dr. Vinzenz Christen nach Erkrankung und wegen Überlastung mehr als zwei Monate auf Erholung ging. Zu diesem Zeitpunkt waren von den normal sechs ausgewiesenen Ärztestellen nur drei besetzt, nämlich Dr. Max Lainer in Ramingstein, Dr. Guido Beyer in Mauterndorf und eben Dr. Christen, zu dessen Vertretung Dr. Josef Stanko aus St. Johann einspringen musste.[47] Zudem war in Abtenau der Gemeindearzt Dr.

39 Salzburger Chronik, 2.8.1914, 4 u. 15.8.1914, 4.
40 Salzburger Chronik, 6.8.1914, 7.
41 Salzburger Wacht, 15.4.1915, 5 u. 23.4.1915, 6.
42 Salzburger Wacht, 7.5.1915, 5.
43 Salzburger Volksblatt, 13.7.1915, 7.
44 Salzburger Chronik, 23.10.1915.
45 Salzburger Chronik, 7.12.1915, 4.
46 Salzburger Chronik, 29.10.1915, 7.
47 Salzburger Chronik, 17.12.1916, 6f.

Kajetan Höfner im Dezember 1916 verstorben.[48] 1917 wurde in Unken ein Todesfall nach *Käsegenuß* auf das Fehlen eines Gemeindearztes zurückgeführt.[49] In Hallein herrschte gleichfalls Ärztemangel, da mit der Einberufung von Dr. Karl Mittermayr nur mehr ein Arzt in der Stadt tätig war.[50] In Salzburg war das Sanatorium Schenk in einer ähnlichen Situation, als der Leiter Dr. Oskar Eggerth zum Militär eingezogen wurde und Dr. Eduard von Hueber interimistisch die Leitung bis Kriegsende übernahm.[51] Der Pinzgau war ebenfalls personell ausgedünnt: Dr. Anton Strobl, Gemeindearzt in Bruck,[52] starb im Jänner 1918, und in Taxenbach starb der praktische Arzt Matthias Pelzler im Alter von 78 Jahren, der 40 Jahre den Ort versorgt hatte.[53] Zwischen Mittersill und Saalfelden war der Gemeindearzt von Zell am See, Dr. Josef Pircher, der einzige Arzt. Bei einer lokalen Diphtherieepidemie rettete er zwei Buben durch eine Tracheotomie (Kehlkopfschnitt) das Leben, einem davon um Mitternacht.[54] Durch den Waffenstillstand mit Russland und wegen der Grippeepidemie im Hinterland wurden im Herbst 1918 alle Ärzte der Jahrgänge 1867 – 1869 vom Militärdienst beurlaubt *wegen gebieterischer Bedürfnisse des Hinterlandes*,[55] was die medizinische Versorgung verbesserte. Schon im Frühjahr hatten Maturanten für das Medizinstudium für zwei Semester Urlaub erhalten.[56]

Die Erschwerung der ärztlichen Versorgung im Lauf der Kriegszeit zeigte sich auch in vielen Details, die in den Zeitungen Erwähnung fanden. Da die meisten Ärzte vormittags in den Reservespitälern arbeiteten, ersuchte der „Ärztliche Verein", die älteste Ärztevereinigung in Salzburg, im Jänner 1916 die Bevölkerung der Stadt, Krankenbesuche vormittags anzumelden, da abends und nachts keine Fiaker mehr zur Verfügung standen und *die Autobenützung sich in der Honorarnote bemerkbar machen würde*. Pferde waren ebenfalls für den Militärdienst requiriert worden.[57] Die Möglichkeit, Kranken über Verschreibung Weißbrot zukommen zu lassen, wurde im Sommer 1916 unterbunden, da das „Krankenbrot" nur mehr Schwerkranken verordnet werden durfte.[58] Es erschienen Aufklärungsartikel in den Zeitungen über Krankheiten und deren Behandlung, wie etwa, dass man auf frische Wunden keine Watte, sondern sterile Gaze legen solle.[59] Schließlich informierte die Ärztekammer ihre Mitglieder, dass das ärztliche Honorar für die Behandlung russischer Gefangener vom Dienstgeber zu tragen sei.[60] Dr. Leopold Kohr, Fabriksarzt in Oberndorf, erhielt für seine Arbeit im Salzburger Epidemiespital 2 den Orden „Signum laudis am Bande des Militärverdienstkreuzes".[61] Die Ausschreibung der Salinenarztstelle der Saline Dürnberg vom Dezember 1917 zeigt die Bedeutung der Saline, aber auch die Schwierigkeit bei der Nachbesetzung. Denn neben dem Gehalt von 2.200 Kronen wurden noch 700 Kronen Fahrtpauschale geboten sowie zusätzlich freie Wohnung, Holz- und Salzdeputat und vor allem die Befreiung vom Militärdienst.[62] In der Stadt Salzburg wurde im Jahre 1918 die ärztliche Tätigkeit durch den allgemeinen Mangel zunehmend erschwert. Die Durchführung von Hausbesuchen wurde durch den Mangel an Fahrzeugen schwierig, denn die Standplätze der Fiaker waren leer.[63] Der „Ärztliche Verein" verlautbarte in der Zeitung, dass Visiten in nicht unmittelbarer Nachbarschaft, welche am Nachmittag angefordert würden, erst am nächsten Tag getätigt werden könnten.[64] Mit der Beendigung der Kriegshandlungen im Osten mehrten sich die Zeitungsannoncen über Urlaube von Ärzten in der Stadt und die Anzeigen „vom Felde zurück" oder „nach Demobilisierung". In Radstadt ließ sich ein zweiter Arzt nieder, Dr. Ernst Luchner aus Innsbruck, und

48 Salzburger Chronik, 28.12.1916, 7.
49 Salzburger Chronik, 23.3.1917, 7.
50 Salzburger Volksblatt, 17.11.1917, 4.
51 Salzburger Chronik, 7.1.1918, 3.
52 Salzburger Chronik, 8.1.1918, 3.
53 Salzburger Chronik, 8.2.1918, 3.
54 Salzburger Chronik, 18.2.1918, 3.
55 Salzburger Chronik, 16.10.1918, 2.
56 Salzburger Chronik, 29.4.1918, 2.
57 Salzburger Volksblatt, 15.1.1916, 6.
58 Salzburger Wacht, 21.6.1916.
59 Salzburger Wacht, 26.7.1917, 4.
60 Salzburger Volksblatt, 8.8.1916, 4.
61 Salzburger Volksblatt, 26.9.1916, 4.
62 Salzburger Volksblatt, 17.12.1917, 4.
63 „Salzburg ohne Fuhrwerk", Salzburger Chronik, 21.1.1918, 3.
64 Salzburger Chronik, 30.10.1918, 2.

die Anzahl der Ärzte in Salzburg begann wieder zu steigen. Mit 1. Jänner 1919 vereinigten sich schließlich alle Bezirkskrankenkassen zu der „Bezirkskrankenkasse Salzburg", die eine obligatorische Familienversicherung mit freier Arztwahl und Bezahlung von Ordination und Visiten anbot, verbunden allerdings mit (anfangs um 1 %) steigenden Beiträgen.

Die Ärzteschaft war seit dem Gesetz von 1891 in Ärztekammern organisiert, denen aber noch einige ärztliche Vereine mit speziellen Zielen gegenüberstanden, welche allmählich nach dem Ersten Weltkrieg zu existieren aufhörten, die letzten 1938. In der Ärztekammer waren wegen der gleichen Interessenslage mit der Ärzteschaft auch noch die wenigen Wundärzte vertreten. Zwischen 1914 und 1918 war der HNO-Arzt Dr. Hermann Bauer Präsident der Ärztekammer, gefolgt von Dr. Ferdinand Weiße, unter dem der Antheringer Wundarzt Robert Brandstätter stellvertretendes Kammermitglied war. Die älteste ärztliche Gruppierung war der „Ärztliche Verein", erstmals gegründet 1849,[65] mit dem Obmann Dr. Franz Schuchter, der sich neben der Interessensvertretung die Fortbildung seiner Mitglieder zur Aufgabe gemacht hatte. Zusätzlich existierten im Jahre 1914 noch die Ortsgruppe des „Vereins Deutscher Ärzte" mit 51 Mitgliedern, der „Verein der Sanitätsbeamten" mit neun Mitgliedern und die „Gesamtorganisation der Ärzte im Herzogtum Salzburg" mit 106 Mitgliedern. Neben der freiberuflichen Ärzteschaft übernahm ein aus dem fürsterzbischöflichen Medizinalrat hervorgegangener Sanitätsapparat die öffentlichen Gesundheitsaufgaben. Er bestand aus den Bezirksärzten und dem Landessanitätsrat, für den die Regierung vier Mitglieder nominierte, und je zwei von Ärztekammer und Land. Den Vorsitz hatte von 1914 bis 1920 Primar Dr. Emil Adler. Für die einzelnen Gaue bestellte die Regierung fünf Oberbezirksärzte und für den Lungau einen Bezirksarzt. Für die Stadt Salzburg waren 1914 als Stadtphysikus Dr. Franz Würtenberger und zwei Stadtärzte bestellt, außerdem für die Stadt Hallein ein Bezirksarzt sowie die zwei Stadtärzte Dr. Karl Berger und Dr. Edwin Fröstl.

4. Wundärzte

Das Metier der Wundärzte hatte sich aus den Gewerben der Bader und Barbiere entwickelt. Der Medicinal-Chirurg bzw. Wundarzt erhielt sein Diplom nach einer dreijährigen Lehrzeit bei einem Wundarzt und zwei- bis dreijährigen Ausbildung an der Medizinisch-Chirurgischen Schule ab 1806 bzw. ab 1818 an der Medizinisch-Chirurgischen Lehranstalt in Salzburg nach Ablegen einer Abschlussprüfung. Das Diplom konnte nur bis Ende 1875 erworben werden, sodass sich der Berufsstand langsam reduzierte. Zählte man 1876 noch 81 Wundärzte im Kronland Salzburg, so waren 1912 nur mehr 17 tätig und 1920 war die Zahl auf vier zurückgegangen. Als Beispiel für das Nebeneinander von Ärzten und Wundärzten dient eine Episode in einer Wundarztfamilie in Siezenheim. Als der Gemeindearzt Dr. Alois Aigner 1914 zum Militärdienst eingezogen wurde, vertrat ihn sein Vater, der Wundarzt Albert Aigner, bis zum November 1918 in der Praxis. Schließlich war 1927 MR Albert Aigner als einziger Wundarzt im nunmehrigen Bundesland Salzburg registriert. Die Wundärzte waren auch in der Ärztekammer vertreten, da sich die Interessen beider Heilberufe deckten und sie als freies Gewerbe keine Vertretung in der Handelskammer hatten. So vertrat der Wundarzt Robert

---

65 Öhler Leopold, Die Salzburger Ärztegesellschaft 1849–2008. Geschichte und Chronik. Salzburg 2009, 17.

Brandstätter, als praktischer Arzt in Anthering tätig, während des Ersten Weltkriegs als stellvertretendes Kammermitglied die Interessen der noch aktiven Wundärzte in der Ärztekammer für das Herzogtum Salzburg. Die wundärztliche Tätigkeit erstreckte sich auf die gesamte Chirurgie mit äußeren Operationen, die Geburtshilfe und die Behandlung leichter innerer Erkrankungen. Sie waren der Erstkontakt bei allen Erkrankungen, wie alle Fieberformen, leichte Entzündungen, Diarrhoen usw.[66] Bei Verschlechterung des Zustandes mussten sie aber einen Arzt zuziehen. Neben der Erstversorgung von Krankheiten waren sie für das öffentliche Gesundheitswesen eines Ortes zuständig und waren als Unter-Bezirksärzte für größere Gebiete tätig, während in Salzburg nur zwei Ärzte diese Funktion ausübten – Dr. Ferchl für Hallein und Umgebung und Dr. Storch für das Gasteinertal. Die Bedeutung, die die Bevölkerung dieser Versorgung beimaß, geht aus einem Leserbrief hervor, in welchem beklagt wurde, dass zwischen Reichenhall und Saalfelden nur ein einziger Wundarzt, Josef Aigner in Unken und Bruder des Siezenheimer Wundarztes Albert Aigner, tätig wäre,[67] während der Mitterpinzgau gut versorgt wäre. Zudem dürfte der Unkener Wundarzt schon krank gewesen sein, da er bald darauf verstarb.[68] Die Wertschätzung einer langjährigen Betreuung durch Wundärzte zeigte sich 1918, als in Bramberg der praktische Arzt Josef Millinger nach 48 Jahren im Ort das 50-jährige Doktorjubiläum mit einem Fest feierte[69] und in Taxenbach der praktische Arzt Matthias Pelzler nach 40-jähriger Tätigkeit im Alter von 78 Jahren starb.[70]

5. Krankenhäuser

1912 bestand das öffentliche Spitalswesen in Salzburg aus drei Krankenhäusern mit 466 Betten, in denen 18 Ärzte 7.366 Kranke behandelten. Die Leitung der Landesheil- und Versorgungsanstalten hatte der Augen-Primarius Dr. Karl Gampp. Hinzu kamen noch 22 private Krankenanstalten mit 370 Betten, in denen 27 Ärzte 2.421 Kranke betreuten. Daneben gab es noch die öffentliche Irrenanstalt mit 420 Betten, die öffentliche Gebäranstalt mit 53 Betten sowie andere spezielle Landesanstalten.

Die größte Krankenanstalt des Kronlandes war das seit 1697 bestehende St. Johanns-Spital, das seit dem Jahr 1705 mit 58 Betten, einem Arzt und 28 Bediensteten auf 1.146 Betten mit 603 Ärzten und 77.691 aufgenommenen Patienten im Jahre 2012 angewachsen war. Es bestand 1913 aus einer Internen, Chirurgischen, Augen und Dermatologischen Abteilung, einem Kinderspital, der Pathologie und der Landes-Gebäranstalt mit 18 Ärzten, davon sieben Primarärzten. 1913 wurden 5.519 Kranke aufgenommen, davon 2.513 aus Salzburg, mit 367 Todesfällen.[71] Mit Kriegsbeginn sank die Aufnahme von Zivilisten, da ein Teil der Chirurgie als eigene Abteilung für verwundete Soldaten eingerichtet wurde, für die zwei Militärärzte abgestellt waren. So wurden 1915 4.540 Kranke und 629 Soldaten aufgenommen, 1916 4.297 Zivilisten einschließlich Kinder und 922 Verwundete. Der Primararzt der Chirurgie Dr. Ernst von Karajan wurde für diese unentgeltlich geleistete Tätigkeit 1916 zum k.u.k. Regierungsrat ernannt und 1917 auch militärisch ausgezeichnet. Das Kinderspital unter Primar Dr. Johann Fiala hatte 1913 bei Kindern eine durchschnittliche stationäre Aufenthaltsdauer von 19,5 Tagen, welche 1915 auf 21,4 Tage anstieg. Die Todesrate, bezogen auf die Auf-

66 Besl Friedrich R., Die Entwicklung des handwerklichen Medizinalwesens im Land Salzburg vom 15. bis zum 19. Jahrhundert. Salzburg 1998, 254.
67 Salzburger Wacht, 31.3.1915.
68 Salzburger Volksblatt, 25.8.1918.
69 Salzburger Chronik, 3.7.1918, 3.
70 Salzburger Chronik, 8.2.1918, 3.
71 Bericht des St. Johanns-Spital 1913.

Abb. 6: Blick auf das St. Johanns-Spital, Wirtschaftsgebäude, Augenklinik, Kinderspital und Frauenklinik, 1917 (SLA, Fotosammlung C 000801)

Abb. 7: Primar Dr. Johann Fiala im Krankenzimmer (Salzburg Museum, Fotosammlung 21314)

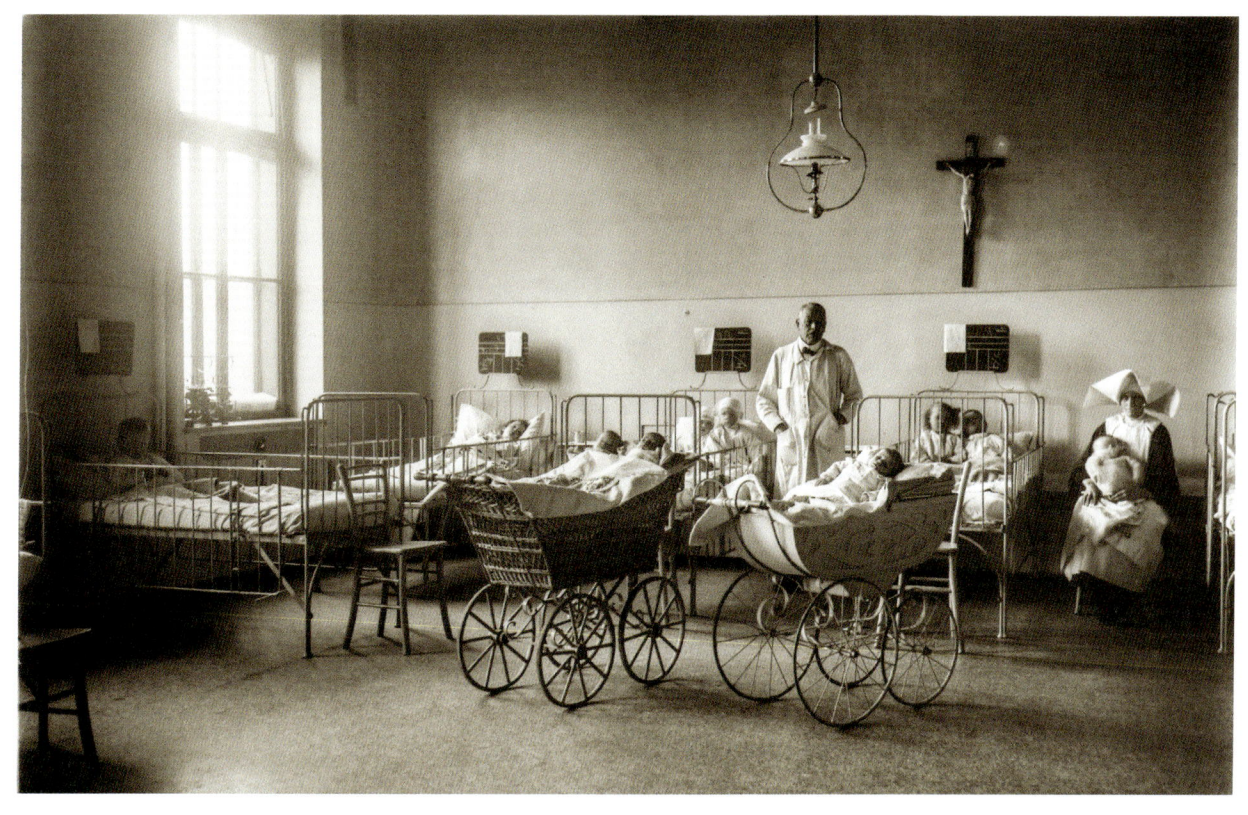

nahmezahl, erhöhte sich von 5,26 % im Jahre 1913 auf 8,44 % 1915 und 8,06 % 1917. Dem Kinderspital angeschlossen war noch ein eigener Diphtheriepavillon.

Zur Behandlung der Infektionskranken wurden auf dem Spitalsgelände 1915 eigene Epidemiebaracken um 60.000 Kronen errichtet. Die Kosten übernahmen zu zwei Drittel die Stadt Salzburg und zu einem Drittel die sechs Umlandgemeinden. Zusätzlich wurden noch Epidemieärzte bestellt und Verbrennungsöfen für die Seuchenleichen eingerichtet.[72] Auch für lungenkranke (tuberkulöse) Soldaten errichtete man 1916 neben dem Müllegger-Tor Baracken, die bis zum

72 Salzburger Wacht, 30.3.1915, 5 u. 17.6.1915.

Ende des 20. Jahrhunderts die Lungenabteilung beherbergten. Die Landes-Gebäranstalt, nachmalig Landesfrauenklinik, war eine eigene Landesanstalt im St. Johanns-Spital und wurde zusammen mit der k. k. Hebammen-Lehranstalt von Primar Dr. Richard Lumpe geführt. Die Patientenzahl ging 1913 von 730 auf 514 im Jahr 1917 zurück, die Geburtenzahl von 660 auf 451 Neugeborene, hingegen stieg die Zahl der verheirateten Mütter von 49,72 % auf 59,33 %. Das Alter der Mütter reichte in diesem Jahr von 15 bis 47 Jahren.[73] Die Landesheilanstalt für Geistes- (und Gemüts-)kranke in Maxglan, gegründet 1900, erhielt 1906 das Öffentlichkeitsrecht und verfügte 1912 über 420 Betten mit dem Direktor Dr. Josef Schweighofer, Primar Dr. Richard Dangl und einem Arzt. Sie nahm 1912 657 Kranke auf, von denen 41 geheilt entlassen werden konnten. 1918 wurde Dr. Richard Dangl Direktor der Anstalt. Unter der Leitung von Dr. Schweighofer als Primar standen auch die Landes-Irrenanstalt – Pflegeanstalt für Geistessieche in der Müllner Hauptstraße 40 und das Leprosenhaus in Mülln. Weitere Landesanstalten waren die Landes-Idiotenanstalt Conradinum in Eugendorf und die Landes-Taubstummenanstalt in Salzburg-Lehen. Ebenso zählte das Armenbad-Spital in Badgastein zu den Landesanstalten, in dem ab Kriegsbeginn 40 Betten für kranke und verwundete Soldaten bereitgestellt wurden. Schließlich kurten 600 Verwundete im Herbst in Badgastein, das daraufhin den Titel „Kriegerbad" erhielt.[74] Die Landesblindenanstalt, der Direktion des St. Johanns-Spitals unterstellt, wurde aufgrund des Bestrebens des „Vereins zur Fürsorge für Blinde" am 3. Jänner 1916 eröffnet. Anfangs beherbergte sie sieben Kriegsblinde, denen im Laufe des Jahres noch neun weitere sowie elf Zivilblinde folgten. 1917 wurden in das Heim ausschließlich 17 Kriegsblinde aufgenommen. Um den Invaliden den Übergang in ein normales Leben zu erleichtern, wurden sie in Blindenschrift und Maschineschreiben ausgebildet und konnten verschiedene Musikinstrumente, Bürstenbinden und Korb- und Sesselflechten erlernen.[75]

Eine wichtige Rolle in der Versorgung spielten die Gemeindespitäler in größeren Orten, wie in Hallein, St. Johann, Zell am See und anderen sowie die Armen-Krankenhäuser, die seit dem Mittelalter in vielen Orten die Armen-, Alten- und Krankenversorgung übernommen hatten. Hier seien nur Abtenau, Mühlbach, Neukirchen, Radstadt, Rauris, Thalgau, Wagrain und Werfen genannt. Die Kapazitäten dieser kleinen Spitäler mit nur einem Arzt, welcher meist der Gemeindearzt war, waren oft begrenzt, sodass man versuchte, bei schweren Fällen und Bettenmangel die Patienten in das große St. Johanns-Spital zu verlegen. Dies war wiederum wegen der oft schlecht ausgerüsteten Rettungsabteilungen der Freiwilligen Feuerwehr gelegentlich nicht möglich. So sollte eine im Sterben begriffene Frau aus St. Johann mit der Eisenbahn nach Salzburg verlegt werden, doch verstarb sie schon am Bahnhof Gnigl.[76]

Hinzu kamen die verschiedenen Badeanstalten im Gasteinertal, wo Badgastein zu den meist besuchten Kurorten der Monarchie zählte. Waren 1913 noch 20.591 Kurgäste registriert worden, ging die Zahl 1914 auf 13.500 und 1915 auf 4.363 zurück. Vermutlich durch die Badekuren für verwundete Soldaten stieg die Gästezahl 1916 wieder auf 7.142 an. Das Badehospiz, das mit Kriegsbeginn geschlossen worden war, wurde ab 18. Oktober 1914 für Verwundete unter der Leitung von Dr. Ludwig Wick wieder geöffnet.[77] In Hofgastein bot das Militär-Kurhaus Freiplätze für Gagisten[78] an, wo im November 1915 150 Offiziere und 300 Soldaten zu ermäßigten Tarifen kuren und das Thermalbad kostenlos benützen

73 Bericht des St. Johanns-Spitals 1917.
74 Salzburger Volksblatt, 8.11.1914, 8.
75 Bericht des St. Johanns-Spitals 1917.
76 Salzburger Wacht, 26.1.1915, 5.
77 Salzburger Volksblatt, 21.10.1914, 5.
78 Offiziere und Berufssoldaten, die eine monatliche Gage bezogen.

konnten.[79] Ebenso wurde 1917 beim Militär Werbung für einen Aufenthalt im Thermalbad Hofgstein betrieben.[80]

Neben den privaten Sanatorien und der Lungenheilstätte Grafenhof ist als größte private Anstalt das Kardinal Schwarzenberg Krankenhaus in Schwarzach zu nennen. 1756 von Erzbischof Leopold Firmian erbaut, wurde das Gebäude 1839 vom Salzburger Erzbischof Friedrich Schwarzenberg gekauft und 1844 als Spital mit 24 Betten eröffnet. 1876 wurde es von der Kongregation der Barmherzigen Schwestern von Vinzenz von Paul übernommen. Bis 1923 verfügte die Anstalt über 48 Betten in einer internen, chirurgischen und gynäkologischen Abteilung. Es war eine private, nicht öffentliche Anstalt zur Pflege und Aufnahme körperlich Kranker. Sie erhielt keine öffentlichen Mittel und bei nicht dringlichen Fällen entschied die Oberin über die Aufnahme. Erst 1926 wurde das Öffentlichkeitsrecht beantragt. 1923 wurden 157 Patienten mit einer durchschnittlichen Aufenthaltsdauer von 17 Tagen aufgenommen, 14 davon waren Tuberkulosekranke. Im Krieg war das Krankenhaus vom 6. Dezember 1914 bis 31. Dezember 1916 Pflegestätte für österreichisches Militär sowie von 1915 bis 1918 für russische und italienische Kriegsgefangene des Lagers in Schwarzach. Im Schloss Schernberg, das auch der Kongregation gehörte, waren in dieser Zeit psychisch kranke italienische Kriegsgefangene untergebracht.[81]

6. Militärkrankenhäuser

Wie alle größeren Garnisonsorte hatte Salzburg seit 1809 im ehemaligen Kajetanerkloster ein reguläres Truppenspital. In der Bestandsaufnahme vom 15. Oktober 1919 verfügte dieses Truppenspital über 158 Betten in zwei Offizierszimmern und 30 Mannschaftszimmern. Der tatsächliche Belag im Jahre 1912 war 158 Mann. Vorhanden waren neben einer Apotheke, Kapelle und Marketenderunterkunft zwei Operationsräume, zwei Badezimmer, Leichenraum, Sezierzimmer, Arrestantenkrankenzimmer und für Infektionskranke zwei Offiziers- und vier Mannschaftszimmer. 1913 sollten die Räumlichkeiten adaptiert werden, die Pläne wurden aber auf 1914 verschoben.[82]

Im Verlauf der Aufmarschplanung 1911/12 wurden vom österreichischen Generalstab Vorkehrungen im Mobilisierungsfall für Reserve-Spitäler und Not-Reserve-Spitäler in öffentlichen Gebäuden getroffen. Als Reserve-Spitäler bestimmte man am 21. November 1911 in der Stadt Salzburg die Volks- und Bürgerschule links der Salzach (AVA-Haus am Ferdinand-Hanusch-Platz) für 570 Betten, die städtische Volksschule Nonntal für 91 Betten, die Staatsgewerbeschule (Uni-Institutsgebäude Rudolfskai) mit 212 Betten und das städtische Kurhaus mit 109 Betten. Hievon existieren Pläne mit Entfernungsangaben zum Bahnhof, zum Truppenspital und zu den anderen Reserve-Spitälern. Mit Kriegsausbruch wurden die Vorkehrungen als unzureichend klassifiziert und die Bettenzahlen erhöht. Im September 1914 requirierte das Militär den städtischen Massenhof in Lehen (Wallnergasse 8) für das k. k. Infektionsspital Abteilung VII.[83] Außerhalb der Stadt gab es noch Reserve-Spitäler in St. Johann mit 50 Betten, einer Röntgen- und Infektionsabteilung, Zell am See und Saalfelden. Aber auch in Vereins-Reserve-Spitälern wurden Verwundete versorgt und untergebracht, wie im Vereins-Spital des Roten Kreuzes in der Andräschule mit Oberleutnant

79 Salzburger Chronik, 20.11.1915, 3.
80 Salzburger Chronik, 12.5.1917, 7.
81 Chronik des Kardinal Schwarzenberg-Krankenhauses.
82 ÖStA, KA, Mil.Kdo.Jbk, Bauabteilung 6.
83 ÖStA, KA, Mil.Kdo.Jbk, Bauabteilung 47-3.

Abb. 8: k. u. k. Reserve-Spital Volks-Bürger-Realschule (Salzburg Museum, Fotosammlung 23050)

Abb. 9: Not-Reserve-Spital St. Peter (Salzburg Museum, Fotosammlung 22327)

Dr. Ignaz Dengel als Leiter. Die Soldatenzimmer der Chirurgischen Abteilung am St. Johanns-Spital zählten ebenfalls dazu.

Neben den Reserve-Spitälern mussten wegen der großen Anzahl der Verwundeten durch Verfügung vom 8. Oktober 1914 Not-Reserve-Spitäler für 600 bis 1.000 Betten eingerichtet werden. Hiezu bestimmt wurden das Priesterhaus, das Hotel Pitter, das Kloster der Vöcklabrucker Schwestern in der Schwarzstraße und weitere Hotels. Im Kloster St. Peter wurden ab 17. September 1914 dafür

20 Betten bereitgestellt, dann im 2. Stock auf 100 Betten aufgestockt, und erst Mitte Dezember 1918 räumte das Militär das Kloster.[84] Darüber hinaus gab es in Bischofshofen ein Not-Reserve-Spital, und in Hallein wurden das Sanatorium Berger, das Dienstbotenspital und die öffentliche Volks- und Bürgerschule als Not-Reserve-Spitäler requiriert, die aber sukzessive zurückgegeben wurden. Erst 1918 verlegte man die letzten Verwundeten ins Krankenhaus von Hallein.[85]

Laut einer Bestandsaufnahme nach dem Krieg vom 15. Oktober 1919 zählten als Militärheilanstalten noch das Truppenspital Kajetanerplatz für 158 Kranke mit der Anmerkung *für die d.-ö. Wehrmacht voraussichtlich entbehrlich*, das Invalidenheim Lehen in der Infanteriekaserne 2 mit sieben Betten, die Landwehrkaserne Hellbrunn mit sechs Betten für Leichtkranke und das Militär-Kurhaus Hofgastein.[86] Der Aufenthalt in den Invalidenheimen war für Schwerinvalide nicht angenehm, infolgedessen es am 10. November 1920 zur Besetzung der Villa des Erzherzogs Peter in Parsch durch 15 Schwerinvalide kam.[87]

Das Personal der Heeresspitäler setzte sich in Friedenszeiten aus den Militärärzten zusammen, die bis 1873 noch zum Magister der Chirurgie mit dem Recht auf Privatpraxis ausgebildet worden waren, sowie aus promovierten Medizinern[88] und den Sanitätssoldaten. Mit Kriegsbeginn wurden vor allem Zivilärzte zum Dienst in den Reserve-Spitälern herangezogen, die dort unentgeltlich arbeiteten, dafür daneben ihre Praxis führen konnten und mit zahlreichen Auszeichnungen belohnt wurden. Wegen des großen Angebots an Militärärzten nach Kriegsende befahl das Wiener Staatsamt für Volksgesundheit, dass nur „deutsch-arische Ärzte" für die Militärspitäler vereidigt werden dürften.[89] In den Reserve-Spitälern waren neben männlichen Pflegern auch zahlreiche weibliche Kranken- und Pflegeschwestern tätig, die in vielen Kursen ab Kriegsbeginn ausgebildet wurden. Suchte man anfangs noch vorwiegend männliches Personal im Alter von 36 bis 50 Jahren für die Not-Reserve-Spitäler in Salzburg,[90] waren später die Aufrufe zur Meldung für Ausbildungskurse als Krankenpflegerin in Reserve- und Feldspitälern des Roten Kreuzes häufig. Dies hatte aber zur Folge, dass eine Diskussion über die Rolle der Frau im Spitalsbetrieb entflammte.[91] Als Argumente gegen eine Tätigkeit in Heeresspitälern wurden der Verlust der weiblichen Anmut, die „Entlassung aus der Rolle als Frau" und das Problem der Sittlichkeit angeführt.

Ein weiteres Problem stellte die Versorgung armer invalider Soldaten und der Witwen gefallener Soldaten dar. Schon ab 1915 gab es ein Landeskomitee für heimkehrende Krieger und Fürsorge für Invalide mit Ausschüssen für Spezialbehandlungen, Berufsberatung und Arbeitsvermittlung. Dabei wurde eine lange Debatte darüber geführt, ob invalide Soldaten in einem Invalidenhaus, oder als bessere Variante, im flachen Land in Invalidenheimstätten untergebracht werden sollten, die als landwirtschaftliche Kleinbetriebe geführt werden könnten.[92] Daneben existierte ab 1. Jänner 1918 in der Stadt eine Friedrich-Jentsch-Stiftung zur Unterstützung armer Kriegsinvaliden und der Frauen Gefallener.

7. Die Hebammen

Auch am Beginn des 20. Jahrhunderts wurden die meisten Geburten von Hebammen geleitet, besonders auf dem Land. So verzeichnete das Krankenhaus

84 ASP, Hs A 97 Tagebuch Abt Willibald Hauthaler, 341.
85 Salzburger Chronik, 6.12.1918.
86 ÖStA, KA (wie Anm. 83), Kt. 6.
87 Der Kriegsbeschädigte. Offizielles Organ des Landesverbandes der Kriegsbeschädigten, Kriegerswitwen und Kriegswaisen des Landes Salzburg, 1.12.1920.
88 Besl, Medizinalwesen (wie Anm. 66), 264.
89 Salzburger Chronik, 29.11.1918, 2.
90 Salzburger Volksblatt, 29.11.1914.
91 Salzburger Chronik, 5.1.1918, 3f.
92 Salzburger Volksblatt, 18.12.1917, 3.

Schwarzach 1923 nur eine einzige Entbindung! Relativ wenige Geburten erfolgten in Zusammenarbeit mit einem Arzt, und dann meist einem Wund- oder Geburtsarzt, selten mit einem der wenigen Frauenärzte. 1912 zählte man im Kronland 154 Hebammen, sodass eine Hebamme für 1.394 Einwohner zur Verfügung stand, bzw. 1910 für 324,5 Frauen im gebärfähigen Alter (14 bis 44 Jahre). Im Verlauf des Krieges stieg die Zahl der Hebammen auf 175 (1917), um danach wieder abzunehmen, also entfielen 1920 auf jede der 143 Wehfrauen 1.498 Einwohner. Die Aufgaben der Hebammen bestanden in der Untersuchung und Beratung vor der Entbindung, der Hilfe bei der Geburt und in der Nachbetreuung. Die Ausbildung erfolgte nicht mehr in einer Art Lehre wie noch in der Frühen Neuzeit, sondern in Kursen an der Hebammen-Lehranstalt Salzburg, die der Landes-Gebäranstalt am St. Johanns-Spital angegliedert war. Diese wurden jährlich auch während des Krieges angeboten, dauerten fünf Monate und bestanden aus theoretischen Vorlesungen der Anstaltsärzte und einer praktischen Ausbildung durch zwei Hebammen (1913). Das Anfangsgehalt dieser Lehrhebammen betrug 1916 bei freier Station jährlich 720 Kronen.[93]

Mit Kriegsausbruch wollten ebenfalls die Hebammen ihrer patriotischen Pflicht genügen. So bot die Hebammen-Vereinigung an, Frauen von Soldaten im Feld und unbemittelte Mütter gratis zu entbinden.[94] Einige Hebammen aber führten aus verschiedenen Gründen, unter denen Verdienstmöglichkeit und sicher Mitleid mit den Schwangeren eine Rolle spielte, Abtreibungen durch. Wegen 17 operativer Eingriffe, die zu zwei Todesfällen führten, wurde 1916 die Gniglar Hebamme Linsmaier zu zwei Jahren Kerker, mit ihr aber auch vier Frauen wegen der Beihilfe zur Abtreibung verurteilt.[95] Ein tragischer Fall spielte sich ein Jahr später ab. Nach Schwängerung durch einen russischen Kriegsgefangenen, der auf ihrem Hof gearbeitet hatte, ließ eine Bäuerin durch die Hebamme Fiala gegen ein Entgelt von 50 Kronen, Eier und Mehl eine Abtreibung durchführen. Es kam dabei zu einer Blutvergiftung, an der sie in der Landes-Gebäranstalt starb.[96]

8. Die Apotheken

Die Apotheken stellten seit jeher die Versorgung der Bevölkerung mit anerkannten Heilmitteln bzw. Arzneien sicher. Wegen der geringen Anzahl und der oft schweren Erreichbarkeit der Apotheken wurde der Arzneibezug vielfach ersetzt durch die billigeren und einfacher zu beschaffenden volksmedizinischen Heilmittel, die von Volksheilern verabreicht wurden. Daneben führten die meisten Ärzte auf dem Land Hausapotheken, die sich aus Lieferungen von Apotheken und eigenen Rezepturen zusammensetzten. Diese Zustände änderten sich im beginnenden 20. Jahrhundert, als sich die Professionalisierung auch in der Heilmittelversorgung durchsetzte. Während man noch 1836 im Herzogtum Salzburg nur neun Apotheken zählte, waren es 1912 17 und zu Beginn des Ersten Weltkrieges bereits 18 Apotheken mit dem Schwerpunkt in der Stadt Salzburg. Neben den sieben Stadtapotheken muss man noch die drei der Umgebung hinzuzählen. Während der Tennengau (Hallein) und Lungau (Tamsweg) nur je eine Apotheke aufwiesen, zählte man im Pinzgau zwei und im Pongau gar vier Apotheken, wo 1920 wohl wegen des Kurwesens noch eine fünfte hinzukam.[97]

93 Salzburger Chronik, 6.10.1916, 3.
94 Salzburger Chronik, 4.8.1914, 5.
95 Salzburger Wacht, 18.5.1916.
96 Salzburger Volksblatt, 30.10.1917, 3.
97 Salzburgischer Geschäfts-, Volks- und Amts-Kalender für das Jahr 1914. Salzburg 1914, 103f.; Salzburgischer Geschäfts-, Volks- und Amts-Kalender für das Jahr 1920. Salzburg 1920, 115f.

Der Krieg wirkte sich auf das Apothekenwesen in personeller und auch materieller Hinsicht aus. So musste die Nonntaler Apotheke im Herbst bis 26. Oktober 1914 zusperren, da der Inhaber zu Kriegsbeginn eingezogen worden war.[98] Ebenso waren der Bezug von Medikamenten und die Herstellung von Arzneien bald durch die allgemeine Mangelsituation schwierig geworden. 1917 wurden an die Apotheken monatlich Bezugsscheine für Zucker ausgegeben, da der Zuckermangel die Medikamentenherstellung bedrohte.[99] Die Probleme führten zur Schaffung einer eigenen „Österreichischen Fachstelle zur Bewirtschaftung von Arzneimitteln", für Arzneien aus dem Ausland oder bei ungenügender Bedarfsdeckung im Inland,[100] welche schließlich mit 10. August 1918 im „Österreichischen Gesamtministerium für Volksgesundheit" aufging, das sich in der Sektion 2 mit Apotheken und Heilmittelwesen inklusive Lebensmittelhygiene befasste.[101]

9. Das Rettungswesen

Ende des 19. Jahrhunderts wurden in vielen Orten Salzburgs spontan von Mitgliedern der Freiwilligen Feuerwehren Rettungsabteilungen im Rahmen der Feuerwehr gegründet, da am Land bei Unfällen die Erste Hilfe und der folgende Abtransport besonders wichtig waren. 1909 folgte die Stadt Salzburg diesem Beispiel. 1917 wurde der allgemeine Rettungsdienst als weitere Aufgabe in die Satzung des Feuerwehr-Reichsverbandes aufgenommen. Die Männer wurden von den Feuerwehrärzten ausgebildet. Hinzu kamen später die Transporte von Kranken in die Spitäler und im Ersten Weltkrieg die Überführung verwundeter Soldaten vom Bahnhof in die verschiedenen Heeresspitäler. Die Leitung im Rettungswesen übernahm 1917 die Gesellschaft vom Roten Kreuz, während der Reichsverband für Freiwillige Feuerwehren mit seiner Rettungsabteilung als Hilfsverein tätig war.[102] Die Finanzierung des Rettungswesens erfolgte bis dahin hauptsächlich durch Spenden, Mitgliedsbeiträge und eine „Brückenmaut";[103] im Herzogtum Salzburg waren nur drei von 167 Abteilungen gut ausgerüstet. Die Finanzierung sollte aber im Interesse der Allgemeinheit die öffentliche Hand übernehmen, dem auch vielfach Rechnung getragen wurde. Der Salzburger Gemeinderat beschloss 1915 die Anschaffung eines zweiten Infektions-Krankenwagens[104] und 1917 eine außerordentliche Jahressubvention von 1.000 Kronen, der 1918 wieder 1.000 Kronen für die Bespannung der Rettung folgten.[105] Eine neuerliche Subvention für ein drittes Gespann der Rettungsabteilung Bruderhof wurde im Herbst 1918 gewährt.[106] Dort genügte der Stützpunkt den gestiegenen Anforderungen bald nicht mehr, sodass für einen Ausbau des alten Bruderhofs ein Aufruf um Spenden an die Bevölkerung erging. In einem neuen Rettungsheim sollten Räume zur Schulung der Mannschaft und für die Aufklärung der Bevölkerung und Erste-Hilfe-Kurse vorhanden sein. Über die Leistungen der Rettungsabteilungen geben die Jahresberichte Aufschluss. Waren noch im September 1914 nur 79 Ausfahrten zu verzeichnen, wurden allein im April 1915 188 Kranke, fünf Unfälle und 581 verwundete Soldaten transportiert.[107] Insgesamt führten die 18 Sanitäter der Rettungsabteilung im Jahre 1915 2.265 Krankentransporte durch und überstellten 1.542 Flüchtlinge aus den Kriegsgebieten in Lager und 9.926 Soldaten in die verschiedenen Spitäler. Wegen des Mangels an

---

98 Salzburger Volksblatt, 27.10.1914, 8.
99 Salzburger Wacht, 25.9.1917, 4.
100 Salzburger Wacht, 6.6.1918.
101 Salzburger Chronik, 24.8.1918, 1.
102 Varnschein Christian Dr., „Über das Rettungswesen", Salzburger Volksblatt, 9.10.1917, 5f.
103 Spende für das Passieren eines Salzachsteges.
104 Salzburger Wacht, 29.3.1915.
105 Salzburger Chronik, 18.3.1918.
106 Salzburger Chronik, 18.11.1918.
107 Salzburger Wacht, 8.5.1915, 5.

Zugpferden für die Krankenwägen kam nun trotz höherer Kosten vermehrt ein *automobiler Krankenwagen* für die Transporte zum Einsatz.[108] Bei der nächsten Jahreshauptversammlung der Rettungsabteilung der Freiwilligen Feuerwehr berichtete Chefarzt Dr. Christian Varnschein über das Jahr 1916, dass bei 2.112 Ausfahrten 891 kranke Zivilisten und 5.302 Soldaten transportiert worden waren.[109] Auch in den folgenden Kriegsjahren hatte der Transport verwundeter Soldaten den größten Anteil an den Transportkapazitäten. Im September 1917 wurden für 66 Kranke und sechs Unfälle 58 Fahrten für 83 Soldaten getätigt, bei denen die telefonische Anforderung 104-mal tagsüber und 28-mal nachts erfolgte. So konnte man im September 1918 stolz berichten, dass seit November 1909 7.772 Kranke befördert wurden, in 1.326 Fällen Erste Hilfe geleistet wurde und seit Kriegsbeginn 40.259 Soldaten in die Spitäler und 1.678 Flüchtlinge in die verschiedenen Lager transportiert worden waren.[110] Da mit Kriegsbeginn viele der freiwilligen Rettungsmänner einberufen wurden, kamen von 1914 bis 1918 Mittelschüler, Handelsschüler und Lehramtszöglinge zum Einsatz.[111] Die Leistungen der Rettung wurden schließlich auch von staatlicher Seite gewürdigt, als der Chefarzt Dr. Varnschein im August 1918 mit dem Kriegskreuz für Zivilverdienste ausgezeichnet wurde.

Auch in der Stadt Hallein gab es eine Rettungsabteilung der Freiwilligen Feuerwehr, die 1916 52 Schwerkranke nach Salzburg in das St. Johanns-Spital überführte und 1917 54-mal ausrückte, wo es ebenfalls Probleme bei der Bespannung der Wägen gab. Die Organisation der Ersten Hilfe durch eine alpine Rettungsabteilung brachte anfangs Vorurteile gegen die „Laienrettung" zum Vorschein, wie ein Ereignis in Filzmoos aus dem Jahre 1914 zeigt. Ein Ingenieur aus Wien erlitt auf der Bischofsmütze einen Bergunfall und wurde auf die Hofpürglhütte gebracht. Trotz der Anwesenheit eines Rettungsmannes aus Filzmoos wurde auf Verlangen der Bergkameraden die Versorgung des Bewusstlosen durch einen aus Radstadt herbeigerufenen Arzt und dann durch Primar Dr. Adler aus Salzburg durchgeführt. Die Diagnose „Commotio" wurde durch den mit dem Bruder des Verunglückten aus Wien angereisten Dozenten Dr. Fellner bestätigt. Leider verstarb der Mann noch auf der Hofpürglhütte.[112] Der Sanitäter der Rettungsabteilung Filzmoos wehrte sich gegen die Anschuldigung der unterlassenen Hilfe. Zur Rechtfertigung führte er an, dass seine Hilfeleistung von der Begleitung verhindert worden wäre mit der Begründung *zur Wahrung des Taktes* und überhaupt seien die ländlichen Sanitäter und deren *Schweiß und keuchender Atem* eher zu respektieren *als Benzindunst und Hupengeplärr.*[113]

10. Resümee

Der Erste Weltkrieg war der erste Krieg, der in alle Bereiche des täglichen Lebens eingriff. Er bewirkte auf dem Gebiet der Medizin während des Krieges viele Veränderungen und hatte viele Nachwirkungen nach dessen Ende. Es kam zu einer Mobilisierung aller Ressourcen an Mensch und Material, wie man es dann wieder im Zweiten Weltkrieg erleben konnte. Neben der Beschlagnahme von öffentlichen Gebäuden zur Unterbringung verwundeter und erkrankter Soldaten und Kriegsgefangener wurden die Zivilärzte nicht nur zum Dienst in den Frontspitälern herangezogen, sondern auch zur Behandlung der Verwundeten

108 Salzburger Volksblatt, 4.2.1916, 5.
109 Salzburger Chronik, 8.2.1917, 3.
110 Salzburger Chronik, 18.9.1918, 3.
111 Dienst am Nächsten. 75 Jahre Rotes Kreuz Salzburg, hg. v. Amt der Salzburger Landesregierung, Landespressebüro (Schriftenreihe des Landespressebüros, Serie Sonderpublikationen, 58). Salzburg 1985, 7.
112 Salzburger Chronik, 4.7.1914, 5f.
113 Salzburger Chronik, 15.7.1914, 3.

in den zahlreichen Reservespitälern und Not-Reservespitälern, was zu Lasten der Versorgung der Zivilbevölkerung ging. Die Präsenz der vielen Soldaten im „Hinterland" Salzburg hatte aber nicht die Übertragung von Seuchen aus den Kriegsgebieten zur Folge, sie konnte aber durch die etappenweise Rückverlegung aus den Frontgebieten verhindert werden. Die Mangelsituation bei Material und Nahrung begünstigte nicht nur das Auftreten von Krankheiten, sie setzte sich auch in vielen Erinnerungen fest. Viele Maßnahmen der Kriegszeit blieben aber bestehen, da sie sich als zweckmäßig erwiesen hatten. Dazu zählt die rigorose Umsetzung des Reichsepidemiegesetzes von 1913, welches in seinen Grundzügen bis heute in Kraft ist, sowie die Schaffung eines Gesundheitsministeriums, dessen Agenden vorher im Innenministerium angesiedelt waren. Durch den Mangel an Zugpferden wurde die Motorisierung des Rettungswesens vorangetrieben, wenngleich dies anfangs höhere Kosten verursachte. Die wohl wichtigsten Maßnahmen waren die Übernahme der Fürsorge für Kinder, Invalide und Tuberkulosekranke durch den Staat, die infolge des Krieges die Möglichkeiten der philanthropischen Vereine überstiegen hatten. Auch wenn man den Ersten Weltkrieg nur als warnendes Vorspiel zu den Gräueln des Zweiten Weltkrieges betrachten will, sind doch viele Maßnahmen im medizinischen Bereich positiv zu beurteilen, da sie durch die Erfordernisse des Krieges früher eingeführt worden sind als in Friedenszeiten.

Bernhard Iglhauser

„Konnt' ich auch nicht Waffen tragen, half ich doch die Feinde schlagen!"

Schule und Krieg im Ersten Weltkrieg

Als im August 1914 der Erste Weltkrieg ausbrach, war der Kriegsbegeisterung, die auch Lehrer und Schüler erfasste, *eine Militarisierung des Bewusstseins und der Mentalität vorausgegangen*. Waren die Kinder und Jugendlichen aber nicht nur auf den glorifizierten Kampf der Soldaten an der militärischen Front, sondern auch auf ihren Einsatz an der Heimatfront mental vorbereitet? Hatte die Schule im Krieg tatsächlich ihren eigentlichen Bildungsauftrag verloren und erfüllte nur die Funktion einer Rekrutierungs- und Mobilisierungsstelle, welche die Schüler als billige Arbeitskräfte hinter der Front am Kriegsgeschehen beteiligen sollte?

Auch wenn die nachfolgenden Darstellungen, quer durch die Salzburger Gemeindeschullandschaft, keinen genauen Aufschluss geben, ob die Schuljugend von Salzburg bei ihrem Einsatz für die Heimatfront aus freien Stücken gehandelt, oder ob sie sich nur auf Druck der Eltern und Lehrer an den vielen Aktionen beteiligt hat, so ist die Anziehungskraft des Krieges und die Faszination des kriegerischen Spieles für die Schuljugend sicher sehr groß gewesen.[1]

Unverrückbar ist jedoch die Tatsache, dass nach dem Kriegsbeginn die Heimat sehr schnell zur zweiten Front, zur Heimatfront, und sogar zum Schlachtfeld erklärt wurde. Ihre Aufgabe war es, Menschen und Material für den Krieg an der ersten Front auf dem Schlachtfeld bereitzustellen und zugleich deren Verluste in materieller und mentaler Hinsicht zu verarbeiten. Bald entstanden spezielle Begriffe, wie Trauerfront, Kinderfront oder eben die Schulfront.

Die wichtigsten Bereiche der Heimatfront waren Sammel- und Verkaufsaktionen, Feste und Kaiser-Huldigungsfeiern, durchgeführt von den Lehrern und gestaltet von der Schuljugend.[2] Vor allem die Schulsammlungen hatten den Zweck, „durch eine planmäßige geregelte freiwillige Sammeltätigkeit auch die kleinsten, in ihrer Vereinzelung wertlosen, in ihrer Zusammenfassung aber bedeutsamen Mengen des verschiedensten Sammelgutes wirklich zu erfassen." Je länger der Krieg dauerte, umso mehr sollte der Eindruck vermittelt werden, „sie könnten als Soldaten an der Heimatfront durch gute Sammelergebnisse den Krieg verkürzen oder den baldigen Sieg erringen."[3] Um ein Nachlassen der Aktionsbegeisterung zu verhindern, wurden vermehrt von Lehrern und Behörden Anreize geschaffen und Belohnungen in Aussicht gestellt. Besonders motivierend für die Schüler waren natürlich unterrichtsfreie Tage oder der Verzicht auf Hausaufgaben. Als Geschenke erhielten die Kinder zusätzlich Ansichtskarten, Kaiserbilder oder Bücher, die Schulleiter wurden mit dem „Verdienstkreuz für Zivilverdienste" ausgezeichnet.

---

1 Hermann Ulrich, Ausblick. In: Berg Christa (Hg.), Handbuch der deutschen Bildungsgeschichte. Von der Reichsgründung bis zum Ende des Ersten Weltkriegs, Bd. 4. o.O. 1991, 323.
2 Schubert-Weller Christoph, Vormilitärische Jugenderziehung. In: Berg Christa (Hg.), Handbuch der deutschen Bildungsgeschichte. Von der Reichsgründung bis zum Ende des Ersten Weltkriegs, Bd. 4. o.O. 1991, 515.
3 Erteiler August/Plohn Robert, Das Sammelwesen in der Kriegswirtschaft (Beiträge zur Kriegswirtschaft, 65). Berlin 1919, 39.

Um den Rohstoffmangel zu bekämpfen und die erforderlichen Rohstoffe der Industrie, vor allem den Munitions- und Ausrüstungsbedarf der kämpfenden Truppen, sicher zu stellen, wurden verschiedene Wege zu einem effizienten Umgang mit diesen beschritten.

Die Senkung des Verbrauchs, die Entwicklung von Ersatzstoffen und die Sammlung von Abfallstoffen standen an erster Stelle. Von größter Wertigkeit waren die Sammlungen von Patronenhülsen, altem Metall, Zeitungspapier, Weißblech, Zinngegenständen, Lumpen und Lederabfällen.
Durch die beharrliche Werbe- und Sammeltätigkeit der Kinder wurden Eltern und Verwandte immer wieder mit der Rohstofflage und der Pflicht, für die Leute an der Front und für das Vaterland Opfer zu bringen, konfrontiert.

Besonderes Augenmerk galt auch den Naturerzeugnissen, wie Küchenabfällen, Weißdorn, Pilzen, Blättern, Blüten, Beeren, Bucheckern, Eicheln, Kastanien, Obstkernen, Brennnesseln und Laubfutter.[4] Ein Hauptaugenmerk legte man auf die Sammlung von Obstkernen und Bucheckern, die der Ölgewinnung dienten. Die Rückstände sind als Viehfutter verwendet worden. Die Laubsammlungen gestalteten sich oft als schwierig, weil das Sammelgut häufig in den Säcken verfaulte. Bei Geldsammlungen spendeten die Schüler in der Regel nur kleine Nickel- oder Kupfermünzen. Der Mangel an Baumwolle als Folge der Handelsblockade machte auch die Brennnessel als Ersatz für die Nesselfaser und als Blattfutter sehr begehrlich. Für ein Soldatenhemd benötigte man rund vier Kilogramm getrocknete Nesselstängel. Die Gewinnung und Verwendung der Weißdornfrüchte (Mehlbeere) als Kaffeeersatz sollte das Verbrennen von Gerste und Brotgetreide zur Herstellung von Kaffeeersatz einschränken. Für die Herstellung von Tee-Ersatzmittel sammelte, trocknete und zerkleinerte man junge Blätter von Erdbeere, Eberesche, Moosbeere, Waldmeister, Walnussbaum und Weidenröschen. Buchenblätter dienten als Tabakersatz.

Neben den zeitaufwändigen Sammelaktionen wurde die Schuljugend aber auch die Speerspitze bei der Erstellung von „Liebesgaben". Dies waren nützliche Dinge, die an die Soldaten verschickt wurden. Besonders den Kämpfern an der Front sollte das Versenden von „Liebesgaben" den Schrecken des Krieges etwas erleichtern. Bastel-, Strick- und Häkelerzeugnisse, als kleine, handliche Gaben von den Schulmädchen gefertigt, dienten für die seelisch-moralische Aufmunterung der Soldaten, um so die Verbindung in die Heimat zu erhalten.

Eine Besonderheit der „Liebesgaben" war die Fertigung von Postkarten, die unbeschrieben an die Front versandt wurden, um dann wieder von den Soldaten an ihre Verwandten in der Heimat geschickt zu werden. Mit dem Fortschreiten des Krieges ist die Erstellung von „Liebesgaben" durch die Schuljugend aber auch auf die Kriegerwitwen (Kleidung) und Waisen (Bücher, Spielsachen) sowie die Kriegsflüchtlinge ausgedehnt worden.

Mit Gedichten und Liedern der Schuljugend wurden selbstverständlich alle Gedenk- und Freudenfeiern umrahmt, und die unzähligen Theateraufführungen zum Erwerb von Wohltätigkeitsspenden nahmen einen gewichtigen Platz ein.

Zu den tragenden Eckpfeilern der Heimatfront in Stadt und Land entwickelten sich vor allem die Lehrpersonen. Die Schulleiter selbst wurden als Vortragende in der sonntäglichen „Kriegsplauderstube" des Piusvereins über die aktuelle Frontlage, Organisatoren von unzähligen Sieges- und Huldigungsfeiern, Obmänner des Suppenvereins oder Reifheizkomitees sowie Initiatoren von

4 Ertheiler/Plohn, Das Sammelwesen (wie Anm. 3), 56.

Abb. 1: Mädchen stricken „Liebesgaben" im Kriegsschuljahr 1916 (Archiv B. Iglhauser)

Christbaumfeiern, Kriegsbaumpflanzungen und Obstbaumkursen zu regelrechten Multifunktionären. Zusätzlich überprüften sie z.B. den Gehalt von „Maggi" in den Armensuppen, führten Zählungen der Gemeindegetreidevorräte durch und fertigten im Unterricht mit den Kindern Schuhsohlen aus gepresstem oder geteertem Papier an, da das Tragen von Ledersohlen verboten war.

Da die Kinder vermehrt bei der Ernte und Hofarbeit helfen mussten, hatten bereits im Frühjahr 1915 in vielen Gemeinden die Ortsschulräte Ansuchen an die Schulbehörden gestellt, Nachsicht beim Schulbesuch der Bauernkinder zu üben, da diese dringend zur Feldarbeit benötigt werden. Obwohl daher der Unterricht durch die zahlreichen Sammelaktionen, Theateraufführungen, Feiern und Fernbleiben der Kinder im Kriegsverlauf immer mehr gestört wurde, herrschte unter dem Lehrpersonal dennoch die einhellige Meinung: Es ist besser, dass der Unterricht nicht mehr zu seinem Recht kommt, dafür dürfte sich aber die Heranziehung der Schüler zu all jener Arbeit lohnen. Dieses Situationsbild beschrieb auch der Thalgauer Schulleiter und einer der glühendsten Monarchisten der Salzburger Volksschullehrerschaft Paul Eiterer 1917, indem er in der Schulchronik ausführte, *dass die Schule einfach ihre Ziele hintansetzen muss*.[5]

Die ersten Auftritte der Salzburger Schuljugend zur „Jubelfunktion" fanden bei den verschiedenen Geburtstagsfesten für den Kaiser im August 1914 statt. In der Flachgauer Gemeinde Thalgau wurde am 18. August diese Feierlichkeit unter außergewöhnlicher Beteiligung der Bevölkerung und der ganzen Schuljugend durchgeführt. *Nach der kirchlichen Messe sind aus Anlass des ausgebrochenen Krieges Kindergedichte und Lieder der Knaben und Mädchen wie auch patriotische Ansprachen gehalten worden.*[6]

Zur gleichen Zeit hatten bereits in vielen Landgemeinden die Lehrer eine führende Rolle in der örtlichen „Kriegsberichterstattung" übernommen. *Lehrer Paul Eiterer veranstaltete jeden Sonntag um 10 Uhr vormittags im Thalgauer Gasthaus „Kendlbacher" an Hand von Landkarten Vorträge über die aktuelle Kriegslage, die*

5 Thalgauer Schulchronik (1871–1916), 28.
6 Thalgauer Schulchronik (1871–1916), 24.

„Konnt' ich auch nicht Waffen tragen, half ich doch die Feinde schlagen!"

von der Landbevölkerung sehr zahlreich besucht wurden und auch zur Beruhigung der aufgereizten Gemüter beitrugen. Jeder Beitrag endete mit dem Absingen des Kaiserliedes.[7]

Anfang September 1914 stellten sich die Schulen bereits massiv in den Dienst der Kriegsfürsorge. Die Mädchen strickten unter der Leitung der Lehrerinnen Wollsocken, Pulswärmer, Stutzen, Bauchbinden oder Ohrläppchen.

Das Namensfest des Kaisers wurde in vielen Gemeinden am 4. Oktober unter großer Beteiligung der Bevölkerung als „Soldatentag" gefeiert. Aus Thalgau kam die Nachricht, *dass sich Groß und Klein, Erwachsene und Schulkinder, mit regem Fleiß in den Dienst der guten Sache gestellt und nach Möglichkeiten ihr Scherflein für unsere braven Soldaten beitragen. Die Mädchen stricken unter Aufsicht und Anleitung des Lehrkörpers und die Knaben zupften Leinen.*[8] In Bergheim ist ein „Soldatentag" zugunsten der Kriegsfürsorge abgehalten worden, *wo die Schulmädchen des Ortes die vom Kriegsministerium herausgegebenen Kriegskokarden und Medaillons zum Verkauf brachten.*[9] In Kuchl verschickte die Schule an das k.k. Landesschützenregiment Nr. 3 zahlreiche Winterartikel, *wobei die Hauptarbeit die Mädchen der Schule unter der Anleitung der Handarbeitslehrerinnen Hartl und Moritz leisteten. Die Knaben befassten sich unter Aufsicht ihrer Lehrkräfte mit Charpiezupfen.*[10]

Ebenso wiesen die örtlichen Schulvereine in den Gemeinden mit der Durchführung von Konzerten die ersten Spendenaktivitäten auf. So konnte am 4. Oktober in Saalfelden *durch ein Streichorchesterkonzert und den Verkauf von Kriegsabzeichen, die von den Mädchen im Dirndlgewand und Pinzgauer Tracht verkauft wurden, ein beachtlicher Reingewinn für das Rote Kreuz übergeben werden.*[11] Am 15. November stellte sich bereits die Volksschule Bruck in den Dienst der Kriegsfürsorge und *die Schülerinnen haben für die Soldaten im Felde Wollsachen angefertigt, welche an das Kriegsfürsorgeamt in Wien gesendet wurden.*[12]

Im Rahmen der Volksbildungsvereine führten vielfach die Lehrkräfte Lichtbildervorträge durch. *In Neumarkt zeigte am 17. November Oberlehrer Franz Lösch 100 Bilder über die östlichen und westlichen Kriegsschauplätze und vom sehr zahlreichen Besuch wurde ein namhafter Reingewinn gespendet.*[13] Stolz berichtete am 19. November auch Pfarrwerfen, *dass nun auch unsere Schuljugend wacker drauf los gearbeitet hat, sodass es möglich geworden ist, zwei ausgiebige Sendungen, bestehend aus warmen Kleidungs- und Bedarfsstücken, für unsere braven Soldaten abzuliefern. Viele Einwohner haben den Arbeitseifer der Jugend durch Spenden an Wolle und Geld unterstützt.*[14]

Mit der Durchführung eines „Tabaktages" am 29. November durch den Lehrer Paul Eiterer gehörte Thalgau wiederum zu den Pionieren einer weiteren Sparte der Sammeltätigkeit. *Der „Tabaktag" brachte folgenden Erfolg: 700 Stück Zigarren, 3475 Zigaretten, 426 Packl Rauchtabak, 62 Pfeifen, 381 Spitzen, 23 Tabakbeutel und 86 große Pakete Zündhölzer. Besonders beteiligten sich die örtlichen Schulkinder.*[15]

Zum 66. Regierungsjubiläum des Kaisers am 2. Dezember 1914 ist neuerlich ein „Soldatentag" abgehalten worden, *an dem in allen Städten, Märkten und Dörfern des Vaterlandes, in Geschäften und auch auf der Straße die Jubiläumskriegsandenken feilgeboten werden, damit keiner vom Jubelfeste ausgeschlossen sei und es jedem ermöglicht werde, den patriotischen Schmuck zu erwerben. […] Doch auch unsere Schuljugend verlangt immer heißer, immer stürmischer, sich*

---

7   Salzburger Volksblatt, 3.9.1914, 7.
8   Salzburger Chronik, 11.10.1914, 10.
9   Salzburger Chronik, 2.10.1914, 3.
10 Salzburger Chronik, 2.10.1914, 8.
11 Salzburger Chronik, 2.10.1914, 8.
12 Salzburger Chronik, 18.11.1914, 8.
13 Salzburger Chronik, 19.11.1914, 8.
14 Salzburger Chronik, 21.11.1914, 9.
15 Salzburger Chronik, 1.12.1914, 6.

für unsere Helden betätigen zu dürfen. Gerade die Jugend in ihrer herzquickenden Begeisterung würde es schmerzlich empfinden, nicht „mit dabei" zu sein. Das Kriegshilfsbüro wird daher die bisherigen Kokarden für die Schuljugend zu dem ermäßigten Preis von 20 Hellern zur Verfügung stellen.[16]

An kaum einer Schule des Landes ging das 66-jährige Regierungsjubiläum von Kaiser Franz Joseph I. am 2. Dezember ohne Aktionen vorbei. *In Thalgau wurde mit der zahlreich erschienenen Bevölkerung und der Schuljugend ein feierlicher Gottesdienst abgehalten.*

Die an diesem Tage erfolgte Einnahme von Belgrad seitens unserer Truppen durch Verkündigung von Glockengeläute und Beflaggung rief unter den Einwohnern Thalgaus große Begeisterung hervor.[17]

Am 6. Dezember hielt man in Straßwalchen erstmalig einen „Soldatentag" ab. *Der Lehrkörper hatte veranlasst, es möge nach Kräften jedes von den 300 die Schule besuchenden Kindern am 2. Dezember eine Liebesgabe für die Soldaten im Felde spenden. Schon am Vortage stürmten die Kleinen die Direktion mit ihren Gaben. Die meisten Spenden bestanden in Rauchrequisiten, Pfeifen, Zigaretten und Tabak.*[18]

Heute war der Lehrkörper bemüht, die vielen Sachen etwas zu ordnen und auch noch an die betreffenden Stellen abzuliefern.
Schulleiter Josef Moosleitner gab in einer Ansprache an die Versammlung eine Zusammenstellung der bisherigen Leistungen an Spenden und Liebesgaben durch die Schuljugend.[19]

Anlässlich des Regierungsjubiläums veranstaltete Oberlehrer Franz Schwärzler in Strobl mit Lehrerfreunden der Gemeinden Thalgau und St. Wolfgang eine patriotische Festaufführung, *bei der Schülerdeklamationen, Streichmusikvorträge, Chöre und zwei Serien Lichtbilder vom jetzigen Kriegsschauplatz dargeboten wurden.*[20] Erstmalig zu einem „Kriegstag" versammelten sich am 6. Dezember in Neumarkt Gemeinde, Pfarre und Schule. *Eingeleitet wurde die Feier durch Absingen des weihevollen Chores „Dankgebet nach der Schlacht" seitens der Schuljugend.*

Hierauf folgten patriotische Gedichte und Lieder von den Kindern der hiesigen Schule. Hundert Kinderkehlen sangen dann, begleitet vom Harmonium und Streichern, den kraftvollen Chor „Der Gott, der Eisen wachsen ließ".

Oberlehrer Franz Lösch sprach über alle Unternehmungen, die seitens der Schule und Schuljugend im Dienste der Kriegsfürsorge geleistet wurden.

Den Ausführungen war zu entnehmen, dass auch die Schule nicht verfehlte, bei allen sich ergebenden Gelegenheiten werktätig mitzuarbeiten.[21]

In Faistenau umrahmten ebenfalls patriotische Gedichte der Schuljugend am 13. Dezember den „Kriegertag". *Oberlehrer Rihl gab eine Übersicht der bis jetzt getätigten Leistungen der Schuljugend bei Sammlungen und Liebesgaben.*[22] In Kleinarl wurde zur Kriegsweihnacht 1914 für die Soldaten eifrig gearbeitet. *In der Schule sind unter der Leitung von Handarbeitslehrerin Frau Schulleiter Winner in zirka vier Wochen zahlreiche warme Wollsachen von den Kindern gefertigt und abgesandt worden. Dass auch die armen Schulkinder eine Weihnachtsfreude haben, dafür sorgte Baronesse Elisabeth von Imhof, welche einen Karton Kleidchen und Wollsachen lieferte.*[23] Am 22. Dezember zogen über 80 Kinder der Volksschule Gnigl unter der Führung von sechs Lehrkräften in die Stadt, um Liebesgaben, bestehend aus Taschentüchern, Zigarren, Gebäck, Äpfel und Kletzenbrot, an

16 Salzburger Chronik, 10.11.1914, 4.
17 Thalgauer Gendarmeriechronik, 3.
18 Salzburger Chronik, 5.12.1914, 9.
19 Salzburger Chronik, 18.12.1914, 8.
20 Salzburger Chronik, 18.12.1914, 8.
21 Salzburger Chronik, 22.12.1914, 8.
22 Salzburger Chronik, 22.12.1914, 10.
23 Salzburger Chronik, 22.12.1914, 10.

arme, verwundete Krieger im Realschulgebäude auszuteilen. *Die Kinder durften die Sachen selbst austeilen und beendeten den Nachmittag mit dem Absingen des Kaiserliedes. […] Die Knaben sammelten zur Teebereitung Brombeerblätter, die bereits wohl verpackt abgegangen sind.*

Auch in Niedernsill fühlten die Schulkinder mit den armen Soldaten mit und fertigten unter der Leitung von Frau Oberlehrer Meier Schneehauben, Fußlappen, Pulswärmer. Die Wolle wurde von den Eltern der Kinder unentgeltlich zur Verfügung gestellt und zusätzlich sind von den Schülern noch fast 100 Pakete Rauchtabak, Zündhölzer gesammelt worden.[24] Am „Kriegertag" in Anif berichtete im Rahmen einer patriotischen Feier im Gasthaus Friesacher am 8. Dezember Oberlehrer Dittenberger, *dass die bisherigen Leistungen der Schule Anif in Bezug auf Kriegsfürsorgezwecke und Liebesgaben an die Soldaten sehr groß waren. Eine erhebende Huldigung der Schulkinder und sämtlicher Festgäste vor der reichgeschmückten Kaiserbüste beendeten in würdiger Weise den Kriegertag.*[25]

Untrüglich mehrten sich am Ende des ersten Kriegsjahres aber auch schon die Zeichen, dass die Schuljugend selbst bereits einer beginnenden Armut und Not ausgesetzt war. Die Bürgerschicht, der vielfach in den Gemeinden vorhandene Adel sowie Landfabrikanten zeigten ihren Opfersinn und ihre Bereitschaft zur Wohltätigkeit durch Abhaltung von „Christbaumfeiern". *In der Schule von Aigen konnte am 13. Dezember durch die Bemühungen der Gräfin Waldburg wieder eine schöne Christbaumfeier für unsere arme Schuljugend abgehalten werden. Nachdem im Lichterglanze des herrlich geschmückten Christbaumes ein von 12 Kindern unter der Leitung des Oberlehrers Georg Schlager aufgeführtes Weihnachtsspiel „Der Schutzgeist Aigens" allgemeinen Beifall fand, wurden 120 Kinder mit warmen Kleidungsstücken und Wäsche beteilt.*[26] Bei einer Christbaumfeier der Schule in St. Gilgen am 20. Dezember hob Pfarrer Matthias Praxmayr hervor, *dass sich viele Kinder, deren Vater auf dem Kriegsschauplatz kämpft, diesen gerade zu dieser Zeit besonders schwer vermissen und gerade jetzt am allerunterstützungsbedürftigsten sind. Am Schluss bekam jedes arme Schulkind sein Packerl, worin sich Wollstoffe, Hemden und warme Schuhe befanden.*[27]

Am 31. Dezember wurde in Hallein die Knabenvolks- und Bürgerschule für Zwecke der Unterbringung verwundeter Soldaten kommissionell besichtigt. *Der Vertreter des Militärs erklärte die Räumlichkeiten der Schule zur Unterbringung verwundeter Soldaten für vollkommen geeignet und es werden 14 Lehrzimmer, der Zeichen- und Turnsaal und noch einige Räume zur Aufstellung von 400 Betten hergerichtet.*[28] Zum Jahresende 1914 ist auch in Saalfelden das Schulhaus als Reservespital übernommen worden.[29]

Ein Kinderkriegstheater führte am 10. Jänner 1915 in Thalgau der katholische Arbeiterverein mit den Schulkindern auf. *Die Mehrzahl der Kinder spielte bei den Theaterstücken „Zwei Mütter" von August Pailler und „Kriegsbilder 1914" von Lehrer Paul Eiterer meisterhaft.*

Die überaus zahlreichen Besucher konnten die Tränen der Rührung nicht mehr zurückhalten. Beide Stücke sind prächtigen Inhalts und recht geeignet für die jetzige Zeit.

Herr Lehrer Benvenuto Mazzucco, der Musik und Gesang in die Hand genommen hatte, sei hier der wärmste Dank ausgesprochen.

Der Reingewinn betrug ungefähr 200 Kronen, wovon 85 für die Soldaten bestimmt waren.[30]

---

24 Salzburger Chronik, 24.12.1914, 3f.
25 Salzburger Chronik, 24.12.1914, 9.
26 Salzburger Chronik, 20.12.1914, 13.
27 Salzburger Chronik, 24.12.1914, 9.
28 Salzburger Chronik, 3.1.1915, 5.
29 Salzburger Chronik, 16.1.1915, 7.
30 Salzburger Chronik, 15.1.1915, 5.

Eines sehr starken Besuches erfreute sich am 4. Jänner in Hallwang das Weihnachtsspiel der Schule. *Von Herrn Oberlehrer Schmied vortrefflich zusammengestellt, kam das Reinergebnis den verwundeten Kriegern zugute. Die von der Hallwanger Schuljugend gebrachten Spiele waren an das Herz gehend und in darstellerischer und gesanglicher Beziehung musterhaft und ernteten reichen Beifall.*[31] Am 11. Jänner fand in Lengfelden mit den Schulkindern von Bergheim eine *recht liebe Christbaumfeier* statt. *Unter der Leitung von Lehrer Kainzner haben die Schulkinder ein großes Festprogramm äußerst gelungen gelöst und die armen Kinder wurden mit Spielsachen, Bildern usw. und einer Jause beschenkt.*[32]

In einigen Gemeinden übernahmen die Lehrkräfte die Führung von Kriegschroniken, die alle Aufzeichnungen über den Krieg und über die im Feld gefallenen Soldaten beinhalten sollten.[33] In Thalgau wurde der Lehrer Paul Eiterer zum Obmann der örtlichen Suppenanstalt gewählt und bereits am 2. Februar sind für die ärmsten Schulkinder die ersten öffentlichen Suppenausspeisungen begonnen worden.[34]

In Michaelbeuern erfolgte am 28. Februar die Abhaltung eines „Kriegstages". *Der Herr Oberlehrer hat sich um die Darbietungen der Schuljugend bei der patriotischen Feier warm angenommen.*[35] Unter dem Vorsitz von Regierungsrat Bezirkshauptmann Adalbert Proschko wurde am 7. März auch in Eugendorf *der von der Bevölkerung so lange ersehnte Kriegstag abgehalten. Herr Lehrer Bruckbauer und seine Schulkinder sind mit den Gedichten besonders hervorzuheben.*[36]

In Thalgau wählte man den Lehrer Paul Eiterer auch zum Vorsitzenden des Reifheizkomitees. *In klarer und kalter Nacht ließ Eiterer die Bauern vom Glockengeläut wecken und vor jedem Hause wurden grüne Reiserhaufen angezündet, damit der Rauch eine Schutzdecke für Obstbäume und Felder bilde. So soll verhindert werden, dass der für die Kriegszeit so wichtige Fruchtertrag zu Schaden kommt.*[37]

Am 10. April hielt die Ortsgruppe des Deutschen Schulvereins in Großarl einen Lichtbildervortrag. *Mit dem Vortrag „Der Weltkrieg", gehalten von Wanderlehrer Georg Riedherr, forderte dieser zu ausdauerndem Opfermut auf und die vergangenen Kriegsmonate haben gezeigt, was Wille und Kraft vermögen.*[38]

Von einer ersten Metallsammlung durch die Schulknaben in Maria Alm am 28. April wurde berichtet, *dass 3 Kisten voller Kupfer, Messing und Zinnwaren gesammelt worden sind. Zur gleichen Zeit ging eine Anzahl von Schulknaben mit dem Herrn Oberlehrer nach Saalfelden, um im Reservespital im Schulhaus Zigaretten, Tabak und Tabakpfeifen an die Verwundeten abzuliefern. Das Geld für Tabak und die Pfeifen wurde ebenfalls zum Großteil von den Schulkindern gesammelt.*[39] Eine Kriegsmetallsammlung am 1. Juni in Radstadt durch die Schulkinder unter der Leitung von Hochwürden P. Aegidius brachte mit 1.033 Kilogramm einen schönen Erfolg.[40] Bei einem Vortrag des Wanderlehrers Franz Hlawna am 4. Juni in Bergheim wurde auch das Ergebnis der Kriegsmetallsammlung vorgestellt. *Die Schulkinder sind dabei ihrer Aufgabe in äußerst lobenswerter Weise nachgekommen. 50 Kilogramm Blei, 48 Kilogramm Kupfer, 70 Kilogramm Zinn und andere Dinge ergaben ein Gesamtgewicht von 226 Kilogramm, was für eine kleine Landgemeinde ein schönes Ergebnis ist.*[41]

Mit vielen patriotischen Feiern ist das Ende des Schuljahres im Sommer 1915 begangen worden. *Anlässlich der jüngsten glänzenden Erfolge der verbündeten österreichischen und deutschen Heeresmacht fand in Anif am 27. Juni um 10 Uhr vormittags eine patriotische Gedenkfeier in den Schullokalitäten statt. Herr Ober-*

---

31 Salzburger Chronik, 6.1.1915, 9.
32 Salzburger Chronik, 13.1.1915, 7.
33 Salzburger Chronik, 5.2.1915, 7.
34 Thalgauer Schulchronik (1871–1916), 25.
35 Salzburger Chronik, 3.3.1915, 7.
36 Salzburger Chronik, 11.3.1915, 7.
37 Thalgauer Schulchronik (1871–1916), 26.
38 Salzburger Chronik, 17.4.1915, 7.
39 Salzburger Chronik, 6.5.1915, 7.
40 Salzburger Chronik, 3.6.1915, 11.
41 Salzburger Chronik, 6.6.1915, 12.

lehrer Dittenberger eröffnete dieselbe und die Kinder brachten das Lied „Die Blumenteufel" dar. Die Beteiligung war groß und erbrachte für die Kriegsfürsorge die stattliche Summe von 44 K.[42] Eine vaterländische Schulschlussfeier beging man am 15. Juli ebenfalls in Oberndorf. *Lehrer Schmidmeier hielt einen der kindlichen Auffassungsgabe angepassten Vortrag über Entstehung und Verlauf des Krieges und das schöne Lied „Deutschland, Österreich über alles" wurde von der Schuljugend trefflich dargebracht. Lehrer Schwenke hatte eine herrliche Kaiserkrone gezeichnet und lud in seiner ergreifenden Ansprache zur Nagelung zugunsten der Witwen und Waisen ein. Besonders wirkungsvoll war das von Lehrer Müller eingeübte Gedicht „Kampf für die Heimat". Die Seele des Ganzen war Oberlehrer Vinzenz Murr. Das Kaiserlied beschloss die schöne Feier und die erste „Nagelung" ergab 50 Kronen.*[43]

An vielen Schulen wurde zum Andenken an den Weltkrieg ein Denkzeichen in der Form eines „Eisernen Kreuzes" aufgestellt. *Nun ist auch an unserer Schule in Itzling das „Eiserne Kreuz" aufgestellt worden und die erste Nagelung fand am 9. Juli im festlich geschmückten Turnsaal statt. Als Ertrag der Nagelung und Verkauf der Gedenkblätter konnte der Betrag von 94 K abgeliefert werden, zusätzlich wurde von unseren Kindern 335 Kilogramm der Kriegsmetallsammlung abgegeben.*[44]

Im August 1915 stand in der Landeshauptstadt sowie in den Landgemeinden das allerhöchste Geburtstagsfest des Monarchen Franz Joseph I. im Mittelpunkt. *Bei Kaiserfesten, wie hier noch nie gewesen,* unter anderem in Großmain, Hallein, Bischofshofen, Schwarzach, Oberndorf, Golling, Neumarkt, Dorfgastein oder Thalgau bildeten die Darbietungen der Schulen die Hauptattraktion der Feiern zum 85. Geburtstag *des erlauchten Herrschers.*[45] Besonders stimmungsvoll gelang unter Beteiligung der Sommergäste das Kaiserfest in St. Gilgen am 17. August. *Abends marschierte bei allgemeiner Beflaggung der Häuser eine lange Reihe von Lampionsträgern der Schuljugend durch den festlich beleuchteten Ort, patriotische Lieder singend bis zum Jubiläumspark, wo vor der Kaiserbüste eine Huldigung auf unseren erhabenen greisen Monarchen stattfand und die Volkshymne sowie die deutsche Hymne gesungen wurden.*[46] Eine bescheidene Feier verwirklichte am 24. August die Gemeinde Pfarrwerfen. *Bei einer einfachen Feier anlässlich des Geburtstages unseres allgeliebten Kaisers erstrahlen beim Eintreten der Finsternis die Häuser in hellem Lichterglanz und namentlich erregte der große Kaiser-Kastanienbaum am Dorfplatz Aufsehen, der in sinniger Weise mit elektrischen Lampen beleuchtet wurde. Nach den Darbietungen der Schuljugend mit Liedern und Gedichten verstand es in der Festrede Herr Oberlehrer Wimmer, die Anwesenden zu begeistern, durch Einschlagen von Nägeln in „unseren Opfertisch", den Witwen und Waisen der gefallenen Krieger zu helfen.*[47]

Nachdem bereits 1914 zum Feiertag des Heiligen Rupert im Land Salzburg die ersten Kriegsprozessionen stattgefunden hatten, sind diese ein Jahr später erneut durchgeführt worden. *In Saalfelden wurde die große Kriegsprozession am 24. September eine machtvolle, erhebende Kundgebung katholischen Lebens. Der wohlgeordnete Zug bewegte sich vom Marktplatz durch die Almerstrasse. Voran nach Klassen gereiht die hunderten Kinder der Volks- und Bürgerschulen mit beiden Direktoren Landerer und Steidl sowie den Lehrkörpern, die Schule Lenzing mit Schulleiterin Frl. Grießmayr, Gemeindevorstehung, Korporationen und alle Stände der Bevölkerungskreise.*[48] Die Spitze der Kriegsprozession bildete die

42 Salzburger Chronik, 29.6.1915, 5.
43 Salzburger Chronik, 17.7.1915, 7.
44 Salzburger Chronik, 27.7.1915, 7.
45 Salzburger Chronik, 21.8.1915, 7.
46 Salzburger Chronik, 27.8.1915, 6.
47 Salzburger Chronik, 27.8.1915, 6.
48 Salzburger Chronik, 26.9.1915, 7.

Schuljugend auch am 13. Oktober in Obertrum. *Am 2. Goldenen Samstag hielt die Pfarrgemeinde eine Kriegsprozession nach Zellhof ab. Voran marschierte die Schuljugend mit dem Lehrkörper, Kriegs-, Feuerwehr- und Eisschützenverein.*[49]

Die genauen Aufstellungen der Schulen über die Sammlungsergebnisse gaben sehr konkrete Aufschlüsse über den großen Fleiß und die Bemühungen der Schulkinder in den Salzburger Gemeinden. Eine Zusammenstellung der Volksschule Wagrain vom 25. Oktober zeigte, *dass vorigen Herbst 9 Kilo Teeblätter gesammelt, ferner 2550 Papiersohlen geschnitten und bei der Kriegsmetallsammlung 94 Kilo zusammengebracht wurden. Die Wolle- und Kautschuksammlung füllte 4 Kisten und 3 Säcke im Gewichte von 191 Kilo.*[50]

Am 28. Oktober meldete die Schule Mauterndorf, *dass durch die Schulkinder die Woll- und Kautschuksammlung das erfreuliche Ergebnis von 700 Kilogramm erbracht hatte und die Frau Schulleiterin noch zusätzlich für den Frauenkronenfond 50 K sammelte.*[51] Die Volksschule Mattsee führte am 31. Oktober dieselbe Sammlung durch, *wobei unter werktätiger Leitung von Oberlehrer Hugo Weiser als Sammlungsresultat Wollwaren, 650 Kilo Kautschuk und 68 Kilo Gummi abgeliefert werden konnten.*[52] Schulleiter Franz Schwärzler aus St. Gilgen berichtete am 3. November, *was bei gutem Willen und einiger Opferwilligkeit in einer Gemeinde durch die Schulkinder geleistet werden kann, ergibt sich aus einer Zusammenstellung der Schulleitung in St. Gilgen. Einnahmen an Geld: Kriegsfürsorgekonzert der Schuljugend 379 K; drei Sammlungen für das Rote Kreuz 48 K; für Gedenkblätter zum Witwen- und Waisenfond 26 K; vaterländische Feier der Schuljugend 638 K; Spenden an Geld anlässlich der Wollsammlung 12 K. Mit dem Erlös für versteigerte Lederwaren wurde der Gesamtbetrag von 1303 K erreicht.*

Außerdem 48 Stück Schneehauben, 7 Stück Zipfelhauben, 7 Schals, 17 Paar Stutzen, 16 Paar Socken, 5160 abgenähte Papiersohlen, 260 Stück Papiersocken, 8 Kilo Erdbeer- und Brombeerblätter, 219 Kilo Kriegsmetall, 1102 Kilo Hadern und Wolle, 78 Kilo Gummiwaren und 37 Kilo Liebesgaben.[53] Nach diesem großen Erfolg schrieb der Bürgermeister der Gemeinde St. Gilgen an Oberlehrer Franz Schwärzler am 16. November ein Dankesschreiben. *Die gefertigte Gemeindevertretung fühlt es als ihre Pflicht, Ihnen für die gelungene Veranstaltung der patriotischen Feier der Schuljugend aus Anlass des Schulschlusses, welche einen so schönen Erfolg und ein überraschend hohes Erträgnis für den edlen Zweck der Kriegsfürsorge erzielte, den wärmsten und verbindlichsten Dank zum Ausdrucke zu bringen und den Empfang der Summe von 604 K zu bestätigen.*

Zugleich werden Sie hiermit unter einem verständigt, dass Sie in das Kriegsfürsorge-Komitee der Gemeinde eintreten und hierdurch über die Verwendung der zu Kriegsfürsorgezwecken gesammelten Beträge mitwirken.

Indem wir die Bitte daran knüpfen, auch fernerhin die Schuljugend in patriotischem Sinne zu erziehen und besonders für die Kriegsfürsorge so gedeihlich weiter zu wirken, zeichnet in vorzüglicher Hochachtung Schwarzenbrunner.[54]

Durch den Zustrom von Flüchtlingskindern herrschte in vielen Klassen der Schulen große Platznot. Ließen es die Raumverhältnisse zu, wurden für diese eigene Schulklassen eingerichtet.

Am 6. November hielt in Bischofshofen Oberlehrer Hugo Eder einen lehrreichen Vortrag, *warum man die Kriegsanleihe zeichnen soll und wie man am besten zeichnen kann.*[55] Mit zahlreichen Christbaumfeiern für die immer mehr an Hunger und Not leidenden heimischen Schulkinder stellte sich die Kriegsweih-

---

49 Salzburger Chronik, 16.10.1915, 7.
50 Salzburger Chronik, 3.11.1915, 7.
51 Salzburger Chronik, 30.10.1915, 7.
52 Salzburger Chronik, 3.11.1915, 7.
53 Salzburger Chronik, 6.11.1915, 7.
54 Schreiben an Oberlehrer Franz Schwärzler, 16.11.1915; Archiv: Bernhard Iglhauser.
55 Salzburger Chronik, 9.11.1915, 7.

Abb. 2: Maria Kohlberger und Kooperator Friedrich Lumpi – Lehrkräfte der Flüchtlingsklasse 1917 in Thalgau (Archiv B. Iglhauser)

nacht 1915 ein. Am 20. Dezember verlief an der Schule Aigen die Christbaumbescherung in sehr würdiger Weise, *wobei kein Kind von 280 leer ausging und ein unter der Leitung von Oberlehrer Schlager von 14 Kindern vorgeführtes Hirtenspiel allgemeinen Beifall fand.*

Durch die großartigen Bemühungen von Frau Gräfin Waldburg-Zeil und Frau Gräfin Spanocchi konnten an alle armen Schulkinder Kleidungsstücke, Obst und Backwaren verteilt werden.[56] Vereinzelt sind in Gemeinden auch Christbaumfeiern für die Flüchtlingskinder der Schulen abgehalten worden. Ein Komitee zur Unterstützung der Flüchtlinge aus Südtirol veranstaltete am 22. Dezember in St. Georgen für die Kinder der Flüchtlinge eine Weihnachtsfeier, um ihre schwere Lage, das heilige Fest in der Fremde begehen zu müssen, etwas zu erleichtern. *In Sporers Gasthaus, wo sich das Lokal für die italienische Schule befindet, wurde unter der Leitung von Frau Baronin Erggelet eine sinnige Christbaumfeier durchgeführt.*

Den Anfang machten zwei italienische Lieder, welchen das deutsche „Stille Nacht" mit sehr korrekter Aussprache folgte. Ein Flüchtlingsmädchen sprach hernach deutsch sehr lieb den Dank an das Komitee und die Wohltäter aus.

Unter den Gaben befand sich eine Kaffeeschale mit dem Kaiserbild und der Schrift „Zur Erinnerung an die Kriegsweihnacht 1915 in Salzburg", was den Beschenkten eine lebenslange Bestätigung sein wird, dass sie hier im Kriege eine gute Aufnahme fanden.[57] Von der Christbaumfeier für Flüchtlingskinder am 23. Dezember in Eugendorf berichtete man, *dass die zu Herzen gehende Feier im Gasthaus Gmachl von den Südtiroler Kindern mit dem Weihnachtslied „Stille Nacht" eröffnet wurde.*

Kooperator Jäkel hielt in italienischer Sprache eine kurze Ansprache mit dem Thema „Was erzählt das Christkindlein den Flüchtlingen?"

Nach dem Südtiroler Weihnachtslied „Soldate, o pastori, il Verbo Divino" sorgte die Gabenverteilung für glückliche Gesichter und gab Zeugnis ab, dass ihre Erwartungen noch übertroffen worden sind.[58]

Am gleichen Tag zogen in Salzburg 200 Kinder der Schule Gnigl zum Feldmarodenhaus-Barackenspital beim Bahnhof und legten dort die selbstgebastelten Weihnachtsgeschenke auf den Gabentisch. *Die Lehrerinnen haben Kriegsgebäck gebacken und mit den Kindern Obst und Rauchwaren gesammelt. Der sehr hübsch verlaufenden Bescherung selbst konnten nur eine kleine Abordnung von 30 Kindern unter Aufsicht der Lehrkräfte beiwohnen.*[59]

56 Salzburger Chronik, 24.12.1915, 7.
57 Salzburger Chronik, 24.12.1915, 7.
58 Salzburger Chronik, 28.12.1915, 7.
59 Salzburger Chronik, 29.12.1915, 7.

In den Haushaltsklassen zahlreicher Schulen wurden zur Kriegsweihnacht 1915 auch große Mengen von Bäckereien als „Liebesgaben" gefertigt. So sind in Hallein von den Schülerinnen allein 3.000 Stück Kekse, 8.000 Stück Marzipan, 700 Stück Hindenburg-Zwieback, 1.100 Stück Lebkuchen, 525 Stück Zimtbäckerei und Milchbrote hergestellt worden. Die Kosten der insgesamt 6.275 Stück wurden von der Kriegsfürsorge bestritten.[60]

Mit Beginn des Kriegsjahres 1916 traten in den Gemeinden verstärkt die Schulleiter in der „Kriegsplauderstube" des Piusvereins als Vortragende in Erscheinung und *entwarfen dabei stets mit von gesundem Optimismus getragenen Worten ein klares Bild von der Kriegslage auf sämtlichen Kriegsschauplätzen.*[61] In den Dienst der Kriegsfürsorge stellten sich auch die Kleinkinder-Bewahranstalten, die mit kleinen Theaterstücken und Kinderszenen in den jeweiligen Turnhallen der Schulen viel Besucherbeifall ernteten, wie unter anderem am 3. Jänner aus Mauterndorf berichtet wurde.[62]

Um den „Kriegertagen" 1916 eine zusätzliche Bedeutung zu verleihen, sind in vielen Gemeinden Ehrenbürgerverleihungen in dieses Festgeschehen eingebunden worden. Im Mittelpunkt stand häufig Landesregierungsrat Adalbert Proschko, dem diese Ehrung in vielen Salzburger Gemeinden erwiesen wurde. *Am 16. Jänner eröffnete die Schuljugend in Strasswalchen die Feier mit ausgezeichnet vorgetragenen patriotischen Liedern und Gedichten, wofür vor allem der fleißige und opferwillige Lehrkörper reichen Dank erntete. […] Den Schluss der Feier bildete die Benagelung eines von der Gemeinde aufgestellten Wehrschildes, dessen Erträgnisse für die vom Krieg betroffenen Angehörigen verwendet werden.*

Den ersten Nagel spendete der neue Ehrenbürger Herr Regierungsrat Proschko.[63]

Ebenfalls mit *sehr passenden Liedern und Gedichten, frisch und schneidig zum Vortrag gebracht*, wurde am 30. Jänner der „Kriegstag" in Faistenau eröffnet.[64]

Im Vorfrühling 1916 traten bei den Schulen die Sammlungsaktivitäten in den Hintergrund und das Hauptaugenmerk wurde vermehrt den Theateraufführungen geschenkt. Das Märchenspiel „Zauberglöcklein" als Theater der Schuljugend begeisterte am 19. Februar in St. Gilgen die Besucher. *Unter der Leitung von Pfarrer Praxmayr wurde seitens des Volksschulvereins mit den Kindern der oberen Klasse ein Stück vom bekannten Verfasser Chorherr W. Pailler mustergültig aufgeführt.*

Die spielenden Schulkinder erfassten ihre Rollen voll und der feenhafte Elfenreigen gab dem ganzen Spiel einen märchenhaften Reiz.

Oberlehrer Schwärzler besorgte die Klavierbegleitung und in den Zwischenpausen ließ die Liedertafelstreichmusik muntere Märsche hören.

Von allen Seiten hörte man Worte des Lobes und die Einnahmen waren mehr als zufrieden.[65] Eine Schüleraufführung zugunsten des Komitees vom „Eisernen Kreuz" stand am gleichen Tag in Saalfelden am Programm. *Da dies die erste Schülerveranstaltung dieser Art hierorts war, war der Besuch ein sehr reger. Die Knabenchöre, durchwegs kräftige, vaterländische Gesänge, kamen unter Leitung des Lehrers Wallinger, frisch und begeistert zum Vortrag und gaben der ganzen Aufführung das patriotische Gepräge. „Die Blumenteufel", „Fürs Vaterland" oder „Lützows wilde Jagd" klangen mächtig durch den Saal im Gasthaus Hindenburg. Das Märchenspiel „Hänsel und Gretel" unter der Leitung von Lehrer Riedler, weihevoll vorgeführte Mädchenchöre unter Lehrerin Hierner und Orchesteraufführun-*

60 Salzburger Chronik, 24.12.1915, 7.
61 Salzburger Chronik, 5.1.1916, 7.
62 Salzburger Chronik, 5.1.1916, 7.
63 Salzburger Chronik, 19.1.1916, 7.
64 Salzburger Chronik, 23.2.1916, 7.
65 Salzburger Chronik, 22.2.1916, 6.

gen wechselten mit Gesängen. Das Ergebnis des Eintritts belief sich auf 240 K.[66] Unter großer Beteiligung erfolgte auch in St. Georgen am 28. Februar die Durchführung des „Kriegstages", wo die Schulkinder unter Fräulein Anna Hemetsberger *tüchtig geschulte Lieder und Deklamationen bestens zum Vortrage brachten.*[67]

Über die allgemeine Situation der Schule 1916 in Salzburg berichtete die „Salzburger Chronik", *dass die Kriegszeit auch der Schule und einzelnen Lehrpersonen vielfach größere Lasten auflegt. Der Unterrichtsbetrieb und Erfolg ist erschwert durch Abgabe der Schulräume für Militärdienste. Schüler und Lehrer werden außer der Unterrichtszeit nicht selten herangezogen zu Kriegshilfeleistungen. Sie geschieht gerne, diese Hingabe ans Vaterland, Lehrpersonen obliegt infolge von Abwesenheit anderer eine vermehrte Arbeit in der Schule. […] Eine nicht seltene Kriegsfolge ist auch das Zusammenziehen von Klassen. Solche überfüllte Klassen erschweren bedeutend die Arbeit, stellen harte Anforderungen an Geist und Körper. Selbst Lehrpersonen, die schon im Ruhestand waren, mussten um erneute Dienstleistung in der Schule hervorgeholt werden.*[68]

In die lange Reihe von patriotischen Vorgängen hielt auch vermehrt die „Wehrschildnagelung" Einzug, so auch am 13. März in Strobl. *Heute hatte die Schuljugend von Strobl ihren patriotischen Nagelschlag. Herr Schulleiter Kainzner hatte hierzu die Anregung gegeben und sich um diese patriotische Feier viele Mühen und Fleiß kosten lassen. Nach der Begrüßung sangen die Kleinen patriotische Lieder und trugen Gedichte vor. […] Der Obmann des Ortsschulrates dankte in herzlichen Worten der Lehrerschaft für das hübsche Sümmchen zugunsten der Kriegsfürsorge.*[69]

Wichtige Schwerpunkte bildete auch die Mitwirkung der Schulen bei den „Rote Kreuz-Feiern", wie sie auch am 6. Mai in Strobl durchgeführt wurde. *Der allbeliebte, tüchtige Schulleiter Herr Ludwig Kainzner begrüßte in herzlichen Worten die zahlreich Erschienenen und legte den Zweck der Roten Kreuz-Woche dar und begeisterte in kernigen Worten die Kinder für die Kranken und verwundeten Helden und die armen Waisenkinder. […] Die Schulkinder sangen gut und herzlich, dass vielen Anwesenden die Tränen in den Augen glänzten. Besonders kindlich und herzlich trugen die Schulkinder die hübschen Gedichte an den Kaiser vor. Die Musikbegleitung besorgte in bewährter Weise Frau Oberlehrer Nußbaumer.*[70] Eine regelrechte „Rote Kreuz-Woche" führte in Thalgau, bereits am 30. April beginnend, der glühende Monarchist, Schriftsteller und Lehrer Paul Eiterer durch. Zu diesem Anlass verfasste Eiterer sogar ein eigenes Kriegstheater, das später auch in anderen Salzburger Gemeinden aufgeführt wurde. *Mit drei schönen Festreden begann heute die Hauptfeier. Herr Notar Dr. Hockauf sprach über das Rote Kreuz, Herr Dechant Fuchs über die Vereinigung Salzburgs mit Österreich und Herr Lehrer Eiterer über den Sieg bei Gorlice und Tarnow. Vier Knaben der Schule in entsprechenden Uniformen führten die von Paul Eiterer verfasste dramatische Kriegstheaterszene „Unsere Feinde" vor. Der erste Teil behandelte die Verschwörung der Engländer, Russen und Franzosen gegen Österreich und Deutschland, der zweite den Eintritt der Italiener in den Krieg, der dritte die Pariser Konferenz. Hierauf erschien der Engel der Gerechtigkeit, der den Feinden eine gewaltige Strafrede hielt und sie schließlich mit gezücktem Schwert vertrieb. […] Die anderen Schulkinder trugen hübsche patriotische Lieder vor. […] Am 1. und am 7. Mai spielten die Schulkinder recht gut drei Theaterstücke, besonders scherzhaft war der „Regen-*

66 Salzburger Chronik, 24.2.1916, 7.
67 Salzburger Chronik, 1.3.1916, 7.
68 Salzburger Chronik, 10.3.1916, 7.
69 Salzburger Chronik, 16.3.1916, 6.
70 Salzburger Chronik, 9.5.1916, 7.

schirm". [...] Am 7. Mai beendete ein musikalischer Vortrag von Lehrer Benvenuto Mazzucco und ein Glückstopf die Woche des Roten Kreuzes, die in etwa 1000 K eingebracht hatte, was zeigt, dass man auf die Wohltätigkeit der Thalgauer zählen kann.[71] In Oberndorf konnte das am 8. Mai durchgeführte Konzert für das Rote Kreuz einen großen Erfolg feiern. *Dem Leiter des Ganzen, Herrn Oberlehrer Vinzenz Murr, gebührt volle Anerkennung und nicht minder allen anderen Lehrkräften. Die ganze Aktion für das Rote Kreuz, welche bereitwilligst vom hiesigen Lehrkörper und unterstützt von den Schulkindern, durchgeführt wurde, ergab die nette Summe von 410 Kronen. Bedenkt man die gegenwärtigen Verhältnisse, so muss man tausendfachen Dank für diese patriotische Gesinnung sagen.*[72]

Die von der Schule in Adnet veranstaltete Rote Kreuz-Woche am 12. Mai erbrachte mit anderen Sammlungen den Gewinn von 454 K.[73] In St. Gilgen konnte durch die Theateraufführung „Johann Palm" am 17. Mai und durch den Verkauf von Abzeichen, Fahnen und Sammlungen die erfreuliche Summe von 988 K an das Rote Kreuz übergeben werden. Von der Schule in Henndorf sind am gleichen Tag für das Rote Kreuz 353 K und einige wertvolle Goldgegenstände gesammelt worden. *Kein Abzeichen und keine Blume blieben unverkauft!*[74] Von einem herrlichen Frühlingswetter begünstigt, war der Festtag für das Rote Kreuz in Hallein am 17. Mai von der Schuljugend der Sammeltätigkeit und dem Verkauf der verschiedensten Abzeichen gewidmet. *Die jungen Mädchen schafften es mit viel Geschick und Liebenswürdigkeit, manch Zugeknöpften dazu, eine Spende zu geben, sodass 1987 K gesammelt werden konnten.*[75] Die Schulkinder von Werfenweng erzielten zum gleichen Zeitpunkt in ihrer Hauptsammlung mehr als 60 K.[76]

Immer häufiger kam es auch zur Notwendigkeit, dass die Schuljugend die Gestaltung von Kriegergedenkmessen für gefallene Lehrpersonen mittragen musste. Am Gottesdienst beteiligten sich meistens die ganze Schule mit Lehrkörper, der örtliche Veteranenverein und die Musikkapelle.[77]

Ein neues Betätigungsfeld für die Schule eröffnete Regierungsrat Adalbert Proschko beim „Kriegertag" in Köstendorf am 30. März. *Mit dem Liede „Prinz Eugen", von den Schulkindern Köstendorfs unter der bewährten Leitung von Oberlehrer Maier vorgetragen, wurde die Feier eröffnet. [...] Besonders interessant waren die Ausführungen von Regierungsrat Proschko über die Einfachheit des Lebens und die Kriegerdenkmäler. Er wünscht „Marterln" angebracht an den Feldkapellen, beim Eingang in die Ortschaften, über den Haustüren, stets geschmückt von den Blumen der Schulkinder. [...] Allgemeines Lob fand am Schluss Herr Oberlehrer Maier mit den einzigartigen Leistungen seiner Schule.*[78] Großen Beifall fand am 12. April auch in Elixhausen ein Kriegsvortrag von Adalbert Proschko, verbunden mit seiner Ehrenbürgerverleihung. *Die herrlichen Worte über Heimat- und Vaterlandsliebe wurden durch patriotische Gedichte und Lieder der Schulkinder unter der tüchtigen Leitung des Schulleiters Neumayr ausgefüllt, welche große Begeisterung auslösten. Nach der Verleihung besichtigte Herr Proschko noch das vom Schulleiter Neumayr originell angefertigte Kriegswappen im Schulzimmer.*[79] Bei einer Kriegsversammlung in Elsbethen am 30. April wurde von Oberlehrer Sieber in einer Statistik über „Kriegsfürsorge in der Gemeinde Elsbethen" berichtet, *dass von der Schuljugend seit Kriegsbeginn an Geld etwa 800 K, ferner Leinwand, Wäsche usw. gesammelt wurde und man an allen Metallsammlungen teilgenommen habe.*[80]

---

71 Salzburger Chronik, 10.5.1916, 7.
72 Salzburger Chronik, 10.5.1916, 7.
73 Salzburger Chronik, 14.5.1916, 7.
74 Salzburger Chronik, 19.5.1916, 7.
75 Salzburger Chronik, 19.5.1916, 7.
76 Salzburger Chronik, 19.5.1916, 7.
77 Salzburger Chronik, 24.5.1916, 7.
78 Salzburger Chronik, 1.4.1916, 7.
79 Salzburger Chronik, 15.4.1916, 7.
80 Salzburger Chronik, 3.5.1916, 7.

Anfang Mai 1916 sind in zahlreichen Schulen, wie Hallein, Piesendorf und Werfen, die sogenannten „Jahrhundertfeiern" durchgeführt worden.[81] Dabei standen in durchwegs kirchlichen Feiern das Ereignis der 100-jährigen Zugehörigkeit Salzburgs zu Österreich und des einjährigen Gedächtnisses der entscheidenden Schlacht bei Gorlice im Mittelpunkt.[82] Die Abhaltung der Jahrhundertfeier ist auch von manchen Schulen genützt worden, sich eine eigene Schulfahne anfertigen zu lassen.[83] Ein leidenschaftlicher Appell des Thalgauer Lehrers Paul Eiterer bei einer Versammlung der k. k. Landwirtschaftsgesellschaft beinhaltete, *dass man dringend Beiträge für die öffentlichen Suppenanstalten spenden und Obstbau, Waldpflege und Kartoffelanbau betreiben soll, um die Hungersnot etwas zu lindern.*[84] Am 2. Juni folgte in Seekirchen eine große Menge von Gästen zum ersten „Kriegstag" in der Gemeinde. *Der erste Kriegstag ist besonders durch die Bemühungen des Schulleiters Maier sehr erfolgreich verlaufen. Die Schulklassen ernteten großen Beifall für Gedichte und Lieder. […] Es wurde der Wunsch ausgesprochen, dass bald ein ebenso gelungener „Friedenstag" folgen möge.*[85]

Wie alljährlich wurden auch im August 1916 die Kaiserfeste unter anderem in Badgastein, Mauterndorf und Bruck mit Beteiligung der Schuljugend vorbereitet. Anlässlich des Geburtstagsfestes des Kaisers sind am 17. August viele Häuser und Villen festlich beleuchtet worden, und nach dem Kaiseramt beteiligten sich bei der Feier die Spitzen der Behörden und die Schuljugend.[86]

Zu Herbstbeginn 1916 hielt in zahlreichen Gemeinden, wie Neumarkt, Thalgau und Bischofshofen, der k. k. Major Dr. Rudolf Peerz Vorträge für die Schuljugend, *welche seinen beredten Worten mit großer Spannung folgte und zum Schluss begeistert das Kaiserlied anstimmte.*[87]

Am 29. Oktober verstarb in Liefering mit Oberlehrer Franz Hlawna einer der profiliertesten Wanderlehrer der Salzburger Volksbildung. Mit seinen leidenschaftlichen Vorträgen an Schulen, bei Kriegertagen und in den Jugendfürsorgevereinen hatte er in Salzburg eine große Popularität und Bekanntheit erreicht.[88]

Nach dem Ableben von Kaiser Franz Joseph I. und des Regierungsantrittes von Kaiser Karl I. fanden in den Gemeinden zahlreiche „Kaiserämter" in den Kirchen statt, wo die Behörden, Vereine und die Schuljugend teilnahmen.[89]

Bei der neuerlichen fünften Kriegsanleiheaufforderung an die Bevölkerung lag es wiederum an den Schulleitern der jeweiligen Gemeinden, vor allem in der „Kriegsplauderstube", Stimmung dafür zu machen. Im Lungau machte sich vor allem Oberlehrer Nikolaus Noggler für die neue Anleihe stark.[90]

Der Verlust der Kirchenglocken in den meisten Gemeinden, die schlechte Ernährungssituation und die hohen Verluste an der Front hatten vielen Aktionen der Schulkinder den Schwung der Begeisterung genommen. Viele Tätigkeiten wurden zusehend mehr für die eigene Bedürftigkeit wie z.B. die Gewährleistung von Suppenanstalten verwendet.[91] *Von den Schulkindern wurde heuer am 2. Jänner in Wals unter Oberlehrer Müller nur ein schlichtes Kriegsweihnachtsspiel aufgeführt. […] Der Reinertrag vom Eintritt und der Christbaumversteigerung brachte für die heimkehrenden Helden und für die Suppenanstalt einen Gewinn von 600 K. […] Dass Soldaten- und Kinderherzen einander überhaupt nahestehen, beweist eine Karte mit „Grüßen an die lieben Schulkinder", die vor Weihnachten eintraf.*[92] Am 9. Jänner stand in Neumarkt ein Wohltätigkeitstheater der Schuljugend im Zeichen der Jugendfürsorge. *Nachdem der Ortsschulrat eine erhebende Christbaumfeier mit darauffolgender Verteilung von Kleidungsstücken und Spiel-*

81 Salzburger Chronik, 6.5.1916, 7.
82 Salzburger Chronik, 9.5.1916, 7.
83 Salzburger Chronik, 5.10.1916, 7.
84 Filialbericht Thalgau der k. k. Landwirtschaftsgesellschaft. In: Landwirtschaftsblätter, 12.6.1916.
85 Salzburger Chronik, 4.6.1916, 6.
86 Salzburger Chronik, 23.8.1916, 7.
87 Salzburger Chronik, 19.9.1916, 7.
88 Salzburger Chronik, 3.11.1916, 7.
89 Salzburger Chronik, 21.12.1916, 7.
90 Salzburger Chronik, 18.12.1916, 8.
91 Salzburger Chronik, 5.1.1917, 7.
92 Salzburger Chronik, 5.1.1917, 7.

sachen an arme Schulkinder veranstaltete, wurde dank der Bemühungen des Oberlehrers Franz Lösch eine Suppenanstalt ins Leben gerufen. [...] Wahrlich nicht mühelos gelang es, diese Wohlfahrtseinrichtung zur Durchführung zu bringen und allen jenen Kreisen, die das Unternehmen durch Geldspenden sicherten, sei namens der hungernden Kleinen der herzlichste Dank zum Ausdruck gebracht.[93] Auch in Rauris wurde am 16. Jänner erstmalig eine Christbaumbescherung zugunsten der armen Schüler von Rauris und Wörth durchgeführt. *Alle Schüler der beiden Schulen wurden beschenkt, vor allem die Bedürftigsten. Freude und Dank im Herzen empfingen sie die zugewiesenen Gaben. Der Sektion des deutschösterreichischen Alpenvereins, Herrn Ritter von Alt und den übrigen Wohltätern, besonders der Lehrerschaft unter dem im ganzen Tal geschätzten Oberlehrer Hans Bendl wird der gebührende Dank ausgesprochen.*[94]

An einigen Schulen in den Landgemeinden, wie Gnigl, Faistenau und Piesendorf, führte man auch ein warmes Frühstück für bedürftige Schulkinder ein. *Und wie das schmeckt! Mit solcher Seligkeit löffelt der Kaiser sein Frühstück nicht, als hier jedes Kind sein zugemessenes Teil. Man muss sie nur sehen, die strahlenden Gesichter der Kleinen und das Lob hören, das sie dem köstlichen Mahle singen.*[95] Am 15. Februar kam es in Straßwalchen zu einer Aufführung des Kriegstheaters des Thalgauer Lehrers Paul Eiterer, um die leere Kasse des Suppenfonds wieder zu füllen.[96] Das gleiche Stück wurde auch am 4. März in Eugendorf dargeboten, um einen Gewinn für die Suppenanstalt zu erreichen.[97] Trotz großer Anstrengungen seitens der Lehrerschaft kam es aber auch zu Schließungen der Suppenanstalten. Am 2. April wurde von der Schulleitung in Seekirchen mitgeteilt, dass Ende März die Suppenanstalt der hiesigen Volksschule geschlossen wurde.[98] In Thalgau untersagte die Gemeindevertretung die Verwendung von Stauböl für die Holzböden in den Klassen der Schule und forderte die Dringlichkeit ein, barfuß zum Unterricht zu kommen, um den Lederverbrauch zu reduzieren.[99] Immer mehr verschwanden die Dekorations- und Huldigungsfeiern aus dem Blickpunkt der Schulen. In St. Johann im Pongau, Fusch und Radstadt feierte man aber am 10. Mai noch das Geburtsfest der Kaiserin. *Die Stadt war in Fahnenschmuck und beim feierlichen Gottesdienst fanden sich die Vertreter der Behörden, Korporationen und die Schule mit dem Lehrkörper ein. Die Kinder sangen erstmalig das deutsche Messlied, das nun wöchentlich bei der Schulmesse dargeboten wird. Dem sämtlichen Lehrkörper gebührt für das große Bemühen Dank und Anerkennung.*[100]

Im Frühjahr 1917 erfolgten auch die Weisungen der Schulbehörde, Kriegsgemüse- und Obstgärten in der Nähe der Schulen zu errichten. *Es soll jedes Fleckchen Grund zur Nutzung gebracht werden. Nicht nur die Schuljugend gräbt, ebnet und pflanzt, sondern auch die erwachsenen Eltern.*[101] Aufgrund schulbehördlicher Verfügung wurden die Direktionen veranlasst, auch Forste oder Waldgründe zur Bebauung mit Feld- und Obstfrüchten zu suchen.[102] So entstanden zahlreiche Schulgärten, wie in Saalfelden, Tamsweg, Mariapfarr und Ramingstein, wo sich Oberlehrer Alexander Jud diesen Bemühungen besonders hingab.[103]

Über Anregung von Schulleiter Paul Eiterer in Thalgau wurden am 27. Mai 1917 von 34 armen Schulkindern 2.000 m² Waldfläche gerodet und zur Bepflanzung mit Kartoffeln, welche vom k. k. Bezirksgericht gespendet wurden, benützt.[104]

Infolge der außergewöhnlichen Verhältnisse der Kriegszeit ist in einigen Gemeinden, wie Abtenau, Bruck und Scheffau, dem Ansuchen der Ortsschulräte

---

93 Salzburger Chronik, 11.1.1917, 7.
94 Salzburger Chronik, 17.1.1917, 9.
95 Salzburger Chronik, 11.2.1917, 7.
96 Salzburger Chronik, 20.2.1917, 7.
97 Salzburger Chronik, 7.3.1917, 6.
98 Salzburger Chronik, 5.4.1917, 7.
99 Sitzungsprotokoll der Gemeindevertretung von Thalgau, 6.2.1916; Archiv: Marktgemeinde Thalgau.
100 Salzburger Chronik, 13.5.1917, 10.
101 Salzburger Chronik, 13.5.1917, 10.
102 Salzburger Chronik, 13.5.1917, 10.
103 Iglhauser Bernhard, Apimundia. Land der Eistränen. Heimat der Poeten. Hüttschlag 1995, 226.
104 Thalgauer Schulchronik (1917–1954), 2.

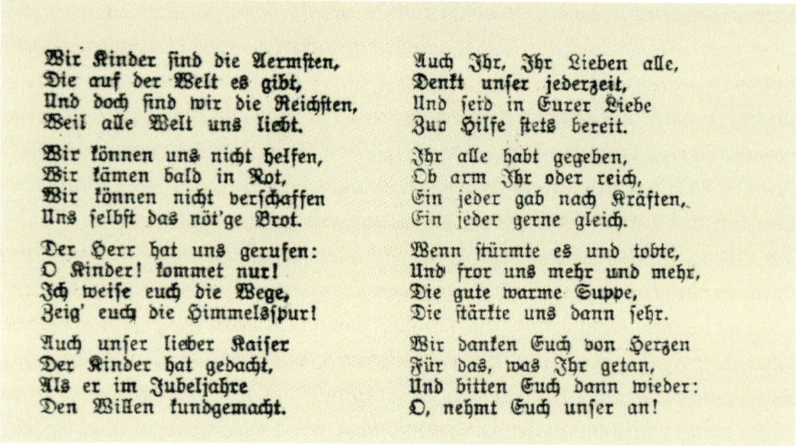

Abb. 3: Suppendankgedicht (Archiv B. Iglhauser)

> Wir Kinder sind die Aermsten,
> Die auf der Welt es gibt,
> Und doch sind wir die Reichsten,
> Weil alle Welt uns liebt.
>
> Wir können uns nicht helfen,
> Wir kämen bald in Not,
> Wir können nicht verschaffen
> Uns selbst das nöt'ge Brot.
>
> Der Herr hat uns gerufen:
> O Kinder! kommet nur!
> Ich weise euch die Wege,
> Zeig' euch die Himmelsspur!
>
> Auch unser lieber Kaiser
> Der Kinder hat gedacht,
> Als er im Jubeljahre
> Den Willen kundgemacht.
>
> Auch Ihr, Ihr Lieben alle,
> Denkt unser jederzeit,
> Und seid in Eurer Liebe
> Zur Hilfe stets bereit.
>
> Ihr alle habt gegeben,
> Ob arm Ihr oder reich,
> Ein jeder gab nach Kräften,
> Ein jeder gerne gleich.
>
> Wenn stürmte es und tobte,
> Und fror uns mehr und mehr,
> Die gute warme Suppe,
> Die stärkte uns dann sehr.
>
> Wir danken Euch von Herzen
> Für das, was Ihr getan,
> Und bitten Euch dann wieder:
> O, nehmt Euch unser an!

stattgegeben worden, die Schulen an allen Klassen bereits mit 1. Juli zu schließen. Da das Lernziel zumeist nicht erreicht werden konnte, musste der Unterricht nach den Hauptferien zur festgesetzten Zeit wieder aufgenommen werden.[105]

Anlässlich der Geburtstagsfeier des Kaisers wurde von der Schule und der Gemeinde am 19. August in Thalgau eine sehr schöne Huldigungsfeier veranstaltet. *In dem schön dekorierten Kendlbachersaal war zum ersten Mal das herrliche Bild Kaiser Karl zur Aufstellung gebracht und Herr Dechant Fuchs hielt die Festrede, welche alle begeisterte. 6 Kinder der Schule trugen die von Paul Eiterer verfasste Huldigungshymne sehr schön vor.*[106] Auch Oberndorf beging am gleichen Tag unter Beteiligung der Schuljugend, Korporationen und Beamten die Feier zum Geburtstagsfest von Kaiser Karl I.[107]

Bei einer Filialversammlung am 14. September in Thalgau rief Schulleiter Paul Eiterer erneut zu Beiträgen für die „Suppenanstalt" auf, die bereits über 25.000 Portionen verteilt hatte. Ein Schüler bedankte sich mit dem „Suppendank-Gedicht".[108]

In Großarl wurde am 1. November mit großer Freude die Errichtung einer Suppenanstalt gefeiert. *Einen für diese Zeit unbegreiflichen Akt von Schul- und Bevölkerungs-Freundlichkeit leistete sich dieser Tage die Gemeinde Großarl. Nachdem schon im Vorjahre Schulleitungen und Gemeinden behördlichweise dringend aufgefordert wurden, Schulsuppenanstalten zur Mittagsverköstigung armer Schulkinder ins Leben zu rufen, wurde, wie allerorts, auch in Großarl eine Suppenanstalt errichtet. […] Frau Oberlehrer Hisch übernahm ohne jedes Entgelt die keine geringe Mühe erfordernde tägliche Verköstigung von zirka 30 Kindern.*[109]

Im November trafen auch die ersten Meldungen der Erntemengen der Kriegsgemüsegärten ein, und meistens wurden mehr als die Hälfte der Erträge an die eigene Bevölkerung verkauft. Zur Sicherung des Eigentumsrechtes sind „Flurwächter" in der Nacht aufgestellt worden.[110]

Am 21. November versammelten sich in vielen Ortschaften vor Unterrichtsbeginn die Schüler in der Kirche, um eine Trauermesse zum ersten Jahrestag des Hinscheidens von Kaiser Franz Joseph I. zu begehen.[111] Auch im vierten Kriegsjahr gelang es durch die rastlosen Bemühungen zahlreicher Schulleiter, Christbaumfeiern durchzuführen. *Eine rührige Weihnachtsfeier bereitete am 21. Dezember in Morzg der Oberlehrer John und dessen Lehrkörper den hiesigen 180 Schulkin-*

105 Salzburger Chronik, 1.7.1917, 7.
106 Thalgauer Schulchronik (1917–1954), 3.
107 Salzburger Chronik, 23.8.1917, 6.
108 Filialbericht Thalgau der k. k. Landwirtschaftsgesellschaft. In: Landwirtschaftsblätter, 16.10.1915.
109 Salzburger Chronik, 4.11.1917, 5.
110 Salzburger Chronik, 16.11.1917, 6.
111 Salzburger Chronik, 22.11.1917, 7.

dern. Ein kühnes Unternehmen für die lange Kriegszeit, jedem Kind eine passende Spende zukommen zu lassen. […] Es gelangten sodann verschiedene Lieder wie Vorträge zur Aufführung. Der im hellen Lichterscheine erstrahlende schöne Weihnachtsbaum erfreute die Augen der Kinder. Wie alljährlich seit Kriegsbeginn fand auch heuer wieder in Eugendorf am 21. Dezember eine einfache Christbaumfeier für die Flüchtlingskinder der bisherigen Flüchtlingsschule statt. […] *Die Gabenverteilung sowie eine Strophe des Kaiserliedes in deutscher und italienischer Sprache beschlossen die stimmungsvolle Feier, für deren Durchführung Herrn Oberlehrer Wurzinger höchster Dank gebührt.*

Trotz der allgemein herrschenden großen Teuerung war es auch heuer wieder in Saalbach am 22. Dezember möglich, für die Kinder der hiesigen Schule eine bescheidene Weihnachtsbescherung zu veranstalten. Mit regem Eifer hatte Lehrerin Frl. Rosa Widauer Spenden für die Kinder gesammelt und die Freude der beschenkten Kinder mag ihr Lohn sein für die hingebende Tätigkeit.[112] Am 26. Dezember fand auch in der kleinen Lungauer Gemeinde Sauerfeld eine Schulkinderchristbaumfeier statt. *Anlässlich seiner Ehrung durch das verliehene Kriegskreuz für Zivilverdienste 3. Klasse spendete Schulleiter Anton Guggenberger am Ende der Feier 400 Kronen zu dem von ihm ins Leben gerufenen Schulkinderchristbaumfond, sodass er nun 1000 Kronen beträgt.*[113]

Eine Besonderheit fand bei der Christbaumfeier für arme Schulkinder am 30. Dezember in Oberndorf statt. *Durch die gütige Fürsorge von Gönnern konnten 125 arme Schulkinder mit 400 Würsteln beschenkt werden. Herr Lehrer Rasp führte mit viel Mühe das Theaterstück „Die verlorene Gretl" auf. Den musikalischen Teil besorgten die Kinder und erstmalig ein Grammophon.*[114] In Thalgau zeigte die Schuljugend bei bestem Besuch am Ende des Kriegsjahres 1917 unter der Leitung von Oberlehrer Paul Eiterer ebenfalls am 30. Dezember zugunsten der Kinder-Christbescherung des katholischen Arbeitervereins zwei Theaterstücke. *Die Knaben und Mädchen führten den dramatischen Scherz „Der einzige Rock" und „Am Kreuzweg" auf und der Beifall für die gelungene Darbietung war groß.*[115]

Zum Jahresbeginn 1918 verlagerten sich die Wohltätigkeitsveranstaltungen der Schulen stark auf die Hilfe und Unterstützung der heimkehrenden, vielfach kranken und invaliden Soldaten. In der Gemeinde Wals veranstaltete am 8. Jänner die Schule eine Kinderaufführung für die Kriegsinvalidenfürsorge. *Durch die großen Bemühungen von Frau Oberlehrer Müller kam durch das Schulkinder-Theater und anschließender Christbaumverlosung der Betrag von 1015 K zusammen.*[116] Ebenfalls für Kriegsinvalide wurden am 9. Jänner von den Kindern der Schulen Taxenbach und Piesendorf Theaterstücke aufgeführt.[117]

Der dramatische Mangel an Heizmaterialien bewirkte, dass durch die Ortsschulräte im Jänner auch an manchen Schulen unter der Bezeichnung „Kohlenferien" der Betrieb geschlossen werden musste.[118]

Nachdem die Schulleitung in Thalgau von der Aktion für Minderbemittelte 400 Kronen zur Abhaltung einer Christbaumfeier für arme Schulkinder erhalten hatte, wurde diese am 27. Jänner durchgeführt. *In einer Vorbesprechung in der Gemeindekanzlei, wo sich Gemeinde, Ortschulrat, Bezirksrichter und der gesamte Lehrkörper beteiligten, wurde beschlossen, diese im „Kendlbachersaal" abzuhalten und jedem Kind ein paar Würstel, eine Bäckerei sowie Griffel und Bleistift zu geben.*

Die Feier nahm einen sehr schönen Verlauf und die Beteiligung der Kleinen mit Würstchen und Bäckerei erfolgte nach der Entfernung der Festgäste.[119]

---

112 Salzburger Chronik, 25.12.1917, 9.
113 Salzburger Chronik, 30.12.1917, 3.
114 Salzburger Chronik, 2.1.1918, 7.
115 Salzburger Chronik, 2.1.1918, 7.
116 Salzburger Chronik, 10.1.1918, 5.
117 Salzburger Chronik, 11.1.1918, 6.
118 Salzburger Chronik, 17.1.1918, 5.
119 Thalgauer Schulchronik (1917–1954), 5.

Für wohltätige Zwecke betraten am 9. April erstmalig die Schulkinder von Leopoldskron unter Mitwirkung einiger Erwachsener die Bretter, die die Welt bedeuten.[120] In den Junitagen 1918 wirkten in einigen Gemeinden die Schüler mit den Lehrkörpern an der sogenannten „Kaiser Karl-Woche" mit. Mit Blumentagen, Sportveranstaltungen und heiteren Aufführungen wurden Gewinne für den Krieger-, Witwen- und Waisenfonds erzielt.[121]

Ein in der schweren Kriegszeit kaum für möglich gehaltener Traum der Bevölkerung erfüllte sich nach vielen Bemühungen von Oberlehrer Bartholomäus Esser am 9. Juni in der Gemeinde Berndorf mit der Einweihung des neuen Schulhauses. *Im Juni 1914 wurde mit dem Neubau begonnen und bei Ausbruch des Weltkrieges war der Rohbau fertiggestellt. Jedoch wegen Mangels an Arbeitskräften und wegen der schwierigen Beschaffung des Materials schien eine Fortsetzung des begonnenen Werkes unmöglich geworden. […] Nach dreijährigem Stillstand konnte im Juni vorigen Jahres die Bautätigkeit wieder aufgenommen werden, sodass im April dieses Jahres die Übersiedelung möglich war. Nach Vornahme des kirchlichen Aktes und Ansprachen brachten die Schulkinder stimmungsvolle und formvollendete Lieder und Gedichte dar.*[122]

Zur Erntezeit des Jahres 1918 häuften sich immer mehr die Probleme des Schulbesuches der bäuerlichen Kinder, und auch andere Anordnungen der Schulbehörde stießen auf Unverständnis. *Wer ein wenig nachdenkt, muss doch begreifen, wie schwer uns Bauern unsere Aufgabe drückt. Nur wenige Arbeitskräfte sind vorhanden und doch hängt das Leben von vielen Millionen Menschen*

Abb. 4: Oberlehrer Bartholomäus Esser mit Schulklasse vor dem alten Schulhaus in Berndorf (Archiv B. Iglhauser)

120 Salzburger Chronik, 11.4.1918, 5.
121 Salzburger Chronik, 5.6.1918, 5.
122 Salzburger Chronik, 14.6.1918, 3.

Abb. 5: Der deutsche Engel – Klara Gaertner (Archiv B. Iglhauser)

vom Gelingen unseres Werkes ab. Das, sollte man meinen, leuchtet einen jeden ein! Aber weit gefehlt! Statt uns die wenn auch geringe Arbeitskraft unserer Kinder zu lassen, werden dieselben gerade jetzt in der schwersten Arbeitszeit mit Hausaufgaben überladen. Und zwar auf Grund eines Erlasses der obersten Schulbehörde. Fällt die Hausaufgabe wegen Mangel an Zeit nicht gut aus, so werden die Kinder einfach in der Schule zurückbehalten. Ob wir Eltern sie brauchen oder nicht ist ganz gleich. Ja sogar während der ganzen Mittagszeit müssen sie bleiben, ohne dass ihnen die Eltern irgendwas zum Essen bringen dürfen. Kinder, die vielfach schon seit 4 Uhr in der Früh gearbeitet, müssen ohne Mittagessen bleiben. Ein anderer Erlass der Schulbehörde befiehlt, dass Pfingstsamstag, Pfingstdienstag und Allerseelenfeiertag von nun an als Schultage zu gelten haben. [...] Wie viele Kinder haben Vater, Mutter oder Brüder auf dem Friedhof! Und die sollen nun, während alles seine verstorbenen Lieben aufsucht, zurückbleiben und in der Schule sitzen?[123]

Nachdem es in vielen Gemeinden durch die aufopfernde Tätigkeit von Gemeindevorstehern und anderen Personen gelungen war, die ärgste Not von den Ortschaften fernzuhalten, ist sie in den letzten Kriegsmonaten mit ihrer ganzen Furchtbarkeit eingetreten, wie z.B. aus Rußbach berichtet wurde. *Brot haben wir bereits seit acht Wochen keines mehr gesehen, Mehl gibt es nur 10 bis 25 Deka pro Kopf und Woche und auch dieses nicht immer, die Butter ist auf 6 Deka heruntergegangen. [...] Anstelle der nötigsten Lebensmittel ist der berüchtigte Kartoffelgries getreten, welcher wohl das Hungergefühl tötet, aber dafür vor allem bei den Kindern fürchterliche Magenkrämpfe und sonstige Übelkeit hervorruft, sodass sein Genuss bereits von Ärzten verboten wurde.*[124] Bei einer Bürgerversammlung am 28. August in Thalgau verwies Klara Gaertner auf die traurige Lage der Kinder, die infolge Unterernährung krank werden und dahinsiechen. *Frau Gaertner wies dem Regierungsvertreter eine zusammengestellte Tagesration von ¼ Liter Milch, 63 Gramm Brot, 17 Gramm Mehl, 16 Gramm Zucker, 35 Gramm Fleisch, 8,5 Gramm Fett und 3,5 Gramm Ei vor und stellte die Frage, ob hiermit ein Mensch leben kann?*[125]

Die aus Karlsruhe stammende Klara Gaertner war die Gattin des in Wolhynien vermissten Thalgauer Maschinenfabrikbesitzers Dr. Alfred Gaertner und wurde infolge ihrer zahlreichen Wohltätigkeitsinitiativen in der Bevölkerung als „Deutscher Engel" bezeichnet.[126] Von September bis Oktober machte sich das Fortschreiten der „Spanischen Grippe" derart stark bemerkbar, dass in allen Gauen einzelne Schulen, wie in Köstendorf, Adnet, Hofgastein, Bischofshofen, Seekirchen und Abtenau, tage- oder wochenweise geschlossen wurden.[127] Eine der letzten großen Feiern mit der Beteiligung der örtlichen Schule fand am 27. Oktober in Koppl statt. *Gemeinsam mit der Schuljugend feierte der Gemeindeausschuss von Koppl die Enthüllung der zur Erinnerung der in den Kriegsjahren 1915/16 von russischen Kriegsgefangenen durchgeführten Straßenumlegung und Ortsplatzregulierung am Ortsplatze errichteten Kriegs- und Straßenbaugedenktafel. [...] In seiner mit großem Interesse verfolgten Festrede gedachte Oberlehrer Wolfgang Hallasch der gegenwärtig politisch hochbedeutsamen Zeit.*[128]

Kurz vor Kriegsende beleuchtete ein Artikel in der „Salzburger Chronik" rückblickend und vorausschauend die Situation der Salzburger Schullandschaft. *Erst wurden in den Städten, größeren Märkten und auch Gemeinden die Schulgebäude zu Spitalszwecken beschlagnahmt und man musste sich, sollte der Un-*

123 Salzburger Chronik, 18.6.1918, 5.
124 Salzburger Chronik, 10.8.1918, 5.
125 Salzburger Chronik, 2.9.1918, 6.
126 Iglhauser Bernhard, Die Thalgauer Dynastie Gaertner. Biografische Blättersammlung. o.O. 2008; Archiv: Bernhard Iglhauser.
127 Salzburger Chronik, 18.10.1918, 5.
128 Salzburger Chronik, 31.10.1918, 5.

terricht nicht ganz eingestellt werden, mit allerlei Notlokalen behelfen. Dann brachten wiederum die Kohlennot und der Mangel an Heizmaterial verschiedene Störungen. Ein Großteil der Lehrerschaft, von denen nicht wenige auf den Schlachtfeldern in Nord und Süd den Heldentod fanden, wurde unter die Fahnen berufen und auf Jahre dem Beruf entzogen. Betätigungen der gleichen Lehrperson in verschiedenen Klassen und Halbtagsunterricht waren die Folge davon. Die Heranziehung des zurückgebliebenen Lehrpersonals zu den fortwährenden Erhebungen, Aufnahmen, Werbungen und Sammlungen musste den Schulbetrieb natürlich auch beeinträchtigen. Insbesondere aber ist es der große Mangel an landwirtschaftlichen Arbeitskräften am Lande, sowie das stundenlange Anstellen in den Städten, die insbesondere die oberen Volksschulklassen oft tagelang entvölkern. Rechnet man dazu noch die Unterernährung der vielen Schulkinder, die äußerst mangelhafte Bekleidung und Beschuhung, so wird man begreifen, dass das Lehrziel, welches unter diesen Umständen erreicht werden kann, ziemlich tief gesteckt werden muss.*

Gewiss nicht weniger wie der Unterricht hat die Erziehung durch den Krieg gelitten!

Die Verrohung und der sittliche Niedergang unserer Jugend bewegen sich im Kriege stets in ansteigender Linie. Das Fehlen der väterlichen Gewalt im Elternhause, die Eheirrungen und wilden Ehen, die immer mehr einreißen, der üble Einfluss, den leider Gottes vielfach die militärische Umgebung bei den beständigen Einquartierungen ausübt, die viele freie Zeit, welche die Störung des Schulbetriebes mit sich bringt, in der die Jugend vielfach unbeaufsichtigt und sich selbst überlassen ist, sind Krebsschäden an unserer Jugenderziehung.[129]

Die Auswirkungen der Kriegszeit 1914 bis 1918 auf die Schuljugend beschrieb der Thalgauer Dechant und Ortsschulinspektor Josef Fuchs schon am 15. Mai 1917 zum Schluss seines Berichtes an das erzbischöfliche Konsistorium, worin er in seinen Ausführungen den elenden Zustand der Kinder, die trostlose Situation der leeren Schulklassen und die Problematik der Unterrichtsführung skizzierte, mit der Frage: *Was wird aus dieser Generation werden?*[130]

---

[129] Salzburger Chronik, 20.8.1918, 1.
[130] Schreiben von Dechant Josef Fuchs an das erzbischöfliche Konsistorium, 15.5.1917; Archiv B. Iglhauser.

Erwin Niese

Das k. k. Staats-Gymnasium Salzburg im Weltkrieg – auch eine „Heimatfront"

In dieser Arbeit wird der Schwerpunkt auf das Schulwesen im Ersten Weltkrieg gelegt. Die einzige verwendete Quelle dafür war der Schriftverkehr im Archiv des Akademischen Gymnasiums Salzburg. Den Direktoren ist es zu danken, dass dieser wertvolle Bestand bis zum heutigen Tage erhalten geblieben ist. Zitiert wird nur aus dem Amtsbriefverkehr des k. k. Ministeriums respektive des k. k. Landesschulrats für Salzburg mit dem Gymnasium. Dieser stellte Anfang 1914 noch die normalen Alltagssorgen einer Schule dar. Im Juli 1914 brach die Dynamik des Kriegsgeschehens in das Schulleben ein, und die diesbezüglichen Erlässe stellten die Schule vor beträchtliche Probleme.

Der Krieg beginnt

Die Prioritäten wurden vom Ministerium sofort klargestellt: Anträge auf Belassung von Lehrpersonen in der Zivilanstellung würden im Mobilisierungsfall abgelehnt werden, und bald darauf wurde auch schon die Liste der zum Kriegsdienst einberufenen Professoren übermittelt. Der Unterrichtsbeginn in der Stadt Salzburg wurde bis 1. Oktober aufgeschoben. Ein Schreiben etwa dekretierte bereits im August die Zurückstellung aller vermeidbaren schulischen Auslagen, wie etwa den Druck von Programmen, und forderte das Einsparen von Heizmaterial. Noch in den Ferien 1914 wurde die *Heranziehung der Schuljugend zu gemeinnütziger Tätigkeit anlässlich des Kriegszustandes verfügt* und *Lehrer haben sich sofort an ihren Dienstort zu begeben.* Der Vorsitzende des k. k. Landesschulrats appellierte in einem zweiseitigen Schreiben an den *Patriotismus von Lehrern und Schülern*, weist auf das *erhebende Moment der Einigkeit hin* und erinnerte an die *unwandelbare Treue zur Allerhöchsten Person des heißgeliebten Monarchen.* Noch vor Schuljahresbeginn wurde angeordnet, dass *Schullokalitäten aller Kategorien im Bedarfsfalle in erster Linie für militärische und Spitals-Zwecke einzuräumen sind.* Die Freiwillige Feuerwehr bat um Einberufung von Schülern *bei zu erwartenden großen Verwundeten-Transporten* und *um Befreiung vom Unterrichte.* Der k. k. Landesschulrat unterstützte dieses Anliegen.

Die Einbindung der Schüler

Die strenge hierarchische Struktur des Beamten- und des Bildungswesens erleichterte den direkten Zugriff auf die Schülerschaft über ministerielle Erlässe. Einerseits befanden sich die Schüler in einer abhängigen Lage, andererseits war die Jugend für patriotische und in gewissem Sinne „abenteuerliche" Aktionen schon zu gewinnen. Dazu kam der Druck, den die Schulverwaltung mittels Lehrerschaft auf die Schüler ausübte (in Erlässen heißt es: *ist besonders darauf hinzuweisen*) und die Dynamik, die in den Klassen entstand. Die Dokumente enthalten keinerlei Hinweise auf Widerstände in der Schülerschaft im Hinblick auf die Anliegen der Schulbehörden. Geldsammlungen fanden während der gesamten Kriegszeit statt, Aufrufe zu Materialsammlungen begannen bald und häuften sich immer mehr. Es wurde der Ankauf von Gedenkbildern und von Büchern, die über Kriegsereignisse berichteten, empfohlen. Den Lehrern wurde die Zeichnung von Kriegsanleihen nahegelegt. Listen darüber sind in den Quellen vorhanden. Empfohlen wurde der Verkauf von Verschleißartikeln, beispielsweise kleinen Abzeichen, die *auch getragen werden sollten*, Ankauf von Büchern patriotischen Inhaltes und von Portraits Seiner Majestät. Letztere wurden mehrfach angeboten, der Reingewinn ging an das Kriegsfürsorgeamt.

Vorzeitige Ablegung der Reifeprüfung

Ein diesbezüglicher sechsseitiger Erlass wurde bereits im Oktober 1914 an die Gymnasien verschickt. Mit der Schulreform 1849 ist die sogenannte Maturitätsprüfung zum Nukleus der achtjährigen Ausbildung des Gymnasiums geworden. Es war daher verständlich, dass an diesem Kernstück möglichst festgehalten werden sollte. Folgende Probleme waren zu bedenken bzw. zu lösen: Wie kann trotz der Ausfälle möglichst viel Gymnasialstoff an die Schüler herangetragen werden, auf welche Anteile kann verzichtet werden? Es müssen Prüfungstermine in Kooperation mit dem Militärkommando in Innsbruck gefunden werden. Wann und wie lange können die Kandidaten vom Dienst an der Front befreit werden, um Prüfungen abzulegen? Es gab eine Unzahl an Bestimmungen und Ausnahmeregelungen, um diese schwierige Aufgabe mit Anstand zu erledigen. Die erhaltenen Maturaarbeiten scheinen auf eine gewisse Einschränkung der Stoffgebiete hinzuweisen, wie sie auch in den Erlässen empfohlen wurde. Ein Brief aus 1915 an die Direktion nahm auf den Sonderfall des Schülers A. Z. Bezug. Der Schüler war bei seiner Musterung untauglich befunden worden, Ende Mai sollte eine Nachmusterung stattfinden. Bei Erklärung seiner Tauglichkeit hätte er sodann binnen 48 Stunden einrücken müssen. Das Kollegium stellte noch davor den Antrag, dass dem Schüler ohne Reifeprüfung ein Zeugnis der Reife erteilt werden sollte. Die Prüfungskommission nahm diesen Antrag mit Stimmeneinhelligkeit an.

Die Mangelwirtschaft wird spürbar

Innerhalb von zwei Wochen wurden nachstehende Anliegen von der Behörde an die Schulen und die Schüler herangetragen: die Aufforderung zur Kriegs-Metallsammlung sowie die Abgabe von nicht mehr benötigten Gegenständen aus Kupfer, Nickel, Messing, Blei, Zinn, Aluminium etc. Überall möge nachgesehen werden. Gedenkblätter des Witwen- und Waisenfonds lägen noch zum Ankauf auf. Die zweite Kriegsanleihe wurde ausgegeben, die Professoren wurden zum

Kauf aufgefordert. Die im Inlande ansässigen Unternehmungen des feindlichen Auslandes mussten bei der Vergabe staatlicher Lieferungen und Arbeitsaufträge ausgeschlossen werden. Das Ministerium reagierte auch auf die Knappheit der Ressourcen auf dem Erlasswege. Es folgt eine Auswahl aus der Vielfalt der vorgeschlagenen Maßnahmen: Die Bestrebungen zur Sparsamkeit im Verbrauche von Nahrungsmitteln sollten durch die Schule unterstützt werden, und gedruckte Informationen über „Ernährung in Kriegszeiten" und „Lebensmittelverbrauch" wurden ausgegeben. Schriften mit den Themen „Kriege und Seuchen" und „Schutz vor Seuchen" sollten den Schülern nähergebracht werden und so in der Bevölkerung Verbreitung finden. Bezüglich der Mitwirkung der Schuljugend zugunsten des Roten Kreuzes wurde begehrt, *dass jeder Schüler sich einige Tage im Monate eine Entsagung auferlege und den dadurch ersparten Betrag auf den Altar der Menschliebe lege.* Für die *Vorratsaufnahme* mögen Lehrer und Schüler herangezogen werden. Hinsichtlich der *militärischen Vorbereitung der reiferen Jugend* wurden Richtlinien, die acht Seiten umfassen, übermittelt.

DIE DRAMATIK NIMMT AB 1916 ZU, DIE MASSNAHMEN VERSCHÄRFEN SICH

Nochmals wurde um Beachtung von weitgehender Sparsamkeit in allen wirtschaftlichen Belangen ersucht, insbesondere und auch *betreffend alle bestehenden Vorräte an Drucksorten und Siegelmarken, Amtsschildern und Siegelstöcken sowie Wiederverwendung jedweden Metalls.* Unterrichtsminister Hussarek ersuchte um *sparsamen Umgang betreffend den schriftlichen Austausch von Glückwünschen innerhalb der Beamtenschaft.* In einem Erlass wurde die *Heranziehung der Schuljugend und der Lehrkräfte zum Frühjahrsanbau* verlangt. *Die Mithilfe der Jugend ist zu fördern, Schüler sind zu beurlauben, die Lehrerschaft möge nicht nur belehrend, sondern mit allen Kräften beratend und ermutigend zur Seite stehen.* Der Landesschulrat lud die Direktionen ein, *Wünschen von Eltern bei Arbeiten am Felde mit grösstem Wohlwollen entgegenzukommen und zeitweilige Dispensierungen sowie Erleichterungen von Jahres- und Nachtragsprüfungen in zulässig weitestem Maße zu fördern.* Oft waren diese Appelle mit der Aufforderung verbunden, *jeglichen mittelbaren oder unmittelbaren Zwang auf die Schulkinder zu vermeiden.* Ein Erlass der Ministers für Kultus und Unterricht über das Thema *Eindämmung des Zudranges zu den Mittelschulen* ist ein Prunkstück vornehmster Sprache und lauterster Gesinnung, aktuell auch gerade heute in den gegenwärtigen stürmischen Zeiten für das Gymnasium. Hauptthema in diesem zehnseitigen Erlass war die Auslese jener Schüler, die den Anforderungen einer höheren Schule gewachsen sind.

Weiter geht es Schlag auf Schlag – hier in Überschriften wiedergegeben: *Gold gab ich für Eisen* (Goldschmuck wurde gegen Eisenschmuck eingetauscht); *Sammlung von Zinn- und Bleiabfällen in den Schulen zur weiteren Verwendung durch das Militär*; *Sparmassnahmen bei der Beleuchtung und* Beheizung; Schaffung *von Schüler- und Schrebergärten* (zum privaten Anbau von Kartoffeln, Gemüse etc.); *Inanspruchnahme von Platingeräten für Heereszwecke; Heranziehung der Schuljugend und der Lehrkräfte zur Mitwirkung beim Frühjahrsanbau auf den Feldern. Hievon wird die Direktion zur strengen Darnachachtung (!) in Kenntnis gesetzt.* Ein Schreiben vom 27. Jänner 1918 enthält eine fast schon erheiternde der überwiegend russischen, serbischen und italienischen Gefangenen in Salzburg gezeichnet werden. Dies ist notwendig, um die Vielschichtigkeit der Kriegsgefangenenproblematik aufzuzeigen. Gleichzeitig wird schlaglichtartig auf das k. u. k. Gefangenenwesen im Allgemeinen verwiesen und etwaige lokale Salzburger Besonderheiten unterstrichen. Am Beginn steht zunächst ein kurzer Überblick zur Historiographie, zu quantitativen Angaben und eine Klärung der für das Kriegsgefangenenwesen wichtigen Haager Landkriegsordnung von 1899 bzw. 1907, die als humanitäres Regelwerk geschaffen worden war, um im Kriegsfall den Umgang mit Kriegsgefangenen und deren Behandlung für alle kriegsteilnehmenden Staaten zu organisieren und zu vereinheitlichen. In einem nächsten Schritt wird die Lagergenese des Lagers Grödig thematisiert. Dieses Lager übernahm eine wichtige Funktion als Dreh- und Angelpunkt in der Verwahrung und Verschiebung der Kriegsgefangenen in österreichisch-ungarischem Gewahrsam. Sogenannte Stationen für kriegsgefangene Offiziere und der massive Einsatz von Kriegsgefangenen als Zwangsarbeiter in den verschiedenen Wirtschaftssektoren Salzburgs beeinflussten darüber hinaus die Erfahrungsdimension von Kriegsgefangenschaft. Diesen Überlegungen und jenen zu den daraus resultierenden zivil-militärischen Wechselwirkungen wird in einem weiteren Abschnitt Raum geboten. Dies wurde bisher ebenso stiefmütterlich behandelt wie der Aspekt des humanitären Engagements in Form der Fürsorgetätigkeit für Gefangene in Österreich-Ungarn. Diesem ist ein weiterer Teil dieses Beitrages gewidmet. Den Abschluss bildet eine kurze Skizzierung der Verhältnisse 1917 und 1918 sowie der Sachdemobilisierung des Gefangenenlagers Grödig.

Zahlen und Historiographie

Wenn von Kriegsgefangenen des Ersten Weltkrieges die Rede ist, so spricht die Forschung mittlerweile von einem Massenphänomen. Von insgesamt rund 60 Millionen mobilisierten Soldaten gerieten zwischen acht und neun Millionen Soldaten aller kriegsteilnehmenden Staaten in die Hand des Feindes.[5] Österreich-Ungarn nimmt dabei als Gewahrsamsstaat mit einer Gesamtzahl von zwischen 1,3 und mehr als 2,3 Millionen gefangenen Soldaten hinter dem Zarenreich mit gesamt rund 2,9 Millionen Kriegsgefangenen und dem Deutschen Kaiserreich, das insgesamt über ca. 2,5 Millionen gefangene Soldaten verfügte, den dritten Platz ein.[6] Die divergierenden Zahlen für die Donaumonarchie resultieren aus einer lückenhaften Erfassung der Gefangenen in den als Stammlagern geführten k. u. k. Gefangenenlagern Österreich-Ungarns. In diesen Lagern wurden die Kriegsgefangenen mit einer Nummer erfasst, also in „Evidenz genommen", die sie bis zum Ende ihrer Gefangenschaft behielten. Das Kriegsgefangenenmeldewesen litt zudem unter den sich konkurrierenden und spätestens ab 1917 um „frische" Gefangene ringenden Militärstellen, die für Arbeiten vor allem bei der Armee im Felde (AiF) dringend gebraucht wurden. Bis 1916/1917 betreute die 10. Kriegsgefangenenabteilung im Kriegsministerium alle dementsprechenden Angelegenheiten. Dann aber übernahmen das k. u. k. Armeeoberkommando sowie die Etappenkommanden und der Chef des Ersatzwesens Kompetenzen des Kriegsministeriums. Die im Etappenraum errichteten sogenannten „Kriegsgefangenenstationen", die der vorübergehenden Unterbringung der feindlichen

[5] Vgl. Oltmer Jochen, Einführung. Funktionen und Erfahrungen von Kriegsgefangenschaft im Europa des Ersten Weltkriegs. In: Kriegsgefangene im Europa des Ersten Weltkriegs, hg. von Oltmer Jochen (Krieg in der Geschichte, 24). Paderborn-München-Wien-Zürich 2006, 11.

[6] Vgl. Österreich-Ungarns letzter Krieg 1914–1918, Bd. VII: Das Kriegsjahr 1918, Wien 1938, 45; In Feindeshand. Die Gefangenschaft im Weltkriege in Einzeldarstellungen, Bd. 2, hg. von Weiland Hans/Kern Leopold. Wien 1931, 173, 214; Nachtigal, Zahlen (wie Anm. 4), 353; Wurzer Georg, Die Erfahrung der Extreme. Kriegsgefangene in Russland 1914–1918. In: Kriegsgefangene im Europa des Ersten Weltkriegs, hg. von Oltmer Jochen (Krieg in der Geschichte, 24). Paderborn-München-Wien-Zürich 2006, 97.

7 Vgl. Scheidl Franz J., Die Kriegsgefangenschaft von den ältesten Zeiten bis zur Gegenwart. Berlin 1943, 97.
8 Vgl. ÖStA, KA, KM, 10./Kgf. Abt. 1918: 10-10/203 v. 5.11.1918; Französische Mannschaftssoldaten brachte der k. u. k. Heereskörper vor allem im böhmischen Gefangenenlager Deutschgabel und kriegsgefangene französische Offiziere in der Offiziersstation Salzerbad in Niederösterreich unter.
9 Im Rahmen eines vom österreichischen Fonds zur Förderung der Wissenschaftlichen Forschung (FWF) geförderten groß angelegten Forschungsprojektes des Österreichischen Staatsarchivs unter der Leitung von Verena Moritz mit Julia Walleczek-Fritz als wissenschaftlicher Mitarbeiterin, wird 2014–2017 das Schicksal der Kriegsgefangenen in Österreich-Ungarn untersucht werden. Der Schwerpunkt liegt dabei auf der Behandlung der Gefangenen und auf deren Arbeitseinsatz.
10 Vgl. Überegger Oswald, Vom militärischen Paradigma zur „Kulturgeschichte des Krieges"? Entwicklungslinien der österreichischen Weltkriegsgeschichtsschreibung im Spannungsfeld militärisch-politischer Instrumentalisierung und universitärer Verwissenschaftlichung. In: Zwischen Nation und Region. Weltkriegsforschung im internationalen Vergleich. Ergebnisse und Perspektiven hg. von Überegger Oswald (Tirol im Ersten Weltkrieg, 4). Innsbruck 2005, 63–122.
11 Vgl. dazu auch Lipp Anne, Diskurs und Praxis. Militärgeschichte als Kulturgeschichte. In: Was ist Militärgeschichte?, hg. von Kühne Thomas/Ziemann Benjamin (Krieg in der Geschichte, 6). Paderborn-München-Wien-Zürich 2000, 211–227.
12 Vgl. etwa Jones Heather, Violence against Prisoners of War in the First World War. Britain, France and Germany, 1914–1920. Cambridge 2011; Becker Annette, Oubliés de la Grande Guerre. Humanitaire et Culture de Guerre 1914–1918. Populations Occupées, Déportés Civils, Prisonniers de Guerre. Paris 1998; Hinz Uta, Gefangen im Großen Krieg. Kriegsgefangenschaft in Deutschland 1914–1921. Essen 2006. Zur Debatte um einen „totalen Krieg" siehe Förster Stig, An der Schwelle zum Totalen Krieg. Die militärische Debatte über den Krieg der Zukunft 1919–1939 (Krieg in der Geschichte, 13). Paderborn-München-Wien-Zürich 2002; Ders. Introduction. In: Great War, Total War. Combat and Mobilization on the Western Front 1914–1918, hg. von Chickering Roger/Förster Stig, Cambridge 2000, 1–15. Eine erste Überblicksarbeit zu den Kriegsgefangenen in der Donaumonarchie stammt von Verena Moritz und Hannes Leidinger aus dem Jahr 2005.

Armeeangehörigen direkt nach ihrer Gefangennahme dienten und in denen zum Teil ein rascher Wechsel und Austausch von Kriegsgefangenen erfolgte, beeinträchtigten die „Evidenzführung" der Entente-Soldaten. Nachdem auch die Donaumonarchie nicht mit hohen Todeszahlen von Kriegsgefangenen in Verbindung gebracht werden wollte, ist höchstwahrscheinlich von manipulierten Mortalitätsraten auszugehen, die zur Diskrepanz in den Gefangenenzahlen beitragen. Obwohl noch immer keine exakten Zahlen zu den Kriegsgefangenen im k. u. k. Gewahrsam vorliegen, ergibt sich für die Gefangenen (Entente-Soldaten) in der Donaumonarchie nach kriegsgefangenen Nationalitäten aufgeschlüsselt in etwa folgendes Bild: Mit etwa 1,27 Millionen Mann stellten Angehörige der Zarenarmee die größte Gruppe der in österreichisch-ungarischem Gewahrsam befindlichen Soldaten dar, gefolgt von rund 369.000 Italienern, knapp 155.000 Serben und rund 53.000 Rumänen. Die Zahl der Gefangenen aus Montenegro, Albanien, England oder den USA blieb vergleichsweise gering.[7] Nach Angaben einer summarischen Auflistung der bis Oktober 1918 im Gemeinsamen Zentralnachweisbüro erfassten kriegsgefangenen Nationalitäten, verbrachten gerade einmal knapp 600 französische Soldaten die Zeit ihrer Gefangenschaft in der Donaumonarchie.[8] Trotz der unglaublichen Masse an Kriegsgefangenen blieben sie in diesem ersten totalen und globalen Krieg bis in die 1990er Jahre für die – in diesem Fall österreichische – Weltkriegsforschung lediglich nur eine Randerscheinung des Kriegsgeschehens.[9] Erst ein Paradigmenwechsel, der die klassische Militärgeschichte, geprägt von Taktik-, Diplomatie- oder Gefechtsanalysen, durch sozial- und wirtschaftshistorische, alltags- und mentalitätsgeschichtliche Ansätze bereicherte, bereitete den Weg für die sogenannte „New Military History".[10] Diese Strömung beeinflusste vor allem jüngere Forscher und lenkte den Blick weg von den Fronten hin zu den Akteuren im Hinterland der kriegsteilnehmenden Staaten und zu den kriegsbedingten Entwicklungen an der Heimatfront. Die Kriegsgefangenenforschung war Teil dieses neuen Blicks auf den Krieg quasi „von unten", aus der Sicht des „kleinen Mannes" und der „kleinen Frau".[11] Mittlerweile sind Historiker darangegangen, Kriegsgefangene unter dem Blickwinkel ihrer Behandlung durch den Gewahrsamsstaat, der kriegsgefangenen Zwangsarbeit, des von Seiten des Gewahrsamsstaates ausgeübten Gewaltverhaltens gegenüber Kriegsgefangenen oder den zivil-militärischen Wechselwirkungen im Kontext eines „Propagandakrieges", einer „Totalisierung" und „Brutalisierung" des Ersten Weltkrieges zu analysieren.[12]

Die Haager Landkriegsordnung von 1899 bzw. 1907

Zar Nikolaus II. initiierte 1899 eine internationale „Abrüstungskonferenz", die in Den Haag stattfand. Die Ergebnisse dieser ersten Konferenz blieben hinsichtlich der Kriegsgefangenenfrage jedoch bescheiden. Hingegen stellte die zweite derartige Konferenz, die 1907 nunmehr als „Friedens- und Abrüstungskonferenz" ausgelegt war und an der Delegationen aus 44 Staaten teilnahmen, entscheidende Weichen für den Umgang mit Kriegsgefangenen im Kriegsfall. Das den „Des prisonniers de guerre" gewidmete Kapitel im ersten Abschnitt der Haager Ordnung, jenem Übereinkommen betreffend die „Gesetze und Gebräuche des Landkrieges", umfasste 17 Artikel. Die Signatarstaaten einigten sich darin auf die

Form der Unterbringung von Kriegsgefangenen (Artikel 5), Versorgung (ebenfalls Artikel 5), Arbeitsverwendung (Artikel 6), die Befehlsgewalt gegenüber den Gefangenen (Artikel 4, 7, 8), ihre Freilassung „gegen Ehrenwort" (Artikel 10) sowie die Freiheit der Religionsausübung oder das Recht auf ein Begräbnis gemäß des militärischen Ranges (Artikel 18, 19). Hinzu kam noch eine Regelung über die Schaffung von Auskunfts- und Nachweisstellen (Artikel 14, 16), die über den Verbleib von Kriegsgefangenen informierten.[13] Während des Krieges mussten die Feindstaaten allerdings noch zusätzliche Vereinbarungen treffen, um das Los der Gefangenen zu erleichtern, nachdem Schwachstellen einiger Bestimmungen erst durch den Kriegsalltag zu Tage getreten waren. Der Erste Weltkrieg offenbarte eine große Diskrepanz zwischen den theoretisch formulierten Haager Bestimmungen und der Praxis. Besonders deutlich wurde dies hinsichtlich der Arbeitsverwendung von Kriegsgefangenen, die in keinem Bezug zu den „opérations de la guerre", zu Kriegsunternehmungen, stehen durften. Gerade gegen diesen Punkt, auch weil der Artikel nicht präzise genug formuliert worden war, kam es in den verschiedenen Gewahrsamsstaaten zu massiven Verstößen.

DAS KRIEGSGEFANGENENLAGER GRÖDIG BEI SALZBURG

Salzburg – ebenso wie Tirol, Vorarlberg und Oberösterreich – fiel seit 1890 in den militärischen Zuständigkeitsbereich des 14. Korpskommandos, dem Militärkommandobereich Innsbruck.[14] Im k. u. k. Kriegsministerium nahm für die Mitarbeiter der 10. Abteilung der administrative Aufwand hinsichtlich der Kriegsgefangenenangelegenheiten bis 1916 dermaßen zu, sodass eine neue Abteilung, die 10/Kgf. Abteilung unter der Leitung von Oberst Ritter von Steinitz, geschaffen wurde.[15] Kriegsgefangenenangelegenheiten, die die Administration nicht nur in den Gefangenenlagern betraf, waren zwischen den Wiener Stellen, den jeweiligen Militärkommanden, den Lagerkommanden und teils auch zivilen Behörden und Ordnungsorganen abzusprechen. Für den Einsatz von Kriegsgefangenen zur Zwangsarbeit und deren Zuteilung zu verschiedenen Arbeitsstellen besaßen besonders ab 1917 das k. u. k. Armeeoberkommando sowie die Etappenkommanden und der Chef des Ersatzwesens Entscheidungsbefugnisse.[16] Im Zeitraum 1914 bis Mitte 1915 zeichnete sich das k. u. k. Kriegsgefangenenwesen eher durch Chaos und Improvisation aus. Wenig verwunderlich, bedenkt man, dass ab 1914 hunderttausende Feindsoldaten in das Hinterland der Donaumonarchie transportiert wurden, für deren weitere Verwahrung man aber noch keine umfassenden Vorbereitungen getroffen hatte. In den als vorübergehend gedachten Quartieren, wie Truppenübungsplätze, Kasernen oder Festungen, stieß die k. u. k. Heeresverwaltung bald an Kapazitätsgrenzen, und auch Zeltlager erwiesen sich vor allem in der nassen und kalten Jahreszeit als ungeeignet.[17] Im Laufe des Krieges bezogen Gefangene in etwa 50 großen Kriegsgefangenen- und Kriegsgefangenen-Gewerbelagern in Cisleithanien und in Ungarn Quartier.[18] Die k. u. k. Behörden konzipierten die Gefangenenlager für jeweils mindestens 10.000 Mann, teilweise aber sogar für bis zu 40.000 Mann inklusive Notbelegung. In einigen wenigen Fällen lag das Fassungsvermögen sogar darüber. Um dem Bedarf an Unterkünften für Kriegsgefangene nachzukommen, wurden die ersten Quartiere nicht selten überbelegt.[19]

13 Vgl. Hinz, Gefangen im Großen Krieg (wie Anm. 12), 49–58.
14 Das Korpskommando Innsbruck bildete eines der insgesamt 15 Kommanden, die direkt dem Kriegsministerium unterstanden. Vgl. Wagner Walter, Die k. (u.) k. Armee – Gliederung und Aufgabenstellung. In: Die Habsburgermonarchie 1848–1918, Die bewaffnete Macht, Bd. V, hg. von Wandruszka Adam/Urbanitsch Peter. Wien 1987, 395.
15 In der 10. Abteilung war die politische Gruppe, der Militärintendant Heinrich von Raabl-Werner (1875–1941) vorstand, für die Kriegsgefangenenagenden zuständig. Vgl. Moritz/Leidinger, Zwischen Nutzen und Bedrohung (wie Anm. 4), 55f.
16 Vgl. Dienstbuch J-35. Kriegsgefangenenwesen (Kgf. W.) Sammlung und Sichtung der ergangenen Erlässe, Wien 1915, 14f.; Moritz/Leidinger, Zwischen Nutzen und Bedrohung (wie Anm. 4), 122.
17 Vgl. Dienstbuch J-35 (wie Anm. 16), 202f.
18 Dabei sind Interniertenlager und jene Gefangenenlager berücksichtigt, die aufgrund der Kriegsereignisse ab Mai 1915 entweder für andere Verwendungen adaptiert oder überhaupt geschlossen wurden, wie jenes Lager in Oświęcim/Auschwitz im heutigen Polen. Vgl. Leidinger/Moritz, Verwaltete Massen (wie Anm. 3), 45.
19 Aufgrund unvollständiger quantitativer Angaben kann derzeit keine Aussage über eine Gesamtzahl der im Laufe des Krieges im Lager Grödig (in den Teillagern) befindlichen Gefangenen getroffen werden. Gleiches gilt für die Gesamtzahl der im Lager verstorbenen Personen oder etwa auch für Angaben zu Begräbnissen.

Abb. 1: Blick auf das Gefangenenlager Grödig von oben, wahrscheinlich vom Untersberg aus, 1914–1918. (SLA, Fotosammlung, A 002888)

20 Vgl. ÖStA, KA, Orientierungsbehelf über die Kriegsgefangenenlager und Offiziersstationen für Kriegsgefangene 1916.
21 Im Februar 1915 besichtigte eine Kommission für den Bau eines zweiten (Teil-)Lagers Grundflächen bei St. Leonhard. Vgl. Walleczek, Hinter Stacheldraht (wie Anm. 2), 77–79.
22 Der Paragraph 21 des Kriegsleistungsgesetzes ermöglichte es dem k. u. k. Heeresapparat, Anspruch auf die für den Lagerbau benötigten Grundparzellen zu erheben. In den meisten Fällen nahm Österreich-Ungarn durch Enteignung die Flächen in Besitz. Nur bedingt erfolgten Entschädigungszahlungen. Vgl. ÖStA, KA, Orientierungsbehelf (wie Anm. 20); Vgl. Brettenthaler Josef/Haslauer Horst, Kriegsgefangenenlager Grödig. In: Grödig. Aus der Geschichte eines alten Siedlungsraumes am Untersberg, hg. von der Marktgemeinde Grödig. Grödig 1990, 215–231; Vgl. Bestimmungen über Kriegsleistungen samt Durchführungsbestimmungen, hg. Kriegsministerium, Wien 1916, 14.
23 Vgl. ÖStA, KA, Mil.Kdo.Ibk, Präs. 1915: 104-47/145 v. Juni 1915.

Im Kronland Salzburg kam es zum Bau eines einzigen Lagers, nämlich südlich von Salzburg in Grödig.[20] Allerdings stellte dieser Standort eine Entscheidung zweiter Wahl dar. Noch Anfang Dezember 1914 war in der 8. HB Abteilung Oberndorf bei Salzburg für ein rund 20.000 Mann-Lager im Gespräch gewesen. Kommissionen, die sich aus Vertretern der 8. HB Abteilung, Sanitätsreferenten und Vertretern lokaler Behörden zusammensetzten, inspizierten im Vorfeld den Standort und urteilten über die allgemeine Lage, die klimatischen Bedingungen, den Boden, die Frage der Grundparzellen, über die infrastrukturelle Anbindung, besonders die Anbindung an ein Eisenbahnnetz. Dieses kommissionelle Urteil entschied in weiterer Folge maßgeblich über einen Baubeginn. Im Fall von Oberndorf sahen die Verantwortlichen zu große Nachteile, und so kam es noch im selben Monat zur Besichtigung der Flächen zwischen Anif und Grödig, dem die positive Entscheidung zum Bau eines Gefangenenlagers folgte.[21] Das Kriegsgefangenenlager Grödig wurde auf knapp 53 Hektar für rund 45.000 Mann inklusive Notbelegung geschaffen und bestand aus drei Teillagern: dem Lager I (Grödig), dem Lager II (St. Leonhard) und dem Lager III (Niederalm).[22]

Als die Öffentlichkeit von diesem militärischen Großprojekt erfuhr, wurde Protest laut. Neben den Sicherheitsrisiken, den gesundheitlichen Gefahren für das umliegende Siedlungsgebiet und den negativen Auswirkungen auf die allgemeine Ernährungssituation argumentierten verschiedene Seiten sogar noch Mitte 1915 mit einem touristischen Imageschaden der Region. Salzburger Zivilbehörden teilten diese Sorge im Übrigen mit Bad Reichenhall und Berchtesgaden.[23] Das zahlenmäßige Ungleichgewicht zwischen zivilen und militärischen „Einwohnern" wird an Hand des Ergebnisses der Volkszählung von 1910 deutlich.

Die Gemeinde Grödig mit rund 1.700 Einwohnern wurde mit diesem projektierten Lager für ca. 45.000 Mann konfrontiert. Die Lagerkapazität überstieg sogar die Einwohnerzahl der Stadt Salzburg, in der 1910 noch 36.188 Menschen lebten.[24] Doch die k. u. k. Heeresverwaltung wies die Bedenken der Zivilbevölkerung zurück. Unter Zeitdruck, nachdem bereits die Suche nach passenden Standorten so lange gedauert hatte, gab das k. u. k. Militär jenen lokalen zivilen Firmen, die im Rahmen der Lagerprojekte Aufträge erhalten hatten, Ende Jänner 1915 als Termin für die Fertigstellung der Arbeiten vor.[25] Die Baukosten in Grödig waren mit vier Millionen Kronen begrenzt worden.[26] Jedoch gingen die Bauarbeiten zunächst nicht in dem gewünschten Tempo voran. Somit wurden aus den ersten Kriegsgefangenen-Kontingenten, die im Hinterland eintrafen, Gefangene für Fertigstellungsarbeiten im Lager Grödig herangezogen. Noch Ende Dezember 1914 hatte das k. u. k. Kriegsministerium für sämtliche militärische Baustellen die Zuweisung von kriegsgefangenen Professionisten – Tischler, Maurer oder Zimmerleute – angeordnet.[27] Dieser Arbeitseinsatz war nicht nur ein erster Vorgeschmack auf das Zwangsarbeitssystem, das ab 1915 für Gefangene in Österreich-Ungarn im großen Stil folgte und aufgrund der Arbeitsverwendungen vielfach massiv gegen die Bestimmungen der Haager Landkriegsordnung verstieß. Er nahm ein in weiterer Folge starkes Verschwimmen der nach Ansicht der k. u. k. Heeresverwaltung prinzipiell voneinander zu trennenden militärischen und zivilen Bereiche vorweg.

Die Flecktyphusepidemie 1914/1915 und die Professionalisierung des Kriegsgefangenenwesens

Während man monarchieweit Ende 1914 erst vereinzelt Lager errichten ließ, herrschte 1915 ein regelrechter Bauboom. Jene Kriegsgefangenenlager aus der ersten Bauphase 1914 waren zwar von Beginn in mehrere Lagergruppen unterteilt, verfügten aber nicht einmal über die notwendige Infrastruktur für die Unterbringung so großer Menschenmassen. Gesunde und kranke Gefangene hatten sich zum Teil die wenigen fertiggestellten Unterkunftsbaracken zu teilen. Die Witterungsverhältnisse des ersten Winters behinderten die Arbeiten in sämtlichen Lagern, so auch in Grödig. *Unbeschreiblich* waren Schmutz und Dreck, die sich bei nassem Wetter bildeten.[28] Völlig unzureichend waren insbesondere die sanitären und hygienischen Maßnahmen. Nicht ein Mindestmaß an Vorkehrungen war getroffen worden, was die Verbreitung von ansteckenden Krankheiten begünstigte.[29] Gerade dieses Versäumnis führte an der Wende 1914/15 in verschiedenen Lagern zum Ausbruch einer verheerenden Flecktyphusepidemie.[30] Diese Epidemie war nicht zuletzt auch einer mangelnden medizinischen und hygienischen Versorgung der gefangenen Soldaten direkt hinter der Front, in den Sammelstationen und Abgangsstationen der Verwundeten- und Krankentransporte geschuldet: zu wenig Ärzte, die zudem nur bedingt Erfahrungen mit Kriegsseuchen hatten, und Kriegsgefangene, die oft in verlaustem Zustand weiter abgeschoben wurden und zusammengepfercht in Viehwaggons mehrere Tage ohne sanitäre Begleitmaßnahmen unterwegs waren.[31] Jene Gefangene, die den Transport überlebten, wurden an Bahnhöfen „auswaggoniert" und übergeben und mussten – wenn nicht anders möglich – zu Fuß das letzte

[24] Zur Einwohnerzahl von Grödig wurden jene auch der zugehörigen Ortschaften Eichet, Glanegg und St. Leonhard mitgerechnet. Vgl. Klein Kurt, Bevölkerung und Siedlung. In: Geschichte Salzburgs. Stadt und Land, Bd. II/2: Neuzeit und Zeitgeschichte, hg. von Dopsch Heinz/Spatzenegger Hans, Salzburg ²1995, 1346; Allgemeines Verzeichnis der Ortsgemeinden und Ortschaften Österreichs nach den Ergebnissen der Volkszählung vom 31.12.1910 nebst vollständigem, alphabetischem Namensverzeichnis, hg. von der k. k. Statistischen Zentralkommission in Wien. Wien 1915, 72; Hoffmann Robert, Salzburgs Weg vom „Betteldorf" zur „Saisonstadt". Grundzüge der Städtischen Wirtschaftsentwicklung 1803–1914. In: Chronik der Salzburger Wirtschaft, hg. von Karona Grafik GmbH. Salzburg 1987, 174.

[25] Aus zeitlichen und wirtschaftlichen Gründen vergab die k. u. k. Heeresverwaltung Bauaufträge an lokale Unternehmen. Bauern wiederum konnten mit Fuhrwerksleistungen von den Lagerbauten profitieren. Zu den Firmen, die im Zuge des Lagerbaus Grödig Aufträge erhielten, zählten: Der Salzburger Architekt und Baumeister Jakob Ceconi, die Firma Aigner aus Attersee, das Holzunternehmen August Heuberger aus Thalgau, die Zimmermeister Michael Gstür und Michael Kirchbichler, beide in Salzburg ansässig, ebenso der Stadtbaumeister Wagner. Aus dem Tiroler Raum kamen das Kufsteiner Unternehmen Bürmoser oder die Kitzbühler Firma Egger. Das Linzer Unternehmen Hagenbuchner lieferte Holz. Einige der genannten Firmen waren auch an anderen Lagerbauprojekten beteiligt. Der Verdacht unlauteren Wettbewerbs kam auf und von verschiedenen Seiten wurden die Vergabemethoden des Militärs kritisiert. Vgl. Walleczek, Hinter Stacheldraht (wie Anm. 2), 82f.; Salzburger Wacht, 11.2.1915, 5.

[26] Vgl. ÖStA, KA, Mil.Kdo.Ibk., Präs. 1914: 104-47/7,39 v. 23.12.1914; ÖStA, KA, KM, 8.HB. 1915: 19-13/4,3 v. 28.1.1915; Hauptmann Alois Dostal übernahm Ende Dezember 1914 die Militärbauleitung in Grödig.

[27] Vgl. ÖStA, KA, KM, 10.A. 1915: 10-11/14 v. 18.1.1915; ÖStA, KA, KM, 10.A. 1915: 10-11/14,2 v. 31.1.1915; Im Jänner 1915 wurden 250 russische Soldaten aus dem Lager Kleinmünchen nach Salzburg überstellt, und noch im März 1915 transportierte man 1.200 Russen aus Reichenberg (Liberec)/Nordböhmen nach Grödig.

[28] ÖStA, KA, KM, 10.A. 1915: 10-11/14 v. 18.1.1915; ÖStA, KA, KM, 10.A. 1915: 10-11/14,2 v. 31.1.1915.

[29] Nur teils fertiggestellte Infektionsabteilungen, fehlende Räumlichkeiten zur Desinfizierung der Männer und ihrer Kleidung, fehlende Entlausungsstationen oder kein bis kaum Vorrat an chemischen Mitteln, verschärften die Situation.

[30] Vgl. Müller-Deham Albert, Das Fleckfieber als Kriegsseuche. Nach Erfahrungen in der österreichisch-ungarischen Armee. In: Volksgesundheit im Krieg. Wirtschafts- und Sozialgeschichte des Weltkrieges, hg. von Pirquet Clemens (Österreichische und Ungarische Serie), T. II. Wien-New Haven 1926, 71–96.

Stück des Weges in die Gefangenenlager marschieren, begleitet von neugierigen Blicken der lokal ansässigen Bevölkerung.[32] Die Epidemie betreffend erreichten Ende 1914 das k. u. k. Kriegsministerium in Wien besorgniserregende Berichte aus verschiedenen ungarischen (Boldogasszony) und oberösterreichischen (Mauthausen, Kleinmünchen, Marchtrenk, Aschach an der Donau) Gefangenenlagern.[33] Das Lager Grödig dürfte weitgehend verschont geblieben sein. Noch Mitte März 1915 sprach die 14. Abteilung von einem *ganz vereinzelte[n] Auftreten des Flecktyphus*. Die Salzburger Landesregierung indes war mehr als besorgt und wandte sich an das k. k. Ministerium des Innern, um auf die in Grödig aus ihrer Sicht herrschenden Missstände aufmerksam zu machen: Sie fürchtete ein Übergreifen der Krankheit auf die Zivilbevölkerung durch Gasthausbesuche der aus dem Lager kommenden Personen und den unkontrollierten Lagerverkehr.[34] Um die Jahreswende 1914/1915 und in den ersten Wochen des zweiten Kriegsjahres zwang die Flecktyphusepidemie, an der monarchieweit mehrere zehntausend Gefangene starben, die k. u. k. Militärstellen Vorkehrungen zu treffen. Etliche Weisungen ergingen, mit denen man der Lage Herr zu werden versuchte: Nicht nur Sanitätskommissionen führten Lagerinspizierungen durch, auch der Ausbau der verschiedenen Lagerbereiche sollte „mit der größten Beschleunigung und Energie" fortgesetzt werden. Ärzte durften künftig nur mehr Anzüge und Gummihandschuhe in den Unterkünften der Fleckfiebererkrankten tragen, man schuf Vorrichtungen zur Abfallstoffbeseitigung, nahm Desinfektionsanlagen in Betrieb, der Ausbau der Isolierabteilung und der Kontumazgruppe, sprich einer Quarantänegruppe, wurde vorangetrieben und sanitätspolizeiliche Kontrollen aufgestellt, die die Einhaltung der Anordnungen überwachten.[35] Im Jänner 1915 wurden insbesondere die Militärbauleitungen auch in Grödig angewiesen, endlich die Arbeiten an der Kanalisation voranzutreiben. Das k. u. k. Militär erhöhte zudem die Sicherheitsvorkehrungen im Lager, stockte die Bewachung auf und gab in Grödig Lager-Passierscheine aus, um dem unkontrollierten Eintritt von unbefugten Personen Einhalt zu gebieten. Die Maßnahmen, zu denen auch eine Vereinheitlichung der Baupläne zählte, zeigten Wirkung, denn im April 1915 entspannte sich die Situation und die Zahl an Fleckfiebererkrankten sank in den Kriegsgefangenen- und Interniertenlagern beider Reichshälften auf unter 700 Personen.[36] Im Zuge einer Inspizierung der Lager I und II in Grödig am 9. Mai 1915 fand Oberstabsarzt Dr. Arthur Schattenfroh, Referent der 14. Abteilung, wohlwollende Worte für die mittlerweile eingetretenen baulichen Veränderungen. Er befand den Zustand der Kriegsgefangenen für gut, trotz des ungelösten Verlausungsproblems. Als Mediziner fielen ihm besonders positiv die *opulenten* ärztlichen Dienst- und Desinfektionsbaracken im Lager II auf.[37]

All diese Bemühungen Österreich-Ungarns dienten einem bestimmten Zweck, denn neben den Risiken für die eigene Zivilbevölkerung schwang in dieser Phase eine zusätzliche Angst mit: Welche Informationen über die katastrophalen Zustände in den Lagern waren bereits nach außen, in das Ausland, gedrungen? Da die Gefangenenpolitik stark vom Gegenseitigkeitsprinzip bestimmt war, machte sich die Donaumonarchie über mögliche Repressalien von russischer Seite Sorgen. Jede Handlung, die ein Staat für oder gegen die unter seiner Kontrolle befindlichen Gefangenen setzte, zog in der Regel Konsequenzen für die eigenen Soldaten im feindlichen Gewahrsam nach sich. Da die Donaumonarchie das Schicksal der k. u. k. Soldaten in russischer Gefangenschaft

---

31 Vgl. Dietrich Elisabeth, Der andere Tod. Seuchen, Volkskrankheiten und Gesundheitswesen im Ersten Weltkrieg. In: Tirol und der Erste Weltkrieg, hg. von Eisterer Klaus/Steininger Rolf (Innsbrucker Forschungen zur Zeitgeschichte, 12). Innsbruck-Wien 1995, 256–259.

32 Während des Transportes war darauf zu achten, dass Gefangene beim Durchfahren oder bei Aufenthalten in Ortschaften keinen Lärm verursachten und damit Aufmerksamkeit erregten. Vgl. Dienstbuch J-35 (wie Anm. 16), 9.

33 Vgl. Leidinger/Moritz, Verwaltete Massen (wie Anm. 3), 36.

34 ÖStA, KA, KM, 14.A. 1915: 43-3/47 v. 23.3.1915.

35 Vgl. Dienstbuch J-35 (wie Anm. 16), 133–139.

36 Vgl. ÖStA, KA, KM, 14.A. 1915: 43-3/68,3 v. 24.4.1915.

37 Vgl. ÖStA, KA, KM, 14.A. 1915: 43-3/47,4 v. 15.5.1915; Seine Kritik bezog sich vor allem auf das Lager I, das seiner Meinung nach viel zu eng angelegt worden war. Dennoch befand er die Baracken als *reichhaltig und zweckentsprechend*. Ihm fielen auch die zwei Verbrennungsöfen für die Abfallstoffbeseitigung auf, die seit ein paar Tagen in Betrieb waren.

nicht weiter gefährden wollte, war man in Wien schon aus diesen Gründen an einer Verbesserung der Situation der kriegsgefangenen Soldaten aus dem Zarenreich im Habsburgerreich interessiert. Zudem dienten die Kriegsgefangenenlager auch repräsentativen Zwecken, mit denen man dem Ausland gegenüber gewisse Überlegenheit zu demonstrieren versuchte. Darauf stützte sich unter anderem der spätere Mythos einer besseren Gefangenschaft im k. u. k. Gewahrsam gegenüber etwa Gefangenen in Russland.

Im Fall des Lagers Grödig ist zu bemerken, dass die drei Teillager nicht durchgehend und ausschließlich der Kasernierung von feindlichen Armeeangehörigen dienten. Nachdem sich die Lager durch die Einführung der Zwangsarbeit für Kriegsgefangene ab 1915 geleert hatten und gleichzeitig die große Zahl an Flüchtlingen, die aus der Peripherie des Reiches ins Landesinnere strömten, nicht mehr auf Privatunterkünfte aufgeteilt werden konnte, wurden Lagergruppen adaptiert. Ab Mitte 1916 stand das Lager III für die Aufnahme von wolhynischen Flüchtlingen bereit und war dem Zuständigkeitsbereich des k. k. Ministerium des Innern übergeben worden.[38]

Lagerinfrastruktur

Spätestens 1916 und in Folge der Adaptierungsarbeiten in den verschiedenen Lagern, nahmen die Barackenstädte, wie Kriegsgefangenenlager zeitgenössisch bereits bezeichnet wurden, ihre endgültigen Formen an. Mit ihrer Infrastruktur und der systematischen Anordnung der Einzelobjekte glichen sie Städten, die beinahe autark verwaltet und versorgt wurden.

Für jedes Gefangenenlager wurde sogar eigenes Lagergeld gedruckt, mit dem nur innerhalb des Stacheldrahtes bezahlt werden konnte. Jedes Lager war in verschiedene Lagergruppen unterteilt, in denen kriegsgefangene Mannschaftssoldaten aus sicherheitstechnischen Gründen getrennt von kriegsgefangenen Offizieren untergebracht wurden. Den k. u. k. Wachsoldaten und jenen Personen, die ihren administrativen Dienst im Lager versahen, stand wiederum ein eigener Bereich zur Verfügung. Jede der Wohngruppen besaß neben den Unterkunftsbaracken eigene Küchenbaracken sowie Sommer- und Winterspeisebaracken. Die Insassen hatten in diesen Bereichen auch jeweils Sanitäreinrichtungen. Waschgelegenheiten in Form großer Gemeinschaftswaschbaracken, kombiniert mit Desinfektionsanlagen befanden sich separat. Zudem gab es in den Lagern jeweils separate Spitals- und Isoliergruppen. Die Lagerapotheke, die – neben den Operationsräumlichkeiten, den Kanzleien und Spitalsküchen – in den Normalspitälern untergebracht war, war mit einem gut sortierten Medikamentenschrank ausgestattet worden.[39] Grödig besaß als einziges der k. u. k. Gefangenenlager auch einen Garten mit Arznei- und Gewürzpflanzen, der Lehrzwecken diente.[40] In der Verwaltungsgruppe, die aus verschiedenen Kanzleien (Evidenzstelle, Kommando-, Militärbau- und Rechnungskanzlei, Depositenamt, Post und Zensurstelle) bestand, wickelte der österreichisch-ungarische Heeresapparat die Administration im Lager ab und nahm auch die Zensur der Post vor.[41] In der Regel betrieb man auf den Lagerarealen auch Eigenwirtschaften mit Lagerbäckereien, Kuh-, Schweine- sowie Hühnerställen und eigener Schlachtung. Um den Gemüseanbau kümmerten sich die Gefangenen selbst.

38 Vgl. Walleczek, Hinter Stacheldraht (wie Anm. 2), 131f.
39 Die Arbeit von kriegsgefangenen Apothekern war prinzipiell untersagt. Die Lagerapotheke in Grödig übernahm Med. Offizial Mag. v. Hillinger. Vgl. Walleczek, Hinter Stacheldraht (wie Anm. 2), 100.
40 Von Hillinger legte 1915 diesen Garten an. Verschiedene Zivil- und Militärapotheker reisten in der Folge nach Grödig, um die Pflanzen zu inspizieren. Vgl. ÖStA, KA, KM, 10./Kgf. Abt. 1917: 10-9/244 v. 4.8.1917; ÖStA, KA, KM, 10./Kgf. Abt. 1917: 10-9/244,2 v. 15.9.1917; Salzburger Volksblatt, 9.3.1915, 6.
41 Generalmajor d.R. Gustav Ritter von Urban (geb. 1854 in Böhmen) übernahm mit Jänner 1915 die Funktion des Lagerkommandanten in Grödig. Ab dem Jahreswechsel 1916/1917 bereiste er als Inspizierender der Kriegsgefangenenlager die verschiedenen Lager im Militärkommandobereich Innsbruck. Ab diesem Zeitpunkt hatte Oberst Weigelt das Lagerkommando in Grödig inne. Vgl. ÖStA, KA, Qualifikationslisten, Nr. 196; Brettenthaler/Haslauer, Kriegsgefangenenlager Grödig (wie Anm. 22), 217.

Abb. 2: Der Haupteingangsbereich des Lagers II St. Leonhard, 1914–1918. (Privatarchiv Walleczek)

Abb. 3: Kriegsgefangene bei Feldarbeiten im Lager Grödig, 1914–1918. (Privatarchiv Walleczek)

---

42 In Grödig war sie von militärischer Seite allerdings nicht sehr sinnvoll gelöst worden. Die einzigen Rinder- und Schweineställe mit dazugehörendem Schlachthaus befanden sich nämlich im Lager II. Von dort führte aber keine Schleppgleisanlage oder direkte Straßenverbindung in das Lager I, mittels der die Lebensmittel zu den dortigen Insassen gebracht worden wären.
43 Vgl. ÖStA, KA, KM, 10.Abt. 1917: 10-9/319 v. 27.9.1917; Walleczek, Hinter Stacheldraht (wie Anm. 2), 95.
44 Weitere Flächen außerhalb des Lagerareals, auf denen Kriegsgefangene des Lagers Grödig Gemüse anbauten, befanden sich 1915 in Maxglan, Bürmoos oder Obertrum. Vgl. Pfarrhofer Hedwig, Heuberger – Thalgau (1902–1977), hg. von August Heuberger. Salzburg 1977, 34–37; ÖStA, KA, KM, 14.A. 1915: 43-3/47,5 v. 26.5.1915; ÖStA, KA, Mil.Kdo.Ibk, Präs. 1915: 104-47/78-10 v. Juli 1915.

Mit diesen Eigenwirtschaften hatte die Versorgung der Gefangenen weitgehend sichergestellt zu werden.[42] Im April 1917 zeigte ein Vertreter des schwedischen Roten Kreuzes, der sich gerade auf einer Rundreise durch deutsche und k. u. k. Gefangenenlager befand, besonderes Interesse am Gemüseanbau in Grödig. In einem von ihm verfassten Bericht, der seine Eindrücke von den Lagern wiedergab, hob er die neun verschiedenen Plätze – er schätzte die Anbaufläche auf ca. 2.400 m² – hervor, mit deren Bewirtschaftung 1.000 Soldaten beschäftigt gewesen sein sollen.[43] Was an Anbauflächen innerhalb der Lagerareale nicht verfügbar war, wurde von außen angemietet. Die Thalgauer Firma Heuberger, die bereits an der Errichtung des Lagers Grödig beteiligt war, verpachtete dem Lagerkommando zwischen 1915 und 1917 ihre landwirtschaftlich genutzten Flächen, die für die Eigenwirtschaft in Grödig gebraucht wurden.[44] Österreich-Ungarn nutzte sehr früh die Kriegsgefangenen als Arbeitskräfte und setzte sie in lagereigenen Tischler-, Schlosser-, Schneider- oder Schusterwerkstätten ein, in denen sie für den Heeresbedarf produzierten. Dafür hatte die 10. Abteilung 1914

Abb. 4: Kriegsgefangene beim Arbeiten in der Tischlerwerkstatt im Lager Grödig, 1914–1918. (SLA, Fotosammlung A 002901)

per Erlass die Schaffung von Arbeitsgelegenheiten für Kriegsgefangene angeordnet, woraufhin Werkstättenbaracken eingerichtet wurden.

Eine Besonderheit stellt die in Grödig eingerichtete „Filiale Grödig der k. u. k. Skiwerkstätte" dar, eine Baracke, in der Kriegsgefangene für die Ski-Abteilung einen Teil der Alpinausrüstung (Schuhe, Schneeschuhe, Riemen, Schlaufen) erzeugten.[45] Mittels einer im Lager Grödig und St. Leonhard verlegten Schleppgleisanlage, die an das öffentliche Schienennetz anschloss und von den Bahnstationen Grödig und St. Leonhard in die jeweiligen Lager abzweigte, konnten diese Erzeugnisse und andere Güter schnell an- und abtransportiert werden. Davon profitierte man auch in den Verpflegungsgruppen der Lager I und II, in denen mehrere Baracken als Magazine genützt wurden und auch die Lagerbäckereien angesiedelt waren.[46] Der Lagerbetrieb funktionierte natürlich nicht ohne Strom. Von der neu errichteten Stromversorgung der Lagerareale profitierten nach 1918 besonders die Kommunen, auf deren Gemeindegebiet die Anlagen im Krieg bestanden hatten und deren Siedlungsgebiet auf dem ehemaligen Lagergrund erweitert wurde. Das gleiche galt für die errichtete Kanalisation oder auch die Wasserversorgung, die über ein Pumpwerk funktionierte, wovon in Salzburg zwei – im Lager I und eines im Lager II – standen. Zur Fäkalienvernichtung oder weiteren Verwertung – z. B. als Düngemittel – errichtete man in Grödig zudem einen Fäkalienverbrennungsofen. Mit all diesen gravierenden baulichen Maßnahmen zerstörten die k. u. k. Militärstellen die ursprünglich für landwirtschaftliche Zwecke verwendeten Flächen, deren von militärischer Seite versprochene „Rückführung" in den Zustand vor 1914 sich weit nach 1918 hinzog und nur in den seltensten Fällen gelang.

45 Neben Grödig gab es nur noch eine zweite derartige Werkstätte im Lager Freistadt. Die Zentrale der Skiwerkstätte in Salzburg befand sich in Itzling. Sie steht in Verbindung mit dem gebürtigen Vorarlberger Georg Bilgeri (1873–1934), der auch die Bilgeri-Skibindung entwickelt hat. Vgl. ÖStA, KA, KM, 8.HB. 1915: 19-13/3,116 v. 27.7.1915; Kirnbauer Gudrun/Fetz Friedrich, Skipionier Georg Bilgeri (Schriften der Vorarlberger Landesbibliothek, 6). Graz-Feldkirch 2001, 62–69.
46 Vgl. SLA, k. k. Fortifikationsdir. Pläne I Nr. 1–8, Pläne II, Plan des Kriegsgefangenenlagers Grödig, Juni 1916.

Abb. 5: SLA, k. k. Fortifikationsdir. Pläne I Nr. 1–8, Pläne II, Plan des Kriegsgefangenenlagers Grödig, Juni 1916

Abb. 6: Der Lagerfriedhof Grödig „Am Gois" mit dem Gefangenenlager im Hintergrund. (Privatarchiv Walleczek)

Jedes der drei Teillager in Grödig war von einem zweieinhalb Meter hohen Stacheldrahtzaun eingefasst, an dem entlang – laut Lagerplan – im Lager I und III jeweils zwei sogenannte „Wachplattformen", im Lager II sogar insgesamt zehn dieser Plattformen aufgestellt waren. Zur besseren Überwachung der Areale errichtete das k. u. k. Militär auch einen mehrere Meter hohen Wachturm. Nicht nur entlang der äußeren Grenzen des Lagers wurde ein Stacheldraht gezogen, sondern auch zur Trennung gewisser Lagergruppen. Im Lager I etwa trennte das k. u. k. Militär damit die Isoliergruppe von der Krankengruppe, diese beiden wiederum von den Mannschaftswohngruppen, aber auch von der Abteilung für kriegsgefangene Offiziere und dem Lagerkommando.[47] Für die Bewachung des Lagers sollen mehr als 2.000 k. u. k. Soldaten herangezogen worden sein, allerdings war das Verhältnis zwischen österreichischen und ungarischen Soldaten leicht angespannt.[48] Nachdem die Baracken mehrheitlich aus Holz erbaut worden waren, herrschte zudem große Feuergefahr. Um einen Brand, wie er z.B. 1916 im Lagerareal von Grödig ausbrach, möglichst rasch löschen zu können, stand eine Feuerwehr bereit, die über eigene Räumlichkeiten, ein „Requisitendepot" mit Löschmittel verfügte und sogar Übungen abhielt. Für die Toten des Lagers, für die es je zwei Leichenhäuser im Lager I und II gab, legte das k. u. k. Militär zwischen Lager I und III einen Lagerfriedhof an.[49] Das Begräbniszeremoniell war streng organisiert. Während des Begräbnisses wurde der Sarg von der Lagerkapelle begleitet, die dem Toten damit die letzte Ehre erwies.[50]

Tatsächlich genehmigte der österreichisch-ungarische Gewahrsamsstaat auch Einrichtungen zur kriegsgefangenen Freizeitbeschäftigung, die in entsprechenden Baracken oder auf dafür vorgesehenen Flächen stattfand: In Grödig und den anderen Lagern auch gab es Laientheater, Musikkapellen, Bibliotheken, Unterrichtsräume, Plätze für körperliche Ertüchtigung, Möglichkeit zur handwerklichen Betätigung oder Räumlichkeiten zur Religionsausübung. Das Recht, seinen Glauben in Gefangenschaft zu praktizieren, war auch in der Haager Landkriegsordnung (Artikel 18 und 19) festgeschrieben worden. Den seelsorgerischen Pflichten unter den Kriegsgefangenen kamen neben kriegsgefangenen Geistlichen auch k. u. k. Militärseelsorger nach. Die jeweiligen Militärkommanden waren für die Bestellung von Priestern für die jeweiligen Glaubensbekenntnisse

47 Noch im Februar 1915 führten die k. u. k. Militärbehörden die zahlreichen Fluchtversuche der Gefangenen aus den Lagern auf zu niedrige Stacheldrahtzäune und die zu geringe Bewachung zurück. Vgl. ÖStA, KA, Mil.Kdo. Ibk., Präs. 1915: 104-47/78,2 v. 22.2.1915; SLA, k. k. Fortifikationsdir. Pläne I Nr. 1–8, Pläne II, Plan des Kriegsgefangenenlagers Grödig (wie Anm. 46).

48 Prinzipiell kamen für die Bewachung der Kriegsgefangenen in den Lagern k. k. Landsturmbataillone, k. k. Landsturm-Etappenbataillone, k. k. Landsturm-Wachbataillone, k. u. k. Landsturm-Etappenbataillone und k. u. k. Landsturm-Wachbataillone in Frage. Vgl. Moritz/Leidinger, Zwischen Nutzen und Bedrohung (wie Anm. 4), 101; Dienstbuch J-35 (wie Anm. 16), 33.

49 Die Angaben zu den am Lagerfriedhof Grödig bestatteten Personen aus der Zeit des Ersten Weltkrieges schwanken erheblich. Während das Österreichische Schwarze Kreuz von insgesamt 2.027 beerdigten Personen aus der Zeit „1914–1918 und früher" (!) spricht, nennen Brettenthaler und Haslauer über 17.000 Begräbnisse, die insgesamt am „Russenfriedhof" stattgefunden haben sollen. Eine Recherche im Bestand der Kriegsgräberakten, Friedhofskatasterblatt Nr. 23 „Grödig", und den vorhandenen Gräber-Evidenzblättern im Kriegsarchiv/Österreichisches Staatsarchiv ergab diesbezüglich keine Ergebnisse. Vgl. Brettenthaler/Haslauer, Kriegsgefangenenlager Grödig (wie Anm. 22), 223; Österreichisches Schwarzes Kreuz – Kriegsgräberfürsorge, Dokumentationen hg. vom Österreichischen Schwarzen Kreuz – Kriegsgräberfürsorge. Wien 2012, 252; ÖStA, KA, VL, Kriegsgräber Österreich, Kt. 93.

50 Vgl. Dienstbuch J-35 (wie Anm. 16), 30f.

51 Vgl. Moritz/Leidinger, Zwischen Nutzen und Bedrohung (wie Anm. 4), 98.
52 Der Zivilgeistliche Matthias Essl bewarb sich im Februar 1915, als er bereits Kooperator in Grödig war, um den Posten des Militärseelsorgers im Lager Grödig. Seinem Ansuchen gab das Militärkommando Innsbruck aufgrund fehlender, für dieses Lager erforderlicher Sprachkenntnisse allerdings Anfang März 1915 nicht statt. Vgl. Dienstbuch J-35 (wie Anm. 16), 30; Walleczek, Hinter Stacheldraht (wie Anm. 2), 246.
53 Moritz Verena/Leidinger Hannes, Aspekte des „Totalen Lagers" als „Totale Institution" – Kriegsgefangenschaft in der Donaumonarchie 1914–1915. In: Scheutz Martin (Hg.), Totale Institutionen (Wiener Zeitschrift zur Geschichte der Neuzeit, 8/1). Innsbruck 2008, 87.
54 Der Schweizer Arzt Adolph Lukas Vischer (1884–1974) bereiste verschiedene Kriegsgefangenenlager, um das Phänomen der Stacheldrahtkrankheit zu ergründen. In Österreich-Ungarn nützten der österreichische Anthropologe Rudolf Pöch (1870–1921), sein Kollege Josef Weninger (1886–1959), der Archäologe und Höhlenforscher Georg Kyrle (1887–1937) oder etwa der Musikwissenschafter Robert Lach (1874–1958), der zu Studienzwecken auch Grödig bereiste, die Konzentration der Kriegsgefangenen in den Lagern, um ihren eigenen Forschungen nachzugehen. Helene Schürer von Waldheim (1893–1976), die spätere Ehefrau Rudolf Pöchs, untersuchte 1917 und 1918 die wolhynischen Flüchtlinge im Lager III (Niederalm). Die rassenkundlichen Studien dienten nicht ausschließlich dem reinen fachspezifischen Erkenntnisgewinn. Mit ihren zum politischen und sozialen Zwecke instrumentalisierten Auswertungen sind sie ganz klar im Rahmen der Eugenik, wie auch einer Sozial-, Gesundheits- und Bevölkerungspolitik zu beurteilen. Vgl. Vischer Adolph Lukas, Die Stacheldraht-Krankheit. Beiträge zur Psychologie des Kriegsgefangenen (Schweizerische Schriften für Allgemeines Wissen, 5). Zürich 1918; Berner Margit, Forschungs-„Material" Kriegsgefangene. Die Massenuntersuchungen der Wiener Anthropologen an gefangenen Soldaten 1915–1918. In: Vorreiter der Vernichtung? Eugenik, Rassenhygiene und Euthanasie in der Österreichischen Diskussion vor 1938. Zur Geschichte der NS-Euthanasie in Wien, T. 3, hg. von Gabriel Heinz Eberhard/ Neugebauer Wolfgang. Wien-Köln-Weimar 2005, 167–198.
55 Zur Funktion des Laientheaters bei Soldaten in russischer Gefangenschaft und seiner Analyse hinsichtlich einer Geschlechtergeschichte siehe: Rachamimov Alon, Normalität als Travestie. Das Theaterleben der k. u. k. Kriegsgefangenenoffiziere in Rußland, 1914–1920. In: Glanz – Gewalt – Gehorsam. Militär und Gesellschaft in der Habsburgermonarchie (1800 bis 1918), hg. von Cole Laurence/Hämmerle Christa/Scheutz Martin, (Frieden und Krieg, 18). Essen 2011, 101–126.

Abb. 7: Altar der griechisch-orthodoxen Gefangenen des Lagers Grödig. (Privatarchiv Walleczek)

verantwortlich. Zur Abhaltung von Gottesdiensten ordnete man den Bau bzw. die Barackenadaptierung für Synagogen oder Moscheen in den Lagerarealen an. Im Lager Grödig dürfte es sogar drei Kirchen – für katholische, orthodoxe und protestantische Soldaten – gegeben haben.[51]

Auch Zivilgeistliche bewarben sich um eine Militärseelsorge in den Lagern – für Kriegsgefangene wie auch für k. u. k. Truppen – doch nicht jeder wurde aufgrund seiner Eignung dazu berufen.[52]

Lagerkultur gegen Lagerkoller

Im Kontext einer kulturgeschichtlichen Analyse des Ersten Weltkrieges wird gerade der sich ab 1915 in den Gefangenenlagern etablierenden Lagerkultur ein wesentliches Augenmerk geschenkt. Kriegsgefangene konnten die Angebote jedoch nicht gleichermaßen nützen. Vor allem die vom Arbeitseinsatz befreiten kriegsgefangenen Offiziere profitierten davon und sind damit zu den primären Trägern dieser Lagerkultur zu zählen. Prinzipiell boten diese Beschäftigungsmöglichkeiten in den Lagerarealen mit ihren sonst stark ausgeprägten „Entindividualisierungs- und Zwangsmaßnahmen"[53] eine Chance, der sich einstellenden Monotonie, Aussichtslosigkeit, der sogenannten „Stacheldrahtkrankheit", bei der einander Phasen schwerer Depression, apathischer Passivität und Aggression abwechseln, zu entgehen. Bereits während des Krieges rief die Frage nach der Auswirkung von Gefangenschaft auf die Psyche der Soldaten wissenschaftliches Interesse hervor. Auch Anthropologen, Sprach- und Musikwissenschafter erkannten in den Kriegsgefangenen ein „Forschungsmaterial".[54] Gerade das Laientheater,[55] wie es auch für Grödig belegt ist, in dem gefangene Männer Frauenrollen spielten, erfüllte mehrere Funktionen. Zum einen ermöglichte die Bühne für Akteure wie Publikum die Flucht in eine scheinbare Vorkriegsnormalität, trug

Abb. 8: Gruppenfoto der beiden Orchester des Lagers, Blechmusik- und Balalaikakapelle, vor dem Theater im Kriegsgefangenenlager Grödig. (SLA, Fotosammlung A 002909)

zu einer „Trivialisierung des Krieges"⁵⁶ bei, gab vor allem aber den Protagonisten vorübergehend ihre Individualität zurück. Zum anderen diente es als Vermittlungsinstanz oder Puffer zwischen Lagerkommando und Gefangenen.

Die Requisiten, Musikinstrumente und sonstige Utensilien, die für die verschiedenen Aktivitäten benötigt wurden, stellten die Gefangenen vielfach selbst her. Buchspenden für die Lagerbibliotheken kamen teils von den Heimatstaaten, wobei hierfür, wie für alle anderen Gegenstände, die Finanzkraft ausschlaggebend war. Aber auch (Sach-)Spenden etwa ausländischer humanitärer Organisationen ermöglichten die Lageraktivitäten. In diesem Zusammenhang ist vor allem der YMCA, Young Men's Christian Association, und sein deutsches Pendant der christliche Verein Junger Männer, kurz CVJM, zu nennen, die durch ihre Fürsorgearbeit, durch ihr Engagement im Dienste der Gefangenen, deren Schicksal in den Lagern – wenn auch nur bedingt – linderten.⁵⁷ Ihre Aktivitäten wurden unter der englischen Bezeichnung „War Prisoners' Aid", kurz WPA, subsumiert. Im Vergleich zu anderen ausländischen neutralen Institutionen kamen die als YMCA-Sekretäre bezeichneten und aus verschiedenen Landesvereinen stammenden Mitarbeiter den Gefangenen in den Lagern besonders nahe. Sie erhielten durch ihren ab Ende Mai 1915 vom k. u. k. Kriegsministerium bewilligten Lagerzutritt gleichzeitig einen ungeschönten und realistischen Einblick in das k. u. k. Gefangenenwesen. Soweit bis jetzt rekonstruierbar, waren zwischen Oktober 1916 und April 1917 der US-Amerikaner Amos A. Ebersole, ab Juni 1917 der Däne Lars Stubbe Teglbjaerg, ab Oktober 1917 der Schweizer Jacob Wettstein und ab Juli 1918 sein Landsmann Edouard Hug im Lager Grödig tätig.⁵⁸ Das Internationale Komitee vom Roten Kreuz mit Sitz in Genf oder Delegationen der Schutzmächte hingegen,⁵⁹ die im Rahmen ihrer Fürsorgetätigkeit ab Winter 1915 nicht nur in Österreich-Ungarn nach langwierigen Vorbereitungen Kriegsgefangenenlager und ausgewählte Arbeitsstätten von Gefangenen auf ihren Rundreisen inspizierten, bekamen in der Regel manipulierte und geschönte Verhältnisse vorgeführt.⁶⁰ So erging es auch einer Reisegruppe, die im Zuge der sogenannten Schwesternreisen im Dezember 1915 neben oberösterreichischen Lagern, das Lager Grödig sowie Arbeitsstellen von Kriegsgefangenen in Salzburg und Tirol inspizierte.⁶¹ Die „Mission III" der dänisch-russischen Delegation bestand aus

56 Vgl. nach George Mosse.
57 Vgl. dazu Walleczek-Fritz Julia, Kontrolle durch Fürsorge? Neutrale humanitäre Organisationen und ihr Engagement für Kriegsgefangene in Österreich-Ungarn und Russland im Ersten Weltkrieg in vergleichender Perspektive. In: Frontwechsel. Österreich-Ungarns „Großer Krieg" im Vergleich, hg. von Dornik Wolfram/Walleczek-Fritz Julia/Wedrac Stefan. Wien-Köln-Weimar 2014, 105–137.
58 Vgl. Walleczek-Fritz, Kontrolle durch Fürsorge (wie Anm. 57), 134–136.
59 Für russische, serbische und französische Soldaten in Österreich-Ungarn übernahm Spanien die Schutzmachtfunktion. Die Niederlande bemühten sich um eine englische Kriegsgefangene, während die Schweiz dementsprechende Aufgaben für italienische und rumänische Soldaten im Habsburgerreich übernommen hatte. Auch die USA sorgten für italienische Soldaten. Vgl. Just Harald, Neutralität im Ersten Weltkrieg. II. T.: Schweden. In: MÖSTA, hg. von der Generaldirektion, Bd. 20. Wien 1967, 353; Ders., Neutralität im Weltkrieg. I. T.: Spanien. In: MÖSTA, hg. von der Generaldirektion, Bd. 19. Wien 1966, 361–435.
60 Das 1916 ratifizierte Abkommen zwischen den Mittelmächten und dem Zarenreich beinhaltete gegenseitige Lagerbereisungen. Vgl. dazu auch Hinz Uta, Humanität im Krieg? Internationales Rotes Kreuz und Kriegsgefangenenhilfe im Ersten Weltkrieg. In: Kriegsgefangene im Europa des Ersten Weltkriegs, hg. von Oltmer Jochen (Krieg in der Geschichte, 24). Paderborn-München-Wien-Zürich 2006, 216–236; Jones Heather, International or transnational? Humanitarian action during the First World War. In: European Review of History 16/5 (2009), 697–713.
61 Siehe dazu bei Walleczek-Fritz, Kontrolle durch Fürsorge? (wie Anm. 57).

dem Dänen Hauptmann Voigt, der das neutrale Ausland vertrat, und aus Aleksandra Romanova, die als Rot-Kreuz Schwester die Interessen des Zarenreichs wahrnahm und im Auftrag ihrer Heimatregierung die Situation der russischen Soldaten in Österreich-Ungarn, konkret jene im Militärkommandobereich Innsbruck, genau unter die Lupe nahm. Begleitet wurden sie von einem k. u. k. Offizier, der nicht nur als Reiseleiter, sondern auch als Bewacher fungierte. Nachdem allerdings die Donaumonarchie im Vorfeld und gerade nach der überstandenen Flecktyphusepidemie Vorkehrungen getroffen hatte, gab es für die ausländischen Gäste insbesondere in den Lagern nicht viel zu beanstanden. Romanova verwies zwar in ihrem internen Bericht auf die „grauenhaften Verhältnisse", die in den Lagern in Folge der Epidemie geherrscht hatten, gab sich aber mit dem Ergebnis der zwischenzeitlich durchgeführten baulichen Veränderungen „mehr oder weniger" zufrieden.[62] Trotz der von Seiten der Gewahrsamsstaaten – die Donaumonarchie manipulierte nicht als einziger Kriegsteilnehmer die Rahmenbedingungen – geschönten Verhältnisse, übten die Ausländer mit den Inspektionsreisen eine gewisse Kontrollfunktion aus. Sie übergaben Reiseberichte mit den von ihnen gesammelten Eindrücken den Schutzmächten und den jeweiligen Heimatregierungen, womit der k. u. k. Gewahrsamsstaat zu befürchten hatte, dass Kritik am Zustand der Entente-Soldaten und damit am k. u. k. Gefangenenwesen postwendend Auswirkungen auf die Lebensbedingungen der k. u. k. Soldaten vorrangig in Russland aber auch in Italien hatte.

Zu Propagandazwecken wurden von österreichisch-ungarischer Seite sämtliche kulturelle Aktivitäten dokumentiert, um sie für ihren „Krieg der Bilder" instrumentalisieren zu können. Einmal abgesehen von dem Zwang, die Vorgaben der Haager Landkriegsordnung erfüllen zu müssen, sollte mit den Beschäftigungsmöglichkeiten ein positives Bild der Kriegsgefangenschaft gezeichnet werden, denn über allem schwebte das die Gefangenenpolitik bestimmende Gegenseitigkeitsprinzip. Schließlich erfüllte die Beschäftigung von Kriegsgefangenen auch einen Kontrollzweck. Die k. u. k. Militärbehörden versuchten einer Unterbeschäftigung und damit irgendeiner Form von aufrührerischem Verhalten vorzubeugen.

Nachdem sich ab 1915 durch die umfassende Einführung der Zwangsarbeit für Kriegsgefangene auch in Grödig die Lagerareale ohnedies zu leeren begannen und nur mehr kriegsgefangene Offiziere, kranke und arbeitsunfähige Mannschaftssoldaten und jene Gefangene in den Werkstätten in den Lagern verblieben, erübrigte sich diese Befürchtung vorerst. Einer anfänglichen Überbelegung und Überschreitung vorhandener Ressourcen folgte in den Lagern beinahe gähnende Leere. So hielten sich Ende 1916 weniger als 6.000 Gefangene im Lager Grödig auf.[63] Die Situation änderte sich erst wieder 1917, als ein verstärkter Rücktransport von kranken, verletzten und arbeitsunfähigen Gefangenen in die Lager erfolgte und damit auch der Lagerstand wieder stieg.

Exkurs: Stationen für kriegsgefangene Offiziere

Mit der Geschichte der Kriegsgefangenen im Kronland Salzburg sind auch sogenannte „Stationen für kriegsgefangene Offiziere" oder kurz „Offiziersstationen" verbunden, in denen der k. u. k. Heereskörper ab der zweiten Hälfte 1914 kriegs-

---

62 Sekundärzitat nach Moritz/Leidinger, Zwischen Nutzen und Bedrohung (wie Anm. 4), 154. Mehrere ausländische Delegationen besichtigten und kontrollierten das Lager Grödig. Vor Romanova hatte noch im Juni 1915 der spanische Botschafter Grödig besucht. Im Rahmen der zweiten Schwesternreise kam im August 1916 die Russin Maria Nikolajewna Gonetzky in dieses Lager und 1917 reiste ein Vertreter des Dänischen Roten Kreuzes an. Eine der letzten Inspizierungen unternahm 1918 Anna Revertera, die schon an Inspektionsreisen durch das Zarenreich beteiligt gewesen war. Vgl. Walleczek, Hinter Stacheldraht (wie Anm. 2), 230–238.

63 Vgl. ÖStA, KA, Orientierungsbehelf (wie Anm. 20).

gefangene Offiziere samt ihren Bedienmannschaften einquartierte. Feindliche – vorrangig russische – Offiziere, die von ihren Mannschaften zu trennen waren und Anspruch auf eine Behandlung gemäß ihrem militärischen Rang hatten, kamen in den Genuss dieser besonderen Quartiere.[64] Im Oktober 1914 entschied das Kriegsministerium in Wien *zur Verbesserung der materiellen Lage* der kriegsgefangenen Offiziere, geeignete Unterkünfte anzumieten.[65] Dafür bediente man sich Hotels oder Pensionen in verschiedenen Fremdenverkehrsorten, die seit dem Kriegsausbruch leer standen. Nachdem die Immobilien aber gewisse Kriterien erfüllen mussten, schränkte dies die Suche ein. Erste Berichte über die vorübergehende Einquartierung von Kriegsgefangenen in Salzburg kamen aus dem Gasteinertal. Wie das Salzburger Volksblatt berichtete, wurden im November 1914 in Bad Gastein mehr als 160 kriegsgefangene Offiziere untergebracht.[66] Dieser Umstand wiederum brachte ein de facto ungewolltes Naheverhältnis zwischen den Gefangenen und der Zivilbevölkerung mit sich. Für Hoteliers, Gasthof- und Pensionsbesitzer bedeutete die Unterbringung von kriegsgefangenen Offizieren zumindest eine vorübergehende Lösung ihrer finanziellen Not.[67] Zahlreiche Unternehmer priesen daher ihre Immobilie bei den Militärbehörden regelrecht an und legten ihren Ansuchen diverses Informations- und Anschauungsmaterial bei. Dieses versprach nicht nur eine Postkartenidylle, sondern unterstrich immer auch die günstige Eisenbahnanbindung.[68] Auf heutigem österreichischem Gebiet aktivierte das k. u. k. Militär zwischen Ende 1914 und Mitte 1915 elf Stationen. In Salzburg bestanden zwei dieser Stationen in Krimml und in Thumersbach bei Zell am See.[69] Während die einen hofften, ein Geschäft mit dem Militär zu machen, da die Inanspruchnahme finanziell abgegolten wurde, protestierte ein anderer Teil der Bevölkerung gegen die Offiziersstationen und bemängelte die ihrer Meinung nach nicht beachteten Sicherheitsrisiken.

Obwohl kriegsgefangene Offiziere in diesen Stationen ein erheblich komfortableres Dasein führten, konnte ihre privilegierte Situation letztlich aber nicht über den Freiheitsentzug, die erzwungene Untätigkeit und Eintönigkeit der Gefangenschaft hinwegtäuschen. Ende 1914 begannen sich aber disziplinäre Probleme in den Stationen zu mehren und Fluchtversuche der gefangenen Offiziere nahmen 1915 zu.[70] Im März 1915 fiel die Entscheidung, keine weiteren Offiziersstationen zu aktivieren. Im Sinne einer effizienten Verwahrung und Kontrolle der Kriegsgefangenen sollte vielmehr die Zusammenlegung von feindlichen Offizieren in separaten Offiziersabteilungen für 200 bis 300 Personen innerhalb der Gefangenenlager erfolgen. Von der im Sommer 1915 stattfindenden Schließungswelle waren auch die Salzburger Stationen betroffen. Lediglich vier Stationen in Niederösterreich sowie die Häuser in Böhmen und Ungarn blieben davon ausgenommen.

Die Festung Hohensalzburg fungierte zwischen Winter 1917 und Sommer 1918 als Quartier für bis zu 230 kriegsgefangene italienische Offiziere.[71] Als unselbständige Offiziersabteilung geführt, unterstand die Festung dem Kommando des Lagers Grödig und stellte von Beginn an ein militärisches Provisorium dar.[72] Die Einquartierung der Italiener war allerdings von massivem Protest der Zivilbevölkerung begleitet, insbesondere als bekannt wurde – wenn man den Berichten Glauben schenken darf – , dass die italienischen Gefangenen begannen, die Festung zu demontieren.[73] Aus aktuellem Anlass titelte das Salzburger Volksblatt in seiner Ausgabe vom 23. Juli 1918 mit: „Die Bedrohung der Festung Hohensalzburg".[74] Als Konsequenz entschied der k. u. k. Heeresapparat

64 Zu der privilegierten Behandlung in den Offiziersstationen zählte *Bewegung in frischer Luft durch Parkanlagen oder sonstige Spaziergänge*, bedient wurden die Insassen der Stationen von ebenfalls gefangenen Mannschaftssoldaten der gleichen feindlichen Truppen. Zu ihren Aufgaben zählten diverse Reinigungstätigkeiten oder das Servieren der Mahlzeiten. Vgl. Dienstbuch J-35 (wie Anm. 16), 104–116.
65 ÖStA, KA, KM, 10.A. 1914: 10-2/118,6 v. 15.10.1914.
66 Vgl. Salzburger Volksblatt, 3.11.1914, 6.
67 Vgl. Moritz/Leidinger, Zwischen Nutzen und Bedrohung (wie Anm. 4), 72.
68 Vgl. Hansak Peter, Das Kriegsgefangenenwesen während des Ersten Weltkrieges im Gebiet der heutigen Steiermark. Phil. Diss. Univ. Graz 1991, 50.
69 Vgl. Walleczek, Hinter Stacheldraht (wie Anm. 2), 141–148.
70 ÖStA, KA, Mil.Kdo.Ibk., Präs. 1914: 104-47/12,6 v. 26.12.1914; TLA, Statth 1915, Präs 836 – XII 76e, Nr. 836, Nr. 1935/1 v. 2.5.1915.
71 Vgl. Comité International de la Croix-Rouge Genève, Nouvelles de l'Agence internationale des prisonniers de guerre 1918, 12; ÖStA, KA, KM, 10./Kgf. Abt. 1917: 10-10/118,94 v. 30.11.1917.
72 Vgl. ÖStA, KA, KM, 10./Kgf. Abt.1917: 10-10/168,3 v. 6.12.1917; ÖStA, KA, KM, 10./Kgf. Abt.1917: 10-10/118,97 v. 18.11.1917.
73 Vgl. SLA, Landesausschuss II 39/3-39/4 v. 13.11.1917; Die Rede ist dabei vom Verheizen der Dachschindeln oder vom Abwurf der in den Innenhöfen gelagerten historischen Steinschleuderkugeln.
74 Vgl. ÖStA, KA, KM, 10./Kgf. Abt. 1918: 10-49/44,6 v. 19.7.1918.

die Auflösung dieser provisorischen Offiziersabteilung.⁷⁵ Die kriegsgefangenen Italiener nahmen künftig den Platz der gefangenen serbischen Offiziere im Lager Aschach/Donau ein, die wiederum in die erweiterte Offiziersabteilung des Lagers Grödig zu verlegen waren.⁷⁶

Mit der Aktivierung von Offiziersstationen und der Unterbringung von feindlichen Militärpersonen im zivilen Umfeld kam es – trotz aller getroffenen, aber dennoch unzureichenden Sicherheitsmaßnahmen – bereits in der ersten Phase des Krieges zu einer Vermischung von genuin militärischem und zivilem Bereich.

DIE LAGER LEEREN SICH – DIE EINFÜHRUNG DER ZWANGSARBEIT FÜR KRIEGSGEFANGENE UND DIE AUSWIRKUNGEN AUF DIE ZIVILBEVÖLKERUNG

Bereits Ende 1914 bekundeten verschiedene Seiten ihr Interesse an der Arbeitskraft der Kriegsgefangenen. Vor allem gefangene Soldaten des Zarenreiches sollten die durch die Mobilisierung fehlenden männlichen einheimischen Arbeitskräfte kompensieren. Im Februar 1915 diskutierten Vertreter des k. k. Ministeriums für öffentliche Arbeiten, des k. k. Ackerbauministeriums und des k. k. Eisenbahnministeriums in einer interministeriellen Konferenz die „Beschäftigung von Kriegsgefangenen" und erstellten eine Liste mit in Frage kommenden Arbeitsprojekten, die kostengünstig von Kriegsgefangenen ausgeführt werden sollten.⁷⁷ Die Einsatzbereiche reichten von diversen Infrastrukturprojekten bis hin zu Bodenkultivierungsarbeiten in den verschiedenen Teilen der Monarchie. Ab dem zweiten Kriegsjahr wurden so hunderttausende Gefangene auch im Lager Grödig hinsichtlich ihrer Qualifikation erfasst, denn kriegsgefangene „Professionisten" waren besonders gefragt, in Kriegsgefangenen-Arbeiter-Partien, kurz KAP, eingeteilt und in das nahe und weitere Umland der Gefangenenlager auf Arbeitseinsatz geschickt, die militärischen, zivilen, öffentlichen und privaten Charakter besaßen. Die Einteilung und Zuteilung von Kriegsgefangenen an Arbeitgeber hatte möglichst effizient und dort zu erfolgen, wo einheimische Arbeitskräfte nicht verdrängt würden, wobei auch die Nationalität der Kriegsgefangenen die Verteilung beeinflusste.⁷⁸ Gleichzeitig war die Bewachung und Versorgung durch den Arbeitgeber aufgrund verschiedener Erlässe, die 1916 modifiziert worden waren, mittels Arbeitsverträgen genau geregelt worden.⁷⁹

Generell unterschied man in Österreich-Ungarn zwischen mobilen und stabilen Kriegsgefangenen-Arbeiter-Partien (KAP). Zu einer mobilen KAP zählten jene Soldaten, die in der Land- und Forstwirtschaft zum Einsatz kamen. In stabilen Kriegsgefangenen-Arbeiter-Partien wurden feindliche Armeeangehörige zusammengefasst, die für Arbeiten im Bereich öffentlicher Arbeiten sowie in der Industrie, im Gewerbe oder im Bergbau bestimmt waren.⁸⁰ In den Zuständigkeitsbereich der sogenannten Landesarbeitsnachweisstelle, kurz LANS, die dem Ackerbauministerium angegliedert war und eine halbmilitärische Behörde darstellte, fiel die Zuweisung und Verschiebung von mobilen KAPS innerhalb des Kronlandes.⁸¹ Über stabile KAPS stand der Landesarbeitsnachweisstelle hingegen kein Dispositionsrecht zu. Ab Mitte 1915 hielten sich monarchieweit durchschnittlich nur mehr 30 bis 40 % der gefangenen Soldaten in den Lagern auf.⁸² Der Einsatzbereich der feindlichen Armeeangehörigen erstreckte sich auf den

---

75 Vgl. ÖStA, KA, KM, 10./Kgf. Abt. 1918: 10-49/44,7 v. 30.8.1918.
76 Vgl. ÖStA, HHStA, MdÄ, Administrative Registratur, F36 Krieg 1914–1918, Dep.7 Kriegsgefangene Varia, Fol.57092/1918 v. 27.4.1918; ÖStA, KA, KM, 10./Kgf. Abt. 1917: 10-10/168,3 v. 6.12.1917.
77 Vgl. Moritz/Leidinger, Zwischen Nutzen und Bedrohung (wie Anm. 4), 109f.
78 Vgl. Dienstbuch J-35 (wie Anm. 16), 51.
79 Für jeden Kriegsgefangenen musste der Arbeitgeber z.B. auch eine Kaution in der Höhe von 30 Kronen hinterlegen. Diese verfiel, falls der Gefangene fliehen konnte oder nachweislich an seinem Arbeitsort schlecht verpflegt und untergebracht wurde. Vgl. Bestimmungen für die Beistellung von kriegsgefangenen Arbeitern in Österreich, hg. vom k. u. k. Kriegsministerium, 1916.
80 Vgl. Bestimmungen für die Beistellung (wie Anm. 79), 2–4.
81 Vgl. Moritz/Leidinger, Zwischen Nutzen und Bedrohung (wie Anm. 4), 117.
82 Vgl. Leidinger/Moritz, Verwaltete Massen (wie Anm. 3), 48.

Bergbau, den Straßenbau, Flussarbeiten, Eisenbahnarbeiten, die (Rüstungs-)Industrie und das Gewerbe.

Im Kronland Salzburg waren Kriegsgefangene im Bergbau bei der Mitterberger Kupfer AG, in Böckstein oder etwa bei der Halleiner Saline beschäftigt. Zu den wichtigeren Straßenbauprojekten, die unter Mitwirkung von Gefangenen entstanden, zählen die Straßenabschnitte Böckstein-Nassfeld, Ebenau-Nesselgraben im Wiestal, wo 1916 und 1917 über 100 Kriegsgefangene beschäftigt waren. Eine noch größere KAP von mehr als 300 Mann arbeitete ab 1915 am Straßenabschnitt Klementgut-Elsenwang, einem Abschnitt der sogenannten „Russenstraße"[83] zwischen Thalgau und Hof. Weitere Arbeitspartien von etwa 200 Soldaten wurden ab 1915 an der „Kärntner Reichsstraße" im Bereich Unter- und Obertauern beschäftigt, und auch der Bau der Fürbergstraße bei St. Gilgen geht auf den Einsatz von Kriegsgefangenen zurück. In der Stadt Salzburg zählen zu den bekannteren Arbeitgebern von Kriegsgefangenen die Stieglbrauerei in Maxglan, für die alleine in den Jahren 1916 und 1917 zwischen 55 und knapp 80 Kriegsgefangene tätig waren, das Höllbräu oder die ehemalige Fisslthaler Mühle. Der Sägewerksbesitzer August Heuberger in Thalgau verfügte allein 1916 über mehr als 100 Kriegsgefangene, die Aluminium Industrie AG in Lend 1916 über rund 60 Kriegsgefangene, das Kalkwerk Alois Tagger in Golling/Torren über knapp 30 Mann. Auch für das oberösterreichische Unternehmen Stern & Hafferl waren beispielsweise 1917 etwa 70 Gefangene für das in Großarl betriebene Elektrizitätswerk im Einsatz. Die Arbeitskraft Kriegsgefangener nahmen zudem die Kalkwerke Dietrich in Grödig ebenso wie die Grödiger Marmorwerke in Anspruch. Dabei wurden all diesen Arbeitgebern die kriegsgefangenen Arbeitspartien nicht ausschließlich aus dem Gefangenenlager Grödig beigestellt. Soweit bis jetzt rekonstruierbar, stammten die Gefangenen ebenso aus oberösterreichischen und böhmischen Lagern.[84]

Ein Großteil der Gefangenen fand in der Forst- und Landwirtschaft (z.B. Heumahd, Erntehelfer) Verwendung. Etliche Salzburger Gemeinden bekamen im Laufe des Krieges vorrangig russische Kriegsgefangene zu landwirtschaftlichen Arbeiten zugewiesen, darunter etwa Seekirchen, Zell am See, Wagrain, Uttendorf, Thalgau, Großarl, Straßwalchen, Flachau, St. Gilgen, St. Johann im Pg., Hallwang, Kaprun, Strobl, Mariapfarr oder etwa Bergheim. Auch der Gemeinde Grödig wurde eine Arbeitspartie von bis zu 40 Russen aus dem Lager Grödig zur Verfügung gestellt. In der Regel konnten alle Gemeinden aufgrund modifizierter Abgabe-Bestimmungen 1916 um ein kleineres Kontingent von Kriegsgefangenen ansuchen, die sie – sofern sie nicht zu Gemeindearbeiten benötigt wurden – an Bauern zu landwirtschaftlichen Arbeiten weitergaben.[85] Die Größe der KAPS variierte und lag zwischen einer Handvoll Gefangenen bis hin zu einer Stärke von 30 oder 40 Mann, manchmal sogar darüber.[86] Die Gemeinde Obertrum beispielsweise verfügte in den Jahren 1916 und 1917 über mehr als 100 Gefangene. Nach einem verheerenden Großbrand im Frühjahr 1917 wurden noch einmal italienische Soldaten zugeteilt, die sich am Wiederaufbau des Ortes beteiligen mussten.[87] Die Verwendung von Kriegsgefangenen in der Landwirtschaft zählte noch zu den „besseren Arbeiten". Feindliche Armeeangehörige wurden in kleinen Gruppen oder einzeln an Bauernhöfe zu landwirtschaftlichen Arbeiten abgegeben und dort einquartiert, womit sie einer permanenten militärischen Kontrolle entgingen. Seite an Seite versuchten sie mit den dortigen Bewohnern

83 Zum Exkurs über die Kriegsgefangenen in Thalgau vgl. den Beitrag B. Iglhauser in diesem Band.
84 Vgl. Walleczek, Hinter Stacheldraht (wie Anm. 2), 342–349.
85 Da die Gemeinden in den Arbeitsverträgen als Vertragspartner aufscheinen, ist eine Rekonstruktion der einzelnen landwirtschaftlichen Güter, die Gefangene von ihren Gemeindevorstehungen erhielten, äußerst schwierig.
86 Vgl. Walleczek, Hinter Stacheldraht (wie Anm. 2), 342–349.
87 Vgl. ÖStA, KA, Chef d. EW. 1918: 19-5/3 v. 4.4.1918; SLA, Landesausschussakten II 36/1-36/4, Fasz. 36/3 v. 21.5.1917.

Abb. 9: Ein Kriegsgefangener, der zu Arbeiten auf einen Hof in Thalgauegg abgegeben wurde; zu sehen neben der Bäuerin und Tochter, den Mägden und Knechten. (Privatbesitz Haas)

88 „Russenkinder", als eine Folge intimer Beziehungen zwischen einheimischen Frauen und Kriegsgefangenen können im Übrigen nicht nur als ein Phänomen z.B. der österreichischen Besatzungszeit nach dem Zweiten Weltkrieg aufgezeigt werden. Vgl. Walleczek, Hinter Stacheldraht (wie Anm. 2), 296–306.
89 Die Untersuchung ergab zudem ein Nord-Süd-Gefälle hinsichtlich der Häufigkeit der dementsprechenden Meldungen. Seelsorgeberichte der Pfarren vor allem nördlich der Stadt Salzburg brachten vermehrt Kriegsgefangene, uneheliche Kinder und den „Verkehr" zur Sprache, als das in den Berichten der südlichen Dekanate im „Innergebirg" (Pinzgau, Pongau, Lungau) der Fall war. Vgl. Walleczek, Hinter Stacheldraht (wie Anm. 2), 302.
90 Falls Kriegsgefangene erwischt wurden, kamen sie vor ein Militärgericht. Es folgte Arrest und nicht selten darauf eine Eingliederung in eine KAP mit besonders anstrengenden Aufgaben. Auch Frauen wurden entweder mit einer Geldstrafe oder mit Arrest bestraft. Vgl. ÖStA, KA, KM, 10. Abt. 1916: 10-11/8,129 v. 19.3.1916. Siehe dazu auch den 2014 erscheinenden Beitrag der Autorin „Von ‚unerlaubtem Verkehr' und ‚Russenkindern'. Überlegungen zu den Kriegsgefangenen in Österreich-Ungarn als ‚military migrants', 1914–1918" in einem von Christoph Rass herausgegebenen Sammelband, der unter dem Titel „Militärische Migration. Vom Altertum bis in die Gegenwart" in der Reihe der Historischen Migrationsforschung erscheinen wird.
91 Vgl. ÖStA, KA, KM, 10.Abt. 1916: 10-11/8,129 v. 19.3.1916.
92 ÖStA, KA, KM, 10.A. 1915: 10-80/84 v. 29.7.1915; Bei der Zuweisung von kriegsgefangenen Arbeitspartien im Etappen- und Frontraum, die in den Zuständigkeitsbereich der Armee im Felde fielen, waren das Armeeoberkommando (AOK) bzw. die betreffenden Armeekommanden für die Entente-Soldaten verantwortlich. Quartiermeisterabteilungen (Qu. Abt.), die späteren Etappenkommanden (E.K.), hatten ebenfalls entscheidenden Anteil an der Distribution der Arbeitskräfte.

den spätestens ab 1917 schwierigen und von Lebensmittelknappheit geprägten Kriegsalltag zu meistern. Mitunter konnte sich dadurch ein enger Kontakt zwischen Gefangenen und Zivilbevölkerung ergeben und Kriegsgefangene und die einheimische Bevölkerung näherten sich an.

Es kam zu Fraternisierungen oder intimen Beziehungen zwischen vor allem russischen Soldaten und Frauen, aus denen nicht selten „Russenkinder" hervorgingen. Das Militär beobachtete diese Entwicklung missbilligend und alarmiert, zumal sie die Heimatfront destabilisieren und gängige Feindbilder schwächen konnten.[88] Auch Seelsorger, die die Ereignisse in ihren Pfarren aufmerksam verfolgten und Meinungsbildner waren, standen der „Gefangenenliebe" oder den als „unerlaubter Verkehr" verurteilten Beziehungen sehr ablehnend gegenüber. Die Analyse von Seelsorgeberichten aus den Salzburger Dekanaten macht deutlich, dass sich zwischen 1916 und Ende 1917 dementsprechende Meldungen über russische Kriegsgefangene, die man als „Krebsgeschwür für die Sittlichkeit" empfand, häuften.[89] Beziehungen zwischen Gefangenen und Frauen standen nach der kaiserlichen Verordnung vom 20. April 1854, R[eichs]G[esetz]Bl[att] Nr. 96 unter Strafe, und überhaupt war der Verkehr zwischen feindlichen Armeeangehörigen und der Zivilbevölkerung streng untersagt, sofern es die Arbeit nicht erforderte.[90] Welcher Regelung der Verkehr zwischen Zivilpersonen und Kriegsgefangenen unterlag, darüber informierten zahlreiche Erlässe.[91] Nachdem sich allerdings Kontakte zwischen Zivilisten und Gefangenen mehrten, sah sich der k. u. k. Heereskörper gezwungen, der Zivilbevölkerung die Bestimmungen mehrmals in Erinnerung zu rufen. Weit schlimmer traf es Kriegsgefangene, die in großen Arbeitspartien mit teils mehr als 200 Mann im Bergbau, bei Straßenarbeiten, in der (Rüstungs-)Industrie vor allem aber im Etappen- und Frontraum eingegliedert waren.[92] Österreich-Ungarn nutze sie als Lastenträger, zum Kavernenbau, zur Schlachtfeldräumung, zum Bau von Seilbahnen, von Nachschubwegen und Gebirgssteigen. Man setzte sie zur Schneeräumung, im Bereich der Kommunikationsherstellung, in Bergekompanien oder Etappentrainwerkstätten ein. In etlichen Fällen lagen die Arbeitsstätten vom Lager Grödig zu weit entfernt, besonders aber war der k. u. k. Personalaufwand zu groß, um die

Kriegsgefangenen täglich nach Grödig eskortieren zu können. Daher ließen die österreichisch-ungarischen Militärbehörden kleinere Lager errichten, die nicht als Stammlager geführt wurden – wie etwa das Lager Grödig – sondern die den Zweck eines Außen- und Arbeitslagers erfüllten. Derartige Lager, die niemals die Kapazitäten von Grödig erreichten, bestanden im Kronland Salzburg genauso wie in anderen Teilen der Donaumonarchie und beherbergten die in der Umgebung zu Arbeiten eingesetzten Gefangenen.[93]

Nicht die prinzipielle Einführung des Arbeitszwangs für Kriegsgefangene, sondern deren umfangreiche Verwendung bei Projekten mit eindeutigem militärischen oder halb-militärischen Charakter, verstieß massiv gegen die Bestimmungen der Haager Landkriegsordnung. Die Signatarstaaten hatten sich in Artikel 6 darüber verständigt, dass Kriegsgefangene nur für Arbeiten herangezogen werden dürften, die „in keiner Beziehung zu den Kriegsunternehmen stehen". Ein eklatanter Bruch bedeutete die Verwendung von Gefangenen in der Rüstungsindustrie (z.B. Škoda-Werke in Pilsen), in der Etappe oder an der Front.[94] Die Arbeitszuweisung von Kriegsgefangenen stellte während des Krieges keine Besonderheit dar. Jedes Unternehmen, jede Kommune, jeder landwirtschaftliche Betrieb und natürlich auch der k. u. k. Heereskörper waren daran interessiert, die billigen Arbeitskräfte für eigene Arbeiten heranzuziehen. Dementsprechend groß war der Andrang auf die verfügbaren Entente-Soldaten. Im Umgang mit den feindlichen Armeeangehörigen zeigte sich, dass – abgesehen von einigen Bauernhöfen – nur die Ausnutzung der menschlichen Ressource im Vordergrund stand und mit den Kriegsgefangenen meist unmenschlich umgegangen wurde.

Die Arbeitsbedingungen laugten die Gefangenen, die auch im Kronland Salzburg zur Arbeit abgegeben worden waren, immer stärker aus. Mit der schwierigen Versorgungssituation ab 1916, die 1917 gravierende Ausmaße annahm, reduzierte man z.B. die „Menage" der Gefangenen, zum Teil auf eine am Tag, die noch dazu mehrheitlich aus Dörrgemüse und mit Ersatzstoffen gestrecktem Brot bestand.[95] Der Stand an unterernährten, kranken, verletzten und arbeitsunfähigen, als „marod" bezeichneten Gefangenen, stieg ab 1917 an. Mitte 1917 waren bei einer Gesamtzahl von 1.166.682 gefangenen Mannschaftssoldaten laut Generaloberst Samuel Baron Hazai, seit Februar 1917 „Chef des Ersatzwesens für die gesamte bewaffnete Macht", 80.000 Kriegsgefangene krank oder invalid, 40.000 entflohen, gestorben oder – wie er es formulierte – „sonst aus der Evidenz geraten". 660.000 Gefangene arbeiteten im Hinterland der Donaumonarchie, 295.000 bei der Armee im Felde und mehr als 90.000 in militärischen Betrieben, die zum Teil in den Gefangenenlagern angesiedelt waren.[96] Gleichzeitig häuften sich die Beschwerden der Kriegsgefangenen über eine unzureichende Verpflegung, die körperlich anstrengende Arbeit und das ihnen gegenüber gewalttätige Verhalten der k. u. k. Wachsoldaten.

1917 und das Ende des Kriegsgefangenenlagers Grödig

Der Sturz des Zaren, die Februar- und Oktober-Revolutionen 1917 in Russland, in Folge derer Lenin und die Bolschewiki die Macht übernahmen, beeinflussten die Kriegsgefangenen in Österreich-Ungarn. Die Nachrichten über die einschneidenden Veränderungen wurden auch von der k. u. k. Militärverwaltung

---

93 Vgl. Walleczek, Hinter Stacheldraht (wie Anm. 2), 276.
94 Vgl. Hinz, Gefangen im Großen Krieg (wie Anm. 12), 49–70.
95 Vgl. Miribung Magdalena, Russische Kriegsgefangene im Gadertal. In: Der Schlern, Der Krieg in der Region. Tirol im Ersten Weltkrieg, H. 12 (2004), 37.
96 Sekundärzitat nach Moritz/Leidinger, Zwischen Nutzen und Bedrohung (wie Anm. 4), 170f.

aufmerksam verfolgt. Zu einer extremen Ernährungskrise, die mit einem disziplinären Verfall unter den Gefangenen einherging, kamen nun die politischen Veränderungen in Russland, wodurch immer mehr Kriegsgefangene Fluchtversuche unternahmen bis z.B. das 1. und 10. Armeekommando Massenentweichungen meldete.[97] Im Frühjahr 1918 herrschten erbärmliche Verhältnisse in den Lagern. Mit Jahresbeginn 1918 stieg die Sterblichkeit unter den feindlichen Armeeangehörigen rapide. Nach Informationen der 10. Kriegsgefangenenabteilung befanden sich im Februar 181.400 Mann in den Lagern. Davon galten nur 11.400 als gesund, 20.000 als unterernährt, aber noch transportfähig und 150.000 als unterernährt, krank und nicht mehr transportfähig.[98] Die schwierigen Verhandlungen rund um den Friedensvertrag von Brest-Litowsk im März 1918 wirkten sich auf die Repatriierungsproblematik aus. Österreichisch-ungarische Pläne für den „Grossaustausch" von Kriegsgefangenen fanden allerdings keine Umsetzung, zumal das Kriegsministerium die arbeitsfähigen russischen Gefangenen so lange als möglich für eigene Zwecke nützen wollte. Demnach sollten Gefangene in der Landwirtschaft nicht vor Herbst 1918 repatriiert werden. Hingegen forderte das Armeeoberkommando im Mai 1918 einen möglichst raschen Abtransport der Russen. Nach Abschluss des Friedens mit Sowjetrussland im März 1918 und verstärkt durch den Wunsch der russischen Gefangenen endlich nach Hause zurückzukehren, kam es zu zahlreichen Streiks und Arbeitsverweigerungen. Bis zum Zusammenbruch des Habsburgerreiches waren nur etwa 60.000 russische Gefangene repatriiert worden.[99] Im Frühsommer 1918 forderte man in Wien eine gänzliche Auflassung unter anderem des Lagers Grödig. Für Herbst 1918 bereiteten die Verantwortlichen im Kriegsministerium die Auflassung der „Russenlager", in weiterer Folge der „Serbenlager" und zuletzt jener Gefangenenlager mit italienischen Insassen vor. Die Eigenwirtschaften der Lager blieben aus wirtschaftlichen Überlegungen von der Auflösung ausgenommen.

Die Sachdemobilisierung der Kriegsgefangenenlager oblag dem deutschösterreichischen Materialverwertungsamt und der Hauptanstalt für Sachdemobilisierung, in dessen Eigentum die Lager übergegangen waren, sofern sie nicht die Landesregierungen übernommen hatten. In der Hauptanstalt für Sachdemobilisierung wurden zur effizienteren Abwicklung sogenannte Verwertungsstellen für z.B. „Baumaterialien", „Baracken und Immobilen" oder „Inneneinrichtungen" geschaffen.[100] K. u. k. Soldaten begannen mit der Erfassung und Inventarisierung der diversen Lagerbestände (Brennvorräte, Monturen, Waffen und Munition), die gleichzeitig von Wacheinheiten bewacht und vor etwaigem Diebstahl zu sichern waren. Technisches Material aus den Kriegsgefangenenlagern wurde der Abrüstungsstelle übergeben. An das Verwahrungsamt des Gemeinsamen Zentralnachweisbüros in Wien gingen die Nachlasseffekten der Kriegsgefangenen. Kanzleirequisiten, Zwischenkorrespondenzen und Lagergelder waren an das vorgesetzte Militärkommando abzuführen.[101] Im Einvernehmen mit dem deutschösterreichischen Staatsamt für Volksernährung bzw. dem deutschösterreichischen Staatsamt für öffentliche Arbeiten übernahmen zum Teil noch Ende 1918 die Landesregierungen die nicht mehr in den Lagern benötigten Vorräte und leiteten sie an die Zivilbevölkerung weiter. Laut Bericht der Militärabteilung der LANS Linz waren bis 23. November 1918 alle Kriegsgefangenenlager im Militärkommandobereich Innsbruck vollständig von Gefangenen geräumt worden,

---

97 Vgl. Moritz/Leidinger, Zwischen Nutzen und Bedrohung (wie Anm. 4), 209, 230.
98 Vgl. ÖStA, KA, Ch.d.EW. 1918: 19-7/6,2 v. 23.2.1918.
99 Vgl. Moritz/Leidinger, Zwischen Nutzen und Bedrohung (wie Anm. 4), 234–237, 258.
100 Vgl. Moritz/Leidinger, Zwischen Nutzen und Bedrohung (wie Anm. 4), 285.
101 Vgl. ÖStA, KA, KM, 10./Kgf. Abt. 1919:10-72/2 v. 10.2.1919.

also auch Grödig.[102] Nicht überall verlief der Abtransport der Kriegsgefangenen jedoch friedlich. So war etwa die Rückführung der serbischen Gefangenen aus dem Lager Grödig mit einigen Unruhen verbunden.[103] Auf besonderes Interesse hinsichtlich einer weiteren Nutzung stießen vor allem die Gegenstände und Baracken des Flüchtlingslagers Niederalm.[104] So wurde z.B. 1921 eine neu errichtete Schule in Fürstenbrunn provisorisch in einer Baracke des Lagers Niederalm untergebracht. Trotz des oft desolaten Zustandes der Baracken waren diese angesichts der herrschenden Materialnot als wertvolles Baumaterial gefragt. Noch 1917 waren im Falle der Demobilisierung bestimmte Lagergruppen des Lagers II zur Unterbringung von rückkehrenden geschlechtskranken k. u. k. Soldaten vorgesehen gewesen, allerdings wurde davon abgesehen.[105] Nach 1918 entstand aus dem Lager II ein neues Barackenlager samt Sportstätten, das zwischen 1924 und 1927 als Lehrlingsheim genützt wurde. Nach 1938 wurde das Areal in eine Führerschule der Hitlerjugend umgestaltet.

Und der Mythos um die erste Jedermann-Bühne, die 1920 aus dem Holz des Kriegsgefangenenlagers Grödig errichtet worden wäre? Dank der Genehmigung des ehemaligen christlichsozialen Landeshauptmannstellvertreters Franz Rehrl (1890–1947) verbaute man für die erste Aufführung des Jedermanns Material aus dem Flüchtlingslager Niederalm im Bereich der Zuschauertribüne.[106]

ZUSAMMENFASSUNG

Während des Ersten Weltkrieges „verwaltete" das Habsburgerreich bis zu 2,3 Millionen feindliche Armeeangehörige. Den österreichisch-ungarischen Gewahrsamsstaat überforderten zunächst die Kriegsgefangenen, die untergebracht, versorgt und bewacht werden mussten. 1914 und 1915 war das k. u. k. Gefangenenwesen von Chaos und Improvisation gekennzeichnet und Verwaltungs- und Organisationsstrukturen wurden unter Zeitdruck aufgebaut. Der Bau des Kriegsgefangenenlagers Grödig fiel in die erste Lagerbauphase Ende 1914 und bildete eines von insgesamt 50 Lagerarealen. Es war für etwa 45.000 Mann inklusive Notbelegung konzipiert worden und zählte damit zu den größeren Lagern der Donaumonarchie. Abseits des Lagers Grödig bestanden im Kronland Salzburg zwischen Ende 1914 und Sommer 1915 auch Stationen für kriegsgefangene Offiziere, in denen die Offiziere bis zur Verlegung in eigene Lagergruppen im Lager Grödig, ein angenehmeres Dasein in Gefangenschaft führten.

Die Überforderung der militärischen Stellen, in Verbindung mit unzureichend getroffenen baulichen, sanitären und hygienischen Vorkehrungen in den Lagern, führte im ersten Kriegswinter zum Ausbruch einer Flecktyphusepidemie, von der das Lager Grödig allerdings weitgehend verschont blieb. Mit dem Abklingen der Epidemie Mitte 1915 hatte zugleich eine Professionalisierungsphase des k. u. k. Gefangenenwesens begonnen, das sich künftig auf eine Vielzahl an Erlässen und Verordnungen stützte. Durch die umfassende Einführung der Zwangsarbeit für Kriegsgefangene 1915 begannen sich schließlich die Lager zu leeren, so auch Grödig. Es wurde in weiterer Folge zu einem wichtigen Dreh- und Angelpunkt in der Verschiebung der Gefangenen, denn Kriegsgefangenen-Arbeiter-Partien aus diesem Lager kamen an der Südwestfront und am östlichen Kriegsschauplatz genauso zum Einsatz, wie z.B. in Tirol, Vorarlberg, Oberöster-

102 Vgl. ÖStA, AdR, BKA, SL/I-Kgf/ 4.A. 1919: 24-3/34,2 v. 29.3.1919; ÖStA, AdR, LV, StAfHW, 14/U A. 1919: 1–6/87 v. 29.3.1919.
103 Vgl. Moritz/Leidinger, Zwischen Nutzen und Bedrohung (wie Anm. 4), 280.
104 Vgl. Walleczek, Hinter Stacheldraht (wie Anm. 2), 368.
105 ÖStA, KA, KM, 14.Abt. 1916:43-17/19,22 v. 11.1.1917.
106 Vgl. SLA, Landesausschussakten, Sitzungsprotokolle 1913–1920, Protokoll v. 14.7.1920, 2 u. Protokoll v. 4.8.1920, 2; SLA, Rehrl Akten, Rehrl Brief 1920/0293 v. 10.7.1920 u. 22.7.1920.

reich oder dem Kronland Salzburg. Gerade an Hand des Arbeitseinsatzes von Kriegsgefangenen, hinter dem eine unglaubliche Administration stand, werden die unterschiedliche Erfahrungsdimension von Gefangenschaft und gleichzeitig die Beeinflussung ziviler Kriegserfahrungen deutlich. Abhängig von der Größe der Arbeitspartie und der damit verbundenen Stärke der k. u. k. Bewachung, näherten sich Gefangene und Zivilisten an, obwohl der „Verkehr" prinzipiell verboten war und intime Beziehungen zwischen Kriegsgefangenen und Frauen unter Strafe standen. Solche Gelegenheiten ergaben sich für den Großteil der Gefangenen, der – so auch im Kronland Salzburg – in der Landwirtschaft beschäftigt war. Ein schweres Los hatten hingegen Kriegsgefangene gezogen, die in größeren Partien zum Straßenbau, zu Flussarbeiten, zum Eisenbahnbau, in der Industrie, an der Front oder in der Etappe verwendet wurden. Deren Lebensbedingungen verschlechterten sich mit fortschreitendem Kriegsverlauf zunehmend, zumal zu einer körperlich anstrengenden Arbeit beginnend mit 1916, ab 1917 massive Versorgungsengpässe kamen. Im selben Jahr nahm die Anzahl an unterernährten, kranken und arbeitsunfähigen Gefangenen rapide zu. Ebenso stieg die Mortalitätsrate unter den feindlichen Armeeangehörigen. Die k. u. k. Militärstellen ließen „marode" Gefangene auch in das Lager Grödig zurückbringen, womit der Lagerstand erneut stieg, nachdem sich dort Ende 1916 nicht einmal 6.000 Gefangene aufgehalten hatten. Österreich-Ungarn versuchte 1917 noch durch neu eingebrachte italienische Gefangene sein Arbeitskräfteproblem zu lösen, was allerdings scheiterte. Eine zunehmende Radikalisierung und ökonomische Totalisierung des Krieges wirkte sich somit auf den Umgang und die Verwaltung der Kriegsgefangenen aus.

Wegen der Ernährungskrise, aber auch aufgrund des ausbeuterischen und gewalttätigen Umgangs mit den Kriegsgefangenen, unternahmen feindliche Armeeangehörige immer öfter Fluchtversuche. Gegen die Bestimmungen der Haager Landkriegsordnung von 1899 bzw. 1907, mit denen der Umgang und die Behandlung von Kriegsgefangenen geregelt worden war, verstieß allerdings nicht nur der k. u. k. Gewahrsamsstaat. Umso notwendiger war die von ausländischer Seite gesetzte Fürsorgetätigkeit geworden, im Zuge dessen auch Lagerbereisungen und die Inspektion von Arbeitsstätten, wo Kriegsgefangene eingesetzt waren, stattfanden und somit eine gewisse Kontrollfunktion übernommen wurde. 1917 verfiel die Disziplin unter den Gefangenen und mündete in Arbeitsniederlegungen. 1918 änderten die Friedensverträge von Brest-Litowsk nur bedingt etwas an der Situation der russischen Gefangenen im Habsburgerreich. Die Hungerkrise hatte schon längst Front und Hinterland erfasst und betraf Gefangene und Zivilisten gleichermaßen. Bis zum Zerfall der Donaumonarchie ging die Repatriierung der Kriegsgefangenen nur sehr schleppend voran. Das Lager Grödig war bis Ende November 1918 von Gefangenen geräumt worden und wurde zwecks Sachdemobilisierung und „Recycling" an die Hauptanstalt für Sachdemobilisierung übergeben.

Bernhard Iglhauser

Russische Kriegsgefangene in Thalgau

Zeittagebuch 1914–1918 aus Pfarr-, Schul- und Gendarmeriechronik der Gemeinde Thalgau sowie Salzburger Zeitungen

1914
31. Juli
Um 5 Uhr wurde die allgemeine Mobilisierung Österreich und Ungarns wegen des Feldzuges gegen Russland angeordnet und vom Gemeindebriefträger Franz Zierler verbreitet.[1]

Am Samstag und Sonntag mussten von Thalgau 120 Männer und von der Gemeinde Thalgauberg 22 Männer einrücken, sodass in manchem Haus kein Mannsbild mehr war.

Die Mobilmachung rief anfangs eine etwas gedrückte Stimmung in der Bevölkerung hervor, doch wich diese bald einer hellen Begeisterung.[2]

21. Dezember
120 Ruthenen, die in Deutschland gearbeitet hatten und nicht mehr nach Galizien in die Heimat zurückkehren konnten, kamen nach Thalgau.

Beim Schwaben wurden 25 einquartiert, Tanzberger 41, Fuchswirt 25, Ruchti (Säger) 8, Reitsamer 13 und 8 Leute im Brotseppenhaus.[3]

1915
4. Mai
100 russische Kriegsgefangene mit 14 Überwachungssoldaten trafen in Thalgau ein. Sie wurden zum Gemüsebau und am Feld für die an die Eigenwirtschaft des Kriegsgefangenenlagers Grödig verpachteten Grundstücke verwendet.[4]

14. Mai
Erneut kamen 200 gefangene Russen auf das Gut Waidach, das Herr Augustin Heuberger gekauft hatte.

Die Russen wurden zum Bau und für die Arbeit verwendet. „Sie arbeiten gut, wenn sie nur genug gefüttert wurden und sind aber immer sehr hungrig."
Im gleichen Monat kam in Waidach auch ein Flecktyphusfall bei einem Russen vor.

Er wurde nach Salzburg überführt und ist wieder gesund geworden.[5]

28. Mai
Eintreffen von 100 russischen Kriegsgefangenen mit zehn Überwachungssoldaten.

Sie wurden im Tanzbergerstadl neben der Kirche einquartiert und zum Gemüseanbau für das Kriegsgefangenenlager Grödig verwendet.[6]

---

1 Thalgauer Gendarmeriechronik, 2.
2 Thalgauer Pfarrchronik, 57.
3 Thalgauer Pfarrchronik, 65.
4 Thalgauer Gendarmeriechronik, 3.
5 Thalgauer Pfarrchronik, 68.
6 Thalgauer Gendarmeriechronik, 3.

Abb. 1: Erntetätigkeiten mit russischen Kriegsgefangenen beim Betenmacher (Archiv B. Iglhauser)

14. Juni
Im Sägewerk Heuberger kamen russische Kriegsgefangene zur Arbeitsverwendung.[7]

29. Juli
300 Russen mit 30 Überwachungssoldaten sind zum Ausbau der Landesstraße beim Klementgut in Oberdorf angekommen. Die Unterbringung erfolgte im Zuhaus des Gutes und in neu errichteten Baracken.[8]

Die „Salzburger Chronik" vom 31. Juli 1915 berichtete über die Ankunft der Gefangenen in Thalgau.

Die bestehende Hallein-Thalgau-Landesstraße wies am Waseneggberg vom Klementgut aufwärts Steigungen bis zu 20 % auf und besaß sehr ungünstige Richtungsabschnitte.

Ein wirtschaftlicher Fuhrwerksverkehr aus den Waldgebieten Faistenau, Hintersee und Koppl ist deshalb nicht möglich gewesen und im Winter war die Strecke durch Schneeverwehungen häufig gänzlich unpassierbar.

Aufgrund der aufkommenden Interessen des Fremdenverkehrs, vor allem aber wegen der wichtigen Transportüberlegungen der Holzwirtschaft, beauftragte am 10.11.1910 der Landtag den Landesausschuss, ein Projekt mit Kostenvoranschlag für die Umlegung der bestehenden Hallein-Thalgau-Landesstraße ausarbeiten zu lassen.

Am 2.3.1912 beschloss der Landtag, die Hallein-Thalgau-Landesstraße bei einer Kostenschätzung von 150.000 Kronen mit der Variante Aegidltrasse umzu-

7 Thalgauer Pfarrchronik, 68.
8 Thalgauer Pfarrchronik, 68.

Abb. 2: Der Heuberger-Holzlagerplatz mit Wachturm für die russischen Kriegsgefangenen (Archiv B. Iglhauser)

Abb. 3: Russische Kriegsgefangene in einer Baracke beim Klementgut (Archiv B. Iglhauser)

legen, wenn die Verhandlungen mit dem k. k. Ackerbauministerium und dem k. k. Ministerium für öffentliche Arbeiten sowie Baron Mayr-Melnhof bezüglich Beitragsleistungen ein günstiges Resultat liefern. Die Melnhof'sche Forstverwaltung lehnte jedoch am 9. 12. 1912 eine Kostenbeteiligung ab.

Bedingt durch den Kriegsausbruch wies der Landesausschuss am 9. 4. 1915 nochmals darauf hin, dass die Landesregierung derzeit nicht in der Lage sei, das Ansuchen um Gewährung eines Staatsbeitrages zu den Kosten der teilweisen Umlegung der Landesstraße Hallein-Thalgau dem k. k. Ministerium für öffentliche Arbeiten vorzulegen, da wiederholt die Weisung erteilt wurde, aufgrund der kriegerischen Ereignisse die Auslagen bei Straßenbau mit größter Rigorosität zu beobachten.

Um jedoch das Lager Grödig wirtschaftlich zu entlasten und die Arbeitskräfte der Kriegsgefangenen zu nützen, begann man im Sommer 1915 mit der Überstellung der russischen Gefangenen nach Thalgau.[9]

Am 4. August 1915 berichtete die „Salzburger Chronik" über die Verwendung von russischen Kriegsgefangenen in Thalgau.

4. August
Obwohl die Grundablöseverhandlungen noch nicht abgeschlossen waren, führte man im August 1915 bereits die Rodungen von Waldpartien durch, wobei wegen der Vermeidung allzu großer Einlösungskosten eine Lichtungsbreite von zwei Meter vom äußeren Straßenrand vorgesehen wurde.

Die Steigung der neuen Straße bewegte sich in den Grenzen von 3,8 bis 7,6 %, der geringste Krümmungsradius ergab sich mit 28 Meter, was für den Langholztransport ausreichend war.[10]

16. September
Mit dem Baubeginn der neuen Landesstraße wurden neuerlich 40 russische Kriegsgefangene im Gut Hinterwinkel unterhalb des Klementgutes untergebracht.[11]

24. September
Durch unvorsichtige Hantierung mit dem Dienstgewehr schoss ein Überwachungssoldat einen russischen Kriegsgefangenen an und verletzte ihn schwer.[12]

28. September
Das Wohn- und Ökonomiegebäude des Martin Winkler in Untervetterbach ist abgebrannt.

Als Entstehungsursache wurde Selbstentzündung des Heues angegeben, und es entstand ein Brandschaden von 16.000 Kronen. Die beherbergten russischen Gefangenen halfen bei den Aufräumungsarbeiten.[13]

In der „Salzburger Chronik" vom 1. Oktober 1915 stand ein Bericht über diesen Vorfall.

1. November
Eine außerordentliche Kälte erschwerte die Not der Bevölkerung und der Kriegsgefangenen.[14]

9 Iglhauser Bernhard, Die Russenstraße. Schautafelbroschüre. Thalgau 2005, 3.
10 Iglhauser, Russenstraße (wie Anm. 9), 7.
11 Thalgauer Pfarrchronik, 68.
12 Thalgauer Gendarmeriechronik, 3.
13 Thalgauer Gendarmeriechronik, 3.
14 Thalgauer Pfarrchronik, 72.

Abb. 4: Arbeiten an der neuen Landesstraße Hallein-Thalgau im Frühjahr 1916 (Archiv B. Iglhauser)

6. November
Bei der Filialversammlung der k. k. Landwirtschaftsgesellschaft gab Gemeindevorsteher Franz Schoosleitner Anleitungen über die Behandlung von russischen Kriegsgefangenen und sprach über Begünstigung, Lohnbezug und Verpflegung derselben.[15]

1916

12. Februar
Nach der großen Kälte Ende Dezember konnte ab Jänner 1916 wieder von den russischen Gefangenen an der neuen Landesstraße gearbeitet werden.

Die Wärme hielt bis Februar, wo dann erneut eine Kälte mit minus 12 Grad einbrach.[16]

Nachdem der Thalgauer Sägewerksbesitzer Augustin Heuberger bereits vor 1914 im Ort Thalgau und in Unterdorf zwei Elektrizitätswerke verwirklicht hatte, erwies sich im Laufe des Kriegsgeschehens auch der Ausbau der Anlage Waidachmühle als nötig.

Schon 1915 wollte er den Ausbau in Angriff nehmen, doch eine durch den Militärdienst erzwungene Abwesenheit verzögerte dieses Vorhaben.[17]

23. Februar
60 russische Kriegsgefangene trafen mit fünf Überwachungssoldaten für den Bau einer Wasseranlage bei Waidach und Erdarbeiten beim Großindustriellen Augustin Heuberger ein.

---

15 Filialbericht Thalgau der k. k. Landwirtschaftsgesellschaft. In: Salzburger Landwirtschaftsblätter, 6.11.1915.
16 Thalgauer Pfarrchronik, 72.
17 Pfarrhofer Hedwig, Heuberger – Thalgau (1902–1977), hg. von August Heuberger. Salzburg 1977, 47.

Mit diesem Arbeitseinsatz wurde die Ehemühle von Waidach zu einem kleinen Elektrizitätswerk umgebaut.[18]

Abb. 5: Augustin Heuberger und russische Kriegsgefangene (Archiv B. Iglhauser)

16. April
Am Palmsonntag wurde auf der Wiese vor dem Tanzbergerstadl neben der Pfarrkirche eine gemeinsame Feldmesse mit den russischen Gefangenen aller Lager in Thalgau abgehalten.[19]

Im April 1916 setzte der Landesausschuss unter der Federführung des Thalgauer Domchorvikars Daniel Etter die entscheidenden Finanzmittel durch, um die Gesamtkosten von 150.000 Kronen abzusichern und die Errichtung der neuen Zubringerstrecke schnell voranzutreiben.[20]

9. Mai
Im Frühjahr wurde das Bauvorhaben der Landesstraße Hallein-Thalgau mit den russischen Kriegsgefangenen fortgesetzt.[21]

29. August
Wegen der schweren Arbeit während der Kriegszeit und der zusätzlichen Pflege der im Armenhaus untergebrachten russischen Gefangenen wurde von der Gemeindevertretung der Lohn der Schulschwestern aus Hallein von 14 auf 20 Kronen erhöht.[22]

18 Thalgauer Gendarmeriechronik, 4.
19 Thalgauer Pfarrchronik, 73.
20 Iglhauser, Russenstraße (wie Anm. 9), 8.
21 Thalgauer Pfarrchronik, 74.
22 Thalgauer Pfarrchronik, 74.

Abb. 6: Einsatz der Schubkarren „Russenkutsche" (Archiv B. Iglhauser)

Abb. 7: Fertigstellung des ersten Bauabschnittes im Jahre 1916 (Archiv B. Iglhauser)

1. September
140 kriegsflüchtige Juden aus Galizien und Bukowina trafen aus dem Lager Grödig zur Unterbringung in Thalgau im Wirtshaus Tanzberger ein.
   Im ersten Stock wurde ein eigener Betraum errichtet.[23]

12. November
Russische Kriegsgefangene werden vermehrt im Sägewerk Heuberger eingesetzt.[24]

14. November
Um halb 5 Uhr abends brannte das Zuhaus des Klementgutes ab, wo russische Gefangene untergebracht waren.[25]
   Der „Salzburger Volksbote" vom 14. November 1916 berichtete darüber.

23 Thalgauer Gendarmeriechronik, 4.
24 Thalgauer Pfarrchronik, 74.
25 Thalgauer Pfarrchronik, 74.

Abb. 8: „In ewiger Erinnerung an den in Gefangenschaft verstorbenen Lagerkameraden." Der Trauerzug in Thalgau am 24. Jänner 1917. (Archiv B. Iglhauser)

1917
Unter der strengen Kälte und der allgegenwärtigen Hungersnot durch den Brotmangel litten Anfang 1917 sowohl die Bevölkerung als auch die russischen Gefangenen enorm.

Bedingt durch den großen Schneereichtum verzögerte sich auch der Baufortschritt der Landesstraße.

Vor allem die Betonschottergewinnung für die Anlagen von Stützmauern und Gewässerrinnen gestaltete sich sehr schwierig.[26]

21. Jänner
Im Knechtstöckl verstarb der russische Gefangene Sawely Maslejnikow an Herzversagen. Der 27-jährige Korporal war mit der Strafnummer 81243 Feldarbeiter in der Landwirtschaft des Pfarrhofes.[27]

24. Jänner
Die Beerdigung unter der Grabnummer 581 mit einem großen Trauerzug der Gefangenen wurde von einem Feldkuraten angeführt.[28]

In der „Salzburger Chronik" vom 24. November 1917 befand sich ein Bericht über dieses „Russenbegräbnis".

9. Februar
Eine Musikaufführung der russischen Gefangenen im Kendlbachersaal erfreute die Bevölkerung.[29]

7. April
An diesem Tag konnte die Kollaudierung der mit Hilfe von russischen Kriegsgefangenen durch Augustin Heuberger errichteten Wasserkraftanlage an der Griesler Ache beim Waidachgut vorgenommen werden.[30]

26 Thalgauer Pfarrchronik, 74.
27 Thalgauer Pfarrchronik, 74.
28 Thalgauer Pfarrchronik, 74.
29 Thalgauer Pfarrchronik, 74.
30 Thalgauer Gendarmeriechronik, 5.

Abb. 9: Das orthodoxe Grabkreuz am Friedhof von Thalgau 1917 (Archiv B. Iglhauser)

9. April
Wahrnehmbare Missstimmung unter der Bevölkerung und den Kriegsgefangenen infolge der langen Kriegsdauer und wegen der sich immer mehr fühlbar machenden Lebensmittelknappheit.[31]

21. April
Neue Vertragsbestimmung über die Haltung von russischen Kriegsgefangenen.
   Für die Behandlung wurde ein wöchentlicher Fixlohn von 4 Kronen bestimmt, sonst wären die Landwirte gezwungen, die bei ihnen untergebrachten Russen wegen des zu hohen festgesetzten Taglohnes, 1 Krone pro Tag, dieselben ins Lager zurückzustellen.[32]

10. Juni
Große Erbitterung bemächtigte sich der Bevölkerung, als es acht Tage lang kein Brot gab.[33]

Unser Bauernhof, das Storeckgut, befand sich in der Nähe der Gefangenenbaracken beim Sägewerk Heuberger. Den Russen ging es nicht gut und sie besaßen bei der großen Kälte nur wenige Sachen zum Anziehen. Vor allem aber hatten sie großen Hunger, weil sie kaum was zum Essen erhielten. Mein Bruder war im Krieg in Russland und meine Mutter glaubte, wenn sie hier den Gefangenen etwas Gutes tut, dann wird es meinem Bruder in Russland auch wohl ergehen. Sie hat oft Brot gebacken und den riesigen, schweren Laib durfte ich dann mit anderen Mädchen zum Lager hinauftragen. Ein russischer Gefangener hat mich dann immer auf seine Knie genommen, voll Dankbarkeit gestreichelt und mich „Elisabetha, Elisabetha" genannt.[34]

19. August
Trotz aller Kriegswirren schritt die Vollendung der Enzersberger Landesstraße über den Sommer 1917 rasch voran.[35]

---

31 Thalgauer Gendarmeriechronik, 5.
32 Sitzungsprotokoll der Gemeindevertretung von Thalgau vom 21.4.1917; Archiv der Marktgemeinde Thalgau.
33 Thalgauer Gendarmeriechronik, 5.
34 Gespräch mit Elisabeth Eppenschwandtner (Jahrgang 1914). 2002.
35 Thalgauer Schulchronik (1917–1954), 3.

Abb. 10: Bauern und Russengefangene beim Straßenbau 1917 (Archiv B. Iglhauser)

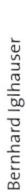

10. September
Nach den Begräbnisfeierlichkeiten für den verstorbenen LH-Stellvertreter Franz Schoosleitner durch Landeshauptmann Alois Winkler und Domkapitular Daniel Etter, der maßgeblich an der Verwirklichung beteiligt war, fand die Besichtigung der Fertigstellung der von russischen Gefangenen errichteten Landesstraße statt.[36]

Auch die „Salzburger Chronik" vom 12. September 1917 berichtete darüber.

23. Dezember
Beginn der Friedensverhandlungen seitens Österreichs und der Verbündeten mit Russland.[37]

1918
3. Februar
Von den russischen Kriegsgefangenen wurde im Kendlbachersaal neuerlich ein Theater aufgeführt.[38]

9. Februar
Die verbündeten Mittelmächte schlossen mit der Ukraine in Brest-Litowsk in Russland Frieden, was sowohl von der Bevölkerung als auch von den russischen Kriegsgefangenen mit Jubel aufgenommen wurde.[39]

36 Thalgauer Schulchronik (1917–1954), 3.
37 Thalgauer Gendarmeriechronik, 6.
38 Thalgauer Gendarmeriechronik, 6.
39 Thalgauer Gendarmeriechronik, 6.

Abb. 11: Enzersberger Landesstraße oder „Russenstraße" (Archiv B. Iglhauser)

10. Februar
Einstellung des Kriegszustandes zwischen den Mittelmächten und Russland, worüber die Bevölkerung sichtlich erfreut war, da sie hierdurch ein baldiges Ende des unerträglichen Krieges erhoffte.[40]

23. Februar
Matthias Schoosleitner, 36 Jahre alt, Kerschenbauernsohn von Leithen, wurde nächst seinem Elternhaus ermordet und beraubt. Als Täter wurden zwei entwichene russische Kriegsgefangene bei der Durchstreifung der Waldungen von Wachtmeister Martin Moser und Vizewachtmeister Ambros Trojer ermittelt und dem Stationskommando in Salzburg ausgeliefert.[41]

Nachmittags, bereits nach Kriegsende, erdrosselten die aus dem Lager Grödig geflohenen russischen Gefangenen Iwan Ivanow und Andrä Olasow den Kerschenbauernsohn Matthias Schoosleitner mittels seines eigenen Hosenriemens in einem Heustall und vergruben den Leichnam im Wald. Die Täter wurden später an den geraubten Kleidungsstücken erkannt, verhaftet und nach Salzburg ausgeliefert.[42]

Mein Großvater hat mir erzählt, dass die Russen jeden Sonntag von Keuschen und Vetterbach herauf in einem gemeinsamen Marschzug in die Kirche nach Thalgau gingen. Wie sie beim Ortsanfang über die Schmiedbrücke gingen, wurden die zwei Mörder am Gewand vom Schoosleitner, das sie anhatten, erkannt und von den Leuten ergriffen.[43]

40 Thalgauer Gendarmeriechronik, 6.
41 Thalgauer Gendarmeriechronik, 6.
42 Thalgauer Pfarrchronik, 77.
43 Gespräch mit Johann Hasenschwandtner. 2000.

Abb. 12: Das Gefangenenlager in Grödig (Archiv B. Iglhauser)

Das russische Gefangenenlager am Fusse des Untersberges nächst Grödig bei Salzburg.

Ausführliche Berichte über diesen Vorfall gab es in der „Salzburger Chronik" am 25. Februar 1918 und in der „Salzburger Wacht" einen Tag darauf.

3. März
Friedensschluss seitens Russlands mit Österreich-Ungarn und den Verbündeten in Brest. Großer Jubel bei der Bevölkerung und bei den russischen Kriegsgefangenen.[44]

5. Juli
Hochwasserkatastrophe in Thalgau. Beschädigungen der Straßen, Wege, Brücken sowie Uferbauten und Feldfrüchte. Die Erntebestände, Wiesen und Gartenanlagen wurden zum Teil fortgerissen sowie durch Schlamm Sand und Schotter fast vernichtet. Die Behebung war nur mit Hilfe von Militär und russischen Gefangenen möglich.[45]

22. September
Die 21 Jahre alte, in Unterdorf beim Bauern Anton Ramsauer bedienstete und allein zu Hause anwesende Magd Maria Tiefgraber wurde während des Gottesdienstes von unbekannten Tätern durch Axthiebe am Kopf lebensgefährlich verletzt und in bewusstlosem Zustande aufgefunden. Lebensmittel, Schmuckgegenstände, Kleider und Bargeld wurden geraubt. Die Genannte erlag zwei Tage später ihren Verletzungen.[46]

1. Oktober
Der des Raubmordes an Maria Tiefgraber dringend verdächtige russische Kriegsgefangene Nikandera Barate ist von Wachtmeister Martin Moser verhaftet und dem Stationskommando in Salzburg eingeliefert worden. Der Ausgang der Untersuchung ist unbekannt.[47]

Aus den Erzählungen meiner Mutter weiß ich, dass es um diesen Mord die wildesten Gerüchte gab und der Russe es wahrscheinlich nicht war. Einige Wochen später ist nämlich der Knecht des Hofes verhaftet worden, von dem die Magd an-

44 Thalgauer Gendarmeriechronik, 6.
45 Thalgauer Gendarmeriechronik, 7.
46 Thalgauer Gendarmeriechronik, 7.
47 Thalgauer Pfarrchronik, 77.

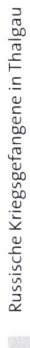

Abb. 13: Der vom Hausfresko etwas abweichende Original-Gemäldeentwurf der „Waidachmühle" (Leihgabe: Ing. August Heuberger; Archiv B. Iglhauser)

geblich schwanger war. Bei den Verhören wurde ihm aber von einem Bekannten, der einen eher schlechten Ruf hatte, ein Alibi gegeben, dass er angeblich zur Tatzeit neben ihm in der Kirche gesessen sei. Dann ist der Verdächtige wegen Mangel an Beweisen wieder aus der Haft entlassen worden.[48]

12. November
Die Beendigung des sattsam gewordenen Krieges und die Bildung der Republik Österreich wurden von der Bevölkerung mit Begeisterung aufgenommen, in der Hoffnung, dass der allgemeinen Notlage bald wieder eine bessere Zeit folgen wird.

Gleichzeitig begannen die Rücküberstellungen der russischen Gefangenen aus Thalgau in das Lager Grödig, wo ab Mitte November die Entlassungen und Heimtransporte erfolgten.[49]

Neben der umfangreichen Quellenlage der örtlichen Chroniken wurde, wie in den meisten Salzburger Gemeinden so auch in der Marktgemeinde Thalgau, der mündlichen Zeitgeschichtsaufarbeitung der Geschehnisse des Ersten Weltkrieges in der Vergangenheit keine Aufmerksamkeit geschenkt.

Spärliche Einzelerinnerungen aus den Erzählungen der damaligen Generation, vor allem in der bäuerlichen Bevölkerung, berichten von einem herzlichen Verhältnis zwischen den Gefangenen und Einheimischen.

Die große Kreativität und künstlerische Begabung der teilweise sehr gebildeten russischen Gefangenen ließen kleine Gemälde auf Jutesäcken, Portraitbilder und andere Kunstwerke entstehen, die durch Tauschgeschäfte den Weg in die Thalgauer Haushalte fanden und bis zur Gegenwart als stumme Zeitzeugen erhalten blieben.

Als einzigartiges Historiendokument der Jahre 1915–1918 besteht heute noch das „Russenfresko" an der Ostseite des ehemaligen Elektrizitätswerkes der Waidachmühle in Thalgau. In jeder Ecke der Darstellung befinden sich die Köpfe von jeweils einem Kosaken, Kaukasier, Moskowiter und Ukrainer als zaristische Soldaten mit ihren charakteristischen Hauptbedeckungen. Die Bildmitte zeigt die alte Waidachmühle und über einem Sonnenaufgang steht bogenförmig in kyrillischer Schrift: *Muttersprache! Heimatland! Wann werden wir wieder zu euch zurückkehren?*

48 Gespräch mit Josef Strobl. 2008.
49 Thalgauer Gendarmeriechronik, 9.

Gerda Dohle

Das Kriegsgefangenen- und Flüchtlingslager Grödig 1915–1920

Edition der Chronik des Gendarmerie-Postens Grödig für die Jahre 1914–1920

Einleitung

Die Chronik des Gendarmeriepostens[1] Grödig stellt in zweierlei Hinsicht eine bemerkenswerte Quelle für die Jahre des Ersten Weltkrieges und die unmittelbare Nachkriegszeit dar und wurde daher als Ergänzung der Aufsätze von Julia Walleczek-Fritz und Bernhard Iglhauser in den vorliegenden Themenband aufgenommen. Zum einen gibt sie einen Einblick in die Tätigkeit und die Probleme einer ländlichen Gendarmeriedienststelle im Weichbild der Landeshauptstadt Salzburg während des Krieges. Von besonderer Bedeutung sind hier die alltagsgeschichtlichen Informationen rund um die immer prekärer werdende Versorgungs- und Sicherheitslage und die Maßnahmen im Zuge der Mobilisierung im Sommer 1914. Zum anderen erhält diese Quelle besondere Relevanz, weil das Kriegsgefangenen- und Flüchtlingslager Grödig auch in die Zuständigkeit der örtlichen Gendarmen fiel. Somit beinhaltet die Chronik viele detaillierte Angaben sowohl über die Außenwirkung des Lagers im lokalen Kontext als auch über Geschehnisse innerhalb dieses Lagers, in dem sich in den Jahren 1915 bis 1920 eine eigene Gendarmerieexpositur befand.

Die Zeilen- und Seiteneinteilung des Originals wurde in der folgenden Edition nicht eingehalten, jedoch sind die Seitenwechsel des Originals mit // gekennzeichnet, außerdem sind die Absätze größtenteils unverändert. Absätze, Interpunktion und Orthografie wurden beibehalten. Abkürzungen wurden nur dann als solche gekennzeichnet, wenn sie im heutigen Sprachgebrauch nicht mehr verwendet werden. Nicht sinnverändernde Rechtschreibfehler wurden kommentarlos korrigiert. Die Jahres- und Tagesangaben befinden sich im Original in einer eigenen Spalte mit der Überschrift *Datum*, daneben nimmt in einer zweiten Spalte die *Kurze Schilderung der Begebenheiten* Platz ein.

1914

Mobilisierung am 26. Juli 1914 um 4^h 30^{min} nachmittgs [nachmittags; Anm. G.D.] der Korps: Graz, Prag, Leitmeritz[2] und Dalmatien[3]. Hier wurden 53 Personen davon betroffen.

Am 31. Juli um 4^h 50^{min} nachmittags Telegramm zur allgemeinen Mobilisierung[4] eingelangt. Die am Posten erliegenden Einberufungskarten[5] den Eigentümern zugestellt. Die Gemeinden Anif und Grödig wurden durch Wachtmeister Johann Flegel[6] und V[ize] Wachtmeister Johann Mühlbacher[7] ununterbrochen unterstützt und mußte aktiv in die Agenden der

---

1 Für die Überlassung der „Chronik des Gendarmerie-Postens Grödig 1885–1970" sei der Bundespolizeidirektion Salzburg namens der Herausgeber gedankt. Für die Mithilfe bei der Transkription dankt die Verfasserin ihrem Sohn Gregor Dohle.
2 Heute: Litoměřice; Stadt in Tschechien. Sie gehört heute zur Region Ústí nad Labem in Nordböhmen. Von 1852 bis 2002 hatte sie den Status einer Bezirksstadt; Sitz des Bistums Leitmeritz.
3 Dalmatien: geografische und historische Region an der Ostküste der Adria, im Süden und Südosten Kroatiens und im südwestlichsten Montenegro. In der Folge der Ereignisse im „Wiener Kongreß" (1814/15) wurde die Landschaft Teil des Kaisertums Österreich zum Kronland Dalmatien. Es war nach dem Österreichisch-Ungarischen Ausgleich (1867) Teil der im Wiener Reichsrat vertretenen Königreiche und Länder. Nach dem Ersten Weltkrieg kam der größere Teil Dalmatiens zum ehemaligen Jugoslawien, der Rest zu Italien.
4 Generalmobilmachung Österreich-Ungarns 31.7.1914; vgl.: Clark Christopher, Die Schlafwandler. Wie Europa in den Ersten Weltkrieg zog. München 2013, 651.
5 Einberufung der nichtaktiven Mannschaft des Heeres erfolgt über Aufforderung der Truppenkörper und Anstalten durch die zuständigen „Ergänzungs-Bezirks-Kommanden" bzw. „Landwehr-Ergänzungs-Kommanden" zu den zuständigen politischen Bezirksbehörden. Für jeden Einberufenen wird eine Einberufungskarte ausgestellt, die der politischen Bezirksbehörde zugesandt wird. Bei einer allgemeinen Mobilisierung geschieht dies über Aufforderung des „Ergänzungs-Bezirks-Kommandos" (des „Landwehr-Ergänzungs-Bezirks-Kommandos") und Weisung der politischen Landesbehörde durch die politische Bezirksbehörde in Form einer öffentlichen Kundmachung. Innerhalb von 24 Stunden muss der Einberufene diesem Befehl Folge leisten; vgl.: Schultz Bruno, Hilfsbuch zur Einführung in die Praxis der österreichischen politischen Verwaltung, Bd. 2. Wien 1908, 328f.
6 Laut „III. Verzeichnis der Gendarmeriepostenkommandanten." in der „Chronik des Gendarmerie-Postens Grödig 1885–1970" ist Wachtmeister J. Flegel vom 6.5.1914–6.6.1921 als solcher eingetragen und trat danach in den Ruhestand.
7 J. Mühlbacher scheint in der „Chronik des Gendarmerie-Postens Grödig 1885–1970" unter „IV. Verzeichnis der Postenmannschaft." zweimal auf: er war Titular-Postenführer (Bezeichnung bis Juli 1914) in der Funktion eines Vizewachtmeisters vom 18.6.1914–11.8.1914 und war Vizewachtmeister vom 28.8.1915–5.9.1915. Jeweils danach kam er zur Feldgendarmerie.

Gemeindefunktionäre eingegriffen werden, weil selbe kopflos waren. Binnen 24 Stunden waren sämtliche Leute einrückend gemacht. Vor der Einrückung wurden die Leute vom Wachtmeister Johann Flegel eingehends belehrt und insbesondere auf die Mitnahme von mindestens 2 tägigen Mundvorrat und warmer Kleidung. Wie notwendig das war zeigte der Umstand, daß für den Anfang bei weitem nicht soviel Menage ~~bei~~ von[8] den Kadern beigestellt werden konnte, als Leute eingerückt waren. Viele mußten im Freien nächtigen. Die Eingerückten daher waren später[9] dem Wachtmeister für diese notwendige Aufklärung // dankbar. Die Einrückung vollzog sich ohne Anstand. Bahnanlagen und Reichsgrenze wurde [sic!] strenge abpatrouilliert. Telephonleitung ins Ausland sofort abgebrochen. Nachdem viele Arbeiter ihre Familie nach der Einrückung in Not zurückließen, wurde bei den Gemeinden die Führung einer Unterstützungskassa angeregt und errichtet. Selbe wurde vom Herrn Oberlehrer Rudolf Fraßl[10] in Grödig geleitet, der sich in lobenswerter Weise darum annahm. Durch die reichlich zufließenden Spenden wurde viel Not gemildert.

Paß- Meldewesen wurde ausnahmsweise strenge gehandhabt.

2./8.1914[11]

Nach Einrückung der Leute wurden Anordnungen getroffen, daß die Pferdestellung und Beistellung der Fuhrwerke pünklichst erfolgte. Nach eventuell Nichteingerückten wurde strenge gefahndet.

5. bis 16./8.

1914

Den Herrn Offizieren den in der Gemeinde Anif dislozierten Truppenteilen wurden bei Ausmittelung der Unterkünfte, Heubeschaffung für Pferde etz. etz. Hilfe geleistet. Die Gasthäuser wegen Hintanhaltung von Ausschreitungen der Mannschaft kontrolliert und bei den Geschäftsleuten darauf gesehen, daß das Militär nicht übervorteilt wurde.

6./8.

In der Bevölkerung machten sich Angstzustände bemerkbar und jeden Unsinn wurde Glauben geschenkt, so daß öfters dagegen entschieden //

1914

7./8.

aufgetreten werden mußte.

Zur Hintanhaltung von Anschlägen etz. der Salzburgerwasserleitung an der Quelle in Fürstenbrunn wurde von der Landesregierung eine Zivilwache aus Personen von der Gemeinde Grödig aufgestellt, die der Posten zu kommandieren und zu kontrollieren hatte.

15./8.

Nach Auszahlung der ersten Unterhaltsbeiträge waren die Leute sehr zufrieden; nur wurden auch viele ~~Personen~~[12] mit Besitz befindliche Personen[13] beteilt, die keinen Anspruch hatten, welche der Bezirkshauptmannschaft namhaft gemacht wurden.

22./8.

Traf der erste Verwundete aus der Gemeinde G[rödig] hier ein. Es war dies der Zugsführer Franz Berger aus S^t. Leonhard[14]. Im Laufe der Zeit folgten mehrere. Selbe wurden vom Posten eingehendst belehrt, unter der erregten Bevölkerung keine unwahren oder ungünstige [sic!] Nachrichten über verschiedene militärische Verhältnisse wie Führung etz. etz. zu verbreiten.[15]

---

8   Das Wort „von" wurde im Original über das durchgestrichene Wort „bei" geschrieben.

9   Das Wort „später" wurde zwischen „waren ... dem" mit Auslassungszeichen eingefügt.

10 Fraßl übernahm die Schulleitung der VS Grödig am 16.10.1896. Er initiierte eine Sammlung und Spende von Schülern u. Erwachsenen für die Feldsoldaten. Im Juni 1915 übernahm er die Leitung zur Verteilung von Lebensmitteln an die Krämer u. deren Verrechnung. Ab Schuljahr 1919/20–1923 war er Oberlehrer in der Knabenvolksschule Maxglan; vgl.: SLA, HS 952 I, Chronik der Schule Grödig, Bd. 1: 1869/70–1928; angelegt 1906 von Rudolf Fraßl; neu geschrieben 1989 von Franz Gassner, 9, 57,63, 90; Strasser Rupert, Die Schulen in Maxglan. In: Salzburger Bildungswerk, Maxglan. Ein Salzburger Stadtteil. Salzburg 1990, 152.

11 Diese sowie die folgenden Datumsangaben: zwischen Tag und Monat befindet sich immer ein Schrägstrich. In diesem Fall: 2. August 1914.

12 Im Original durchgestrichen.

13 Die Wörter „befindliche Personen" wurden zwischen „Besitz ... beteilt" mit Auslassungszeichen eingefügt.

14 St. Leonhard, Gemeinde Grödig: wird hin und wieder auch mit dem Zusatz am Untersberg geschrieben.

15 Ab dem folgenden Absatz kommt es zu einem Wechsel des Verfassers. Ein Indiz dafür ist die abweichende Schreibung der Buchstaben M, N, etc. sowie die Einrückungen am Beginn der Absätze.

Abb. 1: Eine Seite der edierten „Chronik des Gendarmerie-Postens Grödig 1885–1970" (SLA, HS 2267; Reproduktion: SLA)

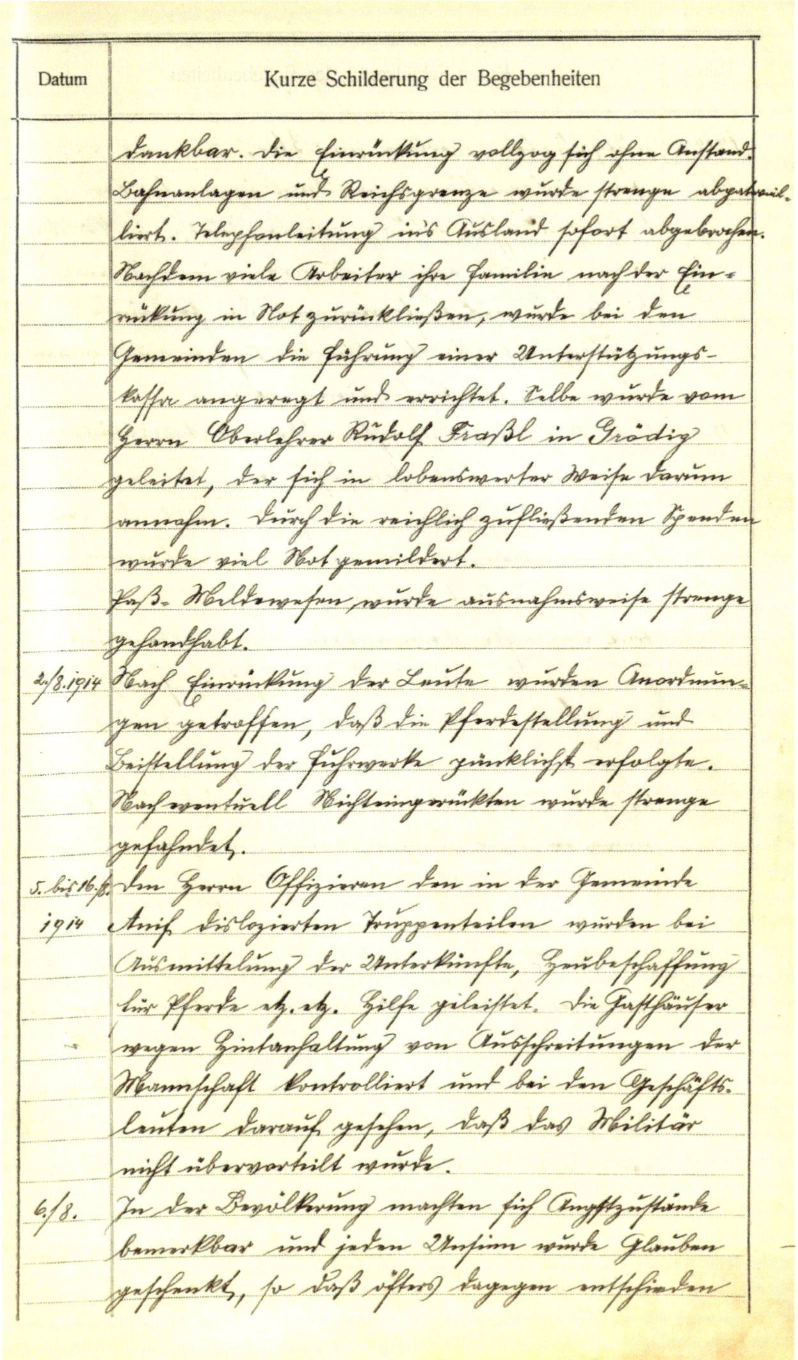

Die Stimmung der Bevölkerung ist jedoch ansonsten durchgehends eine sehr gute und patriotische. Die Erfolge oder Mißerfolge an der Front kommen jedoch trotzdem hiebei zum Ausdruck, indem sich diese Stimmung begeisterter oder gedrückter zeigt. Die Gendarmen müssen diese Stimmung bei ihren Dienstausübungen berücksichtigen und auch dementsprechend ihr Verhalten einrichten oder auf die Leute einwirken. //

Die Dienstleistung der Gendarmerie hatte sich inzwischen auch hier den durch die Kriegslage bedingten, geänderten Verhältnissen angepaßt und die Einzelheiten dieser sehr verschiedenen Tätigkeiten zu schildern würde zu weit führen, weshalb nur die wichtigsten angeführt werden u[nd] zw[ar]: Überwachung, daß die zu den Musterungen bestimmten Personen vollzählig erscheinen, die Ausgebliebenen namhaft oder stellig gemacht werden, Einrückendmachung oder Einlieferung der zum vorgeschriebenen Termine Nichteingerückten, weitere Überwachung aller für das Militär oder die Allgemeinheit wichtiger Objekte (Bahnanlagen, Brücken, Durchlässe, Wasserleitungen, Kraftwerke, Fabriksanlagen, öffentliche Gebäude usw.), Überwachung des Vollzuges der an die Gemeinden ergangenen militär- und zivilbehördlichen Anordnungen und sofortiges Einschreiten gegen Säumige, strengste Handhabung der Fremdenpolizei, Assistenzleistung bei den Pferdemusterungen, Ausmittlung und Namhaftmachung von für Kundschaftsdienste geeigneten Personen, Sicherstellung von Fuhrwerken (Wagen, Schlitten und Geschirren), Ausmittlung von Unterkünften für Offiziere, Mannschaft und Pferde nach dem Einquartierungsgesetze (im Postenbezirke für 72 Offiziere, 1700 Mann und 50 Pferde Unterkunft besorgt), Fahndung nach drahtlosen Telephonsende- und empfangsstationen, wie überhaupt auf Spionageeinrichtungen, Spione oder der als // solche avisierten Personen besonders bedacht zu sein und den Weisungen gemäß gegen dieselben vorzugehen, Kontrolle der zu Feldarbeiten beurlaubten oder enthobenen, dann Überwachung der in Privatpflege befindlichen verwundeten oder kranken Soldaten, Ausmittlung, Namhaftmachung und Überwachung der Brieftaubenbesitzer und Vollzug angeordneter Beschlagnahme von Brieftauben, Verhinderung der Verbreitung von feindlichen Zeitschriften, Aufrufen und Flugschriften etc., strengste Überwachung des Grenzverkehres und des Vollzuges der hierüber erlassenen Beschränkungen und so noch vieles andere.

Der wirkliche Sicherheitsdienst beginnt nicht nur durch das Abgehen von Gendarmen des Postens ins Feld und Zuteilung von Landsturmunteroffizieren als Ersatzgendarmen, sondern vorzugsweise durch die übermäßige Inanspruchnahme des Postens zu den erwähnten Diensten zu leiden, aber trotzdem kommen größere strafbare Handlungen im Postenbezirke nicht vor.

16./11.

Beginn der Vorbereitungen und Vorarbeiten zum Baue eines Kriegsgefangenenlagers[16] auf den Gründen zwischen Bahnhof und dem kleinen Berge (sogenannter kleiner Gois[17]) links von der Gemeindestraße gegen Niederalm durch die Militärbauabteilung in Salzburg.

1915

2./1.

Baubeginn vom Kriegsgefangenenlager durch verschiedene Zimmermeister und Zimmerleute, auch // landsturmpflichtige Arbeiter, insgesamt za. 400 Personen u[nd] zw[ar] unter Aufsicht eines Hauptmannes namens Dostaler. Die anfängliche Unterbringung dieser Leute, bei der der Posten mitwirkte, ging verhältnismäßig gut von statten und ergab sich auch bei der gleichfalls vom Posten aus erfolgten Überwachung dieser Leute wenig Anlaß zu Beanständungen [sic!]. Der Bau ging sehr rasch von statten und erhielt dieses Lager die Bezeichnung I.

1. u. 2./3.

Aufnahme der Getreide- und Mehlvorräte im Postenbezirke unter Gendarmerie-

16 Erste Erwähnung des Lagers in dieser Chronik; Planentwurf zum Bau des Lagers I gab es bereits November/Dezember 1914, Baubeginn am 2.1.1915; vgl.: Brettenthaler Josef/Haslauer Horst, Kriegsgefangenenlager Grödig. In: Grödig. Aus der Geschichte eines alten Siedlungsraumes am Untersberg, hg. von der Marktgemeinde Grödig. Grödig 1990, 215f.
17 Hügel bei Grödig.
18 Bezugsscheine.
19 Erste Erwähnung des Lagers II; Baubeginn am 20.3.1915; vgl.: Brettenthaler/Haslauer, Kriegsgefangenenlager Grödig (wie Anm. 16), 216.
20 Es war ein riesiger Bogen aus Kalkstein am Untersberg in 1.247 m Höhe bei St. Leonhard und stürzte am 10.6.1935 ein. Später erinnerte noch eine Gastwirtschaft im Tal an dieses Drachenloch; vgl. Straßennamen. In: Grödig. Aus der Geschichte eines alten Siedlungsraumes am Untersberg, hg. von der Marktgemeinde Grödig. Grödig 1990, 364.
21 Erste Erwähnung des Lagers III; Ein genaues Datum zum Baubeginn ist nicht bekannt, aber er fand kurz nach dem Baubeginn des Lagers II statt. vgl.: Brettenthaler/Haslauer, Kriegsgefangenenlager Grödig (wie Anm. 16), 217.
22 Dieser Hof (Fürstenweg 70) liegt auf freiem Feld zwischen Anif und Niederalm. Ab der Zeit um 1400 kann man ihn nachweisen, erhielt den jetzigen Namen um 1739 durch den damaligen Besitzer Wolf Franz Graf Überacker (hochfürstl. Oberstvizejägermeister). Von 1902 bis 1941 (Beschlagnahme durch die Nationalsozialisten) gehörte der Hof der Erzabtei St. Peter, in deren Besitz er wieder ab 1948 (Restitution) gelangte. Vgl.: Schopf Hubert, Häuser- und Höfegeschichte. In: Anif. Kultur, Geschichte und Wirtschaft von Anif, Niederalm und Neuanif, hg. von Dopsch Heinz/Hiebl Ewald. Anif 2003, 557f.
23 Laut „II. Verzeichnis der vorgesetzten Kommandanten." in der „Chronik des Gendarmerie-Postens Grödig 1885–1970" ist J. Muhr unter der Rubrik „Bezirksgendarmeriekommandanten" von 14.7.1904–1.12.1922 eingetragen und trat danach in den Ruhestand. Unter „Anmerkungen" steht, dass mit 2.6.1914 die Chargenänderung in „Bezirkswachtmeister" stattfand.
24 Generalmajor J. Fitzner, „Auf Kriegsdauer aktivierte Generale"; vgl.: Ranglisten des Kaiserlich und königlichen Heeres 1916. Wien 1916, 13.
25 Generalmajor Urban, „Auf Kriegsdauer aktivierte Generale"; vgl.: Ranglisten (wie Anm. 24), 14.
26 Es kommt nur eine Person mit dem Namen Carl (Karl) Weigelt in den Militärschematismen 1913–1917 vor, war aber vom militärischen Rang ein Hauptmann.

assistenz. Das ist der Beginn der Rationierung bezw. zentralen Bewirtschaftung der Lebensmittel und verschiedenen Bedarfsartikel wie Getreide, Brot, Mehl, später auch Fett, Fleisch, Eier, Butter, Käse, Zucker, Kaffee, Petroleum, Kerzen, Seife und schließlich auch Bekleidung, deren Stoffe dann vielfach aus Brennesselfasern oder Papierfäden erzeugt wurden. Diese Waren wurden nur auf die vorgeschriebenen Karten[18] in sehr beschränkter resp[ektive] ungenügender Menge ausgegeben und die Überwachung der Durchführung all der bezüglichen Vorschriften oblag gleichfalls der Gendarmerie.

20./3.

Um diese Zeit wurde gleichzeitig auch mit dem Bau des Lagers II[19] auf den Grundstücken nordwestlich des Almkanales zwischen Grödig und Drachenloch[20], und dem Lager III[21] auf den Gründen unmittelbar hinter dem sogenannten kleinen Gois bis gegen den von Niederalm zum Überackerhofe[22] führenden Wege begonnen. Das Lager III war für Evakuierte und // Kriegsflüchtlinge bestimmt und wurde auch durch einen Weg sowie zwei hohe Stacheldrahtzäune vom Lager I getrennt erbaut.

28./4.

Es trafen die ersten Kriegsgefangenen u[nd] zw[ar] za. 2000 Russen ein, aus welchem Anlasse Bezirkswachtmeister Johann Muhr[23] mit 26 Gendarmen die Ordnung am Bahnhofe in Grödig aufrecht zu erhalten und den Zutritt von Zivilpersonen zu den Kriegsgefangenen zu verhindern hatte.

Lagerkommandant war Generalmajor Fitzner[24], den dann Generalmajor Urban[25] und diesen schließlich als letzter Oberst Weigelt[26] ablöste.

Zur Bewachung dieses Lagers waren anfänglich za. 240 Mann bestimmt, die verschiedenen Truppenkörpern angehörten.

Mit dem Eintreffen der ersten Gefangenen wurde auch mit der Anlage eines Friedhofes[27] am Fuße der Nordostseite des sogenannten großen Gois[28] begonnen und ist die Lage dieses Gottesackers eine sehr schöne.

Das Lager wurde in hygienischer und sanitärer Hinsicht sehr gut ausgestattet und war auch seine Lage gegenüber anderen Lagern speziell in gesundheitlicher Beziehung eine wahrhaft ideale. Dasselbe war auch kanalisiert und besaß eine gute Trinkwasserleitung vom Untersberge her. Nutzwasser wurde vom Almkanal zugeleitet. Es bestand ein tadellos eingerichtetes Spital mit Operationssaal, Isolierbaracken für Infektionskranke, Desinfektions- und Entlausungsstation, // Fäkalienverbrennungsanlage, große Wäscherei- und Badeanlage, eigenes Schlachthaus u. s. v. a. [und sehr vieles anderes; Anm. G.D.].

Mit dem Eintreffen der ersten Kriegsgefangenen ergab sich für den Posten ein neues Betätigungsfeld bezüglich Überwachung des Verkehres der Bevölkerung mit den Kriegsgefangenen und umgekehrt, Forschung nach entwichenen Kriegsgefangenen u. s. f. [und so fort; Anm. G.D.]. Der Postenkommandant hatte sich täglich beim Lagerkommandanten zu melden. Der Bau der beiden anderen Lager schreitet rüstig vorwärts.

1.5.

Wurde zufolge Bewilligung des k. k. Ministeriums für Landesverteidigung, Dep. XIX[29], Nr. 1775, vom 24. April 1915, eine Telephonabonnentenstation[30] am Posten Grödig errichtet.

Mit diesem Zeitpunkte waren auch bereits alle nennenswerten Betriebe wie Eisenwerk Steiner[31], Zementfabrik Gebr. Leube[32], Mühle des Klappacher[33], Elektrizi-

---

27 Laut einer Zeitzeugin fand die erste Beerdigung am Ostermontag, dem 5.4.1915 statt, also kurz nachdem der Friedhof in der Nähe des Lagers III rechts der Niederalmerstraße angelegt wurde. Jedoch wird in der Grödiger Schulchronik das Datum der erste Beerdigung mit 27.3.1915 (Samstag vor Palmsonntag) angegeben. Vgl.: Brettenthaler/Haslauer, Kriegsgefangenenlager Grödig (wie Anm. 16), 221; Chronik der Schule Grödig (wie Anm. 10), 61f.
28 Hügel bei Grödig.
29 Das Departement XIX dieses Ministeriums war zuständig für Gendarmerie, politische Angelegenheiten.
30 Gemeint ist hier, dass der Gendarmerieposten Grödig einen Telefonanschluss bekam.
31 Carl Steiner gründete 1868 eine Schmiedewerkstätte in Grödig. Die Fabrik für Hufeisen erfuhr eine Werksvergrößerung im Ersten Weltkrieg, aber kam danach in Schwierigkeiten, bestand bis 1928. Steiner besaß einen Betrieb auch in der Judengasse 5–7, Salzburg-Stadt (1703). Ein Nachfolgeunternehmen befindet sich in Bergheim; vgl.: Haviar Franz, Die Steinerwerke in Grödig. In: Grödig. Aus der Geschichte eines alten Siedlungsraumes am Untersberg, hg. von der Marktgemeinde Grödig. Grödig 1990, 200–204.
32 1838 von den Brüdern Dr. Wilhelm und Julius Leube in Ulm mit dem Namen „Firma Gebr. Leube" gegründet; 1864 wird das Schloss Gartenau als Zweigniederlassung zur Zementerzeugung gekauft, 1880 wird es zur Hauptniederlassung; vgl.: Günther Wilhelm, 150 Jahre 1838–1988 Leube. Zementwerk Leube Ges.m.b.H. Gartenau, Gartenauer Beton- und Farbenwerk, Kalkwerk Tagger Ges.m.b.H. Golling, M-U-T Maschinen – Umwelttechnik – Transportanlagen Ges.m.b.H. Stockerau. Gartenau 1988, 15–17.
33 Vermutlich das Sägewerk von Anton Klappacher; vgl.: Klackl Heinz, Der Almkanal. Seine Nutzung einst und jetzt. Salzburg 2002, 29–33.

tätswerk Eichet³⁴ u. s. a. [und sowie andere; Anm. G.D.] als kriegswirtschaftliche Betriebe, d. i. [das ist; Anm. G.D.] unter militärische Aufsicht gestellte Betriebe erklärt.

2.5.

Traf Bezirkswachtmeister Johann Muhr mit 16 Gendarmen zu gleichem Zwecke wie am 28. 4. 1915 in Grödig ein, weil das ins Lager führende Bahngeleise noch nicht fertig gebaut war. Nach dessen Fertigstellung werden diese Dienste entfallen, die Auswaggonierungen im Lager selbst stattfinden.

3.7.

Trafen za. 600 serbische Offiziere mit je einem Diener im Lager I ein. //

Der Bestand an russischen Kgf. [Kriegsgefangenen; Anm. G.D.] hatte sich inzwischen derart erhöht, daß er mit 7. 7.³⁵ im Lager I bereits über 15.000 und im Lager II 8000 Mann betrug und außerdem waren von diesen Lagern zu dieser Zeit bereits 3.487 Kgf. auswärts auf Arbeit gegeben. Die Bewachung besorgten nun das 11. und 12. Wachbaon [Wachbataillon; Anm. G.D.] (ersteres Südtiroler und Deutsche, letzteres Ungarn, Rumänen und Deutsche, zusammen za. 2.200 Mann), von denen über 500 Mann auswärts kommandiert waren. (E. Nr. [Erlass Nummer; Anm. G.D.] 118 res./1915).

6.7.

Eintreffen von 2000 Flüchtlingen und zwar durchwegs Juden und Errichtung einer Gendarmerieexpositur im Lager Niederalm (Lager III), Kommandant Vizewachtmeister Adolf Vogl und einer solchen im Lager II zu St. Leonhard, Kommandant Vizewachtmeister Karl Radl³⁶. Infolge Nachschubes von weiteren Flüchtlingen aus Wolhynien³⁷, Ostgalizien³⁸, Bukowina³⁹ und dem sogenannten Festungsdreieck von Lods⁴⁰ mußten die Juden ins Lager II übersiedeln. Die Zahl der Flüchtlinge steigerte sich in kurzer Zeit bis auf rund 12.000 Seelen. Für die beiden Exposituren, besonders jener im Lager III, bot sich ein reiches Feld der Betätigung, denn die an keine Reinlichkeit, wenig Ordnung gewöhnte Belegschaft dieses Lagers, deren Faulheit auch noch besonders hervorzuheben wäre, verursachte viel Arbeit und stellte große Proben von Geduld und Ausdauer an die diensthabenden // Gendarmen, obwohl sich auch unter diesen Flüchtlingen viele Polizei- und Zoll- bezw. Finanzwachorgane befanden, die gleichfalls zu verschiedenen Ordnungs- und Sicherheitsdiensten herangezogen wurden.

Das Lager III war ebenfalls in hygienischer und sanitärer Hinsicht sehr gut eingerichtet, die Kinder hatten auch ihre Schule und die Leute konnten sich mit Rücksicht auf die Kriegsverhältnisse darin wohl fühlen, was auch bei einem großen Teile zutraf. Ein Teil dieser Flüchtlinge aber vermochte sich nicht von ihrer seelischen Niedergeschlagenheit zu erholen, obwohl diese Personen hier gut geborgen die Verhältnisse bezw. Vorgänge in der Heimat ruhig abwarten konnten, denn sie waren entweder aus guten sicheren Anstellungen geworfen worden oder hatten ihr Geschäft, das sie unter vielen Mühen zu einigem Ansehen gebracht hatten oder Haus und Hof in überstürzter Hast verlassen müssen, um nur das nackte Leben retten zu können.

Die Tätigkeit der beiden Exposituren erstreckte sich außer auf den Sicherheitsdienst vorwiegend auf die Einhaltung der sanitären und sonstigen Lagervorschriften. Der Einhaltung der sanitären Vorschriften wurde seitens der Flüchtlinge nicht selten großer Widerstand entgegengesetzt. Die Ernährungsverhältnisse in den Flüchtlingslagern waren keine guten und die Flüchtlinge wurden sogar noch in diesem Belange, besonders von vielen ihrer Landsleute,

34 Elektrizitätswerk Eichetmühle am Almkanal bei Grödig: Kaufvertrag der Mühle für die Wasserkraftnutzung 26.5.1898, Inbetriebnahme 28.6.1899; Städtische Elektrizitätswerke Salzburg (Hg.), 50 Jahre Elektrizitätsversorgung der Stadt Salzburg 1887–1937. Salzburg 1937, 17–19.

35 Hier verlässt der Verfasser die streng chronologische Ordnung des Berichts, denn zu Beginn des nächsten Absatzes steht der Eintrag „*6.7.*".

36 Laut „IV. Verzeichnis der Postenmannschaft." in der „Chronik des Gendarmerie-Postens Grödig 1885–1970" war K. Radl ab 27.10.1916 Kommandant im Lager II.

37 Wolhynien (selten auch Wolynien; ukrainisch: Волинь/Wolyn; russisch: Волынь/Wolyn): Landschaft, liegt heute größtenteils in der nordwestlichen Ukraine und in Weißrussland.

38 Galizien: Landschaft im Westen der Ukraine (Ostgalizien) und im Süden Polens (Westgalizien).

39 Die Bukowina (dt. auch Buchenland; rumän. Bucovina, ukrain. Буковина/Bukowyna): historische Landschaft, deren nördlicher Teil zur Ukraine und der südliche Teil zu Rumänien gehört; im Ersten Weltkrieg zweimal von russischen Truppen besetzt.

40 Łódź (dt. Lodz): drittgrößte Stadt Polens, Hauptstadt der gleichnamigen Woiwodschaft.

die als Verwaltungsbeamte // im Lager mit tätig waren, in ruchloser Weise übervorteilt, was auch den Gendarmen nicht selten Anlaß zum Einschreiten gab. Auch verschiedene Evidenzen hatte die Expositur Niederalm zu führen, darunter auch jene über Erkrankungen und Begräbnisse der Flüchtlinge etc. Es herrschten wiederholt ansteckende Krankheiten im Lager wie Typhus, Blattern, Scharlach, Masern, usw., wobei die Sterblichkeit nicht allein durch die Unterernährung sondern auch noch durch die Kälte in den Baracken zur Winterzeit und durch die Unreinlichkeit der Leute gefördert wurde. In sanitärer Hinsicht führte die Oberaufsicht im Lager ein Arzt namens Dr. Maier. Lagerkommandant war der Polizeioberkommissär Wicentowicz aus Czernowitz[41]. Zur Regelung interner Angelegenheiten und Aburteilung kleinerer strafbarer Handlungen bestand ein eigenes Lagerrichteramt. Auch eine eigene Lagerfeuerwehr war organisiert worden. Kommandant derselben war Herr Anton Waldert aus Graz.

Die Flüchtlinge vom Lager II wurden alsbald entweder in andere Lager oder Gebiete verschoben oder sie kamen nach Fertigstellung des Lagers III[42] in dieses zurück.

Im Lager II wurden nach Gewinnung von Platz durch Abgabe von Kgf. in auswärtige Arbeitsstellen verschiedene Anstalten errichtet wie eine Bergestelle, eine Skiwerkstätte, ein Stacheldrahtlager für die Armee im Felde usa. [und solche andere; Anm. G.D.]. Das Lager II war in // sanitärer Hinsicht und mit sonstigen Einrichtungen wie das Lager I ausgebaut.

Die Höchstzahl der Flüchtlinge in den beiden Lagern zusammen dürfte za. 13.000 Personen betragen haben, von denen rund 700 Personen starben und am Lagerfriedhofe[43] beerdigt wurden.

Die Objekte in den Lagern sollen im Lager I 103, im Lager II 97 und im Lager III 90 betragen. Die Höchstzahl der Kgf. betrug in den beiden Lagern rund 36.000 Mann, von denen rund 2000 infolge der erlittenen Kriegsstrapazen, Krankheiten und Unterernährung gestorben sind.

Die Tätigkeit des Postens – dem Postenkommandanten waren auch die beiden Exposituren in den Lagern II und III unterstellt – ging unter regster Inanspruchnahme zu den verschiedensten Dienstleistungen und Überwachung des Vollzuges bzw. der Einhaltung der durch die besonderen Verhältnisse erlassenen Gesetze und Vorschriften ohne nennenswerte Vorkommnisse in anerkannt guter Weise weiter.

1916

21./11.

Um 9ʰ nachmittags verschied unser Allerhöchster Kriegsherr, Seine k. u. k. Apostolische Majestät Kaiser Franz Joseph I., der durch seine Volkstümlichkeit und sein langjähriges weises Wirken bei Hoch und Nieder abgöttisch verehrt worden war und dem nur noch 11 Tage auf eine 68jährige Regierungszeit[44] fehlten, im Alter von 86 Jahren. Die Trauer war eine allgemeine und // eine wirkliche Volkstrauer.

Thronbesteigung durch Seine k. u. k. Hoheit Erzherzog Karl als Kaiser Karl[45] und Neubeeidigung aller Truppen und auch der Gendarmerie.

31./12.

Um 11ʰ nachts brach, wahrscheinlich aus Unvorsichtigkeit oder begangener Nachlässigkeit, in einer Küchenbaracke im Lager III ein Brand aus, wodurch in-

---

41 Czernowitz (dt. Tschernowitz; ukrain. Чернівці/Tscherniwzi; poln. Czerniowce): in der Monarchie Hauptstadt der Bukowina, heute Zentrum der gleichnamigen Verwaltungseinheit (Oblast).
42 Kurz nach Baubeginn des Lagers II im März 1915 wurde auch mit dem Bau des Lagers III begonnen. Vgl.: Walleczek Julia, Das Kriegsgefangenenlager Grödig bei Salzburg während des Ersten Weltkrieges. Dipl.-Arb. Univ. Innsbruck 2005, 86.
43 Vermutlich wurden im Ersten Weltkrieg über 2.000 und im Zweiten Weltkrieg 44 Personen auf diesem Friedhof begraben, jedoch dürften es laut Aussagen von Zeitzeugen wesentlich mehr gewesen sein. Vgl.: Walleczek, Das Kriegsgefangenenlager Grödig (wie Anm. 42), 127f.
44 Die Thronbesteigung war am 2.12.1848.
45 Mit dem Tod von Kaiser Franz Joseph I. war Karl „ex lege" Kaiser und König. Einer formellen Thronbesteigung bedurfte es in Österreich nicht; Ungarn legte aber großen Wert auf die historische Krönungszeremonie, mit der der Eid auf die ungarische Verfassung verbunden war.

folge des herrschenden Sturmes das ganze Lager gefährdet war. In Abwesenheit fast aller Beamten des Lagers, die bei der Sylvesterfeier in Salzburg weilten, traf Vizewachtmeister Adolf Vogl sofort die nötigen Anordnungen, leitete die Löschaktion und nur seinem tatkräftigen, entschlossenen und mit großer Umsicht erfolgten Eingreifen war es zuzuschreiben, daß eine entsetzliche Katastrophe abgewendet wurde. Als Anerkennung hiefür sowie für seine vorzüglichen Dienste als Postenkommandant erhielt Vizewachtmeister Vogl über Anregung der Landesregierung in Salzburg vom Landesgendarmeriekommando ein Belobungszeugnis und die übrigen Gendarmen der Expositur wurden öffentlich belobt (Tagesbefehl vom 22. 4. 1917, Nr. 64).

1917

1./7.

Weitere Einschränkung der rationierten Lebensmittel, Brot z. B. auf 1¼ kg pro Woche für Schwerarbeiter, die übrigen Personen nicht einmal 1 kg, Mehl ¼ kg, Fett 5 dkg usw. Die Dienstleistung der Gendarmerie, die auch die Einhaltung dieser schon ans Unmögliche grenzenden Einschränkungen zu überwachen hatte, gestaltete sich bei // den zum Teil schon sehr erregten Gemütern der Bevölkerung oft sehr schwer und der Gendarm geriet nicht selten in recht kritische Situationen, da er doch all diese Nebenumstände beachten und auf die Bevölkerung beruhigend einwirken und eine zuversichtliche Stimmung derselben erhalten helfen mußte.

Der Tätigkeitsbereich der Gendarmerie nahm immer zu. Sie hatte nicht nur bei den Pferdemusterungen, sondern auch bei den notwendig gewordenen Hundemusterungen (Zug- und Sanitätshunde) mitzuwirken, die auf den verschiedenen zivilen Arbeitsplätzen befindlichen Kgf. verursachten sehr viel Arbeit, denn sie waren evident zu führen, die Bekleidung derselben nach den bezüglichen Vorschriften zu regeln, in Bezug auf Disziplin und sonstiges Verhalten zu überwachen, über diese Punkte sie öfters eingehenst zu belehren und verursachte auch die Flucht oder Aufgreifung eines Kgf. immer viel Arbeit durch Forschungseinleitung, Widerruf derselben (5fache Meldungen bzw. Anzeigen hierüber) usw. Auch waren verschiedene Metallgegenstände sicherzustellen wie das Kupfer der Blitzableiter und Aufnahme eines Protokolles mit jedem dieser Besitzer, Hausglocken von bestimmter Größe, Kirchenglocken, Messingmörser u. s. v. a. [und sehr vieles anderes; Anm. G.D.].

22./8.

Auflassung der Expositur im Lager II (Tagesbefehl vom 26.8.1917, Nr. 121). //

7./12.

Waffenstillstand und Beginn von Friedensverhandlungen seitens Rußland mit Österreich-Ungarn und Deutschland.[46]

1918

10./2.

Friedensschluß mit Rußland[47] und Beginn des Rücktransportes der Flüchtlinge aus dem Lager.

Mit dem Freiwerden von Baracken in diesem Lager wurden sogleich daselbst eine gewisse Anzahl von Baracken (za. 15) als Obdachlosengruppe bestimmt und Familien, die über keine oder über eine höchst unzulängliche oder höchst sanitätswidrige Wohnung verfügten, in diesem Lagerteil untergebracht.

46 Am 3.12.1917 Beginn von Waffenstillstandsverhandlungen sowie am 15.12. Waffenstillstand zwischen den Mittelmächten u. Russland in Brest-Litowsk; vgl.: Rauchensteiner Manfried, Der Tod des Doppeladlers. Österreich-Ungarn und der Erste Weltkrieg. Graz-Wien-Köln 1997, 701 (Zeittafel).

47 Am 22.12.1917 Beginn von Friedensverhandlungen sowie am 3.3.1918 Friedensvertrag v. Brest-Litowsk zwischen den Mittelmächten u. Russland; vgl.: Rauchensteiner, Tod des Doppeladlers (wie Anm. 46), 701 (Zeittafel).

1./4.

Aufstand im Flüchtlingslager, hervorgerufen durch Auflehnung gegen einen eine ihm zustehende Anordnung treffenden Zollwachbeamten (Flüchtling) und sodann Fortsetzung dieses Widerstandes gegen die einschreitenden 5 Gendarmen, Bewerfen derselben mit Steinen etz. und mußten diese schließlich auch, um nicht ein entsetzliches Blutbad anzurichten, die verhafteten Rädelsführer vorläufig wieder frei lassen. Nach Eintreffen der vom Lager I angesprochenen Militärassistenz (62 Mann unter Kommando eines Offiziers), worauf die sich auf eine Menge von za. 3000 Personen angesammelten Aufständischen umzingelt wurden, der Aufstand gebrochen und die neuerliche Verhaftung der Rädelsführer vorgenommen werden konnte.

Über Einschreiten des Lagerkommandanten, mehrerer galizischer Abgeordneter, des Lagerpfar- // rers Osolak u. n. a. [und noch andere; Anm. G.D.] und des inzwischen eingetroffenen Postenkommandanten Wachtmeister Johann Flegel wurden jedoch die verhafteten Rädelsführer unter besonderer Berücksichtigung ihrer Lage als Flüchtlinge wieder freigelassen und nur der Staatsanwaltschaft in Salzburg angezeigt.

5./3.

Abermals Assistenzleistung der Pferdeklassifikationskommission.

4./4.

Um $3^h\ 15^l$ früh entstand in der Fellwäscherei des Johann Jahn in Grödig in der mangelhaft eingerichteten Trockenanlage, vermutlich durch schadhaften Kamin oder Funkenflug, ein Brand, der das Objekt einäscherte und ein Schaden von za. 50.000 K entstand. Orts- und Werksfeuerwehr sowie die beiden Lagerfeuerwehren lokalisierten den Brand (Erlaß Nummer 401/1918).

1./5.

Stallgebäudebrand im Lager III. Ursache schlechter Ofen. Es verbrannten nicht nur Heu- und Streuvorräte, sondern den Pferdeknechten auch viele Effekten. Gesamtschade [Gesamtschaden; sic!] 100.000 K. Die Gendarmen der Expositur leisteten auch hier abermals vorzügliche Dienste.

6.–16./5.[48]

Getreideaufnahme in den Gemeinden Grödig und Anif unter Gendarmerieassistenz.

21./10.

Traf der erste Heimkehrerzug mit za. 200 Offizieren und 1000 Mann ein, die im Flüchtlingslager, weil nur noch 8 Flüchtlinge hier, untergebracht bezw. in Quarantäne gegeben wurden, bevor sie die Reise zu den Angehörigen // antreten oder wieder verwendet werden durften. Für Heimkehrerzwecke war inzwischen ungefähr die Hälfte des Flüchtlingslagers unter dem Kommandanten Oberst Willigut eingerichtet worden.

22./10.

Wurden auf Grund des mit 16.10.1918[49] von seiner k. u. k. Apostolischen Majestät, dem Kaiser Karl, erlassenen Manifestes, wodurch eine Neuordnung unseres Staatswesens angebahnt werden sollte, in einem Korpsbefehl des k. k. Gendarmerieinspektors, des Generals der Infanterie Franz Kanik, Weisungen über das Verhalten der Gendarmerie für diese Umwandlungszeit erlassen und an das bewährte Pflichtgefühl der Gendarmen appelliert.

---

48 Diese zusammenfassende Datumsangabe „6.–16./5." ist ein Indiz dafür, dass der Schreiber die Ereignisse nachträglich zusammengefasst hat.

49 Völkermanifest vom 16.10.1918: „An Meine getreuen österreichischen Völker!", Extra-Ausgabe Wiener Zeitung, Nr. 240, 17.10.1918.

29./10.

Bekanntwerden der mit 28. Oktober 1918[50] erfolgten Auflösung der militärischen Verbände an der Front, was sozusagen den Umsturz resp. die Revolution einleitet. Für die Gendarmerie, als nunmehr einzige verläßliche Stütze zur Aufrechterhaltung von Ordnung, Ruhe und Sicherheit im Staate, stehen schwere Tage bevor.

5./11.

Beginn der Heimsendung aller Kgf. und Einziehung derselben von ihren Arbeitsplätzen ins Lager aus diesem Anlasse.

Es treffen auch bereits Teile von den aufgelösten Fronttruppen im Hinterlande so auch hier ein, die mit den mitgebrachten bezw. aus den an der Front vorhanden gewesenen Maga- // zinen angeeigneten Gegenständen, besonders Lebensmitteln, die nicht vernichtet oder nicht dem Feinde überlassen wurden, einen schwunghaften Handel beginnen, dem ebenfalls die Gendarmen zu steuern und die Sachen als Staatseigentum zu beschlagnahmen haben. Dies war jedoch bei der erregten Soldatenmenge in der ersten Zeit überhaupt nicht und in späteren Tagen nur sehr schwer möglich. Es wurde auch vorzugsweise nur zur Beschlagnahme von Monturs-, Armaturs- und Rüstungssorten geschritten.

Es traf auch mit diesem Tage vom vorgesetzten Landesgendarmeriekommando ein Befehl über das Verhalten der Gendarmerie während der Revolution ein mit der Zusicherung, daß der neue Staat – es hatte sich inzwischen aus den 3 politischen Hauptparteien (Christlichsoziale, Deutschnationale und Sozialdemokraten) eine provisorische Regierung gebildet[51] – die Gendarmerie in der jetzigen Form mit den entsprechenden Aktivitäts- und Versorgungsgebühren übernimmt. Durch diese Nachricht sahen sich die Gendarmeriebeamten wenigstens einigermaßen der Sorge um die Zukunft enthoben.

10./11.

Eintreffen des Landesgendarmeriekommandobefehles zur Angelobung der Gendarmen deutscher Nationalität auf den neuen Staat, welche der Postenkommandant in feierlicher Weise vorzunehmen hat und Rücksendung der von jedem // Gendarmen unterfertigten Angelobungsformel (Erlass Nummer 503 res. Adj., vom 2.11.1918).

Die Wogen der politischen resp. revolutionären Sturmflut gehen hoch, die Gendarmerie bleibt zum Troste und zur Beruhigung der geängstigten Bevölkerung in der gewohnten Weise auf ihrem Platze und hält pflichtbewußt allen Anstürmen stand.

Diese großen Wirren und die Sorge in den verschiedenen Standesgruppen um ihre Existenz brachten es mit sich, daß nicht nur beim Militär ein Soldatenrat, sondern auch bei der Gendarmerie mit Zustimmung des Staatsamtes für Inneres ein Gendarmenrat gebildet wurde, um die Geschicke selbst in die Hand zu nehmen. Es wird zur Wahl von Vertrauensmännern geschritten, von denen dann 2 Delegierte in den Zentralausschuß nach Wien bestimmt werden, die unsere Interessen zu vertreten haben.

11./11.

Absetzung des Kaisers Karl und Verzichtleistung desselben auf seine Herrscherrechte[52]. Der Bevölkerung bemächtigt sich große Sorge um die Zukunft.

12./11.

Ausrufung der Republik „Deutschösterreich."

50 28.10.1918: Proklamation eines selbständigen tschechoslowakischen Staates durch den Nationalausschuss in Prag; vgl.: Krejčíř Jaroslav/Soják Stanislav, Böhmische Geschichte. Chronologischer Überblick (Übers. Jan Mynařík). Dubicko 1996, 95.

51 21.10.1918: Konstituierung einer provisorischen Nationalversammlung Deutschösterreichs; vgl.: Rauchensteiner, Tod des Doppeladlers (wie Anm. 46), 702 (Zeittafel).

52 11.11.1918: Verzichtserklärung des Kaisers auf Teilnahme an den Staatsgeschäften; vgl.: Rauchensteiner, Tod des Doppeladlers (wie Anm. 46), 702 (Zeittafel).

17./12.

Trifft vom Landesgendarmeriekommando unter Erlaß Nummer 1715 Adj., vom 12. Dezember 1918, die Verständigung ein, daß laut eines vom Staatsamte des Innern herabgelangten Erlasses auf Grund des Gesetzes vom 27. November 1918, St. G. Bl. Nr. [Staatsgesetzblatt Nummer; Anm. G.D.[53]] 75, wonach die Gendarmerie in einen // Zivilwachkörper umgewandelt wurde, die Gendarmerie Deutschösterreichs in letzter Instanz dem Staatssekretär des Innern[54] untersteht. Durch das erwähnte Gesetz ist auch endlich die Gendarmerie in den Vollgenuß der allgemeinen bürgerlichen Rechte gelangt.

1919

3./1.

Neuerliche Angelobung der Gendarmerie. Es langen dann auch noch verschiedene Erlässe ein, wonach der Gendarmerie das Tragen von Zivilkleidern außer Dienst ausdrücklich gestattet, die Gendarmerie der Zivilgerichtsbarkeit unterstellt und auch an die Schaffung einer Disziplinarvorschrift für die Gendarmerie geschritten wird usw.

15./1.

Der dem Staatsamte des Innern direkt unterstellte Statthaltereirat Albert Mell von Mellenheim wird mit der Liquidierung der Flüchtlingsfürsorgeaktion im Lande Salzburg betraut und ist derselbe berechtigt, für seine dienstlichen Zwecke die Dienstleistung des Postens unmittelbar in Anspruch zu nehmen. Es werden gleichzeitig auch die Lager I und II liquidiert, die Baracken verkauft und nach und nach abgetragen. Das Gelände der Lager bleibt in seinem durch Erdaushebungen, Weganlagen, Betonbauresten etc. verändertem Zustande zurück und müssen sich dasselbe die Eigentümer erst wieder mühsam bebauungsfähig bezw. für die Landwirtschaft herrichten. //

16./2.

Verstärkung des Postens um 3 Beamte anläßlich der stattfindenden Nationalratswahlen.

27./2.

Bei den in den Lagern untergebrachten Heimkehrern und den besonders den dortselbst anwesenden Matrosen als Wachmannschaften werden kommunistische Strömungen und starke Agitationen unter der hiesigen Arbeiterschaft und sogar der bäuerlichen Bevölkerung wahrgenommen, worüber wiederholt der Dienstbehörde berichtet und um Maßnahmen zu deren Verhinderung gebeten wird.

Auch mißbrauchen die erwähnten Wachmannschaften ihre Stellung zu Diebstählen bezw. Plünderungen in den Magazinen sowie Verschleppung von Staatsgut und ist der Posten machtlos gegen diese Truppenteile einzuschreiten, da sie bei Annäherung von fremden Personen und so auch von Gendarmen rücksichtslos scharf schießen und überdies auch mit in Bereitschaft gehaltenen Maschinengewehren, Handgranaten etc. ausgerüstet sind. Über wiederholte Eingaben und Vorstellungen des Postenkommandanten an die Bezirkshauptmannschaft, die Landesregierung und das Lagerkommando werden diese Wachmannschaften dann endlich bis auf die zum Wachdienst unbedingt erforderlichen Waffen durch das Lagerkommando entwaffnet.

Das Eigentumsrecht beginnt auch unter der zivilen Bevölkerung an Geltung zu verlie- // ren, Jagd und Fischerei werden als Gemeingut betrachtet, das Wil-

---

53 StGBl. Nr. 75/1918: Gesetz, betreffend die Gendarmerie des deutschösterreichischen Staates.
54 Heinrich Mataja (14.3.1877–23.1.1937), Staatssekretär des Innern 30.10.1918–15.3.1919.

dererunwesen blüht und der Schmuggel an der Grenze nimmt zu. Der Dienst des Postens und jener der Expositur im Lager III wird auch besonders mit Rücksicht auf die verschiedenen lichtscheuen Elementen Unterschlupf gewährende Lagerbewohnerschaft immer schwerer. Bezüglich des Schmuggels wird mit den beiden Zollwachabteilungen einvernehmlich vorgegangen und oft Vorpaß gehalten.

9./5.

Die bisherigen Bemühungen verschiedener Körperschaften führten dazu, daß laut einer von diesem Tage stammenden Vollzugsanweisung des Ministeriums des Innern (Abteilung Jugendfürsorge) durch Erwerb und Restaurierung einiger Baracken im Lager III ein Heim für erholungsbedürftige oder rekonvaleszente Lehrlinge und dadurch ein neues bleibendes Überwachungsobjekt geschaffen wird.

26./7.

Treffen die ersten Lehrlinge in diesem Heime ein und hat nun der Posten auf dieselben in Bezug auf ihr Verhalten außerhalb des Heimes und auf von ihnen verübte Flurbeschädigungen etz. stets ein besonderes Augenmerk zu richten. Das Heim soll zum gleichzeitigen Aufenthalte von za. 400 Lehrlingen ausgebaut werden.

5./10.

Mit diesem Tage gelten in der Gendarmerie nur der Gendarmeriekarabiner, der // Stutzenkarabiner und die Repetierpistole mit Kipplauf als vorgeschriebene Feuerwaffen und waren deshalb bis zu diesem Zeitpunkte alle anderen Feuerwaffen, wie sie z. B. Feldgendarmen im Felde erhielten oder von Kommandierten und Ersatzgendarmen, die mit Militärgewehren verschiedener Modelle ausgerüstet waren, etwa noch am Posten befinden, dem Kommandomagazine abzuführen.

1920

19./1.

Der Posten erhält von der Landesviehverkehrsstelle in Salzburg für zum Schmuggel bestimmt gewesene, beschlagnahmte Rindshäute und Kalbfelle eine Prämie von 368 K zugewiesen.

9./2.

Um 12^h mittags Brand der sogenannten Pühringerbaracke im Lager III. Ursache schadhafter und mangelhaft gekehrter Kamin. Schade [Schaden; sic!] 5000 K. Außer der Lagerfeuerwehr auch die Wehren von Anif und Grödig eingegriffen.

27./3.

Um $2^h\ 15^l$ nachmittags Brand in der Schulbaracke im Lager III zu Niederalm, Gemeinde Anif. Ursache schlecht isoliertes oder schadhaftes Rauchrohr von einem der beiden Schulöfen. Schaden 56.910 K. Kein Menschenleben gefährdet, da schulfreier Nachmittag. Große Gefahr für die in unmittelbarer Nähe befindlichen Spitalsbaracken. Außer der Lagerfeuerwehr auch die Wehren von Anif, Niederalm und Grödig anwesend. Die Beamten der Expositur beteiligten sich bei den Löscharbeiten wieder in lobenswerter Weise.//

24./3.[55]

Langte von der Bezirkshauptmannschaft in Salzburg für den Posten eine Remuneration für beschlagnahmte Häute und Rinder ein.

---

55 Hier verlässt der Verfasser die streng chronologische Ordnung des Berichts, ohne, dass das inhaltlich zu begründen wäre.

10./6.

Der Posten erhält neuerdings eine Prämie für beschlagnahmte Rindshäute und Kalbfelle u[nd] zw[ar] im Betrage von 153 K. Hiebei ist Gendarm Anton Wollenek[56] infolge seiner besonders regen Dienstestätigkeit mit 121 K beteiligt.

27./8.

Rückkehr des Hollwegerbauern Johann Knoll[57] in Grödig aus russischer Kriegsgefangenschaft als letzter aus der hiesigen Gemeinde. Dauer seit 22. 3. 1915. Es wird ihm ein feierlicher Empfang bereitet.

15./12.

Der provisorische Posten in Niederalm (Lager III) wird aufgelassen (Ldgdkdobef. [Landesgendarmeriekommandobefehl; Anm. G.D.] Nr. 1496 Adj. vom 22. 12. 1915).

Die in der Obdachlosengruppe untergebrachten Parteien verursachen dem Posten, weil sie auch verschiedenem lichtscheuen Gesindel Unterschlupf gewähren, sehr viel Arbeit.

---

56 Laut „IV. Verzeichnis der Postenmannschaft." in der „Chronik des Gendarmerie-Postens Grödig 1885–1970" war A. Wollenek, von Seekirchen kommend, von 1.5.1919–15.12.1928 als Probegendarm hier tätig und kam danach nach Seeham.

57 vgl.: Haslauer Horst, Zwischenkriegszeit 1918/1938. In: Grödig. Aus der Geschichte eines alten Siedlungsraumes am Untersberg, hg. von der Marktgemeinde Grödig. Grödig 1990, 232.

Alfred Werner Höck

„Ihr helft nicht nur dem Vaterlande, ihr macht auch ein gutes Geschäft dabei!"

Die Kriegsanleihe-Zeichnungen im Kronland Salzburg

1. Einleitung

Zum Thema der österreichischen Kriegsanleihen im Ersten Weltkrieg liegen mittlerweile einige Arbeiten vor, sodass die grundlegenden finanzpolitischen Hintergründe auf der gesamtstaatlichen Ebene gut dargestellt sind.[1] Ziel der vorliegenden Arbeit soll es daher sein, einen Überblick über die Vorgangsweise bei den Kriegsanleihe-Aktivitäten im damaligen Kronland Salzburg aufzuzeigen. Dabei steht das Bemühen im Vordergrund, ihre Verschränkung mit den vielfältigen Lebens- und Wirtschaftsbereichen des Landes aufzuzeigen, und diese gleichzeitig in die Entwicklungen auf der gesamtstaatlichen Ebene einzubauen. Zum anderen versucht der Beitrag der Feststellung Rechnung zu tragen, dass bisher sehr wenig neues Quellenmaterial zu den wirtschaftlichen Aspekten des Ersten Weltkrieges veröffentlicht wurde. Daher wird hier einiges neues Zahlenmaterial aus verschiedenen Archivquellen vorgestellt, das aber leider fragmentarisch bleiben muss, da die Quellenbestände aus dieser Zeit selber sehr unvollständig (wenn überhaupt) erhalten geblieben sind. Um die Lesefreundlichkeit zu erhöhen, werden sie in einem eigenen Tabellenteil dargestellt. Die dabei verwendete Methodik wird in der Einleitung zu diesem Tabellenteil erläutert. Die Ergebnisse basieren auf Quellenrecherchen in zahlreichen Archiven, für deren Ermöglichung und die erwiesene Hilfsbereitschaft an dieser Stelle gedankt sei.[2]

2. Die finanziellen Kriegsvorbereitungen Österreich-Ungarns

Bereits in den Jahren 1909 und 1912 hatte sich im Zuge akuter Kriegsgefahr, die Frage der Auswirkungen eines Krieges auf die Finanzen Österreich-Ungarns gestellt, denn auf keinem anderen europäischen Markt machten sich die politischen Spannungen jener Jahre so heftig bemerkbar.[3] Sowohl im Zuge der Annexionskrise um Bosnien und die Herzegowina als auch der Kriegsgefahr, die durch die Veränderung des politischen Gleichgewichts in den Balkankriegen 1912 heraufbeschworen wurden, kam es zu heftigen Kursbewegungen an den Effektenbörsen und Runs auf Banken und Sparinstitute.[4] Die Österreichisch-ungarische Bank, die Vorgänger-Institution der heutigen Österreichischen Nationalbank, versuchte mit Interventionen und Garantiezusagen diese Situation zu beruhigen.[5] Im Zuge dieser anhaltenden Kriegsspannungen erkannte man die bis dahin sehr

---

[1] Noch immer grundlegend ist die Studie des früheren Gouverneurs der Österreichisch-ungarischen Bank (der Vorläuferin der Österreichischen Nationalbank) Popovics Alexander, Das Geldwesen im Kriege (Wirtschafts- und Sozialgeschichte des Weltkrieges. Österreichische und ungarische Serie), hg. von der Carnegie Stiftung für internationalen Frieden, Abteilung für Volkswirtschaft und Geschichte. Wien-New Haven 1925; Einen straffen, sehr guten Überblick gibt das Kap. 17 in dem Werk: Rauchensteiner Manfried, Der Erste Weltkrieg und das Ende der Habsburgermonarchie. Wien-Köln-Weimar 2013; Auf die sensiblen nationalen Aspekte, die mit den Kriegsanleihezeichnungen verbunden sind, vgl. Winkelbauer Thomas, Wer bezahlte den Untergang der Habsburgermonarchie? Zur nationalen Streuung der österreichischen Kriegsanleihen im ersten Weltkrieg. In: MIÖG 112 (2004). Wien 2004, 368–398.
[2] Für ihre kenntnisreiche Hilfe und Entgegenkommen sei an dieser Stelle folgenden Archivaren besonders herzlich gedankt (in alphabetischer Reichenfolge): Mag. Walter Antonowicz, Senior Archivist des Bankhistorischen Archivs der Österreichischen Nationalbank, Archivdirektor Dr. Oskar Dohle vom Salzburger Landesarchiv, Dr. Gerald Hirtner vom Archiv des Erzstiftes St. Peter, Mag. Wolfgang Neuper vom Archiv der Erzdiözese Salzburg und Mag. Thomas Weidenholzer vom Archiv der Stadt Salzburg.
[3] Vgl. Pressburger Siegfried, Das Österreichische Noteninstitut 1816–1966, II/3: 1878–1913, hg. von der Österreichischen Nationalbank. Wien 1973, 1379.
[4] Vgl. Pressburger, Noteninstitut II/3 (wie Anm. 3), 1505.
[5] Vgl. Pressburger, Noteninstitut II/3 (wie Anm. 3), 1381.

mangelhaften Vorkehrungen, und so setzte sich die Österreichisch-ungarische Bank ab 1908 mit den Finanzministern der beiden Reichshälften ins Einvernehmen, um finanztechnische Maßregeln für den Mobilisierungsfall vorzubereiten. Die Maßregeln wurden 1912 weiter angesprochen, doch laut den Aufzeichnungen von Popovics nur in Grundzügen durchgesprochen.[6] Der Gouverneur der Österreichisch-ungarischen Bank, Dr. Alexander Popovics, war ein anerkannter Finanzexperte und riet den beiden Finanzverwaltungen im April 1913 um die „finanzielle Kriegsbereitschaft" zu erhöhen, zu einer Reihe von Maßnahmen (Importrestriktionen, Erhöhung des Deckungsgrades der Währung, usw.). In diesem Schreiben sah Popovics hellsichtig angesichts der zu erwartenden hohen Kosten eines Krieges, die Wahrscheinlichkeit der Suspendierung der Bankakte der Notenbank (und damit der Schuldenfinanzierung über die Notenpresse) voraus und wies die beiden Finanzminister sehr eindringlich auf die Konsequenzen hin: „Aus dieser höchst bedenklichen Kriegsbereitschaft folgt, dass ein europäischer Krieg die Monarchie, selbst wenn er mit Erfolgen verbunden wäre, nicht nur die Arbeit der heutigen, sondern auch jene künftiger Generationen aufs Spiel zu setzen geeignet ist und daß die Monarchie schon im Augenblick des Mobilisierungsbefehles, […] an die Zerstörung der bestehenden Rechtsordnung des Geldwesens […] schreiten müßte."[7] Es war ein guter Rat, der konsequent ignoriert werden sollte.

3. Die Kriegsfinanzierung der kriegführenden Staaten

Bei Kriegsausbruch 1914 sahen sich alle Staaten grundsätzlich mit demselben Problem konfrontiert, die enormen und schnell anwachsenden Kriegskosten dauerhaft zu finanzieren. Mit grimmiger Ironie musste man feststellen, dass die Vernichtung von Menschenleben und Gütern auch bezahlt werden musste, ebenso wie die gestiegenen staatlichen Ausgaben für die kriegsbedingten Sozial- und Hilfsmaßnahmen. Am Ende des Krieges lag im Jahr 1918 das Kriegsbudget Großbritanniens 562 % über dem von 1914, im Deutschen Reich waren es 505 %, in Frankreich 448 %, in Russland (bis zum Jahr 1916) 315 %.[8] Die geschätzten Kriegskosten lagen für alle kriegführenden Staaten bei rund 209 Milliarden Dollar (oder inflationsbereinigt bei rund 82 Milliarden in den konstanten Preisen von 1913), wovon die Kriegsausgaben für die Entente-Mächte bei 147 Milliarden, jene der Mittelmächte bei 62 Milliarden Dollar lagen.[9] Zur Finanzierung dieser Kriegskosten standen grundsätzlich drei Instrumente zur Verfügung: Steuern, Anleihen auf den in- und ausländischen Märkten und die Defizitfinanzierung durch die „Notenpresse" in Form von Kreditaufnahmen bei den Notenbanken. Im Prinzip bedienten sich die Staaten aller dieser Mittel, aber in unterschiedlichen Relationen. Das Instrument der Steuern war am geeignetsten das Sozialprodukt von Investitionen und Konsum zum öffentlichen Verbrauch für den Krieg umzulenken, indem man den Geldüberhang bei Unternehmen und Haushalten abschöpfte, es wurde aber von den meisten Staaten, mit Ausnahme des Vereinigten Königreiches, nur zurückhaltend angewendet, vorwiegend aus innenpolitischen Gründen. So finanzierte Frankreich seine Kriegsausgaben zu etwa 15 %, das Deutsche Reich zu knapp 17 %, aber Großbritannien immerhin zu rund 26 %.[10] Aber das primäre Instrument wurde auf beiden Seiten die Finanzierung durch Kredite. Diese wurden im Inland

---

6 Zu den finanziellen Kriegsvorbereitungen; vgl. Popovics, Geldwesen (wie Anm. 1), 30–40; Pressburger, Noteninstitut II/3 (wie Anm. 3), 1379–1383, 1478, 1511–1517 u. 1544–1556.
7 Popovics, Geldwesen (wie Anm. 1), 40.
8 Ullmann Hans-Peter, Kriegswirtschaft. In: Enzyklopädie Erster Weltkrieg, hg. von Hirschfeld Gerhard/Krumreich Gerd/Renz Irina. Paderborn-München-Wien-Zürich 2009, 228.
9 Stevenson David, Der Erste Weltkrieg. Düsseldorf ³2006, 268; Ullmann, Kriegswirtschaft (wie Anm. 8), 228.
10 Vgl. Ullmann, Kriegswirtschaft (wie Anm. 8), 229.

in Form von Kriegsanleihen platziert bzw. in Form von Kreditaufnahmen bei den Zentralbanken aufgenommen, von denen keine, wie Stevenson feststellt, unter Kriegsbedingungen wirklich unabhängig war.[11] Es war dies die politisch „billigste" Lösung und verschob die langfristig damit verbundenen Probleme auf später. Die negativen Folgen der Inflationierung der Währung hoffte man durch laufende Geldabschöpfung bewerkstelligen zu können, jene der Verschuldung durch Reparationszahlungen nach einem gewonnenen Krieg. Von allen kriegführenden Staaten wurde bei Kriegsausbruch der sogenannte „Goldstandard" aufgegeben, das heißt die damals übliche Konvertierung von Papiergeld in Gold auf Verlangen. Damit wurde es den Regierungen erleichtert, mit Papiergeld mittels der Notenpresse die benötigten Mittel zu lukrieren.[12] Daneben spielten noch zwischenstaatliche Kredite und Geldaufnahme auf den Finanzmärkten (vor allem in den USA durch die Entente-Mächte) eine Rolle. An Kriegsanleihen wurden vom Deutschen Reich während des Krieges neun,[13] in Österreich acht (in der ungarischen Reichshälfte 17), in Großbritannien bis 1917 drei, in Frankreich seit 1915 vier, und in Russland bis 1917 acht aufgelegt. Alle diese Kriegsanleihen beruhten im Prinzip auf mehr oder weniger Freiwilligkeit der Zeichnung und spiegelten in ihren Erträgen damit auch das Ausmaß an Siegeszuversicht in diesen Staaten wider. Daher wurden sie in allen Ländern mit erheblichem Propagandaaufwand begleitet. Als Folge dieser Kreditfinanzierung des Krieges explodierte in allen kriegführenden Ländern die öffentliche Schuld, in für die damalige Zeit unbekannten Größenordnungen.[14] Zusammenfassend wird das System der Kriegsfinanzierung sehr gut von David Stevenson charakterisiert: „Das außerordentliche Potential der Staaten zur Geldbeschaffung über Kreditaufnahme erwies sich als ein besonders herausragendes Phänomen des Krieges […]."[15] Dieser sich im Krieg hochschaukelnde „Rhythmus von Geldschöpfung und -abschöpfung" (Ullmann)[16] sollte ebenfalls in Österreich-Ungarn zum Tragen kommen.

4. Der Kriegsausbruch und die Finanzpolitik

Wie alle anderen Staaten, die sich im August 1914 im Krieg befanden, hatte man auch in Österreich-Ungarn keine Erfahrungen, wie man einen großen Krieg finanzieren sollte. Österreich war von einem „begrenzten" und vor allem kurzen Krieg gegen Serbien ausgegangen und sah sich nun in einen Mehrfrontenkrieg verwickelt. Die Maßnahmen, die ergriffen wurden, waren ähnlich jenen in den anderen Staaten. Mit der kaiserlichen Verordnung vom 31. Juli 1914 wurden privatrechtliche Geldforderungen, mit wenigen Ausnahmen, für 14 Tage gestundet.[17] Damit sollte ein Ansturm auf die Banken, wie er sich im Zuge der „Annexionskrise" ereignet hatte, vermieden werden. Der entscheidende Schritt war die Suspendierung der Bankakte der österreichischen Notenbank, was bezeichnenderweise auf dem Verordnungsweg geschah. Denn mit der Nichtwiedereinberufung des Reichsrates nach Beendigung seiner Session am 25. Juli 1914, war Österreich (aber nicht die ungarische Reichshälfte) der einzige unter den kriegführenden Staaten, der keine Volksvertretung hatte, um die Maßnahmen der Regierung und die Kriegskredite zu bewilligen. Mit der kaiserlichen Verordnung vom 4. August 1914 wurde die Regierung ermächtigt, die notwendigen Geldmittel zur Bestreitung der militärischen Auslagen durch Kreditoperationen,

---

11 Vgl. Stevenson, Weltkrieg (wie Anm. 9), 271.
12 Vgl. Stevenson, Weltkrieg, (wie Anm. 9), 271; Ullmann, Kriegswirtschaft (wie Anm. 8), 229.
13 Zur Kriegsfinanzierung im Deutschen Reich und ihren Auswirkungen; vgl. Wehler Hans-Ulrich, Deutsche Gesellschaftsgeschichte Bd. 4. Vom Beginn des Ersten Weltkrieges bis zur Gründung der beiden deutschen Staaten 1914–1949. München [6]2003, 64–68.
14 Zu den Zahlenangaben über die Schuldenentwicklung der Staaten im Krieg; vgl. Ullmann, Kriegswirtschaft (wie Anm. 8), 229.
15 Stevenson, Weltkrieg (wie Anm. 9), 272.
16 Ullmann, Kriegswirtschaft (wie Anm. 8), 228.
17 Vgl. Kaiserliche Verordnung über eine Stundung privatrechtlicher Forderungen, RGBl. Nr. 193.

jedoch ohne dauerhafte Belastung des Staatsschatzes zu beschaffen.[18] Mit einer zweiten Verordnung vom selben Tag wurde mit der Suspendierung der Bankakte die Notenbank von verschiedenen Verpflichtungen entbunden, darunter der zur Veröffentlichung ihrer Bilanzen und der Golddeckung der Währung.[19] Damit konnte die Notenbank einen höheren Notenbetrag ausgeben, sofern dieser durch Wechsel, Effekten oder Devisen gedeckt war. Mit anderen Worten bildeten die Darlehen an die Staatsverwaltung nunmehr einen Bestandteil der bankmäßigen Deckung des Banknotenumlaufes, wie Eduard März konstatiert.[20] Die geschätzten Kriegskosten Österreichs sollten sich bis Kriegsende auf ca. 81 bis 90 Milliarden Kronen (je nach Berechnung) belaufen, was umgelegt auf das Preisniveau von Juli 1914 Ausgaben in Höhe von ca. 18 bis 19 Milliarden Kronen bedeutete und damit so hoch waren, wie das gesamte Volkseinkommen der Monarchie im Jahr 1914. Rund drei Fünftel dieser Kriegskosten wurden schließlich über verschiedene Anleihen und zu zwei Fünftel über die Geldschöpfung finanziert.[21] Auf die darin enthaltenen Anteile der ungarischen Kriegskosten kann im vorliegenden Beitrag aus Platzgründen nicht eingegangen werden.

5. Organisation und Durchführung der österreichischen Kriegsanleihen

	Zeitraum*	Zinssatz	Laufzeit
1. Kriegsanleihe	16.–24.11.1914	5½ %	bis 1.4.1920
2. Kriegsanleihe	8.–29.5.1915	5½ %	bis 1925
3. Kriegsanleihe	7.10.–6.11.1915	5½ %	bis 1930
4. Kriegsanleihe	17.4.–15.5.1916	5½ % Schatzscheine 5½ % Anleihe	7 Jahre 40 Jahre
5. Kriegsanleihe	20.11.–16.12.1916	5½ % Schatzscheine 5½ % Anleihe	7 Jahre 40 Jahre
6. Kriegsanleihe	10.5.–8.6.1917	5½ % Schatzscheine 5½ % Anleihe	7 Jahre 40 Jahre
7. Kriegsanleihe	5.11.–3.12.1917	5½ % Schatzscheine 5½ % Anleihe	7 Jahre 40 Jahre
8. Kriegsanleihe	28.5.–2.7.1918	5½ % Schatzscheine 5½ % Anleihe	7 Jahre 40 Jahre

Tab. 1: Die österreichischen Kriegsanleihen 1914–1918
Quelle: SLA, Geheime Präsidialakten des k. k. Landespräsidiums 1914–1918, Kt. 64–68, 1.–8. Kriegsanleihe; * Der Zeichnungszeitraum wurde bei fast allen Kriegsanleihen durch amtliche Verlautbarungen um zwei Wochen verlängert. 1915.

Als sich im Herbst 1914 das Scheitern des erhofften kurzen Krieges abzeichnete, erwies es sich als notwendig, neben den Notenbankkrediten weitere Möglichkeiten zur Beschaffung der Mittel einzusetzen. Zu diesem Zweck gab das österreichische Finanzministerium (für die cisleithanische Reichshälfte) ab Herbst 1914 mit Hilfe eines Bankenkonsortiums unter der Leitung der Postsparkasse staatliche Kriegsanleihen zur öffentlichen Zeichnung aus. Dieses entschied über Stückelungen, Abrechnung, Werbung und anfallende Provisionen.[22] Neben der Geldmittelbeschaffung sollten diese Kriegsanleihen gleichzeitig einen zweiten Zweck erfüllen, in dem sie zu einer Abschöpfung der kriegswirtschaftlich bedingt sprunghaft ansteigenden Zahlungsmittel beitragen sollten, um so die

18 Vgl. Kaiserliche Verordnung vom 4.8.1914, RGBl. Nr. 202, betreffend die Vornahme von Kreditoperationen zur Bestreitung der Auslagen für außerordentliche militärische Vorkehrungen aus Anlass der kriegerischen Verwicklungen.
19 Vgl. Kaiserliche Verordnung vom 4.8.1914, RGBl. Nr. 198, betreffend außerordentliche Maßnahmen hinsichtlich der Geschäftsführung der Österreichisch-ungarischen Bank.
20 Vgl. März Eduard, Österreichische Bankpolitik in der Zeit der großen Wende 1913–1923. Am Beispiel der Creditanstalt für Handel und Gewerbe. Wien 1981, 143; Zu den Einzelheiten dieser Geldpolitik; vgl. Popovics, Geldwesen (wie Anm. 1).
21 Vgl. Sandgruber Roman, Ökonomie und Politik. Österreichische Wirtschaftsgeschichte vom Mittelalter bis zur Gegenwart. In: Wolfram Herwig (Hg.), Österreichische Geschichte. Wien 1995, 327.
22 Vgl. Rauchensteiner, Der Erste Weltkrieg (wie Anm. 1), 585.

Inflation zurückzuhalten. Man konnte diese Kriegsanleihen bei allen Postsparkassen, den größeren Geldinstituten und bei den Filialen der Österreichisch-ungarischen Bank zeichnen. Insgesamt wurden bis 1918 acht Kriegsanleihen in der österreichischen Reichshälfte aufgelegt.

5.1 Die Schlüsselrolle der Sparkassen

Ab 1915 spielten die Sparkassen eine wichtige Rolle im System der kriegswirtschaftlichen Geld- und Kreditoperationen, so auch in Salzburg. Aufgrund des geringen Industrialisierungsgrades des Landes zielten die staatlichen Geldabschöpfungsbemühungen von Beginn an auf die privaten Sparer, Kleinanleger und Gemeinden, die zum typischen Kundenkreis der Sparkassen gehörten. Dementsprechend wurden bereits per Erlass des Ministeriums des Innern vom 3. September 1914 für die Dauer des Krieges erste Erweiterungen der Geschäftsfähigkeit der Sparkassen bewilligt und in der Folge mehrfach ausgeweitet. Zu diesem erweiterten rechtlichen Rahmen gehörte auch, im Zusammenhang mit ihrer Anerkennung als Zeichnungsstellen für Kriegsanleihen im Jahr 1915, die Etablierung des Wertpapier- und Depotgeschäftes.[23] Wie Christian Dirninger am Beispiel der Salzburger Sparkasse feststellt, entwickelte sich dieser Geschäftszweig im Laufe der Kriegsjahre zu einem „ganz besonders prägenden Faktor".[24] Zwei Gründe waren dafür ausschlaggebend. Zum einen nahm nach dem Abflauen der kurzfristigen Unsicherheiten bei Kriegsbeginn die Einlagentätigkeit wieder zu. Durch die Umstellung auf die Kriegswirtschaft wurde der Bargeldverkehr breiter Bevölkerungsschichten immer mehr von Konsumgüterrationierungen und Bezugskartenzuteilungen eingeschränkt, sodass es zum Phänomen des „Zwangssparens" kam und somit zu einem erhöhten Sparaufkommen führte, das trotz intensiver Werbebemühungen für die Kriegsanleihezeichnungen nicht voll abgeschöpft werden konnte.[25] Zum anderen war die Werbung um Kundenzeichnungen für die Kriegsanleihen ein staatlicher Auftrag, dem sich die Sparkassen nicht entziehen konnten. Auch die Sparkassen in Salzburg, die traditionell einen hohen Wertpapieranteil an staatlichen Anleihen hielten, zeichneten in großem Umfang Kriegsanleihen, allerdings im Vergleich zu anderen Kronländern deutlich geringer in Relation zu ihrem Einlagenstand (vgl. Tab. E 12). Diese Zurückhaltung führte mehrfach zu behördlicher Kritik der Zentral- und Landesbehörden, die deutlich höhere Erwartungen hatten. So teilte das k. k. Landespräsidium beispielsweise im Mai 1917 den Bezirkshauptmannschaften und dem Salzburger Bürgermeister mit, dass *die Sparkassen des hiesigen Verwaltungsgebietes infolge ihrer geringen Beteiligung bei den ersten drei Kriegsanleihen im Verhältnis zu den Sparkassen anderer Verwaltungsgebiete (Salzburg zusammen bei allen 5 Kriegsanleihen 47,7 % des Einlagenstandes gegenüber Mähren 70,8 %, Steiermark 68,3 % u.s.w.) hat das Ministerium des Innern der Erwartung Ausdruck verliehen, daß anlässlich der 6. Kriegsanleihe eine angemessene Steigerung der Zeichnungen erfolgen wird. Im Sinne dieser Ausführungen glaubt das Landespräsidium den Betrag von 15 % des Einlagenstandes als Minimum der diesmal anzustrebenden Zeichnungen betrachten zu wollen.* […].[26] Insgesamt spiegelt sich die Rolle der Sparkassen in dem Bemühen wider, sich unter staatlichen Druck mit ihrer Geschäftstätigkeit voll in den Dienst der Kriegsfinanzierung zu stellen, und der Notwendigkeit eines ertragsorientierten Verhaltens gerecht zu werden. Mit der

---

23 Vgl. Dirninger Christian, Die geschäftliche und institutionelle Entwicklung der Salzburger Sparkasse von ihrer Gründung bis zu den 1970er Jahren. In: 150 Jahre Salzburger Sparkasse. Geschichte-Wirtschaft-Recht, hg. von Dirninger Christian/Hoffmann Robert. Salzburg 2006, 80.

24 Dirninger, Salzburger Sparkasse (wie Anm. 23), 83.

25 Dirninger, Salzburger Sparkasse (wie Anm. 23), 81; AStS, Geschäftsbericht der Salzburger Sparkasse 1930.

26 SLA, Landesausschuss III 78/03/17, Salzburger Sparkasse Allgemeines, Schreiben des k.k. Landespräsidiums an die Vorsteher der k.k. Bezirkshauptmannschaften und den Bürgermeister der Landeshauptstadt Salzburg, 27.5.1917, Zl. 9071.

Verschlechterung der Kriegslage und der immer stärker zunehmenden Geldentwertung sahen sich die Sparkassen, wie auch alle anderen Geldinstitute, schließlich mit dem Problem der abnehmenden (realen) Validität ihrer Kriegsanleihen konfrontiert, konnten aber in Anbetracht des politischen Drucks[27] nur indirekt in Form von möglichst geringen (im Verhältnis zu den Gesamteinlagen) Zeichnungen reagieren. Die Zeichnungsergebnisse der Sparkassen im Land Salzburg zeigen dabei eine im Trend liegende Zunahme der Nominal-Zeichnungsbeträge, während eine Analyse auf Basis des Realgeldwertes zeigt, dass die Zeichnungsbereitschaft sowohl der Sparkassen als auch der Kunden bei den ersten sechs Kriegsanleihen tendenziell abnahm (Ausnahme 4. Kriegsanleihe im Mai 1916). Dieser Trend dürfte sich bei den letzten beiden Anleihen fortgesetzt haben, doch verfügen wir hier leider nicht über die vollständigen Ergebnisse (vgl. Tab. E 10 und E 11). Ebenso am Einlagenstand der Sparkassen machte sich das Phänomen der Aufblähung des Geldumlaufes und damit des nominalen Anlagevermögens bemerkbar, während die tatsächlich angelegte Kaufkraft in den Kriegsjahren immer weiter zurückging (vgl. Tab. E 4 bis E 11).

6. Hoffnung auf den kurzen Krieg. Die 1. und 2. Kriegsanleihe im Kronland Salzburg

Der Kriegsausbruch in Verbindung mit dem von der Regierung ausgesprochenen Moratorium führte vielfach zu panikartigen Geldabhebungen, vor allem bei Sparkassen und in der Folge zu einem sehr schnell spürbaren Kleingeldmangel.[28] Diese Unsicherheit in der Bevölkerung zeigte sich in den Bemühungen durch Einschränkungen bei der Einlagerückzahlung sowie durch Kundmachungen, die Lage zu beruhigen. Mehrfach versicherten sowohl die Regierung als auch die Sparkassen, *daß das bei den Sparkassen angelegte Geld in keiner Weise der Gefahr eines Verlustes ausgesetzt ist,* und appellierte an den Patriotismus: *Es wäre daher unpatriotisch, wenn jemand um sein ohnedies nicht gefährdetes Geld vermeintlich in Sicherheit zu bringen, über Bedarf abhebt und dadurch die vorhandenen Zahlungsmittel jenen entzieht, welche für das Vaterland, also auch für ihn ihr Leben einzusetzen haben.*[29] Jedoch beruhigte sich die Situation bis zum Herbst wieder. Die erste Kriegsanleihezeichnung in Salzburg lässt einen offiziell verbreiteten Optimismus erkennen.

Das vorhandene Quellenmaterial[30] lässt den Schluss zu, dass die Landesverwaltung in die Organisation der ersten Kriegsanleihe nur wenig eingebunden war, sondern primär den Finanzinstituten und der Postsparkasse oblag. Die Bevölkerung wurde in den Tageszeitungen und Anschlägen von der Möglichkeit einer Anleihe-Zeichnung informiert.[31] Der k. k. Minister des Innern teilte am 11. November 1914 dem Landespräsidenten Felix Schmitt-Gasteiger die Modalitäten der Anleihe mit, und übermittelte *den besonderen Wunsch Seiner Exzellenz des Herrn Ministerpräsidenten speziell einen persönlichen Einfluß auf die durch Reichtum hervorragenden Mitglieder des Hochadels, auf die Führer der politischen Parteien im Lande sowie auf markante Persönlichkeiten der Journalistik zu nehmen.*[32] Der Hinweis auf letztere kam nicht von ungefähr. Im November 1914 hatten die Hoffnungen auf einen schnellen und siegreichen Krieg durch die Niederlagen in Serbien und an der Ostfront einen Dämpfer erhalten, und

27 Vgl. Dirninger, Salzburger Sparkasse (wie Anm. 23), 85f.
28 Vgl. Pressburger Siegfried, Das Österreichische Noteninstitut 1816–1966, II/4: 1914–1922 (unter Mitarbeit von Richard Bajez), hg. von der Österreichischen Nationalbank. Wien 1976, 641–643.
29 SLA, Landesausschuss III, Fasz. 87/03/17 Salzburger Sparkasse. Kundmachung *Ernste Mahnung an die Sparer* des K. k. Ministerium des Innern, undatiert [handschriftl.: *Sparkasse-Dion am 17/8/1914 verständigt*).
30 Dabei handelt es sich primär um die Bestände betreffend die Kriegsanleihe in den Geheimen Präsidialakten des k. k. Landespräsidiums im Salzburger Landesarchiv. Allerdings enthalten diese Bestände keine vollständigen Aktenvorgänge zu allen 8 Kriegsanleihen. Es finden sich keine Gesamtergebnisse für das Land Salzburg, sondern nur Einzelergebnisse aus jenen Bereichen, in denen die Landesbehörden Aufsichtsfunktionen wahrzunehmen hatten. Gut dokumentiert sind vor allem die II. bis V. Kriegsanleihe, während für die VI. bis VIII. Kriegsanleihe nur kleine Teilbestände erhalten sind. Dabei handelt es sich um den Schriftverkehr der k. k. Bezirkshauptmannschaft St. Johann im Pongau; vgl. SLA, Geheime Präsidialakten des k. k. Landespräsidiums, Kt. 64–70, Fasz. 26/1 bis 27.
31 Vgl. Salzburger Chronik, 14.11.1914, 8; Salzburger Volksblatt, 18.11.1914, 10.
32 SLA, Geheime Präsidialakten des k. k. Landespräsidiums 1914–1918, Kt. 64, Fasz. 26/1, I. Kriegsanleihe. Schreiben des k. k. Minister der Innern an den Landespräsidenten in Salzburg, 11.11.1914.

die Todesanzeigen in den Zeitungen führten wohl bei so manchem zu einer gewissen Ernüchterung. Die Werbung regierte darauf mit der Verbreitung von Siegeszuversicht. Die unter behördlicher Kriegszensur stehenden Zeitungen berichteten anlässlich der ersten beiden Anleihen regelmäßig von „patriotischen Zeichnungen" sowohl von Einzelpersonen als auch von als seriös geltenden Institutionen und Körperschaften: *Die Kriegsanleihe: Der Ausschuß des Handelsgremiums Salzburg hat in seiner gestrigen Sitzung einstimmig beschlossen, daß sich das Gremium mit seinen gesamten realisierbaren Mitteln an der Subskription der österreichischen Kriegsanleihe beteilige.*[33] Vier Tage später konnte man lesen: *Die Zeichnung der Kriegsanleihe hat in Salzburg auch von kleinen Sparern bereits einen schönen, den allgemein herrschenden patriotischen Geist kennzeichnenden Erfolg. Bei den Salzburger Postämtern wurden bisher von Besitzern von Postsparkassebüchlein ein Betrag von rund 50.000 Kronen gezeichnet, der umso höher anzuschlagen ist, als er sich zum größten Teile aus ganz kleinen Beträgen zusammensetzt und außerdem viele dieser kleinen Sparer die Zeichnung direkt bei der Postsparkassa in Wien besorgt haben.*[34] Unterstützt wurden diese propagandistischen Artikel durch zahlreiche Aufrufe zur Zeichnung von Kriegsanleihen, wie etwa jenen des gewerblichen Landesverbandes. In diesem „Aufruf der Vorstehung des gewerblichen Landesverbandes an alle Gewerbetreibenden des Kronlandes! An die Gewerbetreibenden Salzburgs in Stadt und Land, ihre Genossenschaften und Verbände!" lesen wir, dass man durch *eine kraftvolle Tat beweisen* müsse, dass *nicht nur die Truppen tapfer und einig im Felde stehen, sondern auch alle Schichten der Bevölkerung Vertrauen in den Staat haben, und daß dieser wirtschaftlich stark genug sei um die nötigen Mittel zur siegreichen Beendigung des Kriegs zur Verfügung zu stellen. Diese Tat ist die Zeichnung der Kriegsanleihe.* Die Vorteile der Kriegsanleihe seien sowohl materieller als auch ideeller Natur. *Wer mehr hat der zeichne reichlich, wer nur über ein geringes verfügt, und wenn dieses selbst schwer erworben wurde, gebe es im eigenen und im Interesse der Gesamtheit. Jeder trachte, nach seinem ganzen Können, ein nützliches Glied in der großen Menge der wirtschaftlichen Verteidiger unseres Vaterlandes, unserer heimatlichen Scholle, unserer wirtschaftlichen Stellung und Entwicklung zu sein.* Um dann allerdings an passender Stelle den Staat darauf hinzuweisen, dass eine entsprechende Gegenleistung erwartet würde: *Hierfür allerdings erwartet der Gewerbestand, daß der Staat seine Bedeutung voll erfasse und sie nicht nur im gegenwärtigen Augenblicke durch Zuwendung der möglichen Militärlieferungen, durch gewerbefreundliche Handhabung aller Gesetze, sondern auch durch zielbewußten Ausbau derselben für die Zukunft und eine entsprechende Förderung des Gewerbewesens anerkenne. Treue um Treue! Salzburgs Gewerbestand wird seine Pflicht voll tun. Darum auf in den wirtschaftlichen Kampf für unser Vaterland!*[35] Im Gegensatz zu späteren Kriegsjahren sind in den Artikeln vereinzelte kritische Anmerkungen zu finden, so etwa in derselben Ausgabe, über den andauernd regen Zuspruch bei den Subskriptionsstellen. Es seien dies vor allem kleine Anleger. In einzelnen Gemeinden der Umgebung seien noch keine Zeichnungen erfolgt, worauf der Hinweis auf das Ausbleiben der *begüterten Kreise* erfolgt, die sich sicherlich nicht von den Minderbemittelten beschämen lassen würden.[36]

Ein weiteres Mittel der Propagierung der Kriegsanleihen in dieser ersten Kriegsphase sind verschiedene Leitartikel in den Tageszeitungen, in denen die Leserschaft auf die Vorteile dieser Anlageform hingewiesen wird. So heißt es im

33 Salzburger Volksblatt, 15.11.1914, 6.
34 Salzburger Volksblatt, 19.11.1914, 10.
35 Aufruf der Vorstehung des gewerblichen Landesverbandes an alle Gewerbetreibenden des Kronlandes!, Salzburger Volksblatt, 20.11.1914, 7.
36 Salzburger Volksblatt, 20.11.1914, 9.

„Salzburger Volksblatt": *Die Begeisterung mit der die Bevölkerung der Aufforderung zur Zeichnung der Kriegsanleihe nachgekommen ist, läßt schon jetzt mit Sicherheit erwarten, daß das in Voranschlag gebrachte Resultat der österreichischen Anleihe im Betrag von einhalb Milliarden durch die Tatsachen übertroffen werden wird. Der Kaiser und alle Mitglieder des kaiserlichen Hauses, die Hocharistokratie und die Großkapitalisten, Aktiengesellschaften, Länder und Gemeinden, Kirchen und Klöster, Vereine und Einzelpersonen haben sehr namhafte Beträge gezeichnet und so ihre Bereitwilligkeit, dem Vaterlande nach Kräften zu dienen, gezeigt. Rührend wirken besonders viele Zeichnungen kleiner Beträge. Da zeichnet ein Dienstmädchen seine ganzen Ersparnisse, ein armer Handwerker zeichnet den kleinsten Betrag, Kinder bringen den Inhalt ihrer Sparbüchlein, ein Infanterist zeichnet – eine lebendige Illustration der Verse „Gut und Blut für unsern Kaiser, Gut und Blut fürs Vaterland!" – aus dem Felde 200 Kronen. […] In der Tat machen die Zeichner ein ausgezeichnetes Geschäft und wenn diese Überzeugung sich erst in den breiten Schichten der Bevölkerung festigt, dann werden in den wenigen letzten Zeichnungstagen besonders die Anmeldungen der kleinen Sparer noch reichlicher einlaufen als bisher. Der kleine Sparer, der gewohnt ist, sein Geld in die Sparkassa zu tragen, muß vielfach zu der für ihn neuen Form der Anlage sozusagen erst erzogen werden. Der Begriff der Schatzscheine muß vielen erst klar werden, es muß ihnen die Ueberzeugung beigebracht werden, daß mit der Umwandlung ihres Barvermögens für sie nicht nur kein Risiko, sondern sogar eine nennenswerte, bei größeren Zeichnungsbeträgen sogar bedeutende Erhöhung des Einkommens und später sogar Vermögensvermehrung verbunden ist. […] Und wenn wir diese Ausführungen mit dem Aufrufe „Zeichnet die Kriegsanleihe! Ihr helft nicht nur dem Vaterlande, ihr macht auch ein gutes Geschäft dabei!" schließen, dann sind wir überzeugt, daß dieser Ruf nicht ungehört verhallen wird.*[37] Diesem „Geschäftsmodell" folgten mehr noch als die Privatleute, und mehr oder weniger freiwillig öffentliche Institutionen. In seiner Sitzung am 17. November 1914 beschloss der Salzburger Landesausschuss einstimmig, sich *mit sämtlichen Fonden an der Kriegsanleihe mit dem Betrage von 100.000 Kronen zu beteiligen.*[38] In der täglichen Berichterstattung wurde unter dem Titel „Zeichnet Kriegsanleihe!" von den Ergebnissen einzelner Postämter im Stadtbereich berichtet. Hervorgehoben wird dabei „der Patriotismus der kleinen Zeichner". *Dieser beispielgebende patriotische Opfermut der „Kleinen" und des „Mittelstandes" kann nicht genug gerühmt werden. Wenig Anmeldungen sind bisher von der Aristokratie erfolgt; auch die höhere pensionierte und aktive Beamtenschaft hat sich noch nicht hervorgetan, desgleichen ist die Beteiligung des Klerus, insbesondere der Klöster und Pfarreien hinter den Erwartungen zurückgeblieben. Es ist jedoch zu erwarten, daß diese Kreise im Verhältnisse zu ihren Mitteln ihre Zeichnungen noch vornehmen werden.*[39] In dieser frühen Phase des Krieges berichten die Zeitungen auch noch vergleichsweise offen über Zeichnungsergebnisse, eine Praxis die ab 1916 so gut wie eingestellt wird. *Salzburg 24. November. Die Zeichnung bei der Bankanstalt Spängler & Co., sowie bei den Zweiganstalten der Bank für Oberösterreich und Salzburg, der Länderbank und des Wiener Bankvereines haben heute die Höhe von 11¾ Millionen Kronen erreicht. Die Zeichnungen bei der Zweigstelle der Oester. ung. Bank belaufen sich auf 3,450.000 K. Bei den Postämtern der Stadt Salzburg belaufen sich die Zeichnungen auf 280.000 K. In der Stadt Salzburg samt Maxglan und Gnigl wurden bisher rund 15½ Millionen Kronen Kriegsanleihe aufgebracht.*[40]

37 „Zeichnet Kriegsanleihe!", Salzburger Volksblatt, 21.11.1914, 1.
38 Vgl. SLA, Landesausschuss I 1914, Sitzungsprotokoll vom 17.11.1914.
39 Salzburger Volksblatt, 22.11.1914. 3.
40 Salzburger Volksblatt, 25.11.1914, 8.

Von Seiten der Zentralverwaltung ergingen immer wieder Aufforderungen, Orientierungsschreiben und Maßgaben an die Landesbehörden, für die gezielte Einflussnahme auf Gewerbegenossenschaften, den Klerus, und besonders auf die Sparkassen.[41] Auffallend ist jedoch das Fehlen von Gesamtzeichnungsergebnissen sowohl in der Berichterstattung als auch in den amtlichen Unterlagen. So finden sich etwa die Gemeinde-Zeichnungen nur für den politischen Bezirk Hallein.

Gerichtsbezirk	Gemeinde	Betrag nominal	Betrag real (Kaufkraft Juli 1914)
Hallein	Adnet	–	–
	Dürrnberg	–	–
	Hallein	10.000	8.130
	Krispl	1.000	813
	Oberalm	10.000	8.130
	Puch	3.000	2.439
	Vigaun	5.000	4.065
Golling	Golling	2.000	1.626
	St. Koloman	1.000	813
	Kuchl	2.000	1.626
	Obergäu	–	–
	Scheffau	–	–
	Torren	1.000	813
Abtenau	Abtenau	2.000	1.626
	Annaberg	–	–
	Rußbach	7.000	5.691
Summe		44.000	35.772

Tab. 2: Zeichnungen der Gemeinden des politischen Bezirkes Hallein zur 1. Kriegsanleihe
Quelle: SLA, Geheime Präsidialakten des k. k. Landespräsidiums 1914, Kt. 64, Fasz. 26/1, Aufstellung der Bezirkshauptmannschaft Hallein vom 17.12.1914; und eigene Berechnungen.

6.1. Die 2. Kriegsanleihe (Mai 1915)

Die Einnahmen aus der 1. Kriegsanleihe zeitigten ein unerwartet hohes Ergebnis (vgl. Tab. B 1), aber bereits im Frühjahr nötigte der Geldbedarf zu einer neuerlichen Kriegsanleihe, die im Zeichen des Kriegseintritts Italiens (23. Mai 1915) auf Seiten der Entente-Mächte erfolgte. Die Öffentlichkeit erfuhr am 5. Mai 1915 in den Zeitungen von den Vorbereitungen: *Wien, 5. Mai. Der Vizegouverneur der Postsparkassa Dr. Karl Ritter von Leth hat heute Vertreter der Presse empfangen. Bei dieser Gelegenheit hielt er eine Ansprache, in der er daran erinnerte, daß er bei einem Empfange vor sechs Monaten die Ueberzeugung von einem glänzenden Erfolge der Kriegsanleihe ausgesprochen habe. Das schließliche Resultat hat aber alle Erwartungen übertroffen. Die Emission der zweiten Kriegsanleihe erfolgt unter vielfach günstigeren Verhältnissen. Sechs Monate haben wir durchgemacht und mehr als je herrscht volle Zuversicht, daß wir zum endgültigen Siege gelangen werden. Die militärische Lage ist außerordentlich günstig, und was die wirtschaftliche Situation anbelangt, so könne man sagen, daß ein Staat nichts zu*

---

41 SLA, Geheime Präsidialakten des k.k. Landespräsidiums 1914–1918, Kt. 64, Fasz. 26/1, I. Kriegsanleihe.

fürchten habe, der bereits neun Monate einen so furchtbaren Krieg so erfolgreich führe und sechs Monate nach der Subskription auf eine Milliardenanleihe noch so stark finanziell befestigt sei, daß es die Emission einer zweiten Kriegsanleihe gestattet, deren abermaliger Erfolg nicht bezweifelt werden könne.[42] Ab der 2. Kriegsanleihe wurden einige organisatorische Verbesserungen eingeführt, demnach wurden die Postämter beauftragt, die jeweils fälligen Coupons der Kriegsanleihe kostenlos einzulösen. Hierdurch sollte für alle potentiellen Zeichner in den Landgemeinden Gelegenheit geschaffen werden, die fälligen Coupons ohne größeren Reiseaufwand einzulösen. Außerdem gab es eine eigene Einrichtung für die große Gruppe der Staatsgläubiger, namentlich für Gemeinden, Fonds, Kirchen, Pfarrvermögen, Stiftungen, Vereine und andere Körperschaften. In der Werbung ist eine zunehmende Militarisierung des Sprachgebrauches feststellbar, so wurden die Kriegsanleihe-Zeichner etwa mit Soldaten verglichen, deren Patriotismus gleich stark sei wie der an der Front: *Wie bei der ersten Kriegsanleihe wird auch diesmal der Betrag nicht begrenzt sein, die Höhe der Summe der Anleihe wird sich vielmehr nach dem Ergebnis der Zeichnung richten. Darin liegt der stärkste Ansporn für das österreichische Kapital, für alle Schichten der Bevölkerung, die Kriegsanleihe zu zeichnen, um einen neuen glänzenden Erfolg, einen neuen Sieg zu erringen. […].*[43] In den Kommentaren wurde die Bevölkerung nunmehr auf einen längeren Krieg eingestellt. Neben dem „Patriotismus" wurde zunehmend das ökonomische Argument bemüht, dass es sich bei den Kriegsanleihen um besonders sichere und günstige Anlageformen handle: *Nun wütet der Krieg wider alles Erwarten monatelang und neue Hilfsquellen müssen dem Staate zur militärischen und wirtschaftlichen Vorsorge erschlossen werden. Abermals geschieht dies auf dem Wege der Anleihezeichnung. […] Die Ueberzeugung von der Wichtigkeit eines glänzenden Erfolges der Kriegsanleihe in staatsfinanzieller, politischer und militärischer Bedeutung muß die weitesten Kreise der Bevölkerung durchdringen und für jeden […] ist die Zeichnung geradezu Ehrenpflicht, dies umso mehr, als die letzten glänzenden Erfolge auf den Schlachtfeldern in den Karpathen und in Westgalizien das volle Recht geben, einem endgültigen Siege mit vollem Vertrauen entgegenzusehen. […] Die Mitarbeit wird der Bevölkerung im gegebenen Falle aber umso leichter sein können, als die Erwerbung der Kriegsschatzscheine […] eine außergewöhnlich günstige Vermögensanlage darstellt und finanztechnisch die Beteiligung an der Anleihe auch dem kleinsten Sparer ermöglicht ist.*[44]

Immer stärker wurden nun einzelne Berufsgruppen gezielt mit Aufrufen angesprochen, sich an der Kriegsanleihe zu beteiligen. So rief die Salzburger Handelskammer ihre Mitglieder öffentlich zur Zeichnung auf: *Aufruf an die Herren Industriellen, Handel- und Gewerbetreibenden zur Zeichnung der zweiten Kriegsanleihe. […] Die Zeichnung der neuen Kriegsanleihe, deren Bedingungen noch günstiger sind, als jene der ersten Kriegsanleihe ist für jedermann […] eine Pflicht gegen unser Vaterland, gegen unser todesmutiges Heer und gegen uns selbst, denn nur die Macht und Gewalt der scharfen Waffen der geistig und finanziell auf der Höhe stehenden Armee vermag uns vor den Einbrüchen und Verwüstungen des Feindes zu schützen. […] Präsidium der Handels- und Gewerbekammer Salzburg am 16. Mai 1915.*[45] In derselben Ausgabe wurden ebenfalls die öffentlichen Angestellten und die Kaufleute mittels Aufruf an ihre „patriotische Pflicht" erinnert: *Es ist patriotische Pflicht eines jeden Beamten und Lehrers die Kriegsanleihe*

42 Salzburger Volksblatt, 6.6.1915, 9.
43 Salzburger Volksblatt, 7.5.1915, 9.
44 Salzburger Volksblatt, 19.5.1915, 7.
45 Salzburger Volksblatt, 19.5.1915, 11.

zu zeichnen. Der Beamtensparverein ermöglicht sofortige Zeichnung, die Rate für je 200 K beträgt allmonatlich 4,20 K, wobei der Ankauf durch die zufallende Vereinsdividende noch billiger stellt, als wie bei Barzahlung.[46] Auch der Salzburger Landespräsident Schmitt-Gasteiger richtete sich in öffentlichen Aufrufen an verschiedene Verbände sowie in einer Proklamation an die Salzburger Bevölkerung: *Zeichnet zweite Kriegsanleihe! […] Zeigen wir Freunden und Feinden, daß uns nicht nur das kampferprobte stählerne Schwert in der Faust des Kriegers verteidigt, sondern daß uns auch ein goldener Schild – festgefügt durch die unerschöpfliche materielle Kraft des Reiches schirmt, an dem alle Streiche des Gegners wirkungslos abprallen bis zum siegreichen Ende. Salzburg, am 12. Mai 1915. Der k. k. Landespräsident: Schmitt-Gasteiger m.p.*[47] Bereits bei dieser zweiten Kriegsanleihe beginnen auch schon die Bemühungen, die Besitzer von Realitäten dazu zu animieren, auf diese Hypotheken zum Zwecke der Kriegsanleihezeichnung aufzunehmen. Der Reichsratsabgeordnete Otto Steinwender vermittelte in einem Artikel an Hand von Zinsrechenbeispielen den Eindruck der ökonomischen Seriosität der Kriegsanleihen und führte weiter aus, dass auch wenn man kein Bargeld zur Verfügung habe für die Zeichnung derselben, aber eine Realität besitze, dann bestünde die Möglichkeit mittels des Postsparkassenamtes eine Hypothek gebührenfrei aufzunehmen, um Kriegsanleihe zu zeichnen.[48] Die Bezirkshauptmannschaften berichteten von erfreulichen Ergebnissen der Werbungsbemühungen in ihren Bezirken, so etwa die Bezirkshauptmannschaft Zell am See: *Überall im hiesigen Bezirke wurde die Wahrnehmung gemacht, dass die Bev im Rahmen ihrer im allgemeinen bescheidenen finanziellen Leistungsfähigkeit durch eifrige Zeichnung der Ka bestrebt ist, dem Staate die Mittel zur Kriegssicherung zur Verfügung zu stellen. Die bei auswärtigen Bankverbindungen und Kreditanstalten aus dem Bezirke auf die zweite Kriegsanleihe gezeichneten Beträge dürften gering gerechnet jedenfalls mehr als 500.000 K betragen, sodass die aus dem Pinzgau auf die zweite Ka gezeichnete Summe jedenfalls eine Million Kronen wesentlich überschreitet.*[49]

7. Kriegsfinanzierung und Inflation

Zu den lang anhaltenden Konsequenzen dieser Art von Kriegsfinanzierung gehört die Kriegsinflation. Sie war kein spezifisch österreichisches Phänomen, sondern trat in unterschiedlicher Intensität in allen kriegsbeteiligten Staaten auf, denn sie resultierte zum einen aus den dysfunktionalen Marktrelationen zwischen Gütern und Geld, zum anderen – und ganz besonders in Österreich – aus der Kreditfinanzierung des Krieges über die Notenpresse. Der Herausgeber des „Österreichischen Volkswirt" Walter Federn brachte die Inflationswirkung in einem Vortrag im Jahr 1916 auf folgende Formel: „Im Frieden ist das Geld Produktionskredit, im Krieg ist es Konsumkredit."[50] Und stellte daraufhin nüchtern den Zusammenhang zwischen den hohen Kriegsanleihezeichnungen und der anwachsenden Geldmenge her: „Die Vermehrung der Zahlungsmittel erklärt auch das Anwachsen der Spareinlagen in den Banken und die Milliarden an Kriegsanleihen, die im Krieg aufgenommen werden können. Alle diejenigen, welche von der Kriegsverwaltung Zahlungsmittel, die sie der Bank [Notenbank; Anm. A.W.H.] entnommen hat, für die verkauften Waren oder die Dienstleistungen

---

46 Aufruf „Beamte und Lehrer zeichnet die Kriegsanleihe!" der Auskunftstelle des „Beamten-Sparverein Graz" in Salzburg, Salzburger Volksblatt, 19.5.1915, 7.
47 „Zeichnet zweite Kriegsanleihe!", Salzburger Volksblatt, 22.5.1915, 17.
48 „Die zweite Kriegsanleihe. Von Reichsratsabgeordneten Dr. Otto Steinwender", Salzburger Volksblatt, 4.6.1915, 5.
49 SLA, Geheime Präsidialakten des k.k. Landespräsidiums 1914–1918, Kt. 64, Fasz. 26/1, II. Kriegsanleihe, 1915 XVI/116, Bericht des k.k. Bezirkshauptmannes in Zell am See an das k.k. Landespräsidium, 23.6.1915, Zl. 466/Pr.
50 Federn Walter, Kriegs- und Friedenswirtschaft. Vortrag am 7. April 1916 im Wissenschaftlichen Klub. In: Monatsblätter des Wissenschaftlichen Klub in Wien, XXXVII. Jg. (1916), Nr. 5–6, 27.

erhalten und die an den verkauften Waren großen Gewinn erzielt haben, legen das Geld in die Banken und können Kriegsanleihe zeichnen."[51] Federn spricht damit auch die im Krieg wachsende Diskrepanz zwischen jenen Schichten an, die durch ihre Tätigkeit in Handel oder Produktion hohe Profite erwirtschaftet und damit höhere Investitionsmittel zur Verfügung hatten, diese aber wegen des beschränkten Güterangebotes kaum nachfragewirksam ausgeben konnten, und den Einkommensbeziehern, die von Lohnarbeit abhängig waren und die Lasten der Teuerungen zu tragen hatten. Die ständige Inanspruchnahme der Notenbank (und damit der Notenpresse) zur Finanzierung der Kriegs- und sonstigen Staatsausgaben führte zu einer allmählichen „Überschwemmung" mit Banknoten, denen kein adäquates Güterangebot gegenüberstand und somit die Inflation anheizte. Bei Kriegsende betrugen die Forderungen der Österreichisch-ungarischen Bank an die österreichische Finanzverwaltung ca. 25,6 Milliarden Kronen (was ca. 5,74 Milliarden Friedenskaufkronen von 1914 entspricht).[52]

Zeitpunkt	Kronen	Absolute Differenz (Milliarden Kronen)	Vergleich mit 1914 (Indexzahl)
31.7.1914	3.429,227.000		100
31.12.1914	5.563,770.000	2,1	191
30.6.1915	7.138,808.000	1,6	208
31.12.1915	7.435,164.000	0,3	216
30.6.1916	9.663,909.000	2,2	281
31.12.1916	11.313,603.000	1,6	329
30.6.1917	13.125,037.000	1,8	382
31.12.1917	20.398,044.000	7,3	594
30.6.1918	25.436,791.000	5,0	741
31.12.1918	33.528,693.000	7,1	977

Tab. 3: Summe der umlaufenden Zahlungsmittel* in den Kriegsjahren 1914–1918
Quelle: März, Bankpolitik (wie Anm. 20), 213; * Beinhaltet nicht die beträchtlichen Summen, die ab 1918 in Form von Kassenscheinen zur Ausgabe gelangten.

Auffallend ist hierbei, dass bereits zu Kriegsbeginn ein erheblicher Anstieg der Zahlungsmittel festzustellen ist, der sich bis zum Frühjahr 1915 in einem Kaufkraftverlust von über ein Drittel gemessen am Vorkriegswert niederschlug. Aus diesen hier kurz skizzierten Gründen kam den Kriegsanleihen neben ihrer eigentlichen Funktion zur Beschaffung der Mittel für die Kriegführung eine weitere Rolle zu, als Instrument zur Geld- und damit Kaufkraftabschöpfung, um die Inflation niedrig zu halten. Dieser an sich notwendige und ökonomisch sinnvolle Effekt wurde allerdings weitgehend außer Kraft gesetzt, indem man – um ihre Attraktivität zu erhöhen – die Kriegsanleihen als lombardfähige Wertpapiere zu 75 % der Nominale bei der Notenbank zur Belehnung verwenden konnte. Als in den letzten beiden Kriegsjahren offensichtlich die Siegesgewissheit schwand und damit die Zeichnungen der Kriegsanleihen immer weiter zurückgingen, kam es zu einer Beschleunigung der Aufblähung der Geldmenge, die nunmehr voll auf die Preisentwicklung durchschlug.

51 Federn, Kriegs- und Friedenswirtschaft (wie Anm. 50), 27.
52 Vgl. Winkler Wilhelm, Die Einkommensverschiebungen in Österreich während des Weltkrieges. (Wirtschafts- und Sozialgeschichte des Weltkrieges. Österreichische und Ungarische Serie), hg. von der Carnegie Stiftung für internationalen Frieden, Abteilung für Volkswirtschaft und Geschichte. Wien-New Haven 1930, 272.

Abb. 1: Werbetransparent zur 4. Kriegsanleihe in der Stadt Salzburg, Schlachthofgasse/heute Hans-Prodinger-Straße (SLA, Geheime Präsidialakten des k. k. Landespräsidiums 1914–1918, Kt. 65, Fasz. 26/2, 1916/XVI-3879 Kriegspropaganda-Aktion)

8. Die Professionalisierung der Propaganda

Waren für die ersten beiden Kriegsanleihen die Werbemaßnahmen in der Regel auf die Presse und Plakate beschränkt, so setzte ab dem Frühjahr 1915 eine Professionalisierung der Propagandaaktivitäten ein. Die Anzahl der Zeichnungsstellen (Postämter und Banken) vergrößerte sich durch die Hinzunahme der Sparkassen und Finanzämter. Die Öffnungszeiten der Postämter wurden eigens hierfür erweitert. Die Anglo-österreichische Bank eröffnete eine Vielzahl von Sammelstellen an Schulen (vgl. Kap. 15). In den Zeitungen erschienen während der Subskriptionsfristen umfangreiche Werbeartikel, die den Lesern versichern sollten, wie sicher ihr Geld in den Staatspapieren angelegt wäre. Zahlreiche Plakate, von einfachen bis hin zu künstlerisch gestalteten, wurden auf Plätzen, Litfaßsäulen, Anschlagtafeln und Schaufenstern angebracht.

In den Wochen der Kriegsanleihezeichnungen wurden in den größeren Städten gesonderte Werbeaktionen durchgeführt. Für die Propagandaaktionen

„Ihr helft nicht nur dem Vaterlande, ihr macht auch ein gutes Geschäft dabei!"

der 4. Kriegsanleihe wurden für die Stadt Salzburg Flugbänder, Transparente, das Umherfahren eines Reklamewagens bis hin zur Projektion einer Aufschrift auf die Festung ins Auge gefasst. In allen wurde die „patriotische Pflicht" zur Zeichnung herausgestrichen. Nun wurden auch die staatlichen Verwaltungen stärker in die Organisation, Durchführung und Propagierung der Kriegsanleihe-Aktionen eingebunden und damit auch die dem Staat zur Verfügung stehenden Informationsquellen. In der Folge wurden als vermögend eingeschätzte Personen, Adelige, die Obmänner von Berufsgenossenschaften, Kleriker und andere vom Landesstatthalter oder dem Bezirkshauptmann persönlich angeschrieben und an ihren finanziellen Patriotismus erinnert. Über die Ergebnisse dieser Bemühungen wurden Aufzeichnungen geführt. Als besonders effektiv erwiesen sich Vertrauensleute vor Ort. Diese waren zumeist Lehrer, Postbeamte, Kleriker, Gemeindesekretäre, also Menschen mit einer gewissen beruflichen und persönlichen Autorität, die zudem mit den lokalen Verhältnissen vertraut waren. Die Motivation vieler Werber scheint eine Mischung aus Patriotismus und Berechnung ausgemacht zu haben, denn wie aus dem Schriftverkehr der Bezirkshauptmannschaften hervorgeht, wurden für erfolgreiche Werbungen, wie auch für Sach- und Reiseaufwand, Prämien ausbezahlt. Diese Werbemaßnahmen konnten sich auf ein immer umfangreicher aufgezogenes Publikationsangebot von Broschüren verschiedenster Institutionen stützen, die allesamt die Vorzüge und Vertrauenswürdigkeit der Kriegsanleihen hervorhoben. Einige Broschüren enthielten Leitfäden mit auf spezielle Personengruppen hin abgestimmten Argumentationshilfen, wie etwa das fiktive Gespräch zwischen einem Bankbeamten, einem Rentner und einem Lehrer in Frage-Antwort-Dialogform, das zur Kriegsanleihezeichnung überreden sollte.[53]

9. Die Beteiligung kirchlicher Institutionen

Praktisch von Beginn an standen die kirchlichen Institutionen und Klöster als potentielle Zeichner für die Kriegsanleihe im Fokus. Dabei spielten das besondere Naheverhältnis der katholischen Kirche zum Habsburger Thron sowie das katholische Selbstverständnis des Kaiserhauses eine wichtige Rolle (vgl. Beitrag von T. Mitterecker in diesem Band). So finden sich in der Kriegspropaganda auch immer wieder Bezüge auf den „göttlichen Beistand" für die „richtige" Seite. Bereits anlässlich der 1. Kriegsanleihe ersuchte der Minister für Unterricht den Landespräsidenten Schmitt-Gasteiger, *auf jene geistlichen Personen und Korporationen welche mit reichlichen Mitteln ausgestattet sind, in dem Sinne einzuwirken, daß sich dieselben an der Zeichnung der Kriegsanleihen in einem möglichst ausgedehnten Maße beteiligen* und die Werbemaßnahmen der Regierung durch *eine aufklärende und erläuternde Einflußnahme der Seelsorgergeistlichkeit* zu fördern.[54] Das fürst-erzbischöfliche (f. e.) Konsistorium in Salzburg zeigte sich für eine derartige Unterstützung der Kriegsanstrengungen empfänglich und stellte den Patriotismus der Kirche offen zur Schau. So forderte das f. e. Ordinariat anlässlich der 2. Kriegsanleihe *sämtliche hochwürdigen Stifte und Seelsorgsstationen zur Beteiligung auf. Österreichs heldenhafter Kampf gegen eine Welt von Feinden währt bald zehn Monate. […] Um nun nach dem Vorbilde unserer treuen Bundesgenossen ein erfolgreiches und ehrenvolles Resultat zu erzielen, ist es er-*

53 Vgl. Böhmische Escompte-Bank (Hg.), Was muß man von der IV. österr. Kriegsanleihe wissen? Ein Leitfaden. Prag 1916, 21–36.
54 SLA, Geheime Präsidialakten (wie Anm. 32), Schreiben des Ministers für Unterricht an den Salzburger Landespräsidenten, 12.11.1914, Zl. 3387/K.U.M.

forderlich, daß alle Schichten der Bevölkerung, durchdrungen vom Bewußtsein des solidarischen Interesses aller Staatsangehörigen, sich mit allen Kräften an der Aufbringung der benötigten finanziellen Mittel beteiligen. [...] *Der katholische Klerus ist in Erfüllung patriotischer Pflichten stets in den ersten Reihen gestanden.* Auch der ministerielle Wunsch nach seelsorgerischer Unterstützung der Werbeanstrengungen findet sich wieder: *Darum wird der hochwürdige Diözesanklerus den Wunsch und Auftrag seines Oberhirten freudigst begrüßen und zu erfüllen trachten, womit Hochderselbe besonders die Seelsorgsgeistlichkeit auffordert,* [...] *belehrend und ermunternd zur Förderung des genannten Zweckes auf die Bevölkerung einzuwirken und pro viribus auch persönlich zum Gelingen des patriotischen Werkes beizutragen. Demnach werden auch die Fondsverwaltungen, denen verfügbares Bargeld zu Gebote steht oder die Einlagen in öffentlichen Sparkassen besitzen, angewiesen, die betreffenden Gelder zur Kriegsanleihe zu verwenden.*[55] Diese offene Unterstützung der finanziellen Kriegsanstrengungen wurde während der Kriegsjahre beibehalten. Zur 3. Kriegsanleihe erging wiederum eine Aufforderung des f. e. Ordinariates zur aktiven Beteiligung. *Derselbe opferwillige Patriotismus soll und wird auch bei der dritten Kriegsanleihe standhalten, tritt sie ja an uns heran im Zeichen des nun energisch einsetzenden Kampfes zur Niederwerfung und Züchtigung des ebenso verwegenen als ruchlosen Feindes, dessen meuchelmörderische Hand das Blut des geliebten Thronfolgers und seiner Gemahlin vergossen und die Fackel zur Entzündung des Weltbrandes geschleudert hat.* [...] *Wollen daher die f. e. Kirchenverwaltungen umgehend die Summe beantragen, welche sie aus unterstehenden Fonds zur dritten Kriegsanleihe zu zeichnen gedenken.* [...] *Die Durchführung der Transaktion wird von hieramts besorgt.*[56] Ein Jahr später, im Sommer 1916, erteilt das f. e. Ordinariat unter Bezug auf den Erlass des k. k. Ministers für Kultus und Unterricht zur Förderung der 4. Kriegsanleihe die Weisung an die Geistlichkeit *sowohl durch Belehrung über die patriotische Pflicht zur Zeichnung, als durch erläuternde Aufklärung über die Vorteile der Modalitäten der Bevölkerung, insbesondere unter der ländlichen Bevölkerung für ein günstiges Ergebnis* zu werben.[57] Diese Ermunterungen an den Klerus, die Anstrengungen zur Kriegsanleihe-Zeichnung zu unterstützen, hielten bis zur letzten Anleihe im Sommer 1918 an. Das Ordinariat kam damit einer Aufforderung der k. k. Landesregierung Salzburg und der k. k. Statthalterei Innsbruck nach, die *um Propaganda durch den hochw. Klerus für die achte Kriegsanleihe angesucht* hatten.[58] Umfassender als in den vorangegangenen Jahren wird auf die Möglichkeit der Zeichnung von Kriegsanleihen durch Aufnahme von Hypothekardarlehen hingewiesen. Wie die erhaltenen Unterlagen zur Kriegsanleihezeichnung zeigen, haben zahlreiche Pfarreien von dieser Möglichkeit Gebrauch gemacht und ihren Realitätenbesitz belehnt.[59] Vor allem durch Belehnung ihrer Fonds und des Grundbesitzes wurden die kirchlichen Einrichtungen herangezogen. Aber nicht nur die Pfarreien und Kirchenverwaltungen stellten ihr Vermögen in den Dienst des Krieges, denn in Salzburg stechen besonders die hohen Kriegsanleihe-Zeichnungen der Klöster hervor.

9.1 Zeichnungen des Stiftes St. Peter

Als im November 1914 der Aufruf zur Beteiligung an der Kriegsanleihe erging, vertraute Abt Willibald Hauthaler[60] seinem Tagebuch an: *Diese Tage werden die*

---

55 „An sämtliche hochwürdigen Stifte und Seelsorgsstationen. II. Kriegsanleihe" des f. e. Konsistorium Salzburg vom 12.6.1915, Zl. 3068, in: Verordnungsblatt für die Erzdiözese Salzburg 1915/16, Nr. 51, 68–69.
56 „Weisungen betreffend der III. Kriegsanleihe" des f. e. Konsistorium Salzburg vom 15.10.1915, Zl. 5448, in: Verordnungsblatt für die Erzdiözese Salzburg 1915/16, Nr. 89, 115–116.
57 „Zur IV. Kriegsanleihe. An den hochw. Säkular- und Regular-Klerus", f. e. Konsistorial-Kundmachung vom 13.4.1916, Zl. 1829, in: Verordnungsblatt für die Erzdiözese Salzburg 1915/16, Nr. 34, 243–244.
58 „Die achte Kriegsanleihe", f. e. Ordinariat vom 6.6.1918, Zl. 2308, in: Verordnungsblatt für die Erzdiözese Salzburg 1918, Nr. 62, 237.
59 Vgl. SLA, Geheime Präsidialakten des k. k. Landespräsidiums, Kt. 67, Fasz. 26/4, V. Kriegsanleihe, Hypothekarforderungen an die Kirchen und Grundbuchauszüge.
60 Willibald Hauthaler (1843–1922), Abt von St. Peter in den Jahren 1901–1922.

„Ihr helft nicht nur dem Vaterlande, ihr macht auch ein gutes Geschäft dabei!"

Zeichnungen für die österr-ungar. Kriegsanlehen [sic!] gemacht. Im J. 1854 zeichnete St. Peter 120.000 fl. für das Nationalanlehen mit Opferung von Grundentlastungsgewinnen (sieh' Tagebuch des Abtes Nagnzaun). Ich beriet mich mit Bankier Spängler und erhielt auch Aufklärungen durch die Verhandlungen beim Universitätsverein. Ich machte nun den Antrag 100.000 K bei der öst.ung Bank zu zeichnen u. beim Mangel an Barbeständen die Notenrente Nr. 121691 vom 1. Mai 1908 lautend auf 235800 K vom Stiftsvermögen bei der Bank als Pfand zu hinterlegen.[61]

Auch anlässlich der Zeichnung der 2. Kriegsanleihe zeigen Hauthalers Tagebucheintrag und der offizielle Antrag des Stiftes an das f. e. Ordinariat dieselbe „patriotische" Motivation für die Zeichnungen: *Mit Rücksicht auf die außerordentlichen Bedürfnisse der Gegenwart und geleitet von der Pflicht des Patriotismus hat die Stiftsvorstehung St. Peter unter Zustimmung des Kapitels am 15. Mai 1915 beschlossen auf die neue (II.) Kriegsanleihe abermals 100.000 Kronen zu zeichnen.*[62] Da dem Stift die nötigen Barmittel fehlten, wurde wie schon beim ersten Mal im November 1914, die vinkulierte Staatsobligation bei der Filiale der Österreich-ungarischen Bank als Pfand deponiert. Dass diese anhaltend hohen Kriegsanleihe-Zeichnungen nicht nur aus freiem Entschluss zustande kamen, zeigt sich ein halbes Jahr darauf bei der 3. Kriegsanleihe. In einem Schreiben an den *hocherwürdigen Abt* des Stiftes St. Peter wird dieser vom k. k. Landespräsidenten Schmitt-Gasteiger darauf hingewiesen, dass das Stift nach dem ihm zugekommenen Informationen beschlossen habe, den Betrag von 200.000 Kronen auf die 3. Kriegsanleihe zu zeichnen. Unter Berufung auf seine Note vom 22. Oktober 1915, in welcher er *dem hochwürdigen Stifte eine tunlichst weitgehende Zeichnung nahezulegen erlaubt habe, kann ich nicht umhin auf die finanzielle Lage des Stiftes hinzuweisen, welche vielleicht doch eine stärkere Belastung zulassen dürfte. […] Ich glaube dass der ursprüngliche Plan, für das Stiftsvermögen 850.000 Kronen zu zeichnen, als eine dem Vermögen des hochwürdigen Stiftes angemessene Zeichnung bezeichnet werden kann.*[63] Am 8. November 1915 ersuchte Abt Hauthaler daraufhin das f. e. Ordinariat, die geplante höhere Zeichnung der 3. Kriegsanleihe um 310.000 Kronen zu genehmigen. *In Anbetracht der außerordentlichen Geldnot des schwerbekriegten Vaterlandes und der wiederholten Mahnungen seitens hoher Behörden zu höheren Zeichnungen auf die III. österr. Kriegsanleihe, beschloß das Stiftskapitel St. Peter am Freitag, den 15. November, noch eine Zeichnung von 310.000 K bei der österr.-ung. Bank durchzuführen.*[64] Auch in den Folgejahren bis Ende 1917 zeichnete das Stift immer wieder Kriegsanleihen, wofür auch Hypothekardarlehen aufgenommen wurden. So meldete Abt Hauthaler im Dezember 1917 dem f. e. Ordinariat: *Am 6. November beschloss das Stiftskapitel einstimmig auf die ausgeschriebene VII. österr. Ka wieder 400.000 K zu zeichnen und diese Zeichnung, welche eine Summe von Kronen 361.148,88 erfordert, teilweise mit dem Dornbacher Kaufschilling Löwit u. Komp. zu decken und den Abgang aus dem Zinsüberschuss der früheren Ka's zu ergänzen. Neuestens wurde* [Abt Hauthaler; Anm. A. W. H.] *noch von verschiedenen Seiten bearbeitet, auf die Liegenschaften in Dornbach bei der NÖ Hypothekenanstalt ein Darlehen von 1 Million Kronen zu 4 bzw. 4½ % aufzunehmen […] und damit Kriegsanleihen von ca. 1,027.000 Kronen zu zeichnen. […] Auf solche Weise kann das Stift dem Staate in möglichst ausgiebiger Weise nützen und kann seinen Realbesitz in Dornbach viel besser fruktifizieren, weshalb das Stiftskapitel am 1. Dezember d.J. einstimmig diesen Plan beschloß.* Daran schloss sich das Ersuchen,

---

61 ASP, Hs. A 97 Tagebuch Abt Hauthaler (Bd. 6: 1912–1922), 107.

62 AES, 1.2.A, 11/40 St. Peter Oeconomica, Schreiben von Abt Hauthaler an das f. e. Ordinariat, 18.5.1915.

63 SLA, Geheime Präsidialakten des k. k. Landespräsidiums, Kt. 66, Fasz. 26/3, III. Kriegsanleihe, Akt 1915/XVI b-12299, Beteiligung des Benediktinerstiftes St. Peter an der III. Kriegsanleihe, Schreiben des k. k. Landespräsidenten an Abt Willibald Hauthaler, Stift St. Peter, 31.10.1915.

64 AES, 1.2.A, 11/40 St. Peter Oeconomica, Schreiben von Abt Hauthaler an das f. e. Ordinariat, 8.11.1915. Die Genehmigung des k. k. Landespräsidiums als Aufsichtsbehörde an das f. e. Ordinariat erfolgte mit Schreiben vom 17.11.1915; vgl. beiliegendes Schreiben im Akt; ASP, Tagebuch Hauthaler (wie Anm. 61), Oktober 1915, 159; In seinem Tagebuch erwähnt Hauthaler die *dringliche Einladung* [des Präsidiums der Landesregierung und des Ministers für Unterricht und Kultur; Anm. A.W.H.] *auf die III. Kriegsanleihe nicht nur blos [sic!] des Stiftes eine größere Anleihe zu zeichnen, sondern aus anderen Fonds der Stiftsverwaltung entsprechende Zeichnungen durchzuführen.*

das Gesuch an die päpstliche Nuntiatur zu empfehlen und für die Annahme des Hypothekardarlehens die allerhöchste Genehmigung zu erwirken.[65] Insgesamt hatte das Stift St. Peter somit 3,437.000 Kronen (entspricht 964.955 Kronen in der Kaufkraft von Juli 1914) an Kriegsanleihe gezeichnet (vgl. Tab. D 5) und sich damit in eine schwere ökonomische Misere begeben, die sich nach Kriegsende weiter verschlimmerte. Erst 1921, knapp vor dem Höhepunkt der Hyperinflation, sollte es dem Abt gelingen die Kriegsanleihen abzustoßen, doch der finanzielle Engpass blieb weiter bestehen.[66]

10. Gewerbe und Industrie

Ab der dritten und vierten Kriegsanleihe betrug der Anteil der institutionellen Zeichner österreichweit bereits fast die Hälfte.[67] Neben den Kommunen standen dabei vor allem die Gewerbe- und Berufsverbände sowie die Kriegslieferanten unter dem ständigen Druck zur Zeichnung. Das Ergebnis bei den gewerblichen Genossenschaften, Verbänden und genossenschaftlichen Annexinstituten zeigt sowohl eine rasche finanzielle Erschöpfung des Gewerbes als auch eine bald einsetzende Skepsis gegen die Kriegsanleihen in den Reihen des Gewerbes. Gerade in Salzburg mit seiner kleingewerblichen Struktur waren die finanziellen Eigenmittel sehr bald aufgebraucht. Leider stehen uns nur einzelne Ergebnisse zur Verfügung.

Politischer Bezirk	1. Kriegsanleihe		2. Kriegsanleihe	
	Zeichnung nominal	Zeichnung real (Kaufkraft Juli 1914)	Zeichnung nominal	Zeichnung real (Kaufkraft Juli 1914)
Salzburg-Umgebung	13.390	10.886	4.800	2.874
Hallein	7.700	6.260	4.700	2.814
St. Johann	2.600	2.114	7.700	4.611
Zell am See	3.400	2.764	1.600	958
Tamsweg	900	732	500	299
Stadt Salzburg	57.550	46.789	28.900	10.362
Summe	85.540	69.545	48.200	21.918

Tab. 4: Zeichnung der 1. u. 2. Kriegsanleihe durch Gewerbegenossenschaften in Salzburg
Quelle: SLA, Geheime Präsidialakten (wie Anm. 49), Berichte der Bezirkshauptmannschaften, Zl. 1915 XVI/116; Bericht des k. k. Landespräsidiums an das k. k. Handelsministerium, 29.1.1915; 1915 XVI/116, Bericht des k. k. Landespräsidiums an das k. k. Handelsministerium (mit dem Hinweis, dass *das Ergebnis im Hinblick auf die meist geringen finanziellen Mittel der genossenschaftlichen Korporationen als recht befriedigend angesehen werden muss.*), 8.11.1915; und eigene Berechnungen.

Laut einer Mitteilung vom 21. November 1914 hatte der Ausschuss des Handels-Gremium Salzburg in seiner Sitzung einhellig beschlossen, seine *gesamten realisierbaren Mittel in der Höhe von Kr. 10.000,– zur Zeichnung der Österreichischen Kriegsanleihe zu verwenden*.[68] Einen Überblick über die institutionellen Zeichnungen im Bezirk Hallein zur 1. Kriegsanleihe im November 1914 gibt uns folgende Aufstellung.

---

65 AES, 1.2.A, 11/40 St. Peter Oeconomica, Schreiben von Abt Hauthaler an das f. e. Ordinariat, 3.12.1917.
66 Vgl. Hanisch Ernst, St. Peter in der Zwischenkriegszeit 1919–1938: Politische Kultur in einer fragmentierten Gesellschaft. In: Festschrift Erzabtei St. Peter zu Salzburg 582–1982, hg. von Kolb Aegidius. Salzburg 1982, 375; ASP, Tagebuch Hauthaler (wie Anm. 61), 343, 370, 376, 447.
67 Vgl. Rauchensteiner, Der Erste Weltkrieg (wie Anm. 1), 590.
68 SLA, Geheime Präsidialakten (wie Anm. 32), Schreiben des Handels-Gremium Salzburg an das Landespräsidium Salzburg, 11.11.1914.

Gemeinde	Zeichner	Betrag
Abtenau	Spar- und Darlehenskassenverein	2.000
Krispl	Alpsgenossenschaft Zisterberg	2.000
Hallein	Sparkasse Hallein	10.000
	Brauerei Kaltenhausen	50.000
	Bezirkskrankenkasse Hallein	1.000
	Turnverein Hallein	600
	Liedertafel Hallein	500
	Betriebskrankenkasse der Zellulosefabrik	15.000
	Spar- und Darlehenskassenverein	500
Oberarm	Landwirtschaftsschule Oberalm	4.000
	Kirche Oberalm	2.000
	Spar- und Darlehenskassenverein	1.000
	Betriebskrankenkasse der Marmorwerke Kiefer	10.000
Summe (nominal)		98.600
real (Kaufkraft Juli 1914)		80.163

Tab. 5: Zeichnung der 1. Kriegsanleihe durch Vereine, Sparkassen u. a., Bezirk Hallein
Quelle: SLA, Geheime Präsidialakten des k. k. Landespräsidiums 1914–1918, Kt. 64, Fasz. 26/1, Aufstellung der k. k. Bezirkshauptmannschaft Hallein, 17.12.1914; und eigene Berechnungen.

Bereits ein Jahr später berichtete der Bezirkshauptmann von Hallein, *verfügen die Genossenschaften des h. o. Bezirkes nicht über solche Mittel, die die Zeichnung der 2. Kriegsanleihe erlaubt hätten, da seitens der Genossenschaften bereits bei der Zeichnung der 1. Kriegsanleihe das ganze verfügbare Genossenschaftsvermögen gezeichnet wurde.*[69] Diese Mittelerschöpfung wird Ende 1916 an Hand der Zeichnungen der Gewerbegenossenschaften zur 5. Kriegsanleihe im Landesvergleich noch deutlicher und lässt feststellen, wie sehr sowohl die Liquidität als auch die Zeichnungsbereitschaft zurückgegangen war.

Politischer Bezirk	Zeichnung nominal	Zeichnung real (Kaufkraft Juli 1914)
Salzburg-Stadt	18.300	3.081
Salzburg-Umgebung	1.300	219
Hallein	500	84
St. Johann	2.300	387
Zell am See	1.100	185
Tamsweg	700	118
Summe	24.200	4.074

Tab. 6: Zeichnungen der Gewerbegenossenschaften im Kronland Salzburg auf die 5. Kriegsanleihe nach Bezirksergebnissen
Quelle: SLA, Präsidialakten 1917/XVI-5960, Kt. 99, Meldung des Genossenschafts-Instruktors des k. k. Handelsministeriums für den Amtsbereich Oberösterreich und Salzburg in Linz an das k. k. Landespräsidium Salzburg, 4.4.1917; und eigene Berechnungen.

Anders als das organisierte Kleingewerbe konnten Großbetriebe oft von der Kriegskonjunktur durch Heeresaufträge profitieren. Solche Firmen konnten einen Teil ihres Gewinnes in Kriegsanleihen anlegen und so refundieren. Derartige Zeichnungen erfolgten aber nicht immer „freiwillig". Die staatlichen Behörden

69 SLA, Geheime Präsidialakten (wie Anm. 49), Bericht des Bezirkshauptmannes Hallein an das k. k. Landespräsidium, 28.9.1915, Zl. 18319.

versuchten von Beginn an, das gerade auch über die hohen Kriegsprofite angefeuerte Anwachsen der Papiergeldmengen mittels der Kriegsanleihen wieder abzuschöpfen, was allerdings nur unzureichend gelang. Mit Hilfe der Militärkommanden erstellte die Landesverwaltung Listen derartiger Kriegszulieferer und hatte auch Kenntnis über deren Umsätze aus den Kriegslieferungen.[70] Zwar wurden diese Betriebe angehalten, einen merklichen Teil ihrer Gewinne in Kriegsanleihen zu zeichnen, aber wie Manfried Rauchensteiner feststellt, fühlten sich viele Firmen und Konzerne nicht verpflichtet, dem nachzukommen.[71] Diese Feststellung wird von den (wenigen) vorhandenen Quellenbeständen der Landesverwaltung gestützt. Eine der wichtigsten Industriebetriebe Salzburgs war die Aluminium Industrie A.G. in Lend. Laut Mitteilung des Rechtsanwaltes Hermann Vilas, zeichnete der Betrieb im Oktober 1915 neuerlich in Höhe von 200.000 Kronen auf die 3. Kriegsanleihe.[72] Eine Aufstellung aus dem Herbst 1915 führt eine geringe Zahl an Betrieben auf, allerdings mit vergleichsweise hohen Zeichnungsbeträgen. Ob derartig hohe Zeichnungen auch in späteren Jahren erfolgten, konnte nicht festgestellt werden.

Firma	Zeichnung der 5½ % Kriegsanleihe		
	Kriegsanleihe	Betrag	Bemerkungen*
L. Bachmayer	II. III.	20.000 40.000 60.000	
Jakob Ceconi	II. III.	25.000 10.000 35.000	
M. Daghofer	II. III.	 20.000	entspricht vollkommen den finanziellen Verhältnissen dieser Firma.
August Heuberger	I. II. III.	2.000 100.000 100.000 202.000	
Hans Hoflehner	III.	20.000	
Friedrich Pasch	III.	10.000	Die Heereslieferungen dieser Firma betrugen nicht 168.000 sondern nur K 60.000.
Hans Riedl	III.	2.000	Dieser Betrag soll dem bei der Wäschelieferung für das Heer erzielten Gewinne entsprechen.
Ludwig Steindl	I. II. III.	1.000 26.000 10.000 37.000	
Carl Steiner & Co.			hat einen sehr namhaften Betrag gezeichnet und davon direkt dem Kriegsministerium Anzeige erstattet.
Franz Wagner			abwesend, zum Militär eingerückt.
Wegschaider & Biebl	I. II.	30.000 30.000 60.000	

Tab. 7: Salzburger Firmen, Zeichnung der 1., 2. u. 3. Kriegsanleihe
Quelle: SLA, Geheime Präsidialakten, Fasz. 26/1, 1915/XVI-12.299, III. Kriegsanleihe, Schreiben des k. k. Landespräsidenten an k. k. Finanzminister August Freiherr Engel von Mainfelden vom 6.11.1915.
* Bemerkungen im Originaldokument.

---

70 Vgl. SLA, Geheime Präsidialakten des k.k. Landespräsidiums 1914–1918, Kt. 68, Fasz. 26/5, VI. Kriegsanleihe, 1917/XVI-6583, Kriegsanleihen Heereslieferanten.
71 Vgl. Rauchensteiner, Der Erste Weltkrieg (wie Anm. 1), 591.
72 SLA, Geheime Präsidialakten des k. k. Landespräsidiums 1914–1918, Kt. 64, Fasz. 26/1, III. Kriegsanleihe, Schreiben von Hermann Vilas an Landesregierungsrat Rambousek, 29.10.1915.

10.1 Der Fall „The Kellner-Partington A.G."

Die Zeichnung von Kriegsanleihen war für große Betriebe geradezu Pflicht und wurde von der staatlichen Verwaltung mit Nachdruck betrieben. Die Zellulosefabrik in Hallein ist ein interessantes Beispiel dafür, wie dabei auch „feindliches" Eigentum herangezogen wurde. Die Zellulosefabrik „The Kellner-Partington Paper Pulp Limited" mit Standort in Hallein war einer der größten Industriebetriebe Salzburgs und befand sich in britischem Eigentum mit Sitz in Manchester. Als solche wurde sie nach Kriegsausbruch als Vermögenswert eines sich mit Österreich-Ungarn im Krieg befindlichen Staates betrachtet und ein Staatsaufsichtsorgan bestellt und in der Folge mit Erlass des k. k. Landespräsidiums Salzburg vom 6. Jänner 1915 unter besondere staatliche Überwachung gestellt.[73] Zum staatlichen Aufsichtskommissar wurde der kaiserliche Rat Hermann Gessele bestellt, ein Kunstwollfabrikant und Mitglied der Salzburger Handels- und Gewerbekammer. Anlässlich der 4. Kriegsanleihe entschied Gessele als Aufsichtskommissar, dass der Betrieb für den Betrag von drei Millionen Kronen Kriegsanleihe zeichnen würde.[74] In einem Schreiben an den Landespräsidenten Schmitt-Gasteiger erläuterte Gessele seine Vorgangsweise. *Meinen Standpunkt, daß es zumindest höchst peinlich sein muß, einen Angehörigen eines feindlichen Staates aufzufordern, feindliche Kriegs-Anleihe zu zeichnen, und daß ich mich dieser Aufgabe nicht gewachsen fühlte, konnte ich natürlich nicht aufgeben und bin nach wie vor derselben Ansicht. Es kam mir jedoch die Idee, [...] Kraft meiner Befugnisse als staatlicher Aufsichts-Kommissär und des Verfügungsrechtes über die finanzielle Gebarung des Unternehmens, – einfach aus eigenem Wirkungskreise* [Unterstreichung im Original; Anm. A.W.H.] *Kriegs-Anleihe zu zeichnen, nur wollte ich doch, – nachdem ich vor hatte, einen größeren Betrag zu zeichnen, – einigermaßen sicher gehen und wissen, daß mich die hohe Zentral-Regierung gegebenenfalls für die Handlung deckt.*[75] Zu diesem Zweck holte sich Gessele in Wien die Rückendeckung des Handelsministers Alexander Spitzmüller[76], der dazu meinte, *daß diese Idee sehr gut sei und durchaus ausführbar, und sagte, daß ich ganz natürlich das Recht habe, so zu handeln, wie ich vor hatte und dies ungescheut tun möge.* Zufrieden resümiert Gessele, dass er dem englischen Direktor ein Bestätigungs-Schreiben zu dessen Schutz ausgestellt habe, da er sich bei Friedensschluss wahrscheinlich in dieser Angelegenheit zu verantworten habe und fasste seine bisherige Tätigkeit zusammen: *Nachdem ich nun aus dem Unternehmen zwei Millionen Kronen an Steuern und Gebühren für den Staats-Säckl herausgeholt habe, nachdem ich nun weiters drei Millionen Kronen Kriegsanleihe* [Unterstreichungen im Original; Anm. A.W.H.] *gezeichnet habe, glaube ich als staatlicher Aufsichts-Kommissär wirklich mir schmeicheln zu dürfen, im Interesse des österreichischen Staates aus dem Unternehmen herausgeholt zu haben, was irgend möglich ist und was vom kaufmännischen Standpunkt aus irgendwie vertretbar ist.*[77] Direktor Davis legte darauf am 23. Mai 1916 im Namen der britischen Eigentümer der Firma einen formellen Einspruch bei der k. k. Landesregierung in Salzburg ein, die via der Botschaft der USA, welche die Interessen Großbritanniens wahrnahm, auch den britischen Behörden zugestellt wurde.[78] Diesem Einspruch wurde nicht stattgegeben, in der Folge die Kriegsanleihe-Zeichnungssumme von drei auf eine Million Kronen reduziert, die schließlich bei der Bank Carl Spängler & Co. in Salzburg gezeichnet wurde. Die juristischen Bedenken

[73] Vgl. SLA, Landesausschuss III, Fasz. 74/01/01-74/02/03, The Kellner Partington Aktiengesellschaft Hallein, staatliche Kontrolle 1914–1922, Schreiben des k. k. Landespräsidiums in Salzburg betreffend Bestellung eines Staatsaufsichtsorganes, 24.8.1914, Zl. 4575; Die staatliche Überwachung erfolgte mit Erlass des k. k. Landespräsidiums vom 6.1.1915, Zl. 143, gemäß § 1 der Verordnung des Gesamtministeriums vom 22.10.1914 und wurde im Amtlichen Teil der Salzburger Landeszeitung vom 9.1.1915 kundgemacht.

[74] SLA, Landesausschuss III, Fasz. 74/01/03, Bestätigung des staatlichen Aufsichtskommissärs und kaiserlichen Rates Hermann Gessele, Salzburg, für Direktor Henri [sic!] Davis, Hallein, 6.5.1916.

[75] SLA, Landesausschuss III, Fasz. 74/01/03, Der staatliche Aufsichtskommissär und kaiserliche Rat Hermann Gessele an Landespräsident Felix Schmitt-Gasteiger, 8.5.1916.

[76] Alexander Spitzmüller (1861–1953), 1917–1919 Freiherr von und zu Spitzmüller-Harmersbach, Handelsminister im Kabinett von Ministerpräsident Karl Stürgkh ab 1.12.1915–31.10.1916.

[77] SLA, Landesausschuss III, Fasz. 74/01/03, Gessele an Schmitt-Gasteiger (wie Anm. 75).

[78] Vgl. SLA, Landesausschuss III, Fasz. 74/01/03, Einspruch von Henry Davis, The Kellner Partington Paper Pulp Company Limited in Manchester, Generalrepräsentanz für Österreich in Hallein an die Hohe k. k. Landesregierung in Salzburg, 28.5.1916; Schreiben der American Embassy Vienna an H. Davis, c/o Kellner Partington Paper Pulp Co., Hallein, 19.6.1916.

hinsichtlich der Handlungsweise endeten mit der eingeleiteten „Austriafizierung" der Fabrik, im Zuge derer Gessele mit Dekret des Handelsministeriums vom 11. Dezember 1916 zum Zwangsverwalter der Firma ernannt wurde.[79]

11. Die Kommunen

Für die Kommunen mit ihrem staatlichen Rechtscharakter galt ungeachtet ihrer vielfachen Beanspruchung durch die kriegsbedingten Aufgabensteigerungen die „Pflicht zum Patriotismus". Von Anfang an zu Zahlungen herangezogen, erschöpfte sich ihre Finanzkraft sehr rasch, vor allem in den kleinen ländlichen Gemeinden, deren Budgetsituation selbst in Friedenszeiten zumeist eine sehr unbefriedigende war. Über das Landespräsidium und die Bezirkshauptmannschaften wurden die Kommunen intensiv zu Zeichnungen „animiert". Allerdings häuften sich ab 1916 und verstärkt ab 1917 die negativen Rückmeldungen besonders aus den kleinen Gemeinden, die keine Finanztitel mehr zeichnen konnten oder wollten.[80]

11.1 Die Stadt Salzburg

Als die größte Kommune des Landes mit der größten Finanzkraft war es für die Landeshauptstadt politisch undenkbar, keine Kriegsanleihezeichnungen zu leisten. Hierbei ist der Vergleich mit der Landeshauptstadt Linz von Interesse, denn wie Oskar Dohle in seiner Untersuchung der Städte Linz und Urfahr zeigt, waren die Gemeinderatsbeschlüsse in diesen beiden Städten stets von Diskussionen und patriotischen Bekundungen begleitet.[81] Für Salzburg weisen jedoch weder die Gemeinderatsprotokolle noch die Presseberichte auf derartiges hin. Lediglich kurze Stellungnahmen von Bürgermeister Max Ott werden berichtet. Insgesamt wurde die Zustimmung zu den Kriegsanleihe-Zeichnungen offenbar als eine Art (zunehmend lästiger) Pflichtübung betrachtet, jedoch nicht weiter kommentiert. In den Gemeinderatsprotokollen und Zeitungsberichten finden wir dazu lediglich folgende Einträge: *Der Bürgermeister stellt den Dringlichkeitsantrag aus den vom Amte vorgeschlagenen Stiftungen den Betrag von Einhunderttausend Kronen für die Kriegsanleihe zu zeichnen. Gemeinderatsbeschluß nach Annahme der Dringlichkeit einstimmig nach Antrag. Der Bürgermeister teilt hierauf mit, daß einige Herren Gemeinderäte zusammen einen von 50.000 Kronen für die Kriegsanleihe gezeichnet haben. Wird unter Bravorufen zur Kenntnis genommen.*[82] Zu dieser Gemeinderatssitzung berichtete das „Salzburger Volksblatt": *150.000 Kronen Kriegsanleihe. Bürgermeister Ott verweist darauf, daß die Kriegsanleihe zur Zeichnung aufgelegt und es Ehrenpflicht [...] sei, Kriegsanleihe nach Möglichkeit zu zeichnen. Auch die Stadtgemeinde müsse sich beteiligen. Sie verfüge zwar über keine großen Barmittel, denn das vorhandene Vermögen sei Anleihensgeld und müsse dem vorgeschriebenen Zweck zugeführt werden. Wir haben Nachschau gehalten und gefunden, daß aus den verschiedenen Fonds zusammen 100.000 K herausgebracht werden können. Er beantrage, für den Betrag von 100.000 K Kriegsanleihe zu zeichnen (Angenommen). Der Bürgermeister teilt weiters mit, daß eine unter den Gemeinderäten eingeleitete Kriegsanleihe-Zeichnung einen Betrag von 50.000 K ergeben habe.*[83] Zur 2. Kriegsanleihe gibt

---

79 Vgl. SLA, Landesausschuss III, Fasz. 74/01/03, Bankhaus Carl Spängler & Co., Salzburg, an das k. k. Landes-Präsidium Salzburg, Zl. 7802/präs., 15.7.1916; Schreiben des staatlichen Aufsichtskommissärs Hermann Gessele an das k. k. Landespräsidium Salzburg, 5.8.1916 und undatiert [Eingangsstempel des k. k. Landespräsidium Salzburg vom 24.12.1916].

80 Vgl. SLA, Geheime Präsidialakten (wie Anm. 70), VI. Kriegsanleihe, Gemeinden; Kt. 69, Fasz. 26/6, V.-VIII. Kriegsanleihe, Akten der Bezirkshauptmannschaft St. Johann im Pongau, Gemeinden.

81 Vgl. Dohle Oskar, Geld für den Krieg. Die Kriegsanleihe-Zeichnungen der Städte Linz und Urfahr im Ersten Weltkrieg. In: Stadtarchiv und Stadtgeschichte. Forschungen und Innovationen. Festschrift für Fritz Mayrhofer zur Vollendung seines 60. Lebensjahres (HJbStL 2003/2004), hg. von Schuster Walter, Linz 2004, 457–574.

82 AStS, Protokoll des Salzburger Gemeinderates, 16.11.1914.

83 Salzburger Volksblatt, 18.11.1914, 6.

die Presse eine Rede von Bürgermeister Ott in der Gemeinderatssitzung vom 17. Mai 1915 wie folgt wieder: *Durch die Betätigung wahrer Vaterlandsliebe [...] war der ersten Kriegsanleihe ein Erfolg beschieden, [...] denn auch bei uns hat die Zeichnung der ersten Kriegsanleihe ein glänzendes Ergebnis gehabt. Die Verhältnisse haben die Regierung nunmehr veranlaßt, eine zweite Kriegsanleihe zu begeben [...]. Möge daher jedermann alles aufbieten, um dem Vaterlande alles bereitzustellen, deren es zur Abwehr der unermüdlichen Angriffe seiner Feinde bedarf, möge es jeder Bürger als seine heilige Pflicht betrachten, dem Staate in den gegenwärtigen schweren Zeiten so weit bereitzustellen, als es nur immer seine wirtschaftliche Kraft erlaubt. [...] Auch die Stadtgemeinde als solche darf aber in der Betätigung des patriotischen Pflichtgefühls nicht zurückbleiben, sondern sie soll vielmehr mit gutem Beispiele vorangehen und der zweiten österreichischen Kriegsanleihe durch eigene Zeichnung die weitestgehende Förderung angedeihen lassen. Nach dem gegenwärtigen Stande der Gemeindekasse könnte ein Betrag von 100.000 K zur Zeichnung von Ka Verwendung finden. Des Weiteren hat die Bürgerstiftung zur Unterstützung der Kriegsinvaliden und Witwen und Waisen nach gefallenen Kriegern bereits ein Stiftungskapital von rund 89.000 K erreicht. Von diesem Stiftungskapital könnte einschließlich der bisher erwachsenen Zinsen der nicht in Effekten gespendete und sohin nicht in dieser Form festgelegte Betrag von rund 50.000 K in der zweiten öster. Kriegsanleihe fruchtbringend angelegt werden. Ich stelle somit den Dringlichkeitsantrag der Gemeinderat wolle beschließen, für die zweite öster. Ka aus der Gemeindekasse den Betrag von 100.000 Kronen und aus der Bürgerstiftung zur Unterstützung der Kriegsinvaliden und Witwen und Waisen nach gefallenen Kriegern den Betrag von 50.000 K zu zeichnen. (Einstimmig angenommen).*[84]

Zur 3. Kriegsanleihe hält das Gemeinderatsprotokoll nüchtern fest: *Vortrag des Bürgermeisters betreffend die Zeichnung der Stadtgemeinde zur 3. Österr. Kriegsanleihe. Der Referent verliest den Amtsbericht vom 12. Oktober d.J. Zl. 1078 [Bericht im AStS nicht vorhanden; Anm. A.W.H.] und beantragt für die 3. Öster. Kriegsanleihe einen Betrag von 400.000 Kronen zu zeichnen, die erforderlichen Mittel durch Barbestände der Gemeindekassa zu decken bzw. im Lombard Wege zu beschaffen. Einstimmiger Gemeinderatsbeschluß.*[85] Über die folgenden Kriegsanleihe-Zeichnungen 1917 und 1918 (vgl. Tab. F1) berichten sowohl die Gemeinderatsprotokolle als auch die Presse nur noch routinemäßig und ohne Hinweis auf Diskussionen oder Stellungnahmen.

11.2 Andere Kommunen

Auch die Stadtgemeinde Hallein scheint mit hohen Kriegsanleihe-Zeichnungen auf, so mit 50.000 Kronen aus ihren Fonds zur 5. Anleihe im Winter 1916. Bis dahin hatte sie für alle fünf Kriegsanleihen zusammen den Betrag von 220.000 Kronen gezeichnet.[86] Die Bürgermeister und Gemeindesekretäre waren dabei im weiteren Verlauf des Krieges einer zunehmenden Einflussnahme durch die Bezirkshauptmänner ausgesetzt, die eine möglichst hohe Zeichnungssumme in „ihrem" Bezirk melden wollten. Der Bezirkshauptmann von Hallein meldete im Juni 1915 an das k. k. Landespräsidium, dass die Gemeinden seines Bezirkes (außer St. Koloman, Dürrnberg und Obergäu) sowie die vermögenden Vereine, Genossenschaften und Sparkasse bisher 70.700 Kronen auf die 2. Kriegsanleihe

84 Salzburger Volksblatt, 18.5.1915, 6.
85 AStS, Protokoll der Gemeinderatssitzung vom 18.10.1915.
86 Vgl. Keltenmuseum Hallein (Archiv der Stadt Hallein), Sitzungsprotokolle des Gemeinderates 1914–1918; Salzburger Volksblatt, 7.12.1916, 8.

gezeichnet hätten. *Die vorgenannten kleinen Gm, welche die ärmsten sind, erklären, auf meine persönliche Einflussnahme hin, dass das gesammte [sic!], zur Verfügung stehende Gemeinde- insbesonders Armenfondsvermögen schon bei der ersten Kriegsanleihe gezeichnet wurde, dass insbesondere in der jetzigen Zeit grosse Auslagen für die Armenversorgung zu bestreiten seien und sie sonach bei dem Mangel jeglicher Stiftungskapitalien nicht in der Lage wären, einen entsprechenden Betrag für die Zeichnung zur zweiten Kriegsanleihe aufzubringen. […] Schließlich gestatte ich mir beizufügen, dass, wie ich von den Gemeindevorstehern des Bezirkes gehört, die Zeichnung der Ka seitens der Bev ein ziemlich rege ist, doch konnte ich über die Höhe, da die Bev hierüber ängstlich Stillschweigen bewahrt und zumeist bei den Bankhäusern und der Sparkasse Salzburg zeichnete, nichts erfahren. Wie ich bei dem hiesigen Postamte ersah, gelangten bisher 126.250 Kronen zur Zeichnung.*[87] Ein Jahr später beschrieb der Bezirkshauptmann die inzwischen deutlich ernüchterte Stimmung in den Gemeinden am Beispiel Adnet. *Bei der Zentralbank der deutschen Sparkassen in Prag wurde von keiner Gemeinde des h. o. Bezirkes Kriegsanleihe gezeichnet und zwar trotz aller Einflussnahme. Der Gemeindevorsteher Josef Lienbacher in Adnet war der einzige, der auf das Anerbieten der genannten Sparkasse mit Befriedigung einging und die Zeichnung von 100000 K beim Gemeindeausschuss durchsetzen wollte. Seine Absicht scheiterte jedoch an dem Misstrauen der Gemeindevertretung. Während ein Teil der h. o. Gemeindevertreter auch nur eine Diskussion über den Antrag der deutschen Sparkasse einfach ablehnte, gebrauchten die anderen leere Ausflüchte, dass es schwer sei, in so kurzer Zeit den Gemeindeausschuss zur Beschlussfassung zusammenzubringen, dass man sich die Sache überlegen und eventuell bei der nächsten Kriegsanleihe auf diesen Antrag eingehen könnte etc. Ich habe hiebei den Eindruck gewonnen, dass die Gemeinden trotz des klaren, jede finanzielle Belastung der Gemeinden ausschließenden Angebotes der Sache mit Misstrauen gegenüber stehen und dahinter irgend eine Falle wittern.*[88]

11.3 Errichtung der Kommunalkreditanstalt

Die feststellbare finanzielle Erschöpfung der Gemeinden führte zu Überlegungen, wie die Kommunen weiterhin als wichtige Elemente für die Kriegsanleihe-Zeichnungen erhalten werden könnten. In der Sitzung des Salzburger Landesausschusses am 7. Dezember 1916 schlug der zu dieser Sitzung hinzugezogene Oberlandesrat Rudolf Schweinbach, unter Berufung auf eine Note des k. k. Landespräsidiums, vor, der Landeshypothekenanstalt eine Kommunalkreditabteilung anzugliedern, und *dieselbe zu ermächtigen, an Gemeinden zwecks Zeichnung der Kriegsanleihe Darlehen durch Ausgabe von Kommunalschuldverschreibungen zu gewähren.*[89] Diese Schuldverschreibungen wären sodann durch eine Bank oder ein Bankenkonsortium der Belehnung zuzuführen und das darauf lukrierte Kapital zur Zeichnung von Kriegsanleihen zu verwenden. Hierzu sollte nach oberösterreichischem Beispiel eine analoge Einrichtung geschaffen werden. Die über diesen Vorschlag entsponnene *lebhafte Wechselrede* ist durch das Protokoll leider nicht überliefert, doch mündete sie offiziell in den einstimmig zu Beschluss erhobenen Antrag von Julius Haagn, der Landeshypothekenanstalt eine entsprechende Kommunalkreditabteilung anzugliedern und dieselbe ermächtigt, *Kommunalschuldverschreibungen bis zum Höchstbetrage von 5 Millionen*

---

87 SLA, Geheime Präsidialakten (wie Anm. 49), 1915 XVI/116, Bericht des k.k. Bezirkshauptmannes in Hallein an das k.k. Landespräsidium vom 18.6.1915, Zl. 9584.

88 SLA, Geheime Präsidialakten des k.k. Landespräsidiums 1914–1918, Kt. 65, Fasz. 26/2 IV. Kriegsanleihe, Meldung des k.k. Bezirkshauptmannes in Hallein an das Landespräsidium vom 27.5.1916, Zl. 8582.

89 SLA, Landesausschuss I 1916, Auszug aus dem Protokoll über die Sitzung am 7.12.1916. Als Anwesende werden verzeichnet: Landeshauptmann Winkler, die Landeshauptmannstellvertreter Artur Stölzel und Franz Schoosleitner, kais. Rat Julius Haagn, Alois Rottensteiner, Domvikar Daniel Etter und als Schriftführer der Landeskonzipist Franz Rehrl.

Kronen auszugeben.[90] Als alleiniger Zweck der Kommunalschuldverschreibungen wurde die Zeichnung von Kriegsanleihen durch die Salzburger Gemeinden festgeschrieben. Eine Inverkehrsetzung der Schuldverschreibungen war nicht zulässig, wie auch die Darlehensgewährung nur im Rahmen der finanziellen Möglichkeiten einer Gemeinde erfolgen sollte. Vor jeder Darlehensgewährung war die Zustimmung des Landesausschusses nach § 88 der geltenden Gemeindeordnung einzuholen. Die Schaffung dieser Kommunalkreditabteilung bei der Salzburger Landeshypothekenanstalt wurde in der Salzburger Tagespresse als Maßnahme dargestellt, die es *den Salzburger Gemeinden ermöglicht, ohne Bargeld und Verpfändung von Gemeinde-Vermögen Kriegsanleihen* zu zeichnen, und stellte die von den Salzburger Gemeinden für die 5. Kriegsanleihe *über 6 Millionen Kronen,* die *im Weg derselben gezeichnet* wurden, als *Zeugnis des bei den Salzburger Gemeinden herrschenden Patriotismus* dar.[91] Als Garantiefonds für die Verzinsung und Rückzahlung der auszugebenden Schuldverschreibungen wurde durch das Herzogtum Salzburg der Betrag von 350.000 Kronen gewidmet. Im Punkt 4 des Beschlusses wurde festgehalten, dass die *Kommunaldarlehen ausschließlich zur Zeichnung amortisabler 40 jähriger 5½ iger Staatsanleihe (V. Kriegsanleihe) – mit Ausnahme von Staatsscheinen – gewährt werden, die bis zur vollständigen Tilgung des Darlehens gesperrt zu bleiben haben.*[92]

Wie aus Tabelle F 3 hervorgeht, gelang es im Herbst 1916 rund 2,6 Millionen Kronen (rund 445.000 inflationsbereinigt) über das Instrument des Kommunaldarlehens für die 5. Kriegsanleihe zu lukrieren. Die Zeichnungssumme der Gemeinden nahm daraufhin stark ab und 1918 erhielten zur Zeichnung der 7. Kriegsanleihe von der Landes-Kommunalkreditanstalt noch 43 Gemeinden Kommunaldarlehen in der Gesamthöhe von 429.200 Kronen und zur 8. Kriegsanleihe nur noch sieben Gemeinden den Betrag von 52.000 Kronen. Hinzu kam je ein Kommunaldarlehen in Höhe von 400.000 Kronen an den Landesfonds zur Zeichnung auf diese Anleihen.[93] Insgesamt verzeichnete man mit Hilfe des Kommunalkredites über 4,8 Millionen Kronen (etwa 363.000 Kronen inflationsbereinigt) Kriegsanleihezeichnungen.

12. Propaganda und Ergebnisse der 3. bis 5. Kriegsanleihe

12.1 Die 3. Kriegsanleihe (November 1915)

Die Werbeaktivitäten für die 3. Kriegsanleihe im Oktober 1915 begannen mit den inzwischen gewohnten Aufrufen und Proklamationen. Den Beginn machte diesmal das Präsidium der Handels- und Gewerbekammer mit seinem „Aufruf an die Herren Industriellen, Handel- und Gewerbetreibenden zur Zeichnung der dritten österr. Kriegsanleihe" vom 6. Oktober 1915, der sich besonders an die Heereslieferanten richtete, *welche lohnende Arbeit und großen Verdienst gefunden haben, der warme Ruf, sich an der neuen Kriegsanleihe im weitesten Ausmaß zu beteiligen.*[94] Einen Tag später folgte die ganzseitige Proklamation des k. k. Landespräsidenten Schmitt-Gasteiger: *Einladung zur Zeichnung der dritten Kriegsanleihe. […] Auch bei uns* [vorher Deutschland erwähnt; Anm. A.W.H.] *werden die Daheimgebliebenen die Ehrenpflicht gegenüber unseren Brüdern, die im Felde ihr Blut und Leben dem Vaterlande weihen, wieder voll und ganz erfüllen; […] Wer Bargeld besitzt, wer Einlagen oder Barguthaben hat, in dessen*

---

90 SLA, Landesausschuss 7.12.1916 (wie Anm. 89).
91 Salzburger Chronik, 11.1.1917, 2; Ein fast wortgleicher Bericht erschien bereits einen Tag früher im Salzburger Volksblatt, 10.1.1917, 7.
92 SLA, Geheime Präsidialakten (wie Anm. 59), V. Kriegsanleihe, 1917 XVI/16-110 Kommunalkreditanstalt, Auszug aus dem Protokoll über die Sitzung des Landesausschusses des Herzogtumes Salzburg vom 19.5.1917. Mit Beschluss vom 2.8.1917 wurde dies auf die VI. Kriegsanleihe ausgedehnt.
93 Siehe Rechnungs-Abschluss der Landes-Hypothekenanstalt Salzburg mit 31.12.1918, in: Verhandlungen des Salzburger Landtages der 1. Session der I. Wahlperiode 1919/20, 9. Sitzung des Landtages am 19.11.1919, nach den stenographischen Protokollen. Salzburg 1920, 831–834.
94 „Aufruf an die Herren Industriellen, Handel- und Gewerbetreibenden zur Zeichnung der dritten österr. Kriegsanleihe", Salzburger Volksblatt, 7.10.1915, 10.

Abb. 2: Werbeaktion in der Stadt Salzburg am Platzl/Ecke Linzer Gasse anlässlich der 4. Kriegsanleihe im Mai 1915 (SLA, Geheime Präsidialakten des k. k. Landespräsidiums 1914–1918, Kt. 65, Fasz. 26/2, 1916/XVI-3879 Kriegspropaganda-Aktion)

Hände sich Werte befinden, für den ist es patriotische Ehrenpflicht, diese Mittel zur Verfügung zu stellen, auf welche das vom Feinde bedrohte Vaterland ein Vorrecht hat.[95]

12.2 Die 4. Kriegsanleihe (Mai 1916)

In Vorbereitung auf die 4. Kriegsanleihe wurde der sogenannte „Kriegsanleihe-Beirat" einberufen. Landespräsident Schmitt-Gasteiger rief hierzu am 23. April 1916 *zahlreiche Persönlichkeiten aus den Kreisen der Bankfachmänner, der öffentlichen Korporationen, sowie verschiedener Interessenvereinigungen und Kreditorganisationen zu einer Beratung* auf, deren Ziel die Förderung und Propaganda für die 4. Kriegsanleihe sei.

Der Presseartikel über diese Einberufung zitierte Schmitt-Gasteiger mit den Worten, *es möge jeder die Förderung dieses Zweckes als seine heilige vaterländische Pflicht betrachten.*[96] Es wurde ein engerer Beirat für die Kriegsanleihe-

[95] „Einladung zur Zeichnung der dritten Kriegsanleihe", Salzburger Volksblatt, 8.10.1915.
[96] Salzburger Volksblatt, 24.4.1916, 5.

Förderung bei der k. k. Landesregierung gewählt, als dessen Vorsitzender der Landespräsident den Landesregierungsrat Dr. Eduard Rambousek bestellte. Der Beirat setzte sich aus Rudolf Biebl (Präsident der Handels- und Gewerbekammer), Bürgermeister Ott, dem kaiserlichen Rat Hermann Gessele, als Vertreter der Banken und Kreditinstitute Alt-Bürgermeister Berger, den Direktoren Moser, Reutter und Scheich, dem kaiserlichen Rat Spängler, Direktor Weigel und dem Wechselstubeninhaber kaiserlicher Rat Daghofer zusammen.[97] Am folgenden Tag brachte die Presse den ganzseitigen Aufruf von Landespräsident Schmitt-Gasteiger: *Nach fast zweijährigen siegreichen Kampfe wird dem schaffenden und sparenden Bürgertum zum viertenmale die Gelegenheit gegeben, seinem felsenfesten Vertrauen zu dem Siege unserer gerechten Sache durch die Bereitstellung seiner Ersparnisse für die Bedeckung der gewaltigen Kosten Ausdruck zu geben, welche zum endgültigen Erfolge, zu neuem ungeahnten Aufblühen unserer staatlichen und wirtschaftlichen Macht führende Kampf noch fördern wird. […] Die Kraft unserer Armee, dieser unvergleichlichen Schutzmauer, gilt es zu stärken. Gleich der Hiobspost einer verlorenen Schlacht möge unseren Feinden der Ruf erklingen, daß die vierte österreichische Kriegsanleihe alle früheren übertroffen hat! Darum richte ich an alle Kreise der Bevölkerung die eindringlichste Aufforderung: Zeichnet die IV. Kriegsanleihe! k. k. Landespräsident Schmitt-Gasteiger m.p.*[98] In den (nicht sehr zahlreichen) Artikeln in den Salzburger Tageszeitung zu diesem Thema, wurden vorwiegend dieselben Motive bemüht, die des Patriotismus, der Verantwortlichkeit für die Soldaten an der Front, und die Sicherheit der Veranlagung, hinter denen ja „der Staat" stehe. In einem nicht namentlich gezeichneten Kommentar im Mai 1916 wird dem *ruhmreichen Erfolg unserer Soldaten, dem wir das ungestörte Weiterleben der eigenen wirtschaftlichen Existenz verdanken*, gewürdigt, und ihre Unterstützung zur Pflicht gemacht. Daraufhin erläutert der Verfasser die Varianten der Kriegsanleihe und resümiert: *Wer also diese Staatspapiere zeichnet, erhält für 92 K 50 h ein Staatspapier mit absoluter Sicherheit, welches durch eine lange Reihe von Jahren eine Verzinsung gewährt, wie sie selten vorkommt. […] In Deutschland ist die Kriegsanleihe eine wahre Volksanleihe geworden. Gerade die kleinen Sparer haben gewaltige Summen aufgebracht. […], er ist mit Haut und Haar, mit all seinem Hab und Gut an das Gedeihen des Reiches gebunden, mit dem Schicksal des Vaterlandes untrennbar verknüpft. […] befolgt das Beispiel der großen, befolgt Deutschlands Beispiel, dann werdet ihr beiden gerecht, Euch selbst und dem Vaterland!*[99]

12.3 Die 5. Kriegsanleihe

Die Vorbereitungen und Werbemaßnahmen für die 5. Kriegsanleihe zeigen die bisher umfassendsten Vorbereitungen. Merkblätter, Broschüren und geschulte Werber begleiten die im November 1916 durchgeführte Zeichnungskampagne. Eigens geschulte Vortragende wurden in die Bezirke geschickt, um von den Erfolgen an den Kriegsfronten zu berichten und die Zuhörer von den patriotischen und persönlichen Vorteilen der Kriegsanleihezeichnung zu überzeugen. Ein solcher Vortragsreisender in Sachen Kriegspropaganda war der Kriegsberichterstatter Professor Rudolf Peerz, der während des Krieges in zahlreichen Vorträgen und Broschüren eine rege Propagandatätigkeit im Auftrag des „Kriegshilfsbureaus des k. k. Ministeriums des Innern" entwickelte. Peerz, der am 15. September

97 Vgl. Salzburger Volksblatt, 24.4.1916, 5.
98 „Aufruf! Zeichnet die IV. Kriegsanleihe", Salzburger Volksblatt, 24.4.1916, 8.
99 „Einige Worte zur Kriegsanleihe", Salzburger Volksblatt, 18.5.1916, 1.

1916 bereits im Salzburger Mozarteum einen „Kriegsvortrag" für die Schüler und Schülerinnen Salzburgs hielt, und dabei Lichtbilder von der Front zeigte sowie über „Unsere Erzherzoge im Felde" sprach[100], führte zum Zweck der Kriegsanleihe-Propaganda eine Reise durch zahlreiche Gemeinden Oberösterreichs und Salzburgs durch. *Er brenne förmlich darauf, für den wichtigen Staatszweck in dem mir lieb gewordenen Kronlande Salzburg die Gemüter zu entflammen,*[101] stellte er in Vorbereitung seiner Propagandareise fest. Beginnend am 19. Dezember 1916 in Linz, führte ihn die Vortragsreise über Ostermiething (21. 12.), Salzburg (22. 12.), Wels (23. 12.), Grieskirchen (24. 12.), Vöcklabruck (26.12.), Neumarkt-Köstendorf (27. 12.), Thalgau (28. 12.), Oberndorf (29. 12.), Hallein (30. 12.), Mattighofen (31. 12.), Neumarkt (1. 1. 1917), Bischofshofen (2. 1.), Schwarzach-St. Veit (3. 1.), Saalfelden (4. 1.), Zell am See (5 .1.) und schließlich bis nach Mittersill (6. 1. 1917).[102] Auch die Stadtgemeinde Salzburg meldete an die Landesregierung, dass *die Werbetätigkeit zur Zeichnung der 5. Kriegsanleihe wieder in der gleichen Weise wie bei den früheren, die sich im Hinblick auf die örtlichen Verhältnisse bestens bewährt hat, in Angriff genommen wurde.*[103] Im Artikel „Die 5. Kriegsanleihe" wurden die Leser aufgefordert, ihr zurückgehaltenes Spargeld und den kleinen Grundbesitz „nicht egoistisch vor dem Staat" zu verstecken. Jetzt sei die Gelegenheit das wieder gut zu machen und die 5. Kriegsanleihe zu zeichnen. Unter Berufung auf den angeblichen Ausspruch eines (nicht namentlich genannten) amerikanischen [sic!] Journalisten, wurde wiederum die Sicherheit der Papiere versichert: *Die Zentralmächte werden nicht siegen, denn sie haben schon gesiegt. Diesen Worten dürfen wir trauen, und so wird auch für den Überängstlichen, der aus lächerlicher Furcht, er könnte sein Geld bei der Kriegsanleihe verlieren, nicht zeichnen wollte, aus dem außerordentlich guten Geschäfte, das ihm der Staat bietet, auch ein unvergleichlich sicheres.*[104] Am 21. November 1916 berichtet das „Salzburger Volksblatt" über den Vortrag „Unsere Finanzwirtschaft im Kriege" des Reichsratsabgeordneten Dr. Otto Steinwender beim Deutschfreiheitlichen Volksbund für das Kronland Salzburg am Vortag. Darin äußerte Steinwender Kritik an grassierender Korruption, Auswüchsen, der Teuerung und der Bankenmacht sowie der Alimentierung der Industrie und wies dann darauf hin, *daß die Zinsentilgung für unsere Kriegsschuld keine besonderen Schwierigkeiten machen werde, weil es in der Macht des Staates gelegen ist, die nötige Summe in einer Art aufzubringen, die für niemanden allzuschmerzlich ist.* Ähnlich wie nach dem Krieg von 1870/71 sei mit einem starken wirtschaftlichen Aufschwung zu rechnen, durch den die finanziellen Kriegsschäden vergleichsweise rasch wettgemacht werden könnten. *Bedingung hiefür ist natürlich ein siegreich beendeter Feldzug.*[105] Auch die „Werber" vor Ort, wie lokale Lehrer, Gemeindesekretäre, Postbeamte etc., erhielten durch professionelle Redner Unterstützung. Am 4. Dezember 1916 berichtet der Bezirkshauptmann von Zell am See über die rege Tätigkeit *der in den Gemeinden aufgestellten Werber*. Zwei Tage später fanden Versammlungen in Saalfelden und Zell am See statt, bei welcher Direktor Steindl aus Linz über Kriegsanleihen sprach. *Zu derselben wurden nicht nur Werber, sondern auch reiche Bauern geladen. Die Bezirkshauptmannschaft sei dabei in jedem Sinne eines vollen Gelingens der Kriegsanleihe tätig.*[106] Folgende Zeichnungen wurden von der Bezirkshauptmannschaft gemeldet.[107]

---

100 So der angegebene Titel des Kriegsvortages auf dem Plakat des k. k. Landesschulrates für das Herzogtum Salzburg.

101 SLA, Präsidialakten des k. k. Landespräsidiums, 1916/XVI-15357, Kt. 103; Schreiben von Rudolf Peerz, Kriegshilfebureau des k. k. Ministeriums des Innern an die Landesregierung Salzburg, 13.12.1916. Aus der Beilage geht hervor, dass die Vorträge mittels vorbereiteter Einladungs-Formblätter durch die Bezirkshauptmannschaften angekündigt wurden. Die Vortragsordnung lautete: 1.) Die gegenwärtige Kriegslage 2.) Erlebnisse aus der Front 3.) 100 Lichtbilder aus dem Feld.

102 Vgl. SLA, Präsidialakten des k. k. Landespräsidiums, 1917/XVI-110, Kt. 106, Bericht über die Propagandareise in Angelegenheiten der V. Kriegsanleihe (Oberösterreich und Salzburg) erstattet von Prof. Dr. Rudolf Peerz, undatiert [Januar 1917].

103 SLA, Präsidialakten des k. k. Landespräsidiums, 1917/XVI-15157, Kt. 106, Stadtgemeinde-Vorstehung Salzburg an die k. k. Landesregierung Salzburg, 18.11.1916.

104 „Die 5. Kriegsanleihe", Salzburger Volksblatt, 18.11.1916, 2.

105 „Unsere Finanzwirtschaft im Kriege", Salzburger Volksblatt, 21.11.1916, 2.

106 SLA, Präsidialakten des k. k. Landespräsidiums 1914–1918, Kt. 103, Fasz. 16/503, Meldung des k. k. Bezirkshauptmannes in Zell am See an das k. k. Landespräsidium, 4.12.1916, Zl. 1193/Praes.

107 Vgl. SLA, Präsidialakten des k. k. Landespräsidiums, 1917/XVI 4-110, Kt. 106, Meldungen der Bezirkshauptmannschaft Zell am See an das k. k. Landespräsidium, 15.1. u. 20.1.1917.

Zeichner	Zeichnungen nominal	Zeichnungen real (Kaufkraft Juli 1914)	Anteil am Gesamtergebnis
Kommunalkredit (Gemeinden)	2,173.000	365.825	32,90 %
Sparkassen	827.100	139.242	12,50 %
Raiffeisenkassen	1,148.210	193.301	17,40 %
Postämter	1,648.325	277.496	25,00 %
Steuerämter	3.550	598	0,05 %
Banken (soweit h.o. bekannt)	800.000	134.680	12,15 %
Summe	6,600.185	1,111.142	

Tab. 8: Institutionelle Zeichnungen zur 5. Kriegsanleihe im politischen Bezirk Zell am See Quelle: SLA, Präsidialakten des k. k. Landespräsidiums (wie Anm. 107), 15.1. u. 20.1.1917; und eigene Berechnungen.

Die Bezirkshauptmannschaft Hallein meldete ein Gesamtergebnis von 2,463.150 Kronen, davon 150.000 durch die Stadt Hallein, was einen *schönen Erfolg* darstelle, *der zumeist der mündlichen Argumentation der Werber sowie insbesondere den in Hallein seitens der Bank für Oberösterreich und der Zentralbank der deutschen Sparkassen gehaltenen Vorträge zu verdanken ist*.[108] Als Werber für den Bezirk waren je ein Oberlehrer aus Puch, Hallein und Oberalm und der Gemeindesekretär von Abtenau in Einsatz. Diese hätten gemeinsam den Zeichnungsbetrag von 305.800 Kronen erzielt. In dem Bericht führt der Bezirkshauptmann weiter an, dass im Bezirk keine Kriegsanleihezeichnungsvereine gegründet werden konnten, *da es an intelligenten Leuten in den einzelnen Gemeinden mangelt. […] Trotz mündlicher und schriftlicher Einwirkung und trotz der Einflussnahme des dortigen Pfarrers zeichnete die reichste Gemeinde des Bezirkes Kuchl nur 20.000 K – ein Vorgang, der dem Patriotismus dieser Gemeinde in kein schönes Licht wirft und für die Zukunft vermerkt zu werden verdient*.[109] Einen detaillierten Einblick in die Zusammensetzung der Kriegsanleihe-Zeichnungen im Bezirk St. Johann im Pongau erlaubt die folgende Aufstellung der Bezirkshauptmannschaft, aus der die anteilsmäßige Bedeutung der Sparkassen und Kommunen hervorgeht, wie auch die Erfolge der örtlichen Werber[110]:

Zeichner	Zeichnungen nominal	Zeichnungen real (Kaufkraft Juli 1914)	Anteil am Gesamtergebnis
Sparkassen:	800.000	134.680	20,80 %
Eigenzeichnung	240.450	40.480	
Parteien-Zeichnung	1,040.450	175.160	
Raiffeisenkassen	468.000	78.788	9,40 %
Krankenkassen	48.000	8.081	1,00 %
Gemeinden im Wege	952.500	160.354	22,00 %
des Kommunalkredites	148.450	24.991	
auf andere Weise	1,100.950	185.345	
Bei den Postämtern	867.250	146.002	17,46 %
Bei den Steuerämtern	75.600	12.727	1,50 %
Durch die Werber	1,325.800	223.199	26,50 %
Bezirksgericht St. Johann (Zeichnung von Mündelgeldern)	68.000	11.448	1,40 %
Summe	4,994.050	840.750	

Tab. 9: Zeichnungen zur 5. Kriegsanleihe im politischen Bezirk St. Johann im Pongau
Quelle: SLA, Präsidialakten des k. k. Landespräsidiums (wie Anm. 110), 30.1.1917; und eigene Berechnungen.

108 SLA, Präsidialakten des k.k. Landespräsidiums, 1917/XVI 4-110, Kt. 106, Meldung der Bezirkshauptmannschaft Hallein an das k.k. Landespräsidium, 24.1.1917.
109 SLA, Präsidialakten des k.k. Landespräsidiums (wie Anm. 108), 24.1.1917.
110 SLA, Präsidialakten 1917/XVI 4-110, Kt. 106, Meldung der Bezirkshauptmannschaft St. Johann an das k.k. Landespräsidium, 30.1.1917.

13. Die Kriegsanleihen und die Schulen

Auch die Schulen wurden im Laufe der Kriegsjahre in die Werbungsaktivitäten für die Kriegsanleihe als Werbestellen einbezogen. Leider finden sich nur sporadische Quellenspuren für diese Aktivitäten. Allerdings ist für die 7. Kriegsanleihe eine bessere Quellenlage zu konstatieren, sodass wir einige Einblicke gewinnen können. Anlässlich der 7. Kriegsanleihezeichnung stellte die Filiale Linz der Anglo-österreichischen Bank fest, dass die Werbetätigkeit der Lehrerschaft bei den Kriegsanleihen von Anleihe zu Anleihe zunehme, und schon einen Faktor bildet, *mit dem bei den kommenden Anleihen gerechnet werden muß*.[111] Sie begrüßte damit ein Ergebnis, an dessen Zusammenkommen sie laut eigenem Bekunden maßgeblich beteiligt war, denn sie war, worauf sie stolz hinwies, das erste Institut *welches die Tragweite einer solchen im großen Stile durchgeführten Sammelaktion vorausgesehen hat, und schon nach der ersten Kriegsanleihe ein System ausarbeitete, welches durch Einfachheit und Zweckmäßigkeit die Werbetätigkeit der Lehrer erleichtern und vereinfachen sollte*.[112] Das von dem Institut ausgearbeitete „Stundungsscheinsystem" wurde nach und nach verbessert und von anderen Kronländern übernommen, darunter auch von Salzburg. So teilte das k. k. Landespräsidium dem Linzer Institut am 10. November 1917 mit, *daß der hiesige k. k. Landesschulrat unter einem zwecks eifriger Förderung der Schulzeichnung in der dortseits angeregten Art begrüßt wird*.[113] Das Zeichnungsergebnis allein für diese Anglo-österreichische Bank belief sich in Salzburg auf immerhin 826.000 Kronen (inflationsbereinigt 99.999 Kronen) aus 52 Schulen mit 732 Zeichnern (vgl. Tab. G 1). Die Werbetätigkeiten der Lehrerschaft wurden auch in einem Dankschreiben Kaiser Karls I. gewürdigt. In einem „allerhöchsten Handschreiben" an die Bevölkerung, die Berufsstände und die Presse, dankte Kaiser Karl I. den *Banken, Sparkassen, Genossenschaften und Versicherungsanstalten, die sich bei Durchführung dieser Anleihe glänzend bewährten, allen Personen, die sich mit Opfermut und patriotischer Begeisterung an der Werbearbeit beteiligt haben, insbesondere der Seelsorgergeistlichkeit und <u>der Lehrerschaft</u>* [Hervorhebung im Original; Anm. A.W.H], *dann der Presse, die unter schwierigen Verhältnissen die bedeutsame Aktion wirkungsvoll unterstützte.* […] *Vor allem aber gilt mein Dank der Bevölkerung Österreichs* […]. *Der Erfolg der siebenten Kriegsanleihe bedeutet einen gewaltigen Schritt vorwärts auf dem Weg zum Frieden, den Ich vom Allmächtigen für Meine Völker erflehe*.[114]

14. Die Phase der Erschöpfung 1917 bis 1918

In den (spärlich dokumentierten) Ergebnissen der beiden letzten Kriegsjahre spiegelt sich die zunehmende Erschöpfung der Bevölkerung und der Niedergang der Kriegswirtschaft wider. Die auf den ersten Blick scheinbar noch immer hohen Zeichnungsbeträge sind vor allem der rapiden Geldentwertung geschuldet. Die Bereitschaft zur Zeichnung von Kriegsanleihen nahm, allen Werbe- und Propagandabemühungen zum Trotz, deutlich ab.

Als eine Maßnahme zur „Motivation" wurden Auszeichnungen an jene verteilt, die sich um die Kriegsanleihepropagierung in den Augen der Behörden verdient gemacht hatten.[115] Aber auch dies konnte nicht darüber hinwegtäuschen,

---

111 Die Schulen Oberösterreichs und Salzburgs und die Kriegsanleihen. Bericht der Filiale der Anglo-oesterreichischen Bank in Linz, Linz o.J. [1918], 4.
112 Die Schulen (wie Anm. 111), 4.
113 Die Schulen (wie Anm. 111), 36.
114 Kaiserliches Handschreiben vom 22.12.1917, in: Die Schulen (wie Anm. 111), 3.
115 Vgl. SLA, Geheime Präsidialakten des k.k. Landespräsidiums 1914–1918, Kt. 70, Fasz. 27, Kriegsanleihen Auszeichnungen.

„Ihr helft nicht nur dem Vaterlande, Ihr macht auch ein gutes Geschäft dabei!"

dass vor allem Private und Wirtschaftstreibende das Vertrauen in die Kriegsanleihen vielfach verloren hatten. Ebenso die Gemeinden, die noch bis Anfang 1917 teilweise hohe Beträge weiter gezeichnet hatten (in manchen Fällen zeichnen mussten), zeigten weniger Bereitschaft sich in die Pflicht nehmen zu lassen. Die Ergebnisse aus dem Bezirk Hallein zeigen zwar nominal hohe, aber besonders von institutionellen Anlegern bestimmte Zeichnungen für die 7. Kriegsanleihe im Spätherbst 1917.

Zeichner	Zeichnung in Kronen
Stadtgemeinde Hallein	*50.000
Gemeinde Kuchl	*64.000
Gemeinde Golling	*25.000
Gemeinde Abtenau	*100.000
Gemeinde Oberalm	40.000
Sparkasse Hallein	500.000
Spar- und Darlehenskassenverein Oberalm	30.000
-„- Abtenau	100.000
-„- Annaberg	150.000
-„- Golling	50.000
Bezirkskrankenkasse Abtenau	500
Betriebskrankenkasse der Zellulosefabrik Hallein	2.000
Handelsgenossenschaft Abtenau	150
Gastwirtegenossenschaft Abtenau	50
Verein Silbernes Kreuz Hallein	1.500
Seifenfabrik Hallein	200.000
Brauerei Kaltenhausen	100.000
Firma Tagger in Torren	15.000
Summe (nominal)	1,428.200
Real (Kaufkraft Juli 1914)	172.906

Abb. 3: Propagandainserat für die 7. Kriegsanleihe im Winter 1917 (Salzburger Chronik, 13.11.1917, 4)

Tab. 10: Institutionelle Zeichnungen auf die 7. Kriegsanleihe im politischen Bezirk Hallein
Quelle: SLA, Geheime Präsidialakten des k. k. Landespräsidiums 1914–1918, Kt. 66, Fasz. 26/3,VII. Kriegsanleihe, Akt XVI-66, handschriftliche Aufstellung der k. k. Bezirkshauptmannschaft Hallein, Beilage A zur Meldung an das k. k. Landespräsidium vom 4.1.1918, und eigene Berechnungen; *Mit Kommunalkredit.

Anlässlich der Berichterstattung der Salzburger Eisenbahn- und Tramway-Gesellschaft an den Landesausschuss findet sich auch ein Beispiel für ein Wertpapier-Portfolio eines Unternehmens aus den Kriegsjahren. Laut Bericht des Verwaltungsrates der Salzburger Eisenbahn- und Tramway-Gesellschaft für das Geschäftsjahr 1917 können wir einen rund 40 %-Anteil an den Wertpapieren der Gesellschaft feststellen. Das Unternehmen zeichnete bereits die 1. Kriegsanleihe und in der Folge (mit Ausnahme der 2.) alle weiteren.

Art der Wertpapiere	Nennwert in Kronen	Anteil am Portfolio
4,2 %ige österr. Gemeinsame Notenrente	13.600	10 %
4,2 %ige österr. Silberrente	3.600	
4 %ige konvert. Steuerfreie Kronenrente	13.800	
4 %ige österr. Kronenrente	600	
5½ %ige Kriegsanleihe I./V. Emission	20.000	41 %
5½ %ige Kriegsanleihe III. Emission	25.000	
5½ %ige Kriegsanleihe IV. Emission	25.000	
5½ %ige Kriegsanleihe V. Emission	25.000	
5½ %ige Kriegsanleihe VI. Emission	30.000	
S.E.-u. T.G.-Aktien	22.400	7 %
Gaisbergbahn-Prioritätsaktien	49.200	42 %
Gaisbergbahn-Stammaktien	81.100	
Summe	309.300	100 %
Kurswert per 31.12.1917	161.067	

Tab. 11: Effektenkonto* Salzburger Eisenbahn- u. Tramway-Gesellschaft (Kurs 31.12.1917)
Quelle: Bericht des Verwaltungsrates der Salzburger Eisenbahn- u. Tramway-Gesellschaft vorgelegt der XXX. Ordentlichen Generalversammlung am 24.6.1918 für das dreißigste Geschäftsjahr 1917. Salzburg 1918, 14; und eigene Berechnungen; *Das Effektenkonto enthält die im Besitz der Gesellschaft befindlichen Wertpapiere, welche zum Großteil zu dieser Zeit bei den Behörden als Kaution hinterlegt waren.

Abschließend sei noch die Gesamtübersicht über die Zeichnungsergebnisse in zwei Salzburger Bezirken dargestellt, soweit von den Bezirkshauptmannschaften gemeldet. Es stechen wiederum die Großzeichner, wie die Sparkasse hervor. Ebenso spielten die Werber und Kriegsanleihe-Versicherungen auch noch gegen Ende des Krieges eine wichtige Rolle.

Zeichnungen	Zeichnung in Kronen	Hallein	St. Johann	Tamsweg
Sparkassen (gesamt)	nominal		820.000	
	real (Juli 1914)		99.274	
Sparkassen (Eigenzeichnung)	nominal	500.000		1,000.000
	real (Juli 1914)	60.533		121.065
Bezirksgerichte	nominal		95.700	
	real (Juli 1914)		11.586	
Postämter	nominal		463.200	
	real (Juli 1914)		56.077	
Steuerämter	nominal		69.300	
	real (Juli 1914)		8.390	
Postämter und Steueramt	nominal	629.650		244.000
	real (Juli 1914)	76.229		29.540
Einzelpersonen	nominal			358.000
	real (Juli 1914)			43.341
Institutionelle Zeichner	nominal	649.200		
	real (Juli 1914)	78.596		
Durch Werber	nominal	335.000	941.550	
	real (Juli 1914)	40.557	113.989	
Gemeinden	nominal	279.000	389.200	45.000
	real (Juli 1914)	33.777	47.119	5.448

Zeichnungen	Zeichnung in Kronen	Hallein	St. Johann	Tamsweg
Genossenschaften	nominal		3.400	
	real (Juli 1914)		412	
Raiffeisenkassen	nominal		528.800	433.000
	real (Juli 1914)		64.019	52.421
Kriegsanleihe-Versicherung	nominal		1.020.000	
	real (Juli 1914)			
Schüler-Zeichnungen	nominal	270.000		
	real (Juli 1914)	32.688		
Summe	nominal	2.659.750	4.301.050	2.203.000
	real (Kaufkraft Juli 1914)	322.004	520.708	266.707

Tab. 12: Gesamtübersicht über die Zeichnungsbeträge zur 7. Kriegsanleihe in den politischen Bezirken Hallein, St. Johann und Tamsweg
Quelle: SLA, Geheime Präsidialakten des k. k. Landespräsidiums, Kt. 66, Fasz. 26/3, VII. Kriegsanleihe, Akt XVI-66, handschriftliche Aufstellung der k. k. Bezirkshauptmannschaft Hallein, Beilage zur Meldung an das k. k. Landespräsidium vom 4.1.1918, Zl. 27.4.1918; handschriftliche Aufstellung der k. k. Bezirkshauptmannschaft St. Johann im Pongau vom 14.1.1918; Meldung der k. k. Bezirkshauptmannschaft Tamsweg an das k. k. Landespräsidium vom 15.1.1918, Zl. 860; und eigene Berechnungen.

Abb. 4: Aufruf zur Zeichnung der 8. Kriegsanleihe im Frühjahr 1918 (Salzburger Chronik, 10.6.1918, 6)

15. Der „lange Krieg" – die neue Republik und die Kriegsanleihen

Die Situation zu Kriegsende fasste ein Zeitungsartikel wie folgt zusammen: *Das sterbende Österreich hinterläßt uns zweierlei Werte: Seinen Besitz an Grund und Boden, Staatseinrichtungen, Gebäuden, Kreditmitteln etc., kurz seine Aktiva, und als Passiva seine Schulden.*[116] Die junge Republik Deutschösterreich übernahm aus der Erblast der Monarchie ein desolates Finanz- und Wirtschaftssystem, Schulden und Geldnot, gepaart mit einer rasant ansteigenden Inflation, sodass als eine der ersten Maßnahmen eine Staatsanleihe als Mittel der Geldbeschaffung aufgelegt wurde. Wie aus den spärlichen Dokumenten hervorgeht, wurde in Salzburg auf denselben eingespielten Werbe- und Finanzapparat zurückgegriffen wie bei den Kriegsanleihen.[117] Einen direkten Zusammenhang zwischen den Kriegsanleihen und der „1. Deutschösterreichischen Staatsanleihe" stellte auch der Antrag in der provisorischen Salzburger Landesversammlung am 18. Dezember 1918 her. Im Bericht des Finanzausschusses wird zunächst festgestellt, dass das Land Salzburg im Wege seiner Landesfonds insgesamt 7,291.600 Kronen an Kriegsanleihen gezeichnet habe, womit das Land Salzburg *mit den übrigen Ländern Deutschösterreichs im Verhältnis zur Höhe und finanziellen Leistungsfähigkeit mit der Zeichnung der Kriegsanleihen nicht zurücksteht, jedenfalls aber die nichtdeutschen Kronländer des alten Österreichs übertrifft.*[118] Darauf folgt der Antrag, die Landesversammlung möge zusammen mit der Berichtsannahme den Betrag von 500.000 Kronen für die deutsch-österreichische Staatsanleihe zeichnen, wobei der Betrag durch a) Bargeldzeichnungen durch Entnahme der Sparkassen-Einlagen aus acht angeführten Fonds und Stiftungen in Höhe von 375.000 Kronen sowie b) *durch Umtausch der 8. Kriegsanleihe des Landesfonds* in Höhe von 125.000 Kronen erfolgen solle. Der Antrag wurde ohne Wortmeldung durch die Landesversammlung angenommen.[119] Auch die Salz-

116 „Staatenzerfall und Staatsschulden", Neueste Nachrichten. Alpenländisches Morgenblatt mit Handels-Zeitung, 30.10.1918, 3.
117 Vgl. SLA, Geheime Präsidialakten des k. k. Landespräsidiums, Kt. 66, 26/3, I. Staatsanleihe 1918, Akten der Bezirkshauptmannschaft St. Johann im Pongau.
118 Verhandlungen der provisorischen Salzburger Landesversammlung vom 7. November 1918 bis 18. März 1919. Bericht des Finanzausschusses in der 9. Vollsitzung der provisorischen Landesversammlung am 18.12.1918. Nach den stenographischen Berichten, Salzburg 1919, 408.
119 Verhandlungen 18.12.1918 (wie Anm. 118), 408f.

burger Sparkasse zeichnete in gewohntem hohen Umfang die neue Staatsanleihe, wie aus dem Geschäftsbericht hervorgeht.[120] Das Deutschösterreichische Staatsamt des Innern sprach in seinen Richtlinien für die Sparkassenbilanzierung vom Jänner 1919 offen davon, dass die Sparkassen *durch die in der zugelassenen Bilanzierung der österr. Kriegsanleihen gelegene Fiktion schwer belastet würden.*[121] Auch die Salzburger Sparkasse musste beim Blick auf ihre Bücher feststellen, *bei der heute schwierigen Finanzlage des Staates Österreich verschiebt sich das Bild – allerdings ohne jedes Verschuldens der Sparkasse – insoferne, als eine Reihe von Staatspapieren die sich im Besitze der Anstalt befinden, nicht mehr die ursprüngliche Kaufkraft haben; so darf an der Tatsache nicht vorübergegangen werden, dass die Sparkasse szt., offenbar unter dem auf sie ausgeübten Druck, einen großen Posten von Kriegsanleihe angekauft hat; damals hat ja Regierung und Parlament dies als die beste und sicherste Anlage hingestellt.*[122] In Wien, das die meisten Kriegsanleihezeichner aufwies, kam es im Jänner 1919 zu Massenversammlungen, in denen der neue deutschösterreichische Staat aufgefordert wurde, die Verpflichtungen gegenüber den Kriegsanleihezeichnern einzuhalten.[123] Auch in Salzburg bemühten sich vor allem die Vertreter der bürgerlichen Parteien im Landtag, politische Rückendeckung für diese Forderungen zu erzeugen. Die hierzu eingebrachten Einträge provozierten dabei eine Debatte, in denen besonders die Sozialdemokraten, deren Anhängerschaft von diesen Problemen weitaus weniger betroffen war, die Gelegenheit nutzten, auf die Verantwortung der Vertreter der nun abgetretenen alten Ordnung hinzuweisen. Im Sommer 1919 kamen die unterschiedlichen Sichtweisen über die Handlungen während des Krieges in einer Landtagssitzung offen zur Austragung. Zunächst brachte der deutschnationale Landesrat Anton Christoph die Methoden zur Sprache, mit denen während des Krieges „geworben" worden war: *In der letzten Zeit bemächtigte sich der Öffentlichkeit auch eine große Sorge in Ansehung eines Vermögensteiles, das ist die Kriegsanleihe. Meine Herren! Wenn wir zurückdenken an die Zeit, in welcher wir aufgefordert wurden, Kriegsanleihe zu zeichnen, […] so erinnern wir uns auch gleichzeitig, mit welchen Mitteln sanften und starken Zwangs, ja mit welchen Mitteln der Drohung wir manchmal veranlasst wurden, Kriegsanleihe zu zeichnen und zwar nicht nur der einzelne Private, sondern auch Körperschaften und Institute.*[124] Und stellte daraufhin, mit Hinweis auf die Anlage von Stiftungs- und Fondsmitteln fest, *es ist eine notorische Tatsache, daß in der Kriegsanleihe nicht bloß das Geld der Kriegsgewinner, der Reichen steckt, sondern […] auch die Sparpfennige der Ärmsten festgelegt sind, Gelder von Mündeln und Waisen enthalten sind. Es ist daher […] Aufgabe unseres Landtages, in dem ihm zustehenden Wirkungskreise dafür zu sorgen, Mittel zu schaffen, damit wenigstens die Kriegsanleihe, die aus den Geldern jener Armen gezeichnet wurde, denselben möglichst erhalten bleibe. Mögen die Kriegsanleihen der Kriegsgewinner und Wucherer verloren sein, aber diese Kriegsanleihe muß gestützt werden, um den Ruin der Allerärmsten abzuhalten, um abschließend festzustellen, […] die Klassen zu einer Plattform zum gemeinsamen Kampf zu vereinigen, gegen alle jene Elemente, die auf den gewaltsamen Umsturz in unserem Staate hinarbeiten.*[125] Daraufhin konfrontierte der sozialdemokratische Abgeordnete Josef Witternigg den abtretenden Landesausschuss mit den *geplünderten Stiftungen-Fonds* und verweigerte im Namen seiner Fraktion die Zustimmung zu der Erklärung, dass dieser *nach Kräften bemüht war, den stürmischen Forderungen*

120 AStS, Geschäftsbericht der Salzburger Sparkasse 1918, 34; Der Geschäftsbericht der Salzburger Sparkasse verzeichnet mit Stand vom 31.12.1918 unter ihren Wertpapieren die Deutschösterreichische kündbare Staatsanleihe zu 4 % vom Dezember 1918 zum Nennwert von 4,947.900 (Kurswert 4,293.184) als im Besitze der Anstalt befindlich.
121 SLA, Landesausschuss III 11/07/35, Sparkassen, Schreiben des Deutschösterreichischen Staatsamtes des Innern an die Landesregierung für Salzburg, 28.1.1919, Zl. 1468.
122 SLA, Landesausschuss III 78/03/17, Salzburger Sparkasse Allgemein, Bericht des Regierungsrates Albert Resch betreffend die Überprüfung der Gebarung der Salzburger Sparkasse im Jahre 1918, 24.3.1920, pag. 8.
123 Vgl. Winkelbauer, Untergang (wie Anm. 1), 395.
124 Verhandlungen des Salzburger Landtages der 1. Session der I. Wahlperiode 1919/20, 3. Sitzung des Landtages am 26.6.1919, nach den stenographischen Protokollen, Salzburg 1920, 251f.
125 Verhandlungen, 3. Sitzung am 26.6.1919 (wie Anm. 124), 252.

„Ihr helft nicht nur dem Vaterlande, ihr macht auch ein gutes Geschäft dabei!"

der bewegten Zeit gerecht zu werden.[126] *Denn der abgetretene Landesausschuß war derjenige, der jeden Befehl von oben [...] ausgeführt hat; das beweisen die geplünderten Stiftungen-Fonds im Budget. Wir haben nicht weniger als 7,290.000 K Kriegsanleihe, die die Herren gezeichnet haben, [...]. Sie sehen, hohes Haus, der alte Landesausschuß hat alle Fonds, die dagewesen sind, zur Kriegsanleihezeichnung verwendet; er [...] hat den Wünschen und Befehlen von oben Rechnung getragen. Er hat in keiner Weise Rückgrat gehabt [...] ein paar Herren haben den ganzen Landeshaushalt gemacht.*[127] In seiner Replik auf diese Vorwürfe erwidert Landesrat Daniel Etter, *Ich habe auch in die "Wacht"* [gemeint ist die sozialdemokratische Tageszeitung "Salzburger Wacht"; Anm. A.W.H.] *hineingeschaut und dort nie eine Remonstrierung und Stellungnahme gegen die Kriegsanleihe, die zur Zeichnung aufgelegt war, gelesen. Wenn es den Herren gerade so zu tun gewesen wäre, gegen die Kriegsanleihe das Volk zu schützen, dann hätten sie meine Herren, Gelegenheit [...] genug gehabt, dagegen aufzutreten, um dann festzustellen, dass der Landesausschuss unter den gegebenen Verhältnissen nun auch jene Stellungahme wie alle anderen im Staate eingenommen habe, und auf diese Art sind wir schuldtragend wie die vielen anderen.*[128] Als nächster ergriff Bürgermeister Max Ott das Wort und verteidigte die Handlungsweise der Landesausschuss-Mitglieder, und erinnerte die Anwesenden, *"daß man sich doch in die Zeit zurückversetzen muß [...], wie es seinerzeit gewesen ist. Wenn der Druck von oben gekommen ist, Land, Gemeinden, Sparkassen, Raiffeisenkassen, welche gewissermaßen dem Zwange unterlegen sind, hätten wir beim besten Willen nicht anders handeln können. Und ich bin überzeugt, wenn im alten Landesausschusse ihre Partei vertreten gewesen wäre, sie hätten auch geschwiegen und gewiß zugestimmt.*[129] Der Salzburger Landtag forderte schließlich die Staatsregierung auf, *alles aufzuwenden, um die im inländischen Besitz befindliche Kriegsanleihe zu halten, die Kriegsanleihe bei der etwaigen Vermögensabgabe zum Nennwerte in Zahlung zu nehmen, und die in Zahlung genommenen Kriegsanleihen nur zur Abstattung der Staatsschulden zu verwenden.*[130] Im Bericht des Finanzausschusses über die Anträge des deutschfreiheitlichen Landtagsverbandes (Abgeordneter Christoph und Genossen) betreffend die Verwertung und Annahme der Kriegsanleihe zur Vermögensabgabe, wird hierzu festgestellt, dass die Kriegsanleihen *heute einen wesentlichen Bestandteil des Vermögens von reich und arm bilden. [...] Angehörige aller Stände haben, abgesehen von berufsmäßigen Spekulanten und Kriegsgewinnern, aus Liebe zur Heimat, [...] Opfer über Opfer gebracht. [...] Zu den Zeichnern und Inhabern der heutigen Kriegsanleihe zählen weiters Raiffeisenkassen, Sparkassen, Gewerbegenossenschaften, Versicherungsanstalten, Humanitätsanstalten, Stiftungen und Fonde, Gemeinden, welche nicht nur ihre verfügbaren Barmittel darbrachten, sondern auch ihre Reserven, welche satzungsgemäß zur Sicherung der diesen Instituten und Korporationen obliegenden Verpflichtungen dienen, in Kriegsanleihe umwandelten. So haben Tausende Bürger, Beamte, Bauern und Arbeiter auf den Ruf des Staates, des Landes, der Gemeinden, der Kreditinstitute, der Schule, Geistlichkeit, Vormundschaftsbehörden usw. vielfach ihr letztes dargebracht. Viele Gemeinden haben sich auf Anraten der Behörden und mit Genehmigung der Aufsichtsbehörden für diese Zeichnungen bedeutend eingeschuldet. Alle aber haben, abgesehen von ihrem Opfermute, gezeichnet im Vertrauen auf die wiederholten feierlichen Versicherungen des Staates und der Regierung in und außerhalb der berufenen Vertretungskörper, daß der Staat die volle*

126 Verhandlungen, 3. Sitzung am 26.6.1919 (wie Anm. 124), 255f.
127 Verhandlungen, 3. Sitzung am 26.6.1919 (wie Anm. 124), 256.
128 Verhandlungen, 3. Sitzung am 26.6.1919 (wie Anm. 124), 256.
129 Verhandlungen, 3. Sitzung am 26.6.1919 (wie Anm. 124), 257.
130 Verhandlungen des Salzburger Landtages der 1. Session der I. Wahlperiode 1919/20, 8. Sitzung des Landtages am 5.7.1919, nach den stenographischen Protokollen, Salzburg 1920, 505.

Einlösung der Kriegsanleihe vor allen anderen Staatsschulden garantiere.[131] Dieses Vertrauen werde nun durch die Ankündigungen des Staatsamtes für Finanzen erschüttert, dass die Kriegsanleihe bei der bevorstehenden Vermögensabgabe nur zum Belehnungskurs von 75 % in Rechnung gebracht, und auch nur teilweise auf die Vermögensabgabe abgenommen würde. Mit dieser Vorgangsweise würde nur den Interessen der Großbanken gedient, die ihre Kriegsanleihen rechtzeitig veräußert hätten, und nun vor allem als Lombardgläubiger Interessen hätten, während die aufgezählten Besitzer der Kriegsanleihen nicht nur getäuscht, sondern auch ihrer Werte verlustig gehen würden. Als Argumentationsmittel diente dabei nicht nur der Hinweis auf die sozio-ökonomischen Konsequenzen eines solchen Handelns, sondern auch auf den Vertrauensverlust des Staates an sich.[132] Die Nennung der Unterstützer dieser Forderung gibt einen Eindruck, welche Gesellschaftsgruppen primär von dem Problem betroffen waren. Die erhobene Forderung, die Anleihen zum Zeichnungskurs und ohne Beschränkung für die Vermögensabgabe verwenden zu können, werde unterstützt *von namhaften und berufenen Körperschaften und Personen, wie dem Salzburger Landtage und Landesrate, dem Herrn Erzbischofe, der Handels- und Gewerbekammer, dem Handelsgremium Salzburg, dem Gewerbeförderungsinstitute, dem Landesverbande der gewerblichen Genossenschaften, dem Landesvereine des Militär-Witwen- und Waisenfondes, dem Landesverbande für Jugendfürsorge und Kinderschutz, der Invalidenentschädigungskommission, dem deutschösterreichischen Militärgagistenverbande, der Meisterkrankenkassa in der Stadt Salzburg, von sämtlichen Sparkassen des Landes, von den Kleinrentnern [...].*[133] Diesem Votum schlossen sich die Berichterstatter des Finanzausschusses an und unterstützten den Antrag angesichts der drohenden Gefährdung weiterer schutzbedürftiger Volkskreise.[134]

Die in den Pariser Vorortverträgen festgelegten Regelungen hinsichtlich der Übernahmeverpflichtungen der Nachfolgestaaten führten dazu, dass der Großteil dieser Schulden der nunmehrigen Republik Österreich (analog dazu Ungarn für seine Kriegsanleihen) budgetär zur Last fiel. Mit dem am 3. August 1920 kundgemachten Gesetz übernahm die Republik schließlich die Haftpflicht für die Kriegsanleihen.[135] Der damit verbundene Schuldenberg wurde jedoch im Zuge der Hyperinflation des Jahres 1922 de facto abgetragen, da die Realwerte der Anleihen nur einen Bruchteil des Nominalwertes ausmachten. Diesen Prozess hat Otto Bauer in seiner berühmten Schrift „Die österreichische Revolution" wie folgt zusammengefasst und dabei gleichsam die Grabrede auf die österreichischen Kriegsanleihen verfasst: „Während des Krieges hatte der weitaus größte Teil des mobilen Kapitals der Bourgeoisie die Gestalt von Kriegsanleihetitres angenommen. Die Republik bezahlte die Zinsen der Kriegsanleihen, aber sie bezahlte sie in Papierkronen. In dem Maß, als der Wert der Papierkrone sank, wurde die Rentnerklasse expropriiert. Die Zinsen, die der Staat den Rentnern [Anleihe-Inhabern; Anm. A.W.H.] bezahlte, stellten 1920 nur noch ein Hundertstel, 1922 nur noch ein Zehntausendstel des versprochenen Wertes dar. Der Millionär, der sein Vermögen in Kriegsanleihen angelegt hatte, war zum Bettler geworden."[136] So treffend Bauer das Prinzip der „Entschuldung" beschrieb, so irrte er doch im Hinblick auf die Hauptleidtragenden. Denn während die von Bauer in den Blick genommenen „Millionäre" in der Regel schon sehr früh die Zeichen der Zeit erkannt und ihre Kriegsanleihen abgestoßen hatten, waren es in erster Linie

---

131 Verhandlungen des Salzburger Landtages der 1. Session der I. Wahlperiode 1919/20, 17. Sitzung des Landtages am 10.12.1919, nach den stenographischen Protokollen, Salzburg 1920, 1395f.
132 Verhandlung des Salzburger Landtages am 10.12.1919 (wie Anm. 131) 1396.
133 Verhandlung des Salzburger Landtages am 10.12.1919 (wie Anm. 131) 1397.
134 Verhandlung des Salzburger Landtages am 10.12.1919 (wie Anm. 131) 1397.
135 Vgl. Staatsgesetzblatt für die Republik Österreich vom 3.8.1920, 103. Stück. 353/1920. Gesetz vom 22. Juli 1920 über die Voraussetzungen der Übernahme österreichischer Kriegsanleihen als Schuld der Republik Österreich. Anerkannt wurden die Rechte jener physischer Personen, die österreichische Kriegsanleihen mit Stichtag 13.3.1919 als in ihrem Eigentum befindlich angemeldet hatten, und die gleichzeitig Besitzer des Heimatrechtes einer österreichischen Gemeinde waren oder es bis zum Inkrafttreten des Friedensvertrages (16.7.1920) erwarben und kein an einen anderen Nachfolgestaat der Monarchie gebundenes Vermögen besaß. Analoge Bestimmungen galten für die Aktiengesellschaften und juristischen Personen mit Sitz im Inland.
136 Bauer Otto, Die österreichische Revolution. Wien 1923, 206.

die Angehörigen des Mittelstandes (Beamte, Hausbesitzer, Sparer, und andere) sowie zahlreiche „Kleinrentner", die mit ihren Ersparnissen ihre Pensions- oder Lebensversicherungen auf Basis von Kriegsanleiheversicherungen abgeschlossen hatten, und die nicht über diese finanzielle Flexibilität verfügten und vielfach ihrer Ersparnisse verlustig gingen. Der damit verbundene Vertrauensverlust vor allem der Mittelschicht in das politische System sollte die Erste Republik begleiten. Im Ergebnis erwiesen sich die Kriegsanleihen als ein Danaer-Geschenk, das der jungen Republik von der Monarchie vererbt wurde.

Tabellenteil

Erläuterungen und Methodik:

Leider finden sich in den untersuchten Quellenbeständen keine Gesamtergebnisse zu den Kriegsanleihen für das Land Salzburg. Doch lassen sich einzelne Teilergebnisse herauslesen, die zwar kein Gesamtbild sowie ein weder chronologisch noch thematisch einheitliches Bild ergeben, aber zumindest partielle Einschätzungen zulassen. Am besten dokumentiert sind die Aktivitäten der Sparkassen (mit Ausnahme der beiden letzten Kriegsanleihen), denen daher besondere Aufmerksamkeit geschenkt wurde.

Für die Analyse der zur Verfügung stehenden Zahlenangaben über die Zeichnungen auf die österreichischen Kriegsanleihen ist der Unterschied zwischen dem nominalen und dem realen Geldwert zu berücksichtigen. Zwar konnten einzelne Einkommensgruppen, vor allem in den ersten Kriegsjahren, mit den Preisentwicklungen Schritt halten, doch wirkte sich die Kaufkraftentwertung mit fortlaufender Dauer des Krieges auf alle Bevölkerungsschichten aus. Um dem Rechnung zu tragen wird, analog zur Vorgehensweise von Eduard März in seiner Studie über die österreichische Bankenpolitik,[137] der kurz nach dem Ersten Weltkrieg von Wilhelm Winkler[138] erarbeitete Kaufkraftindex für die Kriegsjahre[139] auf die Nominalergebnisse der Kriegsanleihezeichnungen angewendet. Dieser Index basiert auf dem im Jahr 1922 vom Leiter des arbeitsstatistischen Referates des Bundesamtes für Statistik, Felix Klezl,[140] in Zusammenarbeit mit der paritätischen Kommission für Lohn- und Preisfragen des Sozialpartner-erarbeiteten Verbraucherpreisindex. Dieser wurde aus den monatlich erhobenen Preisen für einen ausgewählten Warenkorb von Lebensmitteln und Bedarfsartikeln in Wien erstellt, wobei als Ausgangspunkt der Juli 1914 (Index = 1) diente. Der Index hatte zweifellos einen gewissen Nachteil, nur die Stadt Wien als Maßstab zugrunde zu legen, aber wie ein Preisvergleich der wichtigsten Grundnahrungsmittel in den Landeshauptstädten Linz, Graz und Innsbruck zeigt, lagen die Preise dort im Jahr 1914 innerhalb einer akzeptablen Bandbreite zu jenen in Wien.[141] Damit stellt der Index ein Hilfsmittel für eine Darstellung der realen Binnen-Kaufkraft der österreichischen Währung in den Kriegsjahren dar. Für die Berechnungen wurde die monatliche Index-Messzahl (Lebenshaltungskosten ohne Wohnungsmiete) von Winkler herangezogen. In einigen Fällen wurde, analog der Vorgangsweise bei März, dort wo sich die Kriegsanleihezeichnungsfrist über zwei Monate erstreckte, der Kaufkraftdurchschnitt dieser beiden Monate errechnet und als Indexzahl verwendet.[142]

137 Vgl. März, Bankpolitik (wie Anm. 20), 198.
138 Wilhelm Winkler (29.6.1884–3.9.1984), Statistiker und Demograf, 1921–1938 im Bundesamt für Statistik, 1929 wurde er Universitätsprofessor in Wien, Gründer der Österreichischen Statistischen Gesellschaft, gilt als Begründer der wissenschaftlichen Statistik in Österreich. Politisch war Winkler in der Zwischenkriegszeit Vertreter der „völkischen Wissenschaft".
139 Winkler, Einkommensverschiebungen (wie Anm. 52), 40f.
140 Vor 1919 Freiherr Felix von Klezl-Norberg (1885–1972), Statistiker, Leiter des arbeitsstatistischen Referates des neuen Bundesamtes für Statistik. Seine Indexberechnung wurde von der Österreichischen Staatsdruckerei veröffentlicht unter dem Titel: Zur Statistik der Teuerung in Österreich 1914–1920. Preisentwicklung wichtiger Lebensmittel und Bedarfsartikel in Wien vom Juli 1914 bis Dezember 1920. Generalindex für die Verteuerung der wichtigsten Lebensmittel in Wien. Wien 1921.
141 Vgl. Preisvergleich ausgewählter Lebensmittel in Wien, Graz, Linz und Innsbruck für die Jahre 1913 und 1914 in Mühlpeck Vera/Sandgruber Roman/Woitek Hannelore, Zur Entwicklung der Verbraucherpreise 1800–1914. Eine Rückberechnung für Wien und den Gebietsstand des heutigen Österreichs. In: Geschichte und Ergebnisse der zentralen amtlichen Statistik in Österreich 1829–1979 (Beiträge zur österreichischen Statistik 550A), hg. vom Österreichischen Statistischen Zentralamt, Wien 1979, Tabellenbd., 649–688, Tab. 9.10: Verbraucherpreise 1800–1914 in Kronen.
142 Vgl. Winkler, Einkommensverschiebungen (wie Anm. 52), 40f.; März, Bankpolitik (wie Anm. 20), 198.

A. Vermögenssituation der Körperschaften und Steuerpflichtigen vor Kriegsausbruch

Land	Ausgaben	Einnahmen	Land	Ausgaben	Einnahmen
Böhmen	89.575.526	89.575.526	Schlesien	15.447.760	15.447.760
Mähren	85.991.558	85.991.558	Salzburg	10.403.405	10.403.405
Niederösterreich	79.069.310	79.069.310	Istrien*	7.398.406	7.398.406
Galizien	78.784.421	78.784.421	Krain*	7.300.002	7.300.002
Bukowina*	33.470.144	33.470.144	Kärnten	6.508.232	6.508.232
Steiermark*	26.094.191	26.094.191	Dalmatien	6.212.789	6.212.789
Tirol	20.817.458	20.817.458	Görz u. Gradisca	3.131.171	3.131.171
Oberösterreich	18.867.102	18.867.102	Vorarlberg	1.300.445	1.300.445

Tab. A 1: *Finanzen der autonomen Körperschaften in den Ländern der cisleithanischen Reichshälfte nach Ausgaben und Einnahmen (ohne Fonds und Stiftungen) im Jahr 1911 (Kronen)*
Quelle: K. k. Statistische Zentralkommission (Hg.), Statistisches Jahrbuch der autonomen Landesverwaltung in Österreich, XIII. Jg. Wien 1915, 164f.; *Zahlen von 1910.

Land	Bevölkerung 1912	davon Zensiten	Personen, zu besteuerten Haushaltungen gehörig	Summe	Zensiten (% der Bevölkerung)	Zur Personaleinkommensteuer herangezogen
Niederösterreich	3,564.620	597.690	958.406	1,556.096	16,77	43,65 %
Vorarlberg	148.306	12.905	31.294	44.199	8,70	29,80 %
Salzburg	217.093	16.265	29.955	46.220	7,49	21,29 %
Steiermark	1,449.238	95.662	204.031	299.683	6,60	20,68 %
Böhmen	6,787.842	423.362	957.880	1,381.242	6,24	20,35 %
Schlesien	764.766	49.640	101.421	151.061	6,49	19,75 %
Oberösterreich	852.900	54.994	112.368	167.368	6,45	19,62 %
Mähren	2,636.634	137.427	326.991	464.418	5,21	17,61 %
Tirol	949.518	52.128	92.998	145.126	5,49	15,28 %
Kärnten	396.353	17.935	35.495	53.430	4,52	13,48 %
Istrien	396.564	15.548	27.495	43.043	3,92	10,85 %
Görz u. Gradisca	262.770	10.248	18.974	29.222	3,90	11,12 %
Krain	524.869	16.591	37.450	54.041	3,16	10,30 %
Bukowina	810.253	20.789	49.014	69.803	2,57	8,61 %
Triest	238.220	42.746	69.109	111.855	17,94	6,95 %
Dalmatien	651.370	12.291	24.143	36.434	1,89	5,59 %
Galizien	8,097.534	134.955	311.387	446.342	1,66	5,51 %
Summe	28,748.850	1,711.176	3,388.417	5,099.593	5,95	17,74 %

Tab. A 2: *Anzahl der Zensiten (Steuerpflichtigen) und Kopfzahl der personaleinkommenssteuerpflichtigen Bevölkerung in den Ländern der cisleithanischen Reichshälfte im Jahr 1913 (Kronen)*
Quelle: K. k. Statistische Zentralkommission (Hg.), Statistisches Jahrbuch der autonomen Landesverwaltung in Österreich, XIII. Jg. Wien 1915, 333.

„Ihr helft nicht nur dem Vaterlande, ihr macht auch ein gutes Geschäft dabei"

B. Gesamtergebnisse der 1.–8. österreichischen Kriegsanleihe in der cisleithanischen Reichshälfte

Anleihe	Zeitraum	nominal	Index Nominal-Ergebnisses	Kaufkraft (Juli 1914)	Index Realergebnisse
I.	November 1914	2.220.746.900	100	1.805.485.300	100
II.	Mai 1915	2.688.321.800	121	1.609.773.500	89
III.	Oktober 1915	4.203.061.900	189	1.859.761.900	103
IV.	Mai 1916	4.520.292.000	204	1.302.677.800	72
V.	November 1916	4.467.940.000	201	752.178.500	42
VI.	Mai 1917	5.189.066.000	234	679.197.100	38
VII.	November 1917	6.045.896.000	272	731.948.700	41
VIII.	Juni 1918	5.814.000.000	262	435.832.100	24
Summe		35.129.324.000		9.176.854.900	

Tab. B 1: *Nominal- und Realergebnisse der 8 österreichischen Kriegsanleihen (Kronen)*
Quelle: März, Bankpolitik (wie Anm. 20), 198.

Kriegsanleihe	Anzahl der Zeichner*								
	bis 1.000 Kronen		1.001–10.000 Kronen		10.000–100.000 Kronen		über 100.000 Kronen		Summe
	Anzahl	%	Anzahl	%	Anzahl	%	Anzahl	%	Anzahl
I.	197.841	51,3	161.207	41,8	25.207	6,5	1.677	0,4	385.932
II.	177.057	47,1	166.916	44,7	27.151	7,3	2.177	0,6	373.301
III.	308.894	56,5	187.302	34,2	46.881	8,6	3.961	0,7	547.038
IV.	410.373	62,7	199.621	30,5	40.436	6,2	3.642	0,6	654.072
V.	217.345	49,6	185.454	42,3	31.666	7,2	3.740	0,9	438.205
VI.	217.924	55,0	141.689	35,8	32.064	8,1	4.412	1,1	396.089
VII.	196.863	49,9	151.985	38,5	40.545	10,3	4.997	1,3	394.390
VIII.	130.479	45,2	117.620	40,7	36.408	12,6	4.273	1,5	288.780
Summe	1.856.776	53,4	1.311.794	37,7	280.358	8,1	28.879	0,8	3.477.807

Tab. B 2: *Zahl der Zeichner* der 8 österreichischen Kriegsanleihen nach Zeichnungsbeträgen (Kronen)*
Quelle: Winkler, Einkommensverschiebungen (wie Anm. 52), 217; *Berücksichtigt sind nur die Zeichnungen von Privatpersonen und Firmen, die nicht durch die Rentensparkasse erfolgten, ferner nicht die Zeichnungen der Banken und Wechselstuben.

Nominale in Kronen	Anzahl Zeichner		Nominalbeträge	
Zeichnungsbeträge	Anzahl	%	Kronen	%
bis 1.000	1.856.776	53,4	461.100.000	2,7
1.001 bis 10.000	1.311.794	37,7	2.949.400.000	17,0
10.001 bis 100.000	280.358	8,1	5.896.800.000	34,1
über 100.000	28.979	0,8	8.007.900.000	46,2
Summe	3.477.807	100	17.315.200.000	100

Tab. B 3: *Gesamtergebnisse und prozentuelle Verteilung der Zeichner* der 8 österreichischen Kriegsanleihen*
Quelle: Winkler, Einkommensverschiebungen (wie Anm. 52), 217; *Berücksichtigt sind nur die Zahlungen von Privatpersonen und Firmen, die nicht durch die Rentensparkasse erfolgten, ferner nicht die Zeichnungen der Banken und Wechselstuben.

C. Zeichnungen der österreichischen Kriegsanleihen, Salzburger Landesfonds und Salzburger Stiftungen

Kriegsanleihe	Zeitraum	Zeichnungsbetrag nominal	Zeichnungsbetrag (Kaufkraft Juli 1914)
I.	November 1914	100.000	81.301
II.	Mai 1915	1,130.000	676.650
III.	Oktober 1915	1,041.000	460.620
IV.	Mai 1916	856.000	246.686
V.	November 1916	*1,200.700	202.138
VI.	Mai 1917	1,046.000	136.911
VII.	November 1917	1,007.000	121.913
VIII.	Juni 1918	1,010.000	75.712
Summe		7,390.700	2,001.931

Tab. C 1: *Kriegsanleihezeichnungen durch die Salzburger Landesfonds (nominal und real, Kronen)*
Quelle: wie Anm. 38; 9. Vollsitzung der provisorischen Landesversammlung am 18. Dezember 1918. Bericht des Finanzausschusses über den Bericht der Landschaftsbuchhaltung Salzburg, betreffend Zeichnung österreichischer Kriegsanleihe durch das Land. Verhandlungen der provisorischen Salzburger Landesversammlung vom 7. November 1918 bis 18. März 1919. Nach den stenographischen Berichten, Salzburg 1919, 408; und eigene Berechnungen; *einschließlich der umgetauschten 1. und 2. Kriegsanleihe.

Landes-Fonds	Zeichnungsbetrag	Landes-Fonds	Zeichnungsbetrag *
Landesfonds	3,183.000	Findelfond	800.000
Landwirtschaftsschulfonds	58.000	Siechenfond	7.000
Gasteiner Armenbad-Spitalfond	100.000	Lazarettfond	1,001.700
Vereinigter Bruderladenfonds	507.600	Knabenwaisenfond	4.000
Gebäude-Prämien-Reservefond	496.000	Lehrjungenwaisenfond	100.000
Mobilien-Prämien-Reservefond	186.000	Invalidenfond	1.000
Feuerwehrbeitrags-Reservefond	12.000	Auerscher Stipendienfond	101.400
Konradinumsfond	3.900	Lehrerpensionsfond	7.000
St. Johannsspitalfond	601.000	Beamtenpensionsfond	107.000
Gebärfond	15.000		
Summe 7,291.600.-			

Tab. C 2: *Verteilung der Zeichnungsbeträge für die österreichischen Kriegsanleihen auf die Salzburger Landesfonds nach Ausweis vom Dezember 1918 (nominal, Kronen)*
Quelle: 9. Vollsitzung der provisorischen Landesversammlung am 18. Dezember 1918. Bericht des Finanzausschusses über den Bericht der Landschaftsbuchhaltung Salzburg, betreffend Zeichnung österreichischer Kriegsanleihe durch das Land. Verhandlungen der provisorischen Salzburger Landesversammlung vom 7. November 1918 bis 18. März 1919. Nach den stenographischen Berichten, Salzburg 1919, 408; * Nominal-Zeichnungsbeträge in Kronen (nicht inflationsbereinigt).

Name der Stiftung	Gezeichnete Obligationen, 3. Kriegsanleihe	40-jährige amortisable Staatsanleihe, 4. Kriegsanleihe	Subskriptions-Betrag, 5. Kriegsanleihe
Bayrhammer-Stiftung	8.400	6.600	4.900
Kaspar Breitfuß-Stiftung	116.000	94.000	70.500
Collegium Virgilianum	211.000	170.000	127.000
Enk-Stiftung	5.600	4.500	3.300
Gymnasial-Prämien-Stiftung	2.600	2.000	1.500
Hanselmann Stiftung	5.600	4.500	3.300
Dr.-Harrer-Stiftung	2.000	1.600	1.200
Hasselbach-Stiftung	10.400	8.400	6.300
Heim'sche Stiftung	13.700	11.000	8.200
Michael Kaindl-Stiftung	10.400	8.400	6.300
Karl'sche Stiftung	4.800	3.900	2.900
Kendler-Stiftung	6.400	5.000	3.700
Kissling-Stiftung	400	300	200
Kronprinz Rudolf und Stefanie-Stiftung	1.500	1.200	900
Larzenbacher-Stiftung	2.500	2.000	1.500
Moser-Stiftung	800	600	400
Nossler-Stiftung	1.300	1.000	700
Salzburger Religionsfond	8.800	7.000	5.200
Siebenstätter-Fond Hallein	35.000	28.000	21.000
Siebenstätter-Fond Radstadt	24.000	19.500	14.600
Siebenstätter-Fond Salzburg	33.000	26.000	19.500
Susan-Stiftung	2.400	1.900	1.400
Schick'sche Stiftung	4.400	3.500	2.600
Schullehrer-Seminarfond	15.700	12.000	9.000
Schwarz'sche Schulstiftung	7.500	6.000	4.500
Staatliche Stiftungsfonde	6.200	5.000	3.700
Staatsbeamten-Witwen-Stiftung	4.500	3.500	2.600
Stadler-Stiftung	4.300	3.400	2.500
Studentenkasse	47.500	38.000	28.500
Wallmann-Stiftung	1.000	800	600
Posselt-Stiftung	–	278.400	150.000
Golja-Stiftung	–	30.000	15.000
Summe (nominal)	597.700	788.000	524.000
real (Kaufkraft Juli 1914)	264.469	227.089	88.215

Tab. C 3: *Zeichnung von Stiftungsvermögen für die 3.–5. Kriegsanleihe im Kronland Salzburg (Kronen)*
Quelle: SLA, Geheime Präsidialakten (wie Anm. 59), V. Kriegsanleihe, Akt 1917 XVI 3-110, Aufstellung des Landespräsidiums über die Fondbeteiligung bei der III. Kriegsanleihe; Akt 1916/XVI 3-15357, Aufstellung der k. k. Finanz-Prokuratur in Salzburg, Beilage zum Schreiben an das k. k. Landespräsidium vom 14.12.1916, Zl. 2476; und eigene Berechnungen.

D. Kriegsanleihezeichnungen durch kirchliche Institutionen im Kronland Salzburg

Kirchliche Einrichtung	Zeichnung, nominal	Zeichnung, real (Kaufkraft Juli 1914)
Stift St. Peter	200.000	119.760
Stift Michaelbeuern	100.000	59.880
Priorat Mülln	100.000	59.880
Kloster Nonnberg	100.000	59.880
Kloster St. Josef	100.000	59.880
Kirche Maxglan	40.000	23.952
f. e. Konsistorial Stiftungsverwaltung	250.000	149.701
Katholischer Universitätsverein	500.000	299.401
Katholischer Leichenbestattungsverein	100.000	59.880
Summe	1,490.000	892.214

Tab. D 1: *Zeichnung der 2. Kriegsanleihe durch kirchliche Institutionen im Kronland Salzburg (Kronen)*
Quelle: SLA, Geheime Präsidialakten (wie Anm. 49), 1915 XVI/116, Mitteilung des f. e. Ordinariates an das k. k. Landespräsidium vom 2.7.1915; und eigene Berechnungen.

Kriegsanleihe	Anzahl der Anleihe-Papiere	Summe nominal	Summe real (Kaufkraft Juli 1914)
IV.	3	500	145
V.	6	3.000	505
VI.	7	7.600	995
VII.	1	600	73
VIII.	2	1.600	120
Summe	19	13.300	1.838

Tab. D 2: *Kriegsanleihe-Zeichnungen des Dekanatspfarramtes Stuhlfelden (Kronen)*
Quelle: AES, 5.193, PA Stuhlfelden, BS X, Kriegsanleihen, Aufstellung des Dekanatspfarramtes Stuhlfelden vom 10.9.1923; und eigene Berechnungen.

| Kirchenverwaltung | Barzahlung | | Belehnung | | Summe |
	kurzfristig	langfristig	kurzfristig	langfristig	
Alm im Pinzgau		10.000			10.000
Altenmarkt		6.600			6.600
Anif		800			800
Berndorf		1.000			1.000
Bramberg	1.000				1.000
Bucheben		600			600
Eugendorf		1.200			1.200
Flachau		200			200
Forstau		200			200
Fusch		300			300
Gnigl		8.000			8.000
Großarl		1.900			1.900
Henndorf		400			400
Hintersee		1.000			1.000
Hollersbach		500			500
Hüttschlag		2.000			2.000

„Ihr helft nicht nur dem Vaterlande, ihr macht auch ein gutes Geschäft dabei!"

Kirchenverwaltung	Barzahlung		Belehnung		Summe
	kurzfristig	langfristig	kurzfristig	langfristig	
Hallwang		1.800			1.800
Kaprun		3.000		5.000	8.000
St. Koloman		900			900
Köstendorf	4.000	2.500			6.500
Leopoldskron				3.000	3.000
Markt-Werfen		500			500
Morzg				1.300	1.300
St. Michael		3.721		8.400	12.121
Mülln (Kloster)				70.000	70.000
Neukirchen		4.800			4.800
Neumarkt		1.000			1.000
Nonnberg (Kloster)				42.000	42.000
Nußdorf		500			500
St. Peter (Kloster)				101.200	101.200
Ramingstein		500			500
Saalbach		700			700
Seekirchen		6.000			6.000
Straßwalchen				1.400	1.400
Stuhlfelden		500		500	1.000
Thalgau		1.300			1.300
Unken		200			200
Unternberg		800			800
Uttendorf		1.700			1.700
Mittersill		1.000		7.500	8.500
St. Martin i. L.		300		1.000	1.300
Summe nominal	5.000	66.421	–	241.300	312.721
Summe real (Kaufkraft Juli 1914)	1,441	19.141	–	69.539	90.121

Tab. D 3: *Zeichnung der 4. Kriegsanleihe 1916 durch kirchliche Einrichtungen im Kronland Salzburg (Kronen)*
Quelle: SLA, Geheime Präsidialakten des k. k. Landespräsidiums 1914–1918, Kt. 66, Fasz. 26/3, IV. Kriegsanleihe, Belastung von kirchlichem Stammvermögen, Verzeichnis des f. e. Ordinariates Salzburg vom 22.7.1916 für das k. k. Landespräsidium, Zl. 2046; und eigene Berechnungen.

	Zeichnungsbetrag (Kronen)		Anteil (%)
	nominal	real (Kaufkraft Juli 1914)	
Kloster Mülln	70.000	20.173	22,4
Kloster Nonnberg	42.000	12.104	13,4
Kloster St. Peter	101.200	29.164	32,4
andere kirchliche Zeichner	99.521	28.680	31,8
Summe	312.721	90.121	100

Tab. D 4: *Kronland Salzburg, Anteil d. Klöster am kirchlichen Zeichnungsaufkommen, 4. Kriegsanleihe*
Quelle: SLA, Geheime Präsidialakten des k. k. Landespräsidiums 1914–1918, Kt. 66, Fasz. 26/3, IV. Kriegsanleihe, Belastung von kirchlichem Stammvermögen, Verzeichnis des f. e. Ordinariates Salzburg vom 22.7.1916 für das k. k. Landespräsidium, Zl. 2046; und eigene Berechnungen.

Kriegsanleihe	Zeitraum	Zeichnung, nominal	Zeichnung, real (Kaufkraft Juli 1914)
I.	November 1914	100.000	81.301
II.	Mai 1915	100.000	59.880
III.	November 1915	500.000 310.000	221.239 137.168
IV.	Mai 1916	600.000	172.911
V.	November 1916	400.000	67.340
VI.	Mai 1917	400.000	52.356
VII.	November 1917	400.000 1.027.000	48.426 124.334
VIII.	Juni 1918	–	–
Summe		3.437.000	964.955

Tab. D 5: *Kriegsanleihe-Zeichnungen des Stiftes St. Peter 1914–1917 (Kronen)*
Angeführt werden namentlich auf das Stift St. Peter gezeichnete Beträge, nicht jene auf Kirchen u. Herrschaften, für die das Stift zeichnete; Quelle: AES, 1.2.A, 11/40 St. Peter Oeconomica; und eigene Berechnungen.

Kriegsanleihe	Zeitraum	Zeichnung, nominal	Zeichnung, real (Kaufkraft Juli 1914)
II.	Mai 1915	100.000	59.880
III.	November 1915	300.000	132.743
IV.	Mai 1916	200.000	57.637
VI.	Mai 1917	50.000	6.545
Summe		650.000	256.805

Tab D 6: *Kriegsanleihe-Zeichnungen des Benediktinerinnenstiftes Nonnberg 1915–1917 (Kronen)*
Quelle: AES, 1.2.A, 11/26 Nonnberg Oeconomica, Kriegsanleihe Stift Nonnberg; und eigene Berechnungen.

E. Kriegsanleihe-Zeichnungen bei der Österreichisch-ungarischen Bank, den Sparkassen und den Raiffeisenkassen im Kronland Salzburg

	II.	III.	IV.	V.	VI.	VIII.	Summe
Graz							
Anmeldungen	100	110	50	28	17	14	319
Zeichnung, nominal	524.500	665.000	258.900	295.700	123.500	150.400	2.018.000
Zeichnung, real	314.072	294.248	74.611	49.781	16.165	11.274	760.151
Innsbruck							
Anmeldungen	92	102	55	45	38	4	336
Zeichnung, nominal	2.151.500	1.121.000	368.400	210.150	123.900	48.100	4.023.050
Zeichnung, real	1.288.323	496.018	106.167	35.379	16.217	3.606	1.945.710
Klagenfurt							
Anmeldungen	13	22	11	10	6	2	64
Zeichnung, nominal	73.300	31.000	44.300	30.200	8.800	300	187.900
Zeichnung, real	43.892	13.717	12.767	5.084	1.152	22	76.634
Linz							
Anmeldungen	1.540	124	50	25	18	6	1.763
Zeichnung, nominal	3.769.200	5.966.100	4.350.000	3.898.800	171.300	62.000	18.217.400
Zeichnung, real	2.257.006	2.639.867	1.253.602	656.364	22.421	4.648	6.833.908

„Ihr helft nicht nur dem Vaterlande, ihr macht auch ein gutes Geschäft dabei"

	II.	III.	IV.	V.	VI.	VIII.	Summe
Salzburg							
Anmeldungen	110	57	26	21	15	4	233
Zeichnung, nominal	2,909.800	8,824.400	4,880.700	2,197.850	1,880.500	2,200.900	22,894.150
Zeichnung, real	1,742.395	3,904.602	1,406.542	370.008	246.139	164.985	7.834.671

Tab. E 1: *Subskriptionen auf die österreichischen Kriegsanleihen* bei den Filialen Graz, Innsbruck, Klagenfurt, Linz und Salzburg der Österreichisch-ungarischen Bank (nominal und real**, Kronen)*
Quelle: OeNB, BHA, Bestandgruppe II/02, allgemeine. Akt Nr. 1492/1915, Gesamtzeichnungsergebnisse und Endabrechnung der II. österreichischen Kriegsanleihe vom Jahre 1915; Stückeausweis über von den Bankanstalten angesprochene definitive Stücke und Gesamtzeichnungsergebnis der Dritten steuerfreien 5½ % österreichischen Kriegsanleihe vom Jahr 1915; Akt Nr. 1300/1916, Circulandum der österreichisch-ungarischen Bank vom 31.7.1916; Akt Nr. 3700/1916, Gesamtzeichnungsergebnisse und Gesamtabrechnungssummen der V. österreichischen Kriegsanleihe vom 22.5.1917; Akt Nr. 2000/1917, Circulandum der österreichisch-ungarischen Bank vom 14.8.1917; Akt Nr. 2300/1918, Circulandum der österreichisch-ungarischen Bank vom 31.8.1918; und eigene Berechnungen; *Im Bankhistorischen Archiv der OeNB sind keine Filialausweise für die 1. u. 7. Kriegsanleihe; **real: Kaufkraft Juli 1914.

Kriegsanleihe	Zeitraum	Nominal und real (Kaufkraft Juli 1914)	Eigenzeichnungen	Zeichnungen bei der Sbg. Sparkasse	Zeichnungen bei Fremdinstituten*	Zeichnungen gesamt
I.	November 1914	nominal	1.000.000		1.893.000	2.893.800
		real	813.008		1.539.024	2.352.032
II.	Mai 1915	nominal	2.429.800	1.570.400	2.864.000	6.864.200
		real	1.454.970	940.359	1.714.970	4.110.299
III.	Oktober 1915	nominal	2.055.000	2.188.000	2.167.000	6.410.000
		real	909.292	968.142	958.850	2.836.284
IV.	Mai 1916	nominal	11.055.000	2.549.500	2.100.000	16.204.600
		real	3.185.879	734.262	605.187	4.525.328
V.	November 1916	nominal	9.944.150	2.115.850	854.450	12.914.450
		real	1.674.099	356.204	143.847	2.174.150
VI.	Mai 1917	nominal	10.750.000	1.250.000	780.000	12.780.000
		real	1.407.068	163.613	102.094	1.672.775
VII.	November 1917	nominal	13.081.600	2.128.400	711.000	15.921.150
		real	1.583.729	257.676	86.077	1.927.482
VIII.	Juni 1918	nominal	15.644.200	2.556.000	1.048.000	19.248.200
		real	1.172.729	191.604	78.561	1.442.894
Summe		nominal	65.959.750	14.358.150	10.524.450	93.256.600
		real	12.200.774	3.611.860 (II.-VIII.)	3.689.586 (II.-VIII.)	21.041.244

Tab. E 2: *Zeichnungsergebnisse der 8. österreichischen Kriegsanleihen bei der Salzburger Sparkasse (Kronen)*
Quelle: Rechnungsabschlüsse und Angaben in der Deutschen Sparkassenzeitung; vgl. Dirninger, Salzburger Sparkasse (wie Anm. 23), 84; und eigene Berechnungen; *Die von Spareinlegern bei anderen Finanzinstituten, namentlich bei der Postsparkasse, gezeichneten Kriegsanleihen, deren Valuten jedoch aus unserer Anstalt entnommen wurden.

Bewertungs-datum	Kriegsanleihen	Nennwert Kronen	Kurswert Kronen
31.12.1914	5½ % öst. Kriegsanleihe	931.000	901.906
31.12.1915	5½ % I. öst. Kriegsanleihe	920.000	891.250
	5½ % II. öst. Kriegsanleihe	2,429.800	2,302.235
	5½ % III. öst. Kriegsanleihe	2,055.000	1,913.205
31.12.1916	5½ % I. öst. Kriegsanleihe	920.000	891.250
	5½ % II. öst. Kriegsanleihe	2,429.800	2,302.235
	5½ % III. öst. Kriegsanleihe	2,035.000	1,894.585
	5½ % IV. öst. Kriegsanleihe, 40-jährige amortisable Staatsanleihe	4,881.500	4,515.387
	5½ % IV. öst. Kriegsanleihe, 7-jährige Staatsschatzscheine	6,569.000	6,240.550
	5½ % V. öst. Kriegsanleihe, 40-jährige amortisable Staatsanleihe	1,594.750	1,467.170
	5½ % V. öst. Kriegsanleihe, 5½-jährige Staatsschatzscheine	6,630.000	6,364.800
Rechnungs-Abschluss 1917 im AStS nicht vorliegend			
31.12.1918	5½ % III. öst. Kriegsanleihe	2,035.000	1,894.585
	5½ % IV. öst. Kriegsanleihe, 40-jährige amortisable Staatsanleihe	4,881.500	4,515.387
	5½ % IV. öst. Kriegsanleihe, 7-jährige Staatsschatzscheine	6,569.000	6,240.550
	5½ % V. öst. Kriegsanleihe, 40-jährige amortisable Staatsanleihe	4,852.200	4,464.024
	5½ % V. öst. Kriegsanleihe, 5½-jährige Staatsschatzscheine	8,442.000	8,104.320
	5½ % VI. öst. Kriegsanleihe, 40-jährige amortisable Staatsanleihe	6,607.000	6,078.440
	5½ % VI. öst. Kriegsanleihe, 10-jährige Staatsschatzscheine	4,140.000	3,870.900
	5½ % VII. öst. Kriegsanleihe, 40-jährige amortisable Staatsanleihe	11,717.600	10,780.192
	5½ % VII. öst. Kriegsanleihe, 8¾-jährige Staatsschatzscheine	1,087.000	1,021.780
	5½ % VIII. öst. Kriegsanleihe, 40-jährige amortisable Staatsanleihe	13,894.700	12,783.124
	5½ % VIII. öst. Kriegsanleihe, Staatsschatzscheine, kündbar ab 1. September 1923	1,544.000	1,474.520
31.12.1919	5½ % II. öst. Kriegsanleihe	50.000	46.000
	5½ % III. öst. Kriegsanleihe	2,035.000	1,628.000
	5½ % IV. öst. Kriegsanleihe, 40-jährige amortisable Staatsanleihe	4,881.500	3,905.200
	5½ % IV. öst. Kriegsanleihe, 7-jährige Staatsschatzscheine	6,569.000	6,290.550
	5½ % V. öst. Kriegsanleihe, 40-jährige amortisable Staatsanleihe	4,912.200	3,929.760
	5½ % V. öst. Kriegsanleihe, 5½-jährige Staatsschatzscheine	8,442.000	8,104.320
	5½ % VI. öst. Kriegsanleihe, 10-jährige Staatsschatzscheine	6,607.00	5,285.600
	5½ % VII. öst. Kriegsanleihe, 40-jährige amortisable Staatsanleihe	4,140.000	3,870.900
	5½ % VII. öst. Kriegsanleihe, 40-jährige amortisable Staatsanleihe	11,717.600	9,374.080
	5½ % VII. öst. Kriegsanleihe, 8¾ -jährige Staatsschatzscheine	1,087.000	1,021.780
	5½ % VIII. öst. Kriegsanleihe, 40-jährige amortisable Staatsanleihe	13,909.700	11,127.760
	5½ % VIII. öst. Kriegsanleihe, Staatsschatzscheine, kündbar ab 1. September 1923	1,544.000	1,474.520

Tab. E 3: *Kriegsanleihe-Wertpapiere* 1914–1919 im Besitz der Salzburger Sparkasse, gemäß Rechnungsabschlüssen (Nominal- und Kurswert, Kronen)*
Quelle: AStS, Rechnungs-Abschlüsse der Salzburger Sparkasse 1914, 1915, 1916, 1918 und 1919; *Nur Kriegsanleihe-Papiere. Daneben umfasste der Wertpapierbesitz auch verschiedene andere Staatsschuldtitel.

Sparkasse	Nominal und real (Kaufkraft Juli 1914)	Einlagenstand (Ende Oktober 1914)	Eigenzeichnung der Sparkasse	Einleger-Zeichnungen	Zeichnungsertrag gesamt
Salzburg	nominal	87,515.222	1,000.000	5,040.000	6,040.000
	real	71,150.587	813.008	4,097.561	4,910.569
Hallein	nominal	3,501.848	10.000	200.000	210.000
	real	2,847.031	8.130	162.602	170.732
St. Johann	nominal	2,686.006	40.000	76.000	116.000
	real	2,183.745	32.520	61.789	94.309
Mittersill	nominal	670.762	10.000	22.000	32.000
	real	545.335	8.130	17.886	26.016
Neumarkt	nominal	1,714.932	10.000	16.100	26.100
	real	1,394.253	8.130	13.089	21.220

„Ihr helft nicht nur dem Vaterlande, ihr macht auch ein gutes Geschäft dabei!"

Sparkasse	Nominal und real (Kaufkraft Juli 1914)	Einlagenstand (Ende Oktober 1914)	Eigenzeichnung der Sparkasse	Einleger-Zeichnungen	Zeichnungsertrag gesamt
Radstadt	nominal	2,095.630	–	140.300	140.300
	real	1,703.764	–	114.065	114.065
Saalfelden	nominal	1,538.637	15.000	31.800	46.800
	real	1,250.924	12.195	25.854	38.049
Tamsweg	nominal	4,119.380	100.000	76.244	176.244
	real	3,349.089	81.301	61.987	143.288
Zell am See	nominal	3,004.505	50.000	140.000	190.000
	real	2,442.687	40.650	113.821	154.472
Summe	nominal	106,846.922	1,235.000	5,742.444	6,977.444
	real	86,867.415	1,004.064	4,668.654	5,672.720

Tab. E 4: *Zeichnung der 1. Kriegsanleihe bei den Sparkassen im Kronland Salzburg (Kronen)*
Quelle: SLA, Geheime Präsidialakten (wie Anm. 32), Landesübersicht über die Beteiligung der Sparkassen an der Kriegsanleihe, 28.11.1914, Zl. 45007; und eigene Berechnungen.

Sparkasse	Nominal und real (Kaufkraft Juli 1914)	Einlagenstand (Ende Juli 1915)	Eigenzeichnung der Sparkasse	Einleger-Zeichnungen	Zeichnungs-ertrag gesamt
Salzburg	nominal	86,396.333	2,500.000	4,285.380	6,785.380
	real	51,734.331	1,497.006	2,566.096	4,063.102
Hallein	nominal	2,728.162	10.000	10.000	20.000
	real	1,633.630	5.988	5.988	11.976
St. Johann	nominal	2,546.980	50.000	30.400	80.400
	real	1,525.138	29.940	18.223	48.163
Mittersill	nominal	618.740	2.000	18.600	20.600
	real	370.503	1.198	11.138	12.336
Neumarkt	nominal	1,689.918	10.000	41.600	51.600
	real	1,011.927	5.988	24.910	30.898
Radstadt	nominal	2,011.891	–	98.597	98.597
	real	1,204.725	–	59.040	59.040
Saalfelden	nominal	1,519.076	12.000	22.300	34.300
	real	909.626	7.186	13.353	20.539
Tamsweg	nominal	3,957.287	100.000	104.300	204.300
	real	2,369.633	59.880	62.455	122.335
Zell am See	nominal	2,775.086	20.000	97.100	117.100
	real	1,661.728	11.976	58.144	70.120
Summe	nominal	104,243.479	2,704.000	4,708.277	7,402.277
	real	62,421.245	1,619.162	2,819.328	4,438.490

Tab. E 5: *Zeichnung der 2. Kriegsanleihe bei den Sparkassen im Kronland Salzburg (Kronen)*
Quelle: SLA, Geheime Präsidialakten (wie Anm. 49), 1915 XVI/116, Landesübersicht über die Beteiligung der Sparkassen an der Kriegsanleihe, 7.5.1915, Zl. 11941; und eigene Berechnungen.

Sparkasse	Nominal und real (Kaufkraft Juli 1914)	Einlagenstand (Ende November 1915)	Eigenzeichnung der Sparkasse	Einleger-Zeichnungen	Zeichnungs-ertrag gesamt
Salzburg	nominal	83,531.292	1,654.000	2,589.000	4,243.000
	real	36,960.749	731.858	1,145.575	1,877.433
Hallein	nominal	2,646.806	30.000	124.028	154,028
	real	1,171.153	13.274	54.880	68.154
St. Johann	nominal	2,740.380	100.000	63.700	163.700
	real	1,212.558	44.248	28.186	72.434
Mittersill	nominal	679.640	20.000	44.400	64.400
	real	300.726	8.850	19.646	28.496
Neumarkt	nominal	1,676.997	30.000	73.100	103.100
	real	742.035	13.274	14.312	45.619
Radstadt	nominal	1,944.766	10.000	168.609	178.609
	real	860.516	4.424	74.606	79.031
Saalfelden	nominal	1,545.732	13.000	37.200	50.200
	real	683.952	5.752	16.460	22.212
Tamsweg	nominal	4,290.404	100.000	270.819	370.819
	real	1,898.409	44.248	119.831	164.079
Zell am See	nominal	2,814.832	50.000	210.500	260.500
	real	1,245.501	22.124	93.142	115.265
Summe	nominal	101,870.849	2,007.000	3,581.356	5,588.356
	real	45,075.597	888.053	1,584.671	2,472.724

Tab. E 6: *Zeichnung der 3. Kriegsanleihe bei den Sparkassen im Kronland Salzburg (Kronen)*
Quelle: SLA, Geheime Präsidialakten (wie Anm. 72), 1915/XVI-12.299, III. Kriegsanleihe, Sparkassenbeteiligung, handschriftliche Aufstellung vom 5.1.1916, Zl. 69.855; und eigene Berechnungen.

Sparkasse	Nominal und real (Kaufkraft Juli 1914)	Einlagenstand (Ende Juni 1916)	Eigenzeichnung der Sparkasse	Einleger-Zeichnungen	Zeichnungs-ertrag gesamt
Salzburg	nominal	93,015.015	14,000.000	–	14,000.000
	real	26,805.480	4,034.582	–	4,034.582
Hallein	nominal	2,830.154	350.000	–	350.000
	real	815.606	100.865	–	100.865
St. Johann	nominal	3,101.252	198.100	53.900	252.000
	real	893.733	57.089	15.533	74.928
Mittersill	nominal	731.757	80.000	57.800	137.800
	real	210.881	23.055	16.657	39.712
Neumarkt	nominal	1,736.913	200.000	68.200	268.200
	real	500.551	57.637	19.654	77.291
Radstadt	nominal	2,049.536	198.600	101.400	300.000
	real	590.644	57.233	29.222	86.455
Saalfelden	nominal	1,500.503	100.000	102.100	202.100
	real	432.422	28.818	29.424	58.242
Tamsweg	nominal	4,994.948	530.600	383.400	914.000
	real	1,439.466	152.911	110.490	263.401

„Ihr helft nicht nur dem Vaterlande, Ihr macht auch ein gutes Geschäft dabei!"

Sparkasse	Nominal und real (Kaufkraft Juli 1914)	Einlagenstand (Ende Juni 1916)	Eigenzeichnung der Sparkasse	Einleger-Zeichnungen	Zeichnungs-ertrag gesamt
Zell am See	nominal	2,727.055	297.000	112.800	409.800
	real	785.895	85.591	32.507	118.098
Summe	nominal	112,687.133	15.954.300	879.600	16.833.900
	real	32.474.678	4.597.781	253.487	4.851.268

Tab. E 7: *Zeichnung der 4. Kriegsanleihe bei den Sparkassen im Kronland Salzburg (Kronen)*
Quelle: SLA, Geheime Präsidialakten (wie Anm. 88), 1916/XVI-3897, IV. Kriegsanleihe, Sparkassenbeteiligung, handschriftliche Aufstellung vom 27.9.1916, Zl. 47.918; und eigene Berechnungen.

Sparkasse	Nominal und real (Kaufkraft Juli 1914)	Einlagenstand (Ende November 1916)	Eigenzeichnung der Sparkasse	Einleger-Zeichnungen	Anzahl der Parteien	Zeichnungs-ertrag gesamt
Salzburg	nominal	98,200.000	*9,876.700 2,000.000	2,123.600	721	14,000.300
	real	16.531.987	1,999.444	357.508		2.356.953
Hallein	nominal	2,968.671	350.000	110.280	94	460.280
	real	495.274	58.923	18.566		77.487
St. Johann	nominal	3,164.036	500.000	133.700	88	633.700
	real	532.666	84.175	22.508		106.683
Mittersill	nominal	911.350	110.000	40.200	39	150.200
	real	153.426	18.518	6.768		25.286
Neumarkt	nominal	1,828.062	250.000	62.900	46	312.900
	real	307.755	42.087	10.589		52.676
Radstadt	nominal	2,277.648	300.000	111.450	60	411.450
	real	383.442	50.505	18.594		69.268
Saalfelden	nominal	1,557.961	130.000	55.050	89	185.050
	real	262.283	21.885	9.184		31.153
Tamsweg	nominal	5,830.000	1,001.000	546.000	457	1,547.000
	real	981.481	168.518	91.919		260.438
Zell am See	nominal	2,762.680	254.650	206.550	143	461.200
	real	465.098	42.870	34.773		77.643
Summe	nominal	119,500.408	14.772.350	3,389.730	1.737	18,162.080
	real	20.113.412	2.486.925	570.662		3.057.587

Tab. E 8: *Zeichnung der 5. Kriegsanleihe bei den Sparkassen im Kronland Salzburg (Kronen)*
Quelle: SLA, Geheime Präsidialakten (wie Anm. 59), V. Kriegsanleihe, Sparkassen Zeichnungsergebnis, Meldungen der Sparkassen an das k. k. Landespräsidium; und eigene Berechnungen; * Die Salzburger Sparkasse zeichnete am 21.11.1916 den Betrag von 10,000.000 Kronen, und mit Beschluss vom 8.1.1917 weitere 2,000.000 Kronen.

Sparkasse	Nominal und real (Kaufkraft Juli 1914)	Einlagenstand (Ende Juni 1917)	Eigenzeichnung der Sparkasse	Einleger-Zeichnungen	Zeichnungsertrag gesamt
Salzburg	nominal	108,249.035	10,786.500	1,213.500	12,000.000
	real	14,168.722	1,411.846	158.835	1,570.681
Hallein	nominal	3,673.023	430.000	34.000	464.000
	real	480.762	56.283	4.450	60.733
St. Johann	nominal	3,443.526.	300.000	36.000	336.000
	real	450.723	39.267	4.712	43.979
Mittersill	nominal	985.521	135.000	21.000	156.000
	real	128.995	17.670	2.749	20.419
Neumarkt	nominal	2,028.714	300.000	–	300.000
	real	265.538	39.267	–	39.267
Radstadt	nominal	2,424.200	100.000	27.000	127.000
	real	317.304	13.089	3.534	16.623
Saalfelden	nominal	1,632.404	75.000	76.000	151.000
	real	213.665	9.817	9.948	19.764
Tamsweg	nominal	6,656.265	800.000	200.000	1,000.000
	real	871.239	104.712	26.178	130.890
Zell am See	nominal	3,216.805	324.200	125.800	450.000
	real	421.048	42.435	16.466	58.901
Summe	nominal	132,309.493	13,250.700	1,733.300	14,984.000
	real	17,317.996	1,734.386	226.872	1,961.258

Tab. E 9: *Zeichnung der 6. Kriegsanleihe bei den Sparkassen im Kronland Salzburg (Kronen)*
Quelle: SLA, Geheime Präsidialakten (wie Anm. 70), VI. Kriegsanleihe, Sparkassen Zeichnungsergebnis; und eigene Berechnungen.

Sparkasse	Nominal und real (Kaufkraft Juli 1914)	Einlagenstand (Ende November 1917)	Eigenzeichnung der Sparkasse	Einleger-Zeichnungen*	Zeichnungsertrag gesamt
Salzburg	nominal	–	13.081.600	2.128.400	15.210.000
	real	–	1.583.729	257.676	1,841.405
St. Johann	nominal	3,534.646	520.000	3.200	523.200
	real	427.923	62.954	387	63.341
Radstadt	nominal	2,622.337	203.800	96.200	300.000
	real	317.474	24.673	11.646	36.320

Tab. E 10: *Ergebnisse der Zeichnung der 7. Kriegsanleihe bei den Sparkassen im Kronland Salzburg (Kronen)*
Quelle: SLA, Geheime Präsidialakten des k. k. Landespräsidiums 1914–1918, Kt. 69, Fasz. 26/6, Akten zur VII. Kriegsanleihe der Bezirkshauptmannschaft St. Johann, Aufstellung der Bezirkshauptmannschaft über die von den Sparkassen gezeichneten Kriegsanleihen; Rechnungsabschlüsse und Angaben in der Deutschen Sparkassenzeitung; vgl. Dirninger, Salzburger Sparkasse (wie Anm. 23), 84; und eigene Berechnungen; *Ohne Kundenzeichnungen bei Fremdinstituten.

„Ihr helft nicht nur dem Vaterlande, ihr macht auch ein gutes Geschäft dabei!"

Sparkasse	Nominal und real (Kaufkraft Juli 1914)	Einlagenstand (Ende Mai 1918)	Eigenzeichnung der Sparkasse	Einleger-Zeichnungen*	Zeichnungsertrag gesamt
Salzburg	nominal	–	15.644.200	2.556.000	18.200.200
	real	–	1.172.729	191.604	1,364.333
St. Johann	nominal	4,298.883	100.000	19.700	119.700
	real	322.255	7.496	1.477	8.973
Radstadt	nominal	3,194.655	61.400	17.050	78.450
	real	239.479	4.603	1.278	5.881

Tab. E 11: *Zeichnung der 8. Kriegsanleihe bei den Sparkassen im Kronland Salzburg (Kronen)*
Quelle: SLA, Geheime Präsidialakten des k. k. Landespräsidiums 1914–1918, Kt. 69, Fasz. 26/6, Akten der Bezirkshauptmannschaft St. Johann im Pongau zur 8. Kriegsanleihe, Aufstellung der Zeichnungsergebnisse der Sparkassen des Bezirkes; Rechnungsabschlüsse und Angaben in der Deutschen Sparkassenzeitung; vgl. Dirninger, Salzburger Sparkasse (wie Anm. 23), 84; und eigene Berechnungen; *Ohne Kundenzeichnungen bei Fremdinstituten.

Land	Einlagenstand (Kronen)	Eigenbesitz (Nominale) der Sparkassen an österr. Kriegsanleihen	Anteil (%) des Einlagenstandes	Nennwert der bei den Sparkassen lombardierten Kriegsanleihen	Anteil (%) des Einlagenstandes
Böhmen	2.875,418.719	971,104.066	33 %	707,912.672	25,0 %
Mähren	568,274.596	238,255.869	41 %	56,554.237	10,0 %
Schlesien	381,246.060	116,203.728	31 %	992.700	0,3 %
Niederösterreich	2.855,511.782	830,675.546	29 %	220,884.676	8,0 %
Oberösterreich	872,020.308	308,534.400	35 %	7,313.486	0,8 %
Salzburg	192,534.080	80,755.401	42 %	4,182.200	2,0 %
Tirol/Vorarlberg	486,581.290	148,409.350	30 %	2,270.600	0,5 %
Steiermark	1.136,658.448	430,004.168	38 %	60,783.831	5,0 %
Kärnten	248,277.790	36,645.812	15 %	1,049.594	0,4 %
Summe	9.616,523.073	3.160,588.340	33 %	1.061,934.996	11,0 %

Tab. E 12: *Besitz deutscher Sparkassen an österreichischen Kriegsanleihen am 31.12.1918 (nominal in Kronen)*
Quelle: Tätigkeits-Bericht des Reichsverbandes deutscher Sparkassen in Österreich über die Zeit von Ende Mai 1918 bis Ende Juni 1919, 24; vgl. Pichler Walter, Die Rolle der österreichischen Sparkassen bei der Finanzierung des 1. und 2. Weltkrieges. Dipl.-Arb. Univ. Salzburg, Salzburg 2004, 99; und eigene Berechnungen.

Kriegsanleihe		nominal und real (Kaufkraft Juli 1914)	Eigenzeichnungen der Raiffeisenkassen	Zeichnungen durch Spareinleger	Zeichnungen durch die Genossenschaftszentralkasse	Zeichnungsbetrag gesamt
I.	November 1914	nominal	130.950	392.850	5.000	528.800
		real	106.463	319.390	4.065	429.918
II.	Mai 1915	nominal	114.000	342.000	10.000	466.000
		real	68.263	204.790	5.988	279.041
III.	Oktober 1915	nominal	434.900	1,304.700	2,000.000	3,739.600
		real	192.434	577.301	884.956	1,654.691
IV.	April 1916	nominal	1,139.400	3,418.200	–	4,557.600
		real	328.357	985.072	–	1,313.429
V.	November 1916	nominal	1,837.000	5,511.000	2,300.000	9,648.000
		real	309.259	927.778	387.205	1,624.242
VI.	Mai 1917	nominal	2,164.500	1,082.000	1,000.000	4,246.500
		real	283.312	141.623	130.890	555.825

Kriegsanleihe		nominal und real (Kaufkraft Juli 1914)	Eigenzeichnungen der Raiffeisenkassen	Zeichnungen durch Spareinleger	Zeichnungen durch die Genossenschaftszentralkasse	Zeichnungsbetrag gesamt
Summe		nominal	5.820.750	12.050.750	5.315.000	23.186.500
		real	1,288.088	3,155.954	1,413.104	5,857.146

Tab. E 13: *1.–6. Kriegsanleihe, Zeichnung aus Eigenmitteln der Raiffeisenkassen im Kronland Salzburg (Kronen)*
Quelle: SLA, Geheime Präsidialakten (wie Anm. 70), VI. Kriegsanleihe, Akt 1917 XVI-6583/1 VI. Kriegsanleihe Propaganda, Mitteilung des Landes-Ausschusses im Herzogtume Salzburg an das k. k. Landespräsidium vom 31.8.1917, Zl. 8927/17; und eigene Berechnungen.

Raiffeisenkasse	I.	II.	III.	IV.	V.	VI.
Abtenau	2.000	2.000	25.000	20.000	40.000	10.000
Aigen	500	500	–	40.000	–	–
Alm	2.000	600	5.000	10.000	110.000	50.000
Altenmarkt	300	–	50.000	50.000	80.000	50.000
Annaberg	–	–	2.000	9.000	12.000	100.000
Anthering	–	–	–	2.600	2.600	1.000
Bischofshofen	–	–	–	–	7.000	6.000
Bramberg	–	5.000	10.000	20.000	65.000	100.000
Bruck	3.000			10.000	50.000	40.000
Dorfgastein	2.000	2.000	1.000	50.000	52.000	200.000
Elixhausen	1.000	25.000	25.000	25.000	1.000	–
Faistenau	1.000	10.000	12.00	20.000	10.000	–
St. Georgen	–	200	–	55.000	–	–
St. Gilgen	2.000	1.000	5.000	–	–	–
Goldegg	4.500	1.500	12.000	10.000	22.000	4.000
Golling	700	1.300	28.000	70.000	50.000	50.000
Großarl	10.000	–	–	3.200	64.000	50.000
Großgmain	–	–	–	4.000	4.000	2.500
Hallein	500	200	–	10.000	17.000	–
Henndorf	5.000	–	10.000	20.000	15.000	1.000
Hüttau	1.000	200	800	1.000	20.000	3.000
St. Johann	–	–	10.000	15.000	25.000	20.000
St. Koloman	–	–	–	–	–	30.000
Köstendorf	10.000	–	–	5.000	–	–
Krimml	1.000	1.000	20.000	10.000	20.000	10.000
Leogang		4.000		3.000	4.500	51.000
Lessach	550	2.000	25.000	25.000	20.000	51.000
Maishofen	5.000	3.000	3.000	30.000	50.000	25.000
St. Margarethen			500	15.000	10.000	5.000
Mariapfarr	3.000	5.000		52.000	100.000	45.000
St. Martin	4.000	6.000	10.000	20.000	30.000	50.000
Mauterndorf	–	–	–	–	–	–
St. Michael	1.000	1.000	3.000	3.000	4.000	100.000
Michaelbeuern	–	–	–	–	–	–
Mittersill	8.000	2.000	5.000	15.000	110.000	106.000

„Ihr helft nicht nur dem Vaterlande, ihr macht auch ein gutes Geschäft dabei!"

Raiffeisenkasse	I.	II.	III.	IV.	V.	VI.
Morzg	1.200	–	10.000	6.000	20.000	–
Muhr	1.000	–	–	–	–	6.000
Neukirchen	100	–	–	20.000	–	50.000
Niedernsill	6.000	2.000	1.400	6.600	15.500	10.000
Oberalm	1.000	1.000	–	50.000	10.000	30.000
Piesendorf	4.000	–	3.000	5.000	50.000	100.000
Radstadt	–	–	24.000	25.000	80.000	67.000
Ramingstein	2.000	2.000	–	20.000	20–000	20.000
Rauris	–	–	–	8.000	92.000	50.000
Saalbach	600	300	300	2.500	4.400	5.000
Saalfelden	5.000	3.600	4.000	25.000	50.000	125.000
Siezenheim	–	–	1.500	17.500	–	2.000
Straßwalchen	7.000	5.000	43.000	45.000	50.000	50.000
Tamsweg	2.000	50.000	10.000	25.000	200.000	100.000
Taxenbach	2.000	5.600	400	10.000	10.000	30.000
Thalgau	–	–	–	103.000	–	–
Unternberg	–	–	2.000	20.000	30.000	18.000
Uttendorf	1.000	–	1.000	10.000	30.000	1.000
St. Veit	6.000	–	–	4.000	30.000	–
Wagrain	4.000	10.000	22.000	64.000	40.000	30.000
Wald	–	–	20.000	20.000	60.000	10.000
Werfen	–	1.000	10.000	50.000	50.000	100.000
Zederhaus	20.000	5.000	20.000	25.000	–	200.000
Summe real	130.950	114.000	434.900	1,139.400	1,837.000	2,164.500
nominal	106.463	68.263	192.434	328.357	309.259	283.312

Tab. E 14: *1.–6. Kriegsanleihe, Zeichnung aus Eigenmitteln von Raiffeisenkassen (nominal, Kronen)*
Quelle: Geheime Präsidialakten (wie Anm. 70), VI. Kriegsanleihe, Akt 1917 XVI-6583/1 VI. Kriegsanleihe Propaganda, Mitteilung des Landes-Ausschusses im Herzogtume Salzburg an das k. k. Landespräsidium vom 31.8.1917, Zl. 8927/17 – Beilage; und eigene Berechnungen.

F. Kriegsanleihezeichnungen durch Kommunen im Kronland Salzburg

Anleihe	Zeitraum	Zeichnung nominal	Zeichnung real (Kaufkraft Juli 1914)
I.	November 1914	100.000	81.301
II.	Mai 1915	100.000	59.880
		*50.000	29.940
		**100.000	59.880
		250.000	149.700
III.	Oktober 1915	400.000	176.991
IV.	Mai 1916	***500.000	144.092
V.	November 1916	****500.000	84.175
VI.	Mai 1917	500.000	65.445
VII.	November 1917	500.000	60.533
VIII.	Juni 1918	500.000	37.481
Summe		3,250.000	1,389.718

Tab. F 1: *Zeichnung der 8 Kriegsanleihen durch die Stadtgemeinde Salzburg (Kronen)*
Quelle: AStS, Gemeinderats-Sitzungsprotokolle 1914–1915 u. 1917–1918; SLA, Geheime Präsidialakten (wie Anm. 49), 1915 XVI/116; Salzburger Volksblatt, 18.5.1915 u. 11.5.1916; und eigene Berechnungen; *Der Gemeinderat beschloss in seiner Sitzung am 17.5.1915 einstimmig, neben der Zeichnung der 100.000

Kronen durch die Stadtgemeinde zusätzlich den Betrag von 50.000 Kronen aus dem Stiftungskapital der Bürgerstiftung zur Unterstützung der Kriegsinvaliden und Witwen und Waisen nach gefallenen Kriegern zu zeichnen; vgl. Salzburger Volksblatt, 18.5.1915, 6; **In seiner Sitzung am 14.6.1915 beschloss der Gemeinderat eine nochmalige Zeichnung von 100.000 Kronen; vgl. SLA, Geheime Präsidialakten (wie Anm. 49), Mitteilung von Bürgermeister Max Ott an das k. k. Landespräsidium vom 18.6.1915, Zl. 803 XVII c/13; ***Sitzungsprotokolle für das Jahr 1916 fehlen. Laut Salzburger Volksblatt beschloss der Gemeinderat in seiner Sitzung am 10.5.1916 die Zeichnung von 500.000 Kronen auf die 4. Kriegsanleihe; ****Die Gemeinderatsprotokolle für das Jahr 1916 fehlen. Es finden sich auch in der Presse keine Angaben zur Zeichnung, doch kann aus verschiedenen Quellen indirekt auf dieselbe Zeichnungshöhe geschlossen werden.

Anleihe	Zeitraum	Zeichnung pro Einwohner nominal		Zeichnung pro Einwohner real (Kaufkraft Juli 1914)	
		Salzburg	Linz	Salzburg	Linz
I.	November 1914	2,8	4,6	1,7	3,7
II.	Mai 1915	6,9	5,7	4,1	3,4
III.	Oktober 1915	11,0	6,8	4,9	3,0
IV.	Mai 1916	13,8	22,9	4,0	6,6
V.	November 1916	13,8	22,9	2,3	3,8
VI.	Mai 1917	13,8	11,4	1,8	1,5
VII.	November 1917	13,8	28,5	1,6	3,4
VIII.	Juni 1918	13,8	28,5	1,0	2,1
Summe		89,8	131,0	38,4	27,6

Tab. F 2: *Vergleich der Kriegsanleihe-Zeichnungen der Städte Salzburg und Linz pro Kopf auf Basis der Einwohnerzahl von 1910 (Kronen)*
Einwohner Salzburg (1910): 36.188, Einwohner Linz (1910): 87.769; Quelle: Statistische Zentralkommission (Hg.), Vorläufige Ergebnisse der außerordentlichen Volkszählung vom 31.1.1920 nebst Gemeindeverzeichnis (Beiträge zur Statistik der Republik Österreich 5), Wien 1920, 9; AStS, Gemeinderats-Sitzungsprotokolle 1914–1915 u. 1917–1918; SLA, Geheime Präsidialakten (wie Anm. 49), 1915; Salzburger Volksblatt, 18.5.1915, u. 11.5.1916; Dohle Oskar, Geld (wie Anm. 81), 457–574; und eigene Berechnungen.

Gemeinde		V.	VI.	VII.	VIII.	Summe
Abtenau-Markt	nominal	40.000	40.000	40.000	–	120.000
	real	6.734	5.236	4.843	–	16.813
Adnet	nominal	76.000	–	–	–	76.000
	real	12.795	–	–	–	12.795
Annaberg	nominal	2.000	12.000	–	–	14.000
	real	337	1.571			1.908
Dürrnberg	nominal	20.000	2.000	2.000	–	24.000
	real	3.367	262	242	–	3.871
Golling	nominal	40.000	10.000	10.000	–	60.000
	real	6.734	1.309	1.211	–	9.254
Hallein	nominal	40.000	20.000	20.000	20.000	100.000
	real	6.734	2.618	2.421	1.499	13.272
St. Koloman	nominal	20.000	4.000	–	–	24.000
	real	3.367	524	–	–	3.891
Krispl	nominal	10.000	–	–	–	10.000
	real	1.683	–	–	–	1.683
Oberalm	nominal	40.000	12.000	16.000	–	68.000
	real	6.734	1.571	1.937	–	10.242
Obergäu	nominal	16.000	4.000	–	–	20.000
	real	2.694	524	–	–	3.218

„Ihr helft nicht nur dem Vaterlande, ihr macht auch ein gutes Geschäft dabei!"

Gemeinde		V.	VI.	VII.	VIII.	Summe
Puch	nominal	40.000	–	–	–	40.000
	real	6.734	–		–	6.734
Rußbach	nominal	8.000	4.000	–	–	12.000
	real	1.347	524	–	–	1.871
Scheffau	nominal	6.000	2.000	–	–	8.000
	real	1.010	262	–	–	1.272
Torren	nominal	20.000	–	–	–	20.000
	real	3.367	–	–	–	3.367
Vigaun	nominal	12.000	–	–	–	12.000
	real	2.020	–	–	–	2.020
Summe Tennenau	nominal	390.000	110.000	88.000	20.000	608.000
	real	65.657	14.401	10.654	1.499	92.211
Aigen	nominal	80.000	–	20.000	–	1,000.000
	real	13.468	–	2.421	–	15.889
Anif	nominal	10.000	–	–	–	10.000
	real	1.683	–	–	–	1.683
Anthering	nominal	6.000	–	–	–	6.000
	real	1.010	–	–	–	1.010
Bergheim	nominal	20.000	–	–	–	20.000
	real	1.367	–	–	–	3.367
Berndorf	nominal		–	8.000	–	8.000
	real		–	969	–	969
Dorfbeuern	nominal	40.000	–	–	–	40.000
	real	6.734	–	–	–	6.734
Ebenau	nominal	4.000	–	–	–	4.000
	real	673	–	–	–	673
Elixhausen	nominal	4.000	–	–	–	4.000
	real	673	–	–	–	673
Elsbethen	nominal	10.000	–	–	–	10.000
	real	1.683	–	–	–	1.683
Eugendorf	nominal	40.000	–	–	–	40.000
	real	6.734	–	–	–	6.734
Fuschl	nominal	10.000	–	–	–	10.000
	real	1.683	–	–	–	1.683
St. Georgen b. Oberndorf	nominal	40.000	–	–	–	40.000
	real	6.734	–	–	–	6.734
St. Gilgen	nominal	60.000	–	–	–	60.000
	real	10.101	–	–	–	10.101
Gnigl	nominal	48.000	–	4.000	–	52.000
	real	8.081	–	484	–	8.565
Göming	nominal	10.000	–	–	–	10.000
	real	1.683	–	–	–	1.683
Grödig	nominal	20.000	–	–	–	20.000
	real	3.367	–	–	–	3.367

Gemeinde		V.	VI.	VII.	VIII.	Summe
Großmain	nominal	20.000	–	–	–	20.000
	real	3.367	–	–	–	3.367
Hallwang	nominal	12.000	–	–	–	12.000
	real	2.020	–	–	–	2.020
Hintersee	nominal	4.000	–	2.000	–	6.000
	real	673	–	242	–	915
Hof	nominal	4.000	–	2.000	–	6.000
	real	673	–	242	–	915
Koppl	nominal	6.000	–	–	–	6.000
	real	1.010	–	–	–	1.010
Köstendorf	nominal	40.000	–	4.000	–	44.000
	real	6.734	–	484	–	7.218
Lamprechtshausen	nominal	100.000	–	–	–	100.000
	real	16.835	–	–	–	16.835
Leopoldskron	nominal	40.000	–	–	–	40.000
	real	6.734	–	–	–	6.734
Mattsee	nominal	12.000	–	–	–	12.000
	real	2.020	–	–	–	2.020
Maxglan	nominal	40.000	–	–	–	40.000
	real	6.734	–	–	–	6.734
Neumarkt-Markt	nominal	20.000	–	–	–	20.000
	real	3.367	–	–	–	3.367
Nußdorf	nominal	8.000	–	–	–	8.000
	real	1.347	–	–	–	1.347
Oberndorf-Markt	nominal	20.000	12.000	8.000	–	40.000
	real	3.367	1.571	969	–	5.907
Obertrum	nominal	8.000	–	–	–	8.000
	real	1.347	–	–	–	1.347
Plainfeld	nominal	10.000	–	–	–	10.000
	real	1.683	–	–	–	1.683
Schleedorf	nominal	4.000	–	–	–	4.000
	real	673	–	–	–	673
Seekirchen-Land	nominal	40.000	–	–	–	40.000
	real	6.734	–	–	–	6.734
Seekirchen-Markt	nominal	8.000	–	–	–	8.000
	real	1.347	–	–	–	1.347
Siezenheim	nominal	10.000	–	–	–	10.000
	real	1.683	–	–	–	1.683
Straßwalchen-Land	nominal	28.000	–	4.000	–	32.000
	real	4.714	–	484	–	5.198
Straßwalchen-Markt	nominal	24.000	–	4.000	–	28.000
	real	4.040	–	484	–	4.524
Strobl	nominal	60.000	–	–	–	60.000
	real	10.101	–	–	–	10.101

„Ihr helft nicht nur dem Vaterlande, ihr macht auch ein gutes Geschäft dabei!"

Gemeinde		V.	VI.	VII.	VIII.	Summe
Thalgau	nominal	40.000	–	4.000	–	44.000
	real	6.734	–	484	–	7.218
Thalgauberg	nominal	6.000	–	–	–	6.000
	real	1.010	–	–	–	1.010
Summe Flachgau	nominal	966.000	12.000	60.000	–	1,038.000
	real	162.621	1.571	7.263	–	171.455
Altenmarkt	nominal	10.000	2.000	–	–	12.000
	real	1.683	262	–	–	1.945
Badgastein	nominal	80.000	40.000	28.000	–	148.000
	real	13.468	5.236	3.390	–	22.094
Bischofshofen	nominal	12.000	12.000	2.000	–	26.000
	real	2.020	1.571	242	–	3.833
Dorfgastein	nominal	40.000	–	–	–	40.000
	real	6.734	–	–	–	6.734
Filzmoos	nominal	2.000	4.000	4.000	–	10.000
	real	337	524	484	–	1.345
Flachau	nominal	20.000	4.000	–	–	24.000
	real	3.367	524	–	–	3.891
Forstau	nominal	4.000	2.000	–	–	6.000
	real	673	262	–	–	935
Gasthof	nominal	–	–	1.000	–	1.000
	real	–	–	121	–	121
Goldegg	nominal	–	–	12.000	–	12.000
	real	–	–	1.453	–	1.453
Goldegg-Weng	nominal	2.000	1.000	4.000	–	7.000
	real	337	131	484	–	952
Großarl	nominal	5.000	5.000	10.000	–	20.000
	real	842	654	1.211	–	2.707
Hofgastein-Land	nominal	40.000	20.000	–	–	60.000
	real	6.734	2.618	–	–	9.352
Hofgastein-Markt	nominal	40.000	40.000	–	–	80.000
	real	6.734	5.236	–	–	11.970
Hüttau	nominal	2.000	1.000	–	–	3.000
	real	337	131	–	–	468
Hüttschlag	nominal	–	–	4.000	–	4.000
	real	–	–	484	–	484
St. Johann-Land	nominal	10.000	6.000	–	2.000	18.000
	real	1.683	785	–	150	2.618
St. Johann-Markt	nominal	10.000	12.000	20.000	–	42.000
	real	1.683	1.571	2.421	–	5.675
St. Martin bei Hüttau	nominal	8.000	8.000	–	–	16.000
	real	1.347	1.047	–	–	2.394
Mühlbach	nominal	4.000	2.400	3.600	4.000	14.000
	real	673	314	436	300	1.723

Gemeinde		V.	VI.	VII.	VIII.	Summe
Palfen	nominal	4.000	4.000	–	–	8.000
	real	673	524	–	–	1.197
Pfarrwerfen	nominal	10.000	–	4.000	4.000	18.000
	real	1.683	–	484	300	2.467
Radstadt-Stadt	nominal	–	–	12.000	–	12.000
	real	–	–	1.453	–	1.453
Radstadt-Land	nominal	4.000	4.000	–	–	8.000
	real	673	524	–	–	1.197
Schattbach	nominal	2.000	–	–	–	2.000
	real	337	–	–	–	337
Schwarzach	nominal	4.000	4.000	–	4.000	12.000
	real	673	524	–	300	1.497
Sinnhub	nominal	2.000	–	–	–	2.000
	real	337	–	–	–	337
Sonnberg	nominal	1.000	1.000	–	–	2.000
	real	168	131	–	–	299
St. Veit-Markt	nominal	4.000	8.000	–	–	12.000
	real	673	1.047	–	–	1.720
Wagrain-Land	nominal	20.000	8.000	–	–	28.000
	real	3.367	1.047	–	–	4.414
Wagrain-Markt	nominal	–	8.000	–	–	8.000
	real	–	1.047	–	–	1.047
Werfen-Land	nominal	40.000	8.000	–	–	48.000
	real	6.734	1.047	–	–	7.781
Werfen-Markt	nominal	40.000	8.000	4.000	–	52.000
	real	6.734	1.047	484	–	8.265692
Werfenweng	nominal	1.000	4.000	–	–	5.000
	real	168	524	–	–	
Summe Pongau	nominal	421.000	216.400	108.600	14.000	760.000
	real	70.872	28.328	13.147	1.050	113.397
Alm	nominal	40.000	10.000	–	–	50.000
	real	6.734	1.309	–	–	8.043
Bramberg	nominal	40.000	6.000	–	–	46.000
	real	6.734	785	–	–	7.519
Bruck	nominal	7.200	4.000	–	–	11.200
	real	1.212	524	–	–	1,736
Bruckberg	nominal	4.000	–	4.000	–	8.000
	real	673	–	484	–	1.157
Bucheben	nominal	6.000	2.000	–	–	8.000
	real	1.010	262	–	–	1.272
Dienten	nominal	2.000	1.000	2.000	–	5.000
	real	337	131	242	–	710
Embach	nominal	4.000	–	–	–	4.000
	real	673	–	–	–	673

Gemeinde		V.	VI.	VII.	VIII.	Summe
Eschenau	nominal	10.000	4.000	–	–	14.000
	real	1.683	524	–	–	2.207
Fusch	nominal	8.000	4.000	–	–	12.000
	real	1.347	524	–	–	1.871
St. Georgen	nominal	20.000	8.000	–	–	28.000
	real	3.367	1–047	–	–	4.414
Kaprun	nominal	20.000	10.000	12.000	–	42.000
	real	3.367	1.309	1.453	–	6.129
Krimml	nominal	10.000	–	–	–	10.000
	real	1.683	–	–	–	1.683
Lend	nominal	40.000	32.000	40.000	–	112.000
	real	6.734	4.188	4.843	–	15.765
Leogang	nominal	30.000	10.000	10.000	–	50.000
	real	5.051	1.309	1.211	–	7.571
Maishofen	nominal	40.000	4.000	5.600	–	49.600
	real	6.734	524	678	–	7.936
St. Martin bei Lofer	nominal	40.000	4.000	–	–	44.000
	real	6.734	524	–	–	7.258
Mittersill-Land	nominal	20.000	12.000	–	–	32.000
	real	3.367	1.571	–	–	4.938
Mittersill-Markt	nominal	12.000	4.000	–	–	16.000
	real	2.020	524	–	–	2.544
Neukirchen	nominal	20.000	6.400	8.000	–	34.400
	real	3.367	838	969	–	5.174
Niedernsill	nominal	26.400	13.600	20.000	–	60.000
	real	4.444	1.780	2.421	–	8.645
Piesendorf	nominal	20.000	10.000	–	–	30.000
	real	3.367	1.309	–	–	4.676
Rauris	nominal	40.000	4.000	–	–	44.000
	real	6.734	524	–	–	7.258
Saalbach	nominal	40.000	2.000	–	–	42.000
	real	6.734	262	–	–	6.996
Saalfelden-Land	nominal	120.000	10.000	–	–	130.000
	real	20.202	1.309	–	–	21.511
Saalfelden-Markt	nominal	40.000	14.000	30.000	–	84.000
	real	6.734	1.832	3.632	–	12.198
Stuhlfelden	nominal	20.000	10.000	–	–	30.000
	real	3.367	1.309	–	–	4.676
Taxenbach	nominal	8.000	8.000	16.000	10.000	42.000
	real	1.347	1.047	1.937	750	5.081
Thumersbach	nominal	4.000	–	2.000	–	6.000
	real	673	–	242	–	915
Unken	nominal	20.000	10.000	10.000	–	40.000
	real	3.367	1.309	1.211	–	5.887

Gemeinde		V.	VI.	VII.	VIII.	Summe
Uttendorf	nominal	40.000	10.000	–	–	50.000
	real	6.734	1.309	–	–	8.043
Viehhofen	nominal	4.000	2.000	4.000	–	10.000
	real	673	262	484	–	1.419
Wald	nominal	10.000	4.000	–	–	14.000
	real	1.683	524	–	–	2.207
Zell am See	nominal	80.000	11.200	8.000	8.000	107.200
	real	13.468	1.466	969	600	16.503
Summe Pinzgau	nominal	845.600	230.200	171.600	18.000	1,265.400
	real	142.354	30.135	20.776	1.350	194.615
St. Michael-Land	nominal	1.600	–	–	–	1.600
	real	269	–	–	–	269
St. Michael-Markt	nominal	10.000	–	–	–	10.000
	real	1.683	–	–	–	1.683
Pichl	nominal	1.000	–	1.000	–	2.000
	real	168	–	121	–	289
Seetal	nominal	2.000	–	–	–	2.000
	real	337	–	–	–	337
Steindorf	nominal	1.000	–	–	–	1.000
	real	168	–	–	–	168
Thomatal	nominal	4.000	–	–	–	4.000
	real	673	–	–	–	673
Summe Lungau	nominal	19.600	–	1.000	–	20.600
	real	3.298	–	121	–	3.419
Summe aller Gemeinden	nominal	2,642.200	568.600	429.200	52.000	3,692.000
	real	444.802	74.435	51.961	3.898	276.762
Salzburgischer Landesfonds	nominal	–	360.000	400.000	400.000	1,160.000
	real	–	47.120	48.426	29.985	125.531
Summe	nominal	2,642.200	928.600	829.200	452.000	4,852.000
	real	444.815	121.544	100.387	33.833	700.629

Tab. F 3: *Stand der erworbenen Kommunal-Darlehen der Landes-Hypothekenanstalt Salzburg zum Zweck der Zeichnung von Kriegsanleihen (5.–8. Kriegsanleihe) am 31.12.1918 in ihrer ursprünglichen Darlehenshöhe, nach der örtlichen Verteilung der Darlehen (Kronen)*
Quelle: Verhandlungen des Salzburger Landtages der 1. Session der I. Wahlperiode 1919/20. Nach den stenographischen Berichten, 9. Sitzung des Landtages am 19.11.1919. Bericht des Landesrates Salzburg über die Gebarung der Landes-Hypothekenanstalt und der Landes-Kommunal-Kreditanstalt Salzburg im Jahre 1918, Beilage A. Rechnungsabschluß der Landes-Hypothekenanstalt Salzburg mit 31.12.1918. Salzburg 1920, 831–834; und eigene Berechnungen.

G. Ergebnisse von Schulzeichnungen in den Ländern Salzburg und Oberösterreich

Schule	Zeichner	Zeichnungssumme nominal
Stadt Salzburg		
Mädchenlyzeum	2	1.500
k. k. Staatsgymnasium	30	8.500
k. k. Staatsrealschule	22	11.900
Summe, nominal	54	21.900
Summe, real (Kaufkraft Juli 1914)		2.651

Schule	Zeichner	Zeichnungssumme nominal
Politischer Bezirk Salzburg		
Aigen-Voglhub	1	1.000
Elsbethen	16	9.800
Faistenau	2	1.200
Gnigl	11	10.400
Grödig	1	100
Holzhausen	14	9.100
Hof bei Salzburg	2	3.000
Köstendorf	34	18.000
Koppl	7	8.000
Leopoldskron-Moos	25	5.100
Maxglan	5	1.400
Michaelbeuern	8	3.800
Nußdorf	29	4.700
Plainfeld	8	8.000
Siegharting	3	4.000
Siezenheim	4	400
Strobl	3	3.000
St. Gilgen	14	8.400
St. Pankraz bei Nußdorf	2	200
Wals	24	33.000
Zinkenbach	29	19.400
Summe, nominal	242	152.000
Summe, real (Kaufkraft Juli 1914)		18.402
Politischer Bezirk Hallein		
Adnet	1	2.000
Dürrnberg	1	1.000
Golling	24	2.400
Gugg bei Annaberg	1	1.000
Volks-und Bürgerschule Hallein	41	13.900
Kuchl	28	18.500
Oberalm	1	500
Puch bei Hallein	7	7.800
Rußbach bei Abtenau	21	3.400
Rigaus bei Abtenau	1	30.000
St. Koloman	52	21.600
Vigaun	15	5.000
Summe, nominal	193	107.100
Summe, real (Kaufkraft Juli 1914)		12.966
Politischer Bezirk St. Johann		
Badgastein	14	2.300
Großarl	4	200
Kleinarl	2	200
Werfenweng	3	1.300

Schule	Zeichner	Zeichnungssumme nominal
Summe, nominal	24	4.000
Summe, real (Kaufkraft Juli 1914)		484
Politischer Bezirk Zell am See		
Alm bei Saalfelden	1	11.000
Fusch im Pinzgau	4	2.800
Kaprun	15	1.500
Krimml	10	19.000
Lofer	3	1.600
Mittersill	59	75.600
Neukirchen	18	7.700
Rauris	13	75.100
Saalfelden	22	71.500
Stuhlfelden	12	10.300
Taxenbach	10	1.000
Uttendorf	42	257.300
Wörth bei Rauris	12	6.200
Summe, nominal	221	540.600
Summe, real (Kaufkraft Juli 1914)		65.448
Politischer Bezirk Tamsweg		
Tamsweg	3	400
Summe, nominal	3	400
Summe, real (Kaufkraft Juli 1914)		48

Tab. G 1: *Ergebnisse der Zeichnungen bei der Anglo-österreichischen Bank zur 7. Kriegsanleihe in den Schulen des Kronlandes Salzburg nach Bezirken (in Kronen)*
Quelle: Die Schulen (wie Anm. 111), 37–40; und eigene Berechnungen.

Kriegsanleihe	Schulen	Zeichner	Zeichnung nominal	Zeichnung real (Kaufkraft Juli 1914)
IV.	167	2.682	505.300	145.620
V.	213	3.493	1,180.000	198.653
VI.	202	2.512	1,405.000	183.900
VII.	317	5.691	3,875.000	469.128
Summe		14.378	6,515.300	997.301

Tab. G 2: *Summe* der Schul-Zeichnungen bei der Anglo-österreichischen Bank zur 4.–7. Kriegsanleihe in Oberösterreich (Kronen)*
* Berücksichtigt werden nur die Zeichnungen bei der Anglo-österreichischen Bank. Alle anderen (zahlreichen) Schulzeichnungen sind mangels ausreichender Quellenbelege nicht in diesem Ergebnis enthalten; Quelle: Die Schulen (wie Anm. 111); Statistik von Oberösterreich, ohne Paginierung; und eigene Berechnungen.

Schule	Zeichnungsbetrag	
	nominal	real (Kaufkraft Juli 1914)
VS St. Koloman	20.000	2.421
VS Golling	2.400	291
VS Vigaun	6.000	726
VS Dürrnberg	8.500	1.029
VS Kuchl	36.500	4.419
VS Scheffau	300	36
VS Oberalm	5.500	666
VS Gugg	6.000	726
VS Rußbach	12.400	1.501
VS und Bürgerschule Hallein	130.850	15.841
VS Rengerberg	4.000	484
Priv. Mädchen VS und Bürgerschule Hallein	7.550	914
VS Rigaus	30.000	3.632
Summe	270.000	32.686

Tab. G 3: *Zeichnungsbeträge von den Schülern im Bezirk Hallein zur 7. Kriegsanleihe (Kronen)*
Quelle: SLA, Geheime Präsidialakten des k. k. Landespräsidiums 1916–1918, Kt. 66, Fasz. 26/3, VII. Kriegsanleihe, Akt XVI-66, handschriftliche Aufstellung der k. k. Bezirkshauptmannschaft Hallein, Beilage C zur Meldung an das k. k. Landespräsidium vom 4.1.1918, Zl. 27.4.1918; und eigene Berechnungen.

H. Kriegsanleihe-Zeichnungen bei den Postämtern

Postamt	Zahl der Zeichnungen	Zeichnungsbetrag	
		nominal	real (Kaufkraft Juli 1914)
Salzburg 1	81	81.900	23.602
Salzburg 2	21	9.775	2.817
Salzburg 3	11	9.175	2.644
Salzburg 4	35	24.500	7.061
Salzburg 5	7	3.200	922
Salzburg 6	28	30.325	8.739
Salzburg 7	17	19.100	5.504
Summe	200	177.975	51.289

Tab. H 1: *Zeichnungen der 4. Kriegsanleihe bei den Postsparkassen in der Stadt Salzburg (Kronen)*
Quelle: SLA, Geheime Präsidialakten des k. k. Landespräsidiums 1914–1918, Kt. 65, Fasz. 26/2, 1916/XVI-3897 IV. Kriegsanleihe, Zeichnungen bei der Postsparkasse, Bericht des k. k. Post- und Telegraphenamtes Salzburg 1 an das k. k. Landespräsidium vom 16.5.1916, Zl. 1309; und eigene Berechnungen.

Postamt	Anzahl der Zeichnungen	Zeichnungsbetrag nominal	Zeichnungsbetrag real (Kaufkraft Juli 1914)
Abtenau	27	23.250	2.815
Adnet	15	28.700	3.475
Annaberg	33	206.850	25.042
Dürrnberg	2	2.100	254
Golling	13	9.700	1.174
Hallein	45	39.150	4.740
Kuchl	43	70.800	8.571
Lungötz	2	1.700	206
Oberalm	9	7.400	896
Puch	2	4.100	496
Rußbach	35	18.350	2.222
Steueramt Abtenau	71	203.650	24.655
Steueramt Hallein	39	13.900	1.683
Summe	336	629.650	76.229

Tab. H 2: *Zeichnungen der 7. Kriegsanleihe bei Post- und Steuerämtern im Bezirk Hallein (Kronen)*
Quelle: SLA, Geheime Präsidialakten des k. k . Landespräsidiums 1914–1918, Kt. 66, Fasz. 26/3 VII. Kriegsanleihe, Akt XVI-66, handschriftliche Aufstellung der k.k. Bezirkshauptmannschaft Hallein, Beilage B zur Meldung an das k.k. Landespräsidium vom 4.1.1918.

Postamt	I. Kronen	I. Anzahl	II. Kronen	II. Anzahl	III. Kronen	III. Anzahl	VII. Kronen	VII. Anzahl	VIII. Kronen	VIII. Anzahl
Altenmarkt	19.000	40	23.000	47	77.925	78	7.250	31	23.500	k.A.
Außerfelden	300	1	2.000	3	3.300	4	1.000	k.A	1.000	k.A.
Badgastein	31.600	46	50.125	25	21.600	21	9.300	k.A	3.400	k.A.
Bischofshofen	36.600	43	28.015	31	32.450	41	50.500	17	7.900	k.A.
Böckstein	51.875	7	-	-	300	1	1.200	k.A.	-	k.A.
Dorfgastein	5.200	11	500	1	3.100	2	1.300	k.A	600	k.A.
Eben	18.600	4	12.500	12	16.500	14	500	k.A	3.000	k.A.
Goldegg	20.450	23	7.800	10	8.550	13	20.000	k.A	4.150	k.A.
Großarl	17.100	8	13.100	8	8.000	20	-	-	6.200	k.A.
Hofgastein	48.225	60	38.000	33	203.025	91	29.400	31	18.000	24
Hüttau	6.800	15	9.125	15	17.800	15	23.650	10	2.000	k.A.
Mühlbach	2.595	8	25.675	28	9.000	13	2.800	k.A	2.300	4.
Pfarrwerfen	5.500	8	10.950	15	25.250	22	49.250	k.A	14.200	k.A.
Radstadt	57.950	84	62.300	68	134.525	85	108.550	k.A.	28.450	k.A.
Schwarzach	61.000	41	26.400	34	55.100	31		k.A	30.300	10
St. Johann	13.350	20	7.400	11	13.300	24	13.250	k.A	7.450	13
St. Martin	3.300	5	17.925	40	19.700	35	6.000	5	2.000	k.A.
St. Veit	-	-	12.950	10	28.325	23	27.250	12	15.100	k.A.
Untertauern	1.200	6	900	3	800	1	-	-	1.000	1
Wagrain	18.600	49	11.225	21	18.750	18	82.450	50	109.150	k.A.
Werfen	10.000	k.A	12.000	k.A	32.430	k.A	9.500	k.A	16.000	7

„Ihr helft nicht nur dem Vaterlande, ihr macht auch ein gutes Geschäft dabei!"

	I.	II.	III.	VII.	VIII.
Summe, nominal	429.245	371.890	729.730	463.500	295.700
Summe, real (Kaufkraft Juli 1914)	348.980	222.689	322.889	56.114	22.166

Tab. H 3: *Zeichnungen 1.–3. u. 8. Kriegsanleihe bei Postämtern im Bezirk St. Johann und Anzahl der Zeichner*
Quelle: SLA, Geheime Präsidialakten des k.k. Landespräsidiums, Kt. 68, Fasz. 26/5, I.–IV. Kriegsanleihe, Akten der Bezirkshauptmannschaft St. Johann, Meldungszettel der Postämter an die k.k. Bezirkshauptmannschaft St. Johann im Pongau vom Dezember 1915; Kt. 69, Fasz. 26/6, Akten der Bezirkshauptmannschaft St. Johann im Pongau zur VII. Kriegsanleihe, Meldungen der Postämter des Bezirkes über die Zeichnungsergebnisse; Fasz. 26/6, Akten der Bezirkshauptmannschaft St. Johann im Pongau zur VIII. Kriegsanleihe, Meldungen der Zeichnungsergebnisse durch die Postämter im Bezirk; und eigene Berechnungen.

Thomas Mitterecker

„Aber ich jammere nicht, klage und verzage nicht"[1]

DIE KATHOLISCHE KIRCHE SALZBURGS IM DIENST DER KRIEGSPROPAGANDA

DIE „LANDESVERMITTLUNGSSTELLE FÜR SOLDATENLEKTÜRE" – IM SPANNUNGSFELD ZWISCHEN SEELSORGE UND PROPAGANDA

Neben der durch das Feldkonsistorium unter dem Apostolischen Feldvikar der k.u.k. Armee und der k.u.k. Kriegsmarine Emmerich Bjelik, Titularbischof von Thasos,[2] eigentlichen Militärseelsorge für die gemeinsamen Truppen der Habsburgermonarchie, spielten die Bischöfe und Ordinariate der einzelnen Diözesen eine nicht zu unterschätzende Rolle im Zusammenspiel der Kriegerfürsorge. Die geistliche Betreuung der Soldaten, sei es an der Front oder im Hinterland, aber auch und vor allem der Familienangehörigen in der Heimat zählte neben der Aufrechterhaltung der moralischen und sittlichen Ordnung und den üblichen kirchlichen Verrichtungen in Zeiten von Verrohung und Tod zu den wichtigsten Aufgaben vor allem der Zivilgeistlichkeit.

Ähnlich der Entwicklung in anderen Diözesen entstand im April 1915, also erst neun Monate nach Kriegsausbruch, die sogenannte Salzburger Landesvermittlungszentrale, eine bewusst unmilitärisch und seltsam neutral betitelte Einrichtung. Träger bzw. Begründer dieser Verteilungsstelle war die Marianische Kongregation unter ihrem Obmann und späterem Salzburger Erzbischof, dem damaligen Weihbischof Dr. Ignaz Rieder. Die Landesvermittlungszentrale fungierte als eigenständig agierende Nebenstelle der in Wien unter dem Protektorat von Erzbischof Dr. Piffl und Erzherzogin Marie Valerie gegründeten Zentralstelle für Soldatenlektüre. Neben der Herausgabe von Soldatenschriften stand die Versendung aufbauender Propagandaliteratur an die Front und an die Militärangehörigen und ihre Familien im Mittelpunkt. Die Abgabe erfolgte teils unentgeltlich, teils gegen Entschädigung der Barauslagen. Hinsichtlich der Hauptaufgaben der Zentralstelle weist das Verordnungsblatt der Erzdiözese auf folgende zentrale Punkte hin: [...] *Die Angehörigen von Soldaten sollen aufmerksam gemacht werden, welchen Dienst sie ihren Lieben an der Front durch regelmäßige Zusendung dieser Feldpredigten erweisen.* [...] *Wo Militär einquartiert ist, wolle die Pfarrgeistlichkeit tunlichst für gute – religiös und patriotisch erhebende und unterhaltende – Lektüre für Soldaten sorgen.* [...] *Im Hinblick auf die seelsorgliche Wichtigkeit der möglichsten Verbreitung guter Lektüre, namentlich auch religiöser Broschüren, die dem Soldaten einen Halt gewähren,* [...] *wäre es wohl zu empfehlen, daß die Gläubigen nicht bloß in Privatgesprächen, sondern öffentlich von der*

---

1 Kaltner Balthasar, Bischöfliche Feldpredigt „Verzage nicht". Salzburg 1916, 8.
2 Vgl. Lipusch Viktor (Bearb.), Österreich-Ungarns katholische Militärseelsorge im Weltkriege. Graz 1938, 37 und 58–78: Dem Feldkuraten unterstanden drei Feldkonsistorialsekretäre und alleine bei der k.u.k. Armee (ohne k. u. Honved) insgesamt 2.309, bei der k.k. Landwehr 489, bei der k. u. Honved 262 und bei der Marine acht Militärgeistliche für die konfessionell katholischen Soldaten.

Abb. 1: Patriotischer Jugend- und Knabenhort Gnigl-Salzburg, um 1914 (Privatbesitz Mitterecker)

Kanzel aus ermuntert würden. […] Endlich möge auch nicht vergessen werden der seelsorglichen Bedürfnisse unserer Kriegsgefangenen in Rußland und Italien, als auch der russischen Kriegsgefangenen bei uns […].[3] Bis zur Einstellung der Aktivitäten der Landesvermittlungszentrale im Mai 1917 erfolgten 15.937 Aussendungen.[4] Besonders intensiv in die Verteilung der Schriften und den Verkauf in Salzburg selbst waren die der katholischen Kirche nahestehenden Vereine, Schulen und andere Einrichtungen eingebunden, so etwa auch der „Patriotische Jugend- und Knabenhort Gnigl".[5]

Die Reihe „Kanzel im Schützengraben" (Bischöfliche Feldpredigten) mit insgesamt 33 Nummern, welche zwischen Mai 1915 und Mai 1917 in zwei- bis dreiwöchigen Intervallen erschien, war zum Verleih durch die Feldkuraten an die Mannschaften bestimmt, vor allem als Ersatz für die nicht allen zugängliche Predigt. Bis zum Ende der Herausgabe hatte sich die Auflage auf 30.000 bis 35.000 Stück gesteigert.[6]

Im Unterschied zu den zumindest unterschwellig patriotisierenden Schriften der ersten beiden Kriegsjahre soll hier als Beispiel für die atmosphärisch wahrnehmbare Kriegsmüdigkeit, aber auch für den kirchlichen Kampf an der Front in der Heimat für christliche Moral und gegen den Verfall der Werte und die Kriegsverrohtheit die Feldpredigt „Verzage nicht" vom Oktober 1916 als Transkription einen vagen Einblick in die „theologische Seelenwelt" zur Mitte des Ersten Weltkriegs gewähren[7]: *Balthasar durch Gottes Erbarmung und des Apostolischen Stuhles Gnade Fürsterzbischof von Salzburg entbietet im Kriegsjahre 1916 allen Priestern und Gläubigen der Erzdiözese Frieden und Segen in Christo Jesu.*

Die Zeit ist ernst und wir müssen darauf gefasst sein, dass sie noch umso ernster werde, je mehr dieser furchtbare Krieg sich seiner Entscheidung nähert. Es ist demnach auch kein Wunder, daß so manche zu verzagen beginnen und mutlos sprechen: „Gott scheint uns zu verlassen", während andere in ihrem Glauben wanken und offen sagen: „Ich glaube gar nichts mehr, denn wenn es eine Vergeltung, wenn es einen gerechten Gott gäbe, müßte dieses Kriegselend längst zu Ende sein."

Ich aber fürchte, daß diese schwere Heimsuchung noch nicht zu Ende ist, weil es einen Gott gibt und weil Gott gerecht ist. In den Jahren vor diesem Kriege hat man

3 Konsistorial-Kundmachung vom 12.5.1916, Zl. 2398, abgedruckt in: Verordnungsblatt der Erzdiözese Salzburg VII/1916 (15.5.1916), 262f.
4 Lipusch, Militärseelsorge (wie Anm. 2), 37.
5 Mitterecker Karl, Tagebuch 1914–1915 (handschr.), Privatbesitz; vgl. hierzu verschiedene Anmerkungen zu „Verteiler- und Sammeldiensten" im Tagebuch, 14, 16, 22, 29–32.
6 Lipusch, Militärseelsorge (wie Anm. 2), 37 und Katholische Kirchenzeitung, 5.1.1916, 6f.
7 Kaltner Balthasar, Verzage nicht! Ein Mahn- und Trostwort in den schweren Tagen der Kriegszeit. Salzburg 1916.

Abb. 2: Deckblatt der Bischöflichen Feldpredigt „Verzage nicht" von Fürsterzbischof Dr. Balthasar Kaltner vom Oktober 1916

im christlichen, für sittliche Werte so feinfühligen Volke so oft die Worte gehört: „Es muß etwas Furchtbares kommen, Gott kann nicht ewig zuschauen!" Nun sind nach Gottes Willen und Zulassung die Schrecken des Krieges über uns hereingebrochen und die Ahnungen des Volkes haben sich furchtbar erfüllt. Was Gott von uns will, ist Buße, Bekehrung und Umkehr zu einem christlichen, wahrhaft sittlichen „Leben aus dem Glauben". Ist nun diese Rückkehr zu Gott infolge des Ernstes unserer Tage eingetreten? Gewiß bei einigen, sicher bei so mancher Familie, im ganzen und großen aber nicht. Denn jetzt wie früher muß ich mit dem Apostel klagen: „Viele wandeln, wie ich es euch oft gesagt habe, nun aber unter Tränen sage, als Feinde des Kreuzes Christi",[8] kümmern sich auch jetzt um kein Sakrament, keine Predigt, keinen Gottesdienst und arbeiten gegen die Kirche Christi mit Wort, Feder und Beispiel. Jetzt wie zuvor leben Tausende im Zustand der Todsünde, in sündhaften Gewohnheiten und ärgerlichen Verhältnissen dahin und denken an keine Bekehrung. Unsere Theater, Kinos, „Witzblätter" und Schaustellungen sind seit dem Kriege nicht anständiger und sittlicher geworden. Und wie leichtfertig war auch in diesem Sommer, während die Söhne des Volkes auf den Schlachtfeldern bluteten, die Mode und Kleidertracht, selbst heranwachsende Kinder wurden so gekleidet, daß von Kindesbeinen an jedes jungfräuliche Schamgefühl in ihnen erstickt werden muß. Man kümmert sich nicht um das Weh, das Christus über jene gesprochen hat, die Ärgernis geben: man bedenkt nicht, wie ernste Männer und Frauen von einer kecken Kleidung auf das Innere des Menschen schließen und darnach ihre Urteile fällen. Und was müssen sich über solchen Leichtsinn erst durch den Krieg schwer betroffene Leute und jene Soldaten denken, welche ihre geraden Glieder und ihre Gesundheit auf den Schlachtfeldern eingebüßt haben! Nicht umsonst lautet der Wahrspruch: „Der Übel größtes ist die Schuld". Niemand soll sich demnach wundern, daß Gott seine strafende Hand nicht sobald von Europa zurückzieht, und niemand soll über Gott murren, den die eigene Schuld und Sünde drückt.

Wie doch Gottes Mühlen langsam aber sicher mahlen! Wie hat man doch die Festtage der Kirche verachtet und den Freitag entheiligt; nun haben wir nicht einen, sondern drei Fasttage in der Woche! Wie wenig hat man sich um die Glocken gekümmert, wenn sie zum Gebete läuteten und zur Andacht riefen; nun sind sie größtenteils verstummt und fortgezogen! Wie wurden zumal die Sonn- und Feiertage durch Unmäßigkeit und Trunksucht entheiligt; nun ist zwangsweise Mäßigkeit eingeführt! Wie so mancher Unfriede, so manche Untreue ist vorgekommen; nun hat der Krieg die Eheleute getrennt, vielleicht auf ewig getrennt! Wie manches Stücklein Brot, das in Liebe gereicht worden war, wurde verächtlich zu Boden geworfen; jetzt aber hat Gott wieder beten gelehrt: „Gib uns heute unser tägliches Brot"!

Lasset aber, meine lieben Diözesanen! den Mut nicht sinken, gebet das Vertrauen zu Gott nicht auf, sondern denket an den frommen Dulder Job, der in seinem Elend noch gerufen: „Auch wenn mir Gott den Tod schickt, will ich noch auf ihn vertrauen". Denkt an den „Verlorenen Sohn"; wie es ihm übel erging, da wurde es licht in seiner Seele und er kehrte reuig zu Gott zurück. Nein, nicht mutlos wollen wir werden, sondern stark im Glauben und im Gottvertrauen wollen wir empor zum Himmel blicken, als ob von dort eine Stimme uns zuriefe; „Erhebet eure Häupter, eure Erlösung ist nahe". Wie haben doch die Heiligen im Himmel gelitten und gestritten, nun aber können sie mit den Psalmisten jubeln und sagen: „Wir

8 Phil. 3, 18.

freuen uns über die Tage, in denen du uns niedergebeugt, und über die Jahre, in denen wir Übles erlebt haben". Schauet in dieser ernsten „Seelenwoche" hinab in das Fegefeuer und lernet, daß es besser ist, auf dieser Welt seine Sünden in Trübsal und Leiden zu tilgen, als wie erst nach dem Tode der Gerechtigkeit Gottes genug zu tun. Freilich jetzt schauen wir verwundert in den schweren Gang der Zeit hinein und jeden aus uns trifft das Wort; „Was ich jetzt tue, verstehst du nicht, wirst es aber später verstehen". Daher rufe ich jedem aus Euch das Wort der Schrift zu: „Wirf deine Sorge auf den Herrn und er wird es recht machen."

Da wird sich so mancher aus Euch denken: „Der Bischof hat leicht reden, ihm tut der Krieg nicht weh". Oh, meine lieben Diözesanen, die Kriegszeit tut mir viel mehr weh, als Ihr es glauben möget. Wie! Das Vaterland blutet und mein Herz soll nicht mitbluten? Die Diözese leidet und der Bischof soll nicht mitleiden? Von allen anderen abgesehen, was auch mich trifft, sehet doch wie es steht. Das Priesterhaus habe ich als Spital hergegeben und ein volles Jahr hindurch dessen Alumnen als Krankenpfleger; gegenwärtig befinden sich im zweiten Kurse nur drei, im ersten aber nur zwei Theologen; die Zöglinge der obersten Klassen des Borromäums sind größtenteils beim Militär und es ist demnach auf Jahre hinaus sehr wenig Aussicht auf einen zahlreicheren Nachwuchs an Priestern; auch die Zahl der Knaben, welche studieren wollen, um einmal Priester zu werden, hat sich in Folge der Kriegszeit sehr vermindert; neunzehn Priester unserer Diözese sind als Feldkapläne ausgerückt,[9] freilich viele Priester, welche bei einem anderen Berufe längst in den Ruhestand getreten wären, arbeiten im Greisenalter weiter, allein die Krankheit geht bei jeder Türe hinein und der Tod rastet nicht. So manche Gemeinde wird somit darauf gefasst sein müssen, daß sie weniger wie bisher mit Priestern versorgt sein wird.

Aber ich jammere nicht, klage und verzage nicht. Jetzt in diesem größten aller Kriege zeigt sich ja die Welt in ihrer wahrsten Gestalt, in der ganzen Größe ihrer Leiden und Leidenschaften, in der Fülle ihres Unglücks und des Elendes ihrer Völker. In solcher Zeit muß sich auch dem bedrängten Menschenherzen die Kraft und Größe unseres Glaubens offenbaren, der in jeder Bedrängnis einen Trost hat, weil er Erde und Himmel, Zeit und Ewigkeit umspannt; in solch furchtbarer Zeit muß sich das Wort der Schrift erweisen:„Das ist der Sieg, der die Welt überwindet, unser Glaube." In so großer, so furchtbar ernster Zeit sind auch wir im Hinterlande alle Krieger und Soldaten, die aus- und durchhalten müssen in mannigfachem Leid, in Entbehrungen, Kümmernissen und Sorgen. Laßt uns also helfen so weit und so lang wir können, und laßt uns beten, wenn nur der Herr im Himmel mehr helfen kann. Ja beten wollen wir, damit die Tage dieser Trübsal abgekürzt werden und Gott wieder in Gnaden niederschaue auf unser Vaterland, auf unsere sorgenvollen und betrübten Familien, und auf die Soldaten, die im Kampf für das Vaterland ihre Seele ausgehaucht haben. Vertrauensvoll wollen wir aufschauen zum Vater der Erbarmungen, zum blutenden Heiland und zum Geiste, welcher der Tröster genannt wird, damit uns Gott die Kraft verleihe, die Leiden und Entbehrungen dieser Kriegszeit zu ertragen; damit er uns segne und unsere Krieger wieder gänzlich in unsere Mitte zurückführe; ja beten wollen wir, damit Gott seine heilige Kirche schirme zur Kriegszeit und auch später noch, wenn die Reiche dieser Welt Frieden geschlossen haben! Zu diesem Zwecke fordere ich Euch alle auf, in diesen ernsten Wochen die heiligen Sakramente zu empfangen und bestimme folgendes: Am Allerseelentage wird um 9 Uhr in der Domkirche ein feierliches Requiem mit Li-

9 Anmerkung des Verfassers: Vgl. hierzu Verordnungsblatt der Erzdiözese Salzburg aus den Jahren 1914–1918, Abschnitte „Diözesanchronik" und „Versetzungen" sowie „Auszeichnungen", weiters AES, 20/100 Militärakten; Feldkapläne, Militärgeistliche: Nach den Vermerkungen in den Verordnungsblättern vom 4.9.1914, 316, 22.4.1915, 47, 3.6.1915, 74, 4.9.1915, 104, IX/1917, 104 u. 122 m. III/1918, 206, der Katholischen Kirchenzeitung und den diesbezüglichen Akten im Bestand AES, 20/24 bis 20/27 Militärakten versahen zwischen 1914 und 1918 als „Kriegsgeistliche" bzw. Feldkuraten folgende Salzburger Geistliche den Dienst: Die Kooperatoren (jeweils in Klammer die bisherige Pfarre) Alfred Tietze (Pfarrwerfen), Karl Schütz (Siezenheim), Georg Kiener (Golling), Johann Schoosbichler (Bad Hofgastein), Mathias Ortner (Altenmarkt), Max Poschner (Aigen), Alois Auer (St. Michael/LG), Franz v. Thurn (Saalfelden), Franz Gmachl (Gnigl), Dionys Gumpold (Kitzbühel), Dr. Peter Adamer (Kufstein), Ferdinand Weißgärber (Tamsweg), Josef Tremmel (Rattenberg), Mathias Diesbacher (Leogang), Max Gmachl (Altenmarkt), Dr. Franz Jetzinger (Oberau) und Franz Kunkel (Waidring), weiters P. Bruno Spitzl OSB aus St. Peter, der fürsterzbischöfliche Hofkaplan Dr. Ludwig Steger und der Spiritual im Priesterhaus Dr. Otto Drinkwelder.

Abb. 3: Deckblatt „Dem Krieger zum Geleite. Gedanken, Gebete und Lieder für unsere kathol. Soldaten" vom Domprediger Gabriel Kellinger. Salzburg 1916.

Abb. 4: Deckblatt „Die wichtigsten Gebete für unsere Soldaten" von Dr. Ignaz Rieder. Salzburg 1915.

berta für unsere verstorbenen Krieger abgehalten. Am Sonntag, den 5. November, ist in sämtlichen Pfarrkirchen der Erzdiözese eine Gebetsstunde abzuhalten, um von Gott einen ehrenvollen und baldigen Frieden zu erbitten. Während der letzten zehn Minuten dieser Stunde soll am Turme die Glocke geläutet werden, damit auch die Leute zu Hause beten; die Andächtigen in der Kirche aber sollen bis zum Segen in stiller Andacht verharren.

Es gebe Euch seinen Frieden und segne Euch alle der allmächtige Gott, der Vater, der Sohn und der Heilige Geist. Amen. Gegeben zu Salzburg, am 1. Oktober 1916.

Die markanteste und am meisten verbreitete dieser (Feld)Predigten war das durch den Brixener Weihbischof und späteren Salzburger Erzbischof Sigismund Waitz[10] verfasste Merkblatt gegen Unsittlichkeit und ihre traurigen Folgen. Bemerkenswerte Auflagenzahlen wiesen weiters die Hefte „Dem Krieger zum Geleite – Gedanken, Gebete und Lieder für unsere Soldaten"[11] mit 120.000 Stück sowie „Die wichtigsten Gebete für unsere Soldaten" mit 93.000 Stück und „Erwägungen und Gebete für die kriegsgefangenen Russen" mit 38.000 Stück, verfasst durch den späteren Salzburger Erzbischof Ignaz Rieder, auf.

Von besonderer Bedeutung waren indes vor allem zu Kriegsbeginn das „Kriegsgebet der Völker Österreichs"[12] sowie die erste Feldpredigt der Reihe „Kanzel im Schützengraben", das Heft „Der Weltkrieg im Lichte des Weltgerichts"[13] von Fürsterzbischof Balthasar Kaltner und die zweite Feldpredigt „Blick auf zu Maria"[14] auf das Fest der unbefleckten Empfängnis Mariä von Weihbischof Ignaz Rieder. Beide Feldpredigten stellen fast ausschließlich den religiösen Kontext und nicht die patriotische Grundintention der Schriftenreihen in den Mittelpunkt, ein Umstand, der vor allem auch von liberaler Seite besonders zu Kriegsbeginn generell den Religionsgemeinschaften als Pazifismus[15] und man-

10 Geboren 29.5.1864 in Brixen im Thale, gestorben 30.10.1941 in Salzburg; zur Vita von Fürsterzbischof Sigismund Waitz vgl. http://www.res.icar-us.eu/index.php?title=Waitz,_Sigismund_(1864–1941). Einen interessanten Blick auf die Gemütslage zahlreicher Geistlicher zwischen Pazifismus und Patriotismus gewähren die tagebuchartigen Aufzeichnungen von Sigismund Waitz zum Ersten Weltkrieg, vgl. hierzu: AES, 19/39 Bischofsakten FEB Waitz, Memoiren III/3 Generaloberst Freiherr von Dankl.
11 Kellinger Gabriel, Dem Krieger zum Geleite. Salzburg 1915. Dieses durch den Domprediger Kellinger verfasste Werk wurde direkt im Erzbischöflichen Palais verkauft und vertrieben.
12 vgl. Sankt Michael: Ein Buch aus eherner Kriegszeit zur Erinnerung, Erbauung und Tröstung für die Katholiken deutscher Zunge, hg. von Keppler Paul Wilhelm/Leicht Johann. Würzburg 1917, 33.
13 Sankt Michael (wie Anm. 12), 386–392.
14 Sankt Michael (wie Anm. 12), 159f.
15 Vgl. zur durchaus nicht unkritischen Position der Kirche zum bevorstehenden Krieg: Klieber Rupert, Politischer Katholizismus in der Provinz. Salzburgs Christlichsoziale in der Parteienlandschaft Alt-Österreich (Veröffentlichungen des Internationalen Forschungszentrums für Grundfragen der Wissenschaften Salzburg, N.F. 10) (Publikationen des Instituts für kirchliche Zeitgeschichte, 28). Salzburg 1994, 230f.

gelnder Patriotismus vorgeworfen wurde. Dementsprechend gehäuft finden sich besonders in der Katholischen Kirchenzeitung speziell im ersten Kriegsjahr ganz entschiedene Klarstellungen und Entgegnungen zu diesen Vorwürfen.[16] Weitere besonders populäre, in großen Auflagen erschienene und durch die Erzdiözese ausdrücklich als wertvolle Erbauungsliteratur empfohlene und vertriebene Werke stammten unter anderem vom späteren Bundeskanzler Dr. Ignaz Seipel.[17] Weite Verbreitung fand aber auch und vor allem das „Gebet in Kriegszeiten"[18]: *Allmächtiger, ewiger Gott, schaue mit den Augen deiner Milde gnädig herab auf Dein Volk, das in dieser schweren Zeit voll Reue und Demut zu Dir ruft; schaue herab auf Deine Kinder, die, heimgesucht durch Kriegsnot, zu Dir sich wenden. O Vater der Erbarmung und Gott alles Trostes, gedenke nicht unserer Sünden, sondern schaue auf die Bedrängnis und den guten Willen unserer Herzen. O siehe, Dein sind wir und Dein wollen wir bleiben, auf Deinen Schutz und Deine Hilfe allein setzen wir unser ganzes Vertrauen. Du allein, o Allmächtiger, bist unsere Hoffnung und unsere Zuversicht, Du leitest die Geschicke der Völker, Du bist der Lenker der Schlachten, in Deiner Hand ist der Sieg. Aus tiefstem Herzen flehen wir zu Dir: Rette uns aus aller Not, sende uns Hilfe von Deinem Heiligtume, strecke aus Deine schützende und segnende Hand über unser teures Vaterland, das ja Dir geweiht ist; gib Sieg den Waffen, die ja nur eine gerechte Sache verteidigen. O Vater im Himmel, Deinem Schutze empfehlen wir unseren geliebten Kaiser und das ganze Kaiserliche Haus; unter Deinen Schutz stellen wir unsere Armee und alle Soldaten, die im Felde stehen. Sei Du ihre Stärke im Kampfe, ihr Schild in den Gefahren; sei Labung den Verwundeten und Trost den Sterbenden; ganz besonders bitten wir Dich, nimm in das himmlische Vaterland barmherzig auf die Seelen jener, die für das irdische Vaterland ihr Leben aushauchen. Tröste, stärke und belohne, o Gott, auch alle, die in diesen harten Zeiten so große Opfer für das Vaterland bringen. O heiliger Gott, o starker Gott, o unsterblicher Gott, erbarme Dich unser und schenke uns bald den Frieden, damit wir mit erneutem Eifer, in Dankbarkeit und Treue Dir dienen mögen. Amen. Herz Jesu, wir vertrauen auf Dich! O heiligstes Herz Jesu, erbarme Dich unser! O Maria, breite Deinen Mantel aus, Mach ein schirmend Dach daraus; Laß uns alle darunter steh'n, Bis die Wetter vorübergeh'n.*

Die „Kriegsbriefe"[19]

In dem an die „Mutter eines Kriegers" gerichteten Brief zeigt der Salzburger Weihbischof Dr. Ignaz Rieder[20] Anteilnahme an der Trauer über den Abmarsch des Sohnes ins Feld und erklärt dann den Zweck des Krieges: „So schrecklich der Krieg ist, auch er dient zuletzt einem guten Zwecke: Die Völker Europas sollen wieder mehr zu Gott zurückgeführt werden. […] Es gilt also in diesem Kriege das Vaterland, die Heimat, Haus und Herd zu verteidigen, zu beschützen die Freiheit der Völker, zu erhalten die christliche Kultur, den katholischen Glauben. Es ist ein gerechter, ein heiliger Krieg."[21] Der Weihbischof zeigt damit volles Verständnis für die tiefe Sorge einer Frau und ihren Schmerz, weil ihr Sohn Abschied nehmen muss, um in den Krieg zu ziehen und damit einer ungewissen Zukunft entgegen zu gehen. Zugleich versucht er, der Mutter verständlich zu machen, dass dieser Abschied einem höheren Zweck dient. Der Krieg sei zwar schrecklich, diene aber neben der legitimen Verteidigung des Vaterlandes und seiner Kultur auch

16 Katzinger Gerlinde, Balthasar Kaltner. Kanonist und (Erz)Bischof an der Schwelle einer folgenschweren Zeit (1844–1918) (Veröffentlichungen des Internationalen Forschungszentrums für Grundfragen der Wissenschaften Salzburg N.F. 17). Salzburg 2007, 98: Besonders populär und massenmedial aufbereitet wurden die Verdächtigungen gegen den italienischstämmigen Klerus in Südtirol und an dessen Spitze gegen den Trientiner Erzbischof Coelestin Endrici, der schließlich am 1.3.1916 auf Weisung des Armeeoberkommandos, welches seine Abberufung verlangte, zunächst in seinem Landhaus unter Arrest gestellt und schließlich im Zuge einer Reise nach Wien im Kloster Heiligenkreuz vom 18.6.1916 bis zum Kriegsende unter Hausarrest gestellt wurde.

17 Siehe die einzelnen Passagen zu Literaturempfehlungen in den Verordnungsblättern der Erzdiözese Salzburg: Seipel Ignaz, Die Katholiken im gegenwärtigen Weltkriege. Salzburg 1914; Schwarz P. Heinrich OSB, Herr erbarme dich unser. Salzburg 1914; Hofinger Leopold, Das göttliche Herz Jesu. Betrachtungs- und Gebetbuch. Salzburg 1915; Hofinger Leopold, Auf Wiedersehen – Trost- und Gebetbuch für die Hinterbliebenen des Kriegers. Salzburg 1915.

18 Fürsterzbischöfliches Ordinariat (Hg.), Gebet in Kriegszeiten. Salzburg, o.J.

19 vgl. hierzu auch Barth-Scalmani Gunda, „Kriegsbriefe"- Kommunikation zwischen Klerus und Kirchenvolk im ersten Kriegsherbst 1914 im Spannungsfeld von Patriotismus und Seelsorge, in: Tirol – Österreich – Italien. Festschrift für Josef Riedmann zum 65. Geburtstag, hg. von Brandstätter Klaus/Hörmann Julia (Schlern-Schriften 330). Innsbruck 2005, 67–76.

20 geboren am 1.2.1858 in Großarl als Sohn eines Tischlers in Großarl, Knabenseminar Borromäum, Priesterseminar in Salzburg, 1881 Priesterweihe, Religionslehrer, 1895 Professur für Kirchengeschichte und 1887 für Pastoraltheologie an der theologischen Fakultät Salzburg, 1911 Weihbischof und am 11. August 1918 zum Salzburger Metropoliten gewählt. Gestorben am 8.10.1934 in Salzburg; zur genaueren Vita vgl. http://www.res.icar-us.eu/index.php?title=Rieder,_Ignatius_(1858–1934).

21 Barth-Scalmani, Kriegsbriefe (wie Anm. 19), 67.

dazu, den Glauben zu stärken und die Orientierung der Gläubigen zur christlich-katholischen Kirche zu intensivieren. Damit sind einige zentrale Themen der Einstellung der katholischen Kirche zum Krieg angesprochen.

Kriegsbriefe – die Adressaten

Der eingangs zitierte Ausschnitt des an die „Mutter des Kriegers" gerichteten Briefes ist einer Broschüre mit dem Titel „Kriegsbriefe" entnommen. Diese wurde im Herbst 1914 mit sechs weiteren Heftchen in Salzburg publiziert. In insgesamt sieben (Uniform-)taschengerechten, kleinformatigen (10 x 13,5 cm, Umfang zwischen neun und 14 Seiten) Druckschriften werden neben der schon genannten Briefempfängerin weitere Adressaten konkret angesprochen.[22]

Weitere Briefe richten sich an die „Gattin des Kriegers", den „Vater des Kriegers", die „Frau des Kriegers" das „Kind des Kriegers" und die „Hinterbliebenen des gefallenen Kriegers". Direkt an den Soldaten gerichtet sind die Titel die „Soldaten im Felde" und der „verwundete Krieger". Die genauen Hintergründe der Drucklegung dieser Briefe, etwa wer in der Erzdiözese Salzburg aus welchen Motiven dazu die Initiative ergriff, woher die Finanzierung kam, welche Auflagenhöhe es gab oder wie die Verteilung erfolgte, müssen zunächst unbeantwortet bleiben, weil sich keine entsprechenden Aktenbestände erhalten haben.[23] Der Zeitpunkt der Publikation lässt sich allerdings genauer eruieren: Im „Verordnungsblatt für die Erzdiözese Salzburg" findet sich am 28. September 1914 unter der Rubrik „Katholische Literatur" ein Hinweis auf das Erscheinen der „Kriegs und Trost(!)briefe".[24] Nur der letzte der Reihe, zugleich der einzige, der vom Salzburger Metropoliten verfasst wurde,[25] enthält im Text eine Zeitangabe: „Advent 1914".[26] Somit reagierte die Salzburger Kirche nur knapp zwei Monate nach dem Ausbruch des Krieges auf die stark veränderte Lebens- und Alltagssituation des Kirchenvolkes. Diese Dramatik wurde besonders durch die Tatsache verschärft, dass es damals in der Bevölkerung keine Erfahrungen mit dem Krieg gab. Seit dem Ende des Krieges von 1866 gegen Preußen und Italien herrschte in Österreich-Ungarn – von Gefechten während der Besetzung von Bosnien-Herzegowina 1878, in die nur Teile der Armee involviert waren – Frieden. Es hatten also auch die Eltern der einberufenen Soldaten weder „Kriegserfahrung" noch persönliche Erinnerungen, was nochmals zur Verunsicherung beitrug. Zur seelischen Unterstützung der Betroffenen wurden vom Erzbischof spezielle kirchliche Feiern angeordnet, wie organisierte laute Gebete für die Christenheit im Allgemeinen sowie speziell für die im Heere stehenden Soldaten und „für den Sieg unserer Waffen und einen dauernden Frieden". Materiell sollten spezielle Opferstöcke für das Rote Kreuz Unterbringungsmöglichkeiten für Kinder eingerückter Soldaten schaffen, so dass die Mütter dem Verdienst zur Beschaffung der Lebensnotwendigkeiten nachgehen konnten.

Führende Vertreter der Salzburger Amtskirche, wie Weihbischof Ignaz Rieder, der Priester und Dichter Anton Pichler[27], der am 5. Juli 1914 inthronisierte Erzbischof Balthasar Kaltner[28] sowie Ignaz Seipel[29], zu der Zeit Professor der theologischen Fakultät, „übernahmen die Aufgabe, die Haltung der Kirche zu dem – zu diesem Zeitpunkt noch als begrenzt geltenden – Kriegsgeschehen volkspädagogisch darzustellen und zugleich die Personen im familiären Umfeld der eingezogenen Soldaten in ihren individuellen Gefühls- und Alltagslagen einzufangen."[30]

---

22 Barth-Scalmani, Kriegsbriefe (wie Anm. 19), 70.

23 Generell erscheint der Aktenbestand zur Thematik „Erster Weltkrieg" im Archiv der Erzdiözese äußerst ausgedünnt: Dies hängt wohl zum Einen vor allem im Kontext der Pfarrarchive mit umfangreichen Skartierungen in der unmittelbaren Nachkriegszeit, im Bereich der zentralen Verwaltungsakten des Konsistoriums aber auch mit Verlusten im Zuge der Übersiedlung und Auslagerung wichtiger Aktenbestände während des Zweiten Weltkriegs zusammen. Vgl. Mitterecker Thomas, Das Salzburger fürsterzbischöfliche Diözesanarchiv in der NS-Zeit. In: Österreichs Archive unter dem Hakenkreuz, hg. von der Generaldirektion des Österreichischen Staatsarchivs (MÖSTA 10). Wien 2010, 693–707.

24 Verordnungsblatt der Erzdiözese Salzburg, XIII/1914, 329.

25 Kaltner Balthasar, An die Soldaten im Felde. VII. Kriegsbrief. Salzburg 1914.

26 Barth-Scalmani, Kriegsbriefe (wie Anm. 19), 70.

27 geboren am 7.6.1874 in Salzburg, 1898 zum Priester geweiht, bis 1903 Kooperator in Gnigl, dann Religionslehrer in Salzburg, 1923 wegen Krankheiten mit Ernennung zum Ehrenkanonikus von Mattsee in den Ruhestand versetzt, wo er 1943 starb. Pichler verfasste unter anderem auch den Text der Salzburger Landeshymne; zur Vita vgl. http://www.res.icar-us.eu/index.php?title=Pichler,_Anton_Josef_(1874–1943).

28 geboren am 12.4.1844 in Goldegg/Pongau als Sohn des Rohrmoosbauern. Nach dem Theologiestudium in Salzburg 1868 Priesterweihe, ab 1869 Priester in Mittersill, 1872 in Grödig, 1874 in Gnigl. 1900 Kapitelvikar, 1901 Weihbischof, 1904 Dompropst, 1909 Generalvikar, 1910 Fürstbischof von Gurk. Am 2.4.1914 wählte das Salzburger Metropolitankapitel Kaltner zum Fürsterzbischof von Salzburg. Er starb am 6.7.1918 in Salzburg. Detaillierte Angaben zur Vita siehe http://www.res.icar-us.eu/index.php?title=Kaltner,_Balthasar_Georg_(1844–1918).

29 geboren am 19.7.1876 als Sohn eines Fiakers in Wien, Theologiestudium an der Universität Wien, 1899 Priesterweihe, 1909–1917 Universitätsprofessor für Moraltheologie in Salzburg, 1917 Minister für Arbeit und öffentliche Sicherheit im Kabinett von Heinrich Lamasch in Wien, Bundeskanzler 1922–1924 und 1926–1929. Seipel starb 1932 im niederösterreichischen Sanatorium Wienerwald an Tuberkulose. Vgl. hierzu http://www.res.icar-us.eu/index.php?title=Seipel,_Ignaz_(1876–1932).

30 Barth-Scalmani, Kriegsbriefe (wie Anm. 19), 71.

Der Anstoß zu den Kriegsbriefen kam auf jeden Fall von außerhalb des Salzburger Klerus: Heinrich Mohr[31] verfasste kurz nach Kriegsbeginn „Feldbriefe", die im Verlag Herder in Freiburg und Wien erschienen, die in einfachen, volkstümlichen Worten und nach ihren Inhalten den Denkanstoß für die Salzburger Kriegsbriefe geliefert haben dürften. Dies lässt sich auch aus den verwandten Titeln der Feldbriefe (an die „Frau des Kriegers", „an die Mutter des Kriegers", an „unsere Helden im Feld", „von unseren Toten") ableiten. Trotzdem sind die Salzburger Briefe „An den verwundeten Krieger" sowie „An den Vater" und „An das Kind des Kriegers" als eigenständige Idee zielgruppenspezifischer Öffentlichkeitsarbeit zu werten, worauf auch Gunda Barth-Scalmani hinweist.[32] Die Broschüren sollten vermutlich Priestern als Vorbereitung für ihre seelsorgliche Arbeit dienen, waren aber auch zur Verteilung an betroffene Gläubige gedacht. Dafür sprechen die günstigen Preise beim Bezug größerer Mengen („ein Stück 10 h(Heller), 50 Stück 4 K(ronen) 100 Stück 7 K 50 h").[33]

Die Inhalte

Inhaltlich fällt auf, dass die Briefe derart gestaltet sind, dass sie auf die Alltagssituation der jeweiligen Zielgruppe fokussieren, Nöte, Sorgen und Ängste konkret ansprechen. Sie holen den Adressaten quasi dort ab, wo er steht und tun dies mit mehr oder weniger ausgeprägtem Bezug zur Lebensrealität. Die meisten gehen, beginnend mit einem konkreten Bibelvers, schnell vom Ist-Zustand der jeweiligen Personengruppe auf das von einem Christen zu fordernde Soll-Verhalten über. Eine Ausnahme bilden Ignaz Seipels Briefe „An den Vater" und „An den verwundeten Krieger".

Im Brief „An den Vater" wird die Zwangslage, in der sich der Vater befindet, thematisiert. Da er als offizielles Oberhaupt der Familie für diese verantwortlich ist und sich auch so sieht, hat er seiner Frau und Mutter seines Sohnes in ihrer Angst und Sorge beizustehen und sie zu stärken. Andererseits sorgt er sich selbst genauso um seinen im Felde stehenden Sohn, von dem es vielleicht seit einiger Zeit keine Nachricht gibt und er hat niemanden, mit dem er über seinen Kummer sprechen kann. Hier zeigt Seipel in seinem Brief Verständnis und versucht, die Sorgen zu mildern. Er rät zum Beispiel, Zeitungsberichte über die militärische Entwicklungen, auch und besonders Verlustlisten, nicht überzubewerten, da sie sich nicht immer als richtig herausstellen. Er weist darauf hin, dass die Postverbindungen zum Soldaten und von diesem nach Hause nicht immer, wie in Friedenszeiten gewohnt, reibungslos funktionieren.[34] Für den Fall der Verwundung des Sohnes wird ein angesichts der damaligen Möglichkeiten etwas übertrieben rosiges Bild der Sanitätsversorgung Verletzter gezeichnet. Seipel belässt es aber nicht bei diesen Trostworten, sondern verweist auch auf die Auskunftsstelle des Roten Kreuzes mit genauer Angabe der Adresse. Er rät auch, bei Anfragen eine „Postkarte mit angebogener Antwortkarte"[35] zu verwenden.

Der Sorge über das Schicksal in Kriegsgefangenschaft tritt der Brief mit dem Rat, keinen Gerüchten zu glauben, gegenüber, und er stellt dann fest: *Es sollen in der Tat Grausamkeiten vorgekommen sein, doch hatten darunter mehr die Truppen unserer Verbündeten als die unsrigen zu leiden,* [sic!] *... In der Regel halten sich auch unsere Feinde an die Vorschriften des Kriegsvölkerrechts, und mögen sie ihre*

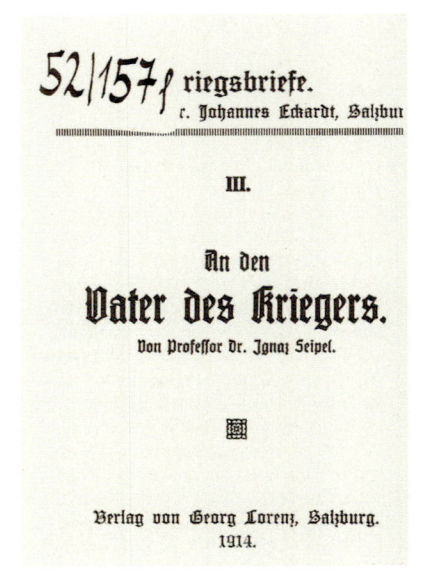

Abb. 5: Deckblatt Kriegsbriefe, III. An den Vater des Kriegers.

31 geboren 1874 in Lauda/Baden Württemberg, gestorben 1951 in Freiburg im Breisgau, war ein deutscher römisch-katholischer Theologe und Volksschriftsteller.
32 Barth-Scalmani, Kriegsbriefe (wie Anm. 19), 71.
33 Barth-Scalmani, Kriegsbriefe (wie Anm. 19), 71.
34 Seipel Ignaz, An den Vater des Kriegers, III. Kriegsbrief. Salzburg 1914, 5.
35 Durch den Postkongress in Wien 1891 wurde die Antwortkarte in allen Postvereinsländern eingeführt. Das Porto wurde vorab vom ersten Absender für Hin- und Rückweg vorausbezahlt. Sie war eine zusammengeklappte zweiteilige Karte, die aus zusammenhängendem Frage- und Antwortkartenteil bestand. Die Anschriftsseite der Antwortkarte befand sich innerhalb der zusammengeklappten Karte.

Abb. 6: Deckblatt Kriegsbriefe, VII. An die Soldaten im Felde.

Abb. 7: Deckblatt Kriegsbriefe, I. An die Gattin des Kriegers.

Abb. 8: Deckblatt Kriegsbriefe, II. An die Mutter des Kriegers.

Gefangenen auch nicht so gut behandeln wie wir die unseren, die meisten werden seinerzeit doch unversehrt in die Heimat zurückkehren.[36]

Im Brief „An den verwundeten Krieger"[37] fordert er diesen auf, möglichst schnell seinen Angehörigen mitzuteilen, dass er am Leben ist, um sie nicht durch Sorgen unnötig zu belasten. *Staatliche Maßnahmen und unzählige private Initiativen würden sich um die Verwundeten kümmern. […] Unser guter Kaiser wird diejenigen, die für ihn und das Vaterland ihre Kraft und Gesundheit hingegeben haben, und deren Angehörige nicht zugrunde gehen lassen.*[38] Zum Schluss wird festgestellt, dass die Verletzungen des Soldaten aus einem „gerechten Krieg" stammen. *Du durftest für Oesterreich bluten und leidest darum nicht vergebens.*[39] Kürzer gehen die Verfasser der anderen Briefe auf die Situation ihrer Adressaten ein.

Der Brief an die „Soldaten im Felde" gesteht dem Einrückenden zunächst zu, dass entgegen der kulturell gegebenen Rolle des „starken Mannes" angesichts der Gefühle des Abschieds auch *Tränen in Mannesaugen ihre Berechtigung haben.*[40]

Mit Erinnerungen an das Leben seit der Eheschließung – Haushalt, Kinder, Mann als Stütze und Ratgeber – wird die „Frau des Kriegers" angesprochen. Besonders beliebt waren zu dieser Zeit wohl auch aufbauende Kurzverse und Reime, so empfiehlt der Autor Ignaz Rieder unter anderem: *Trifft dich ein Schmerz, dann halte still, und frage: was Gott will. Glaube fest, er schickt dir keinen, bloß damit du solltest weinen.*[41]

Den Schmerz einer Soldatenmutter will Rieder im Kriegsbrief an die „Mutter eines Kriegers" mit dem Hinweis der Trostworte Jesu an die weinende Mutter vor den Stadttoren Reims lindern und stellt fest: […] *heroisch stark ist das Herz einer wahrhaft christlichen Mutter.*[42] Das „Kind des Kriegers" „erhält im gewählten Szenario vielleicht den ersten Brief seines Lebens, ehe die binäre Erklärung folgt: ein lichtvolles Kontinuum (Sonne = Kindheit, Frieden) ist durch

36 Seipel, Vater (wie Anm. 34), 6.
37 Seipel Ignaz, An den verwundeten Krieger. IV. Kriegsbrief. Salzburg 1914.
38 Barth-Scalmani, Kriegsbriefe (wie Anm. 19), 72.
39 Barth-Scalmani, Kriegsbriefe (wie Anm. 19), 72.
40 Kaltner, Soldaten im Felde (wie Anm. 25), 2.
41 Rieder Ignaz, An die Gattin des Kriegers. I. Kriegsbrief. Salzburg 1914, 4f.
42 Rieder Ignaz, An die Mutter des Kriegers. II. Kriegsbrief. Salzburg 1914, 4.

ein Elementarereignis (Krieg = Wolke) plötzlich verändert worden (Abschied des Vaters)".[43]

Die Motive

Grundsätzlich sind mehrere Motive zu erkennen, die sich durch alle Briefe durchziehen: In der Begründung des Krieges sind die Rollen klar verteilt: Die österreichischen Soldaten sind in den Krieg gezogen, um die *Grenzen des teuren Vaterlandes vor ruchlosen Feinden zu schützen*,[44] die *Oesterreich in Stücke reißen*[45] wollten. Die Soldaten verteidigen die christliche Kultur, besonders deren höchste Vollendungsstufe, den katholischen Glauben. Die Abgrenzung von anderen Religionsbekenntnissen erfolgt dabei sehr grob und generalisierend: Die katholische Kirche im Gegensatz zur „Orthodoxie" der Kriegsgegner – Serbien (28. Juli), Montenegro (5. August), Russland (6. August), Frankreich (11. August), Großbritannien (12. August), Japan (27. August).[46] Über die Tatsache, dass Frankreich ein katholisch geprägtes, Großbritannien anglikanisch, aber nicht orthodox und Japan überhaupt kein christliches Land war, wurde, um die Sache nicht zu kompliziert zu machen, offensichtlich großzügig hinweggesehen. Dies war umso leichter möglich, als sich der Krieg im Herbst 1914 für Österreich tatsächlich im „orthodoxen" Osten gegen die meist orthodoxen Glaubensbekenntnissen angehörenden Serben, Montenegriner und Russen abspielte. Zudem hatten Soldaten Salzburgischer und Tiroler Regimenter in Friedenszeiten kaum bis keinen Kontakt mit Soldaten von Regimentern aus anderskonfessionellen Gebieten der Monarchie. Auch im zivilen Leben waren sie wegen der kaum verfügbaren Verkehrsmittel sehr ortsgebunden. Für Bewohner Innergebirgs war schon eine Fahrt in die Stadt Salzburg eine Reise und ein Abenteuer.

Die Kriegsschuldfrage wurde ganz eindeutig beantwortet: *Es ist bewiesen, dass Russland, Frankreich und England schon längst früher beschlossen und vereinbart hatten, Deutschland und Oesterreich zu vernichten.*[47] Der bei Veröffentlichung der Kriegsbriefe seit rund zwei Monaten andauernde Krieg wurde als Kulturkrieg wahrgenommen, bei dem es mehr um die Verteidigung religiöser als zivilisatorischer Werte ging. Wie bei allen Krieg führenden Ländern war er als Krieg der Werte ein gerechter und *heiliger*[48] Krieg. Da der Krieg noch jung war und nach allgemeiner Ansicht nicht lange dauern würde, blieb das Feindbild recht konturlos. Der Feind ist immer noch Angehöriger der gleichen europäischen Zivilisation[49] und hält sich gegenüber Kriegsgefangenen an das Völkerrecht. Ebenso wird der eigene Soldat aufgefordert, sich wie ein edler, ritterlicher und christlicher Kriegsmann zu verhalten und trotz aller Meldungen über Grausamkeiten der Gegner diese zu verschonen: *Wenn Dein Feind um sein Leben bittet, lass es ihm und erbarme Dich seiner.*[50]

Verbindung mit der Heilsgeschichte

Da der Tod auf dem Schlachtfeld den gefallenen Soldaten eines gerechten Krieges den christlichen Märtyrer an die Seite stellte, bekam dieser eine besondere Qualität. Voraussetzung war allerdings, dass er nicht im Zustand der Todsünde fiel. Nur nach Beichte, Kommunion oder Generalabsolution wurde diesem Sün-

---

43 Barth-Scalmani, Kriegsbriefe (wie Anm. 19), 73.
44 Rieder, Gattin des Kriegers (wie Anm. 41), 2.
45 Seipel, Vater (wie Anm. 34), 7.
46 Daten der jeweiligen Kriegserklärung.
47 Rieder, Mutter des Kriegers (wie Anm. 42), 7f.
48 Rieder, Mutter des Kriegers (wie Anm. 42), 7.
49 vgl. Becker Annette, Religion. In: Enzyklopädie Erster Weltkrieg, hg. von Hirschfeld Gerhard/Krumeich Gerd/Renz Irina. Paderborn-München-Wien 2004: So gewann etwa das Feindbild an der Westfront im Kampf der Franzosen gegen den (deutschen) „Barbaren", der bald zum eschatologischen Bösen mutiert, schnell an Profil. Ebenso und noch viel schneller und ausgeprägter verhielt es sich ab Mai 1915 an der österreichischen Front gegen Italien.
50 Kaltner, Soldaten im Felde (wie Anm. 25), 4.

der die Gnade zuteil. Daher war der Besuch der Feldmesse, bei der die Generalabsolution erteilt wurde, so wichtig. Weil der Tod aber unerwartet eintreten konnte, sollte der Soldat, wann immer möglich, beten. Dafür wurden an die Einrückenden und Insassen von Lazaretten Gebetbücher in uniformtaschentauglichem Format gratis verteilt. Die Leiden des Soldaten hatten einen Wert vor Gott, denn sie waren eine *nicht ganz unverdiente Buße* für die Sünden des Vorkriegslebens.[51] Der Heldentod ist nicht nur ein physisch erbrachtes Opfer für das Vaterland, sondern wurde durch die Vorstellung, dass jede Opferleistung zugleich ein Gnadenakt ist, weil der Angehörige damit früher ins Jenseits einzieht, überhöht: [...] *dort in der ewigen Heimat, im Lande des Friedens, sind ihnen Siegeskränze bereitet.*[52] Auch das Leid der Angehörigen gewinnt einen Sinn, indem es läutert und den Menschen verbessert.

Universale Sinnstiftung

Zu der individuellen religiösen kam die universale Sinnstiftung: Nach Meinung der Amtskirche hatte der Krieg *einen guten Zweck: Die Völker Europas sollen wieder mehr zu Gott zurückgeführt werden.*[53] Das Motiv des Krieges als Kreuzzug hing mit der Situation der katholischen Kirche um 1900 zusammen. Auch in den alpinen Gebieten der Habsburgermonarchie, die noch immer landwirtschaftlich geprägt waren, hatten die großen sozialen, wirtschaftlichen und politischen Veränderungen in der zweiten Hälfte des 19. Jahrhunderts zu Aufweichungen des traditionellen Machtgefüges geführt.[54] Die Kirche sah sich in der Abwehr des besonders in den Städten unter den Gebildeten zunehmenden Ungeist der Moderne. Aus dieser Lage wurden seit den 1890er Jahren katholische Vereine gegründet, Presseorgane kamen auf und Katholikentage sowie Wallfahrten wurden veranstaltet. Besonders nach 1907 kam es zur Gründung katholischer Parteien. Dies führte zu einem Wiedererstarken des katholischen Lagers. Der Krieg verstärkte diese Tendenz und führte dazu, dass der Besuch von Gottesdiensten sowie von Beichten und der Kommunion stieg.[55]

In der Bewertung des Krieges als gottgewollte Korrektur des Glaubenslebens unterscheiden sich die Verfasser der einzelnen Kriegsbriefe: Bei Seipel findet sich dieses Motiv nicht, bei Rieder sehr ausgeprägt und in Kaltners einzigem Brief weniger aggressiv formuliert: *So groß die Drangsale der Krieger sind, dieses Gute haben sie: sie bringen uns Gott näher.*[56] Kaltner hatte schon in seinem ersten Hirtenbrief an seine Diözesanen nach seiner Wahl vom 1. August 1914 zum beginnenden Krieg mäßigend formuliert: *Es ist etwas Furchtbares um ein Schlachtfeld, wo junge Männer zu Tausenden im Tode hinsinken.*[57] Weiters führte Kaltner überraschend kritisch und realitätsnahe aus: *Der Krieg ist ein harter Geselle, der Witwen und Waisen macht, Krüppel und Dulder schafft, den Bräutigam von der Braut, den Mann von der Frau, den Vater von den Kindern trennt und Kummer und Sorge in das Haus und die Familie trägt.*[58] Die Soldaten erinnert Kaltner an die „christlichen Heldengestalten"[59], wie Prinz Eugen, die Erzherzöge Karl und Albrecht als Sieger von Aspern und Custozza sowie an „Vater Radetzky". Rieder verweist an die Bedeutung der Rosenkranzgebete im Tiroler Freiheitskampf von 1809.[60] Er erwähnt auch den einzigen, bereits 36 Jahre zurückliegenden Krieg,[61] an den sich unter den Gläubigen noch jemand erinnern könnte, und seinen damals gefallenen Bruder.[62]

---

51 Seipel, Verwundeter Krieger (wie Anm. 37), 5.
52 Rieder Ignaz, An die Hinterbliebenen des Kriegers. VI. Kriegsbrief. Salzburg 1914, 4.
53 Rieder, Mutter des Kriegers (wie Anm. 42), 5. Vgl. diesbezüglich auch die im ersten Abschnitt zitierten Stellen aus „Verzage nicht!" von Erzbischof Kaltner zur Klassifizierung des Krieges als Strafe Gottes für die Verfehlungen der Menschen.
54 Barth-Scalmani, Kriegsbriefe (wie Anm. 19), 75; Klieber, Politischer Katholizismus (wie Anm. 15), 38–55.
55 Klieber, Politischer Katholizismus (wie Anm. 15), 72–174 u. 210–218.
56 Kaltner, Soldaten im Felde (wie Anm. 25), 5.
57 Verordnungsblatt der Erzdiözese Salzburg 1914, 24.8.1914, 303, Nr. 55.
58 Salzburger Chronik, 11.8.1914, 6.
59 Kaltner, Soldaten im Felde (wie Anm. 25), 11.
60 Rieder, Mutter des Kriegers (wie Anm. 42), 10.
61 Okkupationsfeldzug in Bosnien-Herzegowina 1878.
62 Rieder, Hinterbliebene des Kriegers (wie Anm. 52), 4.

Abschließend muss beachtet und darauf hingewiesen werden, dass die hier vorgestellten „Kriegsbriefe" im Kontext der ersten Kriegsmonate zu sehen sind, als weder die Dauer noch die Intensität und die Auswirkungen des Krieges absehbar waren. Indes herrscht jedoch besonders bei Publikationen von Erzbischof Kaltner eine durchaus kritische Sicht auf den Krieg vor, die ihn besonders in den ersten Kriegsmonaten deutlich von den meisten hohen Vertretern des Klerus abhebt.[63] So erscheint denn „sein" Kampf und durch weitgehende Vorgaben und Anweisungen zu Predigtinhalten auch der Kampf des Salzburger Klerus im Allgemeinen im Weltkrieg seltsam entrückt von der Kriegsrealität, dennoch besonders nahe an der Lebensrealität im Hinterland als Kampf gegen Unmoral, Verrohtheit, Gleichgültigkeit und Kälte.[64]

Für brachiale Kriegsrhetorik und Propaganda im Bannkreis der oftmals zitierten „Gerechten Rache für den Bluttag von Sarajewo", vor allem in der Salzburger Kirchenzeitung, waren unter anderem der unter dem Kürzel G. B. publizierende Josef Georg Baumgartner aus Kufstein, 1914 immerhin Studienadjunkt der theologischen Fakultät und Subdirektor des f. e. Priesterseminars, zuständig.

[63] Katzinger, Kaltner (wie Anm. 16), 109; Schernthaner Peter, „Es ist etwas Furchtbares um ein Schlachtfeld …". Fürsterzbischof Kaltner als einsamer Mahner in der Kriegseuphorie 1914, In: Rupertusblatt, 31.7.1994, 24.
[64] Katzinger, Kaltner (wie Anm. 16), 106–109.

Alfred Werner Höck

Aspekte der Verwaltung im Krieg

1. Das Selbstverständnis der k. k. Bürokratie

Als im Juli 1901 Kaiser Franz Joseph zur Enthüllung des Kaiserin Elisabeth-Denkmals nach Salzburg kam, wurde er feierlich von den Spitzen des Landes empfangen. Die meisten „Würdenträger", und als solche verstanden sie sich, trugen Uniform. Auch die hohe Beamtenschaft, die sich zu diesem Zweck versammelt hatte.

Das war keine österreichische Besonderheit, sondern in den meisten europäischen Staaten Usus und sagt einiges über das Selbstverständnis der staatlichen Hoheitsverwaltung und ihrer Träger vor dem Krieg aus. Die österreichische Verwaltung[1] war, wie jede Verwaltung, ein Spiegelbild der Geschichte des Landes und verkörperte somit auch die Widersprüche des politischen Systems Österreich-Ungarns. Zu diesen Widersprüchen gehörte auch das zentrale Verständnis der Souveränität des Kaisers. Denn dieser war auch nach Verabschiedung des Verfassungsgesetzes von 1867 der ausschließliche Träger der vollziehenden Gewalt, wie der Rechtsgelehrte Joseph Redlich herausstrich.[2] „Vielmehr blieb während der ganzen Regierungszeit des Kaisers Franz Joseph auch in seiner konstitutionellen Herrschaftsperiode der gesamte Apparat der staatlichen Behörden und Ämter das ausschließlich dem Monarchen durch die Minister stehende Werkzeug seiner persönlichen Souveränität und Regierung."[3] Damit verkörperte die Beamtenschaft, deutlich sichtbar gemacht durch ihre Beamtenuniformen, das dynastische Prinzip des Staatswesens, und jeder einzelne Beamte war durch seinen Amtseid auf die Person des Kaisers eingeschworen. Das Resultat dieser über Jahrhunderte gewachsenen engen Bindung zwischen „Herrscherhaus" und Beamtenschaft war eine Bürokratie, deren meiste Angehörige sich als loyale „Staatsdiener" verstanden, und die neben der Armee eine feste Klammer für das heterogene Staatswesen bildete.[4] Allerdings waren die nationalen und sozialen Konflikte der Vorkriegsjahrzehnte nicht spurlos an dieser Verwaltung vorübergegangen und Zeitgenossen, wie der schon erwähnte Joseph Redlich, der ein intimer Kenner der österreichischen Politik und Bürokratie war, konstatierten eine „Aushöhlung" des Apparates durch die fortwährende Ausdehnung der staatlichen Tätigkeit, die zu einem Annex einer „subalternen Massenbeamtenschaft" vor allem in den technischen Diensten geführt hätte, die „in keinem rechten Zusammenhang mit jener alten konservativen Tradition" standen.[5]

2. Die Verwaltungsstruktur im Kronland Salzburg

Wie der Gesamtstaat, so war auch der Verwaltungsapparat im Land Salzburg zweigeteilt. Es existierte zum einen die Landesverwaltung, die soge-

---

1 Die Verwaltung Österreich-Ungarns war in verschiedene Zweige gegliedert. Der Einfachheit halber wird hier Verwaltung als Sammelbegriff verwendet.
2 Redlich Joseph, Österreichische Regierung und Verwaltung im Weltkrieg (Wirtschafts- und Sozialgeschichte des Weltkrieges, Carnegie Stiftung, Österreichisch-Ungarische Serie). Wien 1935, 28.
3 Redlich, Verwaltung (wie Anm. 2), 28.
4 Vgl. Goldinger Walter, Die Zentralverwaltung in Cisleithanien. Die zivile gemeinsame Zentralverwaltung. In: Die Habsburgermonarchie 1848–1918. Verwaltung und Rechtswesen (Die Habsburgermonarchie 1848–1918, II), hg. von Wandruszka Adam/Urbanitsch Peter. Wien 1975, 115; zum Selbstverständnis und zur Lebenssituation der Beamtenschaft vor dem Krieg vgl. Heindl Waltraud, Zum cisleithanischen Beamtentum: Staatsdiener und Fürstendiener, In: Die Habsburgermonarchie 1848–1918. Soziale Strukturen. Teilband I/2: Von der Stände- zur Klassengesellschaft (Die Habsburgermonarchie 1848–1918, IX), hg. von Rumpler Helmut/Urbanitsch Peter. Wien 2010.
5 Vgl. Redlich, Verwaltung (wie Anm. 2), 80; zur Rolle der Bürokratie innerhalb des dynastischen Herrschaftssystems vgl. Hanisch Ernst, Der lange Schatten des Staates. Österreichische Gesellschaftsgeschichte im 20. Jahrhundert. Wien 1994, 221–225.

Abb. 1: Bildpostkarte „Enthüllungsfeier des Kaiserin Elisabeth-Denkmals" am 15.7.1901 (SLA, Fotosammlung A 022627)

Abb. 2: Bildpostkarte, Salzburger Delegation der führenden politischen und geistlichen Vertreter. Beschriftung auf der Rückseite „1 Abt von St. Peter, 2 späterer Landespräsident Felix Schmitt-Gasteiger, 4 Landeshauptmann Prälat Winkler, 7 Hofkaplan Dr. Steger, 11 Abgeordneter Etter" (SLA, Fotosammlung A 006026)

nannte „autonome Verwaltung", die (in engen Grenzen) das föderalistische Prinzip repräsentierte. An ihrer Spitze stand der Landeshauptmann, dessen Position im Jahr 1914 Prälat Alois Winkler[6] einnahm.

Den Rahmen für die Zuständigkeiten des Landes legte die Landesordnung in § 18 die Landesangelegenheiten wie folgt fest:[7] I. Alle Anordnungen über 1. die Landeskultur, 2. die öffentlichen Bauten, welche aus Landesmitteln bestritten wurden, 3. die aus Landesmitteln dotierten Wohltätigkeitsanstalten, 4. den Landesvoranschlag und die Rechnungslegung des Landes sowohl a) hinsichtlich der Landeseinnahmen aus der Verwaltung des dem Lande gehörigen Vermögens, der Besteuerung für Landeszwecke und der Benützung des Landeskredites, als b) hinsichtlich der ordentlichen und außerordentlichen Landesausgaben. II. Die näheren Anordnungen innerhalb der Grenzen der allgemeinen Gesetze zu 1. den Gemeindeangelegenheiten, 2. den Kirchen- und Schulangelegenheiten, 3. der Vorspannleistung und der Verpflegung und Einquartierung des Heeres. III. Die Anordnungen über sonstige, die Wohlfahrt oder die Bedürfnisse des Landes betreffende Gegenstände, welche durch besondere Verfügung der Landesvertretung zugewiesen werden.

6 Alois Winkler (1838–1925), Salzburger Domherr, ab 1878 Abgeordneter zum Salzburger Landtag, Herausgeber der „Salzburger Chronik", 1897–1902 u. 1909–1919 Landeshauptmann von Salzburg.
7 Ledochowski-Thun Karl, Der Salzburger Landtag 1861–1961. Eine rechtsgeschichtliche Betrachtung. In: Hundert Jahre selbstständiges Land Salzburg. Festschrift des Salzburger Landtags zur Landesfeier am 15. Mai 1961, hg. vom Salzburger Landtag. Salzburg 1961, 156.

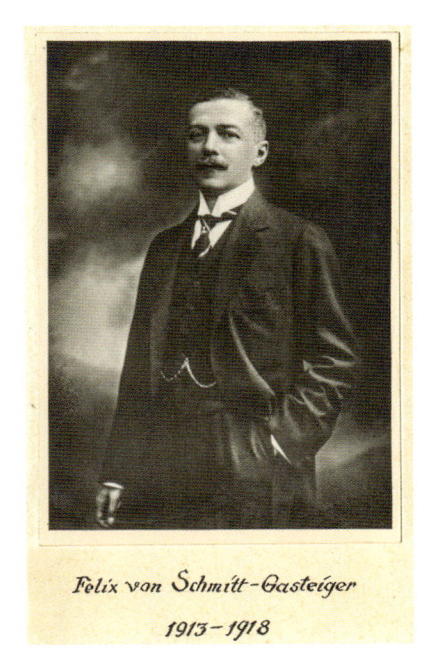

Abb. 3: Portraitaufnahme von Landespräsident Felix von Schmitt-Gasteiger (SLA, Fotosammlung C 005841)

Zur Erfüllung dieser Landesaufgaben verfügte das Land über die autonome Verwaltung als eigene Landesbürokratie, deren Organisationsaufbau (vgl. Grafik 1) auf die Agenden, wie sie in der Landesordnung definiert waren, zugeschnitten war. Die Zunahme der „autonomen" Landesgesetzgebung seit 1867 hatte zu einer Aufwertung der Länder geführt, doch die damit verbundene Vermehrung der Aufgaben der Landesverwaltung, hatte den zur Verfügung stehenden Apparat, der 1914 einen Kern von rund 70 (nur männlichen) Beamten und Angestellten umfasste,[8] zuweilen bereits vor 1914 an seine Grenzen geführt. Zusätzlich kam es immer wieder zu Kompetenzüberschneidungen und damit verbunden zu spürbaren Doppelgleisigkeiten zwischen der „staatlichen" (politischen) und der „autonomen" Landesverwaltung, wie Peter Putzer feststellte.[9] Die „staatliche" Verwaltung (auch „politische Behörde" genannt), war für die Vollziehung der Reichs- und Landesgesetze zuständig (vgl. Grafik 2). In den größeren Ländern war sie zu diesem Zweck in Statthaltereien (mit einem Statthalter an der Spitze), in kleineren wie Salzburg in Form einer Landesregierung organisiert, die von einem Landespräsidenten geleitet wurde. Er verfügte über die Disziplinargewalt über die Beamten, besaß jedoch keine Verantwortlichkeit gegenüber dem Landtag.[10] Seit 1913 fungierte Felix von Schmitt-Gasteiger[11] als k. k. Landespräsident.

Der in Marburg/Maribor geborene Schmitt-Gasteiger war ein typisches „Produkt" des Verwaltungsadels, der bis zum Ende der Monarchie (und zumeist noch in der 1. Republik) die leitenden Verwaltungspositionen einnahm. Als studierter Jurist begann er seine berufliche Laufbahn 1899 im Ministerium des Innern, wo er 1904 die Leitung des Präsidialbüros übernahm, und 1912 zum Sektionschef ernannt wurde. 1913 wurde er nach dem Tod von Levin Graf Schaffgotsch[12] zum Landespräsidenten von Salzburg ernannt. Diese beiden Verwaltungen standen in einem gewissen, durch ihre politische Natur bedingten Spannungsverhältnis zueinander, wobei auch soziale Statusdifferenzen eine Rolle spielten.[13] In der politischen Behörde waren fast alle Stellen vom Beamtenadel besetzt,[14] sodass eine Karriere für Bürgerliche in dieser Behörde kaum möglich war.[15] In der autonomen Verwaltung herrschte hingegen mehr soziale Mobilität.

3. Kriegsvorbereitungen der Verwaltung

Die wenigen vorbereitenden Maßnahmen gingen von kurzen militärischen Ereignissen aus und konzentrierten sich wie im 19. Jahrhundert auf den Zeitraum der Mobilisierung. Weiter reichende Vorbereitungen, gerade im Hinblick auf die Wirtschaft und Versorgung, wurden kaum angestellt. Zwar hatte die Zunahme der Spannungen, vor allem seit der „Annexionskrise" um Bosnien-Herzegowina 1907, und die damit verbundene Möglichkeit kriegerischer Verwicklungen, Überlegungen für geplante Maßnahmen im Eventualfall zur Folge. Diese beschränkten sich aber primär auf sicherheitspolizeiliche Aspekte, die Zensur und weitere Mobilisierungsvorbereitungen. So war bereits 1908 während der Annexion Bosniens, die Zensur von Nachrichten militärischen Inhalts in der Presse verfügt worden, und schon seit dem Vorjahr wurden auf Weisung des Innsbrucker Korpskommandos die aus dem Königreich Italien stammenden Gastarbeiter namentlich in Evidenz gehalten. Im Jahr 1912 ergingen „Ausnahmeverfügungen für den Kriegsfall" betreffend die Zensur, zusätzlich zu den bereits erlassenen Mobi-

---

8   Vgl. Salzburgischer Geschäfts-, Volks- und Amts-Kalender für das Jahr 1914, XLII. Jg. Salzburg o.J., 52f. Die Zahl umfasst nur die Kernverwaltung. Nicht eingerechnet ist der Personalstand der Landesanstalten, Landwirtschaftsschule, Brandschaden-Versicherungsanstalt, der Landes-Hypothekenanstalt und der Landesstraßenvertrauensmänner.
9   Vgl. Putzer Peter, Salzburgs rechtliche Stellung im Staatsverband der Habsburgermonarchie. In: Geschichte Salzburgs. Stadt und Land. Bd. II/2: Neuzeit und Zeitgeschichte, hg. von Dopsch Heinz/Spatzenegger Hans. Salzburg ²1995, 1043.
10 Vgl. Ledochowski-Thun, Salzburger Landtag (wie Anm. 7), 162.
11 Felix von Schmitt-Gasteiger (1865–1932), 1913–1918 k. k. Landespräsident des Herzogtums Salzburg. Zu seiner Biografie: Weber Otmar, Felix von Schmitt-Gasteiger. In: Österreichisches Biographisches Lexikon 1815–1950, Bd. 10. Wien 1999, 307.
12 Levin Graf Schaffgotsch (3.5.1854–1.8.1913), 1908–1913 k. k. Landespräsident des Herzogtums Salzburg.
13 Zur Struktur der autonomen und politischen Verwaltung in Salzburg vgl. Ledochowski-Thun, Salzburger Landtag (wie Anm. 7); Putzer, rechtliche Stellung (wie Anm. 9).
14 Vgl. Salzburgischer Amts-Kalender (wie Anm. 8), 45f.
15 Vgl. Hanisch Ernst, Franz Rehrl – sein Leben, In: Franz Rehrl. Landeshauptmann von Salzburg 1922–1938, hg. von Huber Wolfgang, Salzburg 1975, 11.

lisierungsinstruktionen.[16] Allerdings wurde Ende 1912 durch den österreichischen Reichsrat (Parlament) ein „Kriegsleistungsgesetz" verabschiedet, mit dem im Kriegsfall grundsätzlich für alle Männer unter 50 die Arbeitspflicht verfügt werden konnte sowie Anlagen und Produktionsmittel für die Kriegsführung von der Heeresverwaltung angefordert werden konnten.[17]

4. Die Massnahmen bei Kriegsausbruch bis zum Ende des Jahres 1914

Bei Ausbruch des Krieges ähneln sich die Reaktionen in den beteiligten Staaten. Überall reagierten die Regierungen und Parlamente auf den Kriegszustand mit außerordentlichen Vollmachten, die der Exekutive in fast allen Politikbereichen freie Hand ließen und bewilligten die nötigen Finanzmittel für die Kriegsführung. In Frankreich bewilligte die Nationalversammlung, bevor sie sich bis Dezember auflöste, die von der Regierung beantragten Kriegsanleihen und Kompetenzen zur Erlassung von Notverordnungen.[18] In Großbritannien wurde der sogenannte „Defense of the Realm Act" für die Gewährung außerordentlicher Befugnisse verabschiedet, und im Deutschen Reich gestand der Reichstag dem Bundestag (der Repräsentation der einzelnen Mitgliedsstaaten des Deutschen Reiches) das Notverordnungsrecht zu.[19]

Auch in Österreich-Ungarn erließ man einschneidende Gesetze. Der Reichsrat war seit März 1914 vertagt und seit dem 25. Juli 1914 offiziell geschlossen, und die Regierung unter Ministerpräsident Karl Graf Stürgkh[20] dachte nicht daran, ihn wieder einzuberufen.

Vielmehr wurden alle verfügbaren verfassungsmäßigen Not- und Ausnahmeinstrumentarien eingesetzt, um die kriegsbedingten Maßnahmen auf dem Verordnungsweg zur Geltung zu bringen.[21] Die sogenannten Kriegsgesetze aus dem Jahr 1912 und die kaiserlichen Verordnungen vom 25. Juli, 1. August, 4. August, 5. August und 14. Oktober erlaubten es der Regierung, in das gesamte Wirtschaftsleben einzugreifen und den Kriegserfordernissen unterzuordnen. So wurden mit der Verordnung des Gesamtministeriums vom 25. Juli 1914 diejenigen Artikel des „Staatsgrundgesetzes" von 1867 außer Wirksamkeit gesetzt, welche den Schutz der persönlichen Freiheit, den Schutz des Hausrechtes, des Briefgeheimnisses, das Versammlungs- und Vereinsrecht und das Presserecht garantierten. Alle diese Maßnahmen wurden auf Grundlage des § 14 des Staatsgrundgesetzes, des Notverordnungsrechtes, erlassen, dem sogenannten „Diktaturparagraphen".[22] Somit verblieben in der österreichischen Reichshälfte (anders als in Ungarn, wo es einen eingeschränkten Parlamentsbetrieb gab) nach der Suspendierung des politischen Lebens auf der Ebene des Zentralstaates und der Länder als einzig legitimierte politische Organe die Gemeindevertretungen, die auf Grundlage der letzten Wahl im Amt belassen wurden. Damit wurde im Einverständnis mit Kaiser Franz Joseph I. von der Regierung ein System des „Kriegsabsolutismus" etabliert, das nur noch im Verordnungsweg regierte.[23] Auch in Salzburg wurden diese administrativen Regelungen sofort umgesetzt. Öffentliche Versammlungen wurden generell verboten. Die Geschworenengerichtsbarkeit über „politische" Vergehen und Verbrechen wurde an Militärrichter übertragen, und die Presse der Zensur durch das Kreisüberwachungsamt unterworfen. In „kriegswichtigen" Betrieben wurden, unter Anwendung des

16 Vgl. Haas Hans, Nationalbewusstsein, Patriotismus und Krieg. In: Geschichte Salzburgs. Stadt und Land. Bd. II/2: Neuzeit und Zeitgeschichte, hg. von Dopsch Heinz/Spatzenegger Hans. Salzburg ²1995, 1007.
17 Gesetz vom 26.12.1912, RGBl. Nr. 236, betreffend die Kriegsleistungen. Zu den legislatorischen Vorsorgen für den Kriegsfall vgl. Redlich, Verwaltung (wie Anm. 2), 82–95.
18 Vgl. Stevenson David, Der Erste Weltkrieg. Düsseldorf ³2006. 64.
19 Vgl. Stevenson, Weltkrieg (wie Anm. 18), 64.
20 Karl Graf Stürgkh (30.10.1859–21.10.1916), k.k. Ministerpräsident 1911–1916, wurde ermordet.
21 Vgl. Hasiba Gernot D., Das Notverordnungsrecht in Österreich (1848–1917). Notwendigkeit und Mißbrauch eines „Staatserhaltenden Instrumentes". Wien 1985, 153.
22 Redlich, Verwaltung (wie Anm. 2), 113; Zur Geschichte und Anwendung dieses Rechtsinstrumentes vgl. Hasiba, Notverordnungsrecht (wie Anm. 21).
23 Der Umfang der sogenannten „Kriegsgesetze" nahm derart zu, dass die Sammlung derselben Ende 1918 sechs Bände umfasste. Vgl. Breitenstein Max/Koropatnicki Demeter (Hg.), Die Kriegsgesetze Österreichs. Systematische Zusammenstellung der aus Anlaß des Krieges und mit Bezug auf denselben kundgemachten kaiserlichen Verordnungen sowie anderer Verordnungen und Erlässe der Ministerien und Landesstellen, 6 Bände. Wien 1915–1918.

Abb. 4: „Eröffnung des Salzburger Landes-Blindenheimes im Mai 1916. 1. Landes-Hauptm.-Stellv. Dr. Arthur Stölzel 2. Abg. Dr. Rottensteiner 3. Unterrichtsminister Dr. Hussarek 4. Landeshauptm. Prälat Winkler 5. Ministerpräsident Graf Stürgkh 6. Primararzt Dr. Karl Gampp 7. Prinz Hohenlohe 8. Landespräsident Felix v. Schmitt-Gasteiger 9. Landes-Hautm.-Stellv. Franz Schoosleitner 10. Dr. Alexi 11. Präsidialist aus Wien 12. Landesbaurat Dipl.-Ing. Karl Holter, Leiter des Baues 13. Oberbaurat Dipl.-Ing. Guttenberg 14. Abg. Daniel Etter 15. ferzb. Hofkaplan Dr. Steger 16. Dr. Franz Rehrl 17. Blindenlehrer F. Geiger (SLA, Fotosammlung E 06415)

„Kriegsleistungsgesetzes", die Arbeiter unter militärische Aufsicht gestellt und konnten im Bedarfsfall als Landwehrmänner vereidigt und damit der militärischen Disziplin unterworfen werden.[24] Die vielen öffentlichen Erlässe und Verordnungen führten allerdings auch zu Verwirrung und Fehlinterpretationen bei der Bevölkerung. So wurde etwa das von der Regierung erlassene Moratorium für privatrechtliche Zahlungsverpflichtungen von manchen auch auf ihre Steuerzahlungen angewendet, woraufhin die k. k. Finanzdirektion Salzburg in einer Kundmachung feststellt, dass die in *einzelnen Kreisen der Bevölkerung verbreitete Ansicht, daß während des Kriegszustandes die Steuern nicht einzuzahlen seien, unrichtig ist*. Die Steuerzahler wurden deshalb nochmals auf ihre patriotische Pflicht zur pünktlichen Zahlung aufmerksam gemacht.[25]

Für die Salzburger Verwaltungen bedeutete der Krieg einen personellen Einschnitt durch Einberufungen von Beamten zum Kriegsdienst, womit auch Fachwissen in diesem kritischen Zeitraum verloren ging. Allerdings machte sich dies eher in den rangniedrigen Verwaltungsstufen und bei den jungen Konzipienten bemerkbar. Der Grund dafür lag im Senioritätsprinzip der Verwaltungskarrieren, sodass die meist schon im vorangeschrittenen Alter stehenden höheren Beamten auf ihren Posten verblieben. Neben der eigentlichen Verwaltungstätigkeit mussten immer wieder auch Anforderungen durch die Zentral- und Heeresverwaltung[26] beantwortet werden. Eine gewisse Signalwirkung hinsichtlich der zu erwartenden Kriegsdauer musste darunter wohl ein Schreiben des k. k. Ministers für öffentliche Arbeiten an den Landespräsidenten gehabt haben, der ihn ersuchte *mit Rücksicht auf die schon vorgerückte Zeit unter den dem hierortigen*

24 Vgl. Ardelt Rudolf G., Der Erste Weltkrieg – Innenansichten eines Krieges. In: Salzburger Quellenbuch. Von der Monarchie bis zum Anschluß (Salzburg Dokumentationen, 86), hg. von Zwingk Eberhard. Salzburg 1985, 96.
25 SLA, Präsidialakten 1914 XVI 2, Fasz. 1914/XII-1942, Kundmachung der k. k. Finanzdirektion Salzburg, 21.8.1914.
26 Für Salzburg zuständig war das k. k. Militärkommando Innsbruck.

Ressort angehörigen Angestellten [Unterstreichung im Original; Anm. A.W.H.] *im dortigen Verwaltungsgebiete […] zur Förderung der Aktion zur Beschaffung warmer Kleidungsstücke für die im Felde stehenden Soldaten eine Sammlung unverzüglich einzuleiten.*[27]

5. Die Rolle der Kommunalverwaltungen

Leider ist hier nicht der Platz, um die wichtige Rolle der Kommunalverwaltungen während des Krieges zu behandeln, daher kann nur in knappen Zügen darauf eingegangen werden. Die Städte und Gemeinden waren traditionell auf ihren autonomen Wirkungskreis der Gemeindeselbstverwaltung bedacht.[28] Bei Kriegsausbruch führte der rasch einsetzende „Kriegsabsolutismus" dazu, dass diese Gemeindeselbstverwaltung „eng in die Maschinerie der politischen Behörden" eingegliedert wurde.[29] Dies führte zu einem rasch anwachsenden Umfang der Zuständigkeiten und Aufgabenbereiche, ohne dass die in der Regel in den Vorkriegsjahren sehr klein dimensionierten Kommunalverwaltungen personell, materiell, und oft auch nicht kompetenzmäßig dazu in die Lage versetzt worden wären. Besonders die kleinen Gemeinden, in denen oft nur ein Gemeindesekretär die Verwaltungsagenden betrieb, waren von den Instruktionen und Anforderungen, die nun von Seiten der staatlichen Verwaltung auf sie hereinbrach, überfordert. Diese immer stärkere Unterordnung unter den Staat verstärkte in Verbindung mit den immer offensichtlicher werdenden Defiziten in den Versorgungsaufgaben, die Ressentiments in den Kommunen gegen die staatlichen Behörden bis zu offener Feindseligkeit, wie dies Heinz Dopsch und Robert Hoffmann am Beispiel der Stadt Salzburg konstatieren.[30] Im Laufe des Krieges wurden immer weitere Agenden auf die Kommunen, und hierbei vor allem an die verwaltungsmäßig besser ausgestatteten Stadtgemeinden verlagert. Gerade die so wichtigen Aufgaben, wie die Durchführung der staatlich rationierten Brot- und Mehlwirtschaft waren Hauptaufgaben der Gemeinden.[31] Als die Regierung 1917 schließlich als Konsequenz daraus den Versuch unternahm, wiederum verschiedene Agenden im Bereich der Volksernährung an die Kommunen mittels neu zu bildender Gemeindewirtschaftsräte zu delegieren, stießen diese Intentionen vielerorts, so auch in der Stadt Salzburg, zunächst auf Ablehnung. Die Gründe dafür waren vielfältig und resultierten nicht zuletzt aus einer zunehmenden Überforderung durch das ungeliebte Bewirtschaftungssystem, dessen mangelnde Effizienz es den Gemeindevertretern ratsam erscheinen ließ, sich nicht noch mehr in dieses System einbeziehen zu lassen. In der Stadt Salzburg kam hinzu, dass der bürgerlich dominierte Gemeinderat wenig Verlangen verspürte, den Arbeiterschichten mehr Repräsentation durch ihre Beteiligung in diesen neuen Gremien zuzugestehen.[32] Sehr spät erkannte auch die staatliche Verwaltung die Überforderung besonders der kleinen Kommunen und wollte ab 1917 versuchen, die Anforderungen besser an die Möglichkeiten anzupassen. In einem Schreiben an alle Bezirkshauptmannschaften wird festgestellt, dass durch den Kriegszustand außergewöhnliche Verhältnisse herrschten, die eine bedeutende Erweiterung der staatlichen Verwaltungsagenden *und das Entstehen früher nicht gekannter Verwaltungszweige mit sich gebracht* habe. Dadurch sei eine Fülle von Weisungen der Oberbehörden und der politischen

27 SLA, Präsidialakten 1914, Kt. 1914/XII-XVI 1, Fasz. 1914/XII, Schreiben des k.k. Ministers für öffentliche Arbeiten an den Landespräsidenten, 28.11.1914, Zl. Pr. Z. 2129. Dem Schreiben liegt ein Umlaufbogen des k.k. Landesregierungs-Baudepartements mit unterschriftlicher Kenntnisnahme des Schreibens und jeweils gezeichneten Spendenbetrag bei.
28 Zur Bedeutung der Kommunalverwaltung vor dem Krieg vgl. Klabouch Jiří, Die Lokalverwaltung in Cisleithanien. In: Verwaltung und Rechtswesen (Die Habsburgermonarchie 1848–1918, II), hrsg von Wandruszka Adam/Urbanitsch Peter. Wien 1975.
29 Vgl. Dopsch Heinz/Hoffmann Robert, Geschichte der Stadt Salzburg. Salzburg-München 1996, 518.
30 Vgl. Dopsch/Hoffmann, Salzburg (wie Anm. 29), 518.
31 Zur Rolle der Salzburger Kommunalverwaltung bei der Lebensmittelbewirtschaftung vgl. Köfner Gottfried, Hunger, Not und Korruption. Der Übergang Österreichs von der Monarchie zur Republik am Beispiel Salzburg. Eine sozial- und wirtschaftswissenschaftliche Studie. Salzburg 1980, 65–70.
32 Vgl. Köfner, Hunger (wie Anm. 31), 67.

Bezirksbehörden ergangen, mit deren Durchführung in den meisten Fällen die Gemeindevorstehungen betraut werden mussten. Diese seien aber trotz aller gezeigter Opferbereitschaft nicht immer in *der Lage den Zweck der Verfügungen und Weisungen zu verstehen. Daher dringend geboten aufzuklären, zu erläutern und zu helfen, dass die Inanspruchnahmen der Gemeinden an die tatsächlichen Leistungsfähigkeiten* im entsprechenden Maß reduziert werden kann.[33] An der Realität änderte sich allerdings sehr wenig.

Nach dem Krieg resümierte der Salzburger Bürgermeister Max Ott seine Erfahrungen über die Beziehung zwischen der Stadtgemeinde und dem Landespräsidium folgendermaßen: „Diese fürsorgliche Leistung um das Wohl der Gemeinde, glaube ich, ist umso höher anzuschlagen, als es dem Präsidium und Gemeinderate in der Kriegszeit sehr schwer gemacht wurde, seine Aufgaben zu erfüllen, da die Regierung gegenüber der Stadtgemeinde sowohl in finanziellen als wirtschaftlichen Fragen in damals freilich fast unbegreiflicher Weise die Stellung einer Art ‚Entente en miniature' einnahm und es derselben möglichst erschwerte, das Schifflein der Gemeinde unversehrt durch die ringsum brandenden Wogen zu lenken. Welche Mühen, ja selbst Drohungen (mit Nichtzeichnung von Kriegsanleihen etc.) kostete es, den seit vielen Jahrzehnten von der Stadt bezogenen Anteil an dem Reingewinn der Sparkasse, der der Gemeinde in Anbetracht des Entganges der Bierauflage, Eisenbahnumlage usw. ohnehin noch mehr nottat als in Friedenszeiten, wieder zu erlangen, oder in Approvisionierungs-Angelegenheiten ein Entgegenkommen zu finden."[34] Die Haltung in vielen anderen Gemeindestuben am Ende des Krieges dürfte eine ähnliche gewesen sein.

6. Der lange Krieg – die einsetzende Kriegsbewirtschaftung 1915

Ende des Jahres 1914 setzte in allen kriegführenden Staaten eine große Ernüchterung ein. Anstatt der schnellen Siege hatte es Menschenverluste in nicht gekannten Ausmaßen gegeben, und ein Ende zeichnete sich nicht ab. In den demokratisch wie in den autoritär verfassten Staaten wurde der Alltag von immer mehr Menschen auch fernab der Front zunehmend geprägt von Einschränkungen, Suspendierung der bürgerlichen Rechte und Knappheit. Man sprach zu Recht von der „Heimatfront".[35] In Österreich-Ungarn hatten sich Militär und Regierung nach den Niederlagen in Galizien und an der serbischen Front von der so nonchalant gepflegten Überzeugung eines kurzen Krieges verabschieden müssen. Die Absperrungsmaßnahmen der Entente-Mächte und die kriegsbedingten Mangelerscheinungen nötigten zu einem viel drastischeren Übergang von der Friedens- zur Kriegswirtschaft, als man sich vor dem Krieg hatte vorstellen können. Damit begann in vielen Wirtschaftsbereichen der Übergang zu einem zentralstaatlichen Lenkungs- und Verteilungssystem, in das auch die Landes- und Bezirksbehörden sowie die Gemeinden einbezogen waren. Der Kernpunkt, auf den sich die meisten Bemühungen konzentrierten, war die Lebensmittelversorgung (vgl. den Beitrag von Thomas Hellmuth in diesem Band), und es war dieser Bereich, der für die überwiegende Mehrzahl der Menschen zum Maßstab für die Effizienz staatlichen Handelns wurde. Nun begann man auch in Salzburg eine lange Serie von Verordnungen zu erlassen, die das Ziel hatten den Verbrauch zu reglementieren und durch Preisbindungen die spürbaren Teuerungen einzudämmen. Ganze 42

---

33 SLA, Präsidialakten 1917, Kt. 107, Fasz. 1917/XVI-5193, Gemeindevorsteher-Versammlung.
34 Bericht über die Tätigkeit des Gemeinderates der Landeshauptstadt Salzburg und des Bürgermeisters Max Ott vom Jahre 1892 bis Ende 1918, Salzburg 1919, 94.
35 Zu den Entwicklungen an der „Heimatfront" in kriegführenden Staaten vgl. Stevenson, Weltkrieg (wie Anm. 18), 319–354; zum Deutschen Reich: Wehler Hans-Ulrich, Deutsche Gesellschaftsgeschichte Bd. 4, Vom Beginn des Ersten Weltkrieges bis zur Gründung der beiden deutschen Staaten 1914–1949. München [6]2003, 69–101; Kocka Jürgen, Klassengesellschaft im Krieg. Deutsche Sozialgeschichte 1914–1918. Frankfurt a. M. 1988, bes. 91–128; zu Großbritannien: Hochschild Adam, Der große Krieg. Der Untergang des alten Europa im Ersten Weltkrieg 1914–1918. Stuttgart [2]2013, 115–182; zu Österreich-Ungarn: Rauchensteiner Manfried, Der Erste Weltkrieg und das Ende der Habsburgermonarchie. Wien-Köln-Weimar 2013, 203–228.

Verordnungen erschienen alleine im Jahr 1915 und umfassen die Regelung des Verbrauches von Mehl und Brot, die Einschränkung von Schlachtungen, die Sicherstellung der Fleischversorgung, den Handel mit Vieh, Höchstpreisfestlegungen, bis hin zum Verkehr mit russischen Kriegsgefangenen.[36] Allerdings zeigte sich vielfach die (durch den Krieg ohnehin personell und fachlich reduzierte) Beamtenschaft durch die Erfordernisse der Kriegswirtschaft überfordert. Sowohl in den Bezirkshauptmannschaften als auch in den Landesregierungen fehlte vielfach die Erfahrung im Umgang mit wirtschaftlichen Aufgaben.[37] Gegen Ende des Krieges machte sich der Personalmangel bemerkbar. Demnach war 1918 an den Salzburger Bezirkshauptmannschaften jeweils nur ein Funktionär mit Ernährungsangelegenheiten befasst.[38] Als Abhilfe griff man auf der gesamtstaatlichen Ebene immer mehr auf das Mittel der sogenannten „Zentralen" zurück, die von Fachkräften aus der Privatwirtschaft geleitet wurden, sich im Laufe der Zeit aber zu einem fast undurchschaubaren Dickicht an Zuständigkeiten und Aufgaben auswuchsen, sodass bei Kriegsende schließlich 91 solcher Zentralen für die verschiedensten Rohstoffe und Aufgaben existierten.[39] Allerdings muss man auch sehen, dass diese Vorgangsweise kein österreichisches Spezifikum war. Das Deutsche Reich hatte ebenfalls Zentralen errichtet,[40] und Großbritannien gründete bis zum Ende des Krieges 409 verschiedene Commissions, Committees and Boards. Der Unterschied lag mehr darin, dass es diesen Ländern anscheinend vergleichsweise besser gelang, die zur Verfügung stehenden Ressourcen mit den Aufgaben in Einklang zu bringen. Die Ernährungsfrage war aber auch jener Bereich, an dem die politische Konstruktion des Vielvölkerstaates in Form einer Doppelmonarchie offen zu zerbrechen drohte. Die schlechten Ernteergebnisse von 1914 und der kontinuierliche Getreiderückgang in den Kriegsjahren führten zu Mangelerscheinungen, die man durch verstärkte Getreidelieferungen aus Ungarn auszugleichen hoffte. Zwar lieferte Ungarn größere Getreidemengen in die österreichische Reichshälfte, allerdings lagen diese unter dem Vorkriegsniveau und versiegten ab 1916, bis sie 1917 zu einem Rinnsal von 2,5 % geschrumpft waren.[41] So bemühten sich auch die Salzburger Landesbehörden Anfang 1915 geradezu verzweifelt um Getreidelieferungen aus Ungarn und Mehllieferungen aus Böhmen, die in ein Tauziehen um jeden Waggon ausarteten.[42] Ein Beispiel für die daraus resultierende Bitterkeit und nationalen Schuldzuweisungen ist eine „Denkschrift der Stadtgemeinde Salzburg über das Verhalten Ungarns in Approvisionierungssachen", die an das Landespräsidium übermittelt wurde.[43] Die zahlreichen Hemmnisse und Widerstände in den betroffenen Ländern führten im Februar 1915 zu einem streng vertraulichen Schreiben des k. k. Ministers des Innern an die Statthalter und Landespräsidenten, in dem er an deren Verantwortung appellierte. *Die von Tag zu Tag zunehmende Knappheit der Vorräte an Getreide und Mehl, die in einzelnen Gebieten bereits einen bedrohlichen Grad erreicht hat und die vielfach gegen alle Verbote und Belehrungen noch immer nicht eingedämmte Vergeudung der Vorräte, läßt trotz vieler Hindernisse und trotz der Verschiedenheit der Verhältnisse in einzelnen Ländern allgemein einschneidende Maßnahmen unerlässlich erscheinen.* Und er stellt dann fest, dass *insbesondere bei der Aufnahme und dann auch bei der allfälligen Enteignung und der Verbrauchsregelung im Interesse des Staates der Provinzialismus, der Lokalpatriotismus und der Egoismus der Einzelnen bekämpft werden muß, und daß die vorgesehenen, allerdings sehr strengen gerichtlichen Strafen […] nicht hinreichen werden, um überall wahre Angaben*

36 Vgl. Landes-Gesetz- und Verordnungsblatt für das Herzogtum Salzburg, Jg. 1915. Salzburg o.J.
37 Vgl. Löwenfeld-Ruß Hans, Die Regelung der Volksernährung im Kriege. (Wirtschafts- und Sozialgeschichte des Weltkrieges, Österreichische und ungarische Serie). Wien 1926, 106.
38 Vgl. Köfner, Hunger (wie Anm. 31), 62.
39 Vgl. Redlich, Verwaltung (wie Anm. 2), 180.
40 Vgl. Roerkohl Anne, Hungerblockade und Heimatfront. Die kommunale Lebensmittelversorgung in Westfalen während des Ersten Weltkrieges (Studien zur Geschichte des Alltags, 10). Stuttgart 1991; Zur britischen Verwaltung im Krieg: Fairlie John A., British War Administration. (Carnegie Endowment for International Peace. Preliminary Economic Studies oft the War, 8). New York 1919.
41 Vgl. Löwenfeld-Ruß, Volksernährung (wie Anm. 37), 61.
42 Vgl. SLA, Präsidialakten 1915–17, Kt. 100, Fasz. 1915/XVII-1392, Versorgung des Landes Salzburg mit Getreide und Mehl. Dass die Landesverwaltung dabei nicht immer glücklicher agierte als die staatliche, zeigt sich, als der Landesausschuss 1915 zu viel an Maiskörnern beschaffte, die schließlich nur wegen Qualitätsmangels als Futtermittel abgegeben werden mussten. Am Ende der Aktion hatte man ein Defizit von über 382.000 Kronen erwirtschaftet. Vgl. Köfner, Hunger (wie Anm. 31), 60.
43 Vgl. SLA, Präsidialakten 1915–17, Kt. 100, Fasz. 1915/XVII-1392, Versorgung des Landes Salzburg mit Getreide und Mehl; Denkschrift der Stadtgemeinde Salzburg, 30.3.1916.

und auch sonst eine strenge Befolgung der im eminenten Interesse des Staates angeordneten Maßnahmen zu erzielen, es wird vielmehr einer fortwährenden aufklärenden, belehrenden Einwirkung, und zwar nicht bloß auf die Bevölkerung, sondern auch auf die behördlichen Organe bedürfen, die oft nach den in anderen Fällen gleicher Art gemachten Wahrnehmungen – es ist dies nicht entschuldbar, aber immerhin erklärlich – die Lokalinteressen dem allgemeinem Staatsinteresse vorangestellt haben.[44]

7. Beginnende Finanznot des Landes

Die lange Kriegsdauer und die immer stärker werdenden Beeinträchtigungen wirkten sich auch sehr negativ auf die Haushalte der Länder aus. Zwar wurden die unmittelbaren Kriegslasten durch den Zentralstaat getragen, doch wurden die Landeshaushalte durch die vielen mittelbaren Kriegslasten in Anspruch genommen, nicht zuletzt weil sie durch die spürbare Teuerung und die damit verbundene Notwendigkeit von Bezugsaufbesserungen für Beamte, Angestellte und Lehrer, eine rasch steigende Entwicklung aufwiesen. Diese Entwicklung machte sich besonders ab dem Beginn des Jahres 1917 in bedenklichem Ausmaß bemerkbar und führte zu einer dringend notwendig gewordenen Neuverhandlung der Regelung der finanziellen Verhältnisse zwischen dem Staat und den Ländern.[45] Da die Landeshaushalte der Vorkriegszeit vor allem auf die Einnahmen aus der Landesbierauflage (Biersteuer) angewiesen waren, und die Biererzeugung kriegsbedingt eingeschränkt wurde, alarmierte der Landesausschuss zu Beginn des Jahres 1916 Landespräsident Schmitt-Gasteiger, dass *die Fortführung des Salzburgischen Landeshaushaltes im Jahre 1916 mit den bisher zur Verfügung stehenden Einnahmsquellen als kaum mehr möglich, mindestens aber als schwer gefährdet bezeichnet werden muss. Der Landesausschuss wäre als Exekutivorgan des Landtages viel eher in der Lage, die Verantwortung und Sorge für den Fortbestand einer geregelten Finanzwirtschaft zu tragen, wenn der Landtag versammelt wäre und verfassungsmäßige Beschlüsse fassen könnte. Dies ist jedoch leider nicht der Fall […]. Die 65 %ige Landesumlage im Verein mit der bestehenden Landesbierauflage […] war in normalen Zeiten gerade noch hinreichend, die dringenden Erfordernisse für das Land zu befriedigen. Doch schon im Jahre 1915 hätte der Landesausschuss dem Landtage ein Budget unterbreiten müssen, welches mit einem ungedeckten Abgange von 940.000 K abschloss. […]. Das Schreiben geht weiter auf die angeordnete Betriebseinschränkung der Brauerei ein, die zu einer sofortigen Minderung der Landesbierauflage führt und führt dann aus: Bis Ende November 1915 war der dadurch bedingte Ausfall schon auf 150.000 K angewachsen, während im Jahre 1916 bei Andauer der 45 %igen Einschränkung der Biererzeugung ein Ausfall von rund 500.999 K. vorauszusehen ist! Ein solcher Ausfall würde den Zusammenbruch der autonomen Finanzwirtschaft bedeuten und muss unter allen Umständen vermieden werden. Der Landesausschuss erblickt nun in der Einführung einer Kriegsgewinnsteuer* [alle Unterstreichungen wie im Original; Anm. A.W.H.] *ein Mittel, dem Lande eine neue Einnahmsquelle zu eröffnen. Die Besteuerung hoher Kriegsgewinne ist sozialpolitisch ohne Einwand gerecht und würde von der überwiegenden Mehrheit der Bevölkerung lebhaft gebilligt.*[46] Dieses Ersuchen wurde im März dringlich erneuert, gefolgt von einem Beschluss des

---

[44] SLA, Präsidialakten 1915–1918, Fasz, 103/II, Regelung des Verbrauches von Getreide und Mehl, Schreiben des k. k. Ministers des Innern an die Landesstatthalter und Landespräsidenten, „streng vertraulich", 10.2.1915, o. Z.

[45] Vgl. Pfaundler Richard, Der Finanzausgleich in Österreich. Ein Beitrag zur Entwicklungsgeschichte der finanziellen Beziehungen zwischen Staat, Ländern und Gemeinden in den Jahren 1896 bis 1927. Wien 1927, 66.

[46] SLA, Präsidialakten, 1916 VII-K-16/463, Fasz. 1916/XVI-287, Schreiben des Landesausschusses des Herzogthums Salzburg an den k. k. Landesstatthalter, 4.1.1916, Zl. 9385/19158.

Salzburger Gemeinderates vom 17. Mai 1916, der sich ebenfalls für die Einführung einer Kriegsgewinnsteuer aussprach.[47] Es zeigt die zunehmende Regelungsunfähigkeit des Staates, dass diese Finanzierungsfragen bis zum Kriegsende trotz vielfältiger Verhandlungen nur provisorisch gelöst werden konnten. Hinzu kam noch das vor der Öffentlichkeit verschwiegene Ausmaß der extrem angestiegenen Staatsschuld (vgl. den Beitrag Kriegsanleihen von A.W. Höck).[48]

8. Unmut und Ignoranz – Hungerdemonstrationen

Währenddessen wurde die Sicherheitslage von den Behörden kritisch registriert. Die immer größer werdenden Versorgungsschwierigkeiten, verbunden mit inflationsbedingten Teuerungen, führten indessen vor allem in den Industriegebieten zu Demonstrationen und Arbeitsniederlegungen. Auch in Hallein demonstrierten im Herbst 1916 erstmals mehr als 200 Arbeiter vor der dortigen Bezirkshauptmannschaft wegen der stockenden Versorgung. Im darauffolgenden Jahr nahmen die Demonstrationen und Arbeitsniederlegungen zu, und selbst Angehörige des Mittelstandes begannen an den Versorgungsmaßnahmen Kritik zu üben. Eine Anfragebeantwortung in diesem Zusammenhang gibt dabei einen sehr anschaulichen Einblick in die Sichtweise des höchsten Regierungsvertreters in Salzburg. Im Herbst beantwortete Landespräsident Schmitt-Gasteiger eine Anfrage des Innenministeriums im Hinblick auf die Möglichkeit von Unruhen dahingehend, „dass in Salzburg, wo die industrielle Arbeiterschaft abgesehen von einigen größeren Betrieben keine allzu zahlreiche ist, Ausschreitungen und Arbeitseinstellungen im großen Maßstabe […], soweit das hiesige Verwaltungsgebiet allein in Betracht kommt, meines Erachtens unter der Voraussetzung nicht zu befürchten wären, dass sich die Verpflegungsverhältnisse gegenüber den letzten, so äußerst ungünstigen Monaten nicht noch verschlechtern. Ich glaube jedoch nicht unerwähnt lassen zu dürfen, dass außer den von Eurer Exzellenz in erster Linie ins Auge gefassten Kreisen – wie in anderen Kronländern – so auch in Salzburg in denjenigen Schichten namentlich der städtischen Bevölkerung, welche gemeiniglich als Mittelstand bezeichnet werden, eine erregte Stimmung herrscht, die zu verschiedenen Verhetzungsäußerungen führt und deren mögliche Rückwirkungen auf die sozial niedriger stehenden Klassen daher heute nicht ohne weiteres abgeschätzt werden kann."[49]

9. Die Lage der Beamtenschaft und zunehmende Kriegsmüdigkeit

Es ist nicht ohne traurige Ironie, dass ausgerechnet jene Berufsgruppe, auf die sich der Zorn so vieler richtete, zu den besonders hart von den Kriegsfolgen betroffenen zählte. Speziell die rapide steigenden Preise machten den Beamten und ihren Angehörigen zu schaffen. Diese immer weiter zunehmende Geldentwertung konnte durch versuchte Anpassungen mittels Teuerungszulagen nie richtig ausgeglichen werden. Diese Ausgleichszahlungen bedeuteten auch ein Novum für die streng hierarchische Gliederung des Apparates. Denn diese Zahlungen waren für die Beamten der niederen Rangklassen höher angesetzt,

47 Vgl. SLA, Präsidialakten, 1916 VII-K-16/463, Fasz. 1916/XVI-287, Schreiben des Landesausschusses des Herzogthums Salzburg an den k. k. Landesstatthalter, 20.3.1916 Zl. 2686/1916; darin auch ein Schreiben der Stadtgemeinde Salzburg an die k. k. Landesregierung betreffend „Petition" zur Einführung einer Kriegsprofitsteuer, datiert 22.5.1916, Zl. 855 XVII a-1916.
48 Vgl. Pfaundler, Finanzausgleich (wie Anm. 45), 66.70.
49 Landespräsident an den k. k. Minister des Innern vom 4.8.1917. In: Neck Rudolf, Arbeiterschaft und Staat im Ersten Weltkrieg 1914–1918. A. Quellen, 2. T., Vom Juni 1917 bis zum Ende der Donaumonarchie im November 1918 (Veröffentlichungen der Arbeitsgemeinschaft für Geschichte der Arbeiterbewegung in Österreich, 4), Wien 1968, 33f.

da diese unter den Teuerungen am meisten litten. Damit orientierte sich die Entlohnung zunehmend am „Alimentationsprinzip".[50] Die ohnehin durch die Inflation mit hohem Kaufkraftverlust betroffene Beamtenschaft hatte darüber hinaus immer wieder (mehr oder weniger „freiwillige") Spenden für Sammlungen zu leisten, und vielfach wurde ihnen auch von vorgesetzter Stelle nahe gelegt, den für Staats- oder Landesbeamte selbstverständlichen Patriotismus durch die Zeichnung von Kriegsanleihen zur Schau zu stellen. So waren, wie auch andere Gehaltsempfängergruppen, viele rangniedere und mittlere Beamte samt ihren Familien vielfach auf eigene „Beamtenküchen" und andere Hilfsaktionen angewiesen.[51] Mit Ende des Jahres 1917 artikulierte sich die Kriegsmüdigkeit auch in Salzburg offen. Am Sonntag, dem 20. Jänner 1918, veranstaltete der sozialdemokratische Verein für den Reichsratswahlbezirk I eine öffentliche Versammlung im Mödlhammersaal zum Thema: „Die Friedensverhandlungen in Brest-Litowsk und die Sozialdemokratie". Bei der von rund 600 Personen besuchten Veranstaltung wurde auch die in Wien und in verschiedenen Ländern stattfindende Streikbewegung diskutiert, wobei Gemeinderat Robert Preußler erklärte, die Salzburger Arbeiterschaft nehme vorläufig eine abwartende Haltung ein. Der dort diskutierte Forderungskatalog zeigt, wie sehr sich die Stimmung inzwischen gegen den herrschenden Kriegsabsolutismus wendete. Man verlangte außer einer geänderten Versorgungspolitik eine Demokratisierung der Gemeindeverwaltung und die Entmilitarisierung der Heereslieferungsbetriebe.[52]

10. Die Struktur der politischen Verwaltung 1918

Spät zeichneten sich Konsequenzen aus der in allen Teilen der Monarchie grassierenden Unzufriedenheit ab. Zu den Reformüberlegungen zählten unter anderem eine Erneuerung und Verbesserung der staatlichen Verwaltungstätigkeit.[53] Doch kamen diese Bemühungen zu spät, um noch etwas am immer offensichtlicheren Zerfall des Staatsgebildes ändern zu können. Die folgende interne Referatseinteilung der Landesregierung in Salzburg (vgl. Grafik 3) gibt einen Überblick über die Aufgabengebiete der Landesverwaltung im fünften Kriegsjahr, und zeigt das Zusammenfallen von Vorkriegsagenden mit kriegsbedingten Aufgaben.

Präsidialbureau
Vorstand (Approbant): Landesregierungsrat Dr. Eduard Rambousek
Außer dem persönlichen Dienste beim k. k. Landespräsidenten fallen in den Wirkungskreis dieser Abteilung: Die den allerhöchsten Hof und die Mitglieder des kaiserlichen Hauses betreffenden Angelegenheiten; sämtliche Personal- und Disziplinarangelegenheiten, sofern solche nicht anderen Departements zugewiesen sind; sämtliche Auszeichnungsangelegenheiten, soweit solche nicht in einzelnen Departements oder im Bureau des Landesschulrates behandelt werden; Adelsangelegenheiten; die Angelegenheiten betreffend die amtliche Salzburger Zeitung; Legalisierung von Unterschriften, mit Ausnahme der den Bescheinigungen über Auswanderung, Ehefähigkeit und den Matrikenauszügen beigesetzten; Archivwesen; Landtagsangelegenheiten, sofern nicht die meritorische Kompetenz der einzelnen Departements in Betracht kommt; alle allgemeinen Angelegenheiten der Organisation und des Amtsbetriebes der Landesregierung sowie der derselben unterstehenden und angegliederten Behörden und Stellen; endlich sonstige Angelegenheiten welche vom k. k. Landespräsidenten dem Präsidialbureau fallweise zur Bearbeitung zugewiesen werden

---

50 Vgl. Madlé Arnold, Die Besoldungsverhältnisse der österreichischen Staatsbeamten 1914–1920. Wien-Leipzig 1920.
51 Vgl. Köfner, Hunger (wie Anm. 31), 18.
52 Vgl. Neck, Arbeiterschaft (wie Anm. 49), 296f.
53 Diese Überlegungen wurden in einem Zirkular des k. k. Ministers des Innern niedergelegt. Vgl. SLA, Präsidialakten, Fasz. 114, Akt. 1918/XII-5135, Pflichten und Aufgaben der Beamtenschaft, Grundsätze zukünftiger Verwaltungstätigkeit, 8.1.1918.

Polizeiabteilung

Vorstand (Approbant): Landesregierungsrat Dr. Eduard Rambousek

Alle Angelegenheiten der Staatspolizei und der allgemeinen Sicherheitspolizei mit Ausnahme der Schubangelegenheiten; sämtliche Press-Angelegenheiten, Überwachung der Vereine und Versammlungen im Stadtgebiete Salzburg; alle Theater und Produktionsangelegenheiten; Passwesen, Ausstellung von Pässen, Grenzübertrittsbewilligungen etc.; Polizeiblatt.

Kanzleidirektion

Vorstand (Approbant): Landesregierungsrat Dr. Eduard Rambousek

Die Agenden des Kanzleidirektors umfassen alle Angelegenheiten des Hilfsämterdienstes, sowie der Amtserfordernisse der Landesregierung.

Departement I

Vorstand (Approbant): Landesregierungsrat Dr. Eduard Rambousek

Sämtliche Militär- und Mobilisierungsangelegenheiten; insbesondere gelangen in diesem Departement auch die Angelegenheiten betreffend die Enthebungen vom Militärdienste zur Behandlung; die Angelegenheiten der Vereine nach den Vereinsgesetzen aus den Jahren 1852 und 1867; alle Gendarmerieangelegenheiten; alle auf die Feststellung der Gemeinde-, Bezirks-, Landes- und Reichsgrenzen bezüglichen Angelegenheiten; alle Reichsrats- und Landtagswahlangelegenheiten; alle Angelegenheiten betreffend die Demobilisierung, sowie die Kriegs- und Übergangswirtschaft, sofern dieselben nicht in den Wirkungskreis der Departements II oder III fallen (so sind dem Departement I beispielsweise die Agenden der Wohnungsfürsorge, der Hebung der Bautätigkeit, der Volksbekleidung, etc. zugewiesen). Als Agenden der Übergangswirtschaft sind alle jene Angelegenheiten anzusehen, welche den Charakter von Ausnahme- oder Notstandsmaßnahmen, Hilfsaktionen u. dgl. infolge der durch den Kriegszustand hervorgerufenen Verhältnisse an sich tragen; Requisition von Metallen, insbesondere die Angelegenheiten der Metallübernahmekommission; die Angelegenheiten betreffend das k. k. Kriegerkorps, die Veteranenvereine, priv. Schützenkorps u. dgl.; Sparkassenangelegenheiten, sowie alle Angelegenheiten des Geld- und Kreditwesens; Subventionsangelegenheiten, soferne nicht dem Zwecke nach ein anderes Departement in Betracht kommt; die Angelegenheiten der Kriegsanleihen; Agenden betreffend die Handhabung des Kriegsleistungsgesetzes und die Anforderung von Bedarfsartikeln für das Heer, soweit nicht die Kompetenz des Departements III oder IV b in Betracht kommt; Bewilligungen zum Tragen von Uniformen und Abzeichen; Zuerkennen von Ehrenmedaillen; Angelegenheiten betreffend das Eigentum feindlicher Staatsangehöriger.

Departement II:

Vorstand (Approbant): Landesregierungsrat Dr. Eduard Rambousek

Die Angelegenheiten der Lebens- und Bedarfsmittelbeschaffung, in letzterer Beziehung insbesondere auch von Kohle, Holz und Torf. Zu diesen Geschäften gehören auch die Führung des Referates des Landeslebensmittelbeschaffungsamtes, sowie die Leitung und Kontrolle der diesbezüglich bei der Landesregierung bestehenden Annex-Institutionen, so namentlich der Einkaufsstelle und des Holzbeschaffungsbureaus; sämtliche Notstandsangelegenheiten, zu denselben gehören insbesondere auch alle mit Rücksicht auf den Krieg ins Leben gerufenen, nicht dem Departement III zufallenden Hilfsaktionen, so insbesondere die Flüchtlingsangelegenheiten; die Angelegenheiten der Landesarbeitsnachweisstelle und der Arbeitsvermittlung.

Departement III:

Vorstand (Approbant): Landesregierungsrat Dr. Eduard Rambousek

Die aus der Bewirtschaftung folgender Lebensmittel sich ergebenden Agenden und zwar von Milch, Butter, Fett, Öl, Käse, Eier, Fleisch, Fische, Wild, Getreide, Mehl, Brot und Gebäck, Hülsenfrüchte, Kartoffeln, Bier, Wein, Most und Spiritus, Zucker, Kaffee, Marmelade, Obst, Fruchtsäfte, Gemüse, Rüben; Organisation und Überwachung des Ernährungsdienstes; Kriegsküchen; Hilfsaktionen für Minderbemittelte; Hilfsaktionen für den Mittelstand; Agenden der Preisüberwachungsabteilung (Kriegswucheramt); Preisüberwachungsangelegenheiten, welche mit der Preisprüfungsstelle in Salzburg in Zusammenhang stehen, Entsendung eines Vertreters der Landesregierung zu den Sitzungen der Preisprüfungsstelle; Überwachung der Tätigkeit der Verwaltungsabteilung der Kriegsgetreide-Verkehrsanstalt Zweigstelle Salzburg durch den von der Landesregierung bestellten Regierungskommissär; Einberufung und Abhaltung der Sitzungen des Landeswirtschaftsrates und Arbeitsausschusses desselben bei der Landesregierung; Entsendung eines Vertreters zu den regelmäßigen Sitzungen der Landes-Fett- und Eierstelle in Salzburg; Entsendung eines Vertreters zu den regelmäßigen Sitzungen des Kriegsverbandes industrieller Betriebe (Kibes) in Salzburg; Versorgung der Bevölkerung mit Petroleum, Kohle,

Seife und Kerzen; sämtliche mit der Bearbeitung der in Betracht kommenden Agenden zusammenhängenden Strafsachen.

Departement IV

Departement IV a

Vorstand (Approbant): Hofrat Otto Graf von Marzano

Alle Sanitätsangelegenheiten

Departement IV b

Vorstand (Approbant): Hofrat Otto Graf von Marzano

Sämtliche tierärztlichen und veterinär-polizeilichen Angelegenheiten einschließlich der Strafamtsverhandlungen; sämtliche Viehverkehrs- und Viehaufbringungsangelegenheiten; Rinder- und Pferdeprämierungen; Tierschutz-Angelegenheiten sowie die Handhabung der Vorschriften gegen Tierquälerei; Regelung des Viehhandels; die Angelegenheiten betreffend die Viehzucht sowie Vieh- und Pferdemärkte; alle Futtermittelangelegenheiten (Heu, Stroh, etc.); Veterinärdienst bezüglich Personal- und Auszeichnungsangelegenheiten

Departement V

Vorstand (Approbant): Hofrat Otto Graf von Marzano

Sämtliche Angelegenheiten des Bauwesens.

Departement VI

Vorstand (Approbant): Landesregierungsrat Dr. Eduard Rambousek

Rechnungsdienst; In dieser Abteilung haben außer der derselben gegenwärtig zugewiesenen Agenden sämtliche Angelegenheiten zur Bearbeitung zu gelangen, welche sich auf die Zuerkennung und Flüssigmachung der dem Personale der politischen Verwaltungsbehörden sowie den Witwen und Waisen nach Angehörigen dieses Personales zukommenden Gebühren beziehen. (z.B. Gehaltsvorrückungen, Anweisungen von Ruhebezügen, die Behandlung der Partikularien, etc.).

Departement VII

Vorstand (Approbant): Landesregierungsrat Dr. Eduard Rambousek

Alle der Landesregierung unterliegenden forstlichen Angelegenheiten, Kriegsagenden: Holz; In demselben werden außer den bisherigen Angelegenheiten die Agenden betreffend die Regelung der Versorgung der Bevölkerung mit Holz und Torf.

Departement VIII

Vorstand (Approbant): Hofrat Otto Graf von Marzano

Angelegenheiten der Landwirtschaft, ferner die Agrar-, Alpe-, Grundlasten und Lehenssachen; Jagd und Fischerei; ferner die Angelegenheiten des Fremdenverkehres und des Automobilwesens, Eisenbahn- und Straßenangelegenheiten; Handels-, Industrie- und Gewerbewesen; Bergbauangelegenheiten, und die dazu gehörigen Agenden einschließlich des gewerblichen Bildungswesens; Unfall-, Pensions- und Krankenversicherung; die Angelegenheiten des Landeshaushaltes; Gemeinde- und Heimatsachen; Polizeiangelegenheiten (mit Ausschluß der der Polizeiabteilung des Präsidialbureaus zufallenden Staats- und sicherheitspolizeilichen Agenden); Sammlungsbewilligungen; Lotterien und Volkszählung. Durch die Geschäftszuweisung des Dept. VIII bleibt der Wirkungskreis der kriegswirtschaftlichen Abteilungen I, II und III unberührt, da diesen Departements alle kriegs- und übergangswirtschaftlichen Angelegenheiten, sowie alle mit der Demobilisation und Militärverwaltung zusammenhängenden Agenden zufallen.

Departement IX

Vorstand (Approbant): Hofrat Otto Graf von Marzano

Kultusangelegenheiten; Matriken- und Eheangelegenheiten, Namensänderungen, Kindeslegitimationen; Stipendien und Stiftungen; Wasserrechtsangelegenheiten, einschließlich der Angelegenheiten des Wildbachgesetzes und der Wildbachverbauungen sowie des Meliorationswesens; Militärtaxen; sowie alle Angelegenheiten welche nicht dem speziellen Wirkungskreis eines anderen Departements zugewiesen sind, insbesondere aber nicht als Kriegsübergangswirtschafts- oder Demobilisationsagenden in den Agendenkreis des Departements I, II oder III gehören.

Departement X

Vorstand (Approbant): Hofrat Karl Freiherr von Hiller-Schönaich

Staatliche Kunstpflege, insbesondere Denkmalpflege, Musikpflege (Mozarteum), bildende Kunst (Künstlerhaus, Künstlerstipendien); Naturschutz- und Heimatschutzangelegenheiten; theologische Fakultät Salzburg; Verwaltung der Studienbibliothek, des Studiengebäudes und der öffentlichen Handelsschule; Angelegenheiten der Jugendfürsorge, insbesondere der militärischen Jugendvorbereitung; Angelegenheiten der Landeskommission für Fürsorge für heimkehrende Krieger; Arbeitsvermittlung an Kriegsbeschädigte; Agenden des Kriegsfürsorgeamtes, der Kriegsversicherung, die Angelegenheiten betreffend die Kriegerdenkmäler, des Landeskriegshilfebureaus, des wirtschaftlichen Hilfsbureaus sowie anderer Wohltätigkeitsanstalten, soferne dieselben nicht dem Wirkungskreis eines anderen Departements angehören.
Bureau des Landesschulrates
Vorstand (Approbant): Hofrat Karl Freiherr von Hiller-Schönaich
Schulverwaltungsagenden.

Tab. 1: Agenden der k. k. Landesregierung in Salzburg 1918
Quelle: SLA, RehrlLk-0071, Referatseinteilung bei der Landesregierung in Salzburg, undatiert [1918].

11. Der „Fall Rambousek"

Wie aus dem Schematismus hervorgeht, besetzte der Landesregierungsrat Dr. Eduard Rambousek die wichtigsten Ressorts der Landesverwaltung.[54] Der Name sollte in den Wochen nach Ende des Krieges und der Monarchie in Salzburg zum Synonym für den Niedergang des alten Systems und für die damit verbundene Korruption werden. Dabei zeichnet die „Affäre Rambousek" drei interessante Elemente aus. Sie traf kurzzeitig einen politischen Nerv der Gesellschaft, indem sie den Schwächen der Kriegsverwaltung ein Gesicht und gleichzeitig einen Sündenbock gab. Zweitens schien Rambouseks Nationalität als Tscheche die nationalistischen Vorurteile zu bestätigen, dass „die Tschechen" Schuld hätten am Niedergang, und drittens ihre Folgelosigkeit, mit Ausnahme für Rambousek selbst.

Seine Karriere begann vielversprechend als Protegé und war nicht untypisch für den Aufstieg in der politischen Verwaltung jener Jahre. Am 5. Juli 1907 ersuchte der Minister des Innern den Salzburger Landespräsidenten Klemens Graf St. Julien-Wallsee ihm mitzuteilen, ob er Verwendung habe für den bisherigen Statthalterei-Sekretär der politischen Verwaltung Böhmens, Dr. Eduard Rambousek, welcher aus Familienrücksichten einen anderen Dienstort erlangen möchte und nun das Ansuchen um eventuelle Übernahme in den politischen Verwaltungsdienst in Salzburg gestellt habe. Rambousek wird als *überaus tüchtiger und ganz besonders verwendbarer Beamter* geschildert. In dem Schriftverkehr wird das Bild eines Beamten gezeichnet, der aufgrund der vorliegenden Qualifikationen sich ausgezeichnet habe, so dass er sich heute schon die vollste Wertschätzung und das Vertrauen aller Kreise, *mit denen er dienstlich in Berührung kommt, erworben hat. Alle diese Eigenschaften, die ihn zu einem ausgezeichneten Präsidialisten qualifizieren,* würden Rambousek, da er über reiche Gesetzeskenntnisse verfügt und von warmen verständnisvollen Interesse für die Bedürfnisse der Bevölkerung erfüllt ist, unzweifelhaft auch für die Leitung einer B.H. in hervorragendem Maße geeignet erscheinen lassen. In seiner bisherigen Tätigkeit wird er von seinem Vorgesetzten als sehr zuverlässig und fleißig beschrieben, und hat sich *im Verkehr mit Landtags- und Reichsratsabgeordneten*

54 Eduard Rambousek (1873–1918), Jurist, seit 1896 im Staatsdienst, war bei der Statthalterei Prag, k. k. Bezirkshauptmann in Karolinenthal, 1898 in das Ministerium für Kultus und Unterricht einberufen, rückte 1906 unter Belassung in diesem Ministerium zum Statthalterei-Sekretär in Böhmen vor.

sowie sonstigen politischen Persönlichkeiten das uneingeschränkte Vertrauen und die aufrichtige Zuneigung sämtlicher maßgebender Personen aller politischen Richtungen zu erwerben gewußt.[55] Der Sprung aus dem politischen Brennpunkt Böhmen in das beschaulich provinzielle Salzburg gelang, und Rambousek avancierte bis zum Kriegsausbruch zum Vorstand des Präsidialbüros (was heute etwa dem Landesamtsdirektor entspricht) und führte darüber hinaus die Agenden des Militärreferates, der Staatspolizei, der Kriegsanleihepropaganda, der Hilfs- und Notstandsaktionen, der Flüchtlingsfürsorge und einige weitere. Diese Machtstellung verdankte Rambousek offenbar seinen gezielt aufgebauten guten Verbindungen innerhalb der Verwaltung und in der Salzburger Gesellschaft. Sie wurde vor allem durch das anscheinend blinde Vertrauen von Felix Schmitt-Gasteiger ermöglicht. Wohl auch dadurch, dass er anscheinend genau die Art von Managementfähigkeiten besaß, die in diesen Kriegsjahren in der Verwaltung so dringend benötigt wurden. In seiner Position konnte er Versetzungen durchführen und sich eines stetigen Zustromes von Informationen erfreuen. So entging ihm auch nicht die steigende Bedeutung des Schwarzmarktes. Für die Wohlhabenden ermöglichte er den Genuss von selten gewordenem Luxus, für die anderen das Überleben. Dieses stets in Krisenzeiten auftretende Phänomen ist zweischneidig. Der Handel hatte zunächst von den Vorsorgekäufen profitiert, damit aber gleichzeitig die Lager geleert. Aufgrund der Kriegsbedingungen konnten die Warenlager nicht mehr in demselben Ausmaß gefüllt werden, sodass in der Folge der Warenmangel immer weiter zunahm. Erschwerend kam hinzu, dass der Handel in das ab 1915/16 bestehende Bewirtschaftungssystem nur partiell einbezogen und damit weitgehend aus der regionalen und lokalen Warenverteilung ausgeschlossen war. Daher nahm die daraus resultierende Bedeutung des Schwarzmarktes stark zu.[56] Angesichts der schlechten Versorgungssituation (vgl. den Beitrag von Thomas Weidenholzer) mussten Polizei und Verwaltung den Schwarzmarkt sogar bis zu einem gewissen Grad akzeptieren. Wenige Jahre nach dem Krieg fasste Egon Scheffer diese Situation folgendermaßen zusammen: „Mit der zunehmenden Güterknappheit wurde der Handel immer einträglicher, da die Kunst der Güterbeschaffung immer seltener wurde. Die Maßnahmen, die der Staat gegen diese außerordentliche, zu Lasten der gesamten Bevölkerung gehende Konjunktur des Handels getroffen hatte, die zahllosen Rationierungsvorschriften, die Gründung der verschiedenen „Zentralen", d.h. Zwangsorganisationen für den Warenvertrieb, stellten sich schließlich nur zum Teile als wirkungsvoll heraus, während bekanntlich die Versorgung der Bevölkerung, je tiefer wir in die Kriegszeit hineingelangten, in desto größerem Ausmaße auf illegalem Wege erfolgte, nämlich auf dem Wege des sogenannten Schleichhandels."[57] Der Landesregierungsrat Rambousek dürfte sehr bald und wohl auch rasch die Vorteile, die man aus seiner Position ziehen konnte, verstanden haben und engagierte sich in Lebensmittelschiebereien und Unterschlagungen öffentlicher Gelder aus dem Fonds für Flüchtlingsfürsorge und von Notstandsgeldern. Eine Schlüsselrolle spielte dabei die von der Landesregierung errichtete Einkaufsstelle für die Lebensmittelverteilung für Flüchtlinge, die er mit Gefolgsleuten besetzte. Insgesamt dürfte er nach seinen eigenen Angaben zwischen 1913 und 1918 rund 7 Millionen Kronen unterschlagen haben.[58] Hilfreich dürfte dabei auch das stille Einverständnis oder doch zumindest Mitwisserschaft seines Vorgesetzten Schmitt-Gasteiger in Bezug auf die Schiebereien gewesen

---

55 SLA, Präsidialakten, Fasz. 1817/II-89 Personalakten Dr. Eduard Rambousek, Schreiben den k.k. Minister des Innern an den Landespräsidenten von Salzburg, 5.7.1907.
56 Zur Situation des Handels vgl. Köfner, Hunger (wie Anm. 31), 63.
57 Scheffer Egon, Das Bankwesen in Österreich. Entstehung, Entwicklung, Bedeutung für Wirtschaft und Geist (Deutschösterreichische Bücherei, 4) Wien 1924, 310f.
58 Vgl. Dernovsek Janet/Neurauter Tamara, „Es hieß ..., daß der hohe Landesbeamte in Salzburg ein panamistisches Verwaltungssystem aufgerichtet hatte, mit dem er sich und seine Helfer Jahre hindurch bereichert habe." Die Affäre Rambousek 1918/19. In: Politische Affären und Skandale in Österreich. Von Mayerling bis Waldheim, hg. von Gehler Michael/Sickinger Hubert. Thaur-Wien-München 1995, 172f.

sein.⁵⁹ Denn sein auch in Kriegszeiten üppiger Lebensstil war kein Geheimnis in Salzburg und inkludierte Großzügigkeit und Lebensmittelzuwendungen für seinen Freundes- und Bekanntenkreis. Das Ganze wurde aber auch ermöglicht durch die Unkultur des Kriegsabsolutismus, der jede Äußerung mit Zensur unterband und keinerlei Kritik oder Kontrolle der Handlungen von Regierung und Verwaltung zuließ.⁶⁰ Erst kurz vor Kriegsende geriet Rambousek in das Blickfeld der Polizei, die ihn im Zuge von Wucherpreisermittlungen Ende Oktober 1918 ins Visier nahm, und nachdem seine kriminellen Machenschaften durch Mittäter aufgedeckt wurden, wurde er am 8. November in Wien verhaftet.⁶¹ Bei seiner Verhaftung wurden 6 Millionen Kronen sichergestellt. In den anschließenden Verhören war Rambousek geständig. Wenige Tage später, am 16. November, beging er in seiner Zelle Selbstmord. Da mit Kriegsende die Zensur beendet wurde, gelangten die Fakten (und Erfindungen) schnell in die Presse und entfachten einen Sturm der Entrüstung, der sich aber merkwürdigerweise nur gegen eine Person richtete. Es war offenkundiges Systemversagen, aber in einer Zeit des Nationalitätenhaders im Gefolge des Zerfalles des alten Staates, entdeckte man nun in Salzburg, dass „ein Tscheche" auf dem Posten gesessen hatte und legte damit eine Spur in die Irre, die noch ein halbes Jahrhundert später wieder als „Begründung" für die „Affäre Rambousek" herhalten musste. Umso interessanter ist, dass mit Ausnahme der beiden angeklagten (offiziell bekannten) Mittäter Ramsbouseks niemand belangt wurde. Das System der Landesverwaltung blieb wie es war. Das Medieninteresse an dem Fall erstarb bald – in einer an Ereignissen nicht armen Nachkriegszeit.

12. Bis zum Ende

Fast zeitgleich mit dem schäbigen Ende der Unterschlagungen und Schiebungen an der Spitze der Landesverwaltung kam auch das Ende des verlorenen Krieges und damit des Staates, dessen Eliten so nonchalant in den „kurzen" Krieg gezogen waren. Das Ende kam wenig betrauert, wenn man in die zeitgenössischen Quellen blickt. Die Verwaltung Österreichs auf der staatlichen wie auf der Landesebene hatte vier Jahre mit Improvisationen und Aushilfen durchgehalten, aber dabei ihre Legitimität immer weiter verloren. Diese gemachten Generationserfahrungen der mangelnden Wirtschaftskraft hatten auch über den Krieg hinaus Auswirkungen, wie Juri Křížek feststellte. „Daß diese wirtschaftlichen Probleme und Erwägungen in der Endphase des Krieges keine geringe Bedeutung hatten, bestätigte schließlich direkt die Stellungnahme deutschösterreichischer Vertreter, für die die wirtschaftliche Zerrüttung und die Unfähigkeit einer selbständigen wirtschaftlichen Existenz des deutschösterreichischen Staates wichtige Argumente für den Anschluß dieser Gebiete an Deutschland bildeten. Man kann also sagen, daß die kriegswirtschaftliche Entwicklung, die gelenkte Kriegswirtschaft in ihren staatskapitalistischen Formen weder die Folgen der verstärkten ungleichmäßigen Wirtschaftsentwicklung vor dem Krieg beseitigen noch die wachsende Gegensätzlichkeit der internen Wirtschaftsentwicklung in Österreich-Ungarn unterdrücken konnten."⁶²

Anfang November erfolgte der Übergang der alten kaiserlichen Verwaltung. Der Salzburger Reichstagsabgeordnete Julius Sylvester war mit dem Amt des

59 Vgl. Dernovsek/Neurauter, „Es hieß ..." (wie Anm. 58), 176.
60 Vgl. Dernovsek/Neurauter, „Es hieß ..." (wie Anm. 58); Köfner, Hunger (wie Anm. 31), 70–86.
61 Vgl. Neue Freie Presse, 8.11.1918, 7.
62 In: Křížek Juri, Die Kriegswirtschaft und das Ende der Monarchie. In: Die Auflösung des Habsburgerreiches. Zusammenbruch und Neuorientierung im Donauraum, hg. von Plaschka Richard Georg/Mack Karlheinz (Schriftenreihe des österreichischen Ost- und Südosteuropa-Instituts, 3). Wien 1970, 51.

Staatsnotars im neuen Staatsrat betraut worden, und in dieser Funktion nahm er am 2. November 1918 die Angelobung der Beamten der Salzburger Landesregierung, der Finanzdirektion und des Landesschulrates auf die Regierungsgewalt des provisorischen Vollzugsauschusses der Republik Deutschösterreich vor.[63] Die Verwaltung wurde damit zum Kontinuitätselement im Übergang der politischen Systeme.

13. Fazit

Die österreichische Verwaltung sah sich 1914 mit einem Krieg konfrontiert, auf den sie nicht vorbereitet war. Traditionell obrigkeitsstaatlich agierend, war die Notwendigkeit, in einer jahrelangen Ausnahmesituation auch aktiv als Versorgungsbeschaffer und -verteiler planen und handeln zu müssen, eine unbekannte Herausforderung. Als Hemmnis erwiesen sich im Laufe der Zeit nicht nur die materiellen und personellen Einschränkungen, die der Krieg mit sich brachte, sondern auch die soziale Struktur des Apparates mit seiner deutlichen Klassenrepräsentanz speziell in der staatlichen Verwaltung, wo die Aristokratie die höheren Ränge gleichsam in Erbpacht dominierte. Dagegen waren die mittleren und rangniederen Beamten und ihre Angehörigen genauso den Härten des Kriegsalltages ausgesetzt, wie der Rest der Bevölkerung, und im Hinblick auf Inflationsausgleich und Versorgung spürten viele die Härten besonders. Inwieweit dies ihre Loyalität gegenüber dem Staat beeinflusste, hängt wohl vom Einzelfall ab, doch zeigt sich anhand des klaglosen Überganges von der Monarchie zur Republik in Salzburg auch eine gewisse Desillusionierung mit dem „Ancien Régime" der Monarchie. Man kann der Feststellung von Ernst Hellbling zustimmen, dass, je näher sich das absehbare Ende der Monarchie abzeichnete [und die Verwaltung hatte aufgrund ihres Informationsvorsprunges eine sehr klare Vorstellung von der Situation; Anm. A.W.H.], desto „deutlicher sich zeigte, daß der österreichische Staat damaliger Struktur nicht in der Lage sein werde, den Krieg zu überstehen und die Nationalitätenfrage […] zu meistern", sodass in der Konsequenz besonders viele Landesbeamte „in erster Linie das Interesse der kleineren Gemeinschaft, also der autonomen Körperschaft, im Auge behielten und dem Staatswesen in seiner Gesamtheit bestenfalls sekundäre Bedeutung beilegten."[64] In diesem Sinne waren sie wiederum ein Spiegelbild der Gesellschaft.

---

63 SLA, Präsidialakten, Kt. 103, Fasz 1918/XVI-19963, Übergabe der Verwaltung.
64 Hellbling Ernst C., Die Landesverwaltung in Cisleithanien. In: Die Habsburgermonarchie 1848–1918. Verwaltung und Rechtswesen (Die Habsburgermonarchie 1848–1918, II), hrsg von Wandruszka Adam/Urbanitsch Peter. Wien 1975, 261.

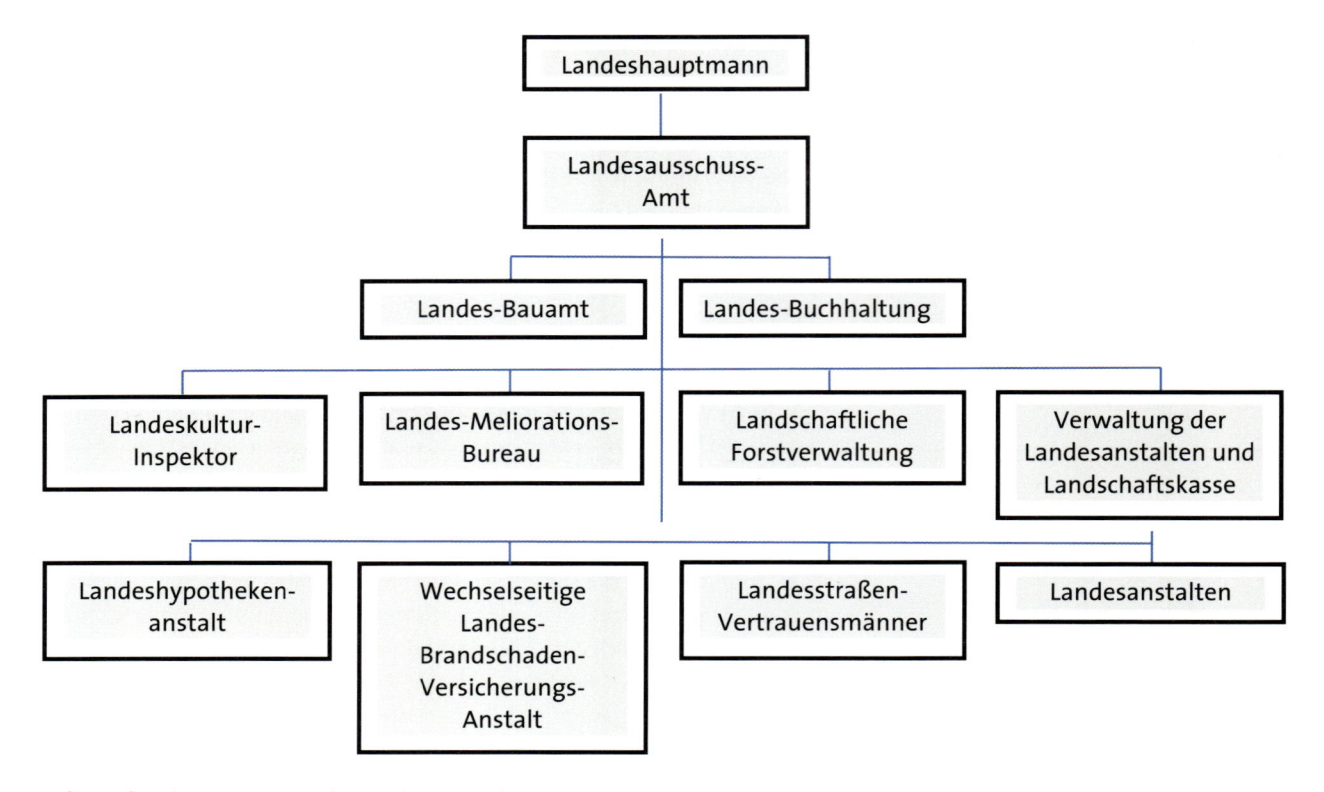

```
                    Landeshauptmann
                          │
                   Landesausschuss-
                         Amt
          ┌───────────────┼───────────────┐
     Landes-Bauamt              Landes-Buchhaltung
```

┌─────────────────┬──────────────────────┬──────────────────────┬──────────────────────┐
Landeskultur-	Landes-Meliorations-	Landschaftliche	Verwaltung der
Inspektor	Bureau	Forstverwaltung	Landesanstalten und
			Landschaftskasse

┌──────────────────┬─────────────────────┬────────────────────┬──────────────────┐
Landeshypotheken-	Wechselseitige	Landesstraßen-	Landesanstalten
anstalt	Landes-	Vertrauensmänner	
	Brandschaden-		
	Versicherungs-		
	Anstalt		

Grafik 1: Aufbau der autonomen Landesverwaltung in Salzburg, 1914
Quelle: Salzburgischer Geschäfts-, Volks- und Amts-Kalender für das Jahr 1914, XLII. Jg. Salzburg o. J., 52f.

```
                            ┌─────────────────────┐
                            │   Landespräsident   │
                            └─────────────────────┘
                                      │
                            ┌─────────────────────┐
                            │   Präsidialbüro     │
                            ├─────────────────────┤
                            │ Alle präsidial zu   │
                            │ behandelnden        │
                            │ Angelegenheiten,    │
                            │ Notstandssachen     │
                            └─────────────────────┘
```

Abteilung I — Kultus- und Unterrichtsangelegenheiten, Stiftungssachen

Abteilung II — Landwirtschaft, Verkehrswesen, Agrar-Angelegenheiten, Alp-, Grundlasten- u. Lehenssachen, Referent des Baurates

Abteilung III — Handels- und Gewerbesachen

Abteilung IV a — Alle sanitätsfachlichen Angelegenheiten

Abteilung IV b — Alle tierärztlichen und veterinär-polizeilichen Agenden

Abteilung V — Sämtliche Angelegenheiten des Bauwesens

Abteilung VI — Rechnungsdienst

Abteilung VII — Alle der Landesregierung unterliegenden forstlichen Angelegenheiten

Abteilung VIII — Polizei-, Gemeinde-, Staatsbürgerschafts- u. Heimatsachen, Unfall- u. Pensionsversicherung

Abteilung IX — Matriken- und Eheangelegenheiten, Militärangelegenheiten

Abteilung X — Agenden der Landeskultur

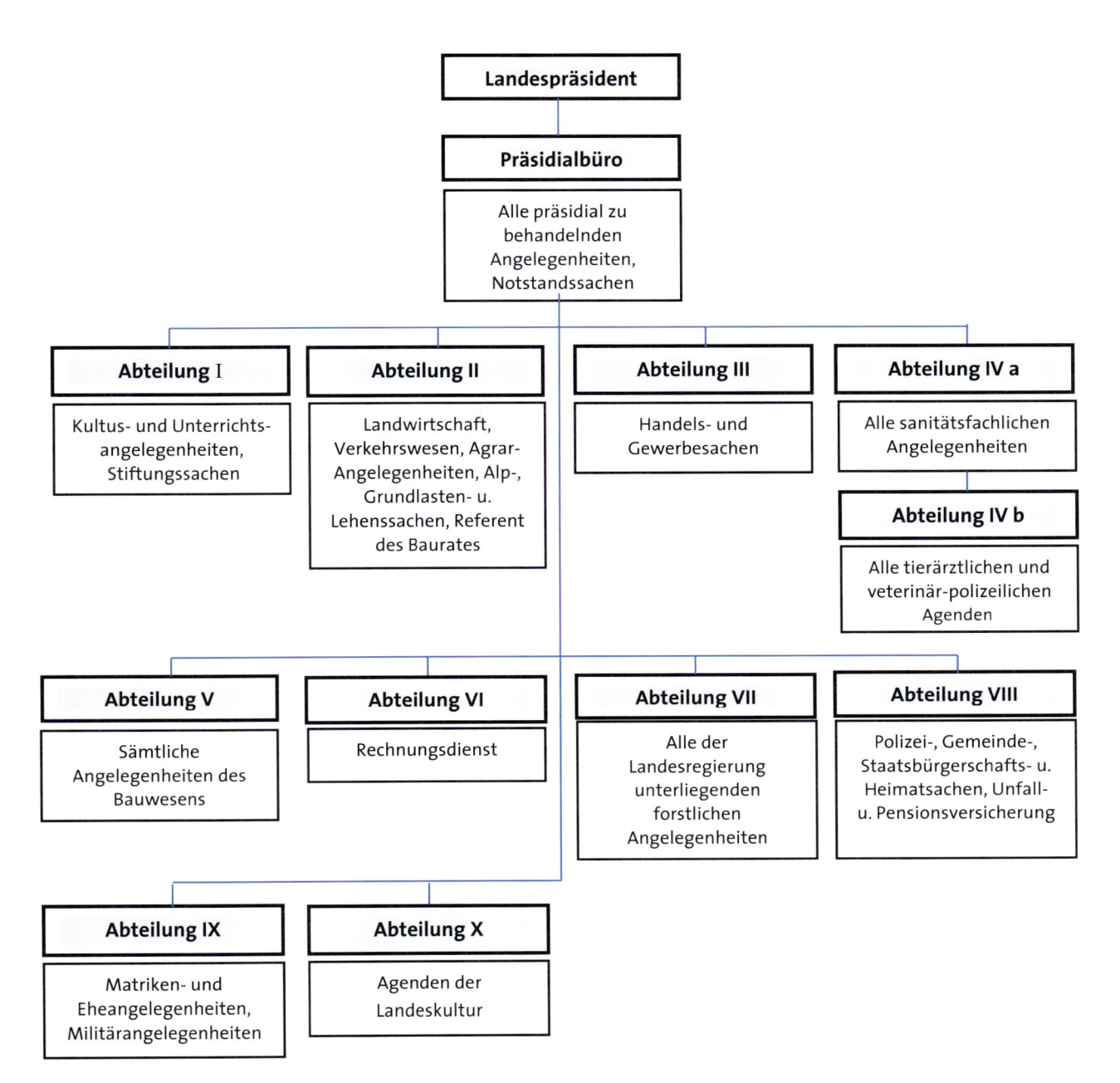

Grafik 2: Geschäftseinteilung bei der k.k. Landesregierung in Salzburg, 1914
Quelle: Salzburgischer Geschäfts-, Volks- und Amts-Kalender für das Jahr 1914, XLII Jg. Salzburg o. J., 50.

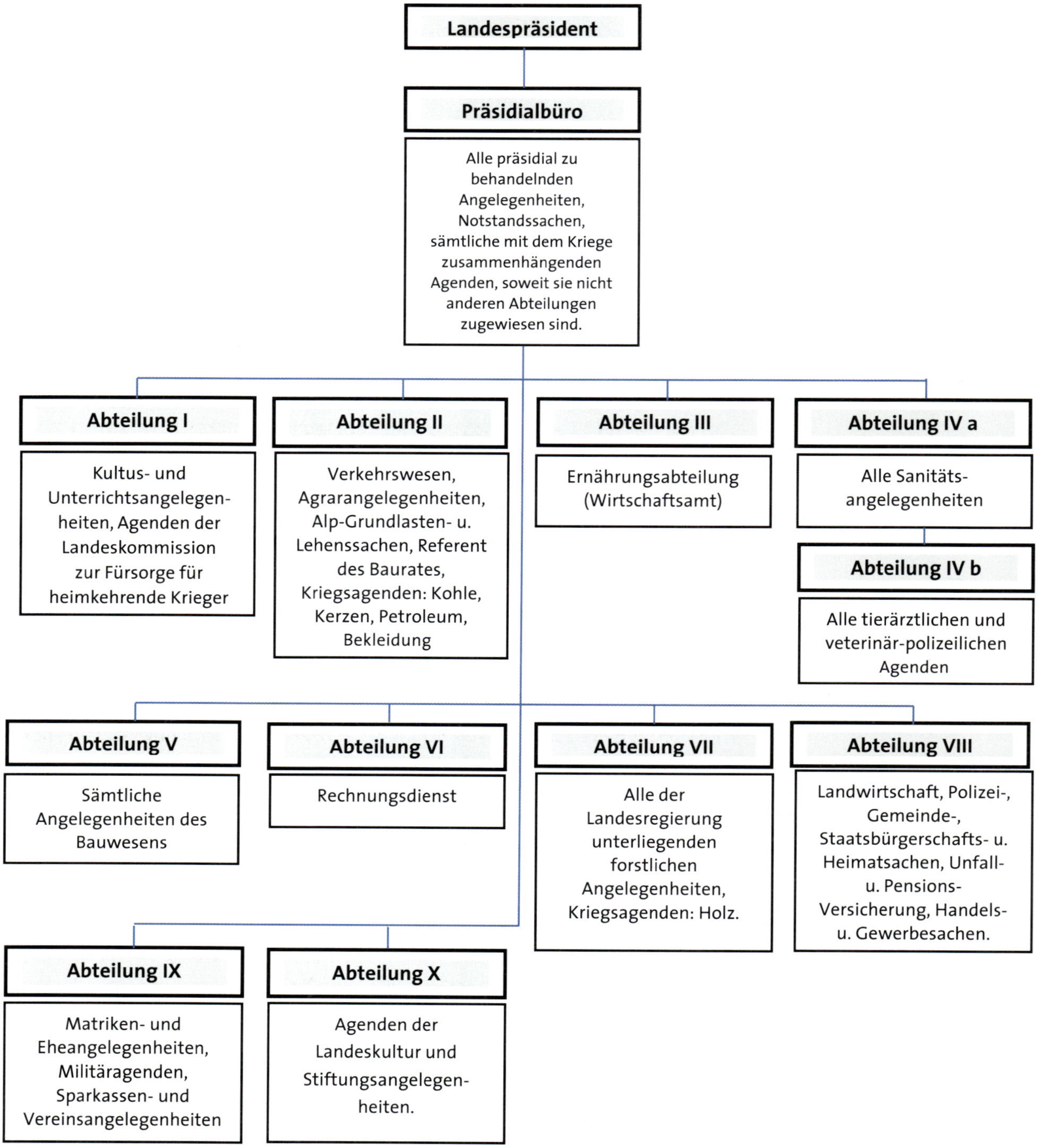

Landespräsident

Präsidialbüro

Alle präsidial zu behandelnden Angelegenheiten, Notstandssachen, sämtliche mit dem Kriege zusammenhängenden Agenden, soweit sie nicht anderen Abteilungen zugewiesen sind.

Abteilung I
Kultus- und Unterrichtsangelegenheiten, Agenden der Landeskommission zur Fürsorge für heimkehrende Krieger

Abteilung II
Verkehrswesen, Agrarangelegenheiten, Alp-Grundlasten- u. Lehenssachen, Referent des Baurates, Kriegsagenden: Kohle, Kerzen, Petroleum, Bekleidung

Abteilung III
Ernährungsabteilung (Wirtschaftsamt)

Abteilung IV a
Alle Sanitätsangelegenheiten

Abteilung IV b
Alle tierärztlichen und veterinär-polizeilichen Agenden

Abteilung V
Sämtliche Angelegenheiten des Bauwesens

Abteilung VI
Rechnungsdienst

Abteilung VII
Alle der Landesregierung unterliegenden forstlichen Angelegenheiten, Kriegsagenden: Holz.

Abteilung VIII
Landwirtschaft, Polizei-, Gemeinde-, Staatsbürgerschafts- u. Heimatsachen, Unfall- u. Pensions-Versicherung, Handels- u. Gewerbesachen.

Abteilung IX
Matriken- und Eheangelegenheiten, Militäragenden, Sparkassen- und Vereinsangelegenheiten

Abteilung X
Agenden der Landeskultur und Stiftungsangelegenheiten.

Grafik 3: Geschäftseinteilung bei der k. k. Landesregierung in Salzburg, 1917
Quelle: Salzburgischer Geschäfts-, Volks- und Amts-Kalender für das Jahr 1918, XLVI. Jg. Salzburg o. J., 62.

Hanns Haas

Politische Öffentlichkeit im Ersten Weltkrieg

Das Beispiel Salzburg

Regionale politische Öffentlichkeit vor 1914

„Politische Öffentlichkeit" entspricht einem liberalen und demokratischen Grundkonzept: Die Bürger formulieren im öffentlichen Diskurs ihre Interessen und Anliegen; in freie Assoziationen organisieren sich Gesinnungs- und Interessensgruppen im Bemühen um das „allgemeine Beste". Wahlwerbende Persönlichkeiten, Gruppen und Parteien offerieren den politisch berechtigten Staatsbürgern Deutungskonstrukte und Ordnungsentwürfe politischer Gestaltung zur Beteiligung am politischen Leben; insbesondere empfehlen sie Kandidaten bei Wahlen in die politischen Vertretungskörper.[1] Politische Parteien spielten damit eine zentrale Rolle „im Prozess der Politikvermittlung zwischen Bürgern und der politischen Führung".[2] In den Gemeinderäten und Parlamenten erfolgte die Abgleichung der gesellschaftlichen Interessen. Im klassischen Konstitutionalismus des 19. Jahrhunderts stand der vom „Volk" gewählten Legislative im Reichsrat und den Landtagen die vom Monarchen alleine beanspruchte Exekutive gegenüber, wobei im habsburgischen Österreich der Monarch durch das Sanktionsrecht für Gesetze auch an der Legislative beteiligt war. „Politische Öffentlichkeit" war in Österreich seit der konstitutionellen Wende der 1860er Jahre durch Versammlungs- und Organisationfreiheit und Pressefreiheit ohne Vorzensur gewährleistet. Den Entfaltungsraum „politischer Öffentlichkeit" definierte die Regierung durch die Handhabung der Freiheitsrechte beispielsweise durch Versammlungsverbote oder richterliche Beschlagnahme von Druckwerken. Auf dieser Basis konnten sich auf der Ebene von Kronländern und Regionen politische Kulturen der Selbstorganisation und Interessensartikulation entwickeln. Für die extreme Belastung durch einen jahrelangen Krieg war dieses System nicht ausgelegt. Seine äußeren Rahmenbedingungen wurden schließlich durch den demokratischen Umbruch 1918 neu definiert. Zur Diskussion steht diese „Formveränderung der Politik" durch Krieg und Nachkriegszeit am regionalen Beispiel Salzburg.[3] Die politischen Freiheitsrechte galten zwar für alle Staatsbürger, einige allerdings nicht auch für Frauen, beispielsweise die Teilhabe an politischen Vereinen und das Wahlrecht bzw. die eigene Ausübung des Wahlrechts bei Besitz eines zur Wahl berechtigenden Gutes. Das nach „Besitz und Bildung" gewährte bzw. gestaffelte Wahlrecht orientierte sich am Steuereinkommen respektive am Bildungsgrad, und entsprechend dazu organisierten sich die privilegierten Wahlberechtigten in lockeren Honoratiorenvereinigungen ohne feste Organisationsstruktur und Mitgliedschaft. Hauptsächlich zu Wahlen verknüpfte ein Netz aus Vertrauensleuten die Parteigänger zur lockeren Handlungsgruppe.[4] Erst die sukzessive Demokratisierung des Wahlrechts bis zum allgemeinen, gleichen, geheimen und direkten Reichsratswahlrecht für Männer im

---

1 Rauchberg Heinrich, Österreichische Bürgerkunde. Wien ²1912, 80.
2 Dachs Herbert, Das Parteiensystem im Bundesland Salzburg. In: Das politische, soziale und wirtschaftliche System im Bundesland Salzburg, hg. von Dachs Herbert (Salzburg Dokumentationen, 87). Salzburg 1985, 125.
3 Mommsen Hans (Hg.), Der Erste Weltkrieg und die europäische Nachkriegsordnung. Sozialer Wandel und Formveränderung der Politik (Industrielle Welt, 60). Köln-Weimar-Wien 2000.
4 Höbelt Lothar, Kornblume und Doppeladler. Die deutschfreiheitlichen Parteien Altösterreich 1882–1918. Wien-München 1993, 290.

Jahre 1907 (mit Nachzieheffekten für die Landtagswahlen) verfestigte allmählich die Parteienstrukturen durch Parteiblätter, Mitgliedschaft in sogenannten Wahlvereinen und „Vorfeldorganisationen" zur dauerhaften Bekenntnisgemeinschaft. Die Fortdauer des plutokratischen Wahlrechts auf Gemeindeebene bis 1918 verzögerte auf dieser Politarena den Prozess der Parteienbildung. Aus den Konfliktlinien des politischen Diskurses, wie Stadt – Land, Bauern – Bürger, Besitz – Bildung, Kirche – Laizismus (Reduktion des politischen Einflusses des Klerus), Zentrum – Peripherie, Kapital – Arbeit, ergaben sich die zentralen politischen Orientierungsangebote von Liberalismus (später Deutschnationalismus), politischem Katholizismus (später Christlichsoziale) und Sozialdemokratie. Im Bezugsfeld Stadt – Land, respektive sekundärer und primärer Wirtschaftssektor, entsprach die liberale bzw. deutschnationale Richtung den bürgerlichen bzw. landbürgerlichen Interessen, der politische Katholizismus dem ländlichen Anliegen von Bauern und Landarbeitern, bei einer städtischen Diaspora um Pfarren und Lokalvereine.[5] Die Fragmentierung entlang der Linie Kirche – Laizismus bzw. politischem Katholizismus und Freisinn vertiefte die Gravur zwischen Stadt und Land resp. Bürgern und Bauern. Die gleichfalls laizistische Sozialdemokratie erfasste im industriearmen Kronland Salzburg in den 1870er Jahren vor allem städtische und märktische Handwerksgesellen; dazu kamen seit Mitte der 1890er Jahre und im Zusammenhang mit der Wahlrechtsbewegung Bergarbeiter, Eisenbahner, gewerbliche Arbeiter sowie im 20. Jahrhundert die „kleinen Leute" (besitzlose Handwerker wie Schuster und Schneider, Taglöhner usf.) in Salzburg, Hallein und den ländlichen Zentralorten im Flachgau und im Tennengau.[6] Im Zentrum – Peripheriebezug vertraten die Konservativen respektive Christlichsozialen eine föderalistische Linie, Sozialdemokraten und die Deutschnationalen eher eine gesamtstaatliche Orientierung, bei den Deutschnationalen eingeschränkt durch grenzlanddeutsche Solidarität gegen das kaiserlich-katholische Wien. Diese Fragmentierung entlang von sozialen Grenzlinien wurde durch die Wahlkreiseinteilung in Großgrundbesitz, Städtewahlkreise, Landwahlkreise und seit der Wahlrechtsreform von 1896 durch die „allgemeine Kurie" befördert. Die grenzüberschreitende Mittelpartei (unter den Leitfiguren Georg Lienbacher und August Prinzinger d. J.) kombinierte jedoch seit Ende der 80er Jahre bäuerliche und landbürgerliche Besitzinteressen mit einem laizistischen Grundkonzept. Als Zünglein an der Waage bestimmte sie mit ihren jeweiligen Mehrheiten in der Kurie des Großgrundbesitzes die politischen Mehrheitsverhältnisse bei Landtagswahlen.[7] Eine allerdings politisch nicht tragfähige ideologische Grenzüberschreitung ergab sich zwischen Deutschnationalismus und Sozialdemokratie auf der Basis des „Freisinns" mit den Themenbereichen „Freie Schule", „Eherechtsreform", Feuerbestattung, vereinsmäßig organisiert im *Antiklerikalen Kartell* von 1908,[8] sowie ein in den Lohnkämpfen der „Zweiten Gründerzeit" nach 1900 sehr wohl zweckdienliches Bündnis zwischen Deutschnationalen und Christlichsozialen zur Rechtfertigung der Einkommensverhältnisse. Angesichts der Demokratisierung des Reichsratswahlrechts im Jahre 1906 tendierten grundsätzlich alle Parteien zur Ausweitung ihres Wirkungsbereiches auf mehrere Substrate. In dieser Phase entstanden in Konkurrenz zu den Sozialdemokraten eine christlichsoziale und eine deutschnationale Arbeiterbewegung.[9] Auch die Sozialdemokratie erweiterte, wenn auch marginal, ihr Rekrutierungsfeld auf intellektuelle bürgerliche Mittelschichten, vor allem Lehrer. Gleichzeitig verfes-

---

[5] Haas Hanns, Politische, kulturelle und wirtschaftliche Gruppierungen in Westösterreich (Oberösterreich, Salzburg, Tirol, Vorarlberg). In: Die Habsburgermonarchie 1848–1918, 7. Politische und Zivilgesellschaft, 1. Teilband. Vereine, Parteien und Interessensverbände als Träger der politischen Partizipation (Österreichische Akademie der Wissenschaften. Die Habsburgermonarchie 1848–1918, hg. von Rumpler Helmut/Urbanitsch Peter, 8/1). Wien 2006, 227–395.

[6] Haas Hanns, Schubkraft der Utopien, Schwerkraft der Verhältnisse. Der Salzburger Wanderlehrer Anton Losert zwischen Urchristentum, Sozialdemokratie und Anarchismus. In: Die Roten am Land. Arbeitsleben und Arbeiterbewegung im westlichen Österreich, hg. von Greussing Kurt. Steyr 1989, 29–34; Haas Hanns, Politik im Dorf. In: Henndorf am Wallersee, hg. von Weiss Alfred Stefan/Ehrenfellner Karl/Falk Sabine. Henndorf 1992, 180f.

[7] Steinkellner Friedrich, Georg Lienbacher. Salzburger Abgeordneter zwischen Konservativismus, Liberalismus und Nationalismus 1870–1896 (Veröffentlichungen des Internationalen Forschungszentrums für Grundfragen der Wissenschaft, N.F. 17; Publikationen des Instituts für Kirchliche Zeitgeschichte, II.14). Salzburg 1984.

[8] Hanisch Ernst/Fleischner Ulrike, Im Schatten berühmter Zeiten. Salzburg in den Jahren Georg Trakls 1887–1914 (Trakl-Studien, 13). Salzburg 1986.

[9] Ramp Sabine, Nicht Fleisch, nicht Fisch! Die deutschnationale ArbeiterInnenschaft Salzburgs 1905–1912. Dipl.-Arb. Univ. Salzburg 1991; Hanisch Ernst, Zur Frühgeschichte des Nationalsozialismus in Salzburg (1913–1925). In: MGSL 117 (1977). Salzburg 1977, 377.

tigte sich die innere Kohäsion der „Weltanschauungsparteien" mit dem Anspruch auf allseitige Weltdeutungskompetenz für ihre Klientel. Vereine und Vorfeldorganisationen sicherten die Loyalität der Anhängerschaft weit über den engeren politischen Bereich hinaus im gesamten Einflussfeld. Lebenswelt und Politik verschmolzen im Prozess der Parteibildung zu antagonistischen „Lagern". Auch die diversen berufsspezifischen Vereinigungen von Staatsbeamten und einzelnen Gewerben sowie die Lebensreformbewegung wurden tendenziell in diesen Prozess der Lagerbildung einbezogen. Im Demokratisierungsschub des neuen Jahrhunderts wurden die Christlichsozialen zur zahlenmäßig stärksten Partei. Der ländliche „Bauernbund" und der städtische „Patriotische Verein", folgend der „Christlichsoziale Verein", die christlichen Arbeiterorganisationen und die Katholische Frauenorganisation bildeten das Organisationsgerüst der formal erst im Dezember 1918 vereinigen Christlichsozialen Partei.[10] Eine intensive politische Betreuung ihrer Klientel auch außerhalb von Wahlzeiten, die täglich erscheinende „Salzburger Chronik", ein Parteisekretariat und ein Netz an Vorfeldorganisationen garantierten dem katholischen Lager bei den Reichsratswahlen die Mehrheit der Salzburger Stimmen. So wichtig die Rolle des Klerus für das „katholische" Lager blieb, indem er beispielsweise die Jugendvereine organisierte, so übernahmen jetzt doch Laienpolitiker die Rolle von Parteipolitikern und Mandataren. Den höchsten Grad an Parteiintegration erreichte die Sozialdemokratie mit förmlicher Mitgliedschaft in den Wahlvereinen, den gewerkschaftlichen Fachvereinen, den Konsumvereinen, der Parteipresse „Salzburger Wacht" und einer breiten Palette an Kulturvereinen.[11] Ihren Platz in der bürgerlichen Öffentlichkeit demonstrierte die Sozialdemokratie durch ihre nach einem feststehenden Ritus ablaufenden Maifeiern. So war es noch bei der Maifeier 1914: Schon am Vormittag gab eine von etwa 900 Anhängern und Sympathisanten abgehaltene Großkundgebung im Kurhaus die politischen Tagesparolen vor, wie Achtstundentag, Hilfe für Arbeitslose, Ausbau der Arbeiterschutzgesetzgebung und Forderung nach Wiedereinberufung des Parlaments.[12] Am Nachmittag gehörte die Stadt der Sozialdemokratie. Um 14 Uhr trafen die Gnigler und Itzlinger Genossen am Mirabellplatz ein, von dort ging es im geschlossenen Zug mit roten Fahnen und Transparenten („Heraus mit dem allgemeinen, gleichen und direkten Frauenwahlrecht") in die Linksstadt, zum Elektrischen Aufzug, der die 800 Teilnehmer zum Volksfest auf den Mönchsberg brachte. Ängstlich überwachten städtische Sicherheitsorgane und staatliche Geheimagenten den Festablauf; sogar je eine Kompanie Infanterie stand wie jedes Jahr in der Franz-Josefs-Kaserne und in der Hofstallkaserne in Alarmbereitschaft, die Telegrafenämter hatten vom 30. April abends bis zum 2. Mai früh permanent den zivilen und militärischen Behörden zur Verfügung zu stehen. Sozialdemokratische Maifeiern gab es weiters in Hallein, Badgastein, Schwarzach und Saalfelden.[13] Doch so gut organisiert die Sozialdemokratie war, ihre politische Stärke ließ sich im Mehrheitswahlrecht und angesichts der deutschnational-christlichsozialen wechselseitigen Wahlhilfen nicht in Reichsratswahlmandate ummünzen.[14] Es reichte nur für ein Landtagsmandat und einen Sitz im Salzburger Stadtrat. Auch die Verschleppung der Wahlrechtsreform für Landtage und Gemeinde, der Stillstand der Sozialgesetzgebung und die Einschränkung der politischen Bewegungsfreiheit durch bürokratische und gerichtliche Schikanen des Notverordnungsparagraphen (§ 14) hemmte die Entwicklung.[15]

10 Klieber Rupert, Politischer Katholizismus in der Provinz. Salzburgs Christlichsoziale in der Parteienlandschaft Alt-Österreich (Veröffentlichungen des Internationalen Forschungszentrums für Grundfragen der Wissenschaften Salzburg, N.F. 10) (Publikationen des Instituts für kirchliche Zeitgeschichte, 28). Salzburg 1994, 2, 34.
11 Bauer Ingrid, Arbeiterkultur im Salzburg der Jahrhundertwende. In: Vom Stadtrecht zur Bürgerbeteiligung. Festschrift 700 Jahre Stadtrecht von Salzburg, hg. von Dopsch Heinz. Salzburg 1987, 205f.
12 SLA, Präs. 1914 VIII C-1708 (alle Akten zu den Maikundgebungen 1913 u. 1914 liegen im Sammelakt 1914 VIII-C).
13 Salzburger Wacht, 2.5.1914, 3.
14 Kaut Josef, Der steinige Weg. Geschichte der sozialistischen Arbeiterbewegung im Lande Salzburg. Wien 1961; Klein Johann Wolfgang, Die „Salzburger Wacht". Das Organ der Salzburger Sozialdemokratie von der Gründung 1899 bis zum Verbot am 12. Februar 1934. Phil. Diss. Univ. Salzburg 1983.
15 Ardelt Rudolf G., Vom Kampf um Bürgerrechte zum Burgfrieden. Studien zur Geschichte der österreichischen Sozialdemokratie 1888–1917. Wien 1994, 54ff.

Das deutschbürgerliche „Lager" blieb weiterhin durch eine Vielzahl von politischen Parteirichtungen je nach der Intensität des Deutschnationalismus, speziellen Interessen von Gewerbe und Landwirtschaft und der politischen Gewichtung des „Freisinns" untergliedert. Sein Einfluss beruhte wesentlich auf der Fortdauer des Privilegienwahlrechts auf Gemeindeebene. Der Landespräsident zählte 1910 in Salzburg nicht weniger als zehn deutschbürgerliche Gruppierungen, die sich im Vorjahr zu einem lockeren „Deutschfreiheitlichen Volksbund für das Land Salzburg" als eine Art Dachorganisation zusammengeschlossen hatten.[16] Für den Reichsrat kandidierte die dem Volksbund zugerechnete „Deutsche Volkspartei". Der Stadt-Salzburger „Bürgerklub" nominierte als „unpolitische" Gruppierung die ihm genehmen deutschnationalen respektive christlichsozialen Kandidaten. Die Alldeutschen Georg v. Schönerers gehörten dem „Volksbund" nicht an, ebenso nicht die von Schönerer abgespaltenen Deutschradikalen bzw. Freialldeutschen unter Karl Hermann Wolf, diese ohnehin nicht mehr als eine „Extrazimmertischgesellschaft".[17] Das „Salzburger Volksblatt" und eine breite Palette von Kulturvereinen, vor allem der „Deutsche Schulverein", bedienten das Informationsbedürfnis und die Interessen der ganzen deutschbürgerlichen Szenerie.

Was die kulturpolitische Ausrichtung insgesamt betrifft, so befanden sich in Salzburg liberale und klerikale Tendenzen annähernd in Balance, im Gegensatz zum „klerikalen" Tirol im „Schmollwinkel der Moderne" mit seinem grellen Kulturkampf des Fin de siècle.[18] Auch die politische Verwaltung bemühte sich um Neutralität in den kulturpolitischen Konflikten. Im Ordensregen 1916 anlässlich der 100-jährigen Salzburg-Zugehörigkeit zur Habsburgermonarchie kamen gleichermaßen christlichsoziale und „deutschfreiheitliche" KandidatInnen zum Zug.[19] Auch bei seinen Vorschlägen für die Ernennung von Herrenhausmitgliedern hielt sich der Landespräsident 1917 annähernd an diese parteipolitische Symmetrie. Obwohl die Regierung nur drei konservative Mitglieder benannt hatte, ergänzte er zwei liberale Namen.[20] Die nationalen Orientierungen ergaben sich in diesem beinahe ausschließlich deutschsprachigen Land aus ideellen Anleihen vom fernen Nationalitätenkampf. Je nach politischer Sonderrichtung orientierten sich die zum Deutschnationalismus mutierten Liberalen seit den 1880er Jahren als enragierte „Deutsche" an den deutsch-slawischen Konflikten, die Katholisch-Konservativen hingegen am Vielvölkerstaat primär als „Österreicher". Seit der Jahrhundertwende allerdings verstärkte sich bei den Christlichsozialen eine deutsche Orientierung, während auf deutschnationaler Seite Zielkonflikte zwischen nationaler Bekenntnistreue und regionsbezogener Sachpolitik an Bedeutung gewannen. Die Sozialdemokraten waren dem Bekenntnis nach deutsch bei Forderung nach nationaler Autonomie für die einzelnen staatsbildenden Nationen. Der Antisemitismus spielte eine zentrale Rolle im bürgerlichen Lager, er begleitete seit den 1880er Jahren die Verwandlung der Liberalen in Nationale.[21] Zur Jahrhundertwende übernahmen jedoch auch die freisinnigen Erben der Liberalen antisemitische profane Denkkategorien einer kulturell und rassistisch begründeten jüdischen Alterität. Am längsten, bis in den Ersten Weltkrieg, hielt sich das „Salzburger Volksblatt" vom Antisemitismus fern. Jedoch auch die Christlichsozialen entlehnten von ihrer Wiener Vorbildorganisation die bis dahin bei den Katholisch-Konservativen verpönten judenfeindlichen Parolen mit einem religiös gefärbten Unterton. Antisemitische Vereine und die

16 SLA, Geheime Präsidialakten K. 1, Fasz. 1/1. Weisung Ministerpräsident Koerbers vom 10. Februar 1907 und undatierter Entwurf der Antwort.

17 Hoffmann Robert, Gab es ein „Schönerianisches Milieu"? Versuch einer Kollektivbiographie von Mitgliedern des „Vereins der Salzburger Studenten in Wien". In: Bürgertum in der Habsburgermonarchie. Wien-Köln 1990, 275–298.

18 Plattner Irmgard, Fin de siècle in Tirol. Provinzkultur und Provinzgesellschaft um die Jahrhundertwende. Innsbruck-Wien 1985.

19 SLA, Präs. II A 3576; Der Landespräsident bekannte sich im Schreiben an das Innenministerium vom 26. März 1916 zu diesem Grundsatz.

20 SLA, Geheime Präsidialakten 1920-46. Der Landespräsident schlug eine Reihenfolge Reichsratsabgeordneter Dr. Viktor von Fuchs, Advokat Julius Sylvester, Eduard Prinz von Auersperg, Abt von St. Peter Willibald Hauthaler und Fabriksbesitzer Ludwig Zeller vor. Schreiben vom 25. März 1917.

21 Haas Hanns, Von liberal zu national. Salzburgs Bürgertum im ausgehenden 19. Jahrhundert. In: Politik und Gesellschaft im alten und neuen Österreich. Festschrift für Rudolf Neck zum 60. Geburtstag. Wien 1981, 109–132.

zum Religionswechsel auffordernde „Los-von-Rom"-Bewegung wurden von der Staatsverwaltung scharf überwacht.[22] Beamte und Lehrer hatten sich von solchen Vereinigungen fernzuhalten. Die jüdische Kultusgemeinde wurde von der Verwaltung mit höchstem Respekt behandelt. Am Festgottesdienst der Israelitischen Kultusgemeinde anlässlich des Kaisergeburtstags 1916 nahm ein Hofrat als Vertreter der Landesregierung teil.[23]

Die Autopsie der Vorkriegsöffentlichkeit wäre unvollständig ohne einen Blick auf die Kriegs- und Antikriegsströmungen. Der Krieg, obwohl von niemandem bald erwartet, galt den Zeitgenossen noch als legitim. Militärische Tugenden und Haltungen gewannen an Einfluss im Erziehungssystem. Ein Erlass des Ministeriums für Kultus und Unterricht verlangte die Verbreitung der Wehrgesinnung als Palliativ gegen die aktuelle „antimilitaristische Unterströmung".[24] *Vivere militare est* war ein beliebtes Aufsatzthema im Schulunterricht.[25] Felix Dahns *Kampf um Rom* gehörte zum jugendlichen Bildungskanon. 1910 zählte man landesweit etwa 1.000 Jungschützen.[26] „Militärisches Turnen und Schießen" zählte zum Erziehungskanon im 1907 gegründeten „Reichsbund der Jugendwehren und Knabenhorte Österreichs" (seit 1914 „Reichsbund der patriotischen Jugendorganisationen Österreichs"). Damit sollte der Dachverband *die Jugend von der Gasse wegziehen und der Sozialdemokratie ein Gegengewicht bilden*.[27] Dem „Reichsbund" gehörten 1914 im Kronland Salzburg insgesamt 28 Katholische Burschenvereine an. Für die deutschbürgerlichen Jugendvereine war das vom „Reichsbund" propagierte *Gefühl der Zugehörigkeit an Groß-Österreich* wenig verlockend.[28] *Die militärische Ausbildung und die Bildung des Charakters* förderten ohnehin die Turnvereine, argumentierte der deutschliberale Abgeordnete Stölzel übereinstimmend mit den liberalen Schulmännern in einer ergebnislos verlaufenden *Besprechung der Gründung eines Landesverbandes des k.k. Reichsbundes der Jugendwehren und Knabenhorte im Herzogtume Salzburg*. Während des Krieges unterlag jede Kritik an der staatlich gelenkten *Heranbildung der Jugend zu Wehrhaftigkeit* der Präventivzensur.[29] Es gab zwar auch den gegenläufigen Trend einer selbstbestimmten naturverbundenen Jugendbewegung im 1913 gegründeten Salzburger „Wandervogel".[30] Doch auch seine Mitglieder verfielen 1914 dem nationalen Pathos.[31] Veteranenvereine und Schützen versöhnten das seinerzeit im Liberalismus gegen den Obrigkeitsstaat höchst kritisch eingestellte urbane Bürgertum mit dem Habsburgerstaat. Ihre starke Präsenz im (vor)städtischen Kleinbürgertum entsprach offenbar einem durchmischt christlichsozial-deutschnationalen Milieu, am Lande hingegen dem dort dominanten politischen Katholizismus unter Einbeziehung deutschbürgerlicher Zwischenschichten. Das in herkömmlicher Traditionsform geübte Prangerschützenwesen ließ sich zum Missfallen der Behörden vielerorts nicht auf Vereinsbasis entsprechend dem Patent vom 22. August 1851 organisieren, was ihr korporatives Ausrücken unter Waffen legalisiert hätte.[32] Die Assentierung war mit dem üblichen martialischen Brauchtum verbunden. Wen das Los zum Waffendienst traf, hatte wenig Grund zum Feiern. Die christlichsoziale „Salzburger Chronik" identifizierte sich mit dem Großmachtgehabe der Habsburgermonarchie am Balkan. Das „Salzburger Volksblatt" hingegen sowie Schönerer und seine deutschradikalen Abkömmlinge bezweifelten den Nutzen einer Balkanmission für das Deutschtum und das verbündete Deutsche Reich. Die Friedensarbeit stand gegen diese mentale Kriegsvorbereitung auf verlore-

---

22 Trauner Karl Reinhart, Die Los-von-Rom-Bewegung. Gesellschaftspolitische und kirchliche Strömungen in der ausgehenden Habsburgermonarchie. Szentendre 1999.
23 SLA, Präs. 1916 I a 11318.
24 SLA, Geheime Präsidialakten 1912-28/II, liegt bei 1913 80/II.
25 Jahresbericht des fürsterzbischöflichen Privatgymnasiums Borromäum 1894/95, 6. Schulstufe.
26 Verhandlungen des Salzburger Landtages, 2, Sitzung d. 3. Session d. 10. Wahlperiode am 12. Jänner 1912, 528.
27 SLA, Präs. 1914 VIII 691. Äußerung Generalmajor Fitzners in einer Versammlung zur Besprechung der Gründung eines Salzburger Landesverbandes.
28 Äußerung Generalmajor Fitzners (wie Anm. 27).
29 SLA, Präs. 1916 18270. Rundschreiben des k.u.k. Militärkommandos Innsbruck.
30 Gärtner Andreas, Der österreichische Wandervogel. Geschichte (bis 1918) und Charakteristik der Bewegung unter Berücksichtigung der Entwicklung im Deutschen Reich (Vorkriegswandervogel) und jener der Ortsgruppe Salzburg. Dipl.-Arb. Univ. Salzburg 1995.
31 Erich Heller an seine Tante Martha am 10. November 1914: *Fein ist's mit der Operation in Serbien. Hoffentlich geht's so weiter.* Abschrift im Tagebuch Heller, SLA, HS 509, Bd. 8.
32 SLA, Präs. 1916 II D 10700.

nem Boden, wenn auch in der „Salzburger Volks-Bücherei" die zeitgenössischen Ikonen der Friedensbewegung, Bertha von Suttner *Die Waffen nieder!*, Alfred H. Fried, „Handbuch der Friedensbewegung" und Emile Zola neben Memoiren und Reiseschriftstellern des *imperialistischen Zeitalters* (Heinrich Friedjung) zu finden waren.[33] Es gab auch nur wenige intellektuelle Friedensbefürworter. Seit kurzem lebte Heinrich Lammasch, einer der Richter des Haager Internationalen Gerichtshofes, in der Landeshauptstadt. An der Theologischen Fakultät wirkte der Moraltheologe Ignaz Seipel, der während des Krieges in der örtlichen Sektion der von ihm gegründeten *Leo-Gesellschaft* über *Katholizismus und Völkerrecht* referierte.[34] Auch in der christlichsozialen „Salzburger Chronik" finden sich kritische Stimmen zum Militarismus. So heißt es im Leitartikel der „Salzburger Chronik" Johann Hasenauers vom 19. Juni 1914: *Krieg und Militarismus werden nie von der Welt verschwinden, aber diese beiden notwendigen Übel auf das Mindestmaß zu beschränken, anstatt auf den Gipfelpunkt hinaufzutreiben, ist es, was uns und allen anderen not tut.*[35]

Der um eine Weltsprache bemühte Salzburger „Volapük-Verein" zählte 1903 lediglich zwölf Mitglieder.[36] Auch die breit verästelte Lebensreformbewegung berührte am Rande die brennende Zeitfrage der Friedenssicherung. So wollte der Vegetarismus die aggressiven Charaktereigenschaften dämpfen.[37] Sodann offerierte seit 1912 der Wiener Leseverein „Mehr Licht" alljährlich öffentliche Vorträge zu religiösen Themen mit Zeitbezug wie *Vier Völker der Vergangenheit. Die Weissagung der Bibel* (1910). *Ursachen und Rechte des Unglaubens* (1912), *Die Abstammung des Menschen. Die 7 Kriegsposaunen. Das Ende des Halbmondes* (1912), *Was hält den Weltkrieg noch auf?* (20.–24. Oktober 1912).[38] *Der anarchistischen Propaganda steht [der 1909 in Wien genehmigte] Verein ferne*, beruhigte die Wiener Polizeidirektion 1911 das Salzburger Landespräsidium.[39] Die Behörde wurde jedoch hellhörig, als der Itzlinger Eisenbahner Karl Rödinger am 16. Februar 1914 von seinem Sohn Rupert, einem Buchdruckerlehrling, berichtete, der nach mehrmaligem Besuch der Vortragsreihe den Sabbat heiligte und nach Hamburg auswandern wollte, um dort *in der Druckerei einer Glaubenssekte* zu arbeiten.[40] Auch von einem Gesinnungsgenossen Rödingers, dem Salzburger Schustersohn Peyerl, ist die Rede. Ein Blick in Meyers Konversations-Lexikon zum Stichwort *Adventisten* informierte die Behörde von den religiösen Usancen der *Sabbatisten* respektive *Adventisten*.[41] Das telefonisch am 7. März 1914 kontaktierte Ministerium für Cultus und Unterricht wollte vor allem wissen, ob die staatlich nicht anerkannte, aber grundsätzlich zur häuslichen Religionsausübung berechtigte Sekte Propaganda für die Auswanderung von Wehrpflichtigen betreibe, womit der heikle Punkt der Wehrdienstverweigerung berührt war.[42] Die Angelegenheit verlief sich im Getümmel des Weltkriegs. Die freimaurerische Gruppierung „Mozart" um den Redakteur des „Salzburger Volksblattes" war nicht mehr als eine Tischgesellschaft.

Der pazifistische „theoretische Anarchismus" war in Salzburg durch die 1910 gegründete „Freie Vereinigung" präsent. Leitlinie war eine „kommunistische Anarchie" ohne Parteien und Staat auf der Basis autonomer betrieblicher Selbstorganisation.[43] Dafür wäre *eine politische Aktion einzuleiten, die sich (nach dem französischen Vorbild) als Antimilitarismus, Antiparlamentarismus und Generalstreik zu äußern habe*, so der *spiritus rector* des österreichischen *Anarchosyndikalismus*, der Klosterneuburger Rudolf Großmann, alias Pierre Ramus, auf der

---

33 Bücher-Verzeichnis der Salzburger Volks-Bücherei. Jahresband 1913, 23 und 196.
34 Die Kultur 17 (1916), III.
35 Salzburger Chronik, 19.6.1914, 1.
36 1905 löste sich der Verein freiwillig auf. SLA, Geheime Präsidialakten 1905/544, Fasz. 23/4.
37 Prinz Bettina, Die Lebensreform – eine Regenerationsbestrebung. Zur Kontinuität lebensreformerischer Ideen und deren Erscheinungsformen in Salzburg. Dipl.-Arb. Univ. Salzburg 1994.
38 SLA, Geheime Präsidialakten Sammelakt 1914 VIII F 840.
39 SLA, Geheime Präsidialakten 1911 VIII F 201 u. 1912 VIII F 53.
40 SLA, Geheime Präsidialakten 1914 VIII F 840.
41 Meyers Großes Konversations-Lexikon, Bd. 1. Leipzig-Wien [6]1905, 124.
42 SLA, Geheime Präsidialakten 1914 VIII F 199.
43 SLA, Präs. 1911 VIII F-384; Brandstetter Gerfried, Sozialdemokratische Opposition und Anarchismus in Österreich 1889–1918. In: Botz Gerhard/Brandstetter Gerfried/Pollak Michael, Im Schatten der Arbeiterbewegung. Zur Geschichte des Anarchismus in Österreich und Deutschland. (Schriftenreihe d. Ludwig Boltzmann Instituts f. Geschichte d. Arbeiterbewegung, 6). Wien 1977, 62–67.

Salzburger Vereinssitzung vom 29. September 1911. Als *herrschaftsfreier Sozialismus* richtete sich die Bewegung vor allem gegen die straff organisierte Sozialdemokratie mit ihrem Anspruch, auf parlamentarischem Wege die politische und soziale Lage der Arbeiter zu verbessern und in langer Perspektive die politische Macht zu erobern. Nachdem die Unterwanderung sozialdemokratischer Gewerkschaften gescheitert war, konzentrierte sich der *Anarchosyndikalismus* auf öffentliche Vorträge zu sozialpolitischen Themen.[44] Konfrontationen mit den Sozialdemokraten waren vorprogrammiert. 30 Anhänger Großmanns und 20 gegnerische Sozialdemokraten kamen 1910 zur Gründungsversammlung der „Freien Vereinigung". 1911 verwandelten sozialdemokratische Funktionäre durch Mehrheitsbeschluss eine „freie Vereinsversammlung" der „Freien Vereinigung" in eine allgemeine „Wählerversammlung", worauf die Anarchisten zusammen mit deutschnationalen Parteigängern in ein Ersatzlokal ausweichen mussten.[45] *Gelbe als Deckung der Anarchisten*, titelte die „Salzburger Wacht" zu dieser eigentümlichen Parteikonstellation.[46] Nicht über 15 Mitglieder, durchwegs Professionisten des Baugewerbes, erreichte der Verein in den Folgejahren – unter ihnen der Steinmetz Karl Gramsamer, 1919 einer der ersten Anhänger der Kommunistischen Partei Deutschösterreichs und Kommunist bis ans Lebensende im hohen Alter.[47] Der sozialmoralische anarchistische Ansatz verschmolz schließlich mit religiösen Sinngebungen. Ein breites interessiertes Publikum fand Rudolf Großmann mit seinem Vortrag *Leo Tolstoi und seine Bedeutung für die Menschheit* am 8. August 1911.[48] Großmanns *Wohlstand für alle* bezogen 1914 insgesamt 22 Salzburger Abonnenten.[49] Die Tätigkeit des Vereins wurde auf Grund der Verordnung des Gesamtministeriums vom 25. Juli 1914 mit Bescheid vom 27. Juli 1917 behördlich eingestellt.[50] Die letzte Vereinssitzung vom 7. Februar 1913 war von fünf Teilnehmern besucht. Ein ernster Gegner des Militarismus war die gut organisierte Arbeiterbewegung mit ihrer Presse und ihren öffentlichen Veranstaltungen. Der Staatsanwalt zensurierte 1913 die „Salzburger Wacht" an fünf aufeinanderfolgenden Tagen wegen ihrer Friedenspropaganda. Die Resolution zur Maikundgebung 1913 kritisierte *neue Opfer für den Militarismus und Marinismus*,[51] jene zur Maifeier 1914 *Kriegsrüstung und Kriegshetze*.[52] Am 25. Juli 1914 zensurierte der Staatsanwalt die letzte sozialdemokratische Warnung vor der Kriegsgefahr. Jedoch auch die Sozialdemokratie erlag im Ernstfall 1914 der Kriegseuphorie.[53]

Kriegseuphorie und Einengung der politischen Öffentlichkeit

Die politische Öffentlichkeit wurde vom nationalen Einheitsgestus förmlich erstickt.[54] Die „Salzburger Chronik" schrie in der „Julikrise" förmlich nach Krieg gegen den zweifach, national und religiös, definierten Feind Serbien. Nach dem österreichisch-ungarischen Ultimatum an Serbien entdeckte auch das „Salzburger Volksblatt" im Großmachtgehabe des Habsburgerstaates die wiedererlangte Ehre. Die Massenwallfahrt nach Maria Plain vom 14. August 1914 verstand man als *großartige Demonstration* des katholischen Patriotismus.[55] Kaum weniger martialisch argumentierte die Sozialdemokratie mit ihrem angeblich berechtigten Kampf gegen die zaristische Despotie.[56] *Der europäische Krieg! Los gegen das Zarentum und seine Helfer!* titelte die Salzburger Wacht am 4. August 1914.[57]

---

44 Brandstetter, Sozialdemokratische Opposition (wie Anm. 43), 72.
45 SLA, Geheime Präsidialakten 1911 VIII, F-1335; Salzburger Volksblatt, 19.4.1911, 1f.
46 Salzburger Wacht, 19.4.1911, 3.
47 SLA, Geheime Präsidialakten 1913 VIII F 41 II u. 91 IX; SLA, Präs. 1913 65/II.
48 SLA, Geheime Präsidialakten 1911 VIII, F 3067/1911.
49 SLA, Präs. 1910 15787 VI D; SLA, Geheime Präsidialakten 1914–45/II, 48–49II.
50 SLA, Präs. 1915 766/II, Akt vom 17. Dezember 1915.
51 SLA, Präs. 1913 VIII F 1486, liegt bei 1914 VIII F.
52 Salzburger Wacht, 2.5.1914, 2; Haas Hanns, Pressegerichtliche Verfahren in Salzburg 1862–1918. In: Justiz und Zeitgeschichte. VI. Symposium zur Geschichte der richterlichen Unabhängigkeit in Österreich am 24. und 25. Oktober 1986. Wien 1987, 439–483.
53 Czech Philip, Der Kaiser ist ein Lump und Spitzbube. Majestätsbeleidigung unter Kaiser Franz Joseph. Wien-Köln-Weimar 2010, 226f.
54 Haas Hanns, Krieg und Frieden am regionalen Salzburger Beispiel 1914. In: Archiv Salzburg 20 (1995), 304–309.
55 ASP, Hs A 97, Tagebuch Abt Hauthaler, Eintragung vom 14. April 1914.
56 Hanisch Ernst, Regionale Arbeiterbewegung vor und im Ersten Weltkrieg. Das Salzburger Beispiel. In: Friedenskonzeptionen und Antikriegskampf der internationalen Arbeiterbewegung vor 1914. Referate des 5. bilateralen Seminars von Historikern der DDR und der Republik Österreich. Leipzig 1988, 304–307.
57 Salzburger Wacht, 4.8.1914, 1.

Gegen alle Parteitradition billigte der sozialdemokratische Gemeinderat Robert Preußler das Kriegsbudget der Stadt Salzburg.[58] *Fünf Karten vom Kriegsverlauf* offerierte der Itzlinger Anton Grabner neben dem *Arbeiterkalender 1914* in der Parteipresse.[59] In die inszenierte Gemeinschaft mischten sich jedoch schon Untertöne über „Kriegs-Gauner und -Wucherer" unter Wirten und Kaufleuten.[60] Das Stift St. Peter sah sich im September mit einer öffentlichen Kampagne wegen angeblich mangelnder Hilfeleistung in der *Kriegsmisère. Die Widmung von 100 K[ronen] für das rote Kreuz u. 100 K. für die geschädigten Familien war viel zu wenig,* bekannte Hauthaler im Stiftstagebuch.[61] Doch das Stift beherbergte ohnehin 19 Verwundete in den aus eigenen Mitteln eingerichteten Räumen. Die Kriegseuphorie beschwichtigte die in privaten Aufzeichnungen dokumentierten unterbewussten Ängste, daher ihre grellen Ausdrucksformen in Aufmärschen, Gesängen und Verbrüderungsszenen. Unerschöpflich schien das Repertoire der Kriegssammlungen. In Salzburg wurde ein *hölzernes Standbild Kaiser Karls* und in Tamsweg gar eine Samsonstatue mit Nägeln beschlagen.[62] Hinter den Kulissen lief ein peinliches Gerangel zwischen der Stadtgemeinde Salzburg und der Wiener Kriegshilfsorganisation *Gold gab ich für Eisen* vom Österreichischen „Silbernen Kreuz" um die gespendeten Kleinodien.[63] Ein „Kriegsvortrag" des *Salzburger Hochschulvereins* im Mozartsaal am 11. Mai 1915 überhöhte das blutige Gemetzel als Erhebung von *Seele und Charakter ... des deutschen Volkes.*[64] Der Erzfeind Italien blieb vorerst aus Sorge um die Neutralität mehr oder weniger verschont. Nur in der Isolation der Volksbund-Abende kam ein befürchteter Bündniswechsel Italiens zur Sprache.[65] Nach der italienischen Kriegserklärung überschlug sich die Berichterstattung über den treulosen Verbündeten. Gegenüber Rumänien wiederholte sich das Schauspiel zwischen Werben und Aggression ein weiteres Mal. Die Propaganda der bürgerlichen Blätter gesellte den gegnerischen Mächten spontan die inneren Feinde. Kein Wort des Bedauerns fand Glaser über die Inhaftierung des Trienter Fürstbischofs Endrici.[66] Die tschechischen Überläufer an der russischen Front wurden indirekt mit den Kriegsverlusten an der russischen Front in Verbindung gebracht – eine Art Dolchstoßlegende. Im Tagebuch Glasers ist die Rede vom *tschechischen Gesindel.*[67] Auch das Tagebuch des Arztes Richard Heller reservierte den treulosen Tschechen mehrere Seiten. Der Hochverratsprozess Karel Kramář – Josef Rašín wurde von Glaser anerkennend kommentiert. Die Staatsbürokratie überwachte zwar streng alle nur denkbaren staatsfeindlichen Postsendungen.[68] Doch allzu nationalistische Töne missbilligte die Zensur. Der Leitartikel *Völkerfrühling* des „Salzburger Volksblattes" vom 12. Oktober 1915 wurde *wegen seines die nationale Versöhnung ablehnenden und den nicht deutschen Nationen Verletzung ihrer Pflichten gegenüber dem Staate vorwerfenden Inhaltes* vom Kriegsüberwachungsamt zensuriert.[69] Als Beweis tschechischer Loyalität lancierte das Kriegsüberwachungsamt eine Meldung *über die tapfere Haltung des XI. Marschbataillons des Infanterieregiments Nr. 28.* Die Zeitungen hatten die Meldung ohne jeden Kommentar abzudrucken.[70] Aufgrund einer Beschwerde des Landeshauptmannes von Krain, Dr. Ivan Šusteršič, über die Schreibweise des „Salzburger Volksblattes" erinnerte der Innenminister das Landespräsidium am 17. November 1914 an die behördlich angeordnete *Hintanhaltung der nationalen Hetze.*[71] Für das in Salzburg dislozierte tschechische Regiment wurde jeden Sonn- und Feiertag in der Stiftskirche St. Peter eine Messe mit tschechischer Predigt abgehalten.[72]

58 Salzburger Wacht, 18.12.1914, 4.
59 Salzburger Wacht, 29.8.1914, 5.
60 Salzburger Chronik, 8.8.1914, 2.
61 ASP, Hs A 97, Tagebuch Abt Hauthaler, Eintragung vom August 1914.
62 SLA, Präs. 1916 X B 2597 u. 2998.
63 SLA, Geheime Präsidialakten 1915-204.
64 SLA, Präs. 1915 VIII F 1557.
65 AStS, PA 24, Tagebuch Hans Glaser, Eintragung vom 13. April 1915.
66 AStS, PA 24, Tagebuch Hans Glaser, Eintragung vom 3. April 1916.
67 AStS, PA 24, Tagebuch Hans Glaser, Eintragung vom 7. Mai 1915, ähnlich 13. Juni 1916.
68 Die k.k. Polizeidirektion Wien warnte vor einem „Hochverräterischen Manifest Tomáš G. Masaryks und Josef Dürichs; in Salzburg wurde keine entsprechende Postsendung eruiert. SLA, Geheime Präsidialakten 1915 785-II, 782 II u. 785 II.
69 SLA, Präs. 1915 VIII K 12032.
70 SLA, Präs. 1916 XIV 5066.
71 SLA, Präs. 1914 661/II u. 675/II.
72 ASP, Hs A 97, Tagebuch Abt Hauthaler, Eintragung vom Februar 1915.

Kaum schien die größte Gefahr gebannt, meldeten sich die innenpolitischen Fragen zurück. Die bürgerlichen Parteien arrangierten sich in den ersten beiden Kriegsjahren aus nationalen Erwägungen mit dem Kriegsabsolutismus. Die Deutschbürgerlichen träumten von einem deutschen Österreich mit oktroyierter *deutscher Staatssprache*.[73] Eine künftige enge Verbindung zwischen Österreich-Ungarn und dem Deutschen Reich galt als logische Folge gemeinsamer Kriegsführung.[74] Redakteur Glaser assistierte diesen Phantasien der *Osterbegehrschrift* 1916 des „Deutschen Nationalverbands".[75] Glaser bekannte später: *Auch ich habe einmal für den Staatsstreich geschwärmt und mir davon eine Besserung der nationalen Verhältnisse erhofft*.[76] Doch alle diese Erwartungen waren unbegründet. Der Krieg brachte nicht die erwartete Rückkehr zur *Vorherrschaft der Deutschen*. Zur Jahresmitte 1916 kehrten die Deutschnationalen wieder zum konstitutionellen Gedanken zurück. Ein Artikel des deutschnationalen Reichsratsabgeordneten Hueber mit der Forderung nach Einberufung des Reichsrats fiel der Zensur zum Opfer.[77]

Die Zensur leistete gleichfalls ihren Beitrag zur Verarmung der politischen Kultur.[78] Bündelweise liegen die Zensuranweisungen in den Registraturen. Die *Modalitäten des Felderanbaues* durften ebenso wenig besprochen werden wie die österreichisch-ungarische und deutsche Nahostpolitik.[79] Die Friedensfrage konnten die Zeitungen erst im Zusammenhang mit dem Friedensangebot der Mittelmächte vom 12. Dezember 1916 erörtern.[80] Die militärische Lage des ersten Kriegsjahres zwang die Blätter zu einem permanenten Schwanken zwischen Zuversicht, Bangen und Hoffen. Dem Fall der Festung Přemysl folgte *eine gedrückte Stimmung in der Stadt* Salzburg – die Zeitung musste dazu schweigen.[81] Die Kritik an Ungarn wegen Vorenthaltung von Lebensmitteln konnte nicht öffentlich vorgebracht werden.[82] Die Leser lernten angesichts der allgegenwärtigen Zensur zwischen den Zeilen zu lesen. Die Katastrophe des karpatischen Kriegswinters 1914/1915 und die ernste Gefährdung von Wien und Budapest ließ sich auch in Zeiten der Meinungsgängelung nicht verbergen. Die Beschneidung der politischen Öffentlichkeit blieb nicht ohne Auswirkungen auf die politische Kultur. Abgehoben von den Massenstimmungen, zensuriert, auf Zirkelpolitik eingeschränkt, verloren die Abgeordneten und die Parteien den Kontakt zur breiten Bevölkerung. Die Salzburger Abgeordneten der „Deutschen Volkspartei", Arthur Stölzel und Julius Sylvester, waren vielfach durch ihre Tätigkeit in Wien beansprucht. „Die Energien der Parlamentarier wurden zunächst durch die Debatten um die ‚inneren Kriegsziele' des künftigen Staatsaufbaus absorbiert."[83] In der Salzburger Öffentlichkeit waren die Abgeordneten des Nationalverbandes kaum mehr präsent. Nicht unbegründet klagte Stölzel seinen Parteifreunden über den Verlust an *Achtung* der Abgeordneten im „Volk".[84] Nicht besser ging es Sylvester, *er bangt ein wenig um sein Mandat*, notierte Redakteur Glaser am 13. August 1917. Die Deutschnationalen zeigten noch ganz das Bild einer herkömmlichen Honoratiorenpartei. Da trafen sich die Honoratioren, die Reichsratsabgeordneten Anton Hueber und Arthur Stölzel, der Salzburger Bürgermeister Max Ott, und der Redakteur des „Salzburger Volksblattes" Hans Glaser. Die großen Themen der militärischen Misswirtschaft deckte Sylvester mit Berichten von der Wiener Gerüchtebörse ab. Dazu kamen gelegentlich auswärtige Parteigranden wie Steinwender mit Berichten aus den Kronländern. Sie hatten zwar viel zu erzählen, die Abgeordneten, aber nichts zu entscheiden, solange das Parlament

---

73 AStS, PA 24, Tagebuch Hans Glaser, Eintragung vom 2. August 1915.
74 AStS, PA 24, Tagebuch Hans Glaser, Eintragung vom 22. November 1915.
75 Molisch Paul, Geschichte der deutschnationalen Bewegung in Oesterreich von ihren Anfängen bis zum Zerfall der Monarchie. Jena 1926, 241; Höbelt, Kornblume (wie Anm. 4), 334; AStS, PA 24, Tagebuch Hans Glaser, Eintragung vom 17. April 1917.
76 AStS, PA 24, Tagebuch Hans Glaser, Eintragung vom 17. April 1917.
77 AStS, PA 24, Tagebuch Hans Glaser, Eintragung vom 16. August 1916.
78 Czech, Der Kaiser ist ein Lump und Spitzbube (wie Anm. 53), 307–309.
79 SLA, Präs. 1916 XIV 3596 u. 3560.
80 AStS, PA 24, Tagebuch Hans Glaser, Eintragung vom 12. Dezember 1916.
81 AStS, PA 24, Tagebuch Hans Glaser, Eintragung vom 22. März 1915.
82 AStS, PA 24, Tagebuch Hans Glaser, Eintragung vom 22. November 1915.
83 Höbelt, Kornblume (wie Anm. 4), 331.
84 AStS, PA 24, Tagebuch Hans Glaser, Eintragung vom 17. Oktober 1918.

auf Zwangspause war. Die lokalen Themen kreisen um die Sorge vor den hygienischen Folgen des Grödiger Kriegsgefangenenlagers und einem angekündigten zweiten Lager.[85] Nur zur Vorbereitung von Wahlen wollte sich der Volksbund 1916 eine förmliche *Parteiorganisation* verpassen, während *die anderen Parteien immer eine haben*.[86] Doch er schaffte nicht einmal den programmierten Aufbau lokaler Zweigorganisationen draußen auf dem Land – die Parallele zum seinerzeitigen Niedergang des Liberalen Vereins in den 1880er Jahren ist mehr als auffällig.[87] Die Diskussionen kreisten ergebnislos um die Frage, ob die politische Durchsetzungskraft durch ein Bündnis mit den Christlichsozialen gestärkt werden soll, was Stölzel bejahte und Hueber verneinte. Das „Salzburger Volksblatt" behielt seine Funktion als Relaisstation des deutschbürgerlichen Milieus durch kluge Balance zwischen den Parteirichtungen und Personen.

„Kriegslähmung" kennzeichnete auch die christlichsoziale Bewegung.[88] Das von Einberufungen ohnehin beeinträchtigte Vereinsleben mündete in eine „Fülle von patriotischen und karitativen Hilfsorganisationen".[89] Die Funktionäre des „Bauernbundes" und der sonstigen katholischen Vereinsgruppierungen erschöpften sich in der Mitarbeit an den staatlichen Kommissionen der Nahrungsmittelaufbringung und -verteilung. Vor allem Gemeindevorsteher-Versammlungen dienten „als Vermittlungsrelais zwischen den Lebensmittelproduzenten und den immer autoritärer in den Verteilungsprozess eingreifenden Behörden".[90] Seit September 1914 wurden auch Vertreter der katholischen Arbeiterschaft einer Arbeitsausschusssitzung der Landesregierung beigezogen.[91] Selbst den Trost des Glaubens zensurierte der Staat, wenn die biblisch inspirierten Postkarten allzu deutlich auf ein Kriegselend hinweisen, vor dem sich Christus entsetzt abwandte, oder wenn die Mutter Gottes Kinder aus einem brennenden Haus führte. Mehrere dieser Karten wurden 1916 in Stadt und Land Salzburg eingezogen.[92] Im April 1917 wurden Karten zensuriert, wenn sie *die Sehnsucht nach dem Frieden, beziehungsweise nach der Rückkehr von im Felde stehenden Angehörigen zum Ausdruck* brachten, und erst recht, wenn sie ein zerschossenes Dorf, vorn auf der Dorfstraße ein toter Soldat liegend, oben ein Friedensengel zeigten.[93]

Die sozialdemokratische Partei geriet in ein ähnliches Dilemma. Im Interesse einer Versorgung der kleinen Leute stand sie grundsätzlich hinter den staatlichen Eingriffen und der Lenkung der Lebensmittelaufbringung und -verteilung. Sie verlangte ein effizientes Durchgreifen auf allen Linien. Sogar das Wort vom *Kriegssozialismus* geisterte durch die zeitgenössischen sozialdemokratischen Ideologiediskurse, weil der Staat endlich reglementierend in die Ökonomie eingreife. Bereitwillig entsandten Partei und Gewerkschaften ihre Vertreter in die entsprechenden Gremien. Als *Vertrauensmann der Arbeiter der Behörde gegenüber wurde der Landtags-Abgeordnete und Gemeinderat Gen. Preußler bestimmt*.[94] Preußler *arbeitete im Notstandsausschuß [der Stadtgemeinde Salzburg] und der Notstandsküche sowie im Approvisionierungsausschuß [der Landesregierung] mit, um dort die Interessen der Arbeiter nach Möglichkeit zu wahren*.[95] Außerdem war er Mitglied der Reichs- und Landespreisprüfstelle. Die Reichsparteileitung forderte die Parteifunktionäre im Frühjahr 1917 auf, den politischen Bezirksbehörden tüchtige Genossen für die *zu schaffenden Wirtschaftsräte* zu nennen. Es war dringend geboten, *in allen den diversen Verteilungsstellen mit zu bestimmen, damit eine gerechte Verteilung erfolge*.[96] Auf der unteren Ebene intervenierten die Vertrauensmänner für die Arbeiterschaft bei den Unternehmen,

85 AStS, PA 24, Tagebuch Hans Glaser, Eintragung vom 8. Februar 1915.
86 AStS, PA 24, Tagebuch Hans Glaser, Eintragung vom 14. Mai 1915.
87 AStS, PA 24, Tagebuch Hans Glaser, Eintragung vom 14. Mai 1915.
88 Klieber, Politischer Katholizismus (wie Anm. 10), 230.
89 Klieber, Politischer Katholizismus (wie Anm. 10), 231.
90 Klieber, Politischer Katholizismus (wie Anm. 10), 231.
91 Klieber Rupert, Zur Vor- und Frühgeschichte der Christlichsozialen Partei Salzburgs: Die Katholischen Arbeiterorganisationen von den Anfängen bis 1919 im Spiegel ihrer Presse. Dipl.-Arb. Univ. Salzburg 1984, 102.
92 SLA, Präs. 1916 1685 u. 2046.
93 SLA, Präs. 1917 8324.
94 Salzburger Wacht, 7.8.1914, 5.
95 Witternigg an Skaret, Wien, 7. Februar 1918. Verein für Geschichte der Arbeiterbewegung Wien, Sozialdemokratie Parteistellen (künftig Verein, SD Parteistellen) K. 148.
96 Rundschreiben Skarets vom 17. April 1917. Verein, SD Parteistellen K. 116.

z. B. in Hallein der Vertrauensmann Matthias Feichtinger, um *Kriegszulagen*.[97] Die Partizipation an öffentlichen Aufgaben schmeichelte dem Selbstbewusstsein der Partei angesichts der bisherigen Ausgrenzung aus dem politischen Machtkartell. Bisher „vaterlandslose Gesellen" fühlten sich die sozialdemokratischen Funktionäre anerkannt, aufgewertet, ernst genommen. Als Lohn für die Bewährung im Krieg erwartete die Partei im Frieden die Teilhabe an der Macht. Doch ihrer Parteiorganisation nützte das wenig. Ihre öffentliche Präsenz in den ersten Kriegsmonaten galt beinahe ausschließlich der Solidarhilfe für die Familien der Eingerückten.[98] *Die organisatorische Tätigkeit ist nahezu verschwunden*, musste Preußler im Herbst 1914 dem Wiener Parteivorstand melden.[99] Zu Weihnachten 1914 gab es immerhin *eine sehr gut besuchte Feier* im Mödlhammersaal.[100] Der Arbeiterfeiertag 1915 wurde zurückgezogen im Garten der Leopoldskroner Restauration am Nachmittag des 1. Mai *auf eine würdige Art gefeiert*. Geschlossene Versammlungen fanden auch in Hallein, Bischofshofen, Mühlbach am Hochkönig, Schwarzach, Zell am See und Saalfelden statt.[101] Solche Vereinsversammlungen akzeptierte das Innenministerium, weil sich *die sozialdemokratische Partei gegenüber den Kriegsereignissen bisher im allgemeinen korrekt benommen hat* und weil man darauf Bedacht nehmen wollte, *daß unnütze Konflikte vermieden werden und die Veranstaltungen einen glatten Verlauf nehmen*.[102] Die wesentlich zensurierte Maifestschrift *Zur Feier des Ersten Mai!* diente in einer gekürzten Auflage als Richtlinie der Festreden, welche auch in Salzburg den Kampf um die Demokratisierung des Wahlrechts und den Ausbau des Sozialstaates auf die Zeit *nach Friedensschluß* vertagten.[103] Redakteur Heinrich Leukert strapazierte in einer Rede im Bergwerksort Mühlbach erneut die Parole vom *Sieg des Fortschritts und der Zivilisation über die Reaktion, wie sie namentlich durch Rußland verkörpert sei*.[104] Auch 1916 wurde in Salzburg und Schwarzach in geschlossenen Veranstaltungen vom 30. April, abends, der entsprechenden Reichsratswahlvereine gefeiert, mit vorsichtigen Forderungen nach ausreichender Ernährung, Demokratisierung des Wahlrechts, *mehr Rechten für die Frauen, welche soviel im Kriege, zwar nicht im Schützengraben, aber durch die Arbeit in der Heimat, in der Familie, auf dem Felde, im Maschinenraum der Fabriken* leisteten.[105] Folgsam hielten sich alle Reden an die behördliche Anordnung, dass *die Maiveranstaltungen keineswegs den Stempel einer Friedensdemonstration tragen* durften.[106] Zur Salzburger Maifeier waren lediglich 120 Teilnehmer gekommen. Keine Rede von den bunten, Zukunft und Fortschritt versprechenden Massenaufmärschen der Vorkriegszeit. Auf den erst nach beinahe zweijährigem Intervall seit März 1916 wieder abgehaltenen Reichskonferenzen war Salzburg durch Preußler vertreten.[107]

In dieser Durstphase verfiel die Partei. Die Einberufungen und eine bereits im August 1914 einsetzende Arbeitslosigkeit (3.000 zu Monatsende August 1914 vor allem im Baugewerbe und Baunebengewerbe, aber auch in der Halleiner Zellulosefabrik) zeigten ihre Auswirkungen.[108] Die Musterungen des ungedienten Landsturms zu Jahresbeginn 1915, durchwegs ältere Jahrgänge, lichteten die Reihen. Die meisten Bezirke verloren ihre Hauptvertrauensmänner, *die regelmäßige Agitations- und Verwaltungstätigkeit in den Bezirks- und Landesorganisationen wurde zur Unmöglichkeit*.[109] *In den meisten Orten wurde während der ganzen Kriegszeit* bis zur Jahreswende 1917/18 *keine einzige Versammlung abgehalten*, schreibt der im November 1917 aus dem Militärdienst zurückgekehrte Josef Wit-

---

97 Feichtinger an das Parteisekretariat Wien, 30. August 1916. Verein, SD Parteistellen K. 115.
98 Salzburger Wacht, 7.8.1914, 5 u. 17.8.1914, 5.
99 Protokoll der Sitzung des Parteivorstandes vom 20. Oktober 1914. Zit. nach Hanisch, Regionale Arbeiterbewegung (wie Anm. 56), 108.
100 Tätigkeitsbericht des Parteivorstandes der sozialdemokratischen Landesorganisation Salzburg an den Landesparteitag 1917. Verein, SD Parteistellen K. 148.
101 SLA, Präs. 1915 VIII F 3916. Bericht des Landespräsidenten an das Innenministerium, 4. Mai 1915.
102 SLA, Präs. 1915 II 283. Weisung vom 19. April 1915.
103 SLA, Präs. 1915 VIII F 1916 3916. Die von der Reichsparteileitung rechtzeitig gelieferten „Maidispositionen" blieben die längste Zeit auf Preußlers Schreibtisch liegen, ehe sie den Bezirken zugesandt wurden. Brief Skaret an Reimer, 20. April 1915. Verein, SD Parteistellen K. 114.
104 SLA, Präs. 1915 VIII F 1916 3916. Bericht des Bezirkskommissärs Franz Ronacher von St. Johann an das Landespräsidium vom 3. Mai 1915.
105 SLA, Präs. 1916 VIII C 5383. Bericht des Bezirkskommissärs Franz Ronacher, St. Johann, an das Landespräsidium vom 30. April 1916.
106 SLA, Präs. 1916 VIII F 5383.
107 Neck Rudolf, Arbeiterschaft und Staat im Ersten Weltkrieg 1914–1918. A. Quellen, 2. T., Vom Juni 1917 bis zum Ende der Donaumonarchie im November 1918 (Veröffentlichungen der Arbeitsgemeinschaft für Geschichte der Arbeiterbewegung in Österreich, 4), Wien 1968, 51, 145 u. 147.
108 Salzburger Wacht, 27.8.1914, 5.
109 Tätigkeitsbericht des Parteivorstandes der sozialdemokratischen Landesorganisation Salzburg an den Landesparteitag 1917. Verein, SD Parteistellen K. 148.

ternigg.¹¹⁰ Monatelang entfielen die Landesparteivorstandssitzungen. Die nach den Beitragsmarken für die sozialdemokratischen Wahlvereine berechnete Zahl der Parteimitglieder sank dramatisch.

1904	1905	1907	1908	1909	1910	1911	1912	1913	1914	1915	1916	1917	1919	1920
1.400	2.600	3.100	2.431	2.560	3.138	3.510	2.642	3.007	2.023	834	568	579	11.297	10.681

Tab. 1: Sozialdemokratische Parteimitglieder im Kronland Salzburg
Quellen: SLA, Tätigkeitsberichte der Landesparteitage. (Beilage) Verein für die Geschichte der Arbeiterbewegung SD Parteistellen K. 148.

Die Angaben beziehen sich jeweils auf das Berichtsjahr, z.B. Juli 1915 bis Juni 1916; für den Zeitraum von Anfang 1915 bis Ende 1916 sind im Tätigkeitsbericht an den Landesparteitag 1917 zusammengerechnet 608 Mitglieder erfasst. Mit Stichdatum 22. November 1917 meldete der Parteikassier Karl Emminger *nach dem Verkauf der Marken* im ganzen Kronland nur noch 329 zahlende Mitglieder, davon im I. Wahlkreis (Stadt Salzburg) 18, im II. Wahlkreis (Itzling, Maxglan, Gnigl) 42, im Bezirk Hallein 65, im Flachgau 2, im Pongau (Lokalorganisationen Bischofshofen und Schwarzach) 83 und im Lungau 3 Mitglieder. Witternigg hielt diese Zahlen nicht für korrekt; die Mitgliedererfassung zu einem Stichdatum – für den am 18. November 1917 stattfindenden Landesparteitag – entsprach auch nicht der sonst für ein Jahr üblichen Berechnungsgrundlage. Dennoch dokumentieren sie den Stillstand, wenn nicht weiteren Verfall der Parteiorganisation seit Sommer 1917.¹¹¹ Erst wieder zur Jahreswende 1917/18 stieg die Zahl der Parteimitglieder. Schon im April 1918 zählte die Frauenorganisation über 700 Mitglieder.¹¹² Bereits am 3. Dezember 1917 berichtete Witternigg als nunmehriger Obmann des „Sozialdemokratischen Wahlvereins" Salzburg der Wiener Parteivertretung: *Mit der Versammlungstätigkeit haben wir begonnen. Der Besuch ist überall sehr gut.* Die Sozialdemokratie entwickelte *wieder eine regere Agitation.*¹¹³ In zweieinhalb Monaten verzeichnete sie über 500 neue zahlende Mitglieder.¹¹⁴ Einen rasanten Aufschwung verzeichnete die Partei schließlich in den ersten Nachkriegsjahren.¹¹⁵ Ähnlich stand es um die Gewerkschaften. Über die Verhältnisse bei den Bauarbeitern berichtet ein Zeitzeuge: *Während des Krieges musste Sorge getragen werden, mit den wenigen Mitgliedern, die noch zu Hause blieben, den Verband aufrecht zu erhalten, was auch gelang.*¹¹⁶ Im Kalenderjahr 1915 gab es in Salzburg nur einen Streik mit 60 Beteiligten, 1916 keinen einzigen.¹¹⁷ Die Zahl der gewerkschaftlich organisierten Arbeiter und Arbeiterinnen sank vom 1. Juli 1914 bis 30. Juni 1915 von 4.815 auf 2.304, und sodann von Jahresende 1915 bis Jahresende 1916 von 2.080 auf 1.972 Mitglieder.¹¹⁸ 1917 sind bereits 2.739 und 1918 5.620 gewerkschaftlich Organisierte genannt.¹¹⁹

Gleich dramatisch war die Lage des Parteiblattes „Salzburger Wacht". Zu Kriegsbeginn sicherte zwar das allgemeine Informationsbedürfnis die Auflage, doch schon im vierten Quartal begann ein Abwärtstrend, während die Auflage des „Salzburger Volksblattes" exorbitant anstieg (vgl. die nach täglicher Ausgabe und Wochenendausgabe differenzierende Tab. 2). Erst recht nach der administrativen Zusammenlegung mit der Tiroler „Volkszeitung" im Jahre 1915 verlor die „Salzburger Wacht" an Attraktivität, weil sie die Salzburger Lokalnachrichten erst mit eintägiger Verspätung nach den lokalen bürgerlichen Blättern brachte.¹²⁰

110 Witternigg an Skaret, Wien, 7. Februar 1918. Verein, SD Parteistellen K. 148.
111 Schreiben Josef Witterniggs an Skaret, 22. November 1918. Verein, SD Parteistellen K. 148.
112 Schreiben Josef Witterniggs an Skaret, 17. April 1918. Verein, SD Parteistellen K. 148.
113 Brief Witterniggs an Skaret, Wien, 3. Dezember 1917. Verein, SD Parteistellen K. 148.
114 Brief Witterniggs an Skaret, Wien, 7. Februar 1918. Verein, SD Parteistellen K. 148.
115 Hanisch Ernst, Die sozialdemokratische Fraktion im Salzburger Landtag 1918–1934. In: Bewegung und Klasse. Studien zur österreichischen Arbeitergeschichte, hg. von Botz Gerhard/Hautmann Hans/Konrad Helmut/Weidenholzer Josef. Wien-München-Zürich 1978, 252f.
116 Auer Jakob, Erinnerungen eines alten Sozialisten und Gewerkschafter. Kaut-Archiv, Kopie beim Verfasser.
117 Hautmann Hans, Geschichte der Rätebewegung in Österreich 1918–1924. Wien-Zürich 1987, 71.
118 SLA, Geheime Präsidialakten Sammelakt 1917 II Druckschrift: Sozialdemokratische und anarchistische Bewegung im Jahre 1915. Wien 1916, 19 und Sozialdemokratische und anarchistische Bewegung im Jahre 1916. Wien 1917, 38; annähernd dieselben Angaben im Tätigkeitsbericht des Parteivorstandes der sozialdemokratischen Landesorganisation Salzburg an den Landesparteitag 1917. Verein, SD Parteistellen K. 148.
119 Zit. n. Hautmann, Geschichte der Rätebewegung (wie Anm. 117), 101.
120 Schriftwechsel zur Fusionierung der Verwaltung in Verein, SD Parteistellen K. 114; Jakob Waltraud, Salzburger Zeitungsgeschichte (Salzburg Dokumentationen, 39). Salzburg 1979, 74.

Am 1. Juli 1914 betrug die Auflage 2.350 Stück, davon 1.095 per „Postversand", am 1. Oktober 1915 erreichte man 2.580 Auflage bei 1.225 „Postversand".[121] Im November 1917 war mit einer Auflage von 1.100 Stück der Tiefstand erreicht, zur Jahreswende 1917/18 zählte man eine Auflage von 1.300 Stück, am 7. Februar 1918 schon 1.800 Stück.[122] Auch die Finanzen der Landespartei gerieten ins Minus. Während sonst in anderen Kronländern die wirtschaftlichen Schwesternorganisationen die Parteifinanzen aufbesserten, hatte die Salzburger Organisation außer einem Konsumverein keine weitere zahlungskräftige Genossenschaft. Die Landespartei verfügte *über keine gewinnabwerfenden Unternehmungen*.[123] Die Linzer Brotwerke sollten zwar für jeden verkauften Laib Brot 2 Heller bezahlen, schuldeten aber seit Februar 1917 den *Brotheller*.[124] Vor allem die Beteiligung an der so ineffizienten Verteilungswirtschaft schadete dem Ansehen in den eigenen Reihen und bei den Gegnern, obwohl sich Preußler gelegentlich mit drastischen Worten über die Haltung der Landesregierung in der Versorgungsfrage äußerte.[125] Im Bezirk Salzburg-Stadt *herrscht gegen Gen[ossen] Preußler eine miserable Stimmung. Am meisten ist man über seine ruhige Tätigkeit in der Gemeinde unzufrieden*, schreibt Witternigg am 7. Februar 1918 ans Wiener Parteisekretariat.[126] Witternigg gehörte eher einem linken Flügel der Partei an, das brachte auch seine Kritik an Preußler zum Ausdruck.

Titel der Zeitung	1. Vierteljahr 1914	2. Vierteljahr 1914	3. Vierteljahr 1914	4. Vierteljahr 1914
Salzburger Volksblatt				
tägliche Ausgabe	9.000	8.900	9.200	12.500
Samstag	10.000	9.700	9.950	13.200
Salzburger Chronik				
tägliche Ausgabe	1.900	1.900	1.900	3.000
Samstag	4.200	4.250	4.250	4.300
Salzburger Volksbote	1.200	12.100	1.200	1.200
Salzburger Wacht				
tägliche Ausgabe	3.000	3.000	3.000	2.900
Samstag	4.000	4.000	4.000	3.200
Mitteilungen	1.500	1.600	1.500	1.500
Deutscher Volksruf	1.000	1.000	900	freiw. eingestellt
Kath. Kirchenzeitung	1.150	1.200	1.150	1.200
Volksfreund	1.000	1.000	1.000	900
Tauernpost	3.300	3.700	3.500	3.000
Grobian „antisemitisch"	?	900	800	behördlich eingestellt

Tab. 2: Ausweis über die Auflagenzahl der im Herzogtum Salzburg erscheinenden politischen Zeitungen zu Beginn des jeweiligen Vierteljahres
Quelle: SLA, Präs. VIII, 1914.

Der Rückgang an Mitgliedsbeiträgen und Zeitungsabonnenten traf den Nerv der sozialdemokratischen Bewegung. Die kleinen Funktionäre waren elend versorgt. Der Halleiner Vertrauensmann M. Feichtinger bezog 1917 monatlich 135

---

121 Schreiben der Verwaltung der „Salzburger Wacht" vom 11. März 1915 an die Parteileitung Wien. Verein, SD Parteistellen K. 148, K. 131.
122 Schreiben Witterniggs an Skaret vom 22. November 1917 u. 7. Februar 1918. Verein, SD Parteistellen K. 148.
123 Brief Preußlers an die Reichsparteileitung, 30. Juli 1917. Verein, SD Parteistellen K. 148.
124 Schreiben Witterniggs an Skaret, 22. November 1917. Verein, SD Parteistellen K. 148.
125 In der Salzburger Gemeinderatssitzung vom 13. November 1918 kritisierte er den Hofrat Eugen Pillwein, welcher *schon bei der Durchführung der ersten Brotverordnung [...] viel weniger an die Konsumenten als an den Profit der Bäcker gedacht habe*. Pillwein klagte Preußler wegen Ehrenbeleidigung. Ministerium des Innern Zl.21124/M.I. AVA, 22 Salzburg.
126 Brief Witterniggs an Skaret, Wien, 7. Februar 1918. Verein, SD Parteistellen K. 148.

Kronen bei einer sechsköpfigen Familie. Vergeblich bemühte sich die Salzburger Parteileitung um die Genehmigung zum Verschleiß des Linzer Spaten-Brotes, was Feichtinger monatlich 40–50 Kronen eingebracht hätte. Als Überbrückungshilfe genehmigte ihm der Wiener Parteivorstand am 10. November 1916 und wiederum am 16. März 1917 jeweils drei Monate lang zehn Kronen. Seine *schönsten Gebrauchsgegenstände* hatte Feichtinger ohnehin um 200 Kronen veräußert.[127] Feichtingers Kinder wurden wegen Schwäche vom Schulunterricht heimgeschickt.[128] Kaum besser traf es den Parteisekretär und Redakteur des Parteiblattes Josef Witternigg nach seiner Rückkehr vom Militärdienst. Gerade 400 Kronen erhielt er monatlich, davon 350 als Subvention der Reichsparteileitung, wovon er eine vierköpfige Familie ernähren musste.[129] Dazu kam im Juni 1918 ein einmaliger Anschaffungsbeitrag von 500 Kronen. Seit September 1918 erhielt Witternigg monatlich 550 Kronen Gehalt.[130] Robert Preußler bekam seit 1. September 1918 monatlich 650 Kronen, das war das höchste Parteigehalt.[131] Es ist begreiflich, dass Witternigg die eine oder andere ihm von Rambousek vermittelte Vergünstigung zum Bezug von Lebensmitteln für seine mehrköpfige Familie beanspruchte.

Alltag im Krieg[132]

Misswirtschaft, Schlamperei und Korruption bildeten die Ingredienzien eines zuletzt dramatisch zugespitzten Mangels an den elementaren Lebensmitteln, Kleidung und Hygieneartikeln. Tagebücher und behördlicher Schriftwechsel illustrieren die Durchdringung der Alltagswelt mit den existentiellen Sorgen. Sie überliefern Einblick in die zeitgenössische Krisenstimmung, in die Wahrnehmung der Lage. Schon frühzeitig zeichneten sich Probleme mit der Versorgung ab. Vergeblich beschloss die Stadt Salzburg sofort bei Kriegsbeginn 1914 den Ankauf von Getreide. Die vorsorgliche Anlegung eines Areals für Kriegshelden am Kommunalfriedhof brachte den ganzen Ernst der Lage zum Ausdruck. Seit 1915 kamen schubweise entsprechend der Härte der Gefechte die Verwundeten vom italienischen „Kriegsschauplatze". Schulkinder und freiwillige Helfer versorgten sie in *Labestationen* in allen größeren Bahnhöfen. Das Verbot von Weißgebäck und die Einführung von Bezugskarten auf alle denkbaren Güter kündigten härtere Zeiten an. Dann folgten die Probleme bei der Einbringung der Ernte 1914 und beim Anbau im Sommer und Herbst 1914. Erst nach einigem Zögern nahmen die misstrauischen Bauern die freiwilligen Hilfeleistungen der „Wandervögel" bei der Ernte an. Die Stiftmühle St. Peter musste das Brotgetreide zukaufen. Als nächstes beherrschte die Teuerung die private Berichterstattung. Stundenlanges Anstehen um Lebensmittel beherrschte den Tagesrhythmus.[133] *Hungerkrawalle*, vermerkte der Redakteur des „Salzburger Volksblattes", Glaser, zuerst von St. Pölten, Wien, Linz, Steyr und Graz.[134] Im Spätherbst 1916 war es dann auch in Salzburg so weit, am 22. November 1916 *war in der ganzen Stadt [Salzburg] kein Brot zu erhalten*.[135] Aufgrund von Kohlenmangel wurden wegen einer Kälteperiode im Jänner 1917 die Schulen geschlossen.[136] Am 26. März 1917 stellte das Gaswerk wegen Kohlenmangels den Betrieb ein,[137] 1918 war das Dampfbad monatelang geschlossen. Zur Linderung der Not an Heizmitteln wurden die Salzburger Hausberge abgeholzt. Der Lebensmittelmangel beherrschte die

127 Brief Feichtingers am Skaret, 6. März 1817. Verein, SD Parteistellen K. 116.
128 Brief Feichtingers an Skaret, 6. Juli 1917. Verein, SD Parteistellen K. 116. Feichtinger wurde Anfang Dezember 1917 mit 1.000 Kronen Abfertigung „von den Innsbruckern" als Halleiner Vertrauensobmann entlassen. Brief Witterniggs an Skaret 1917. Verein, SD Parteistellen K. 148.
129 Witternigg an Skaret, Wien, 2. Februar 1918. Verein, SD Parteistellen K. 148; während seines Militärdienstes hatte der Parteivorstand Witterniggs Frau Anna monatlich 20 Kronen Zuschuss gewährt. Dankschreiben Witterniggs an Skaret, 27. Jänner 1916. Verein, SD Parteistellen K. 115; zu Weihnachten 1915 erhielt Anna Witternigg 50 Kronen und 1916 vom Parteivorstand 200 Kronen Überbrückungshilfe. Dankschreiben Witterniggs an Skaret, 24. Juli 1916. Verein, SD Parteistellen K. 125.
130 Witternigg an Skaret 12. September 1918. Verein, SD Parteistellen K. 118.
131 Schriftwechsel SD Parteistellen K. 148.
132 Siehe dazu den Beitrag von Ernst Hanisch in diesem Band.
133 Bauer Ingrid/Haas Hanns, Der wirkliche Krieg. Die Jahre 1914 bis 1918. In: Von der alten Solidarität zur neuen „sozialen Frage". Ein Salzburger Bilderbuch, hg. von Bauer Ingrid. Zürich 1988, 76f.
134 AStS, PA 24, Tagebuch Hans Glaser, Eintragung vom 14. Juni 1916, 4. August 1916, 18. September 1916, 8. und 14. Oktober 1916.
135 AStS, PA 24, Tagebuch Hans Glaser, Eintragung vom 22. November 1916.
136 AStS, PA 24, Tagebuch Hans Glaser, Eintragung vom 6. Jänner 1917.
137 AStS, PA 24, Tagebuch Hans Glaser, Eintragung vom 26. März 1917.

letzten beiden Kriegsjahre. Die endlosen Truppentransporte beeinträchtigten den Güterverkehr und den Personentransport. Mit großer Verspätung trafen die Fernzüge aus Wien ein. Dazu bedrängte die ständige aggressive Werbung um Kriegsanleihen, bei Privaten, Gemeinden, Klöstern. Penibel rechnete die Administration der Stiftsverwaltung St. Peter die bisher erlegten und die erwarteten Kriegsanleihen vor. Die zuletzt wertlosen Kriegsanleihen stürzten das Stift in eine schwere ökonomische Krise.[138] Nur noch durch Anleihen auf stabiles Vermögen waren die verlangten Summen aufzubringen. Der Krieg verzehrte nicht nur die Ersparnisse der Zeitgenossen, sondern künftiger Generationen. Sogar die Waisenrenten wurden dem unsicheren Konto der Kriegsanleihen anvertraut. Zu Allerheiligen 1918 durften auf den Friedhöfen keine Kerzen entzündet werden.[139] In mehreren Anläufen forderte der Staat die Kirchenglocken. Die Glocke der Salzburger Protestantischen Kirche war so eingebaut, dass man sie *nur in Stücke zerschlagen abnehmen konnte*.[140] Kaum war das Klangnetz zerrissen, vernahm man in Seekirchen den Geschützdonner der Gebirgsfront.[141] Alles entbehrbare Metall war abzuliefern. Die kupfernen Kirchendächer wurden durch Weißblech ersetzt, auch in St. Peter und über der Domkuppel.[142] *Ohne jede Ausweisung tratten [zwei Herren der Metallzentrale] in die Küche, rissen die Küchentüren auf um nach Metallgegenständen zu suchen.*[143] Unter Gendarmerieeinsatz wurden den Bauern die abverlangten Liefermengen abgepresst. Bei Hausdurchsuchungen nach verborgenen Lebensmitteln wurde sogar der Altartisch der Hauskapelle zur Sondierung durchbohrt.[144] Nicht selten widersetzten sich Bauern durch *gefährliche Drohungen*, einmal sogar mit einem geladenen Revolver, der Requirierung.[145] Eine solche Verletzung des Hausrechts war bisher undenkbar im habsburgischen Rechtsstaat. Es war dieser Einbruch in die Privatsphäre, welche das bürgerliche Selbstwertgefühl verletzte. Der Krieg brachte die soziale Gliederung in Bewegung. Die Pole von reich und arm schienen sich immer weiter voneinander zu entfernen und den *mittleren Erwerbsstand* förmlich zu zerreiben.[146] Die Selbstsicherheit bürgerlicher Existenz ging verloren. Man war gewohnt, seine Ausgaben streng an die Revenuen zu koppeln, nicht über die Verhältnisse zu leben, Soll und Haben ausgewogen zu bilanzieren, den Söhnen eine gute Ausbildung zu gewähren und eine lebensfähige Existenzgrundlage zu schaffen, die Töchter mit einer repräsentativen Ausstattung zu versehen, einen ausreichenden Notgroschen fürs Alter zurückzulegen. Berechenbarkeit der sozialen Existenz, der Geschlechterverhältnisse, der Generationenbeziehungen waren das Signum dieser *Welt von gestern* (Stefan Zweig) gewesen. Der Krieg vernichtete alle Bürgschaften sicherer Existenz. Über Nacht entzog er den Familienerhalter, verwaiste eine Kinderschar, überantwortete in extrem bedrängter Lage den Frauen die männliche Rolle des Familienernährers. Bäuerinnen hatten mit halberwachsenen Kindern alleine ihre Berghöfe zu bewirtschaften.

Die Not fraß sich in alle Lebensverhältnisse, und es traf nicht alleine die Arbeiterschaft und die Armen, sondern zunehmend auch den Beamteten und Gewerblichen, der ohnehin seine Ersparnisse und dann auf dem Schwarzmarkt seine materiellen Güter zur Aufbesserung seiner Ernährung opferte. Bis hinaus ins oberösterreichische Umland pilgerten die Salzburger aller Schichten auf der Suche nach Lebensmitteln im Austausch gegen Kleidung, Schmuck, Kinderspielzeug. *Die Lebensmittelknappheit bringt es mit sich, daß nahezu alle Bevölkerungskreise das Bestreben haben, sich Lebensmittel auf verbotene Art zu*

---

138 ASP, Hs A 97, Tagebuch Abt Hauthaler, Eintragungen Oktober 1915, November 1915, April 1916 und Oktober 1917; dazu Hanisch Ernst, St. Peter in der Zwischenkriegszeit 1918–1938. Politische Kultur in einer fragmentierten Gesellschaft. In: Festschrift St. Peter zu Salzburg 582–1982. (Studien und Mitteilungen zur Geschichte des Benediktiner-Ordens, 93). Salzburg 1982, 375 u. 377.
139 AStS, PA 1347, Tagebuch Alexander Haidenthaller, 125.
140 Kronawetter Marie von (1869–1919), Krieg hinter der Front, Typoskript Sammlung Hanns Haas, 10.
141 Haas Hanns, Seekirchen. Alltag der Politik in den beiden Seekirchner Gemeinden von 1848 bis 1918. In: 1300 Jahre Seekirchen. Geschichte und Kultur einer Salzburger Marktgemeinde, hg. von Dopsch Elisabeth/Dopsch Heinz. Seekirchen 1996, 290.
142 ASP, Hs A 97, Tagebuch Abt Hauthaler, Eintragungen vom März und Mai 1916.
143 AStS, PA 1347, Tagebuch Alexander Haidenthaller, Eintragung vom 14. August 1918, 119.
144 Bericht eines Augenzeugen. In: Lackner Josef, Bauern in Salzburg 1914–1918. Phil. Diss. Univ. Salzburg 1980, 132f.
145 Österreichisches Staatsarchiv, Allgemeines Verwaltungsarchiv, Inneres 22 Salzburg, Zl. 1917 25137. Vom 28. Dezember 1917. Johann Häusl, Lenzing, politischer Bezirk Saalfelden; weiters Zl. 1918 7336, 14786 u. 17816.
146 AStS, PA 1347, Tagebuch Alexander Haidenthaller, Eintragung vom 27. Mai 1918, 174.

verschaffen, heißt es im Sicherheitsbericht 1917 des Landespräsidenten an das Innenministerium.[147] Die zwei halbwüchsigen Buben des Redakteurs Glaser vom „Salzburger Volksblatt" wurden von der Gendarmerie Henndorf beim Diebstahl von fünf Kilogramm Erdäpfel erwischt, und es bedurfte einiger Anstrengungen, die vom Bezirksgericht Neumarkt ausgesprochene Freiheitsstrafe von vier Monaten in der Berufung mit Hilfe eines guten Anwalts und wohlmeinender örtlicher Zeugenaussagen in einen Freispruch zu verwandeln. Für den Eventualfall hatte ohnehin der Rektor der Realschule den Verbleib eines Vorbestraften in der Schule zugesagt.[148] Auch der Gnigler Kaufmann Haidenthaller zögerte lange, ehe er am 23. Juli 1918 zu seinen Verwandten in Mattsee und am 25. August 1918 zu seinem langjährigen Schmalzlieferanten weit hinein ins Oberösterreichische seine *Hamsterfahrten* unternahm.[149] Die Küche im Stift St. Peter wurde fad und eintönig. Ein Pater hortete ein paar Bissen Essen und nicht konsekrierte Hostien in seinem Betschemel. Aus Hunger sagte er, vielleicht aber auch nur aus Sorge vor Hunger. Sogar das Hostienmehl wurde den Schwestern rar.[150] *Jetzt sind wir mitten in einer Hungersnot*, vermerkte Redakteur Glaser am 10. August 1918 in seinem Tagebuch. Mit der Assistenz von Gendarmerie requirierte der Staat auf den Bauernhöfen Getreide und Erdäpfel. Der Viehstand war wegen Heulieferungen für das Heer nicht mehr zu halten. Der Lungau war 1917 wochenlang ohne Brotgetreide. Andererseits wurde dem Bezirkshauptmann strikte untersagt, aus eigener Machtvollkommenheit ein Ausfuhrverbot für Rinder in die Steiermark auszusprechen. Wer sich dennoch folgsam den staatlichen Anordnungen fügte, konnte mit obrigkeitlicher Belobigung rechnen. Alle gesellschaftlichen Gruppen, Priester, Staatsbeamte, Lehrer, Ärzte und Pflegepersonal, Bauern und Dienstboten wurden systematisch mit hierarchisch gestaffelten allerhöchsten Auszeichnungen für ihre zivildienstlichen Leistungen bedacht, wie: erfolgreiche Werbung für die Kriegsanleihen, unentgeltliche Besorgung administrativer Aufgaben, *Labedienst* für durchreisende Soldaten, aufopfernde Krankenpflege und fleißige Ablieferung der verlangten agrarischen Produkte. Da wurde auch eine verwitwete Bäuerin für das Kriegskreuz für Zivilverdienste IV. Klasse vorgeschlagen, einer ihrer Söhne war vermisst, einer gefallen, und trotz Kränklichkeit bearbeitete sie ohne männliche Arbeitshilfe *unverdrossen* und erfolgreich das Schweigergut samt Gasthaus in Lessach; eine andere, ihr Mann war eingerückt, drei kleine Kinder hatte sie zu ernähren, und dennoch trug sie *freiwillig zur Approvisionierungsermöglichung in der Gemeinde bei* und lieferte Milch ins Spital Tamsweg.[151] Gut gemeinte Gesten ohne nachhaltige Wirkung. Die Distanzierung vom Habsburgerstaat artikulierte sich oft drastisch im Wirtshaus; ein Tamsweger Bauer zur Endzeitkrise: *Die k.k. [Monarchie] is a Dreck[,] die Beamten und Bürger geh'n aufs Land betteln!!*[152] Das Ende der Monarchie wurde am Lande teilnahmslos hingenommen, aber auch nicht die Republik begrüßt.

Die Lasten waren ungleich verteilt. Gute Beziehungen zur Bürokratie, zu Militärs oder zu einschlägigen Unternehmungen verbesserten allemal die Lage. Jeder kannte oder vermutete in seinem eigenen Umfeld solche kleinen und großen Privilegien. Hofrat Heinrich Lammasch, später österreichischer Ministerpräsident, erhielt 1916 auf Intervention des Landesregierungsrates Rambousek über die Normalration hinaus täglich zwei Liter Milch.[153] Der Gattin Hofrat Lammaschs war ein Polizeiagent bei der Abreise nach Wien behilflich.[154] Die Mutter des Landespräsidenten Felix von Schmitt-Gasteiger erhielt Weißbrot vom

147 SLA, Präs. 1918 VIII C 576.
148 AStS, PA 24, Tagebuch Hans Glaser, Eintragung vom 15., 22., 23., 28. August u. 6. Oktober 1917.
149 AStS, PA 1347, Tagebuch Alexander Haidenthaller, Eintragungen vom 23. Juli u. 25. August 1918.
150 SLA, Geheime Präsidialakten K. 2. Schriftwechsel Eduard Rambousek.
151 SLA, Präs. 1918 II a 613.
152 SLA, Präs. 1917 VIII C 4834.
153 SLA, Geheime Präsidialakten 1916 327.
154 SLA, Geheime Präsidialakten 1918 o. Zl.

Grand Hotel de l'Europe.[155] Das Hofmeisteramt der Großherzogin von Toskana in Salzburg bekam aus dem oberösterreichischen Bezirk Braunau 1917 eine noch dazu auf der Versandkiste deklarierte Eiersendung.[156] Der Landespräsident Schmitt-Gasteiger erhielt 1917 durch Vermittlung des Finanzministeriums ein größeres Quantum an Zigarren.[157] Eine Tanzveranstaltung zugunsten des Militär-Witwen- und Waisenfonds in Zell am See ausgerechnet zeitgleich mit einem Sozialdemokratischen Arbeitertag am 18. August wurde dann doch abgesagt, man befürchtete ihre *aufreizende Wirkung*.[158] Die Gemeinderäte erhielten von der städtischen Schranne Mehl, Eier und Butter, sodass ihre Angehörigen nicht Schlange stehen mussten.[159] Die städtische Beamtenschaft wurde aus einem Sonderkontingent außerhalb der Rationalisierungswirtschaft versorgt, und so ersparten sich die Angehörigen das lästige Anstellen. Glaser kritisierte dieses Privileg, und er lehnte die Beteiligung seiner Familie an einem solchen Verteilungssystem ab – um nicht vom Bürgermeister in Abhängigkeit zu geraten.[160] Doch die steigende Not machte ihn unempfindlich gegen die Unmoral des Schleichhandels, die sein Blatt unaufhörlich anprangerte. Als *wohldisziplinierter Bürger* hatte er fast drei Jahre lang versucht, *nach den Vorschriften der Regierung zu leben*.[161] Im August 1917 nahm er von einem Gemeinderat Zucker und Kaffee und von einem Militärangehörigen Zucker und Mehl.[162] Am 30. September 1917 wanderte er auf Lebensmittelsuche über Mattsee, Perwang nach Kirchberg.[163] Glaser vermerkte dankbar, dass die Landesregierung seine Berichterstattung über den Lebensmittelaufruhr im September 1918 mit einem Präsent von 500 kg Erdäpfeln für sein Personal belohnte.[164] Von der gigantischen Defraudation des Regierungsrats Rambousek hatte er bis zur Enttarnung Ende Oktober 1918 keine Ahnung.

Wirkliches Ärgernis aber war der zur Schau gestellte Luxus einzelner privilegierter Personen und Gruppen. Während die Bevölkerung litt und darbte, waren die noble Kundschaft und Gäste bestimmter Hotels immer noch üppig versorgt. Regierungsrat Rambousek empfahl 1917 einem hohen Diplomaten die Stadt Salzburg als Pensionsort, nicht zuletzt, weil Salzburg, *insbesondere was die Verpflegung in den Hotels anbelangt, besser daran ist als so mancher Ort*.[165] Vor allem das Hotel de l'Europe am Bahnhof sorgte für Unmut unter der Salzburger Bevölkerung. Dort fand man selbst im Hochsommer 1918 noch für eine Tagesgebühr von 34 bis 40 Kronen Zimmer und Verpflegung – zum Vergleich dazu erhielt der Redakteur der „Salzburger Wacht" damals 400 Kronen monatlich bei einer vierköpfigen Familie. Rambousek hoffte nur, im August werde *die Wut auf die Gäste im Hotel Europe keine so große mehr sein wie gegenwärtig, da vielleicht Ende Juli doch noch etwas Essbares für die Bevölkerung vorhanden sein wird*.[166] Das Hotel offerierte sogar die Lieferung von weißem Brot für die damit gerüchteweise schlecht versorgte Mutter des Landespräsidenten. Oft genügte der Verdacht auf gehortete Lebensmittel, wie im Falle des Stifts St. Peter. Nicht zu Unrecht, wie der Prozess Rambousek beweist, wurden staatliche und kommunale Verteilungsstellen der bürokratischen Misswirtschaft, wenn nicht der Unterschlagung von Versorgungsgütern verdächtigt. Die Gerüchtebörse brachte auch die sozialdemokratische Parteiführung mit Lebensmittel-Sonderrationen aus dem städtischen Versorgungspool in Verbindung.

---

155 SLA, Geheime Präsidialakten, o. Zl. Das Angebot des Hotels nahm der Landespräsident gerne an.
156 SLA, Geheime Präsidialakten 1917 217.
157 SLA, Geheime Präsidialakten 1917 199. Anonymes Schreiben.
158 SLA, Geheime Präsidialakten 1918 o. Zl.
159 AStS, PA 24, Tagebuch Hans Glaser, Eintragung vom 12., 18. u. 27. April 1917.
160 AStS, PA 24, Tagebuch Hans Glaser, Eintragung vom 7. Mai 1917.
161 AStS, PA 24, Tagebuch Hans Glaser, Eintragung vom 16. Oktober 1917.
162 AStS, PA 24, Tagebuch Hans Glaser, Eintragung vom 11. u. 24. August 1918.
163 AStS, PA 24, Tagebuch Hans Glaser, Eintragung vom 30. September 1917.
164 AStS, PA 24, Tagebuch Hans Glaser, Eintragung vom 4. Oktober 1918.
165 SLA, Geheime Präsidialakten 1917-111. Brief an den Gesandten Maximilian Frh. von Ungern, Territet in der Schweiz.
166 SLA, Geheime Präsidialakten K. 2. Schreiben Rambousek an Viktor Frh. von Weiss-Starkenfels, 21. Juli 1918.

Hungerrevolten und Streiks[167]

In Hungerrevolten fand seit Herbst 1916 die allgemeine Not ihren Ausdruck. Die Proteste entzündeten sich an konkreten Versorgungsproblemen, wenn Brot, Mehl und Zucker ausgingen, wenn sich die fleischlosen Wochen zu Monaten addierten und wenn die Löhne mit der rasanten Verteuerung der Lebensmittel in ärgstes Missverhältnis gerieten. Adressat der Forderungen war der Staat, der im Kriegsabsolutismus alle Machtbefugnisse an sich gezogen hatte und jetzt seine Sorgepflicht verletzte. Seinen Unmut bekundete der Protest vor den Bezirkshauptmannschaften, der Landesregierung und gelegentlich vor den Rathäusern, um zuletzt gewaltsam in die bürokratischen Schaltstellen der Macht einzudringen. Die Frauen hatten in diesem Krieg die Hauptverantwortung für das alltägliche Leben ihrer Familien übernommen; sie waren es, und mit ihnen politisch bisher nicht tätige Jugendliche, die dem Protest ihre Stimme liehen. Die Protestbewegung erfasste zusätzlich zu den ArbeiterInnen zunehmend auch Angehörige der verelendeten Mittelschichten. Wenn möglich, versuchte der Staat die Bewegung durch rasche punktuelle Zulieferung von Lebensmitteln und die Gewährung höherer Löhne einzudämmen. Die Streitschlichtung erleichterte die Kooperationsbereitschaft der Sozialdemokratischen Partei und der Gewerkschaften. Doch im Eventualfall präsentierte er sich mit seinen Machtmitteln, Drohungen, Sicherheitswachen, Militär, Militarisierung der Betriebe und militärische Einberufung der Aktivisten. Die Staatsverdrossenheit der bäuerlichen Besitzschicht entzündete sich an der Ablieferungspflicht landwirtschaftlicher Produkte. Über die ganze Getreideernte, die Kartoffeln und sogar das Weißkraut verfügte der Staat, und immer größere Lieferungsmengen wurden den Bauern vorgeschrieben. Die Aufbringung der verlangten Mengen erfolgte zuletzt mit militärischen Requisitionen.[168] Politische Forderungen fehlten anfangs in den spontanen Hungerrevolten. Doch die diffuse Systemkritik konnte sich in einem anonymen Schreiben an die Redaktion des „Salzburger Volksblattes" von Anfang Oktober 1916 bis zur anarchistisch angehauchten Revolutionsandrohung steigern.[169] Die Zeitungsredaktion und der davon informierte Landespräsident vermuteten *irgendeinen Desperado* als Schreiber, dennoch stand das Schreiben am Beginn einer bis zum Ende der Monarchie und darüber hinaus nicht mehr endenden Protestwelle.

Die Not hat den höhe Punkt ereicht; wir wollen nicht mehr hungern mit unsern armen Kindern, die täglich um Brod schreien – wen nicht genug, Mehl, Kartofl Polenta Brod komt, dan ist Revolution unausbleiblich, wir fürchten kane Böhm [Lesung unsicher], wir haben andre Mittel zur Hand, alles fligt in die Luft, bei der Regirung fangen wir an, der soll keinen Schritt mehr sicher gehn, weil er sich gar nichts sorgt um sein Volk, nichts last er herbringen; der gute Bürgermeister will auch wegen seiner abdanken, dan müssten wir gleich verhungern wenn der uns verlast wir wissen, das alles genug da ist, nur die verfluchten Wucherer geben nichts her; hinauf damit am Galgen, nider mit ihnen, wir werden ihnen schon den Hals zusammenschnüren, wir kommen schon. Was soll den der arme Arbeiter fressen?, wenn Mehl, Brod Polenta Kartofl auch immer teurer werden? Zucker hat auch wider aufge[...], nider mit die Wucherer hinauf am Galgen! wenns es eine Gerechtigkeit gibt.- Bier u. Flei[s]ch ist unerschwinglich was Kraft gäbe, die besten Milchkühe werden geschlachtet, daher keine Milch tausende von Kindern sterben

---

167 Siehe dazu den Beitrag von Thomas Weidenholzer in diesem Band.
168 Köfner Gottfried, Hunger, Not und Korruption. Der Übergang Österreichs von der Monarchie zur Republik am Beispiel Salzburg. Eine sozial- und wirtschaftswissenschaftliche Studie. Salzburg 1980, 45.
169 AStS, PA 24, Tagebuch Hans Glaser, Eintragung vom 2. Oktober 1918; Glaser übermittelte das Schreiben an die Landesregierung.

deshalb; nach [sic!] die tausend Eier habens in Salzach geschmisen, Müller Mehl haben die Schweine gefressen, u. wir das Viehmehl so eine Wirtschaft ist nur in Österreich. O! wenn der gute Schaffgotsch lebte wäre alles alles anders! Wenns nicht sehr bald anders wärd so Revolution (unausbleiblich).[170]

Gottfried Köfner hat die Protestwellen mit der periodischen Knappheit an Mehl, Erdäpfeln, Milch, Fett und Fleisch synchronisiert.[171] Schon am 20. Februar 1916 beschwerten sich in Bruck/Pinzgau 40 *Frauenspersonen* beim Bürgermeister über die Qualität des Brotes beim örtlichen Bäcker und verlangten, *daß Kartoffeln und Reis in die Gemeinde komme*.[172] Im Spätherbst 1916 setzte eine nicht mehr endende Protestwelle ein. Permanente Brennpunkt der Proteste und Streiks bildeten die Arbeiterorte Itzling, Gnigl und Maxglan, Hallein mit seiner Saline, der Tabakfabrik und einigen größeren Gewerbebetrieben, der Zentralort Zell am See und die Bergwerksorte, dazu kamen in der Stadt Salzburg die Verteilungsstellen für Lebensmittel. In *Itzling resp. Siezenheim* demonstrierten am 1. Oktober 1916 38 *Frauenspersonen wegen Mangel an Brot, Mehl, Fett etc.*[173] Es folgte eine *demonstrative Ansammlung* am 2. Dezember 1916 vor der Firma Martin in der Linzergasse in Salzburg. 4.000 Personen waren zum Zuckerverkauf gekommen, 2.000 erhielten keinen Zucker und demonstrierten vor dem Verkaufslokal. Die vom Geschäftsinhaber angeforderten 22 Mann Militär brauchten nicht einzuschreiten, die Menge zerstreute sich allmählich.[174] Und so ging es fort im Hungerwinter 1916/17. Am 22. März 1917 demonstrierten vor dem Salzburger Landesregierungsgebäude *eine größere Anzahl von Personen zumeist Frauen – aus dem Arbeiterstande* wegen unzureichender Mehl- und Kartoffelversorgung.[175] Im April 1917 folgte wegen Mehlmangels „der erste Lebensmittelstreik der Kriegszeit", jener der Werkstättenarbeiter der Staatsbahnen mit 418 Arbeitern und elf Arbeiterinnen.[176] Erstmals am 4. Juni 1917 erzwangen Demonstranten, und zwar 400 Personen, *zumeist Frauen aus der Gemeinde Maxglan* gewaltsam den Zutritt in den Hof der Landesregierung, und brachten durch eine Deputation beim Landespräsidenten ihre Klagen vor. Die Demonstration fand ihre Fortsetzung durch Ausschreitungen gegen den Maxglaner Gemeindevorsteher.[177] Ende Juli 1917 streiken erneut die Werkstättenarbeiter sowie Ende Juli/Anfang August 700 Arbeiter der Mitterberger Kupfer A.G. Die erbetene Sonderzuteilung von Lebensmitteln beendete diesen Streik im größten kriegswirtschaftlichen Betrieb des Landes.[178] Prompt folgte die Militarisierung des Betriebes. Die Mitterberger Kupfer-Aktiengesellschaft bedankte sich beim Staat durch eine großzügige Spende für das Kriegshilfsbüro.[179] In diese Chronologie der Protestaktionen schaltete sich spätestens seit der Jahreswende 1917/18 die wieder auf die politische Bühne zurückgekehrte Sozialdemokratie, in geringerem Maße die deutschnationale Arbeiterbewegung ein.

Die Rückkehr der Parteien

Die Hungerrevolten richteten sich nicht nur gegen den Staat, sondern auch gegen die allzu systemangepassten politischen Parteien, gleichermaßen gegen Christlichsoziale, Deutschbürgerliche und Sozialdemokraten. Sie galten als mitverantwortlich für *die trostlose Lage, in die das deutsche Volk in seinem blinden Vertrauen zur Regierung und seinen Abgeordneten geraten sei*, so die Abrechnung

---

170 SLA, Geheime Präsidialakten 1917 o. Zl.
171 Köfner, Hunger (wie Anm. 168), 42–54 u. 90–97.
172 SLA, Präs. 1916 VIII C 2533. Tagesrapport der BH Zell am See vom 20. Februar 1916.
173 SLA, Präs. 1916 VIII 219.
174 SLA, Präs. 1916 VIII C 2533; AStS, PA 24, Tagebuch Hans Glaser, Eintragung vom 4. Dezember 1916.
175 Tages-Rapport der Salzburger Landesregierung vom 21. März 1917. ÖStA, Allgemeines Verwaltungsarchiv Wien, Inneres 22 Salzburg, Zl. 1917 4856.
176 Köfner, Hunger (wie Anm. 168), 43.
177 Bericht des Salzburger Landespräsidiums vom 5. Juni 1917. ÖStA, Inneres 22 Salzburg, Zl. 1917 10043.
178 SLA, Präs. 1917 VIII b 8688.
179 SLA, Präs. 1918 XD 5433.

Pfarrer Gumpolds (Saalbach) auf dem *Pinzgauer Volkstag* vom 16. Juni 1918. Erst in einem schwirigen Anpassungsprozess ist es den Parteien seit Jahresbeginn 1918 gelungen, diese Vertrauenskrise zu überwinden und die Deutungshoheit über ihre politische Klientel zurückzuerlangen. Auf Seiten der ländlichen Christlichsozialen ging es vor allem darum, dem Protest gegen die Requirierung von Lebensmitteln eine Stimme zu verleihen. Zum Sprecher der Opposition machten sich die *Landwirtschaftsgesellschaft* und einige jüngere Kleriker, die im Gegensatz zu den Altpolitikern mit drastischer Staatskritik nicht sparten. In einem ausführlichen Memorandum vom 25. Jänner 1918 wies der *Zentralausschuss der Landwirtschaftsgesellschaft* die von sozialdemokratischer Seite verlangte und vom Staat angekündigte Gleichstellung von Produzenten und Konsumenten in Bezug auf die Versorgung zurück und kündigte gegebenenfalls einen *Produktionsstreik* der Bauern an.[180] Der Präsident der Landwirtschaftsgesellschaft Johann Lackner stand wegen seiner systemkritischen Haltung stets unter Beobachtung durch die Bezirkshauptleute.[181] In der Versorgungskrise entfremdete sich auch der Klerus vom Staat. Vom ganzen Bezirk St. Johann berichtete der Bezirkshauptmann, *dass die Geistlichkeit nicht immer ihren Einfluss auf die Bevölkerung in beruhigender und aufklärender Weise geltend macht, sondern die durch die Verhältnisse erforderlichen Verfügungen der Behörde leider manchmal erschwert.*[182] Das fürsterzbischöfliche Konsistorium trug dieser Entwicklung Rechnung, indem künftig die Ernährungsvorschriften nicht mehr von der Kanzel verkündet werden durften, *um die Seelsorge vor der Gefahr zu schützen, das Vertrauen und die Liebe der Gläubigen einzubüßen, die sie in dieser kritischen, harten Zeit mehr als nötig haben.*[183] Auch der junge Mittersiller Kooperator und Schriftleiter der „Salzburger Chronik" Johann Hasenauer nahm sich kein Blatt vor den Mund.[184] Hasenauer nützte eine am 19. März 1917 in Zell am See abgehaltene Generalversammlung der Viehverwertungsstelle zu *heftigen, oft von Beifall unterbrochenen Angriffen gegen die allgemeine österr[eichische] Viehverwertungsgesellschaft*, was zu einer ernsten Beschwerde des Landespräsidenten beim Erzbischof am 19. April 1917 führte.[185] In einer *Plauderstunde* des „Katholischen Bauernbundes" in Zell am See am 16. Dezember 1917 fand Hasenauer drastische Worte für die staatlichen Eingriffe in die bäuerliche Ökonomie, *daß es eigentlich keinen größeren Sozialdemokraten gibt als den Staat mit den verschiedenen Enteignungen.*[186] Es war beinahe eine Aufforderung zum zivilen Ungehorsam, wenn er die Bauern daran erinnerte, wie sie schon bisher die Ablieferungspflicht durch Tricks umgangen hatten. Die Landwirte sollten *sich mit den Lieferungen nicht zu [sehr] beeilen*, ermunterte er sie in einer Versammlung in Kaprun am Nachmittag des 16. Dezember.[187] Mit solchen Auftritten profilierte sich der Jungpolitiker Hasenauer gegen die unpopuläre „Burgfriedenspolitik" der christlichsozialen Altpolitiker. Die Zurücknahme von Staats- und Systemloyalität honorierten viele Bauern durch den sofortigen Beitritt zum „Katholischen Bauernbund".[188] Zum Verhalten des Kooperators vermerkte das Landespräsidium beinahe resigniert: *[Es] ist nichts zu verfügen, da bereits Gelegenheit genommen wurde, auf Hasenauer mäßigend einzuwirken.*[189] Hasenauers großer Auftritt kam am *Pinzgauer Volkstag* am 16. Juni in Zell am See. Die *Volkstage* waren von allen bürgerlichen Parteien, Christlichsozialen, Deutschbürgerlichen und deutschnationalen Arbeitern beschickt. Hasenauer profilierte sich in der bürgerlichen Blockpolitik durch seine „deutsche Gesinnung", wie überhaupt deutschnationales Denken auf ka-

180 Schreiben an die Landesregierung. SLA, Präs. 1918 XVI 5605. Das politische Anliegen des Jännerstreiks 1918, einen Frieden ohne Eroberungen und Kriegsentschädigung teilte die Landwirtschafts-Gesellschaft. Sie distanzierte sich auch von den deutschen Anliegen, Elsaß-Lothringen und die Kolonien zu behalten; und überhaupt vom deutschen Machtgehabe, mit der recht eigentümlichen Argumentation, dass sich die Deutschen in Polen, Serbien, Rumänien und Italien den „Löwenanteil der gemachten Beute für sich in Anspruch nehmen".
181 SLA, Präs. 1916 II A 3576. Lackner wurde vom Landespräsidenten nicht für eine Ehrung zur Zentenarfeier 1916 vorgeschlagen, erhielt aber dennoch eine Auszeichnung in Gold. SLA, Präs. 1918 II a 492. 1918 wurde Lackner außerdem für die Würde eines Ökonomierates vorgeschlagen.
182 SLA, Geheime Präsidialakten 1917 104. Bericht an das Landespräsidium vom 14. April 1917.
183 AES, 1917 3656, zit. n. Lackner Josef, Die Volksernährung in Salzburg im 1. Weltkrieg. Dipl.-Arb. Univ. Salzburg 1977, 86.
184 Voithofer Richard, Politische Eliten in Salzburg. Ein biographisches Handbuch 1918 bis zur Gegenwart (Schriftenreihe des Forschungsinstitutes für politisch-historische Studien der Dr. Wilfried-Haslauer-Bibliothek Salzburg, 32). Wien-Köln-Weimar, 75.
185 SLA, Geheime Präsidialakten 1917, 104.
186 SLA, Präs. 1917 18742. Bericht des observierenden Beamten als Beilage an den Bericht der Bezirkshauptmannschaft Zell am See an das Landespräsidium, 22. Dezember 1917.
187 SLA, Präs. 1917 18742. Bericht der Bezirkshauptmannschaft Zell am See.
188 Bericht über die Versammlung in Zell am See; Hasenauer kandidierte bei den Landtagswahlen 1919 erfolgreich mit seiner Liste „Pinzgauer Wirtschaftspartei". Hasenauer blieb in der Ersten Republik diesem Programm treu; Hanisch Ernst, Die Christlichsoziale Partei für das Land Salzburg 1918–1934. In: MGSL 124 (1984). Salzburg 1984, 485.
189 SLA, Präs. 1917 18742. Bericht der Bezirkshauptmannschaft Zell am See an das Landespräsidium, 22. Dezember 1917. Vermerk 11. Jänner 1918.

tholischer Seite an Einfluss gewann. Am *Pinzgauer Volkstag* begrüßte er *die Einheit der bürgerlichen deutschen Parteien und fordert[e] das deutsche Volk zur mannhaften Stellungnahme gegen die Regierung auf*.[190] Seine durch antisemitische Tendenz gefärbte Kritik richtete sich in erster Linie gegen die staatlichen Eingriffe in die Wirtschaft, *die in Judenhänden befindlichen Zentralen*. In der von den 1.000 Teilnehmern des Pinzgauer Volkstages angenommenen Resolution heißt es: *Wir verlangen rascheste Aufhebung der ‚Zentralen' zum Zwecke der Hebung der Produktion und Einsetzung des Handels und des Gewerbes in seine Rechte*.[191] Auch die Gegnerschaft von Stadt und Land erhielt neuen Zündstoff, doch während seinerzeit im politischen Katholizismus das sittlich verderbte liberale Bürgertum den Widerpart bildete, so avancierte nunmehr die sozialdemokratische Arbeiterschaft zum Hauptgegner. Verklammert wurden die beiden Feindbilder durch die antisemitische Phrase. Ein Beispiel aus der „Salzburger Chronik" vom 4. März 1918: *Die Bauernschaft hat es satt, Spielball der Sozialdemokraten und des Judentums zu sein und sich von den Zentralen alles gefallen zu lassen*.[192] Im Sommer 1918 wurde es ziemlich still um die christlichsoziale Bewegung. Einen veritablen Schock versetzte den Funktionären aller Parteien die Hungerrevolte vom 20. September 1918, bei der auch der Stiftskeller von St. Peter und Maria Plain geplündert wurden.[193] Der Zerfall der Habsburgermonarchie fand den politischen Katholizismus ratlos und desorientiert, mit Ausnahme des „Katholischen Bauernbundes", der mit seiner Staatskritik schon auf den *Deutschen Volkstagen* Anschluss an die neue Zeit gefunden hatte. Präsident Johann Lackner meldete selbstbewusst die Vertretung seiner Bewegung in den Gremien der demokratisierten Landesverwaltung an – siehe unten. Die demokratische Wende verlangte eine Verfestigung der Parteistrukturen des katholischen Lagers. Der Katholische Bauernbund, der Christlichsoziale Verein, der Verband der christlichen Arbeiterorganisationen und die Katholische Frauenorganisation schlossen sich zur „Christlichsozialen Partei für das Land Salzburg" zusammen und veröffentlichten am 7. Dezember 1918 ihr Programm.[194] Die bäuerlich-ländliche Milieukohärenz sicherte der Christlichsozialen Partei seit den Wahlgängen des Jahres 1919 die Mehrheit auf Landesebene (vgl. Tab. 2). In der Stadt Salzburg war der politische Katholizismus anfangs in der Defensive. Ängstlich nahm Abt Hauthaler am 15. Februar 1919 von seinem Wahlrecht Gebrauch, berichtet er im Tagebuch: *Der Bezirk St. Peter hatte beim Weinwirt im Durchhause vom Drechsler Platz das Wahllokale. Ich ging mit P. Bruno nach ¾ 8h hin u. ¼ nach 8h begannen die Wahlen selbst. Um ½ 9 war ich wieder ohne alle Störung [da]heim.*[195] Doch schon in der Gemeinderatswahl vom 13. Juni 1919 erreichten die Christlichsozialen in der Stadt Salzburg 36,5 % der Stimmen, die Sozialdemokraten 28,6 %, die Deutsche Arbeiterpartei 8,9 % und die auf fünf Fraktionen aufgesplitterten Deutschbürgerlichen 26 %.[196] Die Deutschbürgerlichen verpassten beinahe den Anschluss an die Massenstimmung. Der „Volksbund" drohte *zu einer Stammtischgesellschaft zusammen zu schrumpfen*.[197] Wegen der *Mißstimmung in der Bevölkerung* dachte Sylvester am 2. August 1918 daran, sein Mandat zurückzulegen.[198] Die Struktur einer Honoratiorenbewegung war nicht geeignet für demokratische Öffentlichkeitsarbeit, während gleichzeitig die Mittelstandsgruppierungen florierten. Die Mittelstandsbewegung nahm im Frühjahr 1917 ihren Ausgang von einer „Vereinigung der arbeitenden Frauen". Dazu kam eine Salzburger Sektion der definitionsgemäß unpolitischen „Reichsorganisation der

---

190 Bericht des Bezirkshauptmannes von Zell am See an das Landespräsidium, 18. Juni 1918, SLA, LRA 1918 VIII F 12447; ÖStA, Inneres 22 Salzburg, Zl. 13974 und 14021.
191 Lackner, Volksernährung (wie Anm. 183), 119.
192 Salzburger Chronik, 4.3.1918, 4.
193 Hanisch, St. Peter (wie Anm. 138), 365.
194 Klieber, Politischer Katholizismus (wie Anm. 10), 234.
195 ASP, Hs A 97, Tagebuch Abt Hauthaler, Eintragung vom Februar 1919.
196 Schausberger Franz, Eine Stadt lernt Demokratie. Bürgermeister Josef Preis und die Salzburger Kommunalpolitik 1919–1927 (Veröffentlichungen der Dr. Hans Lechner-Forschungsgesellschaft in Salzburg, 4). Salzburg 1988, 45.
197 AStS, PA 24, Tagebuch Hans Glaser, Eintragung vom 16. Oktober 1917.
198 AStS, PA 24, Tagebuch Hans Glaser, Eintragung vom 2. August 1918.

Hausfrauen Österreichs" (ROHÖ), die mit dem Kauf von Lebensmitteln und Bedarfsartikeln sowie mit Serviceeinrichtungen die Anliegen des Mittelstandes unterstützte. Die selbstbewusste Vorsitzende des Vereines für Mittelstandsinteressen, Frau Prof. Löw, beschwerte sich gar in Wien bei Anton Höfer, dem Leiter des Amtes für Volksernährung, über die schlechte Versorgungslage Salzburgs.[199] Der „Verein für Mittelstandsinteressen" drohte sogar in einem Telegramm an die Kabinettskanzlei und das Innenministerium mit einer *Demonstration*, wenn die Lebensmittelversorgung nicht besser werde.[200] Elf Vereine mit insgesamt 8.000 Mitgliedern schlossen sich im Juni 1918 zum „Verband der mittelständischen Vereine der Stadt und des Landes" zusammen.[201] Ihre Massenversammlungen im Frühsommer 1918 richteten sich vor allem gegen die Fremden in der Saisonstadt Salzburg. Sogar von *Selbsthilfe* bei der Vertreibung der Saisongäste war 1918 die Rede.[202] Politisch ist die Mittelstandsbewegung trotz gewisser Affinitäten zu den Christlichsozialen in Salzburg eher dem deutschnationalen Spektrum zuzurechnen. Die Bewegung bediente sich häufig eines antisemitischen Vokabulars, welches sonst in den spontanen Streiks nicht überliefert ist.[203] Andererseits gibt es auch das Zeugnis einer sachorientierten Zusammenarbeit aller wichtigen Salzburger Frauenvereine, ROHÖ, Frauen-Erwerbverein, Verein arbeitender Frauen, Katholischer Frauenverein, Sozialdemokratischer Frauen- und Heimarbeiterinnen-Verein bei einer *Versammlung zur Beratung gegen die Teuerung*.[204] *Unter dem Eindruck der Mittelstandsbewegung wird [im Volksbund] der Beschluß gefasst, sich ebenfalls mit Ernährungsfragen zu beschäftigen*.[205] Bei einer *Audienz Minister Höfers in Salzburg am 15. August brachte der Vorstand des Volksbundes seine Sorgen in Bezug auf die Versorgungslage zum Ausdruck*.[206] Doch mit Bittgängen konnte man eine staatskritische Öffentlichkeit nicht mehr beeindrucken. Die bürgerlichen Parteien gerieten mehr und mehr ins Abseits. Zu den regionalen Profilierungszwängen kam auf Reichsebene die Sorge um die Gefährdung des nationalen Besitzstandes gegenüber Tschechen und Südslawen, angesichts der diversen staatsrechtlichen Erklärungen, z.B. die Maideklaration der Südslawen und die tschechische Dreikönigserklärung 1918 der Reichsrats- und Landtagsabgeordneten.[207] In mehreren deutschen und ethnisch heterogenen Kronländern – Böhmen, Mähren, Niederösterreich – formierten sich sogenannte „Volksräte" als Gegengewicht zu den slawischen überparteilichen Nationalausschüssen, und zwar durchwegs ohne Beteiligung der Sozialdemokraten und in der Regel auch ohne Abgeordnete zu Reichsrats- und Landtagen.[208] In Salzburg kam eine solche nationale Sammelbewegung wegen des tradierten gesellschafts- und kulturpolitischen Dissenses zwischen deutschbürgerlichem Freisinn und politischem Katholizismus nicht so recht vom Fleck, obwohl Glaser im „Salzburger Volksblatt" ein Zusammengehen von Deutschnationalen und Christlichsozialen empfahl.[209] Ganz abgesehen von einer sozialdemokratischen Beteiligung an der nationalen Sammelpolitik, die in den Tagebuchnotizen Redakteur Hans Glasers immerhin als Gedankenexperiment auftaucht. *Im übrigen bedauere ich es immer wieder, dass die Sozialdemokraten sich von der gemeinsamen Arbeit fernhalten*, notierte Glaser angesichts der sozialdemokratischen Maikundgebungen *für den Frieden* 1917.[210] Unter dem Eindruck der russischen Oktoberrevolution spielte der Redakteur mit dem Gedanken einer demokratischen Neuordnung: *Wir stehen an einem Wendepunkt der politischen Geschichte und es wäre nach meiner Auffassung schlecht, den Anschluß an die künftige Entwicklung*

---

199 SLA, Geheime Präsidialakten 1917 o. Zl. Schriftwechsel Höfer – Rambousek.
200 Salzburger Volksblatt, 8.4.1918, 3.
201 Köfner, Hunger (wie Anm. 168), 94.
202 Salzburger Volksblatt, 12.8.1918, 3f.
203 Die Salzburger Ortsgruppe der ROHÖ löste sich 1920 mit einer antisemitischen Argumentation vom Gesamtverband. Ihre Funktionärinnen traten der „Deutschen Frauenhilfe" bei, die nur Frauen „deutscher Abstammung" akzeptierte; Walder Monika Maria, Von wenigen ambitionierten Einzelkämpferinnen zur mitgliederstärksten Frauenorganisation während des Ersten Weltkrieges. Die Reichsorganisation der Hausfrauen Österreichs (ROHÖ). In: Stadtarchiv Innsbruck (Hg.), Zeit – Raum – Innsbruck. Militärische und zivile Kriegserfahrungen 1914–1918 (Schriftenreihe des Innsbrucker Stadtarchivs, 11). Innsbruck 2010, 179.
204 Bauer/Haas, Krieg (wie Anm. 133), 78.
205 AStS, PA 24, Tagebuch Hans Glaser, Eintragung vom 13. August 1917.
206 AStS, PA 24, Tagebuch Hans Glaser, Eintragung vom 16. August 1917.
207 Zbyněk Zeman A., Der Zusammenbruch des Habsburgerreiches (1914–1918). Wien 1963, 137f. u. 182f.; Urban Otto, Die tschechische Gesellschaft 1848–1918 (Anton Gindely Reihe zur Geschichte der Donaumonarchie und Mitteleuropas, 2), Wien-Köln-Weimar 1994, 898.
208 Molisch, Geschichte der deutschnationalen Bewegung (wie Anm. 75), 222.
209 AStS, PA 24, Tagebuch Hans Glaser, Eintragung vom 4. Juni 1917; Es gab auch sonst Tendenzen einer Annäherung. So beendeten die Deutschbürgerlichen und Christlichsozialen ihren jahrzehntelangen Krieg um eine staatliche oder katholische Universität in Salzburg mit einem auch von der bestehenden Theologischen Fakultät unterzeichneten Abkommen um Gründung einer staatlichen „k.k. Kaiser-Karls-Universität Salzburg". SLA, Präs. 1917 XIV 7230 Protokoll, Bericht des Landespräsidenten an das Ministerium für Cultus und Unterricht.
210 AStS, PA 24, Tagebuch Hans Glaser, Eintragung vom 1. Mai 1917.

zu versäumen. Auch diese Politik wird nicht mehr mit den ‚Herren von heute' [da meinte er die deutschbürgerlichen Abgeordneten und die Landesregierung, die ihn eben wegen der oppositionellen Schreibweise des Blattes ermahnt hatte] gemacht werden, sondern von einer starken demokratischen Partei, vielleicht auf dem Umweg über die Sozialdemokratie […].[211] Doch der niederösterreichische „Jännerstreik" 1918 mit einer Million Teilnehmern führte ihn rasch zurück auf den vertrauten Boden bürgerlicher Sekurität. Damals, am 19. Jänner 1918, vollzog Glaser die Wende zum Antisemitismus. *Das Volksblatt bekennt sich in einem Leitartikel, den ich gestern geschrieben habe, zum Antisemitismus. Natürlich in gemäßigter und vornehmer Art, aber dennoch. Nach den Erfahrungen, die wir im Kriege mit dem Judentum gemacht haben, ist es wahrhaftig unmöglich, philosemitisch zu denken.* Vorbei mit allen demokratischen Floskeln, die entscheidende Vorleistung für eine bürgerliche Blockpolitik mit den unverbesserlich antisemitischen Christlichsozialen war erbracht.

Die Initiative zu einem engeren Zusammenwirken der bürgerlichen Parteien Salzburgs ergriff der Telegraphist bei den Staatsbahnen, Hans Wagner, Gründer des „Allgemeinen Deutschen Gewerksvereins" und führender Exponent der 1913 gebildeten „Deutschen Arbeiterpartei" Salzburgs.[212] Wagner war auf Intervention der Stadtregierung *im Interesse der Organisierung und Führung der deutschen Arbeiterschaft nicht-sozialdemokratischer Parteirichtung* am 27. Juni 1917 vom Militärdienst enthoben worden.[213] Er ist im Herbst 1917 offiziell als deutschnationaler Arbeitervertreter anerkannt worden, heißt es in der Vereinszeitschrift „Deutscher Volksruf. Organ der deutschen Arbeiterpartei" Salzburg vom 4. November 1917.[214] Auf einer „Wanderversammlung" der „Deutschen Arbeiterpartei Österreichs" in Salzburg am 27. Oktober 1917 verwarf Wagner die sozialdemokratische Doktrin eines Friedens ohne Kontributionen.[215] Im rechtsextremen Parteienspektrum zählten Glaser und der Landeschef Schmitt-Gasteiger Wagner zu den Schönerianern, denkbar wäre aber auch ein Naheverhältnis zu den Deutschradikalen Karl Hermann Wolfs mit ihrem scharf antisozialdemokratischen Kurs.[216] Rasch einigten sich Wagner und Glaser am 9. April 1918 programmatisch auf einen *Zusammenschluß der bürgerlichen Parteien im Kampfe gegen die Zentralen und die Sozial-Demokraten.*[217] Glaser assistierte hinter den Kulissen und mit seiner Medienmacht dem Vorhaben eines von den *deutschfreiheitlichen Parteien, der christlichsozialen Partei und der deutschen Arbeiterpartei von Stadt und Land Salzburg* abgehaltenen *Deutschen Volkstages.*[218] Das Vorhaben wurde verwirklicht, das ganze politische Spektrum diesseits der Sozialdemokratie, Deutschnationale, Christlichsoziale und Deutsche Arbeiterpartei war in das Projekt eingebunden. *Das hat uns der Krieg gelehrt, denn früher hätte ich derartiges nicht für möglich gehalten noch befürwortet,* kommentierte Hans Glaser die bürgerliche Einheit.[219] Das Forderungsprogramm des *Deutschen Volkstages* entwarf deutschnationale Luftschlösser, eine *führende Stellung* des deutschen Volkes in Österreich, die *deutsche Staatssprache* und die *rücksichtslose* Unterdrückung der tschechischen und südslawischen *Absonderungsbestrebungen*. Das Konzept war damit weiterhin von der demokratischen Idee eines gerechten Ausgleichs der habsburgischen *Volksstämme* abgekoppelt. Die Kritik an der unzureichenden Versorgungsleistung des Staates richtete sich in der einstimmig verabschiedeten Resolution mit einem antisemitischen Unterton gegen die *gemeinschädlichen Zentralen […] dass wir nicht systematisch den jüdischen*

---

211 AStS, PA 24, Tagebuch Hans Glaser, Eintragung vom 29. November 1917.
212 Hanisch, Zur Frühgeschichte (wie Anm. 9), 378; Ramp, Nicht Fleisch (wie Anm. 9), 108ff.
213 SLA, Präs. VIII C 14501. Mitteilung der Stadtgemeinde-Vorstehung an das Landespräsidium vom 22. Juni 1917.
214 Zit. n. Hanisch, Zur Frühgeschichte (wie Anm. 9), 378.
215 SLA, Präs. VIII F 24321.
216 AStS, PA 24, Tagebuch Hans Glaser, Eintragung vom 16. Mai 1918. Die *Veranstaltung* [des Volkstages] *ist in erster Linie auf eine Anregung der alldeutschen Richtung zurückzuführen*, berichtete Landespräsident Schmitt-Gasteiger am 28. Mai dem Innenministerium. Konzept vom 28. Mai 1918. SLA, Präs. 1918 VIII F 12447; Zu den radikalen deutschen Gruppierungen Haas Hanns, Vom Liberalismus zum Deutschnationalismus. In: Geschichte Salzburgs. Stadt und Land Bd. II/2: Neuzeit und Zeitgeschichte, hg. von Dopsch Heinz/Spatzenegger Hans. Salzburg ²1995, 860; Höbelt, Kornblume (wie Anm. 4), 345.
217 AStS, PA 24, Tagebuch Hans Glaser, Eintragung vom 9. April 1918.
218 Kerschbaumer Gert, Deutscher Volkstag. In: Ein ewiges dennoch. 125 Jahre Juden in Salzburg, hg. von Feingold Marko. Wien-Köln-Weimar 1993, 133–135.
219 AStS, PA 24, Tagebuch Hans Glaser, Eintragung vom 1. Mai 1918.

Ausbeutern zur Gänze ausgeliefert werden. Damit avancierte Judenfeindlichkeit zum Parteiprogramm. Die Systemkritik erreichte einen neuen Höhepunkt; dem Staat wurde bei Vorenthaltung dieser Rechte förmlich die *Treue* aufgekündigt.[220] Die Sozialdemokratie wurde im öffentlichen Programm nicht erwähnt, da man im Eventualfall noch ihre Mitwirkung an einer Neuordnung der staatlichen Verhältnisse benötigte. Mitten in den Vorbereitungen des Volkstages hielt der sozialdemokratische Reichsratsabgeordnete Karl Renner im Mozarthaus am 16. April 1918 in Salzburg einen viel beachteten Vortrag zur „Neugestaltung Österreichs" durch Verständigung von Volk zu Volk. Sogar der Bürgermeister und der deutschnationale Abgeordnete Hueber sowie viele Gemeinderäte und Gemeindevorsteher kamen zum Vortrag.[221] Glaser wollte von einer solchen, ihm auch vom Salzburger sozialdemokratischen Landtagsabgeordneten Preußler am nächsten Tag telefonisch erläuterten Lösung des Nationalitätenproblems nichts wissen. Die Sozialdemokraten stünden in der nationalen Sammelbewegung wieder einmal abseits, bedauerte er scheinheilig am 22. Mai 1918 im „Salzburger Volksblatt". Vermutlich auf deutschnationales Drängen unterblieb auch die sonst auf den Volkstagen erhobene Forderung nach Erweiterung der Länderautonomie. Als *Kronländerei* bezeichnete die Sozialdemokratie die Aversion der bürgerlichen Parteien der Alpenländer gegen Wien.[222] Der *Nur für Arier* offene *Deutsche Volkstag* wurde von einer Riesenmenge besucht, man musste die 4.000 Besucher auf die zwei Veranstaltungslokalitäten Mozarteum und das angrenzende Hotel Mirabell aufteilen, drei Stunden dauerten die Reden.[223] Dann übernahm man das Ritual der Basisopposition etwas abgewandelt in die Formensprache der bürgerlichen Politik, indem nur *ein geringer Teil der Versammelten* unter Führung von Landeshauptmann Winkler und Bürgermeister Ott zum Landesregierungsgebäude zog und anschließend eine Deputation dem Landespräsidenten die Resolution überreichte. Der *Deutsche Volkstag* erreichte seinen Zweck. Er verschaffte den bürgerlichen Parteien und ihren am Volkstag anwesenden Abgeordneten, z.B. Sylvester, Stölzel, Hueber und Kanonikus Daniel Etter, wieder den nötigen Rückhalt im „Volk". Das Potential der Mittelstandsbewegung wurde absorbiert. Die Energie der Staatskritik wurde in Richtung Antisemitismus gelenkt, der sich vor allem in den Wortmeldungen des Klerus in seiner ganzen menschenverachtenden Tendenz zeigte. *Zum Kampf gegen die ‚Juden', gegen diese semitischen Vampyre* eiferte hemmungslos die „Salzburger Chronik".[224] Der Tagebucheintrag des Kaufmanns Haidenthaller zum Salzburger „Deutschen Volkstag" zeigt die Tiefenwirkung dieser Indoktrination. Die Demonstration richtete sich gegen den Landespräsidenten als Repräsentant der Obrigkeit. Doch der wirkliche Gegner ist für Haidenthaller nicht der Obrigkeitsstaat, sondern *der Jude, der aus dieser* [vom Krieg verursachten und vom säumigen Staat nicht verhinderten] *Unordnung seinen Nutzen gezogen* [hat] *und für die Folge zieht*. Diese antisemitische Geschichtsdeutung machte der Volkstag öffentlich: *Es sind Worte gefallen, die man nie auszusprechen wagte, […] eine Aussprache, die geeignet war, dem Volke volle Genugtuung zu verschaffen*. Besser könnte man die Ventilfunktion des Antisemitismus nicht illustrieren.[225] Demokratie hingegen war im bürgerlichen politischen Diskurs so kurz vor dem Zerfall der Staatsordnung kein Thema. Ein permanenter *Volksrat* ist ohnehin nicht zustande gekommen.[226]

Die bürgerliche Machtdemonstration der „Volkstage" vom 16. Mai in Salzburg, 16. Juni in Zell/See und vom 21. Juni 1918 in Tamsweg erfolgte mit der Rück-

220 Der Wortlaut der Erklärung nahm Anleihen bei einer besonders radikalen staatsfeindlichen Erklärung des Meraner Bürgervereins vom 17. April 1918. Höbelt, Kornblume (wie Anm. 4), 343.
221 Witternig an Skaret, 17. April 1918. Verein, SD Parteistellen K. 117; AStS, PA 24, Tagebuch Hans Glaser, Eintragung vom 16. April 1918.
222 Schreiben des steirischen Abgeordneten Hans Resel an Skaret, 15. Juni 1918. Verein, SD Parteistellen K. 115.
223 SLA, Präs. 1918 VIII F 12447. Bericht des Landespräsidenten an das Innenministerium, Konzept vom 28. Mai 1918.
224 Salzburger Chronik 28.5.1918, 1; Fellner Günter, Antisemitismus in Salzburg 1918–1938 (Veröffentlichungen des Historischen Instituts der Universität Salzburg, 15). Wien-Salzburg 1979, 80–84.
225 AStS, PA 1347, Tagebuch Alexander Haidenthaller, Eintragung vom 27. u. 30. Mai 1918.
226 AStS, PA 24, Tagebuch Hans Glaser, Eintragung vom 25. Juni 1918. Ergebnislose Besprechung im Volksbund über die Gründung eines „Volksrates".

versicherung eines günstigen Kriegsverlaufs. Die *Waffenbrüderschaft mit der deutschen Armee* steigerte seit Kriegsbeginn die nationaldeutschen Gefühle. In Badgastein wurde schon 1915 bei öffentlichen Feiern zur Volkshymne auch die deutsche Hymne abgespielt. Doch auch in Salzburg zogen die *in das Feld abrückenden Marschformationen [...] die Wacht am Rhein singend durch die Straßen der Stadt*; in ihren Reihen flatterten *außer Fahnen in den Reichsfarben auch schwarz-weiß-rote und schwarz-rot-gelbe Fahnen*. Vor dem Weltkrieg wären solche Kundgebungen *als staatsfeindlich gedeutet worden*, bekannte der Landespräsident gegenüber dem Innenminister.[227] Begeistert wurde 1916 ein Vortrag Friedrich Naumanns zum Thema *Mitteleuropa* im September 1916 von Deutschbürgerlichen und Sozialdemokraten rezipiert.[228] Glaser begrüßte im Stadttheater den Frieden von Brest-Litowsk mit einer zuversichtlichen Parole *Heil dem Frieden und dem Siege*.[229] Die deutsche Offensive an der Westfront im März 1918 nährte ein letztes Mal die Illusion eines baldigen Sieges. *Zwei Armeen der Engländer sind geschlagen und mit ihnen die französischen und amerikanischen Reserven in eine Niederlage verwickelt, von der sie sich nicht mehr erholen werden*, notierte Glaser am 24. März 1918.[230] *Nicht auf den Frieden der Sozialdemokraten sei zu bauen, sondern auf die Waffentaten Hindenburgs* bestärkte der Wiener Nationalsozialist Dr. Walter Riehl die Deutschnationalen am 20. April 1918.[231] Der Forderungskatalog des *Deutschen Volkstags* von Salzburg enthielt folgerichtig die Vertiefung des militärischen und wirtschaftlichen Bündnisses mit dem Deutschen Reich und die Zurückweisung aller *ungebetenen Friedensvermittlungen* – eine Anspielung auf die Friedensversuche Kaiser Karls über seinen Schwager Xaver und Sixtus von Bourbon-Parma. Als Außenminister Czernin in der „Sixtusaffäre" demissionierte, waren 22 Salzburger Häuser schwarz beflaggt. Die Aktion hatte ein Kaufmann Neumüller angezettelt und Redakteur Glaser *für die Durchführung* gesorgt.[232] Der Landespräsident erreichte durch Vermittlung des Bürgermeisters das Einziehen der Fahnen.[233] Ein Konzert des tschechischen Violinvirtuosen Kocian im Mozarteum musste Ende April 1918 abgesagt werden, da *hiesige nationale Kreise [...] beschlossen, es durch gewaltsame Störung zu sprengen*.[234] Doch dann brach die selbstsuggerierte Kriegswelt zusammen. Am 8. August drückten die Engländer die Westfront ein, eine österreichisch-ungarische Offensive scheiterte am Piave und in Welschtirol, die französische Salonikifront rückte nach Norden. *Überraschend Friedensvorschlag [Außenministers Stefan] Buriáns*, notierte Glaser am 14. September 1918 zu der vom amerikanischen Präsidenten Woodrow Wilson abgelehnten Abhaltung einer Friedenskonferenz.[235] Dann ersuchte Bulgarien am 29. September die Entente um einen Waffenstillstand, am 3./4. Oktober folgten das bisher so siegesgewisse Deutschland und Österreich-Ungarn mit dem Waffenstillstandsangebot an Wilson, der jedoch demokratische Reformen als Voraussetzung für den Frieden verlangte. In diesem Umschwung entdeckte Redakteur Glaser den Reiz der Demokratie: *Die Erlösung kommt aus dem Westen, aus Amerika, und mit ihm, wie es scheint, auch die Freiheit*, notierte er am 15. Oktober 1918 in sein Tagebuch. Jetzt erst, in der Stunde der Niederlage, akzeptierte das „dritte Lager" das bisher den Slawen und Romanen innerstaatlich so vehement vorenthaltene Selbstbestimmungsrecht. Der sozialdemokratische Parteiführer Preußler durfte im „Salzburger Volksblatt" vom 24. Oktober der bürgerlichen Öffentlichkeit die Grundsätze nationaler Selbstbestimmung erklären.[236] Einen Staatsumbau entsprechend dem *Völkermanifest*

227 SLA, Geheime Präsidialakten 1915 652 II; Salzburger Wacht, 29.9.1916 u. 26.10.1916.
228 AStS, PA 24, Tagebuch Hans Glaser, Eintragung vom 25. September 1916.
229 AStS, PA 24, Tagebuch Hans Glaser, Eintragung vom 3. März 1918.
230 AStS, PA 24, Tagebuch Hans Glaser, Eintragung vom 24. März 1918.
231 SLA, Präs. 1918 VIII F 10754. Relation des observierenden Beamten.
232 AStS, PA 24, Tagebuch Hans Glaser, Eintragung vom 13. April 1918; dazu Kann Robert A., Die Sixtusaffäre und die geheimen Friedensverhandlungen Österreich-Ungarns im Ersten Weltkrieg (Österreich Archiv). Wien 1966.
233 SLA, Geheime Präsidialakten 1918 24/II. Bericht des Landespräsidenten an das Innenministerium 17. April 1918.
234 Berichte des Salzburger Landespräsidiums vom 28. u. 29. April 1918. ÖStA, Inneres 22 Salzburg, Zl. 10155.
235 Opocenský Jan, Umsturz in Mitteleuropa. Der Zusammenbruch Österreich-Ungarns und die Geburt der Kleinen Entente. Hellerau bei Dresden 1931, 182ff.; Mamatey Victor, The United States and the East Central Europe. A Study in Wilsonian Diplomacy and Propaganda. New Jersey 1957, 319–333.
236 AStS, PA 24, Tagebuch Hans Glaser, Eintragung vom 24. Oktober 1918.

Kaiser Karls vom 16. Oktober 1918 hielt Glaser für nicht mehr realisierbar. Für Österreich-Ungarn hatte er nur noch das Verdikt: *Es ist wahrhaftig nicht schade um diesen Staat in seiner gegenwärtigen Gestalt.*[237] Nach dem Krieg begann eine schwierige und fragile Einigung des deutschfreiheitlich-nationalen Lagers zur „Großdeutschen Volkspartei".[238]

Der schwierigste Balanceakt zwischen Protest, Beruhigung und politischer Sinngebung entfiel auf die Sozialdemokratie in ihrem städtischen und landproletarischen Umfeld. Personelle Voraussetzung für diesen organisatorischen Kraftakt war eine halbwegs ausreichende Personaldecke. Für den *Wiederaufbau der politischen Organisation* unter den 10.000 Arbeitern der Kriegsdienstleistungsbetriebe, der Eisenbahner und draußen am Land benötige die Partei dringend eine zusätzliche Kraft, schrieb Preußler am 30. Juli 1917 an die Reichsparteivertretung.[239] Wie schon die Deutschnationalen mit der militärischen Dienstenthebung Hans Wagners im Juni 1917 erreichte auch die Sozialdemokratie wenig später die Enthebung des Langzeitfunktionärs Josef Witternigg. Damit skizzierte die Salzburger Parteileitung erstaunlich offen die der Partei zugedachte Rolle als verlängerter Arm der Obrigkeit zur Ordnungssicherung.

Angesichts des personellen Engpasses in der Partei besteht die Gefahr, dass Gewerkschaften, Eisenbahner und Arbeiter, und alle sonstigen Arbeiter den ständigen Kontakt mit der Führung verlieren, wenn nicht Josef Franz Witternigg seine vor dem Kriege inne gehabte Stellung wieder einnimmt. Bei der derzeitigen Sachlage bedarf es wohl keiner näheren Ausführung darüber, dass eine Leitung und Führung der arbeitenden Bevölkerung erforderlich ist und eine Person unbedingt hier sein muss, welche das Vertrauen der Arbeiterschaft genießt, damit sich die Verhältnisse in Ruhe entwickeln und insbesondere die Berührung zwischen Behörden und Arbeiterschaft ständig aufrecht bleibt. Was die „Salzburger Wacht" betrifft, so ist der Bestand dieses Blattes erforderlich, das im Uebrigen für die Aufklärung der Arbeiter im Kriege sehr viel geleistet hat und insbesondere beruhigend und aufklärend einzuwirken vermag.[240]

Sozialdemokratische Strategie war es, die wachsende Verbitterung über die Lebensmittelnot und die Inflation durch ein Staccato von Informationsveranstaltungen aufzufangen und den Elan der Massenbewegungen ihrer Partei zuzuleiten. Unaufhörlich predigte die Sozialdemokratie ihre Langzeitstrategie, nach dem Krieg aus einer Position der Stärke auf parlamentarischem Wege die Lage der Arbeiterschaft entscheidend zu verbessern. Beinahe jede Veranstaltung endete mit der Aufforderung, den sozialdemokratischen Organisationen beizutreten und die „Salzburger Wacht" zu abonnieren.[241] Gegebenenfalls organisierte die Sozialdemokratie selbst öffentliche Protestkundgebungen gegen den säumigen Staat, oft auch in Konkurrenz mit den deutschnationalen und christlichsozialen Konkurrenten. Sobald sich die Lage dennoch in Verzweiflungsausbrüchen und Streiks zu äußeren drohte oder tatsächlich äußerte, versuchte die Parteileitung, sie auf dem Weg über die betrieblichen Vertrauensmänner durch *gütliches Zureden* wieder unter Kontrolle zu bringen und der Behörde Zugeständnisse bei Löhnen und Lebensmittellieferungen abzuringen. Damit wurde eine fruchtlose Konfrontation mit der Staatsgewalt vermieden und die Ordnungskraft der Partei gegenüber den Behörden bewiesen. Die Rolle der Vertrauensmänner und Fabriksausschüsse war mit der Einrichtung der Beschwerdekommissionen am 18. März 1917 erheblich aufgewertet worden.[242] Sie sollten

237 AStS, PA 24, Tagebuch Hans Glaser, Eintragung vom 17. Oktober 1918.
238 Voithofer Richard, Drum schließt Euch frisch an Deutschland an... Die Großdeutsche Volkspartei in Salzburg 1920–1936 (Schriftenreihe des Forschungsinstitutes der politisch-historischen Studien der Dr. Wilfried-Haslauer-Bibliothek Salzburg, 9). Wien-Köln-Weimar 2000, 44f., 59ff.
239 Verein, SD Parteistellen K. 148.
240 Das undatierte Gesuch wurde der Salzburger Stadtgemeindevorstehung Salzburg mit der Bitte um Weiterleitung zugestellt. Die Reichsparteileitung war über dieses allzu deutliche Bekenntnis zur Kooperationsbereitschaft mit dem Staat entsetzt. Schreiben des Parteivorstandes an die Sozialdemokratische Landesvertretung Salzburg, 29. Dezember 1917. Verein, SD Parteistellen K. 148.
241 SLA, Präs. 1918 VIII F 1005. Preußler in der Salzburger Versammlung Friede und Demokratie am 3. Februar 1918.
242 SLA, Präs. 1917 VII C 7691. Das Gesetz wurde per Maueranschlag vom 26. Mai 1917 in allen der Militärverwaltung unterstehenden Betrieben an alle „Arbeiter und Arbeiterinnen!" publik gemacht. Weisung des Innenministeriums vom 5. Juni 1918 an das Salzburger Landespräsidium. Dazu Unfried Berthold, Arbeiterschaft und Arbeiterbewegung im 1. Weltkrieg: Wien und Niederösterreich. In: Sozialdemokratie und Habsburgstaat, hg. von Maderthaner Wolfgang. Wien 1988, 136.

als Bindeglied zwischen Arbeiterschaft und Betriebsinhaber die Beschwerden entgegennehmen und den zuständigen Stellen weiterleiten.

Angesichts der Lockerung des Kriegsabsolutismus und der Wiedereinberufung des Reichsrates begann die Partei im Frühjahr 1917 ihre Öffentlichkeitsarbeit mit frei zugänglichen Versammlungen des „Sozialdemokratischen Wahlvereines" für den städtischen Reichsratswahlbezirk, am 13. April zum Thema *Ernährungsproblem und Kriegsküchen* und am 14. April zur *Einberufung des Parlaments* und zu Ernährungsfragen.[243] Die anlässlich des Frauentages am 22. April vom Verein der Heimarbeiterinnen, Ortsgruppe Itzling abgehaltene Versammlung stand schon ganz unter dem Zeichen der russischen Märzrevolution. Der Redner Preußler bezeichnete die *russische Revolution als den Hebel, von dem der Friede ausgehen werde*.[244] Damit entsprach er auffallend einer vom Innenminister am 12. April 1917 verordneten Sprachregelung, dass die russische Revolution *für uns alle die Aussicht auf den Frieden näher gerückt hat*, und schwieg zum Zusammenhang zwischen Ernährungskrise und Revolution.[245] Der 1. Mai 1917 konnte wieder durch *massenhaft besuchte Versammlungen* in Salzburg, Hallein, Bischofshofen und Schwarzach gefeiert werden.[246] 800 Personen fanden sich im Mödlhammersaal in Salzburg ein. Hauptthema bildete die Hoffnung auf einen baldigen Frieden nach dem Sturz des Zaren.[247] *Der heurige 1. Mai hat das Eis gebrochen, es gilt nunmehr nachzuholen, was fast 3 Jahre Krieg verwüstet haben*, kommentierte das Partei-Sekretariat (Ferdinand Skaret) die Gesamtlage der Partei.[248] Am 6. Oktober 1917 thematisierte eine Salzburger öffentliche Vereinsversammlung mit Preußler und dem Tiroler Reichsratsabgeordneten Simon Abram die *Ernährung Salzburgs im kommenden Winter* mit Kritik am *wirtschaftlichen Chaos in Österreich* (Redakteur Leukert).[249] Die „Friedensfrage" beherrschte seit der Jahreswende die politische Diskussion. Von der Parteizentrale kam die Anweisung, *wo dies nur halbwegs möglich ist Versammlungen über die Friedensfrage zu veranstalten*.[250] *Etwa 300 bis 400* Personen besuchten eine alleine zu diesem Thema am 17. November 1917 abgehaltene öffentliche Salzburger Versammlung unter prominenter Teilnahme des früheren Reichsratsabgeordneten Matthias Eldersch, des Reichsratsabgeordneten Abram und des Parteifunktionärs Josef Witternigg.[251] Alle Reden verlangten einen raschen Frieden mit Russland ohne Annexionen und Kontributionen, wie sie erneut von den reichsdeutschen Unterhändlern bei den Friedensverhandlungen von Brest-Litowsk verlangt wurden. Auch die Regelung der polnischen und belgischen Frage dürfe kein Hindernis für den Frieden bilden.[252] Anlässlich des gesamtösterreichischen Jännerstreiks 1918 zur Erzwingung eines Friedens mit dem revolutionären Russland, mit den anfänglichen Schwerpunkten im Wiener Becken und der Fortsetzung in den alpinen Industriezonen, erprobte die Sozialdemokratie erstmals die Doppelstrategie einer Eindämmung und politischen Lenkung des Protests. Die Landesleitung stellte es am 20. Jänner der Arbeiterschaft frei, aus Solidarität mit der niederösterreichischen Bewegung zu streiken, ausgenommen die Verkehrs- und Lebensmittelbetriebe. Ohne Zutun der Parteileitung, auf betrieblicher Basis, entstanden die Streiks vom 21. Jänner in der Staatsbahnwerkstätte Salzburg, der Halleiner Saline, Dachpappenfabrik, Zellulosefabrik und The Kellner Partington Paper Pulp, der Kalk- und Schotterwerke in Golling, im Marmorwerk Oberalm und jener der 60 Bauarbeiter des Maxglaner Betriebes Crozzoli im Kupferwerk Außerfelden.[253] Schon beschlossene Streiks in der Mitterberger Kupfer A.G.

---

243 SLA, Präs. VIII F 2804.
244 SLA, Präs. 1917 VIII F 7284.
245 SLA, Präs. 1917 XVI 6946. Innenministerium an das Landespräsidium.
246 Tätigkeitsbericht des Parteivorstandes der sozialdemokratischen Landesorganisation Salzburg an den Landesparteitag 1917. Verein, SD Parteistellen K. 148.
247 Bericht des Landespräsidenten an das Innenministerium; Neck, Arbeiterschaft (wie Anm. 107), 296; SLA, Präs. 1917 VIII F 2804.
248 Verein, SD Parteistellen K. 116.
249 SLA, Präs. 1917 VIII F 2804.
250 Weisung Skarets vom 29. Oktober 1917. Verein, SD Parteistellen K. 116.
251 Schriftwechsel zur Entsendung eines Delegierten zum Landesparteitag und Redners bei einer „großen Versammlung". Verein, SD Parteistellen K. 116.
252 SLA, Präs. 1917 VIII F 2804. Relation des observierenden Beamten an die Landesregierung.
253 SLA, Präs. 1918 VIII b 4905.

Mühlbach, der Aluminium Industrie Lend sowie im Walzwerk Steiner in Grödig wurden abgesagt, nachdem die Sozialdemokratische Partei eine Beendigung des Streiks verkündet hatte.²⁵⁴ Der Jännerstreik erreichte mit seinen angeblich 10.000 Salzburger Beteiligten eine erstaunliche hohe Dichte in einem Kronland mit wenig Industrie und ohne die sonst in den Streiks führenden metallverarbeitenden Betriebe.²⁵⁵ Zugleich identifizierte sich die Partei durch öffentliche Versammlungen mit den Zielen der Bewegung. Im Anschluss an eine Salzburger Versammlung am Sonntag, 20. Jänner vormittags, zum Thema *Die Friedensverhandlungen in Brest-Litowsk und die Sozialdemokratie* zogen 700 Personen *in voller Ordnung zur Landesregierung*, wo eine zehnköpfige Delegation mit Preußler an der Spitze den Forderungskatalog der Streikbewegung nach Frieden, Gemeindewahlreform, Frauenwahlrecht und Entmilitarisierung der Heereslieferungsbetriebe präsentierte.²⁵⁶ Eine Halleiner Volksversammlung vom nächsten Tag wiederholte die Forderungen, allerdings ohne Deputation bei der Bezirkshauptmannschaft.²⁵⁷

Öffentlich zugängliche Vereinsversammlungen und Volksversammlungen informierten von nun an beinahe 14-tägig die Öffentlichkeit von den Standpunkten der Sozialdemokratie. Die Versammlungen vom 2. Februar „Friede und Demokratie" mit dem Referenten Preußler und vom 23. März über *Die russische Freiheitsbewegung und der Sonderfrieden* mit Witternigg bekräftigten vergeblich die Solidarität mit der russischen Arbeiterschaft.²⁵⁸ Auch der *Frauentag* vom 25. März mit Anna Witternigg und Preußler war *Fürs Frauenwahlrecht und Völkerfrieden* gewidmet.²⁵⁹ Alle Mühen waren vergebens. Die Regierung hatte zwar die Hilfe der sozialdemokratischen Parteispitze zur Beilegung des „Jännerstreiks" in Anspruch genommen. Angesichts dieser Erfahrung ordnete das Innenministerium Zurückhaltung bei Streiks und Unruhen aus Nahrungsmittelmangel an. Die friedliche Einwirkung der Arbeitervertreter sollte in jedem Fall unterstützt werden.²⁶⁰ Doch keine der im Jänner gemachten Zusagen wurde eingehalten, weder die Militarisierung der Betriebe aufgehoben noch die Ernährungsverhältnisse verbessert. Der Gewaltfriede von Brest-Litowsk unterwarf das Baltikum, Polen, Weißrussland und die Ukraine dem deutschen bzw. österreichisch-ungarischen Protektorat. Das zweite große innenpolitische Thema, eine dem Volkswillen entsprechende Staatsreform blieb angesichts der nationalistischen Haltung der bürgerlichen Parteien stecken. Dem Thema widmete sich der schon genannte Vortrag Renners am 17. April 1918 über die Föderalisierung Österreichs durch „Verständigung von Volk zu Volk" und die sozialdemokratische Parallelveranstaltung in Zell am See zum *Deutschen Volkstag* am 16. Juni. Hier überraschte Preußler mit der deutsch angehauchten Perspektive, die *Vorherrschaft des Deutschtums* werde sich in einem demokratisierten Österreich *von selbst ergeben*.²⁶¹ Auch die Veranstaltungen zum 1. Mai standen unter den Themen Frieden, Staatsreform und ein egalitäres Wahlrecht für beide Geschlechter sowie die drohende Hungersnot in den Alpenländern. In dieser dramatischen Zuspitzung war die Arbeiterschaft kaum mehr mit Zukunftsperspektiven zu beruhigen. Der Mai 1918 war von den Bergarbeiterstreiks beherrscht. Am 10. Mai kam es wie schon im Jahr zuvor in der Mitterberger Kupfer A.G. in Mühlbach am Hochkönig, in Außerfelden und in der Concordiahütte wegen mangelnder Lebensmittel zu einem mehrtägigen Ausstand, der durch die Dislozierung von Assistenztruppen nach Mühlbach und Außerfelden sowie durch Lebensmittelzuweisungen been-

254 Neck, Arbeiterschaft (wie Anm. 107), 296–298; SLA, Geheime Präsidialakten 1918 o. Zl. Resolution der Versammlung vom 22. Jänner mit der Unterschrift der Vertrauensleute aller beteiligten Betriebe.
255 ÖStA, Inneres 22 Salzburg, Zl. 1918 1766 u. 2777.
256 Bericht des Landespräsidenten an das Innenministerium, 21. Jänner 1918, in: Neck, Arbeiterschaft (wie Anm. 107), 296–298; Salzburger Wacht, 23.1.1918, 1f.; SLA, Präs. 1918 VIII F 1005.
257 SLA, Präs. 1918-VIII b 4905; Geheime Präsidialakten. Bericht des Bezirkshauptmannes an das Landespräsidium vom 23. Jänner 1918.
258 SLA, Präs. VIII F 1005.
259 SLA, Präs. VIII F 1005.
260 SLA, Präs. 1918, zit.n. Lackner, Volksernährung (wie Anm. 183), 110f.; Die bei Neck, Arbeiterschaft (wie Anm. 107) nicht edierte Order entspricht den Beratungen im Innenministerium am 28. Jänner 1918; Hautmann, Geschichte der Rätebewegung (wie Anm. 117), 210.
261 SLA, Präs. 1918 VIII F 12447. Bericht des Bezirkshauptmannes von Zell am See, 18. Juni 1918.

det werden musste.²⁶² Ihre Forderungen nach ausreichender Ernährung brachten auch die Arbeiter des Eisenwerkes Sulzau-Werfen vor. Als Mitte Mai, übrigens deckungsgleich mit einer großen Streikwelle in Nieder- und Oberösterreich (Steyr) und der Steiermark, die Mühlbacher Bergarbeiter streikten,²⁶³ drohte die Bewegung der Partei zu entgleiten.²⁶⁴ Preußler berichtete auf der Reichskonferenz der „Deutschen sozialdemokratischen Partei Österreichs" vom 30. Mai 1918, dass sich die Salzburger Arbeiterschaft kaum mehr mit rationalen Argumenten von radikalen Maßnahmen abhalten ließe. Zu allem Überfluss bewies *der große Kampf in Mühlbach, dass die Unternehmer förmlich zum Streit treiben* und die Arbeiter mutwillig über die Beantwortung ihrer Forderungen im Unklaren ließen. Es brodelte in den Bergbauorten, im Gasteinertal ebenso wie in Werfen. Die Lage war laut Preußler am Kippen. *Die Stimmung ist so, dass alle Versammlungen gut besucht sind; die Arbeiter wollen alles daran setzen, dass ein Ende werde. Alle unsere Argumente, dass das ein Selbstmord wäre, helfen nichts. Sie sagen, dass das Leben überhaupt nichts mehr wert ist.*²⁶⁵ In dieser prekären Situation und zur Kanalisierung des Aufruhrs hatte die Salzburger Parteiorganisation schon am 22. Mai 1918 von der Parteizentrale eine sofortige gesamtösterreichische Kampagne zur *Remedur in der Ernährungsfrage* und zur *Neugestaltung Österreichs* durch *nationale Autonomie* sowie zur *Sicherung des Parlaments vor allen Anschlägen* verlangt. *Genügt dies nicht, so bleibt uns als letztes Mittel der Generalstreik*, eine schon seit Monaten von linksradikaler Seite verlangte Forderung.²⁶⁶ Mit einer solchen verbalen Radikalität nahm die Partei den kritischen Stimmen den Wind aus den Segeln. Konkret hielt sich die sozialdemokratische Gewerkschaft, noch dazu angesichts des angedrohten Standrechts, an die erprobte Taktik von Lohnforderungen zum partiellen Teuerungsausgleich, was den Streik tatsächlich beendete.²⁶⁷ Eine „linksradikale" Strömung nach dem Vorbild der in Zimmerwald in der Schweiz im Jahre 1915 gebildeten und in Kienthal Ende 1916 bestärkten Opposition gegen sozialdemokratische „Burgfriedenspolitik" wurde trotz großer behördlicher Aufmerksamkeit bis dahin in Salzburg nicht registriert und konnte auch in der Mühlbacher Streikbewegung nicht Fuß fassen.²⁶⁸ Vergeblich fahndete die Behörde nach Salzburger Adressaten des in Innsbruck beschlagnahmten linksradikalen Züricher Tagblattes „Volksrecht" und der dort angekündigten Aufrufe zur Abhaltung von Friedensdemonstrationen am 3. September 1916.²⁶⁹ Auch die in der Streikbewegung im Mai 1917 in Wien verbreiteten Flugblätter der „Revolutionären Sozialisten" mit der Aufforderung, den Frieden *im Wege einer Revolution* zu erzwingen, wurde in Salzburg nicht kolportiert.²⁷⁰ Weder die von Wien und Moskau aus lancierten linksradikalen Broschüren noch die angeblich von Flugzeugen aus auf Flugblättern verbreiteten *Vierzehn Punkte* des amerikanischen Präsidenten Woodrow Wilson wurden in Salzburg ermittelt.²⁷¹ Allerdings beschlagnahmte die Polizei beim Itzlinger sozialdemokratischen Parteimitglied Heinrich Ruedl „ein Buch revolutionären Inhalts". Ruedl wurde außerdem am 20. April 1918 wegen eines Zwischenrufes in einer Versammlung der deutschnationalen Arbeiter *Die Revolution wird kommen* verhaftet. Wie angespannt die Lage war, zeigt die Antwort des Wiener Referenten Walter Riehl, *die Revolution werde nicht kommen, da hätten die letzten Versuche bewiesen, daß die Sozialdemokraten wieder ‚abgeblasen' hätten.*²⁷² Als jedoch das Kriegsministerium am 11. April 1918 nach der Bildung von „Arbeiterräten" in der jüngsten Streikbewegung fahndete, konnte der Bezirkshauptmann von St. Johann im

---

262 SLA, Präs. 1918 VIII b 12245, 12260 und 12350; Ardelt Rudolf G., Hunger, Krieg, Protest in Mühlbach/Hochkönig. In: Karl-Steinocher-Fond Mitteilungen 2 (Juni 1982), 11–16; Köfner, Hunger (wie Anm. 168), 93.
263 Hautmann, Geschichte der Rätebewegung (wie Anm. 117), 213f.
264 Ardelt, Hunger (wie Anm. 262), 15f.
265 Protokoll der sozialdemokratischen Parteikonferenz unter Vorsitz von Karl Seitz. Verein für Geschichte der Arbeiterbewegung Wien.
266 Sekretariat der sozialdemokratischen Partei für das Land Salzburg an Skaret 22. Mai 1918. Verein, SD Parteistellen K. 117; SLA, Präs. 1918 VIII C 4905. Eine Agitation für einen Generalstreik in ganz Österreich, unter Beteiligung der Staats- und Privatbahnbediensteten, war trotz Warnung durch das Eisenbahnministerium vom 3. Mai 1918 in Salzburg nicht zu bemerken.
267 Grandner Margarete, Kooperative Gewerkschaftspolitik in der Kriegswirtschaft. Die freien Gewerkschaften Österreichs im ersten Weltkrieg (Veröffentlichungen der Kommission für Neuere Geschichte Österreich, 82). Wien-Köln-Weimar 1992, 347; Ardelt, Hunger (wie Anm. 262), 16; SLA, Präs. 1918 VIII V 4905. Bericht der Bezirkshauptmannschaft St. Johann an das Landespräsidium, 21. Mai 1918.
268 Strobel Georg W., Die internationale Arbeiterbewegung und der Erste Weltkrieg. In: Deutschland und der Erste Weltkrieg, hg. von Böhme Helmut/Kallenberg Fritz. Darmstadt 1987, 247f.; Schröder Hans-Christoph, Die deutsche Arbeiterbewegung im Ersten Weltkrieg. In: Deutschland und der Erste Weltkrieg, hg. von Böhme Helmut/Kallenberg Fritz. Darmstadt 1987, 256.
269 SLA, Präs. 1916 XVI 457. Auch ein von der World Peace Association Northfield, USA, verbreiteter Friedensaufruf vom Frühjahr 1916 war in Salzburg nicht verbreitet.
270 SLA, Präs. 1917 VIII C 17591.
271 SLA, Präs. 1918 XVI 996, Sammelakt.
272 SLA, Präs. 1918 VIII F 10754. Bericht des Polizeioberkommissärs Dr. Josef Müller.

Pongau am 7. Juni beruhigend berichten: *Derartige Wahrnehmungen wurden bei der Mitterberger Kupfer Aktien Gesellschaft nicht gemacht.*[273] In dieser Situation bestellten die Mühlbacher Sozialdemokraten 15 Abonnements der sozialdemokratischen theoretischen Zeitschrift *Der Kampf*,[274] die eben einen Artikel gegen *wilde Streiks* und ihre negativen Auswirkungen auf die Kampfkraft der Gewerkschaft veröffentlicht hatte.[275] Stets bestand die Gefahr, an der „inneren Front" zerrieben zu werden. Unaufhörlich war die Gesamtpartei bemüht, die Arbeiter *vor der Überschätzung ihrer Kraft zu warnen, […] vor allen Unbesonnenheiten, die nur zu Niederlagen führen könnten und die Arbeiterschaft für die Zukunft kampfunfähig machen würden.*[276] Die Reichskonferenz vom 31. Mai 1918 hatte laut Bericht der Polizeidirektion Wien *alle ihre Vertrauensmänner angewiesen, ihren ganzen Einfluß aufzubieten, daß die Arbeiterschaft von Streiks, denen zumeist ganz unerfüllbare Forderungen zugrunde gelegt werden, Abstand nehme.*[277] Am 14. und 15. Juni 1918 streikten dennoch die Gewerken Radhausberg in Böckstein/Gasteinertal. Trotz aller Mahnungen blieb die *Sehnsucht nach einem Generalstreik* unter den Mühlbacher Bergarbeitern lebendig.[278] Am 29. September 1918 lief eine Versammlung in Mühlbach *ohne irgendeinen Zwischenfall* ab.[279] Sofort bei Kriegsende entstand in Mühlbach ein Arbeiterrat.[280]

Die veritable Hungersnot der Hochsommermonate 1918 führte auch zu Verzweiflungsausbrüchen in den industriellen und urbanen Zentren. Aus Lebensmittelnot demonstrierten am 31. Juli 1918 etwa 800–1.000 Arbeiter der Halleiner Tabakfabrik, Seifenfabrik, der Dachpappenfabrik und des Oberalmer Marmorwerks vor der Bezirkshauptmannschaft Hallein und drohten mit Arbeitseinstellung. Die Arbeiter der Halleiner Zellulosefabrik und der Kaltenhausener Brauerei wollten dem Beispiel folgen. *Durch gütlichen Zuspruch der Arbeiterführer bewogen, entfernten sich die Demonstranten.*[281] Die vor der Bezirkshauptmannschaft demonstrativ erhobenen Forderungen nach Lebensmitteln wurden rasch erfüllt und der Streik beendet.[282] Endlich einmal bewährten sich die von den Behörden unter Beteiligung von Produzenten und Konsumenten organisierten lokalen *Wirtschaftsräte*. In diesem Zusammenhang beschlagnahmten Finanzer unter Gendarmerieassistenz am 4. August 1918 *den ganzen Buttervorrat von 9 kg* auf der dem Stift St. Peter eigentümlichen Stiftsalm in St. Koloman.[283] Die Halleiner Zigarrenfabriksarbeiterinnen erzwangen durch eine Demonstration vor der Fabriksdirektion und eine Deputation im Ernährungsamt der Salzburger Bezirkshauptmannschaft die *Schwerarbeiter-Karte* angesichts der Doppelbelastung durch Fabrik- und Hausarbeit.[284] Ende August/Anfang September streikten die Halleiner Salinenarbeiter wegen Ernährungsschwierigkeiten und Lohnforderungen.[285] Die erhöhte Anspannung entlud sich daraufhin in einem Streik in der Saline in Hallein und bei den Werkstättenarbeitern der Staatsbahnen.

In diese heikle Situation fiel der „Junistreik" in Wien, die „zweitgrößte Massenaktion in [Österreich] während des Krieges".[286] Der Gewaltausbruch in der Landeshauptstadt Salzburg am 21. Juni 1918 entsprang einer Initiative der deutschnationalen Bewegung, die im ständigen Konkurrenzkampf mit den Sozialdemokraten durch besonders lauten Protest ihrer weiblichen Anhängerschaft *aus dem Gemeindegebiet Maxglan und der Ortschaft Liefering* punkten wollte.[287] Doch dem Anführer Hans Wagner ist die Sache offenbar entglitten, denn während eine von Wagner geleitete Deputation dem Landespräsidenten das Anliegen nach besserer Ernährung vortrug, erzwangen die Frauen und Ju-

---

273 SLA, Präs. 1918 XVI 996.
274 Die Mühlbacher Parteiorganisation bestellte am 20. Juni 1918 bei der „Redaktion u. Verwaltung der Kampf" allmonatlich 15 Exemplare der Zeitschrift. Wenn möglich, wollte sie die Zeitschrift durch weitere Bestellungen unterstützen. Verein, SD Parteistellen K. 117.
275 Woldt Richard, Verfassungsfragen in der deutschen Gewerkschaftsbewegung. In: Der Kampf. Sozialdemokratische Monatsschrift 10 (1917), 35–41.
276 Beschluss der Reichskonferenz der Deutschen Sozialdemokratie in Österreich vom 2. Juni 1918. In: Neck, Arbeiterschaft (wie Anm. 107), 555.
277 Neck, Arbeiterschaft (wie Anm. 107), 589.
278 SLA, Geheime Präsidialakten 1918 80/II. Bericht des Gendarmeriepostens Mühlbach über den Streik, der am 28. September 1918 in allen Ländern stattfinden hätte sollen; der Generalstreik wurde vergeblich am 28. September 1918 erwartet. Bericht vom 10. Oktober 1918. Geheime Präsidialakten 1918 o. Zl. Am 29. September 1918 beschloss angeblich eine nicht gemeldete politische Mühlbacher Versammlung den Anschluss an einen allerdings noch terminlich nicht festgelegten „Generalstreik". Meldung der Polizeiexpositur Salzburg an das Landespräsidium, 3. Oktober 1918.
279 SLA, Geheime Präsidialakten 1918 o. Zl. Bericht des Gendarmeriepostens Mühlbach an die Bezirkshauptmannschaft St. Johann, 29. September 1918.
280 Der Mühlbacher Arbeiterrat ist schon am 4. November 1918 in Funktion. Köfner, Hunger (wie Anm. 168), 177.
281 SLA, Präs. 1918 VIII b 14501. Bericht der Bezirkshauptmannschaft Hallein an das Landespräsidium, 31. Juli 1918.
282 SLA, Präs. 1918 VIII b 14501. Bericht der Bezirkshauptmannschaft Hallein an das Landespräsidium, 31. Juli 1918.
283 ASP, Hs A 97, Tagebuch Abt Hauthaler, Eintragung vom 4. August 1918.
284 Bauer Ingrid, „Tschikweiber haum's uns g'nennt. Frauenleben und Frauenarbeit an der ‚Peripherie': Die Halleiner Zigarrenfabriksarbeiterinnen 1869 bis 1940. Eine historische Fallstudie auf der Basis lebensgeschichtlicher Interviews. Phil. Diss. Univ. Salzburg 1988, 126.
285 Köfner, Hunger (wie Anm. 168), 96.
286 Hautmann, Geschichte der Rätebewegung (wie Anm. 117), 216.
287 SLA, Präs. 1918 VIII C 14501. Meldung der Städtischen Sicherheitswache, 22. Juni 1918.

gendlichen den Zutritt zum Residenzhof, es kam zum Handgemenge mit der Polizei, anschließend zu einer Demonstration vor dem Rathaus. Preußler, der sich beim Landespräsidenten von der Aktion distanzierte,[288] hatte hier keine Autorität, er wurde von der Menge *verhöhnt, bedroht* und musste beim Verlassen des Ortes *von der Wache geschützt werden*.[289] Als Antwort auf diese deutschnationale Machtdemonstration veranstalteten die Sozialdemokraten einen nach behördlichen Angaben von 1.000 oder sozialdemokratischer Zählung von 2.000 Teilnehmern besuchten *Arbeitertag*. Dieser fand tags darauf ein Echo in einer vom Verein für Mittelstandsinteressen gemeinsam mit der deutschnationalen und der christlichsozialen Arbeiterschaft abgehaltenen erweiterten Generalversammlung.[290]

Endzeitkrise

Zu einer extremen Zuspitzung kam es in der Hungerrevolte vom 19. September, Salzburgs *schwarzer Donnerstag*.[291] Jetzt löste sich der gewalttätige Protest dramatisch aus der politischen Patronage. Der halbtägige *Demonstrationsstreik* wurde den Sozialdemokraten als Kompensation für den Verzicht der Staatseisenbahnbediensteten auf einen Streik gewährt. Das schien vertretbar, weil *bis jetzt die von sozialdemokratischer Seite veranstalteten Kundgebungen stets klaglos verlaufen sind*.[292] Rasch suchten die bürgerlichen Gruppierungen und Parteien Anschluss an die Bewegung, um nicht politisch ins Hintertreffen zu gelangen. Das „Salzburger Volksblatt" forderte am 18. September *die Einwohnerschaft der Stadt Salzburg in Massen* auf und kurzfristig überlegten sogar Glaser und Bürgermeister Ott eine Beteiligung an der Kundgebung vor der Landesregierung.[293] Die Sozialdemokraten Preußler und Witternigg und der deutschnationale Arbeiterfunktionär Wagner sprachen zu der am Mozartplatz versammelten Menge über die tristen Ernährungsverhältnisse, dann überreichte eine 14-köpfige Delegation mit Preußler, Witternigg, Wagner und einem Mittelstandsvertreter dem Landespräsidenten den Forderungskatalog nach sofortiger Besserung der Versorgung, unter anderem durch Gleichstellung der Selbstversorger mit den Konsumenten. Doch mittlerweile geriet die Aktion außer Kontrolle, ein Steinbombardement zertrümmerte die Fenster der Landesregierung, die Demonstranten verschafften sich gewaltsam Eingang in den Hof der Landesregierung, wo sie den blitzenden Bajonetten der Gendarmerie gegenüberstanden. Witternigg und Preußler konnten sich mit ihren Ordnungsrufen nicht mehr durchsetzen. Dann verschob sich der Akzent von der politischen Demonstration hin zur Plünderung von Lebensmitteldepots und Geschäften in der Stadt und im Umland, in St. Peter und Maria Plain und vor allem im Hotel de l'Europe, dem Sinnbild maßlosen Konsums trotz Notzeit. Die aufgestaute Wut entlud sich in planloser Zerstörung von Mobiliar und Geschirr. Nicht nur Arbeiter, sondern auch Bürgerfrauen beteiligten sich an den Exzessen.[294] In antiklerikalen und antisemitischen Untertönen ist ein Widerhall parteipolitischer Beeinflussung zu erkennen. Das war die *Revolution*, die eine anonyme Schrift des Jahres 1917 angekündigt hatte, eine Selbsthilfeaktion kombiniert mit einem Strafgericht. Auf die städtische Sicherheitswache war kein Verlass, und auch Angehörige des Hausregiments, der Rainer Nr. 59, machten gemeinsame Sache mit den Plünderern. Im Falle eines

---

288 Bericht des Landespräsidenten an das Innenministerium, 22. Juni 1918; Neck, Arbeiterschaft (wie Anm. 107), 629.
289 SLA, Präs. 1918 VIII C 14501. Meldung der Städtischen Sicherheitswache, 22. Juni 1918.
290 Köfner, Hunger (wie Anm. 168), 124f.
291 AStS, PA 24, Tagebuch Hans Glaser, Eintragung vom 19. September 1918.
292 ÖStA, Allgemeines Verwaltungsarchiv Inneres 22 Salzburg Zl. 21849. Bericht des Landespräsidenten an das Innenministerium vom 20. September 1918.
293 AStS, PA 24, Tagebuch Hans Glaser, Eintragung vom 19. September 1918; Salzburger Volksblatt, 18.9.1918, Neueste Nachrichten, 19.9.1918, 3.
294 Bauer Ingrid, Erinnerte Geschichte. „Brot und Frieden". Die Hungerdemonstration vom 19. September 1918 in Salzburg. In: Karl-Steinocher-Fond Mitteilungen H. 2 (Juni 1982), 3–10; Bericht der Zeitzeugin Therese Kaltenegger im lebensgeschichtlichen Interview. In: Salzburger Quellenbuch. Von der Monarchie zum Anschluß (Salzburg Dokumentationen, 86). Salzburg 1985, 134–136.

Schießbefehls befürchtete die Obrigkeit eine regelrechte Meuterei. Das gleichfalls beigezogene tschechische Schützenregiment Nr. 8 und am nächsten Morgen Welser Dragoner und Honved-Infanterie überwachten den *Katzenjammer* der nächsten Tage. Die zusätzlich zum Einsatz gekommenen Militäreinheiten wurden wieder abgezogen. Der Landespräsident ersuchte am 27. September um eine Truppenanzahl von wenigstens 1.200 Mann, und zwar *mit Rücksicht auf die politischen Verhältnisse* keine Truppenkörper tschechischer Nationalität. Der Innenminister verweigerte am 30. September die Zustimmung, er brauche die Truppen in Böhmen.[295]

VON DER MONARCHIE ZUR REPUBLIK

Der tatsächlich revolutionäre Wechsel der Staatsform von der Monarchie zur Republik vollzog sich im Rahmen einer „parlamentarischen Revolution". Den friedlichen Systemwechsel eröffnete das *Völkermanifest* Kaiser Karls vom 16. Oktober 1918 mit seiner Bestimmung: *Österreich soll dem Willen seiner Völker gemäß zu einem Bundesstaate werden, in dem jeder Volksstamm auf seinem Siedlungsgebiete sein eigenes staatliches Gemeinwesen bildet.*[296] Im Rahmen dieser kaiserlichen Vorgaben bildeten die deutschen Abgeordneten des Reichsrates am 21. Oktober eine Provisorische Nationalversammlung für Deutschösterreich und am 30. Oktober eine deutschösterreichische Regierung, die durch bevollmächtigte Vertreter die Behörden in den Ländern übernahm, in Salzburg durch Staatsnotar Julius Sylvester.[297] Mittlerweile hatten jedoch am 24. Oktober 1918 Vertreter der drei politischen Richtungen die Bildung eines *Deutschen Volksrats in Salzburg* aus jeweils sechs Vertretern in Angriff genommen. Auf Einspruch des Bauernbundpräsidenten Lackner gegen die in seinen Augen überproportionale sozialdemokratische Vertretung sollte nur ein provisorischer Arbeitsausschuss aus sechs Personen bzw. ein dreiköpfiges Präsidium – Lackner, Ott und Preußler – gebildet werden.[298] Zu einer Konstituierung des Volksrates kam es allerdings nicht, da die politische Neuordnung Salzburgs im Rahmen der Initiative des Staatsrats erfolgte. Landespräsident Schmitt-Gasteiger übergab in Anwesenheit des Staatsnotars Sylvester die Regierungsgewalt am 2. November den drei Präsidenten des *Provisorischen Salzburger Vollzugsausschusses*, Ott, Preußler und Lackner.[299] Nach der Zeremonie saß *der abgesetzte Landespräsident [...] ganz gedrückt vor seinem Schreibtisch, [...] ein Bild des Jammers und den Tränen nahe.*[300] Nachmittags wurden die Beamten der Landesregierung, der Finanzdirektion und des Landesschulrates auf Deutschösterreich vereidigt.[301] Am 3. November konstituierte sich die *Provisorische Landesversammlung*, welche gemäß ihrer am 7. November beschlossenen Provisorischen Landesverfassung Prälat Alois Winkler zum Landeshauptmann sowie Max Ott und Robert Preußler zu seinen Stellvertretern wählte. Die Provisorische Landesversammlung bildeten entsprechend dem Stimmenergebnis bei der Reichsratswahl 1911 19 christlichsoziale, zehn deutschnationale und neun sozialdemokratische Mandatare. Den endgültigen Schlussstrich unter die Habsburgermonarchie zog die Ausrufung der Republik am 12. November 1918. Die Etablierung von Soldatenräten und erste Bürgerwehren begleiteten die nun in Angriff genommene bürokratische Nationalstaatsbildung durch die etablierten Parteien.[302]

295 ÖStA, Allgemeines Verwaltungsarchiv Inneres 22 Salzburg Zl. 22181 und 23230.
296 Rumpler Helmut, Das Völkermanifest Kaiser Karls vom 16. Oktober 1918. Letzter Versuch zur Rettung des Habsburgerreiches (Österreich Archiv). Wien 1966, 89.
297 Der deutschösterreichische Staatsrat ermächtigte am 31. Oktober 1918 den Staatskanzler Karl Renner, „allen Staatsratsmitgliedern, welche zur Übernahme der Landesregierung in die Provinz reisen, zur Übernahme aller Behörden offene Anweisungen auszustellen". Enderle-Burcel Gertrude/Haas Hanns/Mähner Peter (Hg.), Der österreichische Staatsrat. Protokolle des Vollzugsausschusses, des Staatsrates und des Geschäftsführenden Staatsratsdirektoriums, 21. Oktober 1918 bis 14. März 1919. Wien 2008, 113.
298 Bericht des Landespräsidenten an den Innenminister, 28. Oktober 1918. SLA, Präs. 1918 XVI 19963; Voithofer, Drum schließt Euch frisch an Deutschland an (wie Anm. 238), 44f.
299 Die Bildung des Provisorischen Vollzugsausschusses hatte der Salzburger Landesausschuss, bis dahin Exekutivorgan der autonomen Landesverwaltung, nach Kooptierung von Lackner und Preußler am 28. Oktober beschlossen. Meldung an das Landespräsidium vom 25. Oktober 1918. SLA, Präs. 1918 XVI 199A; Köfner, Hunger (wie Anm. 168), 137.
300 Loewenfeld-Ruß Hans, Im Kampf gegen den Hunger. Aus den Erinnerungen des Staatssekretärs für Volksernährung 1918–1920, hg. von Ackerl Isabella (Studien und Quellen zur österreichischen Zeitgeschichte, 6). Wien 1986, 118.
301 Bericht des Landespräsidenten an das Innenministerium 3. November 1918. SLA, Präs. 1918 VXI 19963.
302 Hämmerle Christa, 1918 – Vom Ersten Weltkrieg zur Ersten Republik. In: Von Lier nach Brüssel: Schlüsseljahre österreichischer Geschichte (1496–1995), hg. von Scheutz Martin/Strohmeyer Arno. Innsbruck-Wien-Bozen 2010, 259.

Bilanz

Der Erste Weltkrieg hat die politische Kultur Salzburgs nicht unwesentlich modifiziert. Die Grundstruktur der drei politischen Hauptkräfte christlichsozial, deutschnational/deutschfreiheitlich und sozialdemokratisch blieb zwar in ihren hauptsächlichen Rekrutierungsfeldern Bauern/Land, Bürger/Stadt und Arbeiterschaft erhalten,[303] doch die Gewichtsproportionen verschoben sich erheblich, denn nur das katholisch-politische Lager überstand die Wende ziemlich unbeschadet, während die Deutschnationalen von den Sozialdemokraten auf den dritten Platz verdrängt wurden (vgl. Tab. 3). Daraus ergaben sich künftig realpolitisch zwei politische Kombinationsmöglichkeiten, eine bürgerliche Blockpolitik oder eine Kombination christlichsozial – sozialdemokratisch.[304] Die Kohärenz der Lager wurde durch die Intensivierung des politischen Lebens in der zweiten Kriegshälfte sicherlich bestärkt. Den Parteien ist es damals gelungen, den spontanen Massenprotest gegen Krieg, staatliche Desorganisation und Hunger aufzufangen und für ihre Zwecke zu nützen. Die Reintegration des städtischen Mittelstandes in die etablierten Parteien erfolgte auf dem Umweg über kurzzeitig eigenständige Mittelstandsbewegungen. Ein wesentliches Zwischenstadium dieser Entwicklung waren für die bürgerlichen Parteien die *Deutschen Volkstage* im Hochsommer 1918, während die Sozialdemokratie ihre Positionen sukzessive durch intensive Öffentlichkeitsarbeit und ihre Ordnungsfunktion in den Protest- und Streikbewegungen sichern konnte. Das in der Protestphase erhebliche politische Engagement der Frauen wurde in der Konsolidierung der politischen Lager nach 1918 sukzessive marginalisiert.

Wahl zum/zur	Abgegebene Stimmen	Christlichsoziale	Sozialdemokraten	Drittes Lager
Reichsrat 1907	38.652	52	19	29
Reichsrat 1911	39.813	50	23	27
Konst. NV 1919	103.466	42	31	27
Landtag 1919	81.285	49	30	21

Tab. 3: Landtags- und Reichsrats- bzw. Wahlen zur Konstituierenden Nationalversammlung 1907/1911/1919. Gesamtergebnis in Prozentzahlen
Quelle: Klieber Rupert, Politischer Katholizismus in der Provinz. Salzburgs Christlichsoziale in der Parteienlandschaft Alt-Österreich (Veröffentlichungen des Internationalen Forschungszentrums für Grundfragen der Wissenschaften Salzburg, N.F. 10) (Publikationen des Instituts für kirchliche Zeitgeschichte, 28). Salzburg 1994, 236.

Das Dritte Lager umfasste bei den Wahlen 1919 die Deutsche Ständevereinigung, den Freiheitlichen Bauernbund und die Deutsche Arbeiterpartei. Die Wahl zur Konstituierenden Nationalversammlung fand am 16. Februar 1919 und die Landtagswahl am 4. April 1919 statt. Die Positionierung der Parteien entlang von Konfliktlinien verschob sich in der Formierungsphase 1917/1918 der politischen Kultur. Der Weltkrieg hat vor allem das Verhältnis von Staat und Bürger unerträglich belastet. Die Kritik äußerte sich in immer drastischeren Formen an der unzureichenden Versorgungsleistung des Staates in Bezug auf Wirtschaft, Ernährung und bürokratischem Missmanagement, unterschwellig auch in Bezug auf die militärische Lage. Die zur Wirtschaftssteuerung eingerichteten *Zentralen*

---

303 Hanisch Ernst, Die Sozialdemokratie in Salzburg 1918–1938. In: Karl Steinocher Fonds zur Erforschung der Geschichte der Arbeiterbewegung im Lande Salzburg 1 (Dezember 1981), 8.
304 Hanisch, Die Christlich-soziale Partei (wie Anm. 188), 485.

wurden zum eigentlichen Feindbild bürgerlicher Politik, während die Sozialdemokraten nur die ineffiziente Gebarung, nicht aber die Existenzberechtigung der Zentralen in Frage stellten. Sogar die symbiotische Beziehung von Thron und Altar lockerte sich zusehends. Gesellschaftskritische Tendenzen äußerten sich in den bürgerlichen und sozialdemokratischen Medien hauptsächlich gegen Profiteure der Not, wie Wucherer oder Kettenhändler. Adelige Standesprivilegien wurden nur verhalten thematisiert. Der Kaiser war überhaupt sakrosankt, wozu auch die strenge Bestrafung von „Majestätsbeleidigungen" beitrug. Nur seinem Tagebuch wollte Redakteur Glaser die Kritik am Byzantinismus des Bürgertums anvertrauen. Zu Kriegsende zerfiel der Habsburgerstaat unspektakulär und die dynastische Bindung von Volk und Monarch löste sich. Trotz späterer positiver Konnotation der Monarchie durch Teile der bürgerlichen Öffentlichkeit wurde der Legitimismus zu keiner politisch relevanten Kraft. Die in Wahrheit gut in den Habsburgerstaat integrierte Sozialdemokratie stilisierte nachträglich die Monarchie zum Völkerkerker. So überlagerte der Kampf der Erinnerungen die tatsächlichen Kriegserfahrungen.

Zum Problemkreis Staat und Nation vertraten die „bürgerlichen Parteien" den Anspruch auf Vorherrschaft des Deutschtums zumindest in den österreichischen und böhmischen Kernländern Cisleithaniens bei einer gewissen Bereitschaft zum Rückzug auf die Sprachgrenze im besonders heiß umkämpften Deutschböhmen. Vom Staat verlangten sie die Einlösung ihrer nationalen Belange anfangs unter der Herrschaft des Kriegsabsolutismus durch ein Oktroi, später nach Wiederherstellung des Verfassungslebens durch Zurückweisung staatsrechtlicher slawischer Forderungen. Ihre weitere Staatsloyalität junktimierten sie mit der Erfüllung ihrer Ansprüche unter dem Motto *Treue um Treue* (*Deutscher Volkstag* 1918). Die Sozialdemokraten hingegen orientierten sich seit Jahresmitte 1918 an dem vom *Nationalitätenprogramm* der Linken im Jänner 1918 programmierten „Selbstbestimmungsrecht für jede Nation in Österreich mit dem Recht, ihren eigenen Staat [auf dem unbestrittenen ethnischen Anspruchsgebiet] zu bilden, [allenfalls durch] föderative Zusammenfassung Österreichs zu einem Bundesstaat".[305] Auf beiden Seiten, sowohl bei den Bürgerlichen wie bei den Sozialdemokraten, war schon im Laufe des Jahres 1918 eine Abkoppelung der „Alpendeutschen" von den „Sudetendeutschen" zu erkennen. Zugleich kündigte sich bei allen Parteien der Anschluss der deutschen Gebiete Österreichs an Deutschland als Alternative zu Habsburg-Österreich an, eine Position, die bis dahin nur von den politisch marginalen radikalen deutschen Richtungen vertreten worden war. Ein eigenständiges Österreich schien angesichts der ethnischen Selbstzuordnung als „Deutsche" jenseits der Denkmöglichkeit. Als nach dem Zerfall der Monarchie auch die bürgerlichen Parteien ihre nationalpolitischen Begehrlichkeiten auf das ethnisch deutsche Anspruchsgebiet reduzierten, orientierten sich alle Parteien am *Selbstbestimmungsrecht der Nationen* im Zeichen der *Vierzehn Punkte* des amerikanischen Präsidenten Woodrow Wilson. Auch in der Anschlussfrage bestand Übereinstimmung aller drei politischen Lager, bis nach Hitlers Machtergreifung im Deutschen Reich der Anschluss zur parteipolitischen Frage wurde.

Was die politischen Partizipationsrechte anbelangt, so war die demokratische Substanz der bürgerlichen Parteien fragil. In der ersten Kriegshälfte arrangierten sie sich mit dem Absolutismus. Sodann begrüßten sie zwar die Wie-

305 Proklamation der Konferenz der „alpenländischen Sozialdemokratie" am 18. August 1918 in Zell am See mit Vertretern von Salzburg, Oberösterreich, Steiermark, Kärnten und Tirol. Hautmann, Geschichte der Rätebewegung (wie Anm. 117), 225.

dereinberufung des Reichsrates, doch die Angst um den sozialen bürgerlichen Status, die Ablehnung der Sozialdemokratie und die Sorge um die Dominanz des Deutschtums im Habsburgerstaat überdeckten die demokratische Grundlinie. Begriff und Begriffsinhalt der Demokratie fehlten im Forderungsprogramm der *Deutschen Volkstage* vom Sommer 1918, ein Zeichen für ein langfristig problematisches Manko an Bürgerlichkeit. Die Orientierungslinien bürgerlich und demokratisch konnten erst in der Stunde der militärischen Niederlage (temporär) zur Deckung gebracht werden. *Frieden und Demokratie kommen aus dem Westen*, registrierte Redakteur Glaser beinahe erstaunt.[306] Die in ihrer Realpolitik „reformistische" Sozialdemokratie definierte Demokratie und Parlamentarismus als Vehikel einer politischen Gleichstellung der Arbeiterschaft und Besserung ihrer Lebensverhältnisse.[307] Unausgesetzt predigte sie der Arbeiterschaft den Beitritt zu den Parteiorganisationen und das Abonnement des Parteiblattes als Voraussetzung künftiger Stärke. Unter diesen divergenten Voraussetzungen kam es nicht, wie sonst in nationalen Freiheitsbewegungen, zum gemeinsamen Ringen der politischen Hauptkräfte um Demokratie. Das erfahrene Kriegsleid wirkte nicht verbindend, sondern intensivierte die politische Fragmentierung. In Österreich war die Demokratie das Ergebnis der militärischen Niederlage, nicht einer fordernden politischen Öffentlichkeit. Umso erstaunlicher ist die funktionierende politische Zusammenarbeit von Christlichsozialen und Sozialdemokraten in Salzburg in der demokratischen Phase der Ersten Republik.[308]

Im Kriegsszenario erwarteten die Bürgerlichen bis in den Herbst 1918 hinein den Siegfrieden, der auch innenpolitisch ihre nationalen Ziele absichern sollte. Der *Brotfriede* von Brest-Litowsk sollte darüber hinaus die Ukraine zur Sanierung der Lebensmittelnot ausbeuten.[309] Die Sozialdemokraten hingegen sahen im Sturz des Zarismus die Chance zu einem baldigen Kriegsende bei Ausgleich der Großmachtinteressen. Ihre Solidarität mit dem friedensbereiten Russland bekundeten sie durch Beteiligung am Jännerstreik 1918. Fragen der künftigen Friedenssicherung berührten die regionale politische Öffentlichkeit nur am Rande. Zögernd wurden die zukunftsrelevanten Friedenskonzeptionen Woodrow Wilsons rezipiert. Die sozialdemokratische Vision einer friedlichen Welt setzte die utopische Überwindung des Kapitalismus voraus. Eine feministische Note ergänzte die Sozialdemokratin Adelheid Popp bei der „Frauenversammlung" vom 13. April 1918 mit der Frage, *ob es überhaupt zu diesem Kriege gekommen wäre, wenn die Frauen aller Länder schon vor dem Kriege im Besitze der gleichen politischen Rechte gewesen wären wie die Männer*.[310] Die innerkirchliche Friedensidee orientierte sich mit einer „Katholiken Versammlung" im Saal zu St. Peter am 4. November 1917 zum Thema *Die Katholiken und der Friede* an den gut gemeinten, aber tagespolitisch wirkungslosen *Friedensbestrebungen Papst Benedikt IV*.[311]

Die Stadt-Land Konfliktlinie (Bürger/Städter – Bauern) wurde durch die Kooperation von Deutschbürgerlichen und Christlichsozialen ziemlich verwischt. Auch die traditionell wichtige Konfliktlinie Kirche – Laizismus (Kulturkampffragen) verlor während des Weltkrieges an Deutungskraft im „bürgerlichen" Spektrum, kehrte aber in der Ersten Republik im Verhältnis christlichsozial – sozialdemokratisch wieder zurück. Der Länderpartikularismus entsprach im katholischen Lager einer langen Tradition, im deutschnationalen Lager konnte er nur an die tradierte Aversion gegen Wien, nicht aber an eine antistaatliche Linie anknüpfen.

---

306 AStS, PA 24, Tagebuch Hans Glaser, Eintragung vom 15. Oktober 1918.
307 Tálos Emmerich, Staatliche Sozialpolitik in Österreich. Rekonstruktion und Analyse (Österreichische Texte zur Gesellschaftskritik, 5). Wien 1981, 127f.
308 Hanisch Ernst, Die Erste Republik. In: Geschichte Salzburgs. Stadt und Land. Bd. II/2: Neuzeit und Zeitgeschichte, hg. von Dopsch Heinz/Spatzenegger Hans. Salzburg ²1995, 1066–1071.
309 Das ist eine gewisse Parallele zur annexionistischen Kriegszieldiskussion im Deutschen Reich mit ihrer Funktion, die Demokratisierung des preußischen Wahlrechts zu verhindern. Kocka Jürgen, Klassengesellschaft im Krieg. Deutsche Sozialgeschichte 1914–1918 (Kritische Studien zur Geschichtswissenschaft, 8). Göttingen 1973, 46.
310 SLA, Präs. 1918 VIII F 1005.
311 SLA, Präs. 1917 25061.

Zentral wurde im politischen Selbstverständnis aller Kontrahenten die Linie Kapital – Arbeit verstanden als Konflikt „bürgerlich" gegen „sozialdemokratisch" in Bezug auf Wirtschaftslenkung, soziale Rechte und politische Partizipation. Die bürgerliche Positionierung entwickelte sich als Reaktion auf den zunehmenden Staatseingriff in die Wirtschaftsführung durch die „Zentralen" sowie ihre grundsätzlich positive Bewertung durch die Sozialdemokraten. Kooperator Hasenauer brachte die Kritik auf dem *Pinzgauer Deutschen Volkstag* am 22. Dezember 1917 auf den kurzen Nenner, *daß es eigentlich keinen größeren Sozialdemokraten gibt als den Staat mit den verschiedenen Enteignungen*.[312] In dieser Sicht gefährdete die staatliche Aufwertung der Sozialdemokratie als Lohn für den „Burgfrieden" die bürgerlichen Positionen. Das Gegenbild einer vom Staat verhätschelten, organisatorisch gut integrierten Sozialdemokratie spielte eine wichtige Rolle für die bürgerliche Identitätsbildung in einer Zeit extremer Gefährdung des bürgerlichen Status. Demokratische Wahlrechtsexperimente schienen unter diesen Voraussetzungen problematisch. Revolutionsfurcht war in dieser Formierungsphase der politischen Kultur noch nicht dominant. Die „klassenkämpferische" Gravur wurde erst durch die Krisenerfahrungen des Jahres 1919 vertieft.[313] Den Sozialdemokraten fiel wie auf Staats- so auch Landesebene die Aufgabe zu, die bürgerliche Demokratie gegen eine nun auch in Salzburg erstarkte linke Strömung abzusichern.[314] Ihre Bereitschaft zur Mitverantwortung bewies die Partei durch Übernahme im Vorsitz des Ernährungsausschusses der Provisorischen Salzburger Landesversammlung. Zugleich öffnete sich in der Ausnahmesituation 1919 ein Zeitfenster für sozialpolitische Reformen.

Die größte Divergenz aber bestand auf dem Definitionsfeld eigen – fremd durch die Orientierung der bürgerlichen Parteien am Antisemitismus. Der Antisemitismus hat eine lange Vorgeschichte in der konstitutionellen Ära Salzburgs. Schon einmal, in der Konfrontation der „Vereinigten Christen" gegen die Deutschliberalen Mitte der 1890er Jahre, spielte der Antisemitismus eine, wenn auch nur kurzfristig tragfähige Brücke zwischen Deutschnationalen und Christlichsozialen.[315] Diese Konstellation wiederholte sich nun 1917/18 im Verhältnis der bürgerlichen Parteien zu den Sozialdemokraten. Auf die Judenfeindschaft wurden nun alle aktuellen Probleme bezogen. Als „jüdisch" oder „jüdisch fremdbestimmt" galten je nachdem oder gleichzeitig die Schieber und Wucherer, die *Zentralen*, die sozialdemokratische Bewegung oder das überdimensionierte Wien. In letzter Konsequenz diente diese religiös-rassistische Stigmatisierung der ideologischen Selbstvergewisserung des bürgerlichen Lagers in der Auseinandersetzung mit dem politischen Kontrahenten Sozialdemokratie. Bezeichnend ist der Wechsel des „Salzburger Volkblattes" zum Antisemitismus im Jänner 1918. Lange hatte der habsburgische Ordnungsstaat solche Xenophobien eingedämmt, die sich jetzt in einer entfesselten „bürgerlichen Öffentlichkeit" mit aller Wucht entluden.[316] Hier bildete sich in der Spätphase der Monarchie ein Reservoir an Fremdenhass, aus dem sich in den nächsten Jahrzehnten die politische Rechte bediente. Insgesamt zeichneten sich schon im letzten Kriegsjahr die innenpolitischen Konturen der Ersten Republik mit großer Deutlichkeit ab.

312 SLA, Präs. 1917 18742. Bericht des observierenden Beamten als Beilage an den Bericht der Bezirkshauptmannschaft Zell am See an das Landespräsidium, 22. Dezember 1917.
313 Hanisch Ernst, Die Salzburger Presse in der Ersten Republik 1918–1919. In: MGSL 128 (1988). Salzburg 1988, 350f.
314 Bauer Ingrid, „Uns das bisschen nackte Leben erhalten …". Die Jahre 1918 bis 1920. In: Bauer Ingrid, Von der alten Solidarität (wie Anm. 133), 83–98.
315 Haas, Vom Liberalismus (wie Anm. 216), 852f.
316 Ellmauer Daniela/Embacher Helga/Lichtblau Albert (Hg.), Geduldet, verschmäht und vertrieben. Salzburger Juden erzählen. Salzburg 1998, 11; Hanisch, Christlich-soziale Partei (wie Anm. 188), 485.

Laurence Cole

„Mentale Kriegsvorbereitung" und patriotische Mobilisierung in Österreich

1. Einleitung

Die europäische Jahrhundertwende um 1900 wird von HistorikerInnen häufig als eine Epoche der „Gleichzeitigkeit des Ungleichzeitigen" (Ernst Bloch) charakterisiert. Oder, um es mit Ernst Hanisch auszudrücken, die Zeit um 1900 war „eine Überlappungs- und Übergangsphase, janusköpfig nach rückwärts und vorwärts gewandt".[1] Einerseits wurde der internationale Aufrüstungswettkampf unübersehbar, während andererseits antimilitaristische Bewegungen stark an Kraft gewannen, sei es in der Form der von Bertha von Suttner geprägten pazifistischen Bewegung oder in Gestalt der Sozialdemokratie der Zweiten Internationale, die – zumindest bis 1914 – eine klare antimilitaristische Linie befürwortete.[2] So gesehen wäre es eine Verkürzung der historischen Realität, würde man die europäische Gesellschaft vor 1914 pauschal als „nationalistisch und militaristisch" beschreiben. Das „Zeitalter des Nationalismus" bildete zugleich eine Epoche der Globalisierung und des internationalen kulturellen, wissenschaftlichen und wirtschaftlichen Austausches, wie die Historiker Jürgen Osterhammel und Christopher Bayly (unter anderen) neuerlich betonen.[3]

Bei der Betrachtung Europas am Vorabend des Ersten Weltkrieges ist daher ein differenzierender Blick notwendig, um zwischen gleichzeitig ablaufenden jedoch soziopolitisch in Konkurrenz bzw. in Gegensatz zueinander stehenden Phänomenen unterscheiden zu können. Diese Feststellung gilt gleichfalls für die hier zu behandelnde Frage, nämlich inwieweit vor 1914 die Zeitgenossen auf einen Krieg vorbereitet waren bzw. bereits von vornherein für einen Krieg mobilisiert wurden. Zum einen lief in Europa vor 1914 in unterschiedlichem Ausmaß ein Prozess der gesellschaftlichen Militarisierung ab, der in Wechselwirkung mit der sich konsolidierenden bürgerlichen Gesellschaft stand.[4] Neben dem Aufrüstungswettkampf und der zunehmenden Bereitschaft der Diplomatie, kriegerische Lösungen zu internationalen Problemen zu überlegen, bestand dieser Militarisierungsprozess aus mehreren Aspekten, wie die Ausweitung des verpflichtenden Militärdienstes, die Faszination der Militärtechnologie (besonders im Bereich der Marine), die Konstruktion von Feindbildern, die Inszenierung militärischer Feierlichkeiten, und was Markus Ingenlath in Hinblick auf Frankreich und Deutschland „mentale Aufrüstung" nennt (wie z.B. die militärisch orientierte Erziehung der männlichen Jugend).[5] Zum anderen machten diese Militarisierungstendenzen den Krieg keinesfalls unvermeidlich, auch wenn sie die Möglichkeit eines Konfliktes erhöhten.[6] Erstens versuchten zivile Politiker die Militärs einzubremsen bzw. parlamentarische Kontrolle über Heeresbudgets auszuüben, während nach der Jahrhundertwende die Kritik am Imperialismus bzw. Militarismus stets zunahm.[7] Gerade in Deutschland – oft als „Hort des Militarismus" in Europa betrachtet – lehnten bedeutende Teile der öffentlichen Meinung den radikalen Nationalismus und die Perspektive eines bewaffneten

---

1 Hanisch Ernst, Der lange Schatten des Staates: Österreichische Gesellschaftsgeschichte im 20. Jahrhundert. In: Österreichische Geschichte von 1890–1990, hg. von Wolfram Herwig. Wien 1994, 21.
2 Mit besonderem Bezug auf Deutschland: Wette Wolfram, Der Militarismus und die deutschen Kriege. In: Schule der Gewalt. Militarismus in Deutschland 1871–1945, hg. von Wette Wolfram. Berlin 2005, 9–30.
3 Bayly Christopher, The Birth of the Modern World, 1780–1914: Global Connections and Comparisons. Malden 2005; Osterhammel Jürgen, Die Verwandlung der Welt. Eine Geschichte des 19. Jahrhunderts. München 2009.
4 Frevert Ute (Hg.), Militär und Gesellschaft im 19. und 20. Jahrhundert. Stuttgart 1997; Jansen Christian (Hg.), Der Bürger als Soldat. Die Militarisierung europäischer Gesellschaften im langen 19. Jahrhundert. Ein internationaler Vergleich. Essen 2004.
5 Vgl. u. a. Jeismann Michael, Das Vaterland der Feinde. Studien zum nationalen Feindbegriff und Selbstverständnis in Deutschland und Frankreich 1792–1918. Stuttgart 1992; Ingenlath Markus, Mentale Aufrüstung. Militarisierungstendenzen in Frankreich und Deutschland vor dem Ersten Weltkrieg. Frankfurt a. M. 1998; Kronenbitter Günther, „Krieg im Frieden". Die Führung der k.u.k. Armee und die Großmachtpolitik Österreich-Ungarns 1906–1914. München 2003; Rüger Jan, The Great Naval Game. Britain and Germany in the Age of Empire. Cambridge 2007.
6 Afflerbach Holger/Stevenson David, Introduction. An Improbable War? The Outbreak of World War I and European Political Culture before 1914. In: An Improbable War? The Outbreak of World War I and European Political Culture before 1914, hg. von Afflerbach Holger/Stevenson David. New York-Oxford 2007, 1–12.
7 Stargardt Nicholas, The German Idea of Militarism. Radical and Socialist Critics 1866–1914. Cambridge 1994; Miller Paul B., From Revolutionaries to Citizens: Antimilitarism in France, 1870–1914. Durham/N.C.-London 2002.

Konfliktes ab.⁸ Zweitens blieben in der internationalen Politik immer verschiedene Optionen offen und noch in der Julikrise 1914 standen Alternativen bereit, obwohl sich dieses Mal die handelnden Akteure für die Risiken des Kriegsganges entschieden.⁹ Aus diesen Überlegungen geht hervor, dass der europäischen Gesellschaft die Gefahr eines Krieges auf jeden Fall bewusst war, wie im Fall der Habsburgermonarchie durch verschiedene Zeitungsberichte zu Stapelläufen von Schlachtschiffen, einem Treffen der Friedensgesellschaft Bertha von Suttners, Rüstungsausgaben und einer Probemobilisierung der russischen Armee im Mai 1914 ersichtlich ist.¹⁰ Das gilt nicht nur für die entscheidenden Eliten auf Regierungs- und Heeresebene, sondern auch für die allgemeine Bevölkerung. Als Beispiel aus dem hier zu behandelnden Untersuchungsraum Österreich – der cisleithanischen Reichshälfte des dualistischen Staates Österreich-Ungarn – kann hier Alexander Haidenthaller, Gemischtwarenhändler aus der Salzburger Vorortgemeinde Gnigl, stehen. Bereits nach der Annexionskrise 1908 bemerkte Haidenthaller in seinem Tagebuch, vorausahnend: „Wir sehen einer sehr schlimmen Zeit entgegen, ja es hat den Anschein, wir stehen bereits vor der Türe. Unser lieber Kaiser Franz Joseph vermag die Zügel kaum mehr zu erhalten. Auf seine jetzt 60-jährige weise Regierung wird ein schlechter Dank kommen. Ein Krieg am Balkan wird gleichzeitig das Beginnen innerer Zerwürfnisse werden, dem kein Mensch mehr entgehen kann".¹¹ Kam daher der Beginn eines Krieges 1914 nicht völlig überraschend, heißt das freilich nicht, dass die europäische Bevölkerung auf das tatsächliche, verheerende Ausmaß des Ersten Weltkrieges bereits eingestellt war. In der Tat war es eine Minderheit – darunter solch unterschiedliche Figuren, wie der deutsche Generalstabschef Helmut von Moltke d. J. und der führende Sozialdemokrat August Bebel – die einen langen, destruktiven Krieg ahnten.¹² Wenn im Folgenden der Frage nach der geistigen Vorbereitung auf den Krieg in Cisleithanien bzw. im Kronland Salzburg nachgegangen wird, geht es daher nicht darum, ob und inwieweit die österreichische Gesellschaft auf die schrecklichen Bedingungen und die immensen Strapazen der vier langen Jahre des Ersten Weltkrieges vorbereitet wäre, weil ein Krieg in diesen Dimensionen mit all seinen Auswirkungen für die Mehrheit der Bevölkerung schwer vorzustellen war. Vielmehr sollen bei einer Untersuchung der „mentalen Kriegsvorbereitung" jene Maßnahmen und gesellschaftlichen Entwicklungen im Vordergrund stehen, die zur patriotischen Mobilisierung der Bevölkerung und zu deren Pflichterfüllung im Falle eines Kriegsausbruches beitrugen.¹³

Ziel dieses Aufsatzes wird sein, verschiedene Aspekte der patriotischen Mobilisierung in der westlichen Reichshälfte der Doppelmonarchie mit besonderer Berücksichtigung des Kronlandes Salzburg zu beleuchten, um die Ausgangsposition für die propagandistischen Aktivitäten im Krieg – ob im Bereich der Presse und anderer Medien, der Kirche oder in Aktionen, wie die Kriegsanleihen – zu eruieren, und damit Kontinuitätslinien zwischen 1914 und 1918 zu skizzieren. Im ersten Teil des Aufsatzes soll zunächst gezeigt werden, wie eine „Kultur des Militärischen" zum prägenden Merkmal der Regierungszeit des Kaisers Franz Joseph I. (1848–1916) wurde. Im zweiten Teil wird die Herausbildung eines „patriotischen Milieus" in Österreich bzw. im Kronland Salzburg analysiert, an Hand des Beispiels der Militärveteranenvereine. Auf dieser Basis – so die hier zu vertretende These – formierte sich trotz ethnischer Spannungen und politischer Streitigkeiten eine gesellschaftliche Akzeptanz der militärischen Pflichterfüllung, die

8 Hewitson Mark, Germany and the Causes of the First World War. Oxford-New York 2004, 78.
9 Zuletzt: Clark Christopher, The Sleepwalkers. How Europe went to War in 1914. London 2012.
10 Jelinek Gerhard, Schöne Tage 1914: vom Neujahrstag bis zum Ausbruch des Ersten Weltkrieges. Wien 2013, 41–45, 65–68, 76, 190. Trotz solcher Berichte ist Jelinek dennoch der Meinung: „Nur wenige Hellsichtige deuteten die Zeichen der Zeit" (9).
11 Zit. n. Hoffmann Robert, „Es ist dies der Ausfluß meines ‚in sich lebens' gegenüber des äußeren Gesellschaftslebens". Aus dem Tagebuch eines Gemischtwarenhändlers. In: Im Kleinen das Große suchen. Mikrogeschichte in Theorie und Praxis, hg. von Hiebl Ewald/Langthaler Ernst (Jahrbuch für Geschichte des ländlichen Raumes 2012). Innsbruck-Wien-Bozen 2012, 150.
12 Krumeich Gerd, The War Imagined: 1890–1914. In: A Companion to the First World War, ed.: Horne John. Malden 2010, 3–18.
13 Ingenlath, Mentale Aufrüstung (wie Anm. 5).

sowohl für die erste Welle der patriotischen Mobilisierung im Jahre 1914 als auch für die Durchhaltestimmung breiter Teile der österreichischen Bevölkerung im Krieg bestimmend war (wobei Bereitschaft zur Pflichterfüllung nicht automatisch mit „Kriegsbegeisterung" gleichzusetzen wäre).[14]

2. Die Kultur des Militärischen unter Kaiser Franz Joseph I.

Die Fachliteratur zur Habsburgermonarchie ist bezüglich der Wahrnehmung des Faktors Militär in Staat und Gesellschaft nicht widerspruchsfrei. Während Übersichtswerke zur Habsburgermonarchie häufig die Stellung des Militärs als „Bollwerk des Staates" bezeichnen,[15] wird zugleich behauptet, dass die Habsburgermonarchie nicht wirklich „militaristisch" geprägt sei: „The ‚military monarchy' of the Habsburgs was, in fact, the least militarized state in Europe", wie der englische Historiker Alan Taylor es einst formulierte.[16] In diesem Zusammenhang verweist die Literatur einerseits auf die relative Offensivschwäche der habsburgischen Streitkräfte und die verlorenen Kriege von 1859 und 1866, andererseits auf die Tatsache, dass der österreichisch-ungarische Staat weniger Ausgaben für das Rüstungsbudget machte und einen niedrigeren Prozentsatz – um 25 % – der männlichen Bevölkerung militärisch ausbildete (trotz allgemeinem Wehrdienst).[17] Darüber hinaus werden die zunehmenden nationalen Auseinandersetzungen bzw. der Streit zwischen den zwei Reichshälften über das Heeresbudget und die Frage einer „nationalen" Armee für Ungarn als Gründe dafür gesehen, warum es keinen fruchtbaren Boden für einen effektiven Militarismus gegeben hätte. So behauptet z.B. der amerikanische Historiker Lawrence Sondhaus: „Civilian society was less supportive of the military in Austria than in the other major Continental powers, in the respect and esteem it accorded to the military profession and, more important, in its willingness to fund the maintenance of an effective army."[18] Solche Aussagen sind aus zwei Gründen problematisch. Erstens fehlt es an detaillierten empirischen Studien zum Thema, wie sie beispielsweise zur national-patriotischen Mobilisierung im Deutschen Kaiserreich vor 1914 vorliegen.[19] Zweitens soll die Tatsache, dass in den Jahren vor 1914 Österreich-Ungarn verhältnismäßig weniger als andere europäische Großmächte für den Rüstungswettbewerb ausgab, nicht über eine allgemeine gesellschaftliche Militarisierung hinwegtäuschen.[20] Vor allem unter der Regierung Kaiser Franz Josephs entwickelte sich eine bemerkenswerte „Kultur des Militärischen". Soll – wie europäische Ethnologen meinen – die Definition von „Kultur" vom jeweiligen Forschungsthema abhängen, so wird „Militärkultur" hier nicht als die institutionelle, interne Organisationskultur des stehenden Heeres, sondern als die Stellung und Bedeutung des Heeres in der Gesellschaft der Habsburgermonarchie definiert, wobei diese Kultur aus einem Netzgewebe von Deutungen, Wahrnehmungen, Referenzpunkten, Normen, sozialen Gewohnheiten und alltäglichen Praktiken bestand.[21] Trotz des später sorgfältig kultivierten Images des „Friedenskaisers" prägte die Hervorhebung des Militärischen die Regierungszeit Franz Josephs von Anfang an. Neue Forschungen haben gezeigt, wie sich – aus verschiedenen Motivationen heraus – ein richtiger Kult um den Monarchen Franz Joseph im Laufe seiner Regierungszeit entwickelte.[22] Ein zentraler Bestandteil dieser dynastischen Selbstdarstellung unter Franz Joseph war die militärische Komponente, und zwar nicht nur in Folge des Umstands, dass

---

14 Vgl. Van der Linden Martin/Mergner Gottfried, Kriegsbereitung und mentale Kriegsvorbereitung. In: Kriegsbereitung und mentale Kriegsvorbereitung. Interdisziplinäre Studien, hg. von Van der Linden Martin/Mergner Gottfried. Berlin 1991, 9–23.
15 Z.B.: Macartney Carlyle, The Habsburg Empire 1790–1918. London 1968, 624f; Bérenger Jean, L'Autriche-Hongrie 1815–1918. Paris 1994, 17; Rumpler Helmut, Eine Chance für Mitteleuropa. Bürgerliche Emanzipation und Staatsverfall der Habsburgermonarchie 1804–1918. In: Österreichische Geschichte 1804–1914, hg. von Wolfram Herwig. Wien 1997, 341f.
16 Taylor Alan J.P., The Habsburg Monarchy, 1809–1918. London 1948, 247; siehe auch Rothenberg Gunther, The Shield of the Dynasty: Reflections on the Habsburg Army, 1649–1918. In: Austrian History Yearbook 32 (2001), 169–206, der die Meinung Taylors unterstützt.
17 Herwig Holger, The First World War. Germany and Austria-Hungary 1914–1918. London 1997, 12f.
18 Sondhaus Lawrence, Comment: The strategic culture of the Habsburg army. In: Austrian History Yearbook 32 (2001), 225–234.
19 Neben den in Anm. 5 erwähnten Studien, vgl. Eley Geoff, Reshaping the German Right. Radical Nationalism and Political Change after Bismarck. New Haven 1980; Coetzee Marilyn, The German Army League. Popular Nationalism in Wilhelmine Germany. New York 1990; Chickering Roger, We Men Who Feel Most German. A Cultural Study of the Pan-German League. Boston 1984.
20 Ausführlicher dazu: Cole Laurence/Hämmerle Christa/Scheutz Martin, Glanz – Gewalt – Gehorsam. Traditionen und Perspektiven der Militärgeschichtsschreibung zur Habsburgermonarchie. In: Glanz – Gewalt – Gehorsam. Militär und Gesellschaft in der Habsburgermonarchie (1800 bis 1918), hg. von Cole Laurence/Hämmerle Christa/Scheutz Martin (Krieg und Frieden, 18). Essen 2011, 13–28.
21 Vgl. Kaschuba Wolfgang, Einführung in die Europäische Ethnologie. München 1999, 123.
22 Siehe u. a. Unowsky Daniel, The Pomp and Politics of Patriotism: Imperial Celebrations in Habsburg Austria, 1848–1916. West Lafayette 2005; Cole Laurence/Unowsky Daniel (Hg.), The Limits of Loyalty: Imperial symbolism, popular allegiances, and state patriotism in the late Habsburg Monarchy. Oxford-New York 2007.

die Wiederherstellung der herrschaftlichen Autorität nach 1849 das Ergebnis einer vom Militär geführten Gegenrevolution war.[23] Dies beruhte vor allem auf Franz Josephs persönlichem Selbstverständnis als „erster Soldat des Reiches". Äußerst selten zeigte er sich in der Öffentlichkeit ohne Uniform, auch die überwiegende Mehrheit der offiziellen Bildportraits zeigte den Kaiser im Militärrock.[24] Weiters bezeichnend war die Errichtung einer neuen Militär-Kanzlei unter Graf Karl Ludwig von Grünne nach Franz Josephs persönlicher Übernahme des Heeresoberkommandos am 30. April 1849. Sämtliche zentralen Angelegenheiten der Armee wurden über diese Kanzlei geleitet, während Grünne einen wichtigen Einfluss auch auf die zivile Kabinettskanzlei ausübte. Die Abschaffung des Kriegsministeriums 1853 und das Armeestatut des Jahres 1857 baute die Koordinations- bzw. Aufsichtsrolle der Militär-Kanzlei in dieser tonangebenden ersten Phase der neuen Regierung weiter aus.[25] Mit dem Machtverlust Grünnes im Jahr 1859 in Folge der Niederlage gegen Frankreich und Piemont wurde der unmittelbare politische Einfluss der Militär-Kanzlei zwar abgeschwächt, sie behielt jedoch eine wichtige Position in der Machtstruktur des im Ausgleich verankerten konstitutionellen Systems. Die „Militär-Kanzlei Seiner Majestät des Kaisers und Königs" fungierte weiterhin als Franz Josephs „Zentralbüro" bis zum Ende seiner Regierungszeit.[26] Unter den politischen Umständen der 1850er Jahre bildete die hauptsächlich von oben bestimmte Repräsentation der Armee im öffentlichen Raum sowohl den symbolischen Ausdruck der obrigkeitlichen Vorstellung von Loyalität und Gehorsam als auch ein zentrales Mittel zur Legitimierung der dynastischen Macht.[27] Diese bewusste Betonung des Militärischen ließ sich in erster Linie in der Reichshauptstadt beobachten, wo in den Jahren nach 1848/49 die Regierung mehrere neue Kasernen – wie die Franz Joseph-Kaserne und die Rudolfskaserne (später Rossauerkaserne) – und das neue Arsenal baute.[28] Erst nach der Planung bzw. Fertigstellung der militärischen Sicherheitsstützpunkte entschied sich die Regierung für die Schleifung der alten Stadtmauer und den Bau der neuen Ringstraße. Während die Räumung des alten Glacis einerseits die Möglichkeit für die Errichtung neuer ziviler Gebäude schuf, nützte der Hof andererseits die Gelegenheit, um den Platz vor der Hofburg – den „Heldenplatz" – zwecks Darstellung der kaiserlichen Macht neu zu konzipieren. Dort enthüllte Kaiser Franz Joseph am 22. Mai 1860 – am Jahrestag der Schlacht von Aspern 1809 – ein Denkmal für Erzherzog Karl, das von Anton Dominik Fernkorn geschaffen wurde. Als Beispiel eines dynastischen Militärhelden aufgestellt, sollte das in der zweiten Hälfte der 1850er Jahre von Franz Joseph persönlich in Auftrag gegebene Denkmal zugleich Österreichs Großmachtstellung in Deutschland weiter behaupten. So wurde Erzherzog Karl als „mutiger Kämpfer für Deutschlands Ehre" dargestellt.[29] Ebenfalls am Heldenplatz wurde gegenüber vom Erzherzog Karl-Denkmal 1865 ein Standbild des Prinzen Eugen von Savoyen – ebenfalls ein Werk von Fernkorn– feierlich enthüllt. Der „edle Ritter" – wie es am Sockel hieß – sollte in erster Linie an seine Verdienste um die Verteidigung Deutschlands gegen Frankreich erinnern, da zu dieser Zeit jener Aspekt seiner Karriere von größerer Bedeutung für den Wiener Hof war als seine Kämpfe gegen die Osmanen.[30] Als letztes Denkmal in dieser Anfangsphase der Regierung kam jenes von Fürst Karl von Schwarzenberg, der – wie bereits 1863 bei der Grundsteinlegung des Denkmales – als der „Retter Deutschlands" gepriesen wurde.[31]

Eng im Zusammenhang mit dieser militärisch-patriotischen Prägung des öffentlichen Raumes führte die Neuordnung des Wiener Hofes nach 1848 zu einer

23 Polišenský J., Aristocrats and the Crowd in the Revolutionary Year 1848: Contribution to the History of Revolution and Counter-Revolution. New York 1979.
24 Telesko Werner, Geschichtsraum Österreich. Die Habsburger und ihre Geschichte in den bildenden Künsten. Wien 2006, 207–243.
25 Bled Jean-Paul, Franz Joseph, Oxford 1992, 78f.
26 Bled Jean-Paul, Wien. Residenz – Metropole – Hauptstadt. Wien 2002, 177f.
27 Unowsky, Pomp and Politics (wie Anm. 22), 19–32; Telesko, Geschichtsraum (wie Anm. 24), 244–252.
28 Czeike Felix, Die Wiener Kasernen seit dem 18. Jahrhundert. In: Wiener Geschichtsblätter 35 (1980), 161–190.
29 Telesko Werner, Anton Dominik Fernkorns Wiener Herzog-Carl-Denkmal als nationale „Bildformel". Genese und Wirkung eines Hauptwerkes habsburgischer Repräsentation im 19. Jahrhundert. In: Wiener Geschichtsblätter 62 (2007), 9–28.
30 Telesko Werner, Kulturraum Österreich. Die Identität der Regionen in der bildenden Kunst des 19. Jahrhunderts. Wien 2008, 148f.
31 Kristian Markus, Denkmäler der Gründerzeit in Wien. In: Steinernes Bewußtsein. Die öffentliche Repräsentation staatlicher und nationaler Identität Österreichs in seinen Denkmälern, Bd. I, hg. von Riesenfellner Stefan. Wien 1998, 77–165.

Erneuerung katholischer Zeremonien, wie die Fußwaschung am Gründonnerstag oder die Fronleichnamsprozession.[32] Zunehmend entwickelten sich unter Franz Joseph alljährliche Feierlichkeiten, wie der Kaisergeburtstag (18. August), der Namenstag des Kaisers (4. Oktober) und der Jahrestag der Thronbesteigung (2. Dezember), zu Fixpunkten im offiziellen Jahresablauf. Wie Werner Telesko zeigt, trug die Zelebration „einmaliger" nicht wiederkehrender Meilensteine im Leben des Kaisers – wie die silberne Hochzeit des Kaiserpaares im Jahr 1879 oder die Regierungsjubiläen 1898 bzw. 1908 – zusätzlich zur Systematisierung und „Universalisierung" der verschiedenen liturgischen, dynastischen und persönlichen Zeitkalender bei.[33] Besonders der Kaisergeburtstag und die Fronleichnamsprozession – später dann auch die Regierungsjubiläen – wurden als Ereignisse für ein Massenpublikum konzipiert und in tausenden Ortschaften in der cisleithanischen Reichshälfte begangen.[34] Bei allen diesen Veranstaltungen spielte das Militär eine zentrale Rolle, sowohl als Sicherheitsschutz als auch als Versinnbildlichung der patriotischen Pflicht des (männlichen) Staatsbürgers. Wie der amerikanische Wissenschaftler Alfred Vagts einst bemerkte: „In a world which becomes increasingly secularized, the ceremonial function of soldiers and the military arrangement of mass ceremonies grow in equal measure. Ever since the rise of standing armies, the soldier has been employed to a varying degree as a ceremonial appurtenance".[35]

Zusammenfassend ist festzustellen, dass nach 1848 die neue Regierung von einer öffentlich ausgetragenen Militärkultur geprägt wurde, die die Richtlinien für die ganze franzisko-josefinische Epoche vorgab. Damit soll nicht behauptet werden, dass alle Ziele des damit verbundenen politischen Programmes erfolgreich durchgesetzt wurden. Im Gegenteil: Bereits Ende der 1850er Jahre wurde der Neoabsolutismus abgebaut, als Grünne zurücktreten musste und Kaiser Franz Joseph auf eine direkte Einmischung im Kommando am Schlachtfeld verzichtete. Zwischen 1861 und 1865 kürzte die Regierung das Militärbudget von 179 Millionen Gulden auf 96 Millionen.[36] Dennoch, erst nach dem Verlust im Krieg gegen Preußen und Italien im Jahr 1866 kam es zu einer grundsätzlichen Änderung im Verhältnis zwischen Staat, Militär und Gesellschaft. Das Prestige der Regierung litt unter den Niederlagen dieser Jahre, während Kritik am Militär auch öffentlich laut wurde. Wie das „Neue Wiener Tagesblatt" bemerkte, überschattete die „eigenthümliche Fügung des Schicksals" – die militärischen Niederlagen – die oben erwähnten Enthüllungen der Heldendenkmäler.[37] Was die Bedingungen des Ausgleiches von 1867 betrifft, ist zudem festzustellen, dass – im Unterschied zu den 1850er Jahren – die Institutionen der offiziellen Militärkultur einen bestimmten Grad an öffentlicher Verantwortlichkeit mittragen mussten. Auch wenn das stehende Heer weiterhin als gesamtstaatliche Institution fungierte, musste dessen Budget (und zum Teil dessen Organisation) die parlamentarische Zustimmung finden. So gesehen wuchs der zivile Einfluss über ein Militär, das sich in Folge der Reformen nach 1868 zunehmend professionalisieren musste (beispielsweise im Bereich der Offiziersausbildung und -beförderung). Inhalt und Form der Militärkultur wurden daher zum Gegenstand sozialer und ideologischer Debatten im Rahmen der konstitutionellen Politik.

Vorsicht ist jedoch aus mehreren Gründen geboten, wenn es um die Interpretation der Auswirkungen der Entwicklungen der 1860er und 1870er Jahre geht, weil von einem Bedeutungsverlust der Militärkultur in der konstitutionellen Ära nach

---

32 Winkelhofer Martina, Der Alltag des Kaisers. Franz Joseph und sein Hof. Innsbruck-Wien 2010, 39–57.
33 Telesko Werner, „Felicia Decennalia". Zur Struktur habsburgischer Gedenkfeiern im 19. Jahrhundert und die Inszenierung der Wiener Hofburg. In: Wiener Geschichtsblätter 64 (2009), 1–23.
34 Blöchl Andrea, Die Kaisergedenktage. Die Feste und Feiern zu den Regierungsjubiläen und runden Geburtstagen Kaiser Franz Josephs. In: Der Kampf um das Gedächtnis. Öffentliche Gedenktage in Mitteleuropa, hg. von Brix Emil/Stekl Hannes. Wien 1997, 117–144.
35 Vagts Alfred, A History of Militarism: Civilian and Military. Revid. Aufl. New York 1959, 21.
36 Rothenberg Gunther E., The Army of Francis Joseph. West Lafayette 1976, 56–59.
37 Zit. n. Kristian, Denkmäler der Gründerzeit (wie Anm. 31), 90.

1866/67 kaum die Rede sein kann. Erstens gehörten die Militär- und Außenpolitik weiterhin zu den Prärogativen des Monarchen.[38] Zweitens, auch wenn sich das Heer teilweise unter parlamentarischer „Aufsicht" befand, weitete es seinen gesellschaftlichen Einfluss durch die Einführung der allgemeinen Wehrpflicht im Jahr 1868 enorm aus.[39] Die hierdurch verursachte Vertiefung der Wechselwirkung zwischen Militär und Gesellschaft wurde drittens durch die Fortsetzung der in den 1850er Jahren festgelegten öffentlichen Hervorhebung der Bedeutung des Militärs verstärkt.

Angesichts der ab den 1880er Jahren sich abzeichnenden sozialen und nationalen Auseinandersetzungen in der Politik suchten die Regierung und staatsnahe, konservative Kreise das Heer als Versinnbildlichung der Idee der Habsburgermonarchie als eine „Familie der Völker" zu projizieren, die in Treue vereint dem „Landesvater" Franz Joseph gehorsam folgten. So orientierte sich die offizielle Präsentation der österreichischen Vergangenheit an der in Schul- und Lehrbüchern aufbereiteten Darstellung der Geschichte der Habsburger Dynastie.[40] Darin spielte die Kriegsgeschichte eine zentrale Rolle, wie die zahlreichen *tableaux vivants* des am 12. Juni 1908 abgehaltenen historischen Festzuges für Franz Josephs sechzigstes Regierungsjubiläum zeigten. Die abgebildeten militärischen Szenen inkludierten die erste und zweite Entsetzung von Wien (1529 bzw. 1683); die Kampagnen des Prinzen Eugen; den Siebenjährigen Krieg (1756–1763) unter anderem mit den Feldherren Daun, Laudon; die Kriege gegen Napoleon unter Erzherzog Karl mit einer gesonderten Darstellung des Tiroler Aufstandes im Jahr 1809 und schließlich die Siege Radetzkys in Norditalien 1848/49.[41] Einem ähnlichen Muster folgten die Ruhmes- und Feldherrenhallen im Wiener Arsenal, welches ab 1891 als Standort des Heeresgeschichtlichen Museums diente.[42] Anknüpfend an die Denkmalsprojekte der 1850er bis 1860er Jahre wurden zwei weitere Heldenstandbilder errichtet: das Erste 1892 auf Initiative des Offizierskorps für Feldmarschall Radetzky. Hier wurde die Vorbildwirkung des aus Böhmen stammenden Heeresführers für die Armee und darüber hinaus für alle Völker der Monarchie unterstrichen: „Seine Treue gegen den Herrscher – eine Haupttugend des tapferen Volkes, dem er entsprossen – hat Radetzky durch die That in so breitem Maße bewährt, dass er noch bei den spätesten Geschlechtern als ein Muster dieser Treue gelten wird".[43] Dem Mann, der federführend bei der Entstehung des Radetzky-Denkmales wirkte und dessen Nachfolger er als Kommandant in Norditalien war, dem 1895 verstorbenen Erzherzog Albrecht, wurde 1899 – im Auftrag des Kaisers und teilweise durch Spenden des Heeres finanziert – das zweite Denkmal gewidmet.[44] Somit zeigt sich, dass die vom Wiener Hof und von der Regierung ausgehende Hervorhebung des Militärs in der Öffentlichkeit der Regierungszeit Franz Josephs einen martialischeren Charakter gab, als dies bei seinen Vorgängern der Fall gewesen war.[45] Wie der amerikanische Schriftsteller Mark Twain in seinem berühmten, nach einem Besuch in Österreich Ende der 1890er Jahre verfassten Essay schrieb, war die Armee „as pervasive as the atmosphere. It is everywhere".[46]

3. Patriotische Mobilisierung in Österreich bzw. Salzburg vor 1914: die Veteranenvereine

Wie politische Anthropologen argumentieren, muss über die Mechanismen und Institutionen der Macht und deren Akteure hinausgeblickt werden, um die Brei-

38 Allmayer-Beck Johann C., Die bewaffnete Macht in Staat und Gesellschaft. In: Die Habsburgermonarchie 1848–1918, Bd. V: Die bewaffnete Macht, hg. von Wandruszka Adam/Urbanitsch Peter. Wien 1987, 1–141.
39 Hämmerle Christa, Die k. (u.) k. Armee als ‚Schule des Volkes'? Zur Geschichte der Allgemeinen Wehrpflicht in der multinationalen Habsburgermonarchie (1866 bis 1914/18). In: Jansen, Der Bürger als Soldat (wie Anm. 4), 175–213.
40 Bruckmüller Ernst, Patriotic and National Myths: National Consciousness and Elementary School Education in Imperial Austria. In: Cole/Unowsky, Limits of Loyalty (wie Anm. 22), 11–35.
41 Grossegger Elisabeth, Der Kaiser-Huldigungs-Festzug Wien 1908. Wien 1992, 106–129.
42 Riesenfellner Stefan, Steinernes Bewußtsein II. Die „Ruhmeshalle" und die „Feldherrnhalle" – das k. (u.) k. „Nationaldenkmal" im Wiener Arsenal. In: Steinernes Bewußtsein. Die öffentliche Repräsentation staatlicher und nationaler Identität Österreichs in seinen Denkmälern, Bd. I, hg. von Riesenfellner Stefan. Wien 1998, 63–75.
43 Das Vaterland, 24.4.1892, 1.
44 Kristian, Denkmäler der Gründerzeit (wie Anm. 31).
45 Für eine ausführliche Diskussion der Thematik sei hingewiesen auf: Cole Laurence, Military Culture and Popular Patriotism in Late Imperial Austria. Oxford 2014.
46 Twain Mark, Stirring Times in Austria. In: Harper's New Monthly Magazine March 1898 (Vol. 96), 530–540. Bei: http://www.h-net.org/~habsweb/sourcetexts/twain1.htm.

tenwirkung der „Kultur des Militärischen" und die Auswirkung des Militarisierungsprozesses auf den gesellschaftlichen Alltag zu begreifen.[47] Folglich soll die Analyse auch jene sozialen Gruppierungen oder Vereine untersuchen, die die Militärkultur unterstützten, Militarisierungsprozesse mittrugen und militärische Begriffe, Werte und Verhaltensweisen mitgestalteten bzw. in der Gesellschaft verbreiteten.[48] Während „offizielle Militärkultur" sowohl die Militärpolitik und Kriegsvorbereitung als auch die Pflege und finanzielle Unterstützung des Militärs in der Öffentlichkeit umfasst, lässt sich „populäre Militärkultur" durch zwei grundsätzliche Aspekte definieren. Erstens liegt populäre Militärkultur außerhalb des Staatsapparates, auch wenn sie mit staatlichen Organen kooperiert oder eine Regierung versucht, sie zu lenken; entscheidend ist, dass sie gesetzlich im zivilen Bereich situiert ist. Zweitens setzt populäre Militärkultur die spontane Teilnahme breiter Bevölkerungsschichten – nicht nur des Bürgertums, sondern auch der „kleinen Leute" (Rohkrämer) – an das Militär unterstützende Aktivitäten voraus.[49] Gerade deshalb eignen sich die Militärveteranenvereine für eine Untersuchung der Militärkultur, da sie sich an der Grenze zwischen dem zivilen und militärischen Bereich bewegten.[50] Vor allem in der österreichischen Reichshälfte der Habsburgermonarchie wurde nach 1868 eine merkbare patriotische Mobilisierung der Gesellschaft stark von der Teilnahme militärischer Körperschaften geprägt. Wie in anderen europäischen Ländern war die Anwesenheit vom Militär charakteristisch für staatliche Zeremonien und Festlichkeiten, und die Veteranenvereine setzten zahlreiche Aktivitäten.[51] Durch ihre konstante Präsenz bei offiziellen und lokalen Feierlichkeiten sorgten Veteranenvereine für eine wachsende patriotische Begeisterung von unten, die der Erfahrung des Militärdienstes und dem sozialen Vorbild des Militärs positiv gegenüberstand und aktiv unterstützte.

Die ersten Impulse zur Organisierung von Militärveteranen in der Habsburgermonarchie sind – ähnlich wie im Deutschen Bund – in der Zeit nach den Napoleonischen Kriegen zu finden.[52] Der zeitgenössische Chronist Louis Fischer erwähnt, dass die Entscheidung zur Gründung des ersten Veteranenvereines in der nordböhmischen Stadt Reichenberg/Liberec 1820 gefallen ist (1821 kam seine formelle Bildung). Der Hauptzweck des Vereines war die „Unterstützung erkrankter oder hilfsbedürftiger und anständige Beerdigung verstorbener Mitglieder".[53] Die gegenseitige Versicherungsfunktion bildete folglich den Hauptzweck bei der Gründung aller weiteren Veteranenvereine in Österreich. Demgemäß eröffnete der 1870 gegründete I. Kärntner Militär-Veteranen-Verein seine Chronik: „In den schönen und treuen Landen der k. k. österreichisch-ungarischen Monarchie haben sich in vielen Orten bereits ergraute Krieger zu Veteranen-Vereinen mit dem erhabenen Zwecke gebildet, um gegenseitig sich auf echt humane und kameradschaftliche Weise in vorkommenden Krankheits-, Unglücks- und Todesfällen zu unterstützen und den verstorbenen Mitgliedern durch Begleitung zur ewigen Ruhestätte die letzte Ehre zu erweisen".[54] Nach jenem in Reichenberg wurden einige weitere Veteranenvereine in Böhmen gegründet, beispielsweise im südböhmischen Řimov/Rimau (1824) und in Ústí nad Orlicí/Wildenschwert (1825).[55] Ehemalige Angehörige des Hoch- und Deutschmeisterregimentes bildeten den ersten Kriegerverein in der Reichshauptstadt im Jahre 1830, ein zweiter Wiener Veteranenverein wurde zehn Jahre später unter dem Protektorat des Fürsten Karl von Schwarzenberg gegründet.[56] Mit den Kriegen 1848/49, 1859, 1864 und 1866 erfolgte eine neue Welle an Vereinsgründungen. Jedoch erst mit der kons-

---

47 Gingrich Andre/Fillitz Thomas/Musner Lutz, Kulturen und Kriege. Transnationale Perspektiven der Anthropologie. In: Kulturen und Kriege. Transnationale Perspektiven der Anthropologie, hg. von Gingrich Andre/Fillitz Thomas/Musner Lutz. Freiburg i. Br.-Berlin-Wien 2007, 9–22.
48 Krippendorff Ekkehart, Friedensforschung als Entmilitarisierungsforschung. In: Schule der Gewalt. Militarismus in Deutschland 1871–1945, hg. von Wette Wolfram. Berlin 2005, 283–300.
49 Vogel Jakob, Der »Folkloremilitarismus« und seine zeitgenössische Kritik. Deutschland und Frankreich 1871–1914. In: Schule der Gewalt. Militarismus in Deutschland 1871–1945, hg. von Wette Wolfram. Berlin 2005, 231–245; Rohkrämer Thomas, „Der Militarismus der kleinen Leute". Die Kriegervereine im Deutschen Kaiserreich 1871–1914. München 1990.
50 Willems Emilio, Der preußisch-deutsche Militarismus: ein Kulturkomplex im sozialen Wandel. Köln 1984, 15f.
51 Vgl. u. a. Mackenzie John (Hg.), Popular Imperialism and the Military 1850–1950. Manchester 1992; Vogel Jakob, Nationen im Gleichschritt. Der Kult der „Nation in Waffen" in Deutschland und Frankreich, 1871–1914. Göttingen 1997; Porciani Ilaria, La festa della nazione. Rappresentazione dello Stato e spazi sociali nell'Italia unita. Bologna 1999.
52 Zimmermann Harm-Peer, „Der feste Wall gegen die rote Flut". Kriegervereine in Schleswig-Holstein 1864–1914. Neumünster 1989, 88–95.
53 Fischer Louis, Geschichte der Militär-Veteranen-Vereine des österreichischen Kaiserstaates. Troppau 1870, 7.
54 Chronik des k.k. I. Kärntner Militär-Veteranen-Vereines zur 25jährigen Jubelfeier am 29. Juni 1895 in Klagenfurt. Klagenfurt 1895, 3.
55 Kalendář českých vojenských vysloužilců na přestupný rok 1908. Prag 1908, 190 bzw. 193.
56 Handbuch der Vereine für die im Reichsrathe vertretenen Königreiche und Länder nach dem Stand am Schlusse des Jahres 1890. Wien 1892, 14.

titutionellen Vereinsfreiheit 1867 bzw. mit der Einführung der allgemeinen Wehrpflicht in Österreich-Ungarn 1868 kam es zu einer rapiden und massiven Vermehrung der Veteranenvereine. Die Einführung der allgemeinen Wehrpflicht hatte zweifellos große Auswirkungen auf das Leben tausender Männer, die den Rock des Kaisers anzogen, ihm den Eid der Treue schwuren, den Befehlen seiner Offiziere Folge leisten mussten und dadurch auch in andere Länder der Monarchie reisten. Diese neue Pflicht war keineswegs immer beliebt; oft gab es Versuche sich ihrer zu entziehen oder Reserve-Verpflichtungen nicht zu erfüllen. Je nach persönlicher Erfahrung, politischer Gesinnung, ethnischer Zugehörigkeit und eigener Positionierung führte die Erfahrung des Militärdienstes zu Ablehnung, Indifferenz oder positiver Identifikation.[57] Die rasche Verbreitung der Veteranenvereine zeigt jedoch, dass der Wehrdienst zunehmend wichtig für die Identitätsbildung vieler Männer wurde. In den Jahrzehnten nach 1870 wurden Hunderte von neuen Vereinen gegründet: Bereits 1890 gab es fast 1.700 Veteranenvereine in Cisleithanien, und laut offizieller Statistik des Militärveteranen-Reichsbundes stieg die Zahl der Vereine bis 1912 auf 2.250 mit einer Gesamtmitgliedschaft von mehreren Hunderttausend (vgl. Tab. 1).

Kronland	1880[58]	1891[59]	1902[60]	1913[61]
Niederösterreich (mit Wien)	47 (12 in Wien)	108 (21 in Wien)	240	314 (28 in Wien)
Oberösterreich	92	133	188	228
Salzburg	32	50	70	95
Steiermark	49	103	146	167
Kärnten	2	10	19	33
Krain	2	5	9	13
Küstenland	1	7	11	11
Tirol und Vorarlberg	34	76	129	124
Böhmen	424	876	1.252	1.148[62]
Mähren	164	307	438	515
Schlesien	31	51	85	94
Galizien	4	9	19	24
Bukowina	1	1	7	16
Dalmatien	0	0	2	1
Summe	883	1.736	2.615	2.783

Tab. 1: Militärveteranenvereine in Cisleithanien

Zusammen mit Böhmen, Mähren, Ober- und Niederösterreich, Steiermark und Tirol, gehörte das Kronland Salzburg zum „Kerngebiet" der Veteranenbewegung in Cisleithanien und die vereinsmäßige Zusammenschließung der gedienten Soldaten versinnbildlichte die mehr oder weniger problemlose Integration des Landes in die Habsburgermonarchie nach der Übernahme 1816. Auf regionaler Ebene konzentrierte sich die Veteranenbewegung in Salzburg zunächst auf die Landeshauptstadt und die nahe Umgebung: von den 43 im Jahre 1885 existierenden Vereinen waren zwei in Salzburg Stadt ansässig und weitere 24 im Bezirk Salzburg, die Bezirke St. Johann im Pongau und Zell am See hatten jeweils sieben Vereine, während

57 Vgl. Hämmerle Christa, Back to the Monarchy's Glorified Past? Military Discourses on Citizenship and Universal Conscription in the Austrian Empire, 1868–1914. In: Representing Masculinity: Male Citizenship in Modern Western Political Culture, ed.: Dudink Stefan/Hagemann Karen/Clark Anna. Basingstoke 2007, 151–168; Dies. (Hg.), Des Kaisers Knechte. Erinnerungen an die Rekrutenzeit im k. (u.) k. Heer 1868 bis 1914. Wien 2012; Stergar Rok, Die Bevölkerung der slowenischen Länder und die Allgemeine Wehrpflicht. In: Glanz – Gewalt – Gehorsam. Militär und Gesellschaft in der Habsburgermonarchie (1800 bis 1918), hg. von Cole Laurence/Hämmerle Christa/Scheutz Martin (Krieg und Frieden, 18). Essen 2011, 129–151.
58 „Der Veteran". Taschen-Kalender für 1880, hg. von der Redaktion des Vereins-Organs „Der Veteran". Wien 1880, 89–169.
59 Handbuch der Vereine für die im Reichsrathe vertretenen Königreiche und Länder nach dem Stand am Schlusse des Jahres 1890. Wien 1892.
60 ÖStA AVA MI Präsidiale 1848–1918 Fasz. 1652 ad Pr. 6723/1904 Beilage (Auszug aus dem Österr. Statist. Handbuch XXII – Zahl der bestehenden Vereine nach Kategorien mit Jahresschluß 1902).
61 Patrioten-Kalender für das Jahr 1913. Wien 1913, 32–83.
62 Kalendář (wie Anm. 55), 175–197. Die Zahlen für Böhmen und Mähren sind sehr approximativ und stellen mit ziemlicher Sicherheit eine Unterberechnung der wirklichen Zahlen dar. Sie beziehen sich auf die Patrioten-Kalender und den Kalendář, der vom Zentralbund der Tschechischen Militärveteranen im Königreich Böhmen/Ústřední sbor spolků vojenských vysloužilců v království Českém herausgegeben wurde. Genauere Information dazu bei Cole, Military Culture (wie Anm. 45), 130.

der Bezirk Tamsweg nur zwei Veteranenvereine aufwies und der Bezirk Werfen lediglich einen.[63] Eine lose organisierte Gruppierung von Veteranen entstand in der Stadt Salzburg um 1850,[64] erst im Jahr 1863 kam es jedoch zu einer richtigen Vereinsgründung (mit Genehmigung der Statuten im darauffolgenden Jahr).[65] Diesem ersten Salzburger Veteranenverein folgten andere im Flachgau und in den Bezirkszentren im Laufe der nächsten eineinhalb Jahrzehnte; in den 1890er und 1900er Jahren erfasste die Veteranenbewegung auch die kleineren Ortschaften am Land. Sozialgeschichtlich betrachtet, bedeutete die Ausweitung des Veteranenwesens in erster Linie eine soziopolitische Mobilisierung des Kleinbürgertums und der minderbemittelten Bevölkerungsschichten, später dann auch der bäuerlichen Bevölkerung.[66] Die konstitutionellen Änderungen der 1860er Jahre, die Diskussion um die „Deutsche Frage" und vor allem der Kulturkampf verursachten einen Politisierungsschub unter den kleinbürgerlichen Schichten in den Städten und deren näherer Umgebung, der zur Selbstorganisierung in Versicherungs- und genossenschaftlichen Vereinen führte.[67] Zunehmend versuchten sich die „kleinen Leute" über diesen Weg von den etablierten Eliten und Honoratioren zu emanzipieren und ihre eigenen Interessen zum Ausdruck zu bringen.[68] Wie eine Analyse der aktiven Mitgliedschaft des 1873 in der Stadt Salzburg errichteten Feld-Marschall Graf Radetzky Militärveteranenvereines zeigt, baute die Veteranenbewegung in Österreich vor 1900 stark auf das Kleinbürgertum (besonders Handwerker, Gewerbe- und Kleinhandelsleute) auf.[69]

Aktive Mitgliedschaft	1877	1891 (Auswahl)
Staatsdienst	24	24
Staatsdienst – Eisenbahn	2	16
Industrie/Finanz	–	2
Kleingewerbe und Handel (einschließlich Wirtsleute)	51	23
Handwerker	70	66
Freie Berufe/Akademiker	7	18
Bürotätigkeit/Gemeindebedienstete	22	12
Private/Eigentums- oder Gutsbesitzer	16	16
Verwalter/Hausmeister	14	27
Taglöhner/Diener	7	17
Arbeiter	8	14
Bauer	–	1

Tab. 2: Soziale Zusammensetzung des Feld-Marschall Graf Radetzky Militärveteranenvereines in Salzburg[70]

In dieser Hinsicht bildete die Veteranenbewegung eine spontane Mobilisierung „von unten", die Teile der sich herausbildenden Zivilgesellschaft in Cisleithanien formte, auch wenn die Veteranen noch Schutz und Unterstützung „von oben" erwarteten.[71] Die Mitgliedschaft in den Vereinen bestanden nämlich aus drei Kategorien – den Ehren-, unterstützenden und aktiven Mitgliedern. Während die „ordentlichen" Mitglieder die überwiegende Mehrheit der Vereinsangehörigen bildeten, war die Präsenz der Ehren- und unterstützenden Mitglieder – vom Adel, Klerus, Groß- und Bildungsbürgertum – unverzichtbar für den finanziellen und sonstigen Wohlstand des Vereines. Beispielsweise ernannte der I. Salzburger

---

63 „Der Veteran". Taschen-Kalender für 1885. Wien 1885, 75–78.
64 Haas Hanns, Salzburg in der Habsburgermonarchie. In: Geschichte Salzburgs. Stadt und Land Bd. II/2: Neuzeit und Zeitgeschichte, hg. von Dopsch Heinz/Spatzenegger Hans. Salzburg ²1995, 1000–1005, erwähnt das Jahr 1850 und bringt auch ein fotografisches Bild des ersten Veteranenvereines, das den Vereinsvorstand „im 50. Jubiläumsjahre 1900" zeigt.
65 „Der Veteran". Taschen-Kalender für 1885 (wie Anm. 63), 75, gibt den 5.7.1863 als Gründungsdatum an und der Verein selbst sprach von „der Errichtung des Vereines im Jahr 1863"; Jahresbericht des Ersten Militär-Veteranen- und Krieger-Vereines in Salzburg für das Jahr 1900. Salzburg 1901, 3; Hinterstoisser Hermann, Die Uniformierung der k.k. österreichischen Militär-Veteranen- und Kriegervereine in Salzburg. In: MGSL 136 (1996). Salzburg 1996, 225–254, spricht von 1864 als das Gründungsjahr, mit Hinweis auf die gedruckten Statuten, die aus dem Jahr 1864 erhalten sind. Laut diesen fand die Genehmigung vom Landespräsidium am 19.4.1864 statt (Statuten des Veteranenvereines in Salzburg. Salzburg 1870).
66 Ziemann Benjamin, Sozialmilitarismus und militärische Sozialisation im deutschen Kaiserreich 1870–1914. Ergebnisse und Desiderate in der Revision eines Geschichtsbildes. In: Geschichte in Wissenschaft und Unterricht 53 (2002), 148–164.
67 Heiss Hans/Stekl Hannes, Klein- und Mittelstädtische Lebenswelten. In: Die Habsburgermonarchie 1848–1918, Bd. IX/1: Soziale Strukturen. Von der feudal-agrarischen zur bürgerlich industriellen Gesellschaft. Lebens- und Arbeitswelten in der Industriellen Revolution, hg. von Rumpler Helmut/Urbanitsch Peter. Wien 2010, 561–619.
68 Vgl. Friedeburg Robert von, Klassen-, Geschlechter- oder Nationalidentität? Handwerker und Tagelöhner in den Kriegervereinen der neupreußischen Provinz Hessen-Nassau 1890–1914. In: Frevert, Militär und Gesellschaft (wie Anm. 4), 229–244.
69 Vgl. Cole, Military Culture (wie Anm. 45), bes. 131–133.
70 Hier wird nur die aktive Mitgliedschaft analysiert: für 1877 alle aktiven Mitglieder, für 1891 eine repräsentative Probe von 236 aus 773 aktiven Mitgliedern. Vgl. Jahresbericht des Militär-Veteranen-Vereines F.-M. Graf Radetzky in Salzburg für das Vereinsjahr 1877. Salzburg 1878, 21–24; Rechenschaftsbericht des Militär-Veteranen- und Krieger-Vereines F.-M. Graf Radetzky der Landeshauptstadt Salzburg für das Verwaltungsjahr 1891. Salzburg 1892, 37–47.
71 Vgl. Eley, Reshaping the German Right (wie Anm. 19).

Militärveteranenverein in seiner sechzehnten Generalversammlung im Jahr 1879 Albin Reichsfreiherr von Teuffenbach, „Verfasser des vaterländischen Ehrenbuches", Erzieher der Söhne des ehemaligen Großherzoges Ferdinand IV. von Toskana und Oberst im Generalstabskorps zum Ehrenmitglied, nachdem er die Vereinsbibliothek durch Spenden zahlreicher Werke gegründet hatte.[72] Zudem wählte jeder Verein einen Protektor aus, der meistens aus dem Adel, manchmal aus dem Kaiserhaus stammte. So war Prinz Emmerich zu Thurn und Taxis, Feldmarschall-Leutnant und Oberst-Stallmeister, der Protektor des 1876 gegründeten Veteranenvereines in Golling.[73] Im Salzburger Stadtteil Leopoldskron rühmte sich der 1897 errichtete Großherzog von Toscana Militär-Veteranen- und Kriegerverein der Verbindung mit der in Salzburg residierenden toskanischen Kadettenlinie der Habsburger. Für den Verein war das ehemalige Staatsoberhaupt „ein allbekannter Wohlthäter nicht nur der Armen und Bedrängten, sondern auch ein großmüthiger Gönner und Förderer aller gemeinnützigen Vereine".[74] Dieses Bekenntnis verdeutlichte zugleich die gegenseitigen Erwartungen im Loyalitätsverhältnis zwischen den gedienten Soldaten und dem Herrscherhaus: die Dynastie achtete stets darauf, dass das „patriotische Milieu" der Feuerwehr-, Schützen- und Veteranenvereine regelmäßig mit Spenden versorgt wurde.[75]

Im Prozess der zivilgesellschaftlichen Mobilisierung konnte es vor allem in den Städten beim Aussuchen eines Protektors auch zur politischen Differenzierung kommen. Im Fall des I. Salzburger Veteranenvereins war es der Präsident des Katholisch-Politischen Vereines Graf Adolf Podstatzky-Liechtenstein, der die Rolle des Protektors übernahm. Dagegen hatte der zweite Salzburger Verein anfangs den Liberalen Landeshauptmann Hugo Graf Lamberg als seinen Protektor.[76] Diese – als lose zu betrachtende – ideologischen Orientierungen zeigten, wie unterschiedliche politische, wirtschaftliche und persönliche Interessen in die Vereinsbildung einfließen konnten. Zugleich signalisierte die Entscheidung, den Verein nach Feld-Marschall Radetzky zu benennen, die Versöhnung zwischen dem liberalen, deutschen Bürgertum bzw. Kleinbürgertum in Österreich und der Armee, die im Kult um den Heeresführer nach 1848 Ausdruck fand.[77] Folglich gab es eine etwas gespannte Beziehung zwischen den beiden Vereinen in den nächsten zwei Jahrzehnten, ohne dass es jedoch zu starken parteipolitischen Auseinandersetzungen kam. Vielmehr handelte es sich um Akzentuierungen, die die verschiedenen Positionen der führenden Mitglieder der jeweiligen Vereine in Bezug auf zentrale politische Fragen der 1860er bis 1870er Jahre – Deutsche Frage, Kulturkampf, Verfassung – reflektierten. Dementsprechend war für den Radetzky-Verein der kulturelle Bezug zu Deutschland stets von größerer Bedeutung als es für den Ersten Salzburger Veteranenverein der Fall war. Die Radetzky-Veteranen pflegten eine grenzüberschreitende Beziehung mit dem Hauptverein der Veteranen in München, beispielsweise im Juni 1896, als die Münchner einen Besuch in Salzburg abstatteten. Vereinsausschussmitglied und Gewerbeschuldirektor Josef Zabehlicky begrüßte die „lieben baierischen Veteranen" in einer Rede, die sich mit dem dynastischen Patriotismus beschäftigte und vor allem die „Stammverwandtschaft" zwischen den Wittelsbachern und Habsburgern betonte, die jene zwischen den Bayern und Österreichern versinnbildlichte.[78] Kurz: die hierin ausgedrückte „deutsche" Identität der Salzburger Veteranen drehte sich um nationalkulturelle Gemeinsamkeiten ohne den unmittelbaren nationalpolitischen Charakter, der bei den oft mit deutschnationalen Schutzverei-

72 Der Veteran. Militärische Zeitschrift, 15.4.1879, 201.
73 Statuten des Veteranen-Vereines des Bezirkes Golling. Salzburg 1884.
74 Geschichtlicher Rückblick des Großherzog von Toscana Militär-Veteranen- und Kriegervereins Leopoldskron für die ersten Vereinsjahre 1897–1900. Salzburg 1900, 5.
75 Haas, Salzburg (wie Anm. 64), 996.
76 Haas, Salzburg (wie Anm. 64), 1001f.
77 Siehe dazu: Cole Laurence, Der Radetzky-Kult in Zisleithanien 1848–1918. In: Glanz – Gewalt – Gehorsam. Militär und Gesellschaft in der Habsburgermonarchie (1800 bis 1918), hg. von Cole Laurence/Hämmerle Christa/Scheutz Martin (Krieg und Frieden, 18). Essen 2011, 243–267.
78 Rechenschaftsbericht des MV- und Kriegervereines FM Graf Radetzky der Landeshauptstadt Salzburg für das Verwaltungsjahr 1897. Salzburg 1898, 8f.

nen zusammenarbeitenden deutschböhmischen Veteranen vorhanden war.[79] Wie Hanns Haas betont, setzten sich die Veteranenvereine im Land Salzburg deutlich von radikal deutschnationalen Aktivitäten ab: „Die patriotische Vereinskultur umrahmte die Staatsfeste, zum Ausgleich für die deutschtümelnde Kultur der Bildungsvereine".[80] Allmählich wurde das Misstrauen zwischen den zwei großen Veteranenvereinen in der Stadt Salzburg abgebaut. Bereits 1888 bei der Feier der 25-jährigen Fahnenweihe des I. Kriegervereines wurden die Mitglieder des zweiten Vereines „mit ungeheuchelter Freundschaft" empfangen. Bei Berücksichtigung der „eigenen Selbstständigkeit" wurde als Folge „dieser kameradschaftlichen Verbrüderung" später im Jahr das 40-jährige Regierungsjubiläum gemeinsam gefeiert.[81] Danach kooperierten sie immer öfter, sodass für den Radetzky Veteranenverein gemeinsame Auftritte „mit dem hiesigen Brudervereine" zur Regel wurden.[82] Bis 1914 hatte sich ein „patriotischer Konsens" gebildet, wobei die Veteranen integrierend über die liberal-konservativen Spaltungen fungierten. 1914 befanden sich unter den Ehrenmitgliedern des Radetzky-Vereines lokale Persönlichkeiten, wie die Altbürgermeister Franz Berger und Eligius Scheibl (der auch deutschfreiheitlicher Landtagsabgeordneter war); Handels- und Gewerbekammer-Präsident und deutschfreiheitlicher Landtagsabgeordneter Rudolf Biebl jun.; Gemeinderatsmitglied Simon Christanell; deutschfreiheitlicher Landtagsabgeordneter Ignaz Eder; der Abt des St. Peter Stiftes Willibald Hauthaler; Fürsterzbischof Balthasar Kaltner; der amtierende Salzburger Bürgermeister und deutschfreiheitliche Landtagsabgeordnete Max Ott; Weihbischof Ignaz Rieder; Johann Stanko, k. k. Leutnant, Sparkasse-Zahlmeister, Präsident des Veteranen-Bundes für das Land Salzburg und ein führendes Mitglied des Ersten Salzburger Veteranenvereines; der deutschfreiheitliche Reichsratsabgeordnete Artur Stölzel und Heinrich Kiener, Direktor der Stieglbrauerei (der Konsumation dessen Produkte die Veteranen nicht abgeneigt waren).[83] Bemerkenswerterweise waren alle diese Personen ebenfalls Ehrenmitglieder – mit Ausnahme von Rudolf Biebl – des I. Militärveteranenvereines.[84]

Damit konnte sich die Veteranenbewegung in begrenztem Sinne als „überparteilich" darstellen. In der Tat bestand dieser patriotische Konsens auch darin, dass er deutlich gegen die Sozialdemokratie ausgerichtet war, vor allem auf der Ebene des österreichischen Militär-Veteranen-Reichsbundes (der vereinten Organisation der Veteranen – siehe unten).[85] Vordergründig behauptete die Veteranenbewegung, dass „die Anhänger aller politischen Parteien, welche Soldaten gewesen sind, gleichmäßig berechtigt sind, in die Veteranenvereine einzutreten, wenn sie treu zu Kaiser und Reich, treu zum Vaterlande stehen". Die Vorurteile des Offizierskorps widerspiegelnd, meinten führende Veteranenvertreter jedoch, dass die Treue der durch die Sozialdemokratie organisierten Arbeiterschaft nicht gegeben sei: „Wer nicht auf dem Boden der Treue zu Kaiser und Reich steht, der gehört nicht in die Militärveteranenvereine. Niemand kann Mitglied eines Militärveteranenvereines sein oder bleiben, wer die Sozialdemokratie oder deren Bestrebungen unterstützt, oder wer Sozialdemokrat ist oder einer noch schärferen Tonart des Umsturzes angehört, oder wer gegen unser Vaterland und unser erhabenes Herrscherhaus antritt".[86] Mit der relativ kleinen Arbeiterbewegung in Salzburg gab es in dieser Hinsicht weniger Konfliktpotenzial als in anderen Kronländern. Auf offizieller Ebene jedoch kam es zu einer merkbaren Distanzierung zwischen der Sozialdemokratie und den Salzburger Vete-

---

79 Vgl. Cole, Military Culture (wie Anm. 45), 140–154.
80 Haas Hanns, Salzburger Vereinskultur im Hochliberalismus (1860–1870). In: Vom Stadtrecht zur Bürgerbeteiligung. Festschrift 700 Jahre Stadtrecht von Salzburg, redig. v. Wilflinger Rainer/Lipburger Peter Michael. Salzburg 1987, 174–198.
81 Rechenschaftsbericht des M-V- und Krieger-Vereines F-M. Graf Radetzky der Landeshauptstadt Salzburg für das Verwaltungsjahr 1888. Salzburg 1889, 6f.
82 F-M Graf Radetzky-M-V- und Kriegerverein. Jahres-Bericht für das Verwaltungsjahr 1909. Salzburg 1910, 8.
83 K. k. österr. Kriegerverein F-M Graf Radetzky Jahres-Bericht Verwaltungsjahr 1914. Salzburg 1915, 22–27.
84 Tätigkeitsbericht des Fürst Karl Auersperg I. Militär-Veteranen- und Krieger-Vereines zu Salzburg für das Vereinsjahr 1913. Salzburg 1914, 59–66; vgl. Voithofer Richard, „... dem Kaiser Treue und Gehorsam ...". Ein biografisches Handbuch der politischen Eliten in Salzburg 1861 bis 1918 (Schriftenreihe des Forschungsinstitutes für politisch-historische Studien der Dr. Wilfried-Haslauer-Bibliothek Salzburg, 40). Wien 2011.
85 Vgl. Cole, Military Culture (wie Anm. 45), bes. Kap. 6.
86 Thätigkeitsbericht des Vorstandes des k.k. österr. Mili.-Veteranen Reichsbundes für das Bestandsjahr 1901–1902. Wien 1902, 4.

ranen, nachdem Erstere der antimilitaristischen Linie der Parteiführung folgte und die Parteizeitung wenig bis nichts über Veteranenaktivitäten berichtete. In der Praxis hinderte dieser Gegensatz einige Eisenbahnarbeiter nicht daran, dem Radetzky-Verein anzugehören (siehe oben), während ein Militär-Veteranen Verein der Eisenbahnbediensteten 1903 gegründet wurde, der im folgenden Jahr die Bewilligung zur Führung des Reichsadlers auf der Vereinsfahne erhielt.[87] Unklar bleibt, ob diese Veteranen sozialdemokratisch gewählt haben, eine offene Parteimitgliedschaft bzw. -tätigkeit wäre mit ziemlicher Sicherheit behördlich vermerkt gewesen, womit die erwähnte Bewilligung untersagt worden wäre.

Bezüglich des Inhaltes der populären Militärkultur lassen sich drei Kategorien von Veteranenaktivitäten in der Öffentlichkeit identifizieren. Erstens sind die „vereinsinternen" Tätigkeiten zu nennen, darunter die Jahresversammlung, und in den größeren Ortschaften Vereins- oder Faschingsbälle (vgl. Abb. 1). Im Jahr 1882 zum Beispiel fand der „sehr stark besuchte" Vereinsball des Radetzky-Veteranenvereines am 14. Jänner „in den festlich dekorirten Mirabellsaallokalitäten" statt, wo beim Eingang „die mit frischem Grün und zwei geharnischten Rittern umgebene Büste des ‚Vaters Radetzky'" aufgestellt wurde.[88] Im Sommer und Frühling veranstaltete man regelmäßig Konzerte, gelegentlich gab es Ausflüge oder Besuche anderer Vereinsfeiern, besonders zu Fahnenweihen oder Bestandsjubiläen. Eine Exkursion außerordentlicher Natur für die Radetzky-Veteranen in Salzburg ging September 1910 nach Venedig und dann Triest, wo sie vom I. Küstenländischen Veteranenverein empfangen wurden. Der große Erfolg dieser Veranstaltung führte zu Plänen für einen neuen Besuch nach Triest, Abbazia/Opatija und Fiume/Rijeka, der für September 1914 vorgesehen war. Evidenterweise fand der Besuch nicht mehr statt, solche Austausche zeugten jedoch davon, wie die Veteranen sich in einer breiteren „österreichischen Gemeinschaft" zu integrieren versuchten.[89]

Zweitens nahmen die Militärveteranenvereine immer an den Fixpunkten im patriotischen Kalender teil, wo sie öffentlichen Feierlichkeiten einen militärischen Charakter verliehen. In erster Linie bedeutete dies die Kaisergeburtstags- bzw. Namensfeiern, die – zusammen mit der Fronleichnamsfeier – praktisch zu „Staatsfeiertagen" wurden. Die Militärveteranenvereine nahmen stets an den Gottesdiensten teil und zogen danach durch die Ortschaft, die Vereinsfahne mit Staatswappen tragend. So berichtete der städtische Radetzky-Verein über das Fest im Jahre 1883: „Als der Festplatz in bengalischem Lichte erstrahlte und die Vereinskapelle die Volkshymne intonirte, ertönten begeisterte ‚Hochs' von allen Seiten und bekundeten die Liebe und Anhänglichkeit zum allgeliebten Kaiserhause".[90] Auf diesem Weg wuchsen die Veteranen in religiöse und andere Ortsfeierlichkeiten hinein und brachten auch einen eigenen Beitrag zur „Traditionspflege" ein, in dem sie häufig die – emotional wirkende – Begleitmusik organisierten. Bei der Entstehung der Ortsmusikkapellen spielten in einigen Gemeinden die Veteranen eine entscheidende Rolle, beispielsweise in Saalfelden im Jahr 1872 und Großmain 1879, wo örtliche Musikkapellen in Verbindung mit den Veteranenvereinen entstanden.[91] In den größeren Orten – wie in Salzburg – konnten sich die Veteranen eine eigene Musikkapelle leisten.[92]

Drittens kamen zu den alljährlich wiederkehrenden Feiern die einmaligen Gelegenheiten, allen voran die Regierungsjubiläen Franz Josephs in den Jahren 1898 und 1908. Stellvertretend für alle Salzburger Gaue sind 350 Teilnehmer mit 14 Pferden und 18 Wagen nach Wien gefahren, um im oben erwähnten Huldi-

---

87 Haas, Salzburg (wie Anm. 64), 1000–1005 bzw. Anm. bei 3263.
88 Jahresbericht des MV- und Kriegervereines „FM Graf Radetzky" in Salzburg für das Vereinsjahr 1882. Salzburg 1883, 4.
89 Jahres-Bericht Verwaltungsjahr 1914 (wie Anm. 83), 7.
90 Jahresbericht des MV- und Kriegervereines „Fm Graf Radetzky" der Landeshauptstadt Salzburg für das Verwaltungs-Jahr 1883. Salzburg 1883, 8.
91 Hinterstoisser, Uniformierung (wie Anm. 65).
92 Musikordnung für die Musik-Kapelle des FM. Graf Radetzky Militär-Veteranen- und Krieger-Vereines in Salzburg. Salzburg 1903.

Abb. 1: Einladung zum Veteranen-Ball in Hallein, 1889 (AStS, Privatarchiv Feldmarschall Radetzky Militär-Veteranenverein 1873–1908, 051-06 Ordner 1889, Nr. 165)

gungsfestzug mitzumachen; zuhause organisierte man eigene Festlichkeiten, woran die Veteranen stark beteiligt waren.[93] Auch andere Anlässe wurden auf Vereinsebene gefeiert. Für die silberne Hochzeit des Kaiserpaares im Jahr 1879 ließ zum Beispiel der Radetzky-Veteranenverein „in der Stiftskirche zu St. Peter" einen heiligen Festgottesdienst zelebrieren.[94] Darüber hinaus spielten Veteranenvereine eine wichtige Rolle bei Gedenktagen, die Taten oder Persönlichkeiten des österreichischen Heeres würdigten. Um nochmals beim Radetzky-Verein zu bleiben, trat in seinem Fall die Verehrung des Namensgebers besonders hervor. So veranstaltete er am 5. Jänner 1883 die 25-jährige Todesfeier des Marschalls, weil – wie es in der Einladung hieß – der Verein es als seine Pflicht erachtete, „das Andenken unserer Armee in pietätvoller Weise zu pflegen".[95] Im Jahresablauf waren es dagegen die regelmäßigen Seelenmessen, die das Gedenken an

93 Haas, Salzburg (wie Anm. 64), 1000–1005 bzw. Anm. bei 3263.
94 Jahresbericht des MV- und Kriegervereins „FM Graf Radetzky" in Salzburg für das Vereinsjahr 1879. Salzburg 1879, 3.
95 Jahresbericht 1883 (wie Anm. 90), 4.

vergangene Kriegsereignisse und die Gefallenen aufrechterhielten. In St. Johann im Pongau zum Beispiel wohnten die Veteranen alljährlich einer Andachtsmesse zum Jahrestag der Schlacht bei Solferino (24. Juni 1859) bei.[96] Die Radetzky-Veteranen gedachten ihrer durch den Feind gefallenen oder im Frieden verstorbenen Kameraden zu Allerheiligen. In diesem Sinne wurde 1900 auch ein schlichtes Denkmal am Salzburger Kommunalfriedhof „zum Gedächtnisse an seine seit der Gründung des Vereines verstorbenen Kameraden" errichtet (vgl. Abb. 2).[97]

Zu den „einmaligen Ereignissen" zählten schließlich Besuche des kaiserlichen Hauses. Die Veteranen versäumten keine Gelegenheit, Mitglieder der Dynastie zu „huldigen" und damit dem Treueverhältnis zwischen Dynastie und Untertan einen persönlichen Aspekt zu verleihen.[98] Bei der Ankunft dynastischer Persönlichkeiten rückten die uniformierten Veteranen aus, oft um sie gleich am Bahnhof oder Ortseingang zu empfangen und bildeten Spalier um den Festplatz, so wie bei der Ankunft des Kronprinzen-Brautpaares Anfang Mai 1881.[99] Zweifellos waren nicht alle Mitglieder des kaiserlichen Hauses gleich beliebt, und die wahre Popularität Kaiser Franz Josephs entwickelte sich erst langsam, vor allem nach 1867.[100] Während die Anwesenheit der toskanischen Habsburger bzw. des kaiserlichen Bruders Erzherzog Ludwig Viktor einen nahen Bezugspunkt für den dynastischen Patriotismus bot, konnten wenige Salzburger der zeitweiligen Präsenz des Thronfolgers Franz Ferdinand im Land etwas abgewinnen.[101] Allgemein vermehrten sich um die Jahrhundertwende die sozialen Manifestationen des österreichischen Patriotismus, und die Veteranen standen in den vorderen Reihen. So am 15. Juli 1901, als Kaiser Franz Joseph ein Denkmal für seine 1898 ermordete Ehegattin Elisabeth im Park des Grand Hotel de l'Europe enthüllte, *an eben derselben Stelle, wo die Hochselige vor 3 Jahren zum letztenmale auf Oesterreichs Boden gewandelt ist*. Vor dem Bahnhof nahmen *die beiden großen Salzburger Veteranen-Vereine, der I. Veteranen-Verein und der Radetzky-Verein* Stellung auf und bildeten Spalier.[102] Gleich danach unterstrich die christlichsoziale Parteizeitung die patriotische Botschaft, die die gerade abgehaltene Treuekundgebung implizierte: *Der Kaiser liebt uns; der Kaiser sorgt für uns; der Kaiser opfert sich für uns. Dieser Gedanke, diese Überzeugung durchdringt alle Salzburger (mit wenigen Ausnahmen) und entflammt sie zu neuer Begeisterung, für das Vaterland einzustehen und treu zum Throne zu halten. Gut und Blut für unsern Kaiser, Gut und Blut fürs Vaterland!*[103] Hiermit verknüpfte die „Salzburger Chronik" die patriotische Feststimmung direkt mit der offiziellen Militärkultur und trug zu deren gesellschaftlichen Verbreitung bei.

Spielten die Veteranen die zentrale Rolle bei der Popularisierung der Militärkultur, ist zugleich festzustellen, dass sie nur einen Teil eines breiteren patriotischen Netzwerkes bildeten, das auch die Feuerwehr- und Schützenvereine sowie die Bürgerkorps einschloss. Dazu gehörten ebenfalls die patriotischen Hilfsvereine, die – wie in Deutschland – einen wichtigen Mechanismus für die öffentliche Integration von Frauen in das patriotische Milieu bildeten.[104] In Salzburg hatte ein Militärisch-Patriotischer Frauen-Hilfs-Verein bereits im Krieg von 1866 mitgewirkt, wo die Vereinsangehörigen verwundete Soldaten und Kriegsgefangene in eigens eingerichteten Notspitälern pflegten. Dieser Verein baute den Grundstock für die Gesellschaft vom Roten Kreuz, die einerseits als Partner der Veteranenvereine fungierte und andererseits die Beteiligung von Frauen aus höheren Bevölkerungsschichten im patriotischen Milieu ermöglichte.[105] Interessant in dieser Hinsicht

96 Fischer, Geschichte (wie Anm. 53), 42.
97 Rechenschaftsbericht 1891 (wie Anm. 70), 10.
98 Vgl. Wiedenmann Rainer, Treue und Loyalität im Prozess gesellschaftlichen Wandels. In: Treue. Politische Loyalität und militärische Gefolgschaft in der Moderne, hg. von Buschmann Nikolaus/Murr Karl Borromäus. Göttingen 2008, 36–71.
99 Jahresbericht des MV- und Kriegervereines „Fm Graf Radetzky" in Salzburg für das Vereinsjahr 1881. Salzburg 1881, 4.
100 Vgl. die Beiträge in Cole/Unowsky, Limits of Loyalty (wie Anm. 22).
101 Hoffmann Robert, Erzherzog Franz Ferdinand und der Fortschritt: Altstadterhaltung und bürgerlicher Modernisierungswille in Salzburg. Wien 1994.
102 Salzburger Chronik, 15.7.1901, 1f.
103 Salzburger Chronik, 18.7.1901, 1.
104 Vogel Jakob, Samariter und Schwestern, Geschlechterbilder und -beziehungen im „Deutschen Roten Kreuz" vor dem Ersten Weltkrieg. In: Landsknechte, Soldatenfrauen und Nationalkrieger. Militär, Krieg und Geschlechterordnung im historischen Wandel, hg. von Hagemann Karen/Pröve Ralph. Frankfurt a. M. 1998, 322–344.
105 Haas, Salzburger Vereinskultur (wie Anm. 80).

Abb. 2: Denkmal des Feldmarschall Radetzky Militärveteranen- und Kriegerverein Salzburg am Kommunalfriedhof (Foto: L. Cole)

ist auch die Tatsache, dass die Veteranenvereine – gleichwohl sie das Bild einer „militärischen Männlichkeit" pflegten – oft Frauen in ihre Kerntätigkeiten einschlossen. So bestimmten die Statuten des I. Salzburger Veteranenvereines, dass die Mitglieder auch zur Beerdigung ihrer Ehefrauen ausrücken sollen, „um auch diesen ihre Reverenz zu erweisen".[106] Adelige Damen oder weibliche Mitglieder des Herrscherhauses fungierten zudem als „Fahnenmutter" bzw. „Fahnenpathin" bei der Fahnenweihe, oder sogar – im Falle des Radetzky-Vereines in Salzburg – als Protektorin: nach dem Ableben ihres Mannes konnte der Verein nach hartnäckigem Bemühen die Baronin von Coudenhove zur Übernahme dieser Rolle überreden.[107] Hiermit wurde ein konservatives Bild der Frau als pflegende, fürsorgende Helferin als Gegenpart zum „kriegerischen Mann" vermittelt.

106 Zit. n. Hinterstoisser, Uniformierung (wie Anm. 65).
107 Rechenschaftsbericht 1891 (wie Anm. 70), 6f.

Diese Gesamtentwicklung bezeugte, wie der patriotische Aspekt des Veteranenwesens immer mehr an Bedeutung gewann. Im Alltag blieben selbstverständlich die Grundfunktionen – Auszahlung von Unterstützungsbeiträgen an kranke Mitglieder, Abdeckung von Begräbniskosten, Begleitung von Leichengängen – im Zentrum des Daseins der Vereine. Am besten ausgestattet in dieser Hinsicht war der I. Veteranenverein in Salzburg, der über ein eigenes Versorgungshaus verfügte, das „zur Aufnahme und Verpflegung erwerbsunfähiger Vereinsmitglieder" diente.[108] Zunehmend ist jedoch eine Fokussierung auf den militärisch-patriotischen Aspekt des Vereinslebens zu bemerken, die durch zwei Entwicklungen verursacht wurde. Erstens gewannen die sozialen und feierlichen Funktionen der Veteranen immer mehr an Bedeutung, als das staatliche Versicherungssystem ausgebaut wurde. Beispielsweise kam es nach der Einführung einer Krankenversicherung für Dienstboten im Jahr 1886 zu einer deutlichen Verlangsamung des Tempos der Vereinsgründungen bzw. zu einem vorläufigen Höchststand der Mitgliederzahlen, wie Hermann Hinterstoisser erwähnt (vgl. Tab. 3).[109] Zweitens spielten staatliche Organe – insbesondere das Ministerium für Landesverteidigung – eine stets wichtigere Rolle in der Organisation der Veteranen. Anfangs zeigten sich der Staat und vor allem die Heeresleitung skeptisch gegenüber der Entstehung der Veteranenbewegung. Ein Teil der herrschenden Eliten sah in der Idee des „Volkes in Waffen" immer noch eine revolutionäre Gefahr, während Armeekommandanten ihre Sorgen um das militärische Monopol des Tragens von Waffen und Uniformen ausdrückten.[110] Als die Behörden weiterhin mit dem rasanten, kräftigen Wachstum der Veteranenbewegung konfrontiert blieben, versuchten sie Einfluss auf die Vereine auszuüben, mit dem Ergebnis, dass diese – rechtlich gesehen – bürgerlichen Vereine unter einen Militarisierungsdruck gerieten.

Jahr	Ehren-Mitglieder	Unterstützende	Aktive	Summe
1877	79	106	224	409
1887	79	186	762	1.027
1897	65	98	792	955
1901	60	123	821	1.004
1907	65	137	818	1.020
1913	72	131	654	857

Tab. 3: Mitgliederzahl des Feld-Marschall Graf Radetzky Militärveteranenvereines in Salzburg[111]

Über Zusammenarbeit zwischen dem Ministerium für Landesverteidigung und dem Ministerium des Inneren zielte der Staat auf eine bessere Aufsicht über die Veteranen und die Vereinheitlichung des Veteranenwesens in der österreichischen Reichshälfte (aus politischen Gründen war die Errichtung einer gesamtstaatlichen Veteranenorganisation einschließlich Ungarn nicht realisierbar, weil die Armeefrage stets ein Streitpunkt zwischen den beiden Reichshälften blieb).[112] Durch die Ausschickung von Statuten-Formularen, die Ausschließung von potentiell oder erwiesen „verbrecherischen Elementen" oder die Regelung des Uniformen-, Fahnen- und Waffentragens stieg der staatliche Einfluss in den Veteranenvereinen. War beispielsweise die Vereinsbekleidung für Veteranen anfangs etwas informell und trachtenähnlich, setzte sich das Tragen einer richti-

---

108 Statuten des Veteranenvereines in Salzburg (wie Anm. 65), 3.
109 Hinterstoisser, Uniformierung (wie Anm. 65).
110 Kronenbitter Günther, Waffenträger im Vielvölkerreich – Miliz und Volksbewaffnung in der späten Habsburgermonarchie. In: Spießer, Patrioten, Revolutionäre. Militärische Mobilisierung und gesellschaftliche Ordnung in der Neuzeit, hg. von Bergien Rüdiger/Pröve Ralf. Göttingen 2010, 49–69.
111 Als Quellen dienen die in den Anmerkungen zitierten Rechenschafts- bzw. Jahresberichte des Vereines. Der Rückgang der Zahlen vor allem der aktiven Mitgliedschaft zwischen 1907 u. 1913 beruhte weniger auf freiwilligen Austritten (um 25 insgesamt), sondern auf erhöhten Abgängen durch den Tod, Ausschluss wegen Nichteinzahlung des Beitrages (was in Zusammenhang mit der erschwerten ökonomischen Bedingung gesehen werden kann) oder Domizilwechsel. Dazu muss auch berücksichtigt werden, dass neue Vereine in anderen Stadtteilen von Salzburg oder in der nahen Umgebung gegründet wurden.
112 Cole, Military Culture (wie Anm. 45).

gen Uniform mit Abzeichen usw. durch. Im Kronland Salzburg lehnte sich die Uniformierung an die 1868 eingeführten Waffenröcke der Infanterie an, mit ihrer dunkelblauen Grundfarbe.[113]

Mit dem Eingriff der Ministerien standardisierte sich auch die Formulierung der zu erfüllenden patriotischen Pflichten, wo die Erwartungen des Staats – bzw. des Herrschers – Ausdruck fanden: „Am Sonntage vor oder nach dem allerhöchsten Geburtstage unseres erhabenen Monarchen Sr. Majestät des Kaisers wird ein Festgottesdienst in Elsbethen gehalten, woran der Verein in möglichster Stärke sich zu beteiligen hat", hieß es im §7 der Statuten des Veteranen-Vereines im Salzburger Vorort Elsbethen.[114] Der §7 beim Veteranenverein in Fusch (Pinzgau) lautete nahezu wortgleich: „Am Sonntage vor oder nach dem allerhöchsten Geburtstage unseres erhabenen Monarchen Sr. Majestät des Kaisers wird ein Festgottesdienst in der Pfarrkirche Fusch auf Kosten des Vereines gehalten, woran der Verein in möglichster Stärke sich zu beteiligen hat".[115] Die Veteranen in Gnigl-Itzling-Umgebung zahlten ebenfalls die Messe auf Vereinskosten, verbanden aber den staatspatriotischen Moment spezifisch mit dem Gedenken der eigenen Verstorbenen, in dem der Gottesdienst dazu diente: „auf das Wohlergehen des Allerhöchsten Kaiserhauses den Himmel anzuflehen und der Verstorbenen sowie vor dem Feinde Gefallenen zu gedenken".[116] In diese Richtung weiter arbeitend, bemühte sich das Landesverteidigungsministerium – in Zusammenarbeit mit dem Innenministerium – eine vereinheitlichte Organisation der Veteranenvereine in der österreichischen Reichshälfte zu gründen. Auch hier liefen die Behörden der zivilgesellschaftlichen Entwicklung nach. Erste Initiativen in diese Richtung zeigten sich bereits Ende der 1860er Jahre, als die sich ausbreitenden Veteranenvereine sich in regionale Verbände zusammenzuschließen begannen.[117] Die Vorreiterrolle spielten deutschsprachige Veteranenvereine in Nordböhmen, wo ein Veteranenbund bereits 1870 gegründet wurde, um ihre Interessen besser zu repräsentieren und um mehr Anerkennung von der Regierung zu erringen. Es entwickelte sich eine zentralisierende Tendenz unter diesen Vereinen, die sich in vielerlei Hinsicht mit den zentralistischen Zielen der deutschen Nationalliberalen deckten. Nachdem es das „jüngste" Kronland der Habsburgermonarchie war, mischte sich interessanterweise auch die Salzburger Veteranenschaft in diesen anfänglichen Organisierungsprozess ein (auch wenn später Zweifel entstanden, worauf noch eingegangen werden wird). Der I. Kriegerverein in Salzburg erteilte die erste Einladung zu einem „Verbrüderungsfest" der österreichischen Veteranen am 27. Juni 1869, obwohl die meisten Teilnehmer dieser Veranstaltung aus Salzburg und Oberösterreich kamen.[118] Im nächsten Jahr organisierte der oben erwähnte Louis Fischer einen Veteranentag in Troppau, der sich zum alljährlichen Treffen entwickelte.[119] Der in Wien abgehaltene Veteranentag des Jahres 1873, der vorwiegend von Veteranenvereinen aus Böhmen, Mähren und den Alpenländern besucht wurde, verabschiedete den Beschluss, einen Zentralverband der Veteranen mit Sitz in Wien zu gründen.[120] 1874 verteilte Fischer noch einen Statutenentwurf.[121] Es kam jedoch noch nicht zur Gründung des angestrebten Zentralverbandes, vor allem wegen Rivalitäten zwischen den regionalen Gruppierungen und dem Misstrauen mehrerer Vereine gegen die Idee einer zentralen Organisation.

Während Dachverbände auf regionaler Ebene – wie für Wien im Jahr 1882 oder Westböhmen 1891 – weiterhin errichtet wurden, stockte die Entwicklung im österreichischen Staat, bis die Obrigkeiten verstärkt intervenierten. Erzher-

---

113 Hinterstoisser, Uniformierung (wie Anm. 65).
114 Statuten des Veteranen-Vereines in Elsbethen. Salzburg 1909, 10.
115 Statuten des Militär-Veteranen-Vereines in Fusch (Pinzgau). Fusch 1909, 5.
116 Statuten und Mitgliedsbuch des Veteranen- und Krieger-Vereines in Gnigl-Itzling-Umgebung. Salzburg 1910, 6f.
117 Mehr dazu bei Cole, Military Culture (wie Anm. 45), 141–143.
118 Fischer, Geschichte (wie Anm. 53), 39f.
119 Hoffmann Anton, Geschichte des ersten und ältesten österreichischen Militär-Veteranen Vereines zu Reichenberg in Böhmen. Reichenberg 1901, 38–40.
120 Chronik (wie Anm. 54), 22f.
121 AStS PA 051-01 Ordner 1874, Nr. 13 Präsidium des II. öst. allgem. Veteranentages in Wien an die Herren Vorstände der österreichischen Veteranen-Vereine (mit Statutenexemplar des österreichischen Militär-Veteranenbundes).

zog Albrecht drückte den Wunsch nach einer vereinheitlichten Organisation der Veteranen in einem im Mai 1892 verfassten Memorandum aus, nachdem der kurz davor veranstaltete Veteranentag – der zeitgleich mit der Enthüllung des Wiener Radetzky-Denkmales stattfand – erneut dasselbe Ziel geäußert hatte.[122] Mit der Unterstützung Albrechts arbeitete der im Ruhestand stehende General Eduard Mingazzi von Modigliano mit den Innen- und Landesverteidigungsministerien zusammen, um 1895 den Österreichischen Militär-Veteranen-Reichsbund (ÖMVR) ins Leben zu rufen (wie bereits erwähnt, wurde die Hoffnung inzwischen von allen Interessenten aufgegeben, einen gesamtstaatlichen österreichisch-ungarischen Veteranenverband zu gründen).[123] Schon zu dieser Zeit war das Landesverteidigungsministerium an einer strengeren, militärischen Lösung interessiert: 1889 hatte das Ministerium eingeschränkte Landsturmpflichten für die Militärveteranen eingeführt und wollte diese nun weiter ausdehnen, im Idealfall die Vereine völlig dem Landsturmgesetz von 1886 unterwerfen. Ein solches Ziel war jedoch aus mehreren Gründen mit dem Vereinsgesetz von 1867, worunter die Mehrheit der Veteranenvereine und der Reichsbund sich gebildet hatten, nicht kompatibel.[124] Hier ist nicht Platz, die weitere Entwicklung bis 1914 genau zu verfolgen, einige Eckpunkte können mit Berücksichtigung der Situation im Kronland Salzburg summarisch dargestellt werden.[125] Obwohl der Österreichische Militär-Veteranen-Reichsbund langsam an Boden gewann, gestaltete sich die Vereinheitlichung des Veteranenwesens als schwierig zu realisierendes Projekt. Zum einen hatten sich außerhalb von Böhmen noch wenige Regionalverbände – sozusagen, als „Bausteine" des Reichsbundes – gebildet. Zum anderen zögerten viele Vereine, sich dem Reichsbund anzuschließen. Der Salzburger Radetzky-Verein kann wiederum als Beispiel herangezogen werden. Die diesbezügliche Frage stellte sich zum ersten Mal in der Jahresversammlung 1896, als die Mitglieder entschieden, eine ausführliche Diskussion auf das folgende Jahr zu verschieben. Die Versammlung im Februar 1897 bestätigte die abwartende Haltung. Die Salzburger Veteranen merkten, dass bisher hauptsächlich Vereine in Niederösterreich bzw. Wien dem Bund beigetreten waren. Sie zweifelten deswegen, ob der Österreichische Militär-Veteranen-Reichsbund wirklich von dauerhaftem Bestand sein würde. Zudem sind einige unter sich konkurrierende Zeitschriften erschienen, die alle im Namen des Zentralverbandes zu sprechen behaupteten. Angesichts der verwirrenden Situation beschlossen die Radetzky-Veteranen einstimmig, eine Entscheidung zum Beitritt zu vertagen.[126] Mittlerweile wiederholte Kaiser Franz Joseph in einer Audienz mit Reichsbund-Präsident Modigliano am 23. März 1901 den Wunsch, eine einheitliche, strengere Organisierung der Veteranen zu sehen – ein Auftrag, den er Mitte Dezember an Minister-Präsident Koerber weitergab.[127] Während der Österreichische Militär-Veteranen-Reichsbund und das Ministerium für Landesverteidigung weiterhin mehr Vereine zum Beitritt zu bewegen versuchten, begannen die zuständigen Ministerien ein neues Gesetz zur Umbildung des Veteranenbundes in ein neues k. k. österreichisches Kriegerkorps (nach dem Vorbild des deutschen Kyffhäuserbundes) auszuarbeiten. Die Zahl der im Österreichischen Militär-Veteranen-Reichsbund organisierten Veteranenvereine wuchs zwar weiterhin allmählich, es blieben ihm jedoch immer noch viele fern. Als die Salzburger Radetzky-Veteranen die Frage 1902 nochmals auf die Tagesordnung setzten, überwog nach wie vor große Skepsis. Einige Veteranen glaubten, dass die Bundesleitung in Wien nicht die volle Kontrolle über die Organisation hatte, wegen verschiedener Streitigkeiten

---

122 Allmayer-Beck Johann C., Der stumme Reiter. Erzherzog Albrecht, der Feldherr „Gesamtösterreichs". Graz-Wien 1997, 279–284.
123 Statuten des k. k. österreichischen Militär-Veteranen Reichsbundes. Wien 1895.
124 ÖStA AVA MI Fasz. 1652 Nr. 2470/1902 Ministerial-Vortrag von Koerber in Befolgung des Auftrages bis 1. Mai 1902 – ad 2470/1902 Protocoll über die am 5. April 1902 im MI abgehaltene Besprechung betr. die Reorganisation des Veteranenwesens.
125 Ausführlich zum Thema: Cole, Military Culture (wie Anm. 45), 268–307.
126 Rechenschaftsbericht des Militär-Veteranen- und Krieger-Vereines F-M. Graf Radetzky der Landeshauptstadt Salzburg für das Verwaltungsjahr 1897. Salzburg 1898, 5f.
127 ÖStA AVA MI Fasz.1652 Nr. 9285/1901 Kaiser Franz Joseph an Koerber, 15.12.1901.

mit Provinz- oder Landesbünden in Böhmen, Steiermark und Galizien. Vereinsmitglied Schestak schlug sogar vor, die Idee eines Beitrittes „ein für allemal" abzulehnen. Die Mehrheit wollte nicht so weit gehen, kam jedoch nochmals zum Schluss, die Gelegenheit „bis auf Weiteres" zu verschieben.[128] Wie bei anderen Veteranenvereinen traten also Sorgen um die eigene Selbständigkeit oder um erhöhte bzw. doppelte Beitragszahlungen hervor. Praktische Gründe waren entscheidend: Das Misstrauen gegen den Reichsbund hatte keinerlei Auswirkung auf ihre Bereitschaft, die patriotische Tätigkeit fortzusetzen oder, wenn es darauf ankam, Sicherheitsaufgaben für die Allgemeinheit zu übernehmen. Selbstverständlich rückte der Radetzky-Verein am 26. August 1905 zu Ordner- und Absperrdienst anlässlich eines Salzburg-Besuchs von Kaiser Franz Joseph I. aus.[129] Zudem organisierten sich – auf Initiative des oben erwähnten Johann Stanko – 1907 auch die Salzburger Veteranen in einem Landesbund.[130]

Die Debatte um die Neuorganisierung der Veteranen entflammte erneut, als Minister-Präsident Beck eine Gesetzesvorlage am 19. November 1907 im Reichsrat vorbrachte.[131] Hierin präsentierte die Regierung das projektierte Kriegerkorps als Sammlungsverband für patriotische Kräfte und beabsichtigte die Militarisierung der Veteranen. Um die Veteranen vollständig landsturmpflichtig zu machen, wollte der Staat sie unter militärische Kontrolle stellen; damit hätten keine Veteranenvereine nach dem Vereinsgesetz von 1867 mehr bestehen dürfen. Alle Veteranenvereine, die als Kriegervereine weiterbestehen wollten, hätten sich verpflichtend dem neuen Kriegerkorps anschließen müssen; jene Vereine, die nicht beitreten wollten, hätten sich nicht mehr „Veteranenvereine" nennen dürfen, sie könnten nur mehr als Versicherungsvereine weiterbestehen. Im Gegenzug für diese rechtliche Änderung sollten die Veteranen bestimmte Begünstigungen erhalten, wie z.B. das Recht, sich „kaiserlich-königlich" zu nennen, den Reichsadler auf der Vereinsfahne zu führen und bei öffentlichen Ausrückungen Seitenwaffen zu tragen.[132] In diesem Rahmen kann nicht auf die politisch polarisierende Wirkung des „Militarismus" in Österreich eingegangen werden, es ist jedoch festzustellen, dass nach der Bosnischen Krise 1908 die Streitigkeiten zu dieser Frage ständig zunahmen. In den nächsten Jahren versuchte die Regierung – mit Unterstützung vor allem der Christlichsozialen – den Gesetzesentwurf immer wieder vorzulegen, sie scheiterte stets an einer entschiedenen Opposition in und außerhalb des Parlamentes.[133] Nach einigen kleinen Zugeständnissen und Versicherungen, dass das bisher aufgebaute Vereinsvermögen nicht gefährdet werden würde, konnte die Mehrheit der deutschen Veteranen für das Gesetz gewonnen werden. Dagegen lehnten die im *Ústřední sbor spolků vojenských vysloužilců v království Českém* (Zentralausschuss der Militärveteranenvereine des Königreichs Böhmen) versammelten tschechischen Veteranen eine Teilnahme im Kriegerkops kategorisch – *Nein, nie!!* – ab, aufgrund der in der Gesetzesvorlage enthaltenen Bewaffnung, *Stärkung des Militarismus* und *zwanghaften Zentralisierung*.[134] Darüber hinaus attackierte die österreichische Sozialdemokratie den Plan für das Kriegerkorps. Während die alte, echte Generation von Kriegern fast ausgestorben sei, meinte die Parteizeitung, wären die jetzigen Veteranen *nichts weiter als lächerliche Uniformsnobs*. Die vielen *schönen Aufmärsche*, setzte sie fort, seien *doch nichts anderes als ein Umweg ins Wirtshaus*. Die Arbeiterpartei nannte die Gesetzesvorlage *eine Monstrosität von oben bis unten* und wich vor 1914 nicht von dieser Position ab.[135] Folglich konnte keine parlamentarische Mehrheit für das Gesetz gefunden

---

128 Bericht des Militär-Veteranen- und Krieger-Vereines FM Graf Radetzky der Landeshauptstadt Salzburg pro 1902. Salzburg 1903, 6f.
129 Hinterstoisser, Uniformierung (wie Anm. 65).
130 Statuten des Kriegerbundes für das Kronland Salzburg. Salzburg 1907.
131 Stenographische Protokolle des Abgeordnetenhauses XVIII Session, 34. Sitzung, 19.11.1907, 2565.
132 ÖStA AVA MI Fasz.1653 ad Nr. 10151/1907 Motivenbericht und Entwurf eines Gesetzes betreffend die Errichtung eines k.k. österreichischen Kriegerkorps.
133 Siehe dazu: Cole, Military Culture (wie Anm. 45), 291–299.
134 Vysloužilec, 23.12.1907, 1.
135 Arbeiterzeitung, 28.11.1907, 1f.

werden, auch weil eine ideologische Opposition von Seite der Deutschfreiheitlichen Partei sich herausstellte. Hier spielten eine wichtige Rolle jene Salzburger Radetzky-Veteranen, die den Österreichischen Militär-Veteranen-Reichsbund immer etwas skeptisch betrachtet hatten. In seiner im Februar 1908 abgehaltenen Jahresversammlung besann sich der Verein seiner liberalen Orientierung, die bei der Vereinsgründung von prägender Bedeutung war: „Das Gesetz enthalte nichts als Zwang und Härten, der Uniform- und Bewaffnungszwang sei nur geeignet, die Veteranen zum Gelächter und Gespötte des Publikums zu machen. Der Säbel ist nur das ersehnte Ideal des Veteranenreichsverbandes, auf welchem die Salzburger Veteranen mit gerechtem Mißtrauen blicken". Hier distanzierten sich die Veteranen in der Provinz vom in Wien sitzenden Zentralausschuss des Österreichischen Militär-Veteranen-Reichsbundes, der stark von Armeeoffizieren dominiert wurde und das Thema der Bewaffnung stark forciert hatte. Daher beschloss der Verein, sich einzusetzen für „die Erhaltung der alten Rechte und die bisher gewährte Freiheit und Selbstständigkeit, nachdem sich der Verein sowohl in patriotischer wie in eminent humanitärer Beziehung stets würdig erwiesen hat".[136] Unter der Führung des Salzburgers Artur Stölzel (Ehrenmitglied des Radetzky-Vereines) forderte Anfang April eine Gruppe Reichsratsabgeordneter aus den Alpenländern – mit Unterstützung einiger deutschnationaler Kollegen aus Böhmen und Mähren – den Rückzug der Gesetzesvorlage, weil sie die „freiwillige patriotische Institution" unter bedrückende Zwänge stellte.[137] Obwohl prinzipiell mit dem patriotischen Programm der Regierung einverstanden, artikulierten deutschnationale Abgeordnete damit ihre Sorgen um die in den 1860er Jahren hart erkämpfte verfassungsmäßige Verankerung der Vereinsfreiheit.

Diese Intervention erwies sich als einflussreich. Fünf Tage später ging die Vorlage an den Wehrausschuss des Parlamentes, wo sie dahinsiechte.[138] Später zog die Regierung die Vorlage zwecks Umarbeitung zurück. Trotz Modifikationen fand das Gesetz weder im März 1909 noch im Oktober 1911 die parlamentarische Zustimmung, da sich nichts an der grundsätzlichen Opposition gegen das Projekt geändert hatte. Ende Juni 1914 kam das Ministerium für Landesverteidigung zum Schluss, dass aufgrund der Opposition der Sozialdemokraten und der tschechischen „Radikalen" in der nahen Zukunft wenig Aussicht auf eine Mehrheit für das Gesetz bestehe.[139] Nachdem das österreichische Parlament im März 1914 suspendiert worden war und angesichts des Thronfolgermordes am 28. Juni nützte der Staat daher die Gelegenheit aus, das Gesetz am 4. Juli mittels Regierungserlass zu bestimmen.[140]

4. Fazit: Das „patriotische Milieu" in Österreich bzw. Salzburg als Kriegsvorbereitung

Vor 1914 hat sich durch das Wechselspiel zwischen „offizieller" und „populärer" Militärkultur ein „patriotisches Milieu" in der cisleithanischen Reichshälfte Österreich-Ungarns gebildet. In der österreichischen Gesellschaft stellten die Militärveteranenvereine eine breite soziale Basis für diese patriotische Mobilisierung dar, die große Teile der Bevölkerung einschloss. Sicherlich war diese Mobilisierung nicht flächendeckend: auf individueller Ebene gab es Personen, die sich über das Kaiserhaus beschwerten,[141] während Fragen des Militarismus bzw. der Militarisie-

136 F-M. Graf Radetzky-Militär-Veteranen- und Krieger-Verein Jahresbericht für das Verwaltungsjahr 1908. Salzburg 1909, 6–7.
137 Stenographische Protokolle des Abgeordnetenhauses XVIII Session, 57. Sitzung, 3.4.1908, Beilage 790.
138 Stenographische Protokolle des Abgeordnetenhauses XVIII Session, 61. Sitzung, 8.4.1908, 4147.
139 ÖStA AVA MI Fasz.1654 Nr. 7477/1914 Abschrift eines Vortrages des MLV vom 30.6.1914.
140 ÖStA AVA MI Fasz.1654 Nr. 8142/16.7.1914 Statuten des k.k. öst. Kriegerkorps. Wien 1914.
141 Vgl. Czech Philip, „Der Kaiser ist ein Lump und Spitzbube". Majestätsbeleidigung unter Kaiser Franz Joseph. Wien 2010.

rung zugleich polarisierend in Politik und Gesellschaft wirkten, wie die Analyse der Entstehung des Kriegerkorps zeigte. Diese Polarisierung funktionierte jedoch unterschiedlich je nach Kronland und sozialer bzw. ethnischer Gruppierung. Deswegen ist eine Kritik des Militarismus keinesfalls automatisch mit „Antipatriotismus" gleichzusetzen (beispielsweise bekannten sich die „antizentralistischen" tschechischen Gegner des Kriegerkorps als Militärveteranen immer noch zu Kaiser Franz Joseph als böhmischen König und zur Armee).[142] Im Fall des Kronlandes Salzburg kann im Großen und Ganzen von einem hegemonialen gesellschaftlichen Konsens um den österreichischen Patriotismus und von einer breiten Unterstützung der damit einhergehenden Militärkultur gesprochen werden, wie es typisch für die mehrheitlich deutschsprachigen Kronländer Westösterreichs war. Trotz der wiederholt geäußerten Skepsis gegenüber den Vereinheitlichungsbestrebungen im Veteranenwesen agierten Militärveteranen in Salzburg als öffentliche Träger und Vermittler der patriotischen Militärkultur. Bis 1914 gab es sogar eine Trendwende zugunsten der Organisierung, und die Veteranen in Salzburg zeigten einen überdurchschnittlich hohen Organisationsgrad. Von den 97 im Mai 1914 bestehenden Veteranenvereinen im Herzogtum Salzburg gehörten bereits 87 dem Veteranen-Landesbund an, mit nur zehn „nicht organisierten" (außerhalb des Landesbundes stehenden) Vereinen.[143] Nach dem Erlass des Kriegerkorpsgesetzes 1914 fügte sich auch der Radetzky-Veteranenverein in den Militarisierungsprozess ein und ließ sich zu einem Kriegerverein umbilden (auch wenn die Regierung die endgültige Durchsetzung der Gesetzesbestimmungen bis nach Kriegsende verschob).[144] Auf jeden Fall verkörperten die Veteranen vorbildlich die Rolle des „treuen Untertanen", der bereits auf die Pflichterfüllung im Kriegsfall geistig vorbereitet war. Wie der bereits erwähnte Josef Zabehlicky in einer 1898 gehaltenen Rede meinte: „Tragen wir auch nicht mehr den Rock des Kaisers, so bleibt immer der Schwur uns in treuer Erinnerung, den wir ihm seiner Zeit geleistet, für Gott, Kaiser und Vaterland mit Gut und Blut einzustehen, und würde sein Herrscherwort uns heute rufen, so würden wir dankbar eingedenk der vielen Huld und Gnade, uns unter dem Banner Oesterreichs schaaren und als alte treue Garde für Oesterreichs Kriegsherrn zu kämpfen und zu sterben wissen".[145]

Resümierend ist daher festzustellen, dass die sozialen Praktiken der durch die Veteranen vertretenen Militärkultur den Rahmen für die Pflichterfüllung beim Kriegsausbruch, die Propagandaarbeiten und die verschiedenen Hilfsaktionen im Krieg schufen. Für die Vereinsmitglieder handelte es sich bei dieser „folkloristischen" Militärkultur weniger um einen aggressiven, auf Expansion ausgerichteten „Militarismus", sondern um die gegenseitige Solidarisierung und Vergemeinschaftung auf patriotischer Basis. Gerade diese Aspekte spielten eine entscheidende Rolle im Sommer 1914. Angesichts des Mangels an ausführlichen empirischen Studien zu Reaktionen auf den Ausbruch des Kriegs in Cisleithanien, ist bei der Beurteilung einer allgemeinen „Kriegsbegeisterung" Vorsicht geboten.[146] Wie Studien zu Deutschland und Frankreich belegen, ist eine wirklich starke Kriegsbegeisterung eher unter den gebildeten, bürgerlichen Schichten – vor allem unter den Deutschen in Österreich – zu verorten.[147] Wahrscheinlich wäre genauer von einem Gefühl bzw. einer Akzeptanz der Pflichterfüllung zu reden. Wo dieses Gefühl in einer positiven Stimmung mündete, muss man den Einfluss der durch die patriotische Militärkultur gelernten Praktiken und die bei Umzügen und Feiertagen ausgeübten Verhaltensweisen und diskursiven

---

142 Cole, Military Culture (wie Anm. 45), 290–306.
143 Militärveteranenbund für das Kronland Salzburg. Ausweis der Jahresrechnung und der Bundesleitung für das Verwaltungsjahr 1912/14. Im Anhange: Schematismus der salzburgischen Militärveteranenvereine. Salzburg 1914, 25–37.
144 Jahres-Bericht Verwaltungsjahr 1914 (wie Anm. 83), 8.
145 Rechenschaftsbericht des MV- und Kriegervereines FM Graf Radetzky der Landeshauptstadt Salzburg für das Verwaltungsjahr 1898. Salzburg 1899, 10.
146 Siehe u. a. Evans Robert J.W., The Habsburg Monarchy and the Coming of the War. In: The Coming of the First World War, hg. von Evans Robert J.W./Pogge von Strandmann Hartmut. Oxford 1988, 33–55; Sauermann Eberhard, Literarische Kriegsfürsorge. Österreichische Dichter und Publizisten im Ersten Weltkrieg. Wien 2000; Ehrenpreis Petronilla, Kriegs- und Friedensziele im Diskurs. Regierung und deutschsprachige Öffentlichkeit Österreich-Ungarns während des Ersten Weltkriegs. Innsbruck 2005, 31–65.
147 Vgl. Verhey Jeffrey, The Spirit of 1914. Militarism, Myth and Mobilisation in Germany. Cambridge 2000; Becker Jean-Jacques, 1914. Comment les Français sont entrés dans la guerre: contribution à l'étude de l'opinion publique printemps-été 1914. Paris 1977; Ziemann Benjamin, Front und Heimat: ländliche Kriegserfahrungen im südlichen Bayern 1914–1923. Essen 1997.

Reflexe in Betracht ziehen. So erinnerte sich Johanna Schuchter, Tochter einer Salzburger Bürgerfamilie, an die erste Reaktion über die Nachricht des Thronfolgerpaarmordes am 28. Juni 1914: „Ein Mann sagte hinter uns: ‚Das ist der Krieg!'. Die Leute schwiegen, es herrschte Totenstille, und da eben die Sonne unterging, hüllte uns auch ein plötzlich verändertes Licht ein". Am Tag des Ultimatums an Serbien – dem 23. Juli – sah Schuchter eine animiert diskutierende Menge vor dem Redaktionshaus des „Salzburger Volksblattes". „Plötzlich intonierte ein Bediener des Großherzoglich-Toskanischen Hofes das Lied von Prinz Eugen, die Menge stimmte begeistert ein und nun unterbrachen stürmische Hochrufe auf den Kaiser und Österreich die lange Reihe patriotischer Lieder, mit denen sich alle heiser sangen".[148] Kurz: die „Begeisterung" war in diesem Fall wenig „spontan", sondern war erst durch die Lenkung eines im Dienst des Herrscherhauses Arbeitenden entstanden (einige solcher Bediensteten waren auch Mitglieder im Radetzky-Veteranenverein, während der ehemalige toskanische Großherzog für seine Untersützung des patriotischen Netzwerkes bekannt war). So ist Hanns Haas durchaus zuzustimmen, dass die Militärkultur der Veteranen einen ritualisierten, festlichen Rahmen konstruierte, worin die Treue zum Monarchen und die Akzeptanz der patriotischen Pflichterfüllung internalisiert wurde.[149] Damit wurde auch der Boden sowohl für die Propagandatätigkeit als auch für die patriotischen Hilfsaktionen im Kriege gelegt, ob von Frauen an der Heimatfront, von der Politik oder von den Veteranen.[150] Laut der seit 1889 bestehenden Landsturmpflicht mussten Veteranenvereine im Kriegsfall Bewachungs-, Ordnungs- und Sanitätsdienste ausführen. In diesem Sinne hielt der Radetzky-Verein in Salzburg 70 Mitglieder für „Lokaldienste" bereit, obwohl sie vorerst nicht gebraucht wurden. Im Jänner 1915 kamen einige davon zur Verwendung, als sie Eisenbahnsicherheitsaufgaben vom Landsturm-Infanterieregiment Nr. 2 übernahmen.[151] Sie versuchten weiterhin die patriotische Stimmung zu beleben, eine Note der Verzweiflung ist im Jahresbericht 1914 jedoch nicht zu übersehen: „Mit nichts weniger als stimmungsvollen Gefühlen nehmen wir nun Abschied von dem Jahre 1914 und mit bangen Gefühlen treten wir ein in das Jahr 1915, doch mit vollster Zuversicht und dem vollen Vertrauen auf die bewährten vereinten Heeresleitungen und deren tüchtigen und tapferen Armeen in der Hoffnung auf baldigen Frieden im Reiche".[152] Im Patriotismus geschult, ließen sich die Veteranen und andere Protagonisten des patriotischen Milieus von der Kriegsarbeit nicht ablenken, trotz Sorgen um Familie und Zukunft. Beispielsweise investierten beide großen Veteranenvereine in Salzburg stark in Kriegsanleihen.[153] Das Barvermögen des ersten Militärveteranenvereines belief sich 1916 auf 37.280,55 Kronen, wovon über die Hälfte – 20.000 Kronen – in die Kriegsanleihen I-IV investiert wurde.[154] Beim Radetzky-Verein gab es Ende 1916 nach Einnahmen und Ausgaben einen Kassarest von 23.640,84 Kronen: volle 19.000 Kronen lagen in den verschiedenen Kriegsanleihen.[155] Erzherzog Ludwig Viktor, wichtiger Sponsor patriotischer Tätigkeiten vor 1914, beschäftigte sich ab Anfang des Krieges mit Wohltätigkeitsaktionen. Besonders bemerkenswert war die Spende von 500 Kronen, die er an Bürgermeister Max Ott zum Nagelschlag in den „Eisernen Wehrmann" übergab.[156] Ott, Ehrenmitglied der städtischen Veteranenvereine, war einer der Hauptinitiatoren dieser Aktion in Salzburg, wobei – in Nachahmung der ursprünglichen Nagelaktion in Wien – ein überlebensgroßes Standbild Kaiser Karls des Großen auf dem Alten Markt (Ludwig-Viktor-Platz) aufge-

148 Schuchter Johanna, So war es in Salzburg. Aus einer Familienchronik. Salzburg 1977, 15f.
149 Haas Hanns, Krieg und Frieden am regionalen Salzburger Beispiel 1914. In: Salzburg Archiv, 20 (1995), 303–320; vgl. auch Vogel, Nationen im Gleichschritt (wie Anm. 51).
150 Bauer Ingrid, „Im Dienste des Vaterlandes". Frauenarbeit im und für den Krieg. In: Geschlecht und Arbeitswelten. Beiträge der 4. Frauen-Ringvorlesung an der Universität Salzburg, hg. vom Bundesministerium für Arbeit, Gesundheit und Soziales, Abt. für grundsätzliche Angelegenheiten der Frauen. Wien 1998, 49–62.
151 Hinterstoisser, Uniformierung (wie Anm. 65).
152 Jahres-Bericht Verwaltungsjahr 1914 (wie Anm. 83), 9.
153 Zu den Kriegsanleihen vgl. den Beitrag von Alfred Höck in diesem Band.
154 K. k. österr. Kriegerverein Fürst Karl Auersperg Salzburg. Bericht für das Verwaltungsjahr 1916. Salzburg 1917, 8–10.
155 K. k. österr. Kriegerverein F-M Graf Radetzky Bericht für das Verwaltungsjahr 1916. Salzburg 1917, 12.
156 Salzburger Chronik, 29.4.1915, 4f.

stellt wurde; die Gemeinde sah es als „schöne Ehrenpflicht" eine Spende von 1.000 Kronen hierfür zu machen.[157]

Nach der Trauerkunde über den Tod Kaiser Franz Josephs Ende November 1916 erinnerten sich die Radetzky-Veteranen an „die Glorien seines Lebens, die fortleben in uns als dankbares Kleinod in Millionen von Herzen getreuer Krieger". Sie gelobten „dieselbe Treue und Ergebenheit" dem neuen Monarchen Kaiser Karl I., „dem Kaiser einer neuen Zeit". Und sie versprachen erneut „Gut und Blut für unsern Kaiser, Gut und Blut für's Vaterland!".[158] Viel Blut musste aber noch fließen, bis in Salzburg der damit ausgedrückte patriotische Konsens gebrochen wurde. Auch wenn sich unter der Bevölkerung die Sehnsucht nach Frieden und Klagen wegen wirtschaftlicher Not relativ bald nach Kriegsanfang bemerkbar machten, herrschte lange eine pflichtbewusste Stimmung des Durchhaltens, bis sich in den letzten Kriegsjahren durch die Kluft zwischen Kriegsunterstützern und -gegnern die politische Landschaft zu radikalisieren begann.

[157] AStS, Gemeinderatsprotokolle 1915, 72; vgl. Pust Hans-Christian, „Eisern ist die Zeit …". Nagelfiguren im Ersten Weltkrieg. In: Grenzfriedenshefte (2002), 3–24.
[158] Kriegerverein Radetzky Bericht für das Verwaltungsjahr 1916 (wie Anm. 155), 3–7.

Stefanie Habsburg-Halbgebauer

Salzburgs Kunst im Ersten Weltkrieg

1. Salzburg vor dem Ersten Weltkrieg

Salzburg galt vor dem Ersten Weltkrieg aus künstlerischer Sicht eher als ruhig und beinah verschlafen. Dies erklärt sich einerseits durch seine geografische Lage im österreichischen Kaiserreich, damals lag Salzburg an der äußersten Grenze und fernab der wichtigen Transitstrecken, und andererseits aus der Geschichte des stolzen und kunstsinnigen erzbischöflichen Salzburg, das 1816 erst an Österreich angegliedert zur unbeachteten Provinz mutiert. Auch der 1844 gegründete Salzburger Kunstverein vermochte das Bild nicht wesentlich zu ändern. Nur wenige Mitglieder und insbesondere nur wenige Künstler waren auch tatsächlich in Salzburg ansässig, sodass in Salzburg keine wesentlichen Entwicklungen stattfanden. Die Salzburger Kunstszene entwickelte sich nur langsam, und so hinkte Salzburg den großen Städten wie Wien, Budapest und Prag und auch dem nahe gelegenen München nach.

Eine bedeutende Künstlerpersönlichkeit Salzburgs vor dem Ersten Weltkrieg war Franz von Pausinger. Pausinger, der Mitglied des Salzburger Kunstvereines war, richtete sich nach dem Studium in Wien, Karlsruhe und Zürich und zahlreichen Auslandsaufenthalten sowie Reisen in den Orient sein Künstlerheim im Schloss Elsenheim in Salzburg ein und bezog zwei Ateliers im neu erbauten Künstlerhaus.[1] Seine Hauptthemen waren Tier- und Jagdszenen, die Spannung erzeugen durch Darstellung von Lebenskampf und Todesnähe. Hauptsächlich schuf er Großformate und Kohlezeichnungen. Die Nachfrage nach den Jagdszenen war sehr hoch, sodass das Thema Hirsch, Gams, Reh in endlosen Variationen entstand, obwohl den Künstler selbst oft andere Motive wie Portraits und Landschaften gereizt hätten.[2] Seinem naturalistischem Malstil treu bleibend und weit ab von der Moderne starb Franz von Pausinger im Jahr 1915.

Zur selben Zeit präsentierte Franz Hinterholzer seine Landschaften mit Salzburger Motiven im Stile der *paysage intime*, der schlichten und stimmungsvollen Landschaftsdarstellung der französischen Kunst des 19. Jahrhunderts. Hinterholzer zeigt in seinen Arbeiten meist unscheinbare Naturausschnitte und Waldinterieurs. War in den Werken Josef Mayburgers, der als Hinterholzers Vorgänger in der Gattung der Landschaftsmalerei anzusehen ist, der Realismus mit Spuren der Romantik das bevorzugte Stilmittel, so arbeitete Hinterholzer wesentlich moderner, ließ die Konturen ineinander fließen und spielte mit Farbe und Licht. Ein weiterer Vertreter der Salzburger Kunstszene vor dem Ersten Weltkrieg war der Historien- und Bildnismaler Leo Reiffenstein. Er war Schüler und Kopist Hans Makarts und entsprechend in der Kunsttradition des 19. Jahrhunderts verwurzelt. Wie die meisten seiner Malerkollegen aus dem Kunstverein stellte er sich offen gegen alle Neuerungen. Einer gewissen Entwicklung jedoch konnte auch er sich nicht entziehen, und so entsprechen seine Stadtsilhouetten von Salzburg in Abendröte nicht mehr dem Realismus, sondern seine Darstellungen gipfeln in

1 Haslinger Adolf/Mittermayr Peter (Hg.), Salzburger Kulturlexikon. Salzburg 1987, 369.
2 Pausinger von Helene, Das Leben und Schaffen des Künstlers. In: Franz Pausinger. Tier- und Jagdmaler (1839–1915) Gedächtnisausstellung. Salzburg 1939, 7.

Abb. 1: Theodor Josef Ethofer, Der Tomaselli-Kiosk in Salzburg, 1908, sign. u. dat. li. unten: T. Ethofer Sbg. MCMV III, Öl auf Holz, 31 x 44 cm (Salzburg Museum, Inv.-Nr. 28-43)

der Wiedergabe von Stimmung und Atmosphäre,[3] obgleich dies noch nichts mit impressionistischer Landschaftsmalerei zu tun hat.

Der aus Wien stammende und dort ausgebildete Genre- und Portraitmaler Theodor Josef Ethofer, der sich nach zahlreichen Aufenthalten in Italien bereits einen Namen gemacht hatte, ließ sich im Jahr 1898 in Salzburg nieder und bezog ein Atelier im Künstlerhaus.[4] Zuvor wollte er in München Fuß fassen, wo er nicht den erwarteten Erfolg hatte. Seinen Darstellungen des Salzburger Gesellschaftslebens in den Kaffeehäusern und Biergärten verlieh er einen lebhaft anmutenden Pinselstrich und versuchte somit, dem verschlafenen Salzburg neuen Esprit einzuhauchen. Er war der erste Künstler der älteren Generation im Salzburger Kunstverein, der einen Brückenschlag zu den jungen und moderneren Künstlern schaffte.

Um das künstlerische Niveau anzuheben und die künstlerische Entwicklung voranzutreiben, vergab der Salzburger Kunstverein ab 1900 Medaillen.[5] Diese Maßnahme hatte keinen durchschlagenden Erfolg. Es setzten sich bei der Medaillenvergabe immer wieder auch die alten konservativen Künstler durch und verdrängten die jungen Modernen. Die Belebung der Salzburger Kunstszene der Vorkriegszeit fand somit ein Ende, bevor sie richtig angefangen hatte.

3 Schaffer Nikolaus, Malerei, Plastik, Architektur. In: Salzburg 1905, hg. vom Salzburger Museum Carolino Augusteum. Salzburg 1995, 46.
4 Haslinger/Mittermayr, Salzburger Kulturlexikon (wie Anm. 1), 117.
5 Schaffer, Salzburg 1905 (wie Anm. 3), 42.

2. Der Salzburger Kunstverein 1914–1918

Im Jahr 1914 veranstaltete der Salzburger Kunstverein wie jedes Jahr seine große Jahresausstellung. Diese Ausstellung fand von Künstlerseite so starken Zustrom, dass nicht einmal alle eingebrachten Werke gezeigt werden konnten.

Durch den Ausbruch des Krieges im Sommer 1914 ging das Publikumsinteresse für die Jahresausstellung stark zurück. Das lag nicht an der ausgestellten Kunst, sondern am Krieg, der das Interesse der Menschen in andere Bahnen lenkte. Die Mitglieder blieben dennoch dem Kunstverein treu und mehrten sich sogar. Trotz der schlechten finanziellen Situation gründete der Kunstverein noch im ersten Kriegsjahr eine Galerie, die von Künstlern des Vereins und vom Protektor Erzherzog Ludwig Viktor, dem Bruder des Kaisers, bestückt wurde. Kriegsbedingt hatte der Verein nur mehr knappe Mittel, trotzdem sah er es aber auch als Aufgabe an, in Not geratene Künstler finanziell zu unterstützen und sie bei den Ausstellungen zu bevorzugen. Im Jahr 1915 musste der Verein auf die große Ausstellung verzichten. Er versuchte dies durch sich ständig ablösende kleinere Ausstellungen im Künstlerhaus wieder auszugleichen. Anstelle der Jahresausstellung zeigte der Verein eine Franz-von-Pausinger-Gedächtnisausstellung, eine Kollektion von Kriegsbildern und den Nachlass des 1914 verstorbenen Genre- und Portraitmalers Theodor Ethofer.[6] Im Jahr 1916 fand die 31. Jahresausstellung statt. Ostern 1916 fand eine weitere Ausstellung statt, die Werke gefallener Künstler präsentierte. Hier lässt sich erkennen, dass erstmalig das Thema Krieg nicht nur positiv und heroisierend angesehen wurde. Man ging weg vom Heldenepos hin zur Trauerarbeit. Die Herbstausstellung 1916 war im Gegensatz zu den bisher vom Verein veranstalteten Ausstellungen eine Kriegsbilderausstellung, veranstaltet von der Kunstgruppe des k. k. Armeeoberkommando-Kriegspressequartiers. Über die näheren Inhalte lassen sich heute keine Unterlagen mehr finden, was sich wahrscheinlich einerseits durch den Umstand, dass Veranstalter das Armeeoberkommando war und nicht der Kunstverein, und andererseits auch dadurch, dass das Jahr 1916 durch kriegerische Erfolglosigkeit und den Tod Kaiser Franz Josephs gekennzeichnet war, erklären lässt. Diese Ausstellung dürfte jedoch als Propagandaausstellung für den Krieg anzusehen sein und nicht kuratorische Schwerpunkte in die künstlerische Entwicklung gelegt haben.

Trotz der Veränderungen nach dem Tod Kaiser Franz Josephs, der militärischen und wirtschaftlichen Situation Österreichs und des erschwerten Frachtverkehrs fand im Jahr 1917 die 32. Jahresausstellung statt. Neben der Jahresausstellung fand in diesem Jahr auch eine Osterausstellung statt, in der unter anderem Werke von Franz Schrempf zu sehen waren. 1918 fanden die 33. Jahresausstellung und eine Osterausstellung statt. In diesem Jahr präsentierte der Verein Kollektionen von Tony Angerer, Anton Faistauer, Felix Albrecht Harta, Karl Reisenbichler und Eduard Veith. Die Werkauswahl war geprägt von Kriegsthemen. Nach Kriegsende kamen dann vermehrt neue Mitglieder zum Kunstverein. Trotz schlechter und politisch unsicherer Zeiten waren die Ausstellungen gut besucht und die Verkaufsresultate zufriedenstellend.

6   Svoboda Christa, Der Salzburger Kunstverein 1844–1922. Phil. Diss. Univ. Salzburg 1977, 102.

3. Salzburger Künstler im Krieg

Anton Faistauer ist als eine Schlüsselfigur in der Salzburger Kunstszene um den Ersten Weltkrieg zu sehen, die den Umbruch von Tradition zur Moderne schafft. Faistauer wurde 1887 in St. Martin bei Lofer geboren und studierte von 1906 bis 1909 an der Akademie der bildenden Künste in Wien. In seinen frühen Arbeiten ist noch der Einfluss des revolutionären Secessionismus ersichtlich, dem er sich anschloss und sich unter anderem für Gustav Klimt begeisterte. Das im Jahr 1908 entstandene Mädchenbildnis der Schwester des Künstlers, Anna, zeigt diese umrisshaft im Profil. Die Umrisshaftigkeit und die Bildparallelität sind hier typische Merkmale des Secessionismus, und das Bild erinnert, wenn auch nicht so pompös ausgeführt, durchaus an Werke von Gustav Klimt. Faistauer wurde bald bewusst, dass das Spiel aus Linie und Fläche nicht seiner Begabung entsprach und er in der Farbe, deren Abstufungen und Kontrasten seine Berufung im Stile der französischen Malerei des späten 19. Jahrhunderts fand. Er gehörte zu den ersten österreichischen Malern, die sich bereits vor dem Ersten Weltkrieg mit dem Werk Cézannes auseinandersetzten und daraus in seiner künstlerischen Entwicklung großen Nutzen zog.[7] Das im Jahr 1912 entstandene Ölgemälde „Haus des Advokaten" weist einen ausdrucksstarken Pinselduktus auf und lässt durch die Licht- und Farbgebung die Nähe zu Cézanne spüren. Kriegsbedingt verschlug es Anton Faistauer 1915 in seinen Heimatort Maishofen, wo er, da seine Brüder eingerückt waren, mit Hilfe kriegsgefangener Russen den väterlichen landwirtschaftlichen Betrieb führen helfen musste. In dieser Zeit entstanden zahlreiche Stillleben, Landschaften und Portraits, welche von expressivem Farbauftrag sowie markanten Hell-Dunkelkontrasten geprägt sind. Das Portrait seiner Frau Idschi (Ida) mit Fuchspelz aus dem Jahr 1916 ist Vorbote seiner Reifeperiode.[8] Anton Faistauer präsentiert seine Frau elegant gekleidet mit Perlenkette geschmückt. Trotz Faistauers, wie er es nannte „militärischer Nichtsnutzigkeit" wurde er im Jahr 1916 zur Ersatzkompanie des Rainer-Regiments, k.u.k. Infanterie-Regiment Nr. 59, nach Salzburg abkommandiert. Das Selbstbildnis des Malers im Militärrock aus dem Jahr 1916/17 zeigt den Künstler mit gesenktem, melancholischem Blick. Er gibt sich als ein physisch Leidender, geprägt von den Unruhen des Krieges, skizzenhaft wieder. Faistauer setzt starke Gesichtskonturen und hebt die Augen besonders hervor, die für den Betrachter ein unausweichlicher Blickfang sind. Auf diesem Bild lässt sich schon klar erkennen, dass er kein Kriegsbefürworter war und den Krieg durchaus skeptisch sah.

In einem Brief an seine Frau und seinen Sohn schrieb er schon im Juli 1914: „Ich bin nach wie vor empört über die Kriegsfreude der Leute, die ich mir nur aus einer törichten Kurzsichtigkeit erklären kann."[9] Faistauer litt darunter, als Maler zur Untätigkeit gezwungen zu sein. Unzufrieden mit seiner Situation stellte er einen Antrag an das Kriegspressequartier um Zulassung als Kriegsmaler. Er bemühte sich in die Kunstgruppe aufgenommen zu werden und gleichzeitig um die Abkommandierung an das k.u.k. Heeresmuseum. Im Jahr 1917 wurde er zur Kriegsgräber-Inspektion des k.u.k. Militärkommandos nach Innsbruck kommandiert, um Skizzen für die Kriegsausstellung in Wien anzufertigen.[10]

Faistauer war unter anderem neben Egon Schiele, Ludwig Heinrich Jungnickel, Anton Kolig und Felix Albrecht Harta in der Kriegsausstellung im Wiener Prater vertreten. Es entstanden Arbeiten von invaliden Soldaten, kriegsgefange-

Nächste Seite:
Abb. 2: Anton Faistauer, Selbstbildnis als Soldat, um 1916, Bleistift, Aquarell und Farbkreide auf weißem Karton, 26,5 x 20,8 cm (Salzburg Museum, Inv.-Nr. 1071-2007)

7 Rohrmoser Albin, Anton Faistauer 1887–1930. Abkehr von der Moderne. Untersuchung zur Stilentwicklung (Monographische Reihe zur Salzburger Kunst 6), Salzburg 1987, 7f.
8 Rohrmoser, Anton Faistauer (wie Anm. 7), 45.
9 Krumpöck Ilse, Anton Faistauers „militärische Nichtsnutzigkeit" (Schriftenreihe zu Anton Faistauer und seiner Zeit, 2), Maishofen 2007, 6.
10 Krumpöck, Faistauers „militärische Nichtsnutzigkeit" (wie Anm. 9), 33.

Salzburgs Kunst im Ersten Weltkrieg

Abb. 3: Anton Faistauer, Knieender Soldat, 1917, Kohle und Pastellkreide, 52,4 x 32,8 cm, (Salzburg Museum, Inv.-Nr. 310-50

nen Russen sowie die Darstellung eines Tiroler Militärfriedhofs. Auch in diesen gezwungenermaßen „militärischen" Arbeiten blieb er seinem Malstil mit dem Schwerpunkt auf Farben und Formen treu. Der Direktor des k. u. k. Heeresmuseums, Oberst Wilhelm John, ermöglichte Anton Faistauer nach mehreren Bittgesuchen in den Jahren 1917 und 1918, Ausstellungen in Stockholm, Kopenhagen und Zürich zu organisieren. So blieb dem nervlich labilen Künstler bis zum Ende des Krieges die hautnahe Berührung mit der Front erspart.[11] In der Zeit entstanden Stillleben, Damenbildnisse und das Gemälde „Familie Faistauer", wo sich der Maler in Uniform im Kreise seiner Familie wiedergibt. Am Rande des Geschehens sitzend, seinen Kopf mit der linken Hand auf einen Fauteuil stützend, blickt er über seinen Sohn Peter Paul auf seine vorgeneigte Frau Ida, die flankiert wird von ihrem Vater und ihrer Schwester. Seine pastose Pinselführung und das leuchtende Kolorit mit Warm-Kaltkontrasten kommen hier besonders zur Geltung.

1918 fand im Rahmen der 33. Jahresausstellung im Salzburger Kunstverein eine Ausstellung von Faistauers Werken statt, auf die er sich im Vorfeld intensiv vorbereitete. Obwohl Faistauer von seinem künstlerischen Talent überzeugt war, zweifelte er an dem Kunstverständnis seiner Landsleute und fürchtete Kritik: „Ich bin nicht sicher, ob nicht meine Ausstellung in Salzburg zum Durchfall wird, da die Provinz in Kunstdingen ein wenig schwach ist und mir besonders der Salzburger Bürger wenig Vertrauen einflößt. Gleichwohl habe ich vor den Bildern doch das Gefühl, dass sie auch harte Herzen zwingen könnten […]."[12] Entgegen seiner Zweifel wurden seine Arbeiten wertgeschätzt, und er erhielt die Goldene Staatsmedaille. Das Jahr 1918 war für Faistauer ein gutes Jahr, da er neben seinen Erfolgen auch endlich aus dem Militär entlassen wurde, was für den Kriegsgegner Anton Faistauer eine Erlösung war. Knapp vor Kriegsende bekam Faistauer den Auftrag des Landes Salzburg ein heimatliches Kriegsgedächtnisgemälde anzufertigen, das als Ehrengabe des Landes an das Hausregiment Erzherzog Rainer in Salzburg bestimmt war.[13] Faistauer war in der Ausführung seines Auftrages frei und wünschte sich einen Passions- und Votivaltar zu schaffen. Obwohl es schwierig war, Leinwand in entsprechender Größe zu beschaffen, konnte sich Faistauer seinen Wunsch erfüllen und das Kriegsgedächtnisgemälde wurde der „Große Salzburger Votivaltar", ein Höhepunkt seines Schaffens, den er in seinem Heimatdorf Maishofen 1919 vollendete.

Die Mitteltafel zeigt die Pietà, diese wird an der Sonntagsseite vom Hl. Martin sowie vom Hl. Sebastian flankiert. Als Modell der leidenden Muttergottes diente seine zu diesem Zeitpunkt bereits schwer kranke Frau. Faistauer selbst beschrieb das Werk als Bild seiner Seele, die er „hineingestrichen" habe.[14] An der Werktagsseite, die etwas später entstanden ist, befinden sich die Allegorie der Hoffnung und der Verzweiflung.

Viele Künstler waren im Ersten Weltkrieg in verschiedensten Diensträngen freiwillig oder unfreiwillig als Soldaten eingerückt. Karl Reisenbichler, der 1885 in Attersee in Oberösterreich geboren wurde, erhielt an der Akademie der bildenden Künste in Wien seine Ausbildung in den Bereichen Portrait-, Genre- und Historienmalerei sowie als Radierer und Kupferstecher. Seit 1912 lebte Karl Reisenbichler als freischaffender Künstler in Salzburg. Hier trat er dem Salzburger Kunstverein bei. Seine erste öffentliche Ausstellung fand 1913 im Rahmen der Wanderausstellung des Verbandes deutscher Kunstvereine im Salzburger

---

11 Krumpöck, Faistauers „militärische Nichtsnutzigkeit" (wie Anm. 9), 42.
12 Zitat Anton Faistauer. In: Krumpöck, Faistauers „militärische Nichtsnutzigkeit" (wie Anm. 9), 58.
13 Krumpöck, Faistauers „militärische Nichtsnutzigkeit" (wie Anm. 9), 59.
14 Krumpöck, Faistauers „militärische Nichtsnutzigkeit" (wie Anm. 9), 63.

Abb. 4: Anton Faistauer, Studie zum großen Votivaltar, um 1918, Öl auf Leinwand auf Karton, 59 x 70 cm (Salzburg Museum, Inv.-Nr. 98-55)

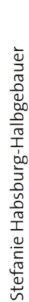

Künstlerhaus statt. Für die Ausstellung entstanden Radierungen und Ölbilder mit Themen wie Landsknecht, Alpenbummler, Blumenstillleben und Landschaften. Als Kriegsfreiwilliger verbrachte Reisenbichler die Kriegsjahre 1914 und 1915 in Russland, und ab 1916 diente auch er als Kadettaspirant beim k. u. k. Infanterieregiment Nr. 59 Erzherzog Rainer als Kriegsmaler.[15] An den Fronten bemalte und zeichnete er Feldpostkarten mit aktuellen politischen Themen sowie Bild- und Textgeschichten nach dem Vorbild Wilhelm Busch, die das Soldatenleben in ironischer Weise karikierten.[16] Nach 33 Monaten Frontaufenthalt, zurück in Salzburg, widmete sich Reisenbichler wieder hauptsächlich der Malerei und Radierung. Im Jahr 1917 entstand die Genreszene „Soldatenküche". Der Soldat kehrt dem Betrachter den Rücken zu, steht beim gemauerten Ofen und macht sich eine warme Mahlzeit. Der Künstler verwendete hierbei viele Grau- und Brauntöne, die er in einen Hell-Dunkelkontrast setzte. Reisenbichlers Arbeiten sind volks- und erdverbunden und erinnern an sein Vorbild Albin Egger-Lienz.

Im Jahr 1918 entstand ein Selbstportrait des Malers. Ernst und kritisch blickt er dem Betrachter entgegen. Seine Stirn ist in Falten gelegt. Er betont seinen

15 Haller Christian, Das Neosgraffito von Karl Reisenbichler unter dem Aspekt seiner Erd- und Volksverbundenheit. Phil. Diss. Univ. Salzburg 1991, 2.
16 Haller, Neosgraffito (wie Anm. 15), 3.

Abb. 5: Karl Reisenbichler, Soldatenküche, 1917, sign. u. dat. re. unten: K. Reisenbichler 1917, Öl auf Leinwand, 88,5 x 109,5 cm (Salzburg Museum, Inv.-Nr. 165-43)

nachdenklichen Ausdruck durch eine expressive Malweise und setzt starke Gesichtskonturen. Im Jahr 1918 bekam Reisenbichler für seine Werke, neben Arbeiten von Anton Faistauer und Felix Harta, in der Osterausstellung im Salzburger Künstlerhaus öffentliche Anerkennung. Die Ausstellung beschäftigte sich hauptsächlich mit dem Thema Kriegskunst. Dank seines großen Erfolges erhielt er noch im selben Jahr die Medaille der Stadt Salzburg vom Salzburger Kunstverein. Wie hautnah ihn das Thema Krieg und das Leid persönlich trafen, gab er künstlerisch in Form von Kriegs- und Todesallegorien wieder. Das Thema Tod stand im Mittelpunkt vieler seiner Radierungen wie etwa bei „Totentanz" aus den Jahren 1918 und 1919. Die Darstellung des Todes variiert bei Reisenbichler vom sanften ästhetischen Skelett in fließender Bewegung hin zum Aggressiven und Bedrohlichen. Häufig sieht man auch in seinen Arbeiten den Tod als Sensenmann überdimensional groß wiedergegeben und im Hintergrund stellt er die Soldaten ganz klein dar.

Besonders eindrucksvoll gab Reisenbichler die Allegorie des Todes im Ölgemälde „Die Schrecken des Krieges" um 1920 wieder. Die Armee des Todes reitet auf dinosaurierartigen Ungeheuern und zerstört eine Kirche und Häuser. Die aufgerissenen Mäuler der Ungeheuer bringen Angst und Schrecken zum Ausdruck. Der Tod im Vordergrund hält die Zügel fest in der Hand und führt sein Heer zielstrebig nach vorne. Die Welt ist in Aufruhr. Im Hintergrund kommt es zu einem Flammeninferno.

Aufgrund der Werkentwicklung lässt sich schön erkennen, wie sich die Einstellung des kriegsfreiwilligen Kriegsbefürworters stetig mehr gegen den Krieg wandte. Um sich finanziell über Wasser halten zu können, führte Reisenbichler nach dem Krieg etliche grafische Aufträge aus, so entwarf er zum Beispiel Notgeldscheine. Ab 1927 führte er dann Sgraffiti-Aufträge an Salzburger Häusern aus, durch die er bekannt wurde. Interessant ist auch, dass Reisenbichler seine Einstellung zum Krieg in den dreißiger Jahren wieder änderte und den Krieg als unabdingbar und selbstverständlich darstellt, dies zum Beispiel in seinen Bildern für das Kriegerdenkmal in Bischofshofen aus dem Jahr 1931.

Ein weiterer Künstler an der Front war Franz Schrempf, ein Meister des Aquarells. Er wurde 1870 im Bergwerksort Perneck bei Bad Ischl geboren und wuchs in Salzburg auf. Schrempf studierte unter anderem an der Akademie der Bildenden Künste in Wien und besuchte dort vier Jahre lang die Allgemeine Malschule. Er wurde Gymnasiallehrer und unterrichtete in mehreren Orten bevor er 1908 in Salzburg eine Fixanstellung bekam.[17] 1914 kam Schrempf als Leutnant an die Front und geriet während der ersten Kriegshandlungen im Osten in russische Gefangenschaft. Nach unzähligen Gefangenenlagern landete er schließlich im tiefsten Sibirien an der mongolischen Grenze. Obwohl Schrempf privilegierte Haftbedingungen genoss, wurden er und seine Offiziersleidensgenossen nach

Abb. 6: Karl Reisenbichler, Sensenmann, 1. Viertel 20. Jh., Kohle, 41,7 x 59,4 cm (Salzburg Museum, Inv.-Nr. 1161-87)

17 Schaffer Nikolaus, Franz Schrempf 1870–1953. Ein Salzburger Meister des Aquarells (Monographische Reihe zur Salzburger Kunst 17), Salzburg 1996, 10.

Abb. 7: Karl Reisenbichler, Die Schrecken des Krieges, um 1920, monogramm. re. unten: K.R., Öl auf Leinwand, 71 x 102,5 cm (Salzburg Museum, Inv.-Nr. 13-75)

mehreren Fluchtversuchen unter strenge Kuratel gestellt.[18] Trotz schlechter Umstände und Mangel an Material entstanden einige Zeichnungen, Aquarelle und Postkarten, die Kriegseindrücke des Künstlers zeigen. Schrempf gab die Einöde der grenzenlosen Steppenlandschaft in unterschiedlichen Farbstimmungen wieder, die auf ihn trostlos und schwermütig wirkten. „Das Auge sieht freudlos und tränenleer in die Landschaft. Die kaum angedeuteten Farben sind trotz ihrer Leichte erdgedrückt, erdenschwer. Das Land scheint eng, bedrückt, hoffnungslos."[19] Neben stimmungsvollen Landschaften entstanden Zeichnungen vom Lagerleben und von den Lagerhütten in Tschita. Eine Bleistiftzeichnung aus dem Jahr 1915 zeigt gefangene Soldaten in einer Baracke. Die Soldaten kauern im Lager mit geneigten Häuptern. Sie wirken hoffnungslos und in sich selbst versunken. Dank der Initiative von Elsa Brandström, dem „Engel von Sibirien", und des Roten Kreuzes wurde Schrempf 1917 im Austausch gegen russische Gefangene freigelassen und kehrte in die Heimat zurück. Noch im selben Jahr konnte er bei der Osterausstellung im Salzburger Künstlerhaus seine mitgebrachten Arbeiten präsentieren. Der Krieg war für ihn noch nicht zu Ende und er musste die letzten zwei Kriegsmonate noch einmal als Kriegsmaler an die Italienfront. Schwungvolle Aquarellskizzen lassen erkennen, dass er sich in den Südtiroler Bergen beträchtlich wohler fühlte als in der Sibirischen Steppe.[20]

Wirft man einen Blick auf Salzburgs Künstlerinnen, so bemerkt man, dass diese sich nur sehr am Rande mit dem Thema Krieg künstlerisch auseinandersetzten. Die Salzburger Künstlerinnen dieser Zeit waren eher noch in den alt-

18 Schaffer, Schrempf (wie Anm. 17), 10.
19 Kunz Otto, Salzburger Volksblatt vom 29.10.1924. In: Schaffer, Schrempf (wie Anm. 17), 16.
20 Schaffer, Schrempf (wie Anm. 17), 12f.

Abb. 8: Franz Schrempf, Blick ins Isonzotal, 1918, Aquarell auf starkem Papier, sign. u dat. re unten: Franz Schrempf 1918 (Salzburg Museum, Inv.-Nr. 1227-2013)

hergebrachten „Frauenthemen" verwurzelt. Frauen waren von der Gesellschaft vornehmlich die Themen Stillleben, liebliche Landschaften und Märchenillustrationen zugedacht. Auch in der künstlerischen Ausbildung waren Frauen stark benachteiligt, da ihr Schaffen lediglich dem kunstgewerblichen Bereich zugeordnet und als dekorative Freizeitbeschäftigung abgetan wurde. Frauen konnten damals nur an den Kunstgewerbeschulen studieren, ihnen war der Zutritt an die Akademien verwehrt. In München wurden erstmals 1919 und in Wien 1921 Frauen an der Akademie aufgenommen. Der Großteil der Künstlerinnen waren Frauen aus „gutem Hause", die von Privatlehrern als „Salonmalerinnen" ausgebildet wurden. Einige Damen frequentierten die Ateliers lokaler Größen wie etwa die „Schule Ethofer" im Künstlerhaus, wobei ihnen ihre Ausbildner wieder nur die althergebrachten Themen zuteilten.

Da man weibliche Kunstausübung eben als „Salonmalerei" ansah, wurden die Werke der Frauen nur familienintern betrachtet. Die Präsentation nach außen war verpönt. Als Durchbruch weiblicher Kunst wurden im Jahr 1877 erstmals Werke von Frauen beim Salzburger Kunstverein gezeigt. Zu sehen waren Landschaften von Adele Esinger, ein Männerbildnis von Rosalia von Pausinger sowie Aquarellveduten von Bertha Gräfin Lamberg, der Frau des damaligen Landeshauptmannes.[21] Eine der Künstlerinnen, die sich mit dem Thema Krieg beschäftigte, war die Salzburger Malerin Elfriede Mayer, die mit der Darstellung „Der Verwundete" bei der Kriegsbilderausstellung 1915 im Salzburger Künstlerhaus teilnahm und mit dem gewählten Motiv und ihrer modernen Kunstauffassung

21 Schaffer Nikolaus, Zwischen Salon und Staffelei. In: Künstlerinnen in Salzburg, hg. von Wally Barbara. Salzburg 1991, 27.

Abb. 9: Elfriede Mayer, Stillleben mit Blumenstock und Kostümpuppe, um 1915, monogramm. re oben: EM, 15 x 39,5 cm (Salzburg Museum, Inv.-Nr. 12248-2010)

bei der Salzburger Öffentlichkeit an die Vorstellungsgrenzen über weibliche Kunstausübung stieß.[22] Geboren im Jahr 1883 als Tochter eines altösterreichischen Offiziers in Oberschlesien lernte sie an der Kunstgewerbeschule in Wien, der heutigen Akademie der angewandten Künste, und in München. Sie kam 1912 nach Salzburg und bezog ein Atelier im Künstlerhaus. Obwohl Mayer sich thematisch nicht einschränken ließ, entstanden dennoch hauptsächlich Portraits, Landschaften und Blumenbildnisse, die durchaus schon expressionistische Züge hatten.

Die Salzburger Künstlerinnen stammten meist nicht aus Salzburg, sondern kamen, bedingt durch die Berufe ihrer Väter und Ehemänner – z. B. Offiziere und höhere Beamte – nach Salzburg. Ein vermehrter Zuzug von Künstlerinnen lässt sich nach Kriegsende feststellen, bedingt durch den Zerfall Österreich-Ungarns und die Hungersnöte in den Großstädten. Die zugezogenen Künstlerinnen wie Emma Schlangenhausen, Helene von Taussig, Hilde Exner, Magda von Mautner Markhof und Maria Cyrenius konnten trotz ihrer guten Ausbildung, wie z. B. an der Wiener Kunstgewerbeschule, die Wertschätzung ihre männlichen Künstlerkollegen nicht erlangen. Ihre Kunst wurde nach wie vor als dekorativ und ins Kunstgewerbliche übergehend abgewertet.[23] Die Rolle der Frauen begann sich nach der Gründung der Künstlergruppe „Wassermann" 1919 zum Positiven zu entwickeln. So konnte die Malerin und Grafikerin Emma Schlangenhausen, eine Schülerin Kolo Mosers, für die erste „Wassermann"-Ausstellung das Plakat und das Vorsatzblatt des Kataloges, einen Holzschnitt, der einen Wassermann zeigt, gestalten. Beachtlich war, dass bei dieser überregional bedeutsamen ersten „Wassermann"-Ausstellung etwa ein Drittel der gezeigten Werke von Künstlerinnen stammte. Die vertretenen Künstlerinnen waren aus Wien Broncia Koller, aus München Marie Caspar-Filser, Traute Haack, Paula Wimmer und aus Salzburg Hilde Exner, Elfriede Mayer, Emma Schlangenhausen und Louise Spannring. Beachtlich war hier, dass es der Kunstgruppe nicht mehr darum ging zu schmücken und zu gefallen, sondern die Kunst sollte den Betrachter berühren und betroffen machen, was auch der Rolle der weiblichen Kunst zugute kam.

4. Das k. u. k. Kriegspressequartier, Kriegsmaler über Salzburgs Grenzen hinaus

Wie die Erlebnisse des Vielfrontenkrieges, der eine Herausforderung war für Mensch und Tier und dessen Schauplätze von Galizien, dem Balkan über die Alpen bis hin zum Isonzotal reichten, künstlerisch umgesetzt und bewältigt wurden, zeigen die Arbeiten der Kriegsmaler des k.u.k. Kriegspressequartiers. So wurde zu Beginn des Krieges eine Kunstgruppe als eigene Institution des Kriegsministeriums geschaffen, um im Rahmen des Kriegspressequartiers neben der schriftlichen Berichterstattung auch die künstlerische Darstellung der Kriegsereignisse zu ermöglichen.[24] Der Kunstgruppe war die Bildersammelstelle unterstellt, die ab 1916 in der Akademie der bildenden Künste Wien untergebracht war. Bekannte Kriegsmaler der Kunstgruppe waren etwa Albin Egger-Lienz, Anton Faistauer, Anton Kolig, Ferdinand Andri, Alexander Demetrius Goltz, Oskar Laske, Karl Friedrich Gsur, Ludwig Heinrich Jungnickel, Oskar Kokoschka und Alexander Pock. Die Aufgabe des Kriegspressequartiers war die Koordination aller

22 Fraueneder Hildegard, Bildende Künstlerinnen in Salzburg. Von der geduldeten Ausnahme zu einem neuen Selbstverständnis. In: Frauen in Salzburg. Zwischen Ausgrenzung und Teilhabe, hg. von Gürtler Christa/Veits-Falk Sabine. In: Salzburg Archiv 34 (2012). Salzburg 2012, 91f.
23 Fraueneder, Frauen in Salzburg (wie Anm. 22), 92f.
24 Popelka Liselotte, „Vom Hurra zum Leichenfeld". Gemälde aus der Kriegsbilderausstellung 1914–1918 (Ausstellungskatalog). Wien 1981, 3.

in- und ausländischer Presseinformationen und Propagandatätigkeiten Österreich-Ungarns. Die Kriegsberichte wurden so verändert, dass sie keine militärischen Geheimnisse enthielten und keine Informationen über die wahre triste Lage an die Öffentlichkeit gelangten.[25] Journalisten, Schriftsteller und Künstler wurden als Kriegsberichterstatter eingeteilt. Obgleich die Aufgabe der Kriegsmaler war, den Krieg zu verherrlichen, die Soldaten zu motivieren und die Akzeptanz in der Zivilbevölkerung zu fördern, fällt bei vielen Künstlern auf, dass sich ihre Einstellung zum Krieg im Laufe der Zeit zum Negativen entwickelte, und es entstanden bei den meisten Künstlern durchaus kriegskritische Arbeiten. Eine der Haupttätigkeiten der Künstler des Kriegspressequartiers war die Schaffung von Feldpostkarten. Diese Propagandapostkarten hatten sehr hohe Auflagen, da die Feldpost bis zu den kämpfenden Einheiten an die Front gelangte und für Soldaten portofrei war. In erster Linie waren Postkarten für die Soldaten ein Lebenszeichen für daheim. Themen wie aktueller Kriegsalltag, Selbstbild und die Besiegung des Feindbildes wurden glorifiziert dargestellt, um die zunehmende Kriegsmüdigkeit sowohl an der Front als auch in der Heimat zu bekämpfen.[26]

Ein Kriegsmaler der älteren Generation war Albin Egger-Lienz, geboren 1868 in Striebach bei Lienz, der unter anderem Werbeplakate für Kriegsanleihen und Propagandapostkarten entwarf.[27] Einige seiner Landschaftsbilder und Bilder von Stellungen und Unterständen wurden auch zugunsten der Kriegshilfswerke als Postkarten und Farbreproduktionen vervielfältigt.[28]

Albin Egger-Lienz präsentiert in seiner Arbeit „Der Krieg" von 1915/1916 noch einen eher heroischen Krieg. Soldaten bewaffnet mit Gewehren kommen dem Betrachter entgegen. Durch die Körperfrontalität wirkt die Gruppe stark, wenngleich aber nicht mehr unverwundbar. Einige der Soldaten sind verletzt bzw. schon gefallen. Egger-Lienz rückte freiwillig 1915 mit den Bozener Standschützen ins Feld und leistete Schanzarbeiten auf der Festung Tombio bei Riva del Garda. Anschließend wurde er nach Bozen dem Kriegsfürsorgeamt zugeteilt, wo er Kriegspostkarten entwarf. Als „Kriegsmaler in Zivil" wurde er 1916 weiterhin mehrfach an der Südfront eingesetzt. Danach gestaltete er zum Thema Krieg nur noch große Atelierkompositionen.[29] Gemälde wie „Finale", „Kriegsfrauen" und „Leichenfeld" entstanden. Seine späteren Arbeiten, die gegen den Krieg mahnen, zeigen Trostlosigkeit und Isolation und spiegeln den Schrecken des Ersten Weltkrieges wieder. Karge Gesichter mit Verzicht auf Charakterisierung des einzelnen Menschen symbolisieren die Dramatik und Auswegslosigkeit der Situation. Im Ölgemälde „Leichenfeld" von 1918 sind die Gefallenen mit den hingestreckten Körpern übereinander getürmt. Die Niederlage ist offensichtlich zu sehen. Das Bild erinnert an ein Massengrab.

Ganz anders als die expressionistischen Arbeiten von Albin Egger-Lienz ist das Œuvre des Militärmalers Alexander Pock, der als Naturalist mit seinen detailgetreuen Abbildungen auch eine wichtige Quelle für die militärhistorische Forschung darstellt. Alexander Pock wurde 1871 im südmährischen Znaim geboren, wo er von Kindheit an vom farbenfrohen Bild der k.u.k. Armee geprägt war. Znaim war damals Garnisonsort mit mehreren Infanteriebataillonen.[30] An der Akademie der bildenden Künste studierte Pock unter Christian Griepenkerl sowie in Carl Rudolf Hubers Tiermalerschule. 1892 trat er als Einjährig-Freiwilliger in das Znaimer Infanterieregiment und wurde 1899 nach mehreren Waffenübungen zum Leutnant der Reserve befördert.[31] Im Jahr 1915 erhielt Pock den

---

25 Dohle Oskar/Weiß Andrea, „Österreich wird ewig stehn". Postkarten als Mittel der Propaganda in Österreich-Ungarn im Ersten Weltkrieg am Beispiel der Sammlung des Salzburger Landesarchivs (Sonderdruck aus Mitteilungen der Gesellschaft für Salzburger Landeskunde), Salzburg 2001, 302.
26 Dohle/Weiß, Postkarten als Mittel der Propaganda (wie Anm. 25), 306.
27 Dohle/Weiß, Postkarten als Mittel der Propaganda (wie Anm. 25), 303.
28 Popelka, „Vom Hurra zum Leichenfeld" (wie Anm. 24), 58.
29 Popelka, „Vom Hurra zum Leichenfeld" (wie Anm. 24), 58.
30 Heeresgeschichtliches Museum/Militärhistorisches Institut (Hg.), Alexander Pock – Militärmalerei als Beruf (Ausstellungskatalog). Wien 2012, 10.
31 Heeresgeschichtliches Museum/Militärhistorisches Institut, Pock (wie Anm. 30), 12f.

Einberufungsbefehl als Landsturm-Leutnant an die Front, woraufhin er sich mit der Bitte um Aufnahme als Kriegsmaler beim Kriegspressequartier meldete. Wenngleich es nicht ganz leicht war, gelang es Pock, der die Militärmalerei als seinen Beruf sah und bereits vor dem Krieg zahlreiche Oberste und Generäle in seinem Wiener Atelier portraitierte, dennoch aufgenommen zu werden. Pock war im Kriegspressequartier sehr produktiv und skizzierte an der Ost- und Südfront vor Ort, um dann im Zuge des Heimarbeitbefehls die Skizzen in Gemälden und Aquarellen auszuführen. Das Ölgemälde „Unterstände am Krn" von 1916 zeigt die winterliche Gebirgslandschaft des Krn (ital. Monte Nero) idyllisch in den Julischen Alpen im heutigen Slowenien gelegen, welcher Brennpunkt der Kriegshandlungen zwischen Österreich-Ungarn und dem Königreich Italien war.[32] Als Augenzeuge an der Ostfront entstand die Szene „Granattreffer in einer russischen Protzenstellung" um 1915/1916. Schonungslos zeigt der Künstler die katastrophalen Folgen eines Artillerievolltreffers. Im Vordergrund liegen zerfetzte Pferdekörper zwischen zerstörten „Protzen"[33]. Im Hintergrund sieht man berittene Soldaten mit einem Sanitätswagen. Pock, der in seinen Arbeiten den Krieg gerne heroisierte, zeigte dem Betrachter auch die bitteren Folgen des Krieges hautnah. Seine Arbeiten haben dokumentarischen Wert, sind naturalistisch, genau und nichts ist dem Zufall überlassen.

5. Nachkriegszeit – „Der Wassermann" 1919–1921

Mit dem Ende des Ersten Weltkrieges kam es nicht nur zum gesellschaftlichen und politischen, sondern auch zum kulturellen Umbruch. Salzburg lag im neuen Österreich in der Mitte und die früher unbedeutende West-Ostverkehrsachse wurde bedeutend, sodass Salzburg verkehrsmäßig aus ganz Österreich und auch Deutschland gut erreichbar wurde. Aufgrund der Hungersnöte in den Großstädten und eben der guten Erreichbarkeit hatte Salzburg nach dem Ersten Weltkrieg großen Zustrom. Auch ein Teil der Wiener Kunstszene verlagerte sich jetzt nach Salzburg. Die einstmals schläfrige Kleinstadt Salzburg sollte nun zu einem Kulturzentrum der Moderne werden.

Felix Albrecht Harta als Initiator gründete 1919 die neue Künstlervereinigung „Der Wassermann". Anton Faistauer, der auch Gründungsmitglied war, übernahm nach Harta 1920 sukzessive die Leitung und schließlich die Präsidentschaft. Der Vereinszweck war es, bildende Künstler moderner Kunstrichtungen zusammenzufassen und diese zu fördern. „Wassermann"-Mitglieder waren neben Anton Faistauer und Felix Albrecht Harta unter anderem Alfred Kubin, Elfriede Mayer, Egon Schiele, Emma Schlangenhausen, Franz Schrempf und Karl Reisenbichler. Obwohl im Salzburger Kunstverein die Anhänger der Moderne gegen die konservativen Mitglieder wie Reiffenstein und andere in Opposition standen, konnte der „Wassermann" 1919 seine erste Ausstellung im Künstlerhaus präsentieren. Die erste „Wassermann"-Ausstellung zeigte unter anderem Werke von Felix Albrecht Harta, Albert Paris Gütersloh, Egon Schiele, Anton Faistauer und Alfred Kubin. Wirft man einen Blick auf die ausgestellten Arbeiten, so spielt das Thema Krieg keine Rolle mehr. Neben allgemeinen Themen wie Landschaft, Stillleben usw. standen religiöse Bilder wieder im Mittelpunkt. Es wurden Faistauers Votivaltar sowie Altäre von Harta, Caspar und Schülein und weitere

32 Heeresgeschichtliches Museum/Militärhistorisches Institut, Pock (wie Anm. 30), 58.
33 Einachsige Karren, welche zum Transport von kleineren Artilleriegeschützen mit der Lafette des Geschützes verbunden wurden.

sakrale Werke gezeigt. Religiöse Themen waren in den letzten Jahrzehnten nicht sehr begehrt und die Wiederaufnahme sakraler Themen in moderner Ausdrucksweise eröffnete neue noch nie da gewesene Möglichkeiten. Anstelle der lieblichen Darstellung mit christlichen Inhalten konnte man nunmehr das Publikum gerade damit aufwühlen und provozieren. Nach zwei weiteren Ausstellungen des „Wassermanns" im Salzburger Kunstverein in den Jahren 1920 und 1921 war Salzburg als Neuland erobert, die einheimische Bevölkerung aufgeklärt und das Wesentlichste des revolutionären Programms erfüllt. Die Künstlervereinigung löste sich nach einer kurzen und intensiven Wirkenszeit im Jahr 1922 auf.[34] Zusammenfassend lässt sich sagen, dass der Erste Weltkrieg zwar eine Abkehr von glorifizierenden Kriegsdarstellungen brachte, aber die althergebrachte Salzburger Kunstszene nicht wesentlich zu verändern mochte. Erst der Zerfall Österreich-Ungarns und die damit verbundene Neupositionierung Salzburgs brachte Salzburg endgültig die Moderne.

34 Svoboda, Salzburger Kunstverein (wie Anm. 6), 125.

Nikolaus Schaffer

Vier junge Stürmer und ein Pazifist

Salzburgs gefallene Künstler und Anton Faistauers Wandlung

Die Künstler gehören einer traditionellen Einschätzung gemäß nicht unbedingt einer kampfeslustigen Spezies von Menschen an. Das Martialische und das „Schöngeistige" widersprechen einander ebenso, wie Bohème und Soldateska wenig gemeinsam haben. In dieser Ansicht wirkt wohl die alte Unterscheidung von *vita activa* und *vita contemplativa* fort, von der noch Hans Hildebrand in seinem Buch „Krieg und Kunst" von 1916 ausgeht. Die Kunst müsse zwangsläufig beiseitetreten in einer Zeit, die so völlig vom Tatendrang beherrscht werde. „Jeder Tag ist so angefüllt mit Wirklichem, mit gegenständlich Eindrucksvollstem, daß gerade für das eigentliche Wesen des künstlerischen Schaffens, für die Formgestaltung eines Inhalts, das geringste Interesse übrig bleibt."[1]

Allerdings gab sich die Avantgarde in Deutschland oder Italien gerade in dieser Zeit betont aktivistisch und angriffslustig, ließ sich auf ein Experiment mit dem Krieg ein, von dem sie erhoffte, dass er eine Veränderung der politischen und gesellschaftlichen Verhältnisse zum Vorteil der Kunst beschleunigen würde.[2] In Österreich war Oskar Kokoschka ein Künstler dieses dynamischen Typs. In seinen Lebenserinnerungen gibt er eher fatalistische Beweggründe für sein militärisches Abenteuer an: „Da ich wehrpflichtig war, war es angezeigt, daß ich mich als Kriegsfreiwilliger meldete, bevor ich gezwungen war, mitzutun […]. Sicher hatte ich im Krieg weder etwas zu verlieren noch zu verteidigen. Die in gewissen Zeiten so beliebte unheilschwangere Stimmung auf den Straßen teilte ich nicht mit den anderen […]. Mir war es also ähnlich ergangen wie vielen wehrpflichtigen Männern, die entweder das richtige Mädchen nicht gefunden hatten oder des Alltags überdrüssig geworden waren, die in einer umstürzenden Veränderung der Umwelt, wie es ein Krieg bedeutet, versuchten, ein neues Verhältnis zum Leben zu gewinnen […]". „Meine Ausrüstung mußte standesgemäß sein, also wurde ich vom Schneider Goldmann und Salatsch ausgerüstet, für den Loos den Schneidersalon vis-à-vis der Hofburg gebaut und für den ich ein Kinderporträt gemalt hatte. Ich war eine wunderbare Zielscheibe in meiner hellblauen Jacke mit weißen Aufschlägen, roten Breeches und goldenem Helm, während die Russen bereits von den Japanern gelernt hatten, in Khakimontur sich zu camouflieren und mit Spaten sich einzugraben. Wir meinten, mit Trompeten und wehenden Fahnen heldenhaft den Feind zu überrennen, der sich im Schützengraben versteckt hielt."[3] Kokoschka wurde denn auch mehrfach schwer verletzt und verbrachte den überwiegenden Teil seines Kriegsdienstes als Rekonvaleszent. Die Vaterlandspflicht nahm keine Rücksicht auf die jeweilige innere Einstellung und Mentalität und machte mit den Künstlern keine Ausnahme. Allein innerhalb der Salzburger Künstlerschaft sind vom begeisterten Waffengang bis zur passiven Resistenz – bei Anton Faistauer – unterschiedlichste Reaktionsweisen feststellbar. Eine gewisse Umgehung ermöglichte das k. u. k. Kriegspres-

---

1 Hildebrand Hans, Krieg und Kunst. München 1916, 13.
2 Wyss Beat, Der Wille zur Kunst. Zur ästhetischen Mentalität der Moderne. Köln ²1997, 180–192.
3 Kokoschka Oskar, Mein Leben. München 1971, 144f. Der stets auf Publicity erpichte Künstler ließ auch eine Bildpostkarte von sich in voller Montur drucken. Der im Zivilleben als „Oberwildling" titulierte Künstler verstand sich während seiner Militärzeit in ein günstiges Licht zu setzen und brachte es bis zum Rang eines Oberleutnants. Im „Belohnungsantrag" für die Auszeichnung mit der Silbernen Tapferkeitsmedaille I. Klasse vom 15.10.1915 wird Kokoschka von seinem militärischen Vorgesetzten folgendes Zeugnis ausgestellt: *[…] hat sich bei der Attacke der Eskadron Oblt. v. Schüssler nächst Sikiryczy am 29. Juli d. J. durch besonders schneidiges und beispielgebendes Benehmen vor heftigstem Gewehrfeuer ausgezeichnet, wurde beim Einhauen in die feindlichen Schützen durch Kopfschuß und Bajonettstich in die Lunge schwer verletzt, geriet hiedurch in russ. Gefangenschaft und gelang es ihm in dieser Lage am russ. Hilfsplatze durch Überlistung, 2 russ. Sanitätsoffiziere und die San. Mannschaft dem stürmenden Inf. Regimente Nr. 59 in die Hände zu treiben.* (Abschrift im Kriegsarchiv Wien).

Abb. 1: Karl Reisenbichler, Auszug eines Regimentes, aus dem Zyklus „Kriegs-Totentanz". Radierung, 1918, 17,2 x 15,7 cm (Blattgröße) (Salzburg Museum, Inv.-Nr. 9942 d-49)

Nächste Seite:
Abb. 2: Josef Schulz, aus dem „Kriegstagebuch". Tuschfeder, um 1925, 31 x 23,5 cm (Salzburg Museum Inv.-Nr. 1458-2013)

sequartier, das es den Malern erlaubte, in relativ loser Fühlungnahme mit der Front ihrem Metier nachzugehen. Diese Institution legte mitunter erstaunlich viel Verständnis an den Tag und ließ auch unverfängliche Landschaftsdarstellung als Kriegsmalerei gelten.

Es gab bewährte Spezialisten für das Kriegsgenre wie Ludwig Koch, Hugo von Bouvard oder Alexander Pock, die die Tradition eines Strassgschwandtner, Blaas, Bensa oder L'Allemand in der Spätzeit der Regierung Kaiser Franz Josephs weiterführten. Die Zeitschrift „Österreichs Illustrierte Zeitung" brachte in ihrer monatlichen Beilage „Kunst-Revue" regelmäßig Beispiele dieser offiziellen Kriegsmalerei, die mit ihrem penetranten, krassen Naturalismus künstlerisch kaum ins Gewicht fällt. *In Ludwig Kochs gigantischem Gemälde „Die große Zeit", das in der Kunstsammlung des Invalidenfonds (Kriegsfürsorgeamt III, Paracelsusgasse 9) ausgestellt ist, haben sich die Heerführer Oesterreich-Ungarns und Deutschlands zu einer monumentalen Siegesapotheose vereinigt*, wird beispielsweise im Oktoberheft 1915 berichtet.[4]

Gegenüber diesen Auswüchsen von Glanz und Gloria liest sich die Bilanz, die der Salzburger Einwanderer Felix A. Harta nach Kriegsende in einem Vortrag zog, mehr als ernüchternd: „Es besteht kein Zweifel daran, daß das Thema Krieg in früheren Zeiten ein beliebtes Objekt der Darstellung für die Künstler war […]. Doch haben sie nichts mehr mit diesem Krieg zu tun. Der Weltkrieg schaltet al-

4   Österreichs Illustrierte Zeitung, Kunst-Revue 1. (Oktober 1915), 19.

Vier junge Stürmer und ein Pazifist

les Menschliche aus, er wird zur Angelegenheit der Technik und Maschine und der Mensch ist ihm in einer derartig lächerlichen Wehrlosigkeit ausgeliefert, die jedem Gefühl des Rechtes Hohn spricht. Der Krieg verliert damit für die Kunst jeden auch noch so symbolhaft übertragenen Sinn."[5]

Einer der führenden Künstler des Kriegspressequartiers war Ludwig Hesshaimer (1872–1956), ein Berufsoffizier, der sich zusätzlich eine gründliche akademische Ausbildung erworben hatte. Bekannt wurde sein Zyklus „Heil und Sieg" (1915) mit 35 Zeichnungen, entstanden auf dem Vormarsch in Russisch-Polen, teilweise mitten im Gefecht. Für den Generalstab der k.u.k. Armee und für die Leipziger Illustrierte Zeitung arbeitete Hesshaimer als Kriegszeichner. Ein vom Kriegsfürsorgeamt herausgegebenes lithografiertes Blatt von ihm zeigt die Festung Hohensalzburg im Hintergrund und trägt folgenden erklärenden Text: „So brachte ein braver Offiziersdiener das Pferd seines gefallenen Hauptmannes u. Siegestrophäen aus Russland heim. Gesehen in Salzburg 29. 12. 1914". Der stets auf Motivsuche befindliche Akademiker alten Schlages ließ sich für patriotische Zwecke im Allgemeinen wohl leichter einspannen als der in formale und kunsttheoretische Probleme verstrickte Vertreter der jungen Generation. Prinzipiell sind Künstler für außergewöhnliche stoffliche Anregungen und neue Erlebnisinhalte, wie sie eben auch der Krieg mit sich bringt, sehr

Abb. 3: Ludwig Hesshaimer, Episode aus dem Ersten Weltkrieg. Lithografie, 1915, 35.2 x 46.5 cm (Salzburg Museum Inv.-Nr. 1091-2006)

5 Zit. n. Baumgartner Edith, Felix Albrecht Harta. Phil. Diss. Univ. Salzburg 1991, 36.

Abb. 4: Karl Reisenbichler, Schützengräben im 1. Weltkrieg. Radierung, unbezeichnet (um 1915), 14,8 x 20,6 (Blattgröße), (Salzburg Museum Inv.-Nr. 1011-2010)

empfänglich. Andererseits bestand in Österreichs Kunst seit jeher die Grundtendenz, zum Tagesgeschehen eine möglichst große Distanz halten. „Immer wieder wundert man sich, wie wenig doch die aufwühlenden Zeitereignisse auf die Kunst einwirken, obwohl doch die Künstler ihre Stöße so heftig spüren wie irgend einer. Aber sie haben innerlich nichts zu tun damit, fühlen sich nur gestört davon und tragen ihre Kunst wie ein ängstlich behütetes Licht durch den Sturm", so beschreibt Franz Ottmann anlässlich einer Ausstellungsbesprechung im Herbst 1919 diesen Umstand.[6] Engagierte Stellungnahmen zum unmittelbaren Zeitgeschehen, wie sie etwa in München und Berlin vor allem im Bereich der expressiven grafischen Kunst massiv aufgetreten sind,[7] haben in Österreich Seltenheitswert.

Die Erschütterung und Destabilisierung aller Lebensgrundlagen kann einem gedeihlichen künstlerischen Vorankommen kaum förderlich sein, ob der Künstler den kriegerischen Impuls nun als stimulierend empfindet oder sich zu einem produktiven Widerstand veranlasst sieht. Im Normalfall wird der Kriegszustand für die Laufbahn eine unliebsame Unterbrechung darstellen und der Künstler sich in seiner Arbeit blockiert fühlen. Bezeichnend ist, dass die Kriegszeit in den Künstlerbiografien meist übergangen wird, lediglich als eine für das Schaffen nicht relevante Lebensspanne aufscheint. Andererseits wurden für einen Maler wie Albin Egger-Lienz die Kriegsereignisse zum einschneidenden Erlebnis und Schaffenshöhepunkt. Manche Künstler, die keine Skrupel hatten, sich der Propagandawelle in die Arme zu werfen, hatten in den fraglichen Zeiten sogar besonders viel zu tun. Der Verlockung, sich Hals über Kopf in ein heroisches Intermezzo zu stürzen, das vermeintlich nur von kurzer Dauer sein würde, erlag vor allem die akademische Jugend. Der Blutzoll war in den ersten Monaten des Krieges wohl wegen des ungebremsten Einsatzes der unerfahrenen Jungsoldaten besonders hoch. Die Salzburger Künstlerschaft hatte in rascher Folge den Verlust von vier jungen Malern zu beklagen, von denen zwei die Spitze des Nachwuchses darstellten: Alexander Mörk von Mörkenstein und Walther Kölbl. Auch von ihnen wird berichtet, dass sie mit tollkühnem Kampfesmut als Truppenführer ihre Stellungen bis zum letzten verteidigten.

6 Ottmann Franz, Wiener Herbstausstellungen 1919. In: Die bildenden Künste 2. Wien 1919, XXXIIIf.
7 Vgl. Küster Bernd, Der Erste Weltkrieg und die Kunst (Kataloge des Landesmuseums für Kunst und Kulturgeschichte Oldenburg, 25). Gifkendorf 2008; Friedel Helmut (Hg.), Süddeutsche Freiheit. Kunst der Revolution in München 1919. München 1993.

Mörk von Mörkenstein, Jahrgang 1887, zeitweise Schulkollege von Georg Trakl, war ein nach vielen Richtungen ausschlagendes musisches Talent, von denen die Malerei die Oberhand behielt. Er komponierte und dichtete auch, spielte Theater und war – das sogar zu allererst – ein Sportsmann mit Hang zum Extremen. Die Werfener Eisriesenwelt und der Untersberg hatten es ihm angetan. Als Höhlengänger und Eiskletterer war er trotz seiner Jugend bereits eine gefeierte Größe. Die mit dieser Leidenschaft verbundene phantastische Beschwörung eines geheimnisvollen Reichs im Bergesinneren schlug sich in seinen Eishöhlenbildern nieder. Sie lassen an die Schöpfungen des deutschen Mythenmalers Hermann Hendrich (1854–1931) denken. Mörk zog es hin zu Mythos, Sage und Allegorie. Inhaltlich ist er Symbolist, formal Sezessionist, farblich steht er manchmal an der Grenze zum Expressionismus. Zu Mörks Vermächtnis wurde die von ihm organisierte, sechs Räume umfassende Höhlenschau im Schloss Mirabell, deren Programm er – ganz im Sinne der modernen dekorativen Raumkunst – mit vielen seiner eigenen Schöpfungen bereicherte. Als Spross einer alten Offiziersfamilie, die seit Generationen mit der österreichischen Armee verbunden war, und als Sportskanone war Mörk prädestiniert zum gefahrvollen Waffengang. Er hatte bereits mehrere Waffenübungen hinter sich und tatendurstig bereits bei der Okkupation Bosniens gehofft, zum Einsatz zu kommen. „Ich kommandier schon die ganze Nacht, immer, bin im Traum auf Patrouille etc.", schrieb er damals.[8] Mörk war Mitglied einer alldeutschen Verbindung, hatte aber nichtsdestotrotz eine russische Braut. Hermann Bahr, der damals in Salzburg lebte, hielt ihn für einen Herold der Zukunft. Mörk rückte sofort nach der Mobilmachung am 1. August beim Salzburger Traditionsregiment „Erzherzog Rainer" ein und wurde als Zugsführer nach Galizien abkommandiert. Zusammen mit einem Foto in Uniform haben sich einige Feldpostkarten an die Eltern erhalten, die den Ernst der Lage mit leichtfertiger Miene überspielen: „Mir gehts famos, die Russen laufen überall davon."[9] Innerhalb von knapp zwei Monaten waren bereits 70 % der Offiziere des Aktivstandes und 50 % der ausmarschierten Mannschaft gefallen,[10] darunter auch hoffnungsvolle Künstler wie der Grazer Franz Hofer und die beiden Wiener Moriz Jung und Urban Janke.

Mörk wurde am 20. Oktober bei einem Gefecht in einem Wald bei Nisko an der San unweit seiner Geburtsstadt Przemysl tödlich verletzt. Die Umstände sind durch den Bericht seines Kriegskameraden Karl Straubinger bis ins letzte Detail bekannt. *Bei Nisko am linken Sanufer lagen wir verschlazt, durchnässt und ausgehungert schon drei Tage ohne Nahrung im Graben und hielten die Stellung, obwohl von unserem kriegsstarken Zug nur mehr zwölf Mann übrig geblieben waren [...] Mörk bewahrte bis zum letzten Angriff seine gute Laune. Bauchschüsse, so sagte er damals, als der Magen heftig knurrte, seien weniger gefährlich, wenn man nicht viel im Magen habe. Wir hatten uns abends zu einem Föhrenwald am San vorgearbeitet. Der Wald war dicht mit Russen besetzt und sollte gestürmt werden. Mutig und außergewöhnlich draufgängerisch stürmte er vor und wir stürmten ihm nach. Einmal noch blickte er sich im Halbdunkel nach mir um, ob ich wohl knapp hinter ihm sei, dann verschwand er. Ein rasendes Feuer von allen Seiten empfing uns und der Wald glich einer Hölle. Hurrageschrei, Maschinengewehrattacken, Gewehrgeknatter, das Schreien der Verwundeten und Krachen der explodierenden Granaten erfüllte den Wald...*[11] Karl Schoßleitner, Mörks ebenfalls eingerückter und verwundeter Schulfreund, verwendete ein Jahr später die

8 Zit. n. Ultschnig Heidemarie, Alexander Mörk von Mörkenstein, Maler – Literat – Höhlenforscher. Phil. Diss. Univ. Salzburg 2009, 16.
9 Ultschnig, Alexander Mörk (wie Anm. 7), 57.
10 Ultschnig, Alexander Mörk (wie Anm. 7), 59.
11 Salzburger Volksblatt, 6.10.1936, 6; vgl. Ultschnig, Alexander Mörk (wie Anm. 7), 61.

Abb. 5: Alexander Mörk von Mörkenstein, Allegorie der Verzweiflung. Farbkreiden und Tusche auf Tonpapier, um 1912, 40,2 x 26,6 cm (Salzburg Museum Inv.-Nr. 1086-82)

12 Ultschnig, Alexander Mörk (wie Anm. 7), 64. Der literarisch umtriebige Schoßleitner bemühte sich in zahlreichen Artikeln und Büchern einen Heldenkult um Mörk aufzubauen. Eine der schönsten Eishöhlen, der Mörkdom, wurde nach ihm benannt. Der größte Teil des umfangreichen künstlerischen Nachlasses wurde 1982 vom Verein für Höhlenkunde dem Salzburger Museum Carolino Augusteum übergeben, das 1987 eine Ausstellung ausrichtete.

Zeit seines Rekonvaleszenzurlaubes, um sich auf die Suche nach dem Grab des Gefallenen zu machen. Er konnte die sterblichen Überreste identifizieren, diese wurden in Zittau verbrannt und unter schwierigsten Umständen in die Heimat gebracht. Die Urne wurde 1925 in der Eisriesenwelt beigesetzt, wie es sich Mörk in seinem zu Beginn des Krieges deponierten Testament gewünscht hatte, da es ihm verwehrt sei, diese zu Ende zu erforschen.[12]

Walther Kölbl, vier Jahre jünger als Mörk, war als Begabung weniger spektakulär, aber vielleicht „moderner" als dieser, jedenfalls nüchterner, ohne romantisierende und symbolistische Obertöne, auch er stark von der stilisierenden Kunst der Jahrhundertwende geprägt. Der Sohn eines Salzburger Kaufmannes studierte bei Ludwig von Herterich in München, zeigt sich zu Landschaft und

Nikolaus Schaffer

Abb. 7: Walther Kölbl, Landschaft. Öl auf Leinwand, 1911, 35 x 40 cm (Salzburg Museum Inv.-Nr. 8960-49)

Vorige Seite:
Abb. 6: Walther Kölbl, Selbstportrait. Bleistift und Kohle auf Tonpapier, 1913, 21,8 x 23,9 (Salzburg Museum Inv.-Nr. 436-49)

13 Salzburger Volksblatt, 25.4.1916, 3f.
14 Rohrmoser Albin (Hg.), Meisterwerke aus dem Salzburger Museum Carolino Augusteum. Salzburg 1984, Tafel 64.
15 Nachruf im Salzburger Volksblatt, 19.11.1915, 5.
16 Ziegeleder Ernst, 100 Jahre Salzburger Kommunalfriedhof. Salzburg 1980, 33.

Portrait gleichermaßen befähigt. Eine stark formalisierende Auffassung erfährt um 1911 einen kräftigen Anflug von dynamischer Wildheit. *Er schlägt jene fremdartige Note an, die vor dem Krieg modern gewesen ist, die von dem Publikum bestaunt wurde zu einer Zeit, in welcher kritiklose Menschen die Franzosen noch für ein Kulturvolk hielten*, so liest sich das aus der tendenziösen Feder eines kriegsbewegten zeitgenössischen Rezensenten.[13] In jüngerer Zeit wurde Kölbl ganz vom Pinselgestus bestimmtes Bild „Salzburg 1911" als lokaler Vorbote der Moderne wieder ins Licht gerückt.[14] Der Künstler erlag am 20. Dezember 1914 den schweren Wunden, die er in der Schlacht bei Limanowa *im Nahkampfe*, wie es heißt, davongetragen hat.[15] Er war übrigens der erste Kriegstote jüdischen Glaubens, der auf dem Heldenfriedhof des Salzburger Kommunalfriedhofes begraben wurde.[16]

Bereits am 9. September war ein anderes junges Mitglied der Salzburger Künstlerschaft, der aus Linz stammende Theodor Edlbacher, auf dem nördlichen Kriegsschauplatz gefallen, und zwar als Leutnant der Reserve des k. k. 18. Feldjä-

San Virgilio — *Th. Edlbacher*

ger Bataillons.[17] Er wurde 1884 als Sohn eines Advokaten geboren und musste auf väterlichen Wunsch zuerst als Jurist in den Staatsdienst treten. Mit 24 Jahren „flüchtete" er aus dem Kanzleidienst an die Akademie, war dort Mitschüler Mörks. Zuletzt war er angehender Gymnasiallehrer in Wien. Heute noch trifft man gelegentlich auf Edlbachers feine Landschaftsgrafiken, stimmungsbetonte Ansichten aus Norditalien, die typisch für die seinerzeit sehr geschätzte Wiener Radierschule sind. Sein letztes, unvollendet gebliebenes Bild war angeblich eine große Pietà.

Wenig lässt sich über das Schaffen von Karl Hofer herauszufinden, der am 11. Juli 1915 bei Krasnik als Oberleutnant im Tiroler Kaiserregiment fiel.[18] 1882 in Bozen geboren, heiratete er eine Salzburgerin und wurde Professor am hiesigen Staatsgymnasium. Er war Schüler von Egger Lienz, entsprechend Tiroler Tradition waren Berge und Bauern sein bevorzugtes Thema.

Zu Ostern 1916 gab es eine gemeinsame Gedächtnisausstellung für alle vier gefallenen Künstler. Damals wurde auch beschlossen, im Stiegenhaus des Künstlerhauses eine Gedenktafel anzubringen, *welche die Namen der vor dem Feinde in treuester Pflichterfüllung gebliebenen Meister den späteren Geschlechtern künden soll*[19], was aber später offensichtlich wieder in Vergessenheit geriet. Man war sich im Kunstverein bewusst, dass dieser Substanzverlust nicht leicht

Abb. 8: Theodor Edlbacher, San Virgilio. Radierung, um 1910, 30,5 x 41,4 cm (Salzburg Museum Inv.-Nr. 1075-88)

17 Salzburger Volksblatt, 22.4.1916, 7f.
18 Salzburger Volksblatt, 25.4.1916, 3f.
19 Salzburger Volksblatt, 25.4.1916, 3f.

Abb. 9: Karl Hofer, Dreifaltigkeitskirche und Sauterbogen. Künstlerpostkarte, 1912 (Salzburg Museum Fotosammlung 23071)

wiedergutzumachen war, zumal die beiden „Granden", Franz von Pausinger und Theodor Ethofer, gerade das Zeitliche gesegnet hatten. Es entstand eine Lücke, die einer geordneten Wachablöse der Generationen hinderlich war. Kölbl und Mörk waren große Versprechungen, schließlich standen sie mitten im Studium und hatten ihre Ausstellungsdebüts noch gar nicht absolviert. Man kann sie zwar nicht einer stürmisch aufbegehrenden Jugend zurechnen, sie waren aber auch keine „braven" Akademiezöglinge.

Als „Revoluzzer" hatte während seines Studiums in Wien ein anderer Salzburger viel nachdrücklicher auf sich aufmerksam gemacht: Anton Faistauer aus dem Pinzgau, der Anfang 1914 mit dem Gewinn des Reininghaus-Preises einen wichtigen Karriereschritt setzte. Der Ausbruch des Kriegs verhinderte allerdings vorerst, dass dieser Erfolg weitere Kreise ziehen konnte. In Salzburg war Faistauers Name zu diesem Zeitpunkt unbekannt. Man könnte sagen, dass erst der Weltkrieg aus Faistauer einen Salzburger Maler machte, denn hier war er militärisch zuständig, was sich biografisch nachhaltig auswirken sollte. Anton Faistauer (1887–1930) ist in Hinblick auf sein Verhalten im Weltkrieg ein besonders interessanter Fall. Kaum ein anderer österreichischer Künstler hat einen so zähen persönlichen „Abwehrkampf" gegen den Dienst mit der Waffe geführt wie er, obwohl er sicher zu jenen Künstlern zählte, die sich von einer Veränderung der politischen und gesellschaftlichen Verhältnisse viel erhofft hatten. Faistauers „antimilitärische Sendung" ist sogar schon zum Thema einer Publikation gemacht worden.[20] Der chronologische Ablauf mit seinem ständigen Hin und Her von Gesuchen und Briefen ist dort lückenlos nachvollziehbar. Es ist aber interessant genug, das Thema neuerlich aufzurollen, vor allem in Hinblick auf des Künstlers eigenwillige Gedankenwelt. Faistauer sah im Weltkrieg ein über die

20 Krumpöck Ilse, Anton Faistauers „militärische Nichtsnutzigkeit" (Schriftenreihe zu Anton Faistauer und seiner Zeit, 2), Maishofen 2007.

Menschheit verhängtes Unheil, verursacht durch das Überhandnehmen ihrer Korrumpiertheit. Aktuelle politische oder patriotische Aussagen kommen in seinen Brief kaum vor, er sieht alles von einer übergeordneten Warte aus, von einem moralischen Gesichtspunkt *sub specie aeternitate*. *Zu dem Krieg ist ja nichts zu sagen*, schreibt er an seinen ebenfalls von der Mobilmachung betroffenen Protektor Arthur Roeßler,[21] *er mag jene taube und blinde Schande sein, in die sich die Menschen mischen aus Verzweiflung an ihrer Gottähnlichkeit. Wollen wir doch diese Religionen über den Haufen werfen, die uns um unser leibeigenes Eigentum betrügen, um unser menschliches leibesfreundliches Leben. […] Es ist ja wahr, daß wir von dem dummen Idealismus behext sind, von der Krüppelhaftigkeit unserer eitlen Vorstellungen. Nur dies(er) elende gottähnliche Geist mochte diese trivialen Menschenschlachten erzeugen. Wollen wir auf die ewige Stunde warten, die uns die Ruhe der Arbeit wieder gibt. Und eine Liebe bauen, in der wir friedfertig leben.* Die Beschwörung des Friedens zieht sich durch sämtliche Briefe Faistauers aus dieser Zeit, sein Pazifismus war keine drückebergerische Attitüde, sondern tief in seinem Charakter verwurzelt. Man kann daraus auch ersehen, wie stark Faistauer von der Lebensreform- und Alternativbewegung der Vorkriegszeit geprägt war. Schließlich hatte er als junger Künstler in klassischer „Hippie"-Manier einige Sommer auf dem „Berg der Wahrheit" bei Ascona verbracht, wo „Aussteiger" aus ganz Europa zusammenkamen, hatte dort unbürgerliche, freisinnige Lebensformen kennengelernt und praktiziert. Diese Eindrücke lagen noch nicht lange zurück, es waren typische Sturm- und Drang-Erfahrungen, die deutliche Spuren in seiner Geisteshaltung hinterließen. Zu diesen gehören beispielsweise die latente Technikfeindlichkeit, der Anti-Intellektualismus und die Achtung der Natur als höchste Instanz. Auch dass er gerne in ein brüderliches Pathos, in einen Predigerton fiel, ist symptomatisch für diese einem urchristlichen Ideal huldigende Entwicklungsphase, die mit der Lektüre Tolstois und Rilkes einherging. Es ist vermutlich nicht ganz abwegig, hier auch noch Nachwirkungen des „Propheten", Friedensapostels und erfolgreichen Malers Karl Wilhelm Diefenbach, der 1897 – 1899 die Landkommune „Himmelhof" bei Wien aufgezogen hatte, auszumachen.[22]

Obwohl Faistauer bald alles Bohèmienmäßige abstreifte und zu weltmännischer Geschliffenheit neigte, blieben diese Jugendideale, die nur zum Teil auf dem Boden des angestammten Kirchenglaubens seiner ländlichen Herkunft standen, maßgeblich für sein Denken. Kirchliches und Künstlerisches durchdrangen sich bei ihm auf eine Weise, die Albert Paris Gütersloh in dem Schlüsselroman „Die tanzende Törin" (1910) zwar etwas überspitzt, aber psychologisch zutreffend und literarisch glänzend charakterisiert hat. Das Künstlertum hat für Faistauer etwas Priesterliches, seine Tätigkeit betrachtet er als heiliges Amt, malen heißt für ihn der Heiligkeit der Schöpfung nahezukommen. Es hat nichts mit eigenmächtigen Erfindungen zu tun, sondern ist verzücktes, hingegebenes Abbilden. In Faistauers Denken verbindet sich das Ringen um eine authentische, dem akademischen Usus entgegengesetzte Malerei mit der Vorstellung der Rückkehr zu den „Alten" und Vorvätern. Erst die unmittelbar vorangehenden Generationen hätten den Niedergang verursacht. Wie es Gütersloh 1912 in einem Ausstellungsbericht formuliert hat, wollte Faistauer nichts grundsätzlich Neues schaffen, sondern nur alle jene Bilder nachholen, die die alten Maler noch nicht gemalt hatten.[23] Während die „Moderne" sonst immer den radikalen

21 datiert 7.7.1915. Maishofen. Museum der Stadt Wien, Nachlass Roeßler, IN 148.418.
22 Schriftliche Bestätigung von Hermann Müller, Monte Verità Archiv. Vgl. www.gusto-graeser.info/Monteverita/Personen/DreiMaler.html. Nachweisbar ist, dass Faistauer und seine Malerfreunde Gustav Schütt und Robin Christian Andersen Diefenbachs Schüler Gusto Gräser, einen der Pioniere des „Monte Verità", persönlich gekannt haben. Am 19. Jänner 1910 schrieb Faistauer an einen Freund, den Schriftsteller Andreas Thom (Csmarich): „Samstag kommt Nachmittag Gusto Gras (Anmerkung: Gräser nannte sich zweitweise Gras) aus Italien, der mich an Freilichttheater denken macht. Du kommst ja bestimmt….". Wienbibliothek, Nachlass Roeßler, IN 155.022.
23 Zit. in: Ausstellungskatalog Anton Faistauer, hg. vom Salzburger Museum Carolino Augusteum. Salzburg 2005, 88.

Bruch im Sinn hat, war Faistauer schon in dieser Hinsicht weniger martialisch, ihm schwebte die „sanfte" Wiedergewinnung einer schon einmal von der Kunst innegehabten Stufe vor, etwa in der Art, wie wir sie von früheren Renaissance-Bewegungen kennen. Das entscheidende Kriterium für Faistauer war der Raum, den er der Flächenkunst entgegensetzte, der Herrschaft des Ornaments und des Kunstgewerblichen, mit der er in Wien real konfrontiert war – sein zweiter Widersacher neben dem Impressionismus. Der Raum wird von Faistauer mit dem Unendlichen, Kosmischen und Göttlichen identifiziert, während die Fläche – und damit auch die Linie – für das Endliche steht und ihm geradezu als sündhaft gilt. Selbst Künstler wie Klimt und sogar Faistauers direkter Mitstreiter Egon Schiele wurden diesem Feindbild zugeordnet, da sie zu sehr in der Fläche verhaftet blieben. Kokoschka gehörte für ihn zu den ganz wenigen, die das Raumproblem und das Vorbild der Alten erkannt hatten. Ähnlich reflektierte Faistauer auch im sozialen Bereich auf eine Art „Urzustand", eine heile und heilige Welt der Frühe. Viele Jahre verfolgte er ziemlich aussichtslos den Plan, ein Häuschen zu bauen als sinnbildhafte Keimzelle für eine bessere Welt: *Wenn wir erst einen Frieden haben werden, in einem kleinen Haus wollen wir uns immer die Vergangenheit vorhalten, damit wir treu bleiben unserem Glauben u. hoffen auf eine mögliche Seligkeit unter 3 Menschen […] mit dem Krieg wird's ja bald zu Ende gehen, wenn jetzt in den kommenden Wochen auch fürchterlich sein wird u. dann wird neues Leben in uns kommen u. unsere Liebe wird ausheilen von den Wunden, die er geschlagen hat. Unser geliebtes Kind wird hinüber kommen in eine frohere Zeit u. der Knabe wird unsere Freude sein u. ich werde dich als meine geliebte Frau malen immer wieder u. es wird ein Werk von dir da sein, das kein Werk ist u. das Werk unserer Liebe u. vielen Menschen wird es eine große Lust u. hohe Freude sein es zu betrachten*[24] Solche familiären Träume standen im krassen Widerspruch zu den biografischen Fakten. Aus den bittern Lebensumständen heraus mögen derlei harmonische Gegenbilder verständlich sein, sie sind bei Faistauer auch eine Reaktion auf starre Kirchenmoral und sozialistische Beglückungslehren. Derselbe Faistauer zeichnete sich sonst durch einen eher skeptisch analysierenden Blick aus. Dies gehört zu den Widersprüchen seiner Persönlichkeit: Trotz seiner seelischen Dünnhäutigkeit konnte er zur gegebenen Zeit durchaus pragmatisch und schlagkräftig agieren; trotz seiner friedfertigen Einstellung war er in der Kunstszene als besonders streitbar und kritisch bekannt.

An Hugo von Hofmannsthal schreibt Faistauer am 17. Mai 1915: *Ich habe meine Familie schon seit zwei Wochen auf dem Lande und bin wegen der Musterung hereingekommen, will es aber lieber draußen abwarten, bis ich dran komme. Sollte Gott bald das Wunder, den Frieden, wirken, so hoffe ich Ihrer Freundschaft bald zu begegnen. Unterdeß ergraue (ich) in der entsetzlichen Sage dieses unglückseligen Krieges.* Während seiner Schonfrist dürfte Faistauer viel über den Krieg nachgegrübelt haben: *Ich komme jetzt oft dazu das Kriegswerk fast historisch zu betrachten, weil es mir unerträglich und zu wild schmerzhaft ist, gegenwärtig zu sein und da kommt es wie ein Bild oder wie ein Buch zu mir mit der verschleierten Hoffnung späterer Jahrhunderte, da der Krieg ein unglaubliches Märchen geworden ist […] und seiner Sprache in ihrer lebenden Liebe nicht mehr mächtig sind. […] Die Machthaber und Herrscher mögen gestürzt werden wie der Mönch von Lauterbach über den 100jährigen Inhalt dieses Jahres und sie werden in Staub sinken, wenn sie des Zaubers gewahr werden. Wirklich ist dies ein Zauberjahr so*

24 Undatierter Brief an Ida Faistauer, Privatbesitz Lofer.

Stillleben-Gemälden. Von der Idee, seiner anti-kriegerischen Einstellung etwa mit einem adäquaten Bildthema Ausdruck zu verleihen, war Faistauer weit entfernt, dergleichen ist ihm auch weiterhin nicht in den Sinn gekommen, denn die Kunst musste sich für ihn weit über das Tagesgeschehen erheben.

Beim Stellungsbefehl im August 1916 ereilte ihn, wie vorauszusehen, das Geschick. Seine Hauptsorge war es natürlich, dem Frontdienst entzogen zu werden. Gustav Klimt und Hermann Bahr wurden um Intervention gebeten, mit der Einberufung wurde unverzüglich eine Überstellung in das Kriegspressequartier betrieben.[30] Der Militärdienst zeigte sich anfangs von einer unerwartet harmlosen Seite. Faistauer fand als Wachsoldat bei der 9. Ersatzkompanie des Infanterieregiments 59 Verwendung, er musste nicht in den verlausten Barackenunterkünften in Lehen übernachten und konnte sich auswärts verköstigen – was angenehm war, aber seinen Geldhaushalt belastete. Einzige Einnahme waren Zeichnungen von Offizieren, die er gelegentlich verkaufen konnte. *Der Dienst ist ja gar nicht arg, außer dass es für den Winter kalt sein wird, aber er lässt gerade so viel Zeit, dass ich über die Trostlosigkeit der Tage nachdenken kann u. die Arbeit meines Berufes sehr vermisse.*[31] *Wohne im Hotel u. muss nur um 5 h aufstehen u. fleißig prügelüben auf der Schinderwiese. Wenns nicht schlimmer kommt ists erträglich, bis sich die Sucht nach Arbeit einstellt, die ich fast über der Anstrengung des Tages vergesse.*[32] Nachsatz: *Salzburg ist sehr schön u. wäre wirklich ein prachtvolles Friedensquartier für später, wenn sich's überhaupt in Mitteleuropa wird aushalten lassen.*

Sein nächster Brief an den Maler Fischer gab ihm Gelegenheit, psychologische Betrachtungen anzustellen: *Es ist wirklich schade um die Menschheit […] Merkwürdigerweise erstirbt die persönliche Empfindsamkeit sehr schnell. Ich lese kaum noch die Generalstabsberichte und bin durch die Isolierung von meiner Familie leicht einem fremden und erbarmungslosen Willen verfügbar. Die sogenannten Helden werden also leicht geschult auf ihr persönliches u. civil allgemeines Interesse zu verzichten, da sie es schnell vergessen. Ich staune über die Biegsamkeit u. den Einsamkeitsausdruck der Marschtruppen, die gänzlich isoliert fast eine Sucht haben sich selbst noch zu verlieren. Dass dies das Ergebnis einiger Wochen sein kann, verblüfft mich u. meine Frau trauert sehr, dass ich eine ganze Woche nicht schreibe. Ich werde langsam der Familie geraubt u. was tut ein Raubobjekt besser als sich wegwerfen. Das ist so u. jeder hüte sich vor dieser Okkupation.*[33]

Nach einer vierwöchigen Ausbildungszeit blieb er weiterhin im Wachdienst, lief jedoch Gefahr, wie die meisten Männer seiner Truppe an einen Kriegsschauplatz abgeschoben zu werden. *Bin in letzten Tagen einer Kommandierung nach Mostar entgangen, da mein Malergesuch unterwegs ist.*[34] Bis April 1917 blieb Faistauer in Salzburg stationiert, wobei er hauptsächlich am Bahnhof zur Passkontrolle eingesetzt wurde und somit weiterhin vom Dienst mit der Waffe verschont blieb. Der gesellschaftliche Kontakt beschränkte sich auf Besuche bei dem Maler, Radierer und Sammler Carl Anton Reichel, der mit seiner Frau Hilde, geb. Dolmatoff, als Nachbar Hermann Bahrs auf Schloss Arenberg lebte und in dessen kultivierter Atmosphäre sich Faistauer sehr wohl fühlte. Die verschiedenen Eingaben beim Pressequartier zeitigten noch nicht das gewünschte Resultat, auch von einem Aufnahmestopp war die Rede. Anstatt nach Wien wurde Faistauer am 22. April 1917 zur Kriegsgräberinspektion nach Innsbruck versetzt, womit er seinem Metier schon etwas näher rückte.

30 Brief an Gustav Klimt vom 1.7.1916 im Salzburg Museum, Faistauer-Archiv.
31 Brief vom 1.9.1916 an Johannes Fischer. Salzburg Museum, Faistauer-Archiv.
32 Brief vom 7.9.1916 an Johannes Fischer. Salzburg Museum, Faistauer-Archiv.
33 Brief vom 16.9.1916 an Johannes Fischer. Salzburg Museum, Faistauer-Archiv.
34 Brief vom 23.9.1916 an Felix A. Harta. Salzburg Museum, Faistauer-Archiv.

Abb. 11: Anton Faistauer, Frau des Malers Carl Anton Reichel. Farbkreide, 1917 (Salzburg Museum Inv.-Nr. 1170-92)

Eine große Erschwernis für die Bewältigung seiner Lebenslage bedeutete der sich ständig verschlechternde Gesundheitszustand seiner Frau Ida, besonders nach der Geburt eines Kindes im April 1917, das nur wenige Wochen am Leben blieb. *„Ich bin so empfindlich in der letzten Zeit u. so voll Angst um Euch in meiner hiesigen Gefangenschaft. Im Bewußtsein nicht zu Euch eilen zu dürfen, wenn ihr in Gefahr seid, das stimmt mich am meisten traurig … Ich kann mir denken dein Leiden u. Sorgen im trostlosen Bette u. traure nicht bei dir sein zu dürfen […]. Vielleicht werden wir vereint sein u. unseren Knaben selbander führen u. uns an Wind u. Sonn' erfreuen u. der blumigen Wiesen u. der Stille eines warmen Waldes, der viele Beeren hat u. Duft.*[35] Es spielten sicher humane Beweggründe mit, wenn Faistauer im Juli endlich zum Kriegspressequartier requiriert wurde und damit seinen Lebensmittelpunkt in der Nähe seiner Familie in Wien aufschlagen konnte. Ein besorgniserregender Brief an Oberst John dürfte wohl den letzten Ausschlag gegeben haben, dass er ab 9. Juli am Heeresmuseum Dienst tun konnte. Nun war es Ida Faistauer, die die Familie verlassen und die Zeit von September bis Anfang Dezember 1917 in einem Sanatorium in Aflenz verbringen musste.

35 Brief an Ida Faistauer vom 1. 6. 1917. Privatbesitz Lofer.

Schon in Innsbruck hatte sich Faistauers Tätigkeit auf das vom Kriegspressequartier rege betriebene Ausstellungswesen verlagert, er gestaltete eine Tiroler Kriegsgräberabteilung als Teil der riesigen Kriegsausstellung 1917, die von Juni an in dem 1915 eigens errichteten Gebäudekomplex im Wiener Pratergelände ihre Tore geöffnet hatte. Hauptattraktion war das von Innsbruck hierher geschaffte Berg-Isel-Panorama, es gab in einem kleineren Saal auch eine erstklassig bestückte Kunstpräsentation, aus Beiträgen der Wiener Hauptvereinigungen zusammengestellt von Faistauers Freunden Schiele und Gütersloh. Selbstverständlich war auch er selbst mit einigen militärisch nicht besonders relevanten Exponaten, zwei Ölbildern und acht Zeichnungen, vertreten. Das Kriegsthema wurde hauptsächlich von den Malern Alexander Demetrius Goltz und Hans Bertle abgehandelt.

Neben der Veranstaltung von Kriegsbilderausstellungen im Inland hatte das Kriegspressequartier nach dem Regierungsantritt von Kaiser Karl begonnen, seine Aktivitäten auf neutrale Staaten auszudehnen. Mit großem Aufwand wurde eine Propagandaausstellung in Stockholm in Angriff genommen, es wurde schließlich die größte Ausstellung von österreichischer Kunst im Ausland seit 1911. Die Gesamtleitung wurde dem führenden Ausstellungsgestalter Österreichs, Josef Hofmann, übertragen. Faistauer wurde in die sechsköpfige „Mannschaft" berufen, die die Ausstellung in der modernen und attraktiven „Lilievalchs Kunsthal" einrichtete. Er entwarf auch das Ausstellungsplakat.[36] Während der Vorbereitungen trat eine Planänderung zugunsten des rein künstlerischen Aspektes ein, die dazu führte, dass sich das Kriegspressequartier als Veranstalter zurückzog und die Ausstellung dem Ministerium des Äußeren überließ. Die beiden Hauptanziehungspunkte waren Klimt und Hanak. Eigene Räume erhielten außer diesen noch Egger-Lienz, Schiele, Kokoschka, Faistauer und Lendecke. Es wurden aber auch ältere Klassiker der österreichischen Malerei sowie modernes Wiener Kunstgewerbe gezeigt. Faistauer, der einen großen Zentralraum mit 18 Portraits und Stillleben für sich hatte, konnte also durchaus das Angenehme mit dem Nützlichen verbinden, zumal Kritik und Verkauf großartig ausfielen. Die Delegation weilte von Anfang August bis Mitte September 1917 in Stockholm. Ende Dezember wechselte eine reduzierte Version der Ausstellung nach Kopenhagen.[37]

Bereits in Innsbruck hatte sich Faistauer mit der Idee zu einem größeren, dem Kriegsereignis in besonderer Weise verpflichteten Werk getragen. Am 8. April 1918 äußerte er sich dazu brieflich gegenüber Hermann Bahr: „Ich für Salzburg möchte das Denkmal dieser Zeit, des Leidens und Sterbens unseres Menschen malen in 5 od. 7 Altartafeln […]. Ich brauchte den offiziellen Auftrag des Landes."[38] Bereits kurze Zeit später erhielt er von Ignaz Seipel, vormals Professor für Moraltheologie in Salzburg, jetzt im Ministerium Lammasch tätig, die Zusage, dass er beim Salzburger Erzbischof sowie beim Landesausschuss für diese Sache eintreten wolle. Der Altar sollte für eine zu erbauende Friedenskirche in Maxglan bestimmt werden.[39] Es wurde schließlich ein Kriegergedächtnisgemälde als Ehrengabe des Landes an das Hausregiment Erzherzog Rainer in Auftrag gegeben, Faistauer wurde am 1. August 1918 auf die Dauer von sechs Monaten beurlaubt. Die Widmung wurde zwar durch die politischen Ereignisse wieder hinfällig, und der „Votivaltar" wurde erst Ende der 20er Jahre vom Land Salzburg erworben. Ähnlich erging es Faistauers Freund Anton Kolig, der eine ähnliche Taktik ein-

36 Clegg Elizabeth, War and peace at the Stockholm, Austrian Art Exhibition of 1917. In: The Burlington Magazine, CLIV (October 2012), 676–688; das Plakat auch abgebildet in: Krumpöck, Faistauers „militärische Nichtsnutzigkeit" (wie Anm. 20), 46.
37 Erst 1927/28 trat die österreichische Republik mit einer vergleichbaren Kunst- und Kunstgewerbeausstellung wieder in Erscheinung, diesmal in Den Haag, Rotterdam und Amsterdam.
38 Verbleib des Briefes unbekannt; Kartei Prof. Fuhrmann. Salzburg Museum, Faistauer-Archiv.
39 Verbleib des Briefes unbekannt; Kartei Prof. Fuhrmann. Salzburg Museum, Faistauer-Archiv.

Abb. 12: Anton Faistauer, Bildnis eines Offiziers, Öl auf Leinwand, 1915, 73,3 x 61,4 cm, Chernivtsi Museum of Arts.

geschlagen hatte, um vom Militär freizukommen. Sein in Angriff genommener Altar für die Kärntner Freiwilligen Schützen, gedacht als Geschenk des Landes an Kaiser Karl, blieb aufgrund der politischen Umstände ein Fragment.[40]

Für Faistauer war jedoch der wichtigste Zweck, die kritische Zeit zu überbrücken und gleichzeitig eine künstlerische Herausforderung zu haben, erreicht. Bei ihm kam auch das moralische Bedürfnis dazu, sich für die ihm zuteil gewordene Schonung zu revanchieren, was bei ihm nicht in Form eines ausgesprochen militärischen Themas möglich war. Selbst die ursprünglich vorgesehenen soldatischen Assistenzfiguren fielen im Altar schließlich weg. Im Werk von Faistauer lassen sich überhaupt nur drei Gemälde ausfindig machen, die einen militärischen Hintergrund haben: das schwermütige, mitfühlende Bildnis eines invaliden Soldaten („Auf Urlaub im Krieg", 1917)[41], ein jüngst im Museum von Czernowitz entdecktes Offiziersbildnis[42], datiert 1915 – koloristisch brillant, der passive Habitus von einem melancholischen Hauch noch verstärkt; und das im Zusammenhang mit seiner Innsbrucker Dienstzeit stehende Landschaftsbild „Militärfriedhof gegen Schloß Ambras" (1917)[43]; sonst nur noch die eine oder andere Zeichnung von Uniformierten. In Faistauers Selbstbildnis in Uniform glaubt man eher einen blassen jungen Kaplan als einen Angehörigen des Militärs vor sich zu haben (vgl. Abb. 2, S. 365). Im August 1918 veröffentlichte Faistauer mehrere Zeichnungen in der Zeitschrift „Der Anbruch", die als das bedeutendste Sprachrohr der expressionistischen Bewegung in Wien gilt.[44] Das Titelbild zeigt den Abschied eines Soldaten von Frau und Kind und reflektiert damit Faistauers persönliche Situation im Krieg. Er nahm eines immer sehr genau: Nur das, was er sah und selbst erlebt hatte, erlaubte er sich darzustellen. Technik und Stil dieser bisher unbemerkten Arbeiten sind für Faistauer eher ungewohnt.

Nur ein Jahr nach dem sehnlich herbeigewünschten Kriegsende verlor Faistauer seine Frau Ida, der er sehr viel zu verdanken hatte. Er hat sein bevorzugtes Modell auch auf dem Krankenbett nicht aus den Augen gelassen, ihre leidenden Züge der *Mater dolorosa* des Votivaltars verliehen. Das mag grausam gewesen sein, entsprach aber seiner Auffassung von Wahrheitstreue. Es ging für ihn nun in mehrfacher Hinsicht eine Ära zu Ende. Dabei ist es erstaunlich zu beobachten, wie er die Kräfte gerade jetzt zu bündeln verstand und aus dieser schwierigen Lebensphase geradezu erstarkt, wie neu gewappnet, hervorging. Der äußerlich schmächtige und hypersensible Künstler verstand sich in kritischen Momenten immer wieder zu einem geradezu titanischen Selbstverständnis aufzuschwingen. Er erwachte jetzt wie aus einer Ohnmacht zu neuen Taten und neuem Ehrgeiz.

Der Krieg hatte Faistauer zermürbt und künstlerisch nicht wirklich weitergebracht, doch konnte er sein Schaffen immerhin einigermaßen durchziehen. Das Stimmungspendel schlug zwischen Panik und Lethargie hin und her. Natürlich erfolgte der Umschwung nicht schlagartig, auch noch geraume Zeit nach dem Krieg verfolgte er künstlerisch den Weg koloristischer Verfeinerung, die ein fast hypertrophes Ausmaß annimmt. Die Figuren sind in den sie durchwirkenden Farbenzauber wie mit Watte eingepackt. Faistauer hatte immer ein Problem damit, seine Figuren zu aktivieren, selbsttätig erscheinen zu lassen. Der Zustand weltverlorener Versunkenheit in sich selbst, die träumerische Komponente war die ihnen gemäße Ausdrucksqualität und ein Ausbrechen aus dieser Entrücktheit schier unvorstellbar. Wenn die händeringende Maria in der Pietà des Votiv-

Abb. 13: Anton Faistauer, Abschied des Soldaten. Nach einer Tuschpinselzeichnung (Verbleib unbekannt), in: „Der Anbruch", Wien, Augustheft 1918.

40 Rychlik Otmar unter Mitarbeit von Diewald Sigrid/Schweighofer Bettina/Sultano Gloria, Anton Kolig. Wien 2001, 23, 256f.
41 Abgebildet in: siehe Fußnote 23, 288; ebenso in: Krumpöck, Faistauers „militärische Nichtsnutzigkeit" (wie Anm. 20), 34.
42 Der Autor dankt Frau Tetyana Dugaeva, ehemalige Direktorin des Kunstmuseums in Chernivtsi, Ukraine.
43 Abgebildet in: siehe Fußnote 23, 98; ebenso in: siehe Fußnote 20, 35; der Ansicht, das dort auf S. 68f. wiedergegebene Bild „Soldaten ziehen durch ein Dorf" sei ein Werk von Faistauer, muss entschieden widersprochen werden.
44 Wallas Armin A, Zeitschriften des Expressionismus und Aktivismus in Österreich. In: Expressionismus in Österreich. Die Literatur und die Künste, hg. von Amann Klaus/Wallas Armin A. Wien-Köln-Weimar 1994, 56f.

Abb. 14: Anton Faistauer, Familie Faistauer (mit Selbstbildnis in Uniform). Öl auf Leinwand, 1918, 57 x 72 cm, Courtesy Museum der Moderne Salzburg.

altars den Vorwurf der Theatralik hinnehmen musste, so war dies nicht ungerechtfertigt. Daran änderte sich nun etwas, der Zauber des Unausgesprochenen, das zärtliche atmosphärische Fluidum ziehen sich zurück. Die Figuren wirken jetzt wacher, bewusster, die Gegenstände konkreter und aggressiver in ihrer Gegenständlichkeit. Raum und Körper nahm der Künstler nun energisch und mit konstruktiver Entschiedenheit ins Visier. Die Schutzschicht, verkörpert in der liebevollen Persönlichkeit von Ida Faistauer, weicht von den Bildern und gibt eine Selbständigkeit frei, die noch in der Trauerstimmung den Tatendrang weckt. *Ich möchte weit fahren und offen sein für alles. Ich möchte auch schrecklich viel malen […] ich fühle mich exponiert, was ich im Schutz dieser Frau jetzt viele Jahre nicht war […] Ich will diesmal nach München gehen und eine Flut von Arbeit, die sich in mir meterhoch staut, ergießen so Gott will.*[45] Diese Erstarkung des „männlichen" Selbstbewusstseins zu wilder Entschlossenheit lässt sich besonders gut am Zeichenstil ablesen. Die in den Kriegsjahren zahlreich entstandenen Zeichnungen geben den Dargestellten zierlich, fast puppenhaft-kleinwüchsig wieder, wozu ein seelisch verschüchterter Ausdruck passt. Von 1919 an zeichnete er sich förmlich frei, brachte einen bisher nicht gekannten Schwung in die Linie und steigerte sich im Zeichnen, das bisher eher seine Schwäche war, zum Virtuosen. Am offenkundigsten äußerte sich Faistauers erstarkter Einsatzwille in publizis-

45 Brief an Paul Königer vom 31.8.1919, Salzburg Museum, Faistauer-Archiv.

tischer Form. Da er sich weigerte, von Maishofen nach Wien zurückzukehren, wo ein Kampf um möglichst gute Ausgangspositionen im Gange war, suchte er sich durch Zeitungsartikel einzumischen, wobei er um eine über dem Tagesgeplänkel stehende Perspektive bemüht war. Als Henri Barbusse im Jänner 1919 im Pariser „Populaire" einen Aufruf an die geistigen Kämpfer („Manifest des intellectuels combattants") erscheinen ließ, traf er damit Faistauer an einem besonders entflammbaren Punkt. Er fühlte sich veranlasst, im Alleingang ein von Enthusiasmus überströmendes Antwortschreiben zu verfassen, das er im Namen der Maler Österreichs unterzeichnete „Euer Aufruf hat die jungen Künstler dieses Landes tief ergriffen u. die in den letzten 4½ Jahren verdorrten Augen überquellen lassen angesichts Eurer ausgebreiteten Arme. Dieses langersehnte, kaum so schnell erhoffte Erlöserzeichen erschüttert mit seiner edlen Gewalt unsere verschüchterten Herzen […]. Unsere Schmach, die wir 5 Jahre schmerzlich trugen, der wir nicht Kraft od. nicht Macht hatten zu entrinnen, brennt uns heute glühender auf den Wangen […]. Unsere Niederlage zerschlug unsere kalte fluchwürdige Rüstung, die wir mit Abscheu am Boden liegen sehen, u. laut pocht unser Herz in hohem Takte der Freiheit Euch entgegen […]. Wir wollen mit Euch alle zur Menschheit bekehren, wir wollen kämpfen mit großem Zorn u. Mute mit aller Glut, die Gott in unseren Herzen zündet gegen den Moloch des Nationalismus, der uns von allen Seiten bedroht […]."[46]

Anstatt an kleinen Grabenkämpfen teilzunehmen, sah sich Faistauer berufen, sich über die „zeitlichen Verworrenheiten" zu erheben und mit kulturpolitischem Weitblick Richtungweisendes zu verkünden. Er verfügte ja wirklich über eine bemerkenswerte Sprachmächtigkeit, hatte das Zeug zu einem Schriftsteller und sogar Dichter. 1922 war er so weit, seine Gedanken zur Kunst unter dem Titel „Neue Malerei in Österreich" in Buchform zusammenzufassen. Mit einer Auswahl vorbildlicher Kunstleistungen der von ihm am höchsten geschätzten Weggenossen wurde der Anspruch verbunden, eine Marschroute für die österreichische Kunst vorzugeben. Neben dem Favoriten Kokoschka umfasste der Kreis der „Auserwählten" vor allem Anton Kolig, Franz Wiegele und Alfred Kubin. An sich war Faistauer wenig prädestiniert, seine Vorstellungen von Kunst auf einen politisch eingegrenzten Raum anzuwenden, da er ein nationales Kulturverständnis immer aufs heftigste verurteilte und für ihn künstlerisch nur die europäische Perspektive zählte. Er wurde mit diesem Dilemma auf recht elegante Weise fertig, indem er das neue Österreich zum Kreuzungspunkt unterschiedlichster Einflusssphären und damit zu einem per se internationalen Boden erklärte.[47] Obwohl sichtlich sehr stark „in eigener Sache" engagiert, ist der Einfluss dieses Buches auf die Zeitgenossen nicht gering zu veranschlagen.

Zwei Ereignisse, verschieden genug, aber schaffenspsychologisch in dieselbe Kerbe schlagend und beide einen Neubeginn erzwingend, hatten Faistauer zu dieser Leistungsexplosion befähigt: das Ende des verhassten Krieges und der Tod seiner geliebten Frau.

Nächste Seite:
Abb. 15: Anton Faistauer, Frau des Künstlers Ida. Farbkreiden, 1919, 47,4 x 32,2 cm (Salzburg Museum Inv.-Nr. 7-62)

46 abgedruckt in: Anton Faistauer-Briefe an Felix Albrecht Harta, hg. von Fuhrmann Franz. In: Salzburger Museum Carolino Augusteum, Jahresschrift 1961, 52f.
47 Faistauer Anton, Das österreichische Problem. In: Neue Malerei in Österreich. Wien 1923, 5–8. Allerdings unterlässt es Faistauer, der sich schon immer als Sympathisant der französischen Malerei seit Delacroix zu erkennen gegeben hatte – dem Feindbild der konservativen Mehrheit vor dem Krieg –, nicht, ein neues, diesmal im Osten lokalisiertes Feindbild an die Wand zu malen.

Vier junge Stürmer und ein Pazifist

401

Martin Hochleitner

Kriegsplakate in Salzburg – eine Spurensuche

25. Jänner 2014: Ich habe mich entschlossen, für einen Text über Plakate im Ersten Weltkrieg einen Spaziergang in Salzburg zu unternehmen. Ich plane von meinem Büro im Salzburg Museum hinauf in das Rainer-Regimentsmuseum auf der Festung Hohensalzburg zu gehen. Mich interessiert, ob und welche Plakate ich dort finden kann und wie ich den Museumsbesuch nach Wochen der Recherche zum Thema des Ersten Weltkriegs in Salzburg erleben werde.

In meinem Büro hängt an der Wand vis-à-vis meines Schreibtisches seit wenigen Tagen selbst ein Plakat. Es ist das künftige Werbemittel für die Ausstellung „Krieg. Trauma. Kunst. – Salzburg und der Erste Weltkrieg", die das Salzburg Museum im Mai 2014 eröffnen wird. Das Plakat zeigt auf einem monochromen, gelbleuchtenden Hintergrund einen jungen Soldaten in Uniform, auf dem Kopf eine Kappe, in der Hand eine Pistole. Sein Mund ist eigenartig verzerrt. Starr und erschrocken wirkt der Blick der weit aufgerissenen Augen, die mich zu fixieren scheinen. Sie sind nach Roland Barthes genau jenes „punctum", das als „Detail plötzlich meine ganze Lektüre"[1] des Bildes bestimmt und mein Interesse als „wahrhaft elementare[s]"[2] Moment des Sujets auf sich zieht.

Das Motiv des jungen Soldaten (vgl. Abb. 1) ist der Ausschnitt einer Tuschfederzeichnung aus der Sammlung des Salzburg Museums. Die Grafik trägt den Titel „Kaiserjäger" und gehört zum Kriegstagebuch des Salzburger Malers Josef Schulz, der wie viele Künstler seiner Generation den Ersten Weltkrieg als tiefgreifende biografische und künstlerische Zäsur erleben musste. So hatte er im Oktober 1914 eben erst die Reifeprüfung an der Lehrerbildungsanstalt in Salzburg erfolgreich abgelegt, als er 20-jährig zu den Kaiserjägern nach Innsbruck einberufen wurde. Für ihn folgten Jahre des Kriegs als Jahre des Grauens an der italienischen Dolomitenfront, als Jahre des qualvollen Leidens durch eine schwere Verwundung mit lebenslangen gesundheitlichen Problemen und als Jahre der verlorenen Freiheit, die er durch die Entlassung aus der italienischen Gefangenschaft im Herbst 1919 sogar erst ein Jahr nach Kriegsende wieder erlangen konnte. Obwohl Josef Schulz seine Eindrücke und Erlebnisse schon während des Krieges in zahlreichen Zeichnungen und auf Feldpostkarten unmittelbar festhielt, dauerte es noch Jahre, bis er sich Mitte der 1920er Jahre seinem Trauma tatsächlich künstlerisch in Form einer dichten Abfolge von Grafiken unter dem Titel „Kriegstagebuch" stellen konnte.

Knapp hundert Jahre später erschienen uns im Salzburg Museum diese Zeichnungen besonders geeignet für ein Plakatmotiv, dessen konkrete Festlegung schließlich in einem intensiven Diskussionsprozess über die Signifikanz des Bildes, seine Ikonografie und seine Auffälligkeit in Verbindung mit der ausgewählten Farbe erfolgte. Uns interessierte dabei besonders die Kongruenz zwischen der Gestaltung der Ausstellung und dem Plakat, das authentisch für das Gesamtprojekt und – im besten Sinne – „plakativ" gegenüber der Öffentlichkeit funktionieren sollte. Im Vorfeld meines heutigen Museumsbesuchs auf der Festung hatte ich mir in den letzten Wochen alle Plakate, die mit dem Suchbegriff

---

1 Barthes Roland, Die helle Kammer. Bemerkungen zur Photographie. Frankfurt a. M. ¹⁴2012, 59.
2 Barthes, Die helle Kammer (wie Anm. 1), 57.

„Erster Weltkrieg" im Salzburger Landesarchiv, den Archiven der Stadt und der Erzdiözese Salzburg sowie der Stadt Hallein und in der Bibliothek des Salzburg Museum auffindbar sind, angesehen. Insgesamt sind es knapp einhundert Plakate, die in den fünf Institutionen verwahrt werden. Mein Hauptinteresse waren anfangs künstlerisch gestaltete Plakate aus dem Ersten Weltkrieg gewesen. Es erschien mir spannend, nach Künstlern zu suchen und – vor dem Hintergrund der Kriegsentwicklung – ihre jeweilige Biografie in Begriffsfeldern von persönlicher Euphorie, verordneter Propaganda, erlebten Schicksalen, erlittenen Traumata und von künstlerischen Verarbeitungen des Kriegs nach 1918 zu analysieren. Wie sehr hatte doch der Erste Weltkrieg die Kunst im Allgemeinen verändert und die Biografien vieler Künstler im Speziellen geprägt bzw. auch ausgelöscht. Gab es allenfalls Plakate mit entsprechenden *Geschichten* von *Geschichte* zu entdecken?

In den Sammlungen waren allerdings nur die wenigsten Motive tatsächlich von Künstlern gestaltet worden. Dazu zählten etwa die Ankündigung für eine „Kriegsbilderausstellung" im Salzburger Künstlerhaus und der „Aufruf zur Zeichnung der dritten Kriegsanleihe".

Beide Plakate entstanden 1916. Das erste (vgl. Abb. 2) – mit zwei Soldaten und einem Pferd – stammt von Oswald Roux, der als Absolvent der Akademie der bildenden Künste im Ersten Weltkrieg als Kriegsmaler in der Kunstgruppe des k.u.k. Kriegspressequartiers tätig gewesen war. Das traf auch für Erwin Puchinger, den Künstler des zweiten Plakates (vgl. Abb. 3) – mit einem Ritter, an dessen Schild die feindlichen Waffen zum Schutze einer Mutter mit ihrem Kind abprallen – zu.

Abb. 1: Büro Dr. Martin Hochleitner, Direktor des Salzburg Museum (Foto: P. Laub)

Nächste Seite:
Abb. 2: Ankündigung für eine „Kriegsbilderausstellung", Salzburger Künstlerhaus (Salzburg Museum, Inv.-Nr. BIB PLA 11838)

KRIEGSBILDERAUSSTELLUNG
K.u.k. Armeeoberkommando
Kriegspressequartier (Kunstgruppe)

1916

SALZBURG
Künstlerhaus

9–5 1 K.

Originallithographie v. Oswald Roux   Steindruck A. Berger, Wien VIII/2

ZEICHNET

5½% dritte KRIEGS= ANLEIHE

Vorige Seite:
Abb. 3: Aufruf zur Zeichnung der dritten Kriegsanleihe (Salzburg Museum, Inv.-Nr. BIB PLA 05960)

Ansonsten handelt es sich bei den Drucken in den Archiven und den beiden Museen meist um Schriftplakate, die in ihrer Gesamtheit dennoch ein repräsentatives Bild der Jahre zwischen 1914 und 1918 zeichnen können. So vermögen die Plakate auch alle wesentlichen Etappen und viele Aspekte des Ersten Weltkriegs zu beleuchten. Sie bilden mit der Kriegserklärung von Kaiser Franz Joseph an Serbien am 28. Juli 1914[3] und der Proklamierung der Republik „Deutschösterreich" durch die Provisorische Nationalversammlung am 12. November 1918[4] die Klammer über die Kriegsjahre und formen zudem das Bild des Übergangs zwischen der Monarchie und der Ersten Republik. Gleichzeitig belegen die Plakate mit dem Kriegseintritt Italiens gegen Österreich-Ungarn am 23. Mai 1915[5], dem Tod Kaiser Franz Josephs am 21. November 1916[6] und dem Völkermanifest von Kaiser Karl I. am 16. Oktober 1918[7] auch wichtige Ereignisse der österreichischen Geschichte im Ersten Weltkrieg. Schließlich bilden die Plakate in den fünf Sammlungen auch zentrale Inhalte öffentlicher Verlautbarungen ab. Dazu zählen vor allem die zahlreichen Einberufungskundmachungen sowie die insgesamt acht Kriegsanleihen, mit denen die Bevölkerung – wie bei der dritten Anleihe im November 1915 – aufgefordert wurde, [...] *ob arm ob reich, ob hoch oder nieder* [...] *dem Staate die Mittel zur Erfüllung seiner gewaltigen Aufgaben zur Verfügung zu stellen.*[8] Anfangs finden sich in Salzburg auch Plakate, die den Kriegsverlauf in positivem Licht erscheinen lassen. Am 22. Juni 1915 wird zur *Großen Siegesfeier anläßlich der Einnahme von Lemberg*[9] in das Hotel Mirabell eingeladen und ein Monat später zur *Erinnerungsfeier an die Schlacht bei Lissa*.[10] Dass man bei dieser Feier mit Zapfenstreich, Konzert und Festrede auf den historischen Sieg der österreichischen Flotte unter Admiral Wilhelm von Tegetthoff gegen die italienische Marine am 20. Juli 1866 Bezug nahm, vermittelt gleichzeitig den Versuch, das aktuelle Kriegsgeschehen in den Rahmen historischer Erfolge einzubetten. Zunehmend zeichnen die Plakate allerdings ein schmerzvolles Bild des Kriegs: Schon die Plakate zum ersten Jahrestag des Kriegs werden im Juli 1915 mit dem Aufruf zu Spenden für Spitäler und Invaliden verbunden. In weiterer Folge finden sich Drucke mit expliziten Spendenaufrufen für Opfer ebenso wie Einladungen zu vielfältigsten, meist kulturellen Veranstaltungen, in deren Rahmen um Unterstützung für Betroffene des Kriegs, wie Invalide, Witwen und Waisen, geworben wird.

Als weiterer Aspekt manifestiert sich in den Plakaten auch die zunehmende Not, die der Krieg im Hinterland hervorrief. Ersten Anweisungen im August 1914 für Bauern, vor allem *Weizen, Roggen, Kartoffel und Hülsenfrüchte* [anzubauen ... und] *auch Mais, wo* [...] *dies das Klima gestattet*[11], folgen in kürzester Zeit Kundmachungen zur Abgabe von Materialien, Werkstoffen und Tieren bzw. exakte Bestimmungen für den Kauf, Handel und die Bevorratung von Gütern. In Summe vermitteln diese Plakate eindrücklich die Durchdringung sämtlicher Lebensbereiche durch den Krieg, die enormen Versorgungsdefizite und die katastrophale Ressourcenknappheit sowie den akribischen Versuch, mit alternativen Verwendungsmöglichkeiten von Rohstoffen, Pflanzen und Materialien der Not zu begegnen und eine gewisse Form von Alltag aufrechtzuerhalten. Dazu gehört in einer Region wie Salzburg – trotz des Kriegs – auch die Bemühung, den Tourismus weiterzuführen, was im Mai 1917 eine eigene *Verordnung betreffend den Verkehr und die Verpflegung der Sommerfrischler*[12] erforderlich macht. In dieser wurde unter anderem Gasthaus- und Hotelbesitzern außer in St. Gilgen

3 Salzburg Museum, Inv.-Nr. BIB PLA 00009.
4 SLA, Plakatsammlung 1267.
5 Salzburg Museum, Inv.-Nr. BIB PLA 00008.
6 SLA, Plakatsammlung 1542.
7 SLA, Plakatsammlung 1.
8 Stadtarchiv Hallein, Inv.-Nr. HI 2011 0118.
9 Salzburg Museum, Inv.-Nr. BIB PLA 04865.
10 Salzburg Museum, Inv.-Nr. BIB PLA 04864.
11 SLA, Plakatsammlung 0838.
12 SLA, Plakatsammlung 0716.

Abb. 4: Erinnerungstafel an die k. k. freiwilligen Schützen Salzburgs an der Außenmauer des Salzburg Museum (Foto: P. Laub)

> Zur dankbaren
> **Erinnerung**
> an die
> k.k. freiwilligen Schützen Salzburgs,
> die im Weltkriege bei Pontebba,
> auf dem Monte Peralba und dem Ciadenis, in den
> Sieben Gemeinden auf dem Monte Cimone
> und dem Ortler
> den Heldentod für das Vaterland erlitten haben.
>
> Jeder zehnte Mann gefallen!

und Strobl verboten, *Passanten und Sommergäste auf längere Zeit als drei Tage zu beherbergen und zu verpflegen*. Auffällig ist, dass die vorhandenen Plakate in Salzburg und Hallein explizit an die Bevölkerung gerichtet waren. Dieser Umstand erklärt auch das Fehlen bestimmter Inhalte, die etwa zur Belehrung von Soldaten in gesundheitlichen Belangen wichtig erschienen. Gerade die Prostitution hatte sich im Ersten Weltkrieg zu einem „Massenphänomen nie gekannter Dimension" entwickelt und im Hinblick auf die Durchseuchung der Truppen mit Geschlechtskrankheiten eine massive Aufklärungsarbeit über Plakate ausgelöst.[13]

Eine weitere Suche nach „fehlenden" Plakaten in den Archiven und im Salzburg Museum erlaubt drei Feststellungen: Erstens handelt es sich ausnahmslos um offizielle Plakate, sodass auch Belege ausländischer Propaganda fehlen. Zweitens gibt es keinerlei Plakate, in denen Künstler das Thema „Krieg" kritisch reflektieren, wie dies etwa beim „Gedenkblatt für den Radierer Franz Hofer" von

13 Eckart Wolfgang U./Plassmann Max, Verwaltete Sexualität. Geschlechtskrankheiten und Krieg. In: Krieg und Medizin (Ausstellungskatalog). Dresden 2009, 101f.

Abb. 5: Denkmal für die gefallenen des k.u.k. Infanterie-Regimentes Erzherzog Rainer Nr. 59 auf der Festung Hohensalzburg (Foto: P. Laub)

Klemens Brosch in beeindruckender Weise zu fassen ist. Bei dieser Grafik löscht der Tod als grauenhaftes Wesen mit einer Sense das letzte Leben auf dem Feld aus.[14] Drittens finden sich in den fünf Institutionen auch keine Plakate, in denen Kriegsgegner polemisch angegriffen bzw. mit Parolen („Jeder Schuss ein Russ, jeder Stoß ein Franzos, jeder Tritt ein Britt, jeder Klapps ein Japs, Serbien muss sterbien") diffamiert werden. Dafür gibt es in den Sammlungen verschiedene Warnungen vor *Spionen und Verrätern*.[15]

Beim Verlassen meines Büros in Richtung Rainer-Regimentsmuseum habe ich noch zwei Gedanken im Kopf. Einer – weit weg vom Thema des Kriegs – berührt

14 Gedenkblatt für den Radierer Franz Hofer, gefallen am 6. Mai 1915. OÖLM, Grafische Sammlung, Inventarnummer 1481.
15 Salzburg Museum, Inv.-Nr. BIB PLA 01004.

das Konzept der „documenta 5" in Kassel 1972. Der andere kreist um die Frage nach den medialen Eigenschaften und Funktionen von Plakaten im Ersten Weltkrieg an sich. Bei der „documenta 5" hatte sich der Kurator Harald Szeemann entschlossen, im Rahmen einer Kunstausstellung auch Plakate der damals in Deutschland wahlwerbenden Parteien zu zeigen. Damit wollte er unter anderem politische und künstlerische Bilder in einer Dialogsituation verhandeln und den in den frühen 1970er Jahren so aktuellen Begriff „Realismus" als eine Realität von Bildwelten und als Realität der Welt im Bild erörtern.

Mein zweiter Gedanke betrifft das *Medium* Plakat. Trotz des Fehlens bestimmter Inhalte und Motive in meiner subjektiv gewählten und ortsbezogenen Beobachtungsgruppe erscheint mir der Erste Weltkrieg insgesamt der Krieg des Plakates gewesen zu sein. Damit meine ich die herausragende kommunikative Bedeutung, die dem Plakat in der Information der Bevölkerung zukam und die hinsichtlich Propaganda, Agitation und Manipulation der Masse im Zweiten Weltkrieg vom Medium Film übernommen werden sollte.

Mein Weg von der Neuen Residenz in das Rainer-Regimentsmuseum führt mich nun hinauf in die Festung Hohensalzburg. Noch beim Ausgang der Neuen Residenz finde ich eine Erinnerungstafel an die „k. k. freiwilligen Schützen Salzburgs, die im Weltkriege bei Pontebba […] den Heldentod für das Vaterland erlitten haben" und im Hof der Festung treffe ich gleich auf ein Denkmal für die „[…] Fünftausend aus Salzburg und Österreich ob der Enns, die während des Weltkrieges in den Reihen des ruhmreichen k. u. k. Infanterie-Regimentes Erzherzog Rainer No. 59 den Tod für Gott, Kaiser und Vaterland erlitten haben".

Abb. 6: Blick ins Rainer-Regimentsmuseum auf der Festung Hohensalzburg (Foto: P. Laub)

Nächste Seite:
Abb. 7: Plakat im Rainer-Regimentsmuseum von Ludwig Hesshaimer (Foto: P. Laub)

Kriegsplakate in Salzburg – eine Spurensuche

Die entsprechende Gedenktafel wurde 1925 vom Rainerbund gestiftet und verweist damit auch auf die Gründungsphase des Museums, das 1924 zum Andenken an das ursprünglich 1682 erstmals aufgestellte Regiment eröffnet wurde. Im Museum (vgl. Abb. 6) selbst erlebe ich den Ersten Weltkrieg aus der Sicht eines Regiments, das zunächst an der Ostfront gegen Russland und ab 1916 im Trentino sowie ab 1917 im Veneto gegen Italien kämpfte. Ich sehe Waffen, Munition, Granaten, Geschütze, Pläne, Fotografien, Uniformen, Orden und Auszeichnungen, Modelle von Gebirgslandschaften mit Frontverläufen, von Stellungen und von Unterkünften, eine Telefonzentrale am Monte Cimone und eine Ehrenhalle des Rainerregiments.

An den Wänden hängen meist großformatige Schlachtengemälde des Salzburger Malers Karl Reisenbichler, dessen Werk ich erstmals in den 1990er Jahren im Rahmen einer Recherche[16] über Kriegszyklen in der österreichischen Kunst des 20. Jahrhunderts kennengelernt hatte. Da mir Reisenbichler mit seinem „Totentanz" aus den Jahren um 1920 ein besonders eindrucksvolles Bild gegen den Krieg formuliert zu haben schien, konnte ich damals seine späteren nationalsozialistischen Rollen, unter anderem als oberster Kunstfunktionär im Reichsgau Salzburg, nur schwer verstehen. Schlagartig werden mir bei seinen Bildern im Rainer-Regimentsmuseum diese Fragen wieder virulent. Einerseits an seine konkrete Biografie und andererseits an die Gründe für die Erfolglosigkeit von so vielen und auch unterschiedlichen Bemühungen der 1920er Jahre (von Ernst Friedrichs „Krieg dem Kriege" bis zum Briand-Kellogg-Pakt), unter dem Eindruck des Ersten Weltkriegs ein weiteres globales Kriegsgeschehen zu vermeiden.

Als einziges Plakat (vgl. Abb. 7) in der Ausstellung finde ich einen Spendenaufruf „Zu Gunsten des Rainer Fonds" von Ludwig Hesshaimer, einmal mehr von einem Mitglied in der Kunstgruppe des Kriegspressequartiers. Das Bild trägt den Titel „Ein ‚Rainer' im ersten Weltkriegsjahr 1914" und zeigt bildfüllend einen volladjustierten Soldaten, der in einer Gebirgslandschaft steht und sich mir in einem seltsamen Zwischenzustand von heroischer Pose und abgeklärter Gelassenheit zuzuwenden scheint.

Mit diesem Eindruck verlasse ich nach einer Stunde das Rainer-Regimentsmuseum. Am Weg zurück in die Neue Residenz ergeben sich für mich viele neue Fragen. Welche Geschichte wurde mir soeben erzählt? Wer hat sie geschrieben? Wie unterscheidet sie sich von jenen Geschichten, die mir vor knapp einem Jahr bei Besuchen der Museen in Kobarid und Gorizia von slowenischer und italienischer Seite über die erschütternden Isonzoschlachten des Ersten Weltkriegs erzählt wurden? Wie empfinde ich die Geschichte des Rainer-Regimentsmuseums und wie erlebe ich sie heute, im Jubiläumsjahr 2014, 100 Jahre nach dem Ausbruch des großen Kriegs?

Zurück in meinem Büro fällt mein Blick nochmals auf das Plakat von Josef Schulz, und es hinterlässt mich im Angesicht des jungen Kaiserjägers mit einem Gedanken, der noch einmal dem Buch „Die helle Kammer" von Roland Barthes geschuldet ist: Denn so wie er sich beim Anblick einer Fotografie des jüngsten Bruders von Napoleon, Jérome, dachte, „dass er die Augen sehe, die den Kaiser gesehen hätten",[17] sehe ich nunmehr in die Augen eines jungen Kaiserjägers, der den Krieg sah und das Ende wie 9,5 Millionen Soldaten und geschätzte 13 Millionen Zivilisten vielleicht nicht erleben konnte.[18]

16 Hochleitner Martin, „Bilder vom Tode" – Bilder vom Krieg. In: Hazod Johann/Ecker Berthold, Hazod. Johann Hazod (1897–1981). Linz 1996, 53–64.
17 Barthes, Die helle Kammer (wie Anm. 1), 11.
18 Für die kollegiale Unterstützung bei der Verfassung dieses Textes danke ich Susanne Rolinek und Christian Flandera.

Oskar Dohle

Inszenierte Verharmlosung und patriotische Parolen

Propagandapostkarten – das veröffentlichte Bild vom Krieg[1]

Postkarten hatten eine wichtige Funktion in der Beeinflussung der öffentlichen Meinung im Ersten Weltkrieg, waren sie doch neben Zeitungen und Zeitschriften das verbreitetste gedruckte Medium im Dienst der Kriegspropaganda, das mittels Feldpost seinen Weg sogar zu den im Felde stehenden Soldaten fand und damit ein wichtiges Verbindungsglied zwischen Heimat und Front darstellten.

Erfunden wurde die Postkarte 1865 vom Deutschen Heinrich von Stephan,[2] ihre erstmalige Einführung im Postdienst erfolgte jedoch in Österreich auf Vorschlag von Emanuel Herrmann.[3] Am 1. Oktober 1869 wurde die erste „Correspondenz-Karte" der Welt herausgegeben. Sie wurde ohne Umschlag versendet und sollte ursprünglich nur im nationalen Postverkehr zum Einsatz kommen.[4] Preußen setzte sie erstmals als Bildpostkarte 1870/71 im deutsch-französischen Krieg ein. Diese Postsendung, illustriert oder nicht illustriert, erwies sich in der Folge als durchschlagender Erfolg und fand auf der ganzen Welt millionenfache Verbreitung. Auf der Vorderseite findet man kriegsbezogene Darstellungen im Dienst der Propaganda erstmals im Burenkrieg 1899–1902, später beim Boxeraufstand in China 1900/01, im Russisch-Japanischen Krieg 1904/05 und während der Balkankriege 1912/13.[5] Die bis heute in Verwendung stehende äußere Form der Ansichtskarte (vgl. Abb. 1) mit einer Bildseite und einer in Adress- und Mitteilungsfeld unterteilten Rückseite wurde in der Habsburgermonarchie 1904 und weltweit 1906 eingeführt.[6]

Im Ersten Weltkrieg erlebte die von namhaften Künstlern gestaltete Postkarte in Deutschland und Österreich-Ungarn den Höhepunkt ihrer Entwicklung, die sich in der Vielfalt der dargestellten Motive widerspiegelt. Den grafischen Betrieben standen Techniken, wie Holzschnitt, Radierung, Lithografie, Öldruck oder Zinkografie, zur Verfügung, die später wirtschaftlich nicht mehr rentabel waren, weil sich die Fotografie zur beherrschenden Reproduktionstechnik entwickelte.

Ein entscheidender Faktor für die Verbreitung der Propagandapostkarten war der Umstand, dass sie durch die Feldpost bis zu den kämpfenden Einheiten an die Front gelangten. Diese für Soldaten grundsätzlich portofreie Einrichtung basierte in ihrer Organisation bis 1918 weitgehend auf einer Dienstanweisung aus dem Jahr 1913, in der die Erfahrungen der großen militärischen Konflikte, in die die Habsburgermonarchie involviert war, einflossen.[7] Trotz mancher, vor allem zu Kriegsbeginn und im Zusammenhang mit der Auflösung der Habsburgermonarchie gegen Kriegsende aufgetretener Schwierigkeiten und des immer drückender werdenden Rohstoffmangels funktionierte dieses System der Postverbindung zwischen Front und Hinterland erstaunlich gut.[8] Alleine von der amtlich aufgelegten österreichischen Feldpostkarte wurden zwischen 1914 und 1918

---

[1] Die Darstellung basiert teilweise auf folgendem Aufsatz, der für die vorliegende Publikation überarbeitet wurde: Dohle Oskar/Weiß Andrea, „Österreich wird ewig stehn". Postkarten als Mittel der Propaganda in Österreich-Ungarn im Ersten Weltkrieg am Beispiel der Sammlung des SLA. In: MGSL 141 (2001). Salzburg 2001, 293–324.

[2] Stöckle Wilhelm, Deutsche Ansichten. 100 Jahre Zeitgeschichte auf Postkarten. München 1982, 8.

[3] Nationalökonom, Professor an der Wiener-Neustädter Militärakademie; vgl.: Sturminger Alfred, 3000 Jahre politische Propaganda. Wien-München 1960, 353.

[4] Tomenendal Kerstin, Das Türkenbild in Österreich-Ungarn während des Ersten Weltkriegs im Spiegel der Kriegspostkarten. Klagenfurt-Wien-Ljubljana-Sarajevo 2008, 33.

[5] Weigel Hans/Lukan Walter/Peyfuss Max D., Jeder Schuss ein Russ, jeder Stoß ein Franzos. Literarische und graphische Kriegspropaganda in Deutschland und Österreich 1914–1918. Wien 1983, 37.

[6] Bürgschwentner Joachim, Die Bildpostkarte in der Kriegserfahrung – ein Überblick. Die Kriegserfahrung auf der Bildpostkarte – ein Einblick in die Sammlung Günter Sommer. In: Stadtarchiv Innsbruck (Hg.), Zeit – Raum – Innsbruck. Militärische und zivile Kriegserfahrungen 1914–1918 (Schriftenreihe des Innsbrucker Stadtarchivs, 11). Innsbruck 2010, 285.

[7] Jung Peter, Zur Organisationsgeschichte der k. u. k. Feldpost im Ersten Weltkrieg. In: Gatterer Joachim/Lukan Walter (Red.), Studien und Dokumente zur österreichisch-ungarischen Feldpost im Ersten Weltkrieg (Beiträge zur Geschichte der Österreichischen Feldpost 1). Wien 1989, 13.

[8] Eine Besonderheit stellten die Feldpostkarten dar, auf denen sich in allen Sprachen der Monarchie der vorgedruckte Text „Ich bin gesund und es geht mir gut" befand. Da diese Karten auch während militärisch begründeter Postsperren (z.B. vor Großoffensiven) weitergeleitet wurden, durften sie außer dem Namen des Absenders keine weiteren Mitteilungen enthalten.

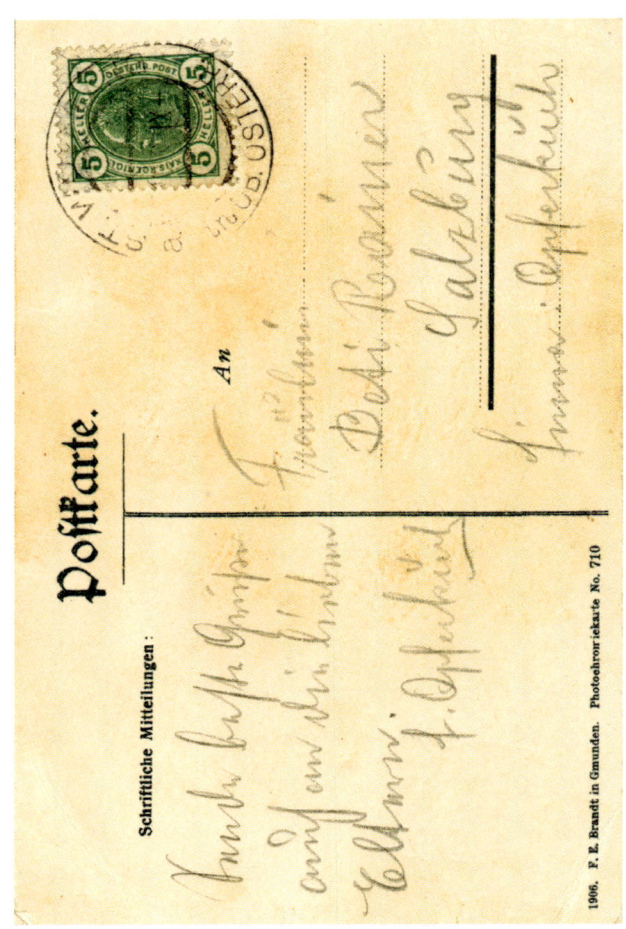

insgesamt 655.696.314 Stück transportiert. Die noch auflagenstärkeren privaten Feldpostkarten sind hier nicht mitgerechnet.⁹ Wie vorbildlich die Organisation des Feldpostwesens der k. (u.) k. Armee war, zeigt sich daran, dass die deutsche Feldpost ab Februar 1917 von ihr das System der Feldpostnummern übernahm.¹⁰

Abb. 1: Vorder- und Rückseite der Bildpostkarte „Schafbergspitze u. Hôtel. Mondnacht." (F. E. Brandt, Gmunden 1906; SLA, Fotosammlung Album 1/311)

Das Kriegspressequartier

So schlecht die Donaumonarchie militärisch auf den Krieg vorbereitet war, so gut und langfristig waren die Planungen auf dem Gebiet der Propaganda. Bereits 1908 erschienen in der gedruckten Mobilisierungsinstruktion erstmals Anweisungen für die Einrichtung des „Kriegsattachéquartiers" und eines „Kriegspressequartiers" (KPQ).¹¹ Beide Einrichtungen gehörten dem Zuständigkeitsbereich des im Mobilisierungsfall zu bildenden k. u. k. Armeeoberkommandos an. Nach Kriegsausbruch 1914 wurde Oberst Maximilian von Hoen (1867–1940), der 1911/12 als Vorstand des Preßbüros im Kriegsministerium und danach in der kriegsgeschichtlichen Abteilung des Kriegsarchivs tätig war, zum Kommandanten des KPQ bestellt.¹² Hauptaufgabe des KPQ war es, die täglichen, nur für den internen Gebrauch bestimmten Heeresberichte so zu verändern und für die Veröffentlichung vorzubereiten, dass sie keine militärischen Geheimnisse enthielten. Zudem

9 Höger Paul, Das Post- und Telegraphenwesen im Weltkrieg. In: Gatterer Joachim/Lukan Walter (Red.), Studien und Dokumente zur österreichisch-ungarischen Feldpost im Ersten Weltkrieg (Beiträge zur Geschichte der Österreichischen Feldpost 1). Wien 1989, 43.
10 Höger, Post- und Telegraphenwesen (wie Anm. 9), 49.
11 Broucek Peter, Das Kriegspressequartier und die literarischen Gruppen im Kriegsarchiv 1914–1918. In: Amann Klaus/Lengauer Hubert (Hg.), Österreich und der große Krieg 1914–1918. Die andere Seite der Geschichte. Wien 1989, 132.
12 1915 Generalmajor, 1918 Feldmarschall-Leutnant, 1916–1926 Direktor des Kriegsarchivs; vgl.: ÖBL 1815–1950, Bd. 2, Lfg. 9. Wien 1959, 360f.

oblag dem KPQ die „Betreuung" der dort akkreditierten ausländischen Journalisten und Berichterstatter. Es organisierte überdies Frontbesuche für Schriftsteller aus dem neutralen Ausland, wie etwa dem schwedischen Asienforscher Sven Hedin.[13] Auch Kunstausstellungen fanden unter seiner Leitung statt. Als Kriegsberichterstatter und Bearbeiter der Heeresberichte waren dieser Einheit nicht nur Journalisten, wie Egon Erwin Kisch, sondern auch Schriftsteller, beispielsweise Robert Musil, Alexander Roda Roda, Rainer Maria Rilke oder Ferenc Molnar zumindest zeitweise zugeteilt. Franz Werfel durfte zu Vorträgen sogar in die neutrale Schweiz reisen.[14] Überdies wurden rund 160 bildende Künstler, unter ihnen Albin Egger-Lienz oder Luigi Kasimir, von Oberst Hoen engagiert und entgingen damit dem Fronteinsatz.[15] Sie entwarfen vornehmlich Plakate, beispielsweise als Werbung für die acht Kriegsanleihen in der österreichischen Reichshälfte, und Propagandapostkarten. Bereits recht früh erkannte man im KPQ die Bedeutung der neuesten Massenmedien Fotografie und Film, wobei letzterer von Oberleutnant Graf Alexander („Sascha") Kolowrat-Krakowski betreut wurde.[16]

Diesen teils fortschrittlichen Ansätzen mangelte es jedoch an einer einheitlichen Konzeption. Die Gründung der Oberzensurstelle 1915 bzw. des Kriegspresseamtes 1916 konnte daran nur wenig ändern. Immer wieder kam es zu Kompetenzstreitigkeiten. So wurde im Jahr 1917 dem KPQ, das sich in der Zuständigkeit des k.u.k. Armeeoberkommandos befand, die Leitung der Auslandspropaganda übertragen. Die Bekämpfung ausländischer Propaganda übernahm jedoch ab 1918 die Feindespropagandaabwehrstelle, und diese unterstand dem Generalstab.[17]

Als Herausgeber von Postkarten war das Kriegspressequartier von geringer Bedeutung. Es hatte als zentrale Informations- und Zensureinrichtung für die Berichterstattung zur Lage an den Fronten jedoch einen entscheidenden Einfluss auf den Inhalt zumindest jener Propagandapostkarten, die sich auf mehr oder minder aktuelle militärische Ereignisse bezogen.

Herausgeber von Propagandapostkarten

Insgesamt entstanden während des Ersten Weltkrieges in Deutschland und in der Donaumonarchie rund 50.000 verschiedene Kriegspostkarten,[18] mit deren Herausgabe nicht nur das Ziel verfolgt wurde, meinungsbildend zu wirken, sondern deren Vertrieb auch eine kommerzielle Tätigkeit war, an der zahlreiche Organisationen Anteil hatten. Neben den öffentlichen Einrichtungen soll im Folgenden auf die sogenannten Schutzvereine als wichtige nicht-staatliche Herausgeber von Postkarten exemplarisch eingegangen werden. Daneben gaben noch eine Fülle anderer Organisationen Postkarten heraus, die mehr oder weniger der Propaganda dienten.[19]

Öffentliche Einrichtungen

Durch einen Erlass des k.u.k. Kriegsministeriums wurde am 28. Juli 1914 die Errichtung des „Kriegsfürsorgeamtes"[20] angeordnet. Zweck des Amtes war einerseits die Fürsorgetätigkeit für Soldaten, Invalide und Hinterbliebene, andererseits sollte es als Auskunftsstelle dienen.[21] Geleitet wurde diese Einrichtung bis zu seinem Tod im Oktober 1917 von Johann Löbl von Tauernsdorf (1859–1917)[22]

---

13 Magenschab Hans, Der Krieg der Großväter. Die Vergessenen einer großen Armee. Wien 1988, 105.
14 Rauchensteiner Manfried, Der Tod des Doppeladlers. Österreich-Ungarn und der Erste Weltkrieg. Graz-Wien-Köln 1997, 157f.
15 Magenschab, Der Krieg der Großväter (wie Anm. 13), 105.
16 Rauchensteiner, Der Tod des Doppeladlers (wie Anm. 14), 158. Graf Alexander („Sascha") Kolowrat-Krakowski erlangte in den frühen 1920er Jahren als Produzent von Monumentalfilmen wie „Sodom und Gomorrha" in Österreich legendären Ruf.
17 Weigel/Lukan/Peyfuss, Jeder Schuss ein Russ (wie Anm. 5), 38.
18 Weigel/Lukan/Peyfuss, Jeder Schuss ein Russ (wie Anm. 5), 35.
19 Für die Propagandapostkarten aus der Sammlung des SLA konnten folgende Herausgeber identifiziert werden: der Deutsche Schulverein, der Bund der Deutschen in Böhmen, der Verein Südmark, der Verein für das Deutschtum im Ausland, Ostmark – Bund deutscher Österreicher, der Österreichischungarische Polizei-, Kriegs- und Sanitätshund-Verein, das k.u.k. Kriegsfürsorgeamt, das Kriegshilfsbüro des k.k. Ministerium des Inneren und das k.k. Ministerium für Landesverteidigung.
20 Amtliche Bezeichnung: „Kriegsfürsorgeamt des kaiserlichen und königlichen Kriegsministeriums"; vgl.: Heldenwerk Verlag (Hg.), Heldenwerk 1914–1917, Bd. 2. o. O., 276f.; das zitierte Heldenwerk wurde „herausgegeben zugunsten der Kriegsfürsorgezwecke des Kriegshilfsbüros des k.k. Ministerium des Innern".
21 Heldenwerk, (wie Anm. 20), 326f.
22 Feldmarschall-Leutnant; vgl.: ÖBL 1815–1950, Bd. 5, Lfg. 23. Wien, 1971, 270f.

und danach von Gottfried Seibt von Ringenhart (1857–1937).²³ Ebenfalls bei Ausbruch des Krieges wurde das „Kriegshilfsbüro" des k. k. Ministeriums des Inneren unter der Leitung von Eduard Prinz von und zu Liechtenstein (1872–1951) als „Zentrale der Kriegsfürsorge in Österreich" ins Leben gerufen.²⁴ Neben karitativen Aufgaben erledigte das Kriegshilfsbüro rechtliche und wirtschaftliche Belange der eingerückten Soldaten.²⁵

Für die drei Hauptkriegsfürsorgestellen – wozu neben den genannten Einrichtungen auch das Rote Kreuz zählte – bestand die Möglichkeit, einen Postkartenversand ohne Bestellung durch die jeweiligen Empfänger durchzuführen. Allerdings wurde der Ertrag durch Mehrfachzusendungen und mangelnde Vereinbarungen unter den Institutionen erheblich vermindert. Trotzdem erwies sich der Ansichtskartenvertrieb vorerst als durchaus rentabel.²⁶ Der im Laufe des Krieges zunehmende Materialmangel hatte aber auch hier negative Folgen, und so stellte das Kriegshilfsbüro nach „zwei Jahren intensiver Tätigkeit" die Ansichtskartenabteilung ein.²⁷

Die im Kriegshilfsbüro hergestellten Postkarten trafen nicht immer den Geschmack des Publikums, wie Eduard von Liechtenstein nach Kriegsende anmerkte: *Nicht unerwähnt kann hiebei bleiben, dass auch bei der Wahl der Sujets für Ansichtskarten nicht immer glücklich vorgegangen wurde. […] Ich habe eben dem geschäftlichen Erfolge manch künstlerisches Opfer bringen müssen, weil merkwürdigerweise oft gerade Ansichtskarten gesucht werden, welche einem hohen künstlerischen Empfinden nicht entsprechen. […] Aber das Kriegshilfsbüro hat es immer vermieden, etwas auf den Markt zu bringen, was die oft recht beliebte Verunglimpfung eines Gegners als Leitmotiv besitzt und es hat sich […] im Großen und Ganzen von dem Bestreben leiten lassen, den patriotischen Gedanken möglichst zu fördern und dem künstlerischen Empfinden tunlichst gerecht zu werden.* Kritisch äußerte er sich auch zu den anderen Organisationen, die ebenfalls Ansichtskarten vertrieben, da es seiner Meinung nach zu einem *Art Raubbau an der Opferfreude der Bevölkerung* komme, da ohne Rücksicht auf das Publikum Einnahmen erzielt werden sollten.²⁸

Die Schutzvereine

Die Entstehung der deutschen Schutzvereine ist eng mit dem Aufkommen nationaler, im gegenständlichen Fall, deutschnationaler Strömungen verbunden. Nicht unbeträchtliche Einnahmen erwirtschafteten in Friedenszeiten die Verlagsabteilungen der Schutzvereine, denen auch der Vertrieb von Ansichtskarten (vgl. Abb. 3) oblag.²⁹

Lag die Bedeutung dieser Vereinigungen in der Vorkriegszeit in der „Integration des deutschtümelnden Milieus im Hinterland"³⁰, so wurden sie im Krieg zum Instrument der Propaganda. Beide großen Vereine, „Deutscher Schulverein" und „Südmark", stellten sich „in den Dienst der Landesverteidigung, der allgemeinen Kriegsfürsorge und der Aufgaben des Roten Kreuzes."³¹ Vornehmlich diesem Zweck dienten die in den Kriegsjahren herausgegebenen Propagandapostkarten (vgl. Abb. 4).

Der 1880 gegründete „Deutsche Schulverein" hatte sich zum Ziel gesetzt, die deutschen Sprachgrenzen im Süden und Osten der Habsburgermonarchie „zu schützen". Dazu gehörte auch die Errichtung, Erhaltung und Förderung deut-

Abb. 2: Stempel der offiziellen Kriegsfürsorge; in: Viribus Unitis (wie Anm. 28), 3

23 Feldmarschall-Leutnant; vgl.: ÖBL 1815–1950, Bd. 12, Lfg. 55. Wien 2001, 115f.
24 Vgl.: Froschauer Irmtraud, Dr. Eduard Prinz von und zu Liechtenstein. Das vielseitige Wirken eines altösterreichischen Beamten. Salzburg 1981.
25 Heldenwerk, (wie Anm. 20), 274.
26 Durchschnittlich verblieben von 100 für Postkarten einbezahlten Kronen 52,50 für die Kriegsfürsorge, der Rest wurde für Druckkosten und Versand aufgewendet; vgl.: Heldenwerk, (wie Anm. 20), 280.
27 Heldenwerk, (wie Anm. 20), 281.
28 Gesellschaft vom Silbernen Kreuz zur Fürsorge für heimkehrende Soldaten und Invaliden (Hg.), Viribus Unitis. Österreich-Ungarn und der Weltkrieg, Dritter Teil. Wien 1919, 3.
29 Deutscher Schulverein Südmark (Hg.), 55 Jahre deutsche Schutzarbeit in Österreich – 10 Jahre Deutscher Schulverein Südmark. Jahreshauptversammlung 1935. Wien 1935, 11.
30 Haas Hanns, Vom Liberalismus zum Deutschnationalismus. In: Geschichte Salzburgs. Stadt und Land Bd. II/2: Neuzeit und Zeitgeschichte, hg. von Dopsch Heinz/Spatzenegger Hans. Salzburg ²1995, 857.
31 55 Jahre deutsche Schutzarbeit in Österreich (wie Anm. 29), 6.

Abb. 3: „Wir säen die Saat Zu deutscher Tat.", Bildpostkarte, Verein „Südmark", 1907 (Lithografie von O. Rohr, Graz; SLA, Fotosammlung, Album 1/305)

scher Schulen und Kindergärten in diesen Gebieten.[32] Der Grundgedanke des ab 1889 bestehenden Vereines „Südmark" war die wirtschaftliche Unterstützung der Deutschen in den gemischtsprachigen Gebieten der Steiermark, Kärntens, der Krain und des Küstenlandes. Ab 1900 wurde die sogenannte „Schutzarbeit" auf die Bildungs- und Erziehungsarbeit im geschlossenen deutschen Sprachgebiet ausgeweitet. 1914 stellte sich der Verein Südmark dem Deutschen Schulverein zur Seite. Zu einer rechtlichen Vereinigung der beiden Organisationen kam es aber erst 1925, nachdem sich die Südmark bereits 1920 mit anderen Schutzvereinen zusammengeschlossen hatte und der Deutsche Schulverein seinerseits 1921 eine Verbindung mit dem Berliner Verein für das Deutschtum eingegangen war.[33]

32 August Ritter von Motawa, Der Deutsche Schulverein 1880–1905. Eine Gedenkschrift. Wien 1905, Kapitel I.
33 55 Jahre deutsche Schutzarbeit in Österreich (wie Anm. 29), 4–7.

Abb. 4: Bildpostkarte, „Deutscher Schulverein 1880", Poststempel 23.3.1916 (SLA, Fotosammlung A 8579)

Österreichische Propagandapostkarten – eine thematische Einteilung

Grundsätzlich waren die Propagandapostkarten für eine Wirkung nach innen bestimmt. Eine Auslandspropaganda mittels Korrespondenzkarten wäre wegen der überall herrschenden strengen Zensurbestimmungen auch wenig zielführend gewesen. Im Hinterland hatte die Propaganda den Krieg zu rechtfertigen und ihn als von außen aufgezwungen darzustellen. Die thematisierten militärischen Erfolge sollten der um sich greifenden Kriegsmüdigkeit entgegenwirken.

Abb. 5: K. k. Landesschützen Division an der Südfront, Feldpostkarte 1915–1918, signiert Hans Bertle[34] (SLA, Fotosammlung A 9130)

Abb. 6: „Hände weg!" Die Karte zeigt unter anderem wichtige Hafenstädte der Adria, Poststempel 23.6.1915 (Kunstverlag Swatschek; Salzburg; SLA, Fotosammlung A 9094)

Ein typisches äußeres Merkmal der Postkarten im Ersten Weltkrieg ist die Verbindung von Text und Bild. Das geschriebene Wort hatte dabei die grafische Botschaft näher zu erläutern oder ihre Aussage zu verstärken. Häufig werden darin der Feind bzw. die Feinde geschmäht oder die eigene Stärke hervorgehoben. Auch patriotische Sprüche und Reime dienen diesem Zweck (vgl. Abb. 5).

Ebenso ist die Verfremdung bekannter Vorbilder ein verbreitetes Gestaltungsmittel. Zu erwähnen sind hier z.B. Landkarten, auf denen Gebietsforderungen, auch jene des Feindes (vgl. Abb. 6), abgebildet sind, oder Partezettel, auf denen das Ableben eines der Kriegsgegner in „humoristischer" Weise vermeldet wird. In der Regel wird keines der beschriebenen Merkmale alleine verwendet. Eine Ausnahme bilden nur die erklärenden Betextungen bei den Darstellungen militärischer Ereignisse.

Inhaltlich und formal lassen sich die Propagandapostkarten in vier Bereiche einteilen, nämlich „Szenen von der Front – das veröffentlichte Bild des Krieges", „Eigendarstellung und Verbündete", „Blick auf den Feind" sowie „Krieg als Alltag im Hinterland". Postkarten nehmen keine Sonderstellung ein, denn ähnliche Unterscheidungskriterien gelten beispielsweise auch für Plakate, bloße Verlautbarungen und amtliche Kundmachungen natürlich ausgenommen. Problematisch

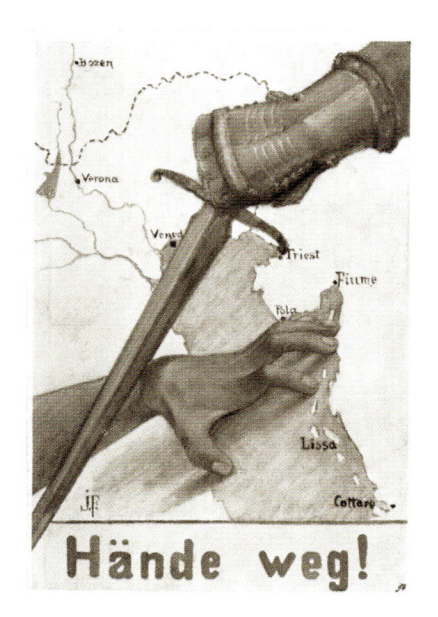

[34] Hans Bertle (Schruns 1880 – Schruns 1943), Maler, zahlreiche Werke von ihm befinden sich im Kaiserschützenmuseum in Innsbruck; vgl.: Fuchs Heinrich, Die österreichischen Maler des 19. Jahrhunderts, Erg. Bd. 1, A-K. Wien 1978, 53.

Abb. 7: „Waffengefährten." Ein verwundeter österreichischer und ein verwundeter deutscher Soldat mit Sanitätshund; an der Wand hängen die Portraits von Kaiser Wilhelm I. und Kaiser Franz Joseph I., Poststempel 23.6.1915 (Deutscher Schulverein; SLA, Fotosammlung A 8619)

wird die Unterscheidung dann, wenn Freund und Feind, oftmals nur symbolisch kontrastierend auf einer Karte dargestellt werden.

Die folgende thematische Einteilung erhebt keinen Anspruch auf Vollständigkeit. Aufgrund der schier unübersehbaren Zahl der Karten und der Vielfalt der Motive konnte nur eine sehr subjektive Auswahl vorgenommen werden, die auch auf die im Salzburger Landesarchiv vorhandenen Exemplare Rücksicht zu nehmen hatte. Dies ist auch der Grund, warum die Darstellung der Feinde im Vergleich zur Selbstdarstellung durch vergleichsweise wenig Abbildungen dokumentiert wird.

Abb. 8: „Stilles Heldentum". Verwundeter nach Amputation des rechten Unterschenkels und eine Rotkreuzschwester in Wien (?), signiert A. Reckziegel,[35] Absender datiert 15.5.1917 (Offizielle Karte für: Rotes Kreuz, Kriegsfürsorgeamt, Kriegshilfsbüro; SLA, Fotosammlung A 9117)

[35] Anton Reckziegel (Jablonec nad Nisou/Gablonz an der Neiße 1865 – Mödling 1936), Plakatzeichner und Landschaftsmaler; vgl.: Fuchs Heinrich, Die österreichischen Maler des 19. Jahrhunderts, Erg. Bd. 2, L-Z. Wien 1979, 74.

Inszenierte Verharmlosung – das veröffentlichte Bild vom Krieg

Trotz aller Versuche, den Krieg als ganz normalen Bestandteil des männlichen Alltags darzustellen, in dem es sogar möglich ist, zu Weihnachten in der Geborgenheit eines Unterstands an die Lieben zu Hause zu denken oder in einem Gasthaus gemütlich mit einem Kameraden ein Gläschen zu trinken, bleiben Tod und Leid, wenn auch unausgesprochen, immer präsent.

Allen Darstellungen gemeinsam ist die Verharmlosung der grausamen Tatsachen. So tragen Verwundete weiße, saubere Verbände, oft am Kopf, sind aber sonst guten Mutes und scheinen keine Schmerzen zu verspüren (vgl. Abb. 7). Häufig werden sie von hübschen, jungen Rotkreuzschwestern betreut, deren Tracht jener der Spitäler des Hinterlandes entspricht. Sichtbare Verletzungen, Entstellungen oder gar Verstümmelungen fehlen. Werden letztere dargestellt, dann scheinen sie den Betroffenen nicht zu behindern (vgl. Abb. 8). Betrachtet man diese Darstellungen, so erscheint das Los der Verwundeten alles andere als schlecht. Diese Botschaft richtete sich zweifellos vornehmlich an die Bevölkerung im Hinterland, denn die Soldaten an den Fronten kannten die ganz andere Realität nur zu gut. Für sie waren die mittels Feldpost übermittelten Karten in erster Linie ein Lebenszeichen von daheim.

Die Karten zeigten auch nicht Massengräber mit verstümmelten Leichen, sondern stimmungsvolle „Heldengräber" in idyllischer, fast weihevoller Landschaft. Es handelt sich bei diesen Gräbern in der Regel um Einzelbestattungen, deren Gestaltung an die Friedhöfe in der Heimat erinnert. Entscheidend ist, dass auch im Tod die Individualität der Opfer erhalten blieb (vgl. Abb. 9). Dieses

Heldengräber in den Dolomiten

Karl Ludwig Prinz gem.

Bild sollte den Angehörigen zu Hause, die immer häufiger zu Hinterbliebenen wurden, die Gewissheit geben, dass an der Front auch mit den Gefallenen respektvoll und den damaligen religiösen Gepflogenheiten folgend umgegangen wird.

Kampfhandlungen werden in der Tradition der Schlachten vergangener Jahrhunderte dargestellt. Es handelt sich bei den abgebildeten Szenen nicht um moderne Materialschlachten, bei denen die Kriegstechnik entscheidend war, sondern noch immer um Kämpfe, die vom individuellen Einsatz jedes einzelnen Soldaten bestimmt waren. Dem Betrachter sollte das bekannte, auch in den Schulbüchern präsente Bild vermittelt werden und nicht die Realität des zunehmend von entpersonalisierter Waffentechnik dominierten Krieges.

Besonders deutlich wird dies bei Soldaten zu Pferd oder bei Kavallerieattacken, die durch die moderne Waffentechnik, hier vor allem durch die Verwendung von Stacheldraht und den Einsatz von Maschinengewehren, bereits kurz nach Kriegsausbruch nicht mehr der Realität entsprechen (vgl. Abb. 10).

Auch Herrscher oder Heerführer werden bei Truppenbesuchen so dargestellt, als lenkten sie ungedeckt stehend, wie von einem Feldherrnhügel aus die Schlachten und ihre Truppen. Bei der als Beispiel ausgewählten Bildpostkarte (vgl. Abb. 11) sind im Hintergrund wiederum Soldaten hoch zu Ross zu sehen, moderne Verkehrs- oder Kommunikationsmittel wie Autos oder Feldtelefone, die die Kriegsführung prägten und mitentschieden, werden nicht dargestellt.

Bei den Opfern der Kampfhandlungen handelt es sich in der Regel um Feinde, die dem Feuer der eigenen Soldaten zum Opfer fallen. Besonders deutlich wird

Abb. 9: „Heldengräber in den Dolomiten", nach einem Gemälde von Karl Ludwig Prinz[36], undatiert (1915–1918). (Offizielle Karte für: Rotes Kreuz, Kriegsfürsorgeamt, Kriegshilfsbüro; SLA, Fotosammlung A 9136)

36 Karl Ludwig Prinz (Wien 1875 – Wien 1944), Maler und Bühnenbildner; vgl.: ÖBL 1815–1950, Bd. 8, Lfg. 38. Wien 1981, 284.

Abb. 10: Österreichischer und deutscher Soldat zu Pferd, Poststempel 4.8.1915 (Künstler-Kriegspostkarte, M. Schulz, Prag 1914; SLA, Fotosammlung A 9089)

dies bei der Darstellung eines Gefechts am Oberlauf der Soča (Isonzo), das so überhaupt nichts mit der Realität der zwölf Isonzo-Schlachten mit ihren hunderttausenden Toten gemeinsam hat (vgl. Abb. 12).

Bei der Eroberung feindlicher Städte (vgl. Abb. 13) ziehen die Truppen im Stil ihrer Vorgänger aus den Feldzügen vergangener Epochen in tadelloser Ordnung mit wehenden Fahnen, geführt von Offizieren hoch zu Ross ein. Die Darstellung moderner Waffen und Transportmittel fehlen – wieder sind es die Pferde, die neben den dargestellten Soldaten an das herkömmliche, in der Bevölkerung verbreitete Bild vom Krieg appellieren. Übergriffe der Besatzer auf die Zivilbevölkerung und die sinnlose Zerstörung von Gebäuden oder Kulturgütern wurden

Abb. 11: „Vorwärts denn mit Gott!" S. M. Kaiser Wilhelm besucht den Kronprinz im Feldlager zu Sorbey am 2. September 1914 (Sedantag), signiert J. Streyc[37] 1914 (M. Munk, Wien; SLA, Fotosammlung A 9112)

Nächste Seite oben:
Abb. 12: „Am Isonzo", 1915, signiert von F. Höllerer (SLA, Fotosammlung A 9113)

Nächste Seite unten:
Abb. 13: „Einzug der Verbündeten in Belgrad", 1915, signiert F. Höllerer (SLA, Fotosammlung A 9114)

naturgemäß ebenfalls nicht thematisiert oder im konkreten Fall, wie das brennende Haus im Hintergrund zeigt, verharmlosend dargestellt.

Auch die Lagerfeuerszenen „Unterwegs" (vgl. Abb. 14) zeigen nicht das Chaos in der Etappe während der verlustreichen Rückzüge an der Ostfront oder am Balkan, wie sie sich in den ersten Kriegsmonaten als Folge unzulänglicher Kriegsvorbereitungen und gravierender taktischer Fehler der militärischen Führung ereigneten.

In eine ganz andere Richtung, nämlich der Begeisterung für Technik, gehen die Darstellungen von Flugzeugen, Luftschiffen, U-Booten oder der bekannten Skoda-Mörser. Ein wichtiger Aspekt ist zudem die Betonung der Überlegenheit

37 Josef Streyc (Wien 1879 – Türnitz 1962), Maler, vgl.: Fuchs, Maler (wie Anm. 35), 130.

Am Isonzo

Einzug der Verbündeten in Belgrad

Inszenierte Verharmlosung und patriotische Parolen

auf technischem Gebiet. Im Falle von Österreich-Ungarn steht dies aber, anders als im verbündeten Deutschen Reich, im krassen Gegensatz zur oftmals veralteten Ausrüstung der bewaffneten Macht, sieht man von einigen Ausnahmen, wie den wenigen modernen Schlachtschiffen der Tegetthoff-Klasse, U-Booten, anderen Marineeinheiten oder den erwähnten Mörsern, ab.

Kein Spezifikum des Ersten Weltkrieges ist die Verharmlosung des Krieges im Kinderspielzeug. Hier griff man allerdings auf eine bereits übliche Form der Propaganda zurück.[39] In engem Zusammenhang dazu stehen jene Postkarten, auf denen die Kämpfe selbst oder das Leben der Soldaten allgemein als Kinderspiel und mit Kinderspielzeug dargestellt werden. In eine ähnliche Richtung gehen auch jene Darstellungen, in denen Raufereien oder sportliche Wettkämpfe als Symbole für das Geschehen an den Fronten herangezogen wurden. Damit sollte vom blutigen Ernst abgelenkt werden. Der Weltkrieg wurde in einen Zusammenhang mit gewohnten, bekannten Alltagsphänomenen gestellt. Gerade der Aspekt der Wirtshausraufereien rückte die Situation in die Nähe von Brauchtum und zumeist ländlichen, männlichen Konkurrenzritualen.

Religiöses Brauchtum und die dazugehörigen Festtage waren am Beginn des 20. Jahrhunderts noch stark im Bewusstsein der Menschen verankert. Sie strukturierten im Jahreskreis vielfach das bäuerliche Arbeitsjahr. Nicht zuletzt deshalb wurden Kriegsereignisse in vielen Darstellungen mit christlichen Festen bzw. dem dazugehörigen Brauchtum, wie Krampus, Weihnachten oder Ostern, in Verbindung gebracht. Vor allem die Darstellungen von Weihnachten an der Front vermitteln ein geradezu idyllisches, ja fast friedliches Bild. Der Soldat

Abb. 14: „Unterwegs", signiert Hans Larwin,[38] Absender datiert 5.7.1916 (Offizielle Karte für: Rotes Kreuz, Kriegsfürsorgeamt, Kriegshilfsbüro; SLA, Fotosammlung, A 9029)

38 Hans Larwin (Wien 1873 – Wien 1938), Maler; vgl.: Fuchs, Maler (wie Anm. 35), 11.
39 So befindet sich im SLA (Graphik XIII.146) ein „Neuestes gänzlich verbessertes Belagerungsspiel", ein „Fuchs und Henne" aus der Zeit der Napoleonischen Kriege.

Abb. 15: „1915", Weihnachten in einem Unterstand an der Front, signiert Franz Kuderna,[40] Poststempel 26.12.1915 (Feldpostkorrespondenzkarte Kriegsfürsorgeamt des k. u. k. Kriegsministeriums; SLA, Fotosammlung A 9145)

40 Franz Kuderna (Wien 1882 – Wien 1943), Portrait-, Genre- und Landschaftsmaler; vgl.: Heinrich Fuchs, Die österreichischen Maler der Geburtsjahrgänge 1881–1900, Bd. 1, A–L, Wien 1976, 148.

verbringt diesen Bildern zufolge das Weihnachtsfest nicht mit seiner Familie zu Hause. Er ist jedoch auch nicht einsam, sondern feiert nun versehen mit Liebesgaben aus dem Hinterland im Kreise seiner soldatischen „Ersatzfamilie".

Feiert er alleine irgendwo draußen im Schützengraben oder in einem Unterstand (vgl. Abb. 15), so bringen der Christbaum, Symbol des Heiligen Abends, und das Schreiben von Briefen an die Lieben zu Hause weihnachtliche Stimmung. Die eminente Bedrohung durch die Gefahren des Krieges bleibt bei allen diesen Darstellungen ausgeblendet.

Eigendarstellung und Verbündete

Nationale Symbole, wie Fahnen, Wappen oder Allegorien sind, abgesehen von den bereits erwähnten Schlachten und Gefechtsszenen, die wesentlichen Elemente in der Eigendarstellung und jener der verbündeten Mächte. Die Bündnistreue Österreichs, in erster Linie zum Deutschen Reich, wird zumeist entweder durch die beiden Kaiser, führende Feldherren oder einfache Soldaten in besonders typischen Uniformen der jeweiligen Heere symbolisiert. Häufig wird die Botschaft mit einschlägigen Sprüchen, wie „Waffenbrüder für heute und immerdar", verstärkt bzw. soll leichter verständlich werden.

Die Verbündeten der Habsburgermonarchie, die sogenannten Mittelmächte, werden häufig gemeinsam durch die Portraits der beteiligten Herrscher, auch in allegorischen Posen, oder die Fahnen der einzelnen Staaten dargestellt.

Einfache Soldaten eignen sich, abgesehen von den Deutschen, weniger als Symbol, da türkische und bulgarische Uniformen einer breiten Öffentlichkeit weitgehend unbekannt waren. Wieder wird auf die bekannten „Bilder" vergangener Kriege zurückgegriffen. So zeigt eine Fotomontage (vgl. Abb. 18) Kaiser Franz Joseph I. und Wilhelm II. zu Pferde an der Front, ungeachtet der Tatsache, dass der damals 84-jährige österreichische Monarch dazu physisch nicht mehr in der Lage gewesen wäre.

Abb. 16: „Waffenbrüder für heute und immerdar", signiert K. A. Wilke[41] (Postkarte des Deutschen Schulvereines; SLA, Fotosammlung A 8615)

Abb. 17: „Der große Bruder: Wer auf Gott vertraut und feste um sich haut hat nicht auf Sand gebaut". Kaiser Wilhelm II. im Kampfe mit der feindlichen Hydra, signiert Tony Angerer,[42] Poststempel 9.9.1916 (Meisenbach-Riffarth & Co. München; SLA, Fotosammlung A 9090)

41 Karl Alexander Wilke (Leipzig 1879 – Wien 1954), Illustrator, Bühnenbildner, Dekorations- und Theatermaler; vgl.: Fuchs Heinrich, Die österreichischen Maler des 19. Jahrhunderts, Bd. 4, S–Z. Wien 1974, 133.
42 Tony Angerer (Wien 1893 – Klosterneuburg 1969), Portrait-, Genre- und Landschaftsmaler, Grafiker; vgl.: Fuchs, Maler 1881–1900 (wie Anm. 40), 12.

Offizielle Karte für: Rotes Kreuz Kriegsfürsorge-Amt Kriegshilfs-Büro.

Die verbündeten Monarchen.

Abb. 18: „Die verbündeten Monarchen." Franz Joseph I. und Wilhelm II. zu Pferde, 1914 (Offizielle Karte für: Rotes Kreuz, Kriegsfürsorgeamt, Kriegshilfsbüro; Privatbesitz R. J., Reproduktion SLA)

Zentrale Tugenden, die den eigenen Soldaten und jenen der Verbündeten attestiert werden, sind in erster Linie Kameradschaft, Ritterlichkeit und Hilfsbereitschaft, letztere auch gegenüber Frauen und Kindern. Höhepunkt dieser Menschlichkeit ist die Fürsorge für Verwundete (vgl. Abb. 19), auch für jene des Gegners. In einen ähnlichen Bereich fällt auch die immer wiederkehrende Betonung der eigenen kulturellen Leistungen, ganz im Gegensatz zu den auch als Barbaren bezeichneten Feinden.

Bekannte Heerführer, wie Conrad von Hötzendorf oder Hindenburg (vgl. Abb. 20), in allegorischen Posen sind ein beliebtes Motiv.

Daneben wird immer wieder auf historische Persönlichkeiten Bezug genommen, in erster Linie dann, wenn sie, wie Andreas Hofer, Prinz Eugen oder Radetzky militärische Erfolge gegen Nationen errungen hatten, die nun abermals Österreich-Ungarn als Feinde gegenüberstanden. Bei Prinz Eugen ist dies die Eroberung von Belgrad 1717 – letztlich aber in Verkennung der historischen Tatsachen, erfolgte die Wiedereinnahme der serbischen Hauptstadt im 18. Jahrhundert doch in einem der Kriege gegen das nunmehr verbündete türkische Reich.

Besonders Andreas Hofer (vgl. Abb. 21) und der von ihm geführte Aufstand von 1809 gegen die Franzosen eignen sich hier als historische Parallele zu den damals aktuellen Kriegsereignissen, da er einerseits Siege gegen Frankreich errungen und andererseits eine allgemeine Erhebung in Tirol eingeleitet hatte. An der Südfront kämpften ab Mai 1915 Truppen der Donaumonarchie, verstärkt durch einheimische, regionale Tiroler Freiwilligenverbände („Standschützen") gegen Italien. Ebenso beliebt waren Motive aus den Napoleonischen Kriegen bzw. den sogenannten „Freiheitskriegen 1806 – 1815" (vgl. Abb. 22). Hier wurde allerdings die Tatsache negiert, dass wichtige, damals selbständige deutsche Staaten wie z.B. Bayern, zumindest zeitweise mit den Franzosen verbündet waren und bedeutende Truppenkontingente in den Dienst der Eroberungsfeldzüge Napoleons stellten.

Überaus beliebt waren zudem religiöse Motive (vgl. Abb. 23), wie Schutzengel, Kreuze, Heilige oder Gottesdarstellungen. Der Krieg erfährt somit nach dem gängigen Leitspruch „Für Gott, Kaiser und Vaterland" gleichsam eine religiöse, das heißt christliche Deutung und Rechtfertigung.

Bilder vom Kaiser im Gebet, vor allem von Franz Joseph I., sind ebenfalls in diese Richtung zu interpretieren. Gleiches gilt auch für populäre Feldherren im Gebet. Darstellungen von Feldgottesdiensten (vgl. Abb. 24) sollen den Adressaten in der Heimat auch den Eindruck vermitteln, dass selbst an der Front, im Schützengraben, religiöse Zeremonien möglich sind und Priester für die seelsorgliche Betreuung der Soldaten sorgen.

Oftmals wird der alte Kaiser (vgl. Abb. 25) als „Vater" für „seine" Völker dargestellt, für den sie kämpfen und sich aufopfern. Nach der Thronbesteigung des jungen Kaisers Karl I. verbleiben die Karten mit den Abbildungen seines Vorgängers naturgemäß weiter im Umlauf, die Neuproduktionen beziehen sich jedoch auf den jungen Monarchen.

Abb. 19: „Die Barbaren", ein österreichischer Soldat trägt einen russischen Verwundeten, signiert K. F. Gsur[43], Poststempel 21.1.1917 (Postkarte des Deutschen Schulvereines; SLA, Fotosammlung A 8618)

Abb. 20: „Die Schmiede unserer Zukunft." Die Generalstabschefs Paul Ludwig Hans Anton von Beneckendorff und von Hindenburg und Franz Graf Conrad von Hötzendorf schmieden zusammen ein Schwert, dahinter die allegorischen Frauendarstellungen von Germania und Austria, nach R. A. Höger[44], undatiert (vor 1917) (SLA, Fotosammlung A 9091)

43 Karl Friedrich Gsur (Wien 1871 – Wien 1939), Portrait-, Genre- und Landschaftsmaler; vgl.: Fuchs Heinrich, Die österreichischen Maler des 19. Jahrhunderts, Bd. 2, G–K. Wien 1973, 31.

44 Rudolf Alfred Höger (Trossnitz/Mähren 1877 – Wien 1930), Genremaler; vgl.: Fuchs, Maler (wie Anm. 35), 162.

Abb. 21: „Tiroler Wacht. Lieb Vaterland, magst ruhig sein: wir zielen brav wie anno neun!", Absender datiert 24.11.1916 (Postkarte des Deutschen Schulvereines; SLA, Fotosammlung A 8612)

Abb. 22: „1813 Körner's Tod am 26. August 1813", Absender datiert 12.6.1915 (Postkarte des Deutschen Schulvereines; SLA, Fotosammlung A 8620)

Darstellungen von Kindern als Metapher für Heimat und Familie appellieren an die Gefühle des Betrachters. Der Krieg erhält seine Legitimation als Akt der Verteidigung der schutzlosen Bevölkerung im Hinterland. Der starke, männliche Soldat wird gleichsam zum Beschützer der schwachen Frauen und der wehrlosen Familien, die zu Hause auf seine siegreiche Rückkehr warten. Der Krieg wird aber auch mit der Arbeit der jungen Männer gleichgesetzt (vgl. Abb. 26), auf deren siegreiche Rückkehr ebenfalls sowohl die Eltern als auch die Kinder warten.

Ein besonders einschneidendes mentales Erlebnis für die zumeist jungen Soldaten war der Abschied von zu Hause – es blieb oftmals die Ungewissheit über die Treue der zurückgelassenen Frau oder Freundin bzw. um das Fortbestehen einer Liebesbeziehung trotz Trennung und langer Abwesenheit (vgl. Abb. 27). Die hier präsentierten Geschlechterrollen bzw. das Frauenbild stehen in einem gewissen Gegensatz zu den Karten, auf denen scherzende Verwundete mit lächelnden Krankenschwestern am Arm abgebildet sind.

Abb. 23: „In der Schlacht bei Saarburg i. L. am 20. August 1914 wurde das Kreuz des Heilands weggeschossen, das Bild selbst blieb jedoch unbeschädigt und wird so erhalten bleiben." Poststempel 11.6.1914 (Feldpostkarte, Verlag W. Springer und Söhne, Straßburg; SLA, Fotosammlung A 9106)

Blick auf den Feind

Für die k. u. k. Monarchie waren Russland, Serbien und ab 1915 Italien die Hauptfeinde. Die anderen Mächte spielten nur eine untergeordnete Rolle. Grundsätzlich stellt der Bereich „Blick auf den Feind" in vielen Aspekten eine Umkehr der Motive und Symbole dar, die zur Selbstdarstellung bzw. zur Illustration der eigenen Stärke herangezogen wurden. Dies gilt auch für den Verweis auf vergangene Kriege und die dabei erzielten Siege gegen Nationen, denen man nunmehr wieder als Feind gegenüberstand (vgl. Abb. 28). Oftmals wird auch versucht, den Feind lächerlich zu machen. Zudem wird der Gegner in Kontrastierung der eigenen militärischen Stärke meist als Großmaul hingestellt. Tiere dienen zudem zur

Abb. 24: „Sieges-Dankmesse des II. Landesschützenregiments am 12.VII.1915 am Presena-Gletscher (2.800 m)", signiert Hans Bertle (Offizielle Karte für: Rotes Kreuz, Kriegsfürsorgeamt, Kriegshilfsbüro; SLA, Fotosammlung A 9132).

Abb. 25: Bildpostkarte anlässlich des Todes von Kaiser Franz Joseph I., signiert T. Ethofer,[45] Poststempel 14.12.1916 (Verlag Ferdinand Morawetz, Salzburg; SLA, Fotosammlung A 30331)

Abb. 26: „Vollbrachte Arbeit!", heimkehrender Soldat, Poststempel 20.8.1915 (Postkarte des Deutschen Schulvereines; SLA, Fotosammlung A 8576)

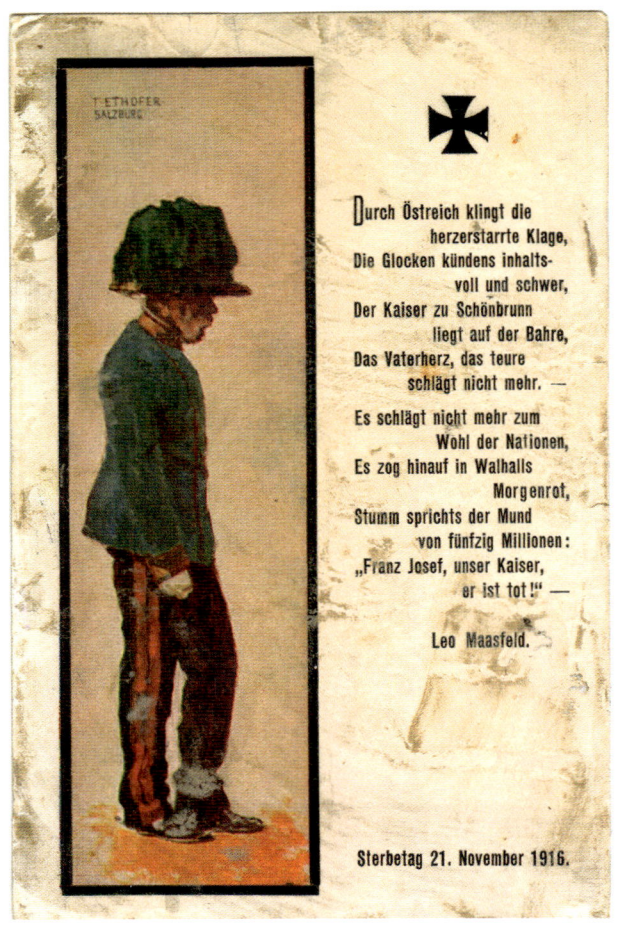

---

45 Theodor Josef Ethofer (Wien 1849 – Wien 1915), Genre- und Portraitmaler; vgl.: Fuchs Heinrich, Die österreichischen Maler des 19. Jahrhunderts, Bd. 1, A-F. Wien 1972, 86.

Abb. 27: Soldat nimmt Abschied, signiert E. Kutzer,[46] Poststempel 28.5.1918 (Offizielle Karte für: Rotes Kreuz, Kriegsfürsorgeamt, Kriegshilfsbüro; SLA, Fotosammlung A 9084)

Abb. 28: „1813 Napoleon's Flucht durch Leipzig", datiert und Poststempel 20.4.1915 (Postkarte des Deutschen Schulvereines; SLA, Fotosammlung A 8623)

Betonung von Klischees, wie der russische Bär, ein Hahn für Frankreich oder ein Löwe für Großbritannien.

Manchmal werden sie auch als unterlegen im Kampf gegen den siegreichen Doppeladler, Symbol für die k.u.k. Monarchie, dargestellt. In dieselbe Richtung zielen Sprüche, wie „Gott strafe England!" auf Marken, die neben den Briefmarken angebracht wurden (vgl. Abb. 29). Sie enthalten ebenso Hetzparolen und wiederholen und verstärken somit auf der Rückseite die Botschaft der Kartenbilder. Dies stellt jedoch kein Novum dar, denn auch auf der Rückseite der Postkarten des Deutschen Schulvereines war bereits eine Stelle für zusätzliche Marken mit einschlägigen Aufschriften und Bildern gekennzeichnet.

Als Unterscheidung der Feinde dienten häufig deren Nationaltrachten oder Uniformen bzw. markante Details, wie die Kopfbedeckung der Bersaglieri mit Federbuschen oder der typische Hut mit Feder der Alpini. Bemerkenswert ist, dass schon damals in den Abbildungen nationale, aber auch rassische Vorurteile auftraten. Russland stellte man in Zusammenhang mit den Mongolen, England mit indischen Truppen oder Frankreich mit farbigen Kolonialeinheiten dar.

46 Ernst Kutzer (Česká Lípa/Leipa 1880 – Wien 1965), Maler, Grafiker, Autor und Bilderbuchillustrator; vgl.: Antiquariat Weinek (Hg.), Ernst Kutzer 1880–1965. Kommentiertes Verzeichnis des Nachlasses des österreichischen Illustrators. Salzburg 2003.
47 „An Meine Völker", Extra-Ausgabe Wiener Zeitung, Nr. 118, 23.5.1915.
48 *Die großen Erinnerungen an Novara, Mortara, Custozza, Lissa, die den Stolz Meiner Jugend bilden, und den Geist Radetzkys, Erzherzog Albrechts und Tegetthoffs, der in Meiner Land- und Seemacht fortlebt, bürgen Mir dafür, daß Wir auch gegen Süden hin die Grenze der Monarchie erfolgreich verteidigen werden.* Zit. aus: „An Meine Völker" (wie Anm. 47).

Abb. 30: „Im russischen Gefangenenlager in St. Leonhard bei Salzburg", Poststempel 23.6.1915 (Verlag u. Druck Huttegger, Salzburg 1915; SLA Fotosammlung A 9119).

Abb. 29: Klebemarke „Gott strafe England" – Kriegsjahr 1914/1915" (Größe: 4,6 x 3,2 cm; SLA, Fotosammlung A 9089 beigelegt)

Auch in den Themenbereich der Feindesdarstellungen fallen Bildpostkarten mit Fotografien von Kriegsgefangenenlagern, die ebenfalls per Feldpost versandt wurden. Bemerkenswert ist auf der vorliegenden Karte (vgl. Abb. 30) das augenscheinlich friedliche Nebeneinander von Gefangenen und ihren Bewachern. Den gefangenen, besiegten Feinden haftet nichts Bedrohliches mehr an – Ausdruck der eigenen Überlegenheit und des Großmutes gegenüber den nun wehrlosen Gegnern.

Nach dem Kriegseintritt des italienischen Königreiches konzentrierte sich die Propaganda hauptsächlich gegen dieses ehemalige Mitglied des Dreibundes, dem der Wechsel des Bündnisses als Verrat ausgelegt wurde. Italien bzw. die Italiener wurden wegen des Bündniswechsels zumeist als Verräter, als Judas bezeichnet, oder ganz allgemein mit den Attributen hinterlistig und faul oder sogar mit dem abwertenden Ausdruck „Katzelmacher" versehen. Bereits das kaiserliche Manifest[47] vom 23. Mai 1915 anlässlich der Kriegserklärung bezeichnete Italien als den *neuen heimtückischen Feind im Süden*, ganz im Gegensatz zu dem *mächtigen Feinde im Norden*. Auch werden in dieser offiziellen Stellungnahme von Kaiser Franz Joseph I. historische Bezüge hergestellt und auf die Siege von Radetzky, Erzherzog Albrecht und Tegetthoff hingewiesen.[48]

Italiens Politik in der letzten Phase vor dem Kriegseintritt war durch Gebietsansprüche gegen Österreich-Ungarn geprägt. Dieses Motiv findet sich dann auch in den Propagandapostkarten wieder (vgl. Abb. 31). Neben der Brenner-

Abb. 31: „Denk an Novara, an Custozza denke, Vergesse nicht auf Lissas eh'rnen Schlag, Wir kennen uns und kennen deine Ränke, Es kommt gewiß hiefür der Rache Tag …" datiert 17.9.1915. (Offizielle Karte für: Rotes Kreuz, Kriegsfürsorgeamt, Kriegshilfsbüro; SLA Fotosammlung, A 9099)

grenze sind es vor allem die territorialen Forderungen auf dem Balkan. Auch hier erfolgt eine Kombination von bildlichen Darstellungen mit der dazugehörigen Beschriftung. Ein immer wiederkehrendes Motiv ist auch der „italienische Stiefel", abgeleitet von der charakteristischen Form der Apenninenhalbinsel. Im letzten Kriegsjahr, nach dem Friedensschluss mit Russland, ist der Gegner im Süden das fast ausschließliche Motiv auf den Propagandapostkarten. Als die anderen Mächte 1918 auf dem Balkan eine neue direkte Front gegen die Habsburgermonarchie und ihre Verbündeten eröffneten, fand dies auf den Propagandapostkarten keinen Niederschlag mehr.

Abb. 32: „Sie die hier zurückgeblieben, Nützen mehr, als sonst im Frieden, Will man siegen muss man schmieden, Waffen an der grünen Steyr", Paul Deutsch, „Stille Helden ernster Zeit", undatiert (Postkarte O. R. Popper, Steyr; SLA, Fotosammlung A 9116)

Krieg als Alltag im Hinterland

Kein Bereich des Lebens blieb vom Krieg und seinen Folgen verschont. Er sollte daher auch fernab der Front als Teil des Alltags, als ganz „normaler" Zustand begriffen werden. Dies gilt in besonderem Maße für die Versorgungsengpässe selbst mit den nötigsten Gütern des täglichen Bedarfs und die Rohstoffknappheit, die mit zunehmender Dauer des Krieges den Alltag immer mehr dominierten.

Den Zusammenhalt der Menschen in der Heimat und ihre Bedeutung für die Kriegswirtschaft, konkret für die Rüstungsindustrie, thematisiert eine Karte aus Steyr (vgl. Abb. 32), einem der Zentren der Waffenproduktion der Donaumonarchie im Ersten Weltkrieg. Vertreter unterschiedlichster Stände, Klassen, Berufe und Generationen bewegen sich in eine Richtung. Sie sind somit ein Sinnbild für die Einigkeit und den Siegeswillen der Bevölkerung im Hinterland. In gewisser Weise nimmt diese Symbolik bereits das Schlagwort von der „Volksgemeinschaft" im Dienste des „Endsieges" vorweg, die dann etwas mehr als zwei Jahrzehnte später, im Zweiten Weltkrieg, von der NS-Propaganda immer wieder beschworen wurde.

Die existenziellen Probleme für jeden Einzelnen aber auch für das Funktionieren der Kriegswirtschaft im Allgemeinen wurden auf den Bildpostkarten verharmlost, indem sie beispielsweise als familiäre Idylle dargestellt wurden. Die vorliegende Karte (vgl. Abb. 33) bildet die Realität im letzten Kriegsjahr aber insofern ab, da die Familie nur aus nicht wehrfähigen Mitgliedern besteht. Der Vater und vielleicht auch der Großvater fehlen – sie sind an der Front. Auch ihr

Gesichtsausdruck ist traurig und niedergeschlagen und hat nichts mehr mit dem begeistert patriotischen Lächeln auf den Karten früherer Kriegsjahre gemeinsam.

Inwieweit Propagandapostkarten der erhofften Stärkung des Durchhaltewillens nützlich waren, darf zumindest bezweifelt werden. Zu oft klafften Realität und das veröffentlichte Bild des Krieges weit auseinander und straften die Propaganda Lügen – diese Postkarten erhielten damit unabhängig von den Abbildungen auf der Vorderseite fast wieder eine „zivile Funktion", nämlich als Kommunikationsmedium, als Lebenszeichen zwischen Absender und Empfänger, zwischen Heimat und Front.

Abb. 33: „Stilles Heldentum"; Kriegsmetallsammlung vor einer Sammelstelle, signiert Richard Moser,[49] Poststempel Tagesdatum unleserlich 1918 (Offizielle Karte für: Rotes Kreuz, Kriegsfürsorgeamt, Kriegshilfsbüro; SLA, Fotosammlung A 9123)

49 Richard Moser (Wien 1874 – Salzburg-Aigen 1924), Radierer und Maler; vgl.: ÖBL 1815–1950, Bd. 6, Lfg. 30. Wien 1975, 390.

Hans Weichselbaum

Literatur und Erster Weltkrieg in Salzburg

Im dritten Kriegsmonat rühmte sich der in Salzburg lebende Schriftsteller Hermann Bahr, dass er kein einziges Kriegsgedicht verfasst habe. „Wer kann das von sich sagen? Wer macht mir das nach?", meinte er zu Beginn seines Prosatextes „Kriegssegen", um dann umso heftiger die Kriegstrompete zu blasen.[1] Er bezog sich mit dieser stolzen Abgrenzung auf eine Massenproduktion von Gedichten in den ersten Kriegsmonaten, die der literarische Beitrag zur Mobilisierung war. Tausende von Gedichten wurden allein pro Tag (!) im Deutschen Reich an Zeitungsredaktionen geschickt, eine *Hochzeit der Kriegspropaganda*[2]. Die Intensität der lyrischen Produktion mag in der Habsburgermonarchie, jedenfalls im deutschsprachigen Teil, geringer gewesen sein, Lyrik war jedoch auch hier die bevorzugte Gattung, auch noch in den späteren Kriegsjahren.

Nur wenige der bekannten Autoren beteiligten sich nicht am patriotischen Halali. Der anfänglichen Euphorie konnten (und wollten) sich auch literarische Größen wie Robert Musil, Franz Werfel oder Hugo von Hofmannsthal nicht entziehen. Konsequent abseits gehalten haben sich nur Artur Schnitzler und – nach längerem Schweigen – Karl Kraus, der dann zum heftigsten und wortmächtigsten Kriegsgegner wurde. Mehr oder weniger prominente Literaten waren in Wien vor allem in zwei Dienststellen tätig: im Kriegspressequartier und im Kriegsarchiv. Der Major Robert Michel, der im Dezember 1913 zusammen mit Georg Trakl im Innsbrucker Musikvereinssaal aus seinen Werken las, war beispielsweise zunächst Angehöriger des Kriegsarchivs (1911–1914), dann für drei Jahre Zensor und Gruppenleiter im Kriegspressequartier und wechselte 1918 für kurze Zeit in die Direktion des Burgtheaters. Diese Verhältnisse sind bereits ausführlich untersucht worden[3], sie sind für das Kronland Salzburg aber nicht sonderlich relevant, da es hier keine vergleichbaren Einrichtungen gegeben hat – außer der Zensurstelle. Die literarische Landschaft in Salzburg vor dem Ersten Weltkrieg kann nicht gerade als üppig bezeichnet werden. Es finden sich Autoren und Autorinnen adeliger Herkunft, weiters solche aus dem Bürgertum, denen die humanistische Bildung den Zugang vor allem zu historischen Themen geöffnet hat, Mundartdichter und eine Gruppe jüngerer Literaten, die den Anschluss an moderne Tendenzen suchten und sich 1897 im literarischen Zirkel der „Literatur- und Kunstgesellschaft ‚Pan'" zusammengeschlossen haben. „Nicht an Schreibbegeisterten fehlte es, sondern an kreativen Talenten", heißt es in einer Untersuchung der literarischen Situation dieser Zeit.[4] Mehrere Mitglieder der „Pan"-Gruppe, die sich 1913 in einer Anthologie mit Beiträgen von 24 Autoren einer breiteren Öffentlichkeit präsentiert hat, haben in der Folge auch literarische Beiträge zum Thema „Krieg" verfasst: Wilhelm von Arlt, Hermann Bahr, Anton Pichler, Karl Schoßleitner, Heinrich von Schullern, Georg Trakl und Fürst Friedrich Wrede. Bevor deren Bezug und Einstellung zum Krieg an Beispielen gezeigt werden soll, sei ein Blick auf das Medium gerichtet, in dem die Literatur, was auch immer als solche gegolten hat, ihre breiteste Wirkung erreichen konnte: auf die Zeitungen. In allen drei damaligen Tageszeitungen („Salzburger Volksblatt": liberal-deutschnational; „Salzbur-

---

1 Bahr Hermann, Kriegssegen. München 1915, 19.
2 Mayer Norbert, „Es wird scharf geschossen", Die Presse, 29.6.2013, 65.
3 Broucek Peter, Das Kriegspressequartier und die literarischen Gruppen im Kriegsarchiv 1914–1918. In: Österreich und der Große Krieg 1914–1918. Die andere Seite der Geschichte, hg. von Amann Klaus/Lengauer Hubert. Wien 1989, 132–139.
4 Hanisch Ernst/Fleischer Ulrike, Im Schatten berühmter Zeiten. Salzburg in den Jahren Georg Trakls (1887–1914) Salzburg 1986, 129–145. Zu diesem Thema auch: Feichtlbauer Martin, Salzburgs hochdeutsche Literatur von 1850–1917 im Rahmen der deutschen Literaturentwicklung. In: MGSL 57 (1917). Salzburg 1917, 65–233.

Abb. 1: „Der Kriegslyriker". Karikatur von Arthur Paunzen. („Die Muskete", 17.12.1914)

ger Chronik": katholisch-konservativ; „Salzburger Wacht": sozialdemokratisch) wurden immer wieder Gedichte und manchmal auch Prosatexte abgedruckt, die den Krieg oder Aspekte davon thematisierten. Die Verfasser waren zum Teil Salzburger oder lebten hier für längere oder kürzere Zeit, manchmal wurden Texte aus anderen österreichischen Publikationen, beispielsweise der „Armee-Zeitung" oder der „Muskete", nachgedruckt oder aus deutschen Zeitungen wie dem „Berliner Tagblatt", dem „Simplicissimus" oder der Münchner „Jugend" übernommen. Vor allem zu Kriegsbeginn sind solche Texte in allen drei Zeitungen zu finden, am häufigsten im „Salzburger Volksblatt", am wenigsten in der „Salzburger Chronik". Je länger der Krieg gedauert hat, desto weniger sind im „Salzburger Volksblatt" erschienen, was auch damit zusammenhängt, dass sich der Umfang der Zeitung wegen des Papiermangels halbiert hat. Viele dieser Gedichte verherrlichen den Krieg, manche sehen in ihm eine unvermeidliche Notwendigkeit, und nach den ersten Niederlagen findet sich manches zumindest Nachdenkliche. Kritische Beiträge brachte am ehesten die „Salzburger Wacht" – soweit die Zensur es zugelas-

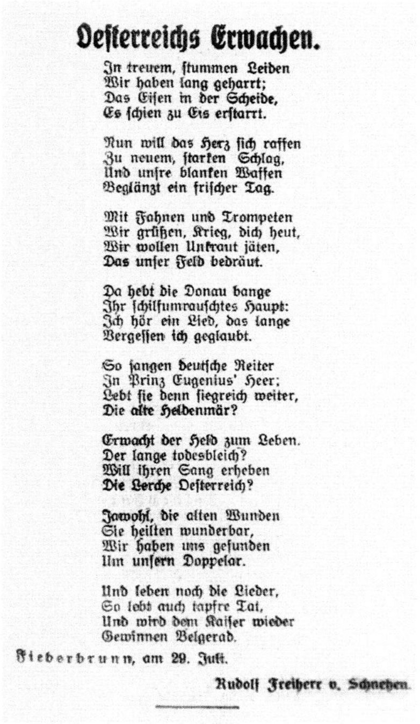

Oesterreichs Erwachen.

In treuem, stummen Leiden
Wir harrten lang gehärt;
Das Eisen in der Scheide,
Es schien zu Eis erstarrt.

Nun will das Herz sich raffen
Zu neuem, starken Schlag,
Und unsre blanken Waffen
Beglänzt ein frischer Tag.

Mit Fahnen und Trompeten
Wir grüßen, Krieg, dich heut,
Wir wollen Unkraut jäten,
Das unser Feld bedräut.

Da hebt die Donau bange
Ihr schilfumrauschtes Haupt:
Ich hör ein Lied, das lange
Vergessen ich geglaubt.

So sangen deutsche Reiter
In Prinz Eugenius' Heer;
Lebt sie denn siegreich weiter,
Die alte Heldenmär?

Erwacht der Held zum Leben,
Der lange todesbleich?
Will ihren Sang erheben
Die Lerche Oesterreich?

Jawohl, die alten Wunden
Sie heilten wunderbar,
Wir haben uns gefunden
Um unsern Doppelaar.

Und leben noch die Lieder,
So lebt auch tapfre Tat,
Und bald wird dem Kaiser wieder
Gewinnen Belgerad.

Fieberbrunn, am 29. Juli.

Rudolf Freiherr v. Schnehen.

Abb. 2: Schnehen Rudolf Freiherr von: „Österreichs Erwachen" (Salzburger Volksblatt, 2.8.1914)

5 z.B.: Salzburger Wacht, 14.7.1918, 1: Von drei Spalten ist nur eine halbe bedruckt; dasselbe widerfuhr allerdings auch der Salzburger Chronik, 13.7.1918, 1.
6 N. N., „Unsere Zensur", Salzburger Wacht, 17.3.1916, 1f.
7 Holek Heinrich, „Die Zensurmaschine", Salzburger Wacht, 23.11.1916, 5f.
8 Schnehen Rudolf Freiherr von, „Österreichs Erwachen", Salzburger Volksblatt, 2.8.1914, 1.
9 Schullern Heinrich von, „Deutsch-Österreich 1914", Salzburger Volksblatt, 28.8.1914, 5.
10 P., „Unsere Hoffnung", Salzburger Wacht, 11.8.1914, 7.
11 N. N., „Das Lied des Landsturmmannes", Salzburger Volksblatt, 14.10.1914, 5.

sen hat. In manchen Nummern sind dort mehr weiße Flecken zu finden als Gedrucktes.[5] Mehrfach beklagte sich die Redaktion darüber. Insbesondere empfand man die unterschiedliche Handhabung der Zensur in den einzelnen Kronländern als ungerecht.[6] In einem satirischen Beitrag wird die Einführung einer Zensurmaschine empfohlen, die die weißen Flecken gleichmäßig und symmetrisch über die Seiten verteilen könnte, womit sie dem Ideal nahe käme, eine weiße Zeitung zustande zu bringen.[7]

Im ersten Teil folgen nun Beispiele aus der Kriegsdichtung, wie sie der damalige Leser in Zeitungen finden konnte, im zweiten Teil werden Publikationen einzelner Autoren zum Thema „Krieg" ausführlicher dargestellt. Mit dem Gedicht „Österreichs Erwachen" von Rudolf Freiherr von Schnehen begann im „Salzburger Volksblatt" vom 2. August 1914 auf der ersten Seite die lose Reihe von Gedichten zum Thema „Krieg"[8]. Der Verfasser, geboren 1868 in Salzburg, war vor dem Krieg im Blühnbachtal Oberförster des in Sarajewo ermordeten Erzherzogs Franz Ferdinand und als Schriftsteller tätig. 1914 bereits in Pension, schrieb er dieses achtstrophige Gedicht einen Tag nach der Kriegserklärung Österreich-Ungarns an Serbien. Er begrüßte darin den Krieg *mit Fahnen und Trompeten*, denn *wir wollen Unkraut jäten, das unser Feld bedräut*. Anschließend beschwört er das Lied vom größten Heerführer der österreichischen Geschichte, Prinz Eugen, das freilich von *deutschen Reitern* gesungen worden sei. Die *alten Wunden*, womit er auf die österreichische Niederlage 1866 bei Königgrätz anspielt, seien geheilt: *Wir haben uns gefunden / Um unsern Doppelaar*. Lied und Tat sollen nun eins werden und der Kaiser solle nun wieder gewinnen *Belgerad*.

Zwei Themen sind in diesem Gedicht zu finden, die in literarischen Beiträgen mehrfach wiederkehren: die Berufung auf österreichische militärische Traditionen und das enge Verhältnis zum Deutschen Reich – was manchmal zu Widersprüchen und ideologischen Verwerfungen führte. Das Nibelungenlied dient öfters als ideologische Klammer zwischen diesen Bereichen. So findet sich im „Salzburger Volksblatt" Ende August 1914 ein Gedicht mit dem Titel „Deutsch-Österreich 1914"[9] des aus Tirol stammenden Arztes Heinrich von Schullern (1865–1955), der unter anderem als Gemeindearzt in Maxglan, später als Militärarzt tätig war und dessen Einakterzyklus „Genußmenschen" 1906 im Salzburger Landestheater aufgeführt worden ist. Schullern hoffte darin einerseits, dass der Krieg eine Erneuerung Österreichs bringen (*Die schwüle Zeit, sie ist vorbei*) und zur Einigung dieses „Völkerbundes" beitragen werde, andererseits beschwor er die Nähe zum Deutschen Reich (*Sind deutsch bis in die Knochen!*) und kam zu dem Schluss: *Wir bieten Trotz der ganzen Welt, / Wenn eins dem andern Treue hält / Nach Art der Nibelungen*. Ganz ähnlich ersehnt der Autor eines mit „P." gezeichneten Sonetts in der Rubrik „Stimmen aus dem Publikum" der „Salzburger Wacht" *ein tiefes, Völker einendes Begehren*, auch wenn er weiß, dass die *Pflicht [...], die Seinen zu verlassen* schwer sei.[10] Das klingt noch reflektiert im Vergleich zum Lied eines anonymen Landsturmmannes, der in einem nach Meinung des Redakteurs „nicht übel geratenen" sechsstrophigen Gedicht folgendermaßen formuliert:

Geht vor, lieb Freund und zielet gut
Und haut die Kerle nieder,
Und wenn genug erschlagen sind,
Dann kommt gesund uns wieder.[11]

Zur Mobilisierung konnten auch Kriegslieder von Heerführern aus vergangenen Zeiten beitragen, so beispielsweise ein „Zeitgemäßes Gedicht" aus dem Nachlass des Feldmarschallleutnants Freiherrn von Jellachich (=Jelacic, 1746 – 1810), eines kroatischen Adeligen, der auf dem Balkan gegen die Türken und später gegen die napoleonischen Truppen gekämpft hat. Jede der vier Strophen beginnt mit dem Ausruf „Herrlich!"; so ist es

Herrlich, wenn in festen Ketten
Mit gefällten Bajonetten
Vorwärts stürzt die mutige Schar,
Sehen wir Blut der Unser'n wallen,
Muß der Feind zu Tausend fallen,
Furchtbar rächt sich Österreichs Aar! [12]

Ein Beitrag aus der jüngeren Vergangenheit war das „Salzburger Kriegslied"[13] von Hugo Graf Lamberg (1833 – 1884), der, geborener Steirer, in den Kriegen gegen Italien, Dänemark und Preußen eingesetzt war, später in Salzburg politische Karriere machte und hier 1872 – 1880 vom Kaiser ernannter Landeshauptmann war. Er dilettierte als Mundartdichter und rief in seinem Kriegslied mit Berufung auf den sagenhaften Kaiser Karl im Untersberg die *Buama* dazu auf, das Leben für „Kaisa und Vaterland" zu riskieren:

Schiaßt an da Feind in d'Ruah,
Macht ma halt d'Äuglan zua!
Gern geb'n ma's Leb'n her
Niemals die Ehr'!

Aber so schlimm werde es letztlich nicht werden; zuletzt wartet schon das *Schatzerl* im *Dörferl* und der Heimkehrende kann der Mutter zurufen: *Muaderl, mir tuat nix weh'! / Herzen und Busserln geb'n / Bleibt hiazt mei Leb'n!*.

Als besonders drastischer Kriegstrompeter betätigte sich der in Bozen geborene Richard Strele (1849–1919). Er sammelte erste Kriegserfahrungen bereits 1866 und war nach Abschluss der Studien als Lehrer in der Bukowina tätig. In Czernowitz trat er 1877 in den Bibliotheksdienst ein, wechselte 1880 nach Salzburg und stieg hier zum Direktor der Studienbibliothek auf (1906–1911; heute Universitätsbibliothek). Er war in der Burschenschaftsbewegung aktiv und schrieb Studentenlieder und Mundartgedichte. Im elfstrophigen Gedicht „Hui auf!"[14] feuert er mit einem *Ja!* zwischen den Strophen, in denen die Gegner vorgeführt werden (Italien fehlte zu dieser Zeit noch), die *Buaben* zu einem *Haberfeldtreiben*, einer Art volkstümlichem Femegericht, an; in der dritten Strophe fragt er:

Wen werma denn zerst bei die Ohrwasch'ln pack'n?
Wem werma denn zerst die Visaschi derhack'n?
Wen werma denn zerst ins Wasser neinschmeiß'n?
Wer vo die Luadern kimmt an d'Reih?
Dös is enk wol glei?

12 Jellachich Freiherr von, „Zeitgemäßes Gedicht", Salzburger Volksblatt, 19.8.1914, 9.
13 Lamberg Hugo Graf, „Ein Salzburger Kriegslied", Salzburger Volksblatt, 6.10.1914, 5.
14 Strele Richard von, „Hui auf!", Salzburger Volksblatt, 6.9.1914, 4.

Bei einem Mirabell-Konzert zur Verabschiedung des Salzburger Rainer-Regiments trug Strele ein Gedicht vor, in dem die *Stierwascher* zu *Bärenwascher* werden, die die Feinde erzittern lassen: *Denn miar san miar, san wia die Stier / Im Raffen kimmt uns koana vier*.[15] Für das Salzburger Hausregiment verfasste auch Franz Heilmayer, Reichsratsabgeordneter und Gemeindevorsteher in Mattsee ein „Rainerlied", von dem die Redaktion annahm, dass es in seiner *einfachen heimischen Singweise [...] rasch in das Volk dringen* werde.[16] Wiederholt erschienen Berichte über *Unsere Rainer*, da deren Schicksal viele Leser verständlicherweise besonders interessieren musste.[17] Im Mai 1917 erinnerte der Salzburger Johann Rettenbacher in einem Gedicht daran, dass ein Jahr zuvor der spätere Kaiser Karl mit den *Rainern* bei Arsiero in der Nähe von Vicenza gegen *der Wälschen Hinterlist* gekämpft habe und nun *rufen's die Rainer hinaus in die Welt – : / ‚Mit uns stürmtest mutig du einstens ins Feld!'*[18] Obwohl der Geburtstag erst drei Monate später war, erschienen *anläßlich des Geburtsfestes Ihrer Majestät* im Mai 1917 in der „Salzburger Chronik" zwei Strophen als Fortsetzung des Kaiserliedes, in denen *Kaiser Karl als junger Held* und die Kaiserin Zita als *fromm, tugendreich* und *engelsgleich* gepriesen wurden.[19]

Als „Waggonpoesie" bezeichnete man Gedichte, die von (angeblich) anonymen Verfassern außen oder innen auf Waggons geschrieben wurden, mit denen die Truppen an die Fronten rollten. Was hier *Augenblick und schlichter Volkssinn*, wie es in einer redaktionellen Anmerkung heißt, hervorgebracht hat, lautet beispielsweise folgendermaßen:

Da Nikolaus z'Rußland
Hat gschworn und hat glogn
Und jetzt wird eahm die Haut
Übern'n Kopf abizogn.
Und wann mas aft ham,
Mach ma Hundspeitschn draus
Und treibn dö Bagasch
Aus eahnan Diebstandl aus.[20]

Die letzte der acht Strophen schließt mit der Gewissheit: *Ös Serben und Russen / Und wias enk nu nennts, / D'Schneid wird enk gschwind vergehn, / Wanns uns amol kennts*. Ein Reimschmied aus adeligen Kreisen konnte hier durchaus mithalten. Der in Salzburg geborene und in St. Gilgen begrabene Erzherzog Peter Ferdinand von Österreich-Toscana (1874–1948) bedankte sich für Glückwünsche zu einem militärischen Erfolg mit den Versen:

„*Ja, die Salzburger Leut',*
Die hau'n drein wie net g'scheit,
In so grimmiger Wuat,
Daß in Strömen fließt's Bluat."[21]

Mit Vorliebe, aber nicht ausschließlich in der Salzburger Mundart, schrieb der Heimat- und Gelegenheitsdichter Otto Pflanzl (1865–1943), der hauptsächlich für die Stieglbrauerei tätig war. Es gehörte offenbar zu seinem Beruf, unterschiedliche öffentliche Ereignisse mit Versen zu bekränzen, so später auch den Empfang

---

15 Strele Richard von, „Den Rainern zum Abschied", Salzburger Chronik, 9.8.1914, 4.
16 Heilmayer Franz, „Rainerlied", Salzburger Volksblatt, 1.7.1916, 6.
17 Beispielsweise „Unsere Rainer", Salzburger Chronik, 30.3.1918, 3, oder Salzburger Chronik, 13.4.1918, 7.
18 Rettenbacher Johann, „Erinnerungsblatt der Rainer bei Arsiero", Salzburger Volksblatt, 8.5.1917, 3.
19 Prohaska Rudolf Freiherr von, „Vom Kaiserlied", Salzburger Chronik, 20.5.1917, 4.
20 N. N., „Waggonpoesie", Salzburger Volksblatt, 27.8.1914, 6.
21 Salzburger Chronik, 25.4.1915, 5.

Adolf Hitlers in der Salzburger Residenz.[22] Er hatte bereits vor dem Krieg mehrere Bände mit Mundartgedichten herausgegeben[23], kurz nach Kriegsbeginn erschien der Band „A lustig's Eichtl" mit „allerhand Gschicht'ln und Gedicht'ln". Er muss eine stattliche Erscheinung gewesen sein, denn zu seinem 50. Geburtstag schrieb Ernst Sompek, damals Leiter der Salzburger Liedertafel und später Komponist der Salzburger Landeshymne, ein Gedicht, in dem es heißt: *Wer kennt den Pflanzl net: Dick, g'sund und schwaa; / wo der steht, auf den Platz da stengen sunst zwaa.*[24] In einem Gedicht anlässlich des Stieglkeller-Almabtriebs im September 1914 konnte er die Kriegsereignisse nicht ganz ausblenden, brachte aber die Hoffnung zum Ausdruck, dass beim *Auftrieb* im nächsten Frühling alle wieder *jauchzen, jubeln, fröhlich sein* können.[25] Zum „Soldatentag" am 7. Februar 1915 fasste er einen Spendenaufruf in der „Salzburger Chronik" in Verse, in denen von der anfänglichen Jubelstimmung nichts mehr zu spüren war. In der dritten Strophe heißt es:

Denn für das, was jene dulden
Und ertragen Tag und Nacht,
Haben lindernd wir nur Tropfen
In das Leidensmeer gebracht.[26]

Als in der höheren Gewerbeschule (heute HTL) die Matura wegen des Krieges vorgezogen werden musste, schrieb Pflanzl für den Abschiedsabend das Gedicht „Kriegsmatura", in dem er die Matura als eine *ernste Lebensbrücke / Für die schwerste Prüfungszeit*[27], also für den Weg an die Front, bezeichnete. Als im Februar 1915 im Gasthof „Weiße Taube" in der Kaigasse ein Bürger-Stammtisch „Zum eisernen Kreuz" zur Unterstützung von Witwen und Waisen gefallener Soldaten und von Invaliden gegründet wurde, schrieb er für das Spenderbuch ein Einleitungsgedicht mit 13 Strophen; die erste lautet:

Einen Großteil uns'rer Nächsten
Traf die Kriegsnot furchtbar schwer,
Und es ist so manche Heimstadt [sic!]
Nun für immer öd und leer.[28]

Ein Hinweis auf die *deutsche Eiche*, aus der der Tisch gemacht war, durfte in der letzten Strophe nicht fehlen. Über 900 Bürger haben einen Nagel in den Tisch geschlagen, gespendet und sich in das Buch eingetragen. Sowohl zu Weihnachten 1914 als auch 1915 ist Pflanzl im „Salzburger Volksblatt" mit Gedichten vertreten; er schien keine großen Bedenken zu haben, einerseits die *Braven* dafür zu loben, wenn sie *die feindlichen Horden zu Paaren* [...] *treiben*, andererseits *tausende Glocken* den Frieden verkünden zu lassen.[29] Ein Jahr später löste ihn als Verfasser eines Weihnachtsgedichtes Heinrich von Schullern ab, der die Kluft zwischen Wunsch und Realität im Gedicht „Des Herrn Wiegenfest" so formulierte:

Doch frisst sich in das blendendweiße Prangen
Des Krieges blutigroter Fluch:
Das Festgewand, es wird zum Leichentuch.[30]

22 Pflanzl Otto, „An den Führer", Salzburger Volksblatt, 8.4.1938, 13.
23 „Auf da Ofenbänk", 1904; „Auf da Hausbänk", 1909; „Im Lusthäusl", 1911.
24 E. S. [Ernst Sompek], Zum heutinga Abend. (Otto Pflanzl's 50. Geburtstag). Bibliothek des Salzburg Museums, Nr. 12766.
25 Pflanzl Otto, „Stieglkeller-Almabtrieb", Salzburger Volksblatt, 14.9.1914, 7.
26 Pflanzl Otto, „Soldatentag" (Zum 7. Februar), Salzburger Chronik, 7./8.2.1915, 14.
27 Pflanzl Otto, „Kriegsmatura", Salzburger Volksblatt, 16.2.1915, 7.
28 Spenderbuch des Stammtisches „Eisernes Kreuz" des Gasthofes „Zur weißen Taube". Gedicht von Otto Pflanzl und Unterschriften der Stifter und Spender (bis 1922). AStS, Sig. 2000.1124.
29 Pflanzl Otto, „Kriegs-Weihnachten 1915", Salzburger Volksblatt, 18.12.1915, 11.
30 Schullern Heinrich von, „Des Herrn Wiegenfest", Salzburger Volksblatt, 23.12.1916, 3.

Es fiel nicht leicht, *in dieser Winternacht / Für ein Stündchen selig [zu] werden*, wie es in einem anderen Weihnachtsgedicht von Rudolf Herzog heißt, das aus dessen *köstlicher Kriegsgedichtsammlung*, wie es der Redakteur qualifizierte, nachgedruckt wurde.[31] Zu Weihnachten 1917 verzichtete das „Salzburger Volksblatt" dann auch auf störende Kriegsbezüge und lieferte mit dem Gedicht „Weihnachtsglocken" ein winterliches Idyll: *Vom Himmel fallen sanft die weißen Flocken, / Die Welt verhüllt ein weißes Unschuldskleid*.[32] Zur selben Zeit brachte ein unbekannter Autor in der „Salzburger Wacht" seine Enttäuschung über die *Christen der Gewalt*" zum Ausdruck, die „Krieg entzündet [haben], so furchtbar, wie noch nie*, und lenkte hoffnungsvoll den Blick auf die Vorgänge im revolutionären Russland: *Wir grüßen euch, ihr Brüder, dort an der Newa Strand, / Wir reichen freudig wieder euch unsre Schwielen-Hand!* Als Ziel nannte er: *Kein Haß und keine Hetze, kein Mord, nicht Hungers Qual*.[33] Die anfängliche Kriegseuphorie ist bekanntlich bald verschwunden, die Namenslisten der Gefallenen in den Zeitungen wurden immer mehr und länger. Die literarischen Beiträge thematisierten vorsichtig diese Verluste, lieferten häufig auch einen Trost mit, der im Hinweis auf die Lieben oder die Liebste zu Hause oder in der Hoffnung auf das Jenseits bestehen konnte. So erschien vergleichsweise früh, am 30. August 1914, in der „Salzburger Chronik" ein Beitrag zum Thema „Soldatentod", in dessen Rahmen ein Gedicht abgedruckt wurde, das den nächsten Verwandten der „toten Helden" versicherte: *Der Vater, der nie etwas versehen, rief sie ab / zum Aufersteh'n aus dem Heldengrab*.[34] Ein Reservezugsführer Alois Eder dichtete im Reservespital 4/5 in Salzburg von einem sterbenden Soldaten, der einen letzten Gruß an die Liebste richtet: *Sag ihr, dass ich im Sterben / In Treu' an sie gedacht / An jene schönen Stunden, / Die glücklich uns gemacht*.[35] Ähnlich früh widmete auch die „Salzburger Wacht" ein zehnzeiliges Gedicht „Dem ersten Toten"[36], dessen Rahmenverse lauten: *Das Korn war reif und segenschwer, / Er musste fort zum großen Heer*.

Anton Pichler (1874–1943), der Textdichter der Salzburger Landeshymne, war als Priester und Religionslehrer besonders berufen, religiösen Trost zu vermitteln. Im Gedicht „Wenn du ein Liebes drüben hast" lässt er die Toten zu hilfreichen Begleitern der Lebenden werden. Die sechste der elf Strophen lautet:

Sie steigen wunderstill herab
Die unsichtbaren Stufen,
Sie sind dir nah in Glück und Leid,
Wenn du sie fromm gerufen.[37]

Im Zusammenhang mit Gedichten der geistlichen Kollegen Bruder Willram (= Anton Müller) aus Tirol und Ottokar Kernstock aus der Steiermark im selben Band, die beide kriegsverherrlichende bzw. -hetzerische Gedichte geschrieben haben, kann Pichler mit den ‚Lieben drüben' nur nie Opfer des Krieges vor Augen gehabt haben.

Eineinhalb Jahre später erschien in der „Salzburger Wacht" ein Beitrag über die Inschriften auf Gräbern von Gefallenen am Col di Lana, deren „leiser Unterton" die Toten sprechen lassen soll:

---

31 Herzog Rudolf, „Weihnacht vor dem Feind", Salzburger Volksblatt, 24.12.1915, 5.
32 Bittner Maria, „Weihnachtsglocken", Salzburger Volksblatt, 24.12.1917, 2.
33 N. N., „Friede auf Erden!", Salzburger Wacht, 25.12.1917, 2.
34 N. N., „Die toten Helden", Salzburger Chronik, 30.8.1914, 4.
35 Eder Alois, „Draußen auf fremder Erde", Salzburger Volksblatt, 20.9.1914, 8. Nachgedruckt in: Salzburger Wacht, 26.9.1914, 5.
36 N. N., „Dem ersten Toten", Salzburger Wacht, 26.8.1914, 5.
37 Pichler Anton (Hg.), Wenn du ein Liebes drüben hast. Was Dichter unsern Toten sangen. Salzburg² 1927, 7f.

So jung und früh zog er ins Feld,
Zu kämpfen hier als tapfrer Held;
Er war so gut, er fiel so früh,
Wer ihn gekannt, vergißt ihn nie.[38]

In mehreren Zeitungen wurde das damals rasch bekannt gewordene und mehrfach vertonte „Österreichische Reiterlied" von Hugo Zuckermann abgedruckt. Der Autor sah den Soldatentod durch das Ziel gerechtfertigt: *Wann kommst du, Schnitter Tod, / Um uns zu mähen? / Es ist nicht schad'! / Seh ich nur unsere Fahnen wehen / Auf Belgerad!*, heißt es in der letzten Strophe.[39] Hugo Zuckermann, Rechtsanwalt in Böhmen, Mitbegründer des ersten jüdischen Theaters in Wien und Übersetzer jiddischer Lyrik aus Galizien[40], erlag im Dezember 1914 seinen Verwundungen. Ein vergleichsweise kritisches Gedicht erschien im Mai 1916 in der „Salzburger Wacht". Der Autor, Artur Wolf, stellte darin die Frage nach den tatsächlichen Todesumständen der häufig jugendlichen Soldaten. Die mittleren der 15 Zeilen lauten:

Hast du sie sehen vorwärtsstürmen,
zerfetzt, zerrissen, zu blutigen Haufen?
Hast du im Todeskampf, im Todeswehen
Verhauchen seh'n die jungen Leben?
Hast du die starken Hände eingekrampft
Geseh'n im Boden, den die Schlacht zerstampft?[41]

Hier gibt es keinen hoffnungsvollen Ausblick, wie er in einem Beitrag zum Thema „Kriegspoesie" im selben Blatt gefordert wurde. Julius Spielmann meinte darin, dass ein Literat, der es unternehme, Skizzen aus dem Feld zu dichten, vor allem ein Poet sein müsse, *der hinter dem finsteren Gewölk schon das Blau der Zukunft hervorschimmern sieht, während alle übrigen Menschenkinder noch vor den Blitzen der Gegenwart zittern.*[42] Mehrfach wurden herausragende Kriegsereignisse oder besondere Maßnahmen in der Heimat zum Thema von Gedichten. So gab es einige derartige Beiträge zum Fall bzw. zur Rückeroberung von Przemysl in Galizien. Amalie Senninger, eine Dichterin aus dem nahen Passau, ließ diese wichtige Festung gegen Russland in ihrem Gedicht als Frau auftreten: *Ich nahte mich dem Feind nicht feil als Dirne, / Ich schritt in Stolz, ein gramgebeugtes Weib.*[43] Senninger hat 1915 einen Band mit „Kriegsliedern" herausgebracht. Das „Salzburger Volksblatt" druckte mehrfach Gedichte von ihr ab und brachte auch die Erzählung „Kriegs-Saat".[44]

Heinrich Distler aus Berchtesgaden schrieb eine Hymne auf den Verteidiger Przemysls, General Hermann Kusmanek, in dem er den *Hindenburg Österreichs* sah, der die *russischen Horden* fernhalten sollte.[45] (Später tat sich Distler als Agitator der rassistischen Kampagne „Schwarze Schmach" gegen die schwarzafrikanischen Soldaten in der französischen Rhein-Armee hervor.) Besondere Aufmerksamkeit erfuhr in der Presse auch die Erstürmung des Lovcen, eines militärisch entscheidenden Passes an der Grenze zu Montenegro hinter dem bedeutenden österreichischen Kriegshafen von Kotor (Cattaro).[46] Starke Emotionen löste der Kriegseintritt Italiens im Mai 1915 aus. Mit den Versen *Nun sind wir wach. Der letzte Traum / Von Treue brach in Stücke,* begann R. Herzog sein

38 Grüner F., „Letzte Rast", Salzburger Wacht, 12.2.1916, 5f.
39 Zuckermann Hugo, „Ein österreichisches Reiterlied", Salzburger Volksblatt, 3.9.1914, 3.
40 z. B. „Das Lied" eines jungen galizischen Dichters. Salzburger Volksblatt, 30.3.1915, 6.
41 Wolf Artur, „Ich frage dich!", Salzburger Wacht, 4.5.1916, 2.
42 Spielmann Julius, „Kriegspoesie", Salzburger Wacht, 19.3.1916, 2.
43 Senninger Amalie, „Przemysl", Salzburger Volksblatt, 27.3.1915, 3.
44 Senninger Amalie, „Kriegssaat", Salzburger Volksblatt, 29.12.1915, 3.
45 Distler Heinrich: „Heil Kusmaneck" [sic!], Salzburger Volksblatt, 24.12.1914, 8.
46 Senninger Amalie, „Die Erstürmung des Lovcen", Salzburger Volksblatt, 15.1.1916, 3.

Gedicht „Deutsche Romfahrt" und prophezeite, dass „Gottes Abscheufluch" künftig nicht mehr „Kain" oder „Judas", sondern „Italien" sein werde. Der bereits erwähnte Richard von Strele fand – in Mundart oder Standardsprache – nur noch Bilder brutalen Hasses: *Es muaß der Lumpenhaufen / Im oag'nen Blut dersaufen!*[47], oder: *Ja, Schlagenauffi auf die Stirn / Und spalt die welsche Zunge, / Hau ihm den Morgenstern ins Hirn, / Und schieß ihm durch die Lunge*.[48] Die Redaktion der „Salzburger Wacht" druckte dieses Gedicht nach, allerdings mit der Bemerkung, dass *solcher Art Dichter das Maul* gestopft werden solle. Für den Kampf an der Südfront verfasste Paul Mannsberg ein „Stoßgebet", das zur Vertonung als Schlachtchor gedacht war. Die Schlussverse dieses sprachlich anspruchslosen Poems lauten: *O führ uns heraus / Aus entsetzlichem Graus / Und gib uns den Sieg / Und ende den Krieg.*[49]

Zur Zeichnung von Kriegsanleihen wurde nicht nur in vielen Inseraten, sondern auch in Versform aufgerufen. So verfasste ein Zugsführer Hans Siebert „im Felde" einen „Ruf aus dem Schützengraben" an die Menschen im Hinterland, mit ihrem finanziellen Einsatz einen Beitrag zu einem baldigen Kriegsende zu leisten:

Mit Vorteil tut ihr eure Pflicht zugleich.
Hebt alle Schätze, die in euren Kassen ruhn
Und borgt, was ihr entbehren könnt, dem Reich.
Dies wird aus eurem Gelde blanke Waffen schmieden,
Als Lohn winkt euch hiefür – ersehnter Völkerfrieden.[50]

Ähnlich dichtete auch der sprachlich wendigere böhmische Arzt und Dichter Hugo Salus ein „Lied von der Kriegsanleihe", das in seinen Augen ohnehin schon ein „Volkslied" sei, denn alle wüssten bereits: *Jetzt darf nicht gezögert werden, / Jetzt gilts unser Heiligstes: Österreich!*[51]

Auch andere Probleme des Hinterlandes kamen in Versform zur Sprache. Als man wegen des Mangels an Metall dazu überging, Kirchenglocken einzuschmelzen, wurde das von vielen doch als Entweihung empfunden. Im „Salzburger Volksblatt" erschien ein Gedicht von O. Klausner, das gegen solche Bedenken Stellung bezog und den Glocken eine neue Aufgabe zuwies:

Gebt ihnen vernichtendes Leben:
Sie sollen im würgenden Ringen und Sturm
Die donnernden Stimmen erheben.[52]

Ein anderes Gedicht reflektiert die Rolle der Frau im Krieg und kommt zu dem wenig erhellenden Schluss: *So wird wohl einst noch alles gut, / wenn jeder nur das Seine tut.*[53] „Fleischlose Tage" sind der Anlass für Verse eines anonymen Autors, der darin eine Frau an einem Montag auffordert, rasch noch *Leberwurst, Kälberhax'* und *Schweinebraten* einzukaufen, denn: *Fleischlos soll der Dienstag sein / Und der Freitag obendrein; / Fasten soll mein Magen*[54]. Ähnlich erklärte Adam Mayer in einem „Wochenkalender eines Konsumenten" gezwungenermaßen beinahe jeden Tag der Woche zu einem Fasttag und gab in der achten und letzten Strophe die zynische Empfehlung:

---

47 Strele Richard von, „Lump, Lump, Lump!", Salzburger Chronik, 6.6.1915, 12.
48 Strele Richard von, „Schlagenauffi!", Salzburger Wacht, 29.12.1915, 4. Das Gedicht war zunächst in der Münchner Zeitschrift „Jugend" erschienen, die im Ersten Weltkrieg einen deutschnationalen Kurs verfolgte.
49 Mannsberg Paul, „Stoßgebet", Salzburger Volksblatt, 22.9.1917, 2.
50 Siebert Hans, „Ein Ruf aus dem Schützengraben", Salzburger Volksblatt, 16.6.1917, 8.
51 Salus Hugo, „Von allen zu lesen!", Salzburger Volksblatt, 14.5.1917, 4.
52 Salzburger Volksblatt, 4.11.1915, 5.
53 Bröger Karl, „Die Soldatenfrau" (Ein Feldbrief), Salzburger Wacht, 2.12.1914, 5. Karl Bröger (1886–1944) war ein Arbeiterdichter.
54 N. N., „Fleischlose Tage", Salzburger Wacht, 23.12.1915, 7.

Hast du zu Essen nichts, so rauch' (?)
Und schimpfe nicht, du fauler Gauch.
Des Bürgers erste Pflicht ist Ruh',
Bis ihn einst deckt die Erde zu.[55]

Die Preissteigerungen wurden für viele zu einem immer größeren Problem und die Klage über den Wucher wurde von einem unbekannten Autor in Versen formuliert: Der Blick ins „Heimatland" zeige: *Wie gramerfüllt dort Weib und Kind / Ganz schutzlos preis [!] dem Wucher sind, / Der Hyänen gleich die letzte Kraft, / Das Mark aus uns'ren Lieben schafft.*[56]

Das Volkslied „Üb immer Treu und Redlichkeit" wird gegen den Strich gebürstet, wenn es in einem Gedicht heißt:

Treib Nahrungswucher allezeit
Bis an dein kühles Grab
Und weich auch keinen Fingerbreit
Zur Kriegszeit davon ab.[57]

Dem „Salzburger Volksblatt" scheinen 1918 allzu viele Diebe freigesprochen worden zu sein; in einem sarkastischen Gedicht wurden die Diebe offen zur Plünderung aufgerufen, denn: *Wer klug ist, der raubt!*[58] Angegriffen wurden auch falsche Patrioten, die sich jeglicher Verantwortung entzogen,[59] oder Deserteure, die als *schlechte Kameraden* im Verdacht der Hinterhältigkeit standen.[60]

Ein unbekannter Autor setzte sich zu Kriegsbeginn gegen die *Gerüchteerstatter*, die *schwarzen Propheten* zur Wehr: *Sie horchen mit offenen Lippen und gaffen / Und tragen es weiter, das Gift, wie die Nattern.*[61] Der „Salzburger Krieger" Josef Rohrmoser wandte sich in Gedichtform an die Leser mit der Bitte um Kerzenspenden, da es im Winter in den Bergen Tirols *bei des Kienspahns [sic!] trübem Schein* einsam und traurig sei.[62] Auch das Glücksgefühl, nach vielen Wochen auf einem Strohlager wieder ein normales Bett und einen Waschtisch dazu zu haben, konnte Anlass zu vier gereimten Strophen sein.[63] Mehrfach kam die technische Seite des Krieges zur Sprache. Vor allem das Maschinengewehr wurde schon bald als eine Ursache für das Massensterben an der Front ausgemacht: *In wenig Sekunden umgebracht / Achthundert liegen verstümmelt und tot*[64] Nur selten wird der Gegner in die Überlegungen miteinbezogen, da der Krieg eine „harte und bittere Lehre" sei:

Mir geht's nicht anders wie euch da drüben,
bitter schwer ist es, das Morden zu üben,
ist man ein wenig zum Denken bereit.[65]

Der Gedanke an den Frieden konnte schon früh auch durch Siegesmeldungen nicht ganz verdrängt werden. Ende 1914 heißt es beispielsweise in einem Gedicht mit dem Titel „Sehnsucht":

Ich höre gern die erfreuliche Kunde
Und doch – im Herzen brennt eine Wunde,
Auf den Lippen stirbt mir der Siegesschrei
Und ich flüstere leise: ‚Wär's erst vorbei![66]

55 Mayer Adam, „Wochenkalender eines Konsumenten", Salzburger Wacht, 24.6.1917, 3.
56 N. N., „Unser größter Feind", Salzburger Wacht, 3.3.1916, 4.
57 N. N., „Der alte Wucherer an seinen Sohn", Salzburger Wacht, 19.5.1915, 2.
58 N. N., „Das hohe Lied der Diebe", Salzburger Volksblatt, 13.9.1918, 2. Nachdruck aus der „Laibacher Zeitung".
59 N. N., „Den Drückebergern", Salzburger Wacht, 21.9.1914, 6.
60 St. M., „Der schlechte Kamerad", Salzburger Volksblatt, 28.5.1915, 4. Nachdruck aus den „Leipziger Neuesten Nachrichten".
61 N. N., „Die Gerüchterstatter", Salzburger Wacht, 12.9.1914, 9.
62 Rohrmoser Josef, „Bitte um Kerzen", Salzburger Volksblatt, 17.1.1916, 6.
63 Lohmeyer Kurt, „Das erste Bett", Salzburger Volksblatt, 11.1.1915, 5. Nachdruck aus der „Täglichen Rundschau".
64 Leopold Max, „Das Maschinengewehr", Salzburger Wacht, 14.9.1914, 5. In der Rubrik „Nachrichten aus Salzburg und Umgebung".
65 N. N., „Vor der Schlacht", Salzburger Wacht, 3.11.1914, 4.
66 E. K., „Sehnsucht", Salzburger Wacht, 29.12.1914, 5. In der Rubrik „Nachrichten aus Salzburg und Umgebung".

Die Jahreswende war mehrfach ein Anlass, den Blick hoffnungsvoll in die Zukunft zu richten. Hans Seebach verfasste 1917 für das Landestheater einen Neujahrsgruß, der von Direktor Blasel vorgetragen wurde. Darin stellte er fest, dass der Feind zwar besiegt, aber nicht zum Frieden bereit sei: *Wir hoffen, daß die Menschlichkeit / Den Kampf beschließen werde. […] Ein Leben, wie es früher war, / Sei wieder uns beschieden.*[67] Die Sehnsucht nach Frieden bringt ein Jahr später der, beruflich in Linz tätige, geborene Salzburger Alexander Nicoladoni (1847–1927) im Gedicht „Neujahr 1918" zum Ausdruck. Als *holder Knabe* löst darin das neue Jahr das alte ab; er verkündet freudestrahlend:

Auf meinem Wege soll der Friede sprossen,
Trost bring ich allen, die jetzt elend sind.
Das neue Jahr soll ihre Tränen trocknen,
Schon steigt herauf des Glückes Morgenrot.[68]

Für Heinrich von Schullern ist das Osterfest ein Anlass zur Hoffnung: *Durch graue Schleier winkt die neue Blütezeit / Um kampfverödet Land der Frühling wirbt. […] Mit Treu und Heldenmut ertrotzen wir den Sieg / Und mit dem Frühling zieht der Frieden ein.*[69] Zu Pfingsten musste er aber feststellen: *Es friert das Herz bei allem Sonnenschein. / Ohn' Ende tobt der Streit, / Es türmen sich die Leiden.*[70] Der Grenadier Fritz Zimmermann übersah in seinem Gedicht „Kriegsfrühling" neben den weißen und roten Bändern des Frühlingskranzes nicht die schwarzen, die für ihn auf einen *dunklen Totentanz* hindeuten.[71] Die Niederlage blieb ohne poetische Begleitung, nur zu Weihnachten 1918 wurde die Erleichterung über das Schweigen der Waffen auch in Verse geformt. Für den Priester Anton Pichler glich der Friede aber dem leidenden Jesus:

Wohl trägt er in seinen Locken
Aus Dornengeflecht einen Kranz.
Doch beim Läuten der Weihnachtsglocken
Laßt vergessen das Harte uns ganz.[72]

Die Freude über das Ende der *grimmigen Kampfesnot* überwiegt auch in „Heimkehrers Weihnachtslied" von Ed. Baumgartner die Enttäuschung über die Niederlage und lässt die winterliche Kälte vergessen: *Und es strahlet die Sonne so warm, / Grüßet den kommenden Staat. / Auf zur befreienden Tat.*[73]

Neben Beiträgen zur sogenannten „Kriegspoesie" oder zu Themen, die mit Zeitereignissen zusammenhängen, brachten die Zeitungen „Literarisches" vor allem in Form von Fortsetzungsromanen. Bei deren Auswahl sind zwei Tendenzen erkennbar: Einerseits sind Themen zu finden, deren Aktualität bei der Leserschaft Interesse finden konnte. Beispiele sind ein Roman des auch journalistisch tätigen Schriftstellers Ernst Klein aus der Zeit der Annexion von Bosnien-Herzegowina mit dem Titel „An den Ufern der Drina"[74], oder Emile Zolas Darstellung des Krieges von 1870/71 „Der Zusammenbruch Frankreichs"[75]. In der „Salzburger Wacht" erschien im Frühjahr 1916 Johann Ferchs „Und draußen war Krieg! Ein Roman aus schwerer Zeit."[76], der immer wieder weiße Flecken der Zensur hinnehmen musste. Das „Salzburger Volksblatt" brachte Ende 1917 Luis Humpeters Roman aus dem Land der „Irredenta" mit dem Titel „Die Ruine von Salurn".[77] An-

---

67 Seebach Hans, „Neujahrsgruß", Salzburger Volksblatt, 2.1.1917, 8.
68 Nicoladoni Alexander, „Neujahr 1918", Salzburger Volksblatt, 31.12.1917, 2.
69 Schullern Heinrich von, „Osterhoffnung", Salzburger Volksblatt, 7.4.1917, 3.
70 Schullern Heinrich von, „Pfingsten 1917", Salzburger Volksblatt, 25.5.1917, 3.
71 Zimmermann Fritz M., „Kriegsfrühling", Salzburger Volksblatt, 26.2.1917, 3.
72 Pichler Anton, „Weihnacht 1918", Salzburger Chronik, 24.12.1918, 1.
73 Baumgartner Ed., „Heimkehrers Weihnachtslied", Salzburger Wacht, 24.12.1918, 2. In der Rubrik „Salzburger Nachrichten".
74 Salzburger Volksblatt, 11.1914–12.1914.
75 Salzburger Wacht, 9.1914–10.1914.
76 Salzburger Wacht, 2.1916–4.1916.
77 Salzburger Volksblatt, 11.1917–12.1917.

dererseits sind in der Mehrzahl Titel zu finden, die auf trivial-literarische Inhalte hindeuten, wie beispielsweise „Der jungen Seele bitteres Weh" (Erich Friesen), „Der Sieg der Treue" (Käte Lubowski), „Im Wahn der Schuld" (Ludwig Blümcke) oder „Die Seemannsbraut" (G. Elster). Besonders beliebt waren Romane von Hedwig Courths-Mahler, die sowohl im „Salzburger Volksblatt" als auch in der „Salzburger Chronik" zu finden sind.

Nach diesem Blick in die Zeitungen, der deutlich machen sollte, in welcher Weise sich die Kriegssituation in Beiträgen mit literarischem Anspruch von heute weitgehend unbekannten Autoren niedergeschlagen hat, soll nun auf mehrere Autoren eingegangen werden, die sich entweder ausführlich zum Thema „Krieg" geäußert haben oder wegen ihrer literarischen Bedeutung unter den Zeitgenossen herausragen. Hermann Bahr (1863–1934), in Linz geboren, hatte bereits als Jugendlicher Bekanntschaft mit Salzburg gemacht. Weil im Elternhaus nach der Geburt des vierten Kindes zu wenig Platz war und Salzburg zu den schönsten Jugenderinnerungen des Vaters gehörte *(Er muß damals zum erstenmal gefühlt haben, wie schön das Leben sein kann*[78]), schickte man den Fünfzehnjährigen zu den Großeltern dorthin, wo er die Oberstufe des k.k. Staatsgymnasiums besuchte. Der Salzburger Aufenthalt prägte ihn nachhaltig, insbesondere sein Griechisch-Professor, der in ihm den Wunsch weckte, Philologe zu werden. In seiner Autobiografie meinte er: „Ich bin alles mögliche geworden, ich bin alles mögliche gewesen, im Grunde blieb ich in allem Philolog […].[79] Aufsehen erregte er bei einer Festrede anlässlich einer Schulabschlussfeier, bei der er, anstatt der Aristokratie der Geburt oder des Geldes, die Aristokratie der Arbeit als bedeutungsvoll für die Zukunft bezeichnete.[80] Nach turbulenten Studentenjahren und Aufenthalten in Berlin und Paris wurde er einflussreicher Kulturvermittler, Kritiker und Schriftsteller, zunächst in Wien. Als er sich im dortigen Milieu nicht mehr wohl fühlte, übersiedelte er 1912 für zehn Jahre nach Salzburg, wo er, zusammen mit seiner zweiten Frau, der Opernsängerin Anna Mildenburg, im Schloss Arenberg wohnte. Mit der Rückkehr zur katholischen Kirche meinte er seine Suche nach einer ihm gemäßen Weltanschauung beendet und zu sich selbst gefunden zu haben: „Was man meine Konversion nennt, war einfach ein Bekenntnis zu mir selbst."[81] Als der Krieg begann, ist bei ihm jedoch das frühere Muster des Deutsch-Nationalismus aus seiner radikalen Phase wieder zum Vorschein gekommen. Er selbst war bereits zu alt, um noch zum Militär zu gehen, wie Hugo von Hofmannsthal, Stefan Zweig oder Rainer Maria Rilke, aber er leistete seinen Beitrag auf publizistischem Gebiet durch Vorträge, die in verschiedenen Zeitungen in Wien, Berlin, Frankfurt, Salzburg und in mehreren Sammelbänden veröffentlicht worden sind.[82]

In pathetischer Sprache und beinahe grenzenloser Begeisterung begrüßte er den Krieg: „Und wenn ich hundert Jahre würde, diese Tage wird [sic!] ich nie vergessen! Es ist das Größte, was wir erlebt haben. Wir wußten nicht, daß so Großes erlebt werden kann." So beginnt der erste von elf Beiträgen im Band „Kriegssegen" mit dem Titel „Das deutsche Wesen ist uns erschienen!", der bereits am 14. August 1914 im „Berliner Abendblatt" abgedruckt worden war.[83] In religiös gefärbter Metaphorik preist Bahr darin den Krieg als ein Ereignis, das dem in seinen Augen trügerischen Individualismus, dem Hang der Deutschen, sich voneinander abzusondern, den Boden entzieht: *Ein einziges Schwert des Glaubens ist das ganze Volk […] In allen deutschen Herzen schlägt jetzt derselbe heilige*

78 Bahr Hermann, Erinnerung. In: Salzburg. Ein literarisches Sammelwerk, hg. von den jungen Mitgliedern der Literatur- und Kunstgesellschaft „Pan". Salzburg 1913, 1f.
79 Bahr Hermann, Selbstbildnis. Berlin 1923, 100.
80 Bahr, Selbstbildnis (wie Anm. 79), 82.
81 Bahr, Selbstbildnis (wie Anm. 79), 247.
82 Bahr, Kriegssegen (wie Anm. 1). Bahr Hermann, Schwarzgelb. Berlin 1917. Bahr Hermann, 1917 [Tagebuch]. Innsbruck 1918.
83 Bahr Hermann, „Das deutsche Wesen ist uns erschienen!", Berliner Tagblatt, 14.8.1914 (Abendausgabe).

Abb. 3: Hermann Bahr. Titelblatt von „Kriegssegen", mit einer Lithografie von Karl Bauer München 1915.

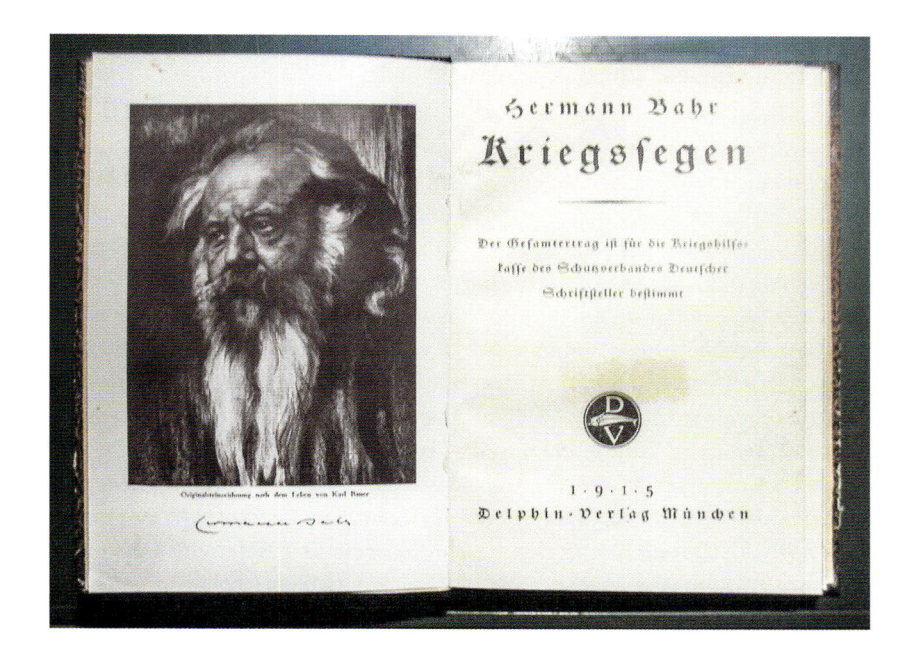

Zorn. Ein heiliger Zorn, ein heiligender Zorn, ein heilender Zorn.[84] Und während die Truppen an die Fronten rollten und die ersten, für Österreich-Ungarn meist verlustreichen Schlachten geschlagen wurden, formulierte Bahr: *Wir heutigen Deutschen sind niemals einer so reinen geistigen Existenz teilhaftig gewesen als jetzt, da uns das deutsche Wesen erschienen ist.*[85] Mit einem schiefen Vergleich versuchte er im Vorwort zu „Kriegssegen" diesen Titel zu rechtfertigen, indem er darauf verwies, dass es (im kirchlichen Bereich) beispielsweise auch einen „Seuchensegen" gebe, der das Unheil abwenden soll. Bahr ist jedoch über das bereits eingetretene Unheil begeistert, in der Hoffnung, dass daraus ein Segen werden könnte.[86] Das einst vehement verfolgte Ideal der alldeutschen Bewegung scheint über sein Interesse an den verschiedenen Kunstströmungen in Europa nicht in Vergessenheit geraten zu sein. Die Haltung, wie sie in „Kriegssegen" zum Ausdruck kommt, erinnert an Bahrs Auftritt bei einer großen Kundgebung zu Bismarcks 70. Geburtstag 1885 in Berlin, bei der er im Namen der österreichischen Burschenschaften beschwor, „daß nichts jemals die Liebe zu Deutschland in den Herzen der Deutschen in Österreich zerstören könne".[87] Bekanntlich waren Bahrs Ansichten, betreffend das Verhältnis des Deutschen Reiches zur Habsburgermonarchie, Bismarck suspekt und er weigerte sich, den Österreicher zu empfangen. Er schickte einen seiner Berater, der Bahr über die Auffassung Bismarcks hinsichtlich eines starken, unabhängigen Österreichs belehrte. Als einen speziellen Zug des Österreichers beschwor Bahr in einem weiteren Beitrag mit dem Titel „Aufruf zur Verschwendung" dessen angeblichen Hang zum Leichtsinn, der in Kriegszeiten nicht durch eine *hysterische Sparsamkeit* ersetzt werden soll: *Unnötig Geld ausgeben ist notwendig geworden. Öffnet die Hände! Der größte Verschwender ist jetzt der beste Patriot.*[88] Wem das Geld zu knapp wird, der möge Schulden machen, denn: *Morgen wird der Sieg sein. Und damit Gelegenheit, tausendfach wieder zu verdienen, was wir jetzt verschwenden.*[89] Der Gegner sollte also einmal alle Schulden begleichen.

84 Bahr Hermann, Das deutsche Wesen ist uns erschienen! In: Bahr, Kriegssegen (wie Anm. 1), 7.
85 Bahr, Kriegssegen (wie Anm. 1), 8.
86 Bahr, Kriegssegen (wie Anm. 1), (3).
87 Daviau Donald G., Der Mann von Übermorgen. Hermann Bahr 1863–1934. Wien 1984, 61.
88 Bahr Hermann, Aufruf zur Verschwendung. In: Bahr, Kriegssegen (wie Anm. 1), 69.
89 Bahr, Kriegssegen (wie Anm. 1), 69.

Im Krieg sah Bahr auch eine Gelegenheit, die Freundschaft mit Hofmannsthal zu erneuern. Nach einer intensiven Phase in den 1890er Jahren war sie 1908 aus nicht ganz geklärten Gründen von Seiten Hofmannsthals gelöst worden.[90] Bahr hatte seither keinen Kontakt mehr zu ihm und seit seiner Übersiedlung nach Salzburg auch keine ausreichenden Informationen. Nun vermutete er, dass sich Hofmannsthal als Dragonerleutnant *in Waffen*[91], also an der Front aufhielt, er wusste nur nicht wo. Womit er seine Hoffnung auf Erneuerung der Freundschaft begründete, lässt erahnen, woran sie zerbrochen war: *Und nun ist auf einmal auch alles weg, was uns zur Seite trieb. Nun sind wir alle wieder auf der einen großen deutschen Straße.*[92] Hofmannsthal war aber gar nicht an der Front, sondern hielt sich in Wien auf. Dass Bahr die Realität des Krieges zu diesem Zeitpunkt (10. August 1914) noch völlig ausblendete, zeigt auch seine Vorstellung, dass Hofmannsthal bald in Warschau sein müsse, wo er auf dem österreichischen Generalkonsulat den Dichterkollegen Leopold Andrian antreffen werde, Verse von Baudelaire deklamierend, *während draußen die Trommeln schlagen.*[93] Bahr erreichte trotz dieser Fehleinschätzung sein Ziel, mit Hofmannsthal wieder persönlichen Kontakt zu haben. Karl Kraus, für den Bahr ein Lieblingsgegner war, kritisierte den in mehreren Zeitungen veröffentlichten Brief in der „Fackel" und gestaltete später damit die Szene „Kriegsfürsorgeamt" im Weltkriegsdrama „Die letzten Tage der Menschheit" (I. Akt, 19. Szene), wo „Der Zyniker" Hofmannsthal bei der Lektüre des Briefes behilflich ist und zuletzt „Der Poldi" als Karikatur von Leopold Andrian auftaucht.

Stefan Zweig, der mit dem älteren Hermann Bahr zu dieser Zeit losen Kontakt hatte (später bestiegen sie häufig gemeinsam die Berge in der Umgebung von Salzburg), leistete in Wien Dienst im Kriegsarchiv und war froh, „viel und Verantwortliches zu tun zu haben und doch gegen keinen Menschen eine Waffe heben zu müssen, nützlich zu sein, ohne zu vernichten."[94] Das Erscheinen von Bahrs „Kriegssegen" brachte den Kontakt aber für beinahe zwei Jahre zum Verstummen. Erst 1917 reagierte der mittlerweile weitgehend pazifistisch orientierte Stefan Zweig betroffen auf Bahrs Ansichten: „Offen, lieber Hermann Bahr, ich habe damals an Ihnen verzweifelt! […] es war ein tiefer Schmerz für mich, Sie in dieser Gesellschaft zu sehen."[95] Er forderte ihn auf, öffentlich Buße zu tun und das Buch „Kriegssegen" einstampfen zu lassen. Dieser Aufforderung kam Bahr freilich nicht nach, er änderte in weiteren Publikationen während des Krieges zwar ein wenig den Tonfall, nicht aber seine tiefe politische Überzeugung. Er sah sich selbst als einen, *der doch im täglichen, im stündlichen Verkehr mit dem reinen, deutschen Geiste lebt […],*[96] und Österreich blieb für ihn ein Vorposten des Deutschen Reiches: *Nach Südosten ist Österreich angetreten, und sein Gesetz bleibt diese Bewegung. […] Denn Österreich ist der deutsche Drang ins Morgenland. Ein Österreich, das zu drängen aufhört, ist kein Österreich mehr.*[97] Die Fahrt der Nibelungen verkörperte für ihn das historische Paradigma.

Das bekannteste Opfer des Krieges unter den Literaten aus Salzburg war sicher Georg Trakl (1887–1914). Für ihn war der Krieg kein Ausdruck einer „rein geistigen Existenz" wie für Hermann Bahr, sondern eine Folge des entfesselten Bösen. Auch er hat – wie viele dichtende Zeitgenossen – zu Kriegsbeginn ein Gedicht zum Thema „Krieg" geschrieben, das er der Wiener „Reichspost" angekündigt hatte, in deren Weihnachtsbeilage 1913 einige Gedichte von ihm erschienen waren. Statt des Gedichtes erreichte die Redaktion jedoch die Nachricht

90 Daviau, Mann von Übermorgen (wie Anm. 87), 39.
91 Bahr Hermann, Gruß an Hofmannsthal. In: Bahr, Kriegssegen (wie Anm. 1), 9.
92 Bahr, Kriegssegen (wie Anm. 1), 10.
93 Bahr, Kriegssegen (wie Anm. 1), 11.
94 Brief Stefan Zweig aus Baden an Hermann Bahr in Salzburg v. 25.12.1914. In: Stefan Zweig, Briefwechsel mit Hermann Bahr, Sigmund Freud, Rainer Maria Rilke und Arthur Schnitzler, hg. von Berlin Jeffrey B./Lindken H.-U./Prater Donald A.. Frankfurt a. M. 1987, 42.
95 Zweig, Briefwechsel (wie Anm. 94), 48.
96 Eintragung im Tagebuch vom 19.9.1917. In: Bahr, 1917 (wie Anm. 82), 161f.
97 Bahr Hermann, Österreich. In: Bahr, Schwarzgelb (wie Anm. 82), 47.

Abb. 4: Georg Trakl als Medikamentenakzessist (Archiv der Georg-Trakl-Forschungs- und Gedenkstätte Salzburg)

vom Tod *der weitaus stärksten, selbständigsten unter allen Dichtererscheinungen des jungen Österreich*[98], wie es in einer Kurzmeldung hieß. Sein Innsbrucker Förderer, Ludwig von Ficker, berichtete davon in einem Brief: „Es ist wahr – er hat ein ‚Kriegslied' geschrieben, aber er hat es eine Woche vor seinem Tode, als ich zu ihm nach Krakau geeilt war, vor meinen Augen zerknittert und zerrissen. So streng ging er mit sich ins Gericht."[99] Wir kennen dieses Gedicht also leider nicht, können aber über Trakls Einstellung zum Krieg etwas aus einigen seiner vorher publizierten Gedichte erfahren. Fünf davon kann man aufgrund ihrer Bildwelt dem Typus „Kriegsgedicht" zuordnen. Zwei davon, „Menschheit" und „Trompeten", sind in der Zeit seiner Tätigkeit in der Innsbrucker Garnisonsapotheke, vermutlich im Oktober 1912, entstanden, „Im Osten" im August 1914 vor seinem Fronteinsatz und „Klage II" bzw. „Grodek" während der Kämpfe in Galizien.

In den zehn Versen des Gedichtes „Menschheit" entfaltete Trakl im ersten Teil seine Sicht auf den menschheitsgeschichtlichen Zustand einer radikalen Gefährdung: „Vor Feuerschlünden" entsteht das Bild einer sich selbst fremden Gesellschaft, die sich in Gewalt, Materialismus und Verzweiflung selbst zerstört („Trommelwirbel", „dunkler Krieger Stirnen", „Blutnebel", „schwarzes Eisen", „Verzweiflung", „Jagd und rotes Gold"). Im zweiten Teil, der auch in Rhythmus und Reimform anders gestaltet ist, finden sich Bilder einer möglichen Alternative zu den „Feuerschlünden". Es sind Bilder aus dem biblischen Passionsgeschehen, eine Vision möglicher Erlösung. Die Erwartung eines reineren, wirklichen Lebens („Abendmahl", „Brot und Wein", „sanftes Schweigen") wird der real bestehenden, zerstörerischen Welt gegenübergestellt. Das Wissen um die menschliche Bereitschaft zu Verrat und Verleugnung wird aber nicht beiseite geschoben (Schlaf der „zwölf an Zahl"), der Zweifel bleibt („Sankt Thomas"). Kriegshetzer konnten mit einem solchen Gedicht keine Freude haben. Als es eine niederländische Widerstandsgruppe 1944 in Groningen auf einem Flugblatt gegen den Krieg abdruckte, wurde der Verantwortliche abgeurteilt und noch kurz vor Kriegsende hingerichtet.[100] Im Gedicht „Trompeten" stehen friedlichen Bildern von spielenden Kindern und singenden Hirten bedrohliche Vorstellungen gegenüber („Kirchhofschauer", „Ahorns Trauer", leere Mühlen", „schwarze Mauer"). Verknüpft werden sie durch den Schall der Trompeten, mit dem das zweistrophige Gedicht endet: „Fahnen von Scharlach, Lachen, Wahnsinn, Trompeten". Den letzten Vers verstand Trakl als eine „Kritik des Wahnsinns, der sich selbst übertönt".[101] „Trompeten" wurde im November 1912 in Nummer 3 der Wiener Zeitschrift „Der Ruf" veröffentlicht, die dem Thema „Krieg" gewidmet war. Anlass für die Wahl dieses Themas war der Ausbruch des ersten Balkankrieges, der sich auch auf die Arbeitsanforderungen an Trakl in der Innsbrucker Garnisonsapotheke ausgewirkt hat, da Österreich-Ungarn zunächst durchaus geneigt war, gegen Serbien einzugreifen. Sein Freund Karl Röck notierte am 15. November in sein Tagebuch: „Soldaten üben im Morgenreif. Dunkel grauenhaftes Kriegsahnen – Rußland – infolge der Gespräche mit Trakl."[102]

Trakl legte Wert darauf, dass „Trompeten" nicht in der Nähe eines „kriegerischen Gesanges" platziert wird, am besten auf der letzten Seite.[103]

---

98 Reichspost, 15.11.1914.
99 Brief Ludwig von Ficker vom 20.11.1914 an Karl Emerich Hirt (Entwurf). In: Ficker Ludwig von, Briefwechsel 1914–1925, hg. von Zangerle Ignaz/Methlagl Walter/Seyr Franz/Unterkircher Anton (Brenner-Studien VIII). Innsbruck 1988, 50f.
100 Buck Theo, Zu Georg Trakls Gedicht „Menschheit" In: Trakl Georg. Nouvelles recherches (Austriaca. Cahiers universitaires d'information sur l'Autriche 65–66, Déc. 2007 – Juin 2008), Rouen 2008, 195.
101 Trakl Georg, Dichtungen und Briefe 1, hg. von Killy Walther/Szklenar Hans. Salzburg ²1987, 495.
102 Röck Karl, Tagebuch 1891–1946. 3 Bde, hg. und erläutert von Kofler Christine. Salzburg 1976, hier: Bd. 1, 192.
103 Brief Georg Trakl an Erhard Buschbeck vom November 1912. In: HKA I, 494.

Trompeten
Unter verschnittenen Weiden, wo braune Kinder spielen
Und Blätter treiben, tönen Trompeten. Ein Kirchhofsschauer.
Fahnen von Scharlach stürzen durch des Ahorns Trauer,
Reiter entlang an Roggenfeldern, leeren Mühlen.

Oder Hirten singen nachts und Hirsche treten
In den Kreis ihrer Feuer, des Hains uralte Trauer,
Tanzende heben sich von einer schwarzen Mauer;
Fahnen von Scharlach, Lachen, Wahnsinn, Trompeten.[104]

Militärische Motive verwendete Trakl in den späten hymnenartigen Gedichten „Die Nacht" und „Die Schwermut" vom Juni 1912. In dieser Zeit sprach er wieder mit Karl Röck über das Thema Soldaten und Krieg.[105] Er ahnte das Kommende. Das Gedicht „Im Osten" schrieb Trakl im August 1914, während er in Innsbruck auf den Einsatz wartete. Die Kriegshandlungen hatten bereits begonnen, sie beherrschen als Thema das öffentliche und private Leben. Der Krieg ist hier – im Unterschied zu den patriotischen Hurra-Gesängen zu dieser Zeit – als gewaltsames und düsteres Ereignis dargestellt, dem die Menschen unentrinnbar ausgesetzt sind. Des „Volkes finsterer Zorn" erscheint als unabwendbares Naturereignis, von den „sterbenden Soldaten" bleiben nur noch die Seufzer „der Geister der Erschlagenen" und die „erschrockenen Frauen" sind vor „wilden Wölfen" nicht mehr sicher. Ein rettendes Bild ist nirgends in Sicht. Die Gedichte „Klage II" und „Grodek" sind Trakls letzte Gedichte. Er hat sie „im Feld" geschrieben und sie Ludwig von Ficker bei dessen Besuch im Garnisonsspital in Krakau vorgelesen und zum Abdruck im „Brenner" angeboten.

Klage
Schlaf und Tod, die düstern Adler
Umrauschen nachtlang dieses Haupt:
Des Menschen goldnes Bildnis
Verschlänge die eisige Woge
Der Ewigkeit. An schaurigen Riffen
Zerschellt der purpurne Leib
Und es klagt die dunkle Stimme
Über dem Meer.
Schwester stürmischer Schwermut
Sieh ein ängstlicher Kahn versinkt
Unter Sternen,
Dem schweigenden Antlitz der Nacht.[106]

Dieses Gedicht spiegelt die Verzweiflung Trakls angesichts des Kriegserlebens wider. Es ist einerseits ein sehr persönliches Gedicht, wenn das lyrische Ich als „ängstlicher Kahn" mit „dunkler Stimme" der „Schwester stürmischer Schwermut" gegenüber zur Klage anhebt, andererseits ist es in hölderlin'schem Tonfall eine Elegie auf eine Menschheit, für die der Dichter ein Ende ihrer geistigen Zielsetzung und ein Versinken in dumpfer Verrohung befürchtet. Der Mensch ist (angesichts des Erlebten) am Ende seiner Mög-

104 Trakl, Dichtungen und Briefe (wie Anm. 101), 47.
105 Röck, Tagebuch (wie Anm. 102), 248.
106 Trakl, Dichtungen und Briefe (wie Anm. 101), 166.

lichkeiten angelangt. Was bleibt, ist ein Verharren im „schweigenden Antlitz der Nacht". Trakls letztes Gedicht „Grodek" ist oft besprochen worden und die Meinungen darüber, ob es als Anti-Kriegsgedicht bezeichnet werden kann, sind geteilt. Die Einschätzung, dass es das „unpersönlichste Frontgedicht", unter der Oberfläche aber verzweifelt und auf das Schmerzhafteste persönlich sei, hat manches für sich.[107] Das galizische Grodek, heute Horodok in der Ukraine, war der Ort einer verheerenden Niederlage der k.u.k. Armee. Trakl hat über seine traumatischen Erfahrungen, die er dabei als Medikamentenakzessist (= Militärapotheker) machen musste, einige Wochen später Ficker berichtet. Neben mythischen Elementen ist im Gedicht eine Reihe von Bezügen zur Realität des Krieges zu finden:

Grodek (2. Fassung)
Am Abend tönen die herbstlichen Wälder
Von tödlichen Waffen, die goldnen Ebenen
Und blauen Seen, darüber die Sonne
Düstrer hinrollt; umfängt die Nacht
Sterbende Krieger, die wilde Klage
Ihrer zerbrochenen Münder.
Doch stille sammelt im Weidengrund
Rotes Gewölk, darin ein zürnender Gott wohnt
Das vergoßne Blut sich, mondne Kühle;
Alle Straßen münden in schwarze Verwesung.
Unter goldnem Gezweig der Nacht und Sternen
Es schwankt der Schwester Schatten durch den schweigenden Hain,
Zu grüßen die Geister der Helden, die blutenden Häupter;
Und leise tönen im Rohr die dunklen Flöten des Herbstes.
O stolzere Trauer! ihr ehernen Altäre
Die heiße Flamme des Geistes nährt heute ein gewaltiger Schmerz,
Die ungebornen Enkel.[108]

Unter den beinahe idyllischen Naturbildern der „herbstlichen Wälder", „goldenen Ebenen" und „blauen Seen", dem „Weidengrund" und dem „roten Gewölk" wird das Grauen des Krieges, der „tödlichen Waffen", der „sterbenden Krieger" die „wilde Klage / Ihrer zerbrochenen Münder" sicht- und hörbar. Das „rote Gewölk" verwandelt sich durch einen „zürnenden" Gott in ‚vergossenes Blut'. Es ist ein Kriegsgott oder ein alttestamentarischer Gott des Zornes und der Rache, der diese Verwandlung bewirkt. Der zentrale Mittelvers ist ein Ausdruck totaler Hoffnungslosigkeit: „Alle Straßen münden in schwarze Verwesung". Erlebnishintergrund für dieses Bild der Auswegslosigkeit sind die Umstände des Rückzugs der Truppen nach der Niederlage, der durch Herbstregen und aufgeweichte Wege sehr erschwert wurde. Es waren „schwere Wochen, in deren entsagungsvolles Düster fast niemals ein Sonnenstrahl hineinleuchtete."[109] Einzig der „Schwester Schatten" und „die dunklen Flöten des Herbstes" hellen im Gedicht diese Finsternis ein wenig auf. Das Bild der „ehernen Altäre" lässt an die Floskel vom „Altar des Vaterlandes" denken, auf dem in der Diktion der Todesanzeigen die Soldaten geopfert wurden. Im Gedicht sind es jedoch die „ungebornen Enkel", die Opfer des Krieges und Anlass zu „stolzere[r] Trauer" werden.

107 Bridgewater Patrick, Georg Trakl and the poetry of the First World War. In: Londoner Trakl-Symposion (Trakl-Studien, 10), hg. von Yuill William E./Methlagl Walter. Salzburg 1981, 113.
108 Trakl, Dichtungen und Briefe (wie Anm. 101), 167.
109 Glaise-Horstenau Edmund, Das Kriegsjahr 1914. Vom Kriegsausbruch bis zum Ausgang der Schlacht bei Limanowa-Lapanów (Österreich-Ungarns letzter Krieg. 1914–1918, 1), Wien 1931, 344f. Zit. n. Lipinski Krysztof, Mutmaßungen über Georg Trakls Aufenthalt in Galizien. In: Untersuchungen zum „Brenner". Salzburg 1981, 393.

Georg Trakl starb schließlich am 3. November 1914 im Krakauer Garnisonsspital an Herzlähmung als Folge einer Überdosis von Kokain und wurde zunächst in Krakau, später in Innsbruck beigesetzt. In Salzburg gab die Mutter seinen Tod in einer konventionell formulierten Anzeige vom 16. November bekannt, in der es hieß, dass ihr Sohn *fürs Vaterland* gestorben sei.[110] Am nächsten Tag erschien im „Salzburger Volksblatt" ein Nachruf auf den *hoffnungsvollen Sohn Salzburgs*, der dann in das zu dieser Zeit gültige Schema eingeordnet wurde, wenn es heißt: *Noch einmal setzte er im Felde die Kriegsposaune zu schmetterndem Liede an den Mund, doch ein tragisches Geschick brachte ihn mitten darin zum Verstummen.*[111]

Ficker plante zu dieser Zeit bereits die Überführung der sterblichen Überreste Trakls nach Innsbruck – gegen den Willen von Trakls Lieblingsschwester Margarete und anderen Verwandten und Bekannten, die es als selbstverständlich ansahen, dass er in Salzburg seine letzte Ruhestätte finden sollte. Um das Grab in Krakau zu sichern, wandte er sich an Ludwig Wittgenstein, der auf einem Wachtschiff auf der Weichsel Kriegsdienst leistete, und bat ihn, „nachsehen zu lassen, ob Trakls Grab in einer Weise kenntlich gemacht ist, daß ein Irrtum bei einer späteren Exhumierung ausgeschlossen ist".[112] Wohl um Wittgenstein die Erfüllung dieser Bitte leichter zu machen, fügte er hinzu, dass Trakl „mit Begeisterung"[113] in den Krieg gezogen sei. So musste Trakl in den Augen Wittgensteins, der aus patriotischem Pflichtbewusstsein freiwillig in den Krieg gezogen war und für militärische Zwecke auch eine große Summe zur Verfügung gestellt hatte („Mörserspende"), noch mehr an Achtung gewinnen; von seinen Gedichten war er ohnehin tief beeindruckt.

Einer, der mehrfach als Schriftsteller auf den Krieg reagiert hat, war Karl Schoßleitner (1888–1959). Er besuchte dieselbe Schule wie Georg Trakl, maturierte dort 1907[114] und gehörte ebenso wie Bahr und Trakl zu den Autoren des literarischen Sammelwerkes „Salzburg" der Literatur- und Kunstgesellschaft „Pan" von 1913[115]. Schon vorher waren von ihm drei Beiträge im Innsbrucker „Brenner" erschienen[116], darunter auch ein längerer Prosatext über die Figur des Blaubart, zu der Trakl bereits 1910 ein Fragment gebliebenes Puppenspiel verfasst hatte. Nach dem Auftreten Trakls als Autor des „Brenner" im Mai 1912 erschien von Schoßleitner dort nichts mehr. Daraus ergab sich offenbar ein gespanntes Verhältnis, das seinen Ausdruck auch darin fand, dass sich Trakl weigerte, bei einem von Schoßleitner geplanten Abend Salzburger Autoren in Wien mitzumachen. „Er möge meinen Wunsch verschwiegen zu werden respektieren."[117]

Zu Kriegsbeginn wurde Schoßleitner zunächst an die Front in Galizien einberufen, nach schwerer Verwundung (vier Bauchschüsse) und einem Genesungsurlaub war er Kommandant an einem Abschnitt der Dolomitenfront. Zuletzt rückte er – nach weiteren Verwundungen – als Oberleutnant der Fliegertruppe ein, wo ihn besonders die neuen topographischen Perspektiven und technischen Möglichkeiten beeindruckten. Poetische Reflexionen dieser Erfahrungen finden sich in den Bänden „Wirf weg, damit du nicht verlierst! Auch ein paar Kriegsgedichte" (1915)[118], „Auch ein paar Kriegsgedichte. Zweites Heft" (1917), „Nach innen und außen. Gedichte des Fliegens" (1920) und „Auf deutscher Heimaterde in Fliegerhöhen und Höhlentiefen" (1937). In einer ausführlichen Besprechung des ersten Bandes von einem antimodernen Standpunkt aus wurde ihm mangelnde Selbstkritik vorgeworfen, denn er beschäftige sich darin mit „ihm anscheinend außerordentlich wichtig erscheinenden Empfindungen, Schmerzen und Gedanken", verwende allzu banales Vokabular aus der Welt des Krieges und

Abb. 5: Karl Schoßleitner (SLA, Nachlass Karl Schoßleitner)

110 Todesanzeige vom 16.11.1914. Archiv der Georg-Trakl-Forschungs- und Gedenkstätte.
111 Salzburger Volksblatt, 17.11.1914, 7.
112 Ficker, Briefwechsel (wie Anm. 99), 73.
113 Ficker, Briefwechsel (wie Anm. 99), 73.
114 Maturakatalog 1906/07, Archiv des Akademischen Gymnasiums Salzburg. Die in der Literatur anzutreffende Behauptung, Karl Schoßleitner habe die Schule vor der Matura abgebrochen, ist unzutreffend.
115 Schoßleitner Karl, Der König liebt sein Töchterlein. Novelle. In: Salzburg. Ein literarisches Sammelwerk. Salzburg 1913, 61–86.
116 „Auferstehung", Gedicht in: Der Brenner 1,22 (1911), 642–644, „Der Sturz vom Himmel in der Dämmerung", Gedicht in: Der Brenner 2,3 (1911), 84f. und „Prinz Blaubart", Prosa in: Der Brenner 2,7 (1911), 203–222, und 2,8 (1911), 247–262.
117 Trakl, Dichtungen und Briefe (wie Anm. 101), 505.
118 Häufig wird 1916 als Erscheinungsjahr angegeben. Da aber Franz Ginzkey, selbst als Kriegsberichterstatter tätig, ihm in einem Brief vom 2.4.1915 zu den Gedichten gratulierte („sie erscheinen mir als ein sehr wertvolles Dokument unserer stürmischen Tage", SLA, Nachlass Schoßleitner, 1), muss jedenfalls eine 1. Auflage bereits Anfang 1915 erschienen sein.

missachte die lyrische Form, kurz, es sei nach Ansicht des Rezensenten *sicher […] nicht notwendig, sie zu lesen*[119]. Die Verwundungen ließen Schoßleitner das Kriegsgeschehen anders sehen und beurteilen als manche Verfasser patriotischer Gesänge, wenn sein Verhältnis zum Krieg auch ambivalent blieb. So heißt es zu Beginn des Gedichtes „Rückkehr vom Felde", mit dem der Band „Wirf weg, damit du nicht verlierst!" eröffnet wird:

*Papier und Schreibzeug warf ich weg
und stürzte in den Krieg,
von Tatenlust der Jugend übervoll.*

*Die Augen brennen noch vom Schau'n
der grauenvollen Bilder endloser
Vernichtung,
die Ohren summen vom Gesang
der Platzpatronen
und vom aufkreischenden Gekrach
der Brandgranaten und Schrapnells,
mit donnerndem Getön
der schweren Feldhaubitzen untermischt.*

*Und heißer spür' ich wieder das Geschoß
in meinem Leib,
die Wunden bluten.*

*Ich liege hingekrümmt auf dem galizischen
Gefährt, das mit den Räderachsen kaum noch aus
dem Straßenschlamme auftaucht
und holpernd über Krüppelhölzer humpelt […]*[120]

Trakl fand für diese Situation im Gedicht „Grodek" das eindrucksvolle Bild: „Alle Straßen münden in schwarze Verwesung". Am Ende seines Gedichtes richtet sich Schoßleitners Zorn gegen die „Schreibtischhelden", *die ihr heldenhaft / wie Lanzen eure Federn in dem Blut / von unsern Wunden aktuell und eilfertig / befeuchtet, um der großen Zeit gerecht / zu werden und die gute Konjunktur / nicht zu versäumen […]*[121] In einem anderen Gedicht zu diesem Thema warnt er die Kriegsberichterstatter, an seinen Frontabschnitt zu kommen, und vergleicht sie mit einem Stierkampf-Publikum: *Die Roheit* [sic!] *Kriegsuntauglicher / ist widerlich, / und wollten gar noch Frauen kommen, / verprügelt sie.*[122] Das lässt an den Kampf von Karl Kraus gegen „die Schalek" denken, die er noch im Drama „Die letzten Tage der Menschheit" als Flintenweib darstellt. (Alice Schalek schrieb für die „Neue Freie Presse" den Krieg verherrlichende Frontberichte.) Vor der *Pfuscherei und ungeschickten Händen* im Spital rettete ihn das *meisterhaft geführte Messer* des Chirurgen Ernst Ritter von Karajan (Vater des Dirigenten Herbert von Karajan), dem er das Gedicht „Dem allzutreuen Kameraden"[123] widmete.

Trotz solcher Erfahrungen wollte Schoßleitner die faszinierende Wirkung, die der Krieg auf ihn ausübte, nicht leugnen. Im Gedicht „So viele beugen sich …" formulierte er:

---

119 Rubrik „Literarisches" im Salzburger Volksblatt, 18.12.1915, 14.
120 Schoßleitner Karl, Rückkehr vom Felde. In: Wirf weg, damit du nicht verlierst! Auch ein paar Kriegsgedichte, 1. H., Salzburg 1915, 3.
121 Schoßleitner, Rückkehr (wie Anm. 120), 4.
122 Schoßleitner Karl, Den Kriegsberichterstattern gewidmet mit wenigen Ausnahmen. In: Schoßleitner Karl, Auch ein paar Kriegsgedichte, 2. H., Salzburg 1917, 51.
123 Schoßleitner Karl, Dem allzu treuen Kameraden. In: Schoßleitner, Wirf weg (wie Anm. 120), 5–7.

*Ich freu' mich eingefügt zu sein
in dieses unvergleichliche Gescheh'n,
das jeden Sonderwillen zu
ersticken scheint
und jedes einzelne Geschick verwischt,
wie Kreidestriche auf der Schiefertafel,
und ohne Murren folg' ich meinem Dienst.*[124]

Am Schluss des Gedichtes kippt diese freudige Bejahung des Krieges in Verbindung mit dem Gedanken an „sein Mädchen" ins Ekstatische mit einer erotischen Komponente:

*Mir muß der Weltkrieg meine Hochzeitsnacht
erleuchten,
und ganz Europa lodert auf
in Flammen.
Wie das brennt,
verrucht und sengend, unvergleichlich, ohne Maß!*[125]

Die früheren Gewohnheiten büßten für ihn an Bedeutung ein, in der *faulen Sicherheit / des Hinterlandes* fühlte er sich bereits als *Störenfried / in dieser Friedenswelt*.[126] Die Heimat war ihm fremd geworden (eine Erfahrung, wie sie auch Erich Maria Remarque in seinem Roman „Im Westen nichts Neues" beschreibt) und die vielen Menschen an der Front blieben ihm trotz der äußeren Nähe fern, sodass er sich doppelt einsam fühlt. Seine Konsequenz: *Da ist der Schlachtlärm und das Schlachtgetös / Die beste Medizin zur gründlichen Betäubung.*[127] Im Gedicht „Zwei Toten" gedachte er zweier Gefallener, die ihm vor dem Krieg nahe waren und deren Lebensäußerungen in seinen Augen von mehr als lokaler Bedeutung waren: Georg Trakl und Alexander von Mörk. Trakl gestand er zwar zu, dass er das „Mittelmaß" überstiegen habe, eine gewisse Reserviertheit ihm gegenüber ist aber deutlich spürbar:

*Du, Georg, sicherlich
nicht ein Gewöhnlicher,
dem Mittelmaß
der Vielen solcherweis
entsprechend,
daß sie dich hätten lieb
gewinnen können …
Dein Licht war dir
vielleicht schon ausgebrannt
zu Kriegsbeginn. –
Ein ungleich andres Körner-Schicksal
hat dir vielleicht
ein Weiterleben aufgetan,
als dieses hinter dir
sich zugeschlossen hatte …
und todgeweiht bist du*

124 Schoßleitner, Kameraden (wie Anm. 123), 12.
125 Schoßleitner, Kameraden (wie Anm. 123), 13.
126 Schoßleitner, Kameraden (wie Anm. 123), 15.
127 Schoßleitner Karl: Die beste Medizin. In: Schoßleitner, Kriegsgedichte (wie Anm. 122), 59.

*hinausgeschritten,
im Leben schon
von Todesgraun
umwittert.
[…]*[128]

Mit Alexander von Mörk, einem Mitschüler, der sich später als akademisch ausgebildeter Maler und vor allem als Höhlenforscher einen Namen gemacht hatte, war er eng befreundet, die Trauer um ihn war daher auch deutlicher: *Du aber, Alexander, / du mit deinem signum vitae auf der Stirn, / du Lebensprühender [sic!], / du hast nicht sterben dürfen, du / vor allen nicht!* Mörk erlag seinen Verwundungen auf demselben Kriegsschauplatz an der San in Galizien, nahe seiner Geburtsstadt Przemysl, auf dem Schoßleitner erstmals schwer verwundet wurde. Das Gedicht „Exhumierung", das in erschreckend realistischen Bildern die Bergung der Überreste eines Gefallenen aus einem Feldgrab anschaulich machen will, bezieht sich auf seinen Freund:

*Die Beine hängen wie aus Teig
so schlaff herab;
ein weicher Klumpen löst sich von den Füßen
und kollert wieder tiefer.
Heraufgeholt fühlt sich sein Kern
ganz hart und knirscht wie Kieselstein:
Fußwurzelknochen und die Zehenglieder.
[…]
So muß ich jetzt dich wieder sehen!*[129]

Unter großen Schwierigkeiten sorgte Schoßleitner für die Exhumierung Mörks und die Überführung der sterblichen Überreste in das Krematorium nach Zittau. Das war die Voraussetzung für die endgültige Beisetzung Mörks in einem Urnengrab in einem nach ihm benannten „Dom" in der Werfener Eisriesenwelt. Eingedenk solcher Erfahrungen und ihm nahe gehender Verluste fragte Schoßleitner eine *geheimnisvolle Macht: Hast du mich aufgespart!? / Wofür!* Der „großen Zeit" kann er letztlich nichts mehr abgewinnen, denn: *Reif für den Untergang ist dies Geschlecht, / unfähig, morsch und schlecht.*[130] Das klingt nach elitärer Rhetorik, denn tatsächlich faszinierte ihn neben dem kollektiven Erleben auch die technische Seite dieses ersten mechanisierten Krieges, die in ihm ein berauschendes Machtgefühl aufsteigen ließ. So begeisterte ihn eine aus elektrisch geladenen Drähten bestehende Talsperre, die in ihm folgende Vorstellung auslöste:

*In wildem Einklang dieser Wirkungen
Schalt' ich den Starkstrom ein, daß wie
Vom Blitzstrahl Gottes hinsinkt jegliches Geschöpf
Auf meinen Wink!
Mein Blut durchbraust ein grausames Gefühl
Der Macht mit Raubtier-Freude,
die meinen Schlaf verscheucht.*[131]

---

128 Schoßleitner Karl, Zwei Toten. In: Schoßleitner, Wirf weg (wie Anm. 120), 17.
129 Schoßleitner Karl, Exhumierung. In: Schoßleitner, Kriegsgedichte (wie Anm. 122), 53.
130 Schoßleitner Karl: Der großen Zeit. In: Schoßleitner, Kriegsgedichte (wie Anm. 122), 52.
131 Schoßleitner Karl, In der Talsperre mit dem elektrischen Hindernis. In: Schoßleitner, Kriegsgedichte (wie Anm. 122), 44f.

Abb. 6: Karl Schoßleitner als Fliegeroffizier (SLA, Nachlass Karl Schoßleitner)

Oder er war erfreut über die Möglichkeit des Einsatzes von Scheinwerfern für einen „Beleuchtungs-Überfall", der mit einem Serienfeuer aus Maschinengewehren verbunden ist.[132] Besonders begeisterte ihn jedoch die Technik des Fliegens, der er auch später leidenschaftlich verbunden blieb. Im Gedicht „Auf dem Kampfflugzeug" sieht er sich im Aufstieg des „Riesenvogels" bereits *auf Seelenflügeln nur mehr Geist, / zur Geistigkeit entschwebend. […] Doch ist mein Platz dort unten auf der Erde! / Die kleine Falltür auf / für Fotograph und Bombenwurf!*[133]

Ein friedlicheres Ergebnis solch neuer Perspektiven waren später mehrere Reisehandbücher und die Publikation des autobiographischen Bandes „Auf deutscher Heimaterde in Fliegerhöhen und Höhlentiefen" (1937), in dem er, laut Verlagsangabe, auf ein „verkanntes, unbekanntes, neuentdecktes, weltberühmtes Österreich" hinweisen wollte.[134] Im Widerspruch von Titel und Ankündigung spiegelt sich die politische Situation des Erscheinungsjahres.

Gewissermaßen zum privaten Gebrauch schrieb Wilhelm von Arlt (1892–1976), der 1911 am k.k. Staatsgymnasium in Salzburg mit Auszeichnung maturiert hatte und im Sammelwerk des „Pan" von 1913 mit dem Gedicht „Auf hohen Bergesrücken"[135] vertreten war, während seines Militär- und Kriegsdienstes weiter. Er verfasste Gelegenheitsgedichte meist launigen Inhalts, *um in boshaft scharfen Bildern / Seinen Freundeskreis zu schildern*, wie es im Gedicht „Das Zimmer der Batterie 5/8" heißt.[136] Das Gedicht entstand in einem Barackenlager an der italienischen Front am Moticello, wo eines der Geschütze auf einem Glet-

132 Schoßleitner Karl, Maschinengewehr und Scheinwerfer. In: Schoßleitner, Kriegsgedichte (wie Anm. 122), 46.
133 Schoßleitner Karl, Auf dem Kampfflugzeug. In: Schoßleitner, Kriegsgedichte (wie Anm. 122), 47f.
134 Schoßleitner Karl, Auf deutscher Heimaterde in Fliegerhöhen und Höhlentiefen. Salzburg 1937.
135 Arlt Wilhelm von, Auf hohem Bergesrücken. In: Salzburg (wie Anm. 115), 47f.
136 SLA, Miscellanea-Akten Nr. 58, 11 Blatt 4; Arlt Wilhelm von, Das Zimmer der Batterie 5/8. Aus der Gedichtsammlung Dr. Wilhelm von Arlt.

scher positioniert war und wegen der fließenden Eismassen zeitweise neu ausgerichtet werden musste. Als sein literarisches Vorbild nannte er im Gedicht „Poesie?"[137] Heinrich Heine, manches erinnert aber stark an den Stil der „Muskete". Beim Zusammenbruch der Front gegen Italien blieb ihm nur noch ein „bitteres Scherzen":

Man fühlt sich unendlich gehoben,
Das Böseste drängt sich nach oben;
Die Bildung, auf die wir gepocht,
Sie wird von Instinkten durchlocht.

Vor der Flucht aus dem trientinischen Folgaria beherrschte ihn Ende Oktober 1918 nur noch ein Gedanke: „*Nach mir die Sintflut!" – Ich denke / Wir haben sie bald zum Geschenke.* Er studierte nach dem Krieg Jus in Wien und wurde dort Landesgerichtsdirektor am Jugendgericht. Später übersiedelte er in den Salzburger Pongau.

Aus einer besonderen Perspektive erlebte Burghard Breitner (1884–1956) den Ersten Weltkrieg. In Mattsee als Sohn des Schriftstellers und Archäologen Anton Breitner geboren, besuchte er dort die Volksschule, dann in Salzburg das Gymnasium als Zögling des Rupertinums. Nach väterlichem Vorbild versuchte er sich während des anschließenden Medizinstudiums in Graz als Theaterkritiker und Autor von Dramen: Er betätigte sich auch als Dramaturg und Regisseur einiger Aufführungen. Im Sammelwerk des Salzburger „Pan" von 1913 veröffentlichte der Komponist August Brunetti-Pisano, der auch Klavierlehrer in der Trakl-Familie war, ein „Tonbild" zum Prolog des Schauspiels „Treibeis"[138] von Bruno Sturm, so der Künstlername von Burghard Breitner. Er entschied sich aber dann doch für die Tätigkeit als Mediziner, sammelte als Sanitätsarzt des Roten Kreuzes im Balkankrieg 1912/13 erste Kriegserfahrungen und zog im August 1914 mit großer Begeisterung freiwillig in den Krieg. Er wollte ihn aus nächster Nähe miterleben, bestieg eigenmächtig einen Zug an die galizische Front, geriet aber bereits Anfang September in russische Kriegsgefangenschaft. Zunächst empfand er es als eine „Schmach, den Krieg als eine grausame Notwendigkeit und nicht als eine heilige Krönung des Daseins, als Triumph über Müdigkeit und Selbstsucht, Kleinlichkeit und Feigheit anzusehen",[139] wie seine Sicht offenbar bis dahin war, sondern fremdem Willen ausgeliefert zu sein. Sechs Jahre verbrachte er im sibirischen Lager Nikolsk-Ussurijskij, hundert Kilometer von Wladiwostok entfernt. In seinem Tagebuch notierte er: „Ich habe Arbeit vor mir! Arbeit! Hundertzwanzig österreichische und deutsche Soldaten liegen bei uns, ich werde Verbandmaterial bekommen, ich werde helfen können! Ich bin tief erregt. Endlich einen Zweck sehen, ein Ziel!"[140] In Salzburg wurde ein „Burghard-Breitner-Befreiungskomitee" gegründet, in dem Brunetti-Pisano „eine zentrale Rolle bei der Vermittlung und maschinschriftlichen Vervielfältigung der ein- und ausgehenden Post" spielte.[141]

Bei Breitners Rückkehr im November 1920 wurde ihm als „Engel von Sibirien" ein triumphaler Empfang bereitet. 1921 veröffentlichte er das Tagebuch seiner Gefangenschaft unter dem Titel „Unverwundet gefangen", das mehrfach aufgelegt wurde. In den folgenden Jahren machte er eine Karriere als Chirurg und stieg 1951 bei der Wahl des Bundespräsidenten als Kandidat des deutschnatio-

Abb. 7: Burghard Breitner nach der Rückkehr aus der Kriegsgefangenschaft 1920 (AStS, Nachlass Burghard Breitner)

137 Arlt Wilhelm von, Poesie? Aus der Gedichtsammlung Dr. Wilhelm von Arlt im Salzburger Landesarchiv, Miscellanea-Akten Nr. 58, Blatt 9.
138 Brunetti-Pisano August, Ein Tonbild zum Prolog des Schauspiels „Treibeis" von Bruno Sturm. In: Salzburg (wie Anm. 115), Anhang, 1–4.
139 Breitner Burghard, Unverwundet gefangen. Aus meinem sibirischen Tagebuch. Wien u. a. 1922, 89.
140 Breitner, Unverwundet (wie Anm. 139), 90.
141 Ebeling-Winkler Renate, „Entweder Bettler oder König!". August Brunetti-Pisano (1870–1943). Ein Salzburger Komponist (Schriftenreihe des Salzburg Museum 23), Salzburg 2010, 64.

nalen VdU (= Verband der Unabhängigen, eine Vorläuferorganisation der FPÖ) noch in die poltische Arena und erzielte mit 15 % der Stimmen einen Achtungserfolg.

In mehreren Romanen verarbeitete Robert Mimra (1896–1954) seine Kriegserlebnisse. In Brünn geboren, maturierte er wenige Tage vor der Ermordung Erzherzog Ferdinands und meldete sich mit ehemaligen Mitschülern zehn Wochen nach Kriegsbeginn freiwillig für den Einsatz. In einem Feldkanonenregiment kämpfte er auf den Hauptkriegsschauplätzen in Russland, Frankreich und Italien, stieg in der militärischen Hierarchie zum Oberleutnant auf und geriet schließlich in italienische Kriegsgefangenschaft. Auf Elba entschloss er sich, seine Kriegserlebnisse literarisch zu verarbeiten. Nach der Entlassung lebte er als Maschinensetzer und Korrektor der Druckerei Kiesel bis zu seinem Tod in Salzburg.

Für seinen ersten Roman „Batterie 4" schrieb Franz Karl Ginzkey ein Vorwort, in dem er das Buch als ein „Dokument herber rücksichtsloser Offenheit" bezeichnete.[142] Der Roman bringt denn auch eine Menge von Details aus dem Kriegsgeschehen, die auf Tagebuchaufzeichnungen beruhen. Die Szenen folgen den Einsatzorten des Feldkanonenregiments Nr. 41 mit der Batterie 4. Die Geschütze sind das „kostbarste Gut", die Berge von Leichen erscheinen daneben als eine unvermeidliche Folge der Kämpfe. Die Erzählerfigur, ein Alter Ego des Autors, bewundert alles, was von deutscher Seite im Krieg unternommen wird: „Ich fühle mich als deutscher Soldat in k. u. k. Uniform. Ist's Hochverrat? Ich weiß es nicht."[143] Der zweite Roman „Im Schatten des 3. November"[144], versehen mit einem Vorwort von Reinhold Glaser, Redakteur des „Salzburger Volksblattes", führt das Schicksal des Protagonisten in der italienischen Gefangenschaft vor, die ihn an mehrere Orte, zuletzt nach Elba führt. Die Behandlung von italienischer Seite ist, mit wenigen Ausnahmen, demütigend. Das Leben im Krieg wird häufig verklärt („Wie schön war es noch vor einer Woche, dort oben am Campolongo! Trotz der Granaten, trotz des furchtbaren Elends."[145]). Die Frontkameradschaft wird immer wieder beschworen, sie könnte „Millionen deutscher Volksgenossen in dieser verzweifelten Bedrängnis" eine Hilfe sein, „ein neues deutsches Reich zu bauen".[146] Die Rückkehr in die Heimat, die mittlerweile zur Tschechoslowakei gehört, führt zu Enttäuschungen und er macht sich auf, ein neues Zuhause zu finden. Vom Salzburger Untersberg gegen Norden schauend sieht er das Ziel seines Lebens: „In deinem Herzen jubelt es auf. Deine neue, herrliche Heimat, dein großes deutsches Vaterland, willst du innig lieben."[147] An diesem Roman ist deutlich zu sehen, wie der Frontsoldatengeist, verbunden mit Enttäuschungen nach Kriegsende weitgehend nahtlos in das Fahrwasser nationalsozialistischen Gedankengutes übergehen kann. Als die Erzählerfigur sich entschließt, einfacher Arbeiter zu werden, wird es überdeutlich: „Deutsch sind sie geblieben, diese Arbeiter! […] Vielleicht warten sie nur auf den Mann, der diese verlogene ‚nationale' und ‚internationale' Welt zertrümmert und eine neue deutsche Welt der Schaffenden, des wahren Volkstums, des wahren Sozialismus schafft."[148] Für die Salzburger „Jugendpflege" fasste er seine Sicht des Krieges noch einmal zusammen und wertete in der Einleitung das Ergebnis als „bedrückend" (wegen der Übermacht der Gegner), „erhebend" (im Feld unbesiegt) und „erschütternd" (der Endsieg blieb versagt).[149]

Vollkommen andere Konsequenzen zog aus seinen Kriegserfahrungen ein Autor, der nach dem Krieg elf Jahre in Salzburg gelebt hat, hier aber fast völlig

Abb. 8: Robert Mimra. (Mimra Robert: Im Schatten des 3. November. Graz u. a. 1933)

142 Mimra Robert, Batterie 4. Mit einem Vorwort von Franz Karl Ginzkey. Graz u. a. 1930, 11.
143 Mimra, Batterie 4 (wie Anm. 142), 28.
144 Mimra Robert, Im Schatten des 3. November. Salzburg u. a. 1933.
145 Mimra, Im Schatten (wie Anm. 144), 23f.
146 Mimra, Im Schatten (wie Anm. 144), 77.
147 Mimra, Im Schatten (wie Anm. 144), 325.
148 Mimra, Im Schatten (wie Anm. 144), 266.
149 Mimra Robert, Das Ringen um den Sieg. Hg. von der „Jugendpflege" (Jungenschaftsbücherei, 3), Salzburg 1936.

Abb. 9: Andreas Latzko. Lithografie von Fritz Willy Fischer (Radio Wien, H. 5, Beitrag von Erhard Buschbeck über Andreas Latzko)

unbekannt ist: Andreas Latzko (1876–1943). Aufgewachsen in einer Budapester Bankiersfamilie (Vater Ungar, Mutter Wienerin), begann er neben verschiedenen Studien zunächst für eine ungarische Zeitung zu schreiben, übersetzte für das Theater aus dem Deutschen und verfasste selbst Theaterstücke. 1897 absolvierte er das Einjährig-Freiwilligen-Jahr in der k.u.k. Armee. Nach seinem Umzug nach Berlin (1901) schrieb er nur noch in seiner „Mutter"- Sprache Deutsch und es gelang ihm, als Schriftsteller und Journalist in Deutschland Fuß zu fassen. Vor dem Ersten Weltkrieg machte er Reisen nach Ägypten und südasiatische Länder, nach Kriegsbeginn folgte er unter nicht ganz geklärten Umständen der Einberufung und wurde als Reserveoffizier an der Isonzo-Front eingesetzt. Dort erkrankte er bald an Malaria, kam nach der Genesung wieder an die Front und erlitt einen schweren Nervenzusammenbruch (Kriegspsychose, „Kriegszitterer"). Nach Aufenthalten in mehreren Kriegsspitälern wurde er aus dem Militärdienst zur Kur in die Schweiz entlassen.

Dort verarbeitete er seine Erfahrungen in Erzählungen, die zunächst in verschiedenen Zeitungen anonym veröffentlicht wurden, und dann 1917 unter dem Titel „Menschen im Krieg"[150] als Buch in einem Züricher Verlag erschienen. In diesen Erzählungen, auch als „Novellen" bezeichnet, wird die Fratze des Krieges, lange vor Remarques Roman „Im Westen nichts Neues", ungeschminkt und unverhüllt sichtbar. Nicht die politischen Ereignisse und Zusammenhänge werden geschildert, auch nicht taktisch-militärische Überlegungen, sondern der Alltag und das Befinden der Soldaten. Hier findet sich keine heldische Verklärung, keine Kameradschafts-Nostalgie, sondern man begegnet der realen Qual der Soldaten, ihrem Ausgeliefertsein an eine Maschinerie, deren Zweck letztlich nicht mehr verstanden werden kann. Die Front ist ein Ort, *wo unsichtbare Maschinen glühende Eisenstücke schleudern, der Tod ein engmaschiges Netz aus Stahl und Blei zum Fang auswirft*.[151] In diesem „Duell der Munitionsindustrien" geht es nur noch um die *Hoffnung [...], daß der Vorrat an Menschenfleisch den Stahl- und Eisenbestand der Gegner überdauern werde*.[152] Selbst die Unverletzten bleiben hoffnungslos zurück. Die Davongekommenen müssen das weitere Leben mit ihren körperlichen und seelischen Verwundungen fristen. Der Bogen der sechs Erzählungen spannt sich vom „Abmarsch" bis zur „Heimkehr"; Latzko stieg dabei tief hinein in die Welt der Empfindungen und Gedanken derer, die der Hölle Krieg ausgeliefert waren. In einer bilderreichen und manchmal expressiven Sprache, die nur selten durch Ironie gemildert ist, versuchte er sein Ziel zu erreichen, wie er es in einem Brief an Alfred Haering formuliert hat: *Es kommt alles darauf an, daß die Menschen ihr Herz wieder finden, [...] denn es war ja 50 Jahre lang eine Schande, eines zu haben, erst recht es zu zeigen! Und darum müssen wir trachten, die Menschen zu packen und ihnen weh zu tun, den* [sic!] *Mitleiden ist MIT-leiden, nur was den Menschen, durch Erwecken seiner Phantasie, ZWINGT am eigenen Leib zu fühlen, fügt er seinen Mitmenschen nicht mehr zu*.[153] In dieser Hoffnung bestärkte ihn der große Erfolg, den das Buch „Menschen im Krieg" in der Schweiz hatte. Bald gab es zahlreiche Übersetzungen. In den Krieg führenden Staaten wurde es allerdings verboten, und dem Autor wurde sein militärischer Rang aberkannt. Einem neuerlichen Einberufungsbefehl entzog er sich durch die Verlängerung seines Aufenthaltes in der Schweiz. Im Züricher Café Odeon knüpfte er literarische Kontakte. Stefan Zweig äußerte sich über ihn: *Ein gütiger feiner lieber Mensch, bis in die Tiefen drin-*

---

150 Latzko Andreas, Menschen im Krieg. Zürich ³1918.
151 Latzko, Menschen (wie Anm. 150), 135.
152 Latzko, Menschen (wie Anm. 150), 140.
153 Latzko Andreas an Haering Alfred. Brief vom 8.4.1919. DLA, Nachlass Haering; 78.128/2. – Zit. n. Billeter Nicole, „Worte machen gegen die Schändung des Geistes!" Kriegsansichten von Literaten aus der Schweizer Emigration 1914/18 (Zürcher Beiträge zur Geschichtswissenschaft 99). Bern u. a. 2005, 195.

gend mit seiner wissenden Güte.[154] Romain Rolland, seinem „großen Landsmann in Menschenliebe", widmete Latzko sein zweites Buch „Friedensgericht"[155] mit Novellen zur Kriegsthematik, in denen die Reflexionen einen breiteren Raum einnehmen als in „Menschen im Krieg". Nach wechselnden Aufenthalten nach dem Krieg ließ sich Latzko 1920 in Salzburg nieder (Markus-Sittikus-Str. 1), heiratete nach dem Tod seiner ersten Frau die georgische Aristokratin Stella Otarowa und lebte hauptsächlich von journalistischer Tätigkeit und Lesungen. Die „Salzburger Wacht" druckte beispielsweise seine Erzählung „Der Doppelpatriot"[156], die die Absurdität nationaler Grenzziehungen nach dem Krieg aufzeigen soll. Auch mit der Erfolgsgeschichte des „Jedermann" bei den Festspielen setzte er sich auseinander.[157] Der Salzburger Maler und Schriftsteller Fritz Willy Fischer, der auch Robert Mimra, Franz Karl Ginzkey und wahrscheinlich auch James Joyce porträtiert hat, fertigte eine Lithografie von ihm an. Als 1932 Fischer bei einer Ausstellung in der Buchhandlung Mora „ein paar Dutzend" seiner Arbeiten zeigte, wurde „einhellig das Portrait des Schriftstellers Andreas Latzko als ‚Glanzstück' beschrieben."[158] 1931 folgte das Ehepaar dem Stiefsohn aus erster Ehe nach Amsterdam; dieser verunglückte jedoch kurz nach ihrer Übersiedlung. Latzko widmete ihm den Roman „Sieben Tage"[159], in dem er, nach Ansicht von Erhard Buschbeck, des Jugendfreundes von Georg Trakl, zeigte, „wie sich die Seele eines Menschen im sozialen Kampf spiegelt. […] In diesem Zwischengebiet von dunklem Instinkt und Gedankenträgheit ist er [Latzko; Anm. H.W.] förmlich zu Hause und er sucht es mit der ihm eigenen Leidenschaft zu erhellen, um seine Gefahrenzone zu mindern."[160] 1935 erschien von ihm noch ein historischer Roman über Lafayette, der kaum wahrgenommen wurde. 1943 starb Andreas Latzko, „der in keine Schublade passte"[161], in Amsterdam und wurde dort begraben. Die Hoffnung, die er im Motto zu „Menschen im Krieg" zum Ausdruck brachte, sollte den Pazifisten in ihm überleben: *Ich weiß gewiß, die Zeit wird einmal kommen, wo alles denkt wie ich.*[162]

Ein anschauliches Beispiel von den Kriegsjahren in Salzburg lieferte der Romancier Friedrich Fürst von Wrede (1870–1945) mit seinem 1925 erschienenen, heute aber weithin vergessenen Roman „Politeia".[163] In Salzburg geboren, unternahm Wrede viele Reisen und lebte ab 1884 dauerhaft in der Stadt, zuletzt in der Westbahnstraße (heute Rainerstraße), die einer der Schauplätze im Roman ist. Er beteiligte sich am Kulturleben der Stadt nur am Rand und stellte für das literarische Sammelwerk „Salzburg" der „Pan-Gesellschaft", deren Mitglied er war, die Studie „Greisentrauer" zur Verfügung. Er schrieb vor allem Romane und Novellen, aber auch einige Dramen und Beiträge für das „Salzburger Volksblatt".[164]

Im Roman „Politeia" entwirft er ein Panorama der untergehenden Welt der Habsburger-Monarchie am Beispiel von Salzburg und erörtert verschiedene Staatstheorien angesichts der Unsicherheit der weiteren Entwicklung. Den Hintergrund bilden verschiedene Familien, Einzelpersonen und Örtlichkeiten in der Stadt Salzburg, die für unterschiedliche weltanschauliche Positionen und Zukunftshoffnungen stehen, daher auch der Untertitel: „Ein Roman aus jüngstvergangenen und künftigen Tagen". Man begegnet kaisertreuem Patriotismus, altösterreichischem Biedersinn, etwas skurriler humanistischer Bildung und deutschnationaler Engstirnigkeit ebenso wie dem Hang zu zahlenmystischen Phantastereien oder kollektivistischen Sozialutopien, dargestellt aus aristokratischer Sicht, auf die bereits das vorangestellte Motto aus Platos „Gorgias" ver-

154 Zit. n Latzko Andreas, Der Doppelpatriot. Texte 1900–1932, hg. und mit einem Nachwort versehen von Szabó János. Budapest-München 1993, 237.
155 Latzko Andreas, Friedensgericht. Zürich 1918.
156 Latzko Andreas, „Der Doppelpatriot", Salzburger Wacht, 31.10.1924, Beilage „Unterhaltung und Wissen", 4f.
157 Latzko Andreas, Die Salzburger Festspiele jubilieren. Zehn Jahre „Jedermann". Erinnerungen. Neue Freie Presse, 7.8.1929, Chronikbeilage, 9f.
158 Weigel Andreas, Bruchstückhafte Biografien. In: praesent 2011. Das österreichische Literaturjahrbuch, hg. von Ritter Michael. Wien 2010, 31.
159 Latzko Andreas, Sieben Tage. Roman. Wien-Leipzig 1931.
160 Buschbeck Erhard, Andreas Latzko. Zur Eigenvorlesung am Sonntag, 20. September. In: Radio Wien, 7 (1931). Dokumentation der Arbeiterkammer für Wien, jetzt: Rathausbibliothek Wien.
161 Szabó János, Nachwort zu Latzko Andreas, Der Doppelpatriot, München-Budapest 1993, 219.
162 Latzko, Menschen (wie Anm. 150).
163 Wrede Friedrich Fürst, Politeia. Ein Roman aus jüngstvergangenen und künftigen Tagen. Darmstadt-Leipzig [1925].
164 Weitere Angaben zu Wrede finden sich in Steiner Gertraud, Literaturbilder. Salzburgs Geschichte in literarischen Portraits. Mit historischen Kommentaren von Sabine Veits-Falk. Salzburg-München 1998, 200f.

Abb. 10: Friedrich Wrede (Steiner Gertraud, Literaturbilder. Salzburg-München 1998, S. 200)

weist: *Kommt nur der rechte Mann, dann schüttelt er all das Zeug ab […], steht auf und offenbart sich als euer Herr; und dann – dann blitzt in vollem Glanz das Recht der Natur hervor!* Mit Blick auf die weitere politische Entwicklung ist das freilich eine fatale Hoffnung. Ein zentraler Ort des Geschehens ist das Hotel de l'Europe, in dem die verschiedenen Figuren immer wieder zusammengeführt werden und wo der Bezugspunkt zur Außenwelt, der Bahnhof, nahe liegt. Das gehobene Ambiente dieses Hotels genügt auch dem gesellschaftlichen Anspruch mehrerer Protagonisten.

Im ersten der drei Bücher (Großkapitel) werden die Personen und ihre Verbindungen vorgeführt. Noch ist Friede, aber das Wetterleuchten als bedrohliches Zeichen erscheint mehrfach über der Szene, wird aber so nicht wahrgenommen. Noch im Juli 1914 sind die Menschen mit der Frage, ob das Wetter eine Freilichtaufführung im Naturtheater des Mirabellgartens zulässt, mehr beschäftigt als mit der Möglichkeit eines Krieges. Kommentar des Autors dazu: „Und nichts kennzeichnet das Phäakenleben, welches man damals am Ufer der Salzach führte, besser. Denn die Geringfügigkeit des Sorgen auslösenden Moments ist immer – beim Gemeinwesen wie beim Individuum – der sicherste Maßstab für die Größe der gegenwärtigen Glückseligkeit."[165] Die Kriegserklärung lässt jedoch den „Faden des Alltags"[166] jäh reißen.

Das zweite, umfangreichste Buch des Romans schildert, wie sich die Kriegsereignisse im Leben der Stadt ausgewirkt haben, teilweise in einer trockenen, ans Dokumentarische grenzenden Sprache, teilweise aber auch bildhaft-anschaulich, durchsetzt mit ironischen Passagen. Zunächst werden die ausrückenden Truppen je nach politischer Orientierung mit lauten „Heil!"- oder „Hoch!"-Rufen verabschiedet, man beglückwünscht einander, eine so „große Zeit" erleben zu dürfen, sieht aber am Bahnhof bald erschrocken dem Einzug einer „düsteren Majestät", dem ersten Verwundetentransport, zu, dem hauptsächlich Polen, Tschechen, Ungarn und Bosniaken angehören. Die staatlichen Zwangsmaßnahmen der Kriegswirtschaft, die Rationierungen und Abgabepflichten, werden ironisch aufs Korn genommen. Dem Staat misstraut der Autor grundsätzlich, er ist für ihn „das kälteste aller kalten Ungeheuer", der in diesem Weltkonflikt letztlich versagt. Meldungen vom Kriegsverlauf verdüstern oder erhellen die Stimmung und die Versorgung mit Lebensmitteln wird zu einem immer größeren Problem, das manch dunkle Instinkte zu Tage fördert.

Das dritte Buch trägt den Titel „Die Politie" und bringt Überlegungen zur weiteren Gestaltung der politischen Situation nach der Niederlage. Eine Szene von der Plünderung des Hotels de l'Europe im Verlauf der Hungerkrawalle am 19. November 1918 wird für den Autor zu einem Bild für die politische Lage: Ein Trupp Plünderer entdeckt in einem Nebengebäude des Hotels ein kleines Schwein, das ins Freie geschleppt und aufgeteilt wird: „Sie zerschnitten das jämmerlich quiekende Ferkelchen mit ihren Federmessern bei lebendigem Leib und steckten die bluttriefenden, noch zuckenden Fleischstücke rasch in die Rocktasche."[167] Die Szene ist für den Autor ein „atavistischer Rückfall in die Raubtiernatur des Menschen."[168] Das Staatsgebilde ist zerstört, die geschlagenen Armeen kehren zurück in ein Chaos, in dem die Vorschläge des amerikanischen Präsidenten Wilson leere Versprechen bleiben. Mit einer Abschiedsszene am Bahnhof und philosophischen Überlegungen zu den treibenden Kräften der Geschichte endet dieser umfangreiche Zeitroman.

165 Wrede, Politeia (wie Anm. 163), 114.
166 Wrede, Politeia (wie Anm. 163), 49.
167 Wrede, Politeia (wie Anm. 163), 587.
168 Wrede, Politeia (wie Anm. 163), 587.

Die letzten Beispiele zeigen deutlich, dass der Krieg im Werk einzelner Autoren tiefe Spuren hinterlassen hat. Dichterische Versuche, so unzulänglich sie in sprachlicher Hinsicht manchmal auch sein mögen, sind häufig emotional bestimmte individuelle Antworten auf eine außergewöhnliche Situation und bedrückende Erfahrungen. Dass die Folgerungen, die daraus gezogen wurden, sehr verschieden waren, kann nicht überraschen. Vieles davon ist von historischem Interesse, manche Texte, wie die Gedichte Georg Trakls, werden wegen ihrer Anschaulichkeit und sprachlichen Besonderheit auch in Zukunft Bestand haben, und ein Text wie Andreas Latzkos „Menschen im Krieg" sollte wegen der Authentizität und sprachlichen Intensität wieder zugänglich gemacht werden; das Gedenkjahr 2014 wäre ein Anlass dazu.

Alfred Werner Höck

Grundlegende statistische Angaben zum Kronland Salzburg

Länder	Jahr	
	1910	1920
Wien*	2,031.498	1,842.005
Niederösterreich (ohne Wien)	1,493.596	1,471.150
Oberösterreich	853.006	857.234
Salzburg	214.737	213.877
Steiermark**	1,444.157	946.721
Kärnten**	396.200	297.257
Krain	525.995	–
Triest	229.510	–
Görz und Gradisca	260.721	–
Istrien	403.566	–
Tirol**	946.613	306.152
Vorarlberg	145.408	133.033
Böhmen	6,769.548	–
Mähren	2,622.271	–
Schlesien	756.949	–
Galizien	8,025.675	–
Bukowina	800.098	–
Dalmatien	645.666	–
Summe	28,565.214	6,067.429

Tab. 1: *Bevölkerung (inklusive Militärpersonen) der im Reichsrat vertretenen Königreiche und Länder (cisleithanische Reichshälfte) nach der Volkszählung 1910 und der österreichischen Bundesländer nach der außerordentlichen Volkszählung von 1920*
Quellen: Österreichisches statistisches Handbuch 1915, hg. von der k. k. Statistischen Zentralkommission, 34. Jg. Wien 1917, 4, Tab. A.4; Vorläufige Ergebnisse der außerordentlichen Volkszählung vom 31. Jänner 1920, bearb. und hg. von der statistischen Zentralkommission. Wien 1920, 15, Übersicht 6; *Die Stadt Wien wurde erst mit dem am 10.11.1920 in Kraft getretenen Bundes-Verfassungsgesetz zum eigenen Bundesland erklärt. Zumeist wird als offizielles Gründungsdatum jedoch das mit 1.1.1922 in Kraft getretene Trennungsgesetz, mit dem die vermögensrechtliche Trennung von Wien und Niederösterreich geregelt wurde, herangezogen. Der besseren Vergleichbarkeit halber wurden die Zahlenangaben für Wien und Niederösterreich gesondert angegeben. Verwaltungsrechtlich war Wien aber zum Zeitpunkt der beiden Volkszählungen noch Bestandteil des Landes Niederösterreich; **Die Angaben der vorläufigen VZ 1920 beziehen sich auf das (verkleinerte) Territorium der neuen Grenzen der nunmehrigen Bundesländer der Republik Österreich.

	1900		1910		1920	
	männlich	weiblich	männlich	weiblich	männlich	weiblich
Personen	96.143	96.620	107.660	107.077	103.818	110.059
Summe	192.763		214.737		213.877	

Tab. 2: *Bevölkerung im Land Salzburg 1900, 1910 u. 1920 nach Geschlecht*
Quelle: Vorläufige Ergebnisse der außerordentlichen Volkszählung vom 31.1.1920, bearb. und hg. von der statistischen Zentralkommission. Wien 1920, 15, Übersicht 6.

Bekenntnis	Katholiken (aller drei Riten)	Griechisch-orientalisch	Evangelische, (AB u. HB)	Israeliten	Andere
Personen	211.445	11	2.538	285	458
in %	98,47 %	0,01 %	1,18 %	0,13 %	0,21 %

Tab. 3: *Bevölkerung im Kronland Salzburg nach Religionszugehörigkeit, 1910*
Quelle: Österreichisches statistisches Handbuch 1915, hg. von der k. k. Statistischen Zentralkommission, 34. Jg. Wien 1917, 6, Tab. B.3.

Befähigung	können lesen und schreiben		können nur lesen		können weder lesen noch schreiben	
Geschlecht	männlich	weiblich	männlich	weiblich	männlich	weiblich
Personen	79.024	78.418	665	1.012	2.488	2.193
Summe	157.442 (96 %)		1.677 (1 %)		4.681 (3 %)	

Tab. 4: *Alphabetisierungsgrad der über 10 Jahre alten Bevölkerung des Kronlandes Salzburg, 1910*
Quelle: Österreichisches statistisches Handbuch 1915, hg. von der k. k. Statistischen Zentralkommission, 34. Jg. Wien 1917, 10, Tab. B.8.

Kategorien	Berufsklassen			
	Land- u. Forstwirtschaft	Industrie u. Gewerbe	Handel u. Verkehr (einschließlich Gastgewerbe)	Öffentlicher- u. Militärdienst, freie Berufe, Berufslose
Selbständige (auch Pächter u. Kolonen)	12.732	5.502	5.558	24.118
Angestellte	267	520	1.376	3.435
Arbeiter und Lehrlinge	25.832	16.969	8.505	3.516
Taglöhner	3.682	1.868	795	220
Mithelfende Familienmitglieder	15.029	489	1.422	15
Angehörige ohne eigenen Hauptberuf*	27.947	24.028	15.583	10.316
Hausdienerschaft, Dienstboten	513	971	1.172	2.066
Summe	85.993	50.347	34.711	43.686

Tab. 5: *Aufgliederung der Bevölkerung des Kronlandes Salzburg nach Berufsklassen, 1910*
Quelle: Österreichisches statistisches Handbuch 1915, hg. von der k. k. Statistischen Zentralkommission, 34. Jg. Wien 1917, 13, Tab. B.9; * Zuordnung der Kinder und nicht erwerbstätigen Familienangehörigen.

Eheschließungen		1.606
Lebendgeborene Kinder	ehelich	4.390
	unehelich	1.549
	Summe	5.939
Gestorbene		4.246
Geburtenüberschuss		1.693
Totgeborene		210
Gestorbene unter 1 Jahr	ehelich	687
	unehelich	284
	Summe	971

Tab. 6: *Bilanz der natürlichen Bevölkerungsentwicklung und Kindersterblichkeit im Kronland Salzburg, 1913*
Quelle: Bewegung der Bevölkerung Österreichs im Jahre 1913, bearb. von dem Bureau der k. k. Statistischen Zentralkommission. Österreichische Statistik N.F. 14. Bd, H. 1. Wien 1918, 7, Übersicht 1.

Anwesende Bevölkerung, geboren in:	Personen	in %
in der Aufenthaltsgemeinde	99.151	46,3
in einer anderen Gemeinde des Aufenthaltsbezirkes	41.966	19,5
überhaupt im Aufenthaltsbezirk	141.117	65,7
in einem anderen Bezirk des Kronlandes	20.892	9,7
überhaupt im Kronland	162.009	75,4
in einem anderen Lande des Staatsgebietes	45.800	21,3
überhaupt im Staatsgebiet	207.809	96,8
im Auslande	6.928	3,2
Summe	214.737	

Tab. 7: *Die Bevölkerung des Kronlandes Salzburg nach der Herkunft, 1910*
Quelle: Die Ergebnisse der Volkszählung vom 31.12.1910 in den im Reichsrate vertretenen Königreichen und Ländern, bearb. von dem Bureau der k. k. Statistischen Zentralkommission, Österreichische Statistik N.F. 1. Bd., H. 2. Wien 1914, 13, Übersicht 5.

Familienstand	Geschlecht	Anzahl
Ledige	männlich	71.881
	weiblich	66.708
	zusammen	138.589
Verheiratete	männlich	32.512
	weiblich	32.405
	zusammen	64.917
Verwitwete	männlich	3.025
	weiblich	7.724
	zusammen	10.749
Geschiedene	männlich	238
	weiblich	235
	zusammen	473
Getrennte	männlich	2
	weiblich	7
	zusammen	9
Summe	männlich	107.658
	weiblich	107.079
	zusammen	214.737

Tab. 8: *Familienstand der Bevölkerung des Kronlandes Salzburg, 1910*
Quelle: Die Ergebnisse der Volkszählung vom 31.12.1910 in den im Reichsrate vertretenen Königreichen und Ländern, bearb. von dem Bureau der k. k. Statistischen Zentralkommission, Österreichische Statistik N.F. 1. Bd., H. 2. Wien 1914, 79, Tabelle X.

Altersgruppe	männlich	weiblich	Zusammen
0-10	25.481	25.456	50.937
11-20	19.093	19285	38.378
21-30	17.595	16.905	34.500
31-40	15.740	14.894	30.634
41-50	12.050	11.785	23.835
51-60	9.050	8.932	17.982
61-70	6.017	6.534	12.551
71-80	2.308	2.740	5.048
81-90	308	523	831
91-100	16	25	41
Summe	107.658	107.079	214.737

Tab. 9: *Altersaufbau der Bevölkerung des Kronlandes Salzburg nach Geschlecht, 1910*
Quelle: Die Ergebnisse der Volkszählung vom 31.12.1910 in den im Reichsrate vertretenen Königreichen und Ländern, bearb. von dem Bureau der k. k. Statistischen Zentralkommission, Österreichische Statistik N.F. 1. Bd., H. 2. Wien 1914, 9, Tab. 1.

Politischer Bezirk	Ortsanwesende Bevölkerung 1910	männliche Bevölkerung 1910	Kriegstote je Bezirk bis 31. Dez. 1917*	Auf je 1.000 der männlichen Zivilbevölkerung entfielen Kriegstote*
Hallein	24.599	12.306	776	63,1
Salzburg-Umgebung	65.543	32.661	1.733	53,1
Salzburg Statutarstadt	34.176	15.327	307	20,0
St. Johann im Pongau	37.201	19.260	1.053	54,7
Tamsweg	14.053	7.051	555	78,7
Zell am See	37.144	19.034	1.111	58,4
Salzburg gesamt	212.737	105.639	5.535	52,4

Tab. 10: *Kriegstote nach Bezirken (Ende 1917)*
Quelle: Die Habsburgermonarchie und der Erste Weltkrieg, 2. Teilband. Weltkriegstatistik Österreich-Ungarn 1914–1918. Bevölkerungsbewegung, Kriegstote, Kriegswirtschaft, bearb. von Rumpler Helmut/Schmied-Kowarzik Anatol (Die Habsburgermonarchie 1848–1918 Bd. XI/2). Wien 2014, 166f., Tab. 21, Kriegstote nach Bezirken und Nationalitäten Ende 1917. (Grundlagen der Berechnung: summarische Ergebnisse der Volkszählung 1910); Winkler Wilhelm, Die Totenverluste der österreichisch-ungarischen Monarchie nach Nationalitäten. Die Altersgliederung nach Toten. Ausblicke in die Zukunft. Wien 1919; * berechnet für 1917 unter der Annahme von 1,2 Millionen Toten.

Literaturverzeichnis[1]

(ZUSAMMENGESTELLT VON EVA RINNERTHALER)

Afflerbach Holger/Stevenson David, Introduction. In: An Improbable War? The Outbreak of World War I and European Political Culture before 1914, hg. von Afflerbach Holger/Stevenson David. New York-Oxford 2007

Allmayer-Beck Johann C., Der stumme Reiter. Erzherzog Albrecht, der Feldherr „Gesamtösterreichs". Graz-Wien 1997

Allmayer-Beck Johann C., Die bewaffnete Macht in Staat und Gesellschaft. In: Die bewaffnete Macht, hg. von Wandruszka Adam/Urbanitsch Peter (Die Habsburgermonarchie 1848–1918, V). Wien 1987

Aly Götz, Warum die Deutschen? Warum die Juden. Gleichheit, Neid und Rassenhass. Frankfurt a. M. 2011

Ammerer Gerhard/Lemberger Josef/Oberrauch Peter, Vom Feudalverband zur Landwirtschaftskammer. Agrarische Kooperation- und Organisationsformen in Salzburg vom Beginn der Neuzeit bis heute (Schriftenreihe des Landespressebüros, Serie „Salzburg Dokumentationen", 106). Salzburg 1992

Antiquariat Weinek (Hg.), Ernst Kutzer 1880–1965. Kommentiertes Verzeichnis des Nachlasses des österreichischen Illustrators. Salzburg 2003

Ardelt Rudolf G., Der Erste Weltkrieg – Innenansichten eines Krieges. In: Salzburger Quellenbuch. Von der Monarchie bis zum Anschluß, hg. von Zwink Eberhard. (Schriftenreihe des Landespressebüros, Serie „Salzburg Dokumentationen", 86). Salzburg 1985

Ardelt Rudolf G., Vom Kampf um Bürgerrechte zum Burgfrieden. Studien zur Geschichte der österreichischen Sozialdemokratie 1888 – 1917. Wien 1994

Ausstellungskatalog Anton Faistauer, hg. vom Salzburger Museum Carolino Augusteum. Salzburg 2005

Bachinger Karl, Eine stabile Währung in einer instabilen Zeit – Der Schilling in der Ersten Republik. Die Nachkriegsinflation oder Der Weg nach Genf. In: Abschied vom Schilling. Eine österreichische Wirtschaftsgeschichte, hg. von Bachinger Karl/Butschek Felix/Matis Herbert/Stiefel Dieter. Graz 2001

Barthes Roland, Die helle Kammer. Bemerkungen zur Photographie. Frankfurt a. M. [14]2012

Barth-Scalmani Gunda, „Kriegsbriefe" – Kommunikation zwischen Klerus und Kirchenvolk im ersten Kriegsherbst 1914 im Spannungsfeld von Patriotismus und Seelsorge. In: Tirol – Österreich – Italien. Festschrift für Josef Riedmann zum 65. Geburtstag, hg. von Brandstätter Klaus/Hörmann Julia (Schlern-Schriften, 330). Innsbruck 2005

Bauer Ingrid (Hg.), 100 Jahre Sozialdemokratie. Von der alten Solidarität zur neuen Sozialen Frage. Wien 1988

Bauer Ingrid, „Im Dienste des Vaterlandes". Frauenarbeit im und für den Krieg. In: Geschlecht und Arbeitswelten. Beiträge der 4. Frauen-Ringvorlesung an der Universität Salzburg, hg. vom Bundesministerium für Arbeit, Gesundheit und Soziales, Abt. für grundsätzliche Angelegenheiten der Frauen. Wien 1998

Bauer Ingrid, „Tschikweiber haum's uns g'nennt". Frauenleben und Frauenarbeit an der ‚Peripherie': Die Halleiner Zigarrenfabriksarbeiterinnen 1869 bis 1940. Eine historische Fallstudie auf der Basis lebensgeschichtlicher Interviews. Phil. Diss. Univ. Salzburg 1988

Bauer Ingrid, „Uns das bisschen nackte Leben erhalten …". Die Jahre 1918 bis 1920. In: Von der alten Solidarität zur neuen „sozialen Frage". Ein Salzburger Bilderbuch, hg. von Bauer Ingrid. Zürich 1988

Bauer Ingrid, Arbeiterkultur im Salzburg der Jahrhundertwende. In: Vom Stadtrecht zur Bürgerbeteiligung. Festschrift 700 Jahre Stadtrecht von Salzburg, hg. von Dopsch Heinz. Salzburg 1987

Bauer Ingrid, Erinnerte Geschichte: „Brot und Frieden". Die Hungerdemonstration vom 19. September 1918 in Salzburg. In: Karl-Steinocher-Fonds zur Erforschung der Geschichte der Arbeiterbewegung im Lande Salzburg. Mitteilungen, 2. Salzburg 1982

Bauer Ingrid/Haas Hanns, Der wirkliche Krieg. Die Jahre 1914 bis 1918. In: Von der alten Solidarität zur neuen „sozialen Frage". Ein Salzburger Bilderbuch, hg. von Bauer Ingrid. Zürich 1988

---

1 Publizierte Quellen und literarische Werke werden nicht berücksichtigt.

Bauer Otto, Die österreichische Revolution. Wien 1923

Baumgartner Edith, Felix Albrecht Harta. Phil. Diss. Univ. Salzburg 1991

Bayly Christopher, The Birth of the Modern World, 1780–1914: Global Connections and Comparisons. Malden 2005

Becker Annette, Oubliés de la Grande Guerre. Humanitaire et Culture de Guerre 1914–1918. Populations Occupées, Déportés Civils, Prisonniers de Guerre. Paris 1998

Becker Annette, Religion. In: Enzyklopädie Erster Weltkrieg, hg. von Hirschfeld Gerhard/Krumeich Gerd/Renz Irina. Paderborn/München/Wien 2004

Becker Jean-Jacques, 1914. Comment les Français sont entrés dans la guerre. Contribution à l'étude de l'opinion publique printemps-été 1914. Paris 1977

Bérenger Jean, L'Autriche-Hongrie 1815–1918. Paris 1994

Bericht eines Augenzeugen. In: Lackner Josef, Bauern in Salzburg 1914–1918. Phil. Diss. Univ. Salzburg 1980

Berner Margit, Forschungs-„Material" Kriegsgefangene: die Massenuntersuchungen der Wiener Anthropologen an gefangenen Soldaten 1915–1918. In: Vorreiter der Vernichtung? Eugenik, Rassenhygiene und Euthanasie in der österreichischen Diskussion vor 1938, hg. von Gabriel Heinz Eberhard/Neugebauer Wolfgang (Zur Geschichte der NS-Euthanasie in Wien, 3). Wien-Köln-Weimar 2005

Besl Friedrich R., Die Entwicklung des handwerklichen Medizinalwesens im Land Salzburg vom 15. bis zum 19. Jahrhundert. Salzburg 1998

Billeter Nicole, „Worte machen gegen die Schändung des Geistes!" Kriegsansichten von Literaten aus der Schweizer Emigration 1914/18 (Zürcher Beiträge zur Geschichtswissenschaft, 99). Bern u. a. 2005

Biwald Brigitte, Von Helden und Krüppeln. Das österreichisch-ungarische Militärsanitätswesen im Ersten Weltkrieg, Teil 1. Wien 2002

Bled Jean-Paul, Franz Joseph. Oxford 1992

Bled Jean-Paul, Wien. Residenz – Metropole – Hauptstadt. Wien 2002

Bloch Marc, Falschmeldungen im Krieg – Überlegungen eines Historikers. In: Aus der Werkstatt des Historikers. Zur Theorie und Praxis der Geschichtswissenschaft, hg. von Peter Schöttler. Frankfurt a. M. 2000

Blöchl Andrea, Die Kaisergedenktage. Die Feste und Feiern zu den Regierungsjubiläen und runden Geburtstagen Kaiser Franz Josephs. In: Der Kampf um das Gedächtnis. *Öffentliche Gedenktage in Mitteleuropa,* hg. von Brix Emil/Stekl Hannes. Wien 1997

Botz Gerhard/Brandstetter Gerfried/Pollak Michael, Im Schatten der Arbeiterbewegung. Zur Geschichte des Anarchismus in Österreich und Deutschland. (Schriftenreihe d. Ludwig Boltzmann Instituts f. Geschichte d. Arbeiterbewegung, 6). Wien 1977

Brandstötter Rudolf, Dr. Walter Riehl und die Geschichte der nationalsozialistischen Bewegung. Phil. Diss. Univ. Wien 1969

Brauneder Wilhelm (Hg.), Modell einer neuen Wirtschaftsordnung. Wirtschaftsverwaltung in Österreich, 1914–1918. Frankfurt a. M. 1991

Brettenthaler Josef/Haslauer Horst, Kriegsgefangenenlager Grödig. In: Grödig. Aus der Geschichte eines alten Siedlungsraumes am Untersberg, hg. von der Marktgemeinde Grödig. Grödig 1990

Bridgewater Patrick, Georg Trakl and the poetry of the First World War. In: Londoner Trakl-Symposion, hg. von Yuill William E./Methlagl Walter (Trakl-Studien, 10). Salzburg 1981

Brief Ludwigs von Ficker vom 20.11.1914 an Karl Emerich Hirt (Entwurf). In: Ficker Ludwig von, Briefwechsel 1914–1925, hg. von Zangerle Ignaz/Methlagl Walter/Seyr Franz/Unterkircher Anton (Brenner-Studien, VIII). Innsbruck 1988

Brief Stefan Zweig aus Baden an Hermann Bahr in Salzburg vom 25.12.1914. In: Stefan Zweig, Briefwechsel mit Hermann Bahr, Sigmund Freud, Rainer Maria Rilke und Arthur Schnitzler, hg. von Berlin Jeffrey B./Lindken H.-U./Prater Donald A. Frankfurt a. M. 1987

Broadberry Stephen/Harrison Mark, The economics of World War I. An overview. In: The Economics of World War I, hg. von Broadberry Stephen/Harrison Mark. Cambridge 2005

Broucek Peter, Das Kriegspressequartier und die literarischen Gruppen im Kriegsarchiv 1914–1918. In: Österreich und der Große Krieg 1914–1918. Die andere Seite der Geschichte, hg. von Amann Klaus/Lengauer Hubert. Wien 1989

Bruckmüller Ernst, Patriotic and National Myths: National Consciousness and Elementary School Education in Imperial Austria. In: Cole Laurence/Unowsky Daniel (Hg.), The Limits of Loyalty. Imperial symbolism, popular allegiances, and state patriotism in the late Habsburg Monarchy. Oxford-New York 2007

Brunetti-Pisano August, Ein Tonbild zum Prolog des Schauspiels „Treibeis" von Bruno Sturm. In: Salzburg. Ein literarisches Sammelwerk, hg. von den jungen Mitgliedern der Literatur und Kunstgesellschaft „Pan". Salzburg 1913

Buck Theo, Zu Georg Trakls Gedicht „Menschheit" In: Trakl Georg. Nouvelles recherches (Austriaca. Cahiers universitaires d'information sur l'Autriche 65-66, Déc. 2007 – Juin 2008). Rouen 2008

Burghartz Susanna, Historische Anthropologie/Mikrogeschichte. In: Kompass der Geschichtswissenschaft, hg. von Eibach Joachim /Lottes Günther. Göttingen 2002

Bürgschwentner Joachim, Die Bildpostkarte in der Kriegserfahrung – ein Überblick. Die Kriegserfahrung auf der Bildpostkarte – ein Einblick in die Sammlung Günter Sommer. In: Stadtarchiv Innsbruck (Hg.), Zeit – Raum – Innsbruck. Militärische und zivile Kriegserfahrungen 1914–1918 (Schriftenreihe des Innsbrucker Stadtarchivs, 11). Innsbruck 2010

Buschbeck Erhard, Andreas Latzko. Zur Eigenvorlesung am Sonntag, 20. September. In: Radio Wien, 7 (1930/31). Dokumentation der Arbeiterkammer für Wien. Wien 1930/31

Butschek Felix, Die österreichische Wirtschaft im 20. Jahrhundert. Stuttgart ²1985

Chickering Roger, We Men Who Feel Most German. A Cultural Study of the Pan-German League. Boston 1984

Clark Christopher, Die Schlafwandler. Wie Europa in den Ersten Weltkrieg zog. München 2013

Clark Christopher, The Sleepwalkers. How Europe went to War in 1914. London 2012

Clegg Elizabeth, War and peace at the Stockholm ‚Austrian Art Exhibition' of 1917. In: The Burlington Magazine, CLIV (October 2012), ed. Nicolson Benedict. London 2012

Coetzee Marilyn, The German Army League. Popular Nationalism in Wilhelmine Germany. New York 1990

Cole Laurence, Der Radetzky-Kult in Zisleithanien 1848–1918. In: Glanz – Gewalt – Gehorsam. Militär und Gesellschaft in der Habsburgermonarchie (1800 bis 1918), hg. von Cole Laurence/Hämmerle Christa/Scheutz Martin (Krieg und Frieden, 18). Essen 2011

Cole Laurence, Military Culture and Popular Patriotism in Late Imperial Austria. Oxford 2014

Cole Laurence/Hämmerle Christa/Scheutz Martin, Glanz – Gewalt – Gehorsam. Traditionen und Perspektiven der Militärgeschichtsschreibung zur Habsburgermonarchie. In: Glanz – Gewalt – Gehorsam. Militär und Gesellschaft in der Habsburgermonarchie (1800 bis 1918), hg. von Cole Laurence/Hämmerle Christa/Scheutz Martin (Krieg und Frieden, 18). Essen 2011

Cole Laurence/Unowsky Daniel (Hg.), The Limits of Loyalty: Imperial symbolism, popular allegiances, and state patriotism in the late Habsburg Monarchy. Oxford-New York 2007

Corbin Alain, Die Sprache der Glocken. Ländliche Gefühlskultur und symbolische Ordnung im Frankreich des 19. Jahrhunderts. Frankfurt a. M. 1995

Czech Philip, Der Kaiser ist ein Lump und Spitzbube. Majestätsbeleidigung unter Kaiser Franz Joseph. Wien-Köln-Weimar 2010

Czeike Felix, Die Wiener Kasernen seit dem 18. Jahrhundert. In: Wiener Geschichtsblätter, 35 (1980)

Dachs Herbert, Das Parteiensystem im Bundesland Salzburg. In: Das politische, soziale und wirtschaftliche System im Bundesland Salzburg, hg. von Dachs Herbert (Schriftenreihe des Landespressebüros, Serie „Salzburg Dokumentationen", 87). Salzburg 1985

Das österreichische Ernährungsproblem, unter Benutzung statistischer Materialien und amtlicher Quellen verfaßt im Bundesministerium für Volksernährung, 1. Wien 1921

Daviau Donald G., Der Mann von Übermorgen. Hermann Bahr 1863–1934. Wien 1984

Dernovsek Janet/Neurauter Tamara, „Es hieß …, daß der hohe Landesbeamte in Salzburg ein panamistisches Verwaltungssystem aufgerichtet hatte, mit dem er sich und seine Helfer Jahre hindurch bereichert habe." Die Affäre Rambousek 1918/19. In: Politische Affären und Skandale in Österreich. Von Mayerling bis Waldheim, hg. von Gehler Michael/Sickinger Hubert. Thaur-Wien-München 1995

Deutscher Schulverein Südmark (Hg.), 55 Jahre deutsche Schutzarbeit in Österreich – 10 Jahre Deutscher Schulverein Südmark. Jahreshauptversammlung 1935. Wien 1935

Die Habsburgermonarchie und der Erste Weltkrieg. Weltkriegstatistik Österreich-Ungarn 1914–1918. Bevölkerungsbewegung, Kriegstote, Kriegswirtschaft, bearb. von Rumpler Helmut/Schmied-Kowarzik Anatol (Die Habsburgermonarchie 1848–1918, XI/2). Wien 2014

Dienst am Nächsten. 75 Jahre Rotes Kreuz Salzburg, hg. v. Amt der Salzburger Landesregierung, Landespressebüro (Schriftenreihe des Landespressebüros, Serie Sonderpublikationen, 58). Salzburg 1985

Dietrich Elisabeth, Der andere Tod. Seuchen, Volkskrankheiten und Gesundheitswesen im Ersten Weltkrieg. In: Tirol und der Erste Weltkrieg, hg. von Eisterer Klaus/Steininger Rolf (Innsbrucker Forschungen zur Zeitgeschichte, 12). Innsbruck-Wien 1995

Dirninger Christian, Die geschäftliche und institutionelle Entwicklung der Salzburger Sparkasse von ihrer Gründung bis zu den 1970er Jahren. In: 150 Jahre Salzburger Sparkasse. Geschichte-Wirtschaft-Recht, hg. von Dirninger Christian/Hoffmann Robert. Salzburg 2006

Dirninger Christian, Konjunkturelle Dynamik und struktureller Wandel in der wirtschaftlichen Entwicklung des Landes Salzburg im 20. Jahrhundert. In: Geschichte Salzburgs. Stadt und Land, Bd. II/4. Neuzeit und Zeitgeschichte, hg. von Dopsch Heinz/Spatzenegger Hans. Salzburg 1991

Dohle Oskar, Geld für den Krieg. Die Kriegsanleihe-Zeichnungen der Städte Linz und Urfahr im Ersten Weltkrieg. In: Stadtarchiv und Stadtgeschichte. Forschungen und Innovationen. Festschrift für Fritz Mayrhofer zur Vollendung seines 60. Lebensjahres, hg. von Schuster Walter (HJbStL, 2003/2004). Linz 2004

Dohle Oskar/Weiß Andrea, „Österreich wird ewig stehn". Postkarten als Mittel der Propaganda in Österreich-Ungarn im Ersten Weltkrieg am Beispiel der Sammlung des Salzburger Landesarchivs In: MGSL 141 (2001). Salzburg 2001

Dopsch Heinz/Hoffmann Robert, Geschichte der Stadt Salzburg. Salzburg-München 1996

Dorfer Walter/Kramml Peter F. (Red.), Liefering. Das Dorf in der Stadt, hg. vom Kuratorium der Peter-Pfenninger-Schenkung Liefering. Salzburg 1997

Dressel Gert, Historische Anthropologie. Eine Einführung. Wien 1996

Dudink Stefan/Hagemann Karen/Clark Anna (Hg.), Des Kaisers Knechte. Erinnerungen an die Rekrutenzeit im k. (u.) k. Heer 1868 bis 1914. Wien 2012

Ebeling-Winkler Renate, „Entweder Bettler oder König!". August Brunetti-Pisano (1870–1943). Ein Salzburger Komponist (Schriftenreihe des Salzburg Museum, 23). Salzburg 2010

Eckart Wolfgang U./Plassmann Max, Verwaltete Sexualität. Geschlechtskrankheiten und Krieg. In: Krieg und Medizin (Ausstellungskatalog). Dresden 2009

Ehrenpreis Petronilla, Kriegs- und Friedensziele im Diskurs. Regierung und deutschsprachige Öffentlichkeit Österreich-Ungarns während des Ersten Weltkriegs. Innsbruck 2005

Eley Geoff, Reshaping the German Right. Radical Nationalism and Political Change after Bismarck. New Haven 1980

Ellmauer Daniela/Embacher Helga/Lichtblau Albert (Hg.), Geduldet, verschmäht und vertrieben. Salzburger Juden erzählen. Salzburg 1998

Enderle-Burcel Gertrude/Haas Hanns/Mähner Peter (Hg.), Der österreichische Staatsrat. Protokolle des Vollzugsausschusses, des Staatsrates und des Geschäftsführenden Staatsratsdirektorium 21. Oktober 1918 bis 14. März 1919. Wien 2008

Enzyklopädie Erster Weltkrieg, hg. von Hirschfeld Gerhard/Krumreich Gerd/Renz Irina. Paderborn 2003

Ertheiler August/Plohn Robert, Das Sammelwesen in der Kriegswirtschaft (Beiträge zur Kriegswirtschaft, 65). Berlin 1919

Evans Robert J.W., The Habsburg Monarchy and the Coming of the War. In: The Coming of the First World War, ed.: Evans Robert J.W./Pogge von Strandmann Hartmut. Oxford 1988

Fairlie John A., British War Administration. (Carnegie Endowment for International Peace. Preliminary Economic Studies of the War, 8). New York 1919

Faistauer Anton, Das österreichische Problem. In: Neue Malerei in Österreich. Wien 1923

Feichtlbauer Martin, Salzburgs hochdeutsche Literatur von 1850–1917 im Rahmen der deutschen Literaturentwicklung. In: MGSL, 57 (1917). Salzburg 1917

Fellner Günter, Antisemitismus in Salzburg 1918–1938 (Veröffentlichungen des Historischen Instituts der Universität Salzburg, 15). Wien-Salzburg 1979

Fellner Günter, Judenfreundlichkeit, Judenfeindlichkeit. Spielarten in einem Fremdenverkehrsland. In: Der Geschmack der Vergänglichkeit. Jüdische Sommerfrische in Salzburg, hg. von Kriechbaumer Robert (Schriftenreihe des Forschungsinstituts der Dr.-Wilfried-Haslauer-Bibliothek, 14). Wien-Köln-Weimar 2002

Fischer Louis, Geschichte der Militär-Veteranen-Vereine des österreichischen Kaiserstaates. Troppau 1870

Förster Stig, An der Schwelle zum Totalen Krieg. Die militärische Debatte über den Krieg der Zukunft 1919–1939 (Krieg in der Geschichte, 13). Paderborn-München-Wien-Zürich 2002

Förster Stig, Introduction. In: Great War, Total War. Combat and Mobilization on the Western Front 1914–1918, hg. von Chickering Roger/Förster Stig. Cambridge 2000

Frauen im Krieg. Katalog zur Sonderausstellung der Dolomitenfreunde im „Museum 1915–1918. Vom Ortler bis zur Adria im Rathaus von Kötschach-Mauthen. Kötschach-Mauthen 2011

Fraueneder Hildegard, Bildende Künstlerinnen in Salzburg. Von der geduldeten Ausnahme zu einem neuen Selbstverständnis. In: Frauen in Salzburg. Zwischen Ausgrenzung und Teilhabe, hg. von Gürtler Christa/Veits-Falk Sabine. In: Salzburg Archiv 34 (2012). Salzburg 2012

Frevert Ute (Hg.), Militär und Gesellschaft im 19. und 20. Jahrhundert. Stuttgart 1997

Friedeburg Robert von, Klassen-, Geschlechter- oder Nationalidentität? Handwerker und Tagelöhner in den

Kriegervereinen der neupreußischen Provinz Hessen-Nassau 1890–1914. In: Frevert Ute (Hg.), Militär und Gesellschaft im 19. und 20. Jahrhundert. Stuttgart 1997

Friedel Helmut (Hg.), Süddeutsche Freiheit. Kunst der Revolution in München 1919. München 1993

Froschauer Irmtraud, Dr. Eduard Prinz von und zu Liechtenstein. Das vielseitige Wirken eines altösterreichischen Beamten. Salzburg 1981

Fuchs Heinrich, Die österreichischen Maler der Geburtsjahrgänge 1881–1900, Bd. 1, A-L. Wien 1976

Fuchs Heinrich, Die österreichischen Maler des 19. Jahrhunderts, Bd. 1, A-F. Wien 1972

Fuchs Heinrich, Die österreichischen Maler des 19. Jahrhunderts, Bd. 2, G-K. Wien 1973

Fuchs Heinrich, Die österreichischen Maler des 19. Jahrhunderts, Bd. 4, S-Z. Wien 1974

Fuchs Heinrich, Die österreichischen Maler des 19. Jahrhunderts, Erg. Bd. 1, A-K. Wien 1978

Fuchs Heinrich, Die österreichischen Maler des 19. Jahrhunderts, Erg. Bd. 2, L-Z. Wien 1979

Fuhrmann Franz (Hg.), Anton Faistauer: Briefe an Felix Albrecht Harta. In: Salzburger Museum Carolino Augusteum, Jahresschrift 7.1961. Salzburg 1962

Funder Friedrich, Vom Gestern ins Heute. Aus dem Kaiserreich in die Republik. Wien ³1971

Gärtner Andreas, Der österreichische Wandervogel. Geschichte (bis 1918) und Charakteristik der Bewegung unter Berücksichtigung der Entwicklung im Deutschen Reich (Vorkriegswandervogel) und jener der Ortsgruppe Salzburg. Dipl.-Arb. Univ. Salzburg 1995

Gesellschaft vom Silbernen Kreuz zur Fürsorge für heimkehrende Soldaten und Invaliden (Hg.), Viribus Unitis. Österreich-Ungarn und der Weltkrieg, 3. Teil. Wien 1919

Gingrich Andre/Fillitz Thomas/Musner Lutz, Kulturen und Kriege. Transnationale Perspektiven der Anthropologie. In: Kulturen und Kriege. Transnationale Perspektiven der Anthropologie, hg. von Gingrich Andre/Fillitz Thomas/Musner Lutz. Freiburg i. Br.-Berlin-Wien 2007

Glaise-Horstenau Edmund, Das Kriegsjahr 1914. Vom Kriegsausbruch bis zum Ausgang der Schlacht bei Limanowa-Lapanów (Österreich-Ungarns letzter Krieg. 1914–1918, 1). Wien 1931

Glaser Hans, Das Salzburger Zeitungswesen. 1. Teil bis 1914. In: MGSL, 96 (1956). Salzburg 1956

Goldinger Walter, Die Zentralverwaltung in Cisleithanien. Die zivile gemeinsame Zentralverwaltung. In: Verwaltung und Rechtswesen (Die Habsburgermonarchie 1848–1918, II). Wien 1975

Goldschmied E., Die wirtschaftliche Kriegsorganisation Österreichs. Wien 1919

Grandner Margarete, Kooperative Gewerkschaftspolitik in der Kriegswirtschaft. Die freien Gewerkschaften Österreichs im ersten Weltkrieg (Veröffentlichungen der Kommission für Neuere Geschichte Österreich, 82). Wien-Köln-Weimar 1992

Grasmayr Alois, Vom Reichtum der Armut. Eine Autobiographie. Salzburg 1990

Gratz Gustav/Schüller Richard, Der wirtschaftliche Zusammenbruch Österreich-Ungarns. Die Tragödie der Erschöpfung (Wirtschafts- und Sozialgeschichte des Weltkrieges. Österreichische und ungarische Serie). Wien-New Haven 1930

Gredler Harald, J. R. Werner. Kriegstagebuch. Ein Salzburger im 1. Weltkrieg von 1916–1918. Salzburg 2013

Grossegger Elisabeth, Der Kaiser-Huldigungs-Festzug Wien 1908. Wien 1992

Günther Wilhelm, 150 Jahre 1838–1988 Leube. Zementwerk Leube Ges.m.b.H. Gartenau, Gartenauer Beton- und Farbenwerk, Kalkwerk Tagger Ges.m.b.H. Golling, M-U-T Maschinen - Umwelttechnik - Transportanlagen Ges.m.b.H. Stockerau. Gartenau 1988

Haas Hanns, Krieg und Frieden am regionalen Salzburger Beispiel 1914. In: Salzburg Archiv, 20 (1995). Salzburg 1995

Haas Hanns, Nationalbewusstsein, Patriotismus und Krieg. In: Geschichte Salzburgs. Stadt und Land Bd. II/2. Neuzeit und Zeitgeschichte, hg. von Dopsch Heinz/Spatzenegger Hans. Salzburg ²1995

Haas Hanns, Politik im Dorf. In: Henndorf am Wallersee, hg. von Weiss Alfred Stefan/Ehrenfellner Karl/Falk Sabine. Henndorf 1992

Haas Hanns, Politische, kulturelle und wirtschaftliche Gruppierungen in Westösterreich (Oberösterreich, Salzburg, Tirol, Vorarlberg). In: Politische Öffentlichkeit und Zivilgesellschaft. Vereine, Parteien und Interessenverbände als Träger der politischen Partizipation (Die Habsburgermonarchie 1848–1918, VIII/1). Wien 2006

Haas Hanns, Pressegerichtliche Verfahren in Salzburg 1862–1918. In: Justiz und Zeitgeschichte. VI. Symposium zur Geschichte der richterlichen Unabhängigkeit in Österreich am 24. und 25. Oktober 1986. Wien 1987

Haas Hanns, Puch und St. Jakob von der Aufklärung bis zum Ersten Weltkrieg. In: Puch bei Hallein. Geschichte und Gegenwart einer Salzburger Gemeinde, hg. von Ammerer Gerhard. Puch 1998

Haas Hanns, Salzburg in der Habsburgermonarchie. In: Geschichte Salzburgs. Stadt und Land Bd. II/2. Neuzeit und

Zeitgeschichte, hg. von Dopsch Heinz/Spatzenegger Hans. Salzburg ²1995

Haas Hanns, Salzburger Vereinskultur im Hochliberalismus (1860–1870). In: Vom Stadtrecht zur Bürgerbeteiligung. Festschrift 700 Jahre Stadtrecht von Salzburg, redig. v. Wilflinger Rainer/Lipburger Peter Michael. Salzburg 1987

Haas Hanns, Schubkraft der Utopien, Schwerkraft der Verhältnisse. Der Salzburger Wanderlehrer Anton Losert zwischen Urchristentum, Sozialdemokratie und Anarchismus. In: Die Roten am Land. Arbeitsleben und Arbeiterbewegung im westlichen Österreich hg. von Greussing Kurt. Steyr 1989

Haas Hanns, Seekirchen. Alltag der Politik in den beiden Seekirchner Gemeinden von 1848 bis 1918. In: 1300 Jahre Seekirchen. Geschichte und Kultur einer Salzburger Marktgemeinde, hg. von Dopsch Elisabeth/Dopsch Heinz. Seekirchen 1996

Haas Hanns, Vom Liberalismus zum Deutschnationalismus. In: Geschichte Salzburgs. Stadt und Land Bd. II/2. Neuzeit und Zeitgeschichte, hg. von Dopsch Heinz/Spatzenegger Hans. Salzburg ²1995

Haas Hanns, Von liberal zu national. Salzburgs Bürgertum im ausgehenden 19. Jahrhundert. In: Politik und Gesellschaft im alten und neuen Österreich. Festschrift für Rudolf Neck zum 60. Geburtstag. Wien 1981

Haider Eduard, Wien 1914. Alltag am Rande des Abgrunds. Wien 2013

Halbrainer Heimo (Hg.), Feindbild Jude. Zur Geschichte des Antisemitismus (Historische und gesellschaftspolitische Schriften des Vereins Clio, 1). Graz 2003

Haller Christian, Das Neosgraffito von Karl Reisenbichler unter dem Aspekt seiner Erd- und Volksverbundenheit. Phil. Diss. Univ. Salzburg 1991

Hämmerle Christa, 1918 – Vom Ersten Weltkrieg zur Ersten Republik. In: Von Lier nach Brüssel: Schlüsseljahre österreichischer Geschichte (1496–1995), hg. von Scheutz Martin/Strohmeyer Arno. Innsbruck-Wien-Bozen 2010

Hämmerle Christa, Back to the Monarchy's Glorified Past? Military Discourses on Citizenship and Universal Conscription in the Austrian Empire, 1868–1914. In: Representing Masculinity: Male Citizenship in Modern Western Political Culture, ed. Dudink Stefan/Hagemann Karen/Clark Anna. Basingstoke 2007

Hämmerle Christa, Die k. (u.) k. Armee als ‚Schule des Volkes'? Zur Geschichte der Allgemeinen Wehrpflicht in der multinationalen Habsburgermonarchie (1866 bis 1914/18). In: Jansen Christian (Hg.), Der Bürger als Soldat. Die Militarisierung europäischer Gesellschaften im langen 19. Jahrhundert. Ein internationaler Vergleich. Essen 2004

Hämmerle Christa, Heimat/Front. Geschlechtergeschichte/n des Ersten Weltkriegs in Österreich-Ungarn. Wien-Köln-Weimar 2014

Hanisch Ernst, Der lange Schatten des Staates. Österreichische Gesellschaftsgeschichte im 20. Jahrhundert. In: Österreichische Geschichte von 1890–1990, hg. von Wolfram Herwig. Wien 1994

Hanisch Ernst, Die Christlich-soziale Partei für das Land Salzburg 1918–1934. In: MGSL, 124 (1984). Salzburg 1984

Hanisch Ernst, Die Erste Republik. In: Geschichte Salzburgs. Stadt und Land. Bd. II/2. Neuzeit und Zeitgeschichte, hg. von Dopsch Heinz/Spatzenegger Hans. Salzburg ²1995

Hanisch Ernst, Die Salzburger Presse in der Ersten Republik 1918–1919. In: MGSL, 128 (1988). Salzburg 1988

Hanisch Ernst, Die Sozialdemokratie in Salzburg 1918–1938. In: Mitteilungen des Karl-Steinocher-Fonds, H. 1. Salzburg 1981

Hanisch Ernst, Die sozialdemokratische Fraktion im Salzburger Landtag 1918–1934. In: Bewegung und Klasse. Studien zur österreichischen Arbeitergeschichte, hg. von Botz Gerhard/Hautmann Hans/Konrad Helmut/Weidenholzer Josef. Wien-München-Zürich 1978

Hanisch Ernst, Franz Rehrl – sein Leben, In: Franz Rehrl. Landeshauptmann von Salzburg 1922–1938, hg. von Huber Wolfgang. Salzburg 1975

Hanisch Ernst, Männlichkeiten. Eine andere Geschichte des 20. Jahrhunderts. Wien 2005

Hanisch Ernst, Regionale Arbeiterbewegung vor und im Ersten Weltkrieg. Das Salzburger Beispiel. In: Friedenskonzeptionen und Antikriegskampf der internationalen Arbeiterbewegung vor 1914. Referate des 5. bilateralen Seminars von Historikern der DDR und der Republik Österreich. Leipzig 1988

Hanisch Ernst, St. Peter in der Zwischenkriegszeit 1919–1938. Politische Kultur in einer fragmentierten Gesellschaft. In: Festschrift Erzabtei St. Peter zu Salzburg 582–1982, hg. von Kolb Aegidius. Salzburg 1982

Hanisch Ernst, Zur Frühgeschichte des Nationalsozialismus in Salzburg (1913–1925). In: MGSL, 117 (1977). Salzburg 1977

Hanisch Ernst/Fleischner Ulrike, Im Schatten berühmter Zeiten. Salzburg in den Jahren Georg Trakls 1887–1914 (Trakl-Studien, 13). Salzburg 1986

Hansak Peter, Das Kriegsgefangenenwesen während des

Ersten Weltkrieges im Gebiet der heutigen Steiermark. Phil. Diss. Univ. Graz 1991

Hasiba Gernot D., Das Notverordnungsrecht in Österreich (1848–1917). Notwendigkeit und Mißbrauch eines „Staatserhaltenden Instrumentes". Wien 1985

Haslauer Horst, Zwischenkriegszeit 1918/1938. In: Grödig. Aus der Geschichte eines alten Siedlungsraumes am Untersberg, hg. von der Marktgemeinde Grödig. Grödig 1990

Haslinger Adolf/Mittermayr Peter (Hg.), Salzburger Kulturlexikon. Salzburg 1987

Hastings Max, Catastrophe. Europe goes to war 1914. London 2013

Hautmann Hans, Geschichte der Rätebewegung in Österreich 1918–1924. Wien-Zürich 1987

Haviar Franz, Die Steinerwerke in Grödig. In: Grödig. Aus der Geschichte eines alten Siedlungsraumes am Untersberg, hg. von der Marktgemeinde Grödig. Grödig 1990

Healy Maureen, Vienna and the Fall of the Habsburg Empire. Total War and Everyday Life in World War I. Cambridge 2004

Heeresgeschichtliches Museum/Militärhistorisches Institut (Hg.), Alexander Pock – Militärmalerei als Beruf (Ausstellungskatalog). Wien 2012

Heindl Waltraud, Zum cisleithanischen Beamtentum: Staatsdiener und Fürstendiener. In: Soziale Strukturen. Von der feudal-agrarischen zur bürgerlich-industriellen Gesellschaft. Teilband 1/2, Von der Stände- zur Klassengesellschaft, red. Harmat Ulrike (Die Habsburgermonarchie 1848–1918, IX/1/2). Wien 2010

Heiss Hans/Stekl Hannes, Klein- und Mittelstädtische Lebenswelten. In: Soziale Strukturen. Von der feudal-agrarischen zur bürgerlich-industriellen Gesellschaft. Teilband 1/1, Lebens- und Arbeitswelten in der Industriellen Revolution, red. Harmat Ulrike. (Die Habsburgermonarchie 1848–1918, IX/1/1). Wien 2010

Hellbling Ernst C., Die Landesverwaltung in Cisleithanien. In: Verwaltung und Rechtswesen (Die Habsburgermonarchie 1848–1918, II). Wien 1975

Hermann Ulrich, Ausblick. In: Berg Christa (Hg.), Handbuch der deutschen Bildungsgeschichte 1870–1918. Von der Reichsgründung bis zum Ende des Ersten Weltkriegs, Bd. 4. München 1991

Herwig Holger, The First World War. Germany and Austria-Hungary 1914–1918. London 1997

Hewitson Mark, Germany and the Causes of the First World War. Oxford-New York 2004

Hinterstoisser Hermann, Die Uniformierung der k. k. österreichischen Militär-Veteranen- und Kriegervereine in Salzburg. In: MGSL, 136 (1996). Salzburg 1996

Hinz Uta, Gefangen im Großen Krieg. Kriegsgefangenschaft in Deutschland 1914–1921. Essen 2006

Hinz Uta, Humanität im Krieg? Internationales Rotes Kreuz und Kriegsgefangenenhilfe im Ersten Weltkrieg. In: Kriegsgefangene im Europa des Ersten Weltkriegs, hg. von Oltmer Jochen (Krieg in der Geschichte, 24). Paderborn-München-Wien-Zürich 2006

Höbelt Lothar, Kornblume und Doppeladler. Die deutschfreiheitlichen Parteien Altösterreich 1882–1918. Wien-München 1993

Hochleitner Martin, „Bilder vom Tode" – Bilder vom Krieg. In: Hazod Johann/Ecker Berthold, Hazod. Johann Hazod (1897–1981). Linz 1996

Hochschild Adam, Der Grosse Krieg. Der Untergang des alten Europa im Ersten Weltkrieg. Stuttgart 2013

Hoffmann Anton, Geschichte des ersten und ältesten österreichischen Militär-Veteranen Vereines zu Reichenberg in Böhmen. Reichenberg 1901

Hoffmann Robert, „Es ist dies der Ausfluß meines ‚in sich lebens' gegenüber des äußeren Gesellschaftslebens". Aus dem Tagebuch eines Gemischtwarenhändlers. In: Im Kleinen das Große suchen. Mikrogeschichte in Theorie und Praxis, hg. von Hiebl Ewald/Langthaler Ernst (Jahrbuch für Geschichte des ländlichen Raumes, 2012). Innsbruck-Wien-Bozen 2012

Hoffmann Robert, Alexander Haidenthaller. Aus dem Tagebuch eines Gemischtwarenhändlers, in: Gnigl. Mittelalterliches Mühlendorf, Gemeinde an der Eisenbahn, Salzburger Stadtteil, hg. von Veits-Falk Sabine/Weidenholzer Thomas (Schriftenreihe des Archivs der Stadt Salzburg, 29). Salzburg 2010

Hoffmann Robert, Die Stadt im bürgerlichen Zeitalter (1860–1918). In: Geschichte Salzburgs. Stadt und Land. Bd. II/4. Neuzeit und Zeitgeschichte, hg. von Dopsch Heinz/Spatzenegger Hans. Salzburg 1991

Hoffmann Robert, Erinnerungen einer Beamtentochter an Kindheit und Jugend. In: Salzburg Archiv 30 (2005). Salzburg 2005

Hoffmann Robert, Erzherzog Franz Ferdinand und der Fortschritt. Altstadterhaltung und bürgerlicher Modernisierungswille in Salzburg. Wien 1994

Hoffmann Robert, Gab es ein „Schönerianisches Milieu"? Versuch einer Kollektivbiographie von Mitgliedern des „Vereins der Salzburger Studenten in Wien". In: Bürgertum in der Habsburgermonarchie. Wien-Köln 1990

Hoffmann Robert, Salzburgs Weg vom „Betteldorf" zur „Saisonstadt". Grundzüge der Städtischen Wirtschaftsentwicklung 1803–1914. In: Chronik der Salzburger Wirtschaft. Salzburg 1987

Hoffmann-Holter Beatrix, Ostjüdische Kriegsflüchtlinge in Wien 1914–1923. Phil. Diss. Univ. Salzburg 1991

Höger Paul, Das Post- und Telegraphenwesen im Weltkrieg. In: Gatterer Joachim/Lukan Walter (Red.), Studien und Dokumente zur österreichisch-ungarischen Feldpost im Ersten Weltkrieg (Beiträge zur Geschichte der Österreichischen Feldpost, 1). Wien 1989

Hörmann Fritz, Mühlbach am Hochkönig. Geschichte und Gegenwart. Mühlbach a. Hkg. 2012

Iglhauser Bernhard, Apimundia. Land der Eistränen. Heimat der Poeten. Hüttschlag 1995

Iglhauser Bernhard, Die Russenstraße. Schautafelbroschüre. Thalgau 2005

Ingenlath Markus, Mentale Aufrüstung. Militarisierungstendenzen in Frankreich und Deutschland vor dem Ersten Weltkrieg. Frankfurt a. M. 1998

Jakob Waltraud, Geschichte der Salzburger Zeitungen (1668–1978). Phil. Diss. Univ. Salzburg 1978

Jakob Waltraud, Salzburger Zeitungsgeschichte (Schriftenreihe des Landespressebüros, Serie „Salzburg Dokumentationen", 39). Salzburg 1979

Jansen Christian (Hg.), Der Bürger als Soldat. Die Militarisierung europäischer Gesellschaften im langen 19. Jahrhundert. Ein internationaler Vergleich. Essen 2004

Jeismann Michael, Das Vaterland der Feinde. Studien zum nationalen Feindbegriff und Selbstverständnis in Deutschland und Frankreich 1792–1918. Stuttgart 1992

Jelinek Gerhard, Schöne Tage 1914. Vom Neujahrstag bis zum Ausbruch des Ersten Weltkrieges. Wien 2013

Jeřábek Rudolf, Potiorek. General im Schatten von Sarajevo. Graz-Wien-Köln 1991

Jones Heather, International or transnational? Humanitarian action during the First World War. In: European Review of History, 16. 2009, 5. Abingdon 2009

Jones Heather, Violence against Prisoners of War in the First World War. Britain, France and Germany, 1914–1920. Cambridge 2011

Jung Peter, Zur Organisationsgeschichte der k. u. k. Feldpost im Ersten Weltkrieg. In: Gatterer Joachim/Lukan Walter (Red.), Studien und Dokumente zur österreichisch-ungarischen Feldpost im Ersten Weltkrieg (Beiträge zur Geschichte der Österreichischen Feldpost, 1). Wien 1989

Just Harald, Neutralität im Ersten Weltkrieg. II. Teil: Schweden. In: MÖSTA, Bd. 20. Wien 1967

Just Harald, Neutralität im Weltkrieg. I. Teil: Spanien. In: MÖSTA, Bd. 19. Wien 1966

Kaltenegger Therese, „Brot und Frieden". Die Hungerdemonstration vom 19.9.1918 in Salzburg. In: Zwink Eberhard (Hg.), Salzburger Quellenbuch. Von der Monarchie zum Anschluß (Schriftenreihe des Landespressebüros, Serie „Salzburg Dokumentationen", 86). Salzburg 1985

Kann Robert A., Die Sixtusaffäre und die geheimen Friedensverhandlungen Österreich-Ungarns im Ersten Weltkrieg (Österreich Archiv). Wien 1966

Kapeller Andreas, Hôtel de l'Europe. Salzburgs unvergessenes Grandhotel. Salzburg 1997

Kaschuba Wolfgang, Einführung in die Europäische Ethnologie. München 1999

Katzinger Gerlinde, Balthasar Kaltner. Kanonist und (Erz-)Bischof an der Schwelle einer folgenschweren Wendezeit (1844–1918) (Wissenschaft und Religion, 17). Frankfurt a. M. 2007

Kaut Josef, Der steinige Weg. Geschichte der sozialistischen Arbeiterbewegung im Lande Salzburg. Wien 1961

Kerschbaumer Gert, Deutscher Volkstag. In: Feingold Marko M. (Hg.), Ein ewiges dennoch. 125 Jahre Juden in Salzburg. Wien-Köln-Weimar 1993

Kirnbauer Gudrun/Fetz Friedrich, Skipionier Georg Bilgeri (Schriften der Vorarlberger Landesbibliothek, 6). Graz-Feldkirch 2001

Klabouch Jiří, Die Lokalverwaltung in Cisleithanien. In: Verwaltung und Rechtswesen (Die Habsburgermonarchie 1848–1918, II). Wien 1975

Klackl Heinz, Der Almkanal. Seine Nutzung einst und jetzt. Salzburg 2002

Klein Johann Wolfgang, Die „Salzburger Wacht". Das Organ der Salzburger Sozialdemokratie von der Gründung 1899 bis zum Verbot am 12. Februar 1934. Phil. Diss. Univ. Salzburg 1983

Klein Kurt, Bevölkerung und Siedlung. In: Dopsch Heinz/Spatzenegger Hans (Hg.), Geschichte Salzburgs. Stadt und Land, Bd. II/2. Neuzeit und Zeitgeschichte. Salzburg ²1995

Klieber Rupert, Politischer Katholizismus in der Provinz. Salzburgs Christlichsoziale in der Parteienlandschaft Alt-Österreich (Veröffentlichungen des Internationalen Forschungszentrums für Grundfragen der Wissenschaften Salzburg, N.F. 55) (Publikationen des Instituts für kirchliche Zeitgeschichte, 28). Wien-Salzburg 1994

Klieber Rupert, Zur Vor- und Frühgeschichte der Christlichsozialen Partei Salzburgs: Die Katholischen Arbeiterorganisationen von den Anfängen bis 1919 im Spiegel ihrer Presse. Dipl.-Arb. Univ. Salzburg 1984

Kocka Jürgen, Klassengesellschaft im Krieg. Deutsche Sozialgeschichte 1914–1918 (Kritische Studien zur Geschichtswissenschaft, 8). Göttingen 1973

Köfner Gottfried, Hunger, Not und Korruption. Der Übergang Österreichs von der Monarchie zur Republik am Beispiel Salzburgs. Eine sozial- und wirtschaftswissenschaftliche Studie. Salzburg 1980

Kokoschka Oskar, Mein Leben. München 1971

Krejčíř Jaroslav/Soják Stanislav, Böhmische Geschichte. Chronologischer Überblick (Übers. Jan Mynařík). Dubicko 1996

Kriechbaumer Robert, Statt eines Vorwortes – „Der Geschmack der Vergänglichkeit …". In: Der Geschmack der Vergänglichkeit. Jüdische Sommerfrische in Salzburg, hg. von Kriechbaumer Robert (Schriftenreihe des Forschungsinstituts der Dr.-Wilfried-Haslauer-Bibliothek, 14). Wien-Köln-Weimar 2002

Krippendorff Ekkehart, Friedensforschung als Entmilitarisierungsforschung. In: Schule der Gewalt. Militarismus in Deutschland 1871–1945, hg. von Wette Wolfram. Berlin 2005

Krisch Laurenz, Bad Gastein: Die Rolle des Antisemitismus in einer Fremdenverkehrsgemeinde während der Zwischenkriegszeit. In: Der Geschmack der Vergänglichkeit. Jüdische Sommerfrische in Salzburg, hg. von Kriechbaumer Robert (Schriftenreihe des Forschungsinstituts der Dr.-Wilfried-Haslauer-Bibliothek, 14). Wien-Köln-Weimar 2002

Kristian Markus, Denkmäler der Gründerzeit in Wien. In: Steinernes Bewußtsein. Die öffentliche Repräsentation staatlicher und nationaler Identität Österreichs in seinen Denkmälern, Bd. I, hg. von Riesenfellner Stefan. Wien 1998

Kronenbitter Günther, „Krieg im Frieden". Die Führung der k. u. k. Armee und die Großmachtpolitik Österreich-Ungarns 1906–1914. München 2003

Kronenbitter Günther, Waffenträger im Vielvölkerreich – Miliz und Volksbewaffnung in der späten Habsburgermonarchie. In: Spießer, Patrioten, Revolutionäre. Militärische Mobilisierung und gesellschaftliche Ordnung in der Neuzeit, hg. von Bergien Rüdiger/Pröve Ralf. Göttingen 2010

Krumeich Gerd, The War Imagined: 1890–1914. In: A Companion to the First World War, ed. Horne John. Malden 2010

Krumpöck Ilse, Anton Faistauers „militärische Nichtsnutzigkeit" (Schriftenreihe zu Anton Faistauer und seiner Zeit, 2), Maishofen 2007

Küster Bernd, Der Erste Weltkrieg und die Kunst (Kataloge des Landesmuseums für Kunst und Kulturgeschichte Oldenburg, 25). Gifkendorf 2008

Lackner Josef, Die Volksernährung in Salzburg im 1. Weltkrieg. Dipl.-Arb. Univ. Salzburg 1977

Laireiter Matthias, Heimat Großarl, Großarl 1987

Ledochowski-Thun Karl, Der Salzburger Landtag 1861–1961. Eine rechtsgeschichtliche Betrachtung. In: Hundert Jahre selbstständiges Land Salzburg. Festschrift des Salzburger Landtags zur Landesfeier am 15. Mai 1961, hg. vom Salzburger Landtag. Salzburg 1961

Leidinger Hannes/Moritz Verena, Verwaltete Massen. Kriegsgefangene in der Donaumonarchie 1914–1918. In: Kriegsgefangene im Europa des Ersten Weltkriegs, hg. von Oltmer Jochen (Krieg in der Geschichte, 24). Paderborn-München-Wien-Zürich 2006

Lipinski Krysztof, Mutmaßungen über Georg Trakls Aufenthalt in Galizien. In: Untersuchungen zum „Brenner". Salzburg 1981

Lipp Anne, Diskurs und Praxis. Militärgeschichte als Kulturgeschichte. In: Was ist Militärgeschichte?, hg. von Kühne Thomas/Ziemann Benjamin (Krieg in der Geschichte, 6). Paderborn-München-Wien-Zürich 2000

Lipusch Viktor (Bearb.), Österreich-Ungarns katholische Militärseelsorge im Weltkriege. Graz 1938

Loewenfeld-Russ Hans, Die Regelung der Volksernährung im Kriege (Wirtschafts- und Sozialgeschichte des Weltkrieges. Österreichische und ungarische Serie). Wien 1926

Loewenfeld-Russ Hans, Im Kampf gegen den Hunger. Aus den Erinnerungen des Staatssekretärs für Volksernährung 1918–1920, hg. von Ackerl Isabella (Studien und Quellen zur österreichischen Zeitgeschichte, 6). Wien 1986

Lüdtke Alf, Alltagsgeschichte. In: Lexikon Geschichtswissenschaft. Hundert Grundbegriffe, hg. von Jordan Stefan. Stuttgart 2002

Macartney Carlile A., The Habsburg Empire. 1790–1918. London 1968

Mackenzie John (Hg.), Popular Imperialism and the Military 1850–1950. Manchester 1992

Madlé Arnold, Die Besoldungsverhältnisse der österreichischen Staatsbeamten 1914–1920. Wien-Leipzig 1920

Magenschab Hans, Der Krieg der Großväter. Die Vergessenen einer großen Armee. Wien 1988

Maier Nina Daniela, Von der Lungenheilstätte zur Landesklinik (1913–2013). St. Veit i. Pg. 2013

Mamatey Victor, The United States and the East Central Europe. A Study in Wilsonian Diplomacy and Propaganda. New Jersey 1957

März Eduard, Österreichische Bankpolitik in der Zeit der großen Wende 1913–1923. Am Beispiel der Creditanstalt für Handel und Gewerbe. Wien 1981

März Eduard/Socher Karl, Währung und Banken in Cisleithanien. In: Die Wirtschaftliche Entwicklung, hg. von Brusatti Alois (Die Habsburgermonarchie 1848–1918, I). Wien 1973

Mazohl-Wallnig Brigitte (Hg.), Die andere Geschichte, Bd. 1, Eine Salzburger Frauengeschichte von der ersten Mädchenschule (1695) bis zum Frauenwahlrecht (1918). (Serie Sonderpublikationen, Schriftenreihe des Landespressebüros, 119) Salzburg-München 1995

Menger Karl, Beamte. Wirtschafts- und sozialgeschichtliche Aspekte des k. k. Beamtentums. Wien 1985

Miller Paul B., From Revolutionaries to Citizens: Antimilitarism in France, 1870–1914. Durham N.C.-London 2002

Miribung Magdalena, Russische Kriegsgefangene im Gadertal. In: Der Schlern, Der Krieg in der Region. Tirol und der Erste Weltkrieg, 78.2004,12. Bozen 2004

Mitterecker Thomas, Das Salzburger fürsterzbischöfliche Diözesanarchiv in der NS-Zeit. In: Österreichs Archive unter dem Hakenkreuz (MÖSTA, 54). Wien 2010

Molisch Paul, Geschichte der deutschnationalen Bewegung in Oesterreich von ihren Anfängen bis zum Zerfall der Monarchie. Jena 1926

Mommsen Hans (Hg.), Der Erste Weltkrieg und die europäische Nachkriegsordnung. Sozialer Wandel und Formveränderung der Politik (Industrielle Welt, 60). Köln-Weimar-Wien 2000

Monticone Alberto, Deutschland und die Neutralität Italiens 1914–1915. Wiesbaden 1982

Moritz Verena/Leidinger Hannes, Aspekte des „Totalen Lagers" als „Totale Institution" – Kriegsgefangenschaft in der Donaumonarchie 1914–1915. In: Scheutz Martin (Hg.), Totale Institutionen (Wiener Zeitschrift zur Geschichte der Neuzeit, 8/1). Innsbruck 2008

Moritz Verena/Leidinger Hannes, Zwischen Nutzen und Bedrohung. Die russischen Kriegsgefangenen in Österreich 1914–1921 (Militärgeschichte und Wehrwissenschaften, 7). Bonn 2005

Mühlpeck Vera/Sandgruber Roman/Woitek Hannelore, Zur Entwicklung der Verbraucherpreise 1800–1914. Eine Rückberechnung für Wien und den Gebietsstand des heutigen Österreichs. In: Geschichte und Ergebnisse der zentralen amtlichen Statistik in Österreich 1829–1979, bearb. vom Österreichischen Statistischen Zentralamt (Beiträge zur österreichischen Statistik, 550A). Wien 1979

Müller-Deham Albert, Das Fleckfieber als Kriegsseuche. Nach Erfahrungen in der österreichisch-ungarischen Armee. In: Volksgesundheit im Krieg, hg. von Pirquet Clemens (Wirtschafts- und Sozialgeschichte des Weltkrieges, Österreichische und ungarische Serie, Teil II). Wien-New Haven 1926

Neck Rudolf, Arbeiterschaft und Staat im Ersten Weltkrieg 1914–1918. (A. Quellen). I. Der Staat (2. Vom Juni 1917 bis zum Ende der Donaumonarchie im November 1918) (Veröffentlichungen der Arbeitsgemeinschaft für Geschichte der Arbeiterbewegung in Österreich, 4/I/2), Wien 1968

Neureiter Gerlinde, Die Geschichte des Salzburger Volksblattes von 1870 bis 1942. Phil. Diss. Univ. Salzburg 1985

Öhler Leopold, Die Salzburger Ärztegesellschaft 1849–2008. Geschichte und Chronik. Salzburg 2009

Öhler Leopold, Kinderheilkunde in Salzburg. In: Festschrift „50 Jahre Österreichische Gesellschaft für Kinder- und Jugendheilkunde", hg. von Sperl Wolfgang/Kerbl Reinhold. Salzburg 2012

Oltmer Jochen, Einführung. Funktionen und Erfahrungen von Kriegsgefangenschaft im Europa des Ersten Weltkriegs. In: Kriegsgefangene im Europa des Ersten Weltkriegs, hg. von Oltmer Jochen (Krieg in der Geschichte, 24). Paderborn-München-Wien-Zürich 2006

Opocenský Jan, Umsturz in Mitteleuropa. Der Zusammenbruch Österreich-Ungarns und die Geburt der kleinen Entente. Hellerau bei Dresden 1931

Osterhammel Jürgen, Die Verwandlung der Welt. Eine Geschichte des 19. Jahrhunderts. München 2009

Österreichisches Biographisches Lexikon 1815–1950, Bd. 2, Lfg. 9. Wien 1959

Österreichisches Biographisches Lexikon 1815–1950, Bd. 6, Lfg. 30. Wien 1975

Österreichisches Biographisches Lexikon 1815–1950, Bd. 8, Lfg. 38. Wien 1981

Österreich-Ungarns letzter Krieg 1914–1918, Bd. VII: Das Kriegsjahr 1918, Wien 1938

Passrugger Barbara, Hartes Brot. Aus dem Leben einer Bergbäuerin. Wien 1989

Pattera Johanna E., Der Gemeinsame Ernährungsausschuß 1917–1918. Phil. Diss. Univ. Wien 1971

Pausinger Helene von, Das Leben und Schaffen des Künstlers. In: Franz von Pausinger. Tier- und Jagdmaler (1839–1915) Gedächtnisausstellung. Salzburg 1939

Pfarrhofer Hedwig/Heuberger August (Hg.), Heuberger – Thalgau. 1902–1977. Salzburg 1977

Pfaundler Richard, Der Finanzausgleich in Österreich. Ein Beitrag zur Entwicklungsgeschichte der finanziellen Beziehungen zwischen Staat, Ländern und Gemeinden in den Jahren 1896 bis 1927. Wien 1927

Pflanzl Robert H., Pflanzl Berta. Vom Dienstmädchen zur gnädigen Frau. Salzburger Tagebücher 1998–1953. Wien 2009

Pichler Walter, Die Rolle der österreichischen Sparkassen bei der Finanzierung des 1. und 2. Weltkrieges. Dipl.-Arb. Univ. Salzburg 2004

Plaschka Richard G./Haselsteiner Horst/Suppan Arnold, Innere Front. Militäreinsatz, Widerstand und Umsturz in der Donaumonarchie 1918. 2. Band. Umsturz (Veröffentlichungen des Österreichischen Ost- und Südeuropa-Instituts, IX). Wien 1974

Plattner Irmgard, Fin de siècle in Tirol. Provinzkultur und Provinzgesellschaft um die Jahrhundertwende. Innsbruck-Wien 1985

Pöch Hella, Beiträge zur Anthropologie der ukrainischen Wolhynier. Nach eigenem sowie Material von Dr. Georg Kyrle. In: Mitteilungen der Anthropologischen Gesellschaft in Wien, 55. Wien 1925

Polišenský J., Aristocrats and the Crowd in the Revolutionary Year 1848: Contribution to the History of Revolution and Counter-Revolution. New York 1979

Popelka Liselotte (Hg.), Vom „Hurra" zum Leichenfeld. Gemälde aus der Kriegsbilderausstellung 1914–1918 (Ausstellungskatalog). Wien 1981

Popovics Alexander, Das Geldwesen im Kriege (Wirtschafts- und Sozialgeschichte des Weltkrieges. Österreichische und ungarische Serie). Wien-New Haven 1925

Porciani Ilaria, La festa della nazione. Rappresentazione dello Stato e spazi sociali nell'Italia unita. Bologna 1999

Pressburger Siegfried, Das Österreichische Noteninstitut 1878–1913. In: Das Österreichische Noteninstitut. 1816–1966, II/3, hg. von der Österreichischen Nationalbank. Wien 1973

Pressburger Siegfried, Das Österreichische Noteninstitut 1914–1922. In: Das Österreichische Noteninstitut. 1816–1966, II/4, hg. von der Österreichischen Nationalbank. Wien 1976

Prinz Bettina, Die Lebensreform – eine Regenerationsbestrebung. Zur Kontinuität lebensreformerischer Ideen und deren Erscheinungsformen in Salzburg. Dipl.-Arb. Univ. Salzburg 1994

Pust Hans-Christian, „Eisern ist die Zeit …". Nagelfiguren im Ersten Weltkrieg. In: Grenzfriedenshefte (2002)

Putzer Peter, Salzburgs rechtliche Stellung im Staatsverband der Habsburgermonarchie. In: Geschichte Salzburgs. Stadt und Land. Bd. II/2. Neuzeit und Zeitgeschichte, hg. von Dopsch Heinz/Spatzenegger Hans. Salzburg ²1995

Rachamimov Alon, Normalität als Travestie. Das Theaterleben der k. u. k. Kriegsgefangenenoffiziere in Rußland, 1914–1920. In: Glanz – Gewalt – Gehorsam. Militär und Gesellschaft in der Habsburgermonarchie (1800 bis 1918), hg. von Cole Laurence/Hämmerle Christa/Scheutz Martin (Frieden und Krieg, 18). Essen 2011

Ramp Sabine, Nicht Fleisch, nicht Fisch! Die deutschnationale ArbeiterInnenschaft Salzburgs 1905–1912. Dipl.-Arb. Univ. Salzburg 1991

Rauchensteiner Manfried, Der Erste Weltkrieg und das Ende der Habsburgermonarchie. Wien-Köln-Weimar 2013

Rauchensteiner Manfried, Der Tod des Doppeladlers Österreich-Ungarn und der Erste Weltkrieg. Graz-Wien-Köln 1997

Redlich Joseph, Österreichische Regierung und Verwaltung im Weltkriege (Wirtschafts- und Sozialgeschichte des Weltkrieges, Österreichische und ungarische Serie). Wien 1925

Riesenfellner Stefan, Steinernes Bewußtsein II. Die „Ruhmeshalle" und die „Feldherrnhalle" – das k. (u.) k. „Nationaldenkmal" im Wiener Arsenal. In: Steinernes Bewußtsein. Die öffentliche Repräsentation staatlicher und nationaler Identität Österreichs in seinen Denkmälern, Bd. I, hg. von Riesenfellner Stefan. Wien 1998

Röck Karl/Kofler Christine (Hg.), Karl Röck: Tagebuch 1891–1946 (Brenner Studien, Sonderband). Salzburg 1976

Roerkohl Anne, Hungerblockade und Heimatfront. Die kommunale Lebensmittelversorgung in Westfalen während des Ersten Weltkrieges (Studien zur Geschichte des Alltags, 10). Stuttgart 1991

Rohkrämer Thomas, „Der Militarismus der kleinen Leute". Die Kriegervereine im Deutschen Kaiserreich 1871–1914. München 1990.

Rohrmoser Albin (Hg.), Meisterwerke aus dem Salzburger Museum Carolino Augusteum. Salzburg 1984

Rohrmoser Albin, Anton Faistauer 1887–1930. Abkehr von der Moderne. Untersuchung zur Stilentwicklung (Monographische Reihe zur Salzburger Kunst, 6). Salzburg 1987

Rolinek Susanne, Salzburg. Ein Bundesland vom Ersten Weltkrieg bis zur Gegenwart, Innsbruck-Wien 2012

Rothenberg Gunther E., The Army of Francis Joseph. West Lafayette 1976

Rothenberg Gunther E., The Shield of the Dynasty: Reflections on the Habsburg Army, 1649–1918. In: Austrian History Yearbook 32 (2001). New York 2001

Rüger Jan, The Great Naval Game. Britain and Germany in the Age of Empire. Cambridge 2007

Rumpler Helmut, Das Völkermanifest Kaiser Karls vom 16. Oktober 1918. Letzter Versuch zur Rettung des Habsburgerreiches (Österreich Archiv). Wien 1966

Rumpler Helmut, Eine Chance für Mitteleuropa. Bürgerliche Emanzipation und Staatsverfall in der Habsburgermonarchie. In: Österreichische Geschichte 1804–1914, hg. von Wolfram Herwig. Wien 1997

Rychlik Otmar unter Mitarbeit von Diewald Sigrid/Schweighofer Bettina/Sultano Gloria, Anton Kolig. Wien 2001

Salchegger Christian, Filzmoos. Überliefertes und Erlebtes. Filzmoos 1996

Sandgruber Roman, Ökonomie und Politik. Österreichische Wirtschaftsgeschichte vom Mittelalter bis zur Gegenwart. In: Österreichische Geschichte, hg. von Wolfram Herwig. Wien 1995

Sauermann Eberhard, Literarische Kriegsfürsorge. Österreichische Dichter und Publizisten im Ersten Weltkrieg. Wien 2000

Schaffer Nikolaus, Franz Schrempf 1870–1953. Ein Salzburger Meister des Aquarells (Monographische Reihe zur Salzburger Kunst, 17). Salzburg 1996

Schaffer Nikolaus, Malerei, Plastik, Architektur. In: Salzburg 1905, hg. vom Salzburger Museum Carolino Augusteum. Salzburg 1995

Schaffer Nikolaus, Zwischen Salon und Staffelei. In: Künstlerinnen in Salzburg, hg. von Wally Barbara. Salzburg 1991

Schausberger Franz, Eine Stadt lernt Demokratie. Bürgermeister Josef Preis und die Salzburger Kommunalpolitik 1919–1927 (Veröffentlichungen der Dr. Hans Lechner-Forschungsgesellschaft in Salzburg, 4). Salzburg 1988

Scheidl Franz J., Die Kriegsgefangenschaft von den ältesten Zeiten bis zur Gegenwart. Berlin 1943

Schmidt Anna, Die Entwicklung des Fremdenverkehrs und der Fremdenverkehrspolitik im Bundesland Salzburg. Phil. Diss. Univ. Salzburg 1990

Schopf Hubert, Häuser- und Höfegeschichte. In: Anif. Kultur, Geschichte und Wirtschaft von Anif, Niederalm und Neuanif, hg. von Dopsch Heinz/Hiebl Ewald. Anif 2003

Schröder Hans-Christoph, Die deutsche Arbeiterbewegung im Ersten Weltkrieg. In: Deutschland und der Erste Weltkrieg, hg. von Böhme Helmut/Kallenberg Fritz. Darmstadt 1987

Schubert-Weller Christoph, Vormilitärische Jugenderziehung. In: Berg Christa (Hg.), Handbuch der deutschen Bildungsgeschichte 1870 - 1918. Von der Reichsgründung bis zum Ende des Ersten Weltkriegs, Bd. 4. München 1991

Schuchter Johanna, So war es in Salzburg. Aus einer Familienchronik. Salzburg ²1977

Schulze Max-Stephan, Austria-Hungary's Economy in World War I. In: The Economics of World War I, hg. von Broadberry Stephen/Harrison Mark. Cambridge 2005

Schürer von Waldheim Hella, Beiträge zur Anthropologie der Wolhynier. Phil. Diss. Univ. Wien 1920

Schuster Maria, Auf der Schattenseite. Wien 1997

Schwaiger Alois, Leogang. Fakten, Bilder und Geschichten. Leogang ²2012

Sieder Reinhard, Behind the lines: working-class familiy life in wartime Vienna. In: The Upheaval of War. Familiy, Work und Welfare in Europe, 1914–1918, hg. von Wall Richard/Winter Jay. Cambridge 1988

Sondhaus Lawrence, Comment: The strategic culture of the Habsburg army. In: Austrian History Yearbook 32 (2001). New York 2001

Städtische Elektrizitätswerke Salzburg (Hg.), 50 Jahre Elektrizitäts-Versorgung der Stadt Salzburg 1887–1937. Salzburg 1937

Stargardt Nicholas, The German Idea of Militarism. Radical and Socialist Critics 1866–1914. Cambridge 1994

Steiner Gertraud/Veits-Falk Sabine, Literaturbilder. Salzburgs Geschichte in literarischen Portraits. Salzburg-München 1998

Steinkellner Friedrich, Georg Lienbacher. Salzburger Abgeordneter zwischen Konservativismus, Liberalismus und Nationalismus 1870–1896 (Veröffentlichungen des Internationalen Forschungszentrums für Grundfragen der Wissenschaft, N.F. 17) (Publikationen des Instituts für Kirchliche Zeitgeschichte, II/14). Salzburg 1984

Steinkellner Friedrich, Golling im Zeitalter Kaiser Franz Josephs. In: Golling. Geschichte einer Salzburger Marktgemeinde, hg. von Hoffmann Robert/Urbanek Erich. Golling 1991

Stergar Rok, Die Bevölkerung der slowenischen Länder und die Allgemeine Wehrpflicht. In: Glanz – Gewalt – Gehorsam. Militär und Gesellschaft in der Habsburgermonarchie (1800 bis 1918), hg. von Cole Laurence/Hämmerle Christa/Scheutz Martin (Krieg und Frieden, 18). Essen 2011

Stevenson David, 1914–1918. Der Erste Weltkrieg. Düsseldorf ³2006

Stöckle Wilhelm, Deutsche Ansichten. 100 Jahre Zeitgeschichte auf Postkarten. München 1982

Straßennamen. In: Grödig. Aus der Geschichte eines alten Siedlungsraumes am Untersberg, hg. von der Marktgemeinde Grödig. Grödig 1990

Strasser Rupert, Die Schulen in Maxglan. In: Salzburger Bildungswerk, Maxglan. Ein Salzburger Stadtteil. Salzburg 1990

Strobel Georg W., Die internationale Arbeiterbewegung und der Erste Weltkrieg. In: Deutschland und der Erste Weltkrieg, hg. von Böhme Helmut/Kallenberg Fritz. Darmstadt 1987

Sturminger Alfred, 3000 Jahre politische Propaganda. Wien-München 1960

Svoboda Christa, Der Salzburger Kunstverein 1844–1922. Phil. Diss. Univ. Salzburg 1977

Tálos Emmerich, Staatliche Sozialpolitik in Österreich. Rekonstruktion und Analyse (Österreichische Texte zur Gesellschaftskritik, 5). Wien 1981

Taylor Alan J.P., The Habsburg Monarchy. 1809–1918. A history of the Austrian Empire and Austria-Hungary. London 1948

Telesko Werner, „Felicia Decennalia". Zur Struktur habsburgischer Gedenkfeiern im 19. Jahrhundert und die Inszenierung der Wiener Hofburg. In: Wiener Geschichtsblätter 64 (2009). Wien 2009

Telesko Werner, Anton Dominik Fernkorns Wiener Herzog-Carl-Denkmal als nationale „Bildformel". Genese und Wirkung eines Hauptwerkes habsburgischer Repräsentation im 19. Jahrhundert. In: Wiener Geschichtsblätter 62 (2007). Wien 2007

Telesko Werner, Geschichtsraum Österreich. Die Habsburger und ihre Geschichte in den bildenden Künsten. Wien 2006

Telesko Werner, Kulturraum Österreich. Die Identität der Regionen in der bildenden Kunst des 19. Jahrhunderts. Wien 2008

Tomenendal Kerstin, Das Türkenbild in Österreich-Ungarn während des Ersten Weltkriegs im Spiegel der Kriegspostkarten. Klagenfurt-Wien-Ljubljana-Sarajevo 2008

Trauner Karl Reinhart, Die Los-von-Rom-Bewegung. Gesellschaftspolitische und kirchliche Strömungen in der ausgehenden Habsburgermonarchie. Szentendre 1999

Überegger Oswald, Vom militärischen Paradigma zur „Kulturgeschichte des Krieges"? Entwicklungslinien der österreichischen Weltkriegsgeschichtsschreibung im Spannungsfeld militärisch-politischer Instrumentalisierung und universitärer Verwissenschaftlichung. In: Zwischen Nation und Region. Weltkriegsforschung im internationalen Vergleich. Ergebnisse und Perspektiven, hg. von Überegger Oswald (Tirol im Ersten Weltkrieg, 4). Innsbruck 2005

Ullmann Hans-Peter, Kriegswirtschaft. In: Enzyklopädie Erster Weltkrieg, hg. von Hirschfeld Gerhard/Krumreich Gerd/Renz Irina. Paderborn-München-Wien-Zürich 2009

Ultschnig Heidemarie, Alexander Mörk von Mörkenstein, Maler – Literat – Höhlenforscher. Phil. Diss. Univ. Salzburg 2009

Umlauft Albert, Kriegs-Aufzeichnungen 1914–1918 und Folge. Unter spezieller Berücksichtigung der örtlichen Begebenheiten von Neumarkt u. Umgebung. Neumarkt 1923

Unfried Berthold, Arbeiterschaft und Arbeiterbewegung im 1. Weltkrieg. Wien und Niederösterreich. In: Sozialdemokratie und Habsburgerstaat, hg. von Maderthaner Wolfgang. Wien 1988

Unowsky Daniel, The Pomp and Politics of Patriotism. Imperial Celebrations in Habsburg Austria, 1848–1916. West Lafayette 2005

Urban Otto, Die tschechische Gesellschaft 1848–1918 (Anton Gindely Reihe zur Geschichte der Donaumonarchie und Mitteleuropas, 2), Wien-Köln-Weimar 1994

Vagts Alfred, A History of Militarism. Civilian and Military. New York 1959

Van der Linden Martin/Mergner Gottfried, Kriegsbereitung und mentale Kriegsvorbereitung. In: Kriegsbereitung und mentale Kriegsvorbereitung. Interdisziplinäre Studien, hg. von Van der Linden Martin/Mergner Gottfried. Berlin 1991

Veits-Falk Sabine, Den Frauen ihr Recht. 100 Jahre Frauentag und es geht weiter … Salzburg 2011

Verhey Jeffrey, Der „Geist von 1914" und die Erfindung der Volksgemeinschaft. Hamburg 2000

Verhey Jeffrey, The Spirit of 1914. Militarism, Myth and Mobilisation in Germany. Cambridge 2000

Vischer Adolph Lukas, Die Stacheldraht-Krankheit. Beiträge zur Psychologie des Kriegsgefangenen (Schweizerische Schriften für Allgemeines Wissen, 5). Zürich 1918

Vogel Jakob, Der »Folkloremilitarismus« und seine zeitgenössische Kritik. Deutschland und Frankreich 1871–1914. In: Schule der Gewalt. Militarismus in Deutschland 1871–1945, hg. von Wette Wolfram. Berlin 2005

Vogel Jakob, Historische Anthropologie. In: Geschichtswissenschaften. Eine Einführung, hg. von Christoph Cornelißen. Frankfurt a. M. 2000

Vogel Jakob, Nationen im Gleichschritt. Der Kult der „Nation in Waffen" in Deutschland und Frankreich, 1871–1914. Göttingen 1997

Vogel Jakob, Samariter und Schwestern, Geschlechterbilder und -beziehungen im „Deutschen Roten Kreuz" vor dem Ersten Weltkrieg. In: Landsknechte, Soldatenfrauen und Nationalkrieger. Militär, Krieg und Geschlechterordnung im historischen Wandel, hg. von Hagemann Karen/Pröve Ralph. Frankfurt a. M. 1998

Voithofer Richard, „… dem Kaiser Treue und Gehorsam …". Ein biografisches Handbuch der politischen Eliten in Salzburg 1861 bis 1918 (Schriftenreihe des Forschungsinstitutes für politisch-historische Studien der Dr.-Wilfried-Haslauer-Bibliothek Salzburg, 40). Wien 2011

Voithofer Richard, Drum schließt Euch frisch an Deutschland an … Die Großdeutsche Volkspartei in Salzburg 1920–1936 (Schriftenreihe des Forschungsinstitutes für politisch-historische Studien der Dr.-Wilfried-Haslauer-Bibliothek Salzburg, 9). Wien-Köln-Weimar 2000

Voithofer Richard, Politische Eliten in Salzburg. Ein biographisches Handbuch 1918 bis zur Gegenwart (Schriftenreihe des Forschungsinstitutes für politisch-historische Studien der Dr.-Wilfried-Haslauer-Bibliothek Salzburg, 32). Wien- Köln-Weimar 2007

Wagner Walter, Die k. (u.) k. Armee – Gliederung und Aufgabenstellung. In: Die bewaffnete Macht (Die Habsburgermonarchie 1848–1918, V). Wien 1987

Walder Monika Maria, Von wenigen ambitionierten Einzelkämpferinnen zur mitgliederstärksten Frauenorganisation während des Ersten Weltkrieges. Die „Reichsorganisation der Hausfrauen Österreichs" (ROHÖ). In: Stadtarchiv Innsbruck (Hg.), Zeit – Raum – Innsbruck. Militärische und zivile Kriegserfahrungen 1914–1918 (Schriftenreihe des Innsbrucker Stadtarchivs, 11). Innsbruck 2010

Wallas Armin A., Zeitschriften des Expressionismus und Aktivismus in Österreich. In: Expressionismus in Österreich. Die Literatur und die Künste, hg. von Amann Klaus/Wallas Armin A. Wien-Köln-Weimar 1994

Walleczek Julia, Das Kriegsgefangenenlager Grödig bei Salzburg während des Ersten Weltkrieges. Dipl.-Arb. Univ. Innsbruck 2005

Walleczek Julia, Hinter Stacheldraht. Die Kriegsgefangenenlager in den Kronländern Oberösterreich und Salzburg im Ersten Weltkrieg. Phil. Diss. Univ. Innsbruck 2012

Walleczek-Fritz Julia, Kontrolle durch Fürsorge? Neutrale humanitäre Organisationen und ihr Engagement für Kriegsgefangene in Österreich-Ungarn und Russland im Ersten Weltkrieg in vergleichender Perspektive. In: Frontwechsel. Österreich-Ungarns „Großer Krieg" im Vergleich, hg. von Dornik Wolfram/Walleczek-Fritz Julia/Wedrac Stefan. Wien-Köln-Weimar 2014

Walleczek-Fritz Julia, Von ›unerlaubtem Verkehr‹ und ›Russenkindern‹. Überlegungen zu den Kriegsgefangenen in Österreich-Ungarn als ›military migrants‹, 1914–1918". In: Christoph Rass (Hg.), „Militärische Migration. Vom Altertum bis in die Gegenwart" (Sammelband; erscheint 2014)

Watteck Nora, Die Affäre Rambousek, Salzburgs größter Skandal. Salzburg 1978

Weber Otmar, Felix von Schmitt-Gasteiger. In: Österreichisches Biographisches Lexikon 1815–1950, Bd. 10. Wien 1999

Wegs Robert J., Die österreichische Kriegswirtschaft 1914–1918. Wien 1979

Wehler Hans-Ulrich, Deutsche Gesellschaftsgeschichte, Bd. 4. Vom Beginn des Ersten Weltkrieges bis zur Gründung der beiden deutschen Staaten 1914–1949. München ^{6}2003

Weigel Andreas, Bruchstückhafte Biografien. In: Praesent 2011. Das österreichische Literaturjahrbuch, hg. von Ritter Michael. Wien 2010

Weigel Hans/Lukan Walter/Peyfuss Max D., Jeder Schuss ein Russ, jeder Stoß ein Franzos. Literarische und graphische Kriegspropaganda in Deutschland und Österreich 1914–1918. Wien 1983

Weiland Hans/Kern Leopold (Hg.), In Feindeshand. Die Gefangenschaft im Weltkriege in Einzeldarstellungen, Bd. 2. Wien 1931

Wette Wolfram, Der Militarismus und die deutschen Kriege. In: Schule der Gewalt. Militarismus in Deutschland 1871–1945, hg. von Wette Wolfram. Berlin 2005

Wiedenmann Rainer, Treue und Loyalität im Prozess gesellschaftlichen Wandels. In: Treue. Politische Loyalität und militärische Gefolgschaft in der Moderne, hg. von Buschmann Nikolaus/Murr Karl Borromäus. Göttingen 2008

Willems Emilio, Der preußisch-deutsche Militarismus: ein Kulturkomplex im sozialen Wandel. Köln 1984

Winkelbauer Thomas, Wer bezahlte den Untergang der Habsburgermonarchie? Zur nationalen Streuung der österreichischen Kriegsanleihen im ersten Weltkrieg. In: MIÖG 112 (2004). Wien 2004

Winkelhofer Martina, Der Alltag des Kaisers. Franz Joseph und sein Hof. Innsbruck-Wien 2010

Winkler Wilhelm, Die Einkommensverschiebungen in Österreich während des Weltkrieges. (Wirtschafts- und Sozialgeschichte des Weltkrieges. Österreichische und ungarische Serie). Wien-New Haven 1930

Winkler Wilhelm, Die Totenverluste der österreichisch-ungarischen Monarchie nach Nationalitäten. Die Altersgliederung nach Toten. Ausblicke in die Zukunft. Wien 1919

Wurzer Georg, Die Erfahrung der Extreme. Kriegsgefangene in Russland 1914–1918. In: Kriegsgefangene im Europa des Ersten Weltkriegs, hg. von Oltmer Jochen (Krieg in der Geschichte, 24). Paderborn-München-Wien-Zürich 2006

Wysocki Josef, Die österreichische Finanzpolitik. In: Die Wirtschaftliche Entwicklung, hg. von Brusatti Alois (Die Habsburgermonarchie 1848–1918, I). Wien 1973

Wyss Beat, Der Wille zur Kunst. Zur ästhetischen Mentalität der Moderne. Köln ²1997

Zbyněk Zeman A., Der Zusammenbruch des Habsburgerreiches. 1914–1918. Wien 1963

Ziegeleder Ernst, 100 Jahre Salzburger Kommunalfriedhof. Salzburg 1980

Ziemann Benjamin, Front und Heimat: ländliche Kriegserfahrungen im südlichen Bayern 1914–1923. Essen 1997

Ziemann Benjamin, Sozialmilitarismus und militärische Sozialisation im deutschen Kaiserreich 1870–1914. Ergebnisse und Desiderate in der Revision eines Geschichtsbildes. In: Geschichte in Wissenschaft und Unterricht 53 (2002). Seelze 2002

Zilch Reinhold, Die Reichsbank und die finanzielle Kriegsvorbereitung von 1907 bis 1914 (Forschungen zur Wirtschaftsgeschichte, 20). Berlin 1987

Zilch Reinhold, Kriegsanleihen. In: Enzyklopädie Erster Weltkrieg, hg. von Hirschfeld Gerhard/Krumreich Gerd/Renz Irina. Paderborn-München-Wien-Zürich 2009

Zimmermann Harm-Peer, „Der feste Wall gegen die rote Flut". Kriegervereine in Schleswig-Holstein 1864–1914. Neumünster 1989

Autorinnen und Autoren

Univ.-Prof. Dr. Laurence Cole: Universität Salzburg, Fachbereich Geschichte

Mag. Gerda Dohle: Historikerin, Salzburger Landesarchiv

Dir. Dr. Oskar Dohle MAS: Direktor des Salzburger Landesarchivs

em. Univ.-Prof Dr. Hanns Haas: emeritierter Universitätsprofessor, Universität Salzburg

Mag. Stefanie Habsburg-Halbgebauer: Kunsthistorikerin, Salzburg

em. Univ.-Prof Dr. Ernst Hanisch: emeritierter Universitätsprofessor, Universität Salzburg

Assoz.-Prof. Dr. Thomas Hellmuth: Universität Salzburg, Fachbereich Geschichte

Dir. Univ.-Prof. Dr. Martin Hochleitner: Direktor des Salzburg Museum

Mag. Alfred Werner Höck: Historiker, Salzburger Landesarchiv

Prof. DDr. Bernhard Iglhauser: Gymnasiallehrer i. R., Thalgau

Dr. Thomas Mitterecker: Leiter des Archivs der Erzdiözese Salzburg

Prof. Mag. Erwin Niese: Gymnasiallehrer, Salzburg

DDr. Leopold Öhler: Historiker und Arzt i.R, Salzburg

Eva Rinnerthaler: Bibliothekarsfachkraft, Salzburger Landesarchiv

Dr. Susanne Rolinek: Salzburg Museum

Dr. Nikolaus Schaffer: Salzburg Museum

Dr. Karin Schamberger MA: Bibliothekarin, Stiftsbibliothek Admont

Dr. Julia Walleczek-Fritz: Historikerin und Ausstellungsmacherin, Wien

Prof. Dr. Hans Weichselbaum: Leiter der Georg Trakl Forschungs- und Gedenkstätte, Salzburg

Mag. Thomas Weidenholzer: Stadtarchiv Salzburg

Personenverzeichnis

Abram, Simon 327
Adamer, Peter 272
Adelsberg, Adelheid 75
Adler, Emil 114, 117, 126
Aegidius 135
Aigner, Albert 117, 118
Aigner, Alois 117
Aigner, Josef 118
Albrecht, Erzherzog 354
Alexander, Kronprinz v. Serbien 13
Alexandra, Zarin v. Russland 13
Alexi, Vinzenz 285
Alice, Großherzogin v. Toscana 34, 95
Andersen, Robin Christian 390
Andri, Ferdinand 374
Andrian, Leopold 452
Angerer, Tony 363, 427, 428
Arlt, Wilhelm v. 439, 460, 461
Auer, Alois 272
Auer, Jakob 79
Auersperg, Eduard Prinz v. 304

Bahr, Hermann 100, 384, 394, 396, 439, 450–452, 456
Bahr-Mildenburg, Anna 100, 450
Barate, Nikandera 88
Barbusse, Henri 400
Barthes, Roland 403
Bauer, Hermann 117
Baumgartner, Eduard 449
Bebel, August 338
Beck, Max Wladimir Freiherr v. 355
Bendl, Hans 143
Beneckendorff u. v. Hindenburg, Paul v. 325, 429, 430
Benedikt IV., Papst 335
Bensa, Alexander Ritter von 380
Berchtold, Leopold Graf 13, 19
Berger, Franz 80, 192, 347
Berger, Karl 117
Bertle, Hans 396, 419, 433
Beyer, Guido 115

Biebl, Rudolf 230, 347
Bilgeri, Georg 162
Birnbaum, Uriel 101
Bittner, Maria 445
Bjelik, Emmerich 269
Blaas, Julius v. 380
Blasel, Friedrich 449
Blümcke, Ludwig 450
Bourbon-Parma, Sixtus v. 325
Bourbon-Parma, Xaver v. 325
Bouvard, Hugo v. 380
Brandstätter, Karl 84
Brandstätter, Robert 117, 118
Brandström, Elsa 371
Breitner, Burghard 461
Bröger, Karl 448
Brosch, Klemens 409
Bruckbauer 135
Brunetti-Pisano, August 461
Burian, Stefán 325
Busch, Wilhelm 368
Buschbeck, Erhard 464

Caspar, Karl 376
Caspar-Filser, Marie 374
Ceconi, Jakob 158
Cézanne, Paul 364
Christanell, Simon 347
Christen, Vinzenz 115
Christoph, Anton 237, 238
Conrad v. Hötzendorf, Franz Graf 17, 429, 430
Corbin, Alain 57
Coudenhove, Marie Amalie Baronin 351
Courths-Mahler, Hedwig 450
Cyrenius, Maria 374
Czernin, Ottokar Graf 325

Daghofer, Anton 230
Daghofer, Marie 70
Dangl, Richard 120

Davis, Henry 56, 57, 224
Deisl, Matthias 114
Dengel, Ignaz 122
Deutsch, Paul 437
Diefenbach, Karl Wilhelm 390
Diesbacher, Mathias 272
Distler, Heinrich 446
Dittenberger 134, 136
Dobrozinsky 69
Dörnhöffer, Friedrich 393
Dostal, Alois 158
Dostaler 194
Drinkwelder, Otto 272

Ebersbach, Lothar 115
Ebersole, Amos A. 166
Eder, Alois 445
Eder, Hugo 137
Eder, Ignaz 87, 347
Edlbacher, Theodor 387, 388
Egger-Lienz, Albin 368, 374, 375, 383, 388, 396, 415
Eggerth, Oskar 116
Ehmann, Josef 78, 79
Ehrenberger 53
Eiterer, Paul 131, 132, 134, 135, 140, 142–145
Eldersch, Matthias 327
Elster 450
Embacher, Frieda 92, 95, 97, 102, 104
Emminger, Karl 312
Endrici, Coelestin 274, 308
Engel v. Mainfelden, August Freiherr 223
Eppenschwandtner, Elisabeth 185
Esinger, Adele 372
Esser, Bartholomäus 146
Essl, Matthias 165
Ethofer, Theodor Josef 362, 363, 389, 432
Etter, Daniel 73, 182, 186, 227, 238, 282, 285, 324

Ettl 115
Exner, Hilde 374

Faistauer, Anna 364
Faistauer, Anton 363–369, 374, 376, 379, 389–401
Faistauer, Ida/Idschi 364, 367, 395, 399
Faistauer, Peter Paul 367
Federn, Walter 215, 216
Feichtinger, Matthias 311, 313, 314
Fellner 126
Ferch, Johann 449
Ferchl 118
Ferdinand IV., Großherzog v. Toskana 346
Fernkorn, Anton Dominik 340
Feßmann 77
Fiala, Johann 118, 119, 124
Ficker, Ludwig v. 453, 454
Firmian, Leopold Anton Graf 121
Fischer, Fritz Willy 464
Fischer, Louis 343, 353, 394
Fitzner, Johann 194, 195, 305
Flegel, Johann 191, 192, 199
Franek, Aloisia 105
Franz Ferdinand, Erzherzog v. Österreich 11, 15, 350, 441
Franz Joseph I., Kaiser v. Österreich 13, 16, 24, 27, 34, 133, 136, 142, 144, 197, 281, 284, 338–342, 348, 350, 354, 355, 359, 363, 380, 407, 430, 435
Fraßl, Rudolf 192
Friesen, Erich 450
Fuchs, Josef 140, 144, 148
Fuchs, Viktor v. 304

Gaertner, Alfred 147
Gaertner, Klara 147
Gampp, Karl 112, 118, 285
Gassner, Franz 192
Geiger, Ferdinand 285
Gessele, Hermann 224, 225, 230
Giesl, Wladimir Freiherr v. 20
Ginzkey, Franz Karl 462, 464
Glaser, Hans 61, 69–73, 78, 79, 82–85, 89, 308–310, 314–319, 321–326, 331, 334, 335
Glaser, Reinhold 462

Gmachl, Franz 272
Gmachl, Max 272
Goltz, Alexander Demetrius 374, 396
Gonetzky, Maria Nikolajewna 167
Grabner, Anton 308
Gramsamer, Karl 307
Gräser/Gras, Gusto 390
Grasmayr, Alois 88
Grieb, Rosl 101
Griepenkerl, Christian 375
Grießmayr 136
Großmann, Rudolf (alias Ramus, Pierre) 306, 307
Grüner, Ottokar 111
Grünne, Karl Ludwig Graf v. 340
Gstür, Michael 158
Gsur, Karl Friedrich 374, 429, 430
Guggenberger, Anton 145
Gumpold, Dionys 272
Gumpold, Johann Evangelist 320
Gütersloh, Albert Paris 376, 390, 396
Guttenberg, Wilhelm 285

Haack, Traute 374
Haagn, Julius 227
Haidenthaller, Alexander 66, 70, 73, 74, 78, 80–82, 89, 315, 316, 324, 338
Hain, Franz 114
Hallasch, Wolfgang 147
Hanak, Anton 396
Harta, Felix Albrecht 363, 364, 369, 376, 380, 395
Hartinger, Johanna 88
Hasenauer, Bartholomäus 74
Hasenauer, Johann 306, 320, 336
Hasenschwandtner, Johanna 187
Haus, Anton Johann Freiherr v. 17
Hauser 82
Hauthaler, Willibald 61, 123, 219–221, 304, 308, 315, 321, 330, 347
Hazai, Samuel Baron 172
Hedin, Sven 415
Heilmayer, Franz 443
Heine, Heinrich 461
Heiß, Stefan 115
Heller, Richard 100, 112, 308
Hemetsberger, Anna 140
Hemingway, Ernest 101

Hendrich, Hermann 384
Herrmann, Emanuel 413
Herterich, Ludwig v. 385
Herzog, Rudolf 445, 446
Hesshaimer, Ludwig 382, 412
Heuberger, August/Augustin 158, 170, 177, 181, 182, 184
Hierner 139
Hildebrand, Hans 379
Hiller-Schönaich, Karl Freiherr v. 38, 293, 294
Hillinger 160
Hinterholzer, Franz 361
Hirt, Karl Emerich 453
Hisch 144
Hitler, Adolf 334, 444
Hlawna, Franz 135, 142
Hockauf 140
Hoen, Maximilian v. 414, 415
Höfer, Anton 322
Hofer, Franz 384
Hofer, Karl 388, 389
Hoffmann, Hella 63, 86, 87, 94, 96, 97, 104
Hoffmann, Hermann 78
Hoffmann, Margarethe 78
Hofmann, Josef 396
Hofmannsthal, Hugo v. 391, 439, 450, 452
Höfner, Kajetan 116
Höger, Rudolf Alfred 429, 430
Hohenlohe-Schillingsfürst, Konrad Prinz zu 285
Höllerer 424
Holter, Karl 285
Huber, Carl Rudolf 375
Hueber, Anton 309, 310, 324
Hueber, Eduard v. 114–116
Hug, Edouard 166
Humpeter, Luis 449
Hussarek v. Heinlein, Max Freiherr 151, 285

Imhof, Elisabeth Baronesse v. 133
Irresberger, Karl 74
Ivanow, Iwan 187

Jahn, Johann 199

Jäkel 138
Janka, Maria 88
Janke, Urban 384
Jarka, Marianne 100
Jellachich/Jelacic, Freiherr v. 442
Jetzinger, Franz 272
John 144
John, Wilhelm 367, 395
Joyce, James 464
Jung, Georg 76, 85
Jung, Moriz 384
Jungnickel, Ludwig Heinrich 364, 374

Kaigl, Johann 73, 78
Kainzner, Ludwig 135, 140
Kaltenbrunner, Carl 79
Kaltenegger, Therese 66, 85, 88, 99, 100
Kaltner, Balthasar 14, 27, 34, 35, 273, 275, 279, 347
Karajan, Ernst Ritter v. 114, 118, 457
Karl Franz Joseph, Erzherzog v. Österreich; Karl I., Kaiser v. Österreich 14, 15, 41, 51, 142, 144, 197, 199, 200, 308, 325, 326, 332, 359, 396, 398, 407, 430, 443
Karnik, Franz 199
Kasimir, Luigi 415
Kellinger, Gabriel 273
Kernstock, Ottokar 445
Kerschbaumer, Katharina 75
Kiener, Georg 272
Kiener, Gustav 101
Kiener, Heinrich 347
Kiesel, Reinhold 9
Kirchbichler, Michael 158
Kisch, Egon Erwin 415
Klappacher, Anton 195
Klausner 447
Klein, Ernst 449
Klein, Moritz 62
Klimt, Gustav 364, 391, 394, 396
Knoll, Johann 203
Koch, Ludwig 380
Kocian, Jaroslav 325
Koerber, Ernest v. 304, 354
Köfner, Gottfried 319
Kohlberger, Maria 138

Kohr, Leopold 116
Koidel, Leopoldine 67
Kokoschka, Oskar 374, 379, 391, 396, 400
Kölbl, Walther 383, 385–387, 389
Kolig, Anton 364, 374, 396, 400
Koller, Broncia 374
Kolowrat-Krakowski, Alexander/Sascha Graf 415
Königer, Paul 399
Kramář, Karel 308
Kratochwil, Robert 88
Kraus, Karl 439, 452
Krieger, Leopold 75
Krögler, Johann 88
Kronawetter, Marie v. 315
Kubin, Alfred 376, 400
Kuderna, Franz 426, 427
Kunkel, Franz 272
Kusmanek, Hermann 446
Kutzer, Ernst 432, 434
Kyrle, Georg 165

L'Allemand, Siegmund 380
Lach, Robert 165
Lackner, Johann 320, 321, 332
Lackner, Karl 69, 71, 73
Lainer, Max 115
Lamberg, Bertha Gräfin 372
Lamberg, Hugo Graf 346, 442
Lammasch, Heinrich 79, 306, 316, 396
Landerer 136
Larwin, Hans 424, 426
Laske, Oskar 374
Latzko, Andreas 463, 464, 466
Lechner, Bella 87
Lendecke, Otto 396
Lenin, Wladimir Iljitsch (Uljanow, Wladimir Iljitsch) 172
Leth, Karl Ritter v. 213
Leube, Julius 195
Leube, Wilhelm 195
Leukert, Heinrich 311, 327
Liechtenstein, Eduard Prinz v. u. zu 59, 416
Lienbacher, Georg 302
Lienbacher, Josef 227
Löbl v. Tauernsdorf, Johann 415

Lohmeyer, Kurt 448
Lösch, Franz 132, 133
Löw 322
Lubowski, Käthe 450
Luchner, Ernst 116
Ludwig Victor, Erzherzog v. Österreich 34, 350, 358, 363
Lumpe, Richard 114
Lumpi, Friedrich 138

Maier 141, 142, 197
Makart, Hans 361
Mannsberg, Paul 447
Marie Valerie, Erzherzogin 269
Martin, Franz Xaver 70
Marzano, Otto Graf v. 293
Maslejnikow, Sawely 184
Mataja, Heinrich 201
Mauthner-Markhof, Magda v. 374
Max, Leopold 448
Mayburger, Josef 361
Mayer, Adam 447, 448
Mayer, Elfriede 372–374, 376
Mayr, Therese 75
Mayrhofer, Thomas 78
Mayr-Melnhof, Baron 180
Mazzucco, Benvenuto 134
Meier 134
Mell v. Mellenheim, Albert 201
Michel, Robert 439
Millinger, Josef 118
Mimra, Robert 462, 464
Mingazzi v. Modigliano, Eduard 354
Mitterecker, Karl 270
Mittermayr, Karl 116
Mollneder, Therese 75
Molnar, Ferenc 415
Moltke, Helmuth Johannes Ludwig Graf v. 338
Moosleitner, Josef 133
Moritz, Josef 78
Mörk v. Mörkenstein, Alexander 383–385, 388, 389, 458, 459
Moser, Ernst 230
Moser, Kolo 374
Moser, Martin 87, 88, 187
Moser, Richard 436, 438
Moser, Rup 75

Mühlbacher, Johann 191
Muhr, Johann 84, 194–196
Müller 136, 142, 145
Müller, Anton (Bruder Willram) 445
Müller, Josef 329
Munk 424
Murr, Vinzenz 136, 141
Musil, Robert 415, 439
Mussoni, Georg 70, 79

Naumann, Friedrich 325
Neumayr 141
Neumüller 325
Nicoladoni, Alexander 449
Nikolaus I., König v. Montenegro 17
Nikolaus II., Zar v. Russland 155
Noggler, Nikolaus 142
Nußbaumer 140

Oberberger, Sylvester 75, 76, 83, 85
Olasow, Andrä 187
Ortner, Mathias 272
Osolak 199
Österreich-Toscana, Peter Ferdinand v., Erzherzog 443
Otarowa, Stella 464
Ott, Max 62, 68, 74, 78, 80, 225, 226, 230, 238, 287, 309, 324, 331, 332, 347, 358
Ottmann, Franz 383

Pailler 139
Pašić, Nikola 20
Passrugger, Barbara 93, 97
Paunzen, Arthur 440
Pausinger, Franz v. 361, 389
Pausinger, Rosalia v. 372
Peerz, Rudolf 142, 230, 231
Pelzler, Matthias 116, 118
Peter, König v. Serbien 13
Peyerl, Franz 306
Pflanzl, Berta 41, 45, 101
Pflanzl, Otto 101, 443, 444
Pichler, Anton 275, 439, 445, 449
Piffl, Friedrich Gustav 269
Pillwein, Eugen 313
Pircher, Josef 116
Pöch, Hella 69

Pöch, Rudolf 165
Pock, Alexander 374–376, 380
Podstatzky-Liechtenstein, Adolf Graf 346
Pollak, Josef 115
Popovics, Alexander 205, 206
Popp, Adelheid 335
Popper 437
Poschner, Max 272
Praxmayr, Matthias 134, 139
Preis, Josef 81
Preußler, Robert 72, 73, 80, 83, 84, 291, 308, 310, 311, 313, 314, 324–329, 331, 332
Primocic, Agnes 104
Prinz, Karl Ludwig 421, 422
Prinzinger, August 302
Prohaska, Rudolf Freiherr v. 443
Proschko, Adalbert 135, 139, 141
Puchinger, Erwin 404
Putz, Hermann 112, 114

Raabl-Werner, Heinrich v. 156
Radl, Karl 196
Rambousek, Eduard 28, 43, 76, 78, 81, 85, 88, 89, 230, 291–296, 316, 317, 321
Ramsauer, Anton 188
Rašín, Josef, 308
Rasp 145
Reckziegel, Anton 420, 421
Redlich, Joseph 281
Rehrl, Franz 174, 227, 285
Reichel, Carl Anton 394
Reichel, Hilde 394
Reiffenstein, Leo 361, 376
Reimer, Josef Ludwig 311
Reisenbichler, Karl 363, 367, 369–371, 376, 380, 383, 412
Remarque, Erich Maria 458, 463
Renner, Karl 324, 332
Resch, Albert 237
Resel, Hans 324
Rettenbacher, Johann 443
Reutter, Otto 230
Revertera, Anna 167
Revertera, Graf 88
Rieder, Ignaz 269, 273–275, 277, 279, 347

Riedherr, Georg 135
Riedler 139
Riehl, Walter 72, 325, 329
Rihl 133
Rilke, Rainer Maria 415, 450
Röck, Karl 453, 454
Roda Roda, Alexander 415
Rödinger, Karl 306
Rödinger, Rupert 306
Roeßler, Arthur 390
Rohr 417
Rohrmoser, Josef 448
Rollett, Humbert 114
Romain, Rolland 464
Romanova, Alexandra 167
Ronacher, Franz 311
Rottensteiner, Alois 79, 227, 285
Roux, Oswald 404
Ruedl, Heinrich 329
Russiak, Jakim 69

Saint Julien-Wallsee, Klemens Graf 294
Salus, Hugo 447
Sasonow, Sergei Dmitrijewitsch 13
Savs, Victoria 103
Schaffgotsch, Levin Graf 283, 319
Schaschko, Leopold 78
Schattenfroh, Arthur 159
Scheibl, Eligius 80, 347
Scheich, Robert 230
Schiele, Egon 364, 376, 391, 396
Schlager, Georg 134
Schlangenhausen, Emma 374, 376
Schmid, Rudolf 114
Schmidmeier 136
Schmied 135
Schmitt, Berta 88
Schmitt-Gasteiger, Felix v. 27, 34, 35, 43, 74, 76, 78, 79, 81, 82, 84, 86, 89, 210, 215, 218, 220, 224, 228–230, 282, 283, 285, 289, 290, 295, 316, 317, 323, 332
Schnehen, Rudolf Freiherr v. 441
Schönerer, Georg v. 304
Schoosbichler, Johann 272
Schoosleitner, Franz 181, 186, 227, 285
Schoosleitner, Matthias 187

Schoßleitner, Karl 384, 439, 456–460
Schrempf, Franz 370–372, 376
Schreyer, Moses 69
Schuchter, Franz 117
Schuchter, Johanna 358
Schülein, Julius Wolfgang 376
Schullern, Heinrich v. 439, 441, 444, 449
Schulz 423
Schulz, Josef 381, 403
Schürer v. Waldheim, Helene 165
Schütt, Gustav 390
Schütz, Karl 272
Schwarzbrunner 137
Schwarzenberg, Friedrich Johann Joseph Fürst zu 121
Schwarzenberg, Karl Fürst v. 340, 343
Schwärzler, Franz 133, 137, 139
Schweighofer, Josef 108, 109, 120
Schweinbach, Julius 68
Schweinbach, Rudolf 227
Schwenke 136
Seebach, Hans 449
Seibt v. Ringenhart, Gottfried 416
Seipel, Ignaz 274–276, 306, 396
Seitz, Karl 329
Senninger, Amalie 446
Sieber 141
Siebert, Hans 447
Simmerle, Maria 105
Simon, Friedrich 56
Skaret, Ferdinand 310–314, 324, 327, 329
Sompek, Ernst 444
Sophie, Herzogin v. Hohenberg 11, 14
Spängler, Karl 230
Spannberger, Josef 85
Spannring, Louise 374
Spanocchi, Gräfin 138
Spielmann, Julius 446
Spitzer, Johann 75
Spitzl, Bruno 272
Spitzmüller-Hammersbach, Alexander Freiherr v. u. zu 224
Stanko, Johann 347, 355
Stanko, Rupert 114, 115
Steger, Ludwig 272, 282, 285
Steidl 136

Steiner, Carl 195
Steinitz, Ritter v. 156
Steinwender, Leonhard 73, 74
Steinwender, Otto 215, 231, 309
Stephan, Heinrich v. 413
Stolper, Gustav 54
Stölzel, Art(h)ur 78, 227, 285, 309, 310, 324, 347, 356
Storch 118
Strassgschwandtner, Josef Anton 380
Straubinger, Karl 384
Strele, Richard 442, 447
Streyc, Josef 423, 424
Strobl, Anton 116
Strohschneider, Max 114
Stürgkh, Karl Graf 51, 99, 224, 284, 285
Sturm, Bruno 461
Süß, Antonie 75
Šusteršič, Ivan 308
Suttner, Bertha v. 337
Sylvester, Julius 83, 84, 296, 304, 309, 321, 324, 332
Szápáry, Margit/Margarete Gräfin 98
Szeemann, Harald 410

Taussig, Helene v. 374
Teglbjaerg, Lars Stubbe 166
Teuffenbach, Albin Reichsfreiherr v. 346
Thom, Andreas 390
Thurn und Taxis, Prinz Emmerich zu 346
Thurn, Franz v. 272
Tiefgraber, Maria 188
Tietze, Alfred 272
Tilmann, Maria 100
Tinzl, Josef 112
Trakl, Georg 384, 439, 452–458, 464, 466
Trakl, Margarete 456
Tremmel, Josef 272
Troja, Ambros 187
Troll-Borostyáni, Irma v. 93
Twain, Mark 342

Überacker, Wolf Franz Graf 194

Ungern, Maximilian Freiherr v. 317
Urban, Gustav Ritter v. 160, 194, 195

Varnschein, Christian 126
Veith, Eduard 363
Vischer, Lukas Adolph 165
Vogl, Adolf 196, 198
Voigt 167

Wagner, Adalbert 158
Wagner, Hans 71, 73, 74, 80, 83, 84, 323, 330, 331
Waitz, Sigismund 273
Walda, Rudolf 83, 84
Waldburg, Gräfin 134
Waldburg-Zeil, Gräfin 138
Waldert, Anton 197
Wallinger 139
Watteck, Nora 94, 96, 97
Weber, Konrad 53, 54
Weigel, Max 230
Weigelt, Carl/Karl 160, 194
Weiser, Hugo 137
Weiße, Ferdinand 117
Weißgärtner, Ferdinand 272
Weiss-Starkenfels, Viktor Freiherr v. 317
Weninger, Josef 165
Werfel, Franz 415, 439
Werner, Josef Robert 96, 103
Wettstein, Jacob 166
Wicentowicz 197
Wick, Ludwig 120
Widauer, Rosa 145
Wiegele, Franz 400
Wilke, Karl Alexander 427, 428
Willigut 199
Wilson, Woodrow 325, 334
Wimmer 136
Wimmer, Paula 374
Winkler, Alois 9, 27, 74, 112, 186, 227, 282, 285, 324
Winkler, Martin 180
Winner 133
Witternigg, Anna 314, 328
Witternigg, Josef 72, 79, 83, 310–314, 324, 326–328, 331
Wittgenstein, Ludwig 456

Wolf, Artur 446
Wolf, Karl Herrmann 304, 323
Wollenek, Anton 202
Wrede, Friedrich Fürst 69, 71, 76, 439, 464, 465
Wright, Wilberg/Wilbur 16
Wunderer, Wilhelm 114

Würtenberger, Franz 117
Wurzinger 145

Zabehlicky, Josef 346, 357
Zambelli, Julie 75
Zeller, Clotilde 114
Zeller, Ludwig 304

Zierler, Franz 177
Zimmermann, Fritz 449
Zimmermann, Johann 9
Zita, Kaiserin v. Österreich 443
Zola, Emile 449
Zuckermann, Hugo 446
Zweig, Stefan 450, 452, 463

RICHARD VOITHOFER

"...DEM KAISER TREUE UND GEHORSAM..."

EIN BIOGRAFISCHES HANDBUCH DER POLITISCHEN
ELITEN IN SALZBURG 1861 BIS 1918

(SCHRIFTENREIHE DES FORSCHUNGSINSTITUTES FÜR POLITISCH-
HISTORISCHE STUDIEN DER DR.-WILFRIED-HASLAUER-BIBLIOTHEK,
BAND 40)

Mit dem Februarpatent 1861 fand der Neoabsolutismus in Österreich sein Ende und es wurden die staatsrechtlichen Grundlagen geschaffen, die bis zum Ende der Monarchie Bestand hatten. Am 6. April 1861 trat der erste Salzburger Landtag zusammen. Dieses Handbuch umfasst 177 Kurzbiografien aller Salzburger Landtagsabgeordneten, Reichsräte und Landespräsidenten zwischen 1861 und 1918. Neben den grundlegenden biografischen Daten sind auch Informationen zur beruflichen und politischen Tätigkeit enthalten. Damit liegt erstmals ein vollständiges Verzeichnis aller Salzburger Parlamentarier zwischen 1861 und 1918 vor, das durch eine Darstellung des Wahlrechtes und der Wahlergebnisse sowie eine Analyse der sozialen Struktur des Salzburger Landtages abgerundet wird.

2011. 195 S. 10 S/W-ABB. BR. 170 X 240 MM. | ISBN 978-3-205-78637-5

„Der verdienstvolle Band schließt eine Lücke, die hoffentlich andere Länder zu vergleichbaren Bestandsaufnahmen veranlassen kann."

Herold-Jahrbuch

BÖHLAU VERLAG, WIESINGERSTRASSE 1, 1010 WIEN. T:+43 1 330 24 27-0
INFO@BOEHLAU-VERLAG.COM, WWW.BOEHLAU-VERLAG.COM
WIEN KÖLN WEIMAR

MANFRIED RAUCHENSTEINER
DER ERSTE WELTKRIEG
UND DAS ENDE DER HABSBURGERMONARCHIE 1914–1918

Nach der Ermordung des Erzherzogs Franz Ferdinand in Sarajevo stand fest, dass es Krieg geben würde. Kaiser Franz Joseph wollte es und in Wien rechnete man durchaus mit der Möglichkeit eines großen Kriegs. Wie der Krieg entfesselt wurde und bereits Wochen später Österreich-Ungarn nur deshalb nicht zur Aufgabe gezwungen war, weil es immer wieder deutsche Truppenhilfe bekam, hat bis heute nichts an Dramatik verloren. Zwei Monate vor seinem Tod verzichtete der österreichische Kaiser auf einen Teil seiner Souveränität und willigte in eine gemeinsame oberste Kriegsleitung unter der Führung des deutschen Kaisers ein. Der Nachfolger Franz Josephs, Kaiser Karl, konnte das nie mehr rückgängig machen. Auch ein Teil der Völker Österreich-Ungarns fürchtete die deutsche Dominanz. Schließlich konnten nicht einmal die militärischen Erfolge 1917 den Zerfall der Habsburgermonarchie verhindern. Das Buch beruht auf jahrzehntelangen Forschungen und bleibt bis zur letzten Seite fesselnd, obwohl man das Ende kennt. Viele Zusammenhänge werden aber erst jetzt klar. Rauchensteiner sieht den Ersten Weltkrieg als Zeitenwende. Ob er die „Urkatastrophe" des 20. Jahrhunderts war, muss der Leser entscheiden.

2013. 1222 S. 32 S/W-ABB. UND 2 KARTEN. GB. 170 X 240 MM. | ISBN 978-3-205-78283-4

„Rauchensteiner gibt einen vorzüglichen Überblick über all das, was man [...] über Kaiser Franz Joseph und den Untergang der Donaumonarchie immer schon wissen wollte."

Frankfurter Allgemeine Zeitung

„Rauchensteiners packendes Panorama vom Ende der Habsburgermonarchie ist eine historiografische Meisterleistung."

literaturkritik.de

BÖHLAU VERLAG, WIESINGERSTRASSE 1, 1010 WIEN. T:+43 1 330 24 27-0
INFO@BOEHLAU-VERLAG.COM, WWW.BOEHLAU-VERLAG.COM
WIEN KÖLN WEIMAR

JEAN-PAUL BLED
FRANZ FERDINAND
DER EIGENSINNIGE THRONFOLGER

Die Beziehung zwischen dem österreichischen Thronfolger Franz Ferdinand und Kaiser Franz Joseph war kontrovers: Gemeinsam war ihnen zweifellos die hohe Achtung der Dynastie und des monarchischen Prinzips; ebenso gemeinsam war ihnen angesichts der zunehmenden Gefahren von außen die Verteidigung einer Friedenspolitik. Andererseits missbilligte Franz Ferdinand die Innenpolitik des Kaisers und brannte darauf, an den Regierungsgeschäften beteiligt zu werden. Im wichtigsten Punkt, der Frage der Organisation der Monarchie, waren sich die beiden Männer völlig uneins. Franz Ferdinand lehnte die Ungarnpolitik seines Onkels ab. Auch durch seine Heirat mit Sophie Gräfin Chotek wehrte er sich gegen kaiserliche Standesregeln. Hätte Franz Ferdinand im Falle einer Regentschaft den Lauf der Geschichte verändert?
Die Biografie von Jean-Paul Bled zeichnet das facettenreiche Leben und Wirken des „verhinderten Herrschers" detailliert nach. Zahlreiche unveröffentlichte oder wenig bekannte Quellen runden das Bild einer Persönlichkeit ab, die im Leben eigene Wege ging und deren Ende auch das Ende des Kaiserreiches Österreich-Ungarn mitbestimmte.

2013. 322 S. 18 S/W ABB. GB. MIT SU. 155 X 235 MM. | ISBN 978-3-205-78850-8

„Trotz zahlreicher Bücher über den österreichisch-ungarischen Thronfolger [...] ist dies seit Langem die überzeugendste politische Biografie des ‚Ersten Toten des 1. Weltkriegs'."

ekz-Informationsdienst

„Der Klassiker."

Kronen Zeitung

BÖHLAU VERLAG, WIESINGERSTRASSE 1, 1010 WIEN. T:+43 1 330 24 27-0
INFO@BOEHLAU-VERLAG.COM, WWW.BOEHLAU-VERLAG.COM
WIEN KÖLN WEIMAR

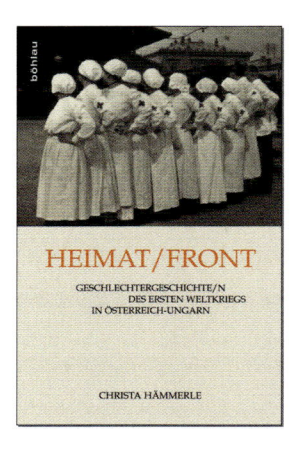

CHRISTA HÄMMERLE
HEIMAT/FRONT
GESCHLECHTERGESCHICHTE/N DES ERSTEN
WELTKRIEGS IN ÖSTERREICH-UNGARN

Die Katastrophe des Ersten Weltkriegs zeigt sich erst dann umfassend, wenn die engen Verschränkungen zwischen „Front" und „Heimatfront" als Voraussetzung moderner Kriegsführung berücksichtigt werden. Auf der Basis einer großen Bandbreite von Selbstzeugnissen macht das Buch die Militarisierung der gesamten Gesellschaft – von Männern wie von Frauen und Kindern – sowie verschiedene Kriegsalltage und Gewalterfahrungen sichtbar. Es handelt von k. u. k. Mannschaftssoldaten und Offizieren ebenso wie von Armeeschwestern und Rotkreuzhelferinnen, den „Liebesgaben" für die Soldaten herstellenden Schulmädchen und in der „Kriegsfürsorge" engagierten Frauen. Insgesamt bietet der Band neben einer kritischen Forschungsbilanz eine facettenreiche Frauen- und Geschlechtergeschichte des Ersten Weltkriegs in Österreich-Ungarn.

2014. 279 S. 8 S/W-ABB. FRANZ. BR. 135 X 215 MM. | ISBN 978-3-205-79471-4

BÖHLAU VERLAG, WIESINGERSTRASSE 1, 1010 WIEN. T: +43 1 330 24 27-0
INFO@BOEHLAU-VERLAG.COM, WWW.BOEHLAU-VERLAG.COM
WIEN KÖLN WEIMAR